Festschrift für
Thomas Emde

zum 75. Geburtstag

DEMOKRATIE. REGULIERUNG. FREIHEIT.

FESTSCHRIFT FÜR THOMAS EMDE ZUM 75. GEBURTSTAG

Herausgegeben von

Dr. Alexander Glos

Prof. Dr. Johannes Hellermann

Prof. Dr. Jochen Lüdicke

Dr. Heinrich Nemeczek

und Prof. Dr. Joachim Wieland

2025

C.H.BECK

Zitiervorschlag: Bearbeiter FS Emde, 2025, … (…)

beck.de

ISBN 978 3 406 81835 6

Wilhelmstraße 9, 80801 München
info@beck.de

Satz: Jung Crossmedia Publishing GmbH, Lahnau
Druck und Bindung: Beltz Grafische Betriebe GmbH
Am Fliegerhorst 8, 99947 Bad Langensalza
Umschlag: Druckerei C.H.Beck Nördlingen

myclimate
shape our future

chbeck.de/nachhaltig
produktsicherheit.beck.de

Gedruckt auf säurefreiem, alterungsbeständigem Papier
(hergestellt aus chlorfrei gebleichtem Zellstoff)

VORWORT

Am 17. Oktober 2025 begeht Thomas Emde seinen 75. Geburtstag. Mit dieser Festschrift möchten ihm Freunde, Weggefährten und Kollegen herzlich gratulieren; sie ist Ausdruck tiefer Verbundenheit und großer Dankbarkeit.

Aufgewachsen ist Thomas Emde wegen wechselnder Dienstorte seines Vaters in Brühl, Düsseldorf und Gummersbach. Nach Studium in Heidelberg, Lausanne, München und Freiburg lebte er als Referendar und Assistent am Institut für öffentliches Recht in Freiburg, wo er auch seine Frau kennenlernte. Vor Eintritt in das nicht-universitäre Berufsleben wurde er (mit summa cum laude) bei Wolfgang Böckenförde und Alexander Hollerbach mit einer Arbeit über das Thema „Die demokratische Legitimation der funktionalen Selbstverwaltung" promoviert. Seine berufliche Tätigkeit begann er im genossenschaftlichen Bankbereich, wo er in der Rechtsabteilung als Syndikus und als Abteilungsleiter in der Investment Banking Division der DG Bank tätig war. 1991 wechselte er dann in die Anwaltschaft. Nach zweijähriger Tätigkeit als Rechtsanwalt wurde er 1993 Partner der damaligen Sozietät Bruckhaus Westrick Stegemann, die dann durch Fusion mit der österreichischen Kanzlei Heller Löber Bahn & Partner zunächst als Bruckhaus Westrick Heller Löber und nach Fusion mit Freshfields Deringer international als Freshfields Bruckhaus Deringer firmierte. Nach Pensionierung dort schloss er sich 2021 dem Düsseldorfer Freshfields spin-off Lüdicke & Kollegen Rechtsanwaltsgesellschaft mbH an. Während seiner anwaltlichen Tätigkeit war Thomas Emde zunächst der Bank-Allrounder, mit zunehmender Größe des finanzrechtlichen Teams und Bedeutung des Finanzplatzes Frankfurt wurde vermehrt Beratung im Bereich der Bankenregulierung und -aufsicht nachgefragt, worauf der Jubilar mit dem Aufbau eines als marktführend angesehenen Teams reagierte. Es gelang ihm, jüngere Partner nicht nur in das Team aufzunehmen, sondern auch mit der Leitung des Teams zu betrauen, so dass er sich – auch über seine Pensionierung hinaus – mit spezifischen Mandatsfragen befassen konnte.

Auf diesem bisherigen Lebensweg hat Thomas Emde sich in zwei unterschiedlichen Phasen und auf zwei unterschiedlichen Gebieten als herausragender Rechtswissenschaftler profiliert, in seiner universitären Assistenten- und Promotionszeit auf dem Gebiet insbesondere des Verfassungsrechts, während der späteren Berufstätigkeit vor allem auf dem Gebiet des Finanzmarktrechts. Auf dem Gebiet des Verfassungsrechts ragt heraus seine Dissertation, mit der er sich in eine demokratietheoretische Debatte mit seinem Betreuer auf Augenhöhe begeben hat und die im Wasserverbands-Beschluss des Bundesverfassungsgerichts (BVerfGE 107, 59) eine Rezeption erfahren hat, wie sie einer Dissertation kaum je zuteil wird. In seiner späteren wissenschaftlichen Tätigkeit hat er sich vor allem als Gesetzeskommentator um das Gebiet des Finanzmarktrechts verdient gemacht. Seiner wissenschaftlichen Tätigkeit auf beiden Gebieten ist gemeinsam, dass sie sich nicht mit der Aufarbeitung des erreichten Erkenntnisstandes zufriedengibt, sondern bereit ist, diesen in Frage zu stellen, und ihn mit akribischer Analyse und feinsinniger Argumentation weiterzuentwickeln.

Es ist das Anliegen der vorliegenden Festschrift, Thomas Emdes wissenschaftliche Verdienste in ihrer ganzen Breite zu würdigen; der Band vereinigt deshalb Beiträge aus den großen Gebieten seines Schaffens. Die ersten drei Teile des Werks sind inspiriert von Themen, die ihn während seiner anwaltlichen Berufstätigkeit begleitet und wissenschaftlich interessiert haben: Ein erster Teil versammelt Beiträge zu Fragen aus dem Deutschen und Europäischen Wirtschaftsrecht, der zweite Teil ist dem Bank und Kapitalmarktrecht und der dritte Teil dem Investment- und Investmentsteuerrecht gewidmet. Im abschließenden vierten Teil sind Beiträge zum Staats- und Verwaltungsrecht, die nicht zuletzt den von Thomas Emde gesetzten demokratietheoretischen Impulsen nachgehen, zusammengeführt.

Der herausgehobene Geburtstag gibt Anlass zu Gratulation und Würdigung des Geleisteten, markiert aber kein Ende des rechtswissenschaftlichen Erkenntnisstrebens von Thomas Emde. Mit allen Beteiligten freuen wir uns auf weiteren anregenden Austausch mit Thomas Emde und weitere erhellende Beiträge aus seiner Feder. Ferner freuen wir uns nicht nur auf die gemeinsame Feier seines Geburtstages, an dem wir diese Festschrift übergeben dürfen, sondern auch auf viele weitere, erfrischende Begegnungen mit dem Jubilar und seiner Gattin.

Juli 2025

Alexander Glos (Frankfurt am Main)
Johannes Hellermann (Bielefeld)
Jochen Lüdicke (Düsseldorf)
Heinrich Nemeczek (Berlin)
Joachim Wieland (Bonn)

INHALTSVERZEICHNIS

C. Investment- und Investmentsteuerrecht

D. Staats- und Verwaltungsrecht

LITERATURVERZEICHNIS ZU FESTSCHRIFT EMDE

Achenbach/Ransiek/Rönnau WirtschaftsStrafR-HdB .... Achenbach/Ransiek/Rönnau, Handbuch Wirtschaftsstrafrecht, Handbuch, 6. Aufl. 2023

Andres/Leithaus .. Andres/Leithaus, Insolvenzordnung, Kommentar, 4. Aufl. 2018 (zitiert als Andres/Leithaus/Bearbeiter)

Angerer/Brandi/Süßmann .... Angerer/Brandi/Süßmann, Wertpapiererwerbs- und Übernahmegesetz, Kommentar, 4. Aufl. 2023 (zitiert als Angerer/Brandi/Süßmann/Bearbeiter)

Assmann/Schneider/Mülbert Assmann/Schneider/Mülbert, Wertpapierhandelsrecht, Kommentar, Band 1, 2, 8. Aufl. 2023 (zitiert als Assmann/Schneider/Mülbert/Bearbeiter)

Assmann/Schütze/Buck-Heeb KapAnlR-HdB ... Assmann/Schütze/Buck-Heeb, Handbuch des Kapitalanlagerechts, Handbuch, 6. Aufl. 2024 (zitiert als Assmann/Schütze/Buck-Heeb KapAnlR-HdB/Bearbeiter)

Assmann/Wallach/Zetzsche .... Assmann/Wallach/Zetzsche, KAGB, Kommentar, 2. Aufl. 2022

Baums Unternehmensfinanzierung Baums, Recht der Unternehmensfinanzierung, Handbuch, 1. Aufl. 2017 (zitiert als Baums Unternehmensfinanzierung)

Baur/Tappen/Mehrkhah/Behme Baur/Tappen/Mehrkhah/Behme, Investmentgesetze, Kommentar, Band 1, 2, 3, 4. Aufl. 2019

Beck/Depré/Ampferl Insolvenz Beck/Depré/Ampferl, Praxis der Sanierung und Insolvenz, Handbuch, 4. Aufl. 2023 (zitiert als Beck/Depré/Ampferl Insolvenz/Bearbeiter)

Beck/Samm/Kokemoor ...... Beck/Samm/Kokemoor, Kreditwesengesetz mit CRR, Kommentar, 236. Aufl. 2024

BeckFormB M&A Seibt, Beck'sches Formularbuch Mergers & Acquisitions, Formularbuch, 4. Aufl. 2025

BeckHdB AG .... Drinhausen/Eckstein, Beck'sches Handbuch der AG, Handbuch, 3. Aufl. 2018 (zitiert als BeckHdB AG/Bearbeiter)

BeckHdB GmbH Prinz/Winkeljohann, Beck'sches Handbuch der GmbH, Handbuch, 6. Aufl. 2021 (zitiert als BeckHdB GmbH/Bearbeiter)

BeckHdB Holding Hasselbach/Nawroth/Rödding, Beck'sches Holding-Handbuch, Handbuch, 3. Aufl. 2020 (zitiert als BeckHdB Holding/Bearbeiter)

Beckmann/Scholtz/Vollmer Investment-HdB .. Beckmann/Scholtz/Vollmer, Investment, Handbuch, 1. Aufl. 2019

BeckOGK ...... Gsell/Krüger/Lorenz/Reymann, beck-online.GROSSKOMMENTAR, Kommentar, Band BGB, 44. Aufl. 2022

BeckOK GewO .. Pielow, BeckOK GewO, Kommentar, 64. Aufl. 2024 (zitiert als BeckOK GewO/Bearbeiter)

BeckOK VAG ... Erdmann/Schradin/Diehl, BeckOK VAG, Kommentar, 27. Aufl. 2024 (zitiert als BeckOK VAG/Bearbeiter)

BeckOK WpHR Seibt/Buck-Heeb/Harnos, BeckOK Wertpapierhandelsrecht, Kommentar, 14. Aufl. 2024 (zitiert als BeckOK WpHR/Bearbeiter)

Berger/Steck/Lübbehüsen	Berger/Steck/Lübbehüsen, Investmentgesetz, Kommentar, 1. Aufl. 2010 (zitiert als Berger/Steck/Lübbehüsen/Bearbeiter)
Binder/Glos/Riepe BankenaufsichtsR-HdB	Binder/Glos/Riepe, Handbuch Bankenaufsichtsrecht, Handbuch, 2. Aufl. 2020
Birk/Desens/Tappe SteuerR	Birk/Desens/Tappe, Steuerrecht, Lehrbuch, 27. Aufl. 2024
Böckenförde Staat	Böckenförde, Staat, Nation, Europa – Studien zur Staatslehre, Verfassungstheorie und Rechtsphilosophie, Monografie, 4. Aufl. 1999
Bork/Hölzle InsR-HdB	Bork/Hölzle, Handbuch Insolvenzrecht, Handbuch, 2. Aufl. 2019
Brandis/Heuermann	Brandis/Heuermann, Ertragsteuerrecht, Kommentar, 172. Aufl. 2024 (zitiert als Brandis/Heuermann/Bearbeiter)
Bourwieg/Hellermann/Hermes EnWG	Bourwieg/Hellermann/Hermes, EnWG, Kommentar, 4. Aufl. 2024 (zitiert als Bourwieg/Hellermann/Hermes EnWG/Bearbeiter)
Britz/Hellermann/Hermes EnWG	Britz/Hellermann/Hermes, EnWG, Kommentar, 1. Aufl. 2008 (zitiert als Britz/Hellermann/Hermes EnWG/Bearbeiter), 2. Aufl. 2010 (zitiert als Britz/Hellermann/Hermes EnWG 2. Aufl./Bearbeiter)
Bürkle Compliance	Bürkle, Compliance in Versicherungsunternehmen, Handbuch, 3. Aufl. 2020 (zitiert als Bürkle Compliance/Bearbeiter)
Buscher/v. Harbou/Link/Weigl InstitutsVergV	Buscher/von Harbou/Link/Weigl, Verordnung über die aufsichtsrechtlichen Anforderungen an Vergütungssysteme, Kommentar, 2. Aufl. 2018
Cascante/Tyrolt/Hitzer/Bingel	Cascante/Tyrolt/Hitzer/Bingel, WpÜG, Kommentar, 1. Aufl. 2024 (zitiert als Cascante/Tyrolt/Hitzer/Bingel/Bearbeiter)
David/Dinter Bußgeldverfahren KapMarktR	David/Dinter, Praxis des Bußgeldverfahrens im Kapitalmarktrecht, Handbuch, 1. Aufl. 2021
Dreher	Dreher, Versicherungsaufsichtsgesetz, Kommentar, 14. Aufl. 2024 (zitiert als Dreher/Bearbeiter)
Dreier	Dreier, Grundgesetz-Kommentar, Kommentar, Band 1, 2, 3, 3. Aufl. 2013 (zitiert als Dreier/Bearbeiter)
Dürig/Herzog/Scholz	Dürig/Herzog/Scholz, Grundgesetz-Kommentar, Kommentar, 105. Aufl. 2024 (zitiert als Dürig/Herzog/Scholz/Bearbeiter)
Ebenroth/Boujong/Joost/Strohn	Ebenroth/Boujong/Joost/Strohn, Handelsgesetzbuch, Kommentar, Band 1, 2, 4. Aufl. 2020 (zitiert als Ebenroth/Boujong/Joost/Strohn/Bearbeiter)
Ellenberger/Bunte BankR-HdB	Ellenberger/Bunte, Bankrechts-Handbuch, Handbuch, 6. Aufl. 2022 (zitiert als Ellenberger/Bunte BankR-HdB/Bearbeiter)
Emde/Dornseifer/Dreibus	Emde/Dornseifer/Dreibus, KAGB, Kommentar, 3. Aufl. 2023 (zitiert als Emde/Dornseifer/Dreibus/Bearbeiter)
Emde/Dornseifer/Dreibus/Hölscher	Emde/Dornseifer/Dreibus/Hölscher, Investmentgesetz, Kommentar, 1. Aufl. 2013 (zitiert als Emde/Dornseifer/Dreibus/Hölscher/Bearbeiter)

Emmerich/Habersack	Emmerich/Habersack, Aktien- und GmbH-Konzernrecht, Kommentar, 10. Aufl. 2022 (zitiert als Emmerich/Habersack/Bearbeiter)
Ennuschat/Wank/Winkler	Ennuschat/Wank/Winkler, Gewerbeordnung: GewO, Kommentar, 9. Aufl. 2020 (zitiert als Ennuschat/Wank/Winkler/Bearbeiter)
Fischer/Schulte-Mattler	Fischer/Schulte-Mattler, KWG, CRR-VO, Kommentar, 6. Aufl. 2023 (zitiert als Fischer/Schulte-Mattler/Bearbeiter)
FK-InsO	Wimmer, FK-InsO: Frankfurter Kommentar zur Insolvenzordnung, Kommentar, 9. Aufl. 2018 (zitiert als FK-InsO/Bearbeiter)
Flöther	Flöther, Unternehmensstabilisierungs- und -restrukturierungsgesetz (StaRUG), Kommentar, 1. Aufl. 2021 (zitiert als Flöther/Bearbeiter)
Fuchs/Zimmermann	Fuchs/Zimmermann, Wertpapierhandelsgesetz, Kommentar, 3. Aufl. 2024 (zitiert als Fuchs/Zimmermann/Bearbeiter)
Gebauer/Wiedmann EurZivilR	Gebauer/Wiedmann, Europäisches Zivilrecht, Kommentar, 3. Aufl. 2021 (zitiert als Gebauer/Wiedmann EurZivilR/Bearbeiter)
Ghassemi-Tabar LkSG	Ghassemi-Tabar, Lieferkettensorgfaltspflichtengesetz, Kommentar, 1. Aufl. 2024 (zitiert als Ghassemi-Tabar LkSG/Bearbeiter)
Grabitz/Hilf/Nettesheim	Grabitz/Hilf/Nettesheim, Das Recht der Europäischen Union, Kommentar, 83. Aufl. 2024 (zitiert als Grabitz/Hilf/Nettesheim/Bearbeiter)
Graf-Schlicker	Graf-Schlicker, InsO, Kommentar, 6. Aufl. 2022 (zitiert als Graf-Schlicker/Bearbeiter)
Graf/Jäger/Wittig	Graf/Jäger/Wittig, Wirtschafts- und Steuerstrafrecht, Kommentar, 3. Aufl. 2024 (zitiert als Graf/Jäger/Wittig/Bearbeiter)
Grigoleit	Grigoleit, AktG – Aktiengesetz, Kommentar, 2. Aufl. 2020 (zitiert als Grigoleit/Bearbeiter)
GroßkommAktG	Hirte/Mülbert/Roth, AktG, Kommentar, Band 1, 2/1, 2/2, 4/1, 4/2, 5, 7/1, 7/2, 7/3, 12, 3, 5. Aufl. 2015
Habersack/Drinhausen	Habersack/Drinhausen, SE-Recht, Kommentar, 3. Aufl. 2022 (zitiert als Habersack/Drinhausen/Bearbeiter)
Haltern EuropaR II	Haltern, Europarecht, Band 2: Rule of Law – Verbunddogmatik – Grundrechte, Lehrbuch, 3. Aufl. 2017 (zitiert als Haltern EuropaR II/Bearbeiter)
Hamann/Sigle/Grub GesR, Finanzierung und Unternehmensnachfolge	Hamann/Sigle/Grub, Gesellschaftsrecht, Finanzierung und Unternehmensnachfolge, Handbuch, 3. Aufl. 2022 (zitiert als Hamann/Sigle/Grub GesR, Finanzierung und Unternehmensnachfolge/Bearbeiter)
Hannemann/Weigl/Zaruk	Hannemann/Weigl/Zaruk, Mindestanforderungen an das Risikomanagement (MaRisk), Kommentar, 6. Aufl. 2022
Heselhaus/Nowak EU-Grundrechte-HdB	Heselhaus/Nowak, Handbuch der Europäischen Grundrechte, Handbuch, 2. Aufl. 2020 (zitiert als Heselhaus/Nowak EU-Grundrechte-HdB/Bearbeiter)
HK-VAG	Brand/Baroch Castellvi, Versicherungsaufsichtsgesetz, Kommentar, 2. Aufl. 2024 (zitiert als HK-VAG/Bearbeiter)
Hopt/Binder/Böcking CG-HdB	Hopt/Binder/Böcking, Handbuch Corporate Governance von Banken und Versicherungen, Handbuch, 2. Aufl. 2020 (zitiert als Hopt/Binder/Böcking CG-HdB/Bearbeiter)

Hopt/Voigt Prospekt- und Kapitalmarktinformationshaftung . . . . Hopt/Voigt, Prospekt- und Kapitalmarktinformationshaftung, Handbuch, 1. Aufl. 2004

HStR I . . . . Isensee/Kirchhof, Handbuch des Staatsrechts der Bundesrepublik Deutschland, Band 1, 1. Aufl. 1987 (zitiert als HStR I/Bearbeiter)

HStR III . . . . Isensee/Kirchhof, Handbuch des Staatsrechts der Bundesrepublik Deutschland, Band 3, 3. Aufl. 2005 (zitiert als HStR III/Bearbeiter)

Huber/Voßkuhle Huber/Voßkuhle, Grundgesetz, Kommentar, Band 1, 2, 3, 8. Aufl. 2024 (zitiert als Huber/Voßkuhle/Bearbeiter)

HVerwR III . . . . . Kahl/Ludwigs, Handbuch des Verwaltungsrechts, Band 3, 1. Aufl. 2022 (zitiert als Kahl/Ludwigs HVerwR III/Bearbeiter)

Jarass GRCh . . . . . Jarass, Charta der Grundrechte der Europäischen Union: GRCh, Kommentar, 4. Aufl. 2021 (zitiert als Jarass GRCh)

Jauernig . . . . Jauernig, Bürgerliches Gesetzbuch, Kommentar, 19. Aufl. 2023 (zitiert als Jauernig/Bearbeiter)

Johann/Sangi . . . . Johann/Sangi, LkSG, Kommentar, 1. Aufl. 2023 (zitiert als Johann/Sangi/Bearbeiter)

Just/Voß/Ritz/Becker . . . . Just/Voß/Ritz/Becker, Wertpapierhandelsgesetz (WpHG), Kommentar, 1. Aufl. 2015 (zitiert als Just/Voß/Ritz/Becker/Bearbeiter)

K. Schmidt/Lutter K. Schmidt/Lutter, AktG, Kommentar, 5. Aufl. 2024 (zitiert als K. Schmidt/Lutter/Bearbeiter)

Kaulbach/Bähr/Pohlmann . . . . . . Kaulbach/Bähr/Pohlmann, VAG, Kommentar, 6. Aufl. 2019 (zitiert als Kaulbach/Bähr/Pohlmann/Bearbeiter)

KK-AktG . . . . . . Zöllner/Noack, Kölner Kommentar zum Aktiengesetz, Kommentar, Band 2/1, 2/2, 3/1, 3/2, 3/3, 3/4, 3/5, 3/7, 5/1, 5/2, 5/3, 5/5, 7/1, 7/2, 8/1, 8/2, 1, 6, 9, 3. Aufl. 2004 (zitiert als KK-AktG/Bearbeiter)

KK-OWiG . . . . . Mitsch, Karlsruher Kommentar zum Gesetz über Ordnungswidrigkeiten: OWiG, Kommentar, 5. Aufl. 2018 (zitiert als KK-OWiG/Bearbeiter)

KK-WpHG . . . . . Hirte/Möllers, Kölner Kommentar zum WpHG (Kölner Komm WpHG), Kommentar, 2. Aufl. 2014

Klöhn . . . . Klöhn, Marktmissbrauchsverordnung, Kommentar, 2. Aufl. 2023 (zitiert als Klöhn/Bearbeiter)

Koenig . . . . Koenig, AO, Kommentar, 5. Aufl. 2024 (zitiert als Koenig/Bearbeiter)

Kokott EU-SteuerR . . . . Kokott, Das Steuerrecht der Europäischen Union, Handbuch, 1. Aufl. 2018 (zitiert als Kokott EU-SteuerR)

Krimphove/Lüke MaRisk . . . . Krimphove/Lüke, MaRisk, Kommentar, 1. Aufl. 2022 (zitiert als Krimphove/Lüke MaRisk/Bearbeiter)

Kübler/Assmann GesR . . . . Kübler/Assmann, Gesellschaftsrecht, Lehrbuch, 6. Aufl. 2006

Kübler/Prütting/Bork . . . . Kübler/Prütting/Bork, KPB InsO, Kommentar, 102. Aufl. 2024 (zitiert als Kübler/Prütting/Bork/Bearbeiter)

Lendermann/Nemeczek/Schroeter . . . . Lendermann/Nemeczek/Schroeter, WpIG, Kommentar, 1. Aufl. 2024 (zitiert als Lendermann/Nemeczek/Schroeter/Bearbeiter)

Luz/Neus/Schaber/Schneider/Wagner/Weber . . . Luz/Neus/Schaber/Schneider/Wagner/Weber, KWG und CRR, Kommentar, 4. Aufl. 2022

Meyer-Goßner/Schmitt .... Meyer-Goßner/Schmitt, Strafprozessordnung, Kommentar, 67. Aufl. 2024 (zitiert als Meyer-Goßner/Schmitt/Bearbeiter)

Meyer/Veil/Rönnau MarktmissbrauchsR-HdB Meyer/Veil/Rönnau, Handbuch zum Marktmissbrauchsrecht, Handbuch, 2. Aufl. 2023 (zitiert als Meyer/Veil/Rönnau MarktmissbrauchsR-HdB/Bearbeiter)

MHdB GesR II .. Gummert/Weipert, Münchener Handbuch des Gesellschaftsrechts, Band 2: Kommanditgesellschaft, GmbH & Co. KG, Publikums-KG, Stille Gesellschaft, Handbuch, 6. Aufl. 2024 (zitiert als MHdB GesR II/Bearbeiter)

MHdB GesR III .. Priester/Mayer/Wicke, Münchener Handbuch des Gesellschaftsrechts, Band 3: Gesellschaft mit beschränkter Haftung, Handbuch, 6. Aufl. 2023 (zitiert als MHdB GesR III/Bearbeiter)

MHdB GesR IV .. Austmann/Hoffmann-Becking, Münchener Handbuch des Gesellschaftsrechts, Band 4: Aktiengesellschaft, Handbuch, 6. Aufl. 2024 (zitiert als MHdB GesR IV/Bearbeiter)

MHdB GesR IV .. Hoffmann-Becking, Münchener Handbuch des Gesellschaftsrechts, Band 4: Aktiengesellschaft, Handbuch, 5. Aufl. 2020 (zitiert als MHdB GesR IV/Bearbeiter)

Michalski/Heidinger/Leible/Schmidt .... Michalski/Heidinger/Leible/Schmidt, GmbHG, Kommentar, Band 1, 2, 4. Aufl. 2023 (zitiert als Michalski/Heidinger/Leible/Schmidt/Bearbeiter)

Momsen/Grützner WirtschaftsSteuerStrafR-HdB ..... Momsen/Grützner, Wirtschafts- und Steuerstrafrecht, Handbuch, 2. Aufl. 2020 (zitiert als Momsen/Grützner WirtschaftsSteuerStrafR-HdB/Bearbeiter)

Moritz/Klebeck/Jesch .... Moritz/Klebeck/Jesch, Frankfurter Kommentar zum Kapitalanlagerecht, Kommentar, Band 1, 2, 3, 1. Aufl. 2019

MüKoAktG ..... Goette/Habersack/Kalss, Münchener Kommentar zum Aktiengesetz, Kommentar, Band 1, 2, 5, 4, 7, 6, 3, 5. Aufl. 2019 (zitiert als MüKoAktG/Bearbeiter)

MüKoBGB ..... Säcker/Rixecker/Oetker/Limperg, Münchener Kommentar zum Bürgerlichen Gesetzbuch, Kommentar, Band 1, 2, 3, 9, 11, 6, 4/2, 8, 5, 7, 10, 12, 4/1, 13, 9. Aufl. 2021 (zitiert als MüKoBGB/Bearbeiter)

MüKoGmbHG .. Fleischer/Goette, Münchener Kommentar zum Gesetz betreffend die Gesellschaften mit beschränkter Haftung, Kommentar, Band 1, 3, 2, 4. Aufl. 2022 (zitiert als MüKoGmbHG/Bearbeiter)

MüKoHGB ..... Drescher/Fleischer/K. Schmidt, Münchener Kommentar zum Handelsgesetzbuch, Kommentar, Band 1, 5, 2, 7, 6, 4, 5. Aufl. 2021 (zitiert als MüKoHGB/Bearbeiter)

MüKoInsO ..... Stürner/Eidenmüller/Schoppmeyer, Münchener Kommentar zur Insolvenzordnung, Kommentar, Band 1, 2, 3, 4, 4. Aufl. 2019 (zitiert als MüKoInsO/Bearbeiter)

MüKoStPO ..... Knauer/Kudlich/Schneider, Münchener Kommentar zur Strafprozessordnung, Kommentar, Band 1, 2, 3, 4, 2. Aufl. 2023 (zitiert als MüKoStPO/Bearbeiter)

Noack/Servatius/Haas .... Noack/Servatius/Haas, GmbH-Gesetz, Kommentar, 23. Aufl. 2022 (zitiert als Noack/Servatius/Haas/Bearbeiter)

Obermayer/Funke-Kaiser .... Obermayer/Funke-Kaiser, VwVfG – Verwaltungsverfahrensgesetz, Kommentar, 6. Aufl. 2021 (zitiert als Obermayer/Funke-Kaiser/Bearbeiter)

Oppenländer/Trölitzsch GmbH-GF-HdB	Oppenländer/Trölitzsch, Praxishandbuch der GmbH-Geschäftsführung, Handbuch, 3. Aufl. 2020 (zitiert als Oppenländer/Trölitzsch GmbH-GF-HdB/Bearbeiter)
Paschos/Fleischer Übernahme-HdB	Paschos/Fleischer, Handbuch des Übernahmerechts nach dem WpÜG, Handbuch, 1. Aufl. 2017 (zitiert als Paschos/Fleischer Übernahme-HdB/Bearbeiter)
Reischauer/Kleinhans	Reischauer/Kleinhans, Kreditwesengesetz (KWG), Kommentar, 8. Aufl. 2022
Renz/Hense/Marbeiter	Renz/Hense/Marbeiter, Wertpapier-Compliance in der Praxis, Kommentar, 2. Aufl. 2019
Rowedder/Pentz	Rowedder/Pentz, GmbH-Gesetz, Kommentar, 7. Aufl. 2022 (zitiert als Rowedder/Pentz/Bearbeiter)
Sachs	Sachs, GG, Kommentar, 10. Aufl. 2024 (zitiert als Sachs/Bearbeiter)
Satzger/Schluckebier/Widmaier StPO	Satzger/Schluckebier/Widmaier, StPO, Kommentar, 5. Aufl. 2022 (zitiert als Satzger/Schluckebier/Widmaier StPO/Bearbeiter)
Schäfer/Hamann	Schäfer/Hamann, Kapitalmarktgesetze – Kommentar zu WpHG, BörsG, BörsZulV, WpPG, VerkProspG, WpÜG, Kommentar, 7. Aufl. 2013
Schmidt-Bleibtreu/Klein/Bethge	Schmidt-Bleibtreu/Klein/Bethge, Bundesverfassungsgerichtsgesetz, Kommentar, 63. Aufl. 2023 (zitiert als Schmidt-Bleibtreu/Klein/Bethge/Bearbeiter)
Schmitt/Hörtnagl	Schmitt/Hörtnagl, Umwandlungsgesetz, Umwandlungssteuergesetz, Kommentar, 10. Aufl. 2024 (zitiert als Schmitt/Hörtnagl/Bearbeiter)
Schneider/Zeh ParlamentsR	Schneider/Zeh, Parlamentsrecht und Parlamentspraxis in der Bundesrepublik Deutschland, Handbuch, 1. Aufl. 1989 (zitiert als Schneider/Zeh ParlamentsR/Bearbeiter)
Schoch/Schneider	Schoch/Schneider, Verwaltungsrecht, Kommentar, Band VwGO, 46. Aufl. 2024 (zitiert als Schoch/Schneider/Bearbeiter)
Schröder Kap-MarktStrafR-HdB	Schröder, Handbuch Kapitalmarktstrafrecht, Handbuch, 4. Aufl. 2020
Schulze/Janssen/Kadelbach EuropaR-HdB	Schulze/Janssen/Kadelbach, Europarecht, Handbuch, 4. Aufl. 2020 (zitiert als Schulze/Janssen/Kadelbach EuropaR-HdB/Bearbeiter)
Schwark/Zimmer	Schwark/Zimmer, Kapitalmarktrechts-Kommentar, Kommentar, 5. Aufl. 2020 (zitiert als Schwark/Zimmer/Bearbeiter)
Schwennicke/Auerbach	Schwennicke/Auerbach, Kreditwesengesetz (KWG) mit Zahlungsdiensteaufsichtsgesetz (ZAG), Kommentar, 4. Aufl. 2021 (zitiert als Schwennicke/Auerbach/Bearbeiter)
Semler/Stengel/Leonard	Semler/Stengel/Leonard, Umwandlungsgesetz, Kommentar, 5. Aufl. 2021 (zitiert als Semler/Stengel/Leonard/Bearbeiter)
SK-StPO	Wolter, Systematischer Kommentar zur Strafprozessordnung und zum Gerichtsverfassungsgesetz, Kommentar, Band 2, 6, 9, 6. Aufl. 2021
Stelkens/Bonk/Sachs	Stelkens/Bonk/Sachs, Verwaltungsverfahrensgesetz, Kommentar, 10. Aufl. 2023 (zitiert als Stelkens/Bonk/Sachs/Bearbeiter)
Tappe/Wernsmann ÖffFinanzR	Tappe/Wernsmann, Öffentliches Finanzrecht, Lehrbuch, 3. Aufl. 2023

Uhlenbruck	Uhlenbruck, InsO, Kommentar, Band 1, 2, 15. Aufl. 2019 (zitiert als Uhlenbruck/Bearbeiter)
v. Münch/Kunig ..	von Münch/Kunig, Grundgesetz: GG, Kommentar, Band 1, 2, 7. Aufl. 2021 (zitiert als v. Münch/Kunig/Bearbeiter)
Voßkuhle/Eifert/ Möllers GVwR I	Voßkuhle/Eifert/Möllers, Grundlagen des Verwaltungsrechts, Band 1, 3. Aufl. 2022 (zitiert als Voßkuhle/Eifert/Möllers GVwR I/Bearbeiter)
von der Groeben/ Schwarze/Hatje ..	von der Groeben/Schwarze/Hatje, Europäisches Unionsrecht, Kommentar, 7. Aufl. 2015 (zitiert als von der Groeben/Schwarze/Hatje/Bearbeiter)
Wachter	Wachter, AktG, Kommentar, 4. Aufl. 2022 (zitiert als Wachter/Bearbeiter)
Weitnauer/ Boxberger/ Anders	Weitnauer/Boxberger/Anders, KAGB, Kommentar, 3. Aufl. 2021 (zitiert als Weitnauer/Boxberger/Anders/Bearbeiter)
Zick/Küpper/ Mokros Distanzierte Mitte	Zick/Küpper/Mokros, Die distanzierte Mitte – Rechtsextreme und demokratiegefährdende Einstellungen in Deutschland 2022/23, Monografie, 1. Aufl. 2023

LEBENSLAUF THOMAS EMDE

Dr. Thomas Emde

Schule, Studium und Ausbildung

1961–1969	Städtische Gymnasien Brühl und Gummersbach Abschluss: Abitur
1970–1975	Studium der Rechtswissenschaften in Heidelberg, Lausanne, München und Freiburg; 1. Staatsexamen
1976–1979	Referendariat und 2. Staatsexamen in Freiburg Wissenschaftliche Hilfskraft am Institut für Öffentliches Recht
1980–1984	Assistent der Prof. Ernst Wolfgang Böckenförde und Alexander Hollerbach; Promotion zum Dr.iur (summa cum laude) über das Thema: „Die demokratische Legitimation der funktionalen Selbstverwaltung“

Beruflicher Werdegang:

Mai 1984 – Dezember 1987	Mitglied der Rechtsabteilung der DG Bank (heute: DZ Bank); 1986: Ernennung zum Syndikus
Januar 1988 – Dezember 1990	Abteilungsleiter in der Investment Banking Division der DG Bank
Januar 1991 – April 2015	Partner von Freshfields Bruckhaus Deringer mit folgenden Tätigkeitsschwerpunkten: Beratung von Banken, Investmentgesellschaften und sonstigen Finanzdienstleistern sowie von kapitalmarktorientierten Unternehmen insbesondere in Fragen mit regulatorischen Komponenten und im Übrigen mit im Zeitverlauf wechselnden Schwerpunkten: – 90er Jahre: syndizierte Kredite, Anleiheemissionen, Beratung in Krisensituationen sowie zu Organkonflikten, Gutachten zu vielfältigen Rechtsfragen des Bankaufsichtsrechts, des WpHG und des Investmentrechts, Beratung und Interessenvertretung von Banken sowie sonstigen Finanzunternehmen gegenüber den Aufsichtsbehörden – frühe 2000er Jahre: Schwerpunktverlagerung zur Strukturierung und Begleitung von Aktienemissionen und Derivatetransaktionen sowie zu Erlaubnis- und Sanktionsverfahren nach KWG, WpHG und Investmentgesetz – ab 2007: Beratung von Banken und Bankengläubigern im Zusammenhang mit der Finanzmarktkrise; insbesondere zu Sanierungsperspektiven, Abwicklungsfragen und Maßnahmen der Kapitalverstärkung; umfangreiche Gutachtentätigkeit zu Organpflichten und zu Folgen von Organpflichtverletzungen im Bereich der Kreditinstitute.

Mai 2015 – Dezember 2020	Of Counsel Freshfields Bruckhaus Deringer mit unveränderten Tätigkeitsschwerpunkten
Januar 2021 – Dezember 2024	Partner der (inzwischen fusionierten) Lüdicke & Kollegen Rechtsanwaltsgesellschaft mbH, Düsseldorf mit ähnlichen Tätigkeitsschwerpunkten
seit Januar 2025	selbständiger Rechtsanwalt in Düsseldorf

Mandate

Oktober 2001 – April 2017	Aufsichtsratsvorsitzender der MainFirst Bank AG, Frankfurt am Main
April 2004 – April 2017	Präsident des Verwaltungsrats der MainFirst Holding AG, Zürich
Oktober 2014	Wahl zum Aufsichtsratsvorsitzenden der Bremer Kreditbank AG
2016	Mitglied des Beirats der Goethe-Gesellschaft
Oktober 2017	Wahl zum Mitglied des Aufsichtsrats des Bankhauses Neelmeyer AG, Bremen
Oktober 2018 – September 2019	Aufsichtsratsvorsitzender der Oldenburgischen Landesbank AG (Rechtsnachfolger der Bremer Kreditbank AG)
Januar 2021 – Dezember 2023	Mitglied des Aufsichtsrats der Société Générale Securities Services GmbH
Mai 2021 – Dezember 2023	Aufsichtsratsvorsitzender der damaligen Deutschen Handelsbank AG
seit Januar 2025	Vorsitzender des Aufsichtsrats der Augur-Steinbeis CapTec AG

SCHRIFTENVERZEICHNIS

Dr. Thomas Emde

1. Bücher

Emde, Die demokratische Legitimation der funktionalen Selbstverwaltung, Duncker & Humblot, 1991

2. Herausgeberschaften

Emde/Dornseifer/Dreibus/Hölscher, Investmentgesetz, C.H. Beck, 2013
Emde/Dornseifer/Dreibus, Kapitalanlagegesetzbuch, C.H. Beck, 2. Aufl. 2019
Emde/Dornseifer/Dreibus, Kapitalanlagegesetzbuch, C.H. Beck, 3. Aufl. 2023

3. Beiträge in Sammelwerken und Kommentaren

Emde, Herrschaftslegitimation ohne Volk?, Zum demokratischen Prinzip in funktionalen und supranationalen Zweckverbänden, Symposium zu Ehren von Ernst-Wolfgang Böckenförde anläßlich seines 75. Geburtstags (23. und 24. September 2005), Der Staat 2006, Beiheft 17, 65–79
Emde/König, Beschaffung von Eigenkapital über regulierte Märkte: Börsengang und Sekundärplatzierung, in: Eilers/Rödding/Schmalenbach, Unternehmensfinanzierung, C.H. Beck, 2008, Kap. B. II., 140–182
Emde, Gesamtverantwortung und Ressortverantwortung im Vorstand der AG, in: Burgard/Hadding/Mülbert/Nietsch/Welter, Festschrift für Uwe H. Schneider, Otto Schmidt, 2011, 295–323
Emde, Das Pflichtenprogramm des AktG und des KWG, in Renz/Hense, Organisation der Wertpapier-Compliance-Funktion, Erich Schmidt, 1. Aufl. 2012, 157–180
Emde, The Implementation of the AIFMD in Germany, in: Zetzsche, The Alternative Investment Fund Managers Directive, Wolters Kluwer, 2. Aufl. 2015, Chapter 35, 819–836
Emde/Benzing, Das Pflichtenprogramm des AktG und des KWG, in: Renz/Hense/Marbeiter, Wertpapier-Compliance in der Praxis, Erich Schmidt, 2. Aufl. 2019, 153–182
Emde, Regulation of AIFMs and AIFs in Germany, in: Zetzsche, The Alternative Investment Fund Managers Directive, Wolters Kluwer, 3. Aufl. 2020, Chapter 34, 843–863
Emde, Nachhaltigkeitsvorgaben in Bezug auf Finanzanlagen, in: Nietsch, Corporate Social Responsibility Compliance, 2021, C.H. Beck, § 20, 441–475

4. Zeitschriftenbeiträge

Emde, Die theologischen Fakultäten zwischen wissenschaftlicher Freiheit und kirchlicher Bindung, AöR 106 (1981), 355–402
Emde, Die Einführung des Euro und ihre Auswirkungen auf Gesetze und Verträge, Bilanzbuchhalter 1996, 232–236
Emde/Dreibus, Der Regierungsentwurf für ein Kapitalanlage Gesetzbuch, BKR 2013, 89–102

Emde/Nemeczek/Pitz, Materielle Aspekte des Inhaberkontrollverfahrens bei Kredit- und Finanzdienstleistungsinstituten, Teil I, WM 2022, 1525–1533
Emde/Nemeczek/Pitz, Materielle Aspekte des Inhaberkontrollverfahrens bei Kredit- und Finanzdienstleistungsinstituten, Teil II, WM 2022, 1569–1578
Emde/Nemeczek/Pitz, Die Inhaberkontrolle bei Kredit- und Finanzdienstleistungsinstituten – Verfahren, Verlauf und Rechtsschutz, Teil I, WM 2023, 1005–1014
Emde/Nemeczek/Pitz, Die Inhaberkontrolle bei Kredit- und Finanzdienstleistungsinstituten – Verfahren, Verlauf und Rechtsschutz, Teil II, WM 2023, 1054–1064
Emde/Nemeczek, Die Novellierung der Inhaberkontrollverordnung, WM 2024, 1495–1502

AUTORENVERZEICHNIS

Andreas Bartsch, Rechtsassessor, Mainz

Prof. Dr. Jens-Hinrich Binder, LL.M. (London, Universität Tübingen

Dr. Markus Benzing, LL.M. (Nottingham Trent University), Rechtsanwalt, Frankfurt am Main

Dr. Jan Brinkmann, Rechtsanwalt, Fachanwalt für Steuerrecht, Steuerberater, Frankfurt am Main

Prof. Dr. Christian Decher, Rechtsanwalt, Frankfurt am Main

Frank Dornseifer, Rechtsanwalt, Bonn

Dr. Alexandra Dreibus, Rechtsanwältin, Wiesbaden

Dr. Andreas Fabritius, Rechtsanwalt, Frankfurt am Main

Dr. Christoph Gleske, Rechtsanwalt, Frankfurt am Main

Dr. Alexander Glos, Rechtsanwalt, Frankfurt am Main

Prof. Dr. Dr. h. c. Helmut Goerlich, Universität Leipzig

Dr. Janina Heinz, Rechtsanwältin, Frankfurt am Main

Prof. Dr. Johannes Hellermann, Universität Bielefeld

Prof. Dr. Wessel Heukamp, LL.M. (Columbia), Rechtsanwalt, München

Prof. Dr. Luise Hölscher, Staatssekretärin, Bundesministerium der Finanzen, Berlin

Dr. David Jansen, Rechtsanwalt, Frankfurt am Main

Dr. Lutz Krämer

Dr. Matthias-Gabriel Kremer, Rechtsanwalt, Bad Homburg v. d. H.

Dr. Theresa Kreft, Rechtsanwältin, München

Dr. Jens H. Kunz, LL.M. (UT Austin), Rechtsanwalt, Frankfurt am Main

Dr. Klaus Lackhoff, M.Iur.Eur. (Saarbrücken), LL.M. (Iowa), Head of Section, Europäische Zentralbank

Prof. Dr. Urs Lendermann, Hochschule der Deutschen Bundesbank, Hachenburg

Prof. Dr. Jochen Lüdicke, Rechtsanwalt, Fachanwalt für Steuerrecht, Steuerberater, Düsseldorf

Dr. Heinrich Nemeczek, LL.M. (Harvard), Rechtsanwalt, Berlin

Prof. Dr. Michael Nietsch, EBS Law School, Wiesbaden

Dr. Thorsten Pötzsch, Exekutivdirektor Geschäftsbereich Wertpapieraufsicht/Asset-Management, Bundesanstalt für Finanzdienstleistungsaufsicht, Bonn

Dr. Fabian von Schlabrendorff, Rechtsanwalt, Frankfurt am Main

Dr. Konrad Schott, Rechtsanwalt, Frankfurt am Main

Adrian Schreiber, LL.M. (Trinity College Dublin), Frankfurt am Main

Alexander Schuhmann, Rechtsanwalt, London

Dr. Gunnar Schuster, LL.M. (Chicago), Rechtsanwalt, Frankfurt am Main

Prof. Dr. Bernd Schütze, Vorsitzender Richter am Bundessozialgericht a. D., Albert-Ludwigs-Universität Freiburg

Norbert Stabenow, Rechtsanwalt, Düsseldorf

Andreas Steck, Rechtsanwalt, Frankfurt am Main

Prof. Dr. Rudolf Steinberg, Universitätspräsident a. D., Goethe-Universität Frankfurt am Main

Dr. Ludger Verfürth, LL.M. (Southampton/UK), Rechtsanwalt, Hamburg

Prof. Dr. Joachim Wieland, LL.M. (Cambridge), Deutsche Universität für Verwaltungswissenschaften Speyer, Richter des Verfassungsgerichtshofs für das Land Nordrhein-Westfalen

A. DEUTSCHES UND EUROPÄISCHES WIRTSCHAFTSRECHT

ANDREAS BARTSCH

Umverteilung von Vermögen durch den Staat?

I. *Einleitung*

Thomas Emde ist zeitlebens ein politischer Mensch, er ist zeitlebens ein „Liberaler". Liberale tendieren dazu das „freiheitlich" bei der freiheitlich demokratischen Grundordnung zu betonen. Diese Betonung schwingt im bekannten *obiter dictum* von Böckenförde zum Halbteilungsbeschluss des BVerfG zur Vermögensteuer mit. Dieser Beschluss datiert aus dem Jahr 1995, also lange nach der Zeit, zu der Thomas Emde wissenschaftlicher Assistent am Böckenförde-Lehrstuhl in Freiburg war.

1. *Finanznot der öffentlichen Hand*

Die Infrastruktur Deutschlands zerbröselt: Straßen, Brücken und Bahntrassen sind marode, den Instandhaltungsstau bei öffentlich genutzten Gebäuden wie die Schulen, Universitäten, Kasernen, Rathäuser, Ministerien, Museen etc beträgt viele Mrd. EUR, selbst wenn man notwendige energetischen Sanierungen nicht mit einbezieht. Nach Schätzungen soll die Energiewende tausende Mrd. EUR kosten. Die Schuldenbremse verhindert die Finanzierung über Kreditaufnahme.

Um den immensen Finanzbedarf für öffentliche Investitionen zu decken, wird daher – neben dem Aufweichen der Schuldenbremse und der höheren Steuerbelastung von Spitzeneinkommen[1] – der Ruf nach einer Vermögensteuer wieder lauter[2].

2. *Umverteilung: Chancengleichheit oder Gleichstellung?*

Aus der – oft unreflektiert wiederholten – Behauptung es gebe *„massiver Vermögenszuwächse bei den vermögenden Schichten"*, wird gefolgert, es gelte diese vermögenden Schichten *„an den finanziellen Lasten der nächsten Jahrzehnte zu beteiligen und dadurch zugleich für mehr Gerechtigkeit bei der Lastenverteilung zu sorgen"*[3].

Dieser Ruf wird dann gerne von denen aufgenommen, die den Klassenkampf mit der Umverteilung heute bereits vorhandener (Milliarden-)Vermögen unter dem Deckmantel des Klimaschutzes endlich neuen Schwung verleihen wollen. Diesen Stimmen geht es geht längst nicht mehr darum, ob und wann der Fiskus in die „Substanz" einzelner Vermögenswerte ein-

---

[1] Der Sachverständigenrat zur Begutachtung der gesamtwirtschaftlichen Entwicklung regt eine höhere Belastung der Spitzeneinkommen an: „So könnten eine temporäre Erhöhung des Spitzensteuersatzes oder ein zeitlich streng befristeter Energie-Solidaritätszuschlag für Spitzenverdienende in Erwägung gezogen werden" (Energiekrise solidarisch bewältigen, neue Realität gestalten, Jahresgutachten 22/23, Rn. 198).

[2] Dieser Ruf erscholl auch nach der Finanzkrise Ende der 2000er Jahre. Im Jahr 2013 kam der Wissenschaftliche Beirat beim Bundesministerium der Finanzen in seiner 60seitigen Stellungnahme (Wissenschaftlicher Dienst beim Bundesministerium der Finanzen 02/2013 unter dem Titel „Besteuerung von Vermögen" „Eine Finanzwirtschaftliche Analyse") zu dem Ergebnis „Es gibt keine überzeugenden Gründe für die Wiedererhebung der Vermögensteuer oder die Einführung einer einmaligen Vermögensabgabe" (S. 60).

[3] So Thiele, Der grundgesetzliche Rahmen für die Wiedereinführung einer Vermögensteuer, Working Paper Forschungsförderung, Nr. 2006, Februar 2023, Rdn. 3.

greifen oder nur auf den sogenannten Sollertrag des Vermögens zugreifen kann, es geht darum, privates persönliches Vermögen der „Reichen" auf einen Restbetrag zu stutzen (Nach dem Motto „Niemand braucht mehr als X Mio. Euro, um bis an sein Lebensende gut zu leben").

Im Leitantrag der Partei Die Linke zur Bundestagswahl 2025 wird (neben einer laufenden Vermögensteuer von 12% auf Milliardenvermögen) eine einmalige Vermögensabgabe von „bis zu" 30% gefordert[4].

Nur auf den ersten Blick weniger radikale Ansätze gehen von der Behauptung aus, „die" Demokratie sei durch „die" soziale Ungleichheit gefährdet, weil und wenn die Ungleichverteilung nicht „begründungsfähig" sei. Das gelte auch, wenn *„die schlechter Gestellten immer noch nach absoluten Maßstäben relativ gut gestellt sind"*, denn: *„ist eine ungleiche Verteilung ohne Grund inakzeptabel, kränkt sie die Betroffenen zu Recht."*[5] Der angebliche Begründungszwang mündet dann in der These, die Ungleichheit werde *„aber genau dann zu einem demokratietheoretischen Problem, wo sie ein Ausmaß erreicht, das einer solchen rationalen Begründung nicht mehr zugänglich erscheint."*[6]

„In einer solchen Situation droht die soziale Ungleichheit aufgrund der damit einhergehenden kränkenden Wirkung das einigende Band der Gemeinschaft zu zerreißen, da deren Mitglieder nicht mehr in der Lage sind, sich als politische gleich und folglich als Angehörige der gleichen politischen Gemeinschaft (noch) zu erkennen.

Aus dieser Perspektive ist also soziale Ungleichheit oder Vermögensungleichheit kein generelles Problem, sondern lediglich jene, die einer gesellschaftlich anerkannten Rechtfertigung nicht (mehr) standhält."[7]

Auch eine heute akzeptierte Ungleichheit soll also morgen – ohne dass sich die Ungleichheit vertieft, ja selbst wenn sie sich vermindert – inakzeptabel werden können? Es soll allein auf die subjektiven Befindlichkeiten, der „gekränkten" Minderheit von schlechter Gestellten ankommen? Aus dieser Befindlichkeit soll die Pflicht des Staats entstehen, dafür zu sorgen, dass die soziale Ungleichheit stets auf ein subjektiv „akzeptanzfähiges Niveau" zurückgestutzt wird (auch wenn die Ungleichverteilung, faktisch unverändert bleibt):

„Ziel staatlicher Maßnahmen muss es daher sein, das Ausmaß der sozialen Ungleichheit auf einem rational begründungs- und damit zugleich für alle Mitglieder des Gemeinwesens akzeptanzfähigem Niveau zu halten und dort einzuschreiten, wo dies nicht mehr der Fall ist. Der Sozialstaat steht damit im Dienst der Freiheit und der Gleichheit, wenn die Demokratie als umfassende Inklusionsstruktur wirksam werden soll. Mit einer verpönten „Neiddebatte" hat das insofern nichts zu tun".[8]

Indem auf „alle Mitglieder des Gemeinwesens" abgestellt wird, wird verdeckt auf den kleinsten gemeinsamen Nenner abgestellt. Das „akzeptanzfähige Niveau" wird dann allein von der (gekränkten) Minderheit der „schlechter Gestellten" bestimmt und so jeder objektiven Nachprüfbarkeit entzogen. Der Sozialneid wird zum Maßstab staatlichen Handelns: man geht der Neiddebatte aus dem Weg, indem man den Neidern recht gibt. So ebnet man Populisten den Weg. Es reicht dann aus, mit Fake News und Verschwörungstheorien (zB über globale (Finanz- oder politischer) Eliten, die sich mittels Globalisierung bereichern und im Hintergrund die Fäden so ziehen, dass „die" Demokratie ausgehebelt wird)[9] die Befindlichkeiten einer Minderheit zu schüren. Wer

---

[4] Zeilen 341–346 des Leitantrags der Partei Die Linke zur Bundestagswahl 2025, abrufbar unter https://www.die-linke.de/fileadmin/1_Partei/parteitage/Au%C3%9Ferordentlicher_Parteitag_25/Leitantrag_Wahlprogramm_BTW25.pdf; das wurde in der Endfassung allerdings gestrichen. Im Wahlprogramm findet sich lediglich der Ruf nach einer Vermögensteuer.

[5] Zitat aus: Nida-Rümelin, Demokratie und Wahrheit, 2006, 131.

[6] Thiele, Der grundgesetzliche Rahmen für die Wiedereinführung einer Vermögensteuer, Working Paper Forschungsförderung, Nr. 2006, Februar 2023, Rn. 51 mwN.

[7] Thiele, Der grundgesetzliche Rahmen für die Wiedereinführung einer Vermögensteuer, Working Paper Forschungsförderung, Nr. 2006, Februar 2023, Rn. 52 mwN.

[8] Thiele, Der grundgesetzliche Rahmen für die Wiedereinführung einer Vermögensteuer, Working Paper Forschungsförderung, Nr. 2006, Februar 2023, Rn. 52.

[9] In diesem Sinne zB der Leitantrag zum Bundestagswahlprogramm der AfD, Zeilen 2376–2382, abrufbar unter https://www.afd.de/wp-content/uploads/2024/11/Leitantrag-Bun

sich nicht belastet fühlt, dem wird dem wird „Respekt“ vor der gekränkten Minderheit abverlangt. Einfach wird es dann, wenn die staatliche Maßnahme nur die „Reichen“ oder gar die „Superreichen“ trifft. Denn dieser reichen Minderheit ggü. wird doch wohl kein „Respekt“ geschuldet[10], sie hat keine Lobby in der öffentlichen Darstellung, gegen sie ist einfach Stimmung zu machen, indem man den Neidkomplex nicht nur der „schlechter Gestellten“, sondern insbes. der Mittelschicht befeuert und diese zum Hüter der Interessen der armen Minderheit der „schlechter Gestellten“ macht.

Wer eine ungleiche Verteilung von Vermögen verteidigen will, dem wird der Nachweis auferlegt, die Ungleichheit sei entweder nicht existent oder jedenfalls nicht unakzeptabel. Was nicht vorliegt, kann nicht bewiesen werden *(nulla non sunt probanda):* der Gegenmeinung unmögliches aufzuerlegen, ist der klassische Rhetorik-Trick der Populisten.

Diesen Stimmen geht es ausschließlich um das Gemeinwesen, den Sozialstaat und ein „demokratietheoretisches Problem“ und „die Gerechtigkeit“. Die freiheitliche Rechtsordnung wird damit argumentativ in die Ecke des „liberalen und libertären“[11] gedrängt. Diese Stimmen behaupten im Grunde, die Ungleichverteilung bedürfe einer ständigen Rechtfertigung und implizieren, dass die Gleichverteilung die Regel, die Ungleichverteilung die Ausnahme sei.

Im Ergebnis werden Freiheit und rechtliche Gleichheit der Gleichstellung untergeordnet. Das hat mit der freiheitlichen Grundordnung, dem freiheitlichen Rechtsstaat des Grundgesetzes nichts gemein. Wirtschaftliche Freiheit führt immer zu Ungleichheit. Denn es ist der Freiheit und der rechtsstaatlichen Chancengleichheit immanent, dass sie bei gleichen Chancen zu ungleichen Ergebnissen führt. Das ist keineswegs ungerecht, es ist vielmehr gerecht, den Erfolgreichen ihren Erfolg zu belassen. Die Gleichheit vor dem Gesetz gebietet es, auch und gerade die Erfolgreichen zu schützen. Böckenförde bringt das in seinem *obiter dictum* zum „Halbteilungsbeschluss“ des BVerfG[12] folgendermaßen auf den Punkt:

„*Die freie Gesellschaftsordnung der Bundesrepublik beruht auf der für den modernen Staat selbstverständlichen Annahme der rechtlichen Freiheit und Gleichheit aller Bürger. Mit dieser durch die Verfassung gewährleisteten Grundlegung des Gemeinwesens in der Freiheit und Besonderheit des einzelnen werden gesellschaftliche Ordnungsbildung und Entwicklung weitgehend dem freien Spiel der Konkurrenz und sich hierbei bildender Unterscheidungen überlassen. Die rechtliche Gleichheit verbunden mit der individuellen Handlungs- und Erwerbsfreiheit und der Garantie des Eigentums entbindet eine weitreichende Dynamik und führt unweigerlich zur Entstehung materieller Ungleichheit unter den Bürgern. Dies ist gewollt und elementarer Inhalt einer freiheitlichen Rechtsordnung. Insoweit bedarf es aber eines Ausgleichs. … Im Eigentum gerinnt die Ungleichheit der freigesetzten Gesellschaft zur Materie und wird Ausgangspunkt neuer Ungleichheiten. Stellt man dieses unter Sicherung von dessen unbegrenzter Akkumulation sakrosankt, besteht die Gefahr, daß sich die Ungleichheit ungezügelt potenzieren kann und sich darüber die freiheitliche Rechtsordnung selbst aufhebt.*

Das Grundgesetz hat dem durch die Einführung des Sozialstaatsprinzips Rechnung getragen (Art. 20 I GG). Es verpflichtet den Staat, für einen Ausgleich der sozialen Gegensätze und damit für eine gerechte Sozialordnung zu sorgen (vgl. BVerfGE 22, 180 () = NJW 1967).“

Die Ungleichheit ist also keineswegs nur „begründungsfähig“, sondern sie ist als zwingende Folge der freiheitlichen Rechtsordnung immer begründet; das Sozialstaatsprinzip ist das Korrektiv, das ausnahmsweise einen staatlichen Eingriff rechtfertigen kann, wenn und soweit dadurch der Rechtsstaat geschützt wird.

---

destagswahlprogramm-2025.pdf; Parteiprogramm BSW („*Von Konzernen beeinflusste und gekaufte Politik*“; eine Gesellschaft deren „*mächtigste Akteure, die nur noch von der Motivation getrieben sind, aus Geld mehr Geld zu machen*“), abrufbar unter: https://bsw-vg.de/wp-content/uploads/2024/01/BSW_Parteiprogramm.pdf.

[10] Die Berliner Anti-Diskriminierungsstelle hat dem Autor beschieden, er könne nicht aus sozialen Gründen diskriminiert werden, er sei schließlich sozial bessergestellt.

[11] Thiele, Der grundgesetzliche Rahmen für die Wiedereinführung einer Vermögensteuer, Working Paper Forschungsförderung, Nr. 2006, Februar 2023, Rn. 52 mwN.

[12] BVerfGE 93, 121 = NJW 1995, 2615 Rn. 87 f.

Die Ungleichheit bedarf gerade keiner ständigen Rechtfertigung, sie *„ist gewollt und elementarer Bestandteil"* der freiheitlichen Rechtsordnung; staatliche Maßnahmen gegen die Ungleichheit müssen dagegen gerechtfertigt werden. Das Regel-Ausnahmeverhältnis ist aus dieser Sichtweise gerade umgekehrt. Bloße Befindlichkeiten (oder Kränkungen) der „Betroffenen" reichen keineswegs aus, um eine Umverteilung zu begründen; notwendig ist mindestens, dass die Gründe für eine Umverteilung rational und objektiv nachprüfbar sind.

Das Grundgesetz erlaubt eine Marktwirtschaft[13], die nicht ungezügelt frei ist, sondern durch das Sozialstaatsprinzip begrenzt wird: die soziale Marktwirtschaft.

3. Vollständige, direkte Umverteilung; indirekte Umverteilung

Umverteilung ist effektiv, wenn den einen (den „Reichen") genommen, den anderen (den „Armen") gegeben wird. Eine solche Umverteilung kann mittels Steuern nicht erreicht werden:

§ 3 Abs. 1 AO definiert eine Steuer als allgemeine Zahlungspflicht, die (jedenfalls auch) zur Erzielung von staatlichen Einnahmen dient. Der Staat ist gehindert, das Steueraufkommen unmittelbar und vollumfänglich (zB über ein Sondervermögen) an „Bedürftige" weiterzugeben. Den „Armen" zu gegeben, was den Reichen genommen wurde, ist keine Steuer.

Wie viel des Steueraufkommens, wann für welche öffentlichen Zwecke – insbes. auch für Transferleistungen – bereitgestellt wird, muss sich aus dem jeweils aktuellen Haushalt ergeben. Das Haushaltsrecht ist Vorbehaltsrecht der zuständigen Parlamente (bei der Vermögensteuer das Recht der Länderparlamente, weil das Vermögensteueraufkommen nach Art. 106 Abs. 2 GG ausschließlich den Ländern zusteht. Eine Revitalisierung der ausgesetzten Vermögensteuer durch ein Bundesgesetz kann die Volksvertretungen der Länder nicht an eine bestimmte Mittelverwendung binden[14]). Eine Vermögensteuer kann nur die Belastung der „Reichen" sicherstellen, nicht aber die Entlastung der „Armen". Eine Vermögensteuer kann daher nur indirekt zur Umverteilung eingesetzt werden.

Eine vollständige, direkte Umverteilung außerhalb des Haushalts kann dagegen mittels sogenannter Sonderabgaben oder einer in Art. 106 Abs. 1 Nr. 5 GG einmaligen Vermögensabgabe erfolgen.

- Die im GG nicht genannten Sonderabgaben[15] sind sogenannte „parafiskalische" Abgaben, die nicht in Haushaltsplänen erfasst sein dürfen und daher außerhalb des Haushalts zB über Sondervermögen verwendet werden müssen. Eine Umverteilung von Vermögen mittels Sonderabgabe erfordert, nicht nur die Belastung der „Reichen", sondern eine direkte Begünstigung der „Armen".
- Die in Art. 106 Abs. 1 Nr. 5 GG ausdrücklich genannte Lastenausgleichsabgabe wurde im Jahr 1952 in Deutschland mit dem Lastenausgleichsgesetz (LAG) eingeführt, um die Kriegsfolgen zu bewältigen. Ausgleichsverpflichtete mussten die Hälfte (!) ihres Stichtagsvermögens (soweit es 35.000 DM überstieg) abgeben. Die Mittel wurde in ein Sondervermögen eingezahlt und zu etwa 1/3 (der Rest wurde vom Sondervermögen kreditfinan-

[13] Insoweit ist das GG ist zwar wirtschaftspolitisch neutral. *„Die Eigentumsgarantie und die anderen Grundrechte des privatautonomen Handelns und der privatautonomen Teilhabe an der Gestaltung der Wirtschaft schließen deshalb eine absolute Herrschaft des politischen Systems über die Wirtschaft aus."* (Papier, Wirtschaftsordnung und GG, 19.3.2007, abrufbar unter: https://www.bpb.de/shop/zeitschriften/apuz/30557/wirtschaftsordnung-und-grundgesetz/).

[14] Ob eine solche Bindungswirkung durch Beschluss des Bundesrats herbeigeführt werden kann – wenn zB zuvor alle Länderparlamente der Bindungswirkung zugestimmt haben – scheint fraglich, weil sich die Länderparlamente ggf. nicht im Hinblick auf den nächsten Haushalt binden dürfen – was der Grund für die Diskussion um ein Sondervermögen für langfristige Sicherstellung von Investitionen ist.

[15] Zwangsanleihen müssen den Anforderungen des BVerfG an Sonderabgaben genügen, s. dazu Hey IFSt-Schrift Nr. 483, 72; BVerfGE 67, 256 (281 ff.).

ziert) dazu verwendet, Kriegsversehrtenrenten, Ausgleichszahlungen an Ostflüchtlinge etc zu zahlen. Der Zahlbetrag wurde aufgrund des Stichtagsvermögens einmalig festgesetzt und war in 120 vierteiljährlichen Raten von jeweils 0,4166 Prozent über 30 Jahre (1,67 Prozent p. a.) zahlbar[16].
- Allgemein kann das Aufkommen einer einmaligen Vermögensabgabe iSv Art. 106 Abs. 1 Nr. 5 GG nicht nur in den jeweiligen Bundeshaushalt fließen, sondern direkt (ggf. über ein Sondervermögen, jedenfalls ohne Beschränkungen durch das Haushaltsrecht) zur Umverteilung an die „Armen" eingesetzt werden.

Steuern – und damit auch jede revitalisierte Vermögensteuer – können nur umverteilen, indem sie die „Reichen" belasten.

Vor diesem Hintergrund soll untersucht werden, unter welchen Voraussetzungen der Staat Vermögen zur direkten Umverteilung über Sonderabgaben oder eine einmalige Vermögensabgabe entziehen darf (II). Danach soll auf die rechtlichen Grenzen einer laufenden Vermögensteuer[17] eingegangen werden (III).

II. Entzug von Vermögen zur Umverteilung

Jeder staatliche Zugriff auf Vermögen bedarf einer Gesetzgebungskompetenz, die sich entweder aus der allgemeinen Sachkompetenz (Art. 70 ff. GG), oder aus der Finanzverfassung (Art. 105 ff. GG) ergeben kann.

1. Sonderabgabe

a) Zulässigkeitsvoraussetzungen

Soweit von der Sachkompetenz[18] gedeckt, können laufende oder einmalige Sonderabgaben[19] erhoben werden. Mit solchen Sonderabgaben darf allerdings die Ordnungs- und

---

[16] LastenausgleichsG v. 14.8.1952 (BGBl. I 446); zusammenfassende Darstellung des wissenschaftlichen Dienstes des Bundestags v. 26.9.2023, Übersicht über das LastenausgleichsG, abrufbar unter: https://www.bundestag.de/resource/blob/974288/797ce8deed37cc0d7e6f229c4ba0383f/WD-3-107-23-WD-4-057-23-pdf-data.pdf.

[17] Die zB ausgestaltet ist, wie enthalten bzw. untersucht:
- im Leitantrag zum Parteitag Der Linken im Januar 2025 ab Zeile 324, abrufbar unter https://www.die-linke.de/fileadmin/1_Partei/parteitage/Au%C3%9Ferordentlicher_Parteitag_25/Wahlprogramm_BTW25.pdf.
- in der Kurzexpertise „Ökonomische Bewertung verschiedener Vermögensteuerkonzepte" (Projekt-Nr. 012/17) v. 20.11.2017 für das Bundesministerium für Wirtschaft und Energie (BMWi), Referat I C 4, von Ernst & Young GmbH Wirtschaftsprüfungsgesellschaft und ifo Institut – Leibniz-Institut für Wirtschaftsforschung an der Universität München e. V.; abrufbar unter https://www.ifo.de/en/publications/2017/monograph-authorship/okonomische-bewertung-verschiedener-vermogensteuerkonzepte.
- von Bach/Beznoska DIW-Schriften Nr. 68 (2012) – offenbar im Auftrag von SPD geführten Bundesländern erstellt (s. hierzu Hey IFSt-Schrift Nr. 483, 62, die eine Pressemitteilung des Landes Rheinland-Pfalz v. 17.10.2012 als Quelle angibt).

[18] Ob die Umverteilung von Vermögen zwischen Privaten in eine der dem Bund zugewiesenen Sachkompetenzen fällt – woran man Zweifel haben kann – ist nachrangig, denn dann hätten jedenfalls die Länder nach Art. 70 Abs. 1 GG die Gesetzgebungskompetenz. Daher soll nicht darauf eingegangen werden, ob der Bund die Sachkompetenz für eine Umverteilungsabgabe hätte.

[19] Vgl. Tipke/Lang SteuerR/Seer Rn. 2.25 ff. Zwangsanleihen, die – etwa über niedrigen Zins mit überlanger Laufzeit im Barwert wirtschaftlich zum Vermögensopfer zwingen, müssten sich an den Kriterien für Sonderabgaben mit Finanzierungsfunktion messen lasse – vgl. dazu Hey IFSt-Schrift Nr. 483, 72.

Schutzfunktion der Finanzverfassung nicht unterlaufen werden: Bund und Länder finanzieren das Gemeinwesen in der Regel aus Steuern; wenn sie weitere Zahlungspflichten im Rahmen ihrer Sachkompetenz erlassen wollen, bedarf das einer besonderen Rechtfertigung, die über die Erzielung von Einnahmen hinausgeht.[20]

Dabei sind dem Gesetzgeber Grenzen gesteckt: Unterschieden werden Sonderabgaben mit Finanzierungsfunktion und Sonderabgaben ohne Finanzierungsfunktion, die eine Ausgleichs-, Abschöpfungs- oder Lenkungsfunktion haben.[21] Auf den ersten Blick scheint die Sonderabgabe das Mittel der Wahl für den Entzug von (Milliarden-)Vermögen. Dabei sind Sonderabgaben ohne Finanzierungsfunktion weniger strengen Kriterien unterworfen als Sonderausgabe mit Finanzierungsfunktion.[22]

b) Sonderabgabe mit Finanzierungsfunktion

Eine Sonderabgabe mit Finanzierungsfunktion ist nur zulässig, wenn die Abgabepflichtigen eine homogene Gruppe bilden, dieser Gruppe muss eine besondere Verantwortung zugewiesen sein und das Aufkommen muss dann gruppennützig im Interesse der belasteten Gruppe außerhalb des allgemeinen Staatshaushalts verwendet werden[23]. Insbes. das Merkmal der Verwendung im Interesse der Zahlungspflichtigen unterscheidet die Sonderausgabe von der Steuer. Das Aufkommen einer solchen Sonderabgabe kann nicht über den allgemeinen Staatshaushalt verteilt werden, weil die Sonderabgabe gruppennützig ist. Daher wird ihr Aufkommen regelmäßig einem Sondervermögen zugeleitet werden müssen.

Die belasteten „Reichen“ sollen aber gerade nichts von der Abgabe haben.[24] Allerdings hat das BVerfG in seinem Urteil vom 28.11.2024 zur Strompreisbremse[25] es für ausreichend gehalten, wenn eine Sonderabgabe (die im Urteilsfall keine Finanzierungsfunktion hatte) der Umverteilung unter Privaten in Erfüllung einer Gemeinwohlaufgabe dient[26]. Gemeinwohlaufgabe kann danach der Interessenausgleich der Teilnehmer am Strommarkt sein (Konkret sollen die Interessen der von den hohen Strompreisen belasteten Stromkunden und der durch diese hohen Preise begünstigten Stromproduzenten zum Ausgleich gebracht werden). Allerdings müssen die Zahlungspflichtigen in einem „Näheverhältnis“ zur Gemeinwohlaufgabe stehen. Bei der Strompreisbremse war dieses „Näheverhältnis“ durch die Regeln der Preisbindung am Strommarkt gegeben.

Ein solches Nähverhältnis besteht zwischen den „Reichen“ insbes. den Milliardären und der übrigen Bevölkerung nicht. Daher wäre ein Entzug von Milliardenvermögen mittels Sonderabgabe zur Finanzierung einer Umverteilung (zwischen Privaten) grundgesetzwidrig.

---

[20] Zuletzt BVerfG GewArch 2025, 21 Rn. 79.

[21] Tipke/Lang SteuerR/Seer Rn. 2.25.

[22] Tipke/Lang SteuerR/Seer Rn. 2.31.

[23] Tipke/Lang SteuerR/Seer Rn. 2.27–2.29.

[24] Man wird schwerlich eine Sonderabgabe damit rechtfertigen können, dass man die Reichen sonst erschießen (oder zur Zwangsarbeit verpflichten) müsste – auch wenn davon linke Klassenkämpfer träumen mögen: https://www.welt.de/politik/deutschland/article206296277/Linke-Konferenz-Erschiessungen-von-Reichen-Skandal-in-Kassel.html.

[25] BVerfG GewArch 2025, 21 Rn. 105 mwN.

[26] Das Urteil erlaubt den Entzug von (Über)Gewinnen zur (teilweisen) Refinanzierung von Zahlungen (der Netzagentur, die wiederum dafür Bundesmittel erhalten hatte) an Verbraucher zur Abmilderung der explodierenden Strompreise (Strompreisbremse). Der Anstieg der Strompreise war Folge der Preiseexplosion für die Gasverstromung in Folge des Ukraine Krieges (über die Merit Order des Strommarkts). Die Strompreise wären erst gar nicht explodiert, wenn der Bund die Gasverstromung direkt subventioniert und so der Grenzpreis für die Gasverstromung nicht über den Grenzpreis der anderen Stromproduzenten gestiegen wäre. Dann hätte es auch keine Übergewinne anderer Stromproduzenten gegeben – und der Netto-Aufwand des Staats wäre wahrscheinlich sogar geringer gewesen.

c) Sonderabgabe ohne Finanzierungsfunktion

Sonderabgaben ohne Finanzierungsfunktion wurden bisher vom BVerfG nur als zulässig erachtet, wenn sie als Anreiz für ein bestimmtes Verhalten, Sanktion für ein bestimmtes Fehlverhalten waren[27]. Eine Belastung der Reichen hätte weder eine Anreizwirkung noch wäre sie Sanktion für Fehlverhalten – es geht vielmehr darum, rechtmäßig erworbenes Vermögen zu entziehen. Der Entzug von Milliardenvermögen mittels Sonderabgabe ohne Finanzierungsfunktion wäre ebenfalls grundgesetzwidrig.

2. Einmalige Vermögensabgabe

a) Finanzverfassungsrechtlicher Rahmen

Nach Art. 106 Abs. 1 GG steht das Aufkommen einer einmaligen Vermögensabgabe dem Bund zu. Das Aufkommen einer Vermögensteuer steht den Ländern zu (Art. 106 Abs. 2 Nr. 1 GG). Der Bund kann daher keine Vermögensabgabe erheben, die die Wirkung einer (laufenden) Vermögensteuer hat, ohne dafür das GG zu ändern (Art. 79 Abs. 2 GG). Die Vermögensabgabe muss sich also von der Vermögensteuer klar unterscheiden, um eine Umgehung der Ertragshoheit der Länder zu verhindern.

Ausgangspunkt ist ein Vergleich mit der in Art. 106 Abs. 1 Nr. 5 GG ausdrücklich genannte Lastenausgleichsabgabe. Die Lastenausgleichsabgabe war in dreierlei Hinsicht eine „einmalige“ Vermögensabgabe:

- zum einen war ihr Anlass, der damals notwendige Ausgleich unverschuldeter Vermögensverluste aufgrund Flucht und Vertreibung sowie gesundheitlicher Kriegsfolgen bei gleichzeitigem Fehlen anderer Finanzierungsmöglichkeiten, einmalig;
- zweitens war es in den 1950er Jahren für den deutschen Staat kriegsbedingt deutlich schwieriger als heute, die Kriegsfolgeschäden aus Staatschulden zu bewältigen;
- drittens wurde der Betrag der Vermögensabgabe auf einen Stichtag einmal ermittelt und war damit auf diesen „einmaligen“ Betrag begrenzt.

Nach richtiger Ansicht muss sich eine Vermögensabgabe nach Art. 106 Abs. 1 Nr. 5 GG an dem historischen Beispiel des Lastenausgleichsgesetzes messen lassen; insbes. muss ein ähnlicher historisch außerordentlicher Bedarf für die Umverteilung bestehen und gleichzeitig der Staat eine zweifelsfrei notwendige Umverteilung nicht aus Kreditaufnahme oder laufenden Steuern finanzieren können. Die Situation muss derjenigen nach dem 2. Weltkrieg[28] vergleichbar sein. Str. ist allerdings, ob schon ein nicht anders finanzierbarer Finanzbedarf des Bundes ausreicht, oder zudem der wirtschaftliche Zusammenbruch drohen, eine „notstandsähnliche Ausnahmesituation“[29], eine existentielle Bedrohung des Staats, vorliegen muss[30].

Um zu verhindern, dass der Bund auf das Vermögen der Bürger zugreift und damit diese Ertragshoheit der Länder ausschließt, reicht es für eine Vermögensabgabe nicht aus, dass dem Gesetzgeber *„sowohl für die Einschätzung der sozialen Konfliktlage als auch für die Mittel, um auf diese zu reagieren, von der Verfassung ein weiter sozialpolitischer Entscheidungsraum zugedacht“*[31] ist. Das mag für eine laufende Vermögensteuer gelten – eine einmalige Vermögensabgabe kann die politische Prärogative des Bundes nicht rechtfertigen, solange keine sozialen Unruhen herrschen oder konkret drohen und die Kreditfähigkeit der Bundesrepublik Deutschland nicht in Frage steht. Denn dann könnte der Bundesgesetzgeber immer über eine Ver-

[27] Tipke/Lang SteuerR/Seer Rn. 2.31 mwN.
[28] ZB Hey IFSt-Schrift Nr. 483, 26 f., 68 f.
[29] Hey IFSt-Schrift Nr. 483, 68.
[30] Hey IFSt-Schrift Nr. 483, 26 f.
[31] Böckenförde im obiter dictum zur Halbteilungsentscheidung BVerfGE 93, 121 = BeckRS 1995, 22234 Rn. 88.

mögensabgabe auf das Vermögen der Privaten zugreifen und so die grundgesetzlich durch Art. 106 Abs. 2 Nr. 1 GG garantierte Ertragshoheit der Länder im Hinblick auf die Besteuerung von Vermögen aushebeln[32].

Der Bund ist ggü. den Ländern (und nicht nur aufgrund des Verhältnismäßigkeitsprinzips ggü. den Bürgern) verfassungsrechtlich gehalten, zunächst mittels der dem Bund zustehenden Steuern umzuverteilen. Erst wenn das nicht möglich ist, weil die Ungleichverteilung nicht über Kreditaufnahme und Steuern ausgeglichen werden kann, darf er zum Mittel der einmaligen Vermögensabgabe greifen. Auch aus diesem Grund wäre eine einmalige Vermögensabgabe zur Umverteilung nicht mit der Finanzverfassung des GG vereinbar.

Kurzum: wenn die Situation nicht einmal eine Aussetzung der Schuldenbremse rechtfertigt, kann auch keine einmalige Vermögensabgabe erhoben werden.

b) Sozialstaatsprinzip

Das Sozialstaatsprinzip mag es erforderlich machen, Vermögen umzuverteilen. Eine einmalige Vermögensabgabe kann auch das Sozialstaatsprinzip aber nur in extremen historisch einmaligen Ausnahmesituationen, einer extremen Bedrohungslage (wie extreme Ungleichverteilung als Folge von Flucht und Vertreibung nach dem 2. Weltkrieg und Mangel an alternativer Finanzierungsmöglichkeit) oder einer sprunghaft gewachsenen Ungleichverteilung, einer *„bedrohlichen Entwicklung der Einkommensverteilung“*[33] (wenn sie den freiheitlichen Rechtsstaat gefährdet) rechtfertigen.

c) Rasant wachsende Ungleichheit empirisch nicht nachweisbar

In der deutschen Diskussion, den Medien und leider auch in verfassungsrechtlichen Gutachten[34] oder Aufsätzen[35] werden ungeprüft und unkommentiert statistische Behauptungen zur Ungleichverteilung bspw. von Oxfam[36] oder der Hans Böckler Stiftung[37] zur Ausgangsgrundlage einer verfassungsrechtlichen Beurteilung gemacht[38].

Es ist objektiv nicht nachweisbar, dass es in den letzten Jahren oder gar Jahrzenten „massive Vermögenszuwächse“ nur (oder überproportional) bei den „vermögenden Schichten“ gegeben hätte, oder dass die „Schere zwischen Arm und Reich“ rasant aufgegangen ist. Von einer extremen Ausnahmesituation kann nicht die Rede sein.

---

[32] Ähnlich Hey IFSt-Schrift Nr. 483, 26 f.

[33] Böckenförde im obiter dictum zur Halbteilungsentscheidung BVerfGE 93, 121 = BeckRS 1995, 22234 Rn. 88.

[34] ZB Thiele, Der grundgesetzliche Rahmen für die Wiedereinführung einer Vermögensteuer, Working Paper Forschungsförderung, Nr. 2006, Februar 2023, Rn. 2.

[35] ZB Hey IFSt-Schrift Nr. 483, 16, die sich auf die „Zeit seit den 1970er Jahren“ und – inzwischen überholte – Untersuchungen des SOEP aus 2007 bezieht.

[36] Oxfam Deutschland, Gewaltige Ungleichheit. Warum unser Wirtschaftssystem von struktureller Gewalt geprägt ist und wie wir es gerechter gestalten können.

[37] https://www.boeckler.de/de/boeckler-impuls-wie-sind-die-vermoegen-in-deutschland verteilt-3579.htm.

[38] Das gipfelt in der Behauptung: „Weitgehende Einigkeit herrscht in dieser Diskussion darüber, dass die Vermögensteuer zwar schwer zu erheben, aber aufgrund des Anwachsens der großen Vermögen dringend geboten ist.“ (Buggeln, Das Versprechen der Gleichheit, 2023, 922 f.).

aa) Vermögensverteilung laut EZB Statistik (Distributional Wealth Accounts – DWA – for the Houshold Sector)

EZB und Bundesbank veröffentlichen[39] seit Anfang 2024 im Rahmen eines Versuchsprojekts aufgrund laufend statistisch[40] erhobener Quartalszahlen)[41] laufend Quartalsergebnisse zur Vermögensverteilung.

Aus diversen Einzelstatistiken ergibt sich für Deutschland für die letzten 10 Jahre seit Ende 2014 folgendes Bild (dargestellt jeweils Jahresendstände des 4. Quartals und für 2024 das Ende des 2. Quartals – Prozentsätze und Zusammenstellung durch den Verfasser; Decile beschreiben 10%-Schritte):

Millionen Euro	Decil	O4 2014	O4 2015	O4 2016	O4 2017	O4 2018	O4 2019	O4 2020	O4 2021	O4 2022	O4 2023	Q4 2024
	1 - 5	180.355	201.660	221.734	244.610	266.922	304.841	342.652	395.556	407.303	402.982	474.288
Steigerung		0,0%	11,8%	22,9%	35,6%	48,0%	69,0%	90,0%	119,3%	125,8%	123,4%	163,0%
Prozent Ges		1,79%	1,90%	2,00%	2,08%	2,14%	2,27%	2,21%	2,35%	2,37%	2,37%	2,55%
	6	360.964	390.970	421.614	451.255	482.647	526.736	567.642	626.360	667.204	652.445	726.239
Steigerung		0,0%	8,3%	16,8%	25,0%	33,7%	45,9%	57,3%	73,5%	84,8%	80,8%	101,2%
Prozent Ges		3,58%	3,68%	3,81%	3,83%	3,87%	3,91%	3,66%	3,72%	3,88%	3,83%	3,90%
	7	609.465	666.340	722.342	782.840	826.241	900.069	958.120	1.078.990	1.167.482	1.131.711	1.247.566
Steigerung		0,00%	9,33%	18,52%	28,45%	35,57%	47,68%	57,21%	77,04%	91,56%	85,69%	104,70%
Prozent Ges		6,04%	6,27%	6,52%	6,64%	6,63%	6,69%	6,17%	6,40%	6,79%	6,65%	6,70%
	8	1.007.202	1.093.771	1.191.218	1.268.394	1.329.014	1.425.386	1.508.884	1.674.627	1.807.178	1.752.466	1.943.201
Steigerung		0,00%	8,59%	18,27%	25,93%	31,95%	41,52%	49,81%	66,27%	79,43%	73,99%	92,93%
Prozent Ges		9,98%	10,29%	10,75%	10,76%	10,66%	10,59%	9,72%	9,93%	10,50%	10,30%	10,43%
	9	1.651.872	1.795.450	1.942.806	2.062.675	2.120.236	2.249.614	2.354.469	2.585.119	2.786.399	2.711.528	2.989.358
Steigerung		0,00%	8,69%	17,61%	24,87%	28,35%	36,19%	42,53%	56,50%	68,68%	64,15%	80,97%
Prozent Ges		16,37%	16,88%	17,54%	17,51%	17,01%	16,72%	15,16%	15,33%	16,19%	15,93%	16,04%
	10	6.279.352	6.485.808	6576247,57	6.973.443	7.442.015	8.049.293	9.796.482	10.499.443	10.370.418	10.370.418	11.251.473
Steigerung		0,00%	3,29%	4,73%	11,05%	18,52%	28,19%	56,01%	67,21%	65,15%	65,15%	79,18%
Prozent Ges		62,24%	60,99%	59,37%	59,18%	59,69%	59,82%	63,09%	62,27%	60,27%	60,93%	60,39%
Zwischensumme	5 - 10	9.908.855	10.432.338	10.854.227	11.538.609	12.200.152	13.151.099	15.185.598	16.464.538	16.798.681	16.618.568	18.157.837
Steigerung		0,0%	5,3%	9,5%	16,4%	23,1%	32,7%	53,3%	66,2%	69,5%	67,7%	83,2%
Gesamtvolksvermögen		10.089.210	10.633.997	11.075.961	11.783.218	12.467.075	13.455.940	15.528.250	16.860.095	17.205.984	17.021.550	18.632.125
Steigerung		0,0%	5,4%	9,8%	16,8%	23,6%	33,4%	53,9%	67,1%	70,5%	68,7%	84,7%
Decile 5-9		3.449.148	3.744.870	4.056.245	4.320.555	4.491.215	4.796.965	5.046.463	5.569.539	6.020.960	5.845.168	6.432.076
Steigerung		0,00%	8,57%	17,60%	25,26%	30,21%	39,08%	46,31%	61,48%	74,56%	69,47%	86,48%
Prozent Ges		34,19%	35,22%	36,62%	36,67%	36,02%	35,65%	32,50%	33,03%	34,99%	34,34%	34,52%

Die Vermögensverteilung in Deutschland in den letzten 10 Jahren hat sich danach jedenfalls nicht dramatisch verändert.

---

[39] EZB, Distributional Wealth Accounts – DWA, abrufbar unter: https://data.ecb.europa.eu/data/datasets/DWA?dataset%5B0%5D=Distributional%20Wealth%20Accounts%20%28DWA%29&advFilterDataset%5B0%5D=Distributional%20Wealth%20Accounts%20%28DWA%29.

[40] Dabei werden die Daten verschiedener Statistiken (Household Finance and Consumption Survey (HFCS) Erhebung EZB, der Daten des DIW basierend auf der SOEP-Erhebung auch der für „reiche" Haushalte und der vierteljährlichen Sektorkonten der volkswirtschaftlichen Gesamtrechnung/Vermögensbilanz -Quaterly Sector Accounts – QSA) verwendet. Diese Statistik der EZB umfasst so gewissermaßen die bisherigen statistischen Erhebungen und verknüpft sie mit der Vermögensbilanz/den Sektorkonten der volkswirtschaftlichen Gesamtrechnung). Für Details s. EZB, Experimental Distributional Wealth Accounts (DWA) for the household sector Methodological note, 8.1.2024.

[41] Die Werte für die privaten Haushalte beinhalten auch die Werte für private Organisationen ohne Erwerbszweck. Eine Trennung ist laut Auskunft der Bundesbank nicht möglich. Daher verzerren bspw. gemeinnützige Stiftungen (insbes. die mit Milliardenvermögen) vermutlich die Ergebnisse.

Was auffällt sind Steigerungsraten bei der ärmeren Hälfte (um 163,0%) und im 6. und 7. Decil (50–70%) mit 101,25% bzw. 104,70%, die deutlich über der Steigerung des Gesamt(netto)volksvermögens (84,7%) aber auch über der Steigerung bei den „reichsten" 10% (79,18%) liegt. Dadurch hat sich der Anteil der „ärmsten" Hälfte allerdings lediglich von 1,79% auf 2,55% gesteigert, der Anteil der mittleren 50–90% ist praktisch gleichgeblieben, der Anteil der „reichsten" 10% ist marginal von 62,24% auf 60,39% zurückgegangen. Der Anteil der Reichsten 5% am Gesamt(nettovolks)vermögen hat sich ebenfalls nicht dramatisch verändert; er ging seit Ende 2014 von 48,92% auf 47,93% zurück:

	Q4 2014	Q4 2015	Q4 2016	Q4 2017	Q4 2018	Q4 2019	Q4 2020	Q4 2021	Q4 2022	Q4 2023	Q2 2024
Millionen Euro											
Top 5%	4.935.642	5.040.515	5.030.702	5.333.085	5.747.321	6.236.828	7.320.017	8.037.207	8.169.401	8.158.429	8.364.177
Steigerung	0,00%	2,12%	1,93%	8,05%	16,45%	26,36%	48,31%	62,84%	65,52%	65,30%	69,46%
Prozent Ges	48,92%	47,40%	45,42%	45,26%	46,10%	46,35%	47,14%	47,67%	47,48%	47,93%	47,93%

Es kann also keine Rede davon sein, dass das der Anteil der „vermögenden Schichten" am deutschen Volksvermögen schneller gestiegen ist als das Gesamt(nettovolks)vermögen[42]. Die „Schere zwischen Arm und Reich" ist in den letzten 10 Jahren nicht auf-, sondern eher zugegangen.

Bemerkenswert ist, dass in diesem Zeitraum die Bevölkerung in Deutschland wesentlich durch den Zuzug von (überwiegend vermögenslosen) Migranten gewachsen ist. Personen, die selbst oder deren beide Eltern seit 1950 eingewandert sind, sind zu 30,1% armmutsgefährdet; dagegen sind nur 12,1% derjenigen armmutsgefährdet, die selbst nicht nach 1950 eingewandert sind und bei denen auch kein Elternteil nach 1950 eingewandert ist[43]. Wenn trotzdem die Vermögensverteilung praktisch gleichgeblieben ist, dann muss in erheblichem Umfang erfolgreich „umverteilt" worden sein. Das Merkel'sche „Wir schaffen das" erscheint so in einem durchaus positiven Licht. In der öffentlichen Diskussion kommt dieser positive Aspekt praktisch nicht vor[44].

Wenn das BSW behauptet: *„Die Vermögenskonzentration in Deutschland ist heute so hoch wie vor Beginn des Ersten Weltkriegs, als in Berlin noch der Kaiser regierte"*[45], dann ist das statistisch schlicht falsch. Nach der Untersuchung von Albers/Bartels/Schularik[46] (die auf Daten der Vermögensteuer seit 1895 beruht) lag der Anteil der 1% Reichsten zu Zeiten des Kaiserreichs bei fast 50%, während er 2018 bei 27% lag[47]. Über die sonstige Vermögensverteilung zur Kaiserzeit, insbes. den Anteil der ärmeren 50%, gibt es keine mit bekannten Quellen. In dieser Untersuchung werden daher insoweit nur Daten seit 1993 ausgewertet.

[42] Der Zuwachs von Auslandsvermögen wird von der volkswirtschaftlichen Gesamtrechnung nicht bzw. nur unzureichend (über die Positionen Forderungen und Verbindlichkeiten ggü. dem Ausland) erfasst. Nach praktisch allen deutschen Doppelbesteuerungsabkommen wird Auslandsvermögen in Deutschland von der Vermögensteuer befreit – es unterliegt nicht dem Zugriff des deutschen Staats.

[43] Amt für Statistik Berlin Brandenburg, Sozialbericht 2022, Tabelle A1a IX.2 Armgef Einwanderung, abrufbar unter https://www.statistik-berlin-brandenburg.de.

[44] Was erstaunt, immerhin hat sich zB. der Anteil der Ausländer an der Gesamtbevölkerung seit 2014 von 9,3% auf 14,8% erhöht: https://www.destatis.de/DE/Themen/GesellschaftUmwelt/Bevoelkerung/Bevoelkerungsstand/Tabellen/bevoelkerungsstand-gebietsstand-wertebasis-2022.html.

[45] BSW Parteiprogramm, 2024, 2 (Soziale Gerechtigkeit), abrufbar unter: https://bsw-vg.de/wp-content/uploads/2024/01/BSW_Parteiprogramm.pdf.

[46] World Inequality Lab – Working Paper N 2022/09; Wealth and its Distribution in Germany, 1895 – 2018; Abstract: „We show that the top 1% wealth share has fallen by half, from close to 50% in 1895 to 27% today", abrufbar unter: https://wid.world/www-site/uploads/2022/06/WorldInequalityLab_WP2022_09_WealthDistributionGermany.pdf. In diesem Aufsatz wird insbes. auch auf die jüngere Vermögensverteilung seit der Wiedervereinigung eingegangen.

[47] Die EZB erhebt keine Daten im Hinblick auf das Vermögen des reichsten Prozents (Percentils). Das liegt auch daran, dass insoweit eine nicht unerhebliche statistische Datenlücke existiert, die erzwingt auf Daten der Finanzverwaltung zurückzugreifen.

Dabei werden in dieser Untersuchung – wie auch von der EZB – die Rentenanwartschaften der gesetzlichen, staatlichen Altersvorsorge (gesetzliche Renten und Beamtenpensionen) nicht mit einbezogen. Bezieht man diese Anwartschaften in die Berechnung mit ein, dann senkt das nach einer Studie des DIW Berlin aus dem Jahr 2023 die Vermögensungleichheit erheblich[48]. Diese Studie ermittelt für das Jahr 2017 ff. folgende Werte für die Anwartschaften der gesetzlichen Rentenversicherung, der Beamtenpensionen und der Versorgung für Witwen/r[49]:

	Wert Anwartschaften 2017				
Diskontsatz 3,50%	eigene Ansprüche		Witwe/r		
Mio. EUR	Ges. Rente	Pensionen	Ges. Rente	Pensionen	Gesamt
Decile 1–5	1.207.380	38.200	111.500	6.730	1.363.810
Decile 5–9	2.833.460	485.120	347.300	49.130	3.715.010
Top 10%	890.310	573.640	74.170	57.650	1.595.770
	4.931.150	1.096.960	532.970	113.510	6.674.590
Nachrichtlich					
Top 1% (geringfügige)	54.720	12.350	2.750	550	70.370

Die vorgenannte Studie des DIW Berlin addiert dann diese Werte mit den SOEP-Werten für das Vermögen der privaten Haushalte und kommt zu dem Ergebnis, dass das Vermögen der Decile 1–5 von ca. 2% auf 9% des Gesamt(netto)vermögens steigt, der Anteil der Top 1% von etwa 30% auf 20% sinkt. Leider rechnet die Studie die Reduzierung des Gini-Koeffizienten der Vermögensverteilung nicht aus. Er dürfte erheblich sein. Übrigens dürfte der Barwert der gesetzlichen Renten- und Pensionsansprüche heute (nicht nur um den Zinsfaktor) höher sein, weil es inzwischen mehr Anwartschaftsinhaber (weil mehr anspruchsberechtige Arbeitnehmer und Beamte) gibt und die demographische Entwicklung nebst der anstehenden Rente für die Boomer-Generation sowie das Aufheben von „Rentenbremsen“ und die Lohnentwicklung der letzten Jahre zu einer Erhöhung führen dürften.

bb) Gini-Koeffizienten

Statistisch dient der sogenannte Gini-Koeffizient als Vergleichsmaßstab für die Ungleichverteilung von Einkommen und oder Vermögen. Der Gini Koeffizient für die Einkom mensverteilung wird von Eurostat EU-weit berechnet und veröffentlicht (EU-SILC). Diese Berechnung beruht auf Daten, die nach einheitlichen Kriterien – in Deutschland iRd Mikrozensus – amtlich von den Statistikbehörden erhoben werden. EZB und Bundesbank veröffentlichen seit Anfang 2024 iRd DWA auch Gini-Vermögenskoeffizienten für alle EU-Staaten[51].

---

[48] Bartels/Bönke/Glaubitz/Grabka/Schröder, DIW Wochenbericht Nr. 45/2023.

[49] Die Studie bezieht ansonsten ausschließlich auf die Zahlen des SOEP, die wohl – abweichend zum Ansatz der EZB – die kapitalgedeckten Renten (Versorgungswerke, betriebliche Pensionsvermögen) nicht mit enthalten. Nachfolgend werden daher die in der DIW-Untersuchung genannten Beträge für die betriebliche Altersvorsorge vernachlässigt, sondern nur der Effekt der jedenfalls nicht von der EZB erfassten Ansprüche dargestellt, um damit die EZB Zahlen ergänzen zu können.

[50] Da die Renten an die Lohnsteigerungen gekoppelt sind (und sich nicht mit den Löhnen reduzieren), kann man durchaus der Meinung sein, der Diskontsatz sei zu hoch und die Ansprüche damit deutlich mehr wert.

[51] Deutsche Bundesbank, 8.1.2024, Bundesbank veröffentlicht verteilungsbasierte Vermögensbilanz der privaten Haushalte in Deutschland, abrufbar unter: https://www.bundesbank.de/de/presse/pressenotizen/bundesbank-veroeffentlicht-verteilungsbasierte-vermoegensbilanz-der-pr ivaten-haushalte-in-deutschland-921296.

cc) Vermögen

Aus der EZB DWA Berechnung ergibt sich, dass in Deutschland die so gemessene Vermögensungleichheit seit 2011 auf etwa demselben Niveau verharrt, in den letzten Jahren – trotz migrationsbedingtem Bevölkerungswachstum, Corona und Inflation – eher gesunken, jedenfalls nicht rasant gestiegen ist. Die Bundesbank stellt in diesem Zusammenhang fest:

„Grund für den leichten Rückgang ist, dass die Nettovermögen der Haushalte in der vermögensärmeren Hälfte der Vermögensverteilung, ausgehend von einem niedrigen Niveau, besonders kräftig gewachsen sind.“[52]

Der von der EZB so ermittelte Gini-Koeffizient[53] der Vermögensverteilung hat sich im Zeitablauf seit dem 1. Quartal 2011 (Beginn der Zeitreihe der Bundesbank/EZB) nur marginal verändert; er betrug damals 76,24, im 4. Quartal 2024 steht er bei 76,24, der Höchstwert lag im 3. Quartal 2014 bei 78,49. Für die letzten 10 Jahre ab Ende 2014 ergibt sich folgendes Bild:

	Q4	Q4	Q4	Q4	Q4	Q4	Q4	Q4	Q4	Q4	Q4
	2014	2015	2016	2017	2018	2019	2020	2021	2022	2023	2024
Gini Vermögenskoeffizient	78,29	77,66	76,96	76,71	76,39	76,56	76,63	76,68	76,42	76,79	76,24

Gegen alle Statistiken im Zusammenhang mit der Vermögensverteilung – wenn sie denn überhaupt zur Kenntnis genommen werden – wird eingewendet, dass sie besonders hohe Vermögen nicht miterfassten. Dass Vermögen, die eine Mio. übersteigen nur über Schätzungen in die von der EU selbst iRd Household Finance and Consumption Survey (HFCS) erhobenen Zahlen einfließen, ist richtig. Allerdings werden in die Berechnung der DWA (neben der Volkswirtschaftlichen Vermögensrechnung) auch die zusätzlichen Stichproben des SOEP (seit dem Jahr 2020) mit einbezogen, die im Projekt zur Verbesserung der Forschungsdaten im Bereich Hochvermögender bei Millionenvermögen erhoben werden[54].

Wie bereits oben erwähnt[55] fließen in die vorgenannten Bestimmungen der Gini-Vermögenskoeffizienten die Anwartschaften aus der gesetzlichen Rentenversicherung, aus Pensionen und Witwenrenten nicht mit ein. Andererseits hat mir die Bundesbank auf Nachfrage bestätigt, dass die Kapitaldeckung von Anwartschaften bei den Versorgungswerken der Freiberufler, von gedeckten Unternehmenspensionen und durch Lebensversicherungsunternehmen gedeckten privaten Rentenversicherungen in der Vermögensbilanz als private Vermögen erfasst und damit in die DWA mit einbezogen werden.

Milliardenvermögen[56] werden in allen Statistiken (wohl) immer noch unzureichend erfasst. Die in der Presse mit einer Summe von etwa 1.400.000 Mio. (1,4 Billionen = 1.400 Mrd.) EUR

---

[52] Deutsche Bundesbank, 8.1.2024, letzter Abs., Bundesbank veröffentlicht verteilungsbasierte Vermögensbilanz der privaten Haushalte in Deutschland, abrufbar unter: https://www.bundesbank.de/de/presse/pressenotizen/bundesbank-veroeffentlicht-verteilungsbasierte-vermoegensbilanz-der-privaten-haushalte-in-deutschland-921296; s. auch Deutsche Bundesbank, Monatsbericht Juli 2022, 15 (34).

[53] EZB, Gini coefficient of households, Germany, Quarterly, 19.2.2025, abrufbar unter: https://data.ecb.europa.eu/data/datasets/DWA/DWA.Q.DE.S14._Z._Z.NWA._Z.GI.S.N.

[54] DIW Wochenbericht 29/2020.

[55] → II. 2. c) aa) unter Bezugnahme auf die Untersuchung DIW Wochenbericht Nr. 45/2023.

[56] Gemeinnützige Stiftungen werden andererseits in den DWA mit den privaten Haushalten zusammen erfasst. Laut Bundesbank ist eine Trennung nicht möglich. Wie sich aus dem Destatis Datenreport 2021, 401 ergibt, hatten private gemeinnützige Stiftungen bereits 2020 ein mit 107 Mrd. EUR beziffertes Anlagevermögen. Auch insoweit gibt es eine nicht unerhebliche Vermögenskonzentration, denn ein Bruchteil der ca. 20.000 gemeinnützigen Stiftungen hat ein Dotationskapital über einer Mrd. (zB ragen die Fresenius-Stiftung, die Hertie Stiftung, die Volkswagen-Stiftung, die Körber Stiftung durchaus heraus) – übrigens wurden in Deutschland in den letzten 10 Jahren über 127 Mrd. EUR an gemeinnützige Stiftungen gespendet.

aufgelisteten Vermögen der deutschen Milliardäre – so sie nicht ohnehin wesentlich aus Auslandsvermögen bestehen – verlieren im Vergleich zum statistischen Gesamtvolksvermögen (Q4 2024 ohne gesetzliche Renten- und Pensionsanwartschaften) von 18.632.125 Mio. EUR an Sensationswert. Diese Vermögen betragen etwa 1/6 der im DWA-Volksvermögen nicht erfassten Renten- und Pensionsanwartschaften und entsprechen etwa dem Rentenvermögen der „ärmeren" Hälfte. Soweit sich die gegenläufigen Effekte aus Renten und aus nicht erfassten (Milliarden-)Vermögen aufheben, ist der Gini-Koeffizient ohne Renten und große (Milliarden-)Vermögen jedenfalls nicht so „falsch", wie interessierte Kreise gerne behaupten.

dd) Einkommen

Auch der Gini-Koeffizienten beim Einkommen hat sich in den letzten 10 Jahren seit 2014 nicht dramatisch verändert. Eurostat weist hier Werte seit 2014 aus: im Jahr 2014 betrug der Wert für Deutschland 30,1, im Jahr 2023 lag er bei 29,4. Der Höchststand wird für 2021 mit 31,2 ausgewiesen (der Koeffizient wird nachf. im Hundert dargestellt – hat also Werte zwischen 0 (maximal gleichverteilt) und 100 (maximal ungleich verteilt). Interessant ist insoweit, dass Eurostat die Effekte staatlicher Sozialleistungen und staatlicher Rentenzahlungen auf den Einkommenskoeffizienten ebenfalls ausweist. Der Umverteilungseffekt staatlicher Transferleistungen ist erheblich[57].

Gini Koeffizient Einkommensverteilung Deutschland

	2014	2015	2016	2017	2018	2019	2020	2021	2022	2023	2024
Vor Transferleistungen	57,7	56,4	55,5	54,4	56,4	55,4	54,9	56,4	48,9	48,9	48,9
Nach Transferleistungen	30,7	30,1	29,5	29,1	31,1	29,7	30,5	31,2	29,0	29,4	29,5
Effekt Transferleistungen	27,00	26,30	26,00	25,30	25,30	25,70	24,40	25,20	19,90	19,50	19,40
in %	46,79%	46,63%	46,85%	46,51%	44,86%	46,39%	44,44%	44,68%	40,70%	39,88%	39,67%

Der Rückgang des Umverteilungseffekts der Transferleistungen[58] dürfte darauf zurückzuführen sein, dass – vermutlich mit Erhöhung des Mindestlohns und der Rückgang des Niedriglohnsektors und trotz der Corona-Pandemie – die Ungleichverteilung ohne staatliche Transferleistungen seit 2021 sprunghaft von 56,4 auf 48,9, also um 7,5 Punkte (etwa 13%) gesunken ist.

Der Zustrom von Mio. weitgehend einkommensschwacher Migranten und der vielen zusätzlichen Ukraine Flüchtlinge, deren Eingliederung in den Arbeitsmarkt überraschend schleppend läuft und die daher weitgehend vom Bürgergeld leben, hat die Einkommensungleichheit gerade nicht verschärft. Die Einkommensungleichheit der arbeitenden „Kernbevölkerung" muss deutlich abgenommen haben: das ist nicht zuletzt der Umverteilung von Einkommen über staatliche Transferleistungen geschuldet. Der deutsche Staat verteilt also bereits sehr erfolgreich Einkommen um[59].

[57] Inländerkonzept; Eigene Berechnung der Prozentzahlen; Daten EU-SILC aus Datenbank „Gini-Koeffizient des verfügbaren Äquivalenzeinkommens nach Alter (ilc_di12)"; „Gini-Koeffizient des verfügbaren Äquivalenzeinkommens vor Sozialleistungen (Renten in den Sozialleistungen miteingeschlossen) – EU-SILC (ilc_di12b)"; „Gini-Koeffizient des verfügbaren Äquivalenzeinkommens vor Sozialleistungen (Renten von den Sozialleistungen ausgeschlossen) – EU-SILC Erhebung (ilc_di12c)", abrufbar unter. https://ec.europa.eu/eurostat/data/database?node_code=ilc_di12b.

[58] Die Umverteilungswirkung der gesetzlichen Rentenversicherung für noch tätige Arbeitnehmer zeigt sich auch in den oben ausgeführten Werten für die mit den Sozialversicherungsbeiträgen „angesparten" Rentenanwartschaften.

[59] Der Gini-Koeffizient des Einkommens wird immerhin um über 40% durch Transferleistungen redzuiert.

ee) *Vermögenseinkommen steigen nicht schneller als Arbeitseinkommen*

Aus der volkswirtschaftlichen Gesamtrechnung ergibt sich zudem, dass der Anteil der Arbeitseinkommen am Volkseinkommen steigt, der Anteil der Unternehmens- und Vermögenseinkommen dagegen zurückgeht[60]:

	2014	2015	2016	2017	2018	2019	2020	2021	2022	2023	2024
Anteil am Volkseinkommen (Private Haushalte) Arbeitnehmereinkommen	69,18%	69,70%	68,98%	69,44%	69,70%	71,19%	73,30%	70,64%	71,08%	71,11%	73,88%
Unternehmens- und Vermögenseinkommen	30,82%	30,30%	31,02%	30,56%	30,30%	28,81%	26,70%	29,36%	28,92%	28,89%	26,12%
nur Vermögenseinkommen	14,62%	14,58%	14,14%	14,04%	14,17%	12,88%	11,87%	12,53%	14,85%	13,95%	13,31%
Vermögenseinkommen (Mrd. Euro)	324,522	334,343	340,57	351,215	370,01	344,453	307,639	349,153	436,006	437,195	424,435
Steigerung	0,00%	3,03%	4,95%	8,23%	14,02%	6,14%	-5,20%	7,59%	34,35%	34,72%	30,79%
Arbeitseinkommen (Mrd. Euro)	1.535,82	1.598,21	1.661,27	1.736,87	1.820,40	1.903,48	1.899,30	1.968,19	2.086,96	2.229,05	2.355,93
Steigerung	0,00%	4,06%	8,17%	13,09%	18,53%	23,94%	23,67%	28,15%	35,89%	45,14%	53,40%
geleistete Arbeitsstunden (Mio)	59.858,70	60.460,40	60.978,20	61.483,90	61.964,20	62.141,30	59.065,80	60.455,70	61.210,90	61.473,30	61.371,70
Steigerung	0,00%	1,01%	1,87%	2,72%	3,52%	3,81%	-1,32%	1,00%	2,26%	2,70%	2,53%
Stundenlohn (Euro)	25,66	26,43	27,24	28,25	29,38	30,63	32,16	32,56	34,09	36,26	38,39
Steigerung	0,00%	3,03%	6,18%	10,10%	14,50%	19,39%	25,33%	26,89%	32,88%	41,32%	49,62%

Auch hier zeigt sich, dass die Vermögens- und Unternehmenseinkommen oder auch nur die Vermögenseinkommen der privaten Haushalte, keineswegs schneller als die Arbeitseinkommen/Stundenlöhne gestiegen sind. Die Vermögenseinkommen sind, wie sich aus der volkswirtschaftlichen Gesamtrechnung ergibt, von 2014 bis 2024 um 30,79%, während die Arbeitseinkommen im selben Zeitraum um 53,40% (die durchschnittlichen Stundenlöhne um 49,62%) gestiegen sind. Allerdings haben die Vermögenseinkommen in den Jahren 2022 und 2023 die „Corona-Delle" des Jahres 2020 aufgeholt.

3. *Zwischenergebnis*

Eine Sonderabgabe oder einmalige Vermögensabgabe nach Art. 106 Abs. 1 Nr. 5 GG mit dem Ziel der Umverteilung wäre derzeit verfassungswidrig.

Da weder ein „Näheverhältnis" zwischen „Armen" und „Reichen" besteht, noch eine Anreizwirkung bezweckt oder gar die „Reichen" ein Fehlverhalten sanktioniert werden können, ist eine Sonderabgabe mit oder ohne Finanzierungsfunktion grundgesetzwidrig.

Eine historische Ausnahmesituation, die dafür notwendige Voraussetzung für eine einmalige Vermögensabgabe wäre, ist nicht gegeben.

- Solange nicht einmal die Voraussetzungen für die Aufhebung der Schuldenbremse gegeben sind, ist eine „fiskalische" Ausnahmesituation jedenfalls nicht geben.
- Es ist empirisch nicht nachweisbar, dass die Vermögens- und Einkommensungleichheit in Deutschland rasant wächst oder in den letzten 10 Jahren überhaupt gewachsen ist. Die empirisch nachgewiesene Vermögensungleichheit besteht bereits seit mindestens einem Jahrzehnt: sie ist keine historisch einmalige Ausnahmesituation.

Stattdessen legen die neuesten Statistiken der Bundesbank/EZB (die auch die Zahlen des SOEP mitberücksichtigen) und des statistischen Bundesamts (Destatis, EU SILC) nahe, dass bereits eine (erhebliche) Umverteilung durch staatliche Transferleistungen (die ohne Vermögensteuer finanziert wurden und werden) stattgefunden hat und laufend stattfindet.

---

[60] Eigene Berechnung basierend auf Destatis/Genesis Daten, abrufbar unter https://www.genesis.destatis.de/datenbank/online; Statistik 81000-0003 und 8100-0300 sowie https:// www.destatis.de/DE/Themen/Wirtschaft/Volkswirtschaftliche-Gesamtrechnungen-Inlandsprodukt; unter Sektorkonten Jahresergebnisse ab 1991 bis 2023; eigene Berechnung der Prozentsätze.

Auf die subjektiven Befindlichkeiten oder Kränkungen von „Betroffenen" kann es verfassungsrechtlich nicht ankommen. Statistisch nachweisbar geht die Schere zwischen Arm und Reich in Deutschland zu, jedenfalls nicht auf – auch wenn das interessierte Kreise immer wieder behaupten und Medien diese Behauptung unreflektiert und ungeprüft verbreiten.

III. Rechtliche Grenzen einer Umverteilung durch eine (laufende) Vermögensteuer

1. Hintergrund und Rahmenbedingungen

Die politischen Forderungen zur Revitalisierung der Vermögensteuer konzentrieren sich auf den Steuersatz (von 1% bis 12% auch in Form ein progressiver Steuersatz nach Höhe des Vermögens ist die Rede), die Höhe der persönlichen Freibeträge (zB 1 Mio. EUR bei Einzelveranlagung, 2 Mio. EUR bei Zusammenveranlagung) und die Frage, ob die Steuer auch von Kapitalgesellschaften – auf deren Netto-Betriebsvermögen – oder nur von ihren Anteilseignern (auf deren Anteilswert[61]) – erhoben werden soll. Implizit wird im politischen Raum auch davon ausgegangen, dass Bemessungsgrundlage der Vermögensteuer der aktuelle (Verkehrs)Wert des Vermögens sein muss. Bei den Beispielhaft politisch in den Vordergrund gestellten deutschen Milliardenvermögen wird dann wohlweislich unterschlagen, dass diese Vermögen wesentlich im Ausland entstanden und häufig auch dort steuerlich belegen sein dürften und die deutschen Doppelbesteuerungsabkommen üblicherweise Auslandsvermögen von der deutschen Besteuerung freistellen.

Das Vermögensteuergesetz besteht zwar noch, die Steuer wird aber seit dem 1.1.1997 nicht erhoben. Die für die Bemessungsgrundlage der bisherigen Vermögensteuer (bei steuerpflichtigen Inländern) nach § 4 Abs. 1 Nr. 1 VStG wesentlichen Regelung der §§ 21–28 und 114–120 des Bewertungsgesetzes sind aufgehoben. Eine Revitalisierung der Vermögensteuer müsste daher jedenfalls die Bemessungsgrundlage verfassungskonform neu regeln. § 10 des VStG war gerade wegen der gleichheitswidrigen Bewertung insbes. des Grundvermögens mit Einheitswerten verfassungswidrig. In seinem einschlägigen Beschluss vom 22.6.1995 (2 BvL 37/91)[62] (sog. Halbteilungsbeschluss) hatte der Zweite Senat des BVerfG den Grundsatz aufgestellt, die Vermögensteuer könne nicht mehr als die Hälfte des sogenannte „Sollertrags" einzelner Vermögenswerte abschöpfen. Dieser sogenannte Halbteilungsgrundsatz entfaltet allerdings keine Bindungswirkung[63] nach § 31 BVerfGG.

2. Finanzverfassungsrechtlicher Rahmen

Nach der Grundsatzentscheidung des BVerfG zur Brennelementesteuer[64] vom 13.4.2017 sind die in Art. 105, 106 GG aufgelisteten – weit auszulegenden – Steuertypen abschließend.

---

[61] Selbst wenn man das Netto-Betriebsvermögen – wie zB nach IFRS – als Differenz der jeweiligen Marktwerte der Vermögensgegenstände und Schulden des Betriebsvermögens berechnet, ist die daraus resultierende Nettoposition nicht zwingend identisch mit der Summe der Werte der Anteile an dem Unternehmen. Das Gesamte ist nicht zwingend gleich der Summe der Teile. Selbst zwischen Anteilseigner mit gleichen Anteilsrechten kann es Wertunterschiede (zB Paketzu- bzw. -abschläge) geben.

[62] BVerfGE 93, 121 = NJW 1995, 2615.

[63] BVerfGE 115, 97 = NJW 2006, 1191 Rn. 26.

[64] BVerfGE 145, 171 = NJW 2017, 2249 Ls. 3: *„Die Zuweisung von Gesetzgebungskompetenzen an Bund und Länder durch Art. 105 GG in Verbindung mit Art. 106 GG ist abschließend. Ein über den Katalog der Steuertypen des Art. 106 GG hinausgehendes allgemeines Steuererfindungsrecht lässt sich aus dem Grundgesetz nicht herleiten."*

Der deutsche Staat kein Steuerfindungsrecht, sondern kann nur die in der Finanzverfassung des GG aufgeführten, voneinander abgrenzbaren und abzugrenzenden Steuertypen erheben. Die Vermögensteuer wird im GG (ausschließlich) in Art. 106 Abs. 2 Nr. 1 GG (in dem es um die Zuordnung der Steuereinnahmen[65] geht) genannt.

Dem GG ist lediglich zu entnehmen, dass es eine „Vermögensteuer" geben kann, nicht aber was eine „Vermögensteuer" eigentlich kennzeichnet und wie sie verfassungskonform ausgestaltet werden müsste. Die in der Literatur diskutierte „Rechtfertigung" der Vermögensteuer entpuppt sich in diesem Zusammenhang als Frage, wie (neues bzw. geändertes) Vermögensteuergesetz auszugestalten wäre: eine Steuer auf Vermögen ist nicht automatisch eine vom GG erlaubte „Vermögensteuer".[66]

Eine revitalisierte Vermögensteuer muss

– von anderen im GG genannten Steuertypen abgrenzbar sein und
– dem historischen Typusbegriff der „Vermögensteuer" im Wesentlichen entsprechen.

3. *Abgrenzungsfunktion*

Die Abgrenzung zu anderen Steuern war bei der ausgesetzten Vermögensteuer gegeben: Eine dem Typus der bisherigen Vermögensteuer folgende Steuer besteuert den ruhenden Bestand des Vermögens, dessen Ertragspotential oder besondere Leistungsfähigkeit und erfordert keine Wertrealisation am Markt oder den Zugang neuer Vermögenswerte. Ertragsteuern besteuern dagegen typischerweise Veränderungen im Mengengerüst von Vermögenswerten: den Zugang neuer Vermögenswerte infolge der Nutzung des vorhandenen Vermögens (zB Dividendenscheine, Geld bei Zins- oder Mietzahlungen oder Gewinnanteilen) oder die Gewinne aus dem Abgang bestehender Vermögenswerte insbes. durch Umsatzgeschäfte am Markt[67]. Die Erbschaftsteuer besteuert den Übergang des Vermögens im Erbfall, die Erhöhung der Menge der ihm zugerechneten wirtschaftlichen Einheiten beim Erben und tritt damit ggf. in Konkurrenz zu den Ertragsteuern, nicht aber zur Vermögensteuer: für beide ändert sich letztlich nur der Steuerpflichtige, wenn ertragreiches Vermögen vererbt wird. Die Abgrenzung zur Erbschaftsteuer dürfte sich bei der Revitalisierung der Vermögensteuer recht einfach aufrechterhalten lassen.

a) Elemente des Typusbegriffs „Vermögensteuer"

Der Begriff „Vermögensteuer" wurde ohne weitere Erläuterung in das GG aufgenommen. Was eine von der grundgesetzlichen Finanzverfassung erlaubte Vermögensteuer ist, ist daher unter Bezug auf *„das überkommene Bild der Vermögensteuer"*[68] zu ermitteln. Die Vermögensteuer wurde *„in ihrer historisch gewachsenen Bedeutung aufgenommen und als zulässige Form des Steuerzugriffs anerkannt (vgl. BVerfGE 7, 244 (252) = NJW 1958, 625; BVerfGE 14,*

---

[65] Der Aufkommensverteilung folgend hat der Bund lediglich die konkurrierende Gesetzgebungskompetenz. Ob das vom BVerfG nur ausgesetzte, aber nicht für nichtig erklärte Vermögensteuergesetz diese Bundeskompetenz nach wie vor ausfüllt, oder jedes Bundesland eine Vermögensteuer erlassen könnte, ist durchaus nicht unstreitig (zum Meinungsstand s. Thiele, Der grundgesetzliche Rahmen für die Wiedereinführung einer Vermögensteuer, Working Paper Forschungsförderung, Nr. 2006, Februar 2023, Rn. 34–41, aber hier irrelevant, weil es vorliegend um die Frage geht, ob und wie die Vermögensteuer durch Bundesgesetz revitalisiert werden kann.

[66] Im Ergebnis so auch zB Thiele, Der grundgesetzliche Rahmen für die Wiedereinführung einer Vermögensteuer, Working Paper Forschungsförderung, Nr. 2006, Februar 2023, Rdn. 42 und 55.

[67] Ausnahmen bei bestimmten Bewertungsgewinnen – zB nach § 8b Abs. 6 KStG – sind nicht „typisch" für Ertragsteuern und daher für den Typenvergleich in der Gesamtschau irrelevant.

[68] ZB Kube DStR-Beih. 2013, 37 (39).

76 (91) = NJW 1962, 1195 L; BVerfGE 16, 306 (317) = NJW 1964,147)“.[69] Dazu sind die „typusbildenden Unterscheidungsmerkmale“ aus dem traditionellen deutschen Steuerrecht zu entnehmen und mit der Neuregelung zu vergleichen, dabei ist auf den Normal- oder Durchschnittsfall abzustellen, es ist nicht nötig, dass sämtlichen den Typus kennzeichnenden Merkmale vorliegen, entscheidend ist das Gesamtbild. Typusmerkmale haben eine Abgrenzungsfunktion zu anderen Steuern, Typusmerkmale sind also auch die Merkmale, die eine Steuer von anderen Steuern unterscheiden[70].

Anerkannt[71] ist, dass die vorkonstitutionelle Vermögensteuer ursprünglich eingeführt worden war, um Schwächen bei der Erfassung der Einkommen auszugleichen. Spätestens seit dem Reichsteuergesetz 1922 trat diese Funktion in den Hintergrund. Seither wurde die Vermögensteuer als eine Art Zuschlag zur Einkommensteuer angesehen, die aus der besonderen Sicherheit und Stabilität der aus dem Vermögen resultierenden „fundierter“ Einkünfte hergeleitet wurde (sog. Fundustheorie)[72].

Denkbar wäre daher, den Typus „Vermögensteuer“ auf eine „Sollertragsteuer“ zu beschränken, die auf die („fundierten“) Sollerträge beschränkt bleiben und nicht nur die „Vermögenssubstanz“, sondern auch den Teil der Sollerträge unangetastet lassen muss, der notwendig ist, um *„die Privatnützigkeit des Erworbenen und die Verfügungsbefugnis jedenfalls im Kern“* zu erhalten[73]. Die wesentlich sich auf Birk[74] berufende Gegenansicht behauptet, nicht die Möglichkeit „fundierte“ Einkünfte zu erzielen, sondern das bloße Innehaben von Vermögen, die bloße Verfügungsmacht über Vermögenswerte, vermittle eine besondere Leistungsfähigkeit, die der Vermögensteuer zugrunde liege und schon immer zugrunde gelegen habe[75]. Auf die konkrete oder abstrakte Ertragskraft des Vermögens, auf „Sollerträge“ komme es nicht an. Daher sei auch eine Besteuerung der „Vermögensubstanz“ gerechtfertigt.[76]

Diese Diskussion krankt daran, dass sie im abstrakt Begrifflichen bleibt. Konkret wurden zinslose Bankguthaben der Vermögensteuer unterworfen, auch wenn die Vermögensteuer aus diesem Bankguthaben (mangels anderer liquider Mittel) bezahlt werden musste. Dann griff die Vermögensteuer auf die Vermögenssubstanz, den Vermögensstamm zu, die Vermögensteuer erodierte ihre eigene Bemessungsgrundlage. Dabei stellte aber die historische Vermögensteuer sicher, dass in der Regel nur die Menge liquider Vermögenswerte (in Höhe der Vermögensteuer) abnahm, die künftige Ertragsfähigkeit der verbleibenden Vermögenswerte aber nicht geschmälert wurde. Der Substanzeingriff stellt sich vor diesem Hintergrund als Problem der Vermögenskonzentration dar: erst wenn nicht mehr genügend liquide Mittel vorhanden sind, wird der Steuerpflichtige gezwungen illiquide Vermögenswerte zu veräußern. Die Veräußerung führt dazu, dass die erwartete/erwartbare Rendite aus dem veräußerten Vermögenswert durch eine andere Rendite auf den nach Zahlung der Steuern verbleibenden Restbetrag der Veräußerungserlöse (nach durch die den im Verkauf ggf. realisierten Gewinne verursachten Ertragsteuern) ersetzt wird. Bei einem Veräußerungszwang illiquider Vermögenswerte tritt also die Vermögensteuer indirekt (über den Betrag,

[69] BVerfGE 93, 121 = BeckRS 1995, 22234 Rn. 20.
[70] BVerfGE 145, 171 = NJW 2017, 2249 Rn. 64 ff.
[71] ZB Kube DStR-Beih. 2013, 37 (41 f.).
[72] ZB Kube DStR-Beih. 2013, 37 (41) mwN.
[73] Vgl. BVerfGE 93, 121 = BeckRS 1995, 22234 Rn. 20.
[74] Birk, Rechtfertigung der Besteuerung des Vermögens aus verfassungsrechtlicher Sicht, DStJG 22 (1999), 7–19.
[75] Birk (in Rechtfertigung der Besteuerung des Vermögens aus verfassungsrechtlicher Sicht, DStJG 22 (1999)) zitiert dazu ab S. 10 Ansichten, die bereits zur Vermögensbesteuerung im 19. Jahrhundert geäußert wurden aber auch insbes. die RegBegr zum Zweiten Steueränderungsgesetz aus dem Jahr 1972, BT-Drs. IV 3418, 51.
[76] Insbes. Thiele, Der grundgesetzliche Rahmen für die Wiedereinführung einer Vermögensteuer, Working Paper Forschungsförderung, Nr. 2006, Februar 2023, Rn. 45.

der Veräußerungserlöse der die Vermögensteuer übersteigt) mit den Ertragsteuern in Konkurrenz, was nicht der Fall ist, wenn die liquiden Vermögenswerte – insbes. Bankguthaben – zur Zahlung der Vermögensteuer verwendet werden: es findet keine Realisierung von bisher nicht mit Ertragsteuern belasteten „stillen" Reserven (oder ertragsteuerlich bis zu Realisierung ebenfalls irrelevanten „stillen" Lasten) statt, wenn die zur Zahlung der Vermögensteuer eingesetzten Mittel keine stillen Reserven oder Lasten haben.

Das Risiko illiquide Vermögenswerte veräußern und damit stille Reserven oder Lasten realisieren zu müssen, steigt mit der Höhe der Vermögensteuer. Bei einer ausreichend gering bemessenen Vermögensteuer war ein solcher Veräußerungszwang der Ausnahmefall, der für die Gesamtschau beim Typenvergleich nicht ins Gewicht fällt. Der „Konfiskation" wurde durch Freibeträge (gewissermaßen ein Schonvermögen) Grenzen gesetzt und über eine ggf. besondere Bemessungsgrundlage für illiquide Vermögenswerte bzw. einen niedrigen Steuersatz faktisch sichergestellt, dass die Vermögensteuer in der Regel bezahlt werden konnte, ohne illiquide Vermögenswerte veräußern (oder beleihen[77], was ebenfalls zu einer Aufgabe künftiger Erträge in Höhe der Schuldzinsen führt, damit wirtschaftlich eine Teilveräußerung ist) zu müssen.

Es ist also nicht korrekt, wenn man Vermögensteuer (oder jegliche Art von Steuer) als eine „*Geldwertschuld die keine konkreten Eigentumsrechte entzieht, sondern nur das Gesamtvermögen belastet*[78]" verstehen will. Denn es gibt keinen Grund die liquiden Mittel, die zur Zahlung der Vermögenssteuer eingesetzt werden, nicht als eigenständige „konkrete Eigentumsrechte" anzusehen[79]. Auch liquide Mittel (konkret Geld) sind aber konkrete Eigentumsrechte.

Daher kann man nicht davon sprechen, die Vermögensteuer habe historisch nie in die „Vermögenssubstanz" eingegriffen, noch kann man behaupten, die Vermögensteuer sei immer ausschließlich auf die Besteuerung der besonderen aus dem Innehaben des Vermögens resultierende Leistungsfähigkeit ausgerichtet worden und könne daher auch so ausgestaltet werden, dass sie regelmäßig in die Vermögenssubstanz eingreift. Folglich ist nicht nur die Besteuerung des „Sollertrags", sondern auch die Besteuerung aufgrund des bloßen Innehabens von Vermögen vom Typusbegriff umfasst.

Andererseits kann eine Steuer auf Vermögen, die darauf abzielt oder in der Regel zur Folge hat, dass Vermögen veräußert werden muss, um sie zu bezahlen, schwerlich als „Vermögensteuer" im historischen Sinne angesehen werden: denn alle historisch in Deutschland erhobenen Vermögensteuern stellten (auch über die Bewertung der Vermögenswerte) sicher, dass illiquides Vermögen nicht versilbert werden musste, um die Vermögensteuer zu bezahlten.

---

[77] Nach § 18a KWG (der die EU-Verbraucherkreditrichtlinie umsetzt), kann ein Immobilienkredit an Verbraucher allerdings nicht vergeben werden, wenn bzw. soweit er – ohne Berücksichtigung des Werts des Beleihungsobjekts – nicht ausreichend kreditwürdig ist, er also Zins und Tilgung zahlen kann, ohne das Beleihungsobjekt zu veräußern (Ausnahme ist die Kreditfinanzierung von Aufwendungen bzw. Investitionen in das Beleihungsobjekt).

[78] Thiel „Der grundgesetzliche Rahmen für die Wiedereinführung einer Vermögensteuer" Working Paper Forschungsförderung Mr. 2006, Februar 2023 Rdn. 75.

[79] Der Zweite Senat des BVerfG hat das in seiner Entscheidung zur Nichtanwendbarkeit des Halbteilungsgrundsatzes bei den Ertragsteuern (die hinzuerworbenes Vermögen besteuern) offenbar ähnlich gesehen: „*Dass die Zahlungspflicht für sich genommen dem Steuerpflichtigen die Wahl lässt, aus welchen Mitteln er den staatlichen Steueranspruch erfüllt, ändert nichts daran, dass das Hinzuerworbene tatbestandlicher Anknüpfungspunkt der belastenden Rechtsfolge ist. Zwar mag die Auferlegung von Geldleistungspflichten für sich genommen die Eigentumsgarantie grundsätzlich unberührt lassen (vgl. BVerfGE 14, 221 <241>; stRspr); für die Anknüpfung von Geldleistungspflichten an den Erwerb vermögenswerter Rechtspositionen gilt dies nicht.*" BVerfGE 115, 97 = NJW 2006, 1191 Rn. 37.

b) Zwischenergebnis

Im Umkehrschluss lässt sich festhalten: es gibt keine Gesetzgebungskompetenz für eine Steuer, die darauf abzielt oder den Steuerpflichtigen regelmäßig zwingt, illiquides Vermögen zu veräußern, um diese Steuer zu bezahlen. Vermögenswerte zu versilbern, um Steuern zu bezahlen, muss die Ausnahme bleiben, darf nicht zur Regel werden.

Die von den Linken in ihrem Wahlprogramm geforderte Vermögensteuer hat das Ziel die Milliardäre abzuschaffen[80], was voraussetzt, dass die Steuer vorhandenes Vermögen schmälert. Der Milliardär soll offenbar nicht mehr die Wahl haben, er wird gezwungen illiquide Vermögensgegenstände zu verkaufen, ihm bleibt nur die Wahl welche Vermögensgegenstände er (zunächst nicht) verkauft. Dabei wird dann geflissentlich nicht weitergedacht: Wer soll zB die BMW-Anteile von Frau Klatten, wer die Anteile an Aldi, Lidl, Kaufland, wer Kühne & Nagel kaufen? Doch nicht etwa die als „ausländische Heuschrecken" verschrienen ausländischen Investoren? So würde man eher den „Teufel mit dem Belzebub austreiben".

Eine solche substanzentziehende Besteuerung ist jedenfalls nicht vom Typusbegriff der Vermögensteuer erfasst und wäre damit grundgesetzwidrig.

4. Legitimer Gesetzeszweck und Umverteilung

Die im Haushalt erfassten allgemeinen Ausgaben (für die allgemeinen staatlichen Aufgaben) durch Steuern zu finanzieren ist selbstverständlich legitim. Das BVerfG hat ausdrücklich offengelassen, ob und wann die Umverteilung von Vermögen durch eine Vermögensteuer verfassungsrechtlich zulässig ist.[81]

Der Bund kann aber im Rahmen seiner konkurrierenden Gesetzgebung keine Vermögensteuer erlassen und dabei die Länder dazu verpflichten, die ihnen zustehenden jährlichen Steuereinnahmen zu einem bestimmten Zweck zu verwenden. Eine Vermögensteuer könnte also – wie der progressive Tarif der Einkommensteuer – nur durch (höhere) Belastung der Leistungsfähigen umverteilen.

Die potenzielle Umverteilungswirkung einer Belastung der Leistungsfähigeren ist durch die Höhe der Vermögensteuer bestimmt. Je höher die Steuer, desto höher die Belastung, desto höher die potenzielle Umverteilung. Der Belastung sind aber verfassungsrechtlich durchaus engere Grenzen gesetzt, als es viele Politiker wahrhaben wollen. Jedenfalls kann die begrenzte Umverteilungswirkung einer Belastung nicht alleiniger Gesetzeszweck einer Vermögensteuer sein:

a) Keine Gesetzgebungskompetenz für den Entzug von Vermögen

Wie oben dargelegt, ist es mit dem Typusbegriff „Vermögensteuer" nicht vereinbar, wenn sie so hoch bemessen wird, dass sie den Steuerpflichtigen dazu zwingt, (illiquides) Vermögen zu versilbern. Den „Reichen" kann auch indirekt kein (wesentliches) Vermögen entzogen werden – die Umverteilungswirkung ist daher betraglich durch das so limitierte Steueraufkommen begrenzt.

b) Überwälzung von Vermögensteuern auf Betriebsvermögen

Werden Betriebsvermögen mit Vermögensteuer belastet, dann wird die Steuerbelastung über die Preise an die Kunden, letztlich die Verbraucher, über kurz oder lang überge-

---

[80] Entwurf des Wahlprogramms Der Linken abrufbar unter https://www.die-linke.de/ file admin/1_Partei/parteitage/Au%C3% 9Ferordentlicher_Parteitag_25Leitantrag_Wahlpro gramm_BTW25.pdf, Zeile 333.

[81] BVerfGE 93, 121 = BeckRS 1995, 22234 Rn. 21 und Rn. 30:
„Unter besonderen Voraussetzungen, etwa in staatlichen Ausnahmelagen, erlaubt die Verfassung auch unter den geltenden steuerrechtlichen Rahmenbedingungen einen Zugriff auf die Vermögenssubstanz."

wälzt[82]. Der daraus resultierende Inflationsdruck konterkariert den Umverteilungszweck: die Inflation der Verbraucherpreise trifft die wirtschaftlich schwächeren Schichten in der Regel härter. Eine Vermögensteuer auf Betriebsvermögen eignet sich daher schwerlich dazu, eine Vermögensungleichheit nachhaltig zu reduzieren.

c) Begrenztes Netto-Aufkommen

Das Ifo-Institut im Jahr 2017[83] bzw. das DIW 2012[84] haben untersucht, ob sich durch eine Vermögensteuer mit einem Steuersatz von 1% (Steuerfreibetrag 1 Mio. EUR Einzel- bzw. 2 Mio. EUR Zusammenveranlagung) die Steuereinahmen des Staats steigern lassen und ob diese Steuer Umverteilungswirkungen hat:

- Das Ifo-Institut kommt zu dem Ergebnis, dass die Gesamtsteuereinnahmen mittelfristig sinken, weil diese Steuer über 8 Jahre zu über 6 Prozentpunkten niedrigerem Bruttoinlandsprodukt führen würde; der Anteil von Vermögenseinkommen am Volkseinkommen sinkt danach zwar, der Anteil von Arbeitseinkommen steigt; allerdings ist der Absolutbetrag der Arbeitseinkommen (durch das niedrigere Bruttosozialprodukt) kleiner als ohne Vermögensteuer. Der Kuchen wird kleiner aber (etwas) anders verteilt. Die Verteilung innerhalb der Arbeitseinkommen wird in der Studie nicht untersucht. Ob der Inflationsdruck dazu führt, dass sich der Lohnabstand zwischen den Gering- und Spitzenverdienern und damit die Ungleichverteilung der Arbeitseinkommen reduziert, bliebt damit im Dunkeln.
- Das DIW untersucht nur das kurzfristige Aufkommenspotential – ohne die Auswirkungen auf das Bruttoinlandsprodukt mit einzubeziehen – auch in Abhängigkeit zu Ausweichreaktionen und kommt zu dem Schluss, dass das Einnahmepotential durchaus substanziell, der Umverteilungseffekt nur moderat wäre.

d) Zwischenergebnis

Eine (laufende) Vermögensteuer bleibt immer aus Fiskalzwecken möglich, die Umverteilungswirkung kann dagegen allenfalls ein Nebenzweck, ein nachgeordnetes Lenkungsziel sein.

Das vom GG (insbes. der Finanzverfassung) vorgegebene Instrument, um *„einer in Zeiten erheblicher und nur schwer begründungsfähiger Vermögensungleichheit aufgrund des in Art. 20 Abs. 1 GG wurzelnden relationistischen Elements Sozialstaatsprinzips zur Sicherung der notwendigen demokratischen Gleichheit“*[85] gesetzgeberisch zu begegnen, ist eine Sonderabgabe, wie zB in Form der Lastenausgleichsabgabe (die gleichzeitig be- und entlastet). Eine Vermögensteuer ist dazu nicht geeignet.

---

[82] So schon Böckenförde im *obiter dictum* zur Halbteilungsentscheidung zur wirtschaftlichen Wirkung der damaligen Vermögensteuer auf Betriebsvermögen.

[83] Kurzexpertise vom 20.11.2017 „Ökonomische Bewertung verschiedener Vermögensteuerkonzepte“ (Projekt-Nr. 012/17) für das Bundesministerium für Wirtschaft und Energie (BMWi), Referat I C 4, von Ernst & Young GmbH Wirtschaftsprüfungsgesellschaft und ifo Institut – Leibniz-Institut für Wirtschaftsforschung an der Universität München e.V.; Ökonomische Bewertung verschiedener Vermögensteuerkonzepte | Projekt | ifo Institut.

[84] Bach/Beznoska, Aufkommen und Verteilungswirkung einer Wiederbelebung der Vermögensteuer, DIW-Schriften Nr. 68 (2012) – offenbar im Auftrag von SPD geführten Bundesländern erstellt (s. hierzu Hey IFSt-Schrift Nr. 483, 62, die eine Pressemitteilung des Landes Rheinland-Pfalz v. 17.10.2012 als Quelle angibt).

[85] Thiele, Der grundgesetzliche Rahmen für die Wiedereinführung einer Vermögensteuer, Working Paper Forschungsförderung, Nr. 2006, Februar 2023, Rn. 54 übersieht geflissentlich die im GG angelegte Rangfolge der Reaktionsmöglichkeiten des Bundesgesetzgebers.

Wie die zinslos über 30 Jahre gestreckte Lastenausgleichsabgabe 1952 – wäre die politische Begründung einer Vermögensteuer mit der Umverteilungswirkung bloße „Symbolpolitik"[86].

5. Eingriff in den Schutzbereich von Grundrechten

a) Gleichheitsgrundsatz

Unstreitig sind Steuergesetze am Gleichheitsgrundsatz zu messen. Dabei ist insbes. eine Besteuerung des Vermögens zulässig, die an der jeweiligen Leistungsfähigkeit anknüpft und diese Leistungsfähigkeit in ihrer Steuerberechnung abbildet.

b) Eingriff in den Schutzbereich des Eigentums

Umstr. ist, ob eine dem Gleichheitsgrundsatz genügende Steuer in den Schutzbereich der Freiheitsgrundrechte, insbes. der Eigentumsgarantie, eingreifen kann. Im Kern geht es dabei um die Frage, ob sich eine Steuer am Grundsatz der Verhältnismäßigkeit messen lassen, insbes. den Steuerpflichtigen zumutbar sein muss.

Der Erste Senat des BVerfG hat in seiner Entscheidung vom 8.4.1997 – offenbar als Reaktion auf den Halbteilungsbeschluss des Zweiten Senats aus dem Jahr 1995 – den Eigentumsschutz streng an das Mengengerüst, an die konkret vorhandene Stückzahl vermögenswerter Rechte gebunden, deren Zuordnung zum Inhaber die Eigentumsgarantie des Art. 14 Abs. 1 GG schütze:

„Kein Eigentum im Sinn von Art. 14 Abs. 1 GG ist daher das Vermögen, das selber kein Recht, sondern den Inbegriff aller geldwerten Güter einer Person darstellt (vgl. BVerfGE 4, 7 [17]; stRspr).

Daraus folgt, daß Art. 14 Abs. 1 GG nicht vor der staatlichen Auferlegung von Geldleistungspflichten schützt. Diese sind nicht mittels eines bestimmten Eigentumsobjekts zu erfüllen, sondern werden aus dem fluktuierenden Vermögen bestritten. Etwas anderes kommt nur dann in Betracht, wenn die Geldleistungspflichten den Betroffenen übermäßig belasten und seine Vermögensverhältnisse so grundlegend beeinträchtigen, daß sie eine erdrosselnde Wirkung haben (vgl. BVerfGE 78, 232 [243]; stRspr). Davon geht auch die Vermögensteuerentscheidung des Bundesverfassungsgerichts aus (vgl. BVerfGE 93, 121, insbesondere S. 137 m. w. N); bei der Prüfung von § 10 Nr. 1 Vermögensteuergesetz steht ohnehin Art. 3 Abs. 1 GG im Vordergrund (vgl. BVerfG, a. a. O., S. 142 ff.).“[87]

Allgemein anerkannt ist daher[88], dass Steuern nie als Enteignung angesehen werden können – die Enteignung setzt einen Eingriff in den „dinglichen" Bestand, das Mengengerüst, durch Entzug (mindestens) eines konkreten dinglichen Rechts (das nicht in Geld besteht), um das Entzogene selbst für Zwecke der Allgemeinheit einzusetzen; nur wenn diese „Nämlichkeit" gegeben ist, schlägt der Bestandsschutz des Art. 14 Abs. 1 GG in einen Wertschutz um[89], der über die Entschädigungspflicht des Art. 14 Abs. 3 S. 2 GG sichergestellt wird.

---

[86] So im Ergebnis auch Birk, Rechtfertigung der Besteuerung des Vermögens aus verfassungsrechtlicher Sicht, DStJG 22 (1999), 13 mwN; auch Thiele, Der grundgesetzliche Rahmen für die Wiedereinführung einer Vermögensteuer, Working Paper Forschungsförderung, Nr. 2006, Februar 2023, Rn. 49 ff. scheint das zu konzedieren. Dort wird – aufgrund einer konturenlosen Interpretation des Sozialstaatsprinzips – als wesentlichen Rechtfertigungsgrund die gesellschaftspolitische Symbolwirkung einer Vermögensteuer angeführt, die sich „gegen eine nicht mehr begründungsfähige Vermögensverteilung richten oder dessen Entstehen bzw. Anwachsen verhindern" können müsse – Rdn. 53.

[87] BVerfGE 95, 267 Rn. 130 f. – DDR Altschulden.

[88] Zusammenfassend: BVerfGE 115, 97 = NJW 2006, 1191 Rn. 35.

[89] Treffend: Lerke Osterloh, Unterschiedliche Maßstäbe bei der Bewertung von Vermögen, DStJG 1999, 177 (186).

Sowohl im Halbteilungsbeschluss vom 22.6.1995[90] für die Vermögensteuer als auch in seinem Beschluss vom 18.1.2006[91] bejaht der Zweite Senat des BVerfG hingegen, dass Steuern in den Schutzbereich des Eigentums eingreifen. In seinem Beschluss vom 18.1.2006 hat er dies – offenbar als Reaktion auf die Entscheidung des Ersten Senats aus dem April 1997 – für die Einkommen- und Gewerbesteuer damit begründet, dass steuerliche Zahlungspflichten in den Bestand des Hinzuerworbenen, den Zuwachs an konkreten bilanzierungsfähigen Wirtschaftsgütern eingreifen:

„Der Steuerpflichtige muss zahlen, weil und soweit seine Leistungsfähigkeit durch den Erwerb von Eigentum erhöht ist. Dass die Zahlungspflicht für sich genommen dem Steuerpflichtigen die Wahl lässt, aus welchen Mitteln er den staatlichen Steueranspruch erfüllt, ändert nichts daran, dass das Hinzuerworbene tatbestandlicher Anknüpfungspunkt der belastenden Rechtsfolge ist. Zwar mag die Auferlegung von Geldleistungspflichten für sich genommen die Eigentumsgarantie grds. unberührt lassen (vgl. BVerfGE 14, 221 <241>; stRspr); für die Anknüpfung von Geldleistungspflichten an den Erwerb vermögenswerter Rechtspositionen gilt dies nicht.“[92]

Die Diskrepanz zur obigen Rechtsprechung des Ersten Senats sieht der Zweite Senat durchaus (die er durch den Hinweis darauf entschärft, dass der Erwerb vermögenswerter Rechtspositionen zu weiteren, neuen Eigentumsgegenständen führe), hatte daraus aber im Jahr 2006 keine Folgen zu ziehen, weil im entschiedenen Fall der Eingriff ins Eigentum jedenfalls zumutbar, weil verhältnismäßig und damit im Ergebnis nicht grundgesetzwidrig war.[93]

Auch der Erste Senat, Böckenförde in seinem *obiter dictum* zum Halbteilungsbeschluss und alle Literaturstimmen gehen davon aus, dass eine *„die Steuerquelle selbst vernichtende Belastung, die schon begrifflich kaum noch als Steuer qualifiziert werden kann*[94]*“*, eine Steuer mit „konfiskatorischer Wirkung“ bzw. eine Besteuerung mit „Erdrosselungswirkung“ in den Schutzbereich des Eigentums eingreift und dieser Eingriff im Ergebnis immer als Verstoß gegen die Eigentumsgarantie des GG angesehen werden muss. Diese erdrosselnde Wirkung liegt jedenfalls dann vor, wenn die Steuer so hoch bemessen ist, dass er seinen angemessenen Lebensunterhalt nicht mehr finanzieren kann. Das ist im Grunde eine auf dem Gleichheitsgrundsatz, der die Besteuerung nach der Leistungsfähigkeit erfordert, beruhende Argumentation.

Eine in der neueren Literatur wesentlich auf Birk beruhende Ansicht behauptet, nicht die Möglichkeit Sollerträge zu erzielen, sondern das bloße Innehaben von Vermögen, die bloße Verfügungsmacht über Vermögenswerte, vermittle eine besondere Leistungsfähigkeit, die der Besteuerung unterliegen könne. Auf die konkrete oder abstrakte Ertragskraft des Vermögens komme es nicht an. Daher sei auch eine Besteuerung der „Vermögenssubstanz“ gerechtfertigt[95], in den Schutzbereich des Eigentumsgrundrechts greife eine solche Steuer dennoch (außer bei konfiskatorischer Wirkung) nicht ein.

Im Kern geht es darum, ob und wann der aus den Freiheitsgrundrechten – insbes. Art. 2 und Art. 14 GG – resultierende Grundsatz der Verhältnismäßigkeit auch für die Belastung mit einer Vermögensteuer gilt und diese Steuer damit potenziell grundgesetzwidrig sein kann, auch wenn sie nicht gegen das Gleichheitsgebot und die darin zu verankernde Besteuerung nach der Leistungsfähigkeit verstößt. Die Verhältnismäßigkeitsprüfung bleibt verwehrt, solange eine Steuer nicht in Freiheitsgrundrechte, namentlich das Eigentumsgrundrecht, eingreift. Bei der *„Erdrosselung“* liegt ein Eingriff ins Eigentum vor; er ist dann aber

---

[90] BVerfGE 93, 121 = BeckRS 1995, 22234 Rn. 28 ff.; das wird von Böckenförde in seinem obiter dictum (solange keine erdrosselnde Wirkung) angezweifelt (Rn. 75).

[91] BVerfGE 115, 97 = NJW 2006, 1191 Rn. 32 ff.

[92] BVerfGE 115, 97 = NJW 2006, 1191 Rn. 37.

[93] BVerfGE 115, 97 = NJW 2006, 1191 Rn. 38.

[94] BVerfGE 16, 147 (161).

[95] ZB Thiele, Der grundgesetzliche Rahmen für die Wiedereinführung einer Vermögensteuer, Working Paper Forschungsförderung, Nr. 2006, Februar 2023, Rn. 85.

gleichzeitig unzumutbar. Dieser Eingriff ins Eigentumsgrundrecht impliziert die Verfassungswidrigkeit („alles oder nichts").

Für den Zweiten Senat reicht als Eingriff ins Eigentum aus, dass der Steuerpflichtige konkrete Vermögenspositionen verwenden muss, um die Steuer zu bezahlen, ihm nur die Wahl bleibt, welche konkreten Vermögenswerte er dazu verwendet. Auch in der neueren Literatur[96] wird richtigerweise vertreten, dass die Verhältnismäßigkeitsprüfung möglich sein muss, wenn die Vermögensteuer so bemessen ist, dass sie typischerweise einem Veräußerungsgebot gleichkommt.

Letztlich geht es nur noch um die Frage, ob die Verhältnismäßigkeitsprüfung schon stattfinden muss, wenn der Betrag der Vermögensteuer „nicht völlig unerheblich"[97] ist, oder erst erfolgt, wenn die Steuer so hoch bemessen ist, dass sie konfiskatorische Wirkung hat und ihre Bemessungsgrundlage bzw. die in der Bemessungsgrundlage betragsmäßig bezifferte (und zu beziffernde) Leistungsfähigkeit im Kern schmälert und so den Steuerpflichtigen zwingt, den Vermögensstamm anzugreifen.

Es ist zweifelhaft, ob dieser dogmatische Streit jemals praktisch relevant werden kann:

Nach der Rechtsprechung des Zweiten Senats des BVerfG ist eine Steuer nur zumutbar, wenn dem Steuerpflichtigen *„ein Kernbestand des Erfolges eigener Betätigung im wirtschaftlichen Bereich als Ausdruck der grundsätzlichen Privatnützigkeit des Erworbenen und der grundsätzlichen Verfügungsbefugnis über die geschaffenen vermögenswerten Rechtspositionen"*[98] erhalten bleibt.

Wenn das nicht mehr der Fall ist, dann ist es schwer vorstellbar, dass nicht gleichzeitig eine „erdrosselnde" Wirkung und eine Unzumutbarkeit der Steuer angenommen werden muss:

Das BVerwG hält – unter Berufung auch auf die neuere Rechtsprechung des Ersten Senats des BVerfG[99] – eine kommunale Spielgerätesteuer für „erdrosselnd", wenn die Steuer dazu führt, dass nach Abzug der notwendigen Aufwendungen kein angemessener Reingewinn erzielt werden kann. Der „Kernbestand des Erfolgs eigener Betätigung im wirtschaftlichen Bereich" und der „angemessene Reingewinn" dürfen deckungsgleich sein: Vermögensteuern dürfen die aus dem Vermögen resultierenden wirtschaftlichen Leistungsfähigkeit nicht entziehen.

6. Gleichheitsgrundsatz: Weitere Anforderungen an die Ausgestaltung

a) Gleichmäßige Belastungswirkung setzt gleiche Bemessungsgrundlage voraus

Die Vermögensteuer war vom BVerfG ausgesetzt worden, weil *„das zu Gegenwartswerten erfasste Vermögen mit demselben Steuersatz wie den Grundbesitz belastet, obwohl dessen Bewertung entgegen dem gesetzlichen Konzept gegenwartsnaher Bewertung seit 1964/74 nicht mehr der Wertentwicklung angepasst worden ist"*.[100]

---

[96] Insbes. Thiele, Der grundgesetzliche Rahmen für die Wiedereinführung einer Vermögensteuer, Working Paper Forschungsförderung, Nr. 2006, Februar 2023, Rn. 81 ff.

[97] Thiele, Der grundgesetzliche Rahmen für die Wiedereinführung einer Vermögensteuer, Working Paper Forschungsförderung, Nr. 2006, Februar 2023, Rn. 82 mwN.

[98] BVerfGE 93, 121 = BeckRS 1995, 22234 Rn. 26.

[99] S. BVerwG DRsp Nr. 2018/1059, 1. b). Die dort angegebenen Fundstellen der Rechtsprechung des BVerfG belegen die zitierte generelle Aussage nur indirekt. Das Urteil beschäftigt sich auch mit der Frage, wann eine Überwälzbarkeit der Steuerbelastung auf den Kunden in die notwendige Berechnung des Reingewinns mit einzubeziehen ist. Für die Berücksichtigung wird ein kalkulatorischer Zusammenhang zwischen der Steuer und dem konkreten Kundenumsatz gefordert. Die Steuer muss in den Einzelkosten kalkulatorisch widerspiegeln. Bei einer allgemeinen Vermögensteuer auf Betriebsvermögen dürfte es an einem solchen Zusammenhang fehlen. Auf Einzelheiten soll hier nicht eingegangen werden.

[100] BVerfGE 93, 121 = BeckRS 1995, 22234 Rn. 14.

aa) Realitätsgerechte, gleichmäßige Bewertung

Der erste amtliche Leitsatz dieser Entscheidung fasst die Aufgabe für den Gesetzgeber einer Neuregelung der Vermögensteuer folgendermaßen zusammen:

„Bestimmt der Gesetzgeber für das gesamte steuerpflichtige Vermögen einen einheitlichen Steuersatz, so kann eine gleichmäßige Besteuerung nur in den Bemessungsgrundlagen der je für sich zu bewertenden wirtschaftlichen Einheiten gesichert werden. Die Bemessungsgrundlage muss deshalb auf die Ertragsfähigkeit der wirtschaftlichen Einheiten sachgerecht bezogen sein und deren Werte in ihrer Relation realitätsgerecht abbilden".

Der Zweite Senat des BVerfG scheint damit zu postulieren, dass die Vermögensteuer eine Sollertragsteuer sein muss, deren Bemessungsgrundlage sich allein an der Ertragsfähigkeit der wirtschaftlichen Einheit auszurichten hat. Das ist allerdings – wie erwähnt – umstr. und nicht zwingend. Wenn die eine besondere Leistungsfähigkeit aus dem Innehaben von Vermögen der Grund für die Besteuerung ist, dann muss die Bemessungsgrundlage jeder wirtschaftlichen Einheit diese besondere Leistungsfähigkeit in Relation realitätsgerecht und einheitlich abbilden.

bb) Zwingende Bewertung mit Verkehrswerten

Will man die Vermögensteuer so revitalisieren, dass sie dem Gleichheitsgrundsatz genügt, dann geht (jedenfalls aus finanzmathematischer Sicht) kein Weg daran vorbei, alle wirtschaftlichen Einheiten und auch die Schulden einheitlich mit dem Verkaufsmarktwert/gemeinen Wert, zu bewerten. Denn nur über einen einheitlichen Bewertungsmaßstab für alle Bewertungsgegenstände kann die erforderliche Gleichmäßigkeit, die notwendige gleichheitsgerechte Belastungswirkung hergestellt werden. Die Bewertung nach unterschiedlichen Maßstäben (insbes. bei Grundbesitz durchaus traditionell) über unterschiedliche Steuersätze ausgleichen zu wollen, würde mathematisch voraussetzen, die Wirkung der Bewertung zu kennen, um sie über den Steuersatz rückgängig zu machen. Das ist jedenfalls intransparent und dürfte auch nicht abstrakt generell gesetzlich regelbar sein.

cc) Konkreter Bewertungsmaßstab

Allgemein schreibt der Gleichheitsgrundsatz dem Steuergesetzgeber nicht vor, nach welchem Maßstab er die Gleichmäßigkeit der Belastung nach der Leistungsfähigkeit sicherstellt und wie der die in der Bemessungsgrundlage in Zahlen auszudrückende Leistungsfähigkeit im Hinblick auf den jeweiligen Bewertungsgegenstand ermittelt, solange die Wertrelationen und damit die Steuerbelastungen „in ihrer Relation" zueinander realitätsgerecht abgebildet sind. Leider bleibt die verfassungsjuristische Literatur und Rechtsprechung vage bei der Frage, wie durch die Bewertung von Vermögen die Relationen einzelner Vermögenswerte zueinander realitätsgerecht ermittelt werden können[101]. Um Licht in dieses Dunkel zu bringen, lohnt sich ein kleiner Ausflug in die historischen (finanzmathematischen) Rechenschritte bei Bewertungen:

Bemessungsgrundlage aller seit 1922 in Deutschland erhobenen Vermögensteuern war die Summe der steuerlichen Werte aller (steuerbaren, nicht steuerfreien) Wirtschaftsgüter. Die einzelnen Vermögenswerte wurden dazu in der Regel mit einem an den Verkehrswert (Verkaufsmarktpreis) angelehnten Wert angesetzt (steuerlich der „gemeine Wert" – heute § 9 BewG, damals §§ 137, 138 Reichsabgabenordnung 1919). Abweichend wurden insbes. (illiquideres) Grundvermögen und Land- und Forstwirtschaftliches Vermögen mit einem abweichenden steuerlichen Wert angesetzt, den die Reichsabgabenordnung 1919 in § 152 als „Ertragswert" bezeichnete. Der Steuerpflichtige konnte den Ansatz des (ggf. niedrigeren)

---

[101] Der – ohne nennenswerte Resonanz gebliebene – Beitrag von Lerke Osterloh zum Unterschied zwischen juristischen Bewertungsregeln und wirtschaftlichen Bewertungen (DStJG 1999, 177 ff.) ist leider bis heute die Ausnahme.

gemeinen Werts beantragen. Dieser „Ertragswert" betrug beim Grundvermögen das 25fache (von 80%) des durchschnittlichen jährlichen Miet- bzw. Pachtertrags der letzten 3 Jahre.

Finanzmathematisch entspricht dieses Vorgehen der Ermittlung des Kapitalwerts (Barwerts) einer „ewigen Rente" (man sagt daher auch „Kapitalisierung" der Rente): Der Kapitalwert einer „ewigen Rente" wird finanzmathematisch durch Multiplikation des Jahresbetrags der Zahlungszuflüsse (= Betrag der „Rente") mit einem Multiplikator (Barwertfaktor) berechnet. Der Barwertfaktor errechnet sich aus dem Kehrwert (1/x%) der in Prozent ausgedrückten Renditeerwartung. Ein Barwertfaktor von 25 unterstellt eine Renditeerwartung von 4% (1/4% = 25). Auch heute wird im Immobilienmarkt der Verkehrswert eines vermieteten Geschäfts- oder Mietwohngrundstücks oft als das x-fache der jährlichen Nettomieterträge ausgedrückt.

Bei der Berechnung (bzw. der mathematischen Analyse) von Verkehrswerten und daraus resultierenden Beleihungswerten bei Grundstücken[102] wird der Barwertfaktor nicht fixiert (wie das die Reichsabgabenordnung tut) sondern konkret, insbes. aus kürzlichen Vergleichstransaktionen am Markt ermittelt. Dabei werden alle anderen wertbildenden Faktoren berücksichtigt, insbes. Lage, Zustand, Mietsteigerungspotential, und spezifisch für jedes Bewertungsobjekt ermittelt (und dient damit gleichzeitig als Vergleichsmaßstab für die Bewertung anderer Bewertungsobjekte). Diese Bewertungslogik wird zB auch bei Unternehmens- oder Anteilsbewertungen angewendet. Bei der Bestimmung der Renditeerwartung wird die Nachhaltigkeit (Sicherheit) der laufenden Zahlungsrückflüsse (der Mieten) und deren Marktniveau mit einbezogen. Wenn bspw. die Nettokaltmiete unterhalb der Marktmiete oder der ortsüblichen Vergleichsmiete liegt (und zB aufgrund gesetzlicher Mieterhöhungsgrenzen nicht einfach erhöht werden kann), dann muss sich die Differenz im Barwertfaktor niederschlagen. Da „Unter-Markt-Mieten" tendenziell sicherer vor Änderungen (und innerhalb der gesetzlichen Grenzen auch steigerungsfähig) sind und die Zahlungsfähigkeit von Mietern geringer belasten (die Bonität von Mietern ist insbes. bei langlaufenden Gewerbemietverträgen relevant), kann sich das in einem höheren Barwertfaktor niederschlagen. Ein höherer Barwertfaktor bedeutet gleichzeitig, dass die Renditeerwartung niedriger ist: je geringer das Risiko, je sicherer die Zahlungszuflüsse, desto geringer die Renditeerwartung, je höher das Risiko desto höher die Renditeerwartung.

Die Renditeerwartung auch als Basiszins (= Rendite[103]) einer risikolosen Anlage plus einer (in Prozentpunkten ausgedrückten) Risikomarge für die konkrete Anlage darstellen. Hier zeigt sich, dass die Renditeerwartung und der Barwertfaktor dazu dienen, die konkrete Investition (in Höhe des Kapitalwerts) mit einer fiktiven Alternativanlage zu vergleichen bzw. aus ihr abzuleiten. Die Preisfindung ist aus diesem Gesichtspunkt ein Vergleich mit einer risikolosen Anlage, der über die Bestimmung der konkreten Renditeerwartung erfolgt. Der Verkehrswert jedes Vermögensgegenstandes wird gewissermaßen ermittelt indem unterschiedliche realwirtschaftliche Umstände über denselben Kamm, den Kamm des Basiszinses geschoren werden: die so errechneten Werte bilden finanzmathematisch gesehen genau das ab, was die Bemessungsgrundlage für eine Vermögensteuer tun sollte: weil und wenn sie durch Vergleich mit derselben risikolosen Anlage „gleichnamig" gemacht werden, bilden sie jedenfalls die Relation der Werte zueinander realitätsgerecht ab.

Der „Ertragswert" der Reichsfinanzordnung konnte kein Verkehrswert sein, weil der Barwertfaktor nicht spezifisch für das Grundstück, sondern gesetzlich für alle Grundstücke festgelegt wurde. Das hatte offenbar – neben Vereinfachungseffekten im Besteuerungsverfah-

[102] Grundsätze und Einzelheiten ergeben sich zB aus der VO über die Grundsätze für die Ermittlung der Verkehrswerte von Immobilien und der für die Wertermittlung erforderlichen Daten (Immobilienwertermittlungsverordnung – ImmoWertV) oder der VO über die Ermittlung der Beleihungswerte von Grundstücken nach § 16 Abs. 1 und 2 des Pfandbriefgesetzes (Beleihungswertermittlungsverordnung – BelWertV).

[103] Finanzmathematisch: interner Zinsfuß; preisrechtlich: Effektivzins.

ren – den Zweck bei Grundstücken in der Regel Werte unterhalb des aktuellen gemeinen Werts/Verkaufsverkehrswerts anzusetzen, Grundstückseigentum steuerlich zu privilegieren. Dadurch wurden die Wertrelationen zwischen Grundstücken aber auch im Vergleich zu allen anderen wirtschaftlichen Einheiten nur noch zufällig nicht realitätsgerecht in der Bemessungsgrundlage abgebildet.

Werden Kapitalforderungen insbes. aus Finanzinstrumenten beim Gläubiger mit dem Verkaufsmarktwert angesetzt, dann müsste die daraus resultierende Verbindlichkeit beim Schuldner (Emittenten) mit demselben Verkehrswert angesetzt werden, weil anderenfalls eine Verzerrung der Wertverhältnisse eintritt. Das ist der Grund, warum nach IFRS (als income generating units verstandene) Vermögenswerte und Verbindlichkeiten mit dem „fair value" angesetzt werden müssen.

Da jeder Vermögenswert und jede Schuld auch einen Preis haben muss (sonst wäre er kein Vermögens*wert*), bietet sich der nach einheitlichen marktüblichen Methoden ermittelte „Verkaufsverkehrswert" an – sie genügt jedenfalls dem Gleichheitsgrundsatz. Es ist ferner schwer vorstellbar, dass es eine andere universelle Methodik geben kann, die eine für alle Vermögenswerte, Schulden und Steuerpflichtigen gleichheitskonforme Bemessungsgrundlage ermitteln könnte.

Nur die marktübliche Bewertung von Aktiven und Passiven mit den (Verkaufs)Verkehrswerten kann praktisch sicherstellen, dass die Vermögensteuer gleichheitskonform erhoben wird.

dd) Vom Stichtagswert (Bestandsgröße) zur periodischen Vermögensteuer

Der Verkaufsmarktwert bzw. die Summe der Verkaufswerte aller wirtschaftlichen Einheiten/Schulden am Stichtag ist eine Bestandsgröße, die auch abhängig von der wirtschaftlichen Nutzungsdauer, von der Zeit ist, über die sich der jeweilige Kapitalwert über Rückflüsse amortisiert.

Es drängt sich der Eindruck auf, dass eine mit einem einheitlichen Steuersatz von der Bestandsgröße (Verkaufsmarktwert) erhobene periodische Vermögensteuer unterstellt, dass resultierenden Zahlungsrückflüsse, soweit sie amortisierend sind, zur selben Rendite in neue Vermögenswerte wieder angelegt werden können, weil das finanzmathematisch bei der Ermittlung der Rendite (=interner Zinsfuß, bzw. Effektivzins[104]) unterstellt werden muss.

Es spricht einiges dafür, die mit der periodischen Vermögensteuer zu belastende wirtschaftliche Leistungsfähigkeit als periodische Leistungsfähigkeit zu verstehen. Diese Leistungsfähigkeit wäre ebenfalls eine Fluss- und keine Bestandsgröße. Es ist kein mathematisches Hexenwerk aus der Summe der Verkaufsmarktwerte des Gesamtvermögens mit Hilfe zB der mittleren (erwarteten) Amortisationszeit und der mittleren erwarteten Rendite eine gleichhohe Annuität zu generieren, die die Bestandsgröße, den Verkaufsmarktwert, auf die jeweils laufende Periode verteilt. Diese Annuität wäre dann ein taugliches Maß für die periodische Leistungsfähigkeit. Es liegt dann nicht fern, den Zinsanteil dieser Annuität als periodischen „Sollertrag" und die Annuität insgesamt (Sollzins + Tilgungsanteil) als Periodenwert[105] der aus dem Innehaben des Gesamtvermögens resultierenden besonderen Leistungsfähigkeit anzusehen.

Es wäre dann konsequent den aktuelle Zahlbetrag der periodischen Vermögensteuer an dieser Annuität auszurichten: soweit der periodische Vermögensteuerbetrag den Betrag der Annuität übersteigt, müssen mit erheblicher Wahrscheinlichkeit bestehende Vermögenswerte versilbert werden, um die Vermögensteuer zu bezahlten, weil die Annuität den maxi-

---

[104] Gesetzlich geregelt ist die Berechnung des Effektivzinses in der PAngV.

[105] Den man bspw. im Alter nutzt, um den Vermögensstamm langsam abzuschmelzen, oder der zur vermögenserhaltenden Reinvestition eingesetzt werden kann. Die Versicherungsfunktion des Vermögens, für ungeplante, aber notwendige Ausgaben wäre dann aus dem nicht laufend amortisierten Vermögen dargestellt.

mal in der Periode erwartbaren liquiden Zahlungsrückfluss aus dem gesamten Vermögen abbildet.

b) Ermittlungsschwierigkeiten

Eine Steuer deren Berechnung dem Gleichheitsgrundsatz entspricht muss auch gleichmäßig erhoben werden (können).

Kritiker werfen der Vermögensbesteuerung gerne vor, die mit der Ermittlung des Mengen- und Wertgerüsts der einzelnen wirtschaftlichen Einheiten des jeweiligen Steuerpflichtigen sei mit immensem Bürokratieaufwand beim Steuerpflichtigen und der Finanzverwaltung und damit mit überproportional hohen Volkswirtschaftlichen Kosten und finanziellem Aufwand für den Staat verbunden, der die Erlöse aus der Vermögensteuer zu weiten Teilen verbrauche.

Bei näherem Hinsehen ist das nicht so stichhaltig, wie es auf den ersten Blick wirkt: inländisches Betriebs- und Grundvermögen ist bereits steuerlich erfasst. Verkehrswerte für Grund und Boden können aus den vorhandenen Bodenrichtwerten abgeleitet, Verkehrs-/Beleihungswerte müssen Banken für von ihnen finanzierte Grundstücke ohnehin periodisch ermitteln[106]. Die bei der Grundsteuer nach dem Bundesmodell[107] gewonnenen Daten wären für eine typisierte Verkehrswertermittlung in überschaubarem Umfang zu ergänzen. Erträgnisse aus Kapitalvermögen werden bereits heute von den Banken automatisiert übermittelt (wenn ein Freistellungsauftrag erteilt wurde), die Übermittlung von Jahresschlusssalden der Anlagekonten wäre lediglich eine Erweiterung.

Die IFRS-Bilanzierung zum Fair Value[108] könnte gleichzeitig als Grundlage für die Bewertung iRd Vermögensteuer herangezogen werden. Das sollte einfacher und verlässlicher implementierbar sein, als zu versuchen, diese Werte durch die Verwaltung in einem gesonderten Verfahren selbst ermitteln zu lassen. Wer heute noch nicht nach IFRS bilanziert, aber über entsprechend hohes Betriebsvermögen verfügt, könnte dazu künftig verpflichtet werden.

IV. Eigentumsgarantie

Eine Vermögensteuer, die gegen das Übermaßverbot verstößt, wäre jedenfalls verfassungswidrig. Eine starre Belastungsgrenze lehnt auch der Zweite Senat des BVerfG inzwischen ab:

„Auch wenn dem Übermaßverbot keine zahlenmäßig zu konkretisierende allgemeine Obergrenze der Besteuerung entnommen werden kann, darf allerdings die steuerliche Belastung auch höherer Einkommen für den Regelfall nicht so weit gehen, dass der wirtschaftliche Erfolg grundlegend beeinträchtigt wird und damit nicht mehr angemessen zum Ausdruck kommt (vgl. BVerfGE 14, 221 <241>; 82, 159 <190>; 93, 121<137>).“[109]

---

[106] Warum für die Grundsteuer nach dem Bundesmodell nicht auf diese Informationen zurückgegriffen wird (insbes. weil kein Darlehensnehmer ein Interesse an einem möglichst niedrigen Beleihungswert hat), ist möglicherweise nicht nur mir ein Rätsel.

[107] Das Bundesmodell mag ausreichend genau sein, um die Wertrelationen zwischen Grundstücken in derselben Gemeinde gleichheitskonform zu ermitteln, was für die Grundsteuer ausreicht. Es berechnet aber den Wert auf gesetzlich fixierten Annahmen (insbes. zum Mietwert), die zu Ergebnissen führen dürften, die mit den Verkehrswerten anderer Vermögensklassen nur zufällig vergleichbar sind.

[108] Dann würden auch die Schulden marktgerecht bewertet.

[109] BVerfGE 115, 97 = NJW 2006, 1191 Rn. 40.

Dem Steuerpflichtigen muss *„ein Kernbestand des Erfolges eigener Betätigung im wirtschaftlichen Bereich als Ausdruck der grundsätzlichen Privatnützigkeit des Erworbenen und der grundsätzlichen Verfügungsbefugnis über die geschaffenen vermögenswerten Rechtspositionen“*[110] erhalten bleiben.

Unverhältnismäßig („erdrosselnd“) dürfte daher eine Vermögensteuer insbes. sein oder werden, wenn sie Steuerpflichtig nicht nur ausnahmsweise zwingt, einzelne – im Verhältnis zum Gesamtvermögen und zur fälligen Vermögensteuer „wertvolle“, aber illiquiden Vermögenswert zu verkaufen, um die Steuer zu bezahlen. Das kann vor allem bei hochkonzentrierten Vermögen der Fall sein, die (wesentlich) aus wenigen aber wertvollen, illiquiden Vermögenswerten mit niedrigen (aber sicheren) laufenden Einkünften bestehen. Auch wenn das Vermögen wesentlich aus Betriebsvermögen steht, darf der Steuerpflichtige nicht gezwungen werden, den Betrieb zu liquidieren oder wesentliche Betriebsgrundlagen zu veräußern.

Völlig ungeklärt ist, welche verfassungsrechtlichen Auswirkungen die Inflation der Lebenshaltungskosten, die damit verbundene Geldentwertung, oder eine Inflation der Vermögenspreise auf die verfassungsrechtliche Beurteilung der Zumutbarkeit einer Vermögensteuer hat. Geldvermögen hatte und hat immer noch eine negative Realverzinsung (die tatsächlichen Erträge reichen nicht, um die Geldentwertung auszugleichen)[111]. Die mit niedrigen Zinsen einhergehende expansive Geldpolitik der EZB des vergangenen Jahrzehnts hat insbes. die Werte von Grundbesitz rasant steigen lassen: Wer seit Jahrzehnten ein Einfamilienhaus in guter Lage in einem Ballungszentrum selbst bewohnt, ist inzwischen Vermögensmillionär, ohne dass sich sein Wohnnutzen geändert oder die eingesparte Miete und damit seine finanzielle Leistungsfähigkeit in gleichem Maße „explodiert“ wären. Lebt er mehr schlecht als recht von seiner moderaten Rente, dann kann ihm seine Bank (wegen § 18a KWG) keinen auf den Wert der Immobilie allein basierten grundpfandrechtlich besicherten Kredit geben – er wäre ggf. zum (Teil)Verkauf seines Wohnhauses gezwungen, um die Vermögensteuer zu bezahlen. Allerdings schwankt der Verkehrswert der Schulden, wenn die EZB den Hauptrefianzierungssatz ändert: der Wert der Schulden steigt, wenn die EZB den Zinssatz reduziert, er sinkt, wenn sie den Zinssatz erhöht. Das gleicht die gegenläufige Entwicklung beim Ativvermögen (dessen Preise steigen, wenn der Marktzinssatz sinkt, bzw. sinken, wenn der Marktzinssatz steigt) aus und dämpft damit die inflationsbedingten Schwankungen des Gesamtvermögens.

Der Gesetzgeber ist jedenfalls gut beraten, bei der Bemessung der Vermögensteuer eine realitätsnahe Diversifizierung[112] (und Fremdfinanzierung) des Gesamtvermögens zu unterstellen und als Ausgangspunkt für den Steuersatz zu nehmen. Sind alle Gegenstände des Gesamtvermögens (einschließlich der Schulden) mit dem Verkehrswert bewertet, dann könnte eine Bemessung der Vermögensteuer anhand der aus dem Gesamtvermögen ableitbaren erwarteten Annuität sicherstellen, dass die Steuer in der Regel auch bezahlt werden kann, ohne Vermögenswerte versilbern zu müssen. Für Einzelfälle (bei sehr hoch konzentriert illiquidem Vermögen) könnte zB auch eine Stundungsmöglichkeit vorgesehen werden[113].

Begreift man die Vermögensteuer als Annuität, dann lässt sich auch ihr Kapitalwert berechnen und mit der Bemessungsgrundlage der Vermögensteuer vergleichen. Übersteigt

---

[110] BVerfGE 93, 121 = BeckRS 1995, 22234 Rn. 26.

[111] ZB https://de.statista.com/statistik/daten/studie/1379650/umfrage/entwicklung-der-realzinssaetze-auf-bankeinlagen-privater-haushalte/.

[112] ZB geht Flossbach/von Storch davon aus, dass der Anteil von Grundbesitz auch bei substantiellen Mio. vermögen etwa 60–72,5% des Gesamtvermögens ausmacht, der Anteil des Betriebsvermögens weitere etwa 10%, so dass in der Regel etwa 80% auch großer Vermögen „konzentriert illiquide“ investiert sein dürften, s. Flossbach von Storch Research Institute, Vermögenspreisindex für Deutschland Q 3 2024, Tabelle M 1, abrufbar unter: https://www.flossbachvonstorch-researchinstitute.com/de/monitoring/vermoegenspreisindex-deutschland.

[113] Osterloh DStJG 1999, 177 (188).

der Kapitalwert der Vermögensteuer den Kapitalwert des Vermögens, dann liegt es nicht fern daraus eine Übermaßbesteuerung herzuleiten: niemand sollte mehr an den Staat abgeben müssen, als er hat. Steuersätze von 12% – wie sie teils gefordert werden – wären dann heute und in absehbarer Zukunft jedenfalls unzumutbar.

V. Zusammenfassende Thesen

Ungleichheit und freiheitliche Rechtsordnung

1. Nicht die Ungleichheit, sondern die Umverteilung bedarf in der freiheitlichen Rechtsordnung des GG es einer rationalen Begründung:

a) Soziale Ungleichheit ist elementarer Inhalt, zwingende Folge jeder freiheitlichen Rechtsordnung, sie bedarf keiner anderen rationalen Begründung. Das GG garantiert die rechtliche Gleichheit, die individuelle Handlungsfreiheit und das Eigentum und setzt dadurch den Rahmen für einen (fairen) wirtschaftlichen Wettbewerb und eine Marktwirtschaft was unweigerlich zu wirtschaftlicher Ungleichheit führen muss.

b) Diese Dynamik darf nicht dazu führen, dass die Ungleichheit sich ungezügelt potenziert und sich dadurch die freiheitliche Rechtsordnung selbst aufhebt. Das Sozialstaatsgebot verpflichtet dann und erst dann den Staat für einen Ausgleich sozialer Gegensätze aus Gerechtigkeitsgründen zu sorgen, wenn diese Gefahr besteht. Das GG garantiert eine Marktwirtschaft, die nicht ungezügelt frei ist, sondern durch das Sozialstaatsprinzip begrenzt wird: die soziale Marktwirtschaft.

c) Jede Begrenzung der Marktwirtschaft, jede Korrektur der Ungleichheit bedarf aber einer rationalen Begründung aus dem Sozialstaatsprinzip.

Rechtstechnischer „Werkzeugkasten“ für eine Umverteilung

2. Eine Umverteilung durch Belastung der „Reichen“ nebst Verteilung des Aufkommens unter den „Armen“ kann nicht durch eine laufende (Vermögen)Steuer, sondern nur mittels einer Sonderabgabe oder einer einmaligen Vermögensabgabe (Art. 106 Abs. 1 Nr. 5 GG) erfolgen:

a) Das Aufkommen jeder Steuer muss in den allgemeinen Staatshaushalt einfließen. Damit unterliegt die Verwendung des Steueraufkommens dem Haushaltsrecht des jeweiligen (im Zeitablauf sich durch Wahlen ändernden) Parlaments. Eine Zweckbestimmung (den Armen zu geben) wäre für das nächste Haushaltsjahr nicht mehr verbindlich festlegbar.

b) Den Ländern steht das Aufkommen aus einer Vermögensteuer zu. Damit können nur die Länderparlamente entscheiden, wie deren Erlöse verwendet werden. Der Bund kann dieses Haushaltsrecht der Länderparlamente nicht aushebeln, um sicherzustellen, wie Steuereinnahmen verwendet werden.

c) Sonderabgaben erfordern und erlauben es dagegen dem Staat, eine einmalige Vermögensabgabe (Art. 106 Abs. 1 Nr. 5 GG) zu erheben und erlaubt es dem Bund, deren Aufkommen nicht in den Haushalt einzustellen, sondern direkt zu einem definierten Zweck (ggf. über ein Sondervermögen) zu verwenden.

Sonderabgaben

3. Sonderabgaben zur allgemeinen Umverteilung von „Reichtum“ sind nicht zulässig: Sie können nur erhoben werden, wenn entweder ein Näheverhältnis der Belasteten zu den Begünstigten besteht oder die Sonderabgabe eine Anreizwirkung bezweckt oder die Belasteten für Fehlverhalten sanktionieren soll. Beides ist bei der Umverteilung von „Reich“ zu „Arm“ nicht der Fall.

Einmalige Vermögensabgaben

4. Einmalige Vermögensabgaben (Art. 106 Abs. 1 Nr. 5 GG) sind nur in historischen Ausnahmesituationen zulässig. Solange keine sozialen Unruhen herrschen oder konkret drohen und zudem die Kreditfähigkeit der Bundesrepublik Deutschland nicht in Frage steht, ist eine einmalige Vermögensabgabe nicht zulässig.

Eine solche historische Ausnahmesituation ist selbst dann nicht gegeben, wenn dafür eine (erhebliche) soziale Ungleichheit ausreichend wäre:

a) Eine im letzten Jahrzehnt rasant gewachsene oder wachsende soziale Ungleichheit ist empirisch nicht nachweisbar.

b) Vielmehr legen alle seriösen Statistiken (insbes. die DWA der Bundesbank/EZB und von Destatis in EU-SILC sowie die iRd SOEP erhobenen Daten) nahe, dass „die Schere zwischen Arm und Reich" eher zu, als aufgeht, die soziale Ungleichheit jedenfalls nicht zunimmt.

c) Das gilt insbes. für die Einkommens- aber auch für die Vermögensungleichheit. Bezieht man die Ansprüche aus der gesetzlichen Rentenversicherung und auf Beamtenpensionen mit in die Berechnung der Vermögen ein, dann reduziert sich die Vermögensungleichheit deutlich und dürfte damit auch im internationalen Vergleich im Mittelfeld liegen. Das Vermögen in Deutschland ist heute auch deutlich gleicher verteilt, als „zu Kaisers Zeiten".

Vermögensteuer

5. Der Staat hat kein allgemeines Steuerfindungsrecht. Jede Vermögensteuer muss daher dem Art. 106 Abs. 2 Nr. 1 GG (historischen) Typusbegriff „Vermögensteuer" im Wesentlichen entsprechen:

a) Dahinstehen kann, ob der Typusbegriff beinhaltet, dass nur der „Sollertrag" der Vermögensteuer unterliegen können oder die besondere Leistungsfähigkeit aus dem bloßen Innehaben von Vermögenswerten besteuert werden kann.

b) Entscheidend ist vielmehr, dass die historische Vermögensteuer nie darauf abzielte, noch regelmäßig zur Folge hatte, dass illiquides Vermögen versilbert werden musste, um sie zu bezahlen: daran muss sich jede Revitalisierung der Vermögensteuer messen lassen.

c) Das GG gibt keine Gesetzgebungskompetenz für eine Steuer, die darauf abzielt oder den Steuerpflichtigen regelmäßig zwingt, illiquides Vermögen zu veräußern, um diese Steuer zu bezahlen. Vermögenswerte zu versilbern, um Steuern zu bezahlen, muss die Ausnahme bleiben, darf nicht zur Regel werden.

Vermögensteuer und Umverteilungszweck

6. Vermögensteuern für den allgemeinen Staatshaushalt zu erheben, ist immer legitim. Zweifelhaft ist, ob es zulässig ist, mit einer Vermögensteuer vorrangig Umverteilungseffekte zu verfolgen. Allerdings kann die Belastung von Vermögen keine nennenswerte Umverteilungswirkung haben:

a) Keine Vermögensteuer darf den „Reichen" wesentliches Vermögen entziehen. Daher ist ihr Aufkommen von vornherein limitiert.

b) Vermögensteuern auf Betriebsvermögen werden direkt oder indirekt an die Verbraucher übergewälzt, jede Preisinflation trifft die „Armen" überproportional und eignet sich daher schwerlich, eine Vermögensungleichheit nachhaltig zu reduzieren.

c) Das Netto-Aufkommenspotential von Vermögensteuern wird durch Ausweichreaktionen, nach Modellrechnungen aber auch durch volkswirtschaftliche Effekte, die zu einem insgesamt geringeren Steueraufkommen führen, weiter reduziert.

Vermögensteuer: Gleichheitsgrundsatz – gleichheitskonforme Belastung

7. Der Gleichheitsgrundsatz zwingt dazu, alle wirtschaftlichen Einheiten und Schulden des Gesamtvermögens nach demselben Maßstab zu bewerten. Denn nur über einen einheitlichen Bewertungsmaßstab für alle Bewertungsgegenstände kann die erforderliche Gleichmäßigkeit, die notwendige gleichheitsgerechte Belastungswirkung hergestellt werden.

8. Eine solche einheitliche Bewertung kann praktisch nur über eine Bewertung mittels marktüblicher Verfahren mit dem (Verkaufs)Verkehrswert (auch der Schulden) erfolgen. Nur eine Bewertung aller Vermögenswerte und Schulden nach marktüblichen Maßstäben mit (Verkaufs)Verkehrswerten kann praxistauglich sicherstellen, dass die Steuer gleichheitskonform erhoben wird.

Vermögensteuer: Gleichheitsgrundsatz – Besteuerung nach der Leistungsfähigkeit

9. Es spricht einiges dafür, die mit der periodischen Vermögensteuer zu belastende wirtschaftliche Leistungsfähigkeit als periodische Leistungsfähigkeit zu verstehen. Der Verlaufsverkehrswert ist aus finanzmathematischer Sicht der zum Stichtag kapitalisierte Bestandswert dieser periodischen Leistungsfähigkeit. Aus der Summe dieser Bestandswerte für alle besteuerten Vermögenswerte lässt sich mathematisch eine periodische Annuität ableiten.

10. Um strukturell zu verhindern, dass in der Regel Vermögen versilbert werden muss, um die periodische Vermögensteuer zu bezahlen, bietet es sich an die Vermögensteuer so zu bemessen, dass sie diese Annuität (die als Summe aus „Sollertrag" und „Solltilgung" bzw., als „Periodensollliquidität" verstanden werden kann) nicht übersteigt.

Vermögensteuer: Gleichheitsgrundsatz – Ermittlung von Verkehrswerten

11. (Verkaufs)Verkehrswerte zu ermitteln ist heute weniger herausfordernd, als von manchen angenommen wird:

a) Inländisches Betriebs- und Grundvermögen ist bereits steuerlich erfasst.

b) Verkehrswerte für Grund und Boden können aus den vorhandenen Bodenrichtwerten abgeleitet, Verkehrs/Beleihungswerte müssen Banken für von ihnen finanzierte Grundstücke ohnehin periodisch ermitteln. Die bei der Grundsteuer nach dem Bundesmodell gewonnenen Daten wären für eine typisierte Verkehrswertermittlung in überschaubarem Umfang (zB um die tatsächliche Nettokaltmiete, wie der finanzierenden Bank gemeldet oder dem Verwalter für den Mieteinzug bekannt) zu ergänzen.

c) Erträgnisse aus Kapitalvermögen werden bereits heute von den Banken automatisiert übermittelt (wenn ein Freistellungsauftrag erteilt wurde), die Übermittlung von Jahresschlusssalden der Anlagekonten wäre lediglich eine Erweiterung.

d) Betriebsvermögen und Schulden werden nach IFRS zum Fair Value bilanziert, der als Bewertungsgrundlage für die Vermögensteuer herangezogen werden könnte. Das sollte einfacher und verlässlicher implementierbar sein, als zu versuchen, diese Werte durch die Verwaltung in einem gesonderten Verfahren selbst ermitteln zu lassen. Wer heute noch nicht nach IFRS bilanziert, aber über ein relevant hohes Betriebsvermögen verfügt, könnte dazu künftig verpflichtet werden.

Vermögensteuer: Übermaßverbot

12. Eine Vermögensteuer, die gegen das Übermaßverbot verstößt, wäre jedenfalls verfassungswidrig, weil und wenn sie entweder unzumutbar ist oder „erdrosselende Wirkung" hat und damit gegen die Eigentumsgarantie verstoßen würde.

13. Eine starre Belastungsgrenze verbietet sich. Die maßgebliche relative Belastungsgrenze ist überschritten, wenn der Steuerpflichtige nicht nur ausnahmsweise gezwungen ist, im Verhältnis zum Gesamtvermögen und zur fälligen Vermögensteuer wertvolle, aber illiquide Vermögenswerte zu versilbern, um die Vermögensteuerschuld des laufenden Jahres bezahlen zu können.

14. Eine verfassungswidrig übermäßige Belastung dürfte eine Vermögensteuer immer dann sein, wenn der Kapitalwert der Vermögensteuer höher ist, als die Summe der (Veräußerungs-)Verkehrswerte des Gesamtvermögens, also finanzmathematisch gesehen, der Summe der Kapitalwerte der einzelnen aktiven und passiven Vermögenswerte.

CHRISTIAN E. DECHER

Wandelschuldverschreibungen und Aktienoptionen – ein Stolperstein beim Squeeze out?

I. Themenstellung

Beim Squeeze out in allen seinen Varianten (übernahmerechtlicher, verschmelzungsrechtlicher, aktienrechtlicher Squeeze out) wird vom Hauptaktionär ein Ausschlussverfahren initiiert und durchgeführt, an dessen Ende die übrigen außenstehenden Aktionäre aus der AG gegen eine Barabfindung herausgedrängt werden. Wie für alle aktienrechtlichen Grundlagen- und Strukturmaßnahmen bedarf es insoweit einer Beschlussfassung der Hauptversammlung, eines Berichts über den Squeeze out und seine Folgen für die Aktionäre sowie einer angemessenen Entschädigung der betroffenen Aktionäre, die auf einer – von einem gerichtlich bestellten Prüfer überprüften – Unternehmensbewertung beruht.

Nicht selten wurden bei der von einem Squeeze out betroffenen AG Wandelschuldverschreibungen und Aktienoptionen ausgegeben, die nach Erreichen der Ausübungszeitpunkte und der Ausübungsziele ein Recht des Inhabers zum Erwerb von oder zur Wandlung in Aktien der AG gewähren. Nach verbreiteter Auffassung in der Literatur (nicht zuletzt von die Unternehmen beratenden Rechtsanwälten) sind Wandelschuldverschreibungen und Aktienoptionen iRd Squeeze out (weitgehend) analog den Regeln für die Aktionäre zu behandeln; dementsprechend wird auch ein entsprechender Beschluss der Hauptversammlung für notwendig oder mindestens empfehlenswert gehalten.[1]

In der Praxis von Squeeze out-Fällen findet sich hierzu allerdings regelmäßig nichts: Keine ausdrückliche Erstreckung des Übertragungsverlangens des Hauptaktionärs auf die Inhaber von Wandelschuldverschreibungen und Aktienoptionen, keine Erstreckung der Beschlussfassung der Hauptversammlung, keine gerichtliche Bestellung eines Prüfers, keine ergänzende Erfassung im Bericht. Handelt es sich dabei um eine Nachlässigkeit, weil dieses Thema von den Rechtsberatern nicht gesehen worden ist, oder um ein beredtes Schweigen?

Nachfolgend soll dieser Fragestellung nachgegangen werden, die sich mir und unserer Sozietät, in der Thomas Emde und ich mehr als zwei Jahrzehnte partnerschaftlich verbunden waren, schon kurz nach Einführung des Squeeze out im Jahr 2002 (ua im Fall Kamps), aber auch in jüngster Vergangenheit stellte. Zunächst ist zu untersuchen, ob Wandelschuldverschreibungen und Aktienoptionen bei einem Squeeze out unverändert fortbestehen oder ob sich die Wandlungs- und Optionsrechte in ein Recht auf Barabfindung umwandeln (dazu → II.). Anschließend wird untersucht, ob bei Notwendigkeit einer Abfindung der Inhaber von Wandelschuldverschreibungen und Aktienoptionen die Regeln über den Squeeze out entsprechend zu beachten sind oder vorsorglich beachtet werden sollten (dazu → III.). Abschließend werden die Ergebnisse und die Folgen für die Praxis festgehalten (dazu → IV.).

---

[1] Für Notwendigkeit eines entsprechenden HV-Beschlusses etwa Fehling/Arens AG 2010, 735 (737); GK-AktG/Fleischer, 1.2.2007, § 327b Rn. 35; KK-AktG/Koppensteiner AktG § 327e Rn. 19; Sieger/Hasselbach ZGR 2002, 120 (158); Wilsing/Kruse ZIP 2002, 1465 (1470); für Empfehlung Statz/Albert NZG 2023, 1295 (1301).

II. Fortbestehen oder Erlöschen von Wandel- und Optionsrechten beim Squeeze out?

Die Frage, ob Inhaber von Wandelschuldverschreibungen und Aktienoptionen entsprechend den Regeln zum Squeeze out für die Behandlung der Aktionäre (§§ 327a ff. AktG) zu behandeln sind, kann sich nur dann stellen, wenn sich deren Rechte ebenso wie die Mitgliedschaftsrechte der Aktionäre im Rahmen eines Squeeze out in ein Recht auf Barabfindung umwandeln.

Nach einer Mindermeinung in der Literatur bestehen Wandel- und Aktienoptionsrechte jedoch auch nach einem Squeeze out fort.[2] Für diese Auffassung lässt sich anführen, dass die Regelungen zum Squeeze out nach ihrem Wortlaut keinen Ausschluss von Inhabern von Sonderrechten regeln. Bei Fortbestand der Sonderrechte nach einem Squeeze out ähnelt die Rechtslage dem Erwerb von Aktien, die mit dinglichen Rechten belastet sind und gegen den Erwerber fortbestehen. Auch § 23 UmwG weist für die Verschmelzung darauf hin, dass für den Gesetzgeber der Schutz der Inhaber von Sonderrechten ein hohes Gut ist, weshalb diesen durch den aufnehmenden Rechtsträger gleichwertige Recht zu gewähren sind.

Dennoch lehnt die herrschende Meinung einen Fortbestand von Wandel- und Optionsrechten im Zuge eines Squeeze out zu Recht unter Verweis auf dessen Zweck ab. Denn hierdurch würde das berechtigte Interesse eines Hauptaktionärs bei Erreichen einer Anteilsquote von 90% (übernahmerechtlicher und verschmelzungsrechtlicher Squeeze out) oder von 95% (aktienrechtlicher Squeeze out) konterkariert, zukünftig die AG als alleiniger Aktionär zu halten. Außerdem ist es nicht zu rechtfertigen, dass die Inhaber von Wandelschuldverschreibungen und Aktienoptionen im Rahmen eines Squeeze out besser behandelt werden als die Aktionäre, wenn ihre Rechte unverändert fortbestehen.[3] Die herrschende Meinung kann sich zudem auf die Siemens-Nixdorf-Entscheidung des BGH zur Eingliederung stützen.[4] Dort hatte der BGH hinsichtlich der Frage des Fortbestehens der Rechte von Optionsinhabern einer AG im Fall der Eingliederung das legitime Anliegen eines Mehrheitsaktionärs anerkannt, dass sich nicht nur noch eine kleine Minderheit von Aktien in den Händen bekannter und unbekannter Aktionäre befindet. Dieser Gedanke gilt gleichermaßen für den Squeeze out.

Für die Praxis kann danach mit hinreichender Sicherheit davon ausgegangen werden, dass Wandel- und Optionsrechte bei einem Squeeze out nicht fortbestehen. Die Rechte der Inhaber von Wandelschuldverschreibungen und Aktienoptionen auf den Erhalt von bzw. die Wandlung in Aktien der AG wandeln sich im Zuge des Squeeze out in ein Recht auf Barabfindung. Im Hinblick darauf, dass der Hauptaktionär durch das Betreiben des Squeeze out den Untergang der Optionsrechte auf Aktien herbeiführt, wird er (und nicht mehr die die Rechte ursprünglich ausgebende AG) Schuldner des Barabfindungsanspruchs.[5] Bei Wandelschuldverschreibungen ist vom Squeeze out allerdings nur das Wandlungsrecht betroffen, während der Anspruch auf Rückzahlung des Nennbetrags einschließlich seiner Verzinsung unverändert nach den Anleihebedingungen fortbesteht.[6]

---

[2] Ph. Baums WM 2001, 1843 (1847); Friedl DK 2004, 309 (315); Schüppen WPg 2001, 958 (975); Ziemons FS K. Schmidt, 2009, 1777 (1783).

[3] LG Düsseldorf NZG 2004, 1168 (1170): Kamps Wandelanleihen; GK-AktG/Fleischer, 1.2.2007, § 327e Rn. 47; MüKoAktG/Grunewald § 327b Rn. 14; Emmerich/Habersack/Habersack AktG § 327b Rn. 7; Koch AktG § 327b Rn. 3; Grigoleit/Rieder AktG § 327b Rn. 2; K. Schmidt/Lutter/Schnorbus AktG § 327b Rn. 13.

[4] BGH NJW 1998, 2146.

[5] LG Düsseldorf NZG 2004, 1168 (1170); Fleischer ZGR 2002, 757 (776); Koch AktG § 327b Rn. 3; Krieger BB 2002, 53 (61); Schlitt/Seiler/Singhof AG 2003, 254 (267); K. Schmidt/Lutter/Schnorbus AktG § 327b Rn. 13.

[6] Emmerich/Habersack/Habersack § 327 Rn. 8; KK-AktG/Koppensteiner § 327e Rn. 18; MüKoAktG/Grunewald § 327b Rn. 15; K. Schmidt/Lutter/Schnorbus AktG § 327b Rn. 13; BeckOGK/Singhof, 1.2.2025, AktG § 327b Rn. 13; wohl auch Angerer/Brandi/Süßmann/

Als Konsequenz dieser Auffassung sind Ansprüche auf Aktien für die Erreichung der maßgeblichen Beteiligungsschwelle beim Squeeze out (90% oder 95%) auch dann nicht beachtlich, wenn der Hauptaktionär nach einer Ausübung der Rechte nicht mehr die Schwelle erreichen würde.[7]

Ebenso wie der Anspruch der ausgeschlossenen Aktionäre auf Barabfindung entsteht der Anspruch der Inhaber von Wandelschuldverschreibungen und Aktienoptionen auf Barabfindung mit Wirksamkeit des Squeeze out durch Eintragung im Handelsregister und nicht erst bei Eintritt der Ausübungsbedingungen nach den der Ausgabe der Sonderrechte zugrunde liegenden schuldrechtlichen Regeln.[8]

III. Analoge Anwendung der für Aktionäre beim Squeeze out geltenden Regeln auf Inhaber von Wandelschuldverschreibungen und Aktienoptionen?

Nunmehr ist zu untersuchen, ob die Inhaber von Wandelschuldverschreibungen und Aktienoptionen im Rahmen eines Squeeze out wie die Aktionäre behandelt werden müssen oder wenigstens sollten, ob es also eines Übertragungsverlangens des Hauptaktionärs sowie einer Beschlussfassung der Hauptversammlung auch für diese Inhaber von Sonderrechten bedarf (dazu → 1.) und welche Regeln für die Ermittlung einer angemessenen Barabfindung und deren Absicherung gelten (dazu → 2.). Zudem ist die Frage von Berichtspflichten zu untersuchen (dazu → 3.).

1. Notwendigkeit eines Beschlusses der Hauptversammlung?

a) Kompetenz der Hauptversammlung analog § 327a AktG?

Nach einer verbreitet vertretenen Auffassung in der Literatur muss ein Beschluss der Hauptversammlung betreffend die Behandlung der Inhaber von Wandelschuldverschreibungen und Aktienoptionen beim Squeeze out erfolgen.[9] Insoweit wird eine planwidrige Regelungslücke und somit die Notwendigkeit einer Analogie zu § 327a AktG geltend gemacht. Nur durch die Bekanntmachung des Hauptversammlungsbeschlusses in der Tagesordnung hätten die Inhaber dieser Sonderrechte die Möglichkeit, von dem bevorstehenden Verlust ihres Wandlungs- oder Optionsrechts Kenntnis zu erlangen, über einen Verkauf zu entscheiden oder eine Abfindung in bar zu verlangen.

Mit der Notwendigkeit eines Hauptversammlungsbeschlusses ist nach dieser Auffassung konsequent die Erstreckung des Übertragungsverlangens des Hauptaktionärs auf die Inhaber dieser Rechte verbunden.[10] Da das Übertragungsverlangen ohnehin nach Festlegung der Barabfindung konkretisiert wird, wird eine Erstreckung des Übertragungsverlangens auf die

---

Grzimek AktG § 327e Rn. 36; aA Grigoleit/Rieder AktG § 327b Rn. 2; Statz/Albert NZG 2023, 1295 (1301): einheitliche Wandlung aller Rechte in Barabfindung.

[7] MüKoAktG/Grunewald § 327a Rn. 6; § 327b Rn. 15; K. Schmidt/Lutter/Schnorbus AktG § 327a Rn. 8; § 327b Rn. 14.

[8] K. Schmidt/Lutter/Schnorbus AktG § 327b Rn. 15; Sieger/Hasselbach ZGR 2002, 120 (159); Statz/Albert NZG 2023, 1295 (1297); Schlitt/Seiler/Singhof AG 2003, 254 (267); Wilsing/Kruse ZIP 2002, 1465 (1470); aA MHdB GesR IV/Austmann § 71 Rn. 134 f., Krieger BB 2002, 53 (61).

[9] Fehling/Arens AG 2010, 735 (737); GK-AktG/Fleischer, 1.2.2007, § 327b Rn. 35; KK-AktG/Koppensteiner § 327e Rn. 19; Wachter/Rothley AktG § 327c Rn. 2; Sieger/Hasselbach ZGR 2002, 120 (158); BeckOGK/Singhof, 1.2.2025, AktG § 327c Rn. 5; Wilsing/Kruse ZIP 2002, 1465 (1470).

[10] GK-AktG/Fleischer, 1.2.2007, § 327b Rn. 35; KK-AktG/Koppensteiner § 327 Rn. 19; Statz/Albert NZG 2023, 1295 (1299).

Inhaber von Wandelschuldverschreibungen und Aktienoptionen zum Zeitpunkt der Konkretisierung für ausreichend gehalten.

Nach der Gegenauffassung besteht keine Notwendigkeit einer Beschlussfassung der Hauptversammlung oder eines entsprechenden Übertragungsverlangens für die Inhaber von Wandlungs- bzw. Optionsrechte.[11] Diese Auffassung vertrat auch das LG Düsseldorf (rechtskräftig) bei der Anfechtungsklage gegen den Squeeze out von Kamps.[12]

Dieser Gegenauffassung ist zuzustimmen: Für eine Hauptversammlungskompetenz analog § 327a AktG fehlt es an einer planwidrigen Regelungslücke. Der Gesetzgeber kannte die Siemens-Nixdorf-Entscheidung bereits bei Einführung des Squeeze out im Jahr 2002, hat aber trotz der dort vertretenen Auffassung vom Erlöschen der Sonderrechte bei der Eingliederung keine Notwendigkeit einer Regelung beim Squeeze out gesehen. Für eine richterliche Rechtsfortbildung besteht ebenfalls kein Anlass. Der BGH ist ohnehin schon seit einiger Zeit sehr zurückhaltend bei der Frage richterlicher Rechtsfortbildung und verweist insoweit zurecht auf die Kompetenz des Gesetzgebers.[13]

b) Befassung der Hauptversammlung empfehlenswert?

Nach einer vermittelnden Auffassung wird jedenfalls aus Gründen äußerster rechtlicher Vorsorge eine Beschlussfassung der Hauptversammlung über die Behandlung der Inhaber von Wandelschuldverschreibungen und Aktienoptionen empfohlen.[14] Selbst wenn keine zwingende Kompetenz der Hauptversammlung bestehe, sei eine Beschlussfassung jedenfalls unschädlich. In jedem Fall wird eine getrennte Beschlussfassung für Aktionäre und für die Inhaber von Wandelschuldverschreibungen und Aktienoptionen für sinnvoll gehalten.

Angesichts der verbreitet vertretenen Notwendigkeit einer Befassung der Hauptversammlung mit den Konsequenzen eines Squeeze out für die Inhaber von Wandelschuldverschreibungen und Aktienoptionen erscheint es auf den ersten Blick naheliegend, den Unternehmen entsprechend dieser vermittelnden Auffassung aus Gründen äußerster rechtlicher Vorsorge eine Beschlussfassung der Hauptversammlung zu empfehlen. Dennoch ist dieser Empfehlung nicht zu folgen:

Bei einer vorsorglichen Befassung der Hauptversammlung drohte der Einwand von Aktionären, es bestehe keine Kompetenz der Hauptversammlung zu einer Beschlussfassung über den Ausschluss der Inhaber von Sonderrechten bzw. zu einer Umwandlung von deren Rechten in Barabfindungsansprüche, weshalb jedenfalls ein gesondert auf die Tagesordnung gesetzter entsprechender Beschluss anfechtbar sei. Auch dann, wenn die Kompetenz der Hauptversammlung und die Wandlung der Sonderrechte in ein Recht auf Barabfindung im Grundsatz anerkannt werden, könnte geltend gemacht werden, es sei insoweit keine angemessene Barabfindung ermittelt worden (näher → 2.a)); mangels Verweisung derartiger Bewertungsrügen in ein Spruchverfahren (näher → 2.d)) sei man daher auf die Anfechtung verwiesen.

Angesichts derartiger drohender Rügen dürften die Nachteile einer vorsorglichen Befassung der Hauptversammlung deren Vorteile überwiegen. Der Umstand, dass in der Praxis derartige Hauptversammlungsbeschlüsse auch nicht gefasst werden, lässt sich daher als ein beredtes Schweigen verstehen.

---

[11] K. Schmidt/Lutter/Schnorbus AktG § 327b Rn. 17.

[12] LG Düsseldorf NZG 2004, 1168 (1170).

[13] Beispielhaft BGH NJW 2014, 146 Rn. 3 ff.: Delisting Frosta; im Zusammenhang mit einer Ausdehnung der Holzmüller-Rechtsprechung etwa Bergmann in VGR, Gesellschaftsrecht in der Diskussion 2013, 2014, 17 (21); Drescher FS Bergmann, 2018, 171 (172).

[14] Statz/Albert NZG 2023, 1295 (1299 f.).

2. *Bewertungsfragen*

a) Grundsätze der Ermittlung einer angemessenen Barabfindung

Da sich die Rechte der Inhaber von Wandelschuldverschreibungen und Aktienoptionen infolge des Squeeze out in ein Recht auf Barabfindung wandeln, ergibt sich die Notwendigkeit der Ermittlung einer angemessenen Barabfindung. Insoweit gilt der Rechtsgedanke des § 327b Abs. 1 S. 1 AktG entsprechend.

Nach einer Auffassung ist der Bestimmung der Barabfindung eine hypothetische Ausübung der Optionsrechte im Zeitpunkt des Wirksamwerdens des Übertragungsbeschlusses zugrunde zu legen. Die Barabfindung richtet sich dann nach dem für die Aktionäre ermittelten Barabfindungsanspruch abzüglich der bei Ausübung des Wandlungs- bzw. Optionsrechts zu erbringenden Bar- oder Sachleistung.[15]

Statt einer solchen, vereinfachenden Methode ist nach einer verbreiteten Auffassung der tatsächliche Wert der Rechte, wie er sich mittels finanzwissenschaftlich anerkannter Bewertungsverfahren wie etwa des Black-Scholes-Modells ableiten lässt, abzufinden.[16] Danach sind eine Vielzahl von Faktoren zu berücksichtigen, wie Ausübungspreis und Laufzeit, Kurs der Aktien und deren erwartete Volatilität, erwartete Dividenden sowie der risikolose Zins für die Laufzeit der Optionen.[17] Auf den ersten Blick erscheint eine Orientierung der Abfindung am tatsächlichen Wert der Rechte sachgerecht: Insbes. bei Wandelschuldverschreibungen und Aktienoptionen, die zum Zeitpunkt des Wirksamwerdens des Squeeze out nicht „im Geld" sind, könnte sonst die Chance unterbewertet werden, dass die Wandlungs- bzw. Optionsrechte während der Restlaufzeit noch werthaltig werden.

Allerdings führen auch anerkannte Bewertungsverfahren wie etwa das Black-Scholes-Modell zu Schwierigkeiten, etwa hinsichtlich der für die Bewertung wesentlichen Beurteilung der erwarteten Volatilität der Aktie. Nach Bekanntwerden eines dem Squeeze out typischerweise vorangehenden Übernahmeangebots wird diese Volatilität gegen Null tendieren, weil der Aktienkurs, der sich am Übernahmeangebot und einer Spekulation auf einen nachfolgenden Squeeze out orientiert, in einem engen Korridor schwanken wird. Man könnte stattdessen auf den Zeitpunkt vor Bekanntwerden des Übernahmeangebots oder vor Bekanntwerden von Übernahmespekulationen abstellen, wäre dann aber oft schon zeitlich deutlich von der Wandlung des Optionsrechts in eine Barabfindung mit Wirksamwerden des Squeeze out entfernt. Zudem kann eine historische Volatilität der Aktie zu unrealistischen Werten führen, wenn der für die Ermittlung der Barabfindung beim Squeeze out relevante durchschnittliche Börsenkurs von drei Monaten weit über dem früheren Börsenkurs (und dem inneren Wert der Aktie) liegt. Ein Abstellen auf die Volatilität der Aktie des Hauptaktionärs dürfte keine geeignete Alternativlösung sein. Die ohnehin komplexe Methode zur Bewertung von Optionsrechten kann sich daher im Kontext eines Squeeze out als ungeeignet erweisen.[18]

Angesichts dieser Schwierigkeiten und des rechtlich nicht anerkannten Vorrangs einer bestimmten Methode zur Ermittlung des Wertes der Wandlungs- bzw. Optionsrechte kann es vertretbar sein, die Barabfindung vereinfachend nach dem für die Aktionäre ermittelten Wert ihrer Aktien abzüglich der ggf. bei Ausübung des Wandlungs- bzw. Optionsrechts zu erbringenden Barleistung zu bemessen.

---

[15] KK-AktG/Koppensteiner § 327e Rn. 18; Süßmann AG 2013, 158 (162); Vossius ZIP 2002, 511 (513).

[16] Emmerich/Habersack/Habersack AktG § 327b Rn. 8; MüKoAktG/Grunewald § 327b Rn. 14; K. Schmidt/Lutter/Schnorbus AktG § 327b Rn. 13; BeckOGK/Singhof, 1.2.2025, AktG § 327b Rn. 13; Statz/Albert NZG 2023, 1295 (1298).

[17] Süßmann AG 2013, 158 (160); Statz/Albert NZG 2023, 1295 (1298).

[18] S. auch Süßmann AG 2013, 158 (160).

b) Prüfung?

Nach verbreiteter Auffassung ist die ermittelte Barabfindung für die Inhaber von Sonderrechten ebenfalls durch den für den Squeeze out der Aktionäre gerichtlich bestellten Prüfer analog § 327c Abs. 2 S. 2–4 AktG zu prüfen.[19] Für die Kompetenz eines Richters zur Erstreckung der Bestellung des gerichtlich bestellten Prüfers auch auf diese Inhaber von Sonderrechten fehlt es jedoch an einer gesetzlichen Grundlage, die mangels planwidriger Regelungslücke (→ 1.a)) nicht ohne weiteres überwunden werden kann.[20]

In der Praxis wird sich angesichts der Unsicherheit einer gesetzlichen Grundlage nicht jeder Richter zu einer Erstreckung der Bestellung auch auf die Überprüfung der Angemessenheit der Barabfindung der Inhaber von Sonderrechten bereitfinden (insbes., wenn er als insoweit zuständiger Spruchkörper damit das Risiko liefe, mit Anträgen auf Überprüfung im Spruchverfahren befasst zu werden). Auch in Abwesenheit einer ausdrücklichen Erstreckung des gerichtlichen Bestellungsbeschlusses ist es dem gerichtlich bestellten Prüfer unbenommen, in Abstimmung mit dem Hauptaktionär im Prüfbericht Aussagen auch zur Angemessenheit der Barabfindung der Inhaber derartiger Sonderrechte zu treffen.

c) Festlegung der Barabfindung durch den Hauptaktionär, Gewährleistungserklärung einer Bank?

Nach verbreiteter Auffassung, die eine weitgehende Analogie der Behandlung der Inhaber von Wandelschuldverschreibungen und Aktienoptionen iRd Squeeze out gem. §§ 327a ff. AktG bejaht, ist es konsequent, dass der Hauptaktionär die auf der Grundlage einer Bewertung ermittelte angemessene Barabfindung analog § 327b Abs. 1 S. 1 AktG festlegt.[21]

Dem ist nicht zu folgen. Der Anspruch auf eine angemessene Barabfindung ergibt sich auch ohne eine Festlegung durch den Hauptaktionär kraft Gesetzes (→ II.). Die Festlegung gem. § 327b AktG ist im Zusammenhang mit der Notwendigkeit einer Beschlussfassung der Hauptversammlung zu sehen, der es hinsichtlich des Schicksals der Rechte der Inhaber von Wandelschuldverschreibungen und Aktienoptionen nicht bedarf (→ III. 1.a)).

In diesem Zusammenhang ist auch zu berücksichtigen, dass die Ermittlung einer angemessenen Barabfindung zu Gunsten der Inhaber von Sonderrechten nicht bereits zum Zeitpunkt der Konkretisierung des Übertragungsverlangens unmittelbar vor Einladung der Hauptversammlung der Aktionäre durchgeführt worden sein muss. Da der Anspruch erst mit Eintragung des Squeeze out in das Handelsregister fällig wird (→ II. aE) und der Hauptaktionär die Barabfindung für die Inhaber von Sonderrechten, anders als die Barabfindung für die Aktionäre, nicht im Vorfeld der Eintragung festlegen muss, genügt eine Bewertung zum Zeitpunkt der Eintragung.

Unter Hinweis auf das Schutzbedürfnis der Inhaber von Sonderrechten wird verbreitet die Auffassung vertreten, dass die Gewährleistungserklärung der Bank, die gem. § 327b Abs. 3 AktG hinsichtlich der Barabfindung für die Aktionäre zu erbringen ist, auch für die Inhaber von Sonderrechten gelten muss.[22]

Auch dieser Auffassung ist nicht beizupflichten[23]: Die Notwendigkeit einer Gewährleistungserklärung einer Bank im Rahmen eines Squeeze out ist im Vergleich zu anderen

---

[19] GK-AktG/Fleischer, 1.2.2007, § 327b Rn. 35; Süßmann AG 2013, 158 (163); Vossius ZIP 2002, 511 (512); Wilsing/Kruse ZIP 2002, 1465 (1470); s. auch Statz/Albert NZG 2023, 1295 (1300): Der Prüfung zugänglich.

[20] Ebenso wohl K. Schmidt/Lutter/Schnorbus AktG § 327b Rn. 17.

[21] Wilsing/Kruse ZIP 2002, 1465 (1470).

[22] MüKoAktG/Grunewald § 327b Rn. 14; K. Schmidt/Lutter/Schnorbus AktG § 327b Rn. 17; Süßmann AG 2013, 158 (163); Statz/Albert NZG 2023, 1295 (1299).

[23] MHdB GesR IV/Austmann, 5. Aufl. 2020, § 75 Rn. 114; BeckHdB AG/Goslar § 15 Rn. 61.

Grundlagen- und Strukturmaßnahmen eine Besonderheit, die mit dem besonders starken Eingriff in die Mitgliedschaftsstellung der Aktionäre verbunden ist. Inhaber von Sonderrechten können insoweit nicht mit den Aktionären gleichgestellt werden; der Eingriff in ihre Rechtsposition ist auch deshalb schwächer, weil von vornherein ungesichert ist, ob überhaupt ein Recht auf oder eine Wandlung in Aktien durch Erfüllung der Ausübungsvoraussetzungen erreicht wird. Es bestehen jedoch keine Bedenken dagegen, wenn sich die Gewährleistungserklärung einer Bank zu Gunsten der Inhaber der Sonderrechte auch auf diese erstreckt.

d) Spruchverfahren?

Nach verbreiteter Auffassung in der Literatur soll die Angemessenheit der Barabfindung von den Inhabern von Wandelschuldverschreibungen und Aktienoptionen ebenso wie die Barabfindung der Aktionäre im gesetzlichen Spruchverfahren überprüft werden können.[24]

In analoger Anwendung von § 327f S. 2 AktG lässt sich allerdings eine gerichtliche Zuständigkeit für Spruchverfahren nicht begründen, da es an einer planwidrigen Regelungslücke fehlt.[25] Der Gesetzgeber hatte vielfach (etwa bei der Einführung des Gesetzes über das gesellschaftsrechtliche Spruchverfahren (SpruchG) im Jahr 2003 und seinen Reformen, zuletzt 2023, oder nach der Aufgabe der Macrotron-Rechtsprechung zum Delisting durch Frosta[26]) die Möglichkeit, eine entsprechende gesetzliche Regelung zu treffen, hat davon aber keinen Gebrauch gemacht. Der BGH hat für die parallele Frage beim Delisting in der Frosta-Entscheidung klar gemacht, dass er zu einer entsprechenden Rechtsfortbildung nicht bereit ist.[27]

In Abwesenheit einer höchstrichterlichen Entscheidung wird sich in der Praxis kaum ein Richter für zuständig erklären. Dementsprechend sind bislang keine Fälle bekannt geworden, in denen Inhaber von Wandelschuldverschreibungen und/oder Aktienoptionen erfolgreich ein Verfahren auf Überprüfung der Angemessenheit ihrer Barabfindung eingeleitet haben.

3. Bericht des Hauptaktionärs?

Verbreitet wird auch die Notwendigkeit bejaht, im Bericht des Hauptaktionärs über den Squeeze out, der sich zu den Rechtsfolgen für die Aktionäre und die Ermittlung der angemessenen Barabfindung zu verhalten hat, Ausführungen betreffend die Inhaber von Wandelschuldverschreibungen und Aktienoptionen aufzunehmen.[28]

Eine derartige Berichterstattung für Inhaber von Sonderrechten wäre jedoch ein Fremdkörper und findet sich auch nicht bei anderen Grundlagen- und Strukturmaßnahmen (sofern die Behandlung nicht ausnahmsweise Gegenstand der Beschlussfassung sein muss, wie bei der Verschmelzung gem. § 5 Abs. 1 Nr. 7 UmwG und beim Formwechsel gem. § 194 Abs. 1 Nr. 5 UmwG). Der Sinn der Berichtspflicht erfordert ebenfalls nicht die Erstre-

---

[24] Fehling/Arens AG 2010, 735 (743); MüKoAktG/Grunewald § 327f Rn. 5; GK-AktG/Fleischer, 1.2.2007, § 327b Rn. 37; Emmerich/Habersack/Habersack AktG § 327b Rn. 8; BeckOGK/Singhof, 1.2.2025, AktG § 327f Rn. 6; Statz/Albert NZG 2023, 1295 (1299); Wilsing/Kruse ZIP 2002, 1465 (1470).

[25] MHdB GesR IV/Austmann, 5. Aufl. 2020, § 75 Rn. 114; K. Schmidt/Lutter/Schnorbus AktG § 327b Rn. 17; Süßmann AG 2013, 158 (163).

[26] BGH NJW 2014, 146 unter Aufgabe von BGH 153, 47: Macrotron.

[27] BGH NJW 2014, 146 Rn. 3 ff.: Delisting Frosta; im Zusammenhang mit einer Ausdehnung der Holzmüller-Rechtsprechung etwa Bergmann und Drescher, jeweils oben Fn. 13.

[28] GK-AktG/Fleischer, 1.2.2007, § 327b Rn. 35; Sieger/Hasselbach ZGR 2002, 120 (158); Süßmann AG 2013, 158 (163); Wilsing/Kruse ZIP 2002, 1465 (1470); Statz/Albert NZG 2023, 1295 (1300).

ckung des Berichts auf die Auswirkungen für Inhaber von Sonderrechten: Er dient der sachgerechten Information der Aktionäre im Vorfeld der Hauptversammlung über die Beschlussfassung betreffend den Squeeze out. Die Inhaber von Sonderrechten nehmen nicht an der Hauptversammlung teil, sind nicht stimmberechtigt und können keine Fragen stellen. Auch der Beschluss der Hauptversammlung bezieht sich nicht auf die Behandlung ihrer Rechte (→ III.1.). Einer Berichtspflicht bedarf es daher nicht.[29]

Man wird auch nicht die Erstreckung des Berichts auf die Behandlung der Rechte der Inhaber von Sonderrechten empfehlen müssen.[30] Die Auswirkungen des Squeeze out für die Inhaber von Sonderrechten sind nicht Gegenstand der Beschlussfassung der Hauptversammlung und auch das Auskunftsrecht der Aktionäre umfasst diese nicht. Das schließt es nicht aus, dennoch entsprechende Ausführungen in den Bericht aufzunehmen. Das setzt allerdings voraus, dass zu diesem Zeitpunkt bereits die Bewertung der entsprechenden Rechte abgeschlossen ist, was rechtlich nicht geboten ist (→ 2.c)).

Notwendig bleibt selbstverständlich eine Information der Inhaber von Sonderrechten außerhalb der Hauptversammlung. Entsprechende Rechte können sich auch aus den Anleihe- und Optionsbedingungen ergeben (dazu auch → IV).

IV. Ergebnis, Folgen für die Praxis

Die Untersuchung hat ergeben, dass das Bestehen von Wandelschuldverschreibungen und Aktienoptionen entgegen einer verbreiteten Auffassung in der Literatur keinen Stolperstein für den Squeeze out darstellt. Die Regeln über den Squeeze out sind weitestgehend – abgesehen von der Notwendigkeit einer angemessenen Barabfindung – nicht anwendbar. Insbes. bedarf es weder einer Beschlussfassung der Hauptversammlung noch einer Berücksichtigung im Bericht über den Squeeze out. Die angemessene Barabfindung ist zwar (nach eigenen Regeln) zu ermitteln, sie bedarf aber keiner Prüfung durch einen gerichtlich bestellten Prüfer und muss auch nicht bereits zum Zeitpunkt der Konkretisierung des Übertragungsverlangens im Vorfeld der Einberufung der Hauptversammlung ermittelt worden sein. Ebenso wenig bedarf es einer Gewährleistungserklärung einer Bank. Die Möglichkeit einer Überprüfung der Angemessenheit der Barabfindung im Rahmen eines Spruchverfahrens besteht nicht.

Das bedeutet nicht, dass die Inhaber von Wandelschuldverschreibungen und Aktienoptionen im Rahmen eines Squeeze out rechtlich schutzlos sind. Die Rechtsfolge einer Wandlung ihrer Rechte in ein Recht auf angemessene Barabfindung ergibt sich bereits kraft Gesetzes, ohne dass es eines weitgehenden Rückgriffs auf §§ 327a ff. AktG bedarf. Deshalb ist es auch wichtig, dass sich die Beteiligten bei der Vorbereitung und Durchführung eins Squeeze out ein Bild machen über etwa bestehende Wandelschuldverschreibung und Aktienoptionen, sich Gedanken über eine angemessene Barabfindung machen und spätestens zum Zeitpunkt der Eintragung des Squeeze out die Voraussetzungen für die Zahlung der Barabfindung geschaffen haben. Diese ist mit Eintragung des Squeeze out fällig.

In jedem Fall bedarf es einer Information der Inhaber von Wandelschuldverschreibungen und Aktienoptionen über die Auswirkungen des Squeeze out auf ihre Rechte und über die Höhe der Barabfindung. Die Grundlagen für diese Information und deren Konkretisierung sind zweckmäßig in den Anleihe- und Optionsbedingungen bei der Ausgabe dieser Sonderrechte zu verankern.

Dies ist in der Praxis bislang für die Anleihebedingungen bei der Ausgabe von Wandelschuldverschreibungen häufig der Fall,[31] nicht jedoch für die Bedingungen bei der Ausgabe von Aktienoptionen.

---

[29] LG Düsseldorf NZG 2004, 1168 (1170).
[30] So Statz/Albert NZG 2023, 1295 (1300).
[31] Koch AktG § 327b Rn. 3.

ANDREAS FABRITIUS

AG und GmbH als Rechtsform abhängiger Konzernunternehmen

I. Einleitung

Von den beiden Grundtypen des deutschen Kapitalgesellschaftsrechts, der Aktiengesellschaft (AG) und der Gesellschaft mit beschränkter Haftung (GmbH), ist nur die erste börsenfähig. Nur ihre Aktien sind Wertpapiere, die zum Börsenhandel zugelassen werden können, während die Geschäftsanteile einer GmbH keine Wertpapiere darstellen. Die AG ist damit *idealtypisch* für Unternehmen konzipiert ist, die für ihre Eigenkapitalerfordernisse den Kapitalmarkt in Anspruch nehmen und regelmäßig über eine breitgestreute Basis von Aktionären mit jeweils nicht wesentlicher Beteiligung verfügen.

Trotz der insbesondere aus dem Aktionärsschutz folgenden höheren Komplexität der Governance der AG gegenüber der GmbH und den damit zusammenhängenden vergleichsweise höheren Form- und Prozesserfordernissen, findet man die AG aber auch immer wieder als Rechtsform von Unternehmen, die keinen Zugang zur Börse suchen und sich die gegenüber einer GmbH höhere Komplexität der AG eigentlich sparen könnten. Bei konzernfreien Unternehmen mag die AG aus Imagegründen gewählt werden: um sich von dem Eindruck eines kleinen Unternehmens, das die GmbH tatsächlich oft ist, zu distanzieren und um sich mit der Reputation der größten und führenden Gesellschaften zu assoziieren, bei denen in der Regel eine bestimmte Solidität angenommen wird.[1] Aber auch als Konzerngesellschaft, auch wenn sie im alleinigen Besitz der Konzernmutter steht, findet man die AG immer wieder. Im Folgenden soll die Unterschiede beleuchtet werden, die sich aus der Verwendung entweder einer AG oder einer GmbH als Rechtsform für eine hundertprozentige Tochtergesellschaft im Unternehmensalltag ergeben, einschließlich für Sachverhalte in der Finanzwirtschaft. Die Wahl der Rechtsform der Europäischen Gesellschaft (SE), der europäischen Variante der AG, um die Unternehmensmitbestimmung zu vermeiden, die Arbeitnehmerbank im Aufsichtsrat zahlenmäßig zu verkleinern und/oder zu internationalisieren oder die Größe des Gesamtaufsichtsrats handhabbarer zu gestalten, ist ein Sonderaspekt, der allerdings im Folgenden ausgeklammert wird.[2]

II. Grundsätze der Governance

1. Aktiengesellschaft

Bei der AG leitet der Vorstand die Gesellschaft unter eigener Verantwortung (§ 76 Abs. 1 AktG). Er ist nicht weisungsabhängig, weder gegenüber den Aktionären noch gegenüber dem Aufsichtsrat. Dieses, bei der AG immer vorhandene, zweite Verwaltungsorgan ernennt und kontrolliert die Vorstandsmitglieder, besitzt aber, mit Ausnahme der Bestellung und

---

[1] Vgl. zur Positionierung der Rechtsformen MHdB GesR III/Grziwotz § 1 Rn. 29; Kübler/Assmann GesR § 18 I S. 262.

[2] Zu den Gründen für die Wahl der SE als Rechtsform vgl. Habersack/Drinhausen/Bücker SE-VO Art. 37 Rn. 7; BeckOGK/Casper SE-VO Art. 1 Rn. 22; Lutter/Hommelhoff/Teichmann, SE-Kommentar/Lutter, 2. Aufl. 2015, Einl. aV Rn. 32 ff.; MüKoAktG/Oechsler, 5. Aufl. 2021, Vor Art. 1 Rn. 14.

Abberufung der Mitglieder des Vorstands (§§ 84 und 112 AktG), kein Initiativrecht für Geschäftsführungsmaßnahmen. Die Zustimmung des Aufsichtsrats braucht der Vorstand schließlich nur für in der Satzung, einer Geschäftsordnung oder mittels Aufsichtsratsbeschlusses festgelegte zustimmungspflichtige Geschäfte (§ 111 Abs. 4 S. 2 AktG, sog. *reserved matters*).

Veranlasst im Konzern das herrschende Unternehmen die abhängige AG, ein für sie nachteiliges Rechtsgeschäft vorzunehmen oder Maßnahmen zu ihrem Nachteil zu treffen oder zu unterlassen, müssen die Nachteile ausgeglichen werden (§ 311 Abs. 1 AktG). Das Gesetz nimmt es also hin, dass es in der Lebenswirklichkeit zur Einflussnahme der Konzernmutter auf die Führung der Geschäfte der abhängigen Gesellschaft kommt, stellt dann aber sicher, dass der letzteren daraus kein bleibender Nachteil entsteht. Im Interesse einer bestimmten Hygiene im Konzern hat der Vorstand den vom Abschlussprüfer zu prüfenden, an den Aufsichtsrat gerichteten Abhängigkeitsbericht (§ 312 AktG) über die Beziehungen der Gesellschaft zu verbundenen Unternehmen aufzustellen. In diesem sind die auf Veranlassung oder im Interesse des herrschenden Unternehmens vorgenommenen Geschäfte und Maßnahmen aufzuführen sowie über den Ausgleich der dadurch eingetretenen Nachteile zu berichten. Insbesondere in Geschäftsfeldern, die einen engen Leistungs- und Zahlungsverkehr im Konzern mit sich bringen, zB bei Finanzunternehmen, kann der Abhängigkeitsbericht einen beeindruckenden Umfang erreichen und seine Erstellung und Prüfung einen erheblichen Aufwand bedeuten.

Auch der verpflichtende Nachteilsausgleich ändert nichts daran, dass der Vorstand keine rechtswidrigen Weisungen des Konzerns ausführen darf.[3] Das gleiche gilt, wenn es um ein zustimmungspflichtiges Geschäft geht und der Aufsichtsrat seine Zustimmung nicht erteilt.

2. *Vertraglich beherrschte AG*

Schließt die AG mit dem herrschenden Unternehmen einen Beherrschungsvertrag oder einen Beherrschungs- und Gewinnabführungsvertag kann letzteres dem Vorstand der Gesellschaft hinsichtlich der Leitung der Gesellschaft Weisungen erteilen, und zwar auch nachteilige, falls dies den Belangen des herrschenden Unternehmens oder dem konzernverbundenen Unternehmen dient (§ 308 Abs. 1 S. 1 und 2 AktG). Der Vorstand darf die Weisung nur dann verweigern, wenn sie offensichtlich nicht den Belangen des Konzerns oder dem konzernverbundenen Unternehmen dient (§ 308 Abs. 2 S. 2 AktG).

Betrifft die Weisung ein Geschäft, das der Zustimmung des Aufsichtsrats bedarf und wird diese Zustimmung nicht erteilt, ist diese Zustimmung bei einer Wiederholung der Weisung durch das herrschende Unternehmen nicht mehr erforderlich. Hat das herrschende Unternehmen selbst einen Aufsichtsrat, ist für die Wiederholung der Weisung die Zustimmung dieses Aufsichtsrats erforderlich (§ 308 Abs. 3 S. 1 und 2 AktG).

Die Erlangung der Leitungsmacht über die beherrschte Gesellschaft hat für das herrschende Unternehmen einen Preis, und zwar auch, wenn die beherrschte Gesellschaft keine außenstehenden Aktionäre hat und deshalb diesen keine Abfindung (§ 305 AktG) und, bei einem Beherrschungs- und Gewinnabführungsvertrag, auch keinen angemessen Ausgleich (§ 304 AktG) anbieten muss: die herrschende Gesellschaft muss während der Laufzeit des Beherrschungs- oder des Beherrschungs- und Gewinnabführungsvertrags jeden sonst entstehenden Jahresfehlbetrag ersetzen. Das gilt nur dann nicht, wenn der Jahresfehlbetrag dadurch ausgeglichen wird, dass den anderen Gewinnrücklagen Beträge entnommen werden, die während der Vertragsdauer in sie eingestellt worden sind (§ 302 AktG). Anerkannt als Möglichkeit für den Ausgleichs des Jahresfehlbetrags ist auch die Verwendung eines vorvertraglichen Gewinnvortrags.[4]

---

[3] KK-AktG/Koppensteiner § 311 Rn. 100; MHdB GesR IV/Krieger, 5. Aufl. 2020, § 70 Rn. 24.

[4] Vgl. MüKoAktG/Altmeppen § 302 Rn. 49; Koch AktG § 302 Rn. 12.

Der Umfang, in dem das herrschende Unternehmen der Gesellschaft Weisungen erteilen kann, die für diese nachteilig sind, ist nicht begrenzt. Eine Grenze, wie sie bei der GmbH das Verbot zieht, dass die Gesellschafter dieser mindestens so viel Reinvermögen belassen müssen, wie erforderlich ist, um das Stammkapital abzudecken, gibt es bei der vertraglich beherrschten AG nicht. Allerdings ist die dem herrschenden Unternehmen hier gegebene Freiheit nur vorübergehender Natur, da spätestens zum nächsten Bilanzstichtag der zugefügte Nachteil wieder soweit ausgeglichen sein muss, dass kein Jahresfehltrag realisiert wird.

3. Gesellschaft mit beschränkter Haftung

Bei der GmbH sind die Geschäftsführer gegenüber der Gesellschafterversammlung weisungsabhängig, und damit auch gegenüber einer Konzernmutter, die Alleingesellschafterin ist. Dies gilt auch für Weisungen, die für die Gesellschaft nachteilig sind, jedenfalls solange diese nicht dazu führen, dass das Reinvermögen *(net assets),* also der Überschuss der Aktiven über die Passiven, das Stammkapital nicht mehr deckt. Denn dies würde angesichts der Weisung der Gesellschafter als verbotene Auszahlung des zur Erhaltung des Stammkapitals erforderlichen Vermögens zugunsten der Gesellschafter, und damit als Verstoß gegen § 30 Abs. 1 S. 1 GmbHG, gelten.[5] Der Aufstellung eines Abhängigkeitsberichts über die Beziehung zu verbundenen Unternehmen bedarf es bei der GmbH nicht.

Einen verpflichtenden Aufsichtsrat hat die GmbH nur in den zur Einführung der Unternehmensmitbestimmung gesetzlich vorgesehenen Fällen, dh bei in der Regel mehr als fünfhundert Arbeitnehmern aufgrund des Drittelbeteiligungsgesetzes (§ 1 Abs. 1 Nr. 3 S. 2 Hs. 1 DrittelbG), bei in der Regel mehr als zweitausend Arbeitnehmern aufgrund des Mitbestimmungsgesetzes (§ 6 Abs. 1 iVm § 1 Abs. 1 Nr. 1 MitbestG) und in den im Montan-Mitbestimmungsgesetz sowie im Mitbestimmungsergänzungsgesetz vorgesehenen Fällen. In den Fällen des Drittelbeteiligungsgesetzes überwacht der Aufsichtsrat der GmbH die Geschäftsführer, aber ihm fehlt, anders als dem gemäß dem Mitbestimmungsrecht eingerichteten Aufsichtsrat, das Recht, die Geschäftsführer zu bestellen und abzuberufen. Sowohl nach dem Drittelbeteiligungsgesetz wie nach dem Mitbestimmungsgesetz prüft der Aufsichtsrat den Jahresabschluss, stellt ihn aber nicht fest: das obliegt der Gesellschafterversammlung. Beide Aufsichtsräte können zustimmungspflichtige Geschäfte festlegen, allerdings gilt im Verhältnis zur Gesellschafterversammlung bei beiden, dass bei zustimmungspflichtigen Geschäften die Zustimmung des Aufsichtsrats bei Vorliegen einer Weisung der Gesellschafterversammlung entbehrlich ist.[6]

II. Durchsetzung der Willensbildung der Konzernspitze in den Konzerngesellschaften

In einem Konzern wird die Unternehmensleitung der Konzernmutter bestrebt sein, ihre Vorstellungen von Unternehmensplanung und -führung konzernweit durchzusetzen, unabhängig davon, ob bestimmte Unternehmensteile als rechtliche unselbständige Einheiten

[5] BGHZ 149, 10 (16) = NJW 2001, 3622 (3623); Baums Unternehmensfinanzierung/Baums § 41 Rn. 29; Michalski/Heidinger/Leible/Schmidt/Heidinger GmbHG § 30 Rn. 212; BeckHdB Holding/Rhein/Jenderek Teil B Rn. 305 iVm Rn. 227; Oppenländer/Trölitzsch GmbH-GF-HdB/Trölitzsch § 16 Rn. 21.

[6] Ganz hM: Lutter/Hommelhoff GmbHG/Hommelhoff/Bayer, 21. Aufl. 2023, § 52 Rn. 51; Rowedder/Pentz/Schnorbus GmbHG § 52 Rn. 36; Noack/Servatius/Haas/Noack GmbHG § 52 Rn. 254; Geißler GmbHR 2020, 293 Rn. 5; umstr. das Quorum, das zur Ersatzzustimmung der Gesellschafterversammlung erforderlich ist, s. ausführlich hierzu Oetker ZIP 2015, 1461 (1467 ff.).

oder selbständige Tochtergesellschaften organisiert sind. Dagegen lässt sich, wenn keine außenstehenden Aktionäre bzw. Gesellschafter vorhanden sind, die des Minderheitenschutzes bedürfen, gesellschaftsrechtlich wenig sagen.

1. *Weisungsrecht des GmbH-Gesellschafters und Stammkapitalschutz*

Werden Tochtergesellschaften als GmbH als organisiert, kann die Unternehmensleitung aufgrund des Weisungsrechts relativ einfach „durchregieren", jedenfalls solange die Weisungen der Mutter nicht das Vermögen angreifen, das zur Erhaltung des Stammkapitals notwendig ist. Auch das Vorhandensein eines Aufsichtsrates ändert daran nichts. Sollten bestimmte Geschäfte seiner Zustimmung unterstellt sein, kann sich der Alleingesellschafter, der satzungsdurchbrechend agieren kann, soweit Satzungsbestimmungen dispositiv sind, darüber hinwegsetzen. Die Kapitalerhaltung wird über § 30 Abs. 1 GmbHG erreicht: solange das Stammkapital durch das Reinvermögen gedeckt bleibt, kann die Konzernmutter die GmbH-Geschäftsführer auch zu Ausschüttungen an sich selbst anweisen, etwa zur Ausschüttung der durch die Auflösung freier Rücklagen zur Verfügung stehenden Mittel.

2. *Nachteilsausgleichspflicht und Abhängigkeitsbericht bei der AG*

Bei der AG ist die Lage aus Sicht des Konzerns komplizierter: auch die im Alleinbesitz der Konzernmutter stehende AG verfügt über zwei rechtlich unabhängige Organe, Vorstand und Aufsichtsrat, die nicht gezwungen werden können, Weisungen zu folgen. Soweit sich der Vorstand auf Vorschläge bzw. Weisungen der Mutter einlässt, muss für einen eintretenden Nachteil zeitgleich Ausgleich geleistet werden. Wenn der Aufsichtsrat seine Zustimmung zu zustimmungspflichtigen Geschäften versagt, wird sich das herrschende Unternehmen nur im Weg des Austauschs von Aufsichtsratsmitgliedern durchsetzen können. Der erhebliche Aufwand für die jährliche Erstellung und Prüfung des Abhängigkeitsberichts sollte schließlich für Gesellschaften, die einen engen Leistungs- und Zahlungsverkehr untereinander haben, wie zB Finanzunternehmen, nicht unterschätzt werden.

3. *Verringerte Möglichkeiten der Bilanzpolitik beim Beherrschungsvertrag*

Der Abschluss eines Beherrschungsvertrags oder eines Beherrschungs- und Gewinnabführungsvertrag steigert die Durchsetzungsfähigkeit des herrschenden Unternehmens in der beherrschten Gesellschaft: dem Vorstand können Weisungen erteilt werden und die fehlende Zustimmung des Aufsichtsrats kann durch die Wiederholung der Weisung überwunden werden. Die Pflicht, jeden während der Vertragsdauer sonst entstehenden Jahresfehlbetrag auszugleichen, trifft das herrschende Unternehmen allerdings auch dann, wenn es nicht nachteilige Weisungen der Mutter, sondern der Geschäftsverlauf, sind, die zu Verlusten führen. Im Vergleich dazu trifft die Wiederherstellungsverpflichtung aus § 30 Abs. 1 S. 1 GmbHG den Gesellschafter einer GmbH nur, wenn er es durch Eingriffe zu verantworten hat, dass das Reinvermögen unter den Betrag der Stammkapitalziffer sinkt.

Die Verlustausgleichspflicht kann problematisch werden, wenn die AG über vorvertraglich oder nachvertraglich gebildete freie Kapitalrücklagen (§ 272 Abs. 2 Nr. 4 HGB) und/oder vorvertraglich gebildete andere Gewinnrücklagen (§ 266 Abs. 3 A III 4 HGB) verfügt. Dass diese nicht zum Verlustausgleich verwendet werden dürfen, macht Sinn, wenn außenstehende Aktionäre vorhanden sind und möglicherweise das jetzt herrschende Unternehmen selbst erst nach Bildung dieser Rücklagen Aktionär geworden ist. In einem Fall, in dem das herrschende Unternehmen alleiniger Aktionär ist, es im Interesse einer guten Kapitalausstattung der AG für die Bildung von freien Rücklagen und Gewinnrücklagen gesorgt hat und es jetzt im Interesse einer effizienteren Willensbildung im Konzern im Wege des Abschlusses eines Beherrschungsvertrags ein Weisungsrecht gegenüber dem Vorstand der AG erwerben möchte, sieht das anders aus. Während ohne das Bestehen eines Beherrschungsvertrags ein

Jahresfehlbetrag aus den Rücklagen der AG ausgeglichen werden könnte – wofür Rücklagen auch typischerweise gebildet werden –, muss das herrschende Unternehmen hier trotzdem den Fehlbetrag ausgleichen. Wegen der Begrenzung der Gewinnabführung gem. § 301 AktG kommt auch nicht in Betracht, dass nach dem Ausgleich des Fehlbetrags bei der AG Rücklagen aufgelöst werden und das herrschende Unternehmen somit durch eine zukünftige höhere Gewinnabführung für die Übernahme des Fehlbetrags kompensiert wird, was im Übrigen auch wegen der Steuerpflicht der Ausschüttung problematisch sein könnte. Die Tatsache, dass die Pflicht zur Übernahme des Jahresfehlbetrags nur durch den Abzug von während des Beherrschungsvertrags gebildeten anderen Gewinnrücklagen und Gewinnvortrag gemindert werden kann, ist zwar in der Literatur kritisiert wurden, entspricht aber dem eindeutigen Wortlaut des Gesetzes, von dem auch die Rechtsprechung nicht abweicht.[7] Im Ergebnis kann dadurch der Abschluss eines Beherrschungsvertrags für das herrschende Unternehmen unattraktiv werden.

4. *Vorteilhaftigkeit der GmbH als Konzerngesellschaft*

Insgesamt sieht es deshalb so aus, dass ein Konzern nichts falsch macht, wenn er deutsche Tochtergesellschaften als GmbH führt. Rechtliche Vorteile aufgrund der Organisation als AG, unabhängig davon, ob ohne oder mit Beherrschungsvertrag, sind nicht ohne weiteres ersichtlich. Das gilt auch dann, wenn der Konzern an der Errichtung einer steuerlichen Organschaft mit der Tochtergesellschaft interessiert ist. Die dafür notwendige, finanzielle Eingliederung der Organgesellschaft in den Organträger wird auch durch die Stellung des Letzteren als alleiniger GmbH-Gesellschafter gesichert. Ihre organisatorische Flexibilität sowie die Ausgestaltung der für sie geltenden Kapitalerhaltungsvorschriften prädestinieren die GmbH als Tochtergesellschaft eines Konzerns.[8]

Gründe für die Wahl der Rechtsform der AG für abhängige Konzerngesellschaften sind also anderswo zu suchen, aber besser nicht in einem pauschalen Gefühl der Solidität, das man dem Markt und/oder Geschäftspartnern geben will; das wird mit soliden Kennzahlen besser erreicht, für die es regelmäßig auf die Rechtsform nicht ankommt. Erfahrungsgemäß bringt die Organisation der beherrschten Gesellschaft als GmbH *per se* auch kein schlechteres Rating für diese mit sich.

III. *Erfordernisse für die Begründung eines Beherrschungsvertrags bzw. Durchführung eines Formwechsels zur GmbH*

Sowohl die Begründung eines Beherrschungsvertrags zwischen der bis dato nur faktisch beherrschten AG und ihrem herrschenden Unternehmen wie die Umwandlung der AG in eine GmbH sind in Sachverhalten ohne außenstehende Aktionäre unproblematisch. Sowohl der Abschluss eines Beherrschungsvertrags wie auch der Formwechsel in eine GmbH bedarf eines mit Dreiviertel-Mehrheit des bei der Beschlussfassung vertretenen Grundkapitals gefassten Hauptversammlungsbeschlusses der AG. Ist der andere Vertragsteil des Beherrschungsvertrags selbst eine AG, muss auch deren Hauptversammlung zustimmen. In Betracht des Fehlens außenstehender Aktionäre kann beim Beherrschungsvertrag auf die Erstattung des Vorstandsberichts und die Vertragsprüfung einschließlich Prüfungsbericht verzichtet werden wie auch beim Formwechsel auf die Erstattung des Formwechselberichts. Der Entwurf des Umwandlungsbeschlusses muss mindestens einen Monat vor Beschlussfassung dem

---

[7] Vgl. BFH NGZ 2002, 832 (833 f.); KK-AktG/Koppensteiner § 302 Rn. 21 ff.; MHdB GesR IV/Krieger, 5. Aufl. 2020, § 71 Rn. 68 f.; Emmerich/Habersack/Emmerich AktG § 302 Rn. 35 f., aA: Kleefass NZG 2018, 374 (376 f.).

[8] Vgl. BeckHdB GmbH/Berberich/Haaf § 1 Rn. 1.

zuständigen Betriebsrat zugeleitet werden. Mit Eintragung im Handelsregister werden die Maßnahmen jeweils wirksam.

Während sich die Begründung des Beherrschungsvertrags zwar auf die Kompetenzen von Aufsichtsrat und Vorstand auswirkt, diese Organe aber ansonsten in ihrer bisherigen Zusammensetzung fortbestehen, gilt die Organkontinuität beim Formwechsel nur für den Aufsichtsrat. Da die GmbH keinen Vorstand hat, verlieren die Vorstandsmitglieder mit dem Formwechsel ihr Mandat, während bei der neuen GmbH Geschäftsführer neu bestellt werden müssen. Das können natürlich, müssen aber nicht die bisherigen Mitglieder des AG-Vorstandes sein. Die Vorstandsdienstverträge sind im Zweifel nicht durch die Beendigung der Organstellung als Vorstand auflösend bedingt, sondern laufen, wenn keine Kopplungsklausel vereinbart ist, weiter.[9] Der Formwechsel ist, wie bei der Verschmelzung anerkannt, kein Grund für die außerordentliche Kündigung des Dienstvertrags durch die Gesellschaft.[10] Möglicherweise kann aber das seines Amtes verlustig gegangene Vorstandsmitglied seinen Dienstvertrag aus wichtigem Grund kündigen.

IV. Besonderheiten bei Kreditinstituten

Sowohl AG wie GmbH sind zulässige Rechtsformen für den Betrieb eines Kreditinstituts (§ 2b Abs. 1 KWG). Sowohl die von einer AG begebenen Aktien wie die von einer GmbH ausgegebenen Geschäftsanteile zählen zum Harten Kernkapital (CET1) eines Kreditinstituts (Art. 26 und 28 CRR). In dem von der EBA gem. Art. 26 Abs. 3 UAbs. 3 CRR geführten Verzeichnis sämtlicher Arten von Kapitalinstrumenten in jedem Mitgliedstaat, die als Instrumente des harten Kernkapitals akzeptiert werden, sind sowohl von Aktiengesellschaften ausgegebene Aktien wie auch von Gesellschaften mit beschränkter Haftung (§§ 5 ff. GmbHG) ausgegebene Geschäftsanteile aufgeführt.[11] Neben den Aktien bzw. Geschäftsanteilen gehört auch das bei ihrer Ausgabe eingenommene Agio zum harten Kernkapital (CET1) (Art. 26 Abs. 1 UAbs. 1 Buchst. b CRR).

Aufsichtsrechtlich ist bei dem Abschluss eines Beherrschungsvertrag mit einem Kreditinstitut darauf zu achten, dass klargestellt wird, dass das herrschende Unternehmen dem Vorstand keine Weisungen betreffend Themen erteilt, für die die Vorstandsmitglieder als Geschäftsleiter alleine zuständig und weisungsunabhängig sind.[12] Auf das Bestehen der Bankerlaubnis wie auf die Anerkennung von Kapitalbestandteilen als hartem Kernkapital wirkt sich die Begründung des Beherrschungsvertrags – jedenfalls bei einem Kreditinstitut, dessen Anteile vollständig von dem beherrschenden Unternehmen gehalten werden –, nicht aus. Eine Verpflichtung, die Begründung eines Beherrschungsvertrags der Aufsicht formal anzuzeigen, besteht nicht, geschweige denn ein Genehmigungserfordernis. Im Rahmen einer vertrauensvollen Zusammenarbeit mit der Aufsicht ist deren vorherige Information über das geplante Vorgehen gleichwohl sinnvoll.

Es ist Verwaltungspraxis der BaFin, dass die Beteiligung als herrschendes Unternehmen an einem Beherrschungsvertrag über ein Kreditinstitut auch eine Beteiligung an der Führung der Geschäfte auf Gruppenebene gem. § 2f Abs. 4 Nr. 4 KWG bedeutet, so dass eine Zulassung als Finanzholding-Gesellschaft gem. § 2f Abs. 1 S. 1 KWG für das beherrschende

[9] Schmitt/Hörtnagl/Hörtnagl/Rinke § 247 Rn. 15; Rowedder/Pentz/Schnorbus GmbHG Anh. § 77 Rn. 597.

[10] Vgl. BGH ZIP 1997, 1106; Semler/Stengel/Leonard/Scheel § 247 Rn. 19.

[11] EBA, Updated CET1 list, 20.11.2024, Zeilen 53 und 55.

[12] Ganz hM: Emmerich/Habersack/Emmerich AktG § 308 Rn. 58b; GK-AktG/Hirte/Hasselbach, 4. Aufl. 2013, § 308 Rn. 39; BeckOGK AktG/Veil/Walla § 291 Rn. 72.1 (mit Beispielformulierung für entsprechende Klausel im Beherrschungsvertrag); Paschos/Fleischer Übernahme-HdB/Diekmann § 26 Rn. 11; Casper ZIP 2012, 497 (499); Krauel/Klie WM 2010, 1735 (1737); in diese Richtung auch BGH BKR 2014, 115 Rn. 42 f.

Unternehmen, sofern dieses die Definition einer Finanzholding-Gesellschaft erfüllt, nicht entbehrlich ist.

Für die Ausübung des Weisungsrechts bei der GmbH bestehen aufsichtsrechtlich die gleichen Schranken wie beim Beherrschungsvertrag. Der Formwechsel eines Kreditinstituts in der Rechtsform der AG in die Rechtsform der GmbH ist bisher nicht erlaubnispflichtig, ist aber der Aufsicht gem. § 24 Abs. 1 Nr. 3 KWG anzuzeigen. Der Formwechsel wirkt sich auch nicht auf die von der Gesellschaft gehaltene Bankerlaubnis gem. § 32 Abs. 1 KWG bzw. andere Erlaubnisse aus, da die rechtliche Identität des Erlaubnisträgers durch den Formwechsel nicht berührt wird (Identität des Rechtsträgers)[13].

Gem. § 24 Abs. 1 Nr. 1, Abs. 3c S. 2 KWG ist die Absicht der Bestellung der im Zuge des Formwechsels an die Stelle der Vorstandsmitglieder der vormaligen AG tretenden Geschäftsführer der GmbH der BaFin und der Deutschen Bundesbank anzuzeigen, und zwar auch, wenn die Geschäftsführer mit den früheren Vorstandsmitgliedern identisch sind. Die Beurteilung der fachlichen Eignung, Zuverlässigkeit und zeitlichen Verfügbarkeit der Geschäftsleiter erfolgt durch die Aufsichtsbehörde, die dem Institut das Ergebnis ihrer Beurteilung unmittelbar mitteilt. Gesetzlich ist kein Zustimmungserfordernis der Aufsichtsbehörde zur Bestellung von Geschäftsleitern statuiert, auch wenn es Verwaltungspraxis der EZB ist, den Instituten das Ergebnis ihrer Beurteilung im Wege einer Aufsichtsentscheidung mitzuteilen.

Institute dürfen Emissionen von Kapitalinstrumenten gem. Art. 26 Abs. 3 UAbs. 1 S. 2 CRR nur dann als Instrumente des harten Kernkapitals (CET1-Instrumente) einstufen, wenn die zuständige Aufsichtsbehörde zuvor die Erlaubnis gegeben hat. Folglich besteht auch ein Zustimmungserfordernis, bevor die Geschäftsanteile der GmbH, die aus der Umwandlung hervorgeht, als Instrumente des harten Kernkapitals eingestuft werden können. Der Anerkennung steht allerdings regelmäßig nichts im Wege, da auch GmbH-Geschäftsanteile als hartes Kernkapital anerkannt sind (s. oben)

★★★★★

[13] Fischer/Schulte-Mattler/Fischer/Krolop KWG § 32 Rn. 39, 41.

LUISE HÖLSCHER

Neuere verfassungsgerichtliche Rechtsprechung zum Haushalts- und Steuerrecht – Wendungen und Berechenbarkeit für Politik und Gesetzgeber –

*I. Einführung**

Die verfassungsgerichtliche Rechtsprechung ist in Bewegung. Manche Gesetzgebung, gerade im Steuerrecht, ist auch durch Rechtsprechung des BVerfG getrieben. In jüngerer Zeit gab es erhebliche Vorgaben im Bereich der Finanzverfassung. Prominentestes Beispiel war das Urteil zum Zweiten NachtragshaushaltsG 2021, mit der Folge, dass in der mittelfristigen Haushaltsplanung eine Lücke von 60 Mrd. EUR geschlossen werden musste.

Die Entscheidungen des Gerichts binden die Verfassungsorgane des Bundes und der Länder, mithin auch den Gesetzgeber[1]; sie engen seine Gestaltungsspielräume mitunter empfindlich ein. Auf der anderen Seite wird das Gericht aber auch gerne im gesetzgeberischen Kontext herangezogen, um (politisch oder faktisch) unliebsame Rechtszustände auf dem Klageweg zu beseitigen. Dabei muss jedoch dem politischen Umfeld klar sein, dass das Schwert des BVerfG ein sehr scharfes ist und auch so verwendet werden mag, vor allem wenn es seine Entscheidungen rückwirkend gelten lässt. Denn: Während ein Unvereinbarkeitsurteil oft mit der Anordnung verbunden ist, dass der Gesetzgeber in einer vorgegebenen Frist eine verfassungskonforme Rechtslage herzustellen habe, führt die Erklärung der Verfassungswidrigkeit nach tradiertem Verständnis zur Nichtigkeit, dh zur rückwirkenden Unwirksamkeit.[2]

Kritisch aus Sicht des Gesetzgebers sind dabei die Fragen: Was sind die Entscheidungsparameter des Gerichts, welchen Rahmen setzt das Grundgesetz? Und: Wie kann sich der Gesetzgeber auf Entscheidungen mit erheblicher Breitenwirkung vorbereiten? Diesen Fragen wird sich im Folgenden aus Sicht der Politik über drei Urteile genähert, welche die ganze Spannbreite des verfassungsgerichtlichen Instrumentariums veranschaulichen. Exemplarisch herausgegriffen werden die Rechtsprechung zur Erbschaft-[3] und zur Grundsteuer[4] sowie die Entscheidung zum Zweiten NachtragshaushaltsG 2021.[5]

---

* Mein herzlicher Dank für die exzellente Unterstützung geht an die Kolleginnen und Kollegen der Abteilung V des Bundesministeriums der Finanzen.

[1] Zur differenzierten Wirkung der Entscheidungen des BVerfG vgl. aus den Kommentierungen zu § 31 BVerfGG stellvertretend Schmidt-Bleibtreu/Klein/Bethge/Bethge, 63. EL 2023, BVerfGG § 31 Rn. 76 ff., 122 ff.

[2] Übersicht zu den Rechtsfolgenanordnungen bei Emmenberger/Wiedemann Linien d. Rspr. d. BVerfG II/Bartone, 2011, 73. Die gesetzlich als Regelfall angeführte Nichtigkeit nach § 78 BVerfGG wird durch das BVerfG in der Praxis nur selten zur Anwendung gebracht.

[3] BVerfGE 138, 136.

[4] BVerfGE 148, 147.

[5] BVerfG BeckRS 2023, 31615.

II. Urteil zur Grundsteuer

1. Rechtlicher Hintergrund und Sachverhalt

Die Grundsteuer ist angesichts ihres den Kommunen zufließenden Aufkommens von zuletzt rund 15 Mrd. EUR eine enorm wichtige Steuer. Zugleich ist sie eine Massensteuer, weil sie zwangsläufig eine Vielzahl von Menschen berührt. Über die sachliche Rechtfertigung der Grundsteuer wird in der Steuerrechtswissenschaft diskutiert, ihre Erhebung wird indes vom Grundgesetz vorausgesetzt (vgl. Art. 105 Abs. 2 S. 1, Art. 106 Abs. 6 GG).[6] Das Problem der bis Ende 2024 erhobenen Grundsteuer war, dass die maßgeblichen Grundstückwerte als Anknüpfungspunkt der Besteuerung veraltet waren: Die Einheitswerte für den Grundbesitz in den „alten" Bundesländern waren bis zuletzt auf Grundlage der Wertverhältnisse zum 1.1.1964 ermittelt worden, die in den „neuen" Ländern auf Basis der Werte von 1935. Die Politik hatte sich mehrfach um eine Reform bemüht, verschiedene Gesetzesinitiativen verfehlten aber die notwendigen Mehrheiten.[7] Insofern war der politische wie rechtliche Handlungsdruck den maßgeblichen Entscheidungsträgern bekannt, tatsächlich zu einer Reform durchringen mochte oder konnte man sich aber über Jahrzehnte hinweg nicht. Dies mündete in einer Befassung des BVerfG.

2. Urteil des BVerfG v. 10. 4. 2018

Auslöser des Verfahrens beim BVerfG waren Vorlagebeschlüsse des Bundesfinanzhofs sowie Verfassungsbeschwerden, die sich gegen finanzgerichtliche Entscheidungen richteten. Gerügt wurde vor allem eine gleichheitswidrige, weil nicht mehr realitätsgerechte und damit letztlich willkürliche, Belastung des Grundeigentums.[8]

Überraschen konnte das Urteil des BVerfG am Ende wohl niemanden. Das Festhalten des Gesetzgebers an den jahrzehntealten Einheitswerten führte – so das Gericht – jedenfalls seit 2002 zu gravierenden und umfassenden Ungleichbehandlungen bei der Bewertung von Grundvermögen, für die es keine ausreichende Rechtfertigung gab.[9] Und doch lohnt es sich, die Entscheidungsgründe genauer anzusehen: Das BVerfG betont den großen Spielraum, den der Gesetzgeber für die Wahl der Bemessungsgrundlage und ihre Ausgestaltung hat, solange sie nur prinzipiell geeignet sind, den Belastungsgrund der Steuer zu erfassen.[10] Zugleich gibt das Grundgesetz nicht einen bestimmten Maßstab für die Bemessungsgrundlage vor – der Gesetzgeber ist hier weitgehend frei und darf sich auch von Praktikabilitätserwägungen leiten lassen.[11] Regelmäßige Neufeststellungen der Werte seien allerdings zentral für das vom Gesetzgeber selbst so gestaltete Bewertungssystem, um den Verkehrswert der Grundstücke – auch im Verhältnis zueinander – realitätsgerecht abzubilden.[12] Dem widersprach die Anknüpfung an die Einheitswerte von 1964 erkennbar, weil spätere Veränderungen in den Wertverhältnissen (etwa Veränderungen der Umgebung, die strukturelle Anbindung einer Immobilie[13] oder Altersunterschiede von Gebäuden[14]) überhaupt keine Berücksichtigung mehr fanden.[15]

---

[6] Vgl. Birk/Desens/Tappe SteuerR Rn. 70.
[7] Vgl. Darstellung in BVerfGE 148, 147 (159 ff.).
[8] BVerfGE 148, 147 (162 ff., 169 ff.).
[9] BVerfGE 148, 147 (183 ff., 187).
[10] BVerfGE 148, 147 (185).
[11] BVerfGE 148, 147 (185).
[12] BVerfGE 148, 147 (188).
[13] BVerfGE 148, 147 (194).
[14] BVerfGE 148, 147 (197).
[15] BVerfGE 148, 147 (189).

Trotz der erkannt evidenten Wertverzerrungen erklärte das BVerfG die einschlägigen Bewertungsvorschriften aber nicht rückwirkend für nichtig. Das BVerfG stellte lediglich die Unvereinbarkeit mit Art. 3 Abs. 1 GG fest und verband dies mit einer großzügigen Fortgeltungsanordnung: Der Gesetzgeber war verpflichtet, eine Neuregelung spätestens bis zum 31.12.2019 zu treffen. Bis zu diesem Zeitpunkt durften die als unvereinbar mit Art. 3 Abs. 1 GG festgestellten Regeln über die Einheitsbewertung weiter angewandt werden. Nach Verkündung einer Neuregelung durften die beanstandeten Regelungen noch für weitere fünf Jahre ab der Verkündung, längstens aber bis zum 31.12.2024 angewandt werden.[16] Das Gericht stützte die Fortgeltung im Wesentlichen auf drei Erwägungen: das Interesse an einer verlässlichen Finanz- und Haushaltsplanung (für die Kommunen), den notwendig gleichmäßigen Verwaltungsvollzug für Zeiträume, in denen die Veranlagung weitgehend abgeschlossen war, und schließlich: den erheblichen Umsetzungsaufwand bei der erforderlichen Neubewertung aller Grundstücke.[17]

3. Bewertung und Einordnung

Das BVerfG betont den gesetzgeberischen Spielraum bei der Bemessungsgrundlage und bei der Ausgestaltung der Bewertungsregeln einer Steuer (zulässige Typsierungen und Pauschalierungen im Massenverfahren[18]). Die Regelungen müssten aber geeignet sein, den Belastungsgrund der Steuer zu erfassen und dabei die Relation der Wirtschaftsgüter zueinander realitätsgerecht abzubilden. Diese Mindestanforderungen an ein realitätsgerechtes Bewertungssystem erfüllten die früheren Regelungen zur Ermittlung der Bemessungsgrundlage für Zwecke der Grundsteuer aus Sicht des BVerfG nicht mehr. Zugleich räumte das BVerfG dem Gesetzgeber großzügige Übergangsfristen ein und begründet das nicht zuletzt mit den verwaltungspraktischen Herausforderungen einer umfassenden Reform des Bewertungssystems.

Der Gesetzgeber hat aufgrund des Urteils des BVerfG Ende 2019 das Grundsteuer- und Bewertungsrecht reformiert,[19] anwendbar sind die Neuregelungen seit 2025. Bezugspunkt der Grundsteuer bleibt bundesgesetzlich im Kern der Wert des Grundstücks. Allerdings dürfen die Länder vom Bundesgesetz abweichen und bspw. wertunabhängige Modelle regeln (vgl. Art. 72 Abs. 3 S. 1 Nr. 7, Art. 105 Abs. 2 S. 1, Art. 125a Abs. 2 S. 2 GG).

Die Grundsteuer ist ein Beispiel dafür, dass politisch zum Teil nicht lösbare Konflikte mitunter letztlich dem BVerfG quasi überantwortet werden. Denn zu einer Anpassung der Bewertungsvorschriften fehlte dem Gesetzgeber selbst über Jahrzehnte die Kraft. Der Ball lag nach dem Urteil des BVerfG trotzdem primär weiter beim Gesetzgeber, der die maßgeblichen Belastungsentscheidungen innerhalb der verfassungsrechtlichen Grenzen selbst treffen muss. Die großzügig bemessenen Umsetzungsfristen dürften auch Ausdruck der seitens des Gerichts erkannten Bemühungen der Politik um eine verfassungskonforme Neuregelung gewesen sein.

III. Urteil zur Erbschaftsteuer

1. Rechtlicher Hintergrund und Sachverhalt

Die Besteuerung von Erbschaften und Schenkungen ist politisch „vermintes Terrain“. Sie wird herkömmlich mit der durch eine unentgeltliche Zuwendung gesteigerten Leistungs-

---

[16] BVerfGE 148, 147 (211 ff.).
[17] BVerfGE 148, 147 (213 ff.).
[18] BVerfGE 148, 147 (185 f.).
[19] G z. Reform des Grundsteuer- und Bewertungsrechts (Grundsteuer-Reformgesetz – GrStRefG) v. 26.11.2019, BGBl. 2019 I 1875.

fähigkeit der *Erben* bzw. *Beschenkten* begründet.[20] Das gesetzgeberische Tätigwerden in diesem Bereich ist freilich nicht immer frei von gewissen Zielkonflikten: Der Gesetzgeber will verhindern, dass Unternehmensfortführungen durch die Erbschaftsteuer beeinträchtigt werden. Deshalb gibt es (zum Teil als sehr weitreichend kritisierte) Verschonungen ua des vererbten Betriebsvermögens in §§ 13a, 13b ErbStG aF. Erben nicht begünstigter Vermögenswerte empfinden die Verschonungsregelungen wiederum als ungerecht und rügen deshalb einen Verstoß gegen den allgemeinen Gleichheitssatz, Art. 3 Abs. 1 GG. Dabei wird teilweise auch gerade eine Ausdehnung einer Begünstigung auf die eigene Situation angestrebt. In den vergangenen Jahren war das BVerfG gleich mehrfach mit der Thematik befasst, ua durch eine Vorlage des Bundesfinanzhofs, die zum Urteil des BVerfG von 2014 führte.[21]

2. *Urteil des BVerfG v. 17. 12. 2014*

Gegenstand der Entscheidung waren 2009 eingeführte erbschaftsteuerrechtliche Privilegierungen ua des Betriebsvermögens (Ziel: Unternehmensfortführung und Arbeitsplatzerhalt), die nach damaliger Rechtslage weit reichende Gestaltungsmöglichkeiten eröffneten. Ein besonders gravierendes Gestaltungsmodell war die Überführung nicht begünstigter Vermögenswerte in sog. Cash-GmbHs, die dann von den erbschaftsteuerrechtlichen Verschonungsregelungen profitierten.[22] Das widersprach zwar erkennbar dem Zweck der Privilegierungstatbestände. Aus Sicht der Finanzgerichte ließ sich diesen Missbräuchen aber nicht durch Anwendung des § 42 AO begegnen. In der Folge kam es zu einer Vorlage an das BVerfG durch den Bundesfinanzhof, der die steuerliche Belastungsgleichheit bei der Erbschaftsteuer grundsätzlich in Frage gestellt sah.[23]

Das BVerfG rügt in seinem Urteil die fehlende Eingrenzung der (damaligen) Privilegierungstatbestände, lässt aber die gezielte Förderung der Unternehmensfortführung durch erbschaftsteuerrechtliche Verschonungen im Kern weiterhin zu (Voraussetzung ua notwendige Bedürfnisprüfung und Nachjustierung bei den gesetzlichen Stellschrauben: Lohnsummenregelung und Behaltefristen).[24] Insoweit betont das Gericht den „großen Spielraum, über den der Gesetzgeber bei der Entscheidung darüber verfügt, ob und welche Sachverhalte, Personen oder Unternehmen er durch eine Verschonung fördern und welche Gemeinwohlziele er damit verfolgen will", unterwirft die nähere Ausgestaltung solcher Verschonungsregelung iRd Erbschaftsteuer aber einer strengeren Kontrolle anhand des Verhältnismäßigkeitsprinzips.[25]

Zurückhaltung übt das Gericht bei den Entscheidungsfolgen: §§ 13a, 13b ErbStG iVm § 19 Abs. 1 ErbStG aF waren nicht nichtig, sondern lediglich mit Art. 3 Abs. 1 GG unvereinbar und mit anderthalbjähriger Frist bis Mitte 2016 weiter anwendbar (Fortgeltungsanordnung).[26] Begründet wird dies mit erheblichen verwaltungstechnischen Problemen, die entstünden, wenn vergangene Sachverhalte ggf. rückabgewickelt werden müssten. Ferner wird auf die fehlende haushalterische Planungssicherheit für die Länder verwiesen, wenn während einer Übergangszeit das Aufkommen aus der Erbschaft- und Schenkungsteuer im Unklaren bliebe. Planungssicherheit sei schließlich auch für die Inhaber von Unternehmen und ihre künftigen Erben oder sonstigen Nachfolger zu gewährleisten, die ein berechtigtes Interesse an verlässlichen Rechtsgrundlagen für die Nachfolgeplanung hätten.[27] Ein weiterer wesent-

---

[20] Vgl. Birk/Desens/Tappe SteuerR Rn. 66, 1540 f.

[21] BVerfGE 138, 136; vgl. zuvor Entscheidungen von 1995 und 2006, BVerfGE 93, 165 und BVerfGE 117, 1.

[22] Vgl. dazu BVerfGE 138, 136 (243 ff.).

[23] BFH BStBl. II 2012, 899.

[24] Vgl. BVerfGE 138, 136 (Ls. 4, 186 ff., 197 ff., 205 ff.).

[25] BVerfGE 138, 136 (182 f.).

[26] BVerfGE 138, 136 (250).

[27] BVerfGE 138, 136 (251).

licher Punkt findet sich etwas versteckt in den Entscheidungsgründen: Das Gericht rechtfertigt die befristete Fortgeltung auch mit der (zunächst) fehlenden Erkennbarkeit und Vorhersehbarkeit der Gestaltungen, die zur Verfassungswidrigkeit der Norm führten. Das Missbrauchspotential der damaligen Privilegierungstatbestände hatte sich nämlich erst in der Anwendungspraxis des Gesetzes und angesichts der fehlenden Bereitschaft der Finanzgerichte gezeigt, die Begünstigungen teleologisch zielgenau zur Anwendung zu bringen. § 42 AO (Missbrauch von rechtlichen Gestaltungsmöglichkeiten) war aus Sicht der Gerichte nicht einschlägig. Das BVerfG sieht das erkennbar kritisch – und hält auch und gerade deshalb eine befristete Fortgeltung des bisherigen Rechts für gerechtfertigt (Vertrauensschutz für den Gesetzgeber).[28]

3. *Bewertung und Einordnung*

Die Verschonung von Erbschaftsteuer beim Übergang betrieblichen Vermögens in §§ 13a und 13b ErbStG aF war aus Sicht des BVerfG angesichts ihres Ausmaßes und der Gestaltungsmöglichkeiten mit Art. 3 Abs. 1 GG unvereinbar. Der Gesetzgeber hat in der Folge die Privilegierungstatbestände in §§ 13a, 13b ErbStG an die verfassungsgerichtlichen Vorgaben angepasst. (Dass das Erbschaftsteuerrecht aber weiterhin klageanfällig bleibt, ist unbestritten.[29]) Augenfällig an dem Urteil von 2014 sind die gesetzgeberischen Spielräume, die das BVerfG für wirtschaftslenkende Sachverhalte hervorhebt, solange ein Lenkungszweck hinreichend zielgenau verfolgt wird. Wie ein verfassungskonformes Erbschaftsteuerrecht konkret aussehen sollte, musste – auf Basis der verfassungsgerichtlichen Vorgaben – der Gesetzgeber selbst entscheiden. Es handelt sich um eine balancierte Abgrenzung zwischen gerichtlichen und parlamentarischen Kompetenzen. Damit verknüpft lässt das Gericht auch Großzügigkeit iRd Fortgeltungsanordnung walten – und betont die Bedeutung des § 42 AO. Danach gilt: Die Finanzgerichte sind bei Auslegung und Anwendung des § 42 AO nach Möglichkeit gehalten, mit Hilfe dieser Bestimmung über den Missbrauch rechtlicher Gestaltungsmöglichkeiten im Steuerrecht solchen Gestaltungspraktiken entgegenzuwirken, die sonst zur Verfassungswidrigkeit einer Norm führen.[30] Auch hier scheint das BVerfG die Bemühungen der Politik um eine verfassungskonforme Neuregelung zu würdigen.

IV. Urteil zum Zweiten Nachtragshaushalt 2021

Die wohl prominenteste verfassungsgerichtliche Entscheidung jüngerer Zeit erging zum Zweiten NachtragshaushaltsG 2021. Das Verfahren betraf Grundlagen und Grenzen der sog. Schuldenbremse in Art. 115 Abs. 2 GG, speziell der sog. Notlagenklausel in Art. 115 Abs. 2 S. 6 GG[31]. Die Vorschrift gibt es in dieser Fassung seit 2009 im Grundgesetz. Mit ihr wollte der verfassungsändernde Gesetzgeber die Verschuldensspielräume des Staates begrenzen, um damit zugleich finanzielle Handlungsspielräume zukünftiger Generationen zu sichern.[32] Vorherige Regelungsversuche hatten das Anwachsen der Staatsverschuldung effektiv nicht verhindert.[33]

---

[28] Vgl. BVerfGE 138, 136 (236 f.).

[29] Zur Erbschaftsteuer sind weitere Verfassungsbeschwerden anhängig: 1 BvR 1493/21 zur Verfassungsmäßigkeit der Verschonungstatbestände nach der Neuregelung 2016; 1 BvR 804/22 zur Abgrenzung zwischen begünstigtem und nicht begünstigtem Betriebsvermögen (Verwaltungsvermögen).

[30] BVerfGE 138, 136 (236).

[31] Für den Bund werden die in Art. 109 Abs. 3 GG festgelegten und sich sowohl an den Bund als auch an die Länder richtenden Grundsätze zur Begrenzung der Kreditaufnahmemöglichkeiten in Art. 115 Abs. 2 GG konkretisiert.

[32] Vgl. BT-Drs. 16/12410, 5 f.

[33] Überblick bei Tappe/Wernsmann ÖffFinanzR Rn. 428 ff.

1. Rechtlicher Hintergrund und Sachverhalt

Art. 115 Abs. 2 S. 1 GG enthält die zentrale Grundregel der Schuldenbremse: *„Einnahmen und Ausgaben sind grundsätzlich ohne Einnahmen aus Krediten auszugleichen"* (Verbot struktureller Neuverschuldung). Einschränkungen dieser Regel enthält der Normtext dann im Folgenden: Nach S. 2 ist der Grundregel des S. 1 auch dann (noch) entsprochen, wenn die Einnahmen aus Krediten 0,35 vom Hundert im Verhältnis zum nominalen Bruttoinlandsprodukt nicht überschreiten. Zusätzlich (S. 3) sind bei einer von der Normallage abweichenden konjunkturellen Entwicklung die Auswirkungen auf den Haushalt im Auf- und Abschwung symmetrisch zu berücksichtigen. Und schließlich sieht Art. 115 Abs. 2 S. 6 GG unter bestimmten Voraussetzungen erweiterte Verschuldungsspielräume im Falle von Naturkatastrophen oder außergewöhnlichen Notsituationen vor. Mit Reichweite und Grenzen dieser Notlagenklausel war das BVerfG erstmals im Verfahren zum Zweiten Nachtragshaushalt befasst.

Was war der Auslöser des Verfahrens? Am Anfang der Entwicklung stand eine Situation, die geradezu einen klassischen Anwendungsfall für das Vorliegen einer „Notlage" darstellte: die Corona-Pandemie mit all den volkswirtschaftlichen und finanzpolitischen Verwerfungen, die sie mit sich brachte. Man erinnere sich zurück an die Zeit des ersten Aufflackerns der Pandemie, die in rascher Folge verhängten „Lockdowns" und die zahlreichen wirtschaftspolitischen Stützungsmaßnahmen – all das kostete Geld und machte erhebliche Kreditaufnahmen erforderlich. So wurde für das Haushaltsjahr 2020 vom Bundestag das Bestehen einer außergewöhnlichen Notsituation festgestellt. Die Fortsetzung dieser Maßnahmen war auch im Jahr 2021 noch geboten. So kam es für den Bundeshaushalt 2021 zu einem weiteren Notlagenbeschluss. Die Situation war indes dynamisch – und der konkrete Finanzbedarf noch gar nicht genau absehbar. In der Folge wurden mit dem Ersten NachtragshaushaltsG 2021 die bereits bewilligten Kreditermächtigungen für das Haushaltsjahr 2021 iHv rund 180 Mrd. EUR um weitere 60 Mrd. EUR aufgestockt.[34]

Die für das verfassungsgerichtliche Verfahren relevante Fragestellung entwickelte sich im Folgenden: Im weiteren Verlauf zeigte sich, dass diese Aufstockung gar nicht mehr benötigt wurde.[35] Durch ein Zweites NachtragshaushaltsG 2021 wurden die zusätzlichen Kreditermächtigungen in Höhe von 60 Mrd. EUR deshalb dem Sondervermögen Energie- und Klimafonds (EKF – heute: Klima- und Transformationsfonds – KTF) zugewiesen. In den dazugehörigen Gesetzesmaterialien wird argumentiert, dass auch der Einsatz iRd KTF der Pandemiebewältigung diene.[36] Finanzierung und Förderung der ökologischen und digitalen Transformation seien wesentlich, um die Folgen der Pandemie schnell zu überwinden.[37] Dieses Zweite NachtragshaushaltsG 2021 beschloss der Bundestag erst nach Ablauf des Haushaltsjahres 2021 im Februar 2022. Zugleich wurde die Buchungstechnik geändert: Die Kredite sollten, anders als zuvor, nicht mehr zum Zeitpunkt ihrer tatsächlichen Inanspruchnahme berücksichtigt werden, sondern zum Zeitpunkt der Zuführung der Ermächtigung aus dem Kernhaushalt in das Sondervermögen, hier also rückwirkend für 2021.[38] Dieses Vorgehen griff die CDU/CSU-Bundestagsfraktion als „Umgehung" der Schuldenbremse mit einem Normenkontrollantrag beim BVerfG an.

2. Urteil des BVerfG v. 15. 11. 2023

Das Verfahren zum Zweiten Nachtragshaushalt 2021 bot dem BVerfG Gelegenheit, sich erstmals mit der Schuldenbremse und den Voraussetzungen der Notlagenklausel zu befassen.

[34] Vgl. BVerfGE 167, 86 Rn. 8.
[35] Vgl. BVerfGE 167, 86 Rn. 9 ff.
[36] Vgl. BT-Drs. 20/300, 4 f.
[37] Vgl. BT-Drs. 20/400, 3.
[38] Vgl. BVerfGE 167, 86 Rn. 20.

a) Voraussetzungen des Notlagenklausel in Art. 115 Abs. 2 S. 6 GG

Art. 115 Abs. 2 S. 6 GG lautet: „Im Falle von Naturkatastrophen oder außergewöhnlichen Notsituationen, die sich der Kontrolle des Staates entziehen und die staatliche Finanzlage erheblich beeinträchtigen, können diese Kreditobergrenzen auf Grund eines Beschlusses der Mehrheit der Mitglieder des Bundestages überschritten werden". Der Beschluss ist darüber hinaus mit einem Tilgungsplan zu verbinden, der die Rückführung der aufgenommenen Kredite binnen eines angemessenen Zeitraumes vorsieht (S. 7 und 8). Es sind also nach dem Wortlaut vier – gerichtlich grundsätzlich voll überprüfbare[39] – Voraussetzungen, die eine Ausnahme vom Verbot der strukturellen Neuverschuldung ermöglichen, nämlich:

- das Vorliegen einer Naturkatastrophe oder außergewöhnlichen Notsituation, die sich
- der Kontrolle des Staates entzieht und
- die staatliche Finanzlage erheblich beeinträchtigt sowie
- das Vorliegen eines Tilgungsplans mit angemessenem Rückführungszeitraum.

Zentrale Frage, die sich dem BVerfG stellte, war: Wie waren die in den Klima- und Transformationsfonds überführten Kreditermächtigungen zu bewerten? Jedenfalls dem Wortlaut nach konnte man die Voraussetzungen des Art. 115 Abs. 2 S. 6 GG als erfüllt ansehen. Schließlich stellte der Haushaltsgesetzgeber die Überführung der Kreditermächtigungen weiter in den Kontext der Pandemiefolgen. Bewegte er sich also innerhalb des verfassungsrechtlich vorgezeichneten Rahmens für ein Abweichen von der Grundregel der Schuldenbremse?

Das BVerfG hat das im Ergebnis aus systematischen und teleologischen Erwägungen verneint. Zwar ist aus Sicht des Gerichts unstreitig, dass die Corona-Pandemie mit ihren vielfältigen Folgen in gesundheitlicher und wirtschaftlicher Hinsicht eine Notsituation iSv Art. 115 Abs. 2 S. 6 GG darstellte, die sich der Kontrolle des Staates entzog.[40] Nicht hinreichend dargelegt worden sei allerdings – so das Gericht – der notwendige (Veranlassungs-)Zusammenhang zwischen dieser Notsituation und der Verwendung der Kreditermächtigung.[41] Auch eine überjährige Verfügbarkeit der auf Grundlage eines Notlagenbeschlusses bereitgestellten Haushaltsmittel sah das Gericht als unzulässig an.

b) Insbesondere: Veranlassungszusammenhang zwischen Verschuldung und Notlage, Begründungspflichten

Zur Erinnerung: Es ging um Zuführungen finanzieller Mittel an den Klima- und Transformationsfonds unter Verwendung von Kreditermächtigungen, die 2021 zur Pandemiebekämpfung auf der Grundlage von Art. 115 Abs. 2 S. 6 GG (Notlage) erteilt worden waren. Der Haushaltsgesetzgeber hatte das im Kern damit begründet, dass etwa die Finanzierung der ökologischen Transformation der Volkswirtschaft zugleich der Bewältigung der immer noch spürbaren Pandemiefolgen diene. Diese Begründung war aus Sicht des BVerfG nicht ausreichend.

Worauf das Gericht entscheidend abstellt, ist: Ein rein äußerer, „kausaler" Zusammenhang zwischen Notlage und Kreditaufnahme genüge nicht, weil sonst der als Ausnahme konzipierte Art. 115 Abs. 2 S. 6 GG zur Regel zu werden drohe.[42] Eine derart weite Auslegung widerspräche dem Anliegen des verfassungsändernden Gesetzgebers, die Schuldenaufnahme zu begrenzen (Art. 115 Abs. 2 S. 1 GG als Grundregel). Über den reinen Wortlaut

---

[39] BVerfGE 167, 86 Rn. 115 ff. Eingeschränkte Überprüfbarkeit hingegen nach Rn. 122 f. im Hinblick auf die „erhebliche Beeinträchtigung" der staatlichen Finanzlage und die Rückführung der Kredite binnen eines angemessenen Zeitraums.

[40] BVerfGE 167, 86 Rn. 188 f.

[41] BVerfGE 167, 86 Rn. 195 ff.

[42] BVerfGE 167, 86 Rn. 129.

des S. 6 hinaus sei deshalb ein sachlich-inhaltlicher *Veranlassungszusammenhang* zwischen der Naturkatastrophe oder außergewöhnlichen Notsituation und der Überschreitung der Kreditgrenzen erforderlich.[43] Das BVerfG formuliert wie folgt: *„Während das Tatbestandsmerkmal der erheblichen Beeinträchtigung der staatlichen Finanzlage in allgemeiner Weise auf den Einfluss der äußeren Krise auf die staatlichen Finanzen abstellt, verlangt das Erfordernis des sachlichen Veranlassungszusammenhangs einen konkreten Bezug zu den außerregulären Kreditermächtigungen und fragt inhaltlich danach, ob diese – auch der Höhe nach – gerade auf die Notlage als Anlass rückführbar sind."*[44]

Letztlich handelt es sich um eine wertende Betrachtung im Einzelfall, um einer uferlosen Ausweitung der Notlagenklausel vorzubeugen. Gerade was die notlageninduzierte Kreditverwendung angeht, betont das Gericht zwar Entscheidungsspielräume der Politik.[45] Im konkreten Fall sah es diese Spielräume aber als überschritten an: Der Gesetzgeber habe den Veranlassungszusammenhang zwischen der Notsituation und Verwendung der Kreditermächtigung aus Sicht des BVerfG nicht hinreichend begründet.

Zusätzlich sieht das BVerfG einen Verstoß gegen die Verfassungsgebote der Jährlichkeit (Art. 110 Abs. 2 S. 1 GG) und Jährigkeit: Das Vorliegen einer „Notlage" müsse der Haushaltsgesetzgeber jährlich darlegen; Kredite eines Haushaltsjahres müssten grundsätzlich zur Deckung notlagenbezogener Ausgaben in diesem Haushaltsjahr genutzt werden.[46] Auch deshalb – und weil das Gesetz erst im Folgejahr beschlossen worden war[47] – sei der Zweite Nachtragshaushalt 2021 verfassungswidrig. Zugleich ordnete das Gericht die Nichtigkeit des Gesetzes an. Damit verringerten sich rückwirkend die dem Klima- und Transformationsfonds (vormals Energie- und Klimafonds) zur Verfügung stehenden Finanzmittel um 60 Mrd. Euro.

3. *Bewertung und Einordnung*

Das Urteil des BVerfG hatte – das ist bekannt – erhebliche Auswirkungen auf die Finanzplanung des Bundes sowie intensive Diskussionen innerhalb der Regierungskoalition über andere Prioritätensetzungen und entsprechende haushalterische Umschichtungen zur Folge. War die Entscheidung absehbar; hätten Legislative und Exekutive besser darauf vorbereitet sein müssen? Man wird dem Gesetzgeber nicht unterstellen können, sehenden Auges in die Verfassungswidrigkeit hineingelaufen zu sein. Es gab durchaus zu allen drei zentralen Rechtsfragen des Urteils einen Argumentations- und Auslegungsspielraum. Allerdings war den handelnden Akteuren wohl bewusst, dass die verfassungsrechtlichen Handlungsspielräume begrenzt waren und in der Wissenschaft kontrovers diskutiert wurden.[48] Was jedenfalls nicht unbedingt zu erwarten war, war die rückwirkend angeordnete Nichtigkeit des Nachtragshaushalts – mit der Folge, dass 60 Mrd. EUR in der mittelfristigen Finanzplanung fehlten. Der Hessische Staatsgerichtshof, der zu vergleichbaren Regelungen in der Landesverfassung urteilen musste, hatte das bspw. anders gesehen und lediglich (in die Zukunft gerichtet) die Unvereinbarkeit des Landesrechts mit den verfassungsrechtlichen Vorgaben festgestellt.[49] Zur Frage, warum das BVerfG Erwägungen der verlässlichen Finanz- und Haushaltsplanung mit der möglichen Rechtsfolge der Unvereinbarkeit hier – anders als etwa 2002 in der Entschei-

---

[43] BVerfGE 167, 86 Rn. 125.
[44] BVerfGE 167, 86 Rn. 127.
[45] BVerfGE 167, 86 Rn. 145 ff.
[46] BVerfGE 167, 86 Rn. 155 ff., 206 ff.
[47] BVerfGE 167, 86 Rn. 213 ff. Verstoß gegen das Gebot der Vorherigkeit, Art. 110 Abs. 2 S. 1 GG.
[48] Vgl. zur Sachverständigen-Anhörung im Gesetzgebungsverfahren: BVerfGE 164, 1 Rn. 206.
[49] StGH Hessen NVwZ 2022, 147 Rn. 325; anders VerfGH Rheinland-Pfalz BeckRS 2022, 6975 Rn. 174 f.

dung zur Besteuerung von Altersrenten und Pensionen[50] – nicht für anwendbar erachtete, bleibt die Entscheidung (leider) knapp.[51]

Wie erklärt sich die Schärfe der Entscheidungsfolgen im Urteil des BVerfG? Das BVerfG sieht wohl vor allem das Umgehungspotential unselbständiger Nebenhaushalte für die Schuldenbremse – und ist deshalb erkennbar darum bemüht, gesetzgeberischen Vorhaben, die aus seiner Sicht dem Geist der Schuldenbremse widersprechen, einen Riegel vorzuschieben. Für diese Sichtweise sprechen Zweck, Systematik und Detailtiefe der grundgesetzlichen Regelungen zur Schuldenbremse. Mit der rückwirkend angeordneten Nichtigkeit war so gesehen auch ein Appell an den Haushaltsgesetzgeber verbunden: Er sollte zukünftig gehalten sein, die Inanspruchnahme der Ausnahmeregelung in Art. 115 Abs. 2 S. 6 GG gut und unter Berücksichtigung der neu entwickelten Maßstäbe zu begründen. Änderungen von Art. 115 Abs. 2 GG bleiben dem verfassungsändernden Gesetzgeber vorbehalten.

V. Zusammenfassung und Ausblick

Von Helmut Schmidt stammt der Satz, das BVerfG neige dazu, „über den Zaun zu fressen“[52]. Dies mag die rein politische Perspektive im konkreten Einzelfall zutreffend widerspiegeln. Die Analyse der o. g. Urteile zeigt aber: Im Spannungsverhältnis zwischen konsequenter Rechtsauslegung und dynamischer richterlicher Rechtsfortbildung einerseits sowie der Vermeidung von unbilligen und letztlich nicht gewollten politischen Auswirkungen andererseits erreicht das BVerfG in aller Regel differenziert-verhältnismäßige Lösungen, die auch den gesetzgeberischen Ermessensspielraum sowie die verwaltungspraktischen Erfordernisse berücksichtigen. Nicht alles kann und will das BVerfG iRd gewaltenteilenden Ordnung des Grundgesetzes entscheiden. Das BVerfG betont und präzisiert, auch in den drei oben genannten Urteilen, regelmäßig jene Bereiche, in denen der Gesetzgeber über einen Ermessens- und Beurteilungsspielraum verfügt. Diesen vom Grundgesetz gesetzten und von der Rechtsprechung des BVerfG präzisierten Rahmen muss der Gesetzgeber unter Beachtung des Wertesystems des Grundgesetzes, insbesondere der in Art. 20 GG niedergelegten Verfassungsgrundsätze und der Grundrechte, in eigener Verantwortung ausfüllen. Zu dieser Rechtsprechung passt auch eine gewisse Fehlertoleranz iRd Entscheidungsfolgen. Von der Rechtsfolge der Nichtigkeit sieht das BVerfG in steuerlichen Massenverfahren – aus meiner Sicht völlig zurecht – vielfach ab und erleichtert damit praxistaugliche Umsetzungsmaßnahmen.

Die Gestaltungsspielräume des Gesetzgebers variieren im Einzelfall. Lassen sich ihre Reichweite und die diesbezügliche Rechtsprechung des BVerfG vorhersehen? Das ist nicht immer mit der wünschenswerten Präzision möglich und hängt auch davon ab, wie weit der Gesetzgeber die Grenzen des verfassungsrechtlich Zulässigen ausreizt bzw. ausreizen muss, um den angestrebten Gesetzeszweck realisieren zu können.

In der Praxis der Gesetzgebung ist dies die zentrale tägliche Herausforderung, wenn es darum geht, den übergeordneten Anforderungen des Grundgesetzes im Spannungsfeld von politischen und ökonomischen Zielsetzungen, fiskalischen Rahmenbedingungen sowie dem Erfordernis eines politischen Konsenses zur Erreichung einer parlamentarischen Mehrheit Geltung zu verschaffen. Die Rechtsprechung des BVerfG zeigt uns immer wieder, dass der Gesetzgeber nicht völlig frei in seinem Handeln ist. Sie limitiert die Gestaltungsmacht des Gesetzgebers, indem sie die verschiedenen Schutzfunktionen des Grundgesetzes – Grundrechte, Willkürverbot, parlamentarische Rechte – im Einzelfall konkretisiert und gegebe-

---

[50] BVerfGE 105, 73 (133 f.).

[51] BVerfGE 167, 86 Rn. 231: für Unvereinbarkeitserklärung „kein Anlass“.

[52] Helmut Schmidt, Süddeutsche Zeitung v. 19.3.2010, https://www.sueddeutsche.de/politik/helmut-schmidt-im-sz-interview-nicht-alle-probleme-gehen-uns-etwas-an-1.2373.

nenfalls Maßstäbe formuliert. Dies mag die Politik manchmal vor große Herausforderungen stellen. Es ist aber letztlich eine wesentliche Errungenschaft der Rechtsstaatlichkeit der Bundesrepublik Deutschland. Dessen muss sich die Politik, dessen muss sich der Gesetzgeber bei der Ausgestaltung von Gesetzen bewusst sein, die später möglicherweise Gegenstand einer verfassungsgerichtlichen Überprüfung werden. Das Urteil zum Zweiten Nachtragshaushalt macht das deutlich und mahnt alle Beteiligten, auch bei der Umsetzung demokratisch legitimierter Anliegen den gegebenen verfassungsrechtlichen Rahmen keiner forcierten Belastungsprobe auszusetzen.

FABIAN VON SCHLABRENDORFF

Die Dissenting Opinion im Schiedsverfahren Eine Analyse des § 1054a ZPO-E

Der nachstehende Beitrag befasst sich mit der vom deutschen Gesetzgeber iRd geplanten Gesetzes zur Modernisierung des Schiedsverfahrensrechts angestrebten Zulassung des Sondervotums („Dissenting Opinion“) im Schiedsverfahren, und dem Spannungsverhältnis zwischen diesem Verfahrensinstrument und dem schiedsrichterlichen Beratungsgeheimnis.

I. ICC Statistiken

Der Internationale Schiedsgerichtshof der ICC ist unter den Schiedsinstitutionen, vielleicht mit Ausnahme des ICSID, wahrscheinlich diejenige, die sich mit der Produktion von Dissenting Opinions, entweder angehängt an den Schiedsspruch oder in einem separaten Dokument, oder in den Schiedsspruch inkorporiert, am meisten befasst hat. In den ICC-Schiedsregeln wird allerdings das Thema nicht angesprochen.

Den ICC Dispute Resolution Statistics[1], hier pars pro toto der Jahre 2020 bis 2023, sind die folgenden Daten über Schiedssprüche von mit drei Schiedsrichtern besetzten Schiedsgerichten zu entnehmen:

Jahr	**Schiedssprüche**	**Mehrheitsentscheid**	**Dissenting Opinion (separat oder in den Schiedsspruch integriert)**
2023	294	40	36
2022	306	34	33
2021	302	42	33
2020	289	46	46

In der internationalen Schiedsverfahrenspraxis wird diskutiert, ob die Praxis der Dissenting Opinion sinnvoll oder der Entwicklung der Schiedsgerichtsbarkeit abträglich ist.[2] Jedoch ist die Abfassung von Sondervoten, wie die vorstehenden Zahlen zeigen, durchaus üblich. Die Zahlen des Internationalen Gerichtshofs der ICC machen deutlich, wie eng das Phänomen Dissenting Opinion, separat oder eingearbeitet in den Schiedsspruch, verbunden ist mit dem Sachverhalt der nur mehrheitlich getroffenen Entscheidungen. Während deren Häufigkeit, gemessen an der Zahl der von drei oder mehr Schiedsrichtern erlassenen Schiedssprüche, sich in einem „erwartbaren“ Anteil von 10 bis 20% findet, bewegt sich der Anteil dieser Schiedssprüche, die von einer Dissenting Opinion begleitet werden bzw. diese inkorporieren, in einer Spanne von 78 bis 100%. Es ist nur eine Vermutung, aber diese liegt nah: Wenn sich in einem Dreier-Schiedsgericht erst einmal Meinungen gebildet haben, die nur noch eine mehrheitliche Beschlussfassung erlauben, ist die Wahrscheinlichkeit, dass der

---

[1] International Chamber of Commerce (ICC) Dispute Resolution Statistics 2020, 2021, 2022, 2023, abrufbar unter http://iccwbo.org/publication/icc-dispute-resolution-statistics-2020/, -2021/, -2022/, -2023/.

[2] Zur Diskussion zB Redfern, The 2003 Freshfields-Lecture, Dissenting Opinions in International Commercial Arbitration, Arbitration International Vol. 20 Nr. 2, 2004, 223 f.

überstimmte Schiedsrichter seine Meinung in einer separaten Dissenting Opinion niederlegt, oder dass alternativ seine abweichende Meinung im Schiedsspruch der Mehrheit dargestellt wird, vergleichsweise hoch.

II. Erscheinungsformen der Dissenting Opinion

Bevor auf die genannten Fragen einzugehen ist, erscheint es sinnvoll, einen kurzen Blick auf die unterschiedlichen Erscheinungsformen der Dissenting Opinion zu werfen.

Im Falle einer Mehrheitsentscheidung, sofern der überstimmte Schiedsrichter sich dazu veranlasst sieht, schreibt er seine Meinung zum Streitfall typischerweise in einem separat abgefassten eigenen Votum nieder. Ob dies in dieser Form geschieht oder anders gehandhabt wird, hängt vor allem vom Umgang im Schiedsgericht miteinander und der Tragweite und Intensität des Dissenses ab. Das abweichende Votum kann dem Schiedsspruch beigeheftet sein; es kann aber auch unabhängig davon von der Schiedsinstitution bzw. vom Vorsitzenden oder auch dem abweichenden Schiedsrichter den beteiligten Parteien zugestellt werden.

Es gibt Fälle, in denen sich dem Text des Schiedsspruchs und/oder auch der Dissenting Opinion entnehmen lässt, dass die Mehrheit von der Mindermeinung bzw. umgekehrt der abweichende Schiedsrichter von der Mehrheitsentscheidung, zuvor Kenntnis genommen haben. Es gibt aber auch Fälle, in denen dies offenbar nicht der Fall gewesen ist, die also für die Beteiligten ein gewisses Moment an Überraschung enthalten können. Kurzum, die Praxis ist im Detail der Durchführung recht uneinheitlich oder, wenn man so will, sehr flexibel. Eine einheitliche Praxis hat sich, soweit erkennbar, bisher nicht durchgesetzt.

Häufig, wie oben schon erwähnt, arbeitet die Mehrheit im Schiedsgericht, in Abstimmung mit dem überstimmten Schiedsrichter handelnd, dessen Mindermeinung auch in den Schiedsspruch ein.

Insbes. wenn die Meinungsverschiedenheit sich auf ein einzelnes Thema von eher untergeordneter Bedeutsamkeit bezieht, kann die Dissenting Opinion in den Text des Schiedsspruchs integriert sein (vom Dissenter, manchmal auch vom Verfasser des Texts des Schiedsspruchs, zumeist vom Vorsitzenden des Schiedsgerichts, formuliert). Dies kann mit oder ohne namentliche Identifizierung des abweichenden Schiedsrichters geschehen.

Wohl vorwiegend wird die Dissenting Opinion in einem separaten Schriftstück mit Unterschrift des jeweils handelnden Schiedsrichters niedergelegt; diese Vorgehensweise suggeriert jedenfalls der deutsche Begriff Sondervotum.

III. Das Gesetz zur Modernisierung des Schiedsverfahrensrechts

1. Streitige Debatte zur Dissenting Opinion im Schiedsverfahren

In Schiedsverfahren mit Standort Deutschland greifen Schiedsrichter vielleicht weniger häufig zur Feder, um ihre im Schiedsgericht unterlegene Sichtweise zum Schiedsspruch oder Teilen desselben in einem Sondervotum niederzulegen. Nachdem der Gesetzgeber von 1998 die Zulässigkeit der Abfassung von Sondervoten zunächst nicht infrage gestellt hatte, entwickelten sich in der Fachliteratur zunehmend Zweifel zu diesem Thema. Vor allem der Gedanke des auch im Schiedsverfahren geltenden Beratungsgeheimnisses veranlasste manche Autoren, die Abfassung von Dissenting Opinions als Verstoß gegen diese Pflicht und daher für unerlaubt zu halten.[3]

---

[3] Vgl. etwa Schütze FS Nakamura, 1996, 526 ff.; Schütze RIW 2020 Nr. 11 Die erste Seite; Schütze, Schiedsgericht und Schiedsverfahren, 7. Aufl. 2021, Rn. 568 Fn. 276; Sessler/Ruß

2. Beschluss des OLG Frankfurt a. M. von 2020

Ihren Kulminationspunkt erreichte diese Entwicklung in dem Beschluss des OLG Frankfurt a. M. vom 16.6.2020, mit dem es einen Schiedsspruch aufhob. In diesem Beschluss, wenn auch nur in Form eines Obiter Dictum, äußerte das Gericht grundlegende Bedenken gegenüber der schiedsgerichtlichen Praxis der Dissenting Opinion: Die besondere Bedeutung des Beratungsgeheimnisses für den Schutz der Unabhängigkeit und Unparteilichkeit der Schiedsrichter lege nahe, das Beratungsgeheimnis auch nach abschließender Beratung und Erlass des Schiedsspruchs nicht zur Disposition der Parteien und/oder Schiedsrichter zu stellen, sondern es als Teil des verfahrensrechtlichen Ordre Public anzusehen.[4] Der anschließend mit der Sache befasste BGH nahm hierzu keine Stellung.[5]

Die Entscheidung des OLG erregte erhebliches Aufsehen in der Fachwelt, in Deutschland wie auch im Ausland. Es wurde ua die Sorge geäußert, dass in Deutschland ergangene Schiedssprüche, sofern sie von einem Sondervotum begleitet sein sollten, deswegen von den staatlichen Gerichten aufgehoben werden könnten.

Nach dem bisherigen Stand, jedenfalls vor der Veröffentlichung des Beschlusses des OLG Frankfurt a. M., schienen sich die die Zulässigkeit bejahenden und verneinenden Stimmen in der Literatur in etwa gleicher Zahl gegenüberzustehen. Nach Veröffentlichung des Beschlusses hat das in ihm enthaltene obiter dictum sowohl zustimmende wie ablehnende Reaktionen von deutschen Schiedsverfahrensrechtlern ausgelöst. Für den Gesetzgeber gibt es daher durchaus Anlass, das Thema, anders als im Jahr 1998, aufzunehmen.

3. Entwurf des § 1054a ZPO

Die geschilderten Umstände haben den Gesetzgeber auf den Plan gerufen. Das Bundesministerium der Justiz, ohnehin mit einer sog. kleinen Reform zur Modernisierung des Schiedsverfahrensrechts befasst, nahm sich der Sache an und sprach in seinem Eckpunktepapier zum Reformprojekt die Thematik an: Es sei zu überlegen, ob der Gesetzgeber für Deutschland die Zulassung von Sondervoten erklären solle. Die mit dem Papier angesprochenen Schiedsinstitutionen und andere stakeholder, eine neutral gehaltene Antwort ausnehmend, erklärten sich alle zugunsten einer im Schiedsverfahrensrecht ausdrücklich gesetzlich festgestellten Zulassung von Sondervoten. Ihre Argumentationen waren durchweg getragen von dem Ziel, die Attraktivität des Schiedsstandorts Deutschland zu schützen bzw. zu verbessern.

Die Thematik wurde dann im RefE des Ministeriums aufgenommen. In nur geringfügig geänderter Fassung stehen die Vorstellungen des Gesetzgebers nunmehr im RegE vom Juni 2024. Der neue § 1054a ZPO soll wie folgt lauten:

§ 1054a

Sondervotum

(1) Ein Schiedsrichter kann seine in der Beratung vertretene abweichende Meinung zu dem Schiedsspruch oder zu dessen Begründung in einem Sondervotum niederlegen, sofern die Parteien nichts anderes vereinbaren.

(2) Beabsichtigt ein Schiedsrichter, ein Sondervotum abzugeben, soll er dies den anderen Schiedsrichtern mitteilen, sobald es der Stand der Beratungen ermöglicht.

SchiedsVZ 2020, 201 (203 f.); in diese Richtung auch gehend Lachmann, HdB Schiedsgerichtspraxis, 3. Aufl. 2008, Rn. 1775.

[4] OLG Frankfurt a. M. BeckRS 2020, 4606 Rn. 206.

[5] BGH BeckRS 2020, 39395 Rn. 41.

(3) Das Sondervotum ist kein Bestandteil des Schiedsspruchs. Es ist schriftlich niederzulegen und vom Schiedsrichter zu unterschreiben. § 1054 Absatz 1 Satz 2 und 3 und Absatz 3 bis 5 gilt entsprechend.

Die in § 1054a ZPO-E gefundenen Formulierungen sind in nicht unerheblichen Teilen den Regelungen zum Sondervotum im Verfahren vor dem BVerfG[6] entlehnt. Der erste Absatz von § 1054a ZPO-E entspricht S. 1 der Regelung in § 30 Abs. 2 BVerfGG[7]. Der Schiedsrichter soll wie der Verfassungsrichter ein Sondervotum nur dann abgeben, wenn er seine abweichende Meinung bereits in der Beratung vertreten hat. Die Verfahrenshoheit der Parteien im Schiedsverfahren anerkennend wird in § 1054a ZPO-E der weitere Vorbehalt hinzugefügt „sofern die Parteien nichts anderes vereinbaren". Den Parteien des Schiedsverfahrens soll es nach dem Entwurf freistehen, sowohl Vorgaben für das „ob" von Sondervoten aufzustellen – diese also zu untersagen oder vorzuschreiben – als auch Modalitäten für ihre Abgabe vorzugeben, zB Fristen für ihre Abgabe zu vereinbaren.[8]

Die in § 1054a Abs. 2 ZPO-E niedergelegte Regelung „Mitteilung der Absicht der Abgabe eines Sondervotums an die anderen Schiedsrichter, sobald es der Stand der Beratungen ermöglicht" entspricht in seinem Wortlaut der in § 55 Abs. 2 BVerfGGO getroffenen Regelung.

Im Verfahren vor dem BVerfG erfolgt die Übermittlung des Sondervotums synchron mit der Entscheidung des Gerichts, „es ist der Entscheidung anzuschließen"[9], und es ist zusammen mit der Entscheidung bekanntzugeben[10] und in der Entscheidungssammlung im Anschluss an die Entscheidung namentlich gekennzeichnet zu veröffentlichen[11]. Anders dagegen der Charakter der Regelung in § 1054a Abs. 3 S. 1 ZPO-E. Dort heißt es deutlich: „Das Sondervotum ist kein Bestandteil des Schiedsspruchs." Es ist, so die Begründung[12], „nur die Meinungsäußerung eines Schiedsrichters".

Zudem gilt grundsätzlich: Die Verfahren, ob national oder international, zur Anerkennung und Vollstreckung von Schiedssprüchen betreffen allein diese, nicht aber die Meinungsäußerungen einzelner Schiedsrichter. Die Vorschriften in der ZPO und in der New Yorker Konvention kennen nur den (wenn vielleicht auch nur mehrheitlich erlassenen) Schiedsspruch.

Von Interesse ist, dass der Reformgesetzgeber davon absieht, im Zusammenhang mit dem Sondervotum, sei es im Verfahren vor dem BVerfG, sei es im kommerziellen Schiedsverfahren, die Thematik des Beratungsgeheimnisses anzusprechen. Dazu weiter unten.

Im deutschen Gerichtswesen ist das Institut des Sondervotums nur ausnahmsweise bekannt. Es gibt dieses nur in Verfahren vor dem BVerfG, sowie im Fall einiger Landesverfassungsgerichte. Ziel dieser Regelungen, mit Rücksicht auf den politischen Charakter der Entscheidungen der Verfassungsgerichte, ist es, die Transparenz der verfassungsgerichtlichen Jurisprudenz zu erhöhen.

IV. Der internationale Kontext

Eine der erklärten Intentionen der derzeit angestrebten Reform ist die weitere Internationalisierung des deutschen Schiedsverfahrensrechts.[13] Im Wettbewerb mit anderen Schieds-

---

[6] § 30 Abs. 2 BVerfGG und § 55 BVerfGGO.

[7] In der Beratung vertretene abweichende Meinung zu der Entscheidung oder zu ihrer Begründung; „dissenting opinion" bzw. „concurring opinion".

[8] BT-Drs. 20/13257, 38.

[9] § 32 Abs. 2 Hs. 2 BVerfGG.

[10] § 55 Abs. 4 BVerfGGO.

[11] § 55 Abs. 5 BVerfGGO.

[12] BT-Drs. 20/13257, 39.

[13] Vgl. BT-Drs. 20/13257, 16.

standorten soll das Schiedsverfahrensrecht den Bedürfnissen der modernen Schiedspraxis dienen und sicherstellen, dass in Deutschland geführte Verfahren weiterhin effizient und auf höchstem Qualitätsniveau durchgeführt werden können. Nachstehend soll daher der Umgang mit dem Thema Sondervotum im internationalen Kontext und in in der Schiedsgerichtsbarkeit führenden Rechtsordnungen kurz beleuchtet werden.

Im gegebenen Rahmen kann dies ein nur äußerst kursorischer Überblick sein.

1. Die Dissenting Opinion in der institutionellen Schiedsgerichtspraxis

Weder die ICC-Schiedsordnung noch die DIS Regeln, die Stockholmer Regeln, das schweizerische Regelwerk, die Rules der American Arbitration Association, oder die Regeln des London Court of Arbitration enthalten einen Hinweis darauf, dass der in der Beratung zum Schiedsspruch überstimmte Schiedsrichter seine abweichende Meinung zum Ergebnis oder zur Begründung des Ergebnisses in Form einer Dissenting Opinion niederlegen kann. Dessen ungeachtet, werden in unter diesen Regelwerken geführten Verfahren aber immer wieder von Schiedsrichtern Sondervoten verfasst und, jedenfalls wenn die Mehrheit nicht widerspricht, den Parteien zusammen mit dem Schiedsspruch oder auch separat bekannt gegeben.

Eine Ausnahme findet sich in den Rules des International Centre for Settlement of Investment Disputes (ICSID). Diese halten in Rule 48(4) fest: "Any member of the Tribunal may attach his individual opinion to the award, whether he dissents from the majority or not, or a statement of his dissent". Es wird berichtet, dass in Investitionsschutzverfahren unter diesen Regeln Dissenting Opinions relativ häufig verfasst werden.[14]

Trotz dieser Zurückhaltung in ihren Regeln erlauben die Schiedsinstitutionen es im allgemeinen, dass überstimmte Schiedsrichter ihre abweichende Meinung in einer von ihnen verfassten Dissenting Opinion niederlegen; ggf., wenn die Mehrheit damit einverstanden ist, wird die Mindermeinung auch im Text des Schiedsspruchs selbst wiedergegeben. Jedenfalls wenn und soweit die Mehrheit der Schiedsrichter im Schiedsgericht nicht widerspricht, wird die Dissenting Opinion den Parteien zusammen mit dem Schiedsspruch oder auch separat zugesandt. Im letzteren Fall soll damit deutlich werden, dass die Dissenting Opinion nicht als Bestandteil des Schiedsspruchs verstanden wird.

2. Die Dissenting Opinion im Scrutiny-Verfahren des ICC Schiedsgerichtshofs

Der Internationale Schiedsgerichtshof der ICC setzte in 1985 eine Arbeitsgruppe zur Klärung der mit Dissenting Opinions verbundenen Verfahrensfragen ein. Im ersten Anlauf konnten wegen der Unterschiede in den nationalen Rechtsordnungen betreffend die Zulässigkeit und Handhabung der Dissenting Opinion keine klaren Ergebnisse gefunden werden. Die überwiegende Ansicht war, der Schiedsgerichtshof solle weder zur Abfassung einer Dissenting Opinion anraten noch hiervon abraten. Die heutige Praxis ist, dass iRd Scrutiny-Verfahrens für Schiedssprüche mitvorgelegte Dissenting Opinions ebenfalls entgegengenommen werden. Sie werden zwar mitgelesen, aber, da nicht Bestandteil des Schiedsspruchs, keiner Prüfung wie der des Entwurfs des Schiedsspruchs unterzogen. Gelegentlich, wie der Autor dieses Beitrags aus eigener Erfahrung berichten kann, ergeben sich aus der Durchsicht der Dissenting Opinion jedoch Gesichtspunkte, die das Sekretariat des Schiedsgerichtshofs dazu veranlassen können, den einen oder anderen Aspekt der im Mehrheitsschiedsspruch dargelegten Argumentation einer näheren Prüfung zu unterziehen, mit den sich hieraus ergebenden Hinweisen an die Verfasser des Mehrheitsschiedsspruchs. Das Sekretariat prüft

---

[14] In dem von Albert Jan van den Berg gewählten Datenkreis etwa 22%; vgl. Berg, Dissenting Opinions by Party-Appointed Arbitrators in Investment Arbitration, in: Assanjani/Katz Cogan/Sloane/Wiessner (Hrsg.), Looking to the Future. Essays on International Law in Honor of Michael Reisman, 2011, 821 ff.

jedoch nicht die Dissenting Opinion selbst und erteilt hierzu irgendwelche Anmerkungen gegenüber dem Schiedsgericht.

Ist der Dissens in den Schiedsspruch integriert, unterliegen die diesen betreffenden Textteile den allgemeinen für die Scrutiny geltenden Standards.

Nachdem der ICC Schiedsgerichtshof die Frage der Zulässigkeit der Mitteilung einer Dissenting Opinion an die Parteien nach den anwendbaren nationalen Regelungen geprüft und sich vergewissert hat, dass die Mehrheit des Schiedsgerichts einer Übermittlung nicht widerspricht, übermittelt er die Dissenting Opinion den Parteien zusammen mit dem ausgefertigten Schiedsspruch.

Gem. ihrer seit 2018 geltenden Schiedsgerichtsordnung unterzieht die Deutsche Institution für Schiedsgerichtsbarkeit (DIS) Schiedssprüche ebenfalls einer allerdings auf wenige formale Aspekte beschränkten Durchsicht.[15] Dissenting Opinions sind bei der DIS bisher so selten, dass von einer etablierten Praxis des Umgangs mit ihnen bisher nicht gesprochen werden kann. Ist die Dissenting Opinion an den Schiedsspruch angehängt, wird sie mit diesem zugestellt.[16]

3. Die Dissenting Opinion in anderen maßgeblichen Rechtsordungen

Der nachstehende Text fasst im Wesentlichen die Ergebnisse von zwei 2000 und 2023 erschienenen Dissertationen zusammen, die sich beide mit der Zulässigkeit der Dissenting Opinion in der Schiedsgerichtsbarkeit aus rechtsvergleichender Sicht befasst haben.[17]

Beide Arbeiten, die sich teilweise ergänzend rechtsvergleichend mit der Schweiz, Frankreich, England und den USA befassen, kommen zu dem Ergebnis, dass es jedenfalls in der internationalen Praxis zumeist als zulässig angesehen werde, wenn ein überstimmter Schiedsrichter seine abweichende Meinung in einer den Parteien zum Ende des Verfahrens übermittelten Dissenting Opinion niederlege. Gleichzeitig sei aber festzustellen, dass die Handhabung der Dissenting Opinion in den Gesetzen und Regelwerken der untersuchten Rechtsordnungen häufig nicht oder nur unvollständig näher behandelt sei.

So findet man zB im UNCITRAL Modellgesetz und, diesem Vorbild folgend in vielen nationalen Schiedsverfahrensgesetzen (zB Schweden, Niederlande, Österreich, usw) nichts über die Dissenting Opinion. Auch in Ländern wie der Schweiz, England und den USA, deren Gesetze nicht nach dem UNCITRAL Modellgesetz gestaltet sind, herrscht gesetzgeberische Zurückhaltung.

Dessen ungeachtet wird die Zulässigkeit des Sondervotums im Schiedsverfahren nicht nur in Common Law – Jurisdiktionen, sondern auch in von der zivilistischen Rechtstradition geprägten Rechtsordnungen für internationale Verfahren zumeist bejaht, auch wenn durchweg mögliche Probleme hinsichtlich der Vertraulichkeit der Beratungen der Schiedsrichter und der Autorität des Schiedsspruchs gesehen werden:[18]

Yet they risk breaching the confidentiality of the tribunal's deliberations. They also risk undermining the authority of the tribunal's award, and in the process add little or nothing to the reputation of international commercial arbitration.

---

[15] § 39.3 DIS Schiedsgerichtsordnung.

[16] Laut mündlicher Auskunft v. 26.9.2024, vom Autor freundlicherweise erhalten von Chun-Kyung Paulus Suh, Leiter des Case Management der DIS.

[17] Peltzer, Die Dissenting Opinion in der Schiedsgerichtsbarkeit, 2000; Escher, Die Dissenting Opinion im Handelsschiedsverfahren, 2023.

[18] Redfern, The 2003 Freshfields-Lecture, Dissenting Opinions in International Commercial Arbitration, Arbitration International Vol. 20 Nr. 2, 2004, 223.

a) Schweiz

In Gerichtsverfahren in der Schweiz ist das Verfahren vor den Kantonsgerichten in Zürich, Genf und anderen Kantonen offen für das Institut der Dissenting Opinion, auch wenn hiervon selten Gebrauch gemacht wird.[19] Für das Schiedsverfahrensrecht wird unterschieden zwischen internationalen und nationalen Schiedsverfahren. Die internationalen Verfahren, in deren Fall wenigstens eine Partei der Schiedsvereinbarung ihren Sitz oder gewöhnlichen Aufenthalt nicht in der Schweiz hat, sind im Kap. 12 des schweizerischen Internationalen Privatrechts (IPRG) geregelt. Die Dissenting Opinion wird dort nicht angesprochen. Nach überwiegender Ansicht in der Literatur, so wird berichtet[20], ist das Schweigen des Gesetzes jedoch dahingehend zu verstehen, dass sie zulässig sei. So wie das Schiedsgericht im Zusammenwirken mit den Parteien darüber entscheiden könne, ob es in Präsenz der Parteien oder geheim beraten solle, so stehe es den Parteien und dem Schiedsgericht auch frei, darüber zu entscheiden, ob eine Dissenting Opinion verfasst und bekannt gemacht werden könne.[21]

Was nationale, den Vorschriften des Konkordats unterliegende Schiedsverfahren angeht, war die Rechtsmeinung bisher zurückhaltender. Die Bekanntgabe einer Dissenting Opinion an die Parteien wurde teilweise für unzulässig gehalten, wenn sich die Schiedsrichter für eine geheime Beratung entschieden hatten.[22]

Weitere Klärung zum schweizerischen Recht brachte eine Entscheidung des Bundesgerichts vom 11.5.1992, in der dieses über die Frage zu entscheiden hatte, ob ein Schiedsrichter in einem dem IPRG unterliegenden internationalen Verfahren von der Mehrheit verlangen könne, dass seine Dissenting Opinion an den Schiedsspruch angehängt werde. Die Entscheidung bestätigte die in der schweizerischen Jurisprudenz überwiegend vertretene Ansicht, dass keine derartige Verpflichtung bestehe; das IPRG enthalte keine Regelungen hinsichtlich des Rechts eines Schiedsrichters, dem Schiedsspruch eine Dissenting Opinion anzufügen. Die Bekanntmachung im Zusammenhang mit dem Schiedsspruch sei zulässig, wenn sie nach der anwendbaren Verfahrensordnung möglich sei oder die Mehrheitsschiedsrichter zustimmten.[23]

Das Bundesgericht erklärte in dieser Entscheidung auch, dass ein Schiedsrichter in Fällen, in denen er Kenntnis von einer schwerwiegenden verfahrensrechtlichen Verfehlung im Zusammenhang mit den Beratungen habe, das Recht wenn nicht geradezu die Verpflichtung habe, die Parteien mittels einer Dissenting Opinion darüber zu informieren.

Im schweizerischen Schrifttum wird auch Stellung genommen zu dem möglichen Konflikt mit dem Beratungsgeheimnis, in den der Verfasser einer Dissenting Opinion kommen kann. Dennoch wird die Zulässigkeit der Dissenting Opinion betont. Denn die Dissenting Opinion habe zur Funktion, einen unterschiedlichen Ansatz in Sach- und Rechtsfragen zu erläutern; sie verstoße daher nicht gegen das Beratungsgeheimnis, das nur das Verhältnis der Schiedsrichter zueinander und ihr Verhalten in den Beratungen schütze.[24] Unzulässig werde sie nur, wenn entweder die Parteien oder, bei Fehlen einer Parteivereinbarung, die Schiedsrichter die mögliche Erstellung einer Dissenting Opinion ausgeschlossen hätten.[25]

---

[19] Vgl. Weigand/Baumann Arbitration-HdB/Karrer Rn. 14.143.

[20] Peltzer, Die Dissenting Opinion in der Schiedsgerichtsbarkeit, 2000, 91 mwN.

[21] Weigand/Baumann Arbitration-HdB/Karrer Rn. 14.143; Peltzer, Die Dissenting Opinion in der Schiedsgerichtsbarkeit, 2000, 91.

[22] Peltzer, Die Dissenting Opinion in der Schiedsgerichtsbarkeit, 2000, 91 Fn. 395.

[23] Bundesgericht vom 11.5.1992, auszugsweise wiedergegeben in Revue Suisse de Droit International et Droit Européen 1994, 117.

[24] Werner 9 Journal of International Arbitration Nr. 4 (1992), 23 (25); Weigand/Baumann Arbitration-HdB/Karrer Rn. 14.143.

[25] Levy, Arbitration International 1989, 35 (38).

b) Frankreich

Das französische Recht zum Schiedsverfahren unterscheidet wie das schweizerische zwischen nationalen und internationalen Verfahren. Wie das schweizerische Recht enthält es in beiden Bereichen keine ausdrückliche Regelung zum Thema der Dissenting Opinion.

Was internationale bzw. ausländische Schiedsverfahren angeht, ist es im französischen Schrifttum umstritten, ob die Abgabe einer Dissenting Opinion per se eine Verletzung des Beratungsgeheimnisses darstelle. Ein erheblicher Teil der Kommentatoren ist der Auffassung, dass dies nicht der Fall sei, da die individuellen Sichtweisen der Mehrheitsschiedsrichter dadurch nicht notwendigerweise aufgedeckt würden. Solange die gewählte Verfahrensordnung den Schiedsrichtern die Abfassung einer Dissenting Opinion nicht untersage, sei diese zulässig und verstoße nicht gegen den französischen Ordre Public International.[26] Die Unabhängigkeit der Schiedsrichter werde nicht beeinträchtigt. In einer Entscheidung vom 7.7.1994 hat die Cour d'Appel de Paris, diese Ansicht unterstützend, entschieden, dass in internationalen Verfahren, sofern die gewählte Verfahrensordnung das Recht zur Dissenting Opinion nicht untersage, die Abfassung und Bekanntgabe eines Sondervotums zulässig sei.[27]

Für nationale Schiedsverfahren in Frankreich ist im Gesetz ausdrücklich geregelt, dass die Beratungen eines Schiedsgerichts dem Beratungsgeheimnis unterliegen. Daraus schließen Literatur und Rechtsprechung, dass ein Schiedsrichter bei Anwendung des für diese Verfahren geltenden Verfahrensrechts in keinem Fall den Inhalt der Beratungen an Dritte oder die Parteien bekanntgeben darf.[28] Jedoch hat die Cour d'Appel de Paris in einer Entscheidung von 1981[29] festgehalten, dass, anders als im Fall staatlicher Gerichte, ein Verstoß gegen das Beratungsgeheimnis nicht zur Nichtigkeit des betroffenen Schiedsspruchs führe, da es sonst der in der Meinung abweichende Schiedsrichter in der Hand hätte, den Schiedsspruch zu Fall zu bringen.[30]

c) England

In England, einem Land des Common Law, in dem auch die staatliche Justiz schon seither von dem Instrument der Dissenting Opinion geprägt ist, wird das Recht des Schiedsrichters, seine abweichende Meinung in einem separaten Votum niederzulegen, naturgemäß nicht angezweifelt.[31] Der englische Arbitration Act von 1996, der für nationale und internationale Verfahren gilt, enthält kein Wort dazu, so selbstverständlich ist der englischen Schiedspraxis die Tradition dieses Verfahrensinstruments. Generell wird der Dissenting Opinion allerdings auch keine große praktische Bedeutung beigemessen, da von ihr keine rechtliche Wirkung ausgehe.[32]

Der Grundsatz der Vertraulichkeit von Schiedsverfahren (einzuhalten gegenüber allen denjenigen, die nicht am Verfahren teilnehmen) ist in der englischen Rechtsprechung und Literatur anerkannt[33], ebenso das Beratungsgeheimnis, das als internationales Prinzip verstanden wird[34]. Der Vertraulichkeit des Verfahrens steht anerkanntermaßen der Zuleitung einer Dissenting Opinion an die Parteien nicht entgegen, da sie nur inter partes erfolgt, so dass von ihrer Existenz und ihrem Inhalt nichts nach außen dringt.[35]

---

[26] Fouchard/Gaillard/Goldmann, Traité de l'arbitrage international, 1996, Rn. 1398; Weigand/Baumann Arbitration-HdB/Gaillard Rn. 8.155.
[27] Cour d'Appel de Paris Revue de l'arbitrage 1995, Nr. 1, 107 ff.
[28] Peltzer, Die Dissenting Opinion in der Schiedsgerichtsbarkeit, 2000, 95.
[29] Cour d'Appel de Paris Revue de l'Arbitrage 1982, 84.
[30] Peltzer, Die Dissenting Opinion in der Schiedsgerichtsbarkeit, 2000, 95.
[31] Escher, Die Dissenting Opinion im Handelsschiedsverfahren, 2023, 51 ff.
[32] Weigand/Baumann Arbitration-HdB/Khanna Rn. 7.234.
[33] Escher, Die Dissenting Opinion im Handelsschiedsverfahren, 2023, 53 mwN.
[34] Rees/Rohn, Arbitration International Vol. 25, Nr. 3, 329 f., 337.
[35] Escher, Die Dissenting Opinion im Handelsschiedsverfahren, 2023, 54.

In Rechtskommentaren wird kritisch angemerkt, dass die Dissenting Opinion die „fragile" Autorität des Schiedsgerichts in Frage stellen könnte; bei einer Überprüfung des Schiedsspruchs durch staatliche Gerichte könnten diese gezwungen sein, die geheimen Beratungen des Schiedstribunals offenzulegen. Dem hält die wohl überwiegende Ansicht entgegen, dass auch der abweichende Schiedsrichter seine Pflichten der Unabhängigkeit, Vertraulichkeit, Kollegialität und Gewissenhaftigkeit erfüllen müsse und daher in der Dissenting Opinion nur seine abweichende Meinung ohne Aufdeckung geheimer Beratungsinhalte darstellen dürfe. Unzulässig sei eine Dissenting Opinion daher nur, wenn der Schiedsrichter gleichzeitig gegen seine Pflichten zur Einhaltung des Beratungsgeheimnisses verstoße.[36] Der Vorteil der Zulassung von Dissenting Opinions wird ua darin gesehen, dass durch sie Verfahrensfehler aufgedeckt werden können.[37]

Die englische Rechtsprechung hat sich mit Detailfragen des Umgangs mit Dissenting Opinions befasst, ohne dabei das Prinzip ihrer Zulässigkeit in Frage zu stellen, etwa der Frage, ob ein überstimmter Schiedsrichter verlangen könne, dass seine Dissenting Opinion in den Schiedsspruch aufgenommen bzw. diesem als Annex angefügt werde. In Cargill International v. Sociedad Iberica de Molturacion[38] hat der Court of Appeal dies verneint, die Beifügung als Annex sei nur eine „courtesy" der Mitschiedsrichter. Die Entscheidung wird teilweise dahingehend interpretiert, dass die Veröffentlichung eine übliche Praxis sei, die sich zu einem Recht auf Abgabe einer Dissenting Opinion verdichtet habe.[39] In dem 2010 vor dem High Court of Justice anhängigen Verfahren B v. A[40] betreffend einen Unternehmenskauf hatte sich das Gericht mit der Frage der Aufhebbarkeit des Schiedsspruchs wegen einer serious irregularity nach Art. 67 und 68 Arbitration Act 1996 zu befassen. Der High Court, unter Verweis darauf, dass die Dissenting Opinion nicht Teil des Schiedsspruchs sei, wies dies zurück, wies aber gleichzeitig darauf hin, dass eine Dissenting Opinion gerichtlicherseits zu berücksichtigen sei, sofern sie Hinweise auf Verfahrensfehler zum Nachteil einer Partei enthalte.[41]

In der englischen Literatur finden sich allerdings auch kritische Stimmen, die eine strengere Regelung der Handhabung von Dissenting Opinions fordern. Eine Dissenting Opinion könne ein zweckmäßiges Instrument zur Aufdeckung von Verfahrensfehlern sein. Es sei aber zu unterscheiden zwischen zweckmäßigen und zweckwidrigen Dissenting Opinions.[42]

d) Vereinigte Staaten von Amerika

Der Federal Arbitration Act regelt Schiedsverfahren im zwischenstaatlichen Handel oder in internationalen Streitfällen. In anderen Fällen finden die Schiedsverfahrensgesetze der 50 Einzelstaaten Anwendung. Alle diese Gesetze überlassen die Gestaltung der Verfahren fast ausschließlich den Parteien, sie enthalten keine Regelungen zur Vertraulichkeit des Verfahrens, ebenso nicht zum Beratungsgeheimnis und zur Dissenting Opinion.

Eine Regelung zur Vertraulichkeit findet sich in Art. 37 ICDR International Arbitration Rules der American Arbitration Association. Aber auch dort findet sich nichts zur Dissenting Opinion und/oder zum Beratungsgeheimnis.

---

[36] Born, International Arbitration: Law and Practice, 3. Aufl. 2020, § 15.04, 349.

[37] Vgl. F Ltd. v. M Ltd., 2009 WL 634892, kommentiert in Escher, Die Dissenting Opinion im Handelsschiedsverfahren, 2023, 71–73.

[38] [1998] C.L.C. 231 ff. (ausf. diskutiert von Escher, Escher, Die Dissenting Opinion im Handelsschiedsverfahren, 2023, 60 ff.).

[39] Escher, Die Dissenting Opinion im Handelsschiedsverfahren, 2023, 67 ff. und 77.

[40] 2010 WL 2595020.

[41] So die Analyse des Urteils von Escher, Die Dissenting Opinion im Handelsschiedsverfahren, 2023, 74 ff.

[42] Vgl. Escher, Die Dissenting Opinion im Handelsschiedsverfahren, 2023, 79 ff.

Das Beratungsgeheimnis ist im Code of Ethics in Commercial Disputes[43], angesprochen: Canon VI.C.: It is not proper at any time for an arbitrator to inform anyone about the substance of the deliberations of the arbitrators. Hinsichtlich des Inhalts des Beratungsgeheimnisses sind daher Literatur, Praxis und Rechtsprechung zu konsultieren.

In den Vereinigten Staaten wird die Dissenting Opinion in der staatlichen Gerichtsbarkeit uneingeschränkt anerkannt, und ihr folgend überwiegend auch in der Schiedsgerichtsbarkeit als zulässig angesehen. Mangels Regelung ist jedoch unklar, ob eine Dissenting Opinion bestimmte Kriterien erfüllen muss. Kommentatoren erkennen an, dass die Bekanntmachung einer Dissenting Opinion die Mehrheitsmeinung stärken, aber auch zu einer Aufhebung des Schiedsspruchs führen kann. Aufgrund der Tatsache, so wird argumentiert, dass im Schiedsverfahren Richter aus verschiedenen Rechtskulturen und Rechtssprachen zusammenträfen, mit fremdem Prozessrecht konfrontiert würden, häufig rechtsvergleichende Überlegungen anzustellen hätten, und dies auf der Basis unterschiedlichen rechtlichen und kulturellen Verständnisses, gebe es ein gesteigertes Bedürfnis für Dissenting Opinions in internationalen Schiedsverfahren.[44] Hinzu komme, dass insbes. in nationalen Verfahren die Parteien darauf verzichteten, ihren Rechtsstreit von vollkommen neutralen Schiedsrichtern entscheiden zu lassen.[45]

Trotz Anerkennung der Zulässigkeit von Dissenting Opinions wird wie in England die Gefahr gesehen, dass diese den Schiedsspruch in Frage stellen und zur Anstrengung von Aufhebungsverfahren motivieren. Unabhängig von den positiven Erfahrungen auf staatlicher Ebene gibt es also eine differenziertere Diskussion über die Dissenting Opinion im Schiedsverfahren.

In der Literatur und Rechtsprechung wird überwiegend das Beratungsgeheimnis anerkannt; die Beratungsinterna sollen nur unter ernsthaften und außergewöhnlichen Umständen Gegenstand einer gerichtlichen Prüfung sein.[46] Dennoch könne ein Schiedsrichter zulässigerweise eine Dissenting Opinion abgeben, wobei diese sich aber ausschließlich mit der relevanten Sach- und Rechtslage ohne Bekanntgabe vertraulicher Beratungsinhalte zu beschäftigen habe.[47]

Die US-amerikanische Rechtsprechung hat sich – wiederholt – mit dem Spannungsverhältnis zwischen der Wahrung des Beratungsgeheimnisses und der Befragung von Schiedsrichtern über Interna ihrer Beratungen befasst, ua auch in Fällen, in denen der überstimmte Schiedsrichter in seiner Dissenting Opinion auf Verletzungen der schiedsrichterlichen Pflichten durch die Mehrheit hingewiesen hat. So hat der US District Court S.D., New York, in Fertilizantes Fosfatados Mexicanos S. A.[48] betont, dass eine Befragung der Schiedsrichter zu ihren Beratungen nur ausnahmsweise erfolgen dürfe. Im entschiedenen Fall[49] war dies nur möglich auf Grundlage der besonderen Anwendung des 9 U.S. Code § 10 und stelle daher eine Ausnahme zu den allgemeinen Regeln des Common Law dar, die nicht zuließen, dass Schiedsrichter über die Gründe und Motivation für ihre Entscheidung gerichtlich befragt werden dürften. Eine absolute Hürde existiere aber nicht, sofern ausreichend schwere Vorwürfe im Spiel seien. Dementsprechend hat der Second Circuit Court of Appeals in New York City im Fall Andros festgestellt, dass die Parteien nur unter Vorlage von klaren Beweisen eines schiedsrichterlichen Fehlverhaltens das Recht hätten, eine gerichtliche Befragung eines Schiedsrichters zu fordern.[50] Wie diese und

[43] Erarbeitet von ABA und AAA.

[44] Escher, Die Dissenting Opinion im Handelsschiedsverfahren, 2023, 105 f.

[45] Rau Texas International Law Journal, Vol. 40, 449 f.

[46] Vgl. Moses, The Principle and Practice of International Commercial Arbitration, 3. Aufl. 2017, 208.

[47] Etwa Mosk/Ginsburg Liber Amicorum Bengt Broms, 1999, 259 ff.

[48] 751 F. Supp. 467 (1990).

[49] S. hierzu Reilly Journal of International Arbitration, Vol. 9, Nr. 3, 27 (33).

[50] Andros Compania Maritima S. A. v. Marc Rich Co. A.G., 579 F.2nd 691 (1978).

andere von Escher[51] ebenfalls diskutierte Entscheidungen zeigen, ist deren Fokus auf die Frage gerichtet, inwieweit staatliche Gerichte in Extremfällen der Verletzung schiedsrichterlicher Pflichten durch die Schiedsrichtermehrheit aufgrund des Beratungsgeheimnisses gehalten sind, von der Befragung von Schiedsrichtern zu Interna ihrer Beratungen Abstand zu nehmen.

Was die Zulässigkeit der Dissenting Opinion im Schiedsverfahren nach US-amerikanischem Recht angeht, bleibt daher vor allem festzuhalten, dass unter US-amerikanischen Autoren Einigkeit darüber besteht, dass die Abgabe eines separaten Votums als solches nicht schon das Beratungsgeheimnis verletze und daher grds. erlaubt sei.[52] Stets erinnert wird im Schrifttum aber auch daran, dass eine Bekanntgabe von Beratungsinhalten nicht zulässig sei.

V. Die deutsche Position nach Umsetzung der Reform

§ 1054a ZPO-E erlaubt es dem in der Abstimmung über den Schiedsspruch unterlegenen Schiedsrichter, ein Sondervotum abzufassen. Diese ausdrückliche Erlaubnis wird lediglich unter den Vorbehalt einer anderweitigen Vereinbarung der Parteien gestellt. Damit wird eine Rechtslage geschaffen, die ähnlich liberal gegenüber Dissenting Opinions eingestellt ist wie diejenige in anderen maßgeblichen Jurisdiktionen.

1. Zulässigkeit des Sondervotums

Gem. § 1504a Abs. 1 ZPO-E kann ein Schiedsrichter, der in der Beratung eine von der Mehrheit abweichende Meinung zu dem Schiedsspruch oder dessen Begründung vertreten hat, diese Meinung in einem Sondervotum niederlegen. Mit dieser Affirmation, wenn auch nicht gänzlich frei von Kautelen, ist ein Schiedsrichter, der in der Beratung überstimmt worden ist, prinzipiell ermächtigt, seine abweichende Meinung in einem Sondervotum niederzulegen. Dieses Votum ist gem. § 1054 Abs. 5 ZPO-E, auf den § 1054a ZPO-E verweist, wie der Schiedsspruch den Parteien bekannt zu geben.

Mit dieser Regelung werden die vom OLG Frankfurt a. M. in seinem Beschluss von 2020 geäußerten Bedenken hinsichtlich der Zulässigkeit der Erstellung einer Dissenting Opinion im Schiedsverfahren aus dem Weg geräumt. Gegen das Fiat des Gesetzgebers können die Bedenken des OLG nichts ausrichten. Desgleichen sind die im Schrifttum erhobenen Einwendungen gegen die Zulässigkeit von Sondervoten im Schiedsverfahren obsolet geworden. Nach Umsetzung der Reform kann ein in einem deutschem Verfahrensrecht unterliegenden Verfahren tätiger Schiedsrichter sich daher darauf verlassen: Trotz der vom OLG Frankfurt a. M. in seinem Beschluss angesprochenen schwerwiegenden Bedenken ist es dem Schiedsrichter erlaubt, seinem Dissens in einer von ihm verfassten separaten Opinion, dem Sondervotum, Ausdruck zu geben.

Dabei fällt auf, dass § 1054a Abs. 1 ZPO-E trotz seiner weitreichenden Wirkungen keine Regelungen zum Beratungsgeheimnis enthält. Auf dessen Geltung auch im Schiedsverfahren beruhen jedoch die Bedenken des OLG Frankfurt a. M. ebenso wie die eines Teils des Schrifttums. Der Begründung zum Entwurf ist allerdings zu entnehmen, dass der Reformgesetzgeber die Geltung eines Beratungsgeheimnisses im Schiedsverfahren anerkennt. Jedoch sieht er, im Gegensatz zum OLG Frankfurt a. M. und den von diesem in Bezug genommenen Literaturmeinungen, keinen prinzipiellen Konflikt zwischen der Abgabe eines Sondervotums und dem schiedsverfahrensrechtlichen Beratungsgeheimnis[53]:

[51] Escher, Die Dissenting Opinion im Handelsschiedsverfahren, 2023, 118 ff.
[52] Escher, Die Dissenting Opinion im Handelsschiedsverfahren, 2023, 116.
[53] BT-Drs. 20/13257, 37.

„Die Geltung des Beratungsgeheimnisses führt allerdings nicht dazu, dass Sondervoten gesetzgeberisch nicht zugelassen werden könnten. Denn eine Verletzung des Beratungsgeheimnisses liegt streng genommen nur vor, wenn dadurch Einblicke in den Beratungsablauf geliefert werden“.

Und weiter[54]:

„Das Sondervotum, wie es in § 1054a ZPO-E geregelt wird, dient jedoch nicht dazu, den Verlauf der Beratungen oder deren Inhalt offenzulegen, sondern ermöglicht es einem Schiedsrichter, die Gründe schriftlich niederzulegen, aus denen er einen Schiedsspruch mit einem anderen Tenor erlassen bzw. warum er einen Schiedsspruch mit eben diesem Tenor anders begründet hätte. “

2. *Das schiedsrichterliche Beratungsgeheimnis aus Sicht des Reformgesetzgebers*

Eine gesetzliche Grundlage für die Begründung des schiedsrichterlichen Beratungsgeheimnisses findet sich nicht.[55] Jedoch gehen die deutschen Gerichte in ständiger Rechtsprechung unter Verweis auf die richterliche Verschwiegenheitspflicht gem. § 43 DRiG davon aus, dass das Beratungsgeheimnis auch im Schiedsverfahren Geltung beanspruche.[56] In der Literatur wird das Beratungsgeheimnis teilweise auch aus anderen Quellen wie Gewohnheitsrecht, aus dem Wesen der Schiedsgerichtsbarkeit, aus einer konkludenten Vereinbarung der Schiedsparteien oder aus dem Schiedsrichtervertrag hergeleitet.[57]

Auch international besteht Einigkeit darüber, dass die Verfahren vor Schiedsgerichten unter dem Schutz des Beratungsgeheimnisses stehen. So formuliert Redfern etwa[58]:

"It would be difficult, if not impossible, for arbitrators to have a frank and open exchange of views, to advance ideas and proposals, to change their mind and then perhaps to change it back again, if what they had said and what they had not said, what they have thought and what they had not thought, was to become known to the parties – particularly in a situation in which two of the three members of the tribunal are chosen by the parties themselves."

Fragt man nach den Konturen des schiedsrichterlichen Beratungsgeheimnisses, kann kein Zweifel daran bestehen, dass der mit dem Beratungsgeheimnis bezweckte Schutz der Unabhängigkeit und Unparteilichkeit der Schiedsrichter in ihrer Entscheidungsfindung und damit der Autorität des Schiedsspruchs nur zu erreichen ist, wenn über den Inhalt und Gang der Beratungen des Schiedsgerichts nichts nach außen dringt, die betroffenen Schiedsrichter und an den Beratungen möglicherweise teilnehmende Hilfspersonen (technische Experten, Finanzsachverständige, Administrative Secretaries) insoweit Stillschweigen bewahren. Insofern unterscheidet sich das schiedsverfahrensrechtliche Beratungsgeheimnis nicht von der in § 43 DRiG statuierten Schweigepflicht des staatlichen Richters. Unter Verschluss auch vor der Parteiöffentlichkeit zu bleiben haben das Hin und Her der im Schiedsgericht ausgetauschten Argumente, geäußerte Zweifel auch bereits an für fest gehaltenen Ergebnissen, Änderungen von bereits eingenommenen Standpunkten, Austausch von sachlichen und ggf. auch unsachlichen Argumenten. Erst dann ist Unparteilichkeit und Unabhängigkeit der Schiedsrichter von äußeren Einflüssen sicher zu stellen, so dass sich ein Diskurs entwickeln kann, in dem sich die beteiligten Schiedsrichter austauschen können, ohne der Versuchung zu erliegen, auf die Parteien, die sie bestellt haben, Rücksicht nehmen zu müssen und ohne fürchten zu müssen, dass ihnen ihre in den Beratungen getätigten Äußerungen später einmal in einem anderen Kontext vorgehalten werden könnten.

---

[54] BT-Drs. 20/13257, 37.

[55] Bickmann/Wagner GWR 2020, 295 (296).

[56] Zuletzt BGH NJW-RR 2015, 1087 Rn. 15.

[57] Vgl. hierzu Escher, Die Dissenting Opinion im Handelsschiedsverfahren, 2023, 168 ff.

[58] Redfern, The 2003 Freshfields-Lecture, Dissenting Opinions in International Commercial Arbitration, Arbitration International Vol. 20 Nr. 2, 2004, 239.

In der Begründung zum Entwurf wird die Thematik des Beratungsgeheimnisses kurz angesprochen; dabei wird deutlich, dass der Gesetzgeber ein schiedsrichterliches Beratungsgeheimnis anerkennt, es aber in einem anderen Licht sieht wie das in § 43 DRiG niedergelegte Beratungsgeheimnis. Die Unterscheidungen ergeben sich bereits aus den Zwecken, die jeweils mit dem Beratungsgeheimnis verfolgt werden. Während das für die staatliche Gerichtsbarkeit geltende Beratungsgeheimnis „die richterliche Unabhängigkeit der an der Beratung beteiligten Richter und ihre Entscheidung schützt, indem es die Einheit und Anonymität des Kollegiums wahrt", also nicht auf den Schutz der Richter persönlich, sondern der Institution der staatlichen Gerichtsbarkeit gerichtet ist[59], geht es bei dem im Schiedsverfahren geltenden Beratungsgeheimnis aus Sicht des Gesetzgebers darum, die Unparteilichkeit und Unabhängigkeit der Schiedsrichter, die nicht hoheitlich tätig sind und auch keine staatlich-hoheitliche Autorität in Anspruch nehmen, in ihrer persönlichen Funktion vor Einflussnahmen insbes. durch die Parteien des Verfahrens zu bewahren.[60]

Daraus folgt, dass im Schiedsverfahren im Kern, oder wie es der Reformgesetzgeber formuliert „streng genommen", die Inhalte und der Ablauf der Beratungen unter dem Schutz der Vertraulichkeit stehen, dass es aber anders als in der staatlichen Gerichtsbarkeit nicht darum geht, Autorität und Anonymität des Spruchkörpers vor Ansehensverlust zu bewahren. Wie in der Begründung ausgeführt sieht der Reformgesetzgeber im Einklang mit Stimmen in der Literatur[61] das Beratungsgeheimnis im Schiedsverfahren daher nur dann als verletzt an, wenn qua Sondervotum „Einblicke in den Beratungsablauf geliefert werden". Der Schiedsrichter, der mit seinem Sondervotum zeigt, dass er den Schiedsspruch nicht mitträgt, verletzt dagegen nach dem Verständnis des Reformgesetzgebers das für ihn geltende Beratungsgeheimnis dadurch allein noch nicht. Die Vertraulichkeit der Beratungen bleibt, soweit das Sondervotum lediglich die abweichende Meinung des Schiedsrichters argumentativ begründet, ohne Auskunft über den Hergang der Beratungen zu liefern, voll gewahrt. Dies so verstandene Beratungsgeheimnis, so die Begründung zum Gesetzesentwurf, führt daher auch nicht dazu, „dass Sondervoten nicht gesetzgeberisch zugelassen werden könnten."

Man wird angesichts dieser Argumente in der Begründung die methodische Frage stellen dürfen, ob damit nicht den Absichten des Gesetzgebers folgend der Begriff des schiedsrichterlichen Beratungsgeheimnisses so „zurecht definiert" wird, dass er zu der ausdrücklichen Zulassung des Sondervotums im Schiedsverfahren „auch passt". Umgekehrt gilt allerdings derselbe Vorhalt, wenn Autoren, die der Praxis von Dissenting Opinions ablehnend gegenüberstehen, von einem besonders weiten Begriff des Beratungsgeheimnisses ausgehen, der es den Schiedsgerichten sogar verbieten soll, ihre Entscheidungen als mehrheitlich, ja sogar als einstimmig getroffene Entscheidungen zu charakterisieren.[62] Unter der praktischen Zielsetzung, das Schiedsverfahren sinnvoll transparent auszugestalten ist dem Gesetzgeber daher die Freiheit zuzugestehen, seine Vorstellungen von einem angemessenen Umfang des schiedsrichterlichen Beratungsgeheimnisses zum Ausgangspunkt der von ihm entworfenen Regelung zu nehmen.

Aus dem Vorstehenden ergeben sich vor allem zwei wesentliche Folgerungen für das Verständnis der in Abs. 1 von § 1054a ZPO-E erklärten Zulässigkeit des Sondervotums. Die erste ist, dass der abweichende Schiedsrichter in seinem Votum Ross und Reiter nennen darf, dh deutlich werden lassen kann, dass er die Entscheidung, sei es im Tenor, sei es in der Begründung, nicht mitträgt und diese seine Entscheidung begründet. Mit der Abfassung und

---

[59] BT-Drs. 20/13257, 37.

[60] BT-Drs. 20/13257, 37.

[61] Salger/Trittmann Internationale Schiedsverfahren/Hanefeld/Nedden, 2019, § 20 Rn. 35; Nedden/Büstgens SchiedsVZ 2015, 169 (178).

[62] Vgl. Redfern, The 2003 Freshfields-Lecture, Dissenting Opinions in International Commercial Arbitration, Arbitration International Vol. 20 Nr. 2, 2004, 239 auf die Entscheidung eines französischen Gerichts verweisend.

Unterzeichnung einer Dissenting Opinion im Zeitpunkt des Abschlusses des Verfahrens tritt der abweichende Schiedsrichter aus der Reihe der die Entscheidung tragenden Schiedsrichter heraus, er deckt jedoch damit keine Inhalte oder den Hergang der Beratungen auf. Was aufgedeckt wird, wohlgemerkt allerdings erst zum Abschluss des Verfahrens, ist das Ergebnis der Beratungen, nämlich das Faktum, dass der Schiedsspruch nicht einstimmig ergangen ist und welcher von den Schiedsrichtern dabei wie abgestimmt hat. Da diese Informationen erst zum Ende der Beratungen, nämlich als Ergebnis derselben, bekannt gemacht werden, kann praktisch keine Einflussnahme der Parteien auf die Schiedsrichter mehr erfolgen. Die Sache wurde von ihnen unparteilich und unabhängig entschieden, auch wenn sie dabei zu unterschiedlichen Ergebnissen gekommen sind. Das Schiedsgericht, dem die drei angehört haben, wird nicht weitergeführt.

Eine weitere Konsequenz aus dem Vorstehenden ergibt sich für den zulässigen Inhalt der nach § 1054a Abs. 1 ZPO-E erlaubten Sondervoten. In der Begründung zum Entwurf wird dies klar ausgesprochen:

„Das Sondervotum, wie es in § 1054a ZPO-E geregelt wird, dient jedoch nicht dazu, den Verlauf der Beratungen oder ihren Inhalt offenzulegen, sondern ermöglicht es einem Schiedsrichter vielmehr, die Gründe schriftlich niederzulegen, aus denen er einen Schiedsspruch mit einem anderen Tenor erlassen bzw. warum er einen Schiedsspruch mit eben diesem Tenor anders begründet hätte".

Das Sondervotum, das der Reformgesetzgeber zulassen will, hat demnach klar definierten inhaltlichen Anforderungen zu genügen. Es ist, wenn man diese Formulierung in der Begründung weiterentwickelt, ein Dokument der argumentativen Auseinandersetzung mit den Argumenten im Schiedsspruch, es steht auf derselben Abstraktionsstufe wie dieser, in dem selbstverständlich ebenfalls Inhalte und Ablauf der Beratungen als solche nicht aufgedeckt werden dürfen. Die im Sondervotum dargestellte Gegenargumentation hat sich wie der Schiedsspruch selbst allein mit dem Ergebnis der Beratungen zu befassen.

3. *Ist das Beratungsgeheimnis Teil des verfahrensrechtlichen Ordre Public?*

Das OLG Frankfurt a. M. hat es in seiner Entscheidung von 2020 für naheliegend erklärt, dass das schiedsrichterliche Beratungsgeheimnis dem verfahrensrechtlichen Ordre Public zuzurechnen sei. Diese Einstufung würde dazu führen, dass der Geheimschutz nicht zur Disposition der Parteien stünde; diese dürften nicht, auch nicht im Einverständnis mit den Mitgliedern des Schiedsgerichts, auf das Beratungsgeheimnis verzichten. Auch wäre der Gesetzgeber nicht völlig frei darin, die Zulässigkeit von Dissenting Opinions einschränkungslos zu bestätigen.

Zum verfahrensrechtlichen Ordre Public gehören alle diejenigen Regeln des Verfahrens, die sich im Falle ihrer Nichtbeachtung als schwerwiegender, die „Grundlagen des staatlichen und wirtschaftlichen Lebens berührender" Mangel darstellen würden.[63] Ob dem schiedsverfahrensrechtlichen Beratungsgeheimnis dieser Status zukommt, ist eine Wertungsfrage, die in der Literatur streitig behandelt wird.[64]

Der Reformgesetzgeber äußert sich in der Begründung zum Entwurf zu dieser Frage nicht. Eine vorliegend nur kursorisch mögliche Prüfung der Frage indiziert jedoch, dass eine Einstufung des Beratungsgeheimnisses als Teil des auch im Schiedsverfahren einzuhaltenden verfahrensrechtlichen Ordre Public nicht gerechtfertigt ist.

Die eindeutig überwiegende Ansicht in Rechtsprechung und Schrifttum hält einen Verzicht der Schiedsparteien auf die Einhaltung des Beratungsgeheimnisses für möglich.[65]

---

[63] MüKoZPO/Münch § 1059 Rn. 46.

[64] Dafür Wieczorek/Schütze/Schütze ZPO § 1052 Rn. 18; Sessler/Ruß SchiedsVZ 2020, 201 (204) dagegen Escher, Die Dissenting Opinion im Handelsschiedsverfahren, 2023, 182 ff.; wohl auch Stein/Jonas ZPO/Schlosser, 23. Aufl. 2023, § 1054 Rn. 20.

[65] BGHZ 23, 138; OLG Düsseldorf EWiR 1988, 623; OLG München SchiedsVZ 2013, 294; BeckRS 2015, 08977; im Schrifttum zB MüKoZPO/Münch, 6. Aufl. 2022, § 1052 Rn. 6 mwN.

Was lediglich zusätzlich gefordert wird, ist die Zustimmung der Schiedsrichter, denn vorwiegend ihnen gilt der Schutz des Beratungsgeheimnisses.[66]

Prägnant wird dies von Nedden/Büstgens[67] formuliert: „Das Schiedsgericht kann damit geschlossen auf das Beratungsgeheimnis verzichten. Es verzichtet damit nicht auf seine Unabhängigkeit, wohl aber auf einen Mechanismus, der diese schützen soll."

Darüber hinaus finden sich im Gesetz Durchbrechungen des Beratungsgeheimnisses, die zeigen, dass dieses keinen absolut geltenden Schutz gewährt, sondern wiederholt hinter andere Belange des Verfahrens zurücktreten muss.

Dies zeigt sich etwa in § 1038 Abs. 1 S. 1 ZPO, demzufolge die Parteien dazu ermächtigt sind, gemeinsam die Beendigung des Amtes eines Schiedsrichters zu vereinbaren. Das Gesetz setzt also voraus, dass die Parteien ggf. auch über Interna des Schiedsgerichts Kenntnis erlangt haben, zB über die Nichtteilnahme des betroffenen Schiedsrichters an den Beratungen des Schiedsgerichts.[68]

Des Weiteren behandelt § 1052 Abs. 2 ZPO den Fall des unwilligen Schiedsrichters, der seine Teilnahme an der Abstimmung verweigert. Die Vorschrift sieht vor, dass in dieser Situation die anderen zwei Schiedsrichter allein entscheiden können. Die Identität des dritten bleibt den Parteien dabei allerdings nicht verborgen; im Gegenteil haben die zwei abstimmungswilligen Schiedsrichter zuvor ihre Absicht, ohne den dritten zu entscheiden, den Parteien mitzuteilen. Unvermeidbar wird damit die Identität des unwilligen Schiedsrichters aufgedeckt; die Störung des Ablaufs der Beratungen wird offengelegt. Von einem Beratungsgeheimnis in dieser allerdings eher außergewöhnlichen Situation kann daher keine Rede mehr sein; vielmehr sind die Parteien vom Schiedsgericht im Interesse der Funktionsfähigkeit des Verfahrens über den Hergang der Beratungen unter Identifizierung der jeweils handelnden Schiedsrichter zu informieren.

Gleichermaßen ist der in § 1054 Abs. 1 ZPO behandelte Fall der Unterschriftsverweigerung zu bewerten. Hier hat es jeder Schiedsrichter selbst in der Hand, auch ohne Anfertigung eines Sondervotums, das Ergebnis der Abstimmung im Schiedsgericht aufzudecken. Sofern er keine anderen Gründe für seine Unterschriftsverweigerung hat, zeigt er damit auf, dass er sich bei der Abfassung des Schiedsspruchs nicht durchgesetzt hat. Das Gesetz demonstriert damit, dass im Fall der Unterschriftsverweigerung auf eine Geheimhaltung des Ergebnisses der Abstimmung verzichtet wird. Die Information über den Hergang der Beratungen genießt insoweit keinen Schutz des Beratungsgeheimnisses. Es liegt vielmehr völlig in der Hand des eine abweichende Meinung vertretenden Schiedsrichters, ob er unterschreiben will oder nicht. Sein Verhalten wird nicht, wie etwa im Falle des staatlichen Richters, sanktioniert. Vielmehr ist das Schiedsgericht gem. § 1054 Abs. 1 ZPO gehalten, im Schiedsspruch zu erklären, warum der überstimmte Schiedsrichter nicht unterzeichnet. Diese Erklärung kann, wenn es keine anderen Verweigerungsgründe gibt, nur in der Offenlegung des Dissenses bestehen.[69]

Im Ergebnis ist daher festzuhalten, dass das Beratungsgeheimnis im Schiedsverfahren nicht Teil des nationalen verfahrensrechtlichen Ordre Public ist. Die Parteien können allerdings auf das Beratungsgeheimnis nur mit Zustimmung der Schiedsrichter verzichten.

---

[66] MüKoZPO/Münch, 6. Aufl. 2022, § 1052.

[67] Nedden/Büstgens SchiedsVZ 2015, 169 (176).

[68] Böckstiegel/Kröll/Nacimiento Arbitration in Germany/Nacimiento/Abt, 2007, § 1038 Rn. 12 erwähnen ua den Verzug des Schiedsrichters in der Anfertigung einer vom Vorsitzenden angeforderten schriftlichen Meinungsäußerung.

[69] Widersprüchlich insoweit Musielak/Voit ZPO/Voit, 21. Aufl. 2024, § 1054 Rn. 5, der fordert, dass in Wahrung des Beratungsgeheimnisses nicht auf den Dissens verwiesen werden dürfe. Was dann?

4. In den Schiedsspruch eingearbeiteter Dissens

§ 1054a Abs. 1 S. 1 ZPO-E gestattet das Sondervotum, definiert als ein von dem abweichenden Schiedsrichter zu unterzeichnendes Schriftstück, das nicht Bestandteil des Schiedsspruchs ist.

Damit wird, was die Form der Darstellung des Dissens angeht, allein die Anfertigung eines separaten Dokuments angesprochen. Es ist davon auszugehen, dass damit die weit verbreitete Praxis internationaler Schiedsgerichte, den Dissens eines Schiedsrichters anstelle einer Darstellung in einem Sondervotum in den Text des Schiedsspruchs einzuarbeiten, ebenso statthaft sein soll. Ein Schiedsspruch mit eingearbeiteter abweichender Meinung unterliegt den allgemein für die Abfassung von Schiedssprüchen geltenden Regeln. Auch bei Wahl dieser Darstellung durch das Schiedsgericht gilt daher das Beratungsgeheimnis; die Inhalte und der Hergang der Beratungen dürfen auch im Schiedsspruch nicht aufgedeckt werden.

Die Darstellung der abweichenden Meinung eines der Schiedsrichter im Schiedsspruch steht im Ermessen des Schiedsgerichts, das diese Entscheidung auch mehrheitlich treffen kann. Die Mehrheit kann den abweichenden Schiedsrichter angesichts der Regelung in § 1054a Abs. 1 ZPO-E allerdings nicht dazu zwingen, auf die Darstellung seiner abweichenden Meinung in einem Sondervotum zu verzichten.

5. Ausnahme: Schwerwiegender Verfahrensfehler

In Literatur und Rechtsprechung im In- und Ausland wird diskutiert, inwieweit ein überstimmter Schiedsrichter im Fall von schweren Verfahrungsfehlern der Mehrheit des Schiedsgerichts berechtigt sein kann, diese auch unter Aufdeckung des Beratungsgeheimnisses in seiner Dissenting Opinion anzusprechen.[70] Zu diesem Ausnahmetatbestand schweigt der Reformgesetzgeber.

Angesichts der Vielfalt möglicher Sachverhalte dieser Art ist ihm dies allerdings nicht als Versäumnis vorzuhalten. Die Klärung dieser Ausnahmetatbestände bleibt besser der Schiedspraxis und den staatlichen Gerichten überlassen.

VI. Weitere Regelungen zur Handhabung des Sondervotums

1. Beschränkung des Inhalts des Sondervotums auf in der Beratung vertretene Meinungen

Das mit § 1054a ZPO-E zugelassene Sondervotum ist keine freie Streitschrift, die der Kritik am von der Mehrheit beschlossenen Schiedsspruch dient. Vielmehr soll mit dem Votum, wie dem Wortlaut des § 1054a Abs. 1 ZPO-E zu entnehmen ist, dem von der Mehrheit abweichenden Schiedsrichter die Gelegenheit gegeben werden, seine „in der Beratung" vertretene abweichende Meinung zu begründen. Dem Schiedsrichter wird also die Möglichkeit eingeräumt, seine in den Beratungen vorgetragene Meinung derjenigen der Mehrheit gegenüberzustellen, nicht dagegen neue, erst nach den Beratungen entwickelte Gesichtspunkte vorzutragen. Diese Beschränkung dient dazu, Gleichlauf zwischen den nicht zu vereinbarenden Meinungen herzustellen. Das Ergebnis der Beratungen wird im Schiedsspruch und in der Dissenting Opinion gleichzeitig dargestellt; und damit wird die Autorität des Schiedsspruchs gewahrt, denn der Mehrheit bietet sich die Gelegenheit, sich mit der abweichenden Meinung auseinanderzusetzen und den Schiedsspruch unter dem Eindruck der in der Beratung vom Schiedsrichter vertretenen abweichenden Meinung zu formulieren. Ein definitiver Abschluss der Beratungen wird damit erzielt.

---

[70] Etwa BeckOK ZPO/Wilske/Kahlert § 1052 Rn. 15.

Allerdings legt der Reformgesetzgeber den abweichenden Schiedsrichter im projektierten Gesetzestext nicht ausdrücklich darauf fest, im Sondervotum nur bereits in den Beratungen vorgetragene Argumente niederzulegen. Der überstimmte Schiedsrichter ist damit in der Lage, die Mehrheit in seinem Votum mit neuen zusätzlichen Argumenten zu überraschen. Es ist nicht davon auszugehen, dass der Reformgesetzgeber eine Rechtslage schaffen wollte, derzufolge mit der Beschränkung des Inhalts des Sondervotums auf die in den Beratungen vertretene Meinung auch eine Beschränkung auf die dort für diese Meinung angeführten Begründungen gemeint ist.

2. Verfahrensregel: Mitteilung der Absicht, ein Sondervotum anzufertigen

Mit der Verfahrensregel des Abs. 2 von § 1054a ZPO-E, der zufolge ein Schiedsrichter, der ein Sondervotum abzugeben beabsichtigt, dies den anderen Schiedsrichtern mitteilen soll, „sobald es der Stand der Beratungen ermöglicht," wird in Deutschland rechtliches Neuland betreten. Die Vorschrift ist als Sollvorschrift ausgestaltet, dh nach geltenden Grundsätzen verlangt sie uneingeschränkte Beachtung; ihre Verletzung führt aber nicht notwendigerweise zu denselben Sanktionen wie ein Verstoß gegen eine absolute Pflicht.

Zielsetzung dieser Regelung ist es, nach Möglichkeit Bedingungen zu schaffen, die der Mehrheit der Schiedsrichter Gelegenheit geben, ihre Meinung zu überdenken bzw. auf die Bedenken des abweichenden Schiedsrichters in dem noch zu verabschiedenden Schiedsspruch einzugehen. Das Sondervotum kann auf diese Weise, so die Begründung zum RegE[71], die Qualität der mehrheitlich getroffenen Entscheidung erhöhen.[72]

Man wird die konkrete Durchsetzbarkeit dieser Regelung „sobald es der Stand der Beratungen ermöglicht", in Frage stellen dürfen. Die getroffene Verfahrenslösung ordnet in Fällen der Uneinigkeit jedoch den Umgang im Schiedsgericht miteinander, indem sie eine möglichst frühzeitige Befassung mit dem Thema Sondervotum im Schiedsgericht fordert. Der mit ihr verfolgte Zweck besteht darin, dass die Mehrheit im Schiedsgericht von der möglichen Abfassung einer Dissenting Opinion durch den abweichenden Schiedsrichter nicht unnötigerweise überrascht wird. Diese Regelung mag in geeigneten Fällen sogar dazu führen, dass sich die Mitglieder des Schiedsgerichts wieder einig werden. Auf jeden Fall ermöglicht sie der Mehrheit, sich mit den Argumenten des abweichenden Schiedsrichters intensiv auseinanderzusetzen und die Endfassung des zu erlassenden Schiedsspruchs dementsprechend einzurichten. Sie begünstigt einen Austausch von Argumenten im Schiedsgericht, der beide Positionen, die der Mehrheit und die der Minderheit, den Parteien verständlicher machen können. Es kann daher davon ausgegangen werden, dass damit die Qualität der in dem Sondervotum vorgetragenen Argumente und die Qualität der Argumentation im Schiedsspruch positiv beeinflusst wird.

Als indirekte Wirkung darf sogar erwartet werden, dass die möglichst frühzeitige Befassung mit dem Thema Sondervotum Voraussetzungen dafür schafft, dass das bei Uneinigkeit im Schiedsgericht nicht selten hochgefahrene emotionale Klima sich wieder beruhigt, was ebenfalls der Qualität des Schiedsspruchs wie auch des dazu verfassten Sondervotums dient.

Die Verfahrensregelung der möglichst frühzeitigen Befassung mag auch dazu führen, dass die Mehrheit im Schiedsgericht eher bereit ist, die abweichende Meinung des Minderheitsschiedsrichters in den Schiedsspruch zu integrieren.

Sie ist als Soll-Vorschrift ausgestaltet, erlaubt es also dem Schiedsrichter, der es unterlassen hat, während der Beratungen seine Absicht anzukündigen, ein Sondervotum abgeben zu wollen, dies dennoch zu tun. Eine unterbliebene Mitteilung hat daher keine Auswirkungen auf die Wirksamkeit und Vollstreckbarkeit des Schiedsspruchs. Hinzu kommt, dass

---

[71] BT-Drs. 20/13257, 37.

[72] So zB auch Escher, Die Dissenting Opinion im Handelsschiedsverfahren, 2023, 263 f.

das Sondervotum gem. § 1054a Abs. 3 S. 1 ZPO-E nicht Bestandteil des Schiedsspruchs ist.[73]

3. *Übermittlung des Sondervotums an die Parteien*

Da der Schiedsspruch typischerweise nicht veröffentlicht wird (nur mit Einwilligung der Parteien gem. § 1054b ZPO-E), ist im Schiedsverfahren die gleichzeitige Bekanntgabe von Schiedsspruch und Sondervotum nicht gefordert. Die Begründung zum RegE[74] betont, dass mit der Entkopplung von Schiedsspruch und Sondervotum vermieden wird, dass die Schiedsrichtermehrheit mit dem Erlass des Schiedsspruchs zuwarten muss.

Gem. § 1054a Abs. 3 S. 2 iVm § 1054 Abs. 5 ZPO-E analog ist das Sondervotum in derselben Form wie ein Schiedsspruch den Parteien zu übermitteln. Es ist davon auszugehen, dass diese Vorschrift durch Parteivereinbarung geändert werden kann, zB Übersendung an Dritte anstelle der Parteien. Für die Übersendung des Schiedsspruchs ist die Disponibilität durch die Parteien ebenfalls anerkannt, zB Versendung durch die gewählte Schiedsinstitution.[75]

Die von einigen Autoren bisher vertretene Meinung, dass die Schiedsrichtermehrheit über die Übermittlung der Dissenting Opinion an die Parteien entscheiden, diese ggf. auch verbieten könne, dürfte damit obsolet sein.

VII. Sanktionen

Die Nichteinhaltung der Regelungen des § 1054a ZPO-E, etwa durch Aufdeckung von Inhalten aus den Beratungen, unterliegt den allgemeinen für Verfahrensverstöße geltenden Rechtsfolgen. Dieser Ausgangspunkt führt zunächst zur Frage nach der Aufhebbarkeit des Schiedsspruchs aufgrund von Mängeln des Verfahrens, die sich auf das im Verfahren erzielte Ergebnis auswirken können.[76] Die Anwendung dieser Sanktion ist jedoch von zweifelhaftem praktischem Nutzen, würde sie doch einem destruktiv eingestellten Schiedsrichter eine Gelegenheit bieten, durch nicht verfahrensgetreues Verhalten den ungeliebten Schiedsspruch zu Fall zu bringen.

Der Reformgesetzgeber hat dieses Risiko durch die Feststellung in § 1054a Abs. 3 S. 1 ZPO-E, dass das Sondervotum kein Bestandteil des Schiedsspruchs ist, verringert. Denn ein Verfahrensverstoß im Zusammenhang mit der Abfassung und Übermittlung des Sondervotums, das nicht Bestandteil ist, dürfte eher weniger wahrscheinlich das in § 1059 Abs. 2 Ziff. 1d) ZPO statuierte Kriterium der Auswirkungen der Verfahrensverfehlung auf den Schiedsspruch erfüllen. Dies gilt, auch wenn die Gerichtspraxis es allgemein ausreichen lässt, wenn schon die Möglichkeit von Auswirkungen nicht ausgeschlossen werden kann.

Möglicherweise anders ist dagegen derselbe Beispielsfall zu beurteilen, wenn das Sondervotum in den Schiedsspruch eingearbeitet ist, etwaige Beratungsinterna also im Schiedsspruch selbst zu finden sind. In dieser Fallvariante ist der Schiedsspruch betroffen; eine Anwendung des § 1059 Abs. 2 Ziff. 1d) ZPO könnte daher in Frage kommen. Eine Aufhebung des Schiedsspruchs könnte in diesem Fall allerdings auch sinnvoll sein. Denn diesen hat die Mehrheit zu verantworten.

Was alternativ bleibt, und dies wird teilweise auch in der Literatur vertreten[77] ist die Sanktion Schadensersatz gem. § 823 Abs. 1 BGB. Allerdings geht die Rechtsprechung von einer

---

[73] BT-Drs. 20/13257, 38.

[74] BT-Drs. 20/13257, 38.

[75] Vgl. Böckstiegel/Kröll/Nacimiento Arbitration in Germany/Schlabrendorff/Sessler, 2007, ZPO § 1504 Rn. 19.

[76] § 1059 Abs. 2 Nr. 1 Buchst. d ZPO.

[77] Hierzu Böckstiegel/Kröll/Nacimiento Arbitration in Germany/Schlabrendorff/Sessler, 2007, ZPO § 1504 Rn. 19 mwN; Schütze FS Geimer, 2017, 641 (648).

stillschweigenden Vereinbarung im Schiedsrichtervertrag aus, die auch für Schiedsrichter die Haftung vergleichbar mit dem in § 839 Abs. 3 statuierten Richterprivileg beschränkt.[78] Zudem müsste ein ersatzfähiger Schaden eingetreten sein. Im Allgemeinen ist daher nicht davon auszugehen, dass etwaige Verstöße eines Schiedsrichters gegen die Regeln des § 1054a ZPO-E effektiv über gesetzliche Mechanismen sanktioniert werden können.

Ein integres Verhalten des Schiedsrichters im Zusammenhang mit der Abfassung eines Sondervotums muss daher wie in vielen anderen Fällen auch in erster Linie durch soziale Mechanismen wie die Schiedsrichterauswahl durch die Parteien und Austausch in der Peer Group der Schiedsrichter erreicht werden.

VIII. Rechtspolitischer Ausblick

§ 1054a ZPO-E schafft keine völlig neue Rechtslage im deutschen Schiedsverfahrensrecht. Wenn auch umstritten, so war es unter Schiedspraktikern in Deutschland auch bisher schon zumeist anerkannt, dass die Dissenting Opinion ihren Platz im Schiedsverfahren hat. Dies ungeachtet der von manchen geübten Kritik an dem Wert und Nutzen von Dissenting Opinions. Festzuhalten bleibt allerdings, dass das Instrument der Dissenting Opinion, wenn richtig eingesetzt, nach verbreiteter Meinung die Qualität der mehrheitlich entschiedenen Schiedssprüche fördern kann; die parteiöffentlich gewordene argumentative Auseinandersetzung zwischen der Mehrheit und dem überstimmten Schiedsrichter schafft für die Schiedsrichter, die mehrheitlich den Schiedsspruch formulieren und zu verantworten haben, den Anreiz, die eigene Position zu überprüfen und den eigenen Standpunkt vielleicht noch überzeugender zu begründen. Der einsame Verfasser einer abweichenden Meinung muss dagegen den Mut haben, mit seinem separaten Votum nicht die Schwächen seiner eigenen Argumentation aufzuzeigen.

Am eigenen Leib hat der Autor dieses Beitrags spüren können, wie wohltuend es angesichts einer krassen hochtrabend formulierten Fehlentscheidung eines ausländischen Schiedsgerichts sein kann, wenn diese dank einer sachlich und es auf den Punkt bringenden Dissenting Opinion als Gegengewicht begleitet wird. Letztere konnte die über 400 Seiten Schiedsspruch nicht aus der Welt schaffen, hat aber dem Autor geholfen, seinen Glauben an den Nutzen und die Vorteile der Streiterledigung im Wege der Schiedsgerichtsbarkeit nicht zu verlieren. Zudem hat die genannte Dissenting Opinion vielleicht dazu beigetragen, dass die in verschiedenen europäischen Ländern zwecks Vollstreckung des Schiedsspruchs angerufenen Gerichte allesamt die im gegebenen Fall fehlende Zuständigkeit des Schiedsgerichts gegenüber den vom Autor vertretenen Mandanten frühzeitig erkannt haben. Am Ende bleibt es dabei wie von Alan Redfern formuliert:

The Good, the Bad, and the Ugly.

Jeder einzelne Fall, in dem der Schiedsspruch the „Ugly" ist, rechtfertigt die mit der Dissenting Opinion verknüpfte größere Komplexität des Verfahrens.

Die Umsetzung der Reform wird zur Akzeptanz Deutschlands als Standort für internationale kommerzielle Schiedsverfahren beitragen. Möglicherweise kann sie sogar Modellcharakter für andere Jurisdiktionen haben, die das Thema Dissenting Opinion gesetzlich regeln wollen.

---

[78] BGHZ 15, 12 (15 f.).

B. BANK- UND KAPITALMARKTRECHT

JENS-HINRICH BINDER*

Drittbeteiligung in EuGH-Verfahren auf dem Gebiet des Finanzmarktrechts: Eine Skizze

I. Einführung: Warum Drittbeteiligung?

Wer, wie der Verfasser der nachfolgenden Überlegungen als Rechtsreferendar, Anfang der 2000er Jahre das Glück hatte, das Finanzmarktrecht unter der Anleitung des Jubilars als eines der profiliertesten deutschen Praktiker auf diesem Gebiet kennenlernen zu dürfen, erlebte auf höchstem Niveau den Umgang mit einer gleichermaßen komplexen, anspruchsvollen und faszinierenden Mischmaterie aus autonomem nationalen und europäischem Recht. Während wesentliche Teile des materiellen Bankenaufsichtsrechts, aber auch des Kapitalmarktrechts bekanntlich bereits seit geraumer Zeit durch Richtlinien harmonisiert waren, blieben andere Bereiche noch geprägt durch (auch) nationale Regelungen. Insgesamt spielte das Unions-Finanzmarktrecht bereits eine bedeutende Rolle, beließ aber umfängliche weiße Flecken auf der thematischen Landkarte und auch innerhalb der bereits erfassten Gebiete nicht unwesentliche Spielräume für autonomes Recht der Mitgliedstaaten. Wichtige Bereiche sowohl des institutionellen Aufsichtsrechts (man denke an die Aufsicht über Ratingagenturen oder einzelne Finanzmarktinfrastrukturen) als auch der transaktionsbezogenen Regulierung (exemplarisch: das Recht des Derivateclearings) waren unionsrechtlich noch gar nicht erschlossen. Bedeutung und Tragweite der Rechtsprechung der Unions-Gerichtsbarkeit blieben beschränkt auf wenige Ausnahmekonstellationen, auch wenn einzelne Judikate aus jener Zeit von hoher Tragweite waren und aufgrund ihrer Langzeitwirkungen nach wie vor in Erinnerung sind. Beispielhaft dafür steht auf dem Gebiet der Bankenaufsicht etwa die nach wie vor beachtete (und hinsichtlich der Reichweite ihrer Aussagen kontrovers diskutierte) Plenumsentscheidung des Gerichtshofs vom 12.10.2004 in der Rechtssache „Peter Paul ua/Deutschland“, die in Auseinandersetzung mit einem Vorabentscheidungsersuchen des BGH wesentliche Grundsätze für die Staatshaftung für fehlerhafte Finanzdienstleistungsaufsicht formulierte.[1] Von unmittelbarer Bedeutung für die Finanzmarktintegration im Binnenmarkt waren auch die EuGH-Urteile zur grenzüberschreitenden Sitzverlegung sub specie der Niederlassungsfreiheit in

* Univ.-Prof. Dr. iur., LL.M (London); Inhaber eines Lehrstuhls für Bürgerliches Recht, Unternehmensrecht, Bank- und Kapitalmarktrecht an der Juristischen Fakultät der Eberhard-Karls-Universität Tübingen; Direktor, Tübingen Research Institute on the Determinants of Economic Activity (TRIDEA), Visiting Professor of Financial Law, Università Cattolica del Sacro Cuore, Mailand.

[1] EuGH ECLI:EU:C:2004:606 = BeckRS 2004, 78045; s. dazu aus zeitgenössischer Perspektive Binder Banking and Finance Law Review 21 (2005), 133; zu den Fernwirkungen in jüngerer Zeit (im Zusammenhang mit der Diskussion um etwaige Staatshaftungsansprüche nach dem *Wirecard*-Zusammenbruch) einerseits etwa Renner ZBB 2021, 1 (10 ff.), s. auch Lehmann/Schürger WM 2021, 905 (908 ff.); andererseits Cornils/Gurlit ZBB 2024, 157 (161 ff.); vgl. auch die umfassende Aufarbeitung der Gemeinsamkeiten und Unterschiede in den Staatshaftungsrechten der EU-Mitgliedstaaten in Busch/Gortsos/McMeel, Liability of Financial Supervisors and Resolution Authorities, 2022, passim.

den Sachen „Centros“[2], „Überseering“[3] und „Inspire Art“[4], die zu jener Zeit intensiv diskutiert wurden.[5]

In der seit den frühen 2000er Jahren ins Land gegangenen Zeit – und spätestens seit dem durch die globale Finanzkrise ausgelösten „Regulierungstsunami“[6] der 2010er Jahre – hat sich das europäische Finanzmarktrecht bekanntermaßen umfassend gewandelt. Es umfasst inzwischen nahezu flächendeckend regulatorische Vorgaben für *alle* relevanten Teilsektoren und Geschäftsaktivitäten in einer Regelungsintensität, die nationale Sonderwege nur mehr begrenzt zulässt.[7] Hinzu kommt die Zentralisierung von Aufsichts- und Abwicklungsfunktionen innerhalb der Eurozone bei der EZB im Einheitlichen Aufsichtsmechanismus (SSM) bzw. beim Einheitlichen Abwicklungsausschuss im Einheitlichen Abwicklungsmechanismus (SRM). Das materielle Finanzmarktrecht im weiten Sinn ist seitdem nahezu vollständig (voll-)harmonisiert. Damit wächst zugleich die Bedeutung der Rechtsprechung europäischer Gerichte für die Rechtspraxis, und zwar sowohl in Vorabentscheidungsverfahren zur Auslegung des einschlägigen Sekundärrechts als auch (und zunehmend) in Verfahren über Nichtigkeits- bzw. Schadensersatzklagen gegen Entscheidungen der europäischen Aufsicht bzw. Abwicklungsmaßnahmen.[8] Nach wie vor liegt es dabei in der Natur der Sache, dass in den jeweiligen Judikaten – auch solchen, die sich unmittelbar auf *europäische* Maßnahmen oder Entscheidungen beziehen – Rechtsstreitigkeiten kulminieren, die ihren Ausgang in *nationalen* Sachverhalten haben, aber Rechtsfragen beantworten, deren Auswirkungen sich gerade nicht auf einzelne Rechtsordnungen beschränken. Vielmehr zeitigt jeweils ein im nationalen Kontext angesiedeltes Problem durch die Entscheidung des Gerichts bzw. des Gerichtshofes Wirkungen für die Rechte *aller* Mitgliedstaaten. Dies ist besonders brisant, wenn Aussagen von großer Tragweite getroffen werden, die über abgrenzbare Einzelfragen hinaus potentiell tief und mit der Folge erheblichen Anpassungsbedarfs in etablierte nationale Regelungskontexte und -ansätze eingreifen. Ein besonders anschauliches Beispiel bieten die Ausführungen des Gerichtshofs zu den zivilrechtlichen Rechtsfolgen von Verstößen gegen kapitalmarktrechtliche Wohlverhaltenspflichten in seinem Urteil in der Rechtssache „Genil/Bankinter“, die so allgemein gehalten waren,[9] dass sie kontrovers sowohl im Sinne einer Verpflichtung zur Einführung derartiger Rechtsfolgen als auch genau gegenläufig im Sinne freier Dispositionsfreiheit der Mitgliedstaaten insoweit interpretiert worden sind:[10] deutlicher Beleg für

---

[2] EuGH ECLI:EU:C:1999:126 = BeckRS 1999, 55083 – Centros.

[3] EuGH ECLI:EU:C:2002:632 = BeckRS 2004, 74969 – Überseering.

[4] EuGH ECLI:EU:C:2003:512 = BeckRS 2004, 74612 – Inspire Art.

[5] Der Verfasser durfte auch diese Diskussionen in der Praxis des Jubilars kennenlernen, vgl. dazu Schuster/Binder WM 2004, 1665.

[6] Prägnant Mülbert ZHR 176 (2012), 369.

[7] Überblick über das gesamte Spektrum der Rechtsquellen und Regelungsmaterien bei Gebauer/Wiedmann EurZivilR/Binder 1001 ff.; vgl. zur Einordnung auch bereits Binder ZEuP 2017, 569.

[8] Aufschlussreicher Überblick zu unmittelbar gegen europäische Aufsichts- bzw. Abwicklungsentscheidungen gerichteten Verfahren vor dem EuG sowie dem EuGH bei Gortsos, EBI Working Paper no. 182, abrufbar unter https://papers.ssrn.com/sol3/papers.cfm?abstract_id=4977650. Allgemein zum Verfahrensrahmen für den Rechtsschutz gegen Aufsichts- und Abwicklungsmaßnahmen Zilioli/Wojcik, Judicial Review in the European Banking Union, 2021.

[9] Vgl. EuGH ECLI:EU:C:2013:344 Rn. 57 f. = BeckEuRS 2011, 646756: „(…) Auf die zweite und die dritte Frage ist (…) zu antworten, dass es der innerstaatlichen Rechtsordnung der einzelnen Mitgliedstaaten zukommt, festzulegen, welche vertraglichen Folgen es haben muss, wenn eine Wertpapierfirma, die eine Wertpapierdienstleistung anbietet, die in Art. 19 Abs. 4 und 5 der Richtlinie 2004/39 in Bezug auf die Bewertung vorgesehenen Anforderungen nicht erfüllt, wobei die Grundsätze der Äquivalenz und der Effektivität beachtet werden müssen.“

[10] Vgl. einerseits (für die Ableitung entsprechender Konsequenzen) etwa Grundmann ERCL 9 (2013), 267 (275 ff.); Herresthal ZIP 2013, 1420; andererseits Uhlmann, Individualschutz im Kapitalmarkt- und Bankenaufsichtsrecht, 2021, 149; Wagner FS Köndgen, 2016, 649 (660); s.

den Umstand, dass gerade allgemeiner gehaltene Ausführungen, die im Kontext spezifisch im nationalen Recht wurzelnder Konflikte gemacht werden, geeignet sind, die Rechtssysteme *aller* Mitgliedstaaten umfassend zu verändern. All dies hat nichts an der Einbettung derartiger Verfahren in das allgemeine Rechtsschutzsystem der Union geändert: Weder die erheblich gewachsene Zahl einschlägiger Verfahren noch die oft hohe Technizität der betreffenden Rechtsmaterie hat bislang zu Spezialzuständigkeiten am Gerichtshof oder unter den Generalanwälten oder sonst zu Anpassungen im allgemeinen Unions-Verfahrensrecht geführt, das durch Art. 19 EUV, Art. 251 ff. EUV, die Satzung des Gerichtshofs sowie die Verfahrensordnungen geprägt wird.

Vergleicht man die Judikatur der europäischen Gerichte mit der Rechtsprechung im nationalen Raum (und speziell innerhalb der deutschen Rechtsordnung), stechen wesentliche Unterschiede ins Auge. Neben der geringen Spezialisierung der europäischen Spruchkörper ebenso wie der Generalanwälte ist die (unvermeidliche) Distanz zu nationalen Rechtsdiskursen als Charakteristikum festzuhalten, ganz im Unterschied zur Einbettung der Spruchpraxis gerade von Ober- und Höchstgerichten in Deutschland in einen regen Austausch mit (dann auch entsprechend rezipierter) Literatur aus Wissenschaft und Praxis. Berücksichtigt man die vielfältigen Wechselbeziehungen zwischen etablierten Rechts- bzw. Auslegungsgrundsätzen in den Rechten der Mitgliedstaaten und der Spruchpraxis der europäischen Gerichte, die diese zur Kenntnis nehmen, teilweise von ihr geprägt werden[11] und sie zugleich ihrerseits prägen, zeichnen sich vor diesem Hintergrund zwei miteinander verknüpfte, wiederum wechselseitige Rezeptionsprobleme mit potentiellen Auswirkungen auf Qualität und Überzeugungskraft der europäischen Judikatur ab: Erschwert wird die Rezeption nationaler Diskurse durch die *europäische* Spruchpraxis ebenso wie die Rezeption letzterer durch *nationale* Wissenschaft und Praxis. Nationale Rechtsgrundsätze – und damit zugleich allfällige, möglicherweise unbeabsichtigte Konsequenzen einer (bevorstehenden) europäischen Entscheidung auf nationales Recht – drohen damit auf europäischer Ebene nicht hinreichend zur Kenntnis genommen zu werden.[12] Spiegelbildlich läuft europäische Judikatur Gefahr, ungeachtet ihrer an sich anerkannten Präjudizwirkung für vergleichbar gelagerte Sachverhalte und Rechtsfragen[13] in ihrer Bedeutung über den unmittelbar entschiedenen Sachverhalt hinaus nur unzureichend wahrgenommen zu werden. Auch insofern wirkt sich die hohe Technizität der jeweils zur Entscheidung anstehenden Rechtsfragen und ihres Regelungszusammenhangs potentiell verschärfend aus, weil und soweit einerseits möglicherweise für die Auslegung relevante rechtliche und/oder wirtschaftliche Zusammenhänge in einzelnen mitgliedstaatlichen Rechtsordnungen von den europäischen Gerichten nicht hinreichend beachtet werden oder andererseits zu Rechtssachen aus einem anderen Mitgliedstaat ergangene und daher normativ auf den ersten Blick anders gelagerte Judikate in einschlägigen nationalen Rechtsstreitigkeiten übersehen werden könnten.

Die nachfolgenden Überlegungen gehen vor diesem Hintergrund der Frage nach, ob und wie den soeben skizzierten Rezeptionsproblemen *de lege ferenda* im Rahmen institutionalisierter Drittbeteiligung im europäischen Verfahrensrecht abgeholfen werden könnte. Der Begriff der Drittbeteiligung wird dabei hier und im Folgenden verstanden als verfahrensför-

---

dazu auch Gebauer/Wiedmann EurZivilR/Binder 1001 ff. Rn. 76 f.; Möslein EBOR 16 (2015), 547 (551).

[11] Zur – freilich beschränkten – Bedeutung rechtsvergleichender Erkenntnisse zu den Rechten der Mitgliedstaaten für die Methodik der Auslegung europäischer Rechtsakte stellvertretend Riesenhuber, Europäische Methodenlehre/Schwartze, 4. Aufl. 2021, § 4 Rn. 22 ff.

[12] Vgl. zur – allerdings eingeschränkten – Bedeutung rechtsvergleichender Erkenntnisse für die Auslegung des Unionsrechts statt vieler Grabitz/Hilf/Nettesheim/Mayer EUV Art. 19 Rn. 59 ff.

[13] Vgl. EuGH ECLI:EU:1963:6 Rn. 80 f. = BeckRS 2004, 72883; ECLI:EU:1982:335 Rn. 14 = BeckRS 1982, 108239 – CILFIT; s. näher etwa Lenaerts/Gutman/Nowak, EU Procedural Law, 2. Aufl. 2023, Rn. 6.35 ff. mwN; Haltern EuropaR II Rn. 293 ff.

mige Möglichkeit der Einbindung an sich nicht am Verfahren beteiligter und insofern externer Interessensträger. Der nachfolgende Abschnitt lotet dazu (dazu → II.) die bestehenden prozessualen Grundlagen für die Einbeziehung nationaler Perspektiven im Vorabentscheidungsverfahren aus. Im Anschluss werden dann (dazu → III.) mögliche Lösungsansätze *de lege ferenda* skizziert – konkret: Ansatzpunkte für eine Adaption sog. *amicus curiae briefs,* wie sie sich in anglo-amerikanisch orientierten Rechtsordnungen, aber auch in internationalen Spruchkörpern etabliert haben. Ein Fazit (dazu → IV.) beschließt den Beitrag.

II. (Keine) Drittbeteiligung: Der Status quo

1. Vorabentscheidungsverfahren (Art. 267 AEUV, Art. 93ff. EuGH-VerfO)

In Vorabentscheidungsverfahren, die durch Art. 267 AEUV nur rudimentär, aber detailliert in Art. 93 ff. EuGH-VerfO ausgestaltet werden, ist eine echte Drittbeteiligung im vorbezeichneten Sinne nicht vorgesehen. Verfahrensbeteiligt sind zunächst die Parteien des Ausgangsrechtsstreits, dh die vom vorlegenden Gericht nach den einschlägigen nationalen Vorschriften als solche bezeichneten Parteien.[14] Diese Regelung *kann* die Grundlage für die Einbeziehung dritter Interessensträger in den Rechtsstreit bieten, muss dies aber nicht: Weil Art. 97 Abs. 1 EuGH-VerfO insoweit ausdrücklich die Bestimmungen des jeweiligen nationalen Verfahrensrechts zur Festlegung der Parteien für maßgeblich erklärt, werden etwa auch nach dem anwendbaren nationalen Recht als Partei einbezogene Intervenienten oder Beigeladene im Vorabentscheidungsverfahren beteiligt.[15] Ob auf dieser Grundlage Interessen nicht unmittelbar am Verfahren beteiligter Dritter (etwa Industrie- oder Verbraucherverbände) in das Verfahren eingebracht werden können, hängt mithin allein vom Verfahrensrecht des Ausgangsrechtsstreits ab. Inwieweit nach nationalem Recht Interventionsmöglichkeiten *de lege lata* bestehen und welche Beteiligungsspielräume sie eröffnen, ist gegenwärtig, soweit ersichtlich, nicht vergleichend für alle Mitgliedstaaten aufgearbeitet. Eine *systematische* Drittbeteiligung, die über alle Mitgliedstaaten hinweg effektive Repräsentationsmöglichkeiten gerade auch für Interessensträger außerhalb der Rechtsordnung des Ausgangsrechtsstreits gewährleisten würde, ist damit in jedem Falle nicht verbunden. Ob die Einbeziehung als Partei nach Art. 97 Abs. 1 EuGH-VerfO überhaupt sinnvoll als Rechtsgrundlage für eine derartige Drittbeteiligung verstanden werden kann, erscheint von vornherein zweifelhaft. Hält man die Einbringung nicht unmittelbar mit dem Ausgangsrechtsstreit verbundener Auffassungen in das Vorabentscheidungsverfahren gerade mit Blick auf deren potentielle Bedeutung für die Rechtsfindung bei der Auslegung des *Unionsrechts* für sinnvoll, lässt sich bereits kaum begründen, warum diese Perspektiven quasi nur über den Umweg des Verfahrensrechts des jeweiligen Ausgangsverfahrens sollten einbezogen werden können. Denn für das Ausgangsverfahren selbst sind sie an sich von vornherein allenfalls indirekt von Belang, weil sie auf die Vorfrage der Auslegung des Unionsrechts im Rahmen eines im *nationalen* Recht wurzelnden Rechtsstreits bezogen sind.

Daneben können sich am Vorabentscheidungsverfahren allerdings neben der Kommission[16] sowie – sofern diese ein besonderes Interesse am Verfahrensausgang haben – neben dem Europäischen Parlament, dem Rat und der EZB[17] auch die Mitgliedstaaten beteiligen.[18]

[14] Art. 23 Abs. 2 EuGH-Satzung; Art. 96 Abs. 1 Buchst. a iVm Art. 97 EuGH-VerfO.

[15] Stellvertretend von der Groeben/Schwarze/Hatje/Hackspiel EuGH-Satzung Art. 23 Rn. 17; Wägenbaur, EuGH VerfO, 2. Aufl. 2017, Art. 97 Rn. 2.

[16] Art. 23 Abs. 2 EuGH-Satzung; Art. 96 Abs. 1 Buchst. c EuGH-VerfO.

[17] Art. 23 Abs. 2 EuGH-Satzung; Art. 96 Abs. 1 Buchst. d EuGH-VerfO.

[18] Art. 23 Abs. 2 EuGH-Satzung; Art. 96 Abs. 1 Buchst. b EuGH-VerfO; nach Buchst. f und g kommen (im hiesigen Zusammenhang nicht von Belang) EWR-, EFTA- und ggf. sonstige Drittstaaten hinzu.

Gerade letzteren ist damit die Möglichkeit eröffnet, im Verfahren auf Besonderheiten der jeweiligen nationalen Rechtsordnung aufmerksam zu machen. Das kann gerade dann sinnvoll sein, wenn absehbar ist, dass die bevorstehende Vorabentscheidung auch Auswirkungen auf eine vergleichbare Rechtslage in der eigenen Rechtsordnung entfalten wird.[19] An sich böte sich damit die Gelegenheit für dritte Interessensträger (oder sonst an der Rechtsentwicklung interessierte Akteure), auf die jeweiligen Regierungen Einfluss zu nehmen, um auf diese Weise indirekt ihre Positionen gegenüber dem Gerichtshof deutlich zu machen. Die damit verbundenen Handlungsspielräume wird man allerdings als eher theoretisch einzuordnen haben. Jedenfalls, aber nicht nur in Deutschland sind institutionalisierte, dh verfahrensförmig (jenseits von informeller Lobbyaktivität) ausgestaltete Möglichkeiten für derartige Stellungnahmen Dritter nicht bekannt. Ob und inwieweit nationale Regierungsstellen überhaupt hinreichende Kapazitäten vorhalten (und die politische Bereitschaft aufweisen!), sich im Interesse nationaler Interessensträger systematisch in anhängigen Vorabentscheidungsverfahren zu Rechtssachen aus anderen Mitgliedstaaten zu engagieren, darf ebenfalls bezweifelt werden. Eine effektive Repräsentanz nicht unmittelbar verfahrensbeteiligter Interessensträger auf diese Weise würde im Übrigen ein Mindestmaß an Vertrautheit derselben mit dem Verfahrensstoff voraussetzen, dass angesichts der gegenwärtigen Dokumentationspraxis der europäischen Gerichtsbarkeit zu anhängigen Verfahren kaum gesichert ist. Auf der Basis des geltenden Verfahrensrechts stünde es den Mitgliedstaaten nach alledem zwar frei, entsprechende indirekte Beteiligungsmöglichkeiten – zB durch Einführung einer nationalen Koordinierungsstelle zur Vorbereitung von Stellungnahmen des Mitgliedstaats in Vorabentscheidungsverfahren – zu schaffen; eine Verpflichtung dazu besteht jedoch nicht. Tatsächlich deuten vorliegende Studien zur Beteiligungspraxis der Mitgliedstaaten nicht darauf hin, dass die Mitgliedstaaten die ihnen nach Art. 23 Abs. 2 EuGH-Satzung bzw. nach Art. 96 Abs. 1 Buchst. b EuGH-VerfO eröffneten Einwirkungsmöglichkeiten umfassend oder auch nur in systematischer, auf bestimmte Problemfelder beschränkter Weise ausüben würden.[20] Auch lässt sich nicht beobachten, dass etwa besonders bedeutsame potentielle Implikationen eines EuGH-Judikats in wichtigen Grundsatzfragen des europäischen Finanzmarktrechts auch nur im Regelfall, geschweige denn immer entsprechende Stellungnahmen der Mitgliedstaaten auslösen würden.[21] Im Übrigen wären wiederum Zweifel angebracht, ob ein systematischer Aufbau entsprechender Kapazitäten und Strategien für die Entgegennahme und Aufbereitung von Stellungnahmen interessierter Dritter auf der Basis des geltenden Verfahrensrechts in der vorstehend skizzierten Weise wirklich sinnvolle Lösungen ermöglichen würde. Auch dabei handelte es sich letztlich um *nationale* Ansätze, die kaum vermeidbar jedenfalls in der praktischen Handhabung unterschiedlich ausfallen und damit im Ergebnis wohl stark divergierende Beteiligungsniveaus bieten würden – ganz abgesehen von der Frage, ob der Gerichtshof die systematische Ausnutzung des Rechts der Mitgliedstaaten zur Einbringung von Drittinteressen in das Verfahren überhaupt tolerieren würde. Insofern ist durchaus aufschlussreich, dass der Gerichtshof die Einbindung nicht unmittelbar verfahrensbeteiligter Dritter auf der Basis der geltenden Regelungen in Statut und Verfahrensordnung bislang ausdrücklich

[19] Vgl. wiederum Groeben/Schwarze/Hatje/Hackspiel EuGH-Satzung Art. 23 Rn. 18; näher zu den Motiven O'Keefe/Schermers, Essays in European Law and Integration to mark the Silver Jubilee of the Europa Institute Leiden/Crisham/Mortelmans, 1982, 3 (62 ff.).

[20] Vgl. etwa Cramér/Larsson/Moberg/Naurin, See You in Luxemburg? EU Governments' Observations Under the Preliminary Reference Procedure, 2016, 20 ff. und bereits früher O'Keefe/Schermers, Essays in European Law and Integration to mark the Silver Jubilee of the Europa Institute Leiden/Crisham/Mortelmans, 1982, 43 ff.

[21] So nutzten in der Rechtssache „Peter Paul/Deutschland" ausweislich des EuGH-Urteils EuGH ECLI:EU:C:2004:606 = BeckRS 2004, 78045 neben der Kommission lediglich Deutschland, Spanien, Irland, Italien, Portugal und das Vereinigte Königreich die Gelegenheit zur Stellungnahme; im Fall „Genil/Bankinter" (Fn. 9, EuGH ECLI:EU:C:2013:344 Rn. 57 f. = BeckEuRS 2011, 646756) waren es lediglich Spanien, Tschechien, Estland und Polen.

abgelehnt hat.[22] Dabei hat erkennbar auch der besondere Verfahrenszweck des Vorabentscheidungsverfahrens eine Rolle gespielt, das kein kontradiktorisches Verfahren darstellt, sondern auf die Auslegung des Unionsrechts im Hinblick auf für einen nationalen Rechtsstreit vorgreifliche Rechtsfragen und damit auf abstrakt-generelle, wenngleich aus Anlass eines konkreten Einzelfalls zu entscheidende Aspekte gerichtet ist.[23]

Insgesamt ist die Drittbeteiligung im geltenden Verfahrensrahmen für Vorabentscheidungsersuchen nach alledem bestenfalls als bruchstückhaft zu bezeichnen. Zwar bestehen, wie gezeigt, gewisse Spielräume für die Eröffnung von Beteiligungsmöglichkeiten im nationalen Recht. Von einer unionsweit einheitlichen Rechtslage, die systematisch die Einbindung von Rechtsauffassungen nationaler Interessensträger in das Verfahren vor dem Gerichtshof ermöglichen würde (und damit zur Bewältigung der eingangs skizzierten Defizite beitragen könnte), kann jedoch nicht die Rede sein. Auch die in Art. 25 EuGH-Satzung geregelte Befugnis zur Einholung von Sachverständigengutachten gleicht dies, worauf hier nur kurz hinzuweisen ist, nicht aus, und zwar schon deshalb nicht, weil sie allein im Ermessen des Gerichtshofs steht, der davon in der Praxis nur selten Gebrauch macht.[24]

Das damit potentiell bestehende Aufklärungsdefizit hinsichtlich möglicherweise mit dem Judikat verbundener Weiterungen für die Rechte der Mitgliedstaaten sollte zwar idealiter durch die im Vorabentscheidungsverfahren vorgesehenen Voten der Generalanwälte ausgeglichen werden, deren Aufgabe darin besteht, den Gerichtshof durch Vorlage „begründeter Schlussanträge" zu „unterstützen" (Art. 252 AEUV). Über diese vagen Formulierungen hinaus ist die Aufgabe der Generalanwälte freilich nicht weiter konkretisiert; insbesondere existieren keine Vorgaben etwa im Sinne einer systematischen Aufklärung des einschlägigen Regelungskontexts in allen Mitgliedstaaten.[25] Eine verlässliche Gewähr für die umfassende Einbindung entsprechender Perspektiven bietet die vorbereitende Befassung von Generalanwälten daher nicht, auch wenn ihr Mandat an sich durchaus die Gelegenheit böte, einen solchen Beitrag zu leisten.[26]

2. *Nichtigkeitsklagen sowie Haftungsklagen (Art. 263 bzw. Art. 268 AEUV, Art. 51 EuGH-Satzung, Art. 50ff. EuG-VerfO, Art. 87 SRM-VO)*

Für Nichtigkeitsklagen gegen Maßnahmen und Entscheidungen der Unionsorgane nach Art. 263 AEUV sowie über Haftungsklagen nach Art. 268 AEUV, Art. 340 Abs. 3 AEUV[27] und nach Art. 87 SRM-VO ist (auch) bei Klagen gegen die europäischen Aufsichts- und

[22] Vgl. EuGH Slg. 1968, 707 (716 f.); 1964, 1307 (1309 f.) – Costa/ENEL; EuGH Slg. 1981, 1563 (1568); ECLI:EU:C:1997:32 Rn. 2 ff. = BeckRS 2004, 74744.

[23] Ausdrücklich in diesem Sinne EuGH ECLI:EU:C:1997:32 Rn. 5 = BeckRS 2004, 74744.

[24] Vgl. näher von der Groeben/Schwarze/Hatje/Dittert EuGH-Satzung Art. 25 Rn. 2 ff.

[25] Vgl. zur Rolle der Generalanwälte allgemein etwa Tridimas CMLR 34 (1997), 1349, insbes. 1358 ff.; *Bobek* Cambridge Yearbook of European Legal Studies 14 (2011–2012), 529 ff.; Ritter Colum. J. Eur. L. 12 (2006), 751 (756 ff.); vgl. auch von der Groeben/Schwarze/Hatje/Hackspiel AEUV Art. 252 Rn. 12 ff.; Pichler, Der Generalanwalt beim Gerichtshof der Europäischen Gemeinschaften, 1983, 34 ff., 100 ff.

[26] Insofern ist es durchaus aufschlussreich, dass die Entscheidung in der Rechtssache „Genil/Bankinter" (oben bei und in Fn. 11, EuGH ECLI:EU:C:2013:344 Rn. 57 f. = BeckEuRS 2011, 646756) lediglich nach Anhörung des Generalanwalts Bot, aber ohne schriftliche Schlussanträge desselben ergangen ist. Auch im Übrigen ist nicht ersichtlich, dass (im Zusammenhang mit Grundsatzfragen auf dem Gebiet des Finanzmarktrechts oder allgemein) stets sämtliche möglichen Konsequenzen einer Entscheidung auch im Lichte der in den Mitgliedstaaten vorfindlichen einschlägigen Rechtslage aufbereitet werden würden. Zu pauschal daher der Hinweis auf die Auswertung rechtsvergleichender Erkenntnisse durch die Generalanwälte bei Ritter Colum. J. Eur. L. 12 (2006), 751 (758).

[27] Zur Haftung der EZB in diesem Zusammenhang s. auch ErwG 61 SSM-VO; zum Ganzen eingehend Zilioli/Wojcik Judicial Review in the European Banking Union/Almhofer, 2021, Rn. 14.03 ff.

Abwicklungsbehörden das Gericht, nicht der Gerichtshof erstinstanzlich zuständig.[28] Das Verfahren bestimmt sich daher nach den Regelungen in Art. 50 ff. EuG-VerfO, nicht nach den ebenfalls für Klageverfahren geltenden Vorgaben in Art. 119 ff. EuGH-VerfO;[29] der Gerichtshof ist hier ggf. erst als Rechtsmittelinstanz zuständig (Art. 256 Abs. 1 UAbs. 2 AEUV).

Im Hinblick auf Möglichkeiten zur Einbindung von Rechtsauffassungen nicht unmittelbar verfahrensbeteiligter Dritter unterscheiden sich beide Klageverfahren erheblich von der oben erörterten Rechtslage im Vorabentscheidungsverfahren. Anders als dort, besteht hier eine einheitlich im Unionsrecht geregelte Möglichkeit zur Nebenintervention als Streithelfer, die uneingeschränkt allen Mitgliedstaaten offensteht,[30] aber auch „alle[n] anderen Personen" gewährt wird, „sofern sie ein berechtigtes Interesse am Ausgang eines bei dem Gerichtshof anhängigen Rechtsstreits glaubhaft machen können".[31] Im Unterschied zu Vorabentscheidungsverfahren ist damit die Einbindung nicht unmittelbar verfahrensbeteiligter Dritter in Klageverfahren vor dem Gericht nicht von vornherein ausgeschlossen. Der Begriff des „berechtigten Interesses" wird dabei indessen restriktiv im Sinne eines „unmittelbaren und gegenwärtigen Interesses" verstanden; allerdings sind Interventionen von Vereinigungen zur Wahrnehmung von Kollektivinteressen, zB Gewerkschaften[32] oder Verbraucherschutzorganisationen,[33] zugelassen worden, wenn das jeweilige Verfahren Grundsatzfragen mit potentiellen Auswirkungen auf die jeweils vertretenen Interessensgruppen betraf.[34] In jedem Falle beschränkt sich die Rolle der Streithelfer auf die Unterstützung von Anträgen einer Streitpartei;[35] eigenständige weitere Verfahrensrechte, insbesondere das Recht, eine mündliche Verhandlung zu beantragen, sind damit nicht verbunden.[36] Eine *allgemeine* Grundlage für Interventionen am Ausgang des Rechtsstreits interessierter, an sich aber nicht verfahrensbeteiligter Dritter bietet vor diesem Hintergrund auch die Streithilfe nach diesen Regelungen nicht.

III. Drittbeteiligung de lege ferenda: Vorüberlegungen zur Anerkennung europäischer amici curiae

1. Mögliche Gestaltungsvorbilder – und Folgerungen

Will man, um den eingangs konstatierten wechselseitigen Rezeptionsproblemen zwischen der europäischen und der nationalen Ebene abzuhelfen, Rechtsauffassungen nicht unmittelbar verfahrensbeteiligter Dritter verstärkt und systematisch in Verfahren über Fragen des europäischen Finanzmarktrechts einbinden, ist das nach den oben gewonnenen Ergeb-

---

[28] Art. 256 Abs. 1 AEUV iVm Art. 51 EuGH-Satzung.

[29] Art. 87 Abs. 5 SRM-VO erklärt zwar pauschal „den Gerichtshof" für zuständig; aus systematischer Auslegung im Zusammenhang mit Art. 256 Abs. 1 AEUV ergibt sich aber wohl unstreitig, dass auch hier das Gericht erstinstanzlich zuständig ist; vgl. etwa Binder/Gortsos/Lackhoff/Ohler European Banking Union/Kaufhold SRM-VO Art. 87 Rn. 24.

[30] Art. 40 Abs. 1 EuGH-Satzung; gem. Art. 53 Abs. 1 EuGH-Satzung gilt dies auch für das erstinstanzliche Verfahren vor dem Gericht.

[31] Art. 40 Abs. 2 EuGH-Satzung.

[32] Vgl. grundlegend (allerdings für eine selbständige Klage einer Gewerkschaft) EuGH Slg. 1975, 401 (410).

[33] Grundlegend EuGH Slg. 1973, 1465 (1469).

[34] Zum Ganzen mwN zur Judikatur des Gerichthofs von der Groeben/Schwarze/Hatje/Dittert EuGH-Satzung Art. 40 Rn. 15 ff.; von der Groeben/Schwarze/Hatje/Wägenbaur EuGH-Satzung Art. 40 Rn. 7 ff.

[35] Art. 40 Abs. 4 EuGH-Satzung, Art. 142 Abs. 1 S. 1 EuG-VerfO.

[36] Art. 142 Abs. 1 S. 2 EuG-VerfO.

nissen auf der Basis des geltenden Verfahrensrechts nicht möglich. Dies gilt nicht nur, aber insbesondere für das Vorabentscheidungsverfahren, das – wie gesehen – im Unterschied zu den Klageverfahren die Möglichkeit einer Nebenintervention durch nicht unmittelbar verfahrensbeteiligte Dritte von vornherein nicht kennt. Sucht man rechtsvergleichend nach geeigneten Lösungsansätzen, drängen sich sog. *amicus curiae briefs* (Stellungnahmen Dritter, die ohne selbst am Verfahren beteiligt zu sein, einem zur Entscheidung eines Rechtsstreits berufenen Gericht Informationen und Einschätzungen rechtlicher oder tatsächlicher Natur zur Verfügung stellen)[37] geradezu auf. Derartige Beteiligungsmöglichkeiten sind – jeweils in unterschiedlicher Ausgestaltung – in einer Vielzahl von (europäischen und außereuropäischen) Rechtsordnungen, aber auch in zahlreichen Verfahrensrechten internationaler Gerichtshöfe und sonstiger internationaler Spruchkörper vorgesehen.[38] Exemplarisch für Europa stehen etwa die einschlägigen Bestimmungen der Europäischen Menschenrechtskonvention; nach Art. 36 Abs. 2 EMRK kann der Präsident des Gerichtshofs „[i]m Interesse der Rechtspflege (…) jeder Hohen Vertragspartei, die in dem Verfahren nicht Partei ist, *oder jeder betroffenen Person, die nicht Beschwerdeführer ist,* Gelegenheit geben, schriftlich Stellung zu nehmen oder an den mündlichen Verhandlungen teilzunehmen." Die Initiative zur Einbindung ist hier – im Unterschied zu anderen Rechtsordnungen, die Stellungnahmen auch auf eigene Initiative der *amici curiae* zulassen[39] – von vornherein dem Gericht vorbehalten.[40] Ganz ähnlich ausgestaltet ist die funktional entsprechende, in § 27a BVerfGG geregelte Befugnis des BVerfG, in Verfahren sachkundigen Dritten Gelegenheit zur Stellungnahme zu geben.[41] Ein Beispiel für umfassend angelegte Beteiligungsmöglichkeiten für *amici curiae,* die etwa auch Stellungnahmen interessierter Rechtswissenschaftler zu den einschlägigen Rechtsfragen einschließen, bietet demgegenüber die Entwicklung der Institution im anglo-amerikanischen Recht; insbesondere im US-amerikanischen Verfahren sind *amicus curiae briefs* bis heute weit verbreitet.[42]

Eine auch nur ansatzweise erschöpfende Auswertung der damit vorliegenden, ausgesprochen heterogenen Gestaltungen ist im hier gesetzten Rahmen ebenso von vornherein ausgeschlossen wie eine umfassende Aufarbeitung der für Verfahren vor dem EuGH möglicherweise daraus ableitbaren Folgerungen. Immerhin lässt sich erkennen, dass Beteiligungsmöglichkeiten zugunsten verfahrensunbeteiligter Dritter auf reiche rechtsvergleichende Erfahrungen mit entsprechenden Regelungsvorbildern gestützt werden können, und zwar durchaus auch im europäischen nationalen und internationalen Recht. Auch ohne einer eingehenderen Untersuchung vorzugreifen, dürfte daher die Prognose gerechtfertigt sein, dass sich entsprechende Beteiligungsformen auch im Kontext des europäischen Verfahrensrechts als für die Absicherung gerichtlicher Entscheidungen im Hinblick auf die eingangs dieses Beitrags konstatierten Probleme hilfreich erweisen könnten.

Bereits nach kursorischer Durchsicht der einschlägigen jüngeren Literatur, die einzelne Gestaltungsvorbilder und die jeweiligen Funktionsmerkmale sehr eingehend aufbereitet hat,[43] lassen sich indessen in jedem Fall wesentliche Gestaltungsaspekte identifizieren, die für

---

[37] Vgl. in der deutschen Literatur bereits Hirte ZZP 104 (1991), 11 (14 ff.); grundlegend in jüngerer Zeit etwa Segger, Der Amicus Curiae im Internationalen Wirtschaftsrecht, 2017, 2.

[38] Eingehender Überblick bei Segger, Der Amicus Curiae im Internationalen Wirtschaftsrecht, 2017, 2 ff.

[39] Überblick bei Segger, Der Amicus Curiae im Internationalen Wirtschaftsrecht, 2017, 6.

[40] Eingehend zu den damit verbundenen Einflussmöglichkeiten monographisch Stumpf, Die Drittbeteiligung im Verfahren vor dem EGMR, 2024, passim; s. auch Wilk, Amicus curiae before International Courts and Tribunals, 2018, 443 ff. und passim.

[41] Vgl. dazu im hiesigen Zusammenhang auch Segger, Der Amicus Curiae im Internationalen Wirtschaftsrecht, 2017, 482 ff.

[42] Dazu eingehend Segger, Der Amicus Curiae im Internationalen Wirtschaftsrecht, 2017, 17 ff.; s. auch Hirte ZZP 104 (1991), 11 (14 ff.).

[43] S. nochmals exemplarisch die Nachweise vorstehend Fn. 37 ff.

die Einführung entsprechender Beteiligungsmodelle *de lege ferenda* zu beachten wären. Besondere Beachtung verdienen vier miteinander verknüpfte Problemkreise:

Genauer Abwägung bedürfen – *erstens* – die Zulassungsvoraussetzungen; vor allem muss entschieden werden, ob und inwieweit *amici curiae* allein auf Initiative (und im Ermessen) der Gerichte oder aber auf eigene Initiative Stellungnahmen einreichen können. Es versteht sich von selbst, dass die Zulassungsvoraussetzungen für das mit der Einbindung an sich nicht verfahrensbeteiligter Dritter verfolgte Ziel von entscheidender Bedeutung sein werden. Liegt die Einbeziehung allein im Ermessen des Gerichts, dürfte eine systematische Einbeziehung verfahrensexterner Perspektiven schon angesichts fehlender einheitlicher rechtskultureller Vorprägungen auf dem europäischen Kontinent kaum zu erwarten sein. *Diesem* Ziel würde voraussichtlich allein die Öffnung auch für Stellungnahmen auf eigene Initiative der Dritten gerecht werden, die freilich besondere logistische Herausforderungen bereitet.

Auch, aber nicht nur im Hinblick auf die Bewältigung der logistischen Herausforderungen von Bedeutung sind sodann – *zweitens* – die notwendigen Festlegungen zum Zulassungsverfahren (Form und Frist der Einreichung, ggf. Beschränkungen im Umfang, Notwendigkeit anwaltlicher Vertretung) sowie – *drittens* – die Frage nach Verfahrensrechten der *amici curiae* (Teilnahme an mündlichen Verhandlungen? Recht auf Anhörung? Recht auf Berücksichtigung durch den Generalanwalt und/oder das Gericht?), die wiederum schon mit Blick auf erwartbare Wechselwirkungen mit der Prozessökonomie besonders sensibel sind. Schließlich müsste das Vorhaben – *viertens* – mit verfahrensorganisatorischen Veränderungen einhergehen; insbesondere wäre für eine effektive Nutzung des Instruments sinnvollerweise eine Verbesserung der Dokumentationspraxis der Gerichte zu anhängigen Verfahren sinnvoll, die einen raschen thematisch orientierten Zugriff auf aktuelle Verfahren und den jeweiligen Verfahrensstand ermöglichen sollte.

2. *Mögliche Gegenargumente – und Folgerungen*

Die systematische Einbindung von *amici curiae,* die durch Anpassungen der Satzung sowie in den Verfahrensordnungen von Gerichtshof und Gericht vollzogen werden müsste, wäre zweifellos ein rechtspolitisches Vorhaben von erheblicher Tragweite – und keineswegs unkontrovers. Vor allem in dreierlei Hinsicht sind Vorbehalte denkbar:

Erstens könnte darauf gerichteten Forderungen entgegengehalten werden, die Zulassung von *amici curiae* sei letztlich ein konzeptioneller Bruch mit dem Charakter jedenfalls des Vorabentscheidungsverfahrens als Verfahren mit dem Ziel der objektiven Normauslegung. Insofern ist zwar anzuerkennen, dass der EuGH – wie ausgeführt[44] – die restriktive Zulassung von Stellungnahmen nicht unmittelbar Verfahrensbeteiligter auch auf den besonderen Verfahrenszweck stützt. Dass die Zulassung gleichwohl jedenfalls keinen unüberwindlichen Widerspruch zu wesentlichen Grundlagen des Vorabentscheidungsverfahrens auslösen würde, lässt sich indessen bereits dem Umstand entnehmen, dass nach Art. 96, 97 EuGH-Satzung ja bereits gegenwärtig durchaus auch andere als die Naturalparteien des Ausgangsverfahrens im Verfahren mitwirken können, wenn und soweit sie nach dem Verfahrensrecht des Ausgangsverfahrens entsprechende Rechte genießen. Dass die Einbindung von *amici curiae* in das Vorabentscheidungsverfahren mit dessen Zweck *a limine* unvereinbar wäre, lässt sich also kaum begründen.

Zweitens konnte argumentiert werden, die Zulassung von *amici curiae* sei geeignet, das Institut des Generalanwalts beim EuGH zu schwächen oder gar obsolet zu machen, zumal dessen Mandat ja – wie gesehen[45] – auch die Vorbereitung von Entscheidungen durch rechtsvergleichende Aufbereitung relevanter Tatsachen einschließt. Auch dieser Einwand überzeugte freilich bei näherer Betrachtung kaum, und zwar weil das Mandat eben, wie aus-

---

[44] Siehe bereits → II. 1.

[45] Siehe nochmals → II. 1.

geführt, keine Gewähr dafür bietet, dass dies wirklich stets umfassend geschieht. Je nachdem, wie (und nicht zuletzt: innerhalb welcher Fristen) die Einbindung von *amici curiae* verfahrensförmig ausgestaltet würde, ist vielmehr sogar denkbar, dass die urteilsvorbereitenden Schlussanträge ihrerseits von qualifizierten *amicus curiae briefs* inhaltlich profitieren könnten. Die Aufgabe der Schlussanträge, gerade auch den europarechtlichen Hintergrund der zu entscheidenden Rechtsfrage(n) aufzubereiten, bliebe durch die Einbindung von *amici curiae* überdies von vornherein unberührt. Durchgreifende Bedenken gegen deren Zulassung lassen sich daher auch auf das Institut des Generalanwalts letztlich nicht überzeugend stützen.

Gewichtiger wären allerdings – *drittens* – mögliche Bedenken im Hinblick auf die Auswirkungen einer Zulassung von *amicus curiae briefs* auf die effektive Rechtsschutzgewährung angesichts begrenzter zeitlicher und personeller Ressourcen der Gerichte. Dass die Belastung der Gerichte zunähme, je umfassender nicht verfahrensbeteiligten Dritten Gelegenheit zur Stellungnahme gewährt würde, steht außer Frage. Ebenfalls kaum in Abrede zu stellen ist, dass der mögliche Mehrwert ihrer Einbindung sorgfältig gegen das Rechtsschutzinteresse der Naturalparteien abgewogen werden muss; dabei ist in der Tat darauf zu achten, dass Gerichte (und Generalanwälte) nicht (etwa durch positive Pflichten zur Auseinandersetzung auch mit neben der Sache liegenden, ausufernden Stellungnahmen) über Gebühr belastet werden. Allerdings legt die erfolgreiche Einbettung von *amicus curiae briefs* in zahlreichen Rechtsordnungen und in den Verfahren vor internationalen Gerichtshöfen und sonstigen Spruchkörpern schon intuitiv die Annahme nahe, dass es durchaus möglich sein müsste, sie auch in Verfahren vor den europäischen Gerichten ohne gravierende Auswirkungen auf die Effektivität des Rechtsschutzes und die institutionelle Leistungsfähigkeit zu realisieren. Entsprechenden Bedenken kann und müsste daher bei der verfahrensförmigen Ausgestaltung Rechnung getragen werden; als Grund für eine kategorische Ablehnung der Einbindung von *amici curiae* taugen sie letztlich nicht.

IV. Fazit

Die Einbindung an sich nicht verfahrensbeteiligter Dritter in Verfahren vor den europäischen Gerichten ist kein auf das europäische Finanzmarktrecht beschränktes Problem. Gerade auf diesem Gebiet, das spätestens seit den regulatorischen Reaktionen auf die globale Finanzkrise durch einen überaus komplexen, vielfach von hoher Technizität geprägten Normenbestand gekennzeichnet ist, lässt sich allerdings ein besonderes Bedürfnis nach entsprechenden Möglichkeiten konstatieren. Durch die systematische Einbindung von Perspektiven nicht unmittelbar am Verfahren beteiligter Interessensträger könnte Fachwissen nicht nur in technisch-tatsächlicher Hinsicht, sondern gerade auch hinsichtlich erwartbarer Konsequenzen von EuGH-Judikaten für die mitgliedstaatlichen Rechtsordnungen gehoben und in das Verfahren eingeführt werden, was der Rezeptionsfähigkeit und Umsetzbarkeit der entsprechenden Judikate dienlich sein dürfte. Zugleich würde die Aufmerksamkeit für relevante Judikate in allen interessierten Kreisen gestärkt, was wiederum die faktische Durchsetzung des Unionsrechts auch in den übrigen Rechtsordnungen verbessern würde. Diese Vorteile sind nicht nur angesichts fehlender Spezialisierung in den Spruchkörpern und unter den Generalanwälten, sondern auch deshalb nicht zu unterschätzen, weil weder die im Vorabentscheidungsverfahren vorgesehene Beteiligung der Generalanwälte noch die Mitwirkungsrechte der Mitgliedstaaten zuverlässig Gewähr dafür bieten, dass entsprechende relevante Informationen in die Verfahren eingespeist werden. Sowohl auf nationaler als auch auf internationaler Ebene gewonnene Erfahrungen mit sog. *amicus curiae briefs* bieten wertvolle Erkenntnisse für eine Einbindung nicht verfahrensbeteiligter Dritter, die auch potentiellen Sorgen um die Effektivität der Rechtsprechung und die Ressourcen der Gerichte hinreichend Rechnung tragen.

MARKUS BENZING

Die Sachverhaltsermittlung in Aufsichts- und Bußgeldverfahren der Bundesanstalt für Finanzdienstleistungsaufsicht am Beispiel der Ad-hoc-Publizität

I. Einleitung

Die Pflicht zur Bekanntgabe von Insiderinformationen gem. Art. 17 MAR (Ad-hoc-Publizität) ist ein Dauerbrenner der Überwachungsaktivitäten der Bundesanstalt für Finanzdienstleistungsaufsicht (BaFin). In ihrem Jahresbericht 2023 führt sie aus:

„Die BaFin prüft, ob Ad-hoc-Mitteilungen richtig, vollständig und rechtzeitig veröffentlicht werden. Vor allem, wenn versäumt wird, eine Ad-hoc-Mitteilung zu veröffentlichen, wirkt sich dies nachteilig auf die Kapitalmarkttransparenz aus. Regelmäßig führen Verstöße gegen die Ad-hoc-Publizitätspflicht zu einem Bußgeld.“[1]

Der abschließende Satz lässt aufmerken, hat die BaFin doch mit Blick auf die Ad-hoc-Publizität (wie auch im übrigen Marktmissbrauchsrecht und darüber hinaus) eine Doppelrolle:

Sie ist einerseits gem. § 6 Abs. 5 WpHG zuständige Behörde iSd Art. 22 MAR und gem. § 6 Abs. 2 iVm § 1 Abs. 1 Nr. 8 Buchst. e WpHG für die Überwachung der Einhaltung der Verbote und Gebote der MAR als Aufsichtsbehörde zuständig. Andererseits ist sie gem. § 121 WpHG zuständige Verwaltungsbehörde iSd § 36 Abs. 1 Nr. 1 OWiG zur Ahndung von Ordnungswidrigkeiten bei Verstößen gegen die MAR (insbes. § 120 Abs. 15 WpHG), darunter auch bei Verstößen gegen die Ad-hoc-Publizitätspflicht (§ 120 Abs. 15 Nr. 6–12 WpHG).

§ 6 WpHG betrifft damit die (präventive) Aufsicht der BaFin über die Einhaltung der Vorschriften der MAR mit dem primären Ziel der Gefahrenabwehr,[2] dh der Verhinderung eines Verstoßes, der Fortsetzung eines Verstoßes oder der Begehung weiterer Verstöße. Dazu stehen der BaFin insbesondere die Mittel des § 6 Abs. 1 S. 2 und 3 WpHG und § 6 Abs. 2 S. 2–5 WpHG zur Verfügung. Hierbei handelt es sich um eine Form der besonderen Gewerbeaufsicht.[3] Die Befugnisse dienen der Abwehr von Gefahren für die öffentliche Sicherheit oder Ordnung. Demgegenüber regelt § 121 WpHG die Zuständigkeit der BaFin für die (repressive[4]) Verfolgung und Ahndung (vgl. § 35 Abs. 1 und 2 OWiG) von Verstößen (ua) gegen die MAR.

---

[1] BaFin, Jahresbericht 2023, S. 51.

[2] Vgl. auch BaFin, Jahresbericht 2023, S. 22; Schwark/Zimmer/Zetzsche/Lehmann WpHG § 6 Rn. 8. Zur Verwischung zwischen Prävention und Repression durch Einführung neuer Befugnisse aufgrund von EU-Recht in § 6 Abs. 6–10 WpHG vgl. David/Dinter Bußgeldverfahren KapMarktR/Dinter Rn. 3 und 7; Graf/Jäger/Wittig/Köpferl § 119 Rn. 325; Meyer/Veil/Rönnau MarktmissbrauchsR-HdB/Rönnau/Wegner § 28 Rn. 169; Assmann/Schneider/Mülbert/Spoerr § 121 Rn. 18. Poller, Aufklärung, Aufsicht und Ahndung: Die BaFin als multifunktionale Kapitalmarktaufsichtsbehörde, 2021, 307 ff.

[3] Wabnitz/Janovsky/Schmitt Wirtschafts- und SteuerstrafR/Gehrmann, 6. Aufl. 2025, 11. Kap. Rn. 206; Freiwald BaFin-Journal 2016, 55.

[4] Vgl. auch BaFin, Jahresbericht 2023, S. 22.

Die Bündelung beider Aufgaben und Zuständigkeiten und damit die Doppelrolle der BaFin ist zumindest im Marktmissbrauchsrecht europarechtlich fundiert:[5] Art. 22 MAR fordert die Einrichtung einer „einzigen Behörde" für die Umsetzung der Vorschriften der MAR,[6] die für diese Behörde wiederum Aufsichts- und Ermittlungsbefugnisse (Art. 23 Abs. 2 und 3 MAR) und verwaltungsrechtliche Sanktionsbefugnisse (Art. 30 MAR) vorsehen.

Beiden Aufgabenbereichen ist gemein, dass BaFin über Sachverhaltsermittlungsbefugnisse verfügt, die sie erst in die Lage versetzen, ihre jeweiligen Aufgaben effektiv wahrzunehmen:[7]

Sachverhaltsaufklärungsbefugnisse der BaFin sind einerseits zentral für die effektive Beaufsichtigung, insbesondere die rasche und effektive Gefahrenbeseitigung. Auch diese Ermittlungsbefugnisse sind daher ihrem Wesen nach präventiver Natur.[8] Entsprechend konstituiert das WpHG abweichend von allgemeinen verwaltungsrechtlichen Grundsätzen[9] erhebliche Mitwirkungspflichten der Aufsichtsunterworfenen bei der Sachverhaltsermittlung, die wiederum mit Zwangsmitteln (vgl. § 17 Abs. 1 FinDAG) durchgesetzt werden können. Dies gilt insbesondere für ggf. Verantwortliche (Störer).[10] Mitwirkungsverweigerungsrechte sollen als Ausnahme zur Mitwirkungsverpflichtung daher tendenziell eng auszulegen sein.[11] Insbesondere Auskunfts- und Vorlageersuchen sind – wie noch zu zeigen sein wird – auf der Tatbestandsseite geringen Anforderungen unterworfen und erlauben der Behörde auf der Rechtsfolgenseite großflächige Informationsanfragen. Diese weitreichenden Ermittlungsbefugnisse im Aufsichtsbereich werden von einer allgemeinen Erwartungshaltung nach größtmöglicher Offenheit und Kooperation mit der Aufsicht flankiert.[12]

Andererseits umfasst der Begriff der Verfolgung (§ 35 Abs. 1 OWiG) im Bußgeldrecht gerade auch die Ermittlung des Sachverhalts.[13] Im Straf- und Bußgeldrecht ist indes die effektive Ermittlung des Sachverhalts durch den besonderen Schutz des Betroffenen eingeschränkt, der sich darin widerspiegelt, dass der Betroffene grundsätzlich überhaupt nicht zu einem aktiven Beitrag zur Aufklärung des Sachverhalts gezwungen werden kann.[14]

Kommt den Sachverhaltsaufklärungkompetenzen der BaFin somit in beiden Aufgabenbereichen eine entscheidende Rolle zu, so folgen doch beide Regime unterschiedlichen Zwecken und damit auch Regeln zur Inpflichtnahme des Betroffenen und Dritter. Auch deswegen trennt die BaFin selbst die Aufgabenwahrnehmung organisatorisch und personell,[15] obgleich die „informationelle Durchlässigkeit" der beiden Verfahren[16] gerade für die Bündelung von präventiven und repressiven Kompetenzen bei der BaFin spricht.

Gleichwohl lassen sich aus der doppelten Zuständigkeit der BaFin resultierende Spannungen nicht vermeiden, die der Gesetzgeber bislang nicht befriedigend gelöst hat.[17] Dazu

---

[5] Assmann/Schneider/Mülbert/Spoerr § 121 Rn. 1.

[6] BeckOK WpHR/Weber/Harnos MAR Art. 22 Rn. 3.

[7] Schäfer/Hamann/Schröder WpHG § 40 Rn. 19.

[8] BeckOK WpHR/Hippeli WpHG § 6 Rn. 103.

[9] Stelkens/Bonk/Sachs/Kallerhoff/Fellenberg VwVfG § 24 Rn. 28 und § 26 Rn. 46.

[10] Schwark/Zimmer/Zetzsche/Lehmann WpHG § 6 Rn. 48.

[11] Vgl. Stelkens/Bonk/Sachs/Kallerhoff/Fellenberg VwVfG § 26 Rn. 60.

[12] Vgl. zB David/Dinter Bußgeldverfahren KapMarktR/Dinter Rn. 28.

[13] BeckOK WpHR/Kämpfer/Travers WpHG § 121 Rn. 1; Assmann/Schneider WpHG/Vogel, 6. Aufl. 2012, § 40 Rn. 3; Assmann/Schneider/Mülbert/Spoerr § 121 Rn. 3.

[14] Vgl. Schröder KapMarktStrafR-HdB/Schröder/Poller 4. Kap. Rn. 51; Böse ZStW 2006, 848 (862).

[15] Vgl. nur Canzler/Hammermaier AG 2014, 57 (59) und Becker FS 25 Jahre WpHG, 2019, 427 (432).

[16] Begriff von Böse ZStW 2006, 848 (860).

[17] Wabnitz/Janovsky/Schmitt Wirtschafts- und SteuerstrafR/Gehrmann, 6. Aufl. 2025, 11. Kap. Rn. 208; Assmann/Schneider WpHG/Vogel, 6. Aufl. 2012, § 40 Rn. 9. Diese Spannungen mögen bei einer Doppelzuständigkeit noch deutlicher zutage treten als bei einer Trennung von Zuständigkeiten zwischen Aufsichts- und Strafverfolgungsbehörden. Indes stellen sich auch in diesem Fall vergleichbare Fragen, dazu zB Böse ZStW 2006, 848.

gehört insbesondere die Frage, welche Regeln für die Sachverhaltsermittlung gelten und wie das Spannungsverhältnis zwischen bußgeldbewehrten Mitwirkungspflichten und strafprozessualen Schutzprinzipien wie dem Verbot des Zwangs zur Selbstbelastung zu lösen ist.[18] Oft ist für den Adressaten nicht klar erkennbar, ob die Ermittlung einen präventiven oder (zumindest auch) einen repressiven Zweck hat. Besondere Schärfe gewinnt die Thematik, wenn verwaltungsrechtliche Ermittlungsmaßnahmen der BaFin von vorneherein, sei es aus strukturellen Gründen (eine Gefahrenabwehr ist nicht mehr möglich) oder aufgrund der praktischen Handhabung der Kompetenzen (Gefahrenabwehrmaßnahmen werden in aller Regel nicht getroffen), letztlich sogar ausschließlich ein repressives Handeln vorbereiten.

Die eingangs zitierte Passage aus dem Jahresbericht der BaFin deutet bereits darauf hin, dass dies im Bereich der Ad-hoc-Publizität der Fall ist. Denn während Verstöße gegen die Ad-hoc-Publizitätspflicht danach regelmäßig zu einem Bußgeld führen, ist nicht davon die Rede, dass jedenfalls auch Maßnahmen der Gefahrenabwehr getroffen werden. Dies bestätigt ein Blick auf den typischen Verfahrensablauf.

II. Typischer Verfahrensablauf am Beispiel der Ad-hoc-Publizität

1. Aufsichtsverfahren

a) Einleitung des Verfahrens und Sachverhaltsaufklärung

Regelmäßig wird die BaFin bei Anzeichen für Unregelmäßigkeiten im Zusammenhang mit dem Ad-hoc-Publizitätsregime der MAR durch das zuständige Fach- bzw. Aufsichtsreferat in der Abteilung Marktüberwachung (WA 2) im Geschäftsbereich Wertpapieraufsicht/Asset Management (WA) ermittelnd tätig. Dazu bedient sich das Referat gegenüber dem Emittenten der Ermittlungsbefugnisse des § 6 WpHG, der, soweit die MAR betroffen ist, wiederum in Art. 23 Abs. 2 MAR seine europarechtliche Grundlage findet. Zentrale allgemeine Auskunftsnorm im WpHG ist § 6 Abs. 3 S. 1 WpHG, die Auskunfts- und Vorlageersuchen ermöglicht. Diese Ersuchen sind häufig Ausgangspunkt des aufsichtlichen Tätigwerdens[19] und stellen zentrale Maßnahmen der BaFin zur Marktüberwachung bzw. Missstandsaufsicht dar.[20]

Der Tatbestand des § 6 Abs. 3 S. 1 WpHG ist nicht voraussetzungsreich, so dass eine niedrige Schwelle für Auskunfts- und Vorlageersuchen besteht,[21] die jedenfalls unterhalb der eines strafprozessualen Anfangsverdachts liegt.[22] Dies hat zur Folge, dass Rechtsmitteln des Emittenten gegen die Rechtmäßigkeit des Auskunfts- und Vorlageverlangens allein mit der Begründung, die Tatbestandsvoraussetzungen lägen nicht vor oder die angeforderte Auskunft sei unverhältnismäßig, häufig der Erfolg versagt werden dürfte.

---

[18] Vgl. Esser/Rübenstahl/Saliger/Tsambikakis WirtschaftsstrafR/Theile WpHG § 38 Rn. 89; Böse ZStW 2006, 848 (860).

[19] Becker FS 25 Jahre WpHG, 2019, 427 (432).

[20] BeckOK WpHR/Hippeli WpHG § 6 Rn. 105.

[21] Assmann/Schneider/Mülbert/Döhmel § 6 Rn. 98 (sachlicher Zusammenhang mit dem zu überprüfenden Gebot oder Verbot); Schwark/Zimmer/Zetzsche/Lehmann WpHG § 6 Rn. 48 (Intention der BaFin, die Einhaltung gewisser Rechtssätze zu überwachen, genügt). Sehr weitgehend: Schröder KapMarktStrafR-HdB/Schröder/Poller 5. Kap. Rn. 70, 77 („grundsätzliche Voraussetzungslosigkeit", die „anlasslose Überprüfungen" ermöglicht). AA BeckOK WpHR/Hippeli WpHG § 6 Rn. 106 (weiterhin „Anhaltspunkte" für einen Verstoß erforderlich).

[22] Achenbach/Ransiek/Rönnau WirtschaftsstrafR/Trüg, 12. Teil, 2. Kap. Rn. 139. In der Praxis verweisen die Begründungen der Auskunfts- und Vorlageersuchen der BaFin häufig darauf, dass Anhaltspunkte für eine verspätete oder eine unterlassene Ad-hoc-Mitteilung und damit für einen Verstoß gegen Art. 17 MAR bestehen. Ggf. nimmt die Behörde nach einer kurzen Sachverhaltsschilderung auch nur Bezug auf Erfordernis zur Sachaufklärung wegen Überprüfung der Einhaltung der gesetzlichen Vorschriften.

Seit Ende 2022 ist gem. dem durch das SanktionsdurchsetzungsG II neu eingeführten § 4i FinDAG abweichend von § 28 Abs. 1 VwVfG keine vorherige Anhörung des Adressaten vor Erlass eines Auskunfts- und Vorlageersuchens mehr erforderlich. Die Regelung soll die effiziente Aufgabenerfüllung durch die BaFin weiter fördern, da nach der amtlichen Begründung Auskunfts- und Vorlageersuchen ein zentrales Instrument für die Aufklärung aufsichtsrelevanter Sachverhalte und daher für die Beantwortung der Frage notwendig sind, ob das Ergreifen aufsichtsrechtlicher Maßnahmen erforderlich ist. Diese Aufklärung sei typischerweise besonders eilbedürftig, so dass eine vorherige Anhörung des Betroffenen die effektive Aufgabenerfüllung gefährde.[23]

Vor der Gesetzesänderung übersandte die BaFin regelmäßig Anhörungsschreiben mit dem Text des beabsichtigten Auskunfts- und Vorlageersuchen. Diese Schreiben wurden von den Emittenten häufig beantwortet, ohne den Erlass des Verwaltungsakts abzuwarten.[24] Vor diesem Hintergrund konstatiert die amtliche Begründung, dass die Adressaten Anhörungsschreiben der BaFin zu Auskunfts- und Vorlageersuchen in der Vergangenheit „häufig als unnötige, überraschende Förmelei (Anfrage der Behörde, ob der Adressat etwas dazu äußern möchte, dass demnächst etwas bei ihm nachgefragt wird)" bewerteten.[25]

Mag diese Änderung vor dem Hintergrund der bisherigen Praxis auf den ersten Blick einleuchten, so gewinnt die Abgrenzung des Aufsichts- vom Bußgeldverfahren dadurch nochmals an Bedeutung. Der Emittent erhält, ohne zuvor angehört worden zu sein, einen Verwaltungsakt, der ohne besondere Anordnung und Begründung der BaFin von Gesetzes wegen sofort vollziehbar ist (vgl. § 13 WpHG[26]) und daher von der BaFin grundsätzlich nach vorheriger Androhung mit Zwangsmitteln auch dann durchgesetzt werden kann, wenn er noch nicht bestandskräftig ist.[27] Eine Missachtung des Verwaltungsakts stellt zudem eine eigene Ordnungswidrigkeit dar, so dass der BaFin die Möglichkeit eröffnet ist, neben dem Verwaltungszwang auch auf repressive Mittel zurückzugreifen.[28] Gem. § 120 Abs. 12 Nr. 1 Buchst. c WpHG handelt ordnungswidrig, wer vorsätzlich oder fahrlässig einer vollziehbaren Anordnung nach § 6 Abs. 3 S. 1 WpHG zuwiderhandelt. Dabei kann für jeden Verstoß ein Bußgeld von bis zu 50.000 EUR festgesetzt werden (§ 120 Abs. 24 WpHG). Im Marktmissbrauchsrecht trägt die Vorschrift Art. 30 Abs. 1 UAbs. 1 Buchst. b MAR Rechnung,[29] wonach die Mitgliedstaaten den zuständigen Behörden die Befugnis einräumen, angemessene verwaltungsrechtliche Sanktionen und andere verwaltungsrechtliche Maßnahmen in Bezug auf die Verweigerung der Zusammenarbeit mit einer Ermittlung oder einer Prüfung oder einer in Art. 23 Abs. 2 MAR genannten Anfrage zu ergreifen.

Entsprechend läuft der Adressat eines Auskunfts- und Vorlageersuchens Gefahr, im Wege der Verwaltungsvollstreckung und bußgeldrechtlich nicht nur dann belangt zu werden, wenn die Auskunft oder die Vorlage vollständig verweigert wird, sondern auch, wenn er das Ersuchen der BaFin (ggf. sogar nur einfach fahrlässig) inhaltlich unrichtig, unvollständig oder nicht innerhalb der gesetzten Frist beantwortet.[30] Diese Themen stellten sich zuvor in der Praxis selten, da Emittenten bereits vor Erlass des Verwaltungsakts Auskünfte erteilten und Unterlagen vorlegten und die BaFin sodann häufig auf den Erlass eines Verwaltungsakts verzichtete.

---

[23] BR-Drs. 541/22, 91.

[24] Zur bisherigen Praxis vgl. auch BeckOK WpHR/Trüg WpHG § 6 Rn. 109.

[25] BR-Drs. 541/22, 92.

[26] Kritisch zur generellen sofortigen Vollziehbarkeit zB: BeckOK WpHR/Hippeli WpHG § 13 Rn. 9 ff.; Assmann/Schneider/Mülbert/Spoerr § 13 Rn. 5; Schwark/Zimmer/Zetzsche/Lehmann WpHG § 13 Rn. 3. AA: Fuchs/Zimmermann/Bouchon WpHG § 13 Rn. 2.

[27] Vgl. BeckOK WpHR/Hippeli WpHG § 13 Rn. 12.

[28] Assmann/Schneider/Mülbert/Spoerr § 120 Rn. 312.

[29] Nolte/Kroner juris-PR-Compl 2/2021 Anm. 3 unter C.

[30] Assmann/Schneider/Mülbert/Spoerr § 120 Rn. 319.

b) Abgabe an das Bußgeldreferat

Stellen die Fachreferate nach Sachverhaltsaufklärung einen (objektiven) Verstoß gegen die Ad-hoc-Publizitätspflicht fest, geben sie die Sache an das Referat für Ordnungswidrigkeiten Marktaufsicht (derzeit Referat ZR 7 im Geschäftsbereich Strategie, Policy und Steuerung) zur Würdigung unter bußgeldrechtlichen Aspekten ab. Weitere (präventive) Maßnahmen, wie bspw. die Anordnung gem. § 6 Abs. 2 S. 2 WpHG, eine unterlassene Ad-hoc-Mitteilung nachzuholen, oder eine (ohne den Umweg über die Verwaltungsvollstreckung mögliche) Selbstvornahme gem. § 6 Abs. 14 WpHG[31] erfolgen – anders als im Bereich der Stimmrechtsmitteilungen[32] – soweit ersichtlich in der Regel nicht.[33] Bei lediglich verspäteten Ad-hoc-Mitteilungen scheidet eine solche präventive Maßnahme ohnehin von vorneherein aus. Das Verwaltungsverfahren ist damit zunächst abgeschlossen.

Grundsätzlich ist auch ein Nebeneinander des Aufsichts- und Bußgeldverfahrens möglich, wie sich mittelbar aus § 11 S. 4 WpHG ergibt, wonach die BaFin auch bei Zuständigkeit der Staatsanwaltschaft weiterhin Verwaltungsmaßnahmen vornehmen kann, soweit sie das Strafverfahren nicht behindern.[34] In der Praxis kommen solche parallele Verfahren der BaFin aber nicht vor, sondern ist die sukzessive Verfahrensbearbeitung die Regel.[35]

2. *Bußgeldverfahren*

Mit Abgabe durch das Aufsichtsreferat wird dem Bußgeldreferat die Verwaltungsakte weitergegeben, die den gesamten ermittelten Sachverhalt einschließlich der Stellungnahmen des Betroffenen und der von ihm eingereichten Unterlagen sowie die rechtliche Bewertung durch das Aufsichtsreferat zum objektiven Tatbestand enthält. Das Bußgeldreferat würdigt den Sachverhalt auf dieser Grundlage sodann nochmals und führt gegebenenfalls eigene Ermittlungen durch. Sodann entscheidet es nach dem Opportunitätsprinzip (§ 47 Abs. 1 OWiG), ob ein Bußgeldverfahren eingeleitet werden soll.[36] Dabei wird das Bußgeldverfahren in aller Regel allein gegenüber dem Unternehmen als selbständiges Verfahren gem. § 30 Abs. 1, 4 OWiG geführt.[37]

In der Praxis lässt sich jedenfalls im Feld der Ad-hoc-Publizität häufig beobachten, dass nach Abgabe eigene Ermittlungen des Bußgeldreferats nicht mehr erfolgen. Stattdessen erhält der Emittent ein Anhörungsschreiben zur möglichen Festsetzung eines Bußgelds (§ 55 OWiG), in dem sich eine Schilderung des objektiven Verstoßes auf der Grundlage der Sachverhaltsbeschreibung und der rechtlichen Würdigung des Aufsichtsreferats findet, ggf. ergänzt um kurze Ausführungen zum subjektiven Tatbestand (leichtfertige oder vorsätzliche

---

[31] Zum Verhältnis von § 6 Abs. 2 S. 2 WpHG und § 6 Abs. 14 WpHG vgl. Assmann/Schneider/Mülbert/Döhmel § 6 Rn. 230.

[32] Vgl. nur VGH Kassel BKR 2023, 334. Kritisch zur Entscheidung: Hippeli jurisPR-BKR 6/2023 Anm. 4.

[33] Zu den verwaltungsrechtlichen Handlungsmöglichkeiten der BaFin bei Verstößen gegen die Adhoc-Publizitätspflicht vgl. zB Klöhn MAR Art. 17 Rn. 588 und Fuchs/Zimmermann/Pfüller/Nerz MAR Art. 17 Rn. 559 ff. und Assmann/Schneider/Mülbert/Assmann MAR Art. 17 Rn. 314 ff.

[34] BeckOK WpHR/Kämpfer/Travers WpHG § 121 Rn. 7; Schröder KapMarktStrafR-HdB/Schröder/Poller 4. Kap. Rn. 51; Fuchs/Zimmermann/Waßmer WpHG § 121 Rn. 29; Assmann/Schneider WpHG/Vogel, 6. Aufl. 2012, § 40 Rn. 3; Assmann/Schneider/Mülbert/Spoerr § 121 Rn. 17; Schwark/Zimmer/Böse/Jansen WpHG § 121 Rn. 2.

[35] Vgl. zB Assmann/Schneider/Mülbert/Döhmel § 6 Rn. 98 aE; Just/Voß/Ritz/Becker/Klepsch WpHG § 40 Rn. 7; David/Dinter Bußgeldverfahren KapMarktR/Dinter Rn. 13.

[36] Canzler/Hammermaier AG 2014, 57 (62 f.); David/Dinter Bußgeldverfahren KapMarktR/Dinter Rn. 39.

[37] Canzler/Hammermaier AG 2014, 57 (64); David/Dinter Bußgeldverfahren KapMarktR/Dinter Rn. 44.

Tatbegehung). Dabei geht die BaFin regelmäßig von einer jedenfalls leichtfertigen Begehung aus.[38]

Im Ergebnis erfolgt die Sachverhaltsaufklärung daher in aller Regel maßgeblich durch das Aufsichtsreferat. Das Bußgeldreferat ermittelt einen vom Fachreferat bereits bewerteten Sachverhalt nicht noch einmal erneut; auch zusätzliche Ermittlungen sind die Ausnahme. Die Entscheidung über eine Bebußung oder Einstellung erfolgt daher häufig allein auf Grundlage des vom Aufsichtsreferat ermittelten Sachverhalts und ggf. der Stellungnahme des Betroffenen im Ordnungswidrigkeitenverfahren.

III. Mitwirkungsverweigerungsrechte des Betroffenen

Ist Ergebnis der verwaltungsrechtlichen Sachverhaltsermittlung in der Regel die bußgeldrechtliche Ahndung, nicht aber der Erlass präventiver Maßnahmen, besteht Anlass, die Rechtstellung des Emittenten im Aufsichts- und Bußgeldverfahren in den Blick zu nehmen. Zu fragen ist insbesondere, wie der Emittent bereits im Aufsichtsverfahren gegen eine mögliche Selbstbelastung vorbeugen kann.

1. Aufsichtsverfahren

Kann die BaFin den Emittenten über die weiten Sachverhaltsermittlungsbefugnisse des § 6 WpHG sehr umfassend zur Mitwirkung bei der Aufklärung verpflichten und die Pflichten mit Verwaltungszwang durchsetzen oder bei Verletzung gar bußgeldrechtlich ahnden, stehen einer Mitwirkungspflicht die Verweigerungsrechte des Adressaten gegenüber, die im Aufsichtsverfahren in § 6 Abs. 15 WpHG geregelt bzw. in § 6 Abs. 3 S. 6 WpHG in Bezug genommen werden.[39] Beiden ist gemein, dass sie ausdrücklich geltend gemacht werden müssen.[40]

a) Auskunftsverweigerungsrecht gem. § 6 Abs. 15 WpHG

Nach § 6 Abs. 15 S. 1 WpHG kann der zur Erteilung einer Auskunft Verpflichtete die Auskunft auf solche Fragen verweigern, deren Beantwortung ihn selbst oder einen der in § 383 Abs. 1 Nr. 1–3 ZPO bezeichneten Angehörigen der Gefahr strafgerichtlicher Verfolgung oder eines Verfahrens nach dem OWiG aussetzen würde.[41] Darüber ist er zu belehren (§ 6 Abs. 15 S. 2 WpHG). Die Vorschrift ermöglicht nur die Verweigerung der Beantwortung einzelner Fragen, etabliert also kein umfassendes Auskunftsverweigerungsrecht.[42]

Umstritten ist hier insbesondere zweierlei: Zum einen wird diskutiert, ob das Verweigerungsrecht sich auf die Auskunftserteilung beschränkt oder auch die Verweigerung der

---

[38] Vgl. zB Heinrich/Krämer/Mückenberger ZIP 2014, 1557 (1563). Zu einer möglichen Ahndung wegen Vorsatzes vgl. Dinter/David ZIP 2017, 893.

[39] Die Einräumung von Auskunftsverweigerungsrechten im Verwaltungsverfahren verstößt nicht gegen die Vorgaben der MAR (insbes. Art. 30 Abs. 1 UAbs. 1 Buchst. b MAR), da Art. 47 und 48 EUGrCH (und Art. 6 EMRK) bei der Auslegung der Vorgaben zu berücksichtigen sind, vgl. EuGH NZG 2021, 295. Dazu: Nolte/Kroner juris-PR-Compl 2/2021 Anm. 3.

[40] Vgl. Assmann/Schneider/Mülbert/Döhmel § 6 Rn. 125 f. und 233; Poller, Aufklärung, Aufsicht und Ahndung: Die BaFin als multifunktionale Kapitalmarktaufsichtsbehörde, 2021, 156.

[41] Assmann/Schneider/Mülbert/Spoerr § 121 Rn. 21 scheint davon auszugehen, dass das Auskunftsverweigerungsrecht nur bei möglichen strafrechtlichen Verstößen in Betracht kommt.

[42] Vgl. zB Graf/Jäger/Wittig/Köpferl § 119 Rn. 326; Schwark/Zimmer/Zetzsche/Lehmann WpHG § 6 Rn. 134.

Herausgabe von Unterlagen rechtfertigt. Obgleich beachtliche Argumente für eine zumindest entsprechende Anwendung der Vorschrift auch auf Unterlagen sprechen,[43] beschränkt die ganz herrschende Meinung einschließlich der höchstrichterlichen Rechtsprechung – dem Wortlaut folgend – das Auskunftsverweigerungsrecht auf die Auskunftserteilung.[44] Entsprechend enthalten Belehrungen der BaFin gem. § 6 Abs. 15 S. 2 WpHG regelmäßig den Hinweis, dass sich das Auskunftsverweigerungsrecht nicht auf die Unterlagenvorlage erstreckt.

Zum anderen ist umstritten, ob die Vorschrift überhaupt auf juristische Personen Anwendung findet. Der Frage kommt im vorliegenden Kontext schon deshalb große Bedeutung zu, weil Auskunfts- und Vorlageersuchen im Marktmissbrauchsrecht jedenfalls bei Fragen zu Emittentenpflichten wie der Pflicht zur Bekanntgabe von Insiderinformationen gem. Art. 17 MAR praktisch immer an die juristische Person gerichtet werden. Sie ist im Ergebnis zu bejahen.[45] Das gilt unabhängig davon, wie man sich zu der Frage positioniert, ob der Grundsatz der Selbstbelastungsfreiheit (sog. „Nemo tenetur-Grundsatz“) nach deutschem Recht (Art. 2 Abs. 1 iVm Art. 1 Abs. 1 GG) oder dem Europarecht (Art. 47 f. EUGrCH und Art. 6 Abs. 1 EMRK) auch für juristische Personen gilt.[46] Denn bereits nach dem Wortlaut des § 6 Abs. 15 S. 1 WpHG gilt das Auskunftsverweigerungsrecht für den „zur Erteilung einer Auskunft Verpflichteten“. Bei an den Emittenten gerichteten Auskunfts- und Vorlageersuchen ist das ohne Weiteres das Unternehmen selbst.[47] Gründe für eine einschränkende Auslegung (gar von Verfassungs wegen) sind nicht ersichtlich. Entsprechend belehrt die BaFin in der Praxis auch Unternehmen gem. § 6 Abs. 15 S. 2 WpHG über ihr Auskunftsverweigerungsrecht.[48]

b) Gesetzliche Auskunfts- oder Aussageverweigerungsrechte und Verschwiegenheitspflichten gem. § 6 Abs. 3 S. 6 WpHG

Gem. § 6 Abs. 3 S. 6 WpHG bleiben zudem auch bei Auskunfts- und Vorlageersuchen gem. § 6 Abs. 3 WpHG gesetzliche Auskunfts- oder Aussageverweigerungsrechte[49] sowie gesetzliche Verschwiegenheitspflichten unberührt. Damit sind insbesondere das Schweigerecht des Betroffenen (vgl. § 46 Abs. 1 OWiG iVm §§ 136 Abs. 1 S. 2, 163a Abs. 3 S. 2 und Abs. 4 S. 2, 243 Abs. 5 S. 1 StPO), Zeugnisverweigerungsrechte von Angehörigen und Berufsgeheimnisträgern gem. §§ 52, 53 StPO sowie Auskunftsverweigerungsrechte des Zeu-

---

[43] Vgl. nur KK-WpHG/Altenhain § 4 Rn. 171 und § 40 Rn. 12; Szesny BB 2010, 1995; Zietsch/Weigand WM 2013, 1785 (1787).

[44] Vgl. BeckOK WpHR/Kämpfer/Travers WpHG § 121 Rn. 7; Assmann/Schneider/Mülbert/Döhmel § 6 Rn. 234; Fuchs/Zimmermann/Bouchon WpHG § 6 Rn. 67; David/Dinter Bußgeldverfahren KapMarktR/Dinter Rn. 25; Gabriel NVwZ 2020, 19 (20); Fuchs/Zimmermann/Waßmer WpHG § 121 Rn. 30 (außer bei Rechtsmissbrauch); Schröder KapMarktStrafR-HdB/Schröder/Poller 5. Kap. Rn. 95, 100.

[45] AA Assmann/Schneider/Mülbert/Döhmel § 6 Rn. 236; Meyer/Veil/Rönnau MarktmissbrauchsR-HdB/Litsoukov § 26 Rn. 19; Schwark/Zimmer/Zetzsche/Lehmann WpHG § 6 Rn. 133.

[46] Zur Diskussion im deutschen Verfassungsrecht vgl. zB Poller, Aufklärung, Aufsicht und Ahndung: Die BaFin als multifunktionale Kapitalmarktaufsichtsbehörde (2021), 420 ff. Für das Europarecht vgl. zB Bekritsky BKR 2021, 340 und Meyer NZWiSt 2022, 99.

[47] So wohl auch Momsen/Grützner WirtschaftsSteuerStrafR-HdB/Laudien § 23 Rn. 12. Zur Parallelthematik im WpÜG vgl. Cascante/Tyrolt/Hitzer/Bingel/Hildebrandt/Förster WpÜG § 40 Rn. 23, im LkSG vgl. Johann/Sangi/Sangi/Gafus LkSG § 17 Rn. 29.

[48] Die BaFin belehrt regelmäßig auch zur Möglichkeit der Befragung eines Verteidigers. AA aber David/Dinter Bußgeldverfahren KapMarktR/Dinter Rn. 21.

[49] Dabei sind – abweichend vom Wortlaut – nicht nur Auskunft und Aussagen, sondern auch die Vorlage von Unterlagen erfasst, vgl. Schwark/Zimmer/Zetzsche/Lehmann WpHG § 6 Rn. 129.

gen gem. § 55 StPO und berufsständische Verschwiegenheitspflichten gemeint.[50] Die hiervon geschützten Adressaten (dazu gehören auch juristische Personen[51]) sind damit nicht verpflichtet, Auskunft zu geben oder Unterlagen vorzulegen.

Durch § 6 Abs. 3 S. 6 WpHG wird jedenfalls bei parallel geführten Aufsichts- und Bußgeldverfahren sichergestellt, dass die genannten Mitwirkungsverweigerungsrechte auch im Aufsichtsverfahren gelten.[52] Bei – wie im Regelfall – zeitlich versetzt geführten Verfahren soll die Norm aber nicht eingreifen, da die strafprozessualen Schweige- und damit korrespondierenden Mitwirkungsverweigerungsrechte erst mit Einleitung des Bußgeldverfahrens bzw. Bestehens eines entsprechenden Anfangsverdachts entstehen.[53] In der Praxis belehrt das Aufsichtsreferat der BaFin auch ausschließlich gem. § 6 Abs. 15 WpHG, nicht jedoch nach den strafprozessualen Bestimmungen.

2. *Bußgeldverfahren*

Im – verbundenen oder selbständigen – Bußgeldverfahren hat der Betroffene ein umfassendes Schweigerecht (§ 46 Abs. 1 OWiG iVm §§ 136 Abs. 1 S. 2, 163a Abs. 3 S. 2 und Abs. 4 S. 2, 243 Abs. 5 S. 1 StPO). Nach dem Grundsatz der Selbstbelastungsfreiheit darf er nicht gezwungen werden, sich durch seine eigene Aussage einer Straftat oder Ordnungswidrigkeit zu bezichtigen oder sonst zu seiner Überführung aktiv beizutragen.[54] Dies gilt auch für die Vorlage von Unterlagen.[55] Über seine Rechte ist der Betroffene zu belehren (§ 46 Abs. 1 OWiG iVm §§ 136 Abs. 1 S. 2, 163a Abs. 4 S. 2 StPO). Zur Duldung strafprozessualer Maßnahmen (Durchsuchung, Beschlagnahme) ist der Betroffene hingegen verpflichtet.

Auch diese Rechte sind im verfassungsrechtlichen Grundsatz der Selbstbelastungsfreiheit begründet, dessen Geltung für juristische Personen wie erläutert umstritten ist. Allerdings verfügt die juristische Person auch im ordnungswidrigkeitenrechtlichen Ermittlungsverfahren (§ 46 OWiG iVm §§ 444 Abs. 2 S. 2, 426 Abs. 2, 136 Abs. 1 S. 2, 163a Abs. 3 S. 2 und Abs. 4 S. 2 StPO) und im gerichtlichen Verfahren (§ 46 OWiG iVm §§ 444 Abs. 2 S. 2, 427 Abs. 1 S. 1, 243 Abs. 5 S. 1 StPO) über ein einfachgesetzlich angeordnetes Mitwirkungsverweigerungsrecht.[56] Entsprechendes gilt für die Organmitglieder des Verbands.[57]

[50] BeckOK WpHR/Hippeli WpHG § 6 Rn. 119; Schwark/Zimmer/Zetzsche/Lehmann WpHG § 6 Rn. 129; Fuchs/Zimmermann/Bouchon WpHG § 6 Rn. 32; Schröder KapMarkt-StrafR-HdB/Schröder/Poller 5. Kap. Rn. 102; Poller, Aufklärung, Aufsicht und Ahndung: Die BaFin als multifunktionale Kapitalmarktaufsichtsbehörde, 2021, 155.

[51] Vgl. unter → 2.

[52] Assmann/Schneider WpHG/Vogel, 6. Aufl. 2012, § 40 Rn. 11; KK-WpHG/Altenhain § 40 Rn. 10; Schröder KapMarktStrafR-HdB/Schröder/Poller 5. Kap. Rn. 102.

[53] Schäfer/Hamann/Schröder WpHG § 40 Rn. 25; Poller, Aufklärung, Aufsicht und Ahndung: Die BaFin als multifunktionale Kapitalmarktaufsichtsbehörde, 2021, 155; KK-WpHG/Altenhain § 40 Rn. 12; Assmann/Schneider WpHG/Vogel, 6. Aufl. 2012, § 40 Rn. 12; Assmann/Schneider/Mülbert/Spoerr § 121 Rn. 21.

[54] BVerfG 25.1.2022 – 2 BvR 2462/18, juris Rn. 51 mwN.

[55] Meyer-Goßner/Schmitt/Köhler § 95 Rn. 5 mwN; Szesny BB 2010, 1995 (1997), SK-StPO/Wohlers/Singelnstein § 95 Rn. 12; MüKoStPO/Hausschild, 2. Aufl. 2024, § 95 Rn. 12: Fuchs/Zimmermann/Waßmer WpHG § 121 Rn. 30; Assmann/Schneider WpHG/Vogel, 6. Aufl. 2012, § 40 Rn. 11; Assmann/Schneider/Mülbert/Spoerr § 121 Rn. 20.

[56] Vgl. KK-OWiG/Rogall § 30 Rn. 209; SK-StPO/Rogal Vor § 133 Rn. 155; Meyer-Goßner/Schmitt/Schmitt § 136 Rn. 7b; Satzger/Schluckebier/Widmaier StPO/Kudlich/Schuhr § 444 Rn. 8 und 12; MüKoStPO/Schuhr, 2. Aufl. 2023, Vor § 133 Rn. 133; Schäfer/Hamann/Schröder WpHG § 40 Rn. 24; Wimmer NZWiSt 2017, 252 (253); Schröder KapMarktStrafR-HdB/Schröder/Poller 5. Kap. Rn. 82; David/Dinter Bußgeldverfahren KapMarktR/Dinter Rn. 27.

[57] KK-OWiG/Rogall § 30 Rn. 209; BeckOK OWiG/Meyberg § 30 Rn. 114; Fuchs/Zimmermann/Waßmer WpHG § 121 Rn. 33; Schäfer/Hamann/Schröder WpHG § 40 Rn. 24. Zur

Daher belehrt auch die BaFin in der Praxis bei der Anhörung im Bußgeldverfahren den Emittent als juristische Person dahingehend, dass keine Verpflichtung zur Äußerung zur Sache besteht.

3. Fazit

Im Regelfall der Durchführung sukzessiver Verfahren besteht aufgrund der lückenhaften Mitwirkungsverweigerungsrechte im Aufsichtsverfahren eine erhebliche Gefahr für den Emittenten, sich mit Blick auf ein anschließendes Bußgeldverfahren bereits im Aufsichtsverfahren zu belasten. So wird der Emittent nach geltender Rechtslage im Aufsichtsverfahren Unterlagen in der Regel herausgeben müssen. Auch das Auskunftsverweigerungsrecht soll nur punktuell greifen und ist daher praktisch nicht einfach handhabbar. Dies gilt umso mehr, als Emittenten in aller Regel den Umgang mit der BaFin im Aufsichtsverfahren (im Grundsatz völlig zu Recht) möglichst transparent und kooperativ gestalten möchten, dies auch aufgrund der Einschätzung, sich bereits objektiv keinen Verstoß zuschulden haben kommen zu lassen.

IV. Lösung des Spannungsfelds in der Praxis – „Verbot der Rollenvertauschung"

Im Regelfall sukzessiv geführter Verfahren im Bereich der Ad-hoc-Publizität stellt sich damit die Frage, wie mit dem Befund umzugehen ist, dass nach einer auf präventive Normen gestützten Sachverhaltsaufklärung präventive Maßnahmen in aller Regel nicht ergriffen werden und sie daher einer repressiven Ahndung dienten.[58] Es handelt sich also im hier betrachteten Kontext häufig nicht um doppelfunktionale Maßnahmen, bei denen die Behörde mit jeweils selbständiger präventiver und repressiver Zielsetzung tätig wird.[59]

Dabei ist im Grundsatz allgemein anerkannt, dass die BaFin bei der Sachverhaltsermittlung die im Bußgeldverfahren bestehenden Rechte des Betroffenen (bzw. anders gesprochen: die dort bestehenden weitergehenden Beschränkungen ihrer Ermittlungstätigkeit) nicht durch verwaltungsrechtliche Ermittlungsmaßnahmen unterlaufen darf, in denen diese Beschränkungen nicht oder nicht im selben Maße gelten und in denen sie daher eine Mitwirkung erzwingen kann (sog. „Verbot der Rollenvertauschung").[60]

Fraglich ist aber einerseits, ab welchem Zeitpunkt eine solche „Rollenvertauschung" in Betracht kommt, und andererseits, welche Folgen das Verbot der Rollenvertauschung praktisch zeitigt.

(umstrittenen) Frage, wie andere Unternehmensmitarbeiter und ausgeschiedene Organmitglieder zu behandeln sind, vgl. MüKoStPO/Schuhr, 2. Aufl. 2023, Vor § 133 Rn. 134.

[58] Vgl. zur parallelen Thematik bei Verstößen gegen die Verbote des Insiderhandels und der Marktmanipulation (Art. 14 und 15 MAR) zB Achenbach/Ransiek/Rönnau WirtschaftsstrafR/Trüg, 12. Teil, 2. Kap. Rn. 142 und Böse ZStW 2006, 848 (851 ff.).

[59] Vgl. dazu BGHSt 62, 123 Rn. 20.

[60] Vgl. nur Schäfer/Hamann/Schröder WpHG § 40 Rn. 20; Assmann/Schneider/Mülbert/Spoerr § 121 Rn. 18; Fuchs/Zimmermann/Waßmer WpHG § 121 Rn. 30; Schwark/Zimmer/Zetzsche/Lehmann WpHG § 6 Rn. 48; Schwark/Zimmer/Böse/Jansen WpHG § 121 Rn. 2; David/Dinter Bußgeldverfahren KapMarktR/Dinter Rn. 6; Canzler/Hammermaier AG 2014, 57 (59); Böse ZStW 2006, 848 (862 f.); Wabnitz/Janovsky/Schmitt Wirtschafts- und SteuerstrafR/Gehrmann, 6. Aufl. 2025, 11. Kap. Rn. 224; BeckOK WpHR/Kämpfer/Travers WpHG § 121 Rn. 7. Allgemein auch: Böse ZStW 2006, 848 (860).

1. *Zeitpunkt für den Beginn des Verbots der Rollenvertauschung*

Häufig wird darauf abgestellt, dass ein Unterlaufen der Rechte des Betroffenen im Bußgeldverfahren zu besorgen ist, sobald ein Anfangsverdacht (§ 46 Abs. 1 OWiG iVm § 152 Abs. 2 StPO) besteht.[61] Damit wären „zureichende tatsächliche Anhaltspunkte"[62] für eine verfolgbare Ordnungswidrigkeit erforderlich, aber auch ausreichend für die Geltung des Verbots der Rollenvertauschung.

Nach anderer Ansicht bedarf es der Beschuldigtenstellung des Betroffenen.[63] Der Beschuldigtenbegriff vereinigt subjektive und objektive Elemente. Er erfordert subjektiv den Verfolgungswillen der Strafverfolgungsbehörde, der sich objektiv in einem Willensakt (typischerweise der förmlichen Einleitung eines Ermittlungsverfahrens) manifestiert. Mangelt es an einem solchen Willensakt, liegt die Beschuldigteneigenschaft dennoch vor, wenn der so konkret und ernsthaft – also objektiv so stark – ist, dass alles andere als eine Behandlung als Beschuldigter verfehlt (bzw. willkürlich) wäre. Dieser starke Tatverdacht ist nicht erst dann erreicht ist, wenn ein dringender Tatverdacht (§ 112 Abs. 1 S. 1 StPO) besteht; andererseits genügt aber auch nicht schon jeder Anfangsverdacht iSd § 152 Abs. 2 StPO.[64] Im Ergebnis besteht demnach eine Inkulpationspflicht der Verfolgungsbehörde, wenn die Person „konkret und ernsthaft" als Täter einer Ordnungswidrigkeit in Betracht kommt.[65]

Nach der BaFin wird der „objektive Anfangsverdacht" einer Ordnungswidrigkeit durch die jeweiligen Fachreferate in der Regel iRd Marktaufsichtstätigkeit erst während der Sachverhaltsaufklärung festgestellt.[66] Allerdings gibt es auch Fälle, in denen er bereits vor Einleitung eines Verwaltungsverfahrens besteht.[67] Letztlich ist dies eine Frage des Einzelfalls. Allerdings lassen die Formulierungen der Begründung von Auskunfts- und Vorlageersuchen zur Ad-hoc-Publizität häufig auf das Bestehen eines Anfangsverdacht schließen. Auch lässt die bereits eingangs geschilderte Praxis, Untersuchungen mit einem Bußgeldbescheid und nicht mit präventiven Maßnahmen zu beenden, einen Rückschluss darauf zu, dass der Emittent regelmäßig bereits zum Zeitpunkt des Auskunfts- und Vorlageersuchens konkret und ernsthaft als Täter einer Ordnungswidrigkeit in Betracht kommt. In der Praxis dürfte eine Entscheidung für eine der beiden geschilderten Meinungen daher entbehrlich sein.

2. *Folgen des Verbots der Rollenvertauschung*

In der Literatur scheint weitgehend anerkannt, dass die BaFin auch nach dem unter 1. genannten Zeitpunkt zwar das Aufsichtsverfahren fortführen kann (vgl. § 11 WpHG unter → II.1.b)), dies allerdings unter Beachtung der weitergehenden Schutzbestimmungen des

---

[61] Bärlein/Pananis/Rehmsmeier NJW 2002, 1825 (1829); Schwark/Zimmer/Zetzsche/Lehmann WpHG § 6 Rn. 11; Schwark/Zimmer/Böse/Jansen WpHG § 121 Rn. 2; Wimmer NZWiSt 2017, 252 (253). So wohl auch Fuchs/Zimmermann/Waßmer WpHG § 121 Rn. 31 („hinreichender Anlass zur Einleitung eines Ermittlungsverfahrens") und Assmann/Schneider/Mülbert/Spoerr § 121 Rn. 19 („hinreichender Verdacht eines ordnungswidrigen Verhaltens"). Vgl. zur parallelen Thematik im LkSG auch: Ghassemi-Tabar LkSG/Weinbrenner Vor § 16 Rn. 12; Seibt/Vesper-Gräske CB 2021, 357 (361).

[62] Dazu statt aller: MüKoStPO/Peters, 2. Aufl. 2024, § 152 Rn. 35 ff.

[63] David/Dinter Bußgeldverfahren KapMarktR/Dinter Rn. 16; BeckOK WpHR/Kämpfer/Travers WpHG § 121 Rn. 8; Mosbacher JuS 2016, 706 (709).

[64] Vgl. hierzu BGHSt 64, 89 Rn. 30 ff.; Mosbacher JuS 2015, 701 (701 f.); Löwe-Rosenberg StPO/Erb, 27. Aufl. 2018, § 161 Rn. 11.

[65] David/Dinter Bußgeldverfahren KapMarktR/Dinter Rn. 26.

[66] Canzler/Hammermaier AG 2014, 57 (59). Ähnlich: Just/Voß/Ritz/Becker/Klepsch WpHG § 40 Rn. 7.

[67] Just/Voß/Ritz/Becker/Klepsch WpHG § 40 Rn. 7.

Bußgeldverfahrens und nach entsprechender Belehrung.[68] In der Sache gilt daher dasselbe wie bei parallel geführten Verfahren (§ 6 Abs. 3 S. 1 WpHG).[69] Werden Beweise unter Verletzung dieser Grundsätze erhoben, besteht im anschließenden Bußgeldverfahren ein Verwertungsverbot, es sei denn, die Beweise hätten auch im Bußgeldverfahren erhoben werden können (Gedanke des hypothetischen Ersatzeingriffs).[70]

Dies scheint der Sicht des VGH Kassel zu entsprechen, wie er sie in einem (knapp begründeten) Beschluss im Eilverfahren aus dem Jahr 2013 skizziert hat,[71] der soweit ersichtlich der einzige Fall einer gerichtlichen Auseinandersetzung mit dem Verbot der Rollenvertauschung geblieben ist.

Diese Sicht folgt im Grundsatz der Vorschrift des § 161 Abs. 3 StPO, die über § 46 Abs. 1 OWiG ebenfalls im Bußgeldverfahren gilt.[72] Der Vorschrift kann der allgemeine Grundgedanke entnommen werden, dass rechtmäßig auf präventiver Grundlage erhobene Daten im Ordnungswidrigkeiten- bzw. Strafverfahren verwendet werden dürfen, wenn und soweit sie auch nach der StPO zulässig hätten erhoben werden können.[73]

Im Einzelnen ist nach der Rechtsprechung des BGH für eine Verwertbarkeit zunächst erforderlich, dass (1.) die im Bußgeldverfahren zu verwendenden Daten aufsichtsrechtlich rechtmäßig erhoben wurden. Das ist insbesondere dann nicht der Fall, wenn die Anordnungsvoraussetzungen der strafprozessualen Eingriffsmaßnahme rechtsmissbräuchlich umgangen wurden, zB eine gefahrenabwehrrechtliche Maßnahme gewählt wurde, obgleich in Wirklichkeit keine Gefahrenabwehr bezweckt wird oder weil eine vergleichbare strafprozessuale Maßnahme nicht möglich wäre.[74] Zudem muss die Maßnahme (2.) zur Aufklärung einer Tat dienen, aufgrund derer eine solche Maßnahme nach dem OWiG bzw. der StPO hätte angeordnet werden dürfen und müssen (3.) die materiell-rechtlichen Voraussetzungen der vergleichbaren strafprozessualen Eingriffsnorm (nicht aber notwendig deren formelle Anforderungen (zB richterlicher Beschluss)) vorgelegen haben.[75]

Mit § 161 Abs. 3 StPO sollen nach manchen Literaturstimmen nur solche nach dem WpHG zulässigen Ermittlungsmaßnahmen ausscheiden, die in der StPO bzw. dem OWiG keine Entsprechung haben (zB automatisierter Abruf von Daten, § 17 Abw. 4 WpHG).[76] Daneben können aber auch durch Maßnahmen gewonnene Erkenntnisse nicht verwertbar sein, die sich im Grundsatz in beiden Verfahrensordnungen finden, wenn die Voraussetzun-

---

[68] Assmann/Schneider/Mülbert/Spoerr § 121 Rn. 19; Assmann/Schneider WpHG/Vogel, 6. Aufl. 2012, § 40 Rn. 9; Schwark/Zimmer/Zetzsche/Lehmann WpHG § 6 Rn. 11; Fuchs/Zimmermann/Waßmer WpHG § 121 Rn. 31; Seibt/Vesper-Gräske CB 2021, 357 (361) (zur Parallelthematik im LkSG). Ähnlich: Schröder KapMarktStrafR-HdB/Schröder/Poller 5. Kap. Rn. 101; David/Dinter Bußgeldverfahren KapMarktR/Dinter Rn. 23; KK-WpHG/Altenhain § 40 Rn. 10; Schäfer/Hamann/Schröder WpHG § 40 Rn. 20.

[69] Dazu unter → III. 1. b).

[70] KK-WpHG/Altenhain § 40 Rn. 13; Assmann/Schneider/Mülbert/Spoerr § 121 Rn. 19; Fuchs/Zimmermann/Waßmer WpHG § 121 Rn. 31; Schwark/Zimmer/Böse/Jansen WpHG § 121 Rn. 4; Schwark/Zimmer/Zetzsche/Lehmann WpHG § 6 Rn. 11; David/Dinter Bußgeldverfahren KapMarktR/Dinter Rn. 29 ff.

[71] VGH Kassel 7.8.2013 – 6 B 583/13, juris Rn. 25.

[72] Vgl. Fuchs/Zimmermann/Waßmer WpHG § 121 Rn. 32; David/Dinter Bußgeldverfahren KapMarktR/Dinter Rn. 29.

[73] BGHSt 62, 123 Rn. 38; Mosbacher JuS 2016, 706 (708); David/Dinter Bußgeldverfahren KapMarktR/Dinter Rn. 30.

[74] BGHSt 62, 123 Rn. 41.

[75] BGHSt 62, 123 Rn. 38; David/Dinter Bußgeldverfahren KapMarktR/Dinter Rn. 29. Des Weiteren ist erforderlich, dass das WpHG die Verwendung der Daten für strafprozessuale Zwecke erlaubt, vgl. Mosbacher JuS 2016, 706 (708); Löwe-Rosenberg StPO/Dinter, 27. Aufl. 2018, § 161 Rn. 78. Davon ist gem. § 11 WpHG auszugehen.

[76] Fuchs/Zimmermann/Waßmer WpHG § 121 Rn. 32; Park KapitalmarktstrafR/Eggers, 6. Aufl. 2024, Teil 2, Kap. 4 Rn. 16.

gen sich im Einzelnen unterscheiden und im Aufsichtsverfahren erfüllt sind, im Ordnungswidrigkeitenverfahren hingegen nicht.

Im vorliegenden Kontext sind die Voraussetzungen des § 161 Abs. 3 StPO höchst fraglich: So dürfte die Nutzung der aufsichtsrechtlichen Sachverhaltsermittlungskompetenz in vielen Fällen bereits rechtsmissbräuchlich sein, so dass die Informationen schon aufsichtsrechtlich nicht rechtmäßig erhoben wurden. Denn in der Regel werden allein repressive Zwecke für das Auskunfts- und Vorlageersuchen in Betracht kommen.

Auch ist zweifelhaft, ob die konkrete Maßnahme auch nach dem OWiG bzw. der StPO hätte angeordnet werden können. Auskunfts- und Vorlageersuchen sind iRd Ermittlungsgeneralklausel (vgl. § 46 Abs. 1 OWiG iVm § 161 Abs. 1 S. 1 StPO) im ordnungswidrigkeitenrechtlichen Ermittlungsverfahren zwar grundsätzlich auch beim Betroffenen möglich. Es besteht für den Betroffenen aber gerade keine Pflicht, die Auskunft schriftlich zu erteilen oder die Unterlagen herauszugeben.[77] Er kann nur förmlich vernommen werden (§ 136 StPO) und muss ggf. eine Beschlagnahme erdulden. Auch ist ein Herausgabeverlangen gem. § 95 StPO nicht zulässig. Daher ist ein vergleichbares, rechtlich verbindliches Auskunfts- und Vorlageersuchen in der StPO bzw. dem OWiG gegenüber dem Beschuldigten bzw. Betroffenen gerade nicht vorgesehen.

Es spricht vor diesem Hintergrund vieles dafür, dass Angaben, die der Emittent im aufsichtsrechtlichen Ermittlungsverfahren wegen eines möglichen Verstoßes gegen die Ad-hoc-Publizitätspflicht gemacht hat, im Bußgeldverfahren in der Regel nicht verwertet werden können.[78] Aus denselben Gründen kommt eine bußgeldrechtliche Ahndung einer verweigerten Mitwirkung nicht in Betracht.[79]

Aus Sicht der BaFin dürfte es sich daher regelmäßig gebieten, sogleich ein Ordnungswidrigkeitenverfahren einzuleiten und nicht zunächst aufsichtsrechtlich zu ermitteln. Da dies aber bislang, soweit ersichtlich, nicht erfolgt, findet sich der Emittent in einem Dilemma: Soll er sich gegen das Vorgehen der Behörde nach dem aufsichtsrechtlichen Instrumentarium zur Wehr setzen oder vielmehr kooperieren und ggf. auf ein Verwertungsverbot im Bußgeldverfahren spekulieren? Häufig wird der Emittent sich schon aus praktischen Gründen für eine Kooperation im Aufsichtsverfahren entscheiden.[80] Das wirft ihn auf die Argumentation eines Verwertungsverbots zurück, welches, soweit ersichtlich, in der Praxis jedenfalls gerichtlich bislang nicht erprobt worden ist. Zudem darf das Bußgeldreferat der BaFin selbst bei Annahme eines Verwertungsverbots die im Aufsichtsverfahren erhaltenen Angaben und Unterlagen zumindest als Ermittlungs- bzw. Spurenansatz nutzen und Ermittlungen aufgrund des an sich unverwertbaren Beweismittels veranlassen.[81] Was einmal (selbst unverwertbar) bei der Ermittlungsbehörde liegt, dürfte daher über Umwege doch schließlich zu verwertbaren Beweisen führen.

Daher ist im Einzelfall zu prüfen, ob nicht doch Rechtsschutz gegen das Auskunfts- und Vorlageersuchen selbst gesucht werden soll, mit dem Ziel, nicht auf aufsichtsrechtlicher Grundlage zur Informationsgewinnung (insbes. zur Unterlagenherausgabe) verpflichtet zu werden. Aufgrund der Tatsache, dass die BaFin nunmehr nicht zuvor anzuhören hat, son-

---

[77] Vgl. Meyer-Goßner/Schmitt/Eggers § 95 Rn. 5; Löwe-Rosenberg StPO/Erb, 27. Aufl. 2018, § 161 Rn. 22, 48; MüKoStPO/Kölbel/Ibold, 2. Aufl. 2024, § 161 Rn. 27; SK-StPO/Wohlers/Singelnstein § 95 Rn. 13.

[78] Dazu kommen ggf. weitere Verwertungsverbote, zB wegen fehlender Belehrung gem. § 46 Abs. 1 OWiG iVm §§ 136 Abs. 1 S. 2, 163a Abs. 4 S. 2 StPO, vgl. David/Dinter Bußgeldverfahren KapMarktR/Dinter Rn. 34.

[79] BVerfG 25.1.2022 – 2 BvR 2462/18, juris Rn. 57.

[80] Vgl. unter → III. 3.

[81] Vgl. zB Bärlein/Pananis/Rehmsmeier NJW 2002, 1825 (1828); Fuchs/Zimmermann/Waßmer WpHG § 121 Rn. 32; Löwe-Rosenberg StPO/Erb, 27. Aufl. 2018, § 161 Rn. 80; David/Dinter Bußgeldverfahren KapMarktR/Dinter Rn. 30.

dern sofort mit Verwaltungsakt tätig wird,[82] stellt sich diese Frage aufgrund der Monatsfrist des § 70 Abs. 1 S. 1 VwGO bereits früh im Prozess der Bearbeitung des Auskunfts- und Vorlageersuchens. Widerspruch und Anfechtungsklage gegen Auskunfts- und Vorlageersuchen sind isoliert zulässig, weil es sich um vollstreckbare Verwaltungsakte handelt (§ 44a S. 2 Alt. 1 VwGO).[83] Um die Vollziehung zu verhindern, ist allerdings ein Antrag gem. § 80 Abs. 5 VwGO im Eilverfahren erforderlich (§ 13 WpHG). Im bislang einzig bekannten Testfall scheint der VGH Kassel die Argumentation des Beschwerdeführers, die BaFin betreibe ein Bußgeldverfahren, gebe aber vor, nur ein gefahrenrechtliches Verwaltungsverfahren nach § 4 Abs. 3 WpHG aF zu führen, nicht weiter verfolgt zu haben, dies mit der Begründung, für eine parallele Führung beider Verfahren sei nichts ersichtlich.[84] Die vorausgehenden Ausführungen mögen Anlass bieten, diese Begründung noch einmal zu überdenken, da es nach dem zuvor Gesagten nicht darauf ankommen kann, ob tatsächlich beide Referate bereits parallel mit dem Fall befasst sind, sondern allein entscheidend ist, welchem Zweck das aufsichtsrechtliche Verfahren dient.

V. Fazit

Die aus der Doppelrolle der BaFin als Aufsichts- und Bußgeldbehörde folgenden rechtlichen Fragen sind auch im Bereich der Ad-hoc-Publizität keineswegs neu, stellen sich aber regelmäßig und aufgrund der Beschleunigung des Verfahrens durch Wegfall der Anhörungspflicht bei Auskunfts- und Vorlageersuchen auch verschärft. Dient die aufsichtsrechtliche Sachverhaltsermittlung ausschließlich repressiven Zwecken, ist ein Vorgehen nach dem aufsichtsrechtlichen Instrumentarium nicht zulässig. Bedient sich die Behörde gleichwohl dieser Werkzeuge, werden so gewonnene Beweismittel in aller Regel im Bußgeldverfahren nicht verwertbar sein. Aufgrund verbleibender Unsicherheiten in der Praxis, aber auch weil Auskünfte und Unterlagen, einmal vorgelegt, in der Regel jedenfalls als Spurenansatz für weitere Ermittlungen dienen können, sollten Emittenten stets ein gerichtliches Vorgehen gegen die Auskunftserteilung selbst erwägen.

---

82 Vgl. unter → II. 1. a).
83 Assmann/Schneider/Mülbert/Spoerr Vor § 13 Rn. 15.
84 VGH Kassel 7.8.2013 – 6 B 583/13, juris Rn. 22 und 24.

ALEXANDRA DREIBUS

Gruppensachverhalte in der Institutsvergütungsverordnung

I. *Einführung*

Gem. § 25a Abs. 1 S. 3 Nr. 6 KWG müssen Institute iSd KWG über angemessene, transparente und auf eine nachhaltige Entwicklung des Instituts ausgerichtete Vergütungssysteme für Geschäftsleiter und Mitarbeiter verfügen.[1] Dies gilt gem. § 25a Abs. 3 KWG auch für Institutsgruppen, Finanzholding-Gruppen und gemischte Finanzholding-Gruppen sowie Unterkonsolidierungsgruppen nach Art. 22 CRR. Seit ihrer Einführung enthält die InstitutsVergV eine Regelung zu besonderen Anforderungen an Gruppen, deren Bedeutung vor allem für international tätige Gruppen im Finanzdienstleistungssektor nicht zu unterschätzen ist. Während § 9 InstitutsVergV 2010 sich insoweit noch auf drei Sätze beschränkte (unverändert v. 13. 10. 2010 bis zum 31. 12. 2013), wurden die Regelungen für Gruppensachverhalte in § 27 der InstitutsVergV v. 16. 12. 2013[2] seit ihrem Inkrafttreten am 1. 1. 2014 mehrfach geändert und zunehmend komplexer. Mittlerweile stellt § 27 InstitutsVergV ein diffiziles und verschachteltes System von grundsätzlichen Regelungen, Ausnahmen und Rückausnahmen dar. Die gruppenbezogenen Pflichten umfassen die Festlegung einer gruppenweiten Vergütungsstrategie, die gruppenweite Risikoanalyse, die Erfüllung der Offenlegungsanforderungen in Bezug auf die Vergütungspolitik und das Sicherstellen, dass die gruppenweite Vergütungsstrategie eingehalten wird (§ 27 Abs. 1, 2 und 5 InstitutsVergV). Mit diesem Beitrag wird der Versuch unternommen, die verschlungenen Regelungen zu entwirren und einige Aspekte aus der praktischen Anwendung zu beleuchten.

II. *Adressat und Gruppenbegriff*

Adressat der Regelungen in § 27 InstitutsVergV ist das übergeordnete Unternehmen einer Gruppe. § 2 Abs. 12 InstitutsVergV bestimmt, dass Gruppen, übergeordnete Unternehmen und nachgeordnete Unternehmen im Sinne der InstitutsVergV solche gem. § 10a Abs. 1–2 KWG sind. Es wird folglich auf den aufsichtsrechtlichen Konsolidierungskreis abgestellt, entsprechend den EBA-Leitlinien für solide Vergütungspolitik gem. RL 2013/36/EU.[3]

§ 10a Abs. 1 KWG definiert die Institutsgruppe; § 10a Abs. 2 KWG definiert die Finanzholding-Gruppe und die gemischte Finanzholding-Gruppe. Beide Arten von Gruppen bestehen aus einem übergeordneten Unternehmen und einem oder mehreren nachgeordneten Unternehmen.

In einer Institutsgruppe ist das übergeordnete Unternehmen gem. § 10a Abs. 1 S. 1 KWG (i) ein CRR-Kreditinstitut (vgl. § 1 Abs. 3d S. 1 KWG), das nach Art. 11 CRR die Konsolidierung vorzunehmen hat, oder ein Institut, das nach § 1a KWG iVm Art. 11 CRR die Konsolidierung vorzunehmen hat, weil es gem. § 1a KWG als CRR-Kreditinstitut gilt.

---

[1] Die in diesem Beitrag verwendeten Personenbezeichnungen beziehen sich auf alle Geschlechter.

[2] BGBl. 2023 I 4270.

[3] EBA/GL/2013/36 Tz. 9 und 75.

In einer Institutsgruppe gelten gem. § 10a Abs. 1 S. 2 KWG solche Unternehmen als nachgeordnete Unternehmen, die nach Art. 18 CRR zu konsolidieren sind oder freiwillig konsolidiert werden. Institute, die nach § 1a KWG als CRR-Kreditinstitute gelten und nicht ausschließlich über eine Erlaubnis verfügen, die Tätigkeit einer zentralen Gegenpartei (§ 1 Abs. 1 S. 2 Nr. 12 KWG) auszuüben, gelten hierbei als Institute iSd Art. 18 CRR.

In einer (gemischten) Finanzholding-Gruppe ist das übergeordnete Unternehmen gem. § 10a Abs. 2 S. 1 KWG das Unternehmen, das nach Art. 11 CRR die Konsolidierung vorzunehmen hat.

In einer (gemischten) Finanzholding-Gruppe gelten gem. § 10a Abs. 2 S. 2 KWG solche Unternehmen als nachgeordnete Unternehmen, die nach Art. 18 CRR zu konsolidieren sind oder freiwillig konsolidiert werden. Institute, die nach § 1a KWG als CRR-Kreditinstitute gelten und nicht ausschließlich über eine Erlaubnis verfügen, die Tätigkeit einer zentralen Gegenpartei (§ 1 Abs. 1 S. 2 Nr. 12 KWG) auszuüben, gelten hierbei als Institute iSd Art. 18 CRR.

Schwieriger zu fassen sind (gemischte) Finanzholdinggesellschaften, bei denen die Mutterfinanzholdinggesellschaft gem. Art. 21a Abs. 4 CRD IV keiner Zulassung bedarf und ein benanntes Institut, das von der Mutterfinanzholdinggesellschaft kontrolliert wird, gem. Art. 11 Abs. 2 UAbs. 1 Buchst. b CRR iVm Art. 11 Abs. 1 CRR für die Konsolidierung verantwortlich ist. Die konsolidierte Lage ist gem. Art. 11 Abs. 2 UAbs. 2 CRR in diesem Fall dennoch die konsolidierte Lage der betreffenden Mutterfinanzholdinggesellschaft. Für die Zwecke des § 27 InstitutsVergV ist eine solche Mutterfinanzholdinggesellschaft dann gruppenangehöriges Unternehmen; sie kann aber nur als nachgeordnetes Unternehmen eingeordnet werden, da die Rolle des übergeordneten Unternehmens dem von der Mutterfinanzholding kontrollierten und gem. Art. 11 Abs. 2 UAbs. 1 Buchst. b CRR benannten Institut zukommt.

Der Konsolidierungskreis von Institutsgruppen und Finanzholding-Gruppen umfasst nach Art. 18 Abs. 1 CRR Institute und Finanzinstitute, die Tochterunternehmen sind. Ein Institut ist gem. Art. 4 Abs. 1 Nr. 3 CRR ein gem. Art. 8 CRD IV zugelassenes Kreditinstitut oder ein in Art. 8a Abs. 3 CRD IV genanntes Unternehmen. Ein Finanzinstitut ist gem. Art. 4 Abs. 1 Nr. 26 CRR ein Unternehmen, das kein Institut und keine reine Industrieholdinggesellschaft ist und dessen Haupttätigkeit darin besteht, Beteiligungen zu erwerben oder eines oder mehrere der in Anh. I Nr. 2–12 und 15 CRD IV genannten Geschäfte zu betreiben. Diese Definition schließt Wertpapierfirmen, Finanzholdinggesellschaften, gemischte Finanzholdinggesellschaften, Investmentholdinggesellschaften, Zahlungsinstitute und Vermögensverwaltungsgesellschaften ein, jedoch nicht Versicherungsholdinggesellschaften und gemischte Versicherungsholdinggesellschaften. Der Begriff des Tochterunternehmens wird in Art. 4 Abs. 1 Nr. 16 CRR definiert, der außerdem festlegt, dass Tochterunternehmen von Tochterunternehmen ebenfalls als Tochterunternehmen des ursprünglichen Mutterunternehmens gelten. Anbieter von Nebendienstleistungen (vgl. Art. 4 Abs. 1 Nr. 18 CRR) werden gem. Art. 18 Abs. 2 CRR in den Fällen und gem. den Methoden in die Konsolidierung einbezogen, die in Art. 18 CRR festgelegt sind. Art. 18 Abs. 3–8 CRR legen ferner Befugnisse der zuständigen Behörden fest, in bestimmten weiteren Fällen über das „Ob" bzw. das „Wie" der Einbeziehung von Unternehmen in die Konsolidierung zu entscheiden. Unternehmen, die nach Art. 19 CRR nicht in den aufsichtsrechtlichen Konsolidierungskreis fallen, sind für Zwecke des § 27 InstitutsVergV auch nicht Teil einer Gruppe.

Im Zusammenhang mit der Beschränkung des § 27 InstitutsVergV auf den aufsichtsrechtlichen Konsolidierungskreis wird die Frage aufgeworfen, ob dies angesichts des umfassenderen Gruppenbegriffs des § 25a Abs. 3 KWG, der für das gruppenweite Risikomanagement gilt, angemessen ist.[4] Letzterer umfasst gem. § 25a Abs. 3 S. 2 KWG auch Tochterunterneh-

[4] Buscher/v. Harbou/Link/Weigl InstitutsVergV § 27 Rn. 22.

men des übergeordneten Unternehmens und der nachgeordneten Unternehmen, die nicht zum aufsichtsrechtlichen Konsolidierungskreis gehören.[5] Es ist möglich, dass bei solchen Konzernunternehmen die Vergütungssysteme Anreize zum Eingehen unverhältnismäßiger Risiken durch Mitarbeiter setzen können. Das gruppenweite Risikomanagement iSd § 25a Abs. 3 KWG erstreckt sich auf wesentliche Risiken der Gruppe und seine Ausgestaltung hängt von Art, Umfang, Komplexität und Risikogehalt der betriebenen Geschäftsaktivitäten sowie gesellschaftsrechtlichen Möglichkeiten ab.[6] Unter Berücksichtigung dieses Proportionalitätsprinzips können auch Maßnahmen zur Ausgestaltung der Vergütungssysteme von Konzernunternehmen außerhalb des aufsichtsrechtlichen Konsolidierungskreises iRd gruppenweiten Risikomanagements sinnvoll sein, ohne dass dies eine vollständige Anwendung der Regelungen des § 27 InstitutsVergV bedeutet.[7]

III. Gruppenweite Vergütungsstrategie

Zu den Pflichten des übergeordneten Unternehmens einer Gruppe gehört es, eine gruppenweite Vergütungsstrategie festzulegen. Die gruppenweite Vergütungsstrategie soll die Grundsätze für angemessene, transparente, geschlechtsneutrale und auf eine nachhaltige Entwicklung der Gruppe ausgerichtete Vergütungssysteme vorgeben (§ 27 Abs. 1 S. 1 InstitutsVergV).

1. Inhaltliche Vorgaben

Die gruppenweite Vergütungsstrategie hat die Anforderungen des § 25a Abs. 5 KWG und der §§ 4–13 InstitutsVergV in Bezug auf alle Mitarbeiter der gruppenangehörigen Unternehmen umzusetzen wie insbes. die Vorgaben zur Angemessenheit des Verhältnisses der variablen zur fixen jährlichen Vergütung begrenzt durch den Bonus Cap mit besonderen Anforderungen für Mitarbeiter der Kontrolleinheiten; die Ausrichtung der Vergütungsstrategie an der Geschäfts- und Risikostrategie der Gruppe; die Vorgaben zur Ermittlung und Festsetzung des Gesamtbonuspools und der Erdienung zurückbehaltener Vergütungsbestandteile; das Verbot der Einschränkung oder Aufhebung der Risikoadjustierung der variablen Vergütung durch Absicherungs- oder sonstige Gegenmaßnahmen; zusätzliche Anforderungen an die Vergütung von Geschäftsleitern; Anforderungen an Dokumentation, regelmäßige Überprüfung und Information der Mitarbeiter.

Zusätzliche inhaltliche Anforderungen an die gruppenweite Vergütungsstrategie bestehen für Gruppen, in denen das übergeordnete Unternehmen gem. § 27 Abs. 2 InstitutsVergV auf Grundlage einer gruppenweiten Risikoanalyse Gruppen-Risikoträger und Gruppen-Risikoträgerinnen ermitteln muss (dazu unter → IV.).

Sofern nachgeordnete Unternehmen einer Gruppe ihren Sitz im Ausland haben, bilden die zuvor genannten Anforderungen an die gruppenweite Vergütungsstrategie gem. § 27 Abs. 1 S. 4 InstitutsVergV den Mindeststandard. Unterliegt ein ausländisches nachgeordnetes Unternehmen nach der Rechtsordnung seines Sitzstaates strengeren Anforderungen an die Vergütungsstrategie als im Inland, muss das übergeordnete Unternehmen dies gem. § 27 Abs. 1 S. 4 InstitutsVergV bei der Festlegung der gruppenweiten Vergütungsstrategie berücksichtigen.

Hat das übergeordnete Unternehmen einer Gruppe die gruppenweite Vergütungsstrategie festgelegt, muss es gem. § 27 Abs. 5 S. 1 InstitutsVergV deren Einhaltung sicherstellen;

---

[5] S. dazu auch AT 4.5 MaRisk.

[6] BaFin, Erläuterungen zu Rundschreiben 06/2024 (MaRisk), AT 4.5 Tz. 1.

[7] Buscher/v. Harbou/Link/Weigl InstitutsVergV § 27 Rn. 22 ff.; Fischer/Schulte-Mattler/Siering InstitutsVergV § 27 Rn. 5.

dies schließt nach Sinn und Zweck bei ausländischen nachgeordneten Unternehmen das nach § 27 Abs. 1 S. 4 InstitutsVergV verlangte Hinwirken auf die Einhaltung etwaiger strengerer lokaler Anforderungen ein. Generell wird zu Recht angemerkt, dass die auf nachgeordnete Unternehmen anwendbaren gesellschaftsrechtlichen Regelungen dem übergeordneten Unternehmen in Bezug auf das Sicherstellen der Einhaltung der gruppenweiten Vergütungsstrategie Grenzen setzen können. Die Regelung in § 27 Abs. 5 S. 1 InstitutsVergV ist daher so zu verstehen, dass es sich um eine Verpflichtung des übergeordneten Unternehmens handelt, auf die Einhaltung der gruppenweiten Vergütungsstrategie hinzuwirken und hierbei die verfügbaren Möglichkeiten zur Einwirkung auf das jeweilige nachgeordnete Unternehmen wahrzunehmen.[8] Dies verlangt eine Interaktion und den Informationsaustausch der zuständigen Funktionen des übergeordneten Unternehmens mit denen der nachgeordneten Unternehmen.[9]

2. *Ausnahmen nach § 27 Abs. 1 S. 2 InstitutsVergV*

Die sprachlich schwer zugängliche Regelung des § 27 Abs. 1 S. 2 Hs. 2 InstitutsVergV[10] bestimmt, dass die Anforderungen an die gruppenweite Vergütungsstrategie nicht in sämtlichen gruppenangehörigen Unternehmen bzw. nicht in Bezug auf sämtliche Mitarbeiter umzusetzen sind. Ziel der Regelung ist es, dass nachgeordnete Unternehmen nicht aufgrund der Einbeziehung in die gruppenweite Vergütungsstrategie auf Einzelebene Anforderungen einhalten müssen, von deren Anwendung sie gesetzlich ausgenommen bzw. befreit sind.[11] Dies gilt vorbehaltlich der in § 27 Abs. 2 InstitutsVergV geregelten Verpflichtung bestimmter übergeordneter Unternehmen, in Bezug auf sämtliche nachgeordnete Unternehmen etwaige Gruppen-Risikoträger zu ermitteln (dazu unter → IV.).

Aus § 27 Abs. 1 S. 2 InstitutsVergV, wonach in Bezug auf die gruppenweite Vergütungsstrategie in nachgeordneten Unternehmen § 1 InstitutsVergV entsprechend gilt, folgt, dass die gruppenweite Vergütungsstrategie nur für solche nachgeordneten Unternehmen gilt, die gem. § 1 InstitutsVergV selbst unmittelbar in den Anwendungsbereich der InstitutsVergV fallen und nicht gem. § 2 KWG von den Anforderungen des § 25a Abs. 5 KWG ausgenommen sind. Unmittelbar in den Anwendungsbereich der InstitutsVergV fallen Institute gem. § 1 Abs. 1b KWG und gem. § 53 Abs. 1 KWG.

Eine zur Gruppe gehörende Finanzholdinggesellschaft ist kein Institut nach § 1 Abs. 1b KWG oder § 53 Abs. 1 KWG, so dass in ihr die gruppenweite Vergütungsstrategie nicht umzusetzen ist, sofern sie über Mitarbeiter verfügt und diese nicht als Gruppen-Risikoträger eingestuft sind (dazu unter → IV.). Ebenso verhält es sich zB mit einem gruppenangehörigen Finanzdienstleistungsinstitut, das ausschließlich Finanzdienstleistungen nach § 1 Abs. 1a S. 2 Nr. 9 KWG (Factoring) oder § 1 Abs. 1a S. 2 Nr. 10 KWG (Finanzierungsleasing) erbringt. Ein solches Unternehmen ist zwar ein Institut gem. § 1 Abs. 1b KWG, wird aber durch § 1 Abs. 1 S. 2 InstitutsVergV vom Anwendungsbereich der InstitutsVergV ausgenommen.

---

[8] Buscher/v. Harbou/Link/Weigl InstitutsVergV § 27 Rn. 37 ff.; Binder/Glos/Riepe BankenaufsichtsR-HdB/Glasow § 12 Rn. 139; Fischer/Schulte-Mattler/Siering InstitutsVergV § 27 Rn. 15 f.

[9] EBA/GL/2013/36 Tz. 43.

[10] „[...], wonach in nachgeordneten Unternehmen sowohl § 1 dieser Verordnung als auch § 2 Abs. 7–8b, 9a, 9e, 9g und 9h KWG vorbehaltlich der Regelungen in den Abs. 2 und 4 entsprechend gelten."

[11] Buscher/v. Harbou/Link/Weigl InstitutsVergV § 27 Rn. 12; Binder/Glos/Riepe BankenaufsichtsR-HdB/Glasow § 12 Rn. 141.

IV. Gruppenweite Risikoanalyse

Für Gruppen, deren übergeordnetes Unternehmen sich durch seine Größe, potenzielle Systemrelevanz oder besonders risikorelevante Geschäfte auszeichnet, schreibt § 27 Abs. 2 InstitutsVergV die Durchführung einer gruppenweiten Risikoanalyse zur Ermittlung von Gruppen-Risikoträgern vor.

§ 27 Abs. 2 InstitutsVergV unterscheidet hierbei folgende Arten von übergeordneten Unternehmen: (i) bedeutende Institute gem. der Definition in § 1 Abs. 3c KWG **(Fallgruppe 1)** und (ii) Institute gem. § 1 Abs. 3 S. 2 InstitutsVergV **(Fallgruppe 2).**

Fallgruppe 1: Ein Institut ist gem. § 1 Abs. 3c S. 1 KWG bedeutend, wenn seine Bilanzsumme im Durchschnitt zu den jeweiligen Stichtagen der letzten vier abgeschlossenen Geschäftsjahre 15 Mrd. EUR überschritten hat. Ungeachtet dieser quantitativen Anforderungen gelten folgende Institute gem. § 1 Abs. 3c S. 2 KWG immer als bedeutend: (1) Institute, die eine der Bedingungen gem. Art. 6 Abs. 4 UAbs. 2 SSM-VO erfüllen und damit der direkten Beaufsichtigung durch die EZB unterliegen, (2) Institute, die als potenziell systemrelevant iSd § 12 KWG eingestuft wurden und (3) Finanzhandelsinstitute gem. § 25f Abs. 1 KWG.

Fallgruppe 2: Ein CRR-Kreditinstitute (vgl. § 1 Abs. 3d S. 1 KWG), das nicht bedeutend gem. § 1 Abs. 3c KWG ist (und deshalb nicht in Fallgruppe 1 fällt), wenn es in eine der folgenden Kategorien fällt: (1) seine Bilanzsumme auf konsolidierter oder teilkonsolidierter Basis gem. Art. 18 CRR erreicht oder überschreitet 30 Mrd. Euro; (2) seine Bilanzsumme hat im Durchschnitt zu den jeweiligen Stichtagen der letzten vier abgeschlossenen Geschäftsjahre 5 Mrd. EUR überschritten und es erfüllt mindestens eine der in § 1 Abs. 3 S. 2 Nr. 2a)-c) InstitutsVergV genannten Voraussetzungen, also (a) keine Befreiung nach § 20 Abs. 1 SAG und keine Anwendbarkeit der vereinfachten Anforderungen nach §§ 19, 41 SAG, und/oder (b) Handelsbuchtätigkeiten, die zum Abschluss des letzten Geschäftsjahres einen geringen Umfang iSd Art. 94 Abs. 1 CRR übersteigen, und/oder (c) zum Abschluss des letzten Geschäftsjahres ein Gesamtwert an Derivatepositionen, die mit Handelsabsicht gehalten werden, der 2% der gesamten bilanziellen und außerbilanziellen Vermögenswerte übersteigt und ein Gesamtwert an allen Derivatepositionen, der 5% übersteigt, jeweils berechnet gem. Art. 273a Abs. 3 CRR.

Gruppen-Risikoträger sind gem. der Definition in § 2 Abs. 8 S. 2 InstitutsVergV Mitarbeiter, deren berufliche Tätigkeit sich wesentlich auf das Gesamtrisikoprofil einer Gruppe gem. § 2 Abs. 12 InstitutsVergV auswirkt.

In beiden zuvor genannten Fallgruppen sind in entsprechender Anwendung von § 25a Abs. 5b S. 1 KWG die dort genannten Personen zwar nicht automatisch als Gruppen-Risikoträger einzustufen, wohl aber zwingend in die Prüfung einzubeziehen, ob sich ihre Tätigkeit wesentlich auf das Gesamtrisikoprofil der Gruppe auswirkt. Nur in Bezug auf Fallgruppe 1 erklärt § 27 Abs. 2 S. 1 InstitutsVergV den gesamten § 25a Abs. 5 KWG für entsprechend anwendbar. Dies bedeutet, dass in Fallgruppe 1 bei der Ermittlung von Gruppen-Risikoträgern zusätzlich auch Mitarbeiter einbezogen werden, die eines der qualitativen oder quantitativen Kriterien erfüllen, die in Art. 56 VO (EU) 2021/923 festgelegt sind.

Übergeordnete Unternehmen der Fallgruppe 1 müssen gem. § 27 Abs. 2 S. 2 InstitutsVergV bei der Festlegung der gruppenweiten Vergütungsstrategie in Bezug auf die durch die gruppenweite Risikoanalyse ermittelten Gruppen-Risikoträger zusätzlich zu den Anforderungen der § 25a Abs. 5 KWG, §§ 4–13 InstitutsVergV (unter → III.1) auch die Anforderungen des § 18 Abs. 1, Abs. 3–5 InstitutsVergV (Anforderungen an Vergütungssysteme von Risikoträgern in bedeutenden Instituten; Risikoausrichtung der Vergütungssysteme), §§ 19–22 InstitutsVergV (Ex-ante-Risikoadjustierung; Ex-post-Risikoadjustierung; Vergütungen im Zusammenhang mit Ausgleichszahlungen; zusätzliche Leistungen zur Altersversorgung) umsetzen.

Übergeordnete Unternehmen der Fallgruppe 2 müssen gem. § 27 Abs. 2 S. 3 InstitutsVergV in Bezug auf die ermittelten Gruppen-Risikoträger dieselben zusätzlichen Anforderungen umsetzen wie übergeordnete Unternehmen der Fallgruppe 1, ausgenommen sind jedoch § 19 Abs. 1, 3–4 InstitutsVergV (Bemessungszeitraum von mindestens drei Jahren für die Ermittlung der variablen Vergütung) und § 20 Abs. 2 InstitutsVergV (Zurückbehaltung von mindestens 60% der variablen Vergütung).

Die Umsetzung der Vergütungsanforderungen für Risikoträger auf Gruppen-Risikoträger bringt in internationalen Konzernen häufig praktische Herausforderungen mit sich. Dies betrifft zB Gruppen-Risikoträger, deren Aufgabenbereich nicht auf die Gruppe iSd InstitutsVergV – als ein Teil des internationalen Gesamtkonzerns – beschränkt ist, sondern eine internationale Spannweite im Gesamtkonzern hat. Die für solche Gruppen-Risikoträger zu vereinbarende Ziele können sich nicht auf den Teilkonzern beschränken, der als Gruppe der InstitutsVergV unterliegt. Sofern praktisch möglich, könnte eine prozentuale Aufteilung der Tätigkeit des betreffenden Gruppen-Risikoträgers auf die der InstitutsVergV unterliegende Gruppe und den restlichen Konzern iRd Zielsetzung erfolgen. Eine andere Möglichkeit ist die Aufteilung der Ziele auf die Ebenen Gesamtkonzern, Gruppe iSd InstitutsVergV, Organisationseinheit iSd InstitutsVergV und individuelle Ziele iSd InstitutsVergV, wobei bei der Gewichtung die von der BaFin eingeräumte Flexibilität in Abhängigkeit von der Organisationsstruktur und der Stellung des Gruppen-Risikoträgers in der Gruppe genutzt werden kann.[12]

V. Sektorspezifische Ausnahmen

§ 27 Abs. 3 InstitutsVergV nimmt bestimmte nachgeordnete Unternehmen von den konkreten inhaltlichen Anforderungen an die gruppenweite Vergütungsstrategie wie sie in § 27 Abs. 1 S. 2 InstitutsVergV aufgeführt werden (dazu unter → III.1) und (teilweise) von der Verpflichtung zur Ermittlung von Gruppen-Risikoträgern iRd gruppenweiten Risikoanalyse und deren Folgen gem. § 27 Abs. 2 InstitutsVergV aus. Allerdings wird diese Ausnahme in § 27 Abs. 3 InstitutsVergV zur Vermeidung von Umgehungen der Vergütungsvorschriften des KWG und der InstitutsVergV durch Verlagerung von Bankmitarbeitern in gem. § 27 Abs. 2 InstitutsVergV befreite nachgeordnete Unternehmen eingeschränkt.[13]

1. Ausnahmen nach § 27 Abs. 3 InstitutsVergV

In Umsetzung von Art. 109 Abs. 4 CRD IV bestimmt § 27 Abs. 3 InstitutsVergV, dass die Anforderungen gem. § 27 Abs., 1 S. 2 InstitutsVergV (inhaltliche Anforderungen an gruppenweite Vergütungsstrategie) und § 27 Abs. 2 InstitutsVergV (Ermittlung von Gruppen-Risikoträgern und Einbeziehung in die gruppenweite Vergütungsstrategie) auf folgende nachgeordnete Unternehmen nicht anzuwenden sind: (i) Unternehmen mit Sitz in der EU, die an besondere Vergütungsanforderungen nach Maßgabe anderer EU Rechtsakte gebunden sind (§ 27 Abs. 3 Nr. 1 InstitutsVergV) und (ii) Unternehmen mit Sitz in einem Drittstaat, die an besondere Vergütungsanforderungen nach Maßgabe anderer EU Rechtsakte gebunden wären, wenn sie ihren Sitz in der EU hätten.

Vergütungsanforderungen nach Maßgabe anderer EU-Rechtsakte meint Vergütungsanforderungen, die sich aus anderen EU-Rechtsakten als der CRD IV ergeben. Folglich erfasst die Ausnahme nach § 27 Abs. 3 InstitutsVergV keine nachgeordneten Unternehmen, die der nationalen Umsetzung der Vergütungsanforderungen aus Art. 92, 94, 95 CRD IV

---

[12] BaFin, Fragen und Antworten zur Institutsvergütungsverordnung, Frage Nr. 15.

[13] BaFin, RefE Dritte Verordnung zur Änderung der Institutsvergütungsverordnung, Nr. 15; vgl. auch Art. 109 Abs. 5 CRD IV.

unterliegen (wie zB CRR-Kreditinstitute iSd § 1 Abs. 3d KWG oder Große Wertpapierinstitute iSd § 2 Abs. 18 WpIG).

Besondere Vergütungsanforderungen nach Maßgabe anderer EU-Rechtsakte finden sich zum einen für Kapitalverwaltungsgesellschaften in den nationalen Umsetzungen von Art. 13 AIFMD und Art. 14b UCITSD (vom deutschen Gesetzgeber in § 37 KAGB umgesetzt); zum anderen für Wertpapierfirmen in den nationalen Umsetzungen von Art. 26 Abs. 1 S. 1 Buchst. d, 30 und 32 IFD.[14]

In Bezug auf Wertpapierfirmen ist zu beachten, dass gem. Art. 25 Abs. 1 IFD die Vergütungsanforderungen der IFD nur für die Kategorie der sog. Klasse 2-Wertpapierfirmen gelten (entspricht der Kategorie „Mittlere Wertpapierinstitute" iSd § 2 Abs. 17 WpIG). Sie gelten nicht für die Kategorie der kleinen und nicht verflochtenen, sog. Klasse 3-Wertpapierfirmen (entspricht der Kategorie „Kleine Wertpapierinstitute" iSd § 2 Abs. 16 WpIG). Erwgr. 22 IFD führt aus, dass kleine, nicht verflochtene Wertpapierfirmen von den Vergütungsanforderungen der IFD ausgenommen werden, weil die in der RL 2014/65/EU (MiFID II) enthaltenen Bestimmungen zu Vergütung und Unternehmensführung für diese Art von Wertpapierfirmen ausreichen. Daher wäre es systemwidrig, die Ausnahme in § 27 Abs. 3 InstitutsVergV nicht auch auf kleine, nicht verflochtene, sog. Klasse 3-Wertpapierfirmen anzuwenden, da diese ansonsten innerhalb einer Gruppe strengeren Vergütungsanforderungen unterworfen würden, als die größeren oder komplexeren sog. Klasse 2-Wertpapierfirmen.

2. Rückausnahmen nach § 27 Abs. 4 InstitutsVergV

Die Ausnahme nach § 27 Abs. 3 InstitutsVergV wird in § 27 Abs. 4 InstitutsVergV in Bezug auf folgende nachgeordnete Unternehmen wieder eingeschränkt: (i) Kapitalverwaltungsgesellschaften iSd § 17 KAGB; (ii) EU-Verwaltungsgesellschaften iSd § 1 Abs. 17 KAGB; (iii) ausländische AIF-Verwaltungsgesellschaften iSd § 1 Abs. 18 KAGB; (iv) Wertpapierfirmen, die in Anh. I Abschn. A Nr. 2 (Ausführung von Aufträgen im Namen von Kunden), Nr. 3 (Handel für eigene Rechnung), Nr. 4 (Portfolio-Verwaltung), Nr. 6 (Übernahme der Emission von Finanzinstrumenten und/oder Platzierung von Finanzinstrumenten mit fester Übernahmeverpflichtung) und Nr. 7 (Platzierung von Finanzinstrumenten ohne feste Übernahmeverpflichtung) MiFID II aufgeführten Wertpapierdienstleistungen und Anlagetätigkeiten ausführen.

Diese nachgeordneten Unternehmen müssen iRd gruppenweiten Risikoanalyse ermitteln, ob sie Mitarbeiter haben, deren berufliche Tätigkeit sich direkt und wesentlich auf das Risikoprofil oder die Geschäftstätigkeit von mindestens einem CRR-Kreditinstitut innerhalb der Gruppe auswirkt. Sofern dies der Fall ist, muss für diese Mitarbeiter in der gruppenweiten Vergütungsstrategie die Einhaltung der in § 27 Abs. 1 S. 2 InstitutsVergV genannten Vergütungsanforderungen des KWG und der InstitutsVergV und die Einhaltung der zusätzlichen Anforderungen für Gruppen-Risikoträger nach Maßgabe des § 27 Abs. 2 InstitutsVergV sichergestellt werden.

VI. Offenlegung und zentrale Erfüllung von Aufgaben

Gem. § 27 Abs. 1 S. 3 InstitutsVergV hat das übergeordnete Unternehmen einer Gruppe die Offenlegungsanforderungen gem. § 16 InstitutsVergV auf konsolidierter Ebene zu erfüllen. Dies gilt unbeschadet der Offenlegungspflichten nach Art. 450 CRR, die unter den Voraussetzungen des Art. 13 CRR ebenfalls auf konsolidierter Basis erfüllt werden müssen.

[14] Der deutsche Gesetzgeber hat Art. 26 Abs. 1 S. 1 Buchst. d, 30, 32 IFD in § 46 WpIG und der WpI-VergV umgesetzt (vgl. BT-Drs. 19/26929, 147).

Gem. § 27 Abs. 6 S. 1 InstitutsVergV können die Aufgaben des Vergütungsbeauftragten gem. § 24 InstitutsVergV zentral durch den Vergütungsbeauftragten des übergeordneten Unternehmens erfüllt werden. Dies betrifft Gruppen, die bedeutende Institute gem. § 1 Abs. 3c KWG umfassen, für die gem. § 23 Abs. 1 InstitutsVergV ein Vergütungsbeauftragter bestellt werden muss. § 27 Abs. 6 S. 1 InstitutsVergV gestattet es den gruppenangehörigen bedeutenden Instituten auf die Bestellung eines eigenen Vergütungsbeauftragten zu verzichten und eine vollständige Auslagerung der Aufgaben des Vergütungsbeauftragten auf das übergeordnete Unternehmen vorzunehmen, wenn dieses als bedeutendes Institut einen Vergütungsbeauftragten bestellt.[15] Dieser Vergütungsbeauftragte des übergeordneten Unternehmens hat sich gem. § 24 Abs. 1 S. 4 InstitutsVergV nicht nur mit den Vergütungssystemen der Mitarbeiter des übergeordneten Unternehmens auf Einzelinstitutsebene zu befassen, sondern auch zu überprüfen, inwieweit die Gruppen-Vergütungsstrategie und die regulatorischen Anforderungen auch auf Gruppenebene konsistent umgesetzt werden.[16] Die BaFin leitet aus § 24 Abs. 1 S. 4, § 24 Abs. 3 iVm § 27 Abs. 1–2 InstitutsVergV ab, dass der Vergütungskontrollbericht des zentralen Vergütungsbeauftragten sich dann auch mit der Einhaltung der Anforderungen auf Gruppenebene zu befassen hat (zB mit dem Prozess der Gruppen-Risikoträgeranalyse und den Vergütungssystemen der Gruppen-Risikoträger).[17] Trotz der Regelung über die zentrale Erfüllung von Aufgaben des Vergütungsbeauftragten gem. § 27 Abs. 1 S. 1 InstitutsVergV hält die BaFin weiterhin in der Regel zusätzlich einen Vergütungskontrollbericht auf Einzelinstitutsebene eines nachgeordneten Unternehmens für erforderlich, wenn es sich bei dem nachgeordneten Unternehmen um ein bedeutendes Institut gem. § 1 Abs. 3c KWG handelt; Verweise auf oder Übernahme von Darstellungen im Gesamtvergütungskontrollbericht für die Gruppe, die auch auf das betreffende nachgeordnete Unternehmen zutreffen, sind möglich.[18] Das Verfassen dieses Vergütungskontrollberichts auf Einzelinstitutsebene kann dem zentralen Vergütungsbeauftragten beim übergeordneten Unternehmen übertragen werden, da es sich gem. § 24 Abs. 3 InstitutsVergV um eine Aufgabe des Vergütungsbeauftragten handelt.

Eine weitere Erleichterung sieht § 27 Abs. 6 S. 2 InstitutsVergV vor für gruppenangehörige nachgeordnete Unternehmen, die keine bedeutenden Institute gem. § 1 Abs. 3c KWG sind. Bei diesen kann die Überprüfung der Vergütungssysteme gem. § 12 Abs. 1 InstitutsVergV zentral durch das übergeordnete Unternehmen durchgeführt werden. Werden bei dieser zentral durchgeführten Überprüfung der Vergütungssysteme des nachgeordneten Unternehmens Mängel festgestellt, trifft die Verpflichtung zur Erstellung und Umsetzung des Maßnahmenplans zur Behebung gem. § 12 Abs. 2 InstitutsVergV die Geschäftsleitung des nachgeordneten Unternehmens; das übergeordnete Unternehmen hat gem. der hier vertretenen Auslegung des § 27 Abs. 5 S. 1 InstitutsVergV auf die Erfüllung dieser Verpflichtung hinzuwirken.

Eine Zentralisierung auf Gruppenebene ist nicht möglich in Bezug auf die Einrichtung eines Vergütungskontrollausschusses iSd § 15 InstitutsVergV und § 25d Abs. 12 KWG. Dies ergibt sich aus § 27 Abs. 5 S. 2 InstitutsVergV, wonach das übergeordnete Unternehmen – soweit geboten – auf die Einrichtung eines Vergütungskontrollausschusses gem. § 15 InstitutsVergV und § 25d Abs. 12 KWG in den nachgeordneten Unternehmen hinzuwirken hat. Die Einrichtung eine Vergütungskontrollausschusses ist verpflichtend gem. § 25d Abs. 7 S. 2 KWG und damit geboten, wenn es sich bei dem nachgeordneten Unternehmen um ein bedeutendes Institut gem. § 1 Abs. 3c KWG handelt. Bei anderen nachgeordneten Unter-

[15] BaFin, Fragen und Antworten zur Institutsvergütungsverordnung, Frage Nr. 19 Rn. 117.

[16] BaFin, Fragen und Antworten zur Institutsvergütungsverordnung, Frage Nr. 19 Rn. 121.

[17] BaFin, Fragen und Antworten zur Institutsvergütungsverordnung, Frage Nr. 19 Rn. 124 mit weiteren Details zum Inhalt des Vergütungskontrollbericht.

[18] BaFin, Fragen und Antworten zur Institutsvergütungsverordnung, Frage Nr. 19 Rn. 125.

nehmen ist anhand der in § 25d Abs. 7 S. 1 KWG genannten Kriterien Größe, interne Organisation, Art, Umfang, Komplexität und Risikogehalt der Geschäfte des Unternehmens zu entscheiden, ob die Einrichtung eines Vergütungskontrollausschusses beim jeweiligen nachgeordneten Unternehmen geboten ist. Bei ausländischen nachgeordneten Unternehmen ist auf die Einrichtung eines Vergütungskontrollausschusses hinzuwirken, wenn dies nach der betreffenden ausländischen Rechtsordnung erforderlich ist.[19]

[19] EBA/GL/2013/36, Tz. 52; Buscher/v. Harbou/Link/Weigl InstitutsVergV § 27 Rn. 43; Binder/Glos/Riepe BankenaufsichtsR-HdB/Glasow § 12 Rn. 146.

CHRISTOPH L. GLESKE UND ADRIAN SCHREIBER

Acht Jahre europäisches Marktsondierungsregime – Bestandsaufnahme und Perspektiven

Mit dem Inkrafttreten der Marktmissbrauchsverordnung im Jahr 2016 hat der europäische Gesetzgeber einen einheitlichen Rechtsrahmen und „safe harbour" zur Durchführung von Marktsondierungen geschaffen. Die jüngsten Änderungen dieses Rechtsrahmens durch den EU-Listing Act bieten Anlass, die Regelungen über Marktsondierungen erneut in den Blick zu nehmen. Dieser Beitrag greift insbes. die in der Vergangenheit geäußerte Kritik an der europäischen Regelung auf, um eine Einschätzung der neuesten Änderungen aus Sicht der Praxis zu wagen.

I. *Einleitung*

Am 14.11.2024 wurde die VO (EU) 2024/2809 im Amtsblatt der EU veröffentlicht. Zwanzig Tage später, also am 4.12.2024, ist die Verordnung in Kraft getreten.[1] Nebst Anpassungen der Regelungen über den Marktzugang enthält die Verordnung auch Reformen im Hinblick auf die Zulassungsfolgepflichten. Der europäische Gesetzgeber reagiert damit auf Rückmeldungen aus der Praxis. Denn seit dem Inkrafttreten der VO (EU) 596/2014 („MAR") zeigte sich, dass einige Regelungen der MAR aufgrund der administrativen Anforderungen eine besonders hohe Belastung für Emittenten darstellen.[2] Die Anpassungen im Bereich des Insiderrechts sollen die Rechtsklarheit verbessern, unverhältnismäßig hohe Anforderungen an die Emittenten beseitigen und gleichzeitig ein angemessenes Maß an Anlegerschutz und Marktintegrität gewährleisten.[3] Kernelement der MAR-Reform ist die Entkoppelung von Insiderrecht und Ad-hoc-Publizität.[4] Während die Definition der Insiderinformation aus Art. 7 MAR und damit auch der Anknüpfungspunkt für die Anwendung der Insiderhandelsverbote unverändert bleibt, ergibt sich eine Neuerung für die Ad-hoc-Publizität. Künftig werden Zwischenschritte in zeitlich gestreckten Vorgängen keine Verpflichtung zur unverzüglichen Offenlegung nach Art. 17 Abs. 1 UAbs. 1 MAR auslösen. Die Verpflichtung zur Ad-hoc-Publizität tritt bei zeitlich gestreckten Vorgängen vielmehr erst dann neben die Regelungen des Insiderregimes, sobald sich die Information auf das Endereignis des gestreckten Vorgangs bezieht. Schon zum Verordnungsentwurf hat der Änderungsvorschlag zu der Ad-hoc-Publizität sowie die Überarbeitung der Regelungen zur Selbstbefreiung nach Art. 17 Abs. 4 MAR viel Beachtung gefunden.[5] Weniger ausführlich wurden dagegen die Änderungen an der Regelung über Marktsondierungen in Art. 11 MAR betrachtet.

[1] Die Verordnung trat am 4.12.2024 in Kraft. Teile der Verordnung erlangen aber erst ab dem 5.3.2026 oder am 5.6.2026 Geltung.

[2] S. Erwgr. 61 VO (EU) 2024/2809.

[3] S. Erwgr. 61 VO (EU) 2024/2809.

[4] BeckOK WpHR/Buck-Heeb MAR Art. 17 Rn. 19; Fuchs/Zimmermann/Pfüller/Nerz MAR Art. 17 Rn. 50.

[5] Kührt/Schreiber BKR 2023, 351 ff.; Misterek ZIP 2023, 400 ff.; Roth BKR 2023, 514 ff.; Wilhelm BKR 2024, 747 (753 f.).

II. Marktsondierungen

1. Rechtshistorie

Als „Marktsondierung“ bezeichnet man eine im Vorfeld einer Kapitalmarkttransaktion stattfindende Interaktion zwischen einem Emittenten oder Verkäufer von Finanzinstrumenten einerseits und einem oder mehreren potenziellen Anlegern andererseits, sofern diese Interaktion zur Abschätzung des Interesses der Marktgegenseite an der Transaktion dient.[6] Marktsondierungen, auch *„pre-sounding“* oder *„wall-crossing“* genannt, werden typischerweise von Emittenten und deren Emissionsbanken bei großvolumigen Neuemissionen oder Abverkäufen von Aktien oder Anleihen durchgeführt.[7] Dabei teilen der Emittent oder – weitaus typischer – die platzierenden Banken Informationen über die geplante Transaktion mit ausgewählten qualifizierten Investoren. Ziel des Austausches ist es, vor der Bekanntmachung der Transaktion und dem Beginn eines breiter angelegten Angebots – sei es als öffentliches Angebot oder als Privatplatzierung – konkrete Anhaltspunkte über das Investoreninteresse an der geplanten Transaktion zu erhalten, um auf dieser Grundlage über ihre tatsächliche Durchführung und ihre Modalitäten (Umfang, Struktur und preisliche Gestaltung) zu entscheiden.[8] Gerade in volatilen oder illiquiden Märkten, bei Fehlen von Marktreferenzwerten sowie bei einer komplexen „Kapitalmarkt-Story“ oder bei Geschäften erheblicher Größenordnung hat der Emittent oder Verkäufer ein besonderes Interesse an der Durchführung solcher Vorfeldgespräche zur Absicherung des Transaktionserfolgs.[9] In Abhängigkeit von dem Durchführungszeitpunkt der Marktsondierung und dem Planungsstadium der angedachten Transaktion kann es iRd Vorfeldkommunikation zwischen dem Emittenten oder Verkäufer und den ausgewählten Investoren zur Übermittlung von Insiderinformationen kommen. Diese können in der Absicht der Durchführung einer Transaktion an sich liegen, wenn diese preisrelevant für bereits emittierte Finanzinstrumente ist, zum Beispiel bei einer Kapitalerhöhung mit oder ohne Bezugsrecht, oder beim Abverkauf einer erheblichen Unternehmensbeteiligung. Und sie können darüber hinausgehen, wenn die Transaktion dem Emittenten zum Beispiel der Finanzierung einer Übernahmetransaktion oder der finanziellen Sanierung dient, ohne dass diese Umstände bereits öffentlich bekannt sind. Das Bedürfnis der Praxis an der Durchführung von Marktsondierungen mit Übermittlung von (Insider-)Informationen an ausgewählte Personen steht somit im Widerspruch zu den Grundsätzen des europäischen Insiderrechts, wonach ein möglichst gleicher Informationszugang für alle Marktteilnehmer bestehen soll.[10] Trotz dieses Widerspruchs hat der europäische Gesetzgeber anerkannt, dass die Fähigkeit, Marktsondierungen durchzuführen, für das ordnungsgemäße Funktionieren der Kapitalmärkte von Bedeutung ist und hat mit der Regelungen in Art. 11 MAR ein unions- sowie nationalrechtliches Novum geschaffen.[11]

Mit der Einführung einer gesetzlichen Regelung über Marktsondierungen reagierte der Unionsgesetzgeber auf eine bestehende Marktpraxis zur Durchführung von Gesprächen mit ausgewählten Investoren im Vorfeld von Wertpapieremissionen oder öffentlichen Übernahmen, die sich bis dahin an den allgemeinen Regelungen des Insiderrechts messen lassen

---

[6] So die Definition in Erwgr. 31 MAR.

[7] Fuhrmann WM 2018, 593 (594); Seibt/Wollenschläger AG 2014, 593 (599); BeckOK WpHR/Seibt MAR Art. 11 Rn. 1.

[8] Fleischer/Bedkowski BB 2013, 2195 (2196); Fuhrmann WM 2018, 593 (594); Seibt/Wollenschläger AG 2014, 593 (599).

[9] Vgl. Erwgr. 32 MAR; Fuhrmann WM 2018, 593 (594); Seibt/Wollenschläger AG 2014, 593 (599); BeckOK WpHR/Seibt MAR Art. 11 Rn. 1.

[10] Fuhrmann WM 2018, 593 (595).

[11] Erwgr. 32 MAR; Klöhn/Brellochs MAR Art. 11 Rn. 8; Schwark/Zimmer/Kumpan/Grütze MAR Art. 11 Rn. 5.

mussten.[12] Um einen Verstoß gegen das Offenlegungsverbot aus Art. 3 Buchst. a RL 2003/6/EG („MAD"), dessen nationale Umsetzung in § 14 Abs. 1 Nr. 2 WpHG aF erfolgt war, zu vermeiden, bedienten sich Emittenten Vertraulichkeits- und Nichthandelsvereinbarungen, die mit ausgewählten Investoren vor Übermittlung der Insiderinformationen abgeschlossen wurden *(Standstill-Undertakings)*.[13] Durch die Übermittlung der Insiderinformation wurden die ausgewählten Investoren selbst zu Insidern, während durch die Vertraulichkeitsvereinbarungen die Geheimhaltung der Informationen sichergestellt werden sollte, um nicht der Verpflichtung zur unverzüglichen Offenlegung gem. § 15 Abs. 1 S. 4, Abs. 3 WpHG aF zu unterfallen.[14] Mit Art. 11 MAR hat der Unionsgesetzgeber ein unionweites, harmonisiertes Verfahren für Marktsondierungen geschaffen.[15] Die Vorschrift steht in direktem Zusammenhang mit dem Offenlegungsverbot in Art. 14 Buchst. c iVm Art. 10 Abs. 1 MAR, wonach die Offenlegung von Insiderinformationen gegenüber einer anderen Person unrechtmäßig ist, es sei denn, die Offenlegung geschieht im Zuge der „normalen Ausübung einer Beschäftigung oder eines Berufs oder der normalen Erfüllung von Aufgaben". Art. 11 MAR privilegiert die Offenlegung von Insiderinformationen im Rahmen einer Marktsondierung, weil sie, sofern das in Art. 11 MAR festgelegte Verfahren eingehalten wird, als im Zuge des normalen Geschäftsgangs iSv Art. 10 Abs. 1 MAR vorgenommen gilt.[16] Des Weiteren hat sich der Unionsgesetzgeber mit Art. 11 Abs. 2 MAR auch dazu entschieden, die Kommunikation zwischen potenziellen Bietern und Dritten im Vorfeld eines Übernahmeangebots oder eines Unternehmenszusammenschluss als Marktsondierung zu erfassen. Um in den Genuss der Privilegierung des Art. 11 Abs. 4 MAR zu kommen, muss sowohl für die Kommunikation iSd Art. 11 Abs. 1 als auch des Art. 11 Abs. 2 MAR der in der Vorschrift festgelegte Verfahrensgang für Marktsondierungen eingehalten werden.[17] Die Regelung in Art. 11 MAR wird durch die DurchführungsVO (EU) 2016/959 und die DelVO (EU) 2016/960 als Rechtsakte der Ebene 2 des Lamfalussy II-Gesetzgebungsverfahrens konkretisiert. Des Weiteren sind die Leitlinien der ESMA[18] für Personen, die Marktsondierungen erhalten, zu beachten.[19]

2. *Kritik an der Regelung über Marktsondierungen*

Die Regelungen zur Marktsondierung wurden bereits im Vorfeld des Erlasses der MAR im Jahr 2016 kritisiert und auch danach insbes. aufgrund der weitreichenden Verfahrens- und Dokumentationsanforderungen angegriffen[20], und die jüngsten Änderungen des Marktsondierungsregimes sind erkennbar als Reaktion auf diese Kritik zu verstehen.

Zwei Jahre nach dem Inkrafttreten der MAR veröffentlichte das Deutsche Aktieninstitut ein Stimmungsbild zu den neuen Vorschriften der EU-Marktmissbrauchsverordnung.[21] Für das Stimmungsbild wurden überwiegend börsennotierte Unternehmen aus dem DAX,

---

[12] BaFin, Emittentenleitfaden Modul C, 25.3.2020, VI; Fleischer ZGR 2009, 505 (522); Schwark/Zimmer/Kumpan/Grütze MAR Art. 11 Rn. 5 ff.; Fuchs/Zimmermann/Poelzig/Dittrich MAR Art. 11 Rn. 2; Renz/Leibold CCZ 2016, 157 (163 f.); Seibt/Wollenschläger AG 2014, 593 (599).

[13] Renz/Leibold CCZ 2016, 157 (163 f.); BeckOK WpHR/Seibt MAR Art. 11 Rn. 15.

[14] Fleischer/Bedkowski BB 2009, 2195 (2198).

[15] BeckOK WpHR/Seibt MAR Art. 11 Rn. 15.

[16] Ausführlich dazu unter → III. 2.

[17] Ausführlich dazu unter → III. 2.

[18] ESMA/2016/1477.

[19] Fuchs/Zimmermann/Poelzig/Dittrich MAR Art. 11 Rn. 10.

[20] S. zur Kritik im Gesetzgebungsverfahren Klöhn/Brellochs MAR Art. 11 Rn. 22.

[21] Deutsches Aktieninstitut & Hengeler Mueller, Zwei Jahre EU-Marktmissbrauchsverordnung, 2018.

MDAX, SDAX und TecDAX befragt.[22] Im Ergebnis bestätigte die Unternehmensbefragung, was bereits im Gesetzgebungsverfahren angeklungen war. Für die Regelung in Art. 11 MAR gaben 49% der Befragten an, dass der Verwaltungsaufwand gestiegen oder sogar stark gestiegen sei.[23] Die Mehrheit der Befragten war der Meinung, die Einführung einer Regelung über Marktsondierungen habe die Rechtsicherheit bei Marktsondierungen nicht erhöht, während 10% angaben, die Rechtssicherheit sei durch die Neuregelung sogar stark gesunken.[24]

Die Seitens der Praxis bestehende Kritik an den Vorschriften der MAR ist insbes. auch durch den MAR Review Report[25] der ESMA erneut deutlich geworden. Der Bericht der ESMA ist aus den Beratungsarbeiten gegenüber der Europäischen Kommission erwachsen, die nach Art. 38 Abs. 1 MAR bis zum 3.7.2019 einen Bericht über die Anwendung und gegebenenfalls bestehenden Überarbeitungsbedarf der MAR vorzulegen hatte.[26] In Vorbereitung des MAR Review Reports hatte die ESMA einen umfangreichen Fragenkatalog veröffentlicht und Kreditinstitute, Vermögensverwalter, Emittenten, Rechtsanwälte und Wirtschaftsprüfer sowie die Geschäftsführungen von Handelsplätzen dazu eingeladen, Stellungnahmen dazu abzugeben.[27] Der MAR Review Report enthält neben den zahlreichen Rückmeldungen der Marktteilnehmer auch die Anmerkungen der Securities and Markets Stakeholder Group (SMSG) zu einzelnen Vorschriften der MAR.[28]

III. Reformen durch den EU-Listing Act

Die unter dem Stichwort „EU-Listing Act“ zusammengefassten Legislativmaßnahmen wurden am 14.2.2024 offiziell beschlossen.[29] Als Teil des Regelungspakets enthält Art. 2 VO (EU) 2024/2809 Änderungen der MAR.[30] Die Änderungsverordnung wurde am 14.11.2024 im Amtsblatt der EU veröffentlicht. Nach Art. 4 Abs. 1 VO (EU) 2024/2809 fällt der Geltungsbeginn der Änderungen auf den zwanzigsten Tag nach der Veröffentlichung, so dass die MAR-Reformen seit dem 4.12.2024 zu beachten sind. Mit den Änderungen der MAR sollen die Rechtsklarheit verbessert, unverhältnismäßige Anforderungen an die Emittenten beseitigt und die Attraktivität der Kapitalmärkte in der Union insgesamt erhöht werden, während gleichzeitig ein angemessenes Maß an Anlegerschutz und Marktintegrität gewährleistet bleiben soll.[31] Diese Zielsetzung spiegelt sich auch in den Änderungen an der Regelung über Marktsondierungen in Art. 11 MAR wider. Es ist erfreulich, dass der Unionsgesetzgeber für die Anpassung des Art. 11 MAR bestehende Diskussionen in der Literatur sowie Rückmeldung aus der Praxis aufgegriffen hat. Ob allein diese Anpassungen ausreichen werden, um Marktsondierungen nach dem Procedere des Art. 11 Abs. 4 MAR rechtssicherer und weniger bürokratisch zu machen, bleibt weiterhin abzuwarten.

---

[22] Deutsches Aktieninstitut & Hengeler Mueller, Zwei Jahre EU-Marktmissbrauchsverordnung, 2018, S. 11.

[23] Deutsches Aktieninstitut & Hengeler Mueller, Zwei Jahre EU-Marktmissbrauchsverordnung, 2018, S. 5.

[24] Deutsches Aktieninstitut & Hengeler Mueller, Zwei Jahre EU-Marktmissbrauchsverordnung, 2018, S. 4.

[25] ESMA70-156-2391 (MAR Review Report).

[26] ESMA70-156-1459, 2.

[27] ESMA70-156-2391, 10.

[28] ESMA70-156-2391, 10 und Annex 2, 234.

[29] Eine Übersicht des Gesetzgebungsverfahrens ist auf der Homepage der Europäischen Kommission einzusehen, vgl. https://www.consilium.europa.eu; Überblicksartig dazu auch Schmidt NZG 2024, 226.

[30] Zu den einzelnen Legislativmaßnahmen Gumpp BKR 2023, 82.

[31] Erwgr. 61 VO (EU) 2024/2809.

1. *Definition der „Marktsondierung"*

Nach Art. 11 Abs. 1 MAR aF[32] bestand eine Marktsondierung in der Übermittlung von Informationen vor der Ankündigung eines Geschäfts an einen oder mehrere potenzielle Anleger, um das Interesse von potenziellen Anlegern an einem möglichen Geschäft und dessen Bedingungen, wie seinem Umfang und seiner preislichen Gestaltung, abzuschätzen. Welche Interaktionen als Marktsondierungen erfasst werden, war und ist[33] insbes. durch die Tatbestandsmerkmale „vor Ankündigung eines Geschäfts"[34] sowie „um […] das Interesse abzuschätzen" eingegrenzt. Ersteres begrenzt die Marktsondierung in zeitlicher Hinsicht und bestimmt einen Schlusszeitpunkt für die Marktsondierung, so dass Interaktionen nicht mehr unter Art. 11 MAR fallen, wenn die Bedingungen des konkreten Geschäfts bereits veröffentlicht oder überwiegend anderweitig bekannt wurden.[35] Auch der Sondierungsbeginn, also der Zeitpunkt, ab dem eine Interaktion unter die Privilegierung der Marktsondierung fallen kann, ist in Abhängigkeit von dem geplanten Geschäft zu bestimmen.[36] Die Vorfeldkommunikation soll nach Art. 11 Abs. 1 MAR zur Abschätzung der Bedingungen des Geschäfts erfolgen. Dies setzt voraus, dass das geplante Geschäft ein Stadium erreicht hat, in dem hinreichend konkrete (Insider-)Informationen vorliegen, durch deren Übermittlung die ausgewählten Investoren in die Lage versetzt werden, eine qualifizierte Einschätzung abzugeben, die der Sondierende zur Anpassung seiner Angebotsvorstellung nutzen kann. Dadurch wird die Kommunikation nach Art. 11 Abs. 1 MAR gegenüber dem allgemeinen Informationsaustausch, der ohne Bezug zu einem konkreten Geschäft erfolgt und damit keine Marktsondierung darstellt, abgegrenzt.[37] Der frühestmögliche Zeitpunkt für Marktsondierungsgespräche ist somit stets anhand der konkreten Umstände des Einzelfalles zu bestimmen.[38] In der Praxis beginnt eine Marktsondierung in der Regel maximal 48 Stunden vor der geplanten öffentlichen Ankündigung einer Transaktion.[39] Von den Aufsichtsbehörden wird empfohlen, die Zeitspanne zwischen Marktsondierung und Durchführung der Transaktion möglichst kurz zu halten. Allerdings erkennt auch die ESMA an, dass der Zeitraum zwischen Marktsondierung und Transaktion maßgeblich von den Umständen und der Komplexität des geplanten Geschäfts abhängig ist.[40] In der Praxis akzeptieren die in der Marktsondierung angesprochenen Investoren in der Regel allerdings ohnehin keine längeren *market sounding*-Prozesse, weil sie wegen ihrer Kenntnis von Insiderinformationen für die Dauer der Marktsondierung in den durch die Insiderinformationen berührten Finanzinstrumenten nicht handeln dürfen.

Zweitens bestimmt die subjektive Zwecksetzung des offenlegenden Marktteilnehmers den Anwendungsbereich des Marktsondierungs-*„safe harbour"*. Schließlich soll die Interaktion zwischen dem Sondierenden und den ausgewählten Investoren dazu dienen, die zu erwartenden Bedingungen eines Geschäfts abzuschätzen. Der offenlegende Marktteilnehmer muss folglich mit der Intention handeln, künftig ein Geschäft abschließen zu wollen; dabei

---

[32] IdF bis zum 3.12.2024.

[33] Insoweit ergeben sich keine inhaltlichen Änderungen durch die Neufassung des Art. 11 Abs. 1 MAR ab dem 4.12.2024.

[34] So noch in Art. 11 Abs. 1 MAR aF.

[35] Klöhn/Brellochs MAR Art. 11 Rn. 33; BeckOK WpHR/Seibt MAR Art. 11 Rn. 15; aA Assmann/Schneider/Mülbert/Assmann MAR Art. 11 Rn. 11.

[36] Schwark/Zimmer/Kumpan/Grütze MAR Art. 11 Rn. 30; BeckOK WpHR/Seibt MAR Art. 11 Rn. 36.

[37] Schwark/Zimmer/Kumpan/Grütze MAR Art. 11 Rn. 18; BeckOK WpHR/Seibt MAR Art. 11 Rn. 38.

[38] BeckOK WpHR/Seibt MAR Art. 11 Rn. 38.

[39] So die Rückmeldungen zu dem Konsultationspapieren ESMA/2014/809 Rn. 84; hinsichtlich teilweise auch deutlich kürzerer Verzögerungen, vgl. Fuhrmann WM 2018, 593 (594).

[40] ESMA/2014/809 Rn. 84.

ist ausreichend, dass der Abschluss des Geschäfts zumindest ernsthaft in Erwägung gezogen wird.[41] Fehlt es bereits an der Intention, künftig ein Geschäft abschließen zu wollen, so liegt keine Marktsondierung vor und die Zulässigkeit der Informationsübermittlung richtet sich allein nach Maßgabe des Art. 10 Abs. 1 MAR.[42] Es ist auch keine Marktsondierung, wenn die Informationsübermittlung in der Absicht erfolgt, mit dem angesprochenen Investor ein konkretes Geschäfts abzuschließen und um dessen konkrete Vertragsbedingungen zu verhandeln.[43]

Art. 11 Abs. 1 MAR aF erforderte weiter, dass die Informationsübermittlung „vor Ankündigung eines Geschäfts" erfolgte. Diese Formulierung empfanden einige Marktteilnehmer wenigstens als unglücklich, weil ein Ergebnis der Marktsondierung ja gerade die Abstandnahme von einer Transaktion sein kann, so dass es nie zur tatsächlichen Ankündigung eines Geschäfts kommt.[44] Deshalb empfahl die ESMA der Europäischen Kommission in ihrem MAR Review Report, Art. 11 Abs. 1 MAR so zu ändern, dass es für die Anwendung der insiderrechtlich privilegierten Informationsübermittlung nicht darauf ankommt, ob im Anschluss tatsächlich ein Geschäft angekündigt wird.[45] Diesen Änderungsvorschlag hat der Unionsgesetzgeber aufgegriffen und die Definition in Art. 11 Abs. 1 MAR dahingehend angepasst, dass eine Marktsondierung in der Übermittlung von Informationen vor der Ankündigung eines „etwaigen" Geschäfts besteht.[46] Die Änderung dürfte allein eine Klarstellung sein,[47] auch wenn vereinzelten Stimmen in der Literatur zuzugestehen ist, dass der Wortlaut auch ein anderes Verständnis zulässt. So könne die Änderung auch so interpretiert werden, dass schon Interaktionen ohne Bezug zu einem konkreten Geschäft Marktsondierung sein können. Diese Auslegung würde aber den Anwendungsbereich der Vorschrift erheblich ausweiten.[48] Noch näherliegend ist diese Lesart auf Grundlage der englischen Sprachfassung, in der es heißt: *„prior to the announcement of a transaction, if any,* […]".[49] Ebenso würde sich Erwgr. 64 VO (EU) 2024/2809 einem solchen Verständnis nicht versperren; danach soll die Definition des Begriffs „Marktsondierung" weit gefasst sein und auch die Übermittlung von Informationen umfassen, auf die keine spezifische Ankündigung eines Geschäfts folgt. Letztlich überzeugt diese Lesart jedoch nicht.[50] Dafür spricht bereits die ansonsten unveränderte Definition in Art. 11 Abs. 1 MAR. Für den offenlegenden Marktteilnehmer dürfte es kaum möglich sein, die preisliche Gestaltung eines Geschäfts abzuschätzen, wenn er lediglich *„non-deal-related information"* übermittelt. Ebenso spricht auch eine historische Betrachtung dafür, dass mit der Änderung lediglich eine Klarstellung erfolgen sollte, weil der Unionsgesetzgeber den – bereits aufgezeigten – Vorschlag der ESMA aus dem MAR Review Report exakt wie von der ESMA vorgeschlagen umgesetzt hat.[51] Insofern handelt es sich bei dieser Änderung in Art. 11 Abs. 1 MAR um eine begrüßenswerte Klarstellung, die aber keinen nennenswerten Effekt auf die Handhabung in der Sondierungspraxis haben dürfte oder sollte.

---

[41] Assmann/Schneider/Mülbert/Assmann MAR Art. 11 Rn. 12; Fuchs/Zimmermann/Poelzig/Dittrich MAR Art. 11 Rn. 44.

[42] Fuchs/ZimmermannPoelzig/Dittrich MAR Art. 11 Rn. 44.

[43] Klöhn/Brellochs MAR Art. 11 Rn. 39; BeckOK WpHR/Seibt MAR Art. 11 Rn. 43.

[44] So einige Rückmeldungen der Marktteilnehmer, vgl. ESMA70-156-2391 (MAR Review Report) Rn. 279.

[45] ESMA70-156-2391 (MAR Review Report) Rn. 307, 308.

[46] Art. 11 Abs. 1 MAR idF ab dem 4.12.2024; dazu auch Martin DB 2024, 1393 (1399).

[47] So auch BeckOK WpHR/Seibt MAR Art. 11 Rn. 25.

[48] Assmann/Schneider/Mülbert/Assmann MAR Art. 11 Rn. 11 Fn. 28; Graßl/Krohn DB 2023, 1142 (1144).

[49] Assmann/Schneider/Mülbert/Assmann MAR Art. 11 Rn. 11 Fn. 28.

[50] So auch BeckOK WpHR/Seibt MAR Art. 11 Rn. 25.

[51] ESMA70-156-2391 (MAR Review Report) Rn. 308; BeckOK WpHR/Seibt MAR Art. 11 Rn. 25.

2. Rechtsnatur und fakultative Anwendung

Die Offenlegung von Insiderinformationen bei Marktsondierungen nach Art. 11 Abs. 1 und Abs. 2 MAR wurden nach Art. 11 Abs. 4 MAR aF so betrachtet, dass sie im Zuge der „normalen Ausübung der Beschäftigung oder des Berufs oder der normalen Erfüllung der Aufgaben einer Person vorgenommen" wurden, sofern der offenlegende Marktteilnehmer die Anforderungen aus Art. 11 Abs. 3 und Abs. 5 MAR erfüllt hatte. Nach Art. 11 Abs. 3 MAR[52] müssen offenlegende Marktteilnehmer vor und während der Durchführung einer Marktsondierung prüfen, ob die Informationsübermittlung auch die Offenlegung von Insiderinformationen umfassen wird. Das Ergebnis der Prüfung und die Begründung des Ergebnisses sind schriftlich aufzuzeichnen sowie ggf. zu aktualisieren. Die zuständige Behörde kann auf Anfrage die Vorlage dieser Aufzeichnungen verlangen. Der Pflichtenkanon aus Art. 11 Abs. 3 MAR – der durch die VO (EU) 2024/2809 unverändert bleibt – soll einerseits die unreflektierte Offenlegung von Insiderinformationen bei Marktsondierungen verhindern.[53] Andererseits erleichtern die Dokumentationspflichten Ermittlungen der Aufsichtsbehörden, indem Insiderverstöße (unberechtigte Weitergabe, Insiderhandel, Empfehlung in Kenntnis von Insiderinformationen) auf Grundlage einer rechtmäßig offengelegten Insiderinformation nachverfolgt werden können.[54] Daneben formulierte Art. 11 Abs. 5 MAR aF weitere Aufzeichnungs- und Aufklärungsanforderungen, die der offenlegende Markteilnehmer bei der Durchführung einer Marktsondierung einzuhalten hatte. Mit dem Inkrafttreten der VO (EU) 2024/2809 ist Art. 11 Abs. 5 MAR idF bis 3.12.2024 gestrichen worden.[55] Die bisherigen Anforderungen des Art. 11 Abs. 5 MAR aF wurden aber vollständig in den neuen Art. 11 Abs. 4 MAR aufgenommen, so dass die bisherigen Aufklärungs- und Aufzeichnungsanforderung weiterhin gelten.[56]

Seit dem Inkrafttreten der MAR herrschte Streit über die Rechtsnatur der Regelung in Art. 11 Abs. 4 MAR aF[57] Anstoß für diese Diskussionen hatte wohl die ESMA gegeben. Sie hatte in einer öffentlichen Anhörung vertreten, die Einhaltung der Regelungen über Marktsondierungen schütze nicht zwangsläufig vor einem Verstoß gegen das insiderrechtliche Weitergabeverbot aus Art. 10 Abs. 1 MAR, sei also keine sog. *„safe harbour"*-Regelung.[58] Infolge dieser Äußerung erhielt die ESMA iRd Konsultationen zur Erarbeitung technischer Regulierungsstandards von mehreren Marktteilnehmern sowie der SMSG den Hinweis, die Regelung in Art. 11 Abs. 4 MAR aF sei sehr wohl als *safe harbour* zu verstehen.[59] Rechtsdogmatisch stand also in Frage, ob die Regelung in Art. 11 Abs. 4 MAR aF als gesetzliche Fiktion des Art. 10 Abs. 1 S. 1 Hs. 2 MAR zu verstehen ist oder ob es sich lediglich um eine Konkretisierung der Anforderungen aus Art. 10 Abs. 1 MAR handelt.[60] Letzteres hätte die

---

[52] Art. 11 Abs. 3 MAR wird durch die VO (EU) 2024/2809 nicht verändert.

[53] Schwark/Zimmer/Kumpan/Grütze MAR Art. 11 Rn. 69; Fuchs/Zimmermann/Poelzig/Dittrich MAR Art. 11 Rn. 87.

[54] Klöhn/Brellochs MAR Art. 11 Rn. 78; Fuchs/Zimmermann/Poelzig/Dittrich MAR Art. 11 Rn. 89.

[55] S. Art. 2 Abs. 4 Buchst. c VO (EU) 2024/2809.

[56] Vgl. Art. 11 Abs. 5 MAR aF und Art. 2 Abs. 4 Buchst. b VO (EU) 2024/2809.

[57] Ein Überblick bei Schwark/Zimmer/Kumpan/Grütze MAR Art. 11 Rn. 10 ff.; BeckOK WpHR/Seibt MAR Art. 11 Rn. 7 ff.

[58] ESMA/2015/1455 Rn. 55; Klöhn/Brellochs MAR Art. 11 Rn. 15.

[59] City of London Law Society, Regulatory Law Committee – Reply form for the ESMA MAR Technical Standards, 20.8.2014, 8; ESMA/2015/1455 Rn. 55.

[60] Für eine Einordnung als gesetzliche Fiktion/safe harbour, vgl. Assmann/Schneider/Mülbert/Assmann MAR Art. 11 Rn. 7; Klöhn/Brellochs MAR Art. 11 Rn. 15b; Fuhrmann WM 2018, 645 (646); Krause CCZ 2014, 248 (254); Schwark/Zimmer/Kumpan/Grütze MAR Art. 11 Rn. 12; Tissen NZG 2015, 1254 (1255); Renz/Leibold CCZ 2016, 157 (164); Seibt ZHR 177 (2013), 388 (417); Singhof ZBB 2017, 193 (203 f.); aA Meyer/Veil/Rönnau Marktmissbrauchs R-HdB/Meyer § 8 Rn. 88.

Konsequenz, dass selbst bei Erfüllung der Anforderungen an die ordnungsgemäße Durchführung einer Marktsondierung noch die Voraussetzungen des Art. 10 Abs. 1 MAR im Hinblick auf die Rechtmäßigkeit der Informationsoffenlegung zu prüfen wäre.[61] Begreift man Art. 11 Abs. 4 MAR aF hingegen als gesetzliche Fiktion, so liegt bei Erfüllung der Voraussetzungen stets eine Weitergabe im Zuge des normalen Geschäftsgangs nach Art. 10 Abs. 1 S. 1 Hs. 2 MAR vor, so dass die Informationsoffenlegung rechtmäßig ist.[62] Neben dem Wortlaut des Art. 11 Abs. 4 MAR aF spricht auch Erwgr. 35 MAR für die Einordnung als gesetzliche Fiktion, so dass eine rechtmäßige Offenlegung von Insiderinformationen im Rahmen einer Marktsondierung immer bereits dann vorliegt, wenn die Regeln über die Durchführung einer Marktsondierung eingehalten wurden.[63] In ihrem Final Report hatte die ESMA zur Rechtsnatur von Art. 11 MAR relativierend ausgeführt, eine nach den Anforderungen der MAR und den technischen Standards durchgeführte Marktsondierung schütze die offenlegenden Marktteilnehmer vor dem Vorwurf der unrechtmäßigen Offenlegung.[64] Eine deutlichere Formulierung wagte die BaFin in ihrem Emittentenleitfaden. Danach sei bei Erfüllung der Verpflichtungen aus Art. 11 MAR eine Offenlegung als legitime Handlung zu fingieren, so dass die Sondierungspraxis die Regelung über Marktsondierungen als *safe harbour* betrachten dürfe[65] – eine nach Auffassung der Autoren dieses Beitrages zutreffende Einordnung, wie aufmerksame Leser bereits angesichts der bisherigen Wortwahl in diesem Beitrag bemerkt haben werden.

Ebenso wurde bei Art. 11 MAR aF darüber diskutiert, ob es sich bei der Vorschrift um zwingendes Recht handele, oder ob dem offenlegenden Marktteilnehmer nur eine Handlungsoption zur Vermeidung des Vorwurfs unzulässiger Offenlegung von Insiderinformationen an die Hand gegeben werde.[66] Die ESMA hatte iRd Konsultationen zu ihrem Final Report festgestellt, die Mehrheit der Marktteilnehmer nehme die Regelung als Handlungsoption wahr.[67] Teilweise hatten die Befragten in ihren Rückmeldungen ausgeführt, die Anforderungen des Marktsondierungsregimes seien zu aufwändig, und offenlegende Marktteilnehmer würden daher vor der Durchführung einer Marktsondierung zurückschrecken.[68] Trotz dieser Kritik sprach sich die ESMA dafür aus, die Regelung über Marktsondierungen als zwingendes Recht zu betrachten.[69] Nur durch die lückenlose Erfüllung verpflichtender Vorgaben und Dokumentationspflichten könne sichergestellt werden, dass die zuständigen Behörden ihre Aufsichtsfunktion effektiv wahrnehmen können und gegenüber allen Sondierungsempfängern dieselben Informationen offengelegt werden.[70] Die kapitalmarktrechtliche Literatur sprach sich ganz überwiegend dafür aus, Art. 11 MAR als fakultatives Recht zu behandeln, so dass eine Offenlegung, die nicht alle Anforderungen an eine Marktsondierung erfüllt, am Maßstab des Art. 10 Abs. 1 MAR zu bewerten ist und bei dessen Anwendung auch als zulässig betrachtet werden kann.[71]

Auch der Unionsgesetzgeber ist nun mit der MAR-Reform nicht der ESMA gefolgt, sondern verdeutlicht (endlich), dass Art. 11 MAR einerseits eine *safe harbour*-Regelung begründet und andererseits kein zwingendes Recht für die offenlegenden Marktteilnehmer

[61] Exemplarisch dazu BeckOK WpHR/Seibt MAR Art. 11 Rn. 7.
[62] BeckOK WpHR/Seibt MAR Art. 11 Rn. 7.
[63] Klöhn/Brellochs MAR Art. 11 Rn. 15b; BeckOK WpHR/Seibt MAR Art. 11 Rn. 7.
[64] ESMA/2015/1455 Rn. 73.
[65] BaFin, Emittentenleitfaden Modul C, 25.3.2020, VI., S. 93.
[66] Klöhn/Brellochs MAR Art. 11 Rn. 15a; BeckOK WpHR/Seibt MAR Art. 11 Rn. 9.
[67] ESMA70-156-2391 (MAR Review Report) Rn. 263, 264.
[68] ESMA70-156-2391 (MAR Review Report) Rn. 264.
[69] ESMA70-156-2391 (MAR Review Report) Rn. 291.
[70] ESMA70-156-2391 (MAR Review Report) Rn. 292–294.
[71] Statt aller Klöhn/Brellochs MAR Art. 11 Rn. 15a; BeckOK WpHR/Seibt MAR Art. 11 Rn. 9.

darstellt.[72] In Art. 11 Abs. 4 MAR nF heißt es nunmehr, dass „eine Offenlegung von Insiderinformationen durch den offenlegenden Marktteilnehmer so betrachtet wird, dass sie bei einer Marktsondierung im Zuge der normalen Ausübung der Beschäftigung oder des Berufs oder der normalen Erfüllung der Aufgaben einer Person gem. Art. 10 Abs. 1 MAR erfolgt, wenn der genannte Marktteilnehmer sich dafür entscheidet, [...] Bedingungen zu erfüllen". Dass die Regelung über Marktsondierungen fakultativ ist, ergibt sich nunmehr also aus dem Wortlaut („dafür entscheidet") des Art. 11 Abs. 4 MAR. Ferner stellt Erwgr. 65 VO (EU) 2024/2809 klar, dass Offenlegungen von Insiderinformationen im Verlauf einer Marktsondierung keine unrechtmäßige Offenlegung darstellen, wenn der offenlegende Marktteilnehmer zusätzlich zu den verpflichtenden Anforderungen gem. Art. 11 Abs. 3 und Abs. 6 MAR die in Art. 11 Abs. 4 MAR genannten Anforderungen erfüllt – diese entsprechen den bisher von Art. 11 Abs. 5 MAR aF normierten Anforderungen:

- Der sondierende Marktteilnehmer holt die Zustimmung desjenigen, bei dem sondiert werden soll, zum Erhalt von Insiderinformationen ein.
- Er unterrichtet den Informationsempfänger, dass ihm die Nutzung und der Versuch der Nutzung der erhaltenen Informationen zum Erwerb oder der Veräußerung von Finanzinstrumenten, auf die sich diese Informationen beziehen, ob auf eigene Rechnung oder auf Rechnung Dritter, untersagt ist.
- Er unterrichtet den Informationsempfänger über dessen Verpflichtung, die Vertraulichkeit der Informationen zu wahren.
- Der sondierende Marktteilnehmer zeichnet alle vorgenannten Zustimmungen und Unterrichtungen sowie die Informationen, die die Person, bei der sondiert werden soll, erhält, auf und protokoliert auch dessen Identität und diejenige seiner Vertreter sowie Datum und Uhrzeit jeder Offenlegung.

Sondierenden stehen damit nunmehr zwei Optionen offen. Einerseits kann die Marktsondierung unter Einhaltung der zusätzlichen Voraussetzungen des Art. 11 Abs. 4 UAbs. 1 Buchst. a–f MAR erfolgen. Das schützt den offenlegenden Marktteilnehmer aufgrund der *safe harbour*-Regelung stets vor dem Vorwurf der unrechtmäßigen Offenlegung einer Insiderinformation. Andererseits kann sich der offenlegende Marktteilnehmer auch dafür entscheiden, die Marktsondierung unabhängig von dem fakultativen Verfahren nach Art. 11 Abs. 4 MAR durchzuführen. Die Rechtmäßigkeit der Offenlegung von Insiderinformationen bestimmt sich dann allein nach Maßgabe von Art. 10 Abs. 1 MAR. Emittenten müssen also prüfen, ob die Offenlegung von Insiderinformationen der normalen Beschäftigungs- oder Berufsausübung oder der normalen Erfüllung von Aufgaben dient, was bei der Offenlegung gegenüber unternehmensexternen Personen durch eine Verhältnismäßigkeitsprüfung zu erfolgen hat.[73] Die Offenlegung der Insiderinformation muss daher einem legitimen Zweck dienen, der grundsätzlich in dem wirtschaftlichen Interesse an der Durchführung der Transaktion besteht,[74] und sie muss darüber hinaus zur Erreichung des legitimen Zwecks erforderlich, geeignet und angemessen sein.[75] Dafür muss das Offenlegungsinteresse des Insiders gegenüber dem Informationseindämmungsinteresse des Marktes überwiegen, wobei auch der Abschluss etwaiger Vertraulichkeitsvereinbarungen

---

[72] S. Art. 2 Abs. 4 Buchst. c VO (EU) 2024/2809; dazu auch Gumpp BKR 2023, 82 (87); Kornack DB 2023, 1652 (1657); Martin DB 2024, 1393 (1399); Wilhelm BKR 2024, 747 (754).

[73] BaFin, Emittentenleitfaden Modul C, 25.3.2020, Ziff. I.4.4.2.1, S. 63; BeckOK WpHR/Kulenkamp/v. Bonin MAR Art. 10 Rn. 13.

[74] Der legitime Zweck richtet sich nach dem Interesse des Offenlegenden Marktteilnehmers und ist nach dem Stakeholder-Value-Ansatz zu bestimmen, s. auch BeckOK WpHR/Kulenkamp/v. Bonin MAR Art. 10 Rn. 14.1.

[75] So zu Art. 10 Abs. 1 MAR, vgl. Klöhn/Klöhn MAR Art. 10 Rn. 114; BeckOK WpHR/Kulenkamp/v. Bonin MAR Art. 10 Rn. 41.

zu berücksichtigen ist.[76] Dieses „freie Marktsondierungsverfahren" dürfte gegenüber dem „geregelten Marktsondierungsverfahren" nach Art. 11 Abs. 4 MAR insbes. dann eine Erleichterung darstellen, wenn die Insiderinformation ausschließlich in der Absicht zur Durchführung der Transaktion besteht, weil dann die Erforderlichkeit und Geeignetheit der Offenlegung regelmäßig feststeht.[77]

Fortbestehende Rechtsunsicherheiten iRd Art. 10 Abs. 1 MAR beeinträchtigen die Attraktivität des freien Marktsondierungsverfahrens zweifelsohne weiter, zumal mit weiteren Klarstellungen des Unionsgesetzgebers erst einmal nicht zu rechnen ist. So wird zB in der kapitalmarktrechtlichen Literatur unterschiedlich beantwortet, wann eine Offenlegung iRd Art. 10 Abs. 1 MAR „erforderlich" ist.[78] Hintergrund der Debatte ist die „Grøngaard und Bang-Entscheidung" des EuGH v. 22.11.2005.[79] Das Gericht urteilte, bei Art. 3 Buchst. a RL 89/529/EWG (Insider-RL), die Vorschrift sei eng auszulegen und eine Weitergabe einer Insiderinformation nur dann gerechtfertigt, wenn sie für die Ausübung einer Arbeit eines Berufes oder für die Erfüllung einer Aufgabe „unerlässlich" – also letztlich alternativlos – sei und der Grundsatz der Verhältnismäßigkeit beachtet werde.[80] Die Formulierung des Weitergabeverbots der Insider-RL wurde inhaltsgleich in die MAD sowie später in Art. 10 Abs. 1 MAR übernommen. Entsprechend dürfte von der Fortgeltung der „Grøngaard und Bang-Rechtsprechung" auch unter der MAR auszugehen sein.[81] Für den deutschen Rechtsraum hat die BaFin diese Diskussion aufgegriffen und richtigerweise mäßigend klargestellt, dass eine Offenlegung erforderlich ist, wenn der beabsichtigte (legitime) Zweck nicht durch eine mildere, die Gefahr des Insiderhandels nicht erhöhende Maßnahme erreicht werden kann.[82]

Unsicherheiten in der Rechtsanwendung bestehen auch im Hinblick auf den zulässigen Umfang der Informationsoffenlegung in Art. 11 MAR im Vergleich zur Rechtmäßigkeit der Offenlegung nach Art. 10 Abs. 1 MAR. Die Verhältnismäßigkeitsprüfung im Rahmen von Art. 10 Abs. 1 MAR erfolgt aus der ex-ante Sicht eines objektiven Beobachters.[83] Für Art. 11 MAR bestimmt sich der Umfang der Informationsoffenlegung dagegen nach ganz überwiegender Ansicht anhand der subjektiven Zwecksetzung des offenlegenden Marktteilnehmers.[84] Eingegrenzt wird die subjektive Zwecksetzung lediglich durch den Zusatz „nach vernünftigem Ermessen" in Art. 11 Abs. 2 Buchst. b MAR. Eine Informationsoffenlegung ist demnach nicht zu beanstanden, wenn die Offenlegung aus der ex ante-Sichtweise des offenlegenden Marktteilnehmers vernünftigerweise zur Abschätzung des Interesses, bzw. zur Bereitschaft die eigenen Vermögensanteile anzubieten, erforderlich ist.[85] Die SMSG hatte

[76] BaFin, Emittentenleitfaden Modul C, 25.3.2020, Ziff. I.4.4.2.1, S. 63; zur Bedeutung von Vertraulichkeitsvereinbarungen Klöhn/Klöhn MAR Art. 10 Rn. 91 ff.

[77] Mit dieser Einschätzung auch Kuthe ZIP 2023, 773 (779).

[78] Die Erforderlichkeit richtigerweise als „Need-to-know-Prinzip" verstehend BeckOK WpHR/Kulenkamp/v. Bonin MAR Art. 10 Rn. 15; Meyer/Veil/Rönnau MarktmissbrauchsR-HdB/Meyer § 8 Rn. 61; ähnlich, aber für eine punktuelles Verständnis als Unerlässlichkeit Schwark/Zimmer/Kumpan/Grütze MAR Art. 10 Rn. 40; generell für ein restriktives Verständnis Fuchs/Zimmermann/Poelzig/Dittrich MAR Art. 10 Rn. 40; für eine restriktive Auslegung, die aber letztlich keinen anderen Erforderlichkeitsmaßstab begründe Klöhn/Klöhn MAR Art. 10 Rn. 76; Assmann/Schneider/Mülbert/Assmann MAR Art. 10 Rn. 21.

[79] EuGH ECLI:EU:C:2005:708 = NJW 2006, 133 ff. – Grøngaard und Bang.

[80] EuGH ECLI:EU:C:2005:708 = NJW 2006, 133 Rn. 34 – Grøngaard und Bang; zu den Übersetzungen in die anderen Sprachfassungen Fuchs/Zimmermann/Poelzig/Dittrich MAR Art. 10 Rn. 39.

[81] Klöhn/Klöhn MAR Art. 10 Rn. 72.

[82] BaFin, Emittentenleitfaden Modul C, 25.3.2020, I.4.4.2.1, S. 63.

[83] BeckOK WpHR/Kulenkamp/v. Bonin MAR Art. 10 Rn. 14.3; Schwark/Zimmer/Kumpan/Grütze MAR Art. 10 Rn. 35.

[84] Klöhn/Brellochs MAR Art. 11 Rn. 87; BeckOK WpHR/Seibt MAR Art. 11 Rn. 98; Singhof ZBB 2017, 193 (202 f.); Zetzsche AG 2016, 610 (613 f.).

[85] BeckOK WpHR/Seibt MAR Art. 11 Rn. 98.

sich demgegenüber für ein restriktives Verständnis des Offenlegungsumfangs in Art. 11 MAR ausgesprochen.[86] Es sei nur die Offenlegung von Informationen zulässig, die in Bezug zu den Bedingungen der geplanten Transaktion stehen, womit sich die Zulässigkeit einer Offenlegung nach einem objektiven Maßstab richte.[87] Da die ESMA im Final Report zur Frage des Umfangs der Offenlegung einer Marktsondierung eine ähnliche Formulierung wie die SMSG gewählt hat, dürfte wohl auch die ESMA einem objektiven Ansatz beipflichten.[88] Insofern sollte die Offenlegung von sog. unternehmensbezogenen Informationen, also nicht transaktionsbezogenen, ergänzenden (Insider-)Informationen zu den beteiligten Unternehmen, deren Kenntnis aus Sicht des offenlegenden Marktteilnehmers finanziell oder strategisch sinnvoll ist,[89] ohnehin restriktiv gehandhabt werden. Für die Offenlegung (ergänzender) unternehmensbezogener Insiderinformationen iRd Marktsondierung – für deren Zulässigkeit gute Gründe sprechen – kommt mithin nur eine Offenlegung im geregelten Marktsondierungsverfahren nach Art. 11 Abs. 4 MAR in Betracht.

3. Cleansing-Mitteilung (Art. 11 Abs. 6 MAR)

Schon im MAR Review Report hatten sich Marktteilnehmer für Vereinfachungen der *Cleansing*-Regelung in Art. 11 Abs. 6 MAR aF, insbes. im Hinblick auf aufgeschobene oder gänzlich abgesagte Transaktionen ausgesprochen.[90] Die ESMA hat diese Rückmeldungen aufgegriffen und Änderungen an den Level-2-Rechtsakten über Marktsondierungen angeregt.[91] Darüber hinaus schlug sie auch eine Änderung von Art. 11 Abs. 6 MAR aF vor; eine *Cleansing*-Mitteilung könne dann entfallen, wenn die relevanten Informationen anderweitig öffentlich bekannt gegeben wurden. Diesem Vorschlag ist der Unionsgesetzgeber nun mit der Neuregelung in Art. 11 Abs. 6 UAbs. 1 S. 2 MAR gefolgt.[92] Diese Ergänzung ist folgerichtig und beseitigt die bisher bestehende Redundanz zur Mitteilung von Informationen, die bereits durch deren Ad-hoc-Veröffentlichung der breiten Öffentlichkeit – und damit auch dem Informationsempfänger – bekannt gegeben worden sind.[93]

IV. Bewertung der Änderungen

Die Änderungen der Vorschriften zu Marktsondierungen durch den EU-Listing Act sind ein willkommener Schritt in die richtige Richtung.[94] Erfreulicherweise hat sich der Unionsgesetzgeber für eine praktische Herangehensweise entschieden und vielfach auf die Vorarbeiten der ESMA aus deren umfangreichen Konsultationen zurückgegriffen. In Bezug auf das Marktsondierungsregieme sollte mit der Änderungsverordnung die Rechtsklarheit verbessert, unverhältnismäßige Anforderungen an die Emittenten beseitigt und die Attraktivität der Kapitalmärkte erhöht, aber gleichzeitig ein angemessenes Maß an Anlegerschutz und Marktintegrität gewährleistet werden.[95] Die Klarstellung der Definition der Marktsondie-

---

[86] ESMA/2014/SMSG/047 Rn. 12 (Advice to ESMA).
[87] ESMA/2014/SMSG/047 Rn. 12.
[88] ESMA/2015/1455, Annex IV Rn. 87 f.
[89] Diese Definition bei Klöhn/Brellochs MAR Art. 11 Rn. 85.
[90] ESMA70-156-2391 (MAR Review Report) Rn. 284, 288.
[91] ESMA70-156-2391 (MAR Review Report) Rn. 313.
[92] Dazu auch Kornack DB 2023, 1652 (1657).
[93] Kornack DB 2023, 1652 (1657); Fuchs/Zimmermann/Poelzig/Dittrich MAR Art. 11 Rn. 111.
[94] Noch positiver zu Art. 11 MAR Kuthe ZIP 2023, 773 (779); insgesamt zu den Änderungen an der MAR, vgl. Graßl/Krohn DB 2023, 1142 (1146); Kornack DB 2023, 1652 (1658); Martin DB 2024, 1393 (1399 f.).
[95] So Erwgr. 61 EU (VO) 2024/2809.

rung in Art. 11 Abs. 1 MAR sowie die Klarstellung der Rechtsnatur als fakultativer *safe harbour* sowie die Ausnahme von der Verpflichtung zur *Cleansing*-Mitteilung in Fällen anderweitiger öffentlicher Bekanntheit entsprechen dieser Zielsetzung. Allein diese Änderungen dürften aber kaum ausreichen, um die Attraktivität des Marktsondierungsverfahrens für Sondierende und Informationsempfänger nachweislich zu steigern. Hauptkritikpunkt an dem bisherigen Marktsondierungsverfahren ist die Prägung durch eine Vielzahl formaler Anforderungen, die auf Emittenten- sowie Investorenseite als zu aufwändig empfunden werden und daher von der Durchführung entweder abschrecken oder diese bürokratisch überfrachten.[96] Eine Reduzierung des mit dem Marktsondierungsverfahren einhergehenden Verwaltungsaufwands ist in den jüngsten Änderungen aber gerade nicht vorgesehen. Dabei hätte man auch hierfür auf Vorschläge der ESMA zurückgreifen können, deren Umsetzung nicht zu einer Beeinträchtigung des Anlegerschutzes und der Marktintegrität geführt und damit grundsätzlich der Prämisse des Unionsgesetzgebers für die Änderungen an der MAR entsprochen hätte.[97]

Ebenso wie bei Art. 18 Abs. 9 MAR, durch den die ESMA zur Überarbeitung der technischen Durchführungsstandards für Insiderlisten bis September 2025 beauftragt wurde,[98] wäre es nach Ansicht der Autoren sinnvoll gewesen, wenn der Unionsgesetzgeber auch für die Marktsondierung eine Überarbeitung der Level 2-Rechtsakte sowie der Level 3-Leitlinien angeordnet hätte.

In diesem Sinne hatte die ESMA der Kommission schon im Jahr 2020 vorgeschlagen, dass die europäische Behörde durch eine Neufassung des Art. 11 Abs. 11 MAR zur Überarbeitung ihrer eigenen Leitlinien[99] ermächtigt werden könnte. Konkret wollte die Behörde zur Reduzierung des Verwaltungsaufwands einer Marktsondierung die Anforderungen an die jeweilige Person des Informationsempfängers anpassen. Dadurch würden sich unterschiedliche Anforderungen hinsichtlich der Compliance und Mitteilungspflichten in Abhängigkeit davon ergeben, ob es sich bei dem Informationsempfänger um eine natürliche oder juristische Person, ein reguliertes Unternehmen, ein KMU oder einen *large-cap*-Emittenten handelt.[100] Den Pflichtenmaßstab abhängig von der Größe, der Aufgabe oder dem Betätigungsumfeld zu machen, ist ein dem europäischen Kapitalmarktrecht immanenter Regelungsansatz[101] und entspricht im Grundsatz auch der derzeitigen Ausgestaltung der Leitlinien.[102] So sind zB die internen Verfahren und Mitarbeiterschulungen in einem für den Umfang, die Größe und Art der Geschäftstätigkeit angemessenen und verhältnismäßigen Umfang einzurichten.[103] Dem Angebot der ESMA, diesen offenen Maßstab differenziert auf verschiedene Informationsempfänger zu konturieren, sollte sich der Unionsgesetzgeber nicht verschließen.

Auch hinsichtlich der DelVO (EU) 2016/960 hatte die ESMA im MAR Review Report Anpassungen vorgeschlagen.[104] Nach Art. 6 Abs. 3 UAbs. 1 DelVO (EU) 2016/960 sind schriftliche Protokolle oder Vermerke, die etwa bei der Übermittlung von Informationen im Rahmen nicht aufgezeichneter Zusammenkünfte oder nicht aufgezeichneter Telefon-

---

[96] ESMA70-156-2391 (MAR Review Report) Rn. 280–286.

[97] Erwgr. 61 EU (VO) 2024/2809; ESMA70-156-2391 (MAR Review Report) Rn. 309–314.

[98] So die Änderung des Art. 18 Abs. 9 MAR durch Art. 2 Nr. 7 Buchst. b VO (EU) 2024/2809.

[99] ESMA/2016/1477 (MAR-Leitlinien für Marktsondierungen).

[100] ESMA70-156-2391 (MAR Review Report) Rn. 314.

[101] Beispielshaft sei auf die Ausnahme von der Pflicht zur Veröffentlichung eines Wertpapierprospekts bei einem Angebot an ausschließlich qualifizierte Anleger nach Art. 1 Abs. 4 Buchst. a VO (EU) 2017/1129 hingewiesen.

[102] ESMA/2016/1477, Ziff. 9, 10.

[103] ESMA/2016/1477, Ziff. 9, 10.

[104] ESMA70-156-2391 (MAR Review Report) Rn. 313.

gespräche erstellt werden, vom offenlegenden Marktteilnehmer als auch von dem Informationsempfänger ordnungsgemäß zu unterzeichnen. Zur Reduzierung des Verwaltungsaufwands hätte auf das Unterzeichnungserfordernis verzichtet werden können.[105] Der Rechtssicherheit hätte auch der Austausch eines abgestimmten Protokolls im elektronischen Format Genüge getan. Des Weiteren hatten Marktteilnehmer in ihren Rückmeldungen zu Art. 11 MAR eine Klarstellung zu *„Follow-up"*-Gesprächen angeregt.[106] Die ESMA hatte sich diesem Begehren angeschlossen und eine Anpassung der DelVO (EU) 2016/960 vorgeschlagen, wonach zumindest der Verweis auf die Verpflichtung des Art. 11 Abs. 7 MAR sowie die Unterrichtung über die Pflichten des Art. 11 Abs. 5 MAR Buchst. b – d MAR aF (nunmehr Art. 11 Abs. 4 MAR) unterbleiben könnte.[107]

Der Unionsgesetzgeber hat sich dazu entschlossen, diese Änderungsvorschläge nicht umsetzen. Für Emittenten hätten die Anpassungen immerhin geringfüge Erleichterungen bedeutet. Damit hätten auch solche Anpassungen der Zwecksetzung des EU-Listing Acts[108] zur Reduzierung des Verwaltungsaufwands der MAR entsprochen.

[105] So der Vorschlag in ESMA70-156-2391 (MAR Review Report) Rn. 313.

[106] ESMA70-156-2391 (MAR Review Report) Rn. 288.

[107] Im englischen Originaltext „repeat reminders of wall crossing requirements could be removed", vgl. ESMA70-156-2391 (MAR Review Report) Rn. 313.

[108] S. Erwgr. 61 VO (EU) 2024/2809.

ALEXANDER GLOS

Die intertemporale Anwendbarkeit des europäischen Rechts am Beispiel der Bankenabgabe

I. *Vorbemerkung*

Die Rechtsstaatlichkeit war schon immer ein wichtiges Thema für den Jubilar. Dabei war ihm die mitunter mangelnde Beachtung rechtsstaatlicher Grundsätze durch nationale oder europäische Behörden – insbesondere im Bereich des Bankaufsichtsrechts – ein besonderer Dorn im Auge.

Die intertemporale Anwendbarkeit des Rechts[1] wird typischerweise vorrangig unter dem aus dem Rechtsstaatsprinzip abgeleiteten Grundsatz des Vertrauensschutzes diskutiert[2]. Zu den zentralen Grundsätzen des Rechtsstaats deutscher Verfassungsprägung gehören jedoch auch die Gesetzmäßigkeit der Verwaltung sowie der darauf beruhende Vorbehalt des Gesetzes[3]. Diese Grundsätze sind auch im Unionsrecht anerkannt.[4]

Die Thematik, welche in diesem Beitrag vertieft werden soll, betrifft einen Sonderaspekt der intertemporalen Anwendbarkeit des (europäischen) Rechts: Darf eine europäische Behörde eine belastende Entscheidung, die eine frühere (rechtswidrige) Entscheidung ersetzen soll, auch dann noch erlassen, wenn die ursprüngliche Rechtsgrundlage zum Zeitpunkt des Ersetzungsbeschlusses nicht mehr vorliegt? Wie zu zeigen sein wird, liegt die Lösung dieser Frage nicht primär im Grundsatz des Vertrauensschutzes, sondern im Vorbehalt des Gesetzes.

II. *Ausgangssituation*

Die oben genannte Frage hatte das EuG in einem Fall zur europäischen Bankenabgabe zu entscheiden[5]. Dem lag folgender Sachverhalt zugrunde[6]: Der europäische Abwicklungsausschuss (Single Resolution Board, „SRB") hatte 2016 einen Beschluss zur Bankenabgabe erlassen, auf dessen Grundlage anschließend von der Bundesanstalt für Finanzdienstleistungsaufsicht (BaFin) gegenüber der NRW.BANK die Bankenabgabe erhoben wurde. Die NRW. BANK erhob gegen den Beschluss des SRB Klage vor dem EuG.

---

[1] Vgl. allgemein zu den Grundsätzen des (deutschen) intertemporalen Verwaltungsrechts Kopp, Die Sozialgerichtsbarkeit 1993, 593 ff.; zum Europarecht vgl. Heukels, Intertemporales Gemeinschaftsrecht, 1990.

[2] Dürig/Herzog/Scholz/Grzeszick, 105. EL 2024, GG Art. 20 Rn. 27.

[3] V. Münch/Kunig/Kotzur GG Art. 20 Rn. 153–155; BeckOK GG/Rux Art. 20 Rn. 172 mwN.

[4] Zur Gesetzmäßigkeit der Verwaltung grundlegend EuGH ECLI:EU:C:1961:5 = BeckRS 2004, 71150 – Snupat/Haute autorité; vgl. Grabitz/Hilf/Nettesheim/Mayer, 83. EL 2024, EUV Art. 6 Rn. 389 mwN; zum Vorbehalt des Gesetzes vgl. Art. 52 Abs. 1 S. 1 EGRC.

[5] EuG ECLI:EU:T:2024:111 = BeckRS 2024, 2282 – NRW.Bank/SRB.

[6] EuG ECLI:EU:T:2024:111 = BeckRS 2024, 2282 Rn. 2 ff. – NRW.Bank/SRB.

Am 27.4.2022 hob der SRB den (ursprünglichen) Beschluss für 2016 aus formellen Gründen auf. Hintergrund der Aufhebung war die zwischenzeitliche Rechtsprechung des EuG zu den Anforderungen an die Begründung der Bankenabgabe.[7]

Zeitlich mit dem Aufhebungsbeschluss erließ der SRB einen neuen Bankenabgabebescheid für 2016, der zwar eine neue und verbesserte Begründung erhielt, im Übrigen aber materiell die NRW.BANK erneut zur Bankenabgabe heranzog.

Die Besonderheit des Falles liegt darin, dass zwischen dem ursprünglichen Erlass des Bankenabgabebescheids im Jahr 2016 und seiner Aufhebung im Jahr 2022 eine materielle Änderung der Rechtslage, namentlich des Anwendungsbereichs der Verordnung über den Einheitlichen Abwicklungsmechanismus (SRM-VO) als Rechtsgrundlage der europäischen Bankenabgabe, erfolgte. Seit dieser Änderung profitiert die NRW.BANK in der CRD IV von der gleichen Ausnahmevorschrift wie ua die KfW, nämlich Art. 2 Abs. 5 Nr. 5 CRD IV. Die Bankensanierungs- und -abwicklungsrichtlinie (BRRD) nimmt in ihrem Anwendungsbereich Bezug auf die CRD IV, sodass die unter Art. 2 Abs. 5 Nr. 5 CRD IV ausgenommenen Unternehmen gem. Art. 1 Abs. 1 Buchst. a iVm Art. 2 Abs. 1 Nr. 23 und Nr. 2 BRRD auch von der BRRD nicht mehr erfasst werden. Gleiches gilt gem. Art. 2 Abs. 3 S. 1 SRM-VO auch für die SRM-VO, welche in Art. 70 Abs. 1 die Grundlage für die Erhebung der „im Voraus erhobenen Beiträge“, dh der europäischen Bankenabgabe, enthält.[8]

Die Änderungsrichtlinie (RL (EU) 2019/878, „CRD V“), durch welche die NRW.BANK aus dem Anwendungsbereich der CRD herausgenommen wurde, trat gem. ihrem Art. 3 am zwanzigsten Tag nach ihrer Veröffentlichung im Amtsblatt der EU, die am 7.6.2019 erfolgte, in Kraft. Von den Mitgliedstaaten war sie bis zum 28.12.2020 umzusetzen. Relevante Übergangsvorschriften enthält die CRD V nicht. Im Ergebnis unterlag die NRW.BANK damit bei Erlass des Aufhebungs- und Ersetzungsbeschlusses durch den SRB am 27.4.2022 nicht mehr der SRM-VO.

Nachdem die NRW.BANK die ursprüngliche Nichtigkeitsklage auf den neuen Bankenabgabebescheid des SRB umgestellt hatte, musste sich das EuG mit der Frage nach der intertemporalen Anwendbarkeit der relevanten Bestimmungen der SRM-VO beschäftigen. Bevor unter V. und VI. unten näher auf das Urteil und die ihm vorausgehende europäische Rechtsprechung eingegangen wird, sollen nachfolgend kurz die dogmatischen Grundlagen hierzu dargestellt werden, nämlich einerseits die klassische Rückwirkungsrechtsprechung (unter → III.) und andererseits der Grundsatz des Vorbehalts des Gesetzes (unter → IV.).

III. Keine Anwendung der Rückwirkungsrechtsprechung

Die intertemporale Anwendung von Gesetzen wird verfassungs- und europarechtlich primär unter dem Aspekt der Rückwirkung diskutiert. Dabei geht es darum, inwieweit auf einen vergangenen Sachverhalt zu Lasten des Rechtsunterworfenen neues Recht angewandt werden kann. Bekanntermaßen wird dabei zwischen echter und unechter Rückwirkung unterschieden.[9]

Grundlage der Rückwirkungsrechtsprechung ist der Vertrauensschutz zugunsten des Rechtsunterworfenen, dh *„das Vertrauen der Regelungsadressaten in die Kontinuität von Recht“.*[10]

---

[7] Vgl. hierzu EuG ECLI:EU:T:2019:823 = BeckRS 2019, 29527 – Hypo Vorarlberg Bank/SRB; EuG ECLI:EU:T:2019:824 = BeckRS 2019, 29534 – Portigon/SRB.

[8] Die SRM-VO verweist für den Begriff des Kreditinstituts auf die Definition der BRRD, s. Art. 2 Abs. 2 S. 1 SRM-VO.

[9] Vgl. für das deutsche Verfassungsrecht hierzu Huber/Voßkuhle GG/Sommermann Art. 20 Rn. 294–296; zum EU-Recht Grabitz/Hilf/Nettesheim/von Rintelen/Wolff, 83. EL 2024, AEUV Art. 43 Rn. 110–119.

[10] Dürig/Herzog/Scholz/Grzeszick, 105. EL 2024, GG Art. 20 Rn. 69.

Dieses Vertrauen soll unter bestimmten Voraussetzungen davor geschützt werden, dass durch eine Rechtsänderung nachträglich in die Rechte des Normadressaten eingegriffen wird.[11] Dabei ist eine echte Rückwirkung nach der Rechtsprechung des Bundesverfassungsgerichts grundsätzlich unzulässig. Eine solche echte Rückwirkung liegt vor, *„wenn ein Gesetz nachträglich ändernd in abgewickelte, der Vergangenheit angehörende Tatbestände eingreift"*.[12] Eine unechte Rückwirkung ist hingegen anzunehmen, *„wenn eine Norm auf gegenwärtige, noch nicht abgeschlossene Sachverhalte und Rechtsbeziehungen für die Zukunft einwirkt und damit sogleich die betroffene Rechtsposition nachträglich entwertet"*.[13] Die unechte Rückwirkung ist grundsätzlich zulässig, allerdings hat eine Interessensabwägung zu erfolgen.[14]

Da sich weder die Gründungsverträge noch das sekundäre Unionsrecht mit der Rückwirkung befassen, hat der EuGH in seiner Rechtsprechung schrittweise den Rechtssicherheitsgrundsatz fortentwickelt und damit die Unterscheidung zwischen echter und unechter Rückwirkung auch auf europarechtlicher Ebene etabliert.[15] So verbietet heute nach ständiger Rechtsprechung des EuGH *„der Grundsatz der Rechtssicherheit im allgemeinen, den Beginn der Geltungsdauer eines Rechtsaktes der Gemeinschaft auf einen Zeitpunkt vor dessen Veröffentlichung zu legen"*.[16] Der wesentliche Unterschied zur Rechtsprechung des Bundesverfassungsgerichts liegt darin, dass eine solche echte Rückwirkung auf unionsrechtlicher Ebene zulässig sein kann, wenn das angestrebte Ziel es verlangt und das Vertrauen der Betroffenen gebührend beachtet ist.[17] Die Einschränkung des Rückwirkungsverbots erfordert somit bereits an dieser Stelle eine Verhältnismäßigkeitsprüfung.[18] Auch eine unechte Rückwirkung ist nach dem EuGH zulässig, sofern nicht schutzwürdiges Vertrauen entgegensteht.[19]

Der vorliegende Fall unterscheidet sich jedoch grundlegend von einer klassischen Rückwirkungskonstellation: Bei letzterer geht es darum, dass neues Recht zu Lasten des Normadressaten auf einen (zumindest teilweise) vergangenen Sachverhalt angewandt werden soll. Hier ist es umgekehrt: Das neue Recht, nämlich die Befreiung der Bank von der Zahlung der Bankenabgabe, wurde vom SRB zu Lasten der Bank nicht auf einen aktuellen Sachverhalt, nämlich den (Neu-)Erlass des Bankenabgabebescheids im Jahr 2022, angewandt. Die NRW.BANK wurde also nicht durch eine ungünstige Rechtsänderung in ihrem Vertrauen auf eine bestehende günstige Rechtslage enttäuscht. Im Gegenteil, die Rechtsänderung durch CRD V erfolgte zu ihren Gunsten. Enttäuschend war lediglich, dass der SRB das neue Recht nicht anwandte, als er 2022 den Bescheid von 2016 aufhob und neu erließ.

---

[11] Vgl. Dürig/Herzog/Scholz/Grzeszick, 105. EL 2024, GG Art. 20 Rn. 70.

[12] BVerfGE 57, 361 (391); 68, 287 (306); 72, 175 (196).

[13] BVerfGE 95, 64 (86); 122, 374 (394); vgl. zuvor BVerfGE 30, 367 (385).

[14] S. Huber/Voßkuhle GG/Sommermann Art. 20 Rn. 294–296.

[15] Zur Entwicklung der Rechtsprechung, s. Heukels, Intertemporales Gemeinschaftsrecht, 1990, 51 f.

[16] EuGH ECLI:EU:C:1979:14 = BeckRS 2004, 73987 Rn. 20 – Racke/Hauptzollamt Mainz; EuGH ECLI:EU:C:1979:15 = BeckRS 2004, 73997 Rn. 8 – Decker/Hauptzollamt Landau; EuGH ECLI:EU:C:1991:307 = BeckRS 2004, 76790 Rn. 17 – Crispoltoni/Fattoria Autonoma Tabacchi.

[17] EuGH ECLI:EU:C:1979:14 = BeckRS 2004, 73987 Rn. 20 – Racke/Hauptzollamt Mainz; EuGH ECLI:EU:C:1979:15 = BeckRS 2004, 73997 Rn. 8 – Decker/Hauptzollamt; Heukels, Intertemporales Gemeinschaftsrecht, 1990, 73 f.

[18] Schulze/Janssen/Kadelbach EuropaR-HdB/Schmahl § 6 Rn. 44; Das führt in der Praxis dazu, dass in der Begründung des Rechtsaktes die Umstände genannt werden müssen, die die Rückwirkung rechtfertigen sollen, s. Grabitz/Hilf/Nettesheim/von Rintelen/Wolff, 83. EL 2024, AEUV Art. 43 Rn. 113.

[19] EuGH ECLI:EU:C:2010:798 = BeckRS 2010, 91485 Rn. 40, 41 – Bavaria.

IV. Der Vorbehalt des Gesetzes

Die Lösung des Falls ist also nicht in der Rückwirkungsrechtsprechung zu suchen, sondern vielmehr beim Grundsatz des Vorbehalts des Gesetzes. Im deutschen Verfassungsrecht wird dieser primär Art. 20 Abs. 3 GG entnommen.[20] Im EU-Recht ist die Verankerung des Vorbehalts des Gesetzes dem Wortlaut der Charta der Grundrechte der Europäischen Union (EGRC) sogar noch klarer zu entnehmen als Art. 20 Abs. 3 GG. Art. 52 Abs. 1 S. 1 der EGRC bestimmt: *„Jede Einschränkung der Ausübung der in dieser Charta anerkannten Rechte und Freiheiten muss gesetzlich vorgesehen sein und den Wesensgehalt dieser Rechte und Freiheiten achten."*

Unabhängig davon, ob man die Bankenabgabe – die nach der Terminologie des deutschen Verfassungsrechts eine Sonderabgabe ist[21], während man sie im EU-Recht als parafiskalische Abgabe bezeichnen kann[22] – an der Freiheit der unternehmerischen Betätigung nach Art. 16 EGRC oder an der Eigentumsfreiheit nach Art. 17 EGRC messen möchte[23], so stellt die Erhebung der Bankenabgabe jedenfalls einen Eingriff in die Grundrechte der betroffenen Banken dar[24]. Sowohl Art. 16[25] als auch Art. 17 EGRC[26] gelten auch für juristische Personen wie Banken. Damit stellt die Bankenabgabe eine an Art. 52 Abs. 1 S. 1 der EGRC zu messende Einschränkung von Rechten und Freiheiten dar, die somit gesetzlich vorgesehen sein muss. Mit anderen Worten: Ohne eine gesetzliche Grundlage darf die Bankenabgabe nicht erhoben werden.

V. Anwendung der Grundsätze auf den vorliegenden Fall

Damit steht also fest, dass der SRB nach der Aufhebung des alten Bankenabgabebescheids für 2016 eine Rechtsgrundlage für den Erlass des neuen Bankenabgabebescheids benötigte. Die einzig in Betracht kommende Grundlage war Art. 70 Abs. 1 SRM-VO. Zum Zeitpunkt des Erlasses des neuen Bankenabgabebescheids am 27.4.2022 unterfiel die NRW.BANK der SRM-VO jedoch nicht mehr. Aus Art. 70 Abs. 1 SRM-VO konnte der SRB somit zum Zeitpunkt des Erlasses des Bankenabgabebescheids keine Rechtsgrundlage für den Bescheid entnehmen. Umso erstaunlicher also, dass der SRB trotzdem den neuen Bankenabgabebescheid erließ. Noch erstaunlicher aber ist es, dass das EuG in seinem eingangs erwähnten Urteil[27] diesem Handeln des SRB ohne Rechtsgrundlage nicht entgegentrat.

Die Frage der Rechtsgrundlage wird dabei an zwei Stellen im Urteil aufgeworfen. Die Klägerin hatte ua geltend gemacht, der Neubeschluss der Bankenabgabe habe *„gegen Art. 41 der Charta in Verbindung mit Art. 4 des Europäischen Kodex für eine gute Verwaltungspraxis, das Rechtsstaatsprinzip und den Grundsatz der guten Verwaltung verstoße[n], da es keine Rechtsgrundlage für den rückwirkenden Erlass des angefochtenen Beschlusses gebe".*[28] In diesem Zusammen-

---

[20] Sachs/Sachs/von Coelln GG Art. 20 Rn. 114.

[21] Vgl. hierzu Schön/Hellgardt/Osterloh-Konrad WM 2010, 2145.

[22] Vgl. auch Müller, Parafiskalische Abgaben im Unionsrecht, 2020, 99 ff.

[23] Daneben können auch andere Grundrechte aus der Grundrechtecharta relevant werden, wie etwa das Gleichheitsrecht (Art. 20 EGRC) sowie die Grundfreiheiten des AEUV.

[24] Vgl. auch Müller, Parafiskalische Abgaben im Unionsrecht, 2020, 182 f., wonach die EGRC „wahrscheinlich" auf die Erhebung der Bankenabgabe Anwendung finden. Der EuGH geht offensichtlich von der Anwendung der EGRC auf die Bankenabgabe aus, vgl. etwa EuGH ECLI:EU:C:2021:601 = BeckRS 2021, 18324 Rn. 102 f. – Kommission/Landesbank Baden-Württemberg.

[25] Kokott EU-SteuerR § 4 Rn. 34, 35.

[26] Vgl. Art. 1 Abs. 1 S. 1 EMRK-ZP; Jarass GRCh Art. 17 Rn. 16.

[27] EuG ECLI:EU:T:2024:111 = BeckRS 2024, 2282 – NRW.Bank/SRB.

[28] EuG ECLI:EU:T:2024:111 = BeckRS 2024, 2282 Rn. 158 – NRW.Bank/SRB.

hang machte die Klägerin geltend, es gebe keine sachliche Rechtfertigung dafür, dass der Beschluss rückwirkend ersetzt wurde.[29]

Das EuG beschäftigt sich an dieser Stelle nicht mit der grundsätzlichen Frage des Vorliegens einer Rechtsgrundlage. Vielmehr verengt es seine Prüfung auf die Frage, ob die rückwirkende Ersetzung des ursprünglichen Bankenabgabebescheids zulässig war. Dies bejaht das EuG unter Rückgriff auf die oben dargestellten Grundsätze der Rückwirkungsrechtsprechung.[30]

Interessanter (und problematischer) ist die Passage des Urteils, in dem es um den von der Klägerin vorgetragenen Verstoß gegen allgemeine Rechtsgrundsätze geht, wonach der Beschluss nicht auf dem zum Zeitpunkt des Erlasses des Bescheids geltenden Recht beruhte.[31] Das EuG stellt hierzu zunächst fest, dass der 2022 neu erlassene Bescheid die Bankenabgabe für den Beitragszeitraum 2016 betraf, und dass die NRW.BANK im Jahr 2016 *„ein Institut darstellte, das [...] verpflichtet war, für diesen Zeitraum einen im Voraus berechneten Beitrag zu entrichten.“*[32] Die entscheidende Passage des Urteils lautet dann wie folgt: *„Vor diesem Hintergrund kann die Verpflichtung der Klägerin, einen im Voraus erhobenen Beitrag für das Jahr 2016 zu entrichten, nicht durch den späteren Erlass der Richtlinie 2019/878 berührt werden, die am 7. Juni 2019 im Amtsblatt der Europäischen Union veröffentlicht wurde und am 20. Tag nach ihrer Veröffentlichung in Kraft trat, und zwar mit einer Umsetzungsfrist, die grundsätzlich spätestens am 28. Dezember 2020 endete. Keine Bestimmung dieser Richtlinie sieht nämlich vor, dass die Klägerin ex tunc vom persönlichen Anwendungsbereich der Verpflichtung zur Zahlung von im Voraus erhobenen Beiträgen ausgenommen wird. Folglich brauchte der SRB diesen Umstand im angefochtenen Beschluss bei der Festsetzung dieser Beiträge nicht zu berücksichtigen.“*[33]

Der einzige Anschein einer dogmatischen Begründung für diese Ansicht findet sich in Rn. 265 des Urteils: *„Insoweit geht aus der Rechtsprechung hervor, dass die Beachtung der Grundsätze über das intertemporale Recht sowie die Anforderungen an die Grundsätze der Rechtssicherheit und des Vertrauensschutzes die Anwendung der in zeitlicher Hinsicht für den fraglichen Sachverhalt geltenden materiell-rechtlichen Vorschriften vorschreiben, selbst wenn diese Vorschriften zum Zeitpunkt des Erlasses eines Rechtsakts durch das Organ, die Einrichtung oder die sonstige Stelle der Union nicht mehr in Kraft sind (vgl. in diesem Sinne Urteil vom 14. Juni 2016, Kommission/McBride u. a., C-361/14 P, EU:C:2016:434, Rn. 40 und die dort angeführte Rechtsprechung).“*

Diese Passage nimmt also den Topos des Vertrauensschutzes auf, wie er für die oben dargestellte Thematik der echten und unechten Rückwirkung von Gesetzen relevant ist. Doch wer kommt hier in den Genuss des Vertrauensschutzes? Die Bank unterlag im Jahr 2016 einer Verpflichtung zur Zahlung der Bankenabgabe. Doch hat die Bank hierauf vertraut, und musste dieses Vertrauen dadurch geschützt werden, dass sie im Jahr 2022 einen Bescheid zur Zahlung der Bankenabgabe erhielt, obwohl sie 2022 der Bankenabgabe nicht mehr unterlag? Selbstverständlich nicht. Die Bank hat den Bescheid 2016 im Gegenteil unverzüglich angegriffen. Sie vertraute nicht darauf, dass in ihre Rechte eingegriffen wurde. Beim Vertrauensschutz geht es um das Vertrauen in den Fortbestand einer für den Rechtsunterworfenen günstigen Rechtslage, nicht um das Vertrauen in den Fortbestand einer für ihn ungünstigen Rechtslage.

Wessen Vertrauen sollte also sonst hier geschützt werden? Der Logik nach kann es lediglich das Vertrauen des SRB (bzw. des von ihm verwalteten Einheitlichen Abwicklungsfonds (Single Resolution Fund, „SRF“) sein. Der SRB bzw. SRF vertrauten wohl 2016 darauf, dass die NRW.BANK die Bankenabgabe zahlt. Man mag darüber streiten können, ob man

[29] EuG ECLI:EU:T:2024:111 = BeckRS 2024, 2282 Rn. 159 – NRW.Bank/SRB.

[30] EuG ECLI:EU:T:2024:111 = BeckRS 2024, 2282 Rn. 164–167 – NRW.Bank/SRB.

[31] NB: Es überrascht, dass Art. 52 EGRC an dieser Stelle nicht explizit diskutiert wird, sondern nur allgemeine Rechtsgrundsätze.

[32] EuG ECLI:EU:T:2024:111= BeckRS 2024, 2282 Rn. 267 f. – NRW.Bank/SRB.

[33] EuG ECLI:EU:T:2024:111 = BeckRS 2024, 2282 Rn. 269 – NRW.Bank/SRB.

der Schutzwürdigkeit dieses Vertrauens im konkreten Fall damit entgegentreten kann, dass der vom SRB 2016 erlassene Bankenabgabebescheid rechtswidrig war, wofür der SRB als Verfasser des Bescheids die Verantwortung trug. Der fundamentale Punkt ist jedoch ein anderer: Eine staatliche Behörde kann im Verhältnis zum Grundrechtsträger kein schutzwürdiges Vertrauen in Anspruch nehmen. Dieses Prinzip ist im deutschen Verfassungsrecht unstreitig.[34] Auch im europäischen Recht wird die Inanspruchnahme von Vertrauensschutz durch Behörden abgelehnt.[35] Die Berufung des EuG auf Vertrauensschutz ist im vorliegenden Fall somit völlig verfehlt.

Neben dem Vertrauensschutz beruft sich das EuG auch auf die Rechtssicherheit in der zitierten Passage. Doch warum soll es im Interesse der Rechtssicherheit sein, zu Lasten des Normadressaten eine Norm auch dann noch anzuwenden, wenn sie außer Kraft gesetzt wurde? Soweit das EuG damit an die Grundsätze der Rückwirkungsrechtsprechung des EuGH anknüpfen will, so verkennt es den oben genannten Unterschied der vorliegenden Konstellation (Anwendung neuen Rechts auf einen aktuellen Sachverhalt) gegenüber einer Rückwirkungskonstellation (Anwendung neuen Rechts auf einen vergangenen Sachverhalt).

Bemerkenswert ist in diesem Zusammenhang der oben ebenfalls zitierte Satz des EuG, wonach die CRD V keine Bestimmung enthielt, wonach die NRW.BANK ex tunc vom Anwendungsbereich der Bankenabgabe ausgenommen werden sollte. Das EuG kehrt damit (auch hier) das Prinzip um, wonach der Vorbehalt des Gesetzes für den Grundrechtseingriff gilt: Nach der Logik des EuG muss nicht der Grundrechtseingriff, sondern die Aufhebung des Grundrechtseingriffs für alle in Betracht kommenden Fallkonstellationen einzeln ausdrücklich gesetzlich angeordnet werden. Der Grundrechtseingriff ist somit die Regel; seine Ausnahme muss gesetzlich geregelt werden.

Ein Parallelbeispiel aus dem Strafrecht mag verdeutlichen, worum es hier geht: Angenommen, der Gesetzgeber schafft die Strafbarkeit eines bestimmten Verhaltens ab, etwa weil die gesellschaftliche Akzeptanz eines bestimmten Verhaltens sich geändert hat. Kann dann ein vor der Gesetzesänderung begangener Verstoß gegen das (frühere) Gesetz noch strafrechtlich verfolgt werden? Der Logik des EuG folgend wäre das zwingend, es sei denn, dass in dem Gesetz, das die Strafbarkeit abschafft, ausdrücklich die Geltung für vergangene Taten angeordnet wird. Das kann nicht richtig sein.

VI. Frühere Rechtsprechung

1. Kommission/McBride ua

Das EuG sieht sich in seinem Urteil im Einklang mit früherer Rechtsprechung. Unmittelbar zitiert wird das EuGH-Urteil vom 14.6.2016 – Kommission/McBride ua. Dieses enthält in der relevanten Rn. 40 die gleiche Formulierung wie sie auch das EuG verwendet *(„dass die*

[34] Vgl. Obermayer/Funke-Kaiser/Baumeister VwVfG § 48 Rn. 85, demnach Vertrauensschutz nur für Grundrechtsträger; Stelkens/Bonk/Sachs/Sachs VwVfG § 48 Rn. 137 und Schoch/Schneider/Schoch, 5. EL 2024, VwVfG § 48 Rn. 142, knüpft an den Grundsatz der Gesetzesmäßigkeit der Verwaltung an, der dazu führt, dass sich Träger öffentlicher Verwaltung nicht auf das Fortbestehen eines rechtswidrigen Zustands berufen können. Streitig ist nur, ob staatliche Behörden gegenüber anderen staatlichen Behörden Vertrauensschutz genießen können, wobei die herrschende Lehre (insoweit dem Bundesverwaltungsgericht folgend, BVerwGE 60, 208 (211)) selbst das ablehnt, s. Stelkens/Bonk/Sachs/Sachs VwVfG § 48 Rn. 35.

[35] Grabitz/Hilf/Nettesheim/Mayer, 83. EL 2024, EUV nach Art. 6 Rn. 395; der EuGH betont, dass die Berufung auf den Grundsatz des Vertrauensschutzes „jedem Wirtschaftsteilnehmer" offensteht, s. ECLI:EU:C:2004:443 = BeckRS 2004, 76447 Rn. 70 – Di Lenardo Adriano und Dilexport und die dort zitierte Rechtsprechung; instruktiv zum Vertrauensschutz im Unionsrecht Heselhaus/Nowak EU-Grundrechte-HdB/Bungenberg § 37.

Beachtung der Grundsätze über das intertemporale Recht sowie die Anforderungen an die Grundsätze der Rechtssicherheit und des Vertrauensschutzes die Anwendung der in zeitlicher Hinsicht für den fraglichen Sachverhalt geltenden materiell-rechtlichen Vorschriften vorschreiben, selbst wenn diese Vorschriften zum Zeitpunkt des Erlasses eines Rechtsakts durch das Unionsorgan nicht mehr in Kraft sind"). Doch direkt im Anschluss daran steht der entscheidende Halbsatz, den das EuG in seinem Urteil nicht mitzitiert: *„doch muss die Bestimmung, die die Rechtsgrundlage eines Rechtsakts darstellt und das Unionsorgan zu dessen Erlass ermächtigt, zum Zeitpunkt seines Erlasses in Kraft sein."*

Genau daran fehlte es jedoch im konkreten Fall, denn die Rechtsgrundlage für den Erlass eines Bankenabgabebescheids gegenüber der NRW.BANK gab es zum Zeitpunkt seines Erlasses im Jahr 2022 nicht mehr. Dementsprechend bestätigte der EuGH in der Rechtssache Kommission/McBride ua die Aufhebung einer Kommissionsentscheidung mangels Rechtsgrundlage. So führt der EuGH aus: *„Denn Art. 6 Abs. 2 der Verordnung Nr. 2792/1999, der zur Zeit der Einreichung des ursprünglichen Antrags die Rechtsgrundlage enthielt, die die Kommission zur Entscheidung über einen solchen Antrag ermächtigte, wurde mit Wirkung zum 1. Januar 2003 aufgehoben, und er wurde nicht durch eine entsprechende Vorschrift oder eine Übergangsvorschrift ersetzt, die der Kommission eine derartige Rechtsgrundlage verschafft hätte."*

Somit ist dem vom EuG zitierten EuGH-Urteil letztlich das Gegenteil dessen zu entnehmen, wofür das EuG es zitiert hat.

2. *SP ua/Kommission*

Das EuG verweist im NRW.BANK-Urteil mittelbar auch auf die Rechtsprechung, die in dem Urteil Kommission/McBride ua zur intertemporalen Anwendbarkeit des Unionsrechts zitiert wurden. Dies sind zum einen die Urteile des EuG vom 25.10.2007 in der Sache „SP ua/Kommission".[36] Auch diese Urteile können die im NRW.BANK-Urteil gezogene Schlussfolgerung jedoch nicht tragen.

Inhaltlich ging es in diesen Urteilen um Kommissionsentscheidungen zu Kartellverstößen. Das EuG erklärte die entsprechenden Kommissionsentscheidungen gegenüber den Klägerinnen für nichtig. Tragender Grund hierfür war, dass die Kommission ihre Entscheidungen auf den EGKS-Vertrag stützte, der zum Zeitpunkt der Kommissionsentscheidungen jedoch bereits ausgelaufen (und durch den EG-Vertrag ersetzt) worden war.[37] Insofern bestätigen diese EuG-Urteile nur, dass Entscheidungen von EU-Behörden nicht auf eine nicht mehr vorhandene Rechtsgrundlage gestützt werden können. Die gegenteilige Ansicht des EuG im NRW.BANK-Urteil wird hingegen davon nicht gestützt.

3. *ArcelorMittal/Kommission*

Anders gelagert war das EuGH-Urteil ArcelorMittal/Kommission vom 29.3.2011[38], welches ebenfalls in dem Urteil Kommission/McBride zitiert wird. Dort bestätigte der EuGH eine Kommissionsentscheidung zu einem Kartellverstoß.

Die Besonderheit des Sachverhalts war es, dass der ursprüngliche Kartellverstoß noch unter dem EGKS-Vertrag begangen und geahndet worden war. Allerdings wurde die entsprechende Kommissionsentscheidung anschließend wegen formeller Mängel aufgehoben. Der EGKS-Vertrag wurde dann zwischenzeitlich aufgehoben und inhaltlich in den EG-Vertrag integriert, ohne dass hierfür konkrete Übergangsregelungen zu Kartellverstößen, die noch unter dem EGKS-Vertrag begangen wurden, geschaffen wurden. Die Kommission stützte den Neuerlass ihrer Sanktionsentscheidung dann – insofern anders als in dem Sachverhalt, der dem Urteil SP ua/Kommission zugrunde lag – auf die Nachfolgeregelung in

[36] EuG ECLI:EU:T:2007:317 = BeckRS 2007, 70864 – SP ua/Kommission.
[37] EuG ECLI:EU:T:2007:317 = BeckRS 2007, 70864 Rn. 102–123 – SP ua/Kommission.
[38] EuGH ECLI:EU:C:2011:190 = BeckRS 2011, 80309 – ArcelorMittal/Kommission.

der VO (EG) Nr. 1/2003, die materiell das gleiche Verhalten sanktionierte wie die Vorgängerregelung unter dem EGKS-Vertrag. Der EuGH stellte fest, dass *", dass Art. 65 §§ 1 und 5 KS zur Tatzeit eine klare Rechtsgrundlage für die im vorliegenden Fall verhängte Sanktion enthielt, so dass TradeARBED über die Folgen ihres Verhaltens nicht in Unkenntnis sein konnte. Im Übrigen ergibt sich aus den Feststellungen in den Randnrn. 55 bis 57 des vorliegenden Urteils, dass die Kommission ein gleiches Verhalten auch zu jedem späteren Zeitpunkt durch eine solche Sanktion hätte ahnden können."*[39] Vor diesem Hintergrund lehnte der EuGH es ab, die Kommissionsentscheidung wegen mangelnder Rechtsgrundlage aufzuheben.[40]

Auch wenn in diesem Fall der EuGH die Aufhebung der nach der Rechtsänderung neu ergangenen Kommissionsentscheidung ablehnte, so war der Fall doch anders gelagert als die NRW.BANK-Entscheidung: In dem ArcelorMittal Urteil war sowohl zum Zeitpunkt der ursprünglichen Kommissionsentscheidung als auch zum Zeitpunkt des Neuerlasses der Kommissionsentscheidung eine Rechtsgrundlage vorhanden. Man mag darüber streiten, ob das Versäumnis des Unionsgesetzgebers, eine klare Übergangsregelung zwischen dem EGKS-Vertrag und dem EG-Vertrag für derartige Fälle zu schaffen, sich nicht zugunsten des Normadressaten hätte auswirken müssen. Doch als Grundlage für das EuG-Urteil in Sachen NRW.BANK taugt das ArcelorMittal Urteil des EuGH jedenfalls nicht, denn bei dem NRW.BANK-Urteil fehlte es zum Zeitpunkt der neuen Entscheidung des SRB gerade an einer tauglichen Rechtsgrundlage.

VII. Conclusio

Auch im europäischen Gemeinschaftsrecht gilt der Vorbehalt des Gesetzes. Dieser führt dazu, dass eine europäische Behörde eine belastende Entscheidung nicht ohne eine zum Zeitpunkt der Entscheidung gültige Rechtsgrundlage treffen kann. Vorbehaltlich anderweitiger Übergangsregelungen gilt dies auch dann, wenn die Entscheidung eine frühere Entscheidung ersetzt, die zu einem Zeitpunkt ergangen war, als noch eine Rechtsgrundlage für den Eingriff vorhanden war. Diese Ansicht wird auch durch die frühere Rechtsprechung der europäischen Gerichte gestützt. Die entgegenstehende Entscheidung des EuG vom 21.2.2024 in Sachen „NRW.BANK/SRB" ist daher verfehlt.

[39] EuGH ECLI:EU:C:2011:190 = BeckRS 2011, 80309 Rn. 69 – ArcelorMittal/Kommission.

[40] EuGH ECLI:EU:C:2011:190 = BeckRS 2011, 80309 Rn. 55–80 – ArcelorMittal/Kommission.

JANINA HEINZ

Die Erweiterung und Anwendung der Aufsichtsbefugnisse der Europäischen Zentralbank

I. *Einführung*

Im November 2014 hat die EZB iRd Einheitlichen Aufsichtsmechanismus (SSM) die direkte Aufsicht über die bedeutenden Kreditinstitute in der Eurozone übernommen. Thomas Emde hat in seiner anwaltlichen Beratungspraxis diverse Kreditinstitute in der damit verbundenen Übergangsphase beraten und in dieser Rolle die anfängliche Verwaltungspraxis der EZB und des SSM kritisch begleitet.

Mittlerweile kann die EZB auf das zehnjährige Bestehen des Einheitlichen Aufsichtsmechanismus und die Weiterentwicklung der eigenen Aufsichtspraxis zurückblicken. Anlässlich dieses Ereignisses haben Vertreter der EZB die Anfangsjahre reflektiert und Schwerpunkte für die Verfestigung der Aufsichtspraxis definiert.

Ein wesentlicher Aspekt dieser Schwerpunktsetzung betrifft die volle Ausschöpfung der rechtlich eingeräumten Aufsichtsinstrumentarien im Interesse einer effektiven Aufsicht. Die EZB betont, dass es im Hinblick auf den Grundsatz der Verhältnismäßigkeit einerseits und eine wirksame Aufsicht andererseits entscheidend sei, die verfügbaren Aufsichtsmaßnahmen in einen Eskalationsrahmen einzubetten, um in einer systematischen Art und Weise diejenigen Aufsichtsmaßnahmen zur Anwendung zu bringen, die den jeweils vorliegenden Umständen am besten gerecht werden.[1] Der von der EZB beschriebene Eskalationsrahmen umfasst die folgenden Elemente: Beurteilung, Aufsichtsdialog, schriftliche unverbindliche Empfehlungen oder Erwartungen, verbindliche Aufforderungen oder Einschränkungen (Aufsichtsbeschlüsse) sowie Durchsetzungsmaßnahmen und Sanktionen.[2]

Die zunehmende Ausschöpfung des beschriebenen Eskalationsrahmens kann in der Praxis bereits beobachtet werden. Zum einen haben die Fälle, in denen die EZB spezifische Anforderungen an oder Einschränkungen der Geschäftstätigkeiten von Kreditinstituten rechtsverbindlich anordnet, zugenommen. Beispielhaft können an dieser Stelle die rechtsverbindlichen Anforderungen an die organisatorischen Vorkehrungen im Handelsbereich, die die EZB im Zuge des sogenannten Desk Mapping Review ggü. einzelnen Kreditinstituten angeordnet hat,[3] oder die in der öffentlichen Berichterstattung erwähnte Beschränkung der Geschäftsaktivitäten einzelner Kreditinstitute in Russland durch die EZB[4] genannt werden. Zum anderen hat die EZB damit begonnen, einzelne rechtsverbindlich getroffene Anord-

[1] Elderson, Rede v. 7.12.2023, House of the Euro (Brüssel), abrufbar unter: https://www.bankingsupervision.europa.eu/press/speeches/date/2023/html/ssm.sp231207~10204b8b70.de.html.

[2] EZB, Aufsichtsmaßnahmen, abrufbar unter: https://www.bankingsupervision.europa.eu/framework/approach/measures/html/index.de.html.

[3] EZB, Supervision Newsletter v. 15.11.2023, Post-Brexit stocktake and the way forward, abrufbar unter: https://www.bankingsupervision.europa.eu/press/supervisory-newsletters/newsletter/2023/html/ssm.nl231115_1.de.html.

[4] S. bspw. Politico, Europe's banks retreat from Moscow, with the ECB at their heels, 30.4.2024, abrufbar unter: https://www.politico.eu/article/raiffeisen-bank-europe-banks-russia-retreat-ecb/.

nungen mit der Androhung zu verbinden, Strafgelder festzusetzen, die in regelmäßigen Abständen zu zahlen sind und der zwangsweisen Durchsetzung der jeweiligen Anordnung dienen.[5] Eine solche Androhung und spätere Festsetzung von Strafgeldern erfolgten bspw. im Zusammenhang mit Anordnungen zum Management klimabezogener Risiken ggü. einzelnen Kreditinstituten.[6] Die Vorsitzende des Einheitlichen Aufsichtsmechanismus hat zudem angekündigt, das Instrument der regelmäßigen Strafzahlungen auch im Zusammenhang mit nicht behobenen Defiziten bei der Aggregation von Risikodaten einzusetzen.[7] Des Weiteren zeigen auch die von der EZB geführten Statistiken zu Verwaltungssanktionen, die im Fall der Nichteinhaltung aufsichtsrechtlich verbindlicher Anforderungen verhängt werden, einen Anstieg bei der Anzahl und Höhe der jährlich verhängten Sanktionen.[8] Dieser Trend wird auch politisch flankiert. So verfolgt die Europäische Kommission mit dem am 19.6.2024 im ABl. der EU veröffentlichten Bankenpaket ua eine Stärkung der aufsichtlichen Durchsetzungsmaßnahmen.[9]

Die sich verändernde Verwaltungspraxis, die durch ein zunehmend formales Verwaltungshandeln mittels rechtsverbindlicher Aufsichtsbeschlüsse und Verwaltungssanktionen geprägt ist, rückt aus Sicht der betroffenen Kreditinstitute Fragen zum effektiven Rechtsschutz weiter in den Vordergrund. Dies betrifft sowohl die Rechte der betroffenen Kreditinstitute im Verwaltungsverfahren als auch die gerichtliche Überprüfung von Aufsichtsbeschlüssen und Verwaltungssanktionen. Der vorliegende Beitrag beleuchtet daher, wie sich einzelne Aspekte eines effektiven Rechtsschutzes in der Praxis seit Bestehen des Einheitlichen Aufsichtsmechanismus entwickelt haben und nimmt dabei einerseits das Verfahrensrecht der Akteneinsicht und andererseits den Umfang der gerichtlichen Überprüfung von Aufsichtsbeschlüssen in den Blick. Diese beiden Elemente spielen in Anbetracht des Umstands, dass die EZB bei Aufsichtsbeschlüssen vielfach ein weites Ermessen in Anspruch nimmt, eine hervorgehobene Rolle für einen effektiven Rechtsschutz.

II. Das Recht auf Akteneinsicht

Art. 22 Abs. 2 S. 2 SSM-VO regelt ein Recht auf Einsicht in die EZB-Akten der Personen, die von dem Verfahren für die Annahme eines Aufsichtsbeschluss betroffen sind. Dieses Recht auf Akteneinsicht gilt gem. S. 3 der genannten Regelung nicht für vertrauliche Informationen. Art. 32 SSM-RVO konkretisiert das Recht auf Akteneinsicht und geht auf ein Vorliegen vertraulicher Informationen in Abs. 5 wie folgt ein: „*Vertrauliche Informationen im Sinne dieses Artikels umfassen ggf. interne Dokumente der EZB oder NCAs sowie die Korrespondenz zwischen der EZB und einer NCA oder zwischen den NCAs.*“

[5] Buch, Rede anlässlich der Anhörung des Ausschusses für Wirtschaft und Währung des Europäischen Parlaments v. 18.11.2024, abrufbar unter: https://www.bankingsupervision.europa.eu/press/speeches/date/2024/html/ssm.sp241118~cc34c8699f.en.html.

[6] Elderson, Rede v. 7.12.2023, House of the Euro (Brüssel), abrufbar unter: https://www.bankingsupervision.europa.eu/press/speeches/date/2023/html/ssm.sp231207~10204b8b70.de.html.

[7] S. Ad Hoc News (Finanzzeitung für Deutschland), Die Bankenaufsichtsbehörde der Europäischen Zentralbank könnte gegen Banken, die Probleme mit der zügigen Zusammenstellung von Risikodaten haben, Strafzahlungen verhängen, abrufbar unter: https://www.ad-hoc-news.de/wirtschaft/die-bankenaufsichtsbehoerde-der-europaeischen-zentralbank-koennte-gegen/66052152.

[8] EZB, Supervisory sanctions, abrufbar unter: https://www.bankingsupervision.europa.eu/framework/sanctions/html/index.en.html.

[9] Europäische Kommission, Pressemitteilung v. 26.10.2021, abrufbar unter: https://finance.ec.europa.eu/publications/banking-package_en.

In der Rechtsprechung der Unionsgerichte ist anerkannt, dass der Beachtung der Garantien, die die Unionsrechtsordnung in Verwaltungsverfahren gewährt, eine umso grundlegendere Bedeutung zukommt, wenn eine Unionsbehörde über weites Ermessen verfügt.[10] Bei der Annahme von Aufsichtsbeschlüssen nimmt die EZB regelmäßig ein weites Ermessen in Anspruch. Vor diesem Hintergrund ist für die Frage des effektiven Rechtsschutzes von besonderer Relevanz, wie weitgehend die in Art. 22 Abs. 2 S. 3 SSM-VO genannte Einschränkung des Akteneinsichtsrechts bei Vorliegen vertraulicher Informationen in der Verwaltungspraxis gehandhabt wird.

Der Begriff der vertraulichen Information ist im Zusammenhang mit dem Recht auf Akteneinsicht nicht näher definiert. Aus Art. 32 Abs. 5 SSM-RVO folgt, dass interne Dokumente der EZB oder der national zuständigen Behörden sowie Korrespondenz zwischen diesen Behörden vertrauliche Informationen darstellen können, aber nicht müssen. In Anbetracht dessen können die Ansicht, dass solche internen Dokumente und Korrespondenz in der Regel als vertrauliche Informationen zu betrachten sind, und die entsprechende Verwaltungspraxis der EZB, gewöhnlich keine Einsicht in solche Dokumente und Korrespondenz zu gewähren,[11] nicht überzeugen. Begründet wird dies mit einem Bedürfnis nach einem offenen und ehrlichen Austausch von Informationen zwischen den Behörden im Interesse eines effektiven Aufsichtssystems.

Zwar sollen Ausnahmen in Bezug auf diese weitgehende Beschränkung des Akteneinsichtsrecht bestehen. Dies gelte in dem Fall, dass Dokumente anderer Behörden Informationen zu Lasten des betroffenen Kreditinstituts, die seitens der EZB zu prüfen sind, oder Tatsachen oder Nachweise enthalten, auf denen der Aufsichtsbeschluss beruht. Ebenso würden interne Dokumente ausnahmsweise offengelegt, wenn diese Nachweise erhalten, die für die Wahrnehmung der Verteidigungsrechte wesentlich und im Aufsichtsbeschluss nicht reflektiert sind.[12]

Diese Ausnahmen berücksichtigen jedoch nicht hinreichend die Interessen der betroffenen Kreditinstitute. Zunächst ist das dargelegte Regel-Ausnahme-Verhältnis als Ausgangspunkt der Verwaltungspraxis rechtlich nicht überzeugend. Vielmehr ist anerkannt, dass Beschränkungen des Akteneinsichtsrechts eng auszulegen sind, um dem Verteidigungsrecht zur Wirksamkeit zu verhelfen.[13] Des Weiteren begründet die dargelegte Ansicht nicht, weshalb interne Dokumente der EZB (zB Stellungnahmen der Rechtsabteilung, Auszüge aus Protokollen des Aufsichtsgremiums betreffend das Verfahren, Austausch zwischen dem gemeinsamen Aufsichtsteam („JST") und der unabhängigen Untersuchungsstelle zuständig für Verwaltungssanktionen) regelmäßig von der Offenlegung iRd Akteneinsicht ausgeschlossen sein sollen. Die betroffenen Kreditinstitute können insbes. an der Offenlegung solcher Dokumente ein berechtigtes Interesse haben. Vor allem bei Entscheidungen, in denen die EZB einen bestehenden Beurteilungs- oder Ermessensspielraum ausübt, können interne Dokumente Hinweise auf die unterschiedlichen Erwägungen geben, die bei der Ausübung dieser Spielräume angestellt wurden, die nicht zwingend umfassend im Aufsichtsbeschluss reflektiert werden. Es ist nicht ersichtlich, welches berechtigte Interesse der EZB der Offenlegung entgegenstehen sollte. Zum anderen erscheinen auch die Ausnahmen zur Offenlegung von Informationen oder Dokumenten anderer Behörden zu eng. Bspw. können nicht nur belastende, sondern auch entlastende Umstände für das betroffene Kreditinstitut relevant sein. Insgesamt muss gewährleistet sein, dass dem betroffenen Kreditinstitut Gelegenheit gegeben wird, sich zu den Tatsachen zu äußern, die von einer anderen Behörde ermittelt, aber noch nicht mit dem betroffenen Kreditinstitut geteilt wurden. Ein relevantes Anwen-

---

[10] EuG ECLI:EU:T:2017:900 = BeckRS 2017, 141471 Rn. 180 – Crédit mutuel Arkéa/EZB.

[11] Hernández Saseta, ESCB Legal Conference 2020, 262.

[12] Hernández Saseta, ESCB Legal Conference 2020, 262.

[13] Hofmann/Rowe/Türk, Administrative Law and Policy of the European Union, 2011, 219.

dungsbeispiel für solche Konstellationen können Aufsichtsmaßnahmen der EZB sein, die an die ordnungsgemäße Geschäftsorganisation eines Kreditinstituts anknüpfen, die aufgrund geldwäscherechtlich relevanter Vorgänge in Frage steht. Sofern sich die EZB in einem solchen Fall auf Ermittlungsergebnisse der für die Geldwäscheprävention zuständigen Behörde beruft, muss dem betroffenen Kreditinstitut Gelegenheit gegeben werden, zu den Ermittlungsergebnissen Stellung zu nehmen, unabhängig davon, ob die Untersuchung der anderen Behörde bereits abgeschlossen ist.

Rechtlich überzeugender ist eine Betrachtung, ob im konkreten Einzelfall ein in der Abwägung berechtigtes Interesse der Offenlegung eines behördeninternen Dokuments oder von Informationen entgegenstehen, die von einer anderen Behörde erlangt wurden.[14] Ein allgemeiner Verweis auf das Bedürfnis nach einem offenen und ehrlichen Austausch von Informationen zwischen Behörden im Interesse eines effektiven Aufsichtssystems wird der geforderten Einzelfallbetrachtung nicht gerecht.

Sofern im Einzelfall ein berechtigtes Geheimhaltungsinteresse besteht, sollte dem betroffenen Kreditinstitut soweit möglich eine geschwärzte Fassung oder Zusammenfassung des wesentlichen Gegenstands der nicht offengelegten Dokumente oder Informationen zur Verfügung gestellt werden. Ebenso ist die Entscheidung, Dokumente oder Informationen von der Akteneinsicht auszunehmen, hinreichend zu begründen. Nur dann wird das betroffene Kreditinstitut hinreichend in die Lage versetzt, eine versagte Einsichtnahme in die vollständigen Akten in einem späteren Gerichtsverfahren anzugreifen.[15]

Diesem Maßstab wird die EZB in der Praxis nicht immer gerecht. Zwar führt sie in der Praxis regelmäßig eine Begründung für das Versagen der Einsichtnahme in spezifische Dokumente auf.[16] Diese Begründung erschöpft sich erfahrungsgemäß jedoch häufig in einem Hinweis darauf, dass Kommunikation innerhalb der EZB sowie zwischen der EZB und anderen Behörden vertraulich sei. Die dargelegte Verwaltungspraxis der EZB zur Beschränkung des Akteneinsichtsrecht ist nach hier dargelegter Rechtsauffassung insgesamt zu weitgehend und sollte im Interesse eines effektiven Rechtsschutzes angepasst werden.

III. Umfang der gerichtlichen Überprüfung

Der Umfang der gerichtlichen Kontrolle durch die europäischen Gerichte erstreckt sich grds. auf die vollständige Überprüfung von Unionsrechtsakten, einschließlich Aufsichtsbeschlüssen und Verwaltungssanktionen der EZB, in tatsächlicher und rechtlicher Hinsicht. Dies betrifft neben der zutreffenden Ermittlung und Würdigung der für die Normanwendung zugrunde gelegten Tatsachen die Anwendung der richtigen Rechtsvorschriften sowie die richtige Auslegung und Anwendung der Vorschriften durch die Unionsorgane, einschließlich der EZB.[17]

Der Umstand, dass eine vollständige gerichtliche Kontrolle in rechtlicher Hinsicht erfolgt, wurde jüngst in einem Urteil des EuGH in der Rechtssache „Fininvest/EZB ua"[18] unterstrichen. In diesem Urteil gelangte der EuGH zu dem Ergebnis, dass die EZB eine Rechtsvorschrift falsch ausgelegt hat, ungeachtet des Umstands, dass die Auslegung durch die EZB der langjährigen Verwaltungspraxis sowohl der EZB als auch der Europäischen Aufsichts-

---

[14] S. auch EuGH ECLI:EU:C:2018:715 = BeckRS 2018, 21411 Rn. 69 – UBS Europe: „*(...) für jeden Einzelfall eine Abwägung zwischen diesen einander gegenüberstehenden Interessen vorzunehmen.*"

[15] Binder/Gortsos/Lackhoff/Ohler/Kaufhold, Brussels Commentary European Banking Union, 2022, Rn. 26.

[16] Vgl. auch Hernández Saseta, ESCB Legal Conference 2020, 262.

[17] Grabitz/Hilf/Nettesheim/Dörr, 83. EL 2024, AEUV Art. 263 Rn. 191.

[18] EuGH ECLI:EU:C:2024:774 = BeckRS 2024, 24297 – Fininvest/EZB ua.

behörden, die mit der Harmonisierung der Finanzaufsicht in der Europäischen Union betraut sind, entsprochen hat (dazu unter → 1.).

Besonderheiten bestehen jedoch im Hinblick auf Beurteilungs- und Ermessensspielräume, die die Rechtsprechungspraxis der Unionsgerichte den Unionsorganen zuerkennt, und in diesen Fällen die eigene richterliche Kontrolle zurücknimmt.[19] Die Reichweite der damit verbundenen Beschränkung der gerichtlichen Kontrolle spielt vor dem Hintergrund, dass die EZB bei Aufsichtsbeschlüssen vielfach ein weites Ermessen in Anspruch nimmt, für die Frage des effektiven Rechtsschutzes der betroffenen Kreditinstitute eine wesentliche Rolle (dazu unter → 2.).

1. *Vollständige gerichtliche Kontrolle in rechtlicher Hinsicht: „Fininvest/EZB ua"*

Gegenstand eines Urteils des EuGH war die Frage, wie der Begriff des Erwerbs einer qualifizierten Beteiligung im europäischen Recht auszulegen ist, insbes. ob sich ein solcher Erwerb bereits aus der Änderung einer indirekten Beteiligung an einem Kreditinstitut in eine direkte Beteiligung bei gleichbleibender Beteiligungshöhe ergeben kann. Diese Frage wurde in der ständigen Verwaltungspraxis der EZB bejaht mit der Folge, dass der Inhaber einer indirekten qualifizierten Beteiligung an einem Kreditinstitut ein weiteres Inhaberkontrollverfahren bei der EZB auch in dem Fall durchführen musste, dass sich die indirekte Beteiligung lediglich in eine direkte Beteiligung an dem Kreditinstitut wandelte. Eine Pflicht, in den genannten Fällen der Änderung einer indirekten zu einer direkten qualifizierten Beteiligung ein weiteres Inhaberkontrollverfahren durchzuführen, wurde auch von den Europäischen Aufsichtsbehörden angenommen.[20]

In dem Urteil v. 19.9.2024 stellt der EuGH nunmehr klar, dass der Begriff „Erwerb einer qualifizieren Beteiligung" falsch ausgelegt wurde und sich ein solcher Erwerb nicht bereits aus der Veränderung der Struktur der qualifizierten Beteiligung ergibt, insbes. der Änderung einer indirekten zu einer direkten qualifizierten Beteiligung.[21] Der EuGH stützt sich bei seinem Urteil vor allem auf die Definition der qualifizierten Beteiligung gem. Art. 4 Abs. 1 Nr. 36 CRR. Danach wird die qualifizierte Beteiligung alternativ als „das direkte oder indirekte Halten von Anteilen an einem Unternehmen, das mindestens 10% des Kapitals oder der Stimmrechte dieses Unternehmens repräsentiert oder das anderweitig die Wahrnehmung eines maßgeblichen Einflusses auf die Geschäftsführung dieses Unternehmens ermöglicht" definiert.[22] Folglich schließt der EuGH aus dem Umstand, dass ein direktes oder indirektes Halten alternativ das Vorliegen einer qualifizierten Beteiligung begründen können, dass ein Wechsel zwischen diesen beiden Alternativen allein nicht zu einem (erneuten) Erwerb einer qualifizierten Beteiligung führen kann.

Das Urteil unterstreicht, dass die gerichtliche Kontrolle von Aufsichtsbeschlüssen in rechtlicher Hinsicht nicht eingeschränkt ist. Insbes. wird der Verwaltungspraxis der EZB und der Europäischen Aufsichtsbehörden kein technischer Einschätzungsspielraum bei der Auslegung von Rechtsvorschriften überlassen.

2. *Beschränkung der gerichtlichen Kontrolle bei Beurteilungs- und Ermessensspielräumen: „UniCredit/EZB"*

Nach ständiger Rechtsprechung der Unionsgerichte verfügen Behörden der Union im Fall komplexer Beurteilungen in bestimmten Bereichen des Unionsrechts über ein weites

---

[19] Grabitz/Hilf/Nettesheim/Dörr, 83. EL 2024, AEUV Art. 263 Rn. 193.

[20] Vgl. JC/GL/2016/01, 19: Danach dürfen Behörden im Fall der Änderung einer indirekten zu einer direkten qualifizierten Beteiligung geringere Informationsanforderungen an den Erwerber gestellt werden.

[21] EuGH ECLI:EU:C:2024:774 = BeckRS 2024, 24297 Rn. 104 – Fininvest/EZB ua.

[22] EuGH ECLI:EU:C:2024:774 = BeckRS 2024, 24297 Rn. 107 – Fininvest/EZB ua.

Ermessen, das die gerichtliche Kontrolle dieser Beurteilungen auf die Prüfung beschränkt, ob die Vorschriften über das Verfahren und die Begründung eingehalten wurden, ob der Sachverhalt zutreffend festgestellt wurde und ob kein offensichtlicher Beurteilungsfehler oder Ermessensmissbrauch vorliegt.[23]

Gleichzeitig stellen die Unionsgerichte fest, dass die Ausübung des weiten Ermessens der gerichtlichen Kontrolle nicht entzogen ist. Der Unionsrichter muss die sachliche Richtigkeit der angeführten Beweise, ihre Zuverlässigkeit und ihre Kohärenz prüfen und auch kontrollieren, ob diese Beweise alle relevanten Daten darstellen, die bei der Beurteilung einer komplexen Situation heranzuziehen waren, und ob sie die aus ihnen gezogenen Schlüsse zu stützen vermögen.[24]

Der effektive Rechtsschutz von Kreditinstituten, die durch belastende Aufsichtsbeschlüsse der EZB betroffen sind, wird maßgeblich von der konkreten Anwendung dieses Prüfungsmaßstab in der Praxis abhängen. Aufsichtsbeschlüsse der EZB beruhen häufig auf Art. 16 Abs. 1 Buchst. c iVm Abs. 2 SSM-VO. Diese Rechtsgrundlage zum Ergreifen von Aufsichtsbefugnissen setzt voraus, dass die EZB im Rahmen einer aufsichtlichen Überprüfung festgestellt hat, dass die von dem Kreditinstitut angewandten Regelungen, Strategien, Verfahren und Mechanismen sowie seine Eigenmittelausstattung und Liquidität kein solides Risikomanagement und keine solide Risikoabdeckung gewährleisten. Nach der Rechtsprechung der Unionsgerichte wird der EZB damit ein Beurteilungs- und Ermessensspielraum hinsichtlich der Frage eingeräumt, ob ein solides Risikomanagement und eine solide Risikoabdeckung gewährleistet sind oder nicht.

In der Praxis bestehen zuweilen Zweifel daran, ob die Unionsgerichte den ihnen zustehenden Umfang der gerichtlichen Kontrolle hinsichtlich der Ausübung des Ermessens durch die EZB hinreichend ausschöpfen. Beispielhaft dafür stand zuletzt eine Entscheidung des Europäischen Gerichts in einem Verfahren des einstweiligen Rechtsschutzes. Gegenstand des Verfahrens waren umfangreiche Einschränkungen der Geschäftstätigkeiten der russischen Tochterbank eines Kreditinstituts, das der Aufsicht durch die EZB unterliegt.[25] Im Zusammenhang mit der Prüfung der Erfolgsaussichten im Hauptsacheverfahren hat das Kreditinstitut einen Mangel der angegriffenen Entscheidung der EZB dahingehend gerügt, dass der Aufsichtsbeschluss lediglich eine Auflistung von Risiken enthalte, ohne darauf einzugehen, wie sich diese Risiken im konkreten Fall materialisieren und die Solidität des Kreditinstituts beeinträchtigen könnten.[26] Insbes. dürfe die EZB nach Ansicht des Kreditinstituts nicht annehmen, dass dieses Sanktionsverstöße begehen würde, ohne dafür konkrete Belege anzuführen.[27] Die EZB hat das Vorbringen bestritten.

Das Gericht kommt im Verfahren des einstweiligen Rechtsschutzes zu dem Ergebnis, dass die dargelegte Risikobewertung der EZB ausreichend war.[28] Dabei stützt sich das Gericht auf das Vorbringen der EZB, wonach das Kreditinstitut und die Gruppe in einem rechtlichen Umfeld operierten, das aufgrund einer Vielzahl einschränkender Maßnahmen und Sanktionen zunehmend komplex geworden sei, und zwischen der russischen Tochtergesellschaft und dem Kreditinstitut ein uneingeschränkter Informationsfluss nicht möglich sei. Daraus schließe die EZB, dass das Kreditinstitut einer Vielzahl von Risiken ausgesetzt sei, die nicht nur finanzieller Art seien, sondern auch das Risiko der Nichteinhaltung rechtlicher Vor-

[23] EuG ECLI:EU:T:2017:900 = BeckRS 2017, 141471 Rn. 178 mwN – Crédit mutuel Arkéa/EZB.

[24] EuG ECLI:EU:T:2017:900 = BeckRS 2017, 141471 Rn. 179 mwN – Crédit mutuel Arkéa/EZB.

[25] EuG ECLI:EU:T:2024:858 = BeckRS 2024, 32265 Rn. 11 – UniCredit/EZB.

[26] EuG ECLI:EU:T:2024:858 = BeckRS 2024, 32265 Rn. 41 – UniCredit/EZB.

[27] EuG ECLI:EU:T:2024:858 = BeckRS 2024, 32265 Rn. 44 – UniCredit/EZB.

[28] EuG ECLI:EU:T:2024:858 = BeckRS 2024, 32265 Rn. 48 – UniCredit/EZB.

gaben, wie Anforderungen an die Verhinderung von Geldwäsche und Terrorismusfinanzierung, operationelle, finanzielle und Reputationsrisiken umfassten.[29]

Hinsichtlich des Risikos eines Verstoßes gegen Sanktionen habe die EZB auf die bestehenden Elemente des russischen regulatorischen Rahmens sowie auf Einschränkungen hinsichtlich des Informationsweitergabe seitens der russischen Tochterbank hingewiesen. Die EZB habe einen weiten Ermessensspielraum, sich auf Szenarien zu stützen, die nicht unplausibel sind.[30]

Die Begründung dieser Entscheidung im einstweiligen Rechtsschutz verweist auf den weiten Ermessensspielraum der EZB und könnte so verstanden werden, dass sich die EZB innerhalb des ihr zuerkannten Ermessensspielraums bewegt, solange die von ihr herangezogenen Szenarien nicht unplausibel sind. Ein so weit verstandener Beurteilungs- und Ermessensspielraum birgt jedoch das Risiko, dass Ermessensentscheidungen letztlich der effektiven gerichtlichen Kontrolle entzogen werden. Im vorliegenden Fall stellt sich aufgrund der dargelegten Entscheidungsgründe die Frage, ob das Gericht die Darlegung abstrakter Risiken seitens der EZB als ausreichend erachtet hat, um den Erlass einer Maßnahme gem. Art. 16 Abs. 1 Buchst. c iVm Abs. 2 SSM-VO zu rechtfertigen. Dies deutet sich aufgrund des allgemeinen Verweises auf das Risiko der Nichteinhaltung rechtlicher Vorgaben, wie Anforderungen an die Verhinderung von Geldwäsche und Terrorismusfinanzierung, operationelle, finanzielle und Reputationsrisiken sowie auf die Elemente des russischen regulatorischen Rahmens an. Der Entscheidung ist nicht zu entnehmen, inwiefern das abstrakt erhöhte Risiko von Verstößen gegen Sanktionen aufgrund der Ausweitung von Sanktionen als Folge des russischen Kriegs in der Ukraine einerseits und der Beteiligung an einer russischen Tochterbank andererseits sich in konkreten Risiken für das individuell von dem Aufsichtsbeschluss betroffene Kreditinstitut und die beaufsichtigte Gruppe niederschlägt. Bspw. bleibt auf der Grundlage des in der Entscheidung vorgetragenen Sachverhalts unklar, auf welcher Ebene innerhalb der betroffenen Gruppe das Risiko von Verstößen gegen geldwäscherechtliche Vorgaben oder Sanktionen besteht, einschließlich der Frage des territorialen und persönlichen Anwendungsbereichs solcher Vorgaben und Beschränkungen. Da jede Form des wirtschaftlichen Tätigwerdens mit Risiken verbunden ist und gerade abstrakte Risiken häufig nicht unplausibel sind, wirft die vorliegende Entscheidung die Frage der Grenzen des behördlichen Beurteilungs- und Ermessensspielraums auf, der der gerichtlichen Kontrolle entzogen ist.

In diesem Zusammenhang ist zu bedenken, dass der in der Rechtsprechung anerkannte Prüfungsmaßstab durchaus von den Gerichten eine Prüfung verlangt, ob die in einer behördlichen Entscheidung dargelegten Nachweise alle relevanten Aspekte abbilden, die bei der Beurteilung einer komplexen Situation heranzuziehen waren. Dies ermöglicht eine gerichtliche Überprüfung der behördlichen Entscheidungsgründe, die über die Frage hinausgeht, ob die der Entscheidung zugrunde gelegten Szenarien unplausibel sind. Vielmehr erlaubt dieser Prüfungsmaßstab (und erfordert sogar von) dem Gericht, zu hinterfragen, ob die seitens der Behörde vorgetragenen Gründe ausreichend sind, um der Beurteilung einer komplexen Situation gerecht zu werden. Dies umfasst auch die Auseinandersetzung mit der Frage, wie konkret das von der EZB vorgetragene Risiko sein muss, um spezifische Maßnahmen gem. Art. 16 Abs. 1 Buchst. c iVm Abs. 2 SSM-VO zu rechtfertigen.

In Anbetracht der beschriebenen Entwicklungen ist es für einen effektiven Rechtschutz entscheidend, dass die Unionsgerichte die richterliche Kontrolle, die im Falle von behördlichen Beurteilungs- und Ermessensspielräumen eröffnet ist, umfassend ausfüllen. Einzelne Beobachtungen der sich noch fortentwickelnden Rechtsprechung im Bereich des Bankaufsichtsrecht begründen Zweifel daran, ob die gerichtliche Prüfungsdichte dieser Anforderung in jedem Einzelfall entspricht. Dabei gilt die untersuchte Rechtsfrage des Prüfungsmaßstabs der Unionsgerichte bei der besprochenen Entscheidung unabhängig davon, dass es sich um ein Verfahren des einstweiligen Rechtsschutzes handelte.

---

[29] EuG ECLI:EU:T:2024:858 = BeckRS 2024, 32265 Rn. 49 f. – UniCredit/EZB.
[30] EuG ECLI:EU:T:2024:858 = BeckRS 2024, 32265 Rn. 52 f., 92 – UniCredit/EZB.

WESSEL HEUKAMP

Unzuverlässigkeit von juristischen Personen als Inhaber bedeutender Beteiligungen[1]

I. Einleitung

Die aufsichtsrechtlichen Anforderungen an Inhaber und Erwerber einer bedeutenden Beteiligung an Finanzunternehmen sind hoch. Das gilt gerade auch für Versicherungsunternehmen.

Nach § 16 S. 1 Hs. 1 VAG müssen die Inhaber einer bedeutenden Beteiligung an einem Versicherungsunternehmen den Ansprüchen genügen, die im Interesse einer soliden und umsichtigen Leitung des Unternehmens zu stellen sind. Konkretisierend schreibt § 16 S. 1 Hs. 2 VAG vor, dass diese insbes. zuverlässig sein müssen.[2] Diese Anforderungen müssen schon von Beginn der bedeutenden Beteiligung an erfüllt sein, was die Aufsicht im Vorfeld eines entsprechenden Erwerbs iRd sog. Inhaberkontrollverfahrens prüft (§ 17 Abs. 1 Nr. 1 VAG).

Damit spielt das Zuverlässigkeitskriterium in der Praxis zum einen iRd laufenden Beaufsichtigung von Inhabern einer bedeutenden Beteiligung eine Rolle, zum anderen aber auch bei der angestrebten Neubegründung eine solchen Beteiligung (§ 17 Abs. 1 Nr. 1 VAG, weiter konkretisiert durch die InhKontrollV[3]). Die im Vorfeld einer Neubegründung gesetzlich vorgesehene Inhaberkontrolle ist bei Unternehmenskäufen im Finanzbereich in der Praxis relevant, weil solche Transaktionen typischerweise erst dann dinglich vollzogen werden, wenn die Aufsicht die relevante Untersagungsfrist hat auslaufen lassen oder sonst erklärt hat, man werde die Transaktion nicht untersagen.[4] Dies erfolgt nur dann, wenn die Aufsicht ua zum Ergebnis gekommen ist, dass der Erwerber einer entsprechenden Unternehmensbeteiligung als künftiger Eigentümer einer bedeutenden Beteiligung ausreichend zuverlässig ist.

In der Praxis stellt sich die Frage nach der ausreichenden Zuverlässigkeit von Inhabern einer bedeutenden Beteiligung typischerweise bei einer juristischen Person. Nur selten treten hier – allein aus Substanz- und Haftungsgründen – natürliche Personen auf.[5] Schon bei natürlichen Personen ist es gelegentlich schwierig, den ausfüllungsbedürftigen, unbestimmten Rechtsbegriff der „Zuverlässigkeit" auf einen bestimmten Sachverhalt anzuwenden. Zu wenig klar ist der Tatbestand konturiert. Bei juristischen Personen beginnt die Unsicherheit konzeptionell aber schon, bevor man die Norm auf die konkreten Umstände des Einzelfalls überhaupt anzuwenden versucht. Hier ist – ähnlich wie im Strafrecht – schon umstritten, ob und wie eine juristische Person überhaupt zuverlässig sein kann. Anschließend stellt sich

[1] Ich danke Herrn cand. jur. Cesario Bosco für vorbereitende Tätigkeiten.

[2] Neben der versicherungsaufsichtsrechtlichen Relevanz findet sich das Zuverlässigkeitsgebot für Anteilseigner auch in anderen Aufsichtsgesetzen, vgl. etwa § 2c Abs. 1b S. 1 Nr. 1 KWG; § 19 Abs. 2 S. 2 Nr. 3 KAGB iVm § 2c Abs. 1b S. 1 Nr. 1 KWG; § 14 Abs. 1 S. 2 ZAG iVm § 2c Abs. 1b S. 1 Nr. 1 KWG; § 6 Abs. 2 S. 1 Nr. 1 BörsG; § 26 Abs. 1 Nr. 1 WpIG; § 16 Abs. 1 S. 1 KrZwMG.

[3] Zur InhKontrollV s. auch BaFin, Merkblatt zur Inhaberkontrolle, 27.11.2015, I.

[4] Vgl. BeckM&A-HdB/Adolff/Schmies § 76 Rn. 27 ff.

[5] Mönnig, Die aufsichtsbehördliche Überwachung der Inhaber bedeutender Beteiligungen an Versicherungsunternehmen, 2001, 137 f.

dann auch hier die Frage, welche Umstände die Unzuverlässigkeit einer juristischen Person begründen können. Wenig klar scheint dabei, mit welchem tatsächlichen und auch zeitlichen Umfang das Verhalten von Geschäftsführern einer juristischen Person in diesem Zusammenhang zugerechnet werden kann. Dies spielt auch bei der Frage eine Rolle, wann eine juristische Person, welche zuvor für unzuverlässig erachtet wurde, den aufsichtsrechtlichen Anforderungen für den Erwerb einer bedeutenden Beteiligung wieder gerecht werden kann (unterstellt, dass die für die frühere Qualifikation maßgeblichen Beweggründe inzwischen weggefallen sind).

II. Gebot der Zuverlässigkeit

1. Ursprung der gesetzlichen Regelung

Das Gebot der Zuverlässigkeit in § 16 S. 1 Hs. 2 VAG reflektiert heute die Umsetzung der europarechtlichen Vorgabe aus Art. 59 Abs. 1 Buchst. a Solvency II-RL[6]. Der Ursprung des versicherungsaufsichtsrechtlichen Zuverlässigkeitskriteriums ist indes älter. So wurde das Gebot der Zuverlässigkeit für qualifizierte Anteilseigner bereits mit dem Dritten DurchführungsG/EWG zum VAG[7] v. 21.7.1994 durch § 7a Abs. 2 S. 1 VAG aF eingeführt, zum damaligen Zeitpunkt noch ohne europarechtliche Grundlage. Die der Einführung des § 7a Abs. 2 S. 1 VAG aF zugrundeliegenden „Dritten Versicherungsrichtlinien"[8] beschränkten sich auf das Erfordernis, dass der betreffende Anteilseigner den im Interesse einer soliden und umsichtigen Führung des Versicherungsunternehmens zu stellenden Ansprüchen genügen müsse.[9] Die zum damaligen Zeitpunkt überschießende Umsetzung des deutschen Gesetzgebers durch die Einführung des Zuverlässigkeitskriteriums diente dazu, die Anforderungen der versicherungsrechtlichen Anteilseignerkontrolle in die Systematik des deutschen Sicherheitsrechts einzupassen (vgl. etwa auch § 35 Abs. 1 S. 1 GewO oder § 4 Abs. 1 Nr. 1 GastG).[10]

2. Zweck des Zuverlässigkeitskriteriums

Vor diesem Hintergrund liegen dem Gebot der Zuverlässigkeit Erwägungen zugrunde, die Ausprägung sicherheitsrechtlicher Grundgedanken sind. Ausweislich der Gesetzesbegründung zum Vierten Finanzmarktförderungsgesetz ist es Zweck der Anteilseignerkontrolle, Versicherungsunternehmen als Teil des Finanzsystems vor der Einspeisung inkriminierter Gelder (Anlagebetrug, Geldwäsche oder andere Formen der organisierten Kriminalität) zu schützen.[11] Als Teil der Anteilseignerkontrolle dient das Zuverlässigkeitsgebot also zunächst der Integrität des Finanzmarktes.[12] Weiterhin soll das Zuverlässigkeitskriterium Versicherungsunternehmen und damit die Versicherten davor schützen, dass unzuverlässige Anteilseigner die wirtschaftliche Existenz der Unternehmen und damit die Erfüllbarkeit der Versicherungsverträge gefährden, indem diese sachfremde Interessen ver-

[6] RL 2009/138/EG.

[7] BGBl. 1994 I S. 1630, 3134.

[8] RL 92/49/EWG (Dritte RL Schadenversicherung) und RL 92/96/EWG (Dritte RL Lebensversicherung).

[9] Art. 8, Art. 15 Abs. 1, 2 und 4 Dritte RL Schadenversicherung und Art. 7, Art. 14 Abs. 1, 2 und 4 Ritte RL Lebensversicherung.

[10] Mönnig, Die aufsichtsbehördliche Überwachung der Inhaber bedeutender Beteiligungen an Versicherungsunternehmen, 2001, 86; vgl. auch die „traditionelle Einordnung" der Versicherungsaufsichtsbehörden als spezielle Gewerbepolizeibehörden, Mönnig, 109 mwN.

[11] BT-Drs. 14/8017, 71.

[12] BeckOK VAG/Roenneberg § 16 Rn. 1; Dreher/Grote VAG § 16 Rn. 8.

folgen.[13] Im Sinne einer effektiven Gefahrenabwehr soll die Aufsichtsbehörde in die Lage versetzt werden, etwaige Gefahren einer Änderung der Anteilseignerstruktur für das Versicherungsunternehmen und die Versicherten möglichst frühzeitig zu identifizieren und letztlich vor ihrer Realisierung zu beseitigen.[14] Insofern dient die Inhaberkontrolle auch als Frühwarnsystem.[15]

3. Begriffsdefinition der Zuverlässigkeit

Wann eine (Un-)Zuverlässigkeit konkret vorliegt, regelt § 16 VAG selbst nicht. Vielmehr handelt es sich, wie schon angesprochen, um einen ausfüllungsbedürftigen unbestimmten Rechtsbegriff[16], für den sich auch in den zugrundeliegenden Richtlinien keine konkretisierenden Erläuterungen ergeben.[17] In Anbetracht der systematischen Nähe zum allgemeinen Sicherheitsrecht wird im Ausgangspunkt oft anlehnend an das Gewerberecht der Zuverlässigkeitsbegriff aus § 35 Abs. 1 S. 1 GewO bemüht.[18] Nach dortigem Verständnis ist unzuverlässig, wer „keine Gewähr dafür bietet, dass er in Zukunft sein Gewerbe ordnungsgemäß ausüben wird."[19] Aufgrund der Vielgestaltigkeit der Erscheinungsformen eines Gewerbes[20] und dem zwingenden Prognoseelement der Entscheidung verbietet sich allerdings eine schematische Prüfung der Zuverlässigkeit. Vielmehr kommt es stets darauf an, im Einzelfall einen an den Erfordernissen des konkret ausgeübten Gewerbes orientierten Zulässigkeitsbegriff zu finden (sog. „gewerbebezogene Unzuverlässigkeit").[21] Gerade diese Gewerbebezogenheit verbietet eine direkte Übertragung der gewerberechtlichen Grundsätze auf den aufsichtsrechtlichen Zuverlässigkeitsbegriff. Im Übrigen ist der gewerberechtliche Zuverlässigkeitsbegriff auch auf die Person des Gewerbetreibenden zugeschnitten und passt somit nicht auf die Person des Anteilseigners, da das Gewerbe stets von dem Versicherungsunternehmen selbst betrieben wird.[22]

---

[13] BT-Drs. 14/8017, 71.

[14] Vgl. Wieland, Inhaberkontrollverfahren, 2013, 51 f.

[15] Dreher/Grote VAG § 16 Rn. 8; Mönnig, Die aufsichtsbehördliche Überwachung der Inhaber bedeutender Beteiligungen an Versicherungsunternehmen, 2001, 17; vgl. zur Funktion der präventiven Kontrolle auch das BaFin, Merkblatt zur Inhaberkontrolle, 27.11.2015, II.1.

[16] Dreher/Grote VAG § 16 Rn. 31; Kaulbach/Bähr/Pohlmann/Bähr VAG § 16 Rn. 10.

[17] Anhaltspunkte bieten jedoch die nach der InhKontrollV einzureichenden Unterlagen, die von der ESMA, EBA und EIOPA veröffentlichten „Gemeinsamen Leitlinien zur aufsichtsrechtlichen Beurteilung des Erwerbs und der Erhöhung von qualifizierten Beteiligungen im Finanzsektor" (JC/GL/2016/01), sowie das Merkblatt der BaFin zur fachlichen Eignung und Zuverlässigkeit von Mitgliedern von Verwaltungs- oder Aufsichtsorgangen gem. VAG v. 23.11.2016 und BaFin, Merkblatt zur Inhaberkontrolle, 27.11.2015.

[18] Dreher/Grote VAG § 16 Rn. 31; BeckOK VAG/Roenneberg § 16 Rn. 3; Kaulbach/Bähr/Pohlmann/Bähr VAG § 16 Rn. 11 ff.; Mönnig, Die aufsichtsbehördliche Überwachung der Inhaber bedeutender Beteiligungen an Versicherungsunternehmen, 2001, 109 mit Verweis auf BT-Drs. 12/6959, 52; krit. zur Anlehnung an das Gewerberecht Brand/Baroch Castellvi/Kordges VAG § 16 Rn. 32.

[19] BVerwG NVwZ 1982, 503 (503); Mönnig, Die aufsichtsbehördliche Überwachung der Inhaber bedeutender Beteiligungen an Versicherungsunternehmen, 2001, 110; zur gewerblichen Begriffsdefinition auch Hirschmann, Anteilseignerkontrolle im Versicherungs- und Kreditwirtschaftsrecht, 2000, 99 mwN in Fn. 378; Kaulbach/Bähr/Pohlmann/Bähr VAG § 16 Rn. 11.

[20] Hirschmann, Anteilseignerkontrolle im Versicherungs- und Kreditwirtschaftsrecht, 2000, 99 f.

[21] Mönnig, Die aufsichtsbehördliche Überwachung der Inhaber bedeutender Beteiligungen an Versicherungsunternehmen, 2001, 111.

[22] Dreher/Grote VAG § 16 Rn. 31 mit Verweis auf BT-Drs. 15/3976, 34; Mönnig, Die aufsichtsbehördliche Überwachung der Inhaber bedeutender Beteiligungen an Versicherungsunternehmen, 2001, 111.

Für die aufsichtsrechtliche Zuverlässigkeit muss deshalb ein Begriffsverständnis zu Grunde gelegt werden, welches der Eigenschaft als Anteilseigner Rechnung trägt („inhaberbezogene Zuverlässigkeit")[23] und den Schutzzweck der einschlägigen Normen des VAG (inklusive europarechtlicher Wertungen, insofern insbes. Art. 59 Abs. 1 Solvency II-RL) berücksichtigt.[24] In diesem Sinne wird man eine aufsichtsrechtliche Unzuverlässigkeit in solchen Konstellationen annehmen können, in denen der Inhaber einer bedeutenden Beteiligung eine Gefahr für die finanzielle Solidität des Versicherungs- oder Rückversicherungsunternehmens und/oder die ordnungsgemäße Geschäftsorganisation darstellt.[25] Ein gleichzeitiger Rückgriff auf gewerberechtliche Rechtsprechung und Schrifttum erscheint allerdings insofern möglich, als er nicht zu Spannungen mit den spezifischen Zielsetzungen des Aufsichtsrechts führt.[26] Dies erscheint zunächst für die Frage nach möglichen Fallgruppen für die Unzuverlässigkeit einer juristischen Person relevant.[27] Zudem können verwaltungsgerichtliche Grundsätze, insbes. für die Heilung einer bereits festgestellten Unzuverlässigkeit, als Grundlage herangezogen werden.[28]

4. *Zuverlässigkeitsprüfung*

a) Adressat

Als Adressat des Zuverlässigkeitsgebots richtet sich § 16 S. 1 VAG an die Inhaber einer bedeutenden Beteiligung an Versicherungsunternehmen iSv § 7 Nr. 3 VAG. Eine bedeutende Beteiligung in diesem Sinne verlangt ein direktes oder indirektes Halten von mindestens 10% des Kapitals oder der Stimmrechte eines Unternehmens oder eine andere Möglichkeit zur Wahrnehmung eines maßgeblichen Einflusses auf die Geschäftsführung des Unternehmens. Im Falle einer juristischen Person als Inhaber einer bedeutenden Beteiligung stellt § 16 S. 2 VAG für deren Zuverlässigkeit zunächst auf die natürlichen Personen ab, die nach Gesetz, Satzung oder Gesellschaftsvertrag zur Führung der Geschäfte und zur Vertretung des Anteilsinhabers berufen sind. Bei einer Personengesellschaft als Inhaberin einer bedeutenden Beteiligung kommt es nach § 16 S. 2 VAG auf die persönlich haftende Gesellschafterin an.

In der Praxis findet man nicht selten als Anlagevehikel für eine solche Beteiligung eine Kommanditgesellschaft, bei der als persönlich haftende Gesellschafterin eine mit Mindestkapital ausgestattete GmbH eingesetzt wird.[29] Alternativ finden sich auch strukturell vergleichbare Strukturen ausländischen Rechts. Jedenfalls in der deutschen Grundstruktur richtet sich § 16 S. 2 VAG dann an die Komplementär-GmbH, es kommt also für die Zuverlässigkeit der KG auf die Komplementärin (und damit deren Geschäftsführer und Ver-

---

[23] Dreher/Grote VAG § 16 Rn. 31 mit Verweis auf BT-Drs. 15/3976, 34; Mönnig, Die aufsichtsbehördliche Überwachung der Inhaber bedeutender Beteiligungen an Versicherungsunternehmen, 2001, 111.

[24] Mönnig, Die aufsichtsbehördliche Überwachung der Inhaber bedeutender Beteiligungen an Versicherungsunternehmen, 2001, 111; Kaulbach/Bähr/Pohlmann/Bähr VAG § 16 Rn. 13.

[25] Kaulbach/Bähr/Pohlmann/Bähr VAG § 16 Rn. 13; ähnlich Mönnig, Die aufsichtsbehördliche Überwachung der Inhaber bedeutender Beteiligungen an Versicherungsunternehmen, 2001, 111.

[26] Vgl. Kaulbach/Bähr/Pohlmann/Bähr VAG § 16 Rn. 13. Für eine Orientierung am gewerberechtlichen Zuverlässigkeitsbegriff für das KWG auch Wieland, Inhaberkontrollverfahren, 2013, 269 mwN.

[27] Hirschmann, Anteilseignerkontrolle im Versicherungs- und Kreditwirtschaftsrecht, 2000, 101 ff.

[28] Vgl. ähnlich BeckOK VAG/Roenneberg § 16 Rn. 4 f.

[29] Hamann/Sigle/Grub GesR, Finanzierung und Unternehmensnachfolge/Schneider § 11 Rn. 82 f.; BeckM&A-HdB/Clauss/Jäckle/Strehle § 54 Rn. 66; MHdB GesR II/Märker § 26 Rn. 128.

treter) an. Interessant ist der Fall, wenn die KG mit einer „geschäftsführenden Kommanditistin“ operiert. Um die gewerbliche Prägung der KG aus steuerrechtlichen Gründen zu vermeiden, wird die Komplementär-GmbH häufig von der Geschäftsführung ausgeschlossen. Letztere wird vielmehr auf eine weitere GmbH als Kommanditistin übertragen.[30] Hier dürfte man nach § 16 S. 2 VAG auch auf die geschäftsführende Kommanditistin schauen, die typischerweise nach Gesellschaftsvertrag zur Führung der Geschäfte berufen wird und rechtsgeschäftliche Vertretungsmacht erhält.

Im Zusammenhang mit § 16 S. 2 VAG ist es nicht unumstritten, ob Adressat des Zuverlässigkeitskriteriums neben den Geschäftsführern auch die juristische Person selbst sein kann. Mit Verweis auf die RegBegr. zum Dritten DurchführungsG/EWG zum VAG und dem allgemeinen Sprachgebrauch wird vertreten, dass das Merkmal der Zuverlässigkeit nach § 16 S. 2 VAG auf juristische Personen als solche nicht anwendbar sei.[31] Dem ist zuzugeben, dass der Wortlaut dieser Vorschrift eine solche Auslegung ebenso wie die gegenteilige Ansicht zulässt.

Allerdings spricht sich die wohl hM inzwischen für eine Anwendbarkeit des Zuverlässigkeitskriteriums auf juristische Personen aus.[32] Für den Zuverlässigkeitsbegriff des KWG hat sich im Laufe der Zeit auch der Gesetzgeber ausdrücklich dieser Ansicht angeschlossen, was eine entsprechende Auslegung des konzeptionell parallel ausgerichteten Versicherungsaufsichtsrechts nahelegt.[33] Die Äußerung des Gesetzgebers wird im Schrifttum damit begründet, dass es im Dienste einer möglichst effizienten und präventiven Anteilseignerkontrolle möglich sein müsse, auch solche Fälle zu erfassen, bei denen sich die Unzuverlässigkeit des Anteilseigners nicht oder nicht nur an den vertretungsberechtigten natürlichen Personen festmachen lasse, sondern etwa nur oder auch aus einer schädlichen Einflussnahme der Gesellschafterversammlung des Anteilseigners folge.[34] Außerdem sollten über das weite Begriffsverständnis auch solche Mängel erfasst werden können, die in der juristischen Person selbst (etwa in ihrer Organisation) angelegt sind und sich nicht unmittelbar auf das Verhalten einer natürlichen Person zurückführen lassen.[35] Schließlich, so wird auch praktisch argumentiert, wäre das Unzuverlässigkeitsurteil stets vom Nachweis einzelner Verantwortlichkeiten abhängig, was unter Umständen zu einem erheblichem Nachforschungsaufwand führen könne.[36]

---

[30] Vgl. Hamann/Sigle/Grub GesR, Finanzierung und Unternehmensnachfolge/Schneider § 11 Rn. 82 f.; BeckM&A-HdB/Clauss/Jäckle/Strehle § 54 Rn. 66; MHdB GesR II/Märker § 26 Rn. 128.

[31] Dreher/Grote VAG § 16 Rn. 53 mit Verweis auf BT-Drs. 12/6959, 51: „Da das Merkmal der Zuverlässigkeit auf juristische Personen und Personenhandelsgesellschaften als solche nicht anwendbar ist […]“; für eine Übersicht zum Streit aus gewerberechtlicher Sicht in Bezug auf § 35 GewO vgl. Ennuschat/Wank/Winkler/Ennuschat GewO § 35 Rn. 96 und Mönnig, Die aufsichtsbehördliche Überwachung der Inhaber bedeutender Beteiligungen an Versicherungsunternehmen, 2001, 140 ff.

[32] Zum VAG: BeckOK VAG/Roenneberg § 16 Rn. 25b; Brand/Baroch Castellvi/Kordges VAG § 16 Rn. 8 ff.; Kaulbach/Bähr/Pohlmann/Bähr VAG § 16 Rn. 5; zum KWG: Reischauer/Kleinhans/Albert KWG § 33 Rn. 22, 34; Beck/Samm/Kokemoor/Müller-Grune Rn. 56; Schwennicke/Auerbach/Süßmann KWG § 2c Rn. 30; zum KAGB: Beckmann/Scholtz/Vollmer Investment/Beckmann, 4. EL 2024, KAGB § 23 Rn. 148; Assmann/Wallach/Zetzsche/Wieland KAGB § 19 Rn. 76.

[33] Wieland, Inhaberkontrollverfahren, 2013, 271 mit Verweis auf BT-Drs. 14/8017, 115.

[34] Brand/Baroch Castellvi/Kordges VAG § 16 Rn. 10.

[35] Hirschmann, Anteilseignerkontrolle im Versicherungs- und Kreditwirtschaftsrecht, 2000, 98 f.

[36] Vgl. Brand/Baroch Castellvi/Kordges VAG § 16 Rn. 8; Mönnig, Die aufsichtsbehördliche Überwachung der Inhaber bedeutender Beteiligungen an Versicherungsunternehmen, 2001, 142.

In der Sache wird man eine unterschiedliche Behandlung der Materie im Bankaufsichtsrecht, für das es eine klare Stellungnahme des Gesetzgebers gibt, wegen der konzeptionellen Parallelität der Regelung zum Versicherungsaufsichtsrecht auch im Zusammenhang mit § 16 S. 2 VAG nicht erfolgreich entgegentreten können. Einem solchen Verständnis von § 16 S. 2 VAG steht auch der offene Wortlaut der Norm nicht entgegen[37] und die im Schrifttum genannten Argumente für eine Relevanz der juristischen Person selbst (in Abgrenzung zu der sie vertretenden Personen) überzeugen. Es tritt hinzu, dass sich die europäischen Aufsichtsbehörden diesem Begriffsverständnis inzwischen ebenfalls angeschlossen haben.[38] Im Ergebnis lässt sich daher festhalten, dass die Unzuverlässigkeit einer juristischen Person auch unabhängig vom Agieren der sie vertretenden Personen in Betracht kommt, also gerade auch bei verhaltensunabhängigen/objektiven Unzuverlässigkeitsgründen.

b) Kriterien für die Unzuverlässigkeit einer juristischen Person

Sofern man mit der herrschenden Meinung die Anwendbarkeit des Zuverlässigkeitskriteriums auch auf juristische Personen als solche annimmt, so folgt aus § 16 S. 2 VAG im Ergebnis eine Art „Doppelverpflichtung".[39] Bei der Beteiligung einer juristischen Person muss dann sowohl ihre Geschäftsführung als auch die juristische Person selbst zuverlässig sein. Hieran anschließend wird in der Praxis anhand verschiedener Fallgruppen diskutiert, wann im Einzelfall eine (Un)Zuverlässigkeit in Betracht kommt.

aa) Unzuverlässigkeit aufgrund gesetzlichen Vertreters (§ 16 S. 2 VAG)

Weil die juristische Person selbst nicht handeln kann, kommt es für ihre Unzuverlässigkeit primär auf diejenigen Personen an, die nach Gesetz, Satzung oder Gesellschaftsvertrag zur Führung der Geschäfte und zur Vertretung berufen sind, § 16 S. 2 VAG. Die Unzuverlässigkeit dieser natürlichen Personen wird der juristischen Person grds. als eigene Unzuverlässigkeit zugerechnet.[40] Dieses Verständnis ist letztlich Ausfluss der allgemeinen gesellschaftsrechtlichen Organtheorie.

Für konkrete Zuverlässigkeitskriterien und Fallgruppen kann in dieser Konstellation zunächst auf die Grundsätze zur Beurteilung der Zuverlässigkeit natürlicher Personen als Inhaber bedeutender Beteiligungen (§ 16 S. 1 VAG) abgestellt werden. Danach sind insbes. Straf- und Ordnungswidrigkeitsverfahren sowie sonstige Umstände relevant, etwa die nicht nachvollziehbare Beschaffung von Finanzmitteln oder eine mangelnde wirtschaftliche Plausibilität der Investition.[41] Dabei muss allerdings beachtet werden, dass der Prüfungsmaßstab für die Zuverlässigkeit der Geschäftsführung im Rahmen von § 16. S. 2 VAG insoweit angepasst werden muss. Während für natürliche Personen als Inhaber bedeutender Beteiligungen ein „anteilseignerbezogenes" Verständnis der Zuverlässigkeit zugrunde gelegt wird (vgl. dazu schon unter → B.III), muss dieses für die zur Geschäftsführung und Vertretung befugten natürlichen Personen entsprechend ihrer geschäftsleitenden Rolle angepasst werden. So haben bei der Zuverlässigkeitsprüfung Straftaten und Ordnungswidrigkeiten dann eine höhere Relevanz, wenn sie unmittelbar bedeutsam für die Leitungsaufgabe sind.[42]

---

[37] Brand/Baroch Castellvi/Kordges VAG § 16 Rn. 8.

[38] Vgl. JC/GL/2016/01, Tz. 10.4: „If the proposed acquirer is a legal person, the requirements must be satisfied by the legal person, as well as by all oft he persons who effectively direct its business […]".

[39] Kaulbach/Bähr/Pohlmann/Bähr VAG § 16 Rn. 5.

[40] Zur gewerberechtlichen Zuverlässigkeit so ausdrücklich VG Stuttgart BeckRS 2011, 53526; Ennuschat/Wank/Winkler/Ennuschat GewO § 35 Rn. 95.

[41] BT-Drs. 14/4453, 29 zu § 8 VAG aF; VG Frankfurt a. M. WM 2008, 782 zu § 2b KWG aF (heute § 2c KWG); Bähr VersicherungsaufsichtsR/Deckers, 2011, § 30 Rn. 34.

[42] Vgl. Mönnig, Die aufsichtsbehördliche Überwachung der Inhaber bedeutender Beteiligungen an Versicherungsunternehmen, 2001, 139.

Dagegen dürfte die Beschaffung von Finanzmitteln oder eine ggf. fehlende Plausibilität der Investition insoweit keine Rolle spielen. Dies kommt erst dann zum Tragen, wenn man die Zuverlässigkeit der juristischen Person als solcher, also ohne Berücksichtigung ihrer Vertreter, prüft.

bb) Unzuverlässigkeit ist in der juristischen Person selbst begründet

Nimmt man mit der herrschenden Meinung an, dass eine juristische Person als solche ebenfalls Adressatin des Zuverlässigkeitsgebots ist (also unabhängig von der Zuverlässigkeit ihrer Geschäftsführer oder Gesellschafter), so stellt sich auch hier die Frage nach möglichen Ursachen. Hierfür haben sich im Laufe der Zeit und in Anlehnung an gewerberechtliches Schrifttum und Rechtsprechung einige Fallgruppen entwickelt. Im Ausgangspunkt ist festzuhalten, dass zur Begründung der Unzuverlässigkeit nur objektive Umstände in Betracht kommen, welche die juristische Person selbst verwirklichen kann, ohne dass es dabei auf ein Handeln oder Unterlassen natürlicher Personen ankommt (vgl. hierzu bereits unter → B. IV.1).[43] In diesem Zusammenhang werden ua die folgenden Fallgruppen diskutiert:

(1) Wirtschaftliche Lage der juristischen Person. Zunächst könnte eine unzureichende finanzielle Leistungsfähigkeit die Unzuverlässigkeit einer juristischen Person begründen. Schließlich handelt es sich hierbei um eine nach gewerberechtlicher Rechtsprechung anerkannte Fallgruppe für die Unzuverlässigkeit von juristischen Personen als Gewerbetreibende.[44] Fraglich ist jedoch, ob diese Grundsätze auch auf den anteilseignerbezogenen Zuverlässigkeitsbegriff im Aufsichtsrecht übertragen werden können. Der Gesetzgeber erweckt im Zusammenhang mit § 33 KWG jedenfalls den Anschein, dass die wirtschaftliche Lage auch für juristische Personen als Anteilseigner relevant wird.[45] Eine direkte Übertragung der gewerberechtlichen Grundsätze wird im versicherungsaufsichtsrechtlichen Schrifttum allerdings überwiegend bezweifelt.[46] Schließlich betreibt der Inhaber einer bedeutenden Beteiligung als bloßer Anteilseigner nicht das Versicherungsgeschäft. Deshalb habe die wirtschaftliche Lage des Anteilseigners zumindest keine unmittelbare Bedeutung für die Gläubiger des Versicherungsunternehmens. Eine Gefahr ergebe sich aber dennoch mittelbar durch eine mögliche „Ansteckung" des Beteiligungsunternehmens, etwa durch eine auf den Abzug liquider Mittel zielende Einflussnahme oder eine Insolvenz des Anteilseigners.[47] Weil diesen Gefahren allerdings mit den bestehenden Anforderungen an die Kapitalausstattung (§§ 89 VAG) wirksam begegnet werden könne, soll die mangelhafte wirtschaftliche Lage für sich allein noch keine Unzuverlässigkeit begründen können. Vielmehr könne diese nur iVm weiteren Tatsachen gerechtfertigt sein, soweit diese die Gefahr einer Umgehung der Eigenkapitalvorschriften begründen.[48]

---

[43] BeckOK GewO/Brüning § 35 Rn. 27; Landmann/Rohmer GewO/Marcks/Heß, 92. EL 2023, § 35 Rn. 65, beide mit Verweis auf VGH München NVwZ-RR 2019, 182 (183).

[44] Vgl. VGH München NVwZ-RR 2019, 182 (183): „Zu den Untersagungsgründen, die eine **juristische Person selbst verwirklichen kann** und die somit der juristischen Person direkt zuzurechnen sind, wird auch die **mangelnde finanzielle Leistungsfähigkeit** [...] gezählt" (Hervorhebung hinzugefügt).

[45] BT-Drs. 12/3377, 40 zu § 33 KWG.

[46] Hirschmann, Anteilseignerkontrolle im Versicherungs- und Kreditwirtschaftsrecht, 2000, 106 f.; Mönnig, Die aufsichtsbehördliche Überwachung der Inhaber bedeutender Beteiligungen an Versicherungsunternehmen, 2001, 123 f.; aA in Bezug auf das KAGB wohl Emde/Dornseifer/Dreibus/Thole KAGB § 23 Rn. 28.

[47] Hirschmann, Anteilseignerkontrolle im Versicherungs- und Kreditwirtschaftsrecht, 2000, 106 f.; vgl. auch Mönnig, Die aufsichtsbehördliche Überwachung der Inhaber bedeutender Beteiligungen an Versicherungsunternehmen, 2001, 124 „sich selbst sanieren"; Wieland, Inhaberkontrollverfahren, 2013, 284.

[48] Hirschmann, Anteilseignerkontrolle im Versicherungs- und Kreditwirtschaftsrecht, 2000, 106 f.; vgl. auch Mönnig, Die aufsichtsbehördliche Überwachung der Inhaber bedeutender Betei-

Als Unterfall der nachteiligen wirtschaftlichen Lage wird in der gewerberechtlichen Rechtsprechung und dem Schrifttum schließlich auch die Verletzung steuer- und sozialversicherungsrechtlicher Verpflichtungen angeführt.[49] Die Übertragung auf den anteilseignerbezogenen Zuverlässigkeitsbegriff aus § 16 VAG wird allerdings auch hier mangels direktem Einfluss auf die schutzwürdigen Interessen bezweifelt.[50] Sinnvoll erscheint es indes, diese Verstöße iVm weiteren Anhaltspunkten als (bloße) Indizien für die mangelhafte finanzielle Leistungsfähigkeit des Erwerbers zu behandeln.[51]

(2) Unzureichende Innenorganisation. Ein anderer Umstand zur Begründung der Unzuverlässigkeit einer juristischen Person wird in einer unzureichenden Innenorganisation des Anteilseigners gesehen.[52] Dies soll insbes. dann der Fall sein, wenn es der juristischen Person an einer ordnungsmäßigen Organisation als im Finanzsektor tätiges Unternehmen mangelt.[53] Im Schrifttum wird als Beispiel auf den damals geplanten Verkauf der BHF Bank AG durch die Deutsche Bank an die liechtensteinische LGT Group verwiesen. Dieser soll deshalb gescheitert sein, weil der Erwerber nicht mit ausreichender Zufriedenheit der BaFin nachweisen konnte, hinreichende strukturelle Änderungen hinsichtlich der Aufdeckung von deutschen, Steuern hinterziehenden Kunden nach 2008 durchgeführt zu haben.[54] Handelt es sich bei dem prospektiven Eigentümer einer bedeutenden Beteiligung um ein Unternehmen außerhalb der Finanzbranche, darf man die Anforderungen nicht überspannen. Hier muss es grds. ausreichen, dass die sich aus dem allgemeinen Gesellschaftsrecht ergebenden Anforderungen erfüllt sind.

(3) Illegale Geschäfte. Ohne Weiteres wird man die Unzuverlässigkeit einer juristischen Person auch dort annehmen können, wo ihre Geschäfte illegal sind.[55] Diese Fallgruppe erscheint plausibel, dürfte aber in der Praxis keine relevante Rolle spielen.

(4) Mangelnde wirtschaftliche Plausibilität. Im Hinblick auf die spezifischen Gefährdungen, die durch einen intransparenten Erwerb von Anteilen für das Institut herbeigeführt werden können, wird im bankaufsichtsrechtlichen Schrifttum[56] und der Rechtsprechung[57] auch dann von einer Unzuverlässigkeit ausgegangen, wenn der wirtschaftliche Hintergrund des anvisierten Beteiligungserwerbs nicht plausibel sei.

Konkretisierend wird die Konstellation genannt, in der eine Gefahr der „Ausschlachtung" oder „Zerschlagung" des Instituts bestehe.[58] Als Untergruppe der Zuverlässigkeit bereiten diese Ausführungen allerdings mehrere Schwierigkeiten. Zum einen ist völlig unklar, was mit diesen Schlagworten überhaupt gemeint ist. Überwiegend wird insbes. die „Zerschlagung" in Zusammenhang mit einem Anteilserwerb zu bloßen Spekulationszwecken ohne

---

ligungen an Versicherungsunternehmen, 2001, 123 f. mit dem Beispiel, dass der Anteilseigner durch seine angespannte finanzielle Lage leicht von dritter Seite her manipulierbar ist; ähnlich auch Wieland, Inhaberkontrollverfahren, 2013, 284 f. in Bezug auf das KWG.

[49] Vgl. VGH München NVwZ-RR 2019, 182 (183); Landmann/Rohmer GewO/Marcks/Heß, 92. EL 2023, § 35 Rn. 65.

[50] Hirschmann, Anteilseignerkontrolle im Versicherungs- und Kreditwirtschaftsrecht, 2000, 108 f.; Mönnig, Die aufsichtsbehördliche Überwachung der Inhaber bedeutender Beteiligungen an Versicherungsunternehmen, 2001, 125 f.; aA in Bezug auf das KAGB wohl Emde/Dornseifer/Dreibus/Thole KAGB § 23 Rn. 28.

[51] So auch Wieland, Inhaberkontrollverfahren, 2013, 283.

[52] Fischer/Schulte-Mattler/Schäfer KWG § 2c Rn. 15; Wieland, Inhaberkontrollverfahren, 2013, 271.

[53] Fischer/Schulte-Mattler/Schäfer KWG § 2c Rn. 15.

[54] Fischer/Schulte-Mattler/Schäfer KWG § 2c Rn. 15, mit Verweis auf Börsenzeitung v. 19.4.2011, Nr. 76, S. 1; ähnlich Wieland, Inhaberkontrollverfahren, 2013, 112 ff.

[55] BT-Drs. 12/3377, 40 zu § 33 KWG.

[56] Schwennicke/Auerbach/Süßmann KWG § 2c Rn. 30; Fischer/Schulte-Mattler/Schäfer KWG § 2c Rn. 15.

[57] VGH Kassel WM 2011, 33 (35), mit Verweis auf BT-Drs. 13/9874, 139.

[58] VGH Kassel WM 2011, 33 (35); Fischer/Schulte-Mattler/Schäfer KWG § 2c Rn. 15.

Absicht auf Weiterführung des Geschäfts gestellt.[59] Daran anknüpfend wurde in diesem Zusammenhang etwa die Vereinbarkeit der Tätigkeiten von Finanzinvestoren, insbes. mit Blick auf den sogenannten Run-Off-Bereich, diskutiert.[60] Über die Skepsis zum Run-Off ist die Zeit hinweggegangen, nachdem die Versicherungsaufsicht in den vergangenen Jahren mehrfach solche Erwerbe freigegeben hat. Inzwischen handelt es sich hier um ein etabliertes Geschäftskonzept. Unabhängig davon kann es wirtschaftlich sinnvoll (und damit auch im Interesse der Versicherten) sein, wenn bspw. ein Portfolio veräußert wird. Diesen Vorgang als „Zerschlagung" oder „Ausschlachtung" im Sinne eines wirtschaftlich nicht plausiblen Vorgehens zu begreifen, erscheint verfehlt.

Unabhängig davon ist es dogmatisch wenig überzeugend, eine mögliche Zerschlagungsabsicht als Unterkategorie der Zuverlässigkeit zu behandeln. Naheliegender erscheint es, den versicherungsaufsichtsrechtlichen Anknüpfungspunkt diese Thematik in Übereinstimmung mit vereinzelten Stimmen im Schrifttum bei der Frage zu sehen, ob der Anzeigepflichtige gem. § 18 Abs. 1 Nr. 1 Alt. 3 VAG darlegen kann, über angemessene geschäftliche Pläne für die Fortsetzung und die Entwicklung der Geschäfte des Versicherungsunternehmens zu verfügen und die Belange der Versicherten oder die berechtigten Interessen der Vorversicherer ausreichend gewahrt sind.[61] Folge dieser Einordnung ist dann die eigentliche Frage, ob eine „Zerschlagungsabsicht" mit Erfordernis angemessener geschäftlicher Pläne für die Fortsetzung des Versicherungsunternehmens vereinbaren lässt. Im Ergebnis handelt es sich im Kern also um ein Problem des Geschäftsplans und nicht der Zuverlässigkeit.

Neben der Ausschlachtungs- und Zerschlagungsabsicht wurden in dem versicherungsaufsichtsrechtlichen Schrifttum zudem weitere Unterkategorien der mangelnden wirtschaftlichen Plausibilität diskutiert. Insbes. wurde sich im Zusammenhang mit Fällen, in denen zweifelhafte außereuropäische Investoren durch den Erwerb eines inländischen Instituts mit Vollzulassung den Eintritt in den europäischen Finanzmarkt zum Ziel haben.[62] Für eine solche Absicht könne etwa die Bereitschaft zur Entrichtung eines nicht nachvollziehbar hohen Kaufpreises oder die Vorlage eines „chancenlosen" Sanierungs- und/oder Nutzungskonzept sprechen.[63] Allerdings erscheinen diese Ausführungen eher fernliegend. Schließlich kann es schon aus grundrechtlichen Grundsätzen (insbes. Art. 12 Abs. 1 und Art. 2 Abs. 1 GG) nicht Sache der Aufsichtsbehörde sein, potentiellen Erwerbern den Abschluss schlechter Geschäfte zu verbieten.[64] Die Prüfung sollte sich daher allenfalls auf eine „offensichtlich fehlende wirtschaftliche Plausibilität" beziehen.[65] Unabhängig davon scheint das Thema einer Eignerkontrolle in solchen Fällen eher eine Frage des Außenwirtschaftsrechts zu sein.[66]

(5) Nicht nachvollziehbare Mittelbeschaffung. Auch die mangelhafte Nachvollziehbarkeit der Mittelbeschaffung soll die Unzuverlässigkeit einer juristischen Person begründen kön-

---

[59] Hasselbach/Förster VersR 2007, 1159; Fricke VersR 2005, 161 (170) mit Verweis auf BT-Drs. 15/3976, 34.

[60] Hasselbach/Förster VersR 2007, 1159; BeckOK VAG/Roenneberg § 18 Rn. 6; Brand/Baroch Castellvi/Kordges VAG § 18 Rn. 17 ff.; Dreher/Grote VAG § 18 Rn. 19 ff.

[61] Vgl. Brand/Baroch Castellvi/Kordges VAG § 18 Rn. 17 ff.; Dreher/Grote VAG § 18 Rn. 19 ff.; BeckOK VAG/Roenneberg, 26. Ed. 2024, § 18 Rn. 5 ff.; Hasselbach/Förster VersR 2007, 1159 zu § 104 Abs. 1a S. 1 Nr. 1 VAG aF.

[62] Hirschmann, Anteilseignerkontrolle im Versicherungs- und Kreditwirtschaftsrecht, 2000, 110 ff.

[63] Hirschmann, Anteilseignerkontrolle im Versicherungs- und Kreditwirtschaftsrecht, 2000, 110.

[64] Hirschmann, Anteilseignerkontrolle im Versicherungs- und Kreditwirtschaftsrecht, 2000, 110 ff.

[65] So ausdrücklich Wieland, Inhaberkontrollverfahren, 2013, 287.

[66] Vgl. hierzu etwa §§ 55 ff. AWV iVm § 4 Abs. 1 Nr. 4 und 4a, § 5 Abs. 2 AWG bzw. für bestimmte sensitive Sektoren, wie etwa die Rüstung, §§ 60 ff. AWV iVm § 4 Abs. 1 Nr. 1, § 5 Abs. 3 AWG.

nen.[67] Im versicherungsaufsichtsrechtlichen Schrifttum wurde die Rechtfertigung dieser Fallgruppe für das gesamte Aufsichtsrecht teilweise bezweifelt. Schließlich sei Ziel dieses Erfordernisses eine effektive Geldwäschebekämpfung, welche gerade nicht zu den „klassischen Schutzgütern" des Aufsichtsrechts gehöre.[68] Weil der Schutz vor der Einspeisung inkriminierter Gelder nunmehr ausdrücklich Zweck der Anteilseignerkontrolle ist (vgl. → B.II), dürfte diese Argumentation heute nicht mehr greifen.[69] In der Praxis ist die Frage der Finanzierung eines Erwerbs und die Herkunft der Mittel regelmäßig ein relevanter Teil der Inhaberkontrolle.

(6) Unterlassene Erwerbsanzeige. In Anlehnung an bankaufsichtsrechtliche Rechtsprechung[70] wird ein Grund für die Unzuverlässigkeit auch in der Verletzung der Pflicht zur Anzeige der Erwerbsabsicht gesehen.[71] Hierbei ist allerdings umstritten, ob die Verletzung dieser Pflicht gerade die Unzuverlässigkeit der juristischen Person als solcher begründet, oder lediglich die Unzuverlässigkeit der gesetzlichen Vertreter.[72] Es spricht auch angesichts der konkret entschiedenen Fälle manches dafür, zunächst auf den gesetzlichen Vertreter abzustellen, es sei denn, dessen Fehlverhalten zeigt eine breitere, etwa organisationsspezifische Thematik auf.

5. *(Ursachenspezifische) Heilung einer festgestellten Unzuverlässigkeit*

Ist die Unzuverlässigkeit einer juristischen Person einmal festgestellt, so stellt sich die Frage, wie diese für zukünftige Anteilseignerkontrollen wieder beseitigt bzw. „geheilt" werden kann. Auch in diesem Zusammenhang bietet sich im Ausgangspunkt eine Orientierung an gewerberechtlichen Grundsätzen an. Diese unterscheiden hinsichtlich der Unzuverlässigkeit von juristischen Personen zunächst zwischen solchen Untersagungsgründen, welche die juristische Person selbst verwirklichen kann und solchen, die ein Handeln oder Unterlassen natürlicher Personen voraussetzen.[73] In diesem Sinne unterscheidet auch die gewerberechtliche Rechtsprechung ausdrücklich zwischen dreierlei Unzuverlässigkeitsgründen.[74]

Als erste Fallgruppe kommen zunächst solche Untersagungsgründe in Betracht, die (ausschließlich) in der Person eines (oder mehrerer) Vertretungsberechtigten begründet sind. Daneben soll es im Rahmen einer zweiten Fallgruppe Unzuverlässigkeitsgründe geben, die neben der vertretungsberechtigten Person auch der juristischen Person zuzurechnen sind. Als dritte Fallgruppe sind schließlich solche Untersagungsgründe denkbar, die unabhängig von den Vertretungsberechtigten ausschließlich in der juristischen Person begründet sind.[75] Gerade aus dieser Ausdifferenzierung könnten ursachenspezifische Prüfungsmaßstäbe für die Heilung einer bereits festgestellten Unzuverlässigkeit auch bei der Anteilseignerkontrolle hergeleitet werden.

---

[67] VGH Kassel WM 2011, 33 (35), mit Verweis auf BT-Drs. 13/9874, 138 f.; Fischer/Schulte-Mattler/Schäfer KWG § 2c Rn. 15.

[68] Hirschmann, Anteilseignerkontrolle im Versicherungs- und Kreditwirtschaftsrecht, 2000, 113.

[69] Ähnlich für das KWG Wieland, Inhaberkontrollverfahren, 2013, 285.

[70] VG Frankfurt a. M. BeckRS 2007, 23136.

[71] Schwennicke/Auerbach/Süßmann KWG § 2c Rn. 30; Fischer/Schulte-Mattler/Schäfer KWG § 2c Rn. 15.

[72] Schwennicke/Auerbach/Süßmann KWG § 2c Rn. 30.

[73] BeckOK GewO/Brüning, 62. Ed. 2024, § 35 Rn. 27; Landmann/Rohmer GewO/Marcks/Heß, 92. EL 2023, § 35 Rn. 65; aA wohl Ennuschat/Wank/Winkler/Ennuschat GewO § 35 Rn. 96; in diesem Sinne auch für das VAG Hirschmann, Anteilseignerkontrolle im Versicherungs- und Kreditwirtschaftsrecht, 2000, 99.

[74] VGH München NVwZ-RR 2019, 182 (183).

[75] Zu den drei Fallgruppen vgl. auch VGH München NVwZ-RR 2019, 182 (183).

1. Fallgruppe: Unzuverlässigkeit ist allein in der Geschäftsführung begründet

Zunächst ist zu klären, wann Unzuverlässigkeitsgründe ausschließlich in der Person des vertretungsberechtigten Geschäftsführers liegen können, ohne dass dabei eine Zurechnung auch an die juristische Person erfolgt. Aus der gewerberechtlichen Rechtsprechung lässt sich entnehmen, dass solche Umstände dort relevant werden, wo sich die Unzuverlässigkeit des Geschäftsführers nicht aus einem Handeln in Vertretung der juristischen Person ergibt.[76] Vielmehr soll es um ordnungswidrige oder strafrechtlich relevante Handlungen im privaten Rahmen gehen, in denen der Geschäftsführer gerade in eigenem Namen oder etwa im Namen eines Dritten auftritt. Zwar können auch solche Tatsachen die gewerberechtliche Unzuverlässigkeit der „eigentlich nicht involvierten" juristischen Person begründen.[77] Andererseits verbietet sich bereits aus grundrechtlichen Erwägungen ein Automatismus, wonach die Unzuverlässigkeit des Geschäftsführers bei privater Betätigung per se auf die juristische Person übertragen wird.[78] Diese Grundsätze werden auch im versicherungsaufsichtsrechtlichen Schrifttum vertreten.[79]

Die Frage, wann die Grenze zur Zurechnung an die juristische Person überschritten ist, wird man nur unter Berücksichtigung aller Umstände im Einzelfall beantworten können. Entscheidend könnte dabei sein, inwiefern die mit der Unzuverlässigkeit des Geschäftsführers verbundenen Gefahren eine negative Prognose hinsichtlich des Wirkens der juristischen Person begründen.[80] Gelangt man hierbei zum Ergebnis, dass die Unzuverlässigkeit allein in der Person des Geschäftsführers begründet ist und infolgedessen keine Zurechnung an die juristische Person erfolgt, so kann der Ansatzpunkt für die potentielle Heilung eines solchen Makels (nur) in der vertretungsberechtigten Person liegen. In diesem Zusammenhang kommen mehrere Möglichkeiten in Betracht. Unmittelbar einleuchtend erscheint zunächst der vollständige Ausschluss des Geschäftsführers von der Vertretungsbefugnis.[81] Durch diesen werden die Gefahren einer schädlichen Einflussnahme der Person auf das Zielunternehmen vollständig beseitigt. Gleiches muss allerdings auch für die bloße Beschränkung der Vertretungsmacht des unzuverlässigen Geschäftsführers, etwa in mehrköpfigen Leitungsorganen, gelten, soweit die Gefahren einer schädlichen Einflussnahme ebenso effektiv ausgeschlossen werden.[82] Stellen sich diese Maßnahmen für die Beseitigung der Gefahren als unzureichend dar, so bleibt nur die Abberufung bzw. der Austausch des Geschäftsführers. Welches dieser Mittel erforderlich ist, wird die Aufsichtsbehörde stets unter Berücksichtigung des Grundsatzes der Verhältnismäßigkeit im konkreten Einzelfall prüfen müssen.[83]

Daneben erscheint fraglich, ob sich die Heilung der Unzuverlässigkeit des Geschäftsführers auch durch Ablauf einer gewissen Zeit erreichen lässt.[84] Dies erscheint insbes. vor dem Hintergrund naheliegend, dass bei der Beurteilung der Zuverlässigkeit auch die gesetzlichen Tilgungsfristen der §§ 45 ff. BZRG und § 153 GewO zu beachten sind.[85] Konkret ergibt

---

[76] OVG Saarlouis BeckRS 2020, 21642 Rn. 20; BeckOK GewO/Brünig § 35 Rn. 27.

[77] OVG Saarlouis BeckRS 2020, 21642 Rn. 20; BeckOK GewO/Brünig § 35 Rn. 27.

[78] OVG Saarlouis BeckRS 2020, 21642 Rn. 20 f., mit Verweis die durch Art. 12, 14 und 19 Abs. 3 GG geschützten Rechte inländischer juristischer Personen.

[79] Vgl. Brand/Baroch Castellvi/Kordges VAG § 16 Rn. 12; vgl. auch Dreher/Grote VAG § 16 Rn. 38.

[80] Vgl. ähnlich zum Gewerberecht BVerwG BeckRS 1994, 31221383.

[81] Vgl. VGH München NVwZ-RR 2019, 182 (183); zum Gewerberecht: BeckOK GewO/Brünig § 35 Rn. 27 mwN; Landmann/Rohmer GewO/Marcks/Heß, 92. EL 2023, § 35 Rn. 65.

[82] In diese Richtung Brand/Baroch Castellvi/Kordges VAG § 16 Rn. 12.

[83] Vgl. zum Gewerberecht: VGH München NVwZ-RR 2019, 182 (183) mwN; vgl. auch Landmann/Rohmer GewO/Marcks/Heß, 92. EL 2023, § 35 Rn. 65. Zum VAG: zwar nicht ausdrücklich, aber andeutend Brand/Baroch Castellvi/Kordges VAG § 16 Rn. 12.

[84] Auch ESA-Leitlinien gehen davon aus, dass zumindest der verstrichene Zeitraum seit einer Straftat bei der Zuverlässigkeitsprüfung zu berücksichtigen ist, JC/GL/2016/01 S. 19.

[85] Dreher/Grote VAG § 16 Rn. 41; zum Gewerberecht BeckOK GewO/Brünig § 35 Rn. 23 f. mwN.

sich deren Relevanz für die Zuverlässigkeitsprüfung aus den Verwertungsverboten des § 151 Abs. 1 BZRG und § 153 Abs. 6 S. 1 GewO.[86] Folglich lässt sich die Unzuverlässigkeit von Geschäftsführern auch durch Zeitablauf beseitigen, ohne dass es einer Beschränkung der Vertretungsmacht oder eines vollständigen Austausches bedarf.

2. Fallgruppe: Unzuverlässigkeit des Geschäftsführers wird (auch) der juristischen Person zugerechnet

Gelangt man bei der oben beschriebenen Frage zum Ergebnis, dass die mit der Unzuverlässigkeit des Geschäftsführers verbundenen Gefahren für das Wirken der juristischen Person besonders hoch sind, so wird die Unzuverlässigkeit auch der juristischen Person zugerechnet. Entsprechend den Grundsätzen zur „Doppelverpflichtung" des § 16 S. 2 VAG (vgl. unter → B.IV.2) kann die Aufsichtsbehörde eine Erwerbsuntersagung nach § 18 Abs. 1 Nr. 1 VAG in diesen Fällen entweder auf die Unzuverlässigkeit des Geschäftsführers und/oder auf die der juristischen Person selbst stützen. Infolgedessen ergeben sich auch für die Heilung der Unzuverlässigkeit zwei Ansatzpunkte.

Jedenfalls hinsichtlich der Unzuverlässigkeit des Geschäftsführers kann auf die unter Fallgruppe 1 beschriebenen Grundsätze verwiesen werden. Fraglich erscheint daran anknüpfend allerdings, inwiefern sich etwa der Austausch des Geschäftsführers auf die Unzuverlässigkeit der juristischen Person auswirkt. Im Ausgangspunkt spricht grds. einiges dafür, in der Folge auch die Unzuverlässigkeit der juristischen Person als geheilt anzusehen. Denn wenn die Unzuverlässigkeit der juristischen Person selbst nur durch die Unzuverlässigkeit des Geschäftsführers vermittelt wird, dann entfällt mit dem Austausch des Geschäftsführers der Zurechnungsgrund. Auch eine Gefahr der schädlichen Einflussnahme durch den Geschäftsführer besteht dann nicht mehr. Darüber hinaus bietet sich eine Anknüpfung an die Ausführungen zu Fallgruppe 1 an. Wenn bereits die Beschränkung der Vertretungsmacht eines unzuverlässigen Geschäftsführers bei mehrköpfigen Leitungsorganen nicht (per se) zur Unzuverlässigkeit der juristischen Person führt,[87] dann kann erst recht eine durch den Geschäftsführer vermittelte Unzuverlässigkeit bei dessen Austausch nicht mehr der juristischen Person anhaften.

Etwas anderes kann nur dort gelten, wo sich die ursprünglich durch den Geschäftsführer vermittelte Unzuverlässigkeit anschließend bei der juristischen Person „verselbstständigt" hat. Dann beruht die Unzuverlässigkeit nicht mehr auf einer Zurechnung, sondern nunmehr auf einer eigenen, von den vertretungsberechtigten Personen unabhängigen, Unzuverlässigkeit der juristischen Person selbst. Als Beispiel lässt sich die Konstellation anführen, in der fachlich unerfahrene bzw. ungeeignete Geschäftsführer die juristische Person mit einer mangelnden Innenorganisation (vgl. dazu bereits → IV.2.b).bb).) ausstatten. Selbst wenn diese Geschäftsführer ausgetauscht würden, könnte die Aufsichtsbehörde einen potentiellen Erwerb immer noch auf die Unzuverlässigkeit der juristischen Person selbst stützen, soweit mit dem Geschäftsführeraustausch nicht auch eine hinreichende Anpassung der Innenorganisation einhergeht. In einer solchen Konstellation dürfte sich die Heilung (neben dem Austausch des Geschäftsführers) zusätzlich an den Grundsätzen aus der nachfolgenden Fallgruppe 3 orientieren.

3. Fallgruppe: Unzuverlässigkeit ist nur in der juristischen Person begründet

Wie bereits oben ausgeführt, kann nach überzeugender Auffassung auch die juristische Person selbst unzuverlässig sein (vgl. unter → B.IV.1). Für die Heilung eines solchen Makels kann es nur einen Ansatzpunkt geben: die Beseitigung der unzuverlässigkeitsbegründenden Ursachen an der juristischen Person selbst. Beruht die Unzuverlässigkeit also wie im obigen Beispiel auf einer mangelnden Innenorganisation der juristischen Person, so ist diese für die Heilung der Unzuverlässigkeit entsprechend anzupassen. Gleiches gilt, wenn sich die Unzuverlässigkeit einer juristischen Person etwa aufgrund mangelnder wirtschaftlicher Mit-

[86] Dreher/Grote VAG § 16 Rn. 41 mit Verweis auf § 9 Abs. 6 InhKontrollV.
[87] So Brand/Baroch Castellvi/Kordges VAG § 16 Rn. 12.

tel oder eines zweifelhaften Geschäftsbetriebs ergibt. Wenn diese Themen nachhaltig beseitigt sind, fehlt es an der Basis für eine mögliche Unzuverlässigkeit. Es bedarf dann auch keiner separaten „cooling off" Periode. Andersherum reicht in solchen Fällen ein bloßer Zeitablauf nicht aus, wie es bei natürlichen Personen mit Blick auf ein etwaiges individuelles Fehlverhalten in Betracht kommt. Konzeptionell muss der vorher bestehende Grund für die mangelnde Zuverlässigkeit beseitigt sein.

II. Fazit

Zusammenfassend kann man festhalten, dass sich das Zuverlässigkeitsgebot bei (prospektiven) Inhabern einer bedeutenden Beteiligung eines Versicherungsunternehmens auch an juristische Personen wendet.

Sowohl für die Entwicklung von Fallgruppen für die Unzuverlässigkeit einer juristischen Person als auch für deren Heilung ist eine Orientierung an gewerberechtlichen Grundsätzen sinnvoll. Diese sind jedoch stets auf den anteilseignerbezogenen Zuverlässigkeitsbegriff des VAG anzupassen.

Hinsichtlich einer bereits festgestellten Unzuverlässigkeit bietet sich ein ursachenspezifischer Prüfungsmaßstab an, wonach für die Heilung des Makels stets die jeweils unzuverlässigkeitsbegründenden Umstände entscheidend sein müssen.

Rührt der Mangel an Zuverlässigkeit bei einer juristischen Person aus der fehlenden Qualifikation einer natürlichen Person als gesetzlichem Vertreter, so wird dieser (erst) dann geheilt, wenn die natürliche Person ausgetauscht wurde oder die bei ihr relevanten Gründe entfallen sind. Liegt der Grund für die Unzuverlässigkeit dagegen isoliert in der juristischen Person selbst begründet, so führt die Beseitigung dieses Mangels unmittelbar zur Heilung. Es bedarf dann keines weiteren Überganszeitraums mehr.

LUTZ KRÄMER

„Vegetarians at the gate!“

Zum Rebranding aktivistischer Investoren in der Blütezeit von ESG

Wer wie der Jubilar das Vorwort zu seiner öffentlich-rechtlichen Dissertation in Bretton Woods schreibt und darin Zweifel an der Sinnhaftigkeit von Dissertationsvorhaben teilt, lässt schon früh erkennen, dass es ihn als Rechtsanwalt nicht in einem Rechtsgebiet halten wird: Deutsches und Europäisches Wirtschaftsrecht, Bank- und Kapitalmarktrecht, Investment- und Investmentsteuerrecht sowie Staats- und Verwaltungsrecht zeugen von einem fruchtbaren generalistischen Ansatz, bei dem gleichwohl die Analyse und Interessenvertretung im Detail als jahrzehntelanger Partner einer führenden europäischen Sozietät nie zu kurz kam.

Dem Verfasser, als einem Segler in der Binnenschifffahrt des deutschen KapitalmarktRechts, kommt die Begrenzung der Seitenzahl der Beiträge entgegen: kann hier doch nur ein recht spezifisches – gleichwohl jedoch wirtschaftlich bedeutendes – Phänomen beschrieben werden. Die Rede ist vom erneut erfolgreichen Re-branding aktivistischer Fonds von gefürchteten und – in Deutschland – gescholtenen Corporate Raidern zum Verteidiger von Aktionärsinteressen (seit der Finanzkrise) und in jüngster Zeit als Unterstützter grüner Transformation nicht nur in traditionellen Industrien.

Sollte der legendäre Ausruf „Barbarians at the gate" anlässlich der Übernahme von RJR Nabisco durch Kohlberg Kravis Roberts in 1987 nunmehr also „Vegetarians at the gate“ lauten? Steht hier ein neuer Schulterschluss von langfristig orientierten Investoren mit Aktivisten unter dem neuen Modewort des „Impact Investment“ an? Oder handelt es sich nur um ein neues taktisches Element aktivistischer Investoren, die mit Ihren Renditeerwartungen unter dem Deckmantel von ESG – Themen lediglich eine bessere kommunikative Ausgangsposition in sozialen Medien und bei Stakeholdern erreichen wollen?

Eine kurze Untersuchung dieses vermeintlichen Paradigmenwechsels sei dem Jubilar in Dankbarkeit für seine mehrjährige wohlwollende Mentorentätigkeit ggü. dem Verfasser und in der Hoffnung seines Interesses aufgrund jahrzehntelanger Befassung – auch – mit börsennotierten Gesellschaften zugeeignet.

I. Kommunikation mit und Reaktionsmöglichkeiten auf aktivistische Investoren

Aktivistische Investoren wurden bis zur Bankenkrise 2008 in der deutschen Börsenlandschaft noch überwiegend als relativ seltene, kurzfristig orientierte und vor allem für die Unternehmen aber auch ihre Aktionäre bedrohliche Spezies angesehen. Diese Einschätzung hat sich in den letzten Jahren sowohl im Hinblick auf ihre Bedeutung, die deutlich gestiegene Wahrscheinlichkeit ihres Auftretens, als auch und insbes. bzgl. ihrer Wahrnehmung durch Kapitalmarktteilnehmer und Presseöffentlichkeit grundlegend gewandelt.

1. Erfolgreiches Re-Branding aktivistischer Fonds

Das Image der Aktivisten als abzuwehrende „Corporate Raider“ oder „Short Seller“ auf der Basis unbegründeter Gerüchte hat sich erstmalig im Jahrzehnt nach der Bankenkrise gewandelt: Große aktivistische Fonds und Hedgefonds konnten im Zusammenspiel mit klassischen „Long Only-Funds" ein erfolgreiches Re-Branding als Verteidiger allgemeiner Aktionärsinteressen ggü. unternehmerischen Fehlentscheidungen und Underperformance erreichen. Long only – Fonds waren erstmals bereit, in Fällen deutlicher Underperformance zumindest halb – öffentlich mit Aktivisten zu kooperieren. Deren Forderungen waren gleichwohl zumeist einschneidend: Wechsel des CEO sowie die Veräußerung großer Unternehmensteile bis hin zur Aufspaltung. Wegen zumeist positiver Auswirkungen auf den Aktienkurs wurde und wird dies jedoch – auch von Retail-Investoren - zunehmend akzeptiert.

Für börsennotierte Unternehmen bedeutete dies, dass die klassischen „Defence Manuals" für den Verteidigungsfall gegen unfreundliche Übernahmen standardmäßig um die inzwischen viel wahrscheinlichere Variante einer Reaktion auf die Beteiligung aktivistischer Fonds erweitert werden mussten. Alle Engagement Letter der führenden Investmentbanken sehen folgerichtig inzwischen eine Differenzierung für die Interessenwahrung und Verteidigung ggü. aktivistischen Fonds sowie für die Begleitung echter Übernahmegespräche vor. Durch die immer öfter anzutreffende Liaison aktivistischer Fonds mit bereits investierten „Long Only-Funds" als deren „Sprachrohr" werden auch publizitätswirksame Kampagnen nicht nur häufiger, sondern in Bezug auf die sie tragende – zum Teil verdeckte – Stimmrechtsmacht in Hauptversammlungen sowohl für den Vorstand als auch den Aufsichtsrat gefährlicher.

Neuere Trends, wie zwingende ESG-Komponenten bei der langfristigen Vorstandsvergütung oder – nicht bindende – Hauptversammlungsbeschlüsse zum „Say-on-Climate", Lieferketten-Themen („Near-Shoring" durch Auswechslung von Zulieferern) sowie Forderungen nach „impact investment" und „grünen" Bankkrediten bieten Aktivisten darüber hinaus eine willkommene Bühne, sich auch als Treiber langfristig orientierter Aktionärsinteressen zu profilieren und damit auf dem Spielfeld der „Pressehoheit" Terrain zu gewinnen. Diese etwa zeitlich mit den ersten Entwürfen zur LieferkettenRL aufgekommenen Themen verschaffen den Aktivisten zum Teil die Anmutung eines Sprachrohrs gesamtgesellschaftlicher Interessen. Deren Kampagnen geben sich zum Teil „milder" und grün bewegt, zielen aber ebenso auf Gremienänderungen, Spartenverkäufe oder – wie im Falle „RWE/ Enkraft Capital – Bluebell" sogar auf Aufspaltungen.

Dementsprechend gewinnt die begleitende Kommunikation für die typischerweise zeitlich ausgedehnteren Kampagnen an Bedeutung: Die relevanten Medien sind deutlich diversifizierter als noch vor zehn Jahren und umfassen neben den klassischen Printmedien und deren online – Auftritten Nischenspieler wie Business Insider, BuzzFeed, Dealbreaker, Politico etc und professionelle Kommentatoren (Bloomberg, Reuters, Faber Report etc) sowie zunehmend auch Netzwerke wie LinkedIn. Als eine Folge davon gewinnt die Berücksichtigung aller Stakeholder – Interessen massiv an Bedeutung und real-time digital targeting von Investoren und Stakeholdern wird möglich und zunehmend Realität.

2. *Handlungserfordernisse für Vorstand und Aufsichtsrat*

Dieses inzwischen global zu beobachtende Handlungsspektrum aktivistischer Investoren markiert die Herausforderungen und Handlungsnotwendigkeiten für Vorstand und Aufsichtsrat, insbes. den Rahmen für erforderliche präventive Maßnahmen. Zunächst gilt es, die mittlerweile sehr ausdifferenzierte Landschaft der internationalen aktivistischen Fonds zu kennen und anhand ihrer bisherigen Kampagnen und Schwerpunkte zu kategorisieren (dazu II. 1.). Sodann ist das Spektrum des „Shareholder Activism" anhand der klassischen Angriffspunkte (Corporate Governance, Konzernstruktur/Spin-offs, Kapitalallokation, Underperformance im Peer Group-Vergleich sowie jüngst mangelnde ESG-Konformität und -Resilienz) auszuleuchten – im Folgenden unter II. 2.

Nach einer kurzen Darstellung typischer Eskalationsschritte und dem hierfür rechtlich und kommunikativ zur Verfügung stehenden „Repertoire" der aktivistischen Fonds (II.3) ist sodann kurz auf besondere Gefährdungslagen der Unternehmen (II.4) einzugehen, um anschließend sachgemäße Vorbereitungen und proaktive Verteidigungsstrategien zu untersuchen (II.5) und Empfehlungen für die Fälle unvermeidbarer öffentlicher Eskalation zu geben (II.6). Abschließend ist zu beurteilen, ob es sich primär um ein Marketing-getriebenes Rebranding handelt oder eine wirkliche inhaltliche Schwerpunktverlagerung zu konstatieren ist (III.).

Voraussetzung für eine sachgemäße und rechtzeitige Vorbereitung und Reaktion auf aktivistische Kampagnen ist jedoch stets eine selbstkritische interne Gesprächskultur unter enger Einbeziehung von Investor Relations, Recht, Compliance/ESG sowie Finanzen, um in einer „Inside-Out“- sowie „Outside-In“-Analyse fortwährend Schwachstellen des Unternehmens zu identifizieren und im Hinblick auf mögliche „Einfallstore“ für Aktivisten zu schließen. Es ist das Bewusstsein entscheidend, dass grds. keine Gesellschaft immun ist.

II.

1. Das Spektrum der aktivistischen Aktionäre – Versuch einer Kategorisierung

Aktivisten können grds. nach ihrer Aggressivität und ihrer Vorliebe für publizitätswirksame Kampagnen oder ihre Bereitschaft zu eher „kooperativer“ und stiller Einflussnahme im Unternehmensorgan unterschieden werden. Daneben gibt es noch eine auf Arbitrage, insbes. Merger-Arbitrage spezialisierte Aktivistengruppe, die eher den Hedgefonds zuzuordnen ist: Die sogenannten Agitatoren setzen auf publizitätsträchtige Konfrontation und sind eher „event-driven“, dh ihr Auftreten und Investmenthorizont ist üblicherweise kurzfristiger und auf Gewinnmaximierung in Sondersituationen wie bspw. während einer Unternehmensübernahme angelegt.

Die folgende Übersicht zeigt – stark vereinfacht – das Spektrum des Shareholder Activism auf:

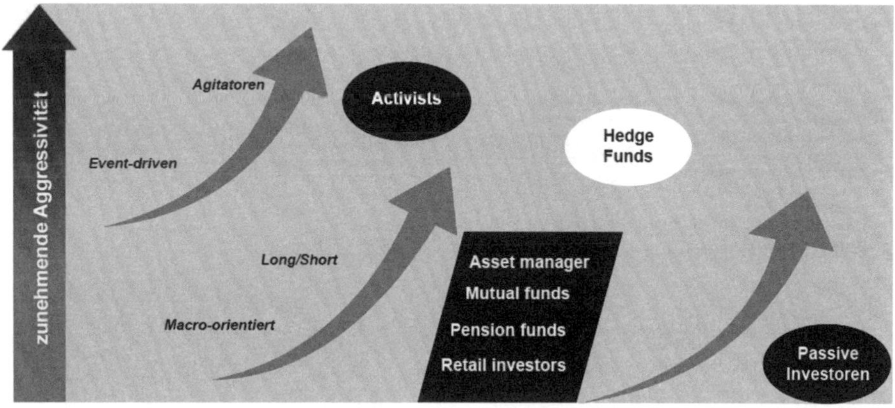

Fonds wie TCI oder Wyser-Pratte üben typischerweise unmittelbar nach ihrem Einstieg öffentlichen Druck auf das Management aus. Deren typische Kampagnen zielen auf die Veräußerung bestimmter Unternehmenssparten ab mit Verweis auf eine tatsächliche oder behauptete deutliche Underperformance sowie auf die Ausschüttung von Sonderdividenden durch behauptete Fehlallokation des Kapitals. Als Beispiel für einen relativ kooperativ und zumeist eher im Hintergrund auftretenden Fonds ist zB Cevian Capital zu nennen, der bei Bilfinger oder Thyssen Krupp mit bedeutenden Beteiligungen über Jahre investiert war und zuletzt beim Schweizer Versicherer Baloise eingestiegen ist. Solche Fonds haben explizit das Ziel, im Aufsichtsrat vertreten zu sein und ihre Erwartungen aus einer Organfunktion heraus mit dem Management zu diskutieren. Zunächst auf Merger-Arbitrage spezialisierte Hedgefonds wie Elliott, die sich in jüngerer Zeit allerdings auch langfristiger und mit hohem Kapitaleinsatz engagieren, wählen häufig eine Übernahmesituation als Anlass für eine mit Nachdruck geforderte Erhöhung der Gegenleistung im Übernahmeprozess oder eine höhere Abfindung im Rahmen von Integrationsmaßnahmen nach erfolgreicher Übernahme.

Maßgebend für die gestiegenen Erfolgsaussichten der Initiativen aktivistischer Aktionäre ist die Wandlung des Investmentansatzes von langfristig orientierten institutionellen Anlegern wie Pensionsfonds und typischen Publikumsfonds wie Blackrock, Fidelity, DWS, Union Investment oder Allianz Global Investors (AGI), die in jüngerer Zeit – zum Teil auch öffentlich – ebenfalls deutliche Forderungen an Vorstand und Aufsichtsrat börsennotierter Unternehmen stellen, wie zB iRd Übernahme von Osram durch die ams AG. Bei ams hatte AGI öffentlichkeitswirksam die erste Offerte zweier PE-Fonds als unzureichend abgelehnt und erst dadurch ams als strategischem Bieter den Weg geebnet.

Die größten Publikums- und Pensionsfonds sind daher für den Erfolg der Aktivisten jedweder Couleur entscheidend; die Kenntnis über deren Investitionsverhalten und aktuelle Einschätzung des Managements muss deshalb beständig durch Investor Relations verfolgt und aktualisiert werden. Häufig kommt es zu einer „Rollenverteilung" insofern, als verdeckt oder öffentlich vorgetragene Forderungen von einem Teil der Long Only-Funds gebilligt werden. Um als Vorstand und Aufsichtsrat angemessen reagieren zu können, ist der in früheren Zeiten kritische Zeitpunkt kurz vor Einberufung einer Hauptversammlung heute in aller Regel deutlich zu spät.

2. *Die klassischen Angriffspunkte für Shareholder Activism*

Die nachfolgende Übersicht zeigt das weite Spektrum möglicher Angriffspunkte für Aktivisten.

Hauptangriffspunkte und geographische Besonderheiten

Hinsichtlich der Hauptangriffspunkte aktivistischer Aktionäre gibt es durchaus geographische Unterschiede: In Deutschland waren zuletzt viele Kampagnen aktivistischer Aktionäre und Hedgefonds aufgrund dauerhaft schlechter Unternehmenskennzahlen und einer zumindest behaupteten schwachen Corporate Governance erfolgreich. So wurden Vorstandsvorsitzender und Aufsichtsratsvorsitzender der Commerzbank AG, der Aufsichtsratsvorsitzende und letztlich auch der Vorstandsvorsitzende der Thyssen Krupp AG und zuletzt der CEO der Bayer AG „Opfer“ öffentlich geführter Kampagnen wegen als wenig ambitioniert empfundener Unternehmensziele, verfehlter Unternehmensstrategie bzw. eines problematischen Unternehmenserwerbs.

Die folgende **Tabelle** zeigt im Überblick den geschätzten Kapitaleinsatz der fünf bedeutendsten aktivistischer Fonds in Europa im Geschäftsjahr 2022:

Investor	Neue Investments	Volumen
PERSHING SQUARE CAPITAL MGMT.	1	$4.4B
TRIAN FUND MANAGEMENT	1	$1.8B
ELLIOTT MANAGEMENT	5	$982.8M
THIRD POINT PARTNERS	3	$613.4M
SARISSA CAPITAL MANAGEMENT	2	$412.2M

Quelle: Insightia Shareholder Activism Report 2022

Inzwischen sind sowohl Elliott als auch Cevian Capital sehr deutlich in den zweistelligen US-Dollar Milliarden-Bereich vorgedrungen, und auch Pershing Capital, die jüngst ihre vormals publizitätsträchtigen Kampagnen nach eigener Darstellung auf ein kooperativeres und langfristigeres Vorgehen umgestellt haben, verfügt über einen hohen einstelligen Milliardenbetrag.

Die bisherigen Hauptangriffspunkte Underperformance im Peer Group Vergleich, fehlerhafte Kapital-Allokation mit der Forderung nach Sonderdividenden, Fokussierung auf Kernkompetenzen zur Vermeidung eines Konglomeratsabschlags sowie Corporate Governance getriebene Angriffe werden in jüngster Zeit zunehmend um ESG-getriebene Forderungen ergänzt: Zum einen gibt dieser Angriffspunkt den Aktivisten die Möglichkeit, auf der Welle „grüner Forderungen“ zu surfen und eigene Interessen nach höheren Ausschüttungen und Spin-offs durch vermeintlich grüne Forderungen zu überspielen. Zum anderen bieten der Vorwurf eines „Green-Washing“ (zB DWS) oder die Forderung nach einer „Nachhaltigkeits-getriebenen“ Abspaltung des Kohlegeschäfts (RWE) Ansatzpunkte mit Sprengkraft für Corporate Governance und big ticket-M&A. Daher dürften weitere aggressive Aktivisten künftig versuchen, ein weiteres sanftes „Re-Branding“ ihrer Aktivitäten als im Gruppen- oder Gesellschaftsinteresse darzustellen.

3. *Typische Eskalationsschritte von verdeckter zur offenen Konfrontation*

Die nachfolgende Übersicht zeigt typische Schritte vom Erwerb einer – zumeist prozentual kleinen – Aktienposition über die Ansprache institutioneller Anleger und der Kontaktaufnahme zum Management bis hin zu – in jüngster Zeit auch in Deutschland häufigen – öffentlichen Kampagnen und etwaigen gerichtlichen Auseinandersetzungen. Dabei gilt zunehmend der erste wichtige Schritt der Überzeugung von Long Only-Funds, dass durch Abverkäufe, bessere Kapitalallokation oder Änderungen der Board-Zusammensetzung ein höherer Unternehmenswert generiert werden könnte.

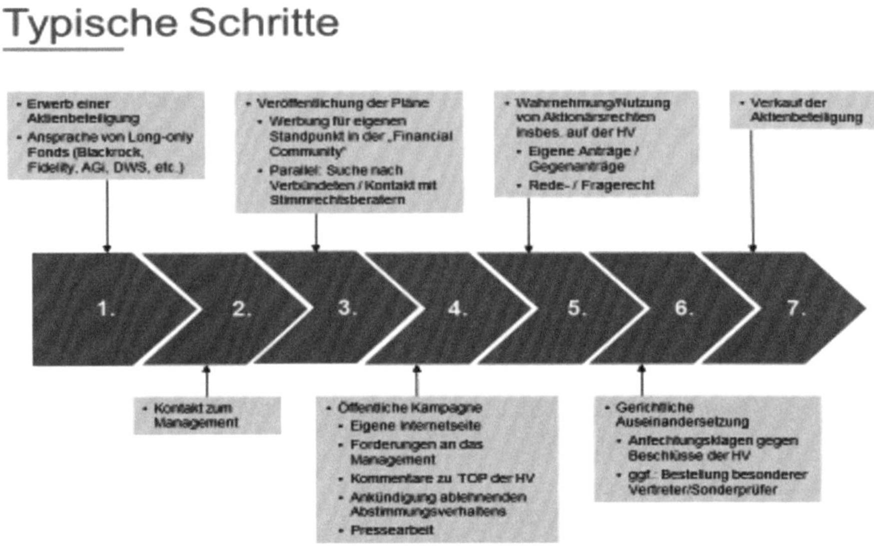

Unabhängig davon treten auch Long Only-Funds sowohl vor als auch in der Hauptversammlung deutlich kritischer auf als dies noch vor zehn Jahren der Fall war, und gerade in der Auseinandersetzung mit einer festgestellten Underperformance des Managements wird gerne eine Arbeitsteilung mit aktivistischen Fonds eingegangen. Waren früher die ersten drei Monate eines Jahres der maßgebliche Zeitraum für die Kontaktaufnahme von Investor Relations zu institutionellen Fonds und Stimmrechtsberatern, sollte nicht nur im Falle bereits identifizierter Schwachstellen der eigenen Unternehmensstrategie oder Zielverfehlungen ein permanenter Austausch erfolgen. Zudem sollte in einer Shareholder Heat Map der – mindestens – vermutete gewichtete Einstiegskurs aller relevanten TOP 20 – Aktionäre festgehalten werden, um deren etwaige Abgabebereitschaft oder Unterstützung etwaiger Kampagnen einschätzen zu können.

Ausschließlich in dem Fall, dass eine unvoreingenommene Analyse der Investorenmeinungen zu dem Ergebnis kommt, dass aktivistische Aktionäre über keinen ausreichenden Rückhalt verfügen werden, können deren Gesprächsaufforderungen ggf. ignoriert und einer drohenden Kampagne mit entsprechend offensiver Gegeninformation begegnet werden. Dabei werden Aktivisten in der Regel zunächst per ausführlichem Brief den Kontakt zum Vorstand – und im Falle von befürworteten Änderungen im Vorstand – zum Aufsichtsratsvorsitzenden suchen. Diese Schreiben sollten akribisch analysiert und eine mögliche Antwort mit qualifizierter externer Rechts- und Finanzberatung erarbeitet werden. Mit deren Veröffentlichung muss stets gerechnet werden.

Das rechtliche Repertoire aktivistischer Fonds entfaltet sich typischerweise erst und ausschließlich in der Hauptversammlung bzw. in einer möglichen Anfechtung von Hauptversammlungsbeschlüssen. Neben der Entlastungsverweigerung für Vorstand und/oder Aufsichtsrat mit entsprechenden Rücktrittsforderungen sind Wahlen zum Aufsichtsrat mit entsprechenden Gegenvorschlägen, alternative Dividendenbeschlüsse sowie „Say-on-Pay"- und ggf. „Say-on-Climate"-Beschlüsse der Hauptversammlung Einfallstore für zusätzliches Momentum aktivistischer Kampagnen. Unter dem Aspekt des „Near-shoring" zur Stabilisierung von Lieferketten ergeben sich dabei zusätzlich Angriffspunkte gegen beabsichtigte M&A-Vorhaben bzw. Forderungen nach Veräußerungen.

Hierbei kommt Stimmrechtsberatern eine überaus große Bedeutung zu, da diese sich zumeist frühzeitig – und häufig recht schablonenhaft – eine Meinung zu den Verwaltungsvorschlägen und etwaigen Gegenvorschlägen bilden. Die Verwaltung sollte daher rechtzeitig kritische Tagesordnungspunkte mit den Stimmrechtsberatern diskutieren, auf etwaige Besonderheiten hinweisen und auf Einwände rechtzeitig und mit hoher Sensibilität reagieren. Da gerade auch Stimmrechtsberater in ihren jährlich aktualisierten Abstimmungsrichtlinien „Modethemen“ größeren Raum geben, werden ESG – relevante Tagesordnungspunkte einer besonderen Kontrolle unterzogen und die Verwaltungsvorschläge gerne kritisch kommentiert. Des Weiteren ist zu berücksichtigen, dass Entlastungsbeschlüsse unterhalb einer Zustimmungsquote von 80 % historisch zumeist bereits als Niederlage des Managements und Ausweis einer verbesserungsbedürftigen Investoren-Kommunikation galten. Unabhängig von deren rechtlicher Bindungswirkung wirken sich Niederlagen bei „Say-on-Pay“- oder „Say-on-Climate“-Beschlüssen ebenfalls negativ auf die wahrgenommene Professionalität des und das Vertrauen in das Management aus. Wie allgemein in der politischen Diskussion, vgl. die „Stay open“-Initiative der Jenoptik AG im Vorfeld der Landtagswahl in Thüringen, sollten Unternehmen jedoch den Mut haben, aus ihrer Sicht unnötige oder kontraproduktive ESG-Normen klar zu benennen.

Berücksichtigt man, dass allein der Stimmrechtsberater ISS als Marktführer mit einem geschätzten Marktanteil von über 50 % unter den institutionellen Investoren deren Abstimmungsverhalten maßgeblich prägt (und überdies geschätzt wird, dass ca. 80 % der ausländischen institutionellen Investoren den Empfehlungen von ISS und anderen Beratern für deutsche Gesellschaften folgen), wird deren überragende Bedeutung bei aufkommenden Aktivistenkampagnen ersichtlich. Im Falle der Brenntag AG haben Stimmrechtsberater (hier: ISS und Glass) erstmals öffentlich in Deutschland eine Aktivistenkampagne gegen die Gesellschaft unterstützt.

Aus Unternehmenssicht ist positiv anzumerken, dass eine in den letzten Jahren häufig in der Öffentlichkeit festzustellende „Berechtigungsvermutung“ zugunsten ESG – getriebener Kritik unter dem Eindruck schwacher Performance „grüner Investmentideen“ zunächst in den USA und jüngst auch am deutschen Kapitalmarkt einer Skepsis und wiedererstarkter Bereitschaft zur Prüfung anhand klassischer Kriterien gewichen ist. Dies gilt gerade auch für Publikums-Fonds und Retail-Anleger, die gegenüber der Entwicklung klassischer Indices zumeist eine gravierende Underperformance hinnehmen mussten. Unternehmen können und sollten daher proaktiv faktenbasiert kommunizieren und nicht erst auf Stimmrechtsempfehlungen reagieren.

Abschließend ist das Risiko negativer Empfehlungen von Stimmrechtsberatern als – eigenständiges – Einfallstor für aktivistische Kampagnen zu erwähnen: So stützen sich einige aktivistische Aktionäre auch auf ablehnende Empfehlungen von Stimmrechtsberatern zur Begründung ihrer kritischen Einstellung ggü. dem Management der Gesellschaft und bauen hierauf eine Kampagne auf. Eine solche Rückkopplung zwischen Stimmrechtsberatern und aktivistischen Aktionären kann auch in Übernahmesituationen eine besondere Dynamik entfalten, da passive Fonds in der Regel zuwarten (müssen), ob ein Übernahmeangebot die kritische Schwelle von 50 % Zustimmung überschreiten wird. Eine ablehnende Empfehlung der Stimmrechtsberater auf Basis einer Aktivistenkampagne oder – seltener – eine Aktivistenkampagne auf Basis einer negativen Einschätzung durch Stimmrechtsberater kann daher die Gefahren für den Transaktionserfolg potenzieren.

4. Besondere Gefährdungslagen für Unternehmen

Die klassische Underperformance eines Unternehmens ggü. seiner Peer Group oder das mehrmalige Verfehlen eigener Prognosen sind der Ursprung der klassischen Aktivistenkampagne, denen aufgrund der in diesen Fällen regelmäßig bestehenden Unzufriedenheit – auch – der Long Only-Funds häufig Erfolg in Form von Mandatsniederlegungen des Vorstands(vorsitzenden) und/oder im Aufsichtsrat beschieden ist. Kampagnen zu Teilzielen oder vorgelagerten Maßnahmen wie eine behauptete Fehlallokation der Kapitalressourcen aufgrund behaupteter „under-leveraged“ Balance Sheets mit Forderungen nach umfangreichen

Aktienrückkäufen oder Sonderdividenden sind demgegenüber seltener erfolgreich. Angriffe auf komplexe Konzernstrukturen zur Vermeidung von Konglomeratsabschlägen sind in jüngster Zeit durch einen Trend zur stärkeren Fokussierung auf Kernkompetenzen ebenfalls erfolgsversprechend gewesen, wobei diese sogenannten „Corporate Clarity Campaigns" bisher weitgehend in den USA und London geführt werden, und erst mit einiger Verspätung auch in Deutschland Einzug erhalten haben (Bayer, Fresenius, etc). Soweit ein Übernahmeszenario erst den Anlass für eine Kampagne setzt, wird es sich bei den im deutschen Markt dominierenden Barangeboten, anders als bei den seltenen Tauschangeboten, in der Regel um Arbitragegewinne bzw. Optimierung des Preises, nicht jedoch um „Corporate Clarity" handeln.

In den nächsten Jahren dürften Corporate Governance – induzierte Kampagnen aufgrund der Kritik am System der Vorstandsvergütung, fehlender Unabhängigkeit von Aufsichtsratsmitgliedern sowie Forderungen nach verbesserter umweltpolitischer Ausrichtung („green labelling") einen stetigen Zuwachs erfahren. Behauptete Vernachlässigung „grüner" Transformation und vermeintlich intransparente ESG-Berichte eignen sich bis zur Herausbildung eines Branchenstandards ebenfalls für eine Verweigerung der Entlastung sowie für die Begründung eigener Wahlvorschläge von Organmitgliedern. Plausible Argumentationslinien der Unternehmensleitungen dürften aus den genannten Gründen jedoch wieder verstärkt Gehör finden.

Gerade aufgrund der krisenbedingten Volatilität der Unternehmens- und Kursentwicklung in Zeiten auflebenden Protektionismus und der Unterbrechung alter und der notwendigen Etablierung neuer Lieferketten bieten damit verbundene Neubewertungen einzelner Branchen einen fruchtbaren Boden für aktivistische Kampagnen. Die EU-LieferkettenRL (CSDDD) wird nach ihrer Umsetzung in nationales Recht zusätzlichen Druck auf Unternehmen aufbauen, da Probleme in einzelnen Lieferketten gerade bei komplexen Produkten oder größeren Produktportfolien selbst bei größtmöglicher Sorgfalt nicht immer zeitnah zufriedenstellend zu beheben sein werden. Damit strahlen ESG - nahe Themen von der Vorstandsvergütung, über Transformationsrisiken und Near-shoring, potentiell in jede Unternehmenstransaktion, was deren grds. Eignung als Ansatzpunkte für Kampagnen belegt.

5. Sachgemäße Vorbereitungen und Verteidigungsstrategien

Aktivistische Fonds sind inzwischen zu ständigen kritischen Begleitern indexnotierter Unternehmen geworden. Dementsprechend gehört es zu den Pflichtaufgaben jedes Vorstands und Aufsichtsrats, durch aktuelle Information nicht nur auf etwaige unfreundliche Übernahmeangebote, sondern auch – vorgelagerte – öffentliche Kampagnen gegen die eigene Unternehmensstrategie vorbereitet zu sein. Für diese Vorbereitung können schlagwortartig als notwendige Voraussetzungen Information, Dialog, Organisation und nicht zuletzt Mut genannt werden.

Zunächst gilt es, in einer unvoreingenommen kritischen Outside-In-Analyse die eigene Unternehmensentwicklung und Marktkapitalisierung mit einer Peer Review zu verbinden, positive und negative Abweichungen zu „monitoren", Gründe für diese Abweichungen zu ermitteln und im Wege des Soundings mit externen Beratern zu überprüfen.

Die beständige Kontrolle von Handelsvolumina, Stimmrechtsmitteilungen und Entwicklung der Investorenbasis gehört ebenso zum Pflichtprogramm wie eine sogenannte „Heat Map" mit den geschätzten Einstandskursen und Durchschnittskursen der wichtigsten institutionellen Anleger. Diese bilden eine gute Indikation für die Bereitschaft, aktivistische Investoren zu unterstützen oder aber aufgrund der bisherigen Zufriedenheit mit der Unternehmens- und Kursentwicklung von der Unterstützung solcher Kampagnen Abstand zu nehmen. Schließlich sind sämtliche Geschäftsbereiche des Unternehmens auf ausreichende Synergien, strategischen Fit sowie Vereinbarkeit mit den kommunizierten Kernkompetenzen und etwaige Verzögerungen notwendiger Transformationen zu überprüfen.

In Bezug auf die Kapitalstruktur ist eine etwaige Optimierung durch Eigen-, Fremdkapital sowie hybride Komponenten zu analysieren und der als erforderlich erachtete Leverage ebenfalls mit der Peer Group zu vergleichen. Ketzerisch könnte man hinzufügen: Green Bonds und Blockchain-basierte Kryptobonds schaden auch nicht; dies gilt zumindest, wenn die „trigger“ für Zinsänderungen bei Green Bonds nachvollziehbar gewählt worden sind und/oder eine Affinität zu Blockchain-basierten Instrumenten besteht und glaubhaft kommuniziert werden kann. Schließlich ist die eigene Unternehmenskommunikation in Bezug auf ambitionierte oder weniger ambitionierte bzw. verfehlte Ziele zu hinterfragen, Greenwashing in jeder Weise zu vermeiden sowie Marktreaktionen selbstkritisch zu überprüfen.

Der zweite und vermutlich noch wichtigere Teil umfasst eine kontinuierliche Investor Relations-Arbeit in Bezug auf transparente Kommunikation bzgl. Performance, Strategie und Mittelverwendung unter gleichmäßiger Berücksichtigung der relevanten Zielgruppen Investoren, Analysten und Stimmrechtsberater sowie Aktionärsvereinigungen und zunehmend auch Social Media – nicht nur – in Bezug auf Retail-Aktionäre. Gerade in kritischen Phasen sollte der Dialog proaktiv gesucht werden und kein „Verstecken“ vor möglichen Kritik- oder Angriffspunkten erfolgen. In der Praxis ist gelegentlich zu beobachten, dass die Vorstandsebene im Falle einer verfehlten Zielerreichung den zeitnahen Investorendialog scheut, während Investor Relations hierzu dringend rät. Auch ist Media und Investor Relations ausdrücklich zu raten, kontroverse Themen und vermeintlich unpopuläre Auffassungen insbes. zu ESG-Übertreibungen in der eigenen Branche prononciert zu vertreten und sich nicht – wie beim Lieferkettengesetz leider zu beobachten war – „weg zu ducken“.

Ebenso wie bei der Vorbereitung auf unfreundliche Unternehmensübernahmen ist schließlich die sachgerechte Organisation und Rollenverteilung zur erfolgreichen Abwehr von Aktivistenkampagnen von Bedeutung: Sowohl im Vorstand als auch im Aufsichtsrat sollte es eine transparente Kommunikationsordnung mit eindeutigen Kommunikationskanälen geben. Es empfiehlt sich überdies ein „dry run“ mit Ablaufplänen für die ersten 48 Stunden. Zudem sollte neben dem CEO und dem Finanzvorstand im Aufsichtsrat der Aufsichtsratsvorsitzende für etwaige Investorengespräche bereitstehen und hierfür auch entsprechend vorbereitet und sprechfähig sein. Investoren merken schnell, ob der Aufsichtsrat als echter strategischer Sparrings-Partner des Vorstands agiert und uneingeschränkt hinter der Unternehmensstrategie steht. Ein etwaiger strategischer (Teil-) Dissens zwischen Vorstand und Aufsichtsrat ist insbes. bei öffentlich geführten Kampagnen in seiner negativen Perzeption kaum zu überschätzen.

6. Reaktion auf öffentliche Forderungen von Aktivisten durch Vorstand und Aufsichtsrat (Eskalationsszenarien)

Oftmals bestehen in Vorstand und Aufsichtsrat divergierende Auffassungen darüber, ob und wie mit Aktivisten im Falle öffentlicher bzw. öffentlich gewordener Kampagnen gesprochen werden oder deren Begehren mit Hinweis auf eigene Strategieüberlegungen widersprochen oder diese ignoriert werden sollten.

Hierfür können zwei Regeln aufgestellt werden, die sich in der Praxis bewährt haben und auch von Vertretern aktivistischer Fonds als zielführend bestätigt werden. Befindet sich die Anfrage eines Aktivisten noch in einem vertraulichen Rahmen, dh wurde der Vorstandsvorsitzende lediglich angesprochen oder in Form eines Briefes über strategische Überlegungen eines zu diesem Zeitpunkt zumeist nur zu einem geringen Prozentsatz eingestiegenen Aktivisten konfrontiert, so empfiehlt sich durchaus ein – sehr gut vorbereitetes – Gespräch. Zum einen sollte jeder Aktionär, unabhängig von einem hohen oder geringen prozentuellen Anteil, ernst genommen und seine Vorstellungen gehört werden. Zum anderen kann der Vorstand in diesem Gespräch die eigene Einschätzung zur Strategie, zur Corporate Governance, zur Zukunftsfähigkeit des Produktportfolios oder der Kapitalallokation etc anhand besonders kritischer Einwände überprüfen. Selbst für den Fall, dass das Schreiben oder die darin erhobenen Forderungen zu einem späteren Zeitpunkt publik (gemacht) werden sollten, ist die Gesellschaft sodann vorbereitet und kann deutlich besser reagieren.

Sollten aktivistische Fonds dagegen unmittelbar an die Öffentlichkeit gehen oder nach einem – aus ihrer Sicht erfolglosen – Gespräch den Weg in die Öffentlichkeit in aggressiver Form suchen, ist von weiteren Gesprächen grds. abzuraten. Üblicherweise ist in diesem Stadium das Führen weiterhin konsensorientierter Gespräche nicht mehr zielführend und wird eher als Zeichen der Schwäche wahrgenommen werden. Mit dieser Einschätzung stimmen auch Aktivistenvertreter weitestehend überein. Unternehmen sollten sich in diesem Falle auf die Überzeugung ihrer Aktionärsbasis und der frühzeitigen Einbindung der Stimmrechtsberater fokussieren, um den in diesen Fällen häufig nicht vermeidbaren Proxy-Fight gewinnen zu können.

Beide Varianten der oben zitierten Ansprache sollten überdies zum Anlass genommen werden, gerade im Aufsichtsrat eine nochmals aktuelle Überprüfung der ausreichenden Unabhängigkeit und Professionalität der Aufsichtsratsmitglieder für den sich abzeichnenden Proxy-Fight vorzunehmen. Etwaige latente Interessenkonflikte werden nicht selten im Verlaufe publizitätsträchtiger Kampagnen offenbar, und die möglicherweise nur vermutete Unabhängigkeit der Gremienmitglieder wird einem Stresstest unterzogen. Auch die Wahl eines sog. Independent Director im Aufsichtsrat, der entsprechende Themen für den Aufsichtsrat neben oder anstelle des AR-Vorsitzenden erörtern kann, mag sich ergänzend empfehlen. Einige DAX – Unternehmen haben bereits Aufsichtsratsmitglieder für diese Position bestimmt und dies bewusst nach außen kommuniziert. Mit der frühzeitigen Einbindung kompetenter Investmentbanker, Rechtsanwälte und PR-Berater kann die gerade bei Kampagnenbeginn erforderliche kurzzeitige professionelle Reaktion am Kapitalmarkt erreicht werden.

III. Thesen

1. Aktivisten ist es in den letzten Jahren iRd Diskussionen um Lieferketten und Transformation zunehmend gelungen, ein erneutes Rebranding als Vertreter auch langfristiger „nachhaltiger" Aktionärsinteressen zu vollziehen.
2. Die Glaubwürdigkeit dieser strategischen Neuausrichtung begegnet indessen Zweifeln: Viele Forderungen nach beschleunigter Transformation sind mindestens hybrider Natur - sie zielen letztlich auf Erwerbs-, Veräußerungs- oder gar Abspaltungsentscheidungen nebst entsprechender Managementkritik. Neu ist lediglich ein in der Regel weniger offensiv formulierter KPI – Fokus.
3. Das Spektrum aktivistischer Fonds hat sich zudem – von wenigen Ausnahmen abgesehen – hinsichtlich der Kriterien kurz- oder langfristig orientierter Investitionsperspektive bzw. eher kooperativer oder konfrontativer Vorgehensweise wenig geändert.
4. Für die Leitungsorgane börsennotierter Unternehmen haben diese Befunde zwei wenig überraschende Konsequenzen:
   Die möglichen Stoßrichtungen von Aktivistenkampagnen haben sich durch Lieferketten-Compliance, ausufernde nationale und internationale Berichtspflichten, Say on Climate, „grüne Kredite" und „Green Financing" vermehrt und sind aufgrund der schwieriger gewordenen „Kommunikationsfront" – zumal in den sozialen Medien – potentiell noch gefährlicher geworden. Da die Anforderungen an eine glaubwürdige und über alle Kommunikationskanäle konsistente Unternehmenskommunikation gestiegen sind, kommt dem Kriterium der langfristigen (Börsenkurs-)Performance weiterhin entscheidende Bedeutung zu: Nach den US – amerikanischen Investoren beginnen nun auch die europäischen Investoren, die Unternehmensbewertung im Peer Group – Vergleich unabhän-

gig von allem „green labelling“ wieder als den eigentlichen Nachweis nachhaltig positiven Wirtschaftens zu begreifen.

5. Als Quintessenz gilt auch hier der Satz von Andrew Carnegie in leicht abgewandelter Form:
„Je *reifer ein Kapitalmarkt wird* (Je älter ich werde), *desto weniger achtet er* (ich) darauf, was *Unternehmen* (Menschen) *sagen. Der Markt achtet* (Ich achte) darauf, was sie tun“.

MATTHIAS-GABRIEL KREMER

Zur Vergütung der Geschäftsleitungsmitglieder von Kreditinstituten nach Maßgabe der Institutsvergütungsverordnung

I. *Einleitung*

Den Jubilar und den Verfasser verbinden - neben der persönlichen Freundschaft - die gemeinsame Berufsausübung in einer Anwaltssozietät über etwa 30 Jahre. Da der Jubilar überdies als Aufsichtsratsvorsitzender von Kreditinstituten regelmäßig mit Fragen der Vergütung der Geschäftsleitungsmitglieder befasst war, reizt der Versuch, ihm mit der Betrachtung einiger weniger bankaufsichtsrechtlicher Aspekte zu diesem Themenkomplex[1] eine kleine Freude zu bereiten. Andererseits liegt das Risiko eines solchen Unterfangens auf der Hand: wer könnte dem Nestor des deutschen Bankaufsichtsrechts Gedanken auf diesem Gebiet offerieren, die dieser nicht längst durchdacht hat? Der Verfasser stellt sich diesem Wagnis, weil die aufsichtsrechtlichen Anforderungen an die (Geschäftsleitungs-)Vergütung in Kreditinstituten gerade in letzter Zeit mehrfach überarbeitet wurden und die Entwicklung dieser Rechtsmaterie nicht abgeschlossen zu sein scheint.

II. *Die Vergütungsregulierung – ein schwer überschaubares Regelungsdickicht*

Die heute maßgebliche Fassung der InstitutsVergV, welche eine grundlegende Überarbeitung der Vorläuferfassung aus dem Jahr 2010[2] beinhaltet, wurde am 16.12.2013 auf der Grundlage des § 25a Abs. 6 KWG durch Rechtsverordnung des Bundesministeriums der Finanzen im Benehmen mit der Deutschen Bundesbank zur Umsetzung der CRD IV erlassen und seither mehrfach, zuletzt am 14.2.2023 durch die Vierte Verordnung zur Änderung der InstitutsVergV,[3] geändert. Hintergrund für die Einführung der InstitutsVergV waren die im Zuge der Finanzkrise zu Tage getretenen schwerwiegenden Fehlanreize durch intransparente Vergütungssysteme, die hohe variable Vergütungen an kurzfristige Gewinne knüpften, ohne die damit verbundenen Risiken für die Stabilität der Institute und damit des Finanzsystems insgesamt in den Blick zu nehmen[4]. Die ab 2009 im Anschluss an den Bericht der sog. de Larosière-Gruppe über die Finanzaufsicht in der EU[5] geschaffenen Vergütungs-

[1] Aus der Perspektive des Verwaltungs- bzw. Aufsichtsorgans steht die Vergütung der Geschäftsleitungsmitglieder im Vordergrund, doch sind die nachfolgenden Ausführungen in weitem Umfang auch auf andere Risikoträger anwendbar.

[2] BGBl. 2010 I 1374.

[3] BGBl. 2023 I Nr. 41.

[4] Beispielhaft genannt seien die hohen Boni für den Verkauf und die Verbriefung von Subprime-Hypotheken sowie die exzessiven Boni für Wertpapierhändler, die zu unerlaubten Handelsaktivitäten, zur Manipulation von Zinssätzen und Indizes, zum Abschluss extrem riskanter Derivatgeschäfte und ähnlichen Aktivitäten führten.

[5] Report of the High-Level Group on Financial Supervision in the EU, https://www.esrb.europa.eu.

regeln, wie insbes. die InstitutsVergV[6], zielen zum Schutz des Finanzsystems darauf ab, solche Fehlanreize zu minimieren, indem die Vergütungssysteme transparent ausgestaltet, die variablen Vergütungen am längerfristigen Erfolg orientiert, Misserfolge in Ansatz gebracht und Verbraucherinteressen berücksichtigt werden.

Allerdings verlangt eine effektive Ausschaltung solcher Fehlanreize eine detaillierte Regulierung. Diese findet sich in den einschlägigen Leitlinien der EBA, insbes. in den EBA-Leitlinien für eine solide Vergütungspolitik gemäß Richtlinie 2013/36/EU[7], ferner in § 25a Abs. 1 Nr. 6, Abs. 5, 5a, 5b und 6 KWG sowie in der InstitutsVergV, die durch die am 13.6.2024 veröffentlichten „Fragen und Antworten zur Institutsvergütungsverordnung“ (FAQ) der BaFin ergänzt wird.

Darüber hinaus hatte die BaFin am 16.2.2018 auf ihrer Website eine „Auslegungshilfe zur Institutsvergütungsverordnung“ veröffentlicht, die sich auf die am 4.8.2017 in Kraft getretene Fassung der InstitutsVergV bezog. Diese norminterpretierende Verwaltungsvorschrift[8] ist für die Rechtspraxis äußerst hilfreich. Die BaFin präsentierte am 18.9.2020 ein 90 Seiten umfassendes „Update“[9] der Auslegungshilfe, so dass in der Praxis nach Inkrafttreten des RisikoreduzierungsG[10] und der Überarbeitung der InstitutsVergV vom 20.9.2021[11] eine Aktualisierung der Auslegungshilfe erwartet wurde[12]. Stattdessen stellte die BaFin am 21.6.2023 einen Entwurf der FAQ zur Konsultation, der schließlich in die finale Fassung der FAQ vom 13.6.2024 mündete.

Die BaFin weist in den Vorbemerkungen der FAQ darauf hin, dass diese die Auslegungshilfe vom 16.2.2018 ersetze. Während der Entwurf der FAQ vom 21.6.2023 noch die Erläuterung enthielt, dass die Änderung des Formats zu einer FAQ nicht bedeute, dass die BaFin die in der Auslegungshilfe beschriebene Verwaltungspraxis (und getroffenen Auslegungsentscheidungen) aufgebe, sofern sie nicht in der FAQ eine Aktualisierung erführen, fehlt eine solche Klarstellung in der FAQ. Da die FAQ aber nur 19 spezifische Fragen und nicht die gesamte Breite der InstitutsVergV in den Blick nimmt, wird man die FAQ vernünftigerweise so verstehen müssen, dass die BaFin die Auslegungshilfe vom 16.2.2018 nach wie vor ihren Entscheidungen zu Grunde legt, soweit sie nicht durch die FAQ explizit überholt ist. Gleichwohl wäre es im Interesse der Rechtsklarheit und der Übersichtlichkeit zu wünschen, dass die BaFin bei nächster Gelegenheit eine überarbeitete Fassung der Auslegungshilfe unter Einschluss der FAQ veröffentlicht.

Für die Klärung einer Vergütungsfrage hat sich die Rechtspraxis also mit einer recht unübersichtlichen Regelungskaskade auseinanderzusetzen. Zunächst sind aus dem Blickwinkel des Aufsichtsrechts[13] die genannten EBA-Leitlinien zu konsultieren, sodann KWG und

---

[6] Die Vorbemerkung zu der am 16.2.2018 veröffentlichten Auslegungshilfe der BaFin zur InstitutsVergV enthält eine konzise Zusammenfassung der verschiedenen bis dahin erfolgten gesetzgeberischen Schritte zur Schaffung wirksamer Standards für eine solide Vergütungspolitik.

[7] EBA/GL/2021/04; zu weiteren EBA-Leitlinien zu Vergütungsaspekten sowie zu Ausnahmen von der generellen Anwendbarkeit der EBA/GL/2021/04 vgl. die Vorbemerkungen der am 13.6.2024 auf der BaFin-Webseite veröffentlichten „Fragen und Antworten zur Institutsvergütungsverordnung“ (FAQ) der BaFin.

[8] Klein, FAQs zur InstitutsVergV – mehr Fragen als Antworten?, 27.6.2024, abrufbar unter: https://compgovernance.de/faqs-zur-institutsvergv-mehr-fragen-oder-mehr-antworten. Auch die FAQ sind als norminterpretierende Verwaltungsvorschriften zu qualifizieren.

[9] Klein, Update für die Auslegungshilfe zur InstitutsVergV, 26.9.2020, abrufbar unter: https://compgovernance.de/update-fuer-die-auslegungshilfe-zur-institutsvergv.

[10] BGBl. 2020 I 2773.

[11] BGBl. 2021 I 4308.

[12] Klein, Update für die Auslegungshilfe zur InstitutsVergV, 26.9.2020.

[13] Daneben sind gem. § 10 Abs. 3 InstitutsVergV auch die jeweiligen rechtsformspezifischen Anforderungen an die Vergütung der Geschäftsleitungsmitglieder zu beachten, etwa bei börsennotierten Aktiengesellschaften die Regelungen in §§ 87, 87a, 120a, 162 AktG sowie die Empfehlungen des Deutsche Corporate Governance Kodex (soweit dessen Empfehlungen nicht mit

InstitutsVergV, anschließend die FAQ und schließlich die Auslegungshilfe. Trotz der Fülle dieser Normen und der in ihnen enthaltenen umfangreichen Kasuistik dürfte es jedoch schwerlich gelingen, alle denkbaren Konstellationen zu regeln oder gar sämtliche Umgehungsmöglichkeiten zu antizipieren.

III. Die Sinnhaftigkeit variabler Vergütungskomponenten

Vor diesem Hintergrund und mit Blick auf den erheblichen Verwaltungsaufwand, den die Compliance mit dieser Regelungskaskade insbes. für bedeutende Institute iSd § 1 Abs. 3c KWG verursacht[14], drängt sich die Frage auf, ob nicht eine angemessen hohe, konkurrenzfähige Fixvergütung für die Geschäftsleitungsmitglieder unter Verzicht auf variable Vergütungskomponenten vorzugswürdig wäre. Auf diese Weise würden schädliche Fehlanreize mit wohl größerer Sicherheit und bei erheblich reduziertem Verwaltungsaufwand vermieden. Die Einsatzbereitschaft der Geschäftsleitungsmitglieder dürfte nicht leiden, sind sie doch bereits kraft Gesetzes, Satzung und Anstellungsvertrag gehalten (und nach den Erfahrungen des Verfassers in aller Regel schon aufgrund ihres Berufsethos ausreichend motiviert), sich nach besten Kräften für die Verfolgung der Unternehmensziele einzusetzen.

In ihrer Auslegungshilfe vertritt die BaFin, auch mit Blick auf die Vorgaben in Tz. 6 der „FSB Principles for sound Compensation Practices – Implementation Standards", die Auffassung, dass die Vergütungssysteme für Risikoträger in bedeutenden Instituten – soweit die Risikoträger nicht einer Kontrolleinheit angehören oder in einem Förderinstitut tätig sind – nur dann den Anforderungen der § 3 Abs. 1 und 2 sowie § 4 InstitutsVergV genügen, wenn sie eine variable Vergütungskomponente enthalten[15].

Im Ergebnis ist die Sinnhaftigkeit variabler Vergütungskomponenten in Übereinstimmung mit der BaFin und der allgemeinen Praxis zu bejahen. Sachlich überzeugend sind indessen aus den oben genannten Gründen nicht in erster Linie die regelmäßig angeführten (positiven) Anreizwirkungen der Boni. Variable Vergütungskomponenten sind aber wirksame Instrumente, um Zielverfehlungen oder negative Erfolgsbeiträge von Geschäftsleitungsmitgliedern zeitnah und flexibel sanktionieren zu können. Denn ein Widerruf der Bestellung mag im Einzelfall nicht zu Gebote stehen oder zwar möglich sein, aber in der konkreten Situation zu weit gehen oder nicht im Unternehmensinteresse liegen. Selbst wenn er erfolgte, wäre ein Bestellungswiderruf nicht in jedem Fall mit einer Kündigung des Anstellungsvertrags verknüpft. Eine bloße Nichtverlängerung von Bestellung und Anstellung wiederum kann im Einzelfall zu spät kommen, und etwaige Schadensersatzansprüche können in der konkreten Konstellation, insbes. auch mit Blick auf die Business Judgment Rule[16], unter Umständen nur schwer begründbar sein, ganz abgesehen davon, dass ihre Durchsetzung im Streitfall typischerweise mit unerwünschter Publizität verbunden sein dürfte.

Eine Abschaffung der heute allgemein verbreiteten Boni müsste außerdem mit einer signifikanten Anhebung der Fixgehälter einhergehen, was – wenn dies nicht nur für die Geschäftsleitungsmitglieder, sondern auch für die Mitarbeiter unterhalb der Geschäftslei-

---

gesetzlichen Bestimmungen kollidieren) oder bei Sparkassen und Landesbanken die einschlägigen landesgesetzlichen Regelungen.

[14] Vgl. die besonderen Anforderungen an bedeutende Institute in §§ 18 ff. InstitutsVergV und Fischer/Schulte-Mattler/Siering InstitutsVergV § 19 Rn. 1 ff. zur Verzielung sowie § 20 Rn. 12 zur Auszahlungssystematik unter Beachtung von Zurückbehaltungs- und Sperrfristen und Rubner/Raible NZG 2017, 1052 (1055) zu dem erheblichen Dokumentationsaufwand.

[15] BaFin, Auslegungshilfe zur InstitutsVergV, 15.2.2018, § 6, S. 20.

[16] Vgl. dazu statt aller BeckOGK AktG/Fleischer § 93 Rn. 79 ff. Zu Recht hält die BaFin die Business Judgment Rule für rechtsformübergreifend anwendbar, vgl. das „Update" zu der Auslegungshilfe der BaFin, 18.9.2020, § 20 Abs. 6, S. 77.

tungsebene umgesetzt würde – eine deutlich geringere Kostenflexibilität nach sich zöge, die jedenfalls in wirtschaftlich unruhigen Zeiten für die Institute nachteilig wäre.

Sind variable Vergütungskomponenten also durchaus sinnvoll, ist der InstitutsVergV gleichwohl nicht zu entnehmen, dass diese Komponenten für Risikoträger in bedeutenden Instituten, die weder einer Kontrolleinheit angehören noch in einem Förderinstitut tätig sind, zwingend vorgeschrieben sind[17]. Zwar befassen sich die Bestimmungen der §§ 18 ff. InstitutsVergV detailliert mit der Ausgestaltung variabler Vergütungssysteme, sagen aber nichts darüber aus, ob und unter welchen Umständen solche Systeme zu vereinbaren sind. Die von der BaFin in Bezug genommenen Regeln in Tz. 6 der „FSB Principles for sound Compensation Practices – Implementation Standards" scheinen Ausnahmen nicht unter allen Umständen auszuschließen[18]. Die Institute besitzen also eine höhere Flexibilität als die BaFin-Auslegungshilfe nahelegt.

Da variable Vergütungskomponenten in der Praxis aber zumindest den Regelfall darstellen, ist die verantwortungsbewusste Anwendung dieser Vergütungssysteme von besonderer Bedeutung, um Gefahren für die Institute und die Finanzstabilität insgesamt so weit wie möglich auszuschalten.

IV. Anforderungen an das Vergütungssystem

1. Das Vergütungssystem als strategisches Steuerungsinstrument

Nach § 4 InstitutsVergV müssen die Vergütungsstrategie und das Vergütungssystem mit der Geschäfts- und Risikostrategie des Instituts und dem Erreichen der strategischen Ziele verzahnt sein. Das Vergütungssystem soll also als strategisches Steuerungsinstrument dienen. Während die Geschäftsleitung gem. § 3 Abs. 1 InstitutsVergV für die angemessene Ausgestaltung der Vergütungssysteme der Mitarbeiter nach Maßgabe des § 25a Abs. 1 Nr. 6 und Abs. 5 KWG iVm InstitutsVergV verantwortlich ist, trifft diese Verantwortung gem. § 3 Abs. 2 InstitutsVergV das Verwaltungs- bzw. Aufsichtsorgan, soweit es um die Vergütungssysteme der Geschäftsleitungsmitglieder geht.

Es handelt sich hierbei jedoch nicht etwa um zwei unverbunden nebeneinanderstehende Systeme. Vielmehr sollten beide Systeme im Interesse einer gleichgerichteten Bündelung der Kräfte eng aufeinander abgestimmt sein. Namentlich sollte die Gewichtung der Unternehmensziele iRd Zielvorgaben identisch sein. Demgegenüber können zB die Ober- und Untergrenze des Zielerreichungsgrads für Geschäftsleitungsmitglieder und Mitarbeiter unterschiedlich ausfallen und bei Geschäftsleitungsmitgliedern (anders als bei Mitarbeitern) Ressortziele und individuelle Ziele zu einem einheitlichen Ziel[19] zusammengefasst werden.

Der engen Verzahnung beider Systeme entspricht es, dass das Verwaltungs- bzw. Aufsichtsorgan gem. § 15 Abs. 3 InstitutsVergV auch die angemessene Ausgestaltung des Vergütungssystems der Mitarbeiter überwacht und die Geschäftsleitung mindestens einmal jährlich über die Ausgestaltung der Vergütungssysteme sowie deren Angemessenheit zu berichten hat (§ 3 Abs. 1 S. 2 und § 12 Abs. 1 InstitutsVergV).

Die Verwaltungs- bzw. Aufsichtsorgane bedeutender Institute iSd § 1 Abs. 3c KWG haben gem. § 25d Abs. 7 S. 1 und 2 sowie Abs. 12 KWG einen Vergütungskontrollausschuss zu bilden, der das Plenum bei der Erfüllung der genannten Aufgaben unterstützt. Eine Delegation der Aufgaben des Plenums auf den Vergütungskontrollausschuss oder gar auf ein ein-

---

[17] So wohl auch Rubner/Raible NZG 2017, 1052 (1053) mwN; aA aber die BaFin, Auslegungshilfe zur InstitutsVergV, 15.2.2018, § 6 S. 20.

[18] „[...] a substantial proportion of compensation *should be* variable [...]" (Hervorhebung hinzugefügt).

[19] BaFin, FAQ zur InstitutsVergV, 13.6.2024, Frage 15, Tz. 90 aE und 91.

zelnes Mitglied ist nicht zulässig[20]. Zur Unterstützung des Vergütungskontrollausschusses haben bedeutende Institute einen Vergütungsbeauftragten zu bestellen[21].

2. *Zur Angemessenheit des Vergütungssystems*

Bei der Etablierung eines angemessenen Vergütungssystems der Geschäftsleitungsmitglieder hat das Verwaltungs- bzw. Aufsichtsorgan die Regelungen in § 5 InstitutsVergV zu beachten. § 5 Abs. 1 Nr. 1–6 InstitutsVergV statuiert einen Katalog von Angemessenheitsvoraussetzungen, die kumulativ erfüllt sein müssen. Zutreffend wird prominent an erster Stelle die Anforderung genannt, Anreize zur Eingehung unverhältnismäßig hoher Risiken zu vermeiden. Dieses zentrale Postulat der Vergütungsregulatorik wird auf drei Ebenen verfolgt. Zum einen sieht § 5 Abs. 3 Nr. 1 InstitutsVergV Anreize zur Eingehung unverhältnismäßig hoher Risiken namentlich dann als gegeben an, wenn eine signifikante Abhängigkeit des Geschäftsleitungsmitglieds von der variablen Vergütung besteht. Eine solche Abhängigkeit liegt nach Auffassung der BaFin[22] vor, wenn die Fixvergütung nicht ausreicht, die Kosten eines angemessenen Lebensstandards zu bestreiten. Diese Voraussetzung dürfte in der Praxis in aller Regel unproblematisch sein.

Neben der beschriebenen Absicherung nach unten bedarf es zur Vermeidung von Fehlanreizen zweitens einer Begrenzung der variablen Vergütung nach oben. Diesen Aspekt hat § 25a Abs. 5 S. 2 KWG im Auge, wonach die variable Vergütung grds. maximal 100% der Fixvergütung betragen darf. Nur mit Zustimmung der Anteilseigner, einer angemessenen Kapitalausstattung und unter Einhaltung weiterer Kautelen gem. § 25a Abs. 5 S. 5–9 KWG iVm § 6 Abs. 4 und 5 InstitutsVergV darf die variable Vergütung bis zu 200% der Fixvergütung betragen.

Die Sinnhaftigkeit dieser durch Art. 94 Abs. 1 Buchst. g Ziff. i und ii CRD IV vorgezeichneten Regelung wird indessen in jüngerer Zeit verschiedentlich kritisiert. So kommt eine Studie des Leibniz-Instituts für Wirtschaftsforschung Halle zu dem Ergebnis, dass der Bonus-Deckel zwar zu einer Erhöhung der Fixgehälter der Vorstände europäischer Großbanken, nicht jedoch dazu geführt habe, das Risiko im Bankensektor zu verringern. Im Gegenteil führe die geringere Rolle leistungsbezogener Boni und die höhere Bedeutung des Fixgehalts, dem die Verfasser eine Versicherungswirkung zuschreiben, dazu, dass bis dahin vorsichtige Banker dazu verleitet werden könnten, mehr und sogar zu hohe Risiken einzugehen[23]. Hält man sich jedoch vor Augen, dass nach dem geltenden System bei Abschmelzen des Bonus auf null ein Verlust von 50% (bzw. im Fall des § 25a Abs. 5 S. 5 KWG sogar von zwei Dritteln) des Jahresgehalts drohen kann, kann schwerlich angenommen werden, dass hierin ein Anreiz liege, zu hohe Risiken einzugehen.

Mit Blick auf die internationale Tätigkeit großer Geschäftsbanken ist von Bedeutung, dass die britische Regierung im Zuge einer breit angelegten Deregulierungsinitiative nach dem Brexit den aus der Zeit der EU-Mitgliedschaft stammenden Bonus-Deckel zum 31.10.2023 abgeschafft hat, um den Finanzdienstleistungssektor im Vereinigten Königreich attraktiver zu gestalten. Verschiedene international operierende angelsächsische Institute hoben daraufhin den Bonus-Deckel für ihre Mitarbeiter im Vereinigten Königreich auf[24]. Zur Begründung

---

[20] Vgl. auch die (sektorunspezifische) Regelung in § 107 Abs. 3 S. 7 AktG.

[21] Vgl. im Einzelnen die Regelungen in §§ 23–26 InstitutsVergV.

[22] BaFin, Auslegungshilfe zur InstitutsVergV, 15.2.2018, § 5 Abs. 3 S. 1 Nr. 1, S. 16.

[23] Colonello/Koetter/Wagner, Journal of Accounting and Economics, Volume 76, Issue 1, August 2023, 101576; Leibniz-Institut für Wirtschaftsforschung Halle, Pressemitteilung v. 14.2.2023.

[24] Vgl. Dorrell, City A.M. vom 2.5.2024, abrufbar unter: https://www.cityam.com/goldman-sachs-to-scrap-bonus-cap-for-london-based-staff; Mucklejohn, City A.M., 3.5.2024, abrufbar unter: https://www.cityam.com/hsbc-scraps-bonus-cap-for-hundreds-of-top-bankers-after-tense-annual-meeting; Mucklejohn., City A.M., 19.6.2024, abrufbar unter: https://www.cityam.com/jpmorgan-follows-goldman-sachs-in-scrapping-eu-bonus-cap-for-london-staff; Muck-

wurde angeführt, dass der Bonus-Cap beim Wettbewerb um Top-Talente in Märkten außerhalb der EU hinderlich sei. Während teils auf einen nicht veröffentlichten internen Bonus-Cap verwiesen wurde[25], wurde teils der maximale Bonus auf das 10-fache des Grundgehalts erhöht, ohne die Fixvergütung wesentlich anzutasten[26], teils wurde betont, dass die Möglichkeit verringerter Grundgehälter bei deutlich erhöhten Boni (offenbar bis zum 25-fachen des Fixgehalts!) die Banken in die Lage versetze, ihre Mitarbeiter leistungsgerecht zu bezahlen und die Kostenbasis bei einem wirtschaftlichen Abschwung besser zu managen[27].

So verständlich diese Vorgehensweise aus der Sicht der im globalen Wettbewerb stehenden Institute sein mag, so behutsam muss im Interesse der Finanzstabilität bei der Festsetzung sowohl der Fixvergütung als auch der Boni vorgegangen werden. Zum einen kann eine allzu kräftige Reduzierung des Fixgehalts dazu führen, dass der betreffende Risikoträger in eine signifikante Abhängigkeit von der variablen Vergütung gerät und so zum Eingehen unverhältnismäßiger Risiken verleitet wird. Derselbe Effekt kann auch durch das Inaussichtstellen äußerst hoher Boni bewirkt werden. Mit Blick auf die schwerwiegenden negativen Erfahrungen in der Finanzkrise sprechen die besseren Gründe für die Beibehaltung der in § 25a Abs. 5 S. 2 und 5 KWG enthaltenen Bonus-Deckel. Es steht zu hoffen, dass die EU-Regulierungspraxis nicht dem Beispiel des Vereinigten Königreichs folgt.

Aber auch die Kombination der beiden oben genannten Instrumente, nämlich die Einräumung einer angemessenen Fixvergütung in Verbindung mit dem Bonus-Deckel, bietet allein noch keine hinreichende Gewähr für ein adäquates Vergütungssystem. Zu Recht verlangt die InstitutsVergV in § 5 Abs. 2 (und für den Sonderfall der Einräumung von Ansprüchen für den Fall der Beendigung der Tätigkeit auch in § 5 Abs. 3 Nr. 2 InstitutsVergV) drittens noch eine weitere Sicherheitsvorkehrung. Gem. § 5 Abs. 2 InstitutsVergV ist nämlich die Angemessenheit des Vergütungssystems in der Regel zu verneinen, wenn trotz negativer Erfolgsbeiträge ein der Höhe nach unveränderter Anspruch auf die variable Vergütung besteht.

In ihrem „Update" vom 18.9.2020 zur Auslegungshilfe[28] meinte die BaFin, der Begriff „unverändert" bedeute nicht lediglich, dass die variable Vergütung teilweise zu reduzieren ist; vielmehr müsse dann zwingend eine Abschmelzung auf null, dh eine vollständige Streichung der variablen Vergütung, vorgenommen werden.

In den FAQ[29] korrigiert die BaFin richtigerweise diese Auffassung. Schon der Wortlaut des § 5 Abs. 2 InstitutsVergV verlangt keineswegs eine zwingende Reduktion auf null. Sie ist auch sachlich nicht geboten. Denn auch dann, wenn man in Übereinstimmung mit der BaFin die insbes. in § 18 Abs. 5 S. 1 und 2 InstitutsVergV adressierte Nichterreichung vereinbarter Ziele klar von dem Begriff des „negativen Erfolgsbeitrags" iSd §§ 2 Abs. 10 S. 2, 5 Abs. 2, 3 und 6 S. 4, 20 Abs. 6 S. 2 InstitutsVergV abgrenzt und unter letzterem nur sitten- oder pflichtwidriges Verhalten unterschiedlichen Schweregrades sowie sonstiges Verhalten mit negativen Auswirkungen für das Institut versteht[30], erscheint ein vollständiger Wegfall

---

lejohn, City A.M., 1.7.2024, abrufbar unter: https://www.cityam.com/morgan-stanley-to-join-wall-street-rivals-in-scrapping-bonus-cap-for-uk-staff; vgl. auch Plickert, FAZ, 8.5.2024.

[25] Mucklejohn, City A.M., 1.7.2024.

[26] Mucklejohn, City A.M., 19.6.2024.

[27] Dorrell, City A.M., 2.5.2024.

[28] BaFin, Auslegungshilfe zur InstitutsVergV, überarbeitete Fassung vom 18.9.2020, § 5 Abs. 2, S. 18.

[29] BaFin, FAQ zur InstitutsVergV, 13.6.2024, Frage 6, Tz. 17 S. 2 und Tz. 18.

[30] BaFin, FAQ zur InstitutsVergV, 13.6.2024, Frage 6, Tz. 15; zu weitgehend indessen die dortige Formulierung, dass das Verhalten zu „objektiv schwerwiegenden" Konsequenzen geführt haben muss. Denn ein negativer Erfolgsbeitrag kann auch bei nur leichteren Auswirkungen vorliegen. Die FAQ nehmen ferner in Frage 6, Tz. 15 hinsichtlich des negativen Erfolgsbeitrags auch auf § 20 Abs. 4 InstitutsVergV Bezug, doch findet sich dieser Begriff dort nicht. Diese Unklarheiten sollten bei einer Überarbeitung der FAQ behoben werden.

der variablen Vergütung nur bei gravierenden negativen Erfolgsbeiträgen angemessen, bei lediglich geringen oder jedenfalls nicht schwerwiegenden negativen Erfolgsbeiträgen dagegen unverhältnismäßig. § 19 Abs. 2 S. 3 InstitutsVergV bestätigt diesen Befund, indem für sitten- oder pflichtwidriges Verhalten lediglich die Verringerung, nicht zwingend der vollständige Wegfall, des Bonus angeordnet wird. Somit steht ein graduelles Abschmelzen der variablen Vergütung nicht nur bei Nichterreichung vereinbarter Ziele, sondern auch bei etwaigen negativen Erfolgsbeiträgen der Angemessenheit des Vergütungssystems nicht im Wege.

Die Angemessenheit des Vergütungssystems setzt nach § 5 Abs. 1 Nr. 2 InstitutsVergV weiterhin ua voraus[31], dass die Überwachungsfunktion der Kontrolleinheiten und des für die Risikosteuerung zuständigen Mitglieds der Geschäftsleitung nicht beeinträchtigt wird. Dies wäre nach § 5 Abs. 4 InstitutsVergV insbes. dann der Fall, wenn sich die variable Vergütung dieses Geschäftsleitungsmitglieds oder der Mitarbeiter der Kontrolleinheiten maßgeblich nach den Vergütungsparametern bestimmt, die auch für andere Geschäftsleitungsmitglieder oder die Mitarbeiter der kontrollierten Organisationseinheiten maßgeblich sind und die Gefahr eines Interessenkonflikts besteht. Der Gleichlauf der Vergütungsparameter indiziert einen solchen Interessenkonflikt, doch steht dem Institut die Möglichkeit offen, im Einzelfall darzutun, dass kein Interessenkonflikt besteht[32]. Da das für die Risikosteuerung zuständige Mitglied der Geschäftsleitung ebenso wie die anderen Geschäftsleitungsmitglieder auch die Gesamtverantwortung für den Erfolg des Instituts trägt, ist § 5 Abs. 4 S. 1 InstitutsVergV für den Chief Risk Officer allerdings nur in Bezug auf die Ressortziele und die individuellen Ziele, nicht jedoch in Bezug auf die für das gesamte Institut geltenden Unternehmensziele anwendbar[33].

Variable Vergütungskomponenten stehen unter dem Vorbehalt des § 7 InstitutsVergV. Der individuelle Anspruch auf eine variable Vergütung darf also dem Grunde und der Höhe nach nur entstehen, wenn und soweit der institutsweite Bonuspool sowohl im Zeitpunkt der Ermittlung als auch im Zeitpunkt der Festsetzung des Anspruchs auf Basis der Daten aus dem Risikoberichts- und dem Finanzberichtswesen des Instituts den Anforderungen des § 7 InstitutsVergV an die Risikotragfähigkeit, Kapital-, Ertrags-, Eigenmittel- und Liquiditätssituation entspricht. Die BaFin betont zu Recht, dass § 7 InstitutsVergV nicht erst dann eine Verringerung oder evtl. sogar Streichung des Bonuspools verlangt, wenn die Voraussetzungen für aufsichtsrechtliche Anordnungen gem. § 45 KWG bereits erfüllt sind. Vielmehr entfaltet § 7 InstitutsVergV Vorfeldwirkung. Der Bonuspool muss im Wege einer umsichtigen Gesamtschau von vornherein so bemessen werden, dass er nicht Gefahr läuft, einer soliden Ausstattung des Instituts im Wege zu stehen[34].

V. Zur Ausgestaltung der variablen Vergütung der Geschäftsleitungsmitglieder bedeutender Institute

Die variable Vergütung der Geschäftsleitungsmitglieder bedeutender Institute iSd § 1 Abs. 3c KWG muss zum einen den für alle Institute geltenden, im Wesentlichen an § 87 Abs. 1 S. 1 und S. 3 AktG angelehnten Anforderungen des § 10 InstitutsVergV entsprechen und zusätzlich die Bestimmungen der §§ 18–22 InstitutsVergV beachten, die im Zusammenspiel mit der Auslegungshilfe und den FAQ ein engmaschiges Regelungsgeflecht bereithalten.

---

31 Zu weiteren, im Rahmen dieses Beitrags nicht weiter betrachteten Voraussetzungen vgl. im Einzelnen § 5 Abs. 1 Nr. 3–6 InstitutsVergV.

32 BaFin, Auslegungshilfe zur InstitutsVergV, 15.2.2018, § 5 Abs. 4, S. 16.

33 BaFin, FAQ zur InstitutsVergV, 13.6.2024, Frage 9, Tz. 34.

34 BaFin, FAQ zur InstitutsVergV, 13.6.2024, Frage 12, Tz. 73.

1. Die Zielvereinbarungen mit den Geschäftsleitungsmitgliedern

Ausgangspunkt ist gem. § 19 InstitutsVergV eine Zielvereinbarung des Verwaltungs- bzw. Aufsichtsorgans mit dem jeweiligen Geschäftsleitungsmitglied, die den Gesamterfolg des Instituts[35], den Erfolgsbeitrag der Organisationseinheit und den individuellen Erfolgsbeitrag des Geschäftsleitungsmitglieds über einen angemessenen Bemessungszeitraum von mindestens drei Jahren umfasst[36]. Die Vergütungsparameter sind sowohl quantitativ als auch qualitativ messbar auszugestalten[37], insbes. am Ziel eines nachhaltigen Erfolges[38] auszurichten und so zu formulieren, dass der Grad der Zielerreichung transparent ermittelt werden kann, eine diskretionäre Ermittlung also ausscheidet[39].

Die Zielvereinbarung hat gem. § 18 Abs. 5 S. 1 und 2 InstitutsVergV vorzusehen, dass die variable Vergütung bei Verfehlen der 100%-Zielmarke entsprechend abschmilzt. In der InstitutsVergV nicht geregelt, aber in der Praxis üblich, ist eine korrespondierende Regelung für den Fall einer Übererfüllung der Ziele über die 100%-Zielmarke hinaus. Der Betrag der variablen Vergütung „atmet" somit in Abhängigkeit von der erzielten Leistung[40]. In der Regel werden zum einen für den Fall der Übererfüllung eine Obergrenze (zB 150% der Zielmarke), ab welcher keine weitere Steigerung des Bonus mehr Platz greift, und zum anderen für den Fall der Zielverfehlung eine Untergrenze (zB 70%) vereinbart, bei deren Unterschreitung der Bonus nicht mehr lediglich reduziert wird, sondern gänzlich entfällt.

Werden Ressortziele und individuelle Ziele des Geschäftsleitungsmitglieds zu einem einheitlichen Ziel zusammengefasst, weil auf Geschäftsleitungsebene (anders als auf Mitarbeiterebene) der individuelle Erfolgsbeitrag zugunsten des Ressortbeitrags zurücktritt[41], muss die so verschmolzene Betrachtungsebene nach Auffassung der BaFin mit mindestens 30% und darf der Gesamterfolg des Instituts höchstens mit 70% in Ansatz gebracht werden[42], damit noch ein angemessenes Verhältnis zwischen den Betrachtungsebenen gewahrt bleibt. Diese Auffassung der BaFin überzeugt. Die InstitutsVergV sieht keine unterschiedlichen Gewichtungen für die drei Betrachtungsebenen vor, so dass diese im Grundsatz annähernd gleich gewichtet sein sollten[43]. Tritt nun der individuelle Erfolgsbeitrag hinter dem Ressortbeitrag zurück, erscheint es mit Blick auf die Verantwortung der Mitglieder der Geschäftsleitung für das gesamte Institut angemessen, wenn für den Ressortbeitrag ein Mindestgewicht von etwas weniger als einem Drittel vorgesehen wird und sich die maximale Gewichtung des Gesamterfolgs entsprechend erhöht.

Das Erfordernis eines Bemessungszeitraums von mindestens drei Jahren kann entweder durch Drei-Jahres-Ziele oder durch drei (gewichtete) Ein-Jahres-Ziele erreicht werden, wobei nach Auffassung der BaFin im letztgenannten Fall unterschiedliche Gewichtungen möglich sind, wenn sie (annähernd) linear absteigend vom jüngsten bis zu dem am weitesten entfernt liegenden Geschäftsjahr erfolgen und dieses mit mindestens 10% in die Gewichtung einbezogen wird[44]. Die BaFin gibt keine Begründung für die Erfordernisse der Linearität

---

[35] Entsprechendes gilt im Fall des § 27 InstitutsVergV für gruppenweite Vergütungsregelungen.

[36] Der Wortlaut des § 19 Abs. 2 S. 1 InstitutsVergV erscheint insoweit missglückt, als er die Zielvereinbarung nur an dem individuellen Erfolgsbeitrag auszurichten scheint.

[37] Auch insoweit gilt das in der vorherigen Fn. Gesagte entsprechend. Weniger streng die BaFin, die quantitative und qualitative Vergütungsparameter lediglich „zumindest" für den individuellen Erfolgsbeitrag verlangt, s. BaFin, Auslegungshilfe zur InstitutsVergV, 15.2.2018, § 19 Abs. 2, S. 55.

[38] Vgl. § 19 Abs. 3 S. 1 InstitutsVergV.

[39] Vgl. § 19 Abs. 2 S. 2 InstitutsVergV sowie Rubner/Raible NZG 2017, 1052 (1054).

[40] BaFin, Auslegungshilfe zur InstitutsVergV, 15.2.2018, § 19 Abs. 1, S. 53.

[41] Vgl. BaFin, FAQ zur InstitutsVergV, 13.6.2024, Frage 15, Tz. 90 aE und 91.

[42] BaFin, FAQ zur InstitutsVergV, 13.6.2024, Frage 15, Tz. 91.

[43] BaFin, FAQ zur InstitutsVergV, 13.6.2024, Frage 15, Tz. 90.

[44] BaFin, Auslegungshilfe zur InstitutsVergV, 15.2.2018, § 19 Abs. 1, S. 53.

und der beschriebenen Mindestgewichtung von 10%, doch erscheinen diese zur Vermeidung einer allzu großen Divergenz der Gewichtungen der einzelnen Jahre sinnvoll. Dementsprechend erscheint im Fall von drei Ein-Jahres-Zielen eine Gewichtung von bspw. 50% für das jüngste Geschäftsjahr, 33 1/3 % für das mittlere und 16 2/3 % für das am weitesten entfernt liegende Geschäftsjahr empfehlenswert[45].

2. *Vergütung besonderen Einsatzes außerhalb der Zielvereinbarungen?*

Nach Ablauf des Bemessungszeitraums legt das Verwaltungs- bzw. Aufsichtsorgan auf Basis der jeweiligen Zielerreichungsgrade und etwaiger Risikoanpassungen[46] die erreichte variable Vergütung fest (sog. Ex-ante-Risikoadjustierung). In diesem Zusammenhang stellen sich dem Verwaltungs- bzw. Aufsichtsorgan uU zahlreiche Einzelfragen, wie zB die Frage nach der Gewährung einer Leistungsanerkennungsprämie als Belohnung für einen außerordentlichen Einsatz eines Geschäftsleitungsmitglieds außerhalb der vereinbarten Ziele. Beispielhaft zu nennen wäre etwa ein drastisch gesteigertes Arbeitspensum infolge plötzlichen Ausscheidens eines anderen, unterjährig nicht ersetzten Geschäftsleitungsmitglieds. Ein solcher „recognition award" kommt nach Auffassung der BaFin für bedeutende Institute wegen der Erfordernisse einer entsprechenden Zielvereinbarung gem. § 19 Abs. 2 S. 1 InstitutsVergV und eines dreijährigen Bemessungszeitraums gem. § 19 Abs. 1 S. 3 InstitutsVergV (der auch bei Verwendung von drei Ein-Jahres-Zielen jeweils mindestens ein Jahr betragen muss) nicht in Betracht[47]. Wer den Sinn der variablen Vergütungskomponenten in erster Linie in deren (positiven) Anreizwirkungen zur Erreichung der strategischen Ziele des Instituts verortet[48], wird diesen Befund kritisch sehen, zumal Geschäftsleitungsmitglieder nicht bedeutender Institute, sofern sie nicht von § 1 Abs. 3 S. 2 InstitutsVergV erfasst werden, Leistungsanerkennungsprämien erhalten können, wenn die hierfür in den FAQ benannten Anforderungen eingehalten werden[49]. Angesichts des klaren Wortlauts des § 19 Abs. 1 S. 2 und Abs. 2 S. 1 InstitutsVergV dürfte an dieser – inhaltlich schwer zu rechtfertigenden – Ungleichbehandlung jedoch *de lege lata* kein Weg vorbeiführen.

Vor diesem Hintergrund mag daran gedacht werden, den außerordentlichen Einsatz des Geschäftsleitungsmitglieds nicht durch eine variable Leistungsanerkennungsprämie, sondern durch die Vereinbarung einer Funktionszulage gem. § 2 Abs. 6 S. 3 Nr. 2 und S. 4 InstitutsVergV zu honorieren, was aus Sicht des Geschäftsleitungsmitglieds auch deshalb attraktiv wäre, weil die Funktionszulage als Fixvergütung behandelt wird. Die in § 2 Abs. 6 S. 4 Nr. 1 und 2 InstitutsVergV enthaltenen, im Einzelfall indessen nicht ohne weiteres erfüllten Anforderungen an eine Funktionszulage ähneln den Vorgaben in Tz. 11 Buchst. a der FAQ für eine Leistungsanerkennungsprämie. Darüber hinaus verlangt § 2 Abs. 6 S. 3 Nr. 2 InstitutsVergV die vorübergehende Übernahme einer anspruchsvolleren (nicht lediglich arbeitsintensiveren!) Aufgabe, Funktion oder organisatorischen Verantwortung, mithin einer Aufgabe, die bei dauerhafter Übertragung eine Anhebung der Fixvergütung des Geschäftsleitungsmitglieds rechtfertigen würde[50]. Jedenfalls diese Anforderung wird in der Praxis nicht in jedem Fall eines außerordentlichen Engagements eines Geschäftsleitungsmitglieds vorliegen.

---

[45] Ähnlich Herz NZG 2018, 1050 (1055), der eine Gewichtung von 60% – 30% – 10% vorschlägt.

[46] Vgl. § 19 Abs. 3 S. 2 InstitutsVergV und eingehend BaFin, Auslegungshilfe zur InstitutsVergV, 15.2.2018, § 19 Abs. 3, S. 56 ff.

[47] BaFin, FAQ zur InstitutsVergV, 13.6.2024, Frage 4, Tz. 11 Buchst. d.

[48] Vgl. zu dieser Frage die Ausführungen oben unter III.

[49] BaFin, FAQ zur InstitutsVergV, 13.6.2024, Frage 4, Tz. 11, insbes. in Buchst. a, ferner in Buchst. b, c und e.

[50] BaFin, Auslegungshilfe zur InstitutsVergV, 15.2.2018, § 2 Abs. 6, S. 8.

3. *Die Korrektur des Zielerreichungsgrads durch den sog. „Modifier“*

Ferner mag sich dem Verwaltungs- bzw. Aufsichtsorgan die Frage stellen, ob der eigentlich festgestellte Zielerreichungsgrad infolge außergewöhnlicher, außerhalb des Einflussbereichs des Instituts liegender Umstände zu modifizieren ist. Die BaFin erlaubt in Bezug auf die Erreichung quantitativer (nicht jedoch qualitativer) Ziele die Vereinbarung eines sog. Modifier, wonach eine Korrektur des ansonsten festgestellten Zielerreichungsgrads um bis zu 20 Prozentpunkte nach oben oder unten möglich ist, wenn (i) unvorhersehbare, nicht beeinflussbare Veränderungen des wirtschaftlichen Umfelds des Instituts vorliegen, (ii) diese Veränderungen die ausschließliche und vollständige Ursache dafür darstellen, dass ein vereinbartes Ziel gänzlich ohne eigenes Zutun erreicht bzw. sogar übertroffen oder aber vollständig ohne eigenes Verschulden verfehlt wurde und (iii) die Korrektur unternehmensweit einheitlich zur Anwendung kommt, soweit für die Ermittlung der Zielerreichung auf der Ebene des Gesamtinstituts die gleichen Vergütungsparameter verwendet werden[51]. Als Beispiele für die Begrenzung des Bonus nach oben nennt die BaFin „windfall profits“/Zufallsgewinne[52]. Für die Eingrenzung der Reduktion des Bonus verweist sie beispielhaft auf einen Ergebnisrückgang wegen Reputationsverlusts der gesamten Branche aufgrund Fehlverhaltens von Konkurrenten sowie auf Schäden aufgrund extremer Naturkatastrophen[53]. Die BaFin erläutert zwar nicht, auf welche Grundlage sie den „Modifier“ stützt, doch dürfte diese in § 10 Abs. 2 Hs. 2 InstitutsVergV zu suchen sein, welcher § 87 Abs. 1 S. 3 Hs. 2 AktG nachgebildet ist. Allerdings hat diese Vorschrift nur die Bereinigung der Bemessungsgrundlage um positive Sondereffekte[54], nicht jedoch die Eingrenzung einer Bonusreduktion zum Ziel, doch ist die Eliminierung negativer Sondereffekte in gleicher Weise sinnvoll.

Die BaFin postuliert zu Recht sehr enge Voraussetzungen für die Anwendbarkeit des „Modifier“, damit die Erfolgsmessung nur in extrem gelagerten Ausnahmefällen und nicht lediglich auf der Basis allgemeiner Billigkeitserwägungen überspielt werden kann. Auch ihrem Verlangen, dass die Institute in ihren Organisationsrichtlinien die abstrakten Voraussetzungen für die Anwendung des „Modifier“ transparent zu machen haben, ist zuzustimmen. Die weitergehende Anforderung, wonach die Institute über die oben genannten Beispiele hinaus möglichst viele weitere Beispiele für außergewöhnliche Ereignisse aufzulisten haben, sollte hingegen überdacht werden. Denn dass gerade die so erdachten Beispielfälle in der Praxis auch eintreten, dürfte wenig wahrscheinlich sein. Je umfangreicher aber die Liste der weiteren Beispielsfälle, desto höher ist die Gefahr, dass einem in der Liste nicht genannten, aber gleichwohl die oben genannten BaFin-Anforderungen erfüllenden außergewöhnlichen Ereignis im Wege eines „argumentum e contrario“ die „Modifier“-Qualifikation zu Unrecht verweigert wird[55]. Die obige „Modifier“-Definition der BaFin und die von ihr und der Literatur[56] gegebenen Beispiele dürften ausreichen, um etwa auftretende ungewöhnliche Ereignisse in der Praxis sachgerecht einzuordnen.

Auch die starre Begrenzung der Korrekturmöglichkeit auf maximal 20 Prozentpunkte nach oben oder unten sollte aufgegeben werden. Zum einen wird sie nicht durch § 10 Abs. 2 Hs. 2 InstitutsVergV gefordert. Zum zweiten sollte der Umfang der Korrektur von der Schwere der außerordentlichen Entwicklung abhängen. Das Verwaltungs- bzw. Aufsichtsorgan sollte deshalb über möglichst große Flexibilität bei der Ausgestaltung des „Modifier“ in den Geschäftsleiteranstellungsverträgen verfügen.

---

[51] BaFin, FAQ zur InstitutsVergV, 13.6.2024, Frage 16, Tz. 92 ff.

[52] Zu weiteren Anwendungsfällen vgl. Fischer/Schulte-Mattler/Siering InstitutsVergV § 10 Rn. 7.

[53] Weitere Beispiele bei Herz NZG 2018, 1050 (1054).

[54] Thüsing AG 2019, 517 (521 f.).

[55] Herz NZG 2018, 1050 (1054) will dieser Gefahr durch eine Öffnungsklausel in den Organisationsrichtlinien begegnen.

[56] Vgl. Fischer/Schulte-Mattler/Siering InstitutsVergV § 10 Rn. 7; Herz NZG 2018, 1050 (1054).

4. Die Konsequenzen negativer Erfolgsbeiträge

Schließlich hat das Verwaltungs- bzw. Aufsichtsorgan gem. § 5 Abs. 2, 19 Abs. 2 S. 3 InstitutsVergV zu prüfen, ob – von der bloßen Zielverfehlung zu unterscheidende – negative Erfolgsbeiträge[57] vorliegen, die die variable Vergütung reduzieren oder gänzlich in Wegfall bringen. Einen (nicht abschließenden) Beispielskatalog für die letztgenannte Fallgestaltung enthält § 18 Abs. 5 S. 3 InstitutsVergV. In den FAQ[58] findet das Verwaltungs- bzw. Aufsichtsorgan wertvolle Kommentare der BaFin zur Auslegung dieser Norm. Auch der weiterführende Hinweis, dass sich wegen des (mindestens) dreijährigen Bemessungszeitraums gem. § 19 Abs. 1 S. 3 InstitutsVergV ein schwerwiegender negativer Erfolgsbeitrag, der in nur einem Geschäftsjahr auftrat, auf (mindestens) drei Bemessungsperioden auswirkt, die variable Vergütung mithin für alle so „infizierten" Bemessungszeiträume zu streichen ist[59], ist für die Praxis hilfreich.

Den Ausführungen der FAQ zu der Frage, ob und inwieweit es für die Maßgeblichkeit der Beteiligung und die Erheblichkeit eines Verlusts iSd § 18 Abs. 5 S. 3 Nr. 1 InstitutsVergV auf ein Verschulden des betreffenden Vorstandsmitglieds ankommt, kann dagegen nicht gefolgt werden. Dem Ausgangspunkt der BaFin, dass die Maßgeblichkeit der Beteiligung von einem tatsächlichen Näheverhältnis des Geschäftsleitungsmitglieds (Kompetenz bzw. Entscheidungsgewalt) zum ausgelösten Schaden (erheblicher Verlust; wesentliche regulatorische Sanktion) und der objektiven Zurechenbarkeit dieses Schadens abhängt, das Geschäftsleitungsmitglied also durch sein Verhalten eine Gefahr geschaffen oder erhöht haben muss, die sich im eingetretenen Erfolg realisiert hat[60], ist zuzustimmen.

§ 18 Abs. 5 S. 3 Nr. 1 InstitutsVergV statuiert kein Verschuldenserfordernis, sondern sieht eine verschuldensunabhängige, der Rechtsfigur der Gefährdungshaftung ähnelnde, Streichung der variablen Vergütung vor. Dementsprechend hält die Auslegungshilfe[61] zu Recht explizit fest, dass § 18 Abs. 5 S. 3 Nr. 1 InstitutsVergV weder eine Pflichtverletzung noch ein Verschulden verlangt, wenngleich deren Vorliegen jeweils ein Indiz für eine maßgebliche Beteiligung darstellt. Von dieser zutreffenden Beurteilung der Auslegungshilfe distanzieren sich jedoch die FAQ mit der nicht näher begründeten Vorgabe, für eine maßgebliche Beteiligung iSd § 18 Abs. 5 S. 3 Nr. 1 InstitutsVergV sei grundsätzlich ein Verschulden in Form von mindestens grober Fahrlässigkeit oder Vorsatz erforderlich[62]. Lediglich in extremen Ausnahmefällen sei aufgrund der Erheblichkeit des Verlustes kein Verschulden nötig[63]. Diese Position der BaFin erscheint angesichts des klaren Wortlauts der Norm schwerlich begründbar.

Ähnliche Kritik richtet sich gegen die in den FAQ[64] enthaltene Einordnung eines Verlusts als erheblich iSd § 18 Abs. 5 S. 3 Nr. 1 InstitutsVergV. Bei einem unerwarteten Verlust von mindestens 1 % des tatsächlich vorgehaltenen regulatorischen Eigenkapitals bejaht die BaFin die Erheblichkeit des Verlusts nur, wenn dem betreffenden Geschäftsleitungsmitglied mindestens grobe Fahrlässigkeit zur Last fällt. Demgegenüber soll keinerlei Verschulden erforderlich sein, wenn die Summe aus erwartetem und unerwartetem Verlust mindestens 5 % des tatsächlich vorgehaltenen regulatorischen Eigenkapitals ausmacht. Die Beurteilung eines

---

[57] Zur Unterscheidung zwischen Zielverfehlungen einerseits und negativen Erfolgsbeiträgen andererseits vgl. bereits oben IV. 2 bei Fn. 30.

[58] BaFin, FAQ zur InstitutsVergV, 13.6.2024, Frage 7, Tz. 23 ff.

[59] BaFin, FAQ zur InstitutsVergV, 13.6.2024, Frage 7, Tz. 27.

[60] BaFin, FAQ zur InstitutsVergV, 13.6.2024, Frage 7, Tz. 23.

[61] BaFin, Auslegungshilfe zur InstitutsVergV, 15.2.2018, § 18 Abs. 5, S. 50. Hinsichtlich des Verschuldens ebenso Fischer/Schulte-Mattler/Siering InstitutsVergV § 18 Rn. 9.

[62] BaFin, FAQ zur InstitutsVergV, 13.6.2024, Frage 7, Tz. 23.

[63] BaFin, FAQ zur InstitutsVergV, 13.6.2024, Frage 7, Tz. 23.

[64] BaFin, FAQ zur InstitutsVergV, 13.6.2024, Frage 7, Tz. 24 Buchst. b.

Verlusts als erheblich sollte jedoch allein vom Ausmaß des Verlusts und nicht vom Verschulden des betreffenden Geschäftsleitungsmitglieds abhängen.

So kritikwürdig der methodische Ansatz der BaFin, so nachvollziehbar ist ihr Anliegen, die komplette Streichung der variablen Vergütung im Grundsatz an ein gravierendes Verschulden zu knüpfen, welches nur in eng bestimmten Ausnahmefällen entbehrlich ist. Nur müsste und sollte die BaFin hierfür die Bestimmung des § 18 Abs. 5 S. 3 Nr. 1 InstitutsVergV im Einvernehmen mit der Deutschen Bundesbank entsprechend ändern, wozu sie durch VO des Bundesministeriums der Finanzen gem. § 25a Abs. 6 S. 4 KWG ermächtigt ist[65].

Im Zuge einer solchen Änderung sollte auch § 18 Abs. 5 S. 3 Nr. 2 InstitutsVergV klarstellend überarbeitet werden. Zwar ist der BaFin zuzustimmen, dass mit dem Tatbestandsmerkmal der Regelverletzung „in schwerwiegendem Maß" wohl ein Verschulden in Form mindestens grober Fahrlässigkeit verlangt wird[66]. Dies ist jedoch nicht völlig zweifelsfrei, denn die Qualifikation „in schwerwiegendem Maß" könnte auch lediglich auf den Schweregrad der Pflichtverletzung bezogen sein.

5. Die Ex-Post-Risikoadjustierung

Die Ermittlung der variablen Vergütung mündet gem. § 20 Abs. 1 und 2 InstitutsVergV nicht sofort in deren Auszahlung. Vielmehr ist in den Anstellungsverträgen mit den Geschäftsleitungsmitgliedern zu vereinbaren, dass mindestens 60% der variablen Vergütung über einen Zurückbehaltungszeitraum von mindestens fünf Jahren gestreckt werden[67]. Der zurückbehaltene Betrag kann nur entweder vollständig erst am Ende des Zurückbehaltungszeitraums (sog. „cliff vesting") oder zeitanteilig über verschiedene Zahlungen gestreckt (sog. „pro-rata vesting") erdient werden, wobei ein pro-rata vesting im Interesse einer angemessenen Risikoprüfung nicht öfter als einmal pro Jahr erfolgen darf[68].

Gem. § 20 Abs. 5 InstitutsVergV sind überdies mindestens 50% sowohl der nicht zurückbehaltenen als auch der zurückbehaltenen Vergütung in Instrumenten iSd § 20 Abs. 5 S. 1 InstitutsVergV zuzuwenden. Schließlich sind diese Instrumente mit einer Sperrfrist von in der Regel mindestens einem Jahr zu versehen, bevor über den jeweiligen Anteil der variablen Vergütung verfügt werden darf.

Der Sinn dieser im Zeitablauf allerdings recht komplexen Verzögerungsmechanismen[69] liegt auf der Hand: die variable Vergütung soll nachhaltig am Risikoprofil des Instituts ausgerichtet werden. Zu diesem Zweck muss das Verwaltungs- bzw. Aufsichtsorgan während des Zurückbehaltungszeitraums vor jeder Auszahlung eines zurückbehaltenen Baranteils bzw. der Erdienung eines zurückbehaltenen Instruments im Wege eines Backtesting unter Zugrundelegung der ursprünglich verwendeten Leistungs- und Risikokriterien prüfen, ob die ursprüngliche Messung des Zielerreichungsgrads gem. § 19 Abs. 1 InstitutsVergV auch rückblickend noch als angemessen anzusehen ist oder ob zwischenzeitlich zu Tage getretene Zielverfehlungen oder negative Erfolgsbeiträge eine Verringerung der variablen Vergütung erfordern[70]. Im Fall einer negativen Abweichung muss der zurückbehaltene Betrag gem. § 20 Abs. 4 Nr. 3 InstitutsVergV absolut (nicht

[65] § 1 Nr. 5 VO zur Übertragung von Befugnissen zum Erlass von Rechtsverordnungen auf die BaFin v. 13.12.2002 (BGBl. 2003 I 3), die zuletzt durch Art. 2 VO v. 24.1.2024 (BGBl. 2024 I Nr. 21) geändert worden ist.

[66] BaFin, FAQ zur InstitutsVergV, 13.6.2024, Frage 7, Tz. 30.

[67] Die in § 18 Abs. 1 S. 3 InstitutsVergV enthaltene Materialitätsschwelle von 50.000 EUR dürfte bei Geschäftsleitungsmitgliedern bedeutender Institute in der Regel keine Rolle spielen.

[68] BaFin, Auslegungshilfe zur InstitutsVergV, 15.2.2018, § 20 Abs. 4, S. 61.

[69] Anschaulich Fischer/Schulte-Mattler/Siering InstitutsVergV § 20 Rn. 12.

[70] BaFin, Auslegungshilfe zur InstitutsVergV, 15.2.2018, § 20 Abs. 1, S. 58 f.; Fischer/Schulte-Mattler/Siering InstitutsVergV § 20 Rn. 5a.

lediglich anteilig)[71] in der Höhe gekürzt werden, um den die variable Vergütung nach Ablauf des Bemessungszeitraums zu hoch angesetzt wurde. Dieser sog. Malus bezieht sich grds. nur auf die zurückbehaltene variable Vergütung, lässt also bereits ausgezahlte Boni für den betreffenden Bemessungszeitraum unberührt[72].

Anderes gilt jedoch, wenn nachträglich schwerwiegende negative Erfolgsbeiträge iSd § 18 Abs. 5 S. 3 InstitutsVergV zu Tage treten. Das Verwaltungs- bzw.- Aufsichtsorgan muss in einem solchen Fall nach § 20 Abs. 6 S. 1 InstitutsVergV auf Basis entsprechender Regelungen in den Geschäftsleiteranstellungsverträgen bereits ausgezahlte variable Vergütungen zurückverlangen und die Ansprüche auf die Auszahlung variabler Vergütung zum Erlöschen bringen (sog. „Clawback"), so dass dem betreffenden Geschäftsleitungsmitglied für den in Rede stehenden Bemessungszeitraum keinerlei variable Vergütung verbleibt bzw. zufließt. Die Frist für einen solchen Rückgriff beginnt gem. § 20 Abs. 6 S. 2 InstitutsVergV zeitgleich mit der Zurückbehaltungsfrist, endet jedoch später als diese, nämlich frühestens zwei Jahre nach Erdienung des letzten zurückbehaltenen Vergütungsbestandteils[73].

Aufgrund der Malus- und Clawback-Regelungen wird also im Interesse einer nachhaltigen Geschäftsausrichtung letztlich die Bemessungsperiode der variablen Vergütung verlängert[74] und nimmt das Geschäftsleitungsmitglied insoweit langfristig an den Risiken des Instituts teil.

So sachgerecht diese strengen Mechanismen sind, so sehr ist darauf zu achten, sie nicht überschießend anzuwenden. In diesem Zusammenhang verdient die Auffassung der BaFin Beachtung, die in § 20 InstitutsVergV vorgeschriebene Ex-post-Risikoadjustierung dürfe keinesfalls zu einer Erhöhung der ursprünglich ermittelten variablen Vergütung führen oder, sofern bereits Malus- und/oder Clawback-Regeln zur Anwendung kamen, in eine Erhöhung der so abgesenkten Vergütung über das abgesenkte Niveau hinaus münden[75]. Die BaFin gibt keine nähere Begründung für ihre Rechtsauffassung, doch liegt es nahe, dass sie sich auf § 20 Abs. 4 Nr. 3 Hs. 2 InstitutsVergV stützt. Denn diese Bestimmung ordnet im Fall eines negativen Backtesting-Ergebnisses ausdrücklich die Kürzung der variablen Vergütung an, ohne die ebenfalls denkbare Fallkonstellation eines nachträglich festgestellten höheren Zielerreichungsgrades zu erwähnen. Da die Behandlung auch dieser Fallkonstellation nahe liegt, spricht insoweit vieles für ein bewusstes Schweigen der InstitutsVergV und damit für die BaFin-Auffassung, dass die Ergebnis-Rückschau bei nachträglich festgestelltem Übertreffen des ursprünglich ermittelten Zielerreichungsgrades keine Konsequenzen zeitigt. Allerdings bleibt die rechtspolitische Frage unbeantwortet, aus welchem Grund einem Geschäftsleitungsmitglied im Falle eines während des Zurückbehaltungszeitraums nachträglich festgestellten höheren Zielerreichungsgrades die in der Sache verdiente höhere variable Vergütung versagt bleiben soll.

Auch die strikte Ablehnung einer nachträglichen Korrektur fehlerhafter Anwendungen der Malus- und Clawback-Mechanismen überzeugt nicht. Sie findet auch in § 20 Abs. 4 und 6 InstitutsVergV keine Stütze. Denn die Malus- und Clawback-Regelungen verlangen ausdrücklich das Vorliegen einer negativen Abweichung des Überprüfungsergebnisses im Zurückbehaltungszeitraum bzw. eines schwerwiegenden negativen Erfolgsbeitrags im Rückforderungszeitraum. Wird nun aber innerhalb dieser Zeiträume festgestellt, dass diese Tatbestandsvoraussetzungen eines Malus bzw. Clawback zu Unrecht angenommen wurden, in Wahrheit also nicht vorlagen, scheiden die Verringerung bzw. Rückforderung der variablen

[71] BaFin, Auslegungshilfe zur InstitutsVergV, 15.2.2018, § 20 Abs. 4, S. 62; Fischer/Schulte-Mattler/Siering InstitutsVergV § 20 Rn. 5a.

[72] BaFin, FAQ zur InstitutsVergV, 13.6.2024, Frage 6, Tz. 20.

[73] BaFin, Auslegungshilfe zur InstitutsVergV, 15.2.2018, § 20 Abs. 6, S. 65.

[74] Fischer/Schulte-Mattler/Siering InstitutsVergV § 20 Rn. 5a.

[75] BaFin, Auslegungshilfe zur InstitutsVergV, 15.2.2018, § 20, S. 58; zustimmend Fischer/Schulte-Mattler/Siering InstitutsVergV § 20 Rn. 1.

Vergütung sowohl nach dem Wortlaut als auch dem Sinngehalt der genannten Bestimmungen aus.

In Bezug auf Malus und Clawback entfaltet die Ergebnis-Rückschau also schon nach der geltenden Verordnungslage in den jeweils relevanten Zeiträumen Wirkung in beide Richtungen (und nicht lediglich einseitig zu Lasten des Geschäftsleitungsmitglieds). Ein solcher „True up" in beide Richtungen sollte im Zurückbehaltungszeitraum unabhängig von Malus- bzw. Clawback-Prüfungen auch hinsichtlich des Zielerreichungsgrades stattfinden. Insoweit bedarf es aber nach dem zu § 20 Abs. 4 Nr. 3 Hs. 2 InstitutsVergV Gesagten einer Anpassung der InstitutsVergV durch die BaFin[76], die diese Überarbeitung zum Anlass nehmen sollte, den Themenkomplex einer Gesamtregelung in der InstitutsVergV zuzuführen.

VI. Vorschläge zur Weiterentwicklung von InstitutsVergV, Auslegungshilfe und FAQ

Die Bestimmungen zur Vergütung der Geschäftsleitungsmitglieder in KWG und InstitutsVergV beinhalten ein sorgsam durchdachtes Regelungssystem. Das Verwaltungs- bzw. Aufsichtsorgan kann sich bei dessen Anwendung auf die wertvollen Handreichungen der BaFin in Form der Auslegungshilfe und der FAQ stützen, was nicht nur die Rechtsanwendung wesentlich erleichtert, sondern auch für eine im Wesentlichen gleichgerichtete Handhabung in der Branche sorgt.

Allerdings sollten zur weiteren Fortentwicklung jedenfalls die folgenden fünf Überarbeitungen vorgenommen werden:

1. Zur Erleichterung der praktischen Arbeit und zur Vermeidung inhaltlicher Widersprüche[77] sollte eine überarbeitete Fassung der Auslegungshilfe erstellt werden, in welche die FAQ vollständig integriert und redaktionelle Ungereimtheiten[78] beseitigt werden.
2. Inhaltlich sollte durch eine Überarbeitung des § 19 InstitutsVergV die Möglichkeit einer variablen Leistungsanerkennungsprämie für ein außerordentliches Engagement außerhalb der vereinbarten Ziele auch für Geschäftsleitungsmitglieder bedeutender Institute geschaffen werden. Bei Gelegenheit dieser Überarbeitung des § 19 InstitutsVergV sollte in dessen Abs. 2 S. 1 deutlich gemacht werden, dass sich die Zielvereinbarungen mit einem Geschäftsleitungsmitglied nicht lediglich auf den individuellen Erfolgsbeitrag (der uU sogar zugunsten des Ressortbeitrags zurücktritt), sondern auch (und ganz besonders) auf den Gesamterfolg des Instituts und den Ressortbeitrag beziehen.
3. Die Möglichkeit der Korrektur des festgestellten Zielerreichungsgrades mit Hilfe des „Modifier" sollte nicht starr auf max. 20 Prozentpunkte nach oben oder unten begrenzt sein. Die von der BaFin geforderte Erstellung eines Beispielkatalogs für „Modifier" durch die Institute sollte entfallen.
4. Die Regelung des § 18 Abs. 5 S. 3 InstitutsVergV bedarf der Überarbeitung, damit aus ihr klar hervorgeht, dass für die vollständige Streichung der variablen Vergütung in aller Regel Verschulden in Form von mindestens grober Fahrlässigkeit vorliegen muss und auf das Verschuldenserfordernis nur in eng begrenzten Ausnahmefällen verzichtet werden kann.
5. Schließlich ist § 20 InstitutsVergV dahingehend zu überarbeiten, dass das Backtesting in den relevanten Zeiträumen sowohl hinsichtlich des ursprünglich vereinbarten Zielerreichungsgrads als auch in Bezug auf bereits ergriffene Malus/Clawback-Maßnahmen nicht nur zulasten, sondern auch zugunsten des betreffenden Geschäftsleitungsmitglieds erfolgt.

---

[76] Vgl. bereits oben bei Fn. 65.
[77] Ein Beispiel für einen inhaltlichen Widerspruch findet sich oben bei Fn. 63 f.
[78] Vgl. bereits oben in Fn. 30.

JENS H. KUNZ

Risikomanagement in der Bankengruppe – eine Herausforderung mit zunehmender Relevanz

I. Einleitung

Das Finanzaufsichtsrecht hat sich in den letzten Jahren, getrieben insbes. durch Krisenerfahrungen, zunehmend zu einer komplexen Rechtsmaterie mit einer kaum noch überschaubaren Vielzahl an Regelwerken auf EU-Ebene, nationalen Rechtsvorschriften sowie Verlautbarungen und Auslegungsentscheidungen sowohl von EU- als auch nationalen Finanzaufsichtsbehörden entwickelt. Der Komplexitätsgrad der finanzaufsichtsrechtlichen Regulierung wird noch einmal erhöht, wenn es nicht um die aufsichtsrechtlichen Anforderungen an einzelne Institute geht, sondern um die Regulierung von Instituts- oder Finanzholdinggruppen. Diese Regulierung ist Folge der Einsicht, dass eine Beschränkung aufsichtsrechtlicher Anforderungen lediglich auf das einzelne Institut den weitreichenden wirtschaftlichen und organisatorischen Verflechtungen zwischen einzelnen Instituten bzw. den weiteren Unternehmen einer Gruppe nicht gerecht würde.[1]

Solche Verflechtungen können zu Risiken innerhalb einer Gruppe führen, die ggf. auf einzelne Institute durchschlagen. Daher sieht das Finanzaufsichtsrecht die Pflicht des übergeordneten Unternehmens vor, für ein angemessenes und wirksames Risikomanagement auf Gruppenebene Sorge zu tragen. Wie die Erfahrungen der Finanzkrise 2008 gezeigt haben, als oftmals Geschäftsaktivitäten nachgeordneter Konzernunternehmen die Stabilität einzelner Institute und letztlich des gesamten Finanzsystems gefährdeten[2], handelt es sich dabei um eine nicht zu unterschätzende Aufgabe. Deshalb mag es erstaunen, dass es noch vergleichsweise wenige konkrete Vorgaben für das Risikomanagement in der Bankengruppe gibt, auch wenn sich dies gegenwärtig – insbes. mit Blick auf gruppenbezogene Pflichten im Bereich der AML-Compliance oder des Sanktionsrechts[3] – zu ändern scheint.

Die nicht detailliert kodifizierten Anforderungen an das Risikomanagement in der Bankengruppe gewähren eine gewisse Flexibilität in der Anwendung, tragen aber wohl mit dazu bei, dass Bankengruppen beim gruppenbezogenen Risikomanagement vor Herausforderungen stehen. Der Jubilar hatte in seiner langjährigen Laufbahn in ganz unterschiedlichen Rollen – als Inhouse-Jurist, als auf das Finanzaufsichtsrecht spezialisierter Rechtsanwalt sowie als Aufsichtsratsvorsitzender verschiedener Unternehmen des Finanzsektors – Gelegenheit, an der Bewältigung dieser Herausforderungen aktiv und erfolgreich mitzuwirken.

Vor diesem Hintergrund beleuchtet der vorliegende Beitrag die finanzaufsichtsrechtlichen Rahmenbedingungen für das gruppenweite Risikomanagement. Dazu wird zunächst auf die normativen Grundlagen und Prinzipien für das gruppenbezogene Risikomanagement eingegangen, um darauf aufbauend die aufsichtsrechtlichen Anforderungen an das gruppenweite Risikomanagement zu erörtern, bevor das Spannungsverhältnis zwischen den aufsichtsrechtlichen Pflichten und den konzernrechtlichen Beschränkungen in den Blick genommen wird. Der Beitrag schließt mit einem kurzen Ausblick auf die zukünftigen regu-

---

[1] Vgl. Binder/Glos/Riepe BankenaufsichtsR-HdB/Nemeczek/Pitz § 5 Rn. 1.

[2] Tröger ZHR 177 (2013), 475 (478) mit Beispielen aus der Praxis.

[3] Insoweit sei auf die gruppenbezogenen Pflichten verwiesen, die in den EBA-Leitlinien EBA/GL/2022/05 sowie die EBA-Leitlinien EBA/GL/2024/14 verwiesen.

latorischen Herausforderungen, die sich im Hinblick auf die Sanktions-Compliance ergeben, und einem Fazit.

II. Normative Grundlagen und Prinzipien für das gruppenbezogene Risikomanagement

1. Rechtsrahmen für das gruppenbezogene Risikomanagement

Im allgemeinen Konzernrecht ist unter Verweis auf die Leitungspflicht des Vorstands einer AG nach § 76 AktG zumindest weithin anerkannt, dass die Organe der Obergesellschaft bestimmte Aufgaben der Konzernführung und Konzernüberwachung zu erfüllen haben. Sofern strategische Entscheidungen für den Gesamtkonzern getroffen werden und sich Risiken aus dem Geschäftsbetrieb der konzernzugehörigen Unternehmen auf die gesamte Gruppe auswirken können, beschränkt sich auch der Bezugsrahmen für die Pflichten der Geschäftsleiter der Obergesellschaft nicht auf diese.[4] Während Einzelheiten der gesellschaftsrechtlichen Konzernleitungs- und -überwachungspflichten allerdings nicht geregelt sind, sind die aufsichtsrechtlichen Vorgaben zur Gruppensteuerung zumindest im Ausgangspunkt klarer.[5]

Die grundlegende aufsichtsrechtliche Regelung zum Risikomanagement von Instituten ist § 25a Abs. 1 KWG. Hiernach muss ein Institut über eine ordnungsgemäße Geschäftsorganisation verfügen, die die Einhaltung der vom Institut zu beachtenden gesetzlichen Bestimmungen und der betriebswirtschaftlichen Notwendigkeiten gewährleistet. Eine ordnungsgemäße Geschäftsorganisation umfasst dabei insbes. ein angemessenes und wirksames Risikomanagement (§ 25a Abs. 1 S. 3 KWG). Auf diese Regelung wird in der für das gruppenbezogenen Risikomanagement von Instituten zentralen Regelung in § 25a Abs. 3 KWG verwiesen. Hiernach gelten § 25a Abs. 1 und Abs. 2 KWG für Institutsgruppen, Finanzholding-Gruppen und gemischte Finanzholding-Gruppen sowie Unterkonsolidierungsgruppen nach Art. 22 CRR mit der Maßgabe entsprechend, dass die Geschäftsleiter des übergeordneten oder zur Unterkonsolidierung verpflichteten Unternehmens für die ordnungsgemäße Geschäftsorganisation der Institutsgruppe, Finanzholding-Gruppe, gemischten Finanzholding-Gruppe oder der Unterkonsolidierungsgruppe verantwortlich sind.

Flankiert und im Ergebnis konkretisiert wird die Regelung in § 25a Abs. 3 KWG durch § 25c Abs. 3 Nr. 4 und Abs. 4b KWG. Diese Normen richten sich zwar unmittelbar an die Geschäftsleiter des übergeordneten Unternehmens von Institutsgruppen, Finanzholding-Gruppen, gemischten Finanzholding-Gruppen und Instituten iSv Art. 4 CRR, wenn bspw. in § 25c Abs. 4b KWG bestimmt wird, dass diese für die Wahrung der im Folgenden näher ausgeführten Sorgfaltspflichten innerhalb der betreffenden Gruppe verantwortlich sind, sofern das übergeordnete Unternehmen Mutterunternehmen ist, das beherrschenden Einfluss iSd § 290 Abs. 2 HGB über andere Unternehmen der Gruppe ausübt. Doch die gruppenbezogenen Pflichten der Geschäftsleiter eines übergeordneten Unternehmens prägen die gruppenbezogenen Pflichten des übergeordneten Unternehmens selbst.

Eine weitere Konkretisierung erfährt § 25a Abs. 1 KWG durch die Regelung zu internen Sicherungsmaßnahmen in § 25h KWG.[6] Nach dessen Abs. 1 haben Institute sowie Finanz-

---

[4] Hopt/Binder/Böcking CG-HdB/Binder § 16 Rn. 14; vgl. BeckOGK AktG/Fleischer § 76 Rn. 95, 97 ff., 103, 108, zur grundsätzlichen, wenn auch in ihrer Reichweite unterschiedlich ausgelegten, Konzernleitung des Vorstands des herrschenden Unternehmens, die sich insbes. auf strategischer Ebene und im Hinblick auf das Risikomanagement äußert; MüKoAktG/Spindler § 76 Rn. 58, 62.

[5] Vgl. Hopt/Binder/Böcking CG-HdB/Binder § 16 Rn. 17.

[6] Fischer/Schulte-Mattler/Achtelik KWG § 25h Rn. 4; BT-Drs. 17/3023, 59 f.

holding-Gesellschaften und gemischte Finanzholding-Gesellschaften unbeschadet der in § 25a Abs. 1 KWG und der in den §§ 4–6 GwG aufgeführten Pflichten über ein angemessenes Risikomanagement sowie über interne Sicherungsmaßnahmen zu verfügen, die der Verhinderung von strafbaren Handlungen, die zu einer Gefährdung des Vermögens des Instituts führen können, dienen. Dafür haben sie angemessene geschäfts- und kundenbezogene Sicherungssysteme zu schaffen und zu aktualisieren sowie Kontrollen durchzuführen. Hierzu gehört nach § 25h Abs. 1 S. 3 KWG die fortlaufende Entwicklung geeigneter Strategien und Sicherungsmaßnahmen zur Verhinderung des Missbrauchs von neuen Finanzprodukten und Technologien für Zwecke der Geldwäsche und der Terrorismusfinanzierung oder der Begünstigung der Anonymität von Geschäftsbeziehungen und Transaktionen. Da die Regelungen in § 25h Abs. 2 und Abs. 3 KWG spezifisch auf die Verhinderung von Geldwäsche und Terrorismusfinanzierung abzielen, wird auf sie im Folgenden nicht näher eingegangen.[7]

Von erheblicher praktischer Bedeutung für Institute generell und durch den Abschn. AT 4.5 auch spezifisch für das Risikomanagement auf Gruppenebene sind überdies die von der BaFin mit dem Rundschreiben 05/2023 in seiner aktualisierten Fassung veröffentlichten MaRisk. Zwar handelt es sich bei den MaRisk rechtsdogmatisch lediglich um Verwaltungsvorschriften, doch führen diese im Ergebnis als veröffentlichte Verwaltungspraxis zu einer Selbstbindung der BaFin.[8]

2. *Anwendungsbereich von § 25a Abs. 3 KWG*

Nach § 25a Abs. 3 KWG ist die ordnungsgemäße Geschäftsorganisation sicherzustellen durch Institutsgruppen nach § 10a Abs. 1 KWG, Finanzholding-Gruppen nach § 10a Abs. 1 KWG, gemischte Finanzholding-Gruppen nach § 10a Abs. 1 KWG und Unterkonsolidierungsgruppen nach Art. 22 CRR. Materiell gilt letztlich dasselbe für ein Finanzkonglomerat iSd FKAG. Das Konglomerat muss nach § 25 Abs. 1 S. 1 FKAG über eine ordnungsgemäße Geschäftsorganisation verfügen, wobei nach § 25 Abs. 1 S. 2 FKAG dafür ua § 25a Abs. 1 KWG entsprechend gilt.

a) Keine ausschließliche Relevanz des aufsichtsrechtlichen Konsolidierungskreises

Die Abgrenzung der in die Gruppenbetrachtung einzubeziehenden Unternehmen erfolgt im Ausgangspunkt anhand des aufsichtsrechtlichen Konsolidierungskreises iSd § 10a KWG bzw. Art. 18 CRR.[9] Zu einer Gruppe iSd § 25a Abs. 3 S. 1 KWG gehören jedoch darüber hinaus auch Tochterunternehmen eines übergeordneten Unternehmens oder nachgeordneten Tochterunternehmens einer Institutsgruppe etc, auf die weder die CRR noch § 1a KWG anwendbar sind (§ 25a Abs. 3 S. 2 KWG). Damit wird der Gruppenbegriff weiter gefasst als der aufsichtsrechtliche Konsolidierungskreis, da damit – anders als die Bezugnahme in § 25a Abs. 3 S. 1 KWG auf Institutsgruppen zunächst nahelegt – gerade nicht nur die Unternehmen des aufsichtlichen Konsolidierungskreises zu den relevanten Gruppenunter-

---

[7] Verwiesen sei insoweit auf die einschlägige Literatur, die bspw. bei Fischer/Schulte-Mattler/Achtelik KWG § 25h Rn. 9 ff. zu finden ist.

[8] Hannemann/Weigl/Zaruk/Weigl MaRisk Teil I Rn. 154 f.; auf die kontrovers diskutierte Frage, ob und inwieweit die MaRisk auch für bedeutende Institute, die nach der SSM-VO der direkten Aufsicht der EZB unterliegen, anwendbar und relevant sind, wird hier nicht näher eingegangen (vgl. zum Meinungsstand Hannemann/Weigl/Zaruk/Weigl MaRisk Teil I Rn. 165 f.). Im Ergebnis dürfte die Frage für das Risikomanagement auf Gruppenebene jedoch nicht ausschlaggebend sein, da sich die gruppenbezogenen Risikomanagementanforderungen nach AT 4.5 MaRisk nicht fundamental von den EBA-Leitlinien zur internen Governance (EBA/GL/2021/05 vom 2.7.2021) unterscheiden, deren Anwendung die EZB bestätigt hat (Guidelines compliance table EBA/GL/2021/05).

[9] Fischer/Schulte-Mattler/Braun KWG § 25a Rn. 703.

nehmen gehören, sondern auch andere Tochterunternehmen.[10] Dies betont auch die BaFin ausdrücklich in AT 4.5 Tz. 1 MaRisk.[11] Erfasst sind damit alle nachgeordneten Unternehmen unabhängig davon, aus welcher Branche sie stammen, wie etwa auch Zweckgesellschaften *(special purpose entities)*.[12] Das ist insoweit nachvollziehbar, als es für eine umsichtige und wirksame Risikosteuerung auf Gruppenebene letztlich nicht erheblich sein kann, ob Risiken aus Aktivitäten von Tochterunternehmen stammen, die selbst Institute sind oder nicht.[13]

Als Tochterunternehmen iSd § 25a Abs. 3 KWG gelten nach § 1 Abs. 35 KWG iVm Art. 4 Abs. 1 Nr. 16 CRR damit im Ergebnis sämtliche Unternehmen, auf die das Mutterunternehmen beherrschenden Einfluss ausüben kann, und zwar – wie im Folgenden näher ausgeführt wird – unabhängig davon, wie dieser beherrschende Einfluss vermittelt wird.[14]

Tochterunternehmen sind nach Art. 4 Abs. 1 Nr. 16 CRR Unternehmen, die im Sinne von Art. 4 Nr. 37 CRR von einem anderen Unternehmen kontrolliert werden. Für den Begriff der Kontrolle wird in Art. 4 Nr. 37 CRR im Wesentlichen auf Art. 22 der RL 2013/34/EU (Bilanz-RL) verwiesen. In Art. 22 Bilanz-RL wird das Kontrollkonzept zugrunde gelegt. Hiernach sind zunächst solche Unternehmen als Tochterunternehmen zu qualifizieren, bei denen das übergeordnete Unternehmen die Stimmrechtsmehrheit innehat (Art. 22 Abs. 1 UAbs. 1 S. 1 Buchst. a Bilanz-RL).[15] Die Stimmrechtsmehrheit ist indes nicht das allein maßgebliche Kriterium. Ein Tochterunternehmen liegt bspw. auch dann vor, wenn das übergeordnete Unternehmen zusätzlich zu seiner Aktionärs- bzw. Gesellschafterstellung das Recht hat, entweder die Mehrheit der Mitglieder des Verwaltungs-, Leitungs- oder Aufsichtsorgans des nachgeordneten Unternehmens zu bestellen oder abzuberufen (Art. 22 Abs. 1 UAbs. 1 S. 1 Buchst. b Bilanz-RL) oder aufgrund eines Vertrags oder einer Satzungsbestimmung beherrschenden Einfluss auf das nachgeordnete Unternehmen auszuüben[16] (Art. 22 Abs. 1 UAbs. 1 S. 1 Buchst. c Bilanz-RL). Jenseits formaler Kriterien sind auch sonstige Konstellationen erfasst, in denen das übergeordnete Unternehmen einen beherrschenden Einfluss oder die Kontrolle über das nachgeordnete Unternehmen ausüben kann oder tatsächlich ausübt (Art. 22 Abs. 2 Buchst. a Bilanz-RL) oder die Unternehmen unter einheitlicher Leitung des übergeordneten Unternehmens stehen (Art. 22 Abs. 2 Buchst. b Bilanz-RL).

Gemeinhin wird davon ausgegangen, dass mit § 290 HGB das Kontrollkonzept der Bilanz-RL in deutsches Recht umgesetzt wird[17]. Damit ist davon auszugehen, dass auch für aufsichtsrechtliche Zwecke im Hinblick auf die Pflicht zur Gruppensteuerung ein zu erfassendes Tochterunternehmen vorliegt, wenn das Unternehmen in den Konsolidierungskreis einbezogen wurde, und zwar unabhängig davon, ob die Eigenschaft als Tochterunternehmen bspw. aus einer Stimmrechtsmehrheit, Kontrolle über ein durch Satzungsregelungen vermitteltes Recht zur Bestellung der Mehrheit der Mitglieder der des Leitungs- oder Auf-

[10] Fischer/Schulte-Mattler/Braun KWG § 25a Rn. 704 f.; Luz/Neus/Schaber/Schneider/Wanger/Weber/Hellstern KWG § 25a Rn. 23.

[11] Dort heißt es: *„Die Reichweite des Risikomanagements auf Gruppenebene erstreckt sich auf alle wesentlichen Risiken der Gruppe, unabhängig davon, ob diese von konsolidierungspflichtigen Unternehmen begründet werden oder nicht (z. B. Risiken aus nicht konsolidierungspflichtigen Zweckgesellschaften).“*

[12] Dies entsprich im Übrigen auch den EBA-Leitlinien zur internen Governance (EBA/GL/2021/05 Tz. 83).

[13] Beck/Samm/Kokemoor/Reppenthien, 234. EL 2023, KWG § 25a Rn. 248; Schwennicke/Auerbach/Langen/Donner KWG § 25a Rn. 133; BT-Drs. 17/10974, 86.

[14] Vgl. zur Maßgeblichkeit der CRR-Legaldefinitionen auch für Zwecke des § 25a KWG Reischauer/Kleinhans/Brogl, 7. EL 2023, CRR Art. 4 Rn. 73.

[15] S. zu den Voraussetzungen, unter denen dem übergeordneten Unternehmen Stimm-, Bestellungs- oder Abberufungsrechte zuzurechnen bzw. abzuziehen sind, Art. 22 Abs. 3–5 Bilanz-RL.

[16] Sofern das Recht, dem das nachgeordnete Unternehmen unterliegt, es zulässt, dass es solchen Verträgen oder Satzungsbestimmungen unterworfen wird.

[17] Vgl. BeckOGK/Senger/Kurz HGB § 290 Rn. 2 f. und 5.

sichtsorgans oder die Mehrheit der Kapitalanteile folgt (vgl. zu den entsprechenden Wertungen auch § 16 Abs. 1 iVm § 17 AktG).

Freilich kann bei dem übergeordneten Unternehmen gerade bei einer lediglich über eine Kapitalmehrheit vermittelten wirtschaftlichen Kontrolle eine Situation eintreten, bei der es dem übergeordneten Unternehmen an rechtlich gesicherten Möglichkeiten zur Einflussnahme auf das Tochterunterunternehmen fehlt, die für eine effektive Gruppensteuerung erforderlich wären. Das zeigt bereits im Ansatz eine der Herausforderungen, die mit Gruppensteuerungspflichten verbunden sein können.

b) Wesentlichkeitsbetrachtung

Neben der Frage nach den in die Gruppenrisikosteuerung einzubeziehenden Unternehmen stellt sich auch die praktisch bedeutsame Frage, welche Risiken in die Gruppensteuerung einzubeziehen sind. Ausgangspunkt dafür ist im Aufsichtsrecht eine Wesentlichkeitsbetrachtung, da nicht jedes denkbare Risiko aufsichtsrechtliche Anforderungen an die Institute begründen kann.[18] Das Risikomanagement auf Gruppenebene erstreckt sich mithin auf alle wesentlichen Risiken (nunmehr auch unter Berücksichtigung der Auswirkungen von ESG-Risiken). Das übergeordnete Unternehmen sollte daher solche nachgeordneten Unternehmen, deren Risiken es als nicht wesentlich einstuft, vom gruppenweiten Risikomanagement ausnehmen können. Das gilt jedoch nicht, wenn die Risken bei zusammengefasster Betrachtung aller nachgeordneten Unternehmen mit jeweils unwesentlichen Risiken in Summe als wesentlich einzustufen sind.[19]

Erforderlich ist mithin eine eigenverantwortliche[20] Wesentlichkeitsbeurteilung der Risikosituation der einzelnen nachgeordneten Unternehmen auf singulärer sowie aggregierter Basis durch das übergeordnete Unternehmen.[21] Dies setzt eine Risikoanalyse oder – in der Formulierung der MaRisk[22] – eine Risikoinventur bei allen Gruppenunternehmen voraus, mit der die Grundlage für eine Beurteilung der Wesentlichkeit von Risiken geschaffen wird. Schließt das übergeordnete Unternehmen eines oder mehrere nachgeordnete Unternehmen vom Gruppenrisikomanagement aus, hat es dies zu dokumentieren, da es insofern eine Öffnungsklausel wahrnimmt (vgl. AT 6 Tz. 2 MaRisk).

c) Sachverhalte mit Auslandsbezug

Die Gruppenanforderungen gelten auch für inländische Teilgruppen, die einem in der EU ansässigen Institut nachgeordnet und in einen größeren Konsolidierungskreis mit einer ausländischen Obergesellschaft einbezogen sind.[23] § 25a Abs. 3 S. 3 KWG hält darüber hinaus fest, dass Tochterunternehmen mit Sitz in einem Drittstaat die sich aus der Einbeziehung in das Risikomanagement auf Gruppenebene ergebenden Pflichten nur insoweit zu befolgen haben, als diese nicht mit dem geltenden Recht im Herkunftsstaat des Tochterunternehmens in Widerspruch stehen.[24] Die aus der Gruppenintegration folgenden Pflichten sind damit

---

[18] Vgl. Schemmer, Klimarisiken im Bankenaufsichtsrecht, 2024, 33: „Nadelöhr".

[19] BaFin, Erläuterungen zur MaRisk, AT 4.5 Tz. 1; Beck/Samm/Kokemoor/Reppenthien, 234. EL 2023, KWG § 25a Rn. 251.

[20] Vgl. AT 4.5 Tz. 1 MaRisk: *„(…) aus Sicht des übergeordneten Unternehmens (…)"*; so auch Schwennicke/Auerbach/Langen/Donner KWG § 25a Rn. 132; Hannemann/Weigl/Zaruk/Weigl MaRisk Teil I AT 4.5 Rn. 35.

[21] Beck/Samm/Kokemoor/Reppenthien, 234. EL 2023, KWG § 25a Rn. 251; Luz/Neus/Schaber/Schneider/Wanger/Weber/Hellstern KWG § 25a Rn. 25; Fischer/Schulte-Mattler/Braun KWG § 25a Rn. 717.

[22] Vgl. AT 2.2 Tz. 1 und 2 MaRisk iVm AT 4.5 Tz. 3 MaRisk.

[23] Fischer/Schulte-Mattler/Braun KWG § 25a Rn. 706.

[24] Dies entspricht auch der Auffassung der EBA, s. EBA/GL/2021/05 Tz. 88.

immer dann zu befolgen, solange das Recht des Herkunftsstaates nichts Gegenteiliges regelt.[25] Stellt das Recht des Herkunftsstaates lediglich geringere Anforderungen als das deutsche Recht, dürfte dies solange nicht als „gegenteilige" Vorgabe gelten, solange es nicht ausdrücklich die Anlegung strengerer Standards untersagt. Damit wird sichergestellt, dass das gruppenweite Risikomanagement möglichst effektiv ist. Die Verantwortung, dass auch diese Tochtergesellschaften ihren gruppenbezogenen Pflichten nachkommen, trägt ebenfalls das übergeordnete Unternehmen.[26]

3. Anwendbarkeit von § 25a Abs. 3 KWG auf die internen Sicherungsmaßnahmen nach § 25h Abs. 1 KWG

Auch wenn das Verhältnis der Normen gesetzlich nicht klar geregelt ist, ist davon auszugehen, dass die Anforderungen an das gruppenbezogene Risikomanagement iSv § 25a Abs. 3 KWG auch die Pflicht umfassen, im Einklang mit § 25h Abs. 1 KWG eine gruppenweite Risikoanalyse sonstiger strafbarer Handlungen vorzunehmen und angemessene Sicherungsmaßnahmen zur Vermeidung bzw. Verringerung solcher Risiken zu ergreifen.

Dies ergibt sich zunächst aus der Genese von § 25h Abs. 1 KWG. Bis zum Inkrafttreten des Gesetzes zur Umsetzung der Vierten EU-GeldwäscheRL, zur Ausführung der EU-Geldtransferverordnung und zur Neuorganisation der Zentralstelle für Finanztransaktionsuntersuchungen[27] waren die *gruppenbezogenen* Pflichten von Instituten zur Prävention von Geldwäsche, Terrorismusfinanzierung *und sonstigen strafbaren Handlungen* in § 25l KWG aF enthalten. Erst mit dem Inkrafttreten des Umsetzungsgesetzes wurden diese institutsspezifischen Regelungen aus dem KWG entfernt und in die weiter gefasste Regelung zu gruppenbezogenen Anforderungen von Verpflichteten in § 9 GwG überführt. Nach den in den Gesetzesmaterialien zum Ausdruck gebrachten Überlegungen sollte damit indes für die Institute keine wesentliche Änderung verbunden sein.[28] Da in § 9 GwG keine gruppenbezogenen Pflichten zur Vermeidung von sonstigen strafbaren Handlungen geregelt wurden, spricht diese Aussage dafür, dass der Gesetzgeber vom Fortbestehen entsprechender gruppenbezogener Pflichten nach den allgemeinen Vorgaben und damit gem. § 25a Abs. 3 KWG ausging. Dies ist auch schlüssig, weil es mit einem angemessenen Risikomanagement kaum zu vereinbaren wäre, die Risiken sonstiger strafbarer Handlungen auf Gruppenebene außer Acht zu lassen, wo ihnen doch auf Einzelebene besondere Bedeutung beigemessen wird.[29] Schließlich geht auch die BaFin davon aus, dass übergeordnete Unternehmen eine gruppenweite Risikoanalyse zu sonstigen strafbaren Handlungen vornehmen müssen. Dies ist in der Anlage zum BaFin-Rundschreiben 7/2011 (GW) – Verwaltungspraxis zu § 25c Abs. 1 und 9 KWG (sonstige strafbare Handlungen) ausdrücklich vorgesehen.[30] Zwar haben sich die relevanten Normen mittlerweile verschoben, so dass sich die Anforderungen zur Vermeidung von strafbaren Handlungen nicht mehr in § 25c KWG, sondern in § 25h KWG finden. Doch das Merkblatt samt Anlage ist ausweislich der Anlage zum BaFin-Rund-

---

[25] Beck/Samm/Kokemoor/Reppenthien, 234. EL 2023, KWG § 25a Rn. 254; Fischer/Schulte-Mattler/Braun KWG § 25a Rn. 711; Schwennicke/Auerbach/Langen/Donner KWG § 25a Rn. 133a.

[26] Beck/Samm/Kokemoor/Reppenthien, 234. EL 2023, KWG § 25a Rn. 254; Fischer/Schulte-Mattler/Braun KWG § 25a Rn. 711; Schwennicke/Auerbach/Langen/Donner KWG § 25a Rn. 133a.

[27] BGBl. 2017 I 1822.

[28] BT-Drs. 18/1155, 115.

[29] Vgl. neben § 25h Abs. 1 KWG EBA/GL/2021/05 Tz. 152, wo ua eine Berücksichtigung von Reputationsrisiken und den Risiken sonstiger Finanzkriminalität jenseits von Geldwäsche und Terrorismusfinanzierung verlangt wird.

[30] Abrufbar unter: https://www.bafin.de/SharedDocs/Veroeffentlichungen/DE/Rundschreiben/rs_1107_gw_verwaltungspraxis.html.

schreiben 09/2021 (GW), in der die aufgehobenen und weiter gültigen Rundschreiben aufgelistet sind[31], weiterhin anwendbar.

Da die gruppenbezogenen Pflichten im Hinblick auf interne Sicherungsmaßnahmen letztlich eine Konkretisierung der Pflicht zur Gewährleistung einer ordnungsgemäßen Geschäftsorganisation gem. § 25a Abs. 3 KWG darstellen, ist es konsequent, sich bei der Erfüllung der erstgenannten Pflichten an den Grundsätzen zur Erfüllung der zweitgenannten Pflicht zu orientieren. Das bedeutet ua, dass iRd gruppenweiten Risikoanalyse Gruppenunternehmen, deren Risiken aus sonstigen strafbaren Handlungen nicht als erheblich eingestuft wurden, aus dem laufenden Risikomanagement der sonstigen strafbaren Handlungen herausgenommen werden können. Freilich ist – wiederum entsprechend den allgemeinen Grundsätzen – eine einmal erfolgte Einstufung als nicht erheblich in regelmäßigen Abständen oder anlassbezogen zu überprüfen.

4. *Verantwortlichkeit des übergeordneten Unternehmen*

§ 25a Abs. 3 S. 1 KWG gibt vor, dass die Geschäftsleiter des übergeordneten oder zur Unterkonsolidierung verpflichteten Unternehmens für die ordnungsgemäße Geschäftsorganisation der Institutsgruppe, Finanzholding-Gruppe, gemischten Finanzholding-Gruppe oder der Unterkonsolidierungsgruppe verantwortlich sind. Das jeweils einschlägige übergeordnete Unternehmen bestimmt sich nach den Regeln des § 10a KWG bzw. Art. 22 CRR.[32] Geschäftsleiter sind diejenigen natürlichen Personen, die nach Gesetz, Satzung oder Gesellschaftsvertrag zur Führung der Geschäfte und zur Vertretung eines Instituts oder eines Unternehmens in der Rechtsform einer juristischen Person oder einer Personenhandelsgesellschaft berufen sind (§ 1 Abs. 2 KWG). Sie sind damit – ohne Delegationsmöglichkeit[33] – für die konkrete Ausgestaltung der erforderlichen Prozesse und der damit verbundenen ablauforganisatorischen Vorkehrungen verantwortlich.[34] Aus der Regelung in § 2d Abs. 1 KWG folgt dabei, dass in den Fällen, in denen eine Finanzholding-Gesellschaft oder eine gemischte Finanzholding-Gesellschaft das übergeordnete Unternehmen ist, die Personen, die die Holding-Gesellschaft tatsächlich leiten, für die ordnungsgemäße Geschäftsorganisation der Holding-Gruppe verantwortlich sind.[35] Unabhängig von der Ressortverteilung besteht – wie auf Einzelinstitutsebene – hierbei eine Gesamtverantwortung der Geschäftsleiter.[36]

5. *Proportionalitätsgrundsatz und Methodenfreiheit*

Die nach § 25 Abs. 1, Abs. 2 KWG für Einzelinstitute geltenden gesetzlichen Anforderungen an die Geschäftsorganisation sind aufgrund des Verweises in § 25a Abs. 3 KWG grundsätzlich auch für Gruppensachverhalte maßgeblich; allerdings müssen sie auf Gruppenstrukturen angepasst werden.[37] Die Ausgestaltung der Geschäftsorganisation und des Risikomanagements hängt in Anwendung des Proportionalitätsgrundsatzes[38] damit – wie in

---

[31] Abrufbar unter: https://www.bafin.de/SharedDocs/Veroeffentlichungen/DE/Rundschreiben/2021/rs_092021_aufhebung_rs_gw.html.

[32] Fischer/Schulte-Mattler/Braun KWG § 25a Rn. 702.

[33] Schwennicke/Auerbach/Langen/Donner KWG § 25a Rn. 127.

[34] Fischer/Schulte-Mattler/Braun KWG § 25a Rn. 718.

[35] Beck/Samm/Kokemoor/Reppenthien, 234. EL 2023, KWG § 25a Rn. 243; Luz/Neus/Schaber/Schneider/Wanger/Weber/Hellstern KWG § 25a Rn. 26; vgl. auch Begr. RegE, BT-Drs. 16/11130, 46.

[36] Beck/Samm/Kokemoor/Reppenthien, 234. EL 2023, KWG § 25a Rn. 243; Luz/Neus/Schaber/Schneider/Wanger/Weber/Hellstern KWG § 25a Rn. 27.

[37] Fischer/Schulte-Mattler/Braun KWG § 25a Rn. 712.

[38] Ausführlich zum Proportionalitätsgrundsatz nunmehr Templer, Proportionale Rechtsetzung im europäischen Bankenaufsichtsrecht, 2024.

§ 25a Abs. 1 S. 4 auf Einzelebene ausdrücklich normiert – von Art, Umfang, Komplexität und Risikogehalt der in der Gruppe bzw. der von den jeweiligen Unternehmen betriebenen Geschäfte ab.[39]

Dementsprechend machen die § 25a Abs. 3 KWG konkretisierenden MaRisk auch kaum konkrete Vorgaben für einzelne Maßnahmen der Gruppensteuerung, sondern gewähren einen großen Umsetzungsspielraum, so dass die Ausgestaltung der Gruppensteuerung weithin im Ermessen des übergeordneten Unternehmens liegt und auch die untergeordneten Unternehmen – innerhalb des Rahmens der gruppenweiten Vorgaben – über Gestaltungsspielräume verfügen.[40] Die gesetzlichen Vorgaben sind insoweit ergebnisorientierte Zielvorgaben und belassen den Instituten weitgehende Gestaltungs- und Methodenfreiheit.[41] Insbes. folgt weder aus dem Wortlaut von § 25a Abs. 3 KWG noch aus AT 4.5 MaRisk, dass die Vorgaben der MaRisk auf Einzelinstitutsebene unbesehen auf die Gruppenebene zu übertragen sind.[42] Gelegentlich wird – offenbar in Anerkennung der gemeinhin wahrgenommenen Komplexität der Aufgabe einer ordnungsgemäßen Gruppensteuerung[43] – darauf hingewiesen, dass insgesamt die Anforderungen an die Organisationspflichten grundsätzlich nicht überstrapaziert werden sollten.[44] Maßgeblich ist, dass die eingesetzten Methoden und Verfahren der Wirksamkeit des Risikomanagements auf Gruppenebene nicht entgegenstehen.[45]

6. *Informationsaustausch innerhalb der Gruppe*

Um die Konzeption und Steuerung des gruppenweiten Risikomanagements und der gruppenweiten Geschäftsorganisation zu ermöglichen, haben die nachgeordneten Unternehmen dem übergeordneten Unternehmen – als Ausprägung ihrer allgemeinen aufsichtsrechtlichen Mitwirkungspflicht, auf die noch einzugehen sein wird – die hierzu notwendigen Informationen zu übermitteln. Dazu zählen insbes. Informationen

- zu Art und Umfang der Risiken, ggf. einschließlich der Berechnungsgrundlagen (es ist im Einklang mit den EBA-Leitlinien zur internen Governance sicherzustellen, dass das übergeordnete Unternehmen über ausreichend Daten und Informationen verfügt, um das gruppenweite Risikoprofil sachgerecht bewerten zu können)[46],
- zum intern zur Verfügung stehenden Kapital,
- zu Ertragszahlen, sowie
- Berichte der internen Revision der nachgeordneten Unternehmen.[47]

Erst durch diesen Informationsaustausch wird das übergeordnete Unternehmen in die Lage versetzt, seine Aufgabe zur Gruppensteuerung zu erfüllen. Dies wird augenfällig bei der Pflicht zur Erfassung des Risikoprofils der Gruppe. Die Erreichung dieses Ziels stellt den Maßstab dafür da, ob ein übergeordnetes Unternehmen unter Nutzung der grundsätzlich bestehenden Methodenfreiheit und unter Beachtung des Proportionalitätsprinzips die Anforderungen an einen Informationsaustausch erfüllt. Es mögen insofern Beschränkungen des Datenschutzrechts, des Geheimnisschutzrechts oder andere rechtliche Vorgaben zu

---

[39] BaFin, Erläuterungen zur MaRisk, AT 4.5 Tz. 1; Fischer/Schulte-Mattler/Braun KWG § 25a Rn. 712; Schwennicke/Auerbach/Langen/Donner KWG § 25a Rn. 134; Beck/Samm/Kokemoor/Reppenthien, 234. EL 2023, KWG § 25a Rn. 246.

[40] Luz/Neus/Schaber/Schneider/Wanger/Weber/Hellstern KWG § 25a Rn. 29.

[41] Schwennicke/Auerbach/Langen/Donner KWG § 25a Rn. 134.

[42] Schwennicke/Auerbach/Langen/Donner KWG § 25a Rn. 134; vgl. Hannemann/Weigl/Zaruk/Weigl MaRisk Teil I AT 4.5 Rn. 42.

[43] Binder/Glos/Riepe BankenaufsichtsR-HdB/Benzler/Krieger § 11 Rn. 138 f.

[44] Schwennicke/Auerbach/Langen/Donner KWG § 25a Rn. 131.

[45] Hannemann/Weigl/Zaruk/Weigl MaRisk Teil I AT 4.5 Rn. 42.

[46] EBA/GL/2021/05 Tz. 83.

[47] Fischer/Schulte-Mattler/Braun KWG § 25a Rn. 716; Luz/Neus/Schaber/Schneider/Wanger/Weber/Hellstern KWG § 25a Rn. 36.

beachten sein[48]; doch diese Beschränkungen müssten konkret identifiziert werden, um sodann zu prüfen, ob sich daraus relevante Einschränkungen des Gruppensteuerungssystems ergeben und welche Maßnahmen in diesem Fall getroffen werden können, um diese Einschränkungen zu kompensieren.

Zur Gewährleistung eines zuverlässigen Informationsaustauschs bietet es sich bspw. an, Rahmenbedingungen für die Informationsübermittlung zu vereinbaren, etwa durch die Festlegung der relevanten Daten, des Berichtsturnus einschließlich der Stichtage, der Berechnungsparameter und Formate der Datenlieferungen (wobei insofern eine möglichst hohe Systemkompatibilität zielführend wäre).[49] Welche Informationen das übergeordnete Unternehmen in welcher Granularität benötigt, muss das übergeordnete Unternehmen selbst im Hinblick auf die Wirksamkeit der Gruppensteuerung festlegen. Dabei sind selbstverständlich die verschiedenen Bereiche, für die die Gruppensteuerung erforderlich ist, zu beachten.[50] Weiterhin setzt ein Informationsaustausch zur wirksamen Gruppensteuerung voraus, dass sich das übergeordnete Unternehmen mit den gelieferten Informationen auseinandersetzt.[51] Wenn bspw. unplausible oder lückenhafte Informationen geliefert werden, liegt es im Verantwortungsbereich des übergeordneten Unternehmens, dem nachzugehen und die für die wirksame Gruppensteuerung erforderlichen Informationen nachzufordern bzw. die Gründe für die unplausiblen bzw. lückenhaften Informationen in Erfahrung zu bringen und sich um Abhilfe zu bemühen.

III. Inhaltliche Vorgaben des Aufsichtsrechts an das gruppenweite Risikomanagement

Das regulatorische Ziel der Anforderungen an die Gruppensteuerungspflichten besteht letztlich darin, die Geschäftsleitung des übergeordneten Unternehmens in die Lage zu versetzen, Risiken der untergeordneten Unternehmen rechtzeitig zu erkennen und diesen rechtzeitig entgegensteuern zu können und damit die Stabilität des übergeordneten Unternehmens sowie der Gruppe als solcher zu sichern.[52] Dieses Ziel ist bei der Anwendung und Konturierung der Regelungen zur Gruppensteuerung im Blick zu behalten; dies gilt umso mehr, als diese oftmals unbestimmte Rechtsbegriffe enthalten, die Gestaltungsspielräume eröffnen.

Die konkrete Ausgestaltung des Risikomanagements auf Gruppenebene hängt primär von Art, Umfang, Komplexität und Risikogehalt der von der Gruppe betriebenen Geschäftsaktivitäten ab. Auch insoweit gilt der Grundsatz der Gestaltungs- und Methodenfreiheit. Es ist kein einheitlicher Standard für das Risikomanagement auf Gruppenebene vorgegeben, so dass dem Gruppenrisikomanagement keine einheitliche Methodik zugrunde liegen muss. Die eingesetzten Methoden und Verfahren dürfen aber der Wirksamkeit des Risikomanagements auf Gruppenebene nicht entgegenstehen (AT 4.5 Tz. 1 MaRisk).[53]

---

[48] Vgl. näher zum Spannungsverhältnis zwischen aufsichtsrechtlichen Gruppensteuerungspflichten einerseits und den ggf. begrenzten Möglichkeiten zur Durchsetzung dieser Pflichten andererseits IV.; auf die datenschutzrechtlichen Beschränkungen wird in dieser Stellungnahme allerdings nicht näher eingegangen.

[49] Näher Luz/Neus/Schaber/Schneider/Wanger/Weber/Hellstern KWG § 25a Rn. 36.

[50] Vgl. dazu vorstehend die einleitenden Ausführungen → II. 2.b).

[51] Vgl. zum entsprechenden Vorgehen bei der Risikoinventur Hannemann/Weigl/Zaruk/Weigl MaRisk Teil I AT 2.2 Rn. 26 f.

[52] Vgl. instruktiv zu den Grundlagen der Gruppenverantwortung im Finanzsektor Tröger ZHR 177 (2013), 475 (480 ff.); insoweit etwas verkürzend Schwennicke/Auerbach/Langen/Donner KWG § 25a Rn. 126, die das primäre Ziel offenbar in der Sicherung des Fortbestands des übergeordneten Unternehmens sehen.

[53] Schwennicke/Auerbach/Langen/Donner KWG § 25a Rn. 134.

Grundsätzlich sollte es daher für die Geschäftsleitung des übergeordneten Unternehmens möglich sein, an etwaige bereits bestehende Risikomanagementsysteme der nachgeordneten Unternehmen anzuknüpfen und diese auf Ebene der Gruppe um unternehmensübergreifende, integrierende Prozesse zu ergänzen.[54] Eine Ausnahme dazu besteht für den Fall, dass ein nachgeordnetes inländisches Institut erfolgreich eine Freistellung von den Risikocontrolling-Anforderungen nach § 2a Abs. 2 S. 1 KWG iVm Art. 7 CRR, § 25a Abs. 1 S. 3 Nr. 1, 2 und 3 Buchst. b, Buchst. c KWG beantragt hat. In diesem Fall sind die Risikomanagementprozesse gruppenweit von Grund auf zu etablieren.[55] Auch sind invasivere Vorgaben dann notwendig, wenn die auf Einzelunternehmensebene angewandten Methoden nicht sämtliche aus Gruppensicht wesentliche Risiken abdecken.[56]

Unabhängig davon, ob das übergeordnete Unternehmen auf den in den nachgeordneten Unternehmen vorhandenen Risikomanagementstrukturen aufbaut oder diese substituiert, sieht das Aufsichtsrecht eine zentrale Koordinierung des gruppenweiten Risikomanagements durch das übergeordnete Unternehmen vor.[57] Dies impliziert, dass das übergeordnete Unternehmen die Implementierung, Umsetzung und Überwachung der gruppenweiten Risikomanagementsysteme auch bei Rückgriff auf vorhandene Strukturen grundsätzlich aktiv zu steuern hat.

1. Risikoinventur

Ausgangspunkt des gruppenweiten Risikomanagements ist die Vornahme einer Risikoanalyse – bzw. im Einklang mit dem Wortlaut der MaRisk – die „Risikoinventur" (AT 2.2 Tz. 2 MaRisk) auf Gruppenebene.[58] Dieser vorgelagerte Selbsteinschätzungsprozess ist Anknüpfungspunkt für die weiteren Bestandteile des Risikomanagements.[59] Die gruppenweite Risikoinventur soll die Erfassung aller relevanten gruppenspezifischen Risiken und Risikokonzentrationen und schließlich die Bestimmung der Wesentlichkeit dieser Risiken ermöglichen.[60] Dementsprechend ist auch die zur Bestimmung der Reichweite des gruppenweiten Risikomanagements erforderliche Wesentlichkeitsbetrachtung eng mit der Risikoinventur verknüpft, weil nur auf Grundlage einer Risikoinventur, die nicht von vornherein bestimmte Unternehmen oder Risiken ausblendet, die nicht-wesentlichen Risiken identifiziert und aus dem laufenden Risikomanagementprozess herausgenommen werden können.

a) Reichweite und Vorgehen

Die Risikoinventur bezieht sich ganzheitlich auf sämtliche Risikoarten, denen die Gruppe ausgesetzt ist und die einen wesentlichen Einfluss auf ihre Vermögens-, Ertrags- oder Liquiditätslage haben können (vgl. AT 2.2 Tz. 2 MaRisk). Referenzpunkt ist die konkrete Geschäftstätigkeit der Gruppe, von der ausgehend die Risiken nicht nur statisch, sondern unter Berücksichtigung prognostizierter Marktentwicklungen (auch) zukunftsbezogen zu bewerten sind.[61]

IRd Risikoinventur ist – neben den insbes. auf Einzelinstitutsebene klassischen Risiken wie Adressenausfall- und Marktpreisrisiken, inzwischen unter ausdrücklicher Einbeziehung

---

[54] Vgl. Luz/Neus/Schaber/Schneider/Wanger/Weber/Hellstern KWG § 25a Rn. 30.
[55] Vgl. Fischer/Schulte-Mattler/Braun KWG § 25a Rn. 725.
[56] Vgl. Luz/Neus/Schaber/Schneider/Wanger/Weber/Hellstern KWG § 25a Rn. 30.
[57] Tröger ZHR 177 (2013), 475 (492).
[58] Krimphove/Lüke MaRisk/Siegl AT 4.5 Rn. 27.
[59] Vgl. Mülbert/Wilhelm ZHR 178 (2014), 502 (511 f.); Hannemann/Weigl/Zaruk/Weigl MaRisk Teil I AT 4.5 Rn. 78.
[60] Mülbert/Wilhelm ZHR 178 (2014), 502 (531).
[61] Mülbert/Wilhelm ZHR 178 (2014), 502 (511).

von ESG-Risiken[62], (vgl. AT 2.2 Tz. 1 MaRisk) – insbes. zu ermitteln, ob aus der Gruppenstruktur spezifische (zusätzliche) Risiken folgen. Hierzu gehören Risiken aus Konflikten zwischen gruppenangehörigen Unternehmen, Ansteckungseffekte aus Reputationsrisiken, Risiken, die sich aus dem Komplexitätsgrad der spezifischen Gruppenstruktur ergeben, oder Risikokonzentrationen, die entstehen können, wenn gruppenangehörige Unternehmen den gleichen Risikofaktoren ausgesetzt sind.[63]

Weder das KWG noch die MaRisk machen explizite Vorgaben dazu, wie das übergeordnete Unternehmen die Risikoinventur auszugestalten hat. Ausgangspunkt dafür sollten die allgemein für das Gruppenrisikomanagement geltenden Grundsätze der Proportionalität (AT 1 Tz. 3 MaRisk) und der Methodenfreiheit sein.[64] Hiernach bestehen für die übergeordneten Unternehmen gewisse Spielräume bei der Ausgestaltung des Gruppenrisikomanagements (mithin auch der Risikoinventur), die insbes. von Art, Umfang, Komplexität und Risikogehalt der von der Gruppe betriebenen Geschäfte sowie auch den gesellschaftsrechtlichen Möglichkeiten abhängen.[65] Daher sollte es – im Sinne einer effizienten gruppenweiten Ressourcensteuerung – möglich sein, dass das übergeordnete Unternehmen nicht selbstständig alle Risiken erfasst, sondern sich der von den nachgeordneten Unternehmen zugelieferten Informationen bedient. Dies setzt aber (neben der Mitwirkung der nachgeordneten Unternehmen) klare Vorgaben des übergeordneten Unternehmens im Hinblick auf die Erfassung und Aufbereitung der Risikodaten voraus, damit die Informationen verwertbar und sachdienlich sind. Insoweit kommt es vor allem auch auf die Vergleichbarkeit der Erkenntnisse der einzelnen Risikoanalysen an.[66] Für bedeutende Institute ist insoweit besonders zu beachten, dass die EZB iRd Internal Capital Adequacy Assessment Process (ICAAP) auch für die Gruppenbetrachtung bestimmte Anforderungen stellt. So sollen die wichtigsten Parameter und Annahmen bei den Risikoquantifizierungsmethoden in der gesamten Gruppe über alle Risikoarten hinweg konsistent sein.[67] Entsprechende Vorgaben sind also von einem übergeordneten Unternehmen, bei dem es sich um ein bedeutendes Institut handelt, den nachgeordneten Unternehmen zu machen, wenn von ihnen für diesen Prozess Daten eingeholt werden.

Um seiner Verantwortung sachgerecht nachzukommen, hat das übergeordnete Unternehmen die von den nachgeordneten Unternehmen zur Verfügung gestellten Informationen zu plausibilisieren, bei Anhaltspunkten für Unstimmigkeiten zu verifizieren und ggf. Maßnahmen zu ergreifen, um identifizierte Defizite der Informationsgrundlage zu beheben (vgl. AT 3 Tz. 1 MaRisk). Eine Risikobeurteilung kann nur dann zu der geforderten effektiven, vom übergeordneten Unternehmen gelenkten Risikosteuerung beitragen, wenn sie auf zutreffenden risikospezifischen Informationen beruht.

Es erscheint daher für die Praxis empfehlenswert, die Strategieabteilung in die Risikoanalyse einzubeziehen, da sie einen Überblick über alle bestehenden Strategien hat und die Strategien ausgehend von der Risikoanalyse erarbeitet bzw. überarbeitet.[68] Es dürfte sich auch anbieten, die gruppenweite Risikocontrolling-Funktion einzubeziehen, da diese für

---

[62] S. zur Einbeziehung von ESG-Risiken in die Risikoinventur etwa Maurer BankPraktiker 2022, 28 (30).

[63] Hannemann/Weigl/Zaruk/Weigl MaRisk Teil I AT 4.5 Rn. 3 und Rn. 79; vgl. auch Krimphove/Lüke MaRisk/Siegl AT 4.5 Rn. 8.

[64] Vgl. Hannemann/Weigl/Zaruk/Weigl MaRisk Teil I AT 4.5 Rn. 36, 42 f.; Krimphove/Lüke MaRisk/Siegl AT 4.5 Rn. 22.

[65] Hannemann/Weigl/Zaruk/Weigl MaRisk Teil I AT 4.5 Rn. 42.

[66] Vgl. in Bezug auf auslagerungsspezifische Risiken Hannemann/Weigl/Zaruk/Weigl MaRisk Teil I AT 4.5 Rn. 27. Diese Wertung kommt auch in AT 9 Tz. 2 MaRisk zum Ausdruck.

[67] EZB, Leitfaden der EZB für den bankinternen Prozess zur Sicherstellung einer angemessenen Kapitalausstattung (Internal Capital Adequacy Assessment Prozess – ICAAP), 9.11.2018, 11; vgl. auch S. 8 und 11 zur konsistenten und kohärenten Anwendung des ICAAP in der Gruppe.

[68] Vgl. Schmitz BankPraktiker 2020, 368 (369).

die Risikosteuerung verantwortlich ist und insbes. die iRd Risikoanalyse wichtigen operativen Risiken gezielt bewerten kann. Durch die Kenntnisse aller Risikoanalysen der Gruppe können im Risikocontrolling berechnete Risikoszenarien zielgerichtet in die Analyseverfahren eingebracht und einzelnen Risikoarten zugeordnet werden. Umgekehrt kann sich das Risikocontrolling der identifizierten Risikokonzentrationen annehmen, um sie in bestehende oder neue Szenarioanalysen einfließen zu lassen.[69] Unterstützend kann auch die Interne Gruppenrevision einbezogen werden und ihr Wissen aus vergangenen Prüfungen (etwa im Hinblick auf Risikodetails oder auch mögliche risikomindernde Maßnahmen) einbringen.[70]

Organisatorisch sollte der Anwendungsbereich der Risikoanalyse dokumentiert werden, insbes. dann, wenn sie aus mehreren Teilen besteht (etwa separat für jedes Tochterunternehmen). Zuzuweisen sind auch die internen Zuständigkeiten.[71] Zudem hat das übergeordnete Unternehmen die Systematik der Risikoanalyse festzulegen.[72]

b) Wesentlichkeitsbetrachtung

Die Risikoinventur dient ua dazu, sich bei dem folgenden Risikomanagementprozess auf wesentliche Risiken zu fokussieren[73] und so die Reichweite der organisatorischen gruppenweiten Risikomanagementpflichten ggf. sachgemäß einzuschränken. Für nicht wesentliche Risiken sind demgegenüber lediglich „angemessene Vorkehrungen" zu treffen (AT 2.2 Tz. 1 MaRisk).[74] Dies bedeutet insbes., dass sie bei der fortlaufenden Risikoinventur nicht auszublenden sind; denn künftige Änderungen interner oder externer Rahmenbedingungen können dazu führen, dass zunächst unwesentliche Risiken an Bedeutung gewinnen[75] und dann im Risikomanagement zu adressieren sind.

Das wirft die Frage auf, welche Risiken bei der Gruppenbetrachtung als unwesentlich eingestuft werden können. Ausgangspunkt dafür sollten auch hier die für das Gruppenrisikomanagement geltenden Grundsätze der Proportionalität (AT 1 Tz. 3 MaRisk) und der Methodenfreiheit sein.[76]

In der konkreten Anwendung liegt eine Anlehnung an AT 2.2 MaRisk nahe. Dabei dürfte eine alleinige Orientierung an AT 2.2 Tz. 1 MaRisk für die Gruppenbetrachtung indes nicht sachgerecht sein. Schon die dortige Formulierung, die auf „das Institut" abstellt, deutet darauf hin, dass sie primär auf die Risikoinventur auf Einzelinstitutsebene zugeschnitten ist. Auch sind die in AT 2.2 Tz. 1 MaRisk als typischerweise wesentlich benannten Risiken (Adressenausfall-, Marktpreis-, Liquiditäts- und operationelle Risiken) solche, die sich verstärkt aus Einzelpositionen ergeben. Solche Positionen gehen die einzelnen gruppenzugehörigen Institute ein. Diese sind mithin zwar zu berücksichtigen, allerdings nicht allein maßgeblich. Insgesamt für die Gruppenbetrachtung sachgemäßer erscheint, sich an den Vorgaben in AT 2.2 Tz. 2 MaRisk zu orientieren, die eine Kombination aus quantitativen und qualitativen Kriterien als Maßstab für eine Wesentlichkeitsbeurteilung nahelegen. Hiernach ist iRd Risikoinventur zu prüfen, welche Risiken die Vermögenslage (inklusive Kapitalausstattung), die Ertragslage oder die Liquiditätslage wesentlich beeinträchtigen können. Die Risikoinventur darf dabei nicht ausschließlich an den Auswirkungen in der Rechnungslegung sowie an formalrechtlichen Ausgestaltungen ausgerichtet werden; vielmehr geben diese zunächst eine Vororientierung. Im Einklang mit dem Verständnis der BaFin können

---

[69] Vgl. Schmitz BankPraktiker 2020, 368 (369).
[70] Vgl. Schmitz BankPraktiker 2020, 368 (370); Ritz BankPraktiker 2018, 35.
[71] Ritz BankPraktiker 2018, 35 (36).
[72] S. hierzu exemplarisch Ritz BankPraktiker 2018, 35 (37).
[73] Vgl. Mülbert/Wilhelm ZHR 178 (2014), 502 (511).
[74] Mülbert/Wilhelm ZHR 178 (2014), 502 (511); Reischauer/Kleinhans/Bitterwolf, 7. EL 2023, MaRisk AT 2.2 Tz. 1 Rn. 8.
[75] Mülbert/Wilhelm ZHR 178 (2014), 502 (511).
[76] Vgl. Hannemann/Weigl/Zaruk/Weigl MaRisk Teil I AT 4.5 Rn. 36, 42 f.

abhängig vom konkreten Risikoprofil auch sonstige Risiken, wie etwa Reputationsrisiken (die nur schwer quantifizierbar sind), als wesentlich einzustufen sein.[77]

Zur strukturierten Durchführung der Wesentlichkeitsbetrachtung hat das übergeordnete Unternehmen nach seinem sachgemäßen Ermessen quantitative sowie qualitative Kriterien zu definieren, anhand derer sich die Wesentlichkeit von Risiken gruppenweit einheitlich bestimmen lässt. Die Kriterien müssen plausibel und nachvollziehbar sein und sollten mindestens jährlich und sofern erforderlich *ad hoc* (zB bei einer Neuausrichtung der Geschäftstätigkeiten oder bei veränderten Risikosituationen) überprüft werden.[78]

Mögliche quantitative Kriterien können Risikokosten, erzielte Zinsüberschüsse, die Menge der zinsabhängigen Aktiva, Ertrag oder Refinanzierungsbedarf in den jeweiligen gruppenzugehörigen Unternehmen sein. Diese kann das übergeordnete Unternehmen jeweils als absolute Kennzahl oder relativ im Verhältnis zu den Kennzahlen der Gesamtgruppe für maßgeblich erachten.[79] Gerade bei dergestalt quantifizierbaren Risiken empfiehlt sich die Festlegung von – plausibel begründbaren – Schwellenwerten. Wertungsmäßig erscheint es naheliegend, wenn sich das übergeordnete Institut insofern an den für die Kapitalausstattung relevanten quantitativen Grenzwerten des Art. 19 Abs. 1 CRR (mitsamt der Rückausnahme nach Art. 19 Abs. 3 CRR) orientiert.[80]

In qualitativer Hinsicht können Reputations-,[81] Sanktions- und sonstige Rechtsrisiken (zB aufgrund der Regulierung in anderen Jurisdiktionen) eine Rolle spielen oder auch das Tätigkeitsfeld der nachgeordneten Unternehmen (so sind insbes. die für die Geschäftstätigkeit unregulierter Tochterunternehmen maßgeblichen Risiken häufig nur schwer mit aufsichtsrechtlichen Risikomanagementinstrumenten quantifizierbar). Dass auch solche Risiken zu berücksichtigen sind, zeigt insbes. AT 2.2 Tz. 2 MaRisk, wonach sich die Risikoinventur gerade nicht nur an den Auswirkungen in der Rechnungslegung sowie an formalrechtlichen Ausgestaltungen orientieren soll.

Soll ausgehend von der Wesentlichkeitsbetrachtung ein nachgeordnetes Unternehmen vom Gruppenrisikomanagement ausgeschlossen werden, hat das übergeordnete Unternehmen einen solchen etwaigen Ausschluss zu dokumentieren, da es insofern eine Öffnungsklausel wahrnimmt (vgl. AT 6 Tz. 2 MaRisk).[82] Es empfiehlt sich insofern, nicht allein das Ergebnis festzuhalten, sondern zu protokollieren, inwieweit die angelegten Wesentlichkeitskriterien nicht erfüllt sind.

c) Fortlaufende Information über Risikosituation der Gruppe

Ein angemessenes gruppenweites Risikomanagement setzt – im Sinne einer laufenden Risikoinventur – voraus, dass sich das übergeordnete Unternehmen in angemessenen Abständen über die Risikosituation der Gruppe informiert (AT 4.5 Tz. 5 MaRisk). Daraus folgt, dass die Risikoinventur nicht nur einmalig, sondern fortgesetzt stattzufinden hat; insofern ist nicht nur die fortgesetzte Angemessenheit der angelegten Wesentlichkeitskriterien zu überprüfen, sondern sind erneut die relevanten Informationen von den nachgeordneten Unternehmen einzuholen und diese qualitativ sowie quantitativ zu bewerten.

Während die MaRisk keine Aussagen dazu trifft, welche Intervalle als angemessen zu erachten sind, liegt angesichts der Orientierung des gesamten Risikomanagements am spezifischen Risikogehalt der Geschäfte auch insofern nahe, sich am Risikogehalt der geschäftlichen Aktivitäten zu orientieren.[83] Genügen dürfte bei systematischem Blick auf die Risiko-

[77] Vgl. BaFin, Erläuterungen zur MaRisk, AT 2.2 Tz. 2.
[78] Krimphove/Lüke MaRisk/Siegl AT 4.5 Rn. 31.
[79] Krimphove/Lüke MaRisk/Siegl AT 4.5 Rn. 32 ff.
[80] Hannemann/Weigl/Zaruk/Weigl MaRisk Teil I AT 4.5 Rn. 35.
[81] So auch BaFin, Erläuterungen zur MaRisk, AT 2.2 Tz. 2.
[82] Schwennicke/Auerbach/Langen/Donner KWG § 25a Rn. 132.
[83] Fischer/Schulte-Mattler/Braun KWG § 25a Rn. 721.

berichterstattung an die Aufsichtsorgane (vgl. BT 3.1 Tz. 5 MaRisk) im Regelfall eine quartalsweise Information, sofern nicht im Einzelfall (etwa aufgrund der Volatilität der Geschäfte und der damit einhergehenden Risiken oder aufgrund der finanziellen Lage der Gruppe) ein kürzeres Intervall sachgerecht erscheint.[84] Unberührt bleibt jedenfalls die Verpflichtung zu einer ad-hoc-Berichterstattung bei wesentlichen risikorelevanten Entwicklungen (vgl. BT 3.1 Tz. 3 MaRisk).[85]

Es ist zu dokumentieren, welche Abstände grundsätzlich für die fortlaufenden Informationen über die Risikosituation der Gruppe anvisiert und welches die Kriterien für die ggf. erforderliche ad-hoc-Prüfung sind.[86]

2. *Festlegung gruppenweiter Strategien*

Die Gruppensteuerung umfasst die Festlegung einer Geschäftsstrategie und einer dazu konsistenten Risikostrategie (sog. „gruppenweite Strategien"), für deren gruppenweite Umsetzung die Geschäftsleitung Sorge zu tragen hat (AT 4.5 Tz. 2 MaRisk). Insofern trägt die Geschäftsleitung des übergeordneten Unternehmens die alleinige Verantwortung, bei deren Wahrnehmung die Geschäftsleitung über Ermessen verfügt.[87]

Grundsätzlich sollen die gruppenweiten Strategien nicht die jeweiligen Strategien der nachgeordneten Unternehmen ersetzen oder diese von ihrer – fortbestehenden – Pflicht zur Erstellung von Strategien auf individueller Ebene befreien. Das Aufsichtsrecht verlangt die Entwicklung eines übergeordneten Rahmens für die geschäftsstrategische Ausrichtung der Gruppenunternehmen sowie den Umgang mit den hieraus resultierenden gruppenweiten Risiken. Den so gesetzten Rahmen haben die nachgeordneten Unternehmen dann in ihren Strategien und Konzepten auf individueller Ebene zu konkretisieren und zu operationalisieren.[88]

Abstimmung und Umsetzung der Strategie lassen sich bspw. durch eine strukturierte Einbindung der nachgeordneten Unternehmen in den Strategieprozess des übergeordneten Unternehmens fördern. Vorgeschlagen wird für die Praxis insoweit etwa die jährliche Durchführung von Strategie-Workshops unter Teilnahme der Geschäftsleiter der nachgeordneten Unternehmen, in denen Planung, Umsetzung, Beurteilung und Anpassung der Strategien koordiniert und durchgeführt werden.[89]

a) Geschäftsstrategie

In der gruppenweiten Geschäftsstrategie sind die Ziele für jede wesentliche Geschäftsaktivität der Gruppe sowie die Maßnahmen zur Erreichung dieser Ziele darzustellen. Diese Gruppenstrategie wird sich meist von der Geschäftsstrategie der gruppenzugehörigen Einzelunternehmen unterscheiden und gibt den strategischen Rahmen für die Gruppenmitglieder vor.[90] Die Geschäftsstrategien der einzelnen Gruppenmitglieder müssen nicht zwingend „top down" entwickelt und implementiert werden; es ist aber erforderlich, dass die jeweiligen Strategien und die darin niedergelegten Ziele aufeinander abgestimmt sind (AT 4.5 Tz. 2 MaRisk).[91]

---

[84] Fischer/Schulte-Mattler/Braun KWG § 25a Rn. 721.

[85] Fischer/Schulte-Mattler/Braun KWG § 25a Rn. 721.

[86] Ritz BankPraktiker 2018, 35 (36).

[87] Schwennicke/Auerbach/Langen/Donner KWG § 25a Rn. 135; vgl. auch BaFin, Erläuterungen zur MaRisk, AT 4.2 Tz. 1.

[88] Krimphove/Lüke MaRisk/Siegl AT 4.5 Rn. 41 f.

[89] Krimphove/Lüke MaRisk/Siegl AT 4.5 Rn. 43.

[90] Fischer/Schulte-Mattler/Braun KWG § 25a Rn. 714; vgl. Hannemann/Weigl/Zaruk/Weigl MaRisk Teil I AT 4.5 Rn. 64.

[91] Fischer/Schulte-Mattler/Braun KWG § 25a Rn. 714; vgl. Luz/Neus/Schaber/Schneider/Wanger/Weber/Hellstern KWG § 25a Rn. 28.

Die Formulierung der MaRisk[92] legt insofern eine rahmensetzende, mithin steuernde Funktion der gruppenweiten Strategien nahe; dafür spricht auch die gesetzlich vorgegebene Leitungsverantwortung der Geschäftsleiter des übergeordneten Unternehmens.

Die Geschäftsstrategie ist nicht nur festzulegen, sondern es ist auch für deren Umsetzung Sorge zu tragen (AT 4.5 Tz. 2 MaRisk). Voraussetzung hierfür ist zunächst eine entsprechende gruppeninterne Kommunikation der Geschäftsstrategie. Inwieweit die Umsetzung der Geschäftsstrategie innerhalb der gruppenzugehörigen Unternehmen durchgesetzt werden kann, hängt maßgeblich von den rechtlich abgesicherten Einflussmöglichkeiten ab.[93]

b) Risikostrategie

Aus der Geschäftsstrategie ist für die Gruppe eine konsistente Risikostrategie zu entwickeln, die in Teilstrategien, zB für einzelne Risikoarten, unterteilt werden kann. Die Risikostrategie hat risikostrategische Ziele sowie die Maßnahmen zu deren Erreichung, wie etwa die Definition eines gruppenweiten Risikoappetits, zu enthalten.[94] Dies ist wesentliche Ausprägung der aufsichtlichen Vorgabe, eine angemessene Risikokultur – ähnlich wie auf Einzelinstitutsebene – auf Ebene der Gruppe zu entwickeln, zu fördern, zu integrieren und zu überwachen (AT 3 Tz. 1 MaRisk).

Die Risikostrategie hat – im Regelfall unterteilt in Teilstrategien für unterschiedliche Risikoarten[95] – alle wesentlichen Risiken der Gruppe zu erfassen, wobei – wie gezeigt – irrelevant ist, ob diese durch konsolidierungspflichtige Unternehmen begründet werden (vgl. AT 4.5 Tz. 1 MaRisk). Auch ist unerheblich, ob sich die Risiken unmittelbar oder mittelbar (etwa über ein Beteiligungsrisiko als Adressenausfallrisiko oder aufgrund eines Ergebnisabführungsvertrags mit einem untergeordneten Unternehmen) auswirken.[96]

Weder das Gesetz noch die MaRisk enthalten Vorgaben zur Granularität der gruppenweiten Risikostrategie (und der daraus abgeleiteten einzelnen Elemente des Risikomanagementsystems). Es dürfte allerdings sachgerecht sein, den strategischen Rahmen für das Risikomanagement umso allgemeiner zu halten, je dezentraler die Gruppe strukturiert ist und je mehr Tochterunternehmen zur Gruppe gehören, die finanzaufsichtsrechtlich selbst nicht erfasst sind, dh insbes. Nichtinstitute. So können sich die gruppenangehörigen Unternehmen an dem gesetzten Rahmen orientieren und zugleich ihre unternehmensspezifischen Besonderheiten berücksichtigen.[97] Eine derart abgestufte Granularität hätte zudem den Vorteil, nicht disruptiv in gewachsene Strukturen einzugreifen und insbes. keine genuin aufsichtsrechtlichen Risikomanagementvorgaben bzw. -prozesse auf Unternehmen anzuwenden, die nicht originär aufsichtsrechtlich erfassten Risiken ausgesetzt sind, ohne sie indes aus der – gesetzlich gewünschten – gruppenweiten Risikosteuerung gänzlich auszuklammern. Dies läge auch auf Linie der Vorstellungen der BaFin, wonach sich die konkrete Ausgestaltung des Risikomanagements auf Gruppenebene insbes. auch an der Art der von der Gruppe betriebenen Geschäftsaktivitäten zu orientieren hat.[98]

---

[92] *„Die strategische Ausrichtung der gruppenangehörigen Unternehmen ist mit den gruppenweiten Strategien abzustimmen"*. Abstimmungspflichtig ist damit die strategische Ausrichtung der gruppenangehörigen Unternehmen und nicht die gruppenweite Strategie – anderenfalls hätte die umgekehrte Satzstruktur nahegelegen.

[93] Fischer/Schulte-Mattler/Braun KWG § 25a Rn. 715; Schwennicke/Auerbach/Langen/Donner KWG § 25a Rn. 136; Hannemann/Weigl/Zaruk/Weigl MaRisk Teil I AT 4.5 Rn. 71.

[94] Fischer/Schulte-Mattler/Braun KWG § 25a Rn. 716; vgl. Hannemann/Weigl/Zaruk/Weigl MaRisk Teil I AT 4.5 Rn. 45 f.

[95] Tröger ZHR 177 (2013), 475 (493).

[96] Fischer/Schulte-Mattler/Braun KWG § 25a Rn. 716.

[97] Vgl. in Bezug auf die Risikokultur allgemein Hannemann/Weigl/Zaruk/Weigl MaRisk Teil I AT 4.5 Rn. 49.

[98] BaFin, Erläuterungen zur MaRisk, AT 4.5 Tz. 1.

3. Risikosteuerungs- und Controllingprozesse

a) Grundsätzliche Anforderungen

Nach AT 4.5 Tz. 5 MaRisk hat das übergeordnete Unternehmen angemessene Risikosteuerungs- und Controllingprozesse einzurichten, die die gruppenangehörigen Unternehmen (unter Berücksichtigung der jeweiligen unternehmensspezifischen Besonderheiten)[99] einbeziehen und die eine effektive Identifizierung, Beurteilung, Steuerung sowie Überwachung und Kommunikation von Risiken erlauben.[100]

Eine vollständige Integration der nachgeordneten Unternehmen in die Risikomanagementprozesse des übergeordneten Unternehmens erfordert dies nicht zwingend;[101] allerdings sind die Prozesse klar zu strukturieren und aufeinander abzustimmen.[102] Es ist mithin – vorbehaltlich der für bedeutende Institute geltenden Erwartungen der EZB zum ICCAP[103] – nicht erforderlich, dass die wesentlichen Risiken gruppenweit nach identischen Verfahren gesteuert und überwacht werden; es genügt, wenn sich aus unterschiedlichen Verfahren sachgerechte Aussagen hinsichtlich der Gesamtsituation der Gruppe ableiten lassen.[104] So wird bspw. gefordert, dass Limitsysteme nicht bei allen einbezogenen Unternehmen identisch sein müssen, aber ineinander überleitbar und zu einem Gesamtlimit aggregierbar sind.[105]

Auch wenn in AT 4.5 Tz. 5 MaRisk nicht ausdrücklich erwähnt, haben die Prozesse nur wesentliche Risiken zu erfassen. Dies entspricht systematisch der für Institute auf Einzelbasis in AT 4.3.2 Tz. 1 MaRisk zum Ausdruck kommenden Wertung und ist konsistent mit den Vorgaben in AT 4.5 Tz. 1 MaRisk, die das Gruppenrisikomanagement in Gänze lediglich auf wesentliche Risiken erstreckt wissen will.[106] Die Wesentlichkeit von Risiken wird – wie dargelegt – iRd Risikoinventur ermittelt.

Zentraler organisatorischer Baustein der Risikosteuerungs- und Controllingprozesse ist die Einrichtung einer gruppenweiten Risikocontrolling- und Compliance-Funktion.[107] Dies folgt unmittelbar aus § 25a Abs. 3 S. 1 iVm Abs. 1 S. 3 Nr. 3 Buchst. c KWG sowie implizit aus der dementsprechenden (strafbewehrten, vgl. § 54a KWG) Pflicht der Geschäftsleiter des übergeordneten Unternehmens in § 25c Abs. 4b S. 2 Nr. 3 Buchst. e KWG und entspricht auch den Vorstellungen der EBA, die in ihren Leitlinien zur internen Governance die Einrichtung einer gruppenweiten Risikomanagementfunktion im konsolidierenden Unternehmen fordert[108] und auch Anforderungen an die Leiter der Risikomanagement- und Compliance-Funktionen auf Gruppenebene stellt.[109] Aufgabe dieser gruppenweiten Risikocontrolling- und Compliance-Funktion ist die Erhebung und Aufbereitung der für die (fortlaufende) Risikoidentifikation, -bewertung, -berichterstattung und -steuerung er-

---

[99] Vgl. Fischer/Schulte-Mattler/Braun KWG § 25a Rn. 718.

[100] Beck/Samm/Kokemoor/Reppenthien, 234. EL 2023, KWG § 25a Rn. 250; Schwennicke/Auerbach/Langen/Donner KWG § 25a Rn. 139.

[101] Beck/Samm/Kokemoor/Reppenthien, 234. EL 2023, KWG § 25a Rn. 253a; Luz/Neus/Schaber/Schneider/Wanger/Weber/Hellstern KWG § 25a Rn. 28, der darauf hinweist, dass eine teilweise Integration dann erforderlich ist, wenn ein Institut als nachgeordnetes Unternehmen von der bereits angesprochenen Möglichkeit einer Freistellung nach § 2a KWG erfolgreich Gebrauch macht.

[102] Fischer/Schulte-Mattler/Braun KWG § 25a Rn. 718.

[103] EZB, Leitfaden der EZB für den bankinternen Prozess zur Sicherstellung einer angemessenen Kapitalausstattung (Internal Capital Adequacy Assessment Prozess – ICAAP), 9.11.2018, 11; vgl. auch S. 8 und 11 zur konsistenten und kohärenten Anwendung des ICAAP in der Gruppe.

[104] Schwennicke/Auerbach/Langen/Donner KWG § 25a Rn. 139.

[105] Fischer/Schulte-Mattler/Braun KWG § 25a Rn. 718.

[106] Schwennicke/Auerbach/Langen/Donner KWG § 25a Rn. 140.

[107] Hannemann/Weigl/Zaruk/Weigl MaRisk Teil I AT 4.5 Rn. 24.

[108] EBA/GL/2021/05 Tz. 185.

[109] Vgl. EBA/GL/2021/05 Tz. 200, 213.

forderlichen Daten und deren Zurverfügungstellen an die Verwaltungsorgane der Obergesellschaft.[110] Dieser Aufgabenzuschnitt ist weiterer Ausweis des bereits dargelegten Mechanismus der Informationsweiterleitung, in dem die Obergesellschaft zwar Informationen von den nachgeordneten Unternehmen anfordern und diese verwerten darf, sie aber zu plausibilisieren und im Zweifelsfall zu verifizieren hat.

b) Stresstests

Zusätzlich zur Sicherstellung der Risikotragfähigkeit im Normalzustand hat das übergeordnete Unternehmen dafür zu sorgen, dass für die wesentlichen Risiken auf Gruppenebene regelmäßig angemessene Stresstests durchgeführt werden (die EBA spricht in ihren Leitlinien zu Stresstests von einem „gruppenweiten Stresstest-Programm"[111]). Hierfür sind die für die jeweiligen Risiken wesentlichen Risikofaktoren zu identifizieren und neuerdings auch die Auswirkungen von ESG-Risiken explizit zu berücksichtigen. (AT 4.5 Tz. 5 MaRisk). Die Stresstests sollen Änderungen der Korrelationen zwischen Risikoarten und Risikofaktoren auf Einzelinstituts- und auch auf Gruppenebene berücksichtigen.[112] Stresstests dienen dazu, außergewöhnliche, aber plausibel mögliche Ereignisse zu simulieren. Hierzu sind auf hypothetischer oder historischer Datenlage geeignete Szenarien (wie etwa konjunkturelle Fluktuationen, strukturelle Probleme in Regionen, gesteigerter Wettbewerb um Kunden, realisierte Reputationsrisiken[113]) abzubilden. Aus diesen Szenarien sollen sodann Frühwarnsignale eruiert werden, um etwaige Steuerungsimpulse abzuleiten.[114]

Da die Durchführung gruppenweiter Stresstests erheblichen Aufwand verursacht, wird es – im Lichte des Proportionalitätsgrundsatzes – häufig ausreichend sein, wenn das übergeordnete Unternehmen lediglich eine Gesamtschau der Stresstests der nachgeordneten Unternehmen (vgl. AT 4.3.2 Tz. 3–6) vornimmt.[115] Allerdings ist zu beachten, dass je nach Struktur der Gruppe die Risikoparameter bzw. historische/hypothetische Szenarien bei den gruppenbezogenen Stresstests nicht deckungsgleich mit denen auf Ebene des übergeordneten Unternehmens sein müssen. Das gilt insbes. dann, wenn innerhalb einer Gruppe unterschiedliche Risikostrukturen und -treiber bestehen.[116] Dies ist bei der Methodik der gruppenweiten Stresstests angemessen zu berücksichtigen und kann die tatsächliche Durchführung eines gruppenweiten Stresstests gebieten. Insofern muss das übergeordnete Institut bewerten, ob eine einfache Aggregation von Stresstests in Bezug auf einzelne Risikobereiche oder Geschäftseinheiten der Gruppe eine adäquate Wiedergabe der wesentlichen Risiken für die Gruppe ermöglicht.[117] Es ist zu vermeiden, dass Korrelationen, die Aufrechnung einzelner Risikopositionen und Konzentrationen entweder zu einer doppelten Risikoerfassung oder zu einer Unterschätzung der Auswirkungen von Risikofaktoren führen.[118] Grundsätzlich sollte sich das Stresstestkonzept an der Struktur der Gruppe orientieren; dementsprechend dürfte es aufsichtsrechtlich angesichts des Proportionalitätsgrundsatzes geboten sein, dass bedeutende Institutsgruppen über eine umfangreichere Methodik verfügen als kleine, wenig komplexe Gruppen.[119] Ferner sollten international tätige Gruppen (zusätzlich zu Stresstests für bestimmte Geschäftsbereiche oder -felder) im Einklang mit den Vorstellungen der EBA auch Stresstests auf der Ebene

[110] Hopt/Binder/Böcking CG-HdB/Binder § 16 Rn. 18.
[111] EBA/GL/2018/04 Tz. 13 f., 53.
[112] EBA/GL/2018/04 Tz. 49.
[113] Vgl. Geiersbach/Prasser BankPraktiker 2019, 8 (9).
[114] Vgl. Blitz BankPraktiker 2023, 386 (389).
[115] Schwennicke/Auerbach/Langen/Donner KWG § 25a Rn. 141.
[116] Fischer/Schulte-Mattler/Braun KWG § 25a Rn. 719.
[117] Vgl. EBA/GL/2018/04 Tz. 54 Buchst. a.
[118] EBA/GL/2018/04 Tz. 54 Buchst. b.
[119] EBA/GL/2018/04 Tz. 57.

von Geschäftseinheiten in einzelnen Regionen durchführen, um unterschiedliche Risikofaktoren in diesen Regionen zu berücksichtigen.[120]

Unabhängig davon sind regelmäßige und anlassbezogene Stresstests auch für das Gesamtrisikoprofil auf Gruppenebene durchzuführen (AT 4.5 Tz. 5 MaRisk).[121]

Über Stresstests sind Berichte anzufertigen. Diese sollten prägnant und – insbes. dann, wenn auf Stresstests auf Einzelunternehmensebene zurückgegriffen wird – einheitlich gestaltet sein.[122]

c) Besonderheit für Unternehmensübernahmen und Fusionen

Ferner ist vor Unternehmensübernahmen oder Fusionen ein Konzept zu erarbeiten, in dem die wesentlichen strategischen Ziele, die voraussichtlichen wesentlichen Konsequenzen für das Management der Risiken und die wesentlichen Auswirkungen auf das Gesamtrisikoprofil des Instituts bzw. der Gruppe dargestellt werden. Dies umfasst auch die mittelfristig geplante Entwicklung von Vermögens-, Finanz- und Ertragslage, die voraussichtliche Höhe der Risikopositionen, die notwendigen Anpassungen der Risikosteuerungs- und -controllingprozesse und der IT-Systeme, sowie die Darstellung wesentlicher rechtlicher Konsequenzen, etwa im Bilanz- oder Steuerrecht (AT 8.3 Tz. 1 MaRisk). Diese Aspekte sollen schon vorab und nicht erst im Rahmen einer post-merger-Integration analysiert werden.[123]

4. Risikotragfähigkeitskonzept

Um die Risikotragfähigkeit der Gruppe laufend sicherzustellen, hat das übergeordnete Unternehmen auf Grundlage des Gesamtrisikoprofils der Gruppe einen diesbezüglichen internen Prozess auf Gruppenebene einzurichten (sog. gruppenbezogener Internal Capital Adequacy Assessment Prozess – ICAAP[124]) (AT 4.5 Tz. 3 MaRisk iVm AT 4.1 Tz. 2 MaRisk).[125] Dieser Prozess soll gewährleisten, dass die wesentlichen Risiken auf Gruppenebene durch das Risikodeckungspotenzial der Gruppe, ggf. unter Berücksichtigung von Wechselwirkungen zwischen den Einzelrisiken und Einzelunternehmen, laufend abgedeckt sind, damit die Risikotragfähigkeit der Gruppe laufend sichergestellt ist (vgl. AT 4.1 Tz. 1 MaRisk).[126] Analog zur Vorgehensweise auf Einzelinstitutsebene sind alle iRd Risikoinventur auf Gruppenebene identifizierten wesentlichen Risiken der gruppenzugehörigen Unternehmen zu quantifizieren, ggf. zu aggregieren und ihrem aggregierten Risikodeckungspotenzial gegenüberzustellen.[127]

Das übergeordnete Unternehmen hat jeweils im Einzelfall zu prüfen, inwieweit eine Aggregation der unterschiedlichen Risiken und Risikodeckungspotenziale unter Berücksichtigung gruppeninterner Risikopositionen (zB aus sich kompensierenden Marktpreisrisiken innerhalb der Gruppe) zu einer Gruppenrisikotragfähigkeit möglich ist.[128] Insoweit ist

---

[120] EBA/GL/2018/04 Tz. 55; Krimphove/Lüke MaRisk/Siegl AT 4.5 Rn. 56.

[121] So auch Beck/Samm/Kokemoor/Reppenthien, 234. EL 2023, KWG § 25a Rn. 250.

[122] Vgl. (auch zu einer möglichen Struktur, wenn auch nicht spezifisch auf einen Gruppensachverhalt bezogen) Geiersbach/Prasser BankPraktiker 2019, 8 (10 ff.).

[123] Beck/Samm/Kokemoor/Reppenthien, 234. EL 2023, KWG § 25a Rn. 252.

[124] Fischer/Schulte-Mattler/Braun KWG § 25a Rn. 718; Hannemann/Weigl/Zaruk/Weigl MaRisk Teil I AT 4.5 Rn. 73 ff.; vgl. Tröger ZHR 177 (2013), 475 (493).

[125] Vgl. für bedeutende Institute auch EZB, Leitfaden der EZB für den bankinternen Prozess zur Sicherstellung einer angemessenen Kapitalausstattung (Internal Capital Adequacy Assessment Prozess – ICAAP), 9.11.2018, 8 und 11 zur konsistenten und kohärenten Anwendung des ICAAP in der Gruppe.

[126] Schwennicke/Auerbach/Langen/Donner KWG § 25a Rn. 137.

[127] Krimphove/Lüke MaRisk/Siegl AT 4.5 Rn. 47.

[128] Vgl. Fischer/Schulte-Mattler/Braun KWG § 25a Rn. 718; Mülbert/Wilhelm ZHR 178 (2014), 502 (531).

eine möglichst einheitliche Abgrenzung und Quantifizierung von Risiken und eine abgestimmte Definition des gruppenbezogenen Risikodeckungspotenzials anzustreben.[129]

Zur Sicherstellung und Steuerung der Risikotragfähigkeit bietet sich – wie auf Einzelinstitutsebene – die Arbeit mit Limitsystemen an. Dabei hat das übergeordnete Unternehmen auf Basis des (auf Strategieebene) definierten gruppenweiten Risikoappetits die Limite der wesentlichen Risiken der Einzelunternehmen zu einem Gesamtlimit auf Gruppenebene zu aggregieren.[130]

5. Interne Kontrollverfahren

Ein wirksames Risikomanagement setzt voraus, dass die Einhaltung der betreffenden Vorgaben auch kontrolliert wird. Daher sind interne Kontrollverfahren mit einem internen Kontrollsystem vorzusehen (AT 4.5 Tz. 5 MaRisk). Insoweit wird vorgeschlagen, sich für die Zwecke der Implementierung an den auf Institutsebene geltenden allgemeinen Anforderungen für Risikosteuerungs- und -controllingprozesse zu orientieren.[131] Dazu gehören die bereits erörterten Maßnahmen wie eine fortlaufende Risikoinventur, ein regelmäßiges Berichtswesen und Stresstests, aber auch bspw. die Gewährleistung der Überwachung und Begrenzung von Risiken aus Risikokonzentrationen (zB Großkredite). Dafür müssen geeignete Vorkehrungen, bspw. zur technischen Kontrolle von Risikolimiten, getroffen werden.

Zudem ist eine unmittelbar der Geschäftsleitung des übergeordneten Unternehmens unterstellte interne (Konzern-)Revision (vgl. AT 4.5 Tz. 6 MaRisk) als Teil der internen Kontrollverfahren in das gruppenbezogenen Risikomanagements aufzunehmen.[132] Die Konzernrevision hat iRd internen Kontrollsystems – ggf. ergänzend zu bereits bestehenden internen Revisionen[133] – auf Gruppenebene prozessunabhängige Kontrollen durchzuführen. Ihr Aufgabenbereich erstreckt sich auf die Wirksamkeit des Risikomanagements auf Gruppenebene.[134] Sie hat einen konzernweiten organisatorischen Rahmen festzulegen, die Prüfungstätigkeit der Gruppenunternehmen (Planung, Durchführung, Berichterstattung und Verfahren zur Überwachung der fristgerechten Mängelbeseitigung) aufeinander abzustimmen und Konzern-Revisionsberichte zu erstellen, wobei sie die Prüfungsergebnisse der internen Revisionen der gruppenangehörigen Unternehmen verwerten kann (AT 4.5 Tz. 6 MaRisk) (die ihr zur Verfügung zu stellen sind).[135] Grundsätzlich hat die Geschäftsleitung des übergeordneten Unternehmens sicherzustellen, dass gruppenweit Revisionsgrundsätze und Prüfungsstandards gelten, die eine Vergleichbarkeit der Prüfungsergebnisse gewährleisten (AT 4.5 Tz. 6 MaRisk); insoweit sind die Revisionshandbücher und andere arbeitsanweisende Regelungen wie Revisionsgrundsätze und Prüfungsstandards auf Gruppenebene zu vereinheitlichen.[136] Ziele, Aufgaben und Verantwortlichkeiten der Konzernrevisionen und der internen Revisionen der einzelnen Gruppenunternehmen sollten in Organisationsrichtlinien dokumentiert sein.[137]

---

[129] Vgl. Fischer/Schulte-Mattler/Braun KWG § 25a Rn. 720.

[130] Krimphove/Lüke MaRisk/Siegl AT 4.5 Rn. 48.

[131] Hannemann/Weigl/Zaruk/Weigl MaRisk Teil I AT 4.5 Rn. 96.

[132] Krimphove/Lüke MaRisk/Siegl AT 4.5 Rn. 58, 61; Fischer/Schulte-Mattler/Braun KWG § 25a Rn. 713.

[133] Fischer/Schulte-Mattler/Braun KWG § 25a Rn. 723; vgl. Schwennicke/Auerbach/Langen/Donner KWG § 25a Rn. 143.

[134] Schwennicke/Auerbach/Langen/Donner KWG § 25a Rn. 143; Reischauer/Kleinhans/Bitterwolf, 7. EL 2023, MaRisk AT 4.5 Tz. 6 Rn. 2; vgl. Hopt/Binder/Böcking CG-HdB/Binder § 16 Rn. 18.

[135] Fischer/Schulte-Mattler/Braun KWG § 25a Rn. 723.

[136] Krimphove/Lüke MaRisk/Siegl AT 4.5 Rn. 59.

[137] Krimphove/Lüke MaRisk/Siegl AT 4.5 Rn. 59.

Die MaRisk enthalten keine Vorgaben für die Form der Tätigkeit der Konzernrevision. Es ist ihr überlassen, die interne Revision von Einzelinstituten zu unterstützen, Sonderprüfungen vorzunehmen, spezielles Know-how bereitzustellen oder qualitätssichernde Maßnahmen zu ergreifen.[138] Der Hinweis in AT 4.5 Tz. 6 MaRisk, die Konzernrevision dürfe die Prüfungsergebnisse der internen Revisionen der gruppenangehörigen Unternehmen berücksichtigen, erlaubt der Konzernrevision nicht eine bloße Zusammenstellung dieser Berichte, sondern erfordert eine eigene Prüfung.[139] Inwieweit die Konzernrevision konkrete Prüfungshandlungen nicht auf Gruppenebene, sondern bei den einzelnen Gruppenunternehmen vornehmen kann – und damit ihre Angewiesenheit auf die Prüfungsergebnisse der internen Revisionen der nachgeordneten Unternehmen – hängt maßgeblich von den gesellschaftsrechtlichen Einflussmöglichkeiten ab.[140] Ein bloßer Rückgriff auf die Prüfungsergebnisse der untergeordneten Unternehmen ist auch dann zulässig, wenn Aufwand und Kosten einer eigenen Prüfung in einem nachgeordneten Unternehmen aus Perspektive des übergeordneten Unternehmens im Vergleich zum Nutzen der erzielten Prüfungsergebnisse unverhältnismäßig sind.[141]

Für die organisatorische Ausgestaltung kann sich an Modul BT 2 der MaRisk orientiert werden. Ungeachtet dessen hat die Konzernrevision ihre Aufgaben selbstständig und unabhängig wahrzunehmen, dh insbes. bei Berichterstattung und Bewertung der Prüfungsergebnisse weisungsfrei zu handeln.[142]

Die Konzernrevision hat BT 2.4 Tz. 4 MaRisk analog in angemessenen Abständen, mindestens aber vierteljährlich, an Geschäftsleitung und Aufsichtsorgan des übergeordneten Unternehmens über ihre Tätigkeit auf Gruppenebene zu berichten (AT 4.5 Tz. 6 MaRisk). Insofern bietet sich in der Praxis an, den Gesamtrisikobericht um ein Kap. „Risikomanagement auf Gruppenebene" zu ergänzen, welches die Kerninformation zum gruppenweiten Risikomanagement (wie insbes. als wesentlich identifizierte Gruppenunternehmen und Risiken, Einhaltung der Limite, Stresstestergebnisse) enthält.[143]

6. Personelle und technisch-organisatorische Ausstattung

Die Geschäftsleitung des übergeordneten Unternehmens hat (trotz fehlender Erwähnung in AT 4.5 MaRisk) auch eine angemessene personelle und technisch-organisatorische Ausstattung (zB im Hinblick auf IT-Systeme) der Gruppe sicherzustellen.[144] Dies gilt insbes. im Hinblick auf die Risikosteuerungsprozesse, ist aber keine spezifisch aufsichtsrechtliche Besonderheit.[145] Insofern hat die Geschäftsleitung des übergeordneten Unternehmens ausgehend von der Ausstattung der einzelnen gruppenangehörigen Unternehmen bei fehlender Angemessenheit ggf. weitergehende Maßnahmen zu fordern.[146]

[138] Fischer/Schulte-Mattler/Braun KWG § 25a Rn. 723; vgl. Hannemann/Weigl/Zaruk/Weigl MaRisk Teil I AT 4.5 Rn. 104 f.; Luz/Neus/Schaber/Schneider/Wanger/Weber/Hellstern KWG § 25a Rn. 28 („ergänzendes Zusammenspiel").

[139] Schwennicke/Auerbach/Langen/Donner KWG § 25a Rn. 144; vgl. Krimphove/Lüke MaRisk/Siegl AT 4.5 Rn. 58.

[140] Schwennicke/Auerbach/Langen/Donner KWG § 25a Rn. 144.

[141] Schwennicke/Auerbach/Langen/Donner KWG § 25a Rn. 144.

[142] Schwennicke/Auerbach/Langen/Donner KWG § 25a Rn. 143.

[143] Krimphove/Lüke MaRisk/Siegl AT 4.5 Rn. 54.

[144] Fischer/Schulte-Mattler/Braun KWG § 25a Rn. 713; Luz/Neus/Schaber/Schneider/Wanger/Weber/Hellstern KWG § 25a Rn. 31; Hannemann/Weigl/Zaruk/Weigl MaRisk Teil I AT 4.5 Rn. 25.

[145] Fischer/Schulte-Mattler/Braun KWG § 25a Rn. 724.

[146] Luz/Neus/Schaber/Schneider/Wanger/Weber/Hellstern KWG § 25a Rn. 31.

7. *Notfallkonzept*

Vorzuhalten ist zudem ein gruppenweites angemessenes Notfallkonzept, insbes. für die eingesetzten IT-Systeme.[147] Sichergestellt werden muss insoweit, dass auch gruppenübergreifend die zur Erbringung der jeweiligen Dienstleistungen zeitkritischen Aktivitäten und Prozesse stets erbracht werden können.[148] Dies ist vor allem dann relevant, wenn einzelne Gruppenunternehmen Teilleistungen für andere Gruppenangehörige erbringen. Damit soll das Risiko verringert werden, dass einzelne Ausfälle die gesamte Gruppe infizieren.[149]

Die Geschäftsleitung des übergeordneten Unternehmens kann auf bestehenden Notfallkonzepten der nachgeordneten Unternehmen aufbauen und hat diese – sollten sie ungenügend sein – ggf. zu ergänzen bzw. weitergehende Maßnahmen zu fordern.[150]

8. *Vergütungssysteme*

Teil des Risikomanagements ist – trotz fehlender Aufnahme in die MaRisk – auch die gruppenweite Etablierung angemessener, transparenter und auf eine nachhaltige Entwicklung ausgerichteter Vergütungssysteme.[151]

Dazu gehört die Festlegung einer gruppenweiten Vergütungsstrategie sowie die Sicherstellung ihrer Umsetzung (§ 27 Abs. 1 S. 1, Abs. 5 S. 1 IVV), das – sofern geboten – Hinwirken auf die Einrichtung von Vergütungskontrollausschüssen in den nachgeordneten Unternehmen (§ 27 Abs. 5 S. 2 IVV) sowie – sofern das übergeordnete Unternehmen bedeutend iSd § 1 Abs. 3c KWG ist – auf Grundlage der gruppenweiten Risikoanalyse die Ermittlung von Gruppen-Risikoträgern[152] (§ 27 Abs. 2 S. 1 IVV).[153] Die Aufgaben des Vergütungsbeauftragten gem. § 24 IVV können zentral durch den Vergütungsbeauftragten des übergeordneten Unternehmens erfüllt werden (§ 27 Abs. 6 S. 1 IVV). Aus dieser Vorgabe folgt zugleich, dass ein solcher zu bestellen ist. Sind nachgeordnete Unternehmen keine bedeutenden Institute iSv § 1 Abs. 3c KWG, kann das übergeordnete Unternehmen auch die jährliche Überprüfung der Vergütungssysteme (§ 12 Abs. 1 IVV) zentral durchführen (§ 27 Abs. 6 S. 2 IVV). In jedem Fall hat das übergeordnete Unternehmen die Offenlegungsanforderungen gem. § 16 IVV auf konsolidierter Ebene zu erfüllen (§ 27 Abs. 1 S. 3 IVV).[154]

IV. Umsetzung aufsichtsrechtlicher Gruppensteuerungspflichten vor dem Hintergrund gesellschaftsrechtlicher Beschränkungen

Die Etablierung eines gruppenweiten Risikomanagements ist ohne umfangreiche Informations-, Weisungs- und Durchgriffsrechte kaum denkbar.[155] Wie auch die BaFin anerkennt, hängt die konkrete Ausgestaltung des Risikomanagements auf Gruppenebene daher

---

[147] Fischer/Schulte-Mattler/Braun KWG § 25a Rn. 713; Hannemann/Weigl/Zaruk/Weigl MaRisk Teil I AT 4.5 Rn. 25.
[148] Fischer/Schulte-Mattler/Braun KWG § 25a Rn. 724.
[149] Fischer/Schulte-Mattler/Braun KWG § 25a Rn. 724.
[150] Fischer/Schulte-Mattler/Braun KWG § 25a Rn. 724; Hannemann/Weigl/Zaruk/Weigl MaRisk Teil I AT 4.5 Rn. 25.
[151] Fischer/Schulte-Mattler/Braun KWG § 25a Rn. 713, 726; Mülbert/Wilhelm ZHR 178 (2014), 502 (531).
[152] Das sind iSd § 2 Abs. 8 S. 2 IVV diejenigen Mitarbeiter, deren berufliche Tätigkeit sich wesentlich auf das Gesamtrisikoprofil der Gruppe auswirkt.
[153] Hannemann/Weigl/Zaruk/Weigl MaRisk Teil I AT 4.5 Rn. 26.
[154] Hannemann/Weigl/Zaruk/Weigl MaRisk Teil I AT 4.5 Rn. 26.
[155] Mülbert/Wilhelm ZHR 178 (2014), 502 (532).

auch von den entsprechenden gesellschaftsrechtlichen Möglichkeiten ab.[156] Insofern besteht ein bislang in den Einzelheiten noch nicht vollständig aufgelöstes Spannungsverhältnis zwischen Aufsichtsrecht und Gesellschaftsrecht.[157]

Grundsätzlich sind die gesellschaftsrechtlichen Grenzen der Beeinflussung gruppenangehöriger Unternehmen anzuerkennen, ohne aber – im Einklang mit der CRR und damit (wenn auch unausgesprochen) dem europarechtlichen *effet-utile*-Grundsatz[158] – den grundsätzlich umfassenden Geltungsanspruch des Aufsichtsrechts aufzugeben. Mit anderen Worten sollen die aufsichtsrechtlich erforderlichen Einwirkungsrechte des übergeordneten Unternehmens gelten und nicht durch anderweitiges Gesellschaftsrecht beschnitten werden.[159] Damit ist eine Abkehr von der bis zum CRD IV-Umsetzungsgesetz geltenden Rechtslage verbunden, wo noch ein genereller Vorbehalt der gesellschaftsrechtlichen Zulässigkeit vorgesehen war.[160] § 25a Abs. 3 KWG begründet hinsichtlich der aufsichtsrechtlich definierten Anforderungen an eine ordnungsgemäße Geschäftsorganisation damit jedenfalls faktisch ein Weisungsrecht der Geschäftsleiter des übergeordneten gegenüber dem nachgeordneten Unternehmen.[161]

Freilich gilt dies in dieser Allgemeinheit lediglich für in Deutschland ansässige gruppenangehörige Gesellschaften. Für Gruppengesellschaften, die in anderen EU-Mitgliedstaaten ansässig sind, sollte man regelmäßig zu denselben Ergebnissen kommen, da eine richtlinienkonforme Auslegung von CRR und CRD auch in anderen EU-Rechtsordnungen den aufsichtsrechtlichen Pflichten zur Gruppensteuerung zur Durchsetzung verhelfen müsste – wobei freilich nicht auszuschließen ist, dass in der jeweiligen Jurisdiktion anderen rechtlichen Belangen gegenüber dem Aufsichtsrecht Vorrang eingeräumt wird. Dies sollte dann in der Risikoinventur genauso identifiziert und berücksichtigt werden wie der Fall in § 25a Abs. 3 S. 3 KWG.

In § 25a Abs. 3 S. 3 KWG wird die Konstellation geregelt, dass ein nachgeordnetes Unternehmen seinen Sitz in einem Drittstaat hat und das dortige lokale Recht der Erfüllung derjenigen Pflichten des nachgeordneten Unternehmens entgegenstehen, die aus der Einbeziehung in das Risikomanagement auf Gruppenebene resultieren; in diesem Fall muss das im Drittstaat nachgeordnete Unternehmen die entsprechenden Pflichten nur erfüllen, soweit die Erfüllung dieser Pflichten nicht dem Recht des Drittstaats entgegenstehen.

Somit ist in Gruppenstrukturen, denen nachgeordnete Unternehmen in anderen EU-Staaten und insbes. in Drittstaaten ansässig sind, nicht gesichert, dass den grundsätzlichen Gruppensteuerungspflichten des übergeordneten Unternehmens auch entsprechende Umsetzungsmöglichkeiten gegenüberstehen. In diesen Fällen sollte das gelten, was bereits zur Risikoinventur ausgeführt wurde, nämlich dass Defizite bei der Erfüllung der gruppenbezogenen Pflichten wegen entgegenstehenden Rechts konkret zu identifizieren sind, ihre Erheblichkeit für das Risikomanagement der Gruppe zu bewerten ist und dementsprechend Maßnahmen zur Beseitigung oder Reduzierung von erheblichen Beschränkungen effektiver Steuerungsmöglichkeiten zu prüfen sind.

---

[156] BaFin, Erläuterungen zur MaRisk, AT 4.5 Tz. 1.

[157] Vgl. Luz/Neus/Schaber/Schneider/Wanger/Weber/Hellstern KWG § 25a Rn. 22, sowie Hopt/Binder/Böcking CG-HdB/Binder § 16 Rn. 28 ff.

[158] Vgl. zur Relevanz des effet-utile-Grundsatzes auch Hopt/Binder/Böcking CG-HdB/Binder § 16 Rn. 20.

[159] Beck/Samm/Kokemoor/Reppenthien, 234. EL 2023, KWG § 25a Rn. 246; Luz/Neus/Schaber/Schneider/Wanger/Weber/Hellstern KWG § 25a Rn. 34.

[160] Fischer/Schulte-Mattler/Braun KWG § 25a Rn. 709.

[161] Fischer/Schulte-Mattler/Braun KWG § 25a Rn. 710.

1. Ausgangspunkt: Beherrschungsgrad

Die konkreten Möglichkeiten zur Einflussnahme, insbes. die Möglichkeit von Weisungen, auf die Geschäftstätigkeit und Organisation des untergeordneten Unternehmens hängen dabei vom Grad der Beherrschung des nachgeordneten Unternehmens ab.[162]

a) Aktiengesellschaften

Bei Aktiengesellschaften können die aufsichtsrechtlich angelegten risikomanagementspezifischen Steuerungsbefugnisse des übergeordneten Unternehmens in Konflikt geraten mit der eigenverantwortlichen Leitungsmacht des Vorstands der Tochterunternehmen (§ 76 Abs. 1 AktG).[163] Bei ihnen ist daher zunächst die konzernrechtliche Ausgestaltung der Gruppenstruktur zumindest in den Grundzügen zu beachten:

- Beim Vertragskonzern (§§ 291, 308 Abs. 2 S. 1 AktG) oder der Eingliederung (§ 321 Abs. 1 S. 2 iVm § 308 Abs. 2 S. 1 AktG) kann die Geschäftsleitung des übergeordneten Unternehmens die aus § 25a KWG folgenden Vorgaben gruppenweit durchsetzen, da sie verbindliche Weisungen erteilen kann.[164]
- Im faktischen Konzern ist die Geschäftsleitung der nachgeordneten Unternehmen trotz der Konzernierung (§ 311 AktG) nicht zur Weisungsbefolgung verpflichtet, es verbleibt bei der aus § 76 Abs. 1 AktG folgenden umfassenden Leitungsmacht des Vorstands.[165] Anders als im Vertragskonzern besteht im faktischen Konzern (vorbehaltlich anderweitiger gesellschaftsrechtlich vermittelter Weisungsrechte, s. dazu unten) primär ein mittelbarer Einfluss, etwa über das Recht zur Bestellung des Vorstands durch den Aufsichtsrat[166] oder über ein rechtlich unverbindliches nachhaltiges Hinwirken der Geschäftsleitung des übergeordneten Unternehmens auf eine ordnungsgemäße Geschäftsorganisation.[167] Die Vorgaben des § 25a KWG lassen sich daher nur im Einvernehmen mit den nachgeordneten Unternehmen tatsächlich durchsetzen. Ist dies mangels Kooperationsbereitschaft nicht möglich, wird gelegentlich davon ausgegangen, dass ein Verschulden der Geschäftsleitung des übergeordneten Unternehmens entfalle.[168]

So ist bspw. die Konzernrevision auf Basis eines Beherrschungsvertrags zur Durchführung eigenständiger Prüfungshandlungen berechtigt, während sie im faktischen Konzern insofern auf eine Genehmigung des nachgeordneten Unternehmens angewiesen ist.[169]

- Unabhängig von einer Konzernierung begründet § 25a Abs. 3 KWG eine rein aufsichtsrechtliche Einwirkungsmöglichkeit, die spiegelbildlich allgemeine aufsichtsrechtliche Mitwirkungspflichten für das nachgeordnete Unternehmen begründet.[170] Zwangsweise durchsetzbar sind diese indes auf zivilrechtlicher Ebene nicht;[171] vielmehr ist dies lediglich Ausdruck der allgemeinen aufsichtsrechtlichen Erwartung, dass über- und nachgeordnete Unternehmen im Hinblick auf das Risikomanagement kooperativ zusammenwirken. Das Mutterunternehmen soll eine angemessene Aufsicht über die abhängigen

---

[162] Luz/Neus/Schaber/Schneider/Wanger/Weber/Hellstern KWG § 25a Rn. 34.
[163] Hannemann/Weigl/Zaruk/Weigl MaRisk Teil I AT 4.5 Rn. 37.
[164] Luz/Neus/Schaber/Schneider/Wanger/Weber/Hellstern KWG § 25a Rn. 34; vgl. Fischer/Schulte-Mattler/Braun KWG § 25a Rn. 709; Hannemann/Weigl/Zaruk/Weigl MaRisk Teil I AT 4.5 Rn. 38.
[165] Luz/Neus/Schaber/Schneider/Wanger/Weber/Hellstern KWG § 25a Rn. 34.
[166] Fischer/Schulte-Mattler/Braun KWG § 25a Rn. 709.
[167] Fischer/Schulte-Mattler/Braun KWG § 25a Rn. 709.
[168] Luz/Neus/Schaber/Schneider/Wanger/Weber/Hellstern § 25a Rn. 34.
[169] Fischer/Schulte-Mattler/Braun KWG § 25a Rn. 723.
[170] Luz/Neus/Schaber/Schneider/Wanger/Weber/Hellstern KWG § 25a Rn. 34, 36.
[171] Vgl. Hannemann/Weigl/Zaruk/Weigl MaRisk Teil I AT 4.5 Rn. 38.

Institute führen, aber deren Unabhängigkeit und Interessen angemessen berücksichtigen.[172] Dies kommt auch in den Vorstellungen der EBA zum Ausdruck, nach der Mutter- und Tochterunternehmen beiderseits *„dafür Sorge tragen, dass Regelungen, Prozesse und Mechanismen für die interne Governance kohärent und auf einer konsolidierten oder teilkonsolidierten Basis gut integriert sind"* (vgl. Art. 109 Abs. 2 RL/2013/36/EU).[173] Ausprägung dessen ist, dass der Vorstand des beherrschten Unternehmens im Falle einer (nicht zwingenden) Weisung aufgrund seiner aufsichtsrechtlichen Mitwirkungspflicht zu überprüfen hat, ob die Ausführung der Weisung zur Folge hat, dass das beherrschte Unternehmen oder seine Organe gegen ihnen durch ein Gesetz (insbes. KWG oder CRR sowie die dazu ergangenen Verordnungen) auferlegte Pflichten verstößt.[174] Kommt er zum Ergebnis, dass die Weisung rechtmäßig ist, entspricht es der aufsichtsrechtlichen Erwartung, dass er ihr nachkommt.[175] Sorgfaltspflichtverstöße bei der Wahrnehmung der Prüfungspflicht können eine Haftung des Vorstands des nachgeordneten Unternehmens nach § 310 AktG begründen.[176]

Aufsichtsrechtlich kann eine fehlende Mitwirkung des nachgeordneten Unternehmens über die Befugnisnorm des § 36 KWG gegenüber der Geschäftsleitung eines nachgeordneten Instituts sanktioniert werden.[177]

b) Gesellschaften mit beschränkter Haftung

Bei Gesellschaften mit beschränkter Haftung (GmbH) besteht – anders als im Aktienrecht und unabhängig von einer Konzernierung – von vornherein die Befugnis der Gesellschafter, den Geschäftsführern nach ihrem Ermessen verbindliche Weisungen zu erteilen.[178] Weisungen können sowohl generell (dh in Form einer Geschäftsordnung oder eines Zustimmungskatalogs in der Satzung) als auch als konkrete Einzelweisungen erteilt werden.[179]

Die gesellschaftsrechtlichen Grenzen dieses Weisungsrechts sind – soweit hier relevant – insbes.:

- Sittenwidrige, treuwidrige oder gesetzeswidrige Weisungen sind nicht zu befolgen.[180]
- Weisungen, die zur Existenzvernichtung oder Gefahr einer Insolvenz führen, sind nicht zu befolgen.[181]

Einzelnen Stimmen zufolge ist eine übermäßige Einschränkung des Entscheidungsspielraums der Geschäftsführer durch Gesellschafterweisungen, durch die die Selbständigkeit der Geschäftsführer faktisch aufgehoben wird, unzulässig.[182] Dies ist freilich als Grundsatz nicht

---

[172] BCBS, Guidelines, Corporate governance principles for banks, Juli 2015, Tz. 95; CEBS, Consultation paper on the Guidebook on Internal Governance (CP 44), 13.10.2010, Tz. 29; Hannemann/Weigl/Zaruk/Weigl MaRisk Teil I AT 4.5 Rn. 71; vgl. auch EBA/GL/2021/05 Tz. 86.

[173] EBA/GL/2021/05 Tz. 83.

[174] Hannemann/Weigl/Zaruk/Weigl MaRisk Teil I AT 4.5 Rn. 40.

[175] Vgl. (auch unter dem Gesichtspunkt der mitgliedschaftlichen Treuepflicht der abhängigen Gesellschaft) Emmerich/Habersack/Habersack AktG § 311 Rn. 87a.

[176] Hannemann/Weigl/Zaruk/Weigl MaRisk Teil I AT 4.5 Rn. 40.

[177] Luz/Neus/Schaber/Schneider/Wanger/Weber/Hellstern KWG § 25a Rn. 35.

[178] Michalski/Heidinger/Leible/Schmidt/Lenz GmbHG § 37 Rn. 18; Rowedder/Pentz/Belz GmbHG § 37 Rn. 2, 26.

[179] Oppenländer/Trölitzsch GmbH-GF-HdB/Trölitzsch § 16 Rn. 23.

[180] BGH NJW 1974, 1089; Michalski/Heidinger/Leible/Schmidt/Lenz GmbHG § 37 Rn. 19; Noack/Servatius/Haas/Beurskens GmbHG § 37 Rn. 38.

[181] OLG Frankfurt a. M. GmbHR 1997, 346 (348) = NJW-RR 1997, 736; Michalski/Heidinger/Leible/Schmidt/Lenz GmbHG § 37 Rn. 20.

[182] Michalski/Heidinger/Leible/Schmidt/Lenz GmbHG § 37 Rn. 18.

allgemein anerkannt[183] und wird zudem lediglich für Fälle diskutiert, in denen Geschäftsführer – nicht bezogen auf die Befolgung einzelner Weisungen, sondern auf ihre gesamte Leitungstätigkeit – zu bloßen Ausführungsorganen werden. Dieser Grad an Einschränkung lässt sich iRd § 25a Abs. 3, Abs. 1 KWG kaum erreichen, sofern die Geschäftsleitung des übergeordneten Unternehmens – wie vom Gesetz grundsätzlich vorgesehen – nur die Rahmenbedingungen für das gruppenweite Risikomanagement und die allgemeine Geschäftsorganisation setzen und die Gestaltungsspielräume der untergeordneten Unternehmen erhalten bleiben.

Dies entspricht auch der grundsätzlichen Zuständigkeitsverteilung für GmbHs: Nach der Rechtsprechung des BGH liegt die Zuständigkeit für grundlegende Entscheidungen über die Unternehmensstrategie bzw. -politik einer GmbH im Grundsatz bei den Gesellschaftern.[184] Die Eckpfeiler der Unternehmensstrategie sind regelmäßig in der Satzung festgehalten, deren Vorgaben die Geschäftsführer zu beachten haben und nicht eigenmächtig ändern dürfen (vgl. § 37 Abs. 1 GmbHG).[185] Die konkrete Umsetzung der strategischen Vorgaben iRd operativen Geschäfts obliegt wiederum den Geschäftsführern.[186]

Diese Wertungen erfahren durch das Aufsichtsrecht keine grundlegende Modifikation.[187] Insbes. bedeutet die Gesamtverantwortung der Geschäftsleiter für eine ordnungsgemäße Geschäftsorganisation (§§ 25a Abs. 1 S. 2, 25c Abs. 4a KWG, so auch AT 3 MaRisk) keine grundsätzliche Freiheit von Weisungen der Gesellschafter: Zunächst ist mit dem Begriff der Gesamtverantwortung vor allem eine Verantwortlichkeit nach außen und gegenüber der Aufsicht gemeint,[188] die die im Innenverhältnis zwischen Gesellschaftern und Geschäftsleitern bestehenden Einwirkungsmöglichkeiten unberührt lässt. Es bleibt zudem bei dem allgemeinen Grundsatz, dass die Gesellschafter ihr Weisungsrecht iRd geltenden Gesetze auszuüben haben.[189] Geschäftsleiter sind vor der Ausführung von Weisungen verpflichtet, zu prüfen, inwieweit die Weisungen rechtmäßig sind.[190] Dabei haben Geschäftsleiter aufsichtsrechtliche Anforderungen ebenso wie andere gesetzliche Vorgaben zu beachten. Hierdurch werden sie auch vor einer Haftung für aufsichtsrechtswidrige Weisungen geschützt.[191]

Auch die in AT 4.2 Tz. 1 MaRisk ausgedrückte Verpflichtung der Geschäftsleiter zur Festlegung der Geschäftsstrategie bedeutet nicht, dass hinsichtlich der strategischen Planung keine Einflussmöglichkeit der Gesellschafter bestünde. Die Vorschrift erkennt ausdrücklich an, dass bei der Festlegung der Geschäftsstrategie sowohl interne als auch externe Einflussfaktoren zu berücksichtigen sind. Zu den zu berücksichtigenden Einflussfaktoren zählen, wie gelegentlich klargestellt wird, unter anderem auch die Vorstellungen und Wünsche von Gesellschaftern.[192] Gleiches gilt für AT 4.2 Tz. 4 MaRisk, wonach die Geschäftsleitung für die Festlegung und Anpassung der Geschäftsstrategien verantwortlich ist und diese Verantwortung nicht delegieren kann. Mit „Delegation" ist hier nur eine Verlagerung auf eine gleich- bzw. untergeordnete Ebene gemeint und somit nicht die Frage nach einer eigenen Weisungsabhängigkeit der Geschäftsleiter berührt.[193]

---

[183] Dagegen etwa Noack/Servatius/Haas/Beurskens GmbHG § 37 Rn. 35; Ebert GmbHR 2003, 444 (445); entschieden abgelehnt auch von Scholz GmbHG/Schneider/Schneider, 13. Aufl. 2024, § 37 Rn. 86.

[184] BGH NJW-RR 1992, 993 (994); NJW 1991, 1681 (1682).

[185] Michalski/Heidinger/Leible/Schmidt/Lenz GmbHG § 37 Rn. 10.

[186] Vgl. MüKoGmbHG/Stephan/Tieves § 35 Rn. 82.

[187] Vgl. BT-Drs. 17/10974, 86.

[188] Vgl. Beck/Samm/Kokemoor/Reppenthien, 234. EL 2023, KWG § 25a Rn. 57.

[189] LSG Nordrhein-Westfalen 2.4.2014 – L 8 R 530/13, juris Rn. 127.

[190] Hannemann/Weigl/Zaruk/Weigl MaRisk Teil I AT 4.5 Rn. 40.

[191] Vgl. Hannemann/Weigl/Zaruk/Weigl MaRisk Teil I AT 4.5 Rn. 40.

[192] Hannemann/Weigl/Zaruk/Weigl MaRisk Teil I AT 4.5 Rn. 41.

[193] LSG Nordrhein-Westfalen 2.4.2014 – L 8 R 530/13, juris Rn. 129.

Ferner schließen auch die besonderen aufsichtsrechtlichen Eignungsanforderungen für Geschäftsleiter (vgl. nur § 25c KWG) Gesellschafterweisungen nicht aus. Gerade dadurch, dass Geschäftsleiter mit ihrer aufsichtsrechtlichen Kompetenz Gesellschafterweisungen vor Ausführung auf Rechtmäßigkeit zu überprüfen haben, bleibt gewährleistet, dass die zur Leitung eines Kreditinstituts erforderliche Expertise durch Weisungen ggf. ungeschulter Gesellschafter nicht ausgehöhlt wird.[194]

Unabhängig davon gilt auch bei der GmbH die grundsätzliche aufsichtsrechtliche Erwartung, dass nachgeordnete Unternehmen innerhalb einer Gruppe dabei mitwirken, dass die aufsichtsrechtlichen Anforderungen an das Risikomanagement auf Gruppenebene erfüllt werden können.[195] Angesichts der umfassenden Weisungsbefugnisse der Gesellschafter – die sich gerade auch in generellen Anforderungen an das Risikomanagement und die Risikoorganisation ausdrücken können – dürfte es hierauf indes im Regelfall nicht weiter ankommen.

2. *Berücksichtigung gesellschaftsrechtlicher Grenzen*

Gesellschaftsrechtlichen Grundsätzen wird darüber hinausgehend insofern Rechnung getragen, als dass die nachgeordneten Unternehmen – auch bei (beherrschungs-)vertraglich vereinbarten Durchgriffsrechten – berechtigt und verpflichtet bleiben zu prüfen, inwieweit Weisungen des übergeordneten Unternehmens rechtswidrig und damit nicht auszuführen sind. Auch sind nachteilige, insbes. existenzgefährdende Rechtsgeschäfte und Maßnahmen nicht durchzuführen.[196]

Wie bereits § 25a Abs. 3 S. 3 KWG zeigt, sind insbes. Einwirkungsrechte des übergeordneten Unternehmens auf Tochterunternehmen in einem Drittstaat beschränkt, wenn sie mit dem Recht des Drittstaats nicht vereinbar sind.[197]

Insgesamt bleiben damit die Geschäftsleiter des nachgeordneten Unternehmens zwar zunächst für das Risikomanagement und die Geschäftsorganisation ihres Instituts verantwortlich, sollen aber – so die allgemeine aufsichtsrechtliche Vorstellung – die Effektivität des Gruppen-Risikomanagements und der Gruppen-Geschäftsorganisation, für welches die Geschäftsleitung des übergeordneten Unternehmens iSd § 25a Abs. 3 iVm Abs. 1 KWG einen verbindlichen Rahmen zu setzen hat, unterstützen. Sie haben die Gruppenvorgaben mit Blick auf einschlägige gesetzliche Erfordernisse zu überprüfen und müssen – soweit erforderlich – davon abweichen. Ein Umsetzungsspielraum besteht auch dann, wenn die Umsetzung der gruppenweiten Vorgaben für eine ordnungsgemäße Leitung des Tochterunternehmens schädlich wäre.[198]

---

[194] Auch arbeitsrechtlich führen die Eignungsanforderungen an Geschäftsleiter nur zu den üblichen – hier nicht relevanten – arbeitsrechtlichen Modifikationen der Weisungsbefugnis für Dienste höherer Art: Hiernach ist das Weisungsrecht *„eingeschränkt und zur dienenden Teilhabe am Arbeitsprozess verfeinert"*, vgl. BSG NZA-RR 2003, 325 (326); LSG Nordrhein-Westfalen 2.4.2014 – L 8 R 530/13, juris Rn. 127.

[195] Vgl. Luz/Neus/Schaber/Schneider/Wanger/Weber/Hellstern KWG § 25a Rn. 34.

[196] BT-Drs. 17/10794, 86; Beck/Samm/Kokemoor/Reppenthien, 234. EL 2023, KWG § 25a Rn. 246 f.; Fischer/Schulte-Mattler/Braun KWG § 25a Rn. 710; Luz/Neus/Schaber/Schneider/Wanger/Weber/Hellstern KWG § 25a Rn. 34.

[197] Luz/Neus/Schaber/Schneider/Wanger/Weber/Hellstern KWG § 25a Rn. 34.

[198] BCBS, Guidelines, Corporate governance principles for banks, Juli 2015, Tz. 97 f.: *"Subsidiary boards and senior management remain responsible for developing effective risk management processes for their entities. The methods and procedures applied by subsidiaries should support the effectiveness of risk management at a group level. While parent companies should conduct strategic, group-wide risk management and prescribe corporate risk policies, subsidiary management and boards should have appropriate input to their local or regional application and to the assessment of local risks. [...] It is the responsibility of subsidiary boards to assess the compatibility of group policy with local legal and regulatory requirements and, where appropriate, amend those policies. 98. While the strategic objectives, risk gover-*

3. Nachgeordnete Unternehmen mit Sitz in Ausland

Die Diskussion im (deutschen) Schrifttum behandelt im Wesentlichen das Verhältnis von Aufsichtsrecht und deutschem Konzern- bzw. Gesellschaftsrecht. Bei einer Institutsgruppe, der auch außerhalb Deutschlands ansässige Unternehmen angehören, ist jedoch nicht allein das deutsche Recht maßgeblich, sondern auch das Recht, in dem das betreffende nachgeordnete Unternehmen seinen Sitz hat. Insoweit bestehen zwar dieselben Fragen nach der Umsetzbarkeit der Gruppensteuerungspflichten des übergeordneten Unternehmens, doch müssen die Antworten nicht zwangsläufig identisch sein.

Dies zeigt bereits § 25a Abs. 3 S. 3 KWG. Hiernach hat ein nachgeordnetes Unternehmen mit Sitz in einem Drittstaat die sich aus der Einbeziehung in das Risikomanagement auf Gruppenebene ergebenden Pflichten nur insoweit zu beachten, als diese Pflichten nicht dem geltenden Recht des Herkunftsstaats entgegenstehen. Entsprechend der Definition des Drittstaats in § 1 Abs. 5a S. 2 KWG ist damit mithin der Fall gemeint, dass ein nachgeordnetes Unternehmen mit Sitz außerhalb der EU und des EWR nur unter Verstoß gegen die Regelungen seines Sitzstaates an der Erfüllung der aufsichtsrechtlich verlangten Gruppensteuerungspflichten mitwirken kann. Das Aufsichtsrecht erkennt in dieser Konstellation also an, dass die Erfüllung der gruppenbezogenen Steuerungspflichten hinter anderen rechtlichen Vorgaben zurücktreten kann.

Eine solche Konstellation ist iRd Risikoinventur konkret zu identifizieren und zu dokumentieren. Darüber hinaus sollte das übergeordnete Unternehmen prüfen, inwieweit die Beschränkungen ein wirksames Risikomanagement auf Gruppenebene beeinträchtigen. Liegt eine wesentliche Beeinträchtigung vor, sollte das übergeordnete Unternehmen Maßnahmen prüfen, wie dieses Defizit auf ein unwesentliches Maß reduziert werden kann. Dies kann eine Risikoreduktion in dem nachgeordneten Unternehmen selbst (bspw. durch Modifikation oder Einstellung bestimmter Geschäftsaktivitäten), die Änderung der Rechtsform des im Drittstaat ansässigen nachgeordneten Unternehmens, eine Sitzverlegung oder im Extremfall den Verkauf des nachgeordneten Unternehmens bedeuten.

Für Gruppengesellschaften, die in anderen EU- bzw. EWR-Mitgliedstaaten ansässig sind, fehlt eine Regelung wie in § 25a Abs. 3 S. 3 KWG. Allerdings sollten die praktischen Auswirkungen – mithin eine Beeinträchtigung der gruppenbezogenen Steuerungsmöglichkeiten – regelmäßig beschränkt sein, weil eine richtlinien- bzw. europarechtskonforme Auslegung der europarechtlichen Vorgaben zur Gruppensteuerung in CRD und CRR auch in anderen EU- bzw. EWR-Mitgliedsstaaten den aufsichtsrechtlichen Pflichten zur Gruppensteuerung zur Durchsetzung verhelfen sollte. Ausschließen lässt sich freilich nicht, dass in der jeweiligen Jurisdiktion anderen rechtlichen Belangen gegenüber dem Aufsichtsrecht Vorrang eingeräumt wird. Dies sollte dann in der Risikoinventur genauso identifiziert und berücksichtigt werden wie der Fall in § 25a Abs. 3 S. 3 KWG.

---

nance framework, corporate values and corporate governance principles of the subsidiary should align with that of the parent company (referred to here as „group policies"), the subsidiary board should make necessary adjustments where a group policy conflicts with an applicable legal or regulatory provision or prudential rule, or would be detrimental to the sound and prudent management of the subsidiary." Ähnlich CEBS, Consultation paper on the Guidebook on Internal Governance (CP 44), 13.10.2010, Tz. 32.

V. Ausblick: Verstärkte Bedeutung des Risikomanagements auf Gruppenebene am Beispiel der Sanktions-Compliance

Es ist absehbar, dass die Anforderungen an das Risikomanagement auf Gruppenebene zumindest innerhalb der EU weiter steigen werden. Hervorzuheben sind insbes. die von der EBA am 14.11.2024 veröffentlichten Leitlinien zu internen Strategien, Verfahren und Kontrollen zur Gewährleistung der Implementierung nationaler und unionsrechtlicher restriktiver Maßnahmen („Sanktionen") im Folgenden „EBA-Leitlinien").[199] Diese Leitlinien, die ab dem 30.12.2025 anwendbar werden, enthalten ua neue regulatorische Mindestanforderungen an die Gruppensteuerung im Hinblick auf die Einhaltung von Sanktionen.

Die Pflicht zur Einhaltung der Sanktions- und Embargovorschriften wird in § 25a KWG weder für einzelne Institute noch gruppenbezogen explizit angesprochen. Auch die Ausgestaltung des Risikomanagements auf Gruppenebene im Hinblick auf das Sanktionsrecht ist bislang nicht konkret geregelt. Dies wird sich jedoch mit der Anwendbarkeit EBA-Leitlinien ändern, wenn die BaFin und die EZB die EBA-Leitlinien zum Bestandteil ihrer Verwaltungspraxis machen.[200]

Die EBA-Leitlinien gehen von dem Grundprinzip aus, dass Finanzinstitute zu prüfen haben, welche Bereiche ihres Geschäftsmodells besonders anfällig für Sanktionen und ihre Umgehung sind. Auf dieser Basis sollen Institute Strategien, Verfahren und Kontrollen einrichten und kontinuierlich anpassen, um sicherzustellen, dass sie sanktionsrechtliche Vorgaben effektiv einhalten können.[201]

Für Gruppen[202] bzw. Finanzinstitute, die Mutterunternehmen einer Gruppe sind, enthalten die EBA-Leitlinien vergleichsweise dezidierte Vorgaben zur Gewährleistung der Beachtung von restriktiven sanktionsrechtlichen Maßnahmen auf Gruppenebene. Inhaltlich lassen sich die gruppenbezogenen Anforderungen der EBA-Leitlinien im Wesentlichen in vier Teile untergliedern. Zunächst werden allgemeine Anforderungen hinsichtlich der Geschäftsorganisation und der Aufgaben des Leitungsorgans gemacht. Darüber hinaus soll auf Gruppenebene insbes. eine Sonderfunktion für Sanktions-Compliance eingerichtet werden. Die EBA-Leitlinien enthalten zudem konkrete Vorgaben für die Ausgestaltung und Durchführung der für Finanzinstitute vorgeschriebenen Sanktionsrisikoprüfung und für die vorzuhaltenden Sanktionsstrategien und -verfahren, die auch für die gruppenbezogenen Compliance-Aufgaben relevant sind.

VI. Fazit

Zusammenfassend lässt sich somit festhalten, dass das Risikomanagement innerhalb der Bankengruppe eine komplexe Herausforderung darstellt. Zwar haben die Finanzaufsichtsbehörden ihre Erwartungen an die Auslegung der sehr überschaubaren und recht allgemein gehaltenen gesetzlichen Vorgaben zum Risikomanagement auf Gruppenebene über Verlautbarungen konkretisiert, jedoch hängt vieles vom Einzelfall und den Festlegungen ab, die die betroffenen Entscheidungsträger im Hinblick auf die konkrete Situation treffen. Das ist im Ergebnis zu begrüßen, weil damit die Möglichkeit gegeben wird, flexibel und angemessen auf die heterogene Bankenlandschaft in Deutschland und Europa zu reagieren. So sind die gesetzlichen Vorgaben und aufsichtlichen Vorstellungen überwiegend als ergebnisorientierte Zielvorgaben zu verstehen und gewähren regelmäßig große Umsetzungsspielräume. Die

---

[199] EBA/GL/2024/14.

[200] Die BaFin hat der EBA bereits die Absicht mitgeteilt, die EBA-Leitlinien – wenngleich mit Einschränkungen – umzusetzen.

[201] EBA/GL/2024/14 Tz. 1.

[202] Bestehend aus Mutter- und sämtlichen Tochterunternehmen, vgl. Art. 2 Nr. 1 Bilanz-RL.

Grundsätze der Proportionalität und der Methodenfreiheit durchziehen die materiellen aufsichtsrechtlichen Anforderungen an das gruppenweite Risikomanagement, womit freilich auch die Übertragung von Verantwortung einhergeht. Die wesentliche Herausforderung für die verantwortliche Geschäftsleitung des übergeordneten Unternehmens besteht somit darin, über die wesentlichen Risiken der Gruppe ständig informiert zu sein, eine gruppenweite Geschäfts- und damit konsistente Risikostrategie festzulegen und diese trotz verschiedenster (gesellschafts-)rechtlicher Beschränkungen konsequent umzusetzen und zu monitoren. Dass die Anforderungen insoweit detaillierter werden und stärker im Fokus der Aufsichtsbehörden stehen, lässt sich an den EBA-Leitlinien illustrieren, die ua dezidierte Anforderungen an die Gruppensteuerung zur Einhaltung des Sanktionsrechts enthalten.

KLAUS LACKHOFF[1]

Ein Kessel Buntes zum Bankenaufsichtsrecht – Soft Law, Pillar-2 Maßnahmen und gerichtliche Kontrolle

I. Einleitung

„Soft Law" ist aus der bankaufsichtsrechtlichen Praxis nicht mehr wegzudenken. Müller-Graff schrieb zwar 2012[2] noch, *„[d]er Begriff ist im rechtswissenschaftlichen Schrifttum eine Domäne des Völkerrechts und der Selbstbindung privater Unternehmen, vergleichsweise wenig bislang des Europäischen Unionsrechts."*[3] Doch in der Zwischenzeit hat der Bestand „europarechtlichen" Soft Laws beständig zugenommen.[4] Dies verwundert nicht, da der AEUV bereits unverbindliche Empfehlungen und Stellungnahmen kennt[5] und im europäischen Bankenaufsichtsrecht die „Produktion" von Soft Law mit den Regelungen zu Leitlinien und Empfehlungen sowie den Fragen und Antworten (Q&As) der EBA institutionalisiert worden ist.[6] Soft Law im europäischen Bankenaufsichtsrecht umfasst Regelungen, die rechtlich nicht bindend sind, jedoch faktisch von den Aufsehern und den Beaufsichtigten häufig wie bindendes Recht angesehen werden[7], was angesichts ihrer normativen Zielsetzung, die Adressaten zu ihrer Einhaltung anzuhalten[8], sowie der Kosten der Nichteinhaltung[9] nicht gänzlich überraschend ist. Soft Law ist mithin eine gewisse normative Wirkung nicht abzusprechen.

In diesem Beitrag werden aus praxisorientierter Sicht zunächst der Begriff des Soft Law sowie seine faktische Bedeutung und die gerichtliche Überprüfbarkeit von Soft Law auf europäischer Ebene erörtert, wobei besonderes Augenmerk auf das Urteil des EuGH in der Rs. C-911/19[10] zur Überprüfbarkeit von EBA-Leitlinien gelegt wird. Anschließend wird die praktische Bedeutung von Soft Law für sog. „Pillar-2"-Maßnahmen betrachtet. Dort spielt Soft Law eine wesentliche Rolle bei der Feststellung der Nichteinhaltung gesetzlicher Vorgaben und der Identifizierung aufsichtsrechtlicher Risiken. Danach wird die allgemeine Bedeutung von Pillar-2-Maßnahmen diskutiert und die Notwendigkeit eines weiten Verständnisses dessen, was als Pillar-2-Maßnahme rechtlich zulässig ist, herausgearbeitet.

---

[1] Alle Standpunkte, die in diesem Beitrag geäußert werden, sind ausschließlich solche des Verfassers und spiegeln nicht notwendig die Position der EZB wider.

[2] Müller-Graff EUR 2012, 18.

[3] Aus der Perspektive des Völkerrechts schließt sich der Kreis zum hier behandelten Soft Law im EU-Bankenaufsichtsrecht insofern, als die Baseler Übereinkünfte (Basel Accord) die nicht verbindliche „völkerrechtliche" Basis bilden, auf der das verbindliche europäische Bankenaufsichtsrecht aufbaut, s. Ho Journal of International Law 2002, 647 (648 f.) mit einer empirischen Untersuchung, warum Staaten die nicht bindende Baseler Übereinkunft umsetzen.

[4] GA Bobek ECLI:EU:C:2017:959 = BeckRS 2017, 138494 Rn. 82 – Belgien/Kommission.

[5] Art. 288 Abs. 5 AEUV: „Die Empfehlungen und Stellungnahmen sind nicht verbindlich."

[6] S. Art. 16 und 16b VO (EU) 1093/2010 (EBA-VO).

[7] S. dazu Lackhoff, Banking Supervision and COVID 19/Riso/Lackhoff, 2020, S. 49 Rn. 33.

[8] S. GA Bobek ECLI:EU:C:2017:959 = BeckRS 2017, 138494 Rn. 86 – Belgien/Kommission.

[9] S. dazu Lackhoff, Banking Supervision and COVID 19/Riso/Lackhoff, 2020, S. 49 Rn. 33.

[10] EuGH ECLI:EU:C:2021:599 = BKR 2021, 1254 – FBF.

Abschließend wird die Überprüfbarkeit von Pillar- 2-Maßnahmen unter besonderer Berücksichtigung der Urteile in den Rs. T-182/22[11] und C-389/21[12] beleuchtet.

II. Der Begriff des Soft Law und seine faktische Bedeutung im europäischen Bankenaufsichtsrecht

Soft Law bezeichnet nach dem European Center for Constitutional and Human Rights *„Übereinkünfte, Leitlinien oder Absichtserklärungen, die nicht rechtlich bindend sind. Soft law findet vor allem auf internationaler Ebene Anwendung. … Hard law hingegen bezeichnet eine verbindliche rechtliche Verpflichtung der Beteiligten, die somit auch vor Gericht eingeklagt werden kann."*[13] Im europarechtlichen Schrifttum wird Soft Law ua als *„rules of conduct which, in principle, have no legally binding force but which, nevertheless, may have practical effects"*[14] umschrieben. Eine andere Beschreibung von Soft Law ist die als *„rules of conduct that are laid down in instruments which have not been attributed legally binding force as such, but nevertheless may have certain (indirect) legal effects, and that are aimed at and may produce practical effects."*[15]

Mangelnde rechtliche Verbindlichkeit und Fehlen der Durchsetzbarkeit ist das diesen Beschreibungen von Soft Law gemeinsame Kennzeichen. Gleichzeitig wird anerkannt, dass Soft Law Rechtswirkungen entfalten kann und auf eine Verhaltenssteuerung abzielt[16]. Teils wird eine nicht rechtlich vermittelte unmittelbare faktische Bindungswirkung von Soft Law Instrumenten beobachtet.[17]

In Bezug auf Formen von Soft Law[18] und ihren Schöpfer sind im Europarecht[19] zunächst die in dem nicht abschließenden Katalog der Rechtsakte des Art. 288 AEUV benannten, nicht verbindlichen Empfehlungen und Stellungnahmen zu nennen[20]. Ein Beispiel für eine Empfehlung der EZB ist die am 27.3.2020 iRd COVID-Pandemie erlassene und zum 30.9.2021 wieder aufgehobene Dividendenempfehlung, die sie im Rahmen ihrer Funktion als Bankenaufsichtsbehörde[21] für bedeutende Kreditinstitute erlassen hat.[22] Darüber hinaus enthalten zB die iRd Supervisory Review and Evaluation Process (SREP) erlassenen sog.

[11] EuG ECLI:EU:T:2024:352 = BeckRS 2024, 12125 – Deutsche Bank/EZB.

[12] EuGH ECLI:EU:C:2023:368 = BeckEuRS 2023, 761378 – EZB/Crédit lyonnais.

[13] https://www.ecchr.eu/glossar/hard-law-soft-law/#:~:text=Der%20Begriff%20soft%20law%20bezeichnet,ein%20Beispiel%20f%C3 %BCr%20soft%20law.

[14] Snyder The Modern Law Review 1993, 19 (32).

[15] Senden, Soft Law in European Community Law, 2014, 112.

[16] Zum Völkerrecht s. Gábor, Soft Law – Bindung ohne Fesseln?, 2022, abrufbar unter: https://doi.org/10.17885/heiup.ruca.2022.20.24585; zum Europarecht s. EuGH ECLI:EU:C:1989:646 = EuZW 1990, 95 Rn. 18 – Grimaldi/Fonds des maladies professionelles; GA Bobek ECLI:EU:C:2017:959 = BeckRS 2017, 138494 Rn. 86 – Belgien/Kommission und aus der Literatur beispielhaft Láncos/Xanthoulis/Jiménez Legal Effects of EU Soft Law/Jiménez, 2023, 9 f.

[17] S. dazu Lackhoff, Banking Supervision and COVID 19/Riso/Lackhoff, 2020, S. 49 Rn. 33.

[18] Allgemein zu den Formen von Soft Law Instrumenten Senden, Soft Law in European Community Law, 2004, 107 ff., insbes. 123 ff.

[19] Bei den hier in den Blick genommenen Formen von Soft Law im Bankenaufsichtsrecht handelt es sich im Übrigen in der Regel um solche, die der Rechtssetzung nachgelagert und erklärender Art sind (postlegislativer Art), s. dazu GA Bobek ECLI:EU:C:2017:959 = BeckRS 2017, 138494 Rn. 81 – Belgien/Kommission.

[20] Art. 288 Abs. 5 AEUV.

[21] Dazu allgemein Lackhoff, Single Supervisory Mechanism, 2017 und Binder/Glos/Riepe, BankenaufsichtsR-HdB/Glos/Benzing § 2.

[22] S. dazu Lackhoff, Banking Supervision and COVID 19/Riso/Lackhoff, 2020, S. 40 ff. Zur Aufhebung der Dividendenempfehlung s. die entsprechende Aufhebungsempfehlung Empfehlung der EZB (EZB/2020/62).

SREP-Entscheidungen institutsspezifische Empfehlungen. Eine solche ist zB die Empfehlung für zusätzliche Eigenmittel nach Art. 104b CRD, die sog. P2G (Pillar-2 Guidance).

Im Bankenaufsichtsrecht treten insbes. die Leitlinien, Empfehlungen, sowie die Fragen und Antworten (Q&As) der EBA hinzu. Diese Instrumente sind nicht verbindlich. Das ist für die Fragen und Antworten mittlerweile explizit geregelt (Art. 16b Abs. 2 EBA-VO). Für die Leitlinien und Empfehlungen ergibt sich dies aus dem Umstand, dass eine Abweichung, wenn sie denn erläutert wird, möglich ist, obgleich *„die zuständigen Behörden und Finanzinstitute [...] alle erforderlichen Anstrengungen [unternehmen], um diesen Leitlinien und Empfehlungen nachzukommen"* (Art. 16 Abs. 3 EBA-VO). GA Bobek[23] konstatiert angesichts dessen, dass Leitlinien *„in einem Kontext und unter Beifügung einer Reihe von Mechanismen erlassen"* werden, die sie *„zu Handlungen machen, zu deren Einhaltung sich ihre Adressaten durchaus verpflichtet halten können"*. Ein weiteres Soft Law Instrument der EBA sind ihre Berichte. Ein Beispiel ist der aktualisierte Bericht der EBA zur Überwachung von zusätzlichen Eigenmitteln (AT1), Eigenmitteln der Kategorie 2 (Tier 2) und der gesamten Verlustabsorptionskapazität (TLAC) sowie der Mindestanforderung an Eigenmittel und berücksichtigungsfähige Verbindlichkeiten (MREL).[24] Dieses Update enthält neue Leitlinien zur aufsichtsrechtlichen Bewertung von Nicht-CET1-Instrumenten und zu anderen Aspekten, die mit den Bedingungen der Emissionen solcher Instrumente zusammenhängen.

Weitere Soft Law Instrumente werden im bankaufsichtsrechtlichen Bereich von den Aufsichtsbehörden, auf europäischer Ebene also der EZB, geschaffen. Beispiele aus der Fülle der EZB-Leitfäden sind die Leitfäden (i) zu im Unionsrecht eröffneten Optionen und Ermessensspielräumen[25], (ii) zu notleidenden Krediten[26], (iii) zu Klima- und Umweltrisiken[27], (iv) zum internen Prozess zur Beurteilung der Angemessenheit des Kapitals (Internal Capital Adequacy Assessment Process – ICAAP)[28], und (v) der Leitfaden zu Internen Modellen.[29]

Im Leitfaden zu Klima- und Umweltrisiken ist das Verständnis, dass den Leitfäden der EZB zugrunde liegt, wohl am klarsten ausgedrückt: *„Im vorliegenden Leitfaden wird dargelegt, wie Klima- und Umweltrisiken nach Auffassung der EZB im Kontext des derzeitigen Aufsichtsrahmens sicher und umsichtig gesteuert werden sollten. Zudem wird in ihm beschrieben, wie Institute Klima- und Umweltrisiken als Treiber bestehender Risikokategorien nach Ansicht der EZB bei der Festlegung und Umsetzung ihrer Geschäftsstrategie sowie ihrer Rahmenwerke für Governance und Risikomanagement berücksichtigen sollten. Weiterhin wird erörtert, wie Institute nach Auffassung der EZB transparenter werden sollten, indem sie die Offenlegung von Informationen zu Klima- und Umweltthemen verbessern. Dieser Leitfaden ist für die Institute nicht bindend, sondern dient vielmehr als Basis für den aufsichtlichen Dialog. Im Rahmen des aufsichtlichen Dialogs wird die EZB die in diesem Leitfaden formulierten Erwartungen mit den Instituten im Hinblick auf etwaige Abweichungen der Verfahren der Institute besprechen."*[30]

---

[23] GA Bobek ECLI:EU:C:2021:294 = BeckRS 2021, 7930 Rn. 45 – FBF. Er schlägt auch vor, daraus prozessuale Konsequenzen zu ziehen und Empfehlungen unter bestimmten Bedingungen als zulässigen Gegenstand einer Nichtigkeitsklage anzuerkennen, s. GA Bobek ECLI:EU:C:2017:959 = BeckRS 2017, 138494 Rn. 54 ff., insbes. 109 ff. sowie 143 – Belgien/Kommission.

[24] EBA/REP/2024/11.

[25] EZB, Leitfaden zu im Unionsrecht eröffneten Optionen und Ermessensspielräumen, März 2022.

[26] EZB, Leitfaden für Banken zu notleidenden Krediten, März 2017.

[27] EZB, Leitfaden zu Klima- und Umweltrisiken – Erwartungen der Aufsicht in Bezug auf Risikomanagement und Offenlegungen, November 2020.

[28] EZB, Leitfaden für den bankinternen Prozess zur Sicherstellung einer angemessenen Kapitalausstattung (Internal Capital Adequacy Assessment Process – ICAAP), November 2018.

[29] ECB guide to internal models (EGIM), Februar 2024. Dieser Leitfaden ist bislang nur in Englisch verfügbar.

[30] EZB, Leitfaden zu Klima- und Umweltrisiken Erwartungen der Aufsicht in Bezug auf Risikomanagement und Offenlegungen, November 2020, S. 3.

Die Leitfäden dienen mithin der Darlegung des Verständnisses, das die EZB von dem bestehenden auslegungs- und im Detail ausfüllungsbedürftigen aufsichtsrechtlichen Regelungen in bestimmten Bereichen hat. Sie bieten den Instituten somit einen Weg der Implementierung der aufsichtsrechtlichen Anforderungen an, bei dem keine Beanstandungen durch die EZB zu erwarten sind (Vertrauenswirkung, „safe-harbour"). Da nur der Gerichtshof diesen Rechtsrahmen verbindlich auslegen kann[31], und die EZB (von wenigen Ausnahmen abgesehen[32]) kein materielles Aufsichtsrecht setzen kann, gibt es rechtlich die Möglichkeit, dass Institute von den Leitfäden abweichen. Eine solche Abweichung bedeutet aber, dass im aufsichtlichen Dialog die Institute aufgefordert würden, zu erläutern und ggf. zu belegen, dass der von ihnen eingeschlagene Weg die aufsichtlichen Anforderungen ebenso erfüllt, wie die im Leitfaden zum Ausdruck gebrachte Sichtweise. Ein solches Unterfangen mit ungewissem Ausgang ist für Institute in der Regel unter Aufwands- und Risikogesichtspunkten nicht attraktiv. Daraus folgt als Kehrseite der Medaille die faktische unmittelbare Bindungswirkung aufsichtlicher Soft Law Instrumente; Marktteilnehmer behandeln sie in der Regel so, als ob sie bindendes Recht seien.

Es ist anerkannt, dass Soft Law ungeachtet seiner Unverbindlichkeit (mittelbar bindende) Rechtswirkungen auslösen kann.[33] Dies gilt sowohl für durch die von den Organen der EU erlassenen Soft Law Instrumente als auch für solche, die die EBA erlassen hat.[34] Auf Unionsebene identifiziert GA Bobek[35] drei Rechtswirkungen von Empfehlungen: (i) die Selbstbindung der erlassenden Institution, (ii) die Einwirkung auf die Auslegung des Unionsrechts durch Unionsgerichte und (iii) die Vorprägung späterer verbindlicher Rechtsakte und ihren Einfluss auf das institutionelle Gleichgewicht. Ferner sieht er auch auf mitgliedstaatlicher Ebene Rechtswirkungen von Empfehlungen: (i) die Pflicht der nationalen Gerichte, Empfehlungen bei der Auslegung der Vorschriften des nationalen Rechts, das den Empfehlungen nachkommen will, zu berücksichtigen[36], und (ii) die Pflicht, Empfehlungen bei der Schaffung nationalen Rechts iSd Grundsatzes der loyalen Zusammenarbeit zu berücksichtigen.

III. Gerichtliche Überprüfbarkeit von Soft Law auf europäischer Ebene

Können Soft Law Instrumente des Unionsrechts Rechtwirkungen erzeugen, so stellt sich die Frage nach dem Rechtsschutz gegen solche Maßnahmen. Der Gerichtshof betont insoweit, dass *„der AEU-Vertrag mit seinen Art. 263 und 277 einerseits und mit Art. 267 andererseits ein vollständiges System von Rechtsbehelfen und Verfahren geschaffen [hat], das die Rechtmäßigkeitskontrolle der Unionshandlungen gewährleisten soll, mit der der Unionsrichter betraut wird"*[37] und es *„Sache der Mitgliedstaaten [ist], ein System von Rechtsbehelfen und Verfahren vorzusehen, mit dem die Einhaltung des Grundrechts auf effektiven gerichtlichen Rechtsschutz gewährleistet werden kann."*[38] In diesem Kontext betont der Gerichtshof wiederholt, dass er befugt ist, *„im Wege der Vor-*

[31] S. Art. 19 Abs. 3 EUV.

[32] S. Art. 10 SSM-VO.

[33] Vgl. nur GA Bobek ECLI:EU:C:2017:959 = BeckRS 2017, 138494 Rn. 87 ff. – Belgien/Kommission.

[34] Vgl. EuGH ECLI:EU:C:2021:599 = BKR 2021, 1254 Rn. 68 ff. – FBF.

[35] S. GA Bobek ECLI:EU:C:2017:959 = BeckRS 2017, 138494 Rn. 87 ff. – Belgien/Kommission.

[36] S. dazu auch EuGH ECLI:EU:C:1989:646 = EuZW 1990, 95 Rn. 18 – Grimaldi/Fonds des maladies professionelles; EuGH ECLI:EU:C:2021:599 = BKR 2021, 1254 Rn. 71 – FBF.

[37] EuGH ECLI:EU:C:2013:625 = NVwZ 2014, 53 Rn. 92 – Inuit Tapiriit Kanatami/Parlament; EuGH ECLI:EU:C:2021:599 = BKR 2021, 1254 Rn. 60 – FBF.

[38] EuGH ECLI:EU:C:2013:625 = NVwZ 2014, 53 Rn. 100 – Inuit Tapiriit Kanatami/Parlament.

abentscheidung über die Auslegung des Unionsrechts und die Gültigkeit von Handlungen der Unionsorgane ohne jede Ausnahme zu entscheiden.“[39]

Im Zusammenhang mit dem Rechtsschutz gegen Soft Law Instrumente des Unionsrechts sind insbes. drei Urteile zu erwähnen:

Im ersten Urteil aus dem Jahr 1989 (Grimaldi) entschied der Gerichtshof, dass Empfehlungen (der Kommission an die Mitgliedstaaten) keine bindenden Wirkungen gegenüber ihren Adressaten und mithin keine durchsetzbaren Rechte Dritter begründen, aber von den Gerichten der Mitgliedstaaten *„bei der Entscheidung bei ihnen anhängiger Rechtsstreitigkeiten zu berücksichtigen sind, insbesondere dann, wenn die Empfehlungen geeignet sind, Aufschluß über die Auslegung anderer innerstaatlicher oder gemeinschaftlicher Bestimmungen zu geben.“*[40]

Im zweiten Urteil (Online-Glücksspieldienstleistungen) entschied der EuGH, dass alle Handlungen, die keine verbindlichen Rechtswirkungen erzeugen, wie zB bloße Empfehlungen, nicht mit der Nichtigkeitsklage angegriffen werden können.[41] Er folgt hierbei entgegen dem Vorbringen des Generalanwalts[42] einer dichotomischen Sicht, welche die Rechtswirkungen einer Empfehlung iRd Zulässigkeit einer Nichtigkeitsklage ignoriert, sofern es keine verbindlichen Rechtswirkungen sind.[43] Gleichzeitig verweist der Gerichtshof, quasi als Rückfallposition zur Absicherung eines umfassenden Rechtsschutzes darauf, dass er iRd Vorabentscheidungsverfahrens ohne jede Ausnahme über die Gültigkeit und Auslegung von (allen) Handlungen der Unionsorgane entscheiden könne.[44]

Im dritten Urteil ging es nicht wie in den beiden zuvor genannten um Empfehlungen der Kommission, sondern um eine Leitlinie der EBA. Ferner handelte es sich nicht wie in den vorgenannten Verfahren um eine Nichtigkeitsklage, sondern um ein Vorabentscheidungsverfahren. Im Ausgangsverfahren erhob die Fédération bancaire française (FBF) Klage vor dem Conseil d'État (Staatsrat, Frankreich) gegen die Autorité de contrôle prudentiel et de résolution (ACPR), die französische Bankenaufsichtsbehörde. Streitgegenstand war, dass die ACPR in einer Bekanntmachung erklärt hatte, dass sie die EBA-Leitlinien für die Überwachung und Governance von Bankprodukten im Privatkundengeschäft einhalte und diese auf die von ihr kontrollierten Kredit-, Zahlungs- und E-Geld-Institute Anwendung fänden. Die FBF beantragte die Nichtigerklärung dieser Bekanntmachung und argumentierte, dass die EBA ihre Zuständigkeit überschritten habe, indem sie die streitigen Leitlinien herausgab. Der Conseil d'État wandte sich daraufhin mit Fragen zur Auslegung und Gültigkeit der EBA-Leitlinien und deren gerichtlichen Angreifbarkeit an den Gerichtshof der Europäischen Union. Der Gerichtshof sollte klären, ob die Leitlinien Gegenstand einer Nichtigkeitsklage nach Art. 263 AEUV sein können und ob ihre Gültigkeit im Rahmen eines Vorabentscheidungsverfahrens überprüft werden kann.

In seinem Urteil befand der Gerichtshof, dass Leitlinien der EBA zwar nicht Gegenstand einer Nichtigkeitsklage sein können, aber im Rahmen eines Vorabentscheidungsverfahrens überprüft werden können, da er ohne jede Ausnahme befugt sei, über die Gültigkeit von

---

[39] EuGH ECLI:EU:C:1989:646 = EuZW 1990, 95 Rn. 8 – Grimaldi/Fonds des maladies professionelles; EuGH ECLI:EU:C:2018:79 = BeckRS 2018, 1481 Rn. 44 – Belgien/Kommission; EuGH ECLI:EU:C:2021:599 = BKR 2021, 1254 Rn. 53 – FBF.

[40] EuGH ECLI:EU:C:1989:646 = EuZW 1990, 95 – Grimaldi/Fonds des maladies professionelles.

[41] EuGH ECLI:EU:C:2018:79 = BeckRS 2018, 1481 Rn. 27 – Belgien/Kommission; eine Ausnahme gilt bei „unechten“ Empfehlungen, die ihrem Inhalt nach, verbindliche Regelungen treffen.

[42] GA Bobek ECLI:EU:C:2017:959 = BeckRS 2017, 138494 Rn. 54 ff. – Belgien/Kommission, der eine Nichtigkeitsklage gegen die streitgegenständliche Empfehlung der Kommission für zulässig ansah (Rn. 143), da sie vernünftige Adressaten wahrscheinlich zu einer Verhaltensänderung zu ihrer Einhaltung veranlasst (Rn. 123).

[43] S. zu dem Urteil Jörg Gundel EuR 2018, 593.

[44] EuGH ECLI:EU:C:2018:79 = BeckRS 2018, 1481 Rn. 44 – Belgien/Kommission.

Handlungen der Unionsorgane zu entscheiden. Ferner entschied der Gerichtshof, dass die EBA im Rahmen ihrer Zuständigkeiten handelte, als sie die streitigen Leitlinien für die Überwachung und Governance von Bankprodukten im Privatkundengeschäft herausgab, da diese Leitlinien in den Anwendungsbereich der relevanten EU-Richtlinien fallen und zur kohärenten und wirksamen Anwendung dieser Rechtsakte beitragen.

Im französischen Rechtsrahmen war der Rechtsschutz gegen die Leitlinien der EBA gewährleistet, da das nationale Recht Banken und sogar der FBF eine eigene Klagemöglichkeit gegen die Übernahme der Leitlinien eröffnete.[45] Wäre das nicht der Fall gewesen, wäre eine Rechtsschutzmöglichkeit gegen die Leitlinien nur inzident gegeben. Dann könnte ein Institut die angeblich unzutreffende Auslegung des Unionsrechts durch die Leitlinien oder die angebliche Kompetenzüberschreitung bei Erlass der Leitlinien, nur implizit geltend machen, wenn es gegen eine konkrete Aufsichtsmaßnahme vorgeht, bei der die Leitlinien von der Aufsichtsbehörde berücksichtigt wurden. Ist die angegriffene Aufsichtsmaßnahme von einer nationalen Aufsichtsbehörde erlassen worden, müsste das letztinstanzliche nationale Gericht die Frage zur Rechtmäßigkeit der Leitlinien dem EuGH vorlegen, wenn sie entscheidungserheblich ist. Ist die angegriffene Aufsichtsmaßnahme in Bezug auf ein bedeutendes Institut[46] durch die EZB erlassen worden, ist diese Frage implizit iRd Nichtigkeitsklage gegen die Aufsichtsmaßnahme zu erörtern.[47] Wie eine faktische unmittelbare Bindungswirkung von bankaufsichtsrechtlichem Soft Law beobachtet werden kann, erscheint die Annahme plausibel, dass Institute eine Überprüfung von Aufsichtsmaßnahmen und ihrer „Grundlagen im Soft Law" in der Regel nur anstrengen, wenn es sich „rechnen kann", sofern nicht strategische Überlegungen eine Rolle spielen. Dies ist bei einzelnen Aufsichtsmaßnahmen vermutlich nur selten der Fall.

Angesichts dieser Umstände, der Bedeutung des Soft Laws, des Postulats des effektiven Rechtsschutzes und der Tatsache, dass ein effektiver Rechtsschutz nur im Zusammenwirken der nationalen Rechtsordnung und der Rechtsbehelfe des Unionsrecht erreicht werden kann, so dass es *„Sache der Mitgliedstaaten [ist], ein System von Rechtsbehelfen und Verfahren vorzusehen, mit dem die Einhaltung des Grundrechts auf effektiven gerichtlichen Rechtsschutz gewährleistet werden kann"*[48], könnte es de lege ferenda für nationale Gesetzgeber ggf. bedenkenswert sein, ob – wie in Frankreich – Instituten und/oder Bankenverbänden eine Klagemöglichkeit gegen Soft Law Instrumente im Bankenaufsichtsbereich eröffnet werden sollte, die im Fall, europarechtlicher Soft Law Instrumente über ein Vorabentscheidungsverfahren den Zugang zum EuGH eröffnet.

IV. Soft Law und Pillar-2 Maßnahmen

Um die Bedeutung von Soft Law für Säule-2 (Pillar-2) Maßnahmen einschätzen zu können, ist kurz zu skizzieren, was unter „Pillar-2 Maßnahmen" zu verstehen ist. Dies kann nicht geschehen, ohne zu klären, was unter Säule-2 zu verstehen ist. Und dies führt zur grundlegenden Architektur des europäischen Bankenaufsichtsrahmens, der aus drei „Säulen" besteht und wesentlich durch die Baseler Übereinkünfte, und mithin Soft Law[49], geprägt worden ist.

Die erste Säule dieses Rahmens, Säule 1, konzentriert sich auf Mindestanforderungen in quantitativer Hinsicht. Sie sieht Mindestkapital-, Verschuldungs- und Liquiditätsanforderun-

---

45 S. zur Rechtssituation in Frankreich Gundel EuR 2018, 593 (599 f.).

46 S. Art. 6 Abs. 4 SSM-VO.

47 Vgl. auch Art. 277 AEUV für die inzidente Normenkontrolle.

48 EuGH ECLI:EU:C:2013:625 = NVwZ 2014, 53 Rn. 100 – Inuit Tapiriit Kanatami/Parlament.

49 S. Müller-Graff EUR 2012, 18.

gen vor. Damit zielt sie darauf ab, definierte Risiken wie Kredit-, Markt-, Betriebs-, Verschuldungs- und Liquiditätsrisiken abzudecken. Die dritte Säule strebt eine Verbesserung der Marktdisziplin an, indem sie eine erhöhte Offenlegung in Bezug auf Säule-1 und -2 verlangt. Institute müssen der Öffentlichkeit umfassende Informationen über ihre Eigenmittel, Risikopositionen, Kapitaladäquanz und Risikomanagementpraktiken zur Verfügung stellen.[50] Die zugrunde liegende Annahme ist, dass Finanzmärkte, wenn sie ausreichende Informationen über die Position eines Instituts erhalten, dies berücksichtigen und die Risiken angemessen bewerten werden.

Bleibt die Säule-2[51]. Diese Säule umfasst drei Elemente: Erstens, den Internal Capital Adequacy Process (ICAAP) und den Internal Liquidity Adequacy Process (ILAAP). Institute müssen diese Prozesse einrichten, um selbst ihre Eigenmittel- und Liquiditätsbedarfe aus regulatorischer und wirtschaftlicher Sicht zu bestimmen. Zweitens umfasst die Säule-2 (Mindest-)Governance-Anforderungen. Dies sind qualitative Anforderungen an die internen Regelungen, Mechanismen und Prozesse von Institutionen und insbes. an ihr Risikomanagement. Das letzte Element der Säule 2 ist der Supervisory Review and Evaluation Process (SREP), der von der zuständigen Aufsichtsbehörde durchgeführt wird. Dieser Prozess zielt darauf ab, die Risiken zu identifizieren und zu bewerten, denen ein Institut ausgesetzt ist, und zu bestimmen, ob seine Regelungen, Strategien, Prozesse und Mechanismen sowie die von dem Institut gehaltenen Eigenmittel und Liquidität eine solide Verwaltung und Abdeckung dieser Risiken gewährleisten. Der SREP wird in der Regel jährlich durchgeführt. Dabei werden die Tragfähigkeit des Geschäftsmodells, die Governance und das Risikomanagement, die Kapitaladäquanz sowie die Liquiditätssituation eines Instituts (bzw. bestimmte Teile dieser Bereiche) überprüft.[52]

Die Säule-2 zielt mithin mit dem SREP darauf ab, jene Risiken zu identifizieren und zu quantifizieren, die durch die Säule 1-Anforderungen nicht oder nicht hinreichend abgedeckt sind. Zur Adressierung von iRd SREP identifizierten Risiken, sind den Bankaufsichtsbehörden mindestens die in Art. 104 CRD aufgelisteten Befugnisse einzuräumen.[53] Der EZB ist mit Art. 16 VO (EU) Nr. 1024/2013 (SSM-VO) eine eigene und damit in allen teilnehmenden Mitgliedstaaten[54] einheitlich anwendbare Befugnisnorm für Säule-2 Maßnahmen eingeräumt worden.[55] Diese Säule-2 ist mithin, wie Simon Gleeson zutreffend feststellt, das „diskretionäre" Element der Regulierung.[56]

Art. 16 SSM-VO kombiniert die Art. 102, 97 Abs. 3 und 104 CRD IV.[57] Der erste Absatz legt dabei die Bedingungen für die Ausübung der spezifischen Aufsichtsbefugnisse durch die EZB fest, die im zweiten Absatz aufgeführt sind. Nur im Falle eines (wahrscheinlichen) Verstoßes gegen aufsichtsrechtliche Anforderungen (Art. 16 Abs. 1 Buchst. a und b SSM-VO) oder bei Vorliegen eines ungedeckten und nicht ausreichend gemanagten Risikos (Art. 16 Abs. 1 Buchst. c SSM-VO) kann die EZB die spezifischen Befugnisse des Art. 16 Abs. 2 SSM-VO nutzen, die unter anderem die Befugnis einschließen, zusätzliche Eigenmittelanforderungen zu verhängen. Dies ist zwar ein grundlegendes Aufsichtsinstrument, aber keineswegs die einzige Säule-2-Befugnis, die der EZB zur Verfügung steht. Tatsächlich listet

---

[50] S. Wundenberg, Europäisches Bankenaufsichtsrecht, 2022, § 2 Rn. 7 ff.

[51] S. dazu Wundenberg, Europäisches Bankenaufsichtsrecht, 2022, § 2 Rn. 12.

[52] S. dazu EZB, Aufsichtlicher Überprüfungsprozess (SREP), abrufbar unter: https://www.bankingsupervision.europa.eu/banking/srep/html/index.de.html sowie EBA/GL/2022/03 und Malte, Europäisches Bankenaufsichtsrecht, 2022, § 11.

[53] Art. 104 Abs. 1 CRD IV.

[54] Art. 2 Nr. 1 SSM-VO.

[55] Zu Art. 16 SSM-VO s. Lackhoff, Single Supervisory Mechanism, 2017, 205 ff., Rn. 805 ff.; Binder/Gortsos/Lackhoff/Ohler, European Banking Union/Gortsos SSMR Art. 16 Rn. 17 ff.

[56] Gleeson, Gleeson on the International Regulation of Banking, 3. Auflage, 2018, 5.08, S. 79.

[57] Zum Verhältnis von Art. 16 SSM-VO und Art. 104 CRD IV s. Binder/Gortsos/Lackhoff/Ohler, European Banking Union/Gortsos SSMR Art. 16 Rn. 17 ff.

Art. 16 Abs. 2 SSM-VO eine breite Palette von zwölf Aufsichtsmaßnahmen auf. Zum Beispiel kann die EZB von Instituten die Verstärkung von Regelungen, Prozessen, Mechanismen und Strategien verlangen. Dies ist eine Governance-bezogene Befugnis (Art. 16 Abs. 2 Buchst. b SSM-VO). Ein weiteres Beispiel ist, dass die EZB die Befugnis hat, von Instituten die Anwendung einer spezifischen Rückstellungspolitik oder Behandlung von Vermögenswerten in Bezug auf Eigenmittelanforderungen zu verlangen (Art. 16 Abs. 2 Buchst. d SSM-VO).

Die Funktion des bankaufsichtsrechtlichen Soft Law liegt in diesem Zusammenhang auf der ‚Tatbestandsseite'. Es kann qua seiner Natur keine bindenden bankaufsichtsrechtlichen Regelungen setzen, sondern nur den Corpus des als Hard Law bestehenden Bankenaufsichtsrecht ergänzen.[58] Mithin kann Soft Law allein nie Maßstabsnorm zur Feststellung eines Verstoßes gegen aufsichtsrechtliche Anforderungen sein. Es dient dazu iRd bestehenden auslegungs- und im Detail ausfüllungsbedürftigen Hard Law die Position der Aufsicht zu dessen Verständnis zu vermitteln. So kann Soft Law zum Beispiel der Klärung von Detailfragen in komplexen Materien wie den Internen Modellen dienen oder darlegen, wie der Einfluss neuer Risiken wie Klima- und Umweltrisiken auf klassische Bankrisiken zu adressieren ist. Geht das Soft Law dabei über den bei Anwendung aller Auslegungsmethoden einschließlich zulässiger Formen der Rechtsfortbildung möglichen Gehalt des Hard Law hinaus, verliert es seinen rechtlichen Halt, auch wenn es angesichts seiner faktischen Wirkung nicht notwendiger Weise „abstürzt".

Zwei interessante Beispiele für kürzlich von der EBA erlassene Soft Law Instrumente sind die Q&As 2023_6886 und 2023_6887. Sie beziehen sich auf Aktienrückkäufe, die von Instituten zunehmend als Teil der Dividendengewährung an Aktionäre genutzt werden, indem sie zur Kurssteigerung durch Verknappung des Aktienangebots beitragen und künftig zur Steigerung des Gewinns je Aktie führen. Die Behandlung von Aktienrückkaufprogrammen, die der Dividendengewährung dienen, ist aufsichtsrechtlich in zwei Zusammenhängen von Bedeutung.

Zum einen stellt sich die Frage, ob Beträge, die für die Durchführung eines solchen Programms vorgesehen sind, als vorhersehbare Abgaben oder Dividenden vom Gewinnbetrag abzusetzen sind, der nach Art. 26 Abs. 2 CRR als Zwischengewinn oder Gewinn zum Jahresende nach vorheriger Erlaubnis in das harte Kernkapital[59] (als einbehaltener Gewinn) einbezogen werden darf. Die Antwort der EBA auf Frage Q&A 2023_6887 stellt insoweit fest, dass Institute, die Dividendenpolitiken haben, die Aktienrückkäufe als Instrument zur ordentlichen Gewinnverteilung einschließen, diese Aktienrückkäufe in gleicher Weise wie Barausschüttungen behandeln und sie als vorhersehbare Belastung oder Dividende für die Zwecke der Einbeziehung von Zwischen-/Jahresendgewinnen in das CET1-Kapital gem. Art. 26 Abs. 2 CRR abziehen müssen.

Zum anderen bedürfen Aktienrückkäufe, als Rückkauf von Instrumenten des harten Kernkapitals, einer vorherigen Erlaubnis der Aufsichtsbehörde (Art. 77, 78 CRR). Die Reduzierung von Posten des harten Kernkapitals[60], die nicht Kapitalinstrumente (hier Aktien) sind, bedarf hingegen keiner Erlaubnis. Bei Erteilung einer solchen Erlaubnis ist gem. Art. 28 Abs. 2 DelVO (EU) Nr. 241/2014 ein Abzug bei den jeweiligen Eigenmittelbestandteilen für die die Erlaubnis erteilt wird, vorzunehmen. Der Abzug soll dem Betrag der Rückkäufe von Aktien bzw. dem Betrag der Verringerung oder Ausschüttung des damit

[58] Angesichts des in Art. 5 Abs. 2 EUV verankerten Grundsatzes der begrenzten Einzelermächtigung gibt es, insoweit keine Rechtssetzungsbefugnis der EZB besteht, auch keine Grundlage für „rechtsersetzendes Soft Law" (dh an die Stelle von Recht tretendes Soft Law) seitens der EZB. Vielmehr handelt es sich bei EZB-Soft Law in aller Regel um rechtsbegleitendes bzw. lückenfüllendes Soft Law.

[59] S. Art. 50 iVm Art. 26 ff. CRR.

[60] S. Art. 26 Abs. 1 CRR.

verbundenen Agios entsprechen. Dieser Abzug ist vorzunehmen, bevor der Rückkauf effektiv stattfindet, und zwar sobald mit hinreichender Sicherheit zu erwarten ist, dass der Rückkauf erfolgt. Die Antwort der EBA zur Frage Q&A 2023_6886 führt in diesem Zusammenhang aus, dass, wenn die zuständigen Behörden eine Erlaubnis zur Reduzierung der Eigenmittel gem. Art. 78 Abs. 1 Buchst. b CRR erteilen, sie den Höchstbetrag (in EUR), den die Institute ausgeben dürfen, explizit angeben müssen, unabhängig davon, wie dieser Betrag auf die verschiedenen CET1-Posten verteilt wird, und dass dieser Betrag in der Regel zum Zeitpunkt der Erteilung der Erlaubnis sofort von den entsprechenden CET1-Posten abgezogen werden muss. Dieser Betrag, den ein Institut ausgeben darf, kann höher sein als der Betrag, mit dem die zurückzukaufende Aktie in den Büchern steht. In diesem Fall ist nach der EBA-Antwort der überschießende Betrag nach Art. 28 Abs. 2 DelVO (EU) Nr. 241/2014 abzuziehen, obgleich er den Posten Rücklagen reduzieren würde und hierfür keine Erlaubnis erforderlich ist, an die diese Vorschrift anknüpft.

Hier soll nicht die Berechtigung dieser beiden Antworten diskutiert werden. Vielmehr zeigen sie beispielhaft, wie Soft Law das Hard Law ergänzt und Basis aufsichtsrechtlicher Maßnahmen wird.

V. Bedeutung von Pillar-2 Maßnahmen und Notwendigkeit eines weiten Verständnisses

Der SREP und die Pillar-2 Befugnisse sind, wie sich aus den vorherigen Ausführungen ableiten lässt, aufeinander bezogen. Befugnisse, wie Art. 16 SSM-VO, sind den Aufsichtsbehörden vom Gesetzgeber eingeräumt worden, *um*[61] Risiken adressieren zu können, die im SREP oder in der laufenden Aufsicht identifiziert werden und nicht oder nicht ausreichend abgedeckt sind. Die Nichtabdeckung kann daher rühren, dass Pillar-1 diese Risiken nicht oder nicht ausreichend adressiert oder die Risikomanagementprozesse des Instituts die Risiken nicht ausreichend abdecken. Kurz gefasst dienen Säule-2-Befugnisse dazu, dass Aufsichtsbehörden nicht abgedeckte, nicht gemanagte oder neue Risiken adressieren können. Zusammenfassend ist der SREP der Prozess zur Identifizierung von Risiken, und die Säule-2-Maßnahmen sind die Maßnahmen zur Bewältigung dieser Risiken. In diesem Sinne sind die Pillar-2-Befugnisse tendenziell weit auszulegen, da sie gerade auch die Funktion haben, in künftigen nicht vorhergesehenen Situationen den Aufsichtsbehörden ein effektives Einschreiten zu ermöglichen.

Ein interessantes Beispiel für eine Säule-2 Maßnahme der EZB findet sich in den Urteilen[62] zur Eingehung unwiderruflicher Zahlungsverpflichtungen gegenüber dem Abwicklungsfonds und Einlagensicherungsfonds, die durch Sicherheiten abzusichern sind. Dem lag folgender Sachverhalt zugrunde: Institute können ihre Verpflichtung zur Zahlung von Beiträgen zum Abwicklungsfonds sowie zum Einlagensicherungsfonds teilweise durch die Eingehung von unwiderruflichen Zahlungsverpflichtungen (UZVs, im Englischen Irrevocable Payment Commitments, IPCs) erbringen, statt diese Beträge zu zahlen. Diese UZVs sind jedoch durch Sicherheiten, in der Regel Barsicherheiten, zu besichern. Im Einklang mit anwendbaren Buchhaltungsregelungen wurde die Eingehung der UZVs nicht bilanzwirksam (außerbilanzieller Posten) und die Sicherheitengewährung reduzierte nicht die Aktiva, da im Gegenzug zum Abfluß der als Sicherheit gestellten Barmittel ein Erstattungsanspruch eingebracht wird. Gleichwohl können die gestellten Barsicherheiten nicht mehr mobilisiert werden, um jederzeit etwaige Verluste aus der Geschäftstätigkeit auszu-

[61] Vgl. Art. 104 Abs. 1 CRD IV.

[62] S. nur EuG ECLI:EU:T:2020:394 = BeckRS 2020, 22186 – BNP Paribas/EZB; EuG ECLI:EU:T:2024:352 = BeckRS 2024, 12125 – Deutsche Bank/EZB; EuG ECLI:EU:T:2024:353 = BeckRS 2024, 12124 – BNP Paribas/EZB.

gleichen.[63] Die EZB erlegte den Klägern infolgedessen in SREP-Entscheidungen auf, einen Betrag vom harten Kernkapital abzuziehen, der dem Betrag entsprach, den sie als Sicherheiten für die eingegangenen unwiderruflichen Zahlungsverpflichtungen zu stellen hatten.[64] Dagegen wandten sich die Kläger zunächst mit Erfolg. Der EuGH entschied, dass die EZB sich zwar auf Art. 16 Abs. 1 Buchst. c und Abs. 2 Buchst. d SSM-VO stützen könne, doch mangele es den Entscheidungen an der erforderlichen Einzelfallprüfung, ob die Voraussetzungen des Art. 16 Abs. 1 Buchst. c SSM-VO erfüllt seien.[65] Die EZB besserte offenbar nach und fügte eine entsprechende Verpflichtung in eine spätere SREP-Entscheidung erneut ein. Hiergegen klagten die Institute erneut, indessen vorläufig ohne Erfolg, allerdings sind Rechtsmittel anhängig.

Das aufsichtsrechtlich relevante Risiko wurde hier zu Recht darin gesehen, dass die von den Instituten als Sicherheiten gestellten und nicht kernkapitalmindernd berücksichtigten Sicherheiten nicht zur Deckung von Verlusten zur Verfügung stehen, da sie nur rückerlangt werden können, wenn gleichzeitig die UZVs beglichen oder andere Sicherheiten geleistet werden. Dies wird als das Risiko des zu hohen Ausweises des Kernkapitals (Overstatement of CET1) bezeichnet.[66] Der zu hohe Ausweis von hartem Kernkapital ist an sich schon ein relevantes (realisiertes) Risiko, da es Marktteilnehmern, Aufsehern und dem Institut selbst falsche Indikationen über die Eigenmittelsituation gibt. Außerdem könnte das Institut das zu hoch ausgewiesene Kernkapital mit Geschäft belegen, ohne dass dieses zur Deckung von Verlusten zur Verfügung stünde.

Darüber hinaus hat der EuGH ebenfalls zu Recht entschieden, dass Art. 16 Abs. 2 Buchst. d SSM-VO eine ausreichende Rechtsgrundlage für die Auferlegung einer Verpflichtung zum Abzug ist. Diese Vorschrift bestimmt, unter anderem, dass Instituten eine bestimmte Behandlung ihrer Aktiva bezüglich der Eigenmittelanforderungen vorgeschrieben werden darf, wenn eine der drei Voraussetzungen des Art. 16 Abs. 1 SSM-VO erfüllt ist. Die Auferlegung eines Abzugs vom harten Kernkapital fällt unter den Wortlaut der Vorschrift, da sie die vorhandenen Eigenmittel, die zur Erfüllung von Eigenmittelanforderungen zur Verfügung stehen, betrifft und damit eine Regelung *„bezüglich der Eigenmittelanforderungen“* ist. Dies gilt, zumal Eigenmittel und Eigenmittelanforderungen aufeinander bezogen sind. Außerdem bietet der Bericht der Kommission zum Einheitlichen Aufsichtsmechanismus[67] einen Hinweis, dass der Gesetzgeber der Auffassung war, dass Art. 16 Abs. 2 Buchst. d SSM-VO die Auferlegung von Abzügen deckt. In diesem Bericht fordert die Kommission die EZB auf, diesen Art. der SSM-VO als Basis für die Auferlegung von Abzügen zu nutzen: *„Und schließlich sollte die EZB das gesamte Spektrum aufsichtlicher Befugnisse nutzen, um Risiken mit den am besten geeigneten Aufsichtsinstrumenten begegnen zu können. Zu den erteilten Befugnissen zählt die Möglichkeit der zuständigen Behörde, Einfluss auf die Rückstellungen der Banken nach Maßgabe des geltenden Rechnungslegungsrahmens zu nehmen und gegebenenfalls erforderliche Anpassungen (beispielsweise Abzüge) vorzunehmen, wenn etwa die Rückstellungen in der Rechnungslegung aus aufsichtlicher Sicht nicht hinreichend sind.“* Ferner unterstützt auch eine teleologische Sichtweise, dass Abzüge basierend auf Art. 16 Abs. 2 Buchst. d SSM-VO auferlegt werden können. So

---

[63] S. nur EuG ECLI:EU:T:2020:394 = BeckRS 2020, 22186 Rn. 61 ff., insbes. 64 – BNP Paribas/EZB.

[64] S. EuG ECLI:EU:T:2024:352 = BeckRS 2024, 12125 Rn. 10 – Deutsche Bank/EZB.

[65] S. nur EuG ECLI:EU:T:2020:394 = BeckRS 2020, 22186 Rn. 49 ff., insbes. 60 sowie 61 ff. und 82 – BNP Paribas/EZB.

[66] EuG ECLI:EU:T:2024:353 = BeckRS 2024, 12124 Rn. 68 f. – BNP Paribas/EZB; EuG ECLI:EU:T:2024:352 Rn. 40 = BeckRS 2024, 12125 – Deutsche Bank/EZB.

[67] Bericht der Kommission an das Europäische Parlament und den Rat über den einheitlichen Aufsichtsmechanismus gem. der Verordnung (EU) Nr. 1024/2013, COM(2017) 591, 16 Fn. 8: *„Außerdem ermöglichen diese Befugnisse der EZB, Kreditinstitute zu bestimmten Änderungen (Abzüge, Verwendung von Filtern oder ähnliche Maßnahmen) bei Berechnungen der Eigenmittel zu verpflichten, wenn die Bilanzierung seitens der Bank aus aufsichtlicher Sicht nicht als hinreichend vorsichtig betrachtet wird.“*

sind Abzugsposten ein anerkanntes Instrument, um noch nicht eigenmittelwirksam gewordene Umstände zu berücksichtigen[68]. Schließlich spricht die oben erörterte Funktion von Säule-2-Maßnahmen als Instrument zur Adressierung unbekannter, nicht abgedeckter Risiken dafür, diese Vorschriften iRd Wortlautgrenze weit auszulegen.

VI. Gerichtliche Überprüfbarkeit von Säule-2 Maßnahmen: Rs. T-182/22 und C-389/21

Ein grundsätzlich weites Verständnis von Pillar-2 Befugnissen gepaart mit einem Ermessen[69] der Aufsichtsbehörde bei Erlass der Pillar-2 Maßnahme bedeutet indessen nicht, dass kein effektiver Rechtsschutz gegeben wäre. Vielmehr ist in einer solchen Konstellation die Effektivität des Rechtsschutzes insbes. durch „Verfahrensschutz“[70], dh den konsequenten Schutz prozeduraler Rechte sowie eine strikte Verhältnismäßigkeitskontrolle sicher zu stellen.

In diesem Zusammenhang ist ein Urteil des Gerichtshofs im Zusammenhang mit der Verschuldungsquote (Leverage Ratio) relevant, das für bankaufsichtsrechtliche Verfahren die Grundlinien der Überprüfung von Ermessensentscheidungen festgeschrieben haben dürfte. In diesem Fall griff ein Institut die teilweise Ablehnung einer Genehmigung an. Mit dieser Genehmigung wollte es die Ausschließung bestimmter Risikopositionen von der Berechnung der Verschuldungsquote erreichen. Der Gerichtshof stellte fest, dass bei Bestehen eines weiten Ermessensspielraums die Gerichte überprüfen sollen, *„ob der Beschluss nicht auf unzutreffenden Tatsachenfeststellungen beruht und ob er nicht mit einem offensichtlichen Beurteilungsfehler oder einem Ermessensmissbrauch behaftet ist“.*[71] Dabei muss *„der Unionsrichter insbesondere nicht nur die sachliche Richtigkeit, die Zuverlässigkeit und die Kohärenz der angeführten Beweise prüfen, sondern auch kontrollieren, ob diese Beweise alle relevanten Daten darstellen, die bei der Beurteilung einer komplexen Situation heranzuziehen waren, und ob sie die aus ihnen gezogenen Schlüsse zu stützen vermögen.“*

VII. Fazit

Europäisches bankaufsichtsrechtliches Soft Law und Pillar-2 Maßnahmen sind zwei wesentliche Elemente des Bankenaufsichtsrechts „in action“. Sie weisen jeweils Besonderheiten insbes. auch im Hinblick auf ihre gerichtliche Überprüfung auf. Beide Elemente berühren sich insoweit, als Soft Law auch zur Stützung von Pillar-2 Maßnahmen herangezogen wird, von denen zB die EZB deutlich gemacht hat, dass sie bereit ist, diese Befugnisse umfassend zu nutzen.[72] Der im Falle einer gerichtlichen Überprüfung anwendbare Überprüfungsmaßstab mag bei beiden Elementen in weiten Teilen vergleichbar sein.

---

[68] S. für das deutsche Recht zB den Korrekturposten nach § 10 Abs. 9 KWG.

[69] Der Begriff des „Ermessens“ (discretion) erstreckt sich im Europarecht sowohl auf das Rechtsfolgeermessen als auch auf das Verständnis unbestimmter Rechtsbegriffe im deutschen Verständnis.

[70] EuGH ECLI:EU:C:2023:368 = BeckEuRS 2023, 761378 Rn. 57 – EZB/Crédit lyonnais; EuG ECLI:EU:T:2024:352 = BeckRS 2024, 12125 Rn. 59 f. – Deutsche Bank/EZB.

[71] EuGH ECLI:EU:C:2023:368 = BeckEuRS 2023, 761378 Rn. 55 – EZB/Crédit lyonnais.

[72] S. Preparing for the next decade of European banking supervision: risk-focused, impactful and legally sound, Rede von Frank Elderson, Mitglied des EZB-Direktoriums und stellvertretender Vorsitzender des Aufsichtsgremiums der EZB anlässlich der durch Allen & Overy organisierten Veranstaltung „10 years SSM and beyond”, Frankfurt, 27.6.2024, abrufbar unter: https://www.bankingsupervision.europa.eu/press/speeches/date/2024/html/ssm.sp240627~6f39f4ba7f.en.html.

URS LENDERMANN

Der Verteilungskonflikt zwischen Instrumenten des zusätzlichen und des harten Kernkapitals in Banken

I. Einleitung

Thomas Emde vereint in seinem Lebenswerk auf einzigartige Weise das Bankaufsichtsrecht[1] und das Kapitalmarktrecht[2] und hat an der Schnittstelle dieser beiden Bereiche bedeutende Beiträge geleistet, die sowohl in der Fachwelt als auch in der Praxis hoch anerkannt sind. Eine persönliche Verbindung zum Geehrten ergibt sich daraus, dass sein Vater, der frühere Bundesbankvorstand Hans Georg Emde, maßgeblich an der Gründung der Hochschule der Deutschen Bundesbank beteiligt war, an der der Autor dieser Zeilen seit über zehn Jahren lehrt. Im dualen Studiengang Bachelor of Science im Zentralbankwesen werden Wissenschaft und Praxis miteinander verbunden. Zu Ehren des Jubilars widmet sich dieser Beitrag daher einem anwendungsorientierten Thema, das Ambivalenzen im Gesellschafts-, Bilanz-, Steuer-, Aufsichts- und Kapitalmarktrecht in sich trägt: den Instrumenten des zusätzlichen Kernkapitals von Kreditinstituten (Additional Tier 1 – AT1). Es handelt sich dabei um hybride Finanzinstrumente, die zwischen Eigenkapital und Fremdkapital changieren. Widersprüche liegen in ihrer Natur: Sie können ggü. den Steuerbehörden und den Investoren als Fremdkapital deklariert werden, wohingegen sie ggü. den Aufsichtsbehörden und Ratingagenturen als Eigenkapital fungieren.[3] Der Widerspruch wird offenkundig, wenn selbst implizite Hinweise auf eine Kündigung, Rückzahlung oder einen Rückkauf der Instrumente die Aberkennung des regulatorischen Eigenmittelcharakters nach sich ziehen sollen,[4] wohingegen die Finanzverwaltung sie gerade *wegen* des „faktischen Marktzwangs zur Rückzahlung"[5] steuerrechtlich wie Fremdkapital behandelt.[6] Die Krise der Credit Suisse im Frühjahr 2023 hat die Instrumente des zusätzlichen Kernkapitals in den Fokus der Öffentlichkeit gerückt und warf die Frage nach einer gerechten Haftungsverteilung ggü. den Aktionären auf.

Ziel dieses Beitrags ist es, die Grundlagen zu den Instrumenten des zusätzlichen Kernkapitals darzustellen (II.), um sodann ihr Verhältnis zu Instrumenten des harten Kernkapitals (Common Equity Tier 1 – CET1) herauszuarbeiten. Bei dem Verteilungskonflikt zwischen den beiden Instrumenten des Kernkapitals sind verschiedene Stadien zu unterscheiden, näm-

---

[1] S. aus letzter Zeit nur Emde/Nemeczek/Pitz WM 2022, 1525 (1569); WM 2023, 1005 (1053); Emde/Nemeczek WM 2024, 1495; Renz/Hense/Marbeiter/Emde/Benzing, Wertpapier-Compliance in der Praxis, Das Pflichtenprogramm des AktG und des KWG, 153 ff.

[2] S. zuvorderst Emde/Dornseifer/Dreibus, KAGB, 3. Aufl. 2023; auch Eilers/Rödding/Schmalenbach Unternehmensfinanzierung/Emde/König, 1. Aufl. 2008, B. II.

[3] Vgl. IMF and OECD, ITD2009, Financial Institutions and Instruments—Tax Challenges and Solutions, Background Paper for the International Tax Dialogue Conference Beijing, October 2009, 10; FSB Final Report on Corporate Funding Structures and Incentives, 28.8.2015, 11.

[4] Art. 52 Abs. 1 Buchst. h–k CRR iVm Art. 20 DelVO (EU) Nr. 241/2014.

[5] BMF Schreiben v. 4.11.2021 – IV C 2 – S 2742/21/10001:001 DOK 2021/0852061; zuvor v. 25.5.2021, selbes Gz, DOK 2021/0227797; urspr v. 10.4.2014 – IV C 2 – S 2741/12/10003:002, 2014/0335431.

[6] S. Beck/Samm/Kokemoor/Böhringer/Lendermann CRR Art. 51 Rn. 25.

lich Verlustphasen im laufenden Geschäftsbetrieb (III.), der Eintritt eines vertraglichen Auslöseereignisses (IV.) und das Erreichen der Existenzunfähigkeit bzw. eines Ausfalls des Instituts (V.). Abschließend werden die Ergebnisse zusammengefasst, und es wird ein Ausblick gegeben (VI.).

II. Grundlagen

Die Internationalisierung des Bankaufsichtsrechts führte Ende der 1980er Jahre in Kontinentaleuropa zur Anerkennung hybrider Finanzinstrumente als Eigenmittelbestandteile.[7] Die internationalen Regulierungsstandards des Basler Ausschusses für Bankenaufsicht (Basel Committee of Banking Supervision – BCBS) sollen rechtsformneutral und nicht diskriminierend sein. Sie müssen zu unterschiedlichen Gesellschaftsarten, verschiedenen nationalen Rechtsordnungen und Rechnungslegungsstandards passen.[8] Daher hat der Basler Ausschuss keine formale, am Gesellschaftsrecht orientierte Definition der Eigenkapitalinstrumente (Aktie, GmbH-Anteil usw) gewählt, sondern eine prinzipienbasierte („substance over form"). Dabei hat er die Kriterien der International Accounting Standards (IAS, heute IFRS) einfließen lassen. Um als Posten des Kernkapitals anrechenbar zu sein, müssen die betreffenden Instrumente im Wesentlichen tief nachrangig sein, eine ewige Laufzeit haben (perpetual) und dürfen frühestens nach fünf Jahren mit Zustimmung der zuständigen Aufsichtsbehörde vom Emittenten gekündigt werden (non call five), während Ausschüttungen im uneingeschränkten Ermessen des Emittenten stehen müssen.[9] Ihr Ausfall darf kein Insolvenzgrund sein. In der Insolvenzbilanz sind sie wie Eigenkapital zu behandeln.[10]

Die Finanzkrise führte indes ein unzureichendes Niveau von Eigenkapital hoher Qualität, Divergenzen bei der Definition von Eigenkapital in verschiedenen Jurisdiktionen und eine mangelhafte Offenlegung zutage.[11] Hybridanleihen, die als regulatorisches Kapital anrechenbar waren, verfehlten die ihnen beigemessene Haftungswirkung, dies teils mit Billigung der Aufsichtsbehörden.[12] Daher ging der Trend des Basler Ausschusses unter Basel III hin zu „mehr und besserem" Eigenkapital in Form des im laufenden Geschäftsbetrieb zuverlässig haftenden harten Kernkapitals (Grundkapital), wofür eine eigenständige Kategorie geschaffen wurde.[13] Flankierend wurde für Hybridinstrumente die separate Klasse des „zusätzlichen Kernkapitals" eingeführt. Dessen Anrechnungskriterien wurden verschärft, seine Anrechenbarkeit reduziert. Ziel war die Verbesserung der Verlustabsorptionsfähigkeit der Posten des zusätzlichen Kernkapitals im laufenden Geschäftsbetrieb (going concern).

Die wesentlichen Neuerungen umfassen erstens die Formalisierung eines auf die Unterschreitung der Kapitalpuffer kalibrierten Ausschüttungsstopps, zweitens die automatische Wandlung in Posten des harten Kernkapitals bei Eintritt eines Auslöseereignisses und drittens die Abstimmung mit den neuen hoheitlichen Frühinterventionsmaßnahmen im Zeitpunkt der Existenzunfähigkeit sowie in der Abwicklung. Darauf wird im Folgenden eingegangen.

[7] S. im Folgenden Beck/Samm/Kokemoor/Böhringer/Lendermann CRR Art. 51 Rn. 11 ff.

[8] Abschn. 9 Basel I (1988, updated to 1998); Abschn. 12 Basel II (2006).

[9] AGB-rechtlich zulässig nach OLG Bremen, BeckRS 2025, 13538.

[10] Art. 52 Abs. 1 Buchst. m CRR determiniert insoweit unionsrechtlich das nationale Insolvenzrecht; dazu Beck/Samm/Kokemoor/Böhringer/Lendermann CRR Art. 52 Rn. 18.

[11] Abschn. 48 Basel III.

[12] S. BCBS Press release, Ref no: 03/2011 v. 13. 1. 2011; aus der Aufsichtspraxis Schiltknecht/McHale GesKR 2012, 507 (509).

[13] Abschn. 7 ff. Basel III; s. dazu Wahrenburg ZBB 2019, 81 (88).

III. Ausschüttungen im laufenden Geschäftsbetrieb

Ausschüttungen auf Instrumente des Kernkapitals müssen im uneingeschränkten Ermessen des Emittenten stehen und werden auf zweierlei Weise reguliert: Sie dürfen nur aus ausschüttungsfähigen Posten (üblicherweise bezeichnet als „Available Distributable Items (ADI)") vorgenommen werden,[14] und ihre Höhe ist auf den maximal ausschüttungsfähigen Betrag („Maximum Distributable Amount (MDA)") begrenzt, sofern die kombinierte Pufferanforderung nicht erfüllt wird.[15] ADI und MDA sind streng auseinanderzuhalten.

1. Unabhängigkeit der Ausschüttungen auf Kapitalinstrumente

Ausschüttungen auf die verschiedenen Kernkapitalinstrumente dürfen nicht mit Gleichbehandlungsklauseln (pari passu) voneinander abhängig gemacht werden. Dividendenauslösungs- oder -erhöhungsklauseln, die zur Vornahme von Ausschüttungen verpflichten, wenn Ausschüttungen auf nachrangigere Instrumente (sprich: des harten Kernkapitals) oder auf gleichrangige Instrumente gezahlt werden (sog. dividend pusher), sind mit dem erforderlichen Ausschüttungsermessen nicht vereinbar.[16] Auch sind im Unionsrecht – anders als nach dem Basler Rahmenwerk – Klauseln unzulässig, die zur Aussetzung oder Begrenzung von Ausschüttungen auf Instrumente des harten Kernkapitals, des zusätzlichen Kernkapitals und des Ergänzungskapitals verpflichten, wenn auf die betreffenden Instrumente des zusätzlichen Kernkapitals keine Ausschüttung geleistet wird (sog. dividend stoppers).[17] Aus der Überschrift zu Art. 53 CRR ergibt sich, dass damit Fehlanreize bei der Ausschüttungspolitik verhindert werden sollen, die eine Rekapitalisierung des Instituts behindern könnten.

2. Ausschüttungsfähige Posten

Für Zwecke der ADI stellt die bankaufsichtsrechtliche Definition der „Ausschüttung" Zinszahlungen den Dividenden gleich.[18] ADI wird für Instrumente des (harten und zusätzlichen) Kernkapitals in Art. 4 Abs. 1 Nr. 128 CRR eigenständig definiert. Sie enthalten den nach nationalem Bilanzrecht bestimmten Gewinn am Ende des letzten Finanzjahres zuzüglich etwaiger Gewinnvorträge und für diesen Zweck verfügbarer Rücklagen abzüglich etwaiger Verlustvorträge. Die Regelung nimmt nicht ausschüttungsfähige Gewinne und nicht ausschüttungsfähige Rücklagen aus. In die Definition der ADI fließen grds. nicht nur der Bilanzgewinn, sondern auch sonstige freie Rücklagen und Gewinnrücklagen ein.[19]

Zins- und Rückzahlungen auf Instrumente des zusätzlichen Kernkapitals, die gesellschaftsrechtlich nicht als Gesellschafteranteile qualifizieren, sind keine „Ausschüttungen" im bilanz- und gesellschaftsrechtlichen Sinne, sondern Betriebsausgaben oder erfolgsneutrale Tilgung von Verbindlichkeiten. Nach Bilanz- und Gesellschaftsrecht können sie somit getätigt werden, selbst wenn dadurch Verluste entstehen, für die gesetzliche Rücklagen aufgelöst werden müssen.[20] Vor diesem Hintergrund findet sich zur aufsichtsrecht-

---

[14] Art. 28 Abs. 1 Buchst. h Ziff. ii, 52 Abs. 1 Buchst. l Ziff. i, jeweils iVm Art. 4 Abs. 1 Nr. 128 CRR.

[15] Das Ausschüttungsverbot aus § 10i Abs. 3 S. 3 Nr. 3 KWG wirkt als Verbotsgesetz gem. § 134 BGB, so OLG Bremen, BeckRS 2025, 13538.

[16] Vgl. Beck/Samm/Kokemoor/Böhringer/Ihme/Lendermann CRR Art. 53 Rn. 1 ff.

[17] Beck/Samm/Kokemoor/Böhringer/Ihme/Lendermann CRR Art. 53 Rn. 1.

[18] Art. 4 Abs. 1 Nr. 110 CRR; vgl. im Folgenden Armbruster/Böhringer/Lendermann RdF 2024, 298 (302 f.).

[19] Beck/Samm/Kokemoor/Böhringer/Lendermann CRR Art. 28 Rn. 71; Rennings RdF 2014, 221 mwN.

[20] In der Praxis ist die Kombination eines Bilanzverlustes mit einer Ausschüttung ein eher theoretischer Fall, da Institute wohl Rücklagen oder ggf. stille Reserven auflösen würden, um die Ent-

lichen Behandlung die Ansicht, dass für Instrumente des zusätzlichen Kernkapitals sämtliche nach HGB anerkennungsfähige Rücklagen als ADI qualifizieren sollen.[21] Dazu sollen selbst ausschüttungsgesperrte Beträge iSd § 268 Abs. 8 HGB oder die nach § 150 AktG zu bildende gesetzliche Rücklage gehören können.[22] Diese Auffassung ist allerdings differenzierter zu sehen.[23] Die regulatorische Anerkennung der Hybridinstrumente als Eigenmittelbestandteil weicht vom Gesellschaftsrecht ab.[24] Die wechselhafte Genese von Art. 4 Abs. 1 Nr. 128 CRR führte zu einem unklaren Wortlaut.[25] Systematisch sind Instrumente des harten Kernkapitals und solche des zusätzlichen Kernkapitals in Art. 28 Abs. 1 Buchst. h) (ii) und Art. 52 Abs. 1 Buchst. l) (i) CRR gleich geregelt. Alle Instrumente des Kernkapitals sind deshalb – ungeachtet ihrer Behandlung nach verschiedenen Rechnungslegungsstandards und Gesellschaftsrechtsordnungen – im going concern einheitlich zur Verlustabsorption heranzuziehen. Demnach ist Art. 52 Abs. 1 Buchst. l) (i) iVm Art. 4 Abs. 1 Nr. 128 CRR in der Weise auszulegen, dass Beträge, die für Instrumente des harten Kernkapitals, insbes. Aktien und GmbH-Anteile, einem Ausschüttungsverbot unterliegen, auch nicht an die Inhaber von Instrumenten des zusätzlichen Kernkapitals ausgeschüttet werden dürfen.[26]

3. *Maximal ausschüttungsfähiger Betrag*

Für MDA bezieht der Begriff der Ausschüttung auch Rückzahlungen auf eingezahlte Beträge ein und geht damit weiter als die in Art. 4 Abs. 1 Nr. 110 CRR enthaltene Definition, die auf Auszahlung von Dividenden oder Zinsen beschränkt ist.[27] Die Berechnung des MDA richtet sich – anders als die der ausschüttungsfähigen Posten – nicht nach Bilanz- und Gesellschaftsrecht auf Einzelinstitutsebene, sondern nach den aufsichtsrechtlichen Eigenmittelbestimmungen[28] sowie – was den Puffer der Verschuldungsquote für G-SRI betrifft – auch nach der Verschuldungsquote[29], uzw. in Gruppenlagen auf allen Anwendungsebenen (konsolidierte, unterkonsolidierte Basis und Einzelbasis).[30] Für MDA hatte die Kommission im Entwurf der CRD V einen Vorrang für Instrumente des zusätzlichen Kernkapitals vor solchen des harten Kernkapitals vorgeschlagen.[31] Daraufhin hatte sich die EBA mit Verweis auf die verbesserte Haftungsfunktion im laufenden Geschäftsbetrieb erfolgreich gegen die vorgeschlagene Privilegierung von Ausschüttungen auf Instrumente des zusätzlichen Kernkapitals gewandt.[32] Eine Rangfolge (‚pecking order'), nach der Ausschüttungen auf Instrumente des zusätzlichen Kernkapitals die letzten sein müssten, die beschränkt werden dürften, bzw. die ersten, die vorgenommen werden müssten, würde die volle Flexibilität der Institute in Fällen einschränken, in denen nicht alle Ausschüttungen getätigt werden können.[33] In der verabschiedeten CRD V findet sich diese Rangordnung nicht wie-

stehung eines Bilanzverlustes zu vermeiden, s. Armbruster/Böhringer/Lendermann RdF 2024, 298 (303 Fn. 53).

[21] Vgl. Deutsche Bundesbank Monatsbericht Juni 2019, 31 (38 f.).

[22] Vgl. Deutsche Bundesbank Monatsbericht Juni 2019, 31 (39 Fn. 22).

[23] S. Armbruster/Böhringer/Lendermann RdF 2024, 298 (304); Beck/Samm/Kokemoor/Böhringer/Ihme/Lendermann CRR Art. 52 Rn. 95 ff.

[24] Beck/Samm/Kokemoor/Böhringer/Lendermann CRR Art. 51 Rn. 9 ff.

[25] Armbruster/Böhringer/Lendermann RdF 2024, 298 (304).

[26] Armbruster/Böhringer/Lendermann RdF 2024, 298 (304).

[27] § 10i Abs. 5 Nr. 4 bzw. § 10j Abs. 5 Nr. 2 KWG; dazu Beck/Samm/Kokemoor/Sprung KWG § 10i Rn. 44.

[28] § 10i KWG.

[29] Art. 92 Abs. 1a CRR, § 10j KWG.

[30] Armbruster/Böhringer/Lendermann RdF 2024, 298 (302 f.).

[31] Vorschlag der Kommission zur Änderung der CRD IV COM(2016) 854 final.

[32] EBA/OP/2017/07, Abschn. 11–14.

[33] EBA/OP/2017/07, Abschn. 11–14.

der.[34] Für Ausschüttungen unter Geltung eines MDA besteht somit weder eine Gleichbehandlungspflicht noch ein Vorrang oder Nachrang einer der Kernkapitalarten.

IV. Haftung bei Eintritt eines Auslöseereignisses

Die vertraglichen Verlustabsorptionsmechanismen unterscheiden sich im Hinblick auf den Haftungsrang und das Verhältnis zu den Gesellschaftern grundlegend voneinander.[35] Gemeinsam ist allen Instrumenten des zusätzlichen Kernkapitals das nichtdiskretionäre Auslöseereignis („Trigger-Event"), die Auslösung durch den Emittenten, ihr Beitrag zum harten Kernkapital im Sinne eines Debt-to-Equity-Swaps (mit oder ohne Ausgabe neuer Instrumente des harten Kernkapitals) sowie einzelne Verfahrenselemente bei Eintritt des Auslöseereignisses.[36] Festgelegt wurde in Abstimmung mit der kombinierten Pufferanforderung ein regulatorisches Auslöseereignis bei einer harten Kernkapitalquote von 5,125% oder höher.[37] Im Übrigen führen die konzeptionellen Ausgestaltungen zu drei vollkommen verschiedenen Arten an Instrumenten des zusätzlichen Kernkapitals.[38]

1. Bedingte Pflichtwandelanleihen („echte" CoCos)

Bedingte Pflichtwandelanleihen („Contingent Convertibles" – oder auch „echte" CoCos) wandeln bei Eintritt des Auslöseereignisses in Instrumente des harten Kernkapitals.[39] Das Umtauschverhältnis bestimmt die Höhe ihrer initialen Haftungsbeteiligung und die Vermögens- und Stimmrechtsverwässerung der Altgesellschafter. Sodann haften die (ehemaligen) CoCo-Inhaber als (neue) Inhaber von Instrumenten des harten Kernkapitals wie diese automatisch für künftige Verluste. Sie werden aber auch an möglichen Gewinnen beteiligt. Ihnen kommt ein Besserungspotenzial zu.

2. Dauerhafte Herabschreibungsanleihen (Write-offs)

Herabschreibungsanleihen („Write-offs") weisen im Gegensatz zu CoCos keinen gesellschaftsrechtlichen Bezug auf und unterfallen nicht dem Aktiengesetz. Im Unterschied zu Inhabern von CoCos partizipieren Inhaber von Write-offs nicht an einer künftigen wirtschaftlichen Erholung. Die Herabschreibung der Forderung erfolgt grds. kompensationslos.[40] Bei wirtschaftlicher Erholung besteht kein Besserungspotenzial. Sofern man die vertraglichen Haftungsmechanismen isoliert betrachtet und die gesetzliche Haftungskaskade außen vor lässt (dazu sogleich), gilt: Write-offs stehen in der Rangfolge hinter Instrumenten des harten Kernkapitals.[41] Bei Eintritt des vertraglichen Auslöseereignisses ist nämlich noch hartes Kernkapital iHv 5,125% RWA in der Bank vorhanden, wenn es zu der (vollständigen) Herabschreibung der Write-offs kommt. Der rein vertragliche Haftungsmechanismus sieht keine Löschung von nachrangigen Instrumenten, sprich solchen des harten Kernkapitals vor

---

[34] Armbruster/Böhringer/Lendermann RdF 2024, 298 (304 f.).

[35] Vgl. im Folgenden Lendermann, Automated bail-in: eliminating regulatory restraints. Journal of banking regulation, online first: 23 January 2025, S. 1–22; Lendermann, The Theory of Bank Regulation: Does the Bail-in work?, EBI Working Paper 150, 2023.

[36] Beck/Samm/Kokemoor/Böhringer/Ihme/Lendermann CRR Art. 52 Rn. 154.

[37] Beck/Samm/Kokemoor/Böhringer/Lendermann CRR Art. 51 Rn. 9 ff.; Beck/Samm/Kokemoor//Böhringer/Ihme/Lendermann CRR Art. 52 Rn. 154–159.

[38] Vgl. im Folgenden Beck/Samm/Kokemoor/Böhringer/Ihme/Lendermann CRR Art. 52 Rn. 154–159.

[39] Art. 52 Abs. 1 Buchst. n Alt. 2 CRR.

[40] Art. 52 Abs. 1 Buchst. n Alt. 1, Unteralt. 1 CRR.

[41] Beck/Samm/Kokemoor/Böhringer/Lendermann CRR Art. 51 Rn. 16.

(anders das Abwicklungsrecht gem. Art. 47 Abs. 1 Buchst. a BRRD). Die Verlustbeteiligung von Write-offs kommt somit nicht nur den übrigen Gläubigern, sondern auch den Gesellschaftern zugute. Write-offs versichern die Gesellschafter.[42] Weil das dem bisherigen Prinzip widerspricht, wonach Instrumente des harten Kernkapitals bei Auftreten von Verlusten deren ersten und proportional größten Anteil tragen müssen (Art. 28 Abs. 1 Buchst. i CRR), wurde für Write-offs in Art. 28 Abs. 2 CRR eine ausdrückliche Ausnahme aufgenommen.[43]

3. *Vorübergehende Herabschreibungsanleihen (temporary Write-downs)*

Um die konzeptionelle Haftungsasymmetrie von Write-offs ggü. Gesellschaftern abzufedern und die Vermarktungschancen zu erhöhen, wurde für Abschreibungsinstrumente eine temporäre Herabschreibung (temporary write-down) mit anschließender Wiederzuschreibungsmöglichkeit (write-up) erlaubt.[44] Die Wiederzuschreibung führt zu einer Rückzahlung von Posten des harten Kernkapitals, zu denen die Herabschreibung der Instrumente zuvor geführt hat. Als Ausnahme zum Grundsatz der Dauerhaftigkeit von Instrumenten des harten Kernkapitals[45] einerseits und – im Falle von Kapitalgesellschaften – dem Kapitalerhaltungsgrundsatz[46] andererseits bedurfte es der Ausnahmeregelung in Art. 52 Abs. 1 Buchst. n Alt. 1 Ualt. 2 CRR.[47] Mithin ist festzuhalten, dass sich für CoCos, Write-offs und temporary Write-downs nach den jeweiligen Vertragsbedingungen ganz unterschiedliche Positionen in der Haftungskaskade ergeben.

V. Haftung bei Existenzunfähigkeit und im Abwicklungsverfahren

Gänzlich anders haben die Regulierungsinstanzen die Haftungsreihenfolge in Art. 21 Abs. 10 SRM-VO, § 97 SAG (Art. 60 BRRD) im Zeitpunkt der Existenzunfähigkeit („Point of non viability“)[48] oder zu einer Zeit, in der das Institut ausfällt oder wahrscheinlich ausfällt („failing or likely to fail“)[49] sowie schließlich für Insolvenzverfahren nach § 46f Abs. 7a KWG (Art. 48 Abs. 7 BRRD) geregelt. Danach sollen Instrumente des zusätzlichen Kernkapitals stets Vorrang ggü. Instrumenten des harten Kernkapitals haben.[50] Das folgt offenbar der rechtspolitischen Vorstellung, dass Fremdkapitalinstrumente stets erst nach Eigenkapitalinstrumenten haften sollen und beruht auf dem in Art. 28 Abs. 1 Buchst. i CRR niedergelegten Grundsatz. Es wird aber dem Bestreben, die Haftungsfunktion von Instrumente des zusätzlichen Kernkapitals im going concern zu verbessern und derjenigen des harten

[42] Beck/Samm/Kokemoor/Böhringer/Ihme/Lendermann CRR Art. 52 Rn. 157.
[43] Beck/Samm/Kokemoor/Böhringer/Ihme/Lendermann CRR Art. 52 Rn. 157.
[44] Art. 52 Abs. 1 Buchst. n Alt. 1, Unteralt. 2 CRR iVm Art. 21 DelVO (EU) Nr. 241/2014; Beck/Samm/Kokemoor/Böhringer/Ihme/Lendermann CRR Art. 52 Rn. 158.
[45] Art. 28 Abs. 1 Buchst. f CRR.
[46] Insbes. §§ 57, 71 AktG.
[47] Beck/Samm/Kokemoor/Böhringer/Ihme/Lendermann CRR Art. 52 Rn. 158.
[48] Fn. 9 an Abschnitt 49 Basel III iVm BCBS, Pressemitteilung Nr. 03/2011 v. 13.1.2011, Anh.: „Minimum requirements to ensure loss absorbency at the point of non-viability“; zum Hintergrund BCBS Konsultationspapier Proposal to ensure the loss absorbency of regulatory capital at the point of non-viability, 2010.
[49] Ungeachtet der Differenzierung in der Zielsetzung und dem Anwendungszeitpunkt hat die EU beide Eingriffsbefugnisse (Point of non viability und Bail-in) einheitlich in Art. 21 SRM-VO bzw. in Art. 59 BRRD, diesen umgesetzt in § 89 SAG, geregelt und die Zuständigkeit den Abwicklungsbehörden übertragen. Dazu – auch im Hinblick auf die uneinheitlichen Begrifflichkeiten – krit. Binder/Glos/Riepe BankenaufsichtsR-HdB/Binder § 18 Rn. 71 ff.
[50] Beck/Samm/Kokemoor/Böhringer/Ihme/Lendermann CRR Art. 52 Rn. 182, 182a.

Kernkapitals anzugleichen, nicht gerecht. Außerdem übersteuert es die differenzierten vertraglichen Ausgestaltungen der Instrumente als CoCos, Write-offs oder temporary Write-downs.

Während sich die EBA für Ausschüttungen im laufenden Geschäftsbetrieb gegen eine Vorzugsbehandlung der Instrumente des zusätzlichen Kernkapitals ausgesprochen hatte (s. oben), hat sie sich für die hoheitliche Haftungsanordnung der gemeinsamen Pressemitteilung der EZB und des SRB vom 20.3.2023 angeschlossen. Darin weisen die Behörden als Reaktion auf die kompensationslose Herabschreibung der von der Credit Suisse begebenen Instrumenten des zusätzlichen Kernkapitals darauf hin, dass im geltenden Abwicklungsrahmen vorgesehen sei, dass zur Verlustabsorption zunächst die Instrumente des harten Kernkapitals eingesetzt würden und erst nach deren vollständiger Nutzung die Abschreibung von Instrumenten des zusätzlichen Kernkapitals erforderlich wäre.[51] Es verbleibt ein Wertungswiderspruch.

VI. Zusammenfassung und Ausblick

Dieser Beitrag erörtert den Verteilungskonflikt zwischen Haltern von Instrumenten des harten Kernkapitals und solchen von Instrumenten des zusätzlichen Kernkapitals nach verschiedenen Szenarien. Bei unzureichenden Mitteln werden Ausschüttungen auf Instrumente des zusätzlichen Kernkapitals ggü. solchen auf Instrumente des harten Kernkapitals nicht privilegiert. Die Ausschüttungen auf beide Arten müssen vielmehr im uneingeschränkten Ermessen des Kreditinstituts stehen. Außerdem dürfen Beträge, die für Instrumente des harten Kernkapitals aufgrund handels- und gesellschaftsrechtlich zwingender Rücklagen einem Ausschüttungsverbot unterliegen, auch nicht an Inhaber von Instrumenten des zusätzlichen Kernkapitals ausgeschüttet werden.

Das Rangverhältnis der Instrumente des zusätzlichen Kernkapitals zu solchen des harten Kernkapitals bei Eintritt des Auslöseereignisses, nämlich einer harten Kernkapitalquote von 5,125% oder höher, bestimmt sich nach den jeweiligen Vertragsbedingungen. Bei bedingten Pflichtwandelanleihen (echte CoCos) bestimmt das Umtauschverhältnis die Höhe ihrer initialen Haftungsbeteiligung. Herabschreibungsanleihen (Write-offs) stehen in der Rangfolge hinter Instrumenten des harten Kernkapitals. Temporäre Herabschreibungsanleihen (temporary Write-downs) mit anschließender Wiederzuschreibungsmöglichkeit (write-up) können im Fall einer finanziellen Erholung ihren ursprünglichen Rang vor Instrumenten des harten Kernkapitals aufholen.

Realistischer aber wird der Fall sein, dass das Institut bereits vor Feststellung des vertraglichen Auslöseereignisses aus anderen Gründen existenzunfähig wird oder ausfällt und die Kapitalinstrumente kraft hoheitlicher Anordnung der Abwicklungsbehörden zur Haftung herangezogen werden müssen. In diesen Verfahren sollen Instrumente des zusätzlichen Kernkapitals stets Vorrang ggü. Instrumenten des harten Kernkapitals haben.

Daran wird deutlich, dass der Verteilungskonflikt zwischen Haltern von Instrumenten des zusätzlichen Kernkapitals und solchen von Instrumenten des harten Kernkapitals in den verschiedenen Szenarien ganz unterschiedlich geregelt ist. Das macht die Risikoeinschätzung für Ratingagenturen und Investoren zu einer kaum zu handhabenden Herausforderung.

Die Instrumente des zusätzlichen Kernkapitals werden vermehrt in Frage gestellt. So hat die niederländische Regierung in einem Bericht im März 2024 eine Neubewertung der Komplexität, der Transparenz und der regulatorischen Qualifikationen von Instrumenten

---

[51] Erklärung der EZB-Bankenaufsicht, des SRB und der EBA zur Bekanntgabe der schweizerischen Behörden, gemeinsame Pressemitteilung v. 20.3.2023; deutsche Übersetzung abrufbar unter: https://www.bundesbank.de/resource/blob/906550/16194dd8fb5b0b7f1abe969899241df6/mL/2023-03-20-schweiz-download.pdf.

des zusätzlichen Kernkapitals auf Unionsebene angeregt.[52] Die australische Aufsichtsbehörde für Finanzdienstleistungen hat bereits Einschränkungen bei der Anrechenbarkeit dieser Instrumente eingeführt.[53] Es bleibt abzuwarten, ob sich andere Jurisdiktionen anschließen und von den Hybridinstrumenten Abstand nehmen werden.

[52] Niederländisches Ministerium der Finanzen, Beleidsrichtingen voor een weerbare bankensector (Politische Leitlinien für einen widerstandsfähigen Bankensektor), 19.3.2024, 23 ff.

[53] Australian Prudential Regulation Authority – APRA, APRA proposes update to bank capital framework to strengthen crisis preparedness, Medienmitteilung v. 10.9.2024.

HEINRICH NEMECZEK

Die nationalen Bedingungen des Allgemeininteresses als Hindernis zur Vollendung der Kapitalmarktunion

I. Einleitung

Ein zentraler Bestandteil zur Vollendung einer Kapitalmarktunion ist die möglichst unbeschränkte Schaffung eines Binnenmarktes für Finanzdienstleistungen, der wie Art. 26 Abs. 2 AEUV archetypisch regelt, einen Raum ohne Binnengrenzen umfasst, in dem der freie Verkehr von Waren, Personen, Dienstleistungen und Kapital gewährleistet ist. Aufgrund ihrer unterkomplexen Regelungsstruktur vermögen die Grundfreiheiten den Zielkonflikt zwischen einer möglichst unbeschränkten grenzüberschreitenden Erbringung von Finanzdienstleistungen einerseits und einem angemessenen Regulierungsniveau andererseits, dem naturgemäß Beschränkungen innewohnen, nicht zufriedenstellend zu lösen.[1] Zur Lösung dieses Zielkonflikts verfolgte die Europäische Kommission bereits in den 60er Jahren das Ziel der Einführung eines europäischen Bankrechts und intensivierte die Harmonisierungsbestrebungen schrittweise in den nachfolgenden Jahren und Jahrzehnten. Dies führte zum Inkrafttreten der Zweiten BankrechtskoordinierungsRL (Zweite RL 89/646/EWG) vom 30.12.1989, welcher die Grundsätze des Europäischen Passes etablierte.[2] Diese Grundsätze entwickelten sich in der Folgezeit weiter und wurden über die Erbringung grenzüberschreitender Bankgeschäfte hinaus auch auf andere regulierte Finanzdienstleistungen, insbes. Wertpapierdienstleistungen mit Inkrafttreten der RL 2004/39/EG (MiFID I), erstreckt. Gegenwärtig ist es CRR-Kreditinstituten[3] sowie Wertpapierfirmen[4], die über eine Erlaubnis der für sie zuständigen Herkunftsmitgliedstaatsbehörde verfügen, dementsprechend erlaubt, Bankgeschäfte, Wertpapierdienstleistungen und -nebendienstleistungen im gesamten EWR auf Grundlage des Europäischen Passes gem. den nationalen Aufsichtsanforderungen zur Umsetzung der Art. 33 ff. CRD IV sowie der Art. 34 ff. MiFID II zu erbringen, ohne dass sie dazu jeweils einer Erlaubnis durch die Aufsichtsbehörden der verschiedenen Aufnahmemitgliedstaaten bedürfen. Die nationale Erlaubnis, die ihnen von der zuständigen Aufsichtsbehörde erteilt wird, wird durch den Europäischen Pass territorial auf den jeweiligen Aufnahmemitgliedstaat erstreckt.[5] Möglich ist die Erbringung der grenzüberschreitenden Dienstleistungen durch Errichtung einer Zweigniederlassung oder im Wege des grenzüberschreitenden Dienstleistungsverkehrs ohne Errichtung einer physischen Präsenz. Die Erbringung der grenzüberschreitenden Dienstleistungen ist zwar nicht bereits ohne weiteres mit Erteilung der nationalen Erlaubnis möglich, sondern setzt insbes. ein Anzeigeverfahren voraus, welches bei der Errichtung einer Zweigniederlassung einem vereinfachten Erlaubnisverfahren entspricht.[6]

---

[1] Zu den Grenzen s. Nemeczek, Der Europäische Pass für Bankgeschäfte, 2021, 40 ff.

[2] Ellenberger/Bunte BankR-HdB/Kolassa § 121 Rn. 21; Bader EuZW 1990, 117 (118).

[3] Art. 4 Abs. 1 Nr. 1 CRR.

[4] Art. 4 Abs. 1 Nr. 1 MiFID II. Der im WpIG verwendete Begriff des Wertpapierinstituts wird im vorliegenden Beitrag nicht gesondert verwendet.

[5] Nemeczek, Der Europäische Pass für Bankgeschäfte, 2021, 275.

[6] Nemeczek, Der Europäische Pass für Bankgeschäfte, 2021, 266 ff.; Lendermann/Nemeczek/Schroeter/Nemeczek/Pitz WpIG § 70 Rn. 43.

Das Passregime ist ein wesentlicher Bestandteil zur Vollendung der Kapitalmarktunion, doch ist er gegenwärtig noch wesentlichen Beschränkungen ausgesetzt.[7] Diese resultieren aus den Residualbefugnissen der Aufnahmemitgliedstaaten. Insbes. die Befugnis der Aufnahmemitgliedstaaten, über die harmonisierten Aufsichtsbefugnisse hinaus nationale Bedingungen des Allgemeininteresses zu regeln, führt zu einer regulatorischen Fragmentierung, die einem ungehinderten Zugang der im EWR zugelassenen CRR-Kreditinstitute und Wertpapierfirmen zu sämtlichen Mitgliedstaaten entgegensteht.

Die Europäische Kommission hat bereits in ihrem Aktionsplan zur Schaffung einer Kapitalmarktunion vom 30.9.2015 klargestellt, dass „die europäischen Kapitalmärkte nach wie vor vergleichsweise unterentwickelt und fragmentiert" sind.[8] Auch in ihrem Aktionsplan vom 24.9.2020 wies die Europäische Kommission darauf hin, dass die Fragmentierung der Märkte zentrale Hindernisse für die Marktintegration darstellen.[9] Diese Fragmentierung erhält ein noch größeres Gewicht im jüngsten Papier vom 19.3.2025 zur „Savings and Investment Union", in dem dezidiert darauf hingewiesen wird, dass die Europäische Kommission ihre Befugnisse dafür nutzen wird, Rechtsakte vorzuschlagen und Vertragsverletzungsverfahren einzuleiten, um Hindernisse zu beseitigen, die aus der bestehenden Fragmentierung resultieren.[10] Gegenstand dieses Beitrags sind die nationalen Bedingungen des Allgemeininteresses, die auf die grenzüberschreitende Tätigkeit von CRR-Kreditinstituten und Wertpapierfirmen aufgrund des Europäischen Passes zur Anwendung kommen (dazu → II.) und die zu einer unangemessenen regulatorischen Fragmentierung beitragen (dazu → III.). Auf dieser Grundlage werden Vorschläge zur Beseitigung der regulatorischen Fragmentierung unterbreitet (dazu → IV.).

II. Geltung nationaler Bedingungen des Allgemeininteresses

Die grenzüberschreitende Tätigkeit von CRR-Kreditinstituten und Wertpapierfirmen aufgrund des Europäischen Passes wird nach den Grundsätzen des öffentlichen Kollisionsrechts primär nach Maßgabe des Rechts des Herkunftsmitgliedstaats reguliert und von der Herkunftsmitgliedstaatsbehörde beaufsichtigt.[11] Durch diese aus dem unionsrechtlichen Grundsatz der gegenseitigen Anerkennung resultierende Aufsichtskonzentration muss das Unternehmen nicht nur keine Erlaubnis in den jeweiligen Aufnahmemitgliedstaaten beantragen.[12] Es muss sich zudem grundsätzlich nicht mit dem Recht der jeweiligen Aufnahmemitgliedstaaten vertraut machen und wird dementsprechend nicht mehr den fragmentierten Aufsichtsanforderungen der verschiedenen Mitgliedstaaten konfrontiert, die die unionsrechtlichen Anforderungen insbes. nach der CRD IV, der MiFID II und der IFD unterschiedlich umsetzen könnten. Dies bedeutet nicht, dass die grenzüberschreitende Tätigkeit dadurch weniger streng reguliert wird, denn die Aufsichtsanforderungen des Herkunftsmitgliedstaats bleiben ohne weiteres anwendbar. Die Nichtanwendbarkeit des Rechts des jeweiligen Aufnahmemitgliedstaats wird jedoch durch bestimmte Residualbefugnisse durchbrochen.[13] Zum einen sehen sekundärrechtliche Vorgaben mitunter ausdrücklich vor, dass der Aufnahmemitgliedstaat die Befugnis oder gar die Pflicht hat, Aufsichtsanforderungen an die Tätigkeit der im EWR-Ausland ansässigen CRR-Kreditinstitute und Wertpapierfirmen im Hoheitsgebiet des betreffenden Aufnahmemitgliedstaats zu statuieren. Von zentraler

[7] Europäische Kommission, COM(2015) 468 final, 5.
[8] Europäische Kommission, COM(2015) 468 final, 2.
[9] Europäische Kommission, COM(2020) 590 final, 15.
[10] Europäische Kommission, COM(2025) 124 final, 13.
[11] Nemeczek, Der Europäische Pass für Bankgeschäfte, 2021, 254 ff.
[12] Nemeczek, Der Europäische Pass für Bankgeschäfte, 2021, 254.
[13] Nemeczek, Der Europäische Pass für Bankgeschäfte, 2021, 295 ff.

Bedeutung ist dabei die Vorschrift des Art. 34 Abs. 8 UAbs. 1 MiFID II, wonach für die Tätigkeit einer Zweigniederlassung einer Wertpapierfirma die Wohlverhaltensregeln nach den nationalen Aufsichtsanforderungen des Aufnahmemitgliedstaats, die Art. 24, 25, 27 und 28 MiFID II umsetzen, gelten.[14] Anders ist dies hingegen für die übrigen, prudentiellen Aufsichtsanforderungen, bspw. nach Art. 16 MiFID II, für die weiterhin das Recht des Herkunftsmitgliedstaats maßgeblich ist. Auch wenn daraus eine gewisse regulatorische Fragmentierung resultiert, können sich die betroffenen Unternehmen zumindest insoweit ausreichend darauf einstellen, als die sekundärrechtlich determinierten Residualbefugnisse zumindest den Inhalt des maßgeblichen Rechts der Aufnahmemitgliedstaaten definieren. Problematischer sind demgegenüber die weiteren Residualbefugnisse außerhalb des unionsrechtlich harmonisierten Regulierungsregimes. Trotz des weitreichenden Harmonisierungsniveaus des Bankenaufsichtsrechts insbes. aufgrund der CRD IV, der CRR, der MiFID II und der MiFIR regelt das Unionsrecht nicht sämtliche Aspekte abschließend, die im Zusammenhang mit der grenzüberschreitenden Tätigkeit von CRR-Kreditinstituten und Wertpapierfirmen relevant werden.[15] Außerhalb der harmonisierten Regelungsgegenstände sind die Mitgliedstaaten zur Einführung nationaler Bedingungen des Allgemeininteresses befugt, welche von den CRR-Kreditinstituten und Wertpapierfirmen im Rahmen ihrer grenzüberschreitenden Tätigkeiten in den jeweiligen Aufnahmemitgliedstaaten beachten müssen. Eine solche Befugnis wird allerdings nicht durch die CRD IV und die MiFID II statuiert, sondern nur vorausgesetzt.[16] Sie ergibt sich vielmehr aus den primärrechtlichen Grundsätzen, wonach die Mitgliedstaaten Grundfreiheiten beschränken können, „um zwingenden Erfordernissen gerecht zu werden, insbes. den Erfordernissen einer wirksamen steuerlichen Kontrolle, des Schutzes der öffentlichen Gesundheit, der Lauterkeit des Handelsverkehrs und des Verbraucherschutzes".[17] Der EuGH hat mit dieser als *„Cassis-Formel"* bekannt gewordenen Wendung anerkannt, dass Beschränkungen der Warenverkehrsfreiheit durch die Mitgliedstaaten – über die ausdrückliche Eingriffsermächtigung des Art. 36 AEUV (Art. 36 EWGV aF) hinaus – aus ungeschriebenen zwingenden Erfordernissen gerechtfertigt werden können.[18] Die Befugnis zur Beschränkung der Grundfreiheiten aufgrund ungeschriebener Rechtfertigungsgründe hat der EuGH in der Folgezeit auf sämtliche Grundfreiheiten gestützt, weshalb sowohl für die Niederlassungsfreiheit (Art. 49 AEUV) als auch die Dienstleistungsfreiheit (Art. 56 AEUV) Beschränkungen aufgrund zwingender Gründe des Allgemeininteresses durch die Mitgliedstaaten gerechtfertigt werden können.[19] Entsprechende nationale Maßnahmen können dann „durch vom Unionsrecht anerkannte zwingende Gründe des Allgemeininteresses gerechtfertigt [sein]. In diesem Fall muss die Beschränkung außerdem geeignet sein, die Erreichung des verfolgten Ziels zu gewährleisten, und darf nicht über das hinausgehen, was zur Erreichung dieses Ziels erforderlich ist".[20] Die Aufnahmemitgliedstaaten sind daher auch iRd Passregimes dazu berechtigt, die grenzüberschreitende Tätigkeit durch nationale Bedingungen des Allgemeininteresses zu rechtfertigen. Der EuGH hat zwar im Primärrecht die Terminologie der „zwingenden Erfordernisse des Allgemeininteresses" geprägt, während in der CRD IV demgegenüber von „Bedingungen […], die aus Gründen

---

[14] In Deutschland umgesetzt in § 90 Abs. 1 S. 1 WpHG (s. dazu BeckOK WpHR/Müller-Berg WpHG § 90 Rn. 10).

[15] Vgl. Nemeczek, Der Europäische Pass für Bankgeschäfte, 2021, 309.

[16] Vgl. Nemeczek, Der Europäische Pass für Bankgeschäfte, 2021, 307.

[17] Vgl. EuGH Slg. 1979, 649 Rn. 8 – Rewe/Bundesmonopolverwaltung für Branntwein.

[18] Calliess/Ruffert/Kingreen AEUV Art. 36 Rn. 82; Schulze/Zuleeg/Kadelbach EuropaR/Pache § 10 Rn. 82.

[19] Zur Niederlassungsfreiheit zuletzt: EuGH ECLI:EU:C:2022:792 = NZG 2023, 35 Rn. 35 – Finanzamt Bremen; EuGH ECLI:EU:C:2020:806 = DStRE 2020, 1345 Rn. 28 – Impresa Pizzarotti; zur Dienstleistungsfreiheit: EuGH ECLI:EU:C:2021:368 = EuZW 2021, 714 Rn. 48 – Analisi G. Caracciolo; EuGH ECLI:EU:C:2017:196 = NJW 2017, 1455 Rn. 53 – Piringer.

[20] EuGH ECLI:EU:C:2020:806 = DStRE 2020, 1345 Rn. 28 – Impresa Pizzarotti.

des Allgemeininteresses […] im Aufnahmemitgliedstaat gelten"[21] die Rede ist. Inhaltlich bestehen dabei allerdings keine Unterschiede.[22] Die MiFID II enthält sich – anders als noch Art. 17 Abs. 4 und Art. 18 Abs. 2 UAbs. 2 RL 93/22/EWG – einer Aussage zu den Erfordernissen des Allgemeininteressen, doch ist deren Geltung auch bei der Erbringung grenzüberschreitender Wertpapierdienstleistungen und -nebendienstleistungen anerkannt, da diese auf dem Primärrecht beruht.[23]

Außerhalb der insbes. durch die CRD IV, die MiFID II und die IFD harmonisierten Bereiche bleiben die Grundfreiheiten weiterhin anwendbar, weshalb auch die Ausübung des Europäischen Passes insoweit durch zwingende Gründe des Allgemeininteresses beschränkt werden kann. Ansonsten verfügen die Aufnahmemitgliedstaatsbehörden iRd grenzüberschreitenden Tätigkeit ausländischer CRR-Kreditinstitute und Wertpapierfirmen nur über eine eingeschränkte Prüfungskompetenz in Bezug auf die Aspekte, die durch die entsprechenden Unionsrechtsakte, insbes. die CRD IV, die MiFID II und die IFD, harmonisiert wurden.[24] Für diese harmonisierten Bereiche bestimmt sich die Unionsrechtskonformität ausschließlich nach dem Sekundärrecht, während ein Rückgriff auf die Grundfreiheiten, insbes. der Rechtfertigungsmöglichkeit von Beschränkungen, ausgeschlossen ist.[25] Die nationalen Bedingungen des Allgemeininteresses sind von der Aufnahmemitgliedstaatsbehörde iRd Errichtung einer Zweigniederlassung dem CRR-Kreditinstitut nach Art. 36 Abs. 1 CRD IV, der in § 53b Abs. 2 S. 1 KWG umgesetzt wurde, mitzuteilen. Eine Pflicht zur Mitteilung der im Aufnahmemitgliedstaat geltenden nationalen Bedingungen des Allgemeininteresses sehen demgegenüber weder die MiFID II noch die DurchführungsVO (EU) 2017/2382 vor. Die Aufnahmemitgliedstaatsbehörden können gleichwohl eine entsprechende Mitteilung vornehmen, da von dieser Mitteilung keine belastende Rechtswirkung ausgeht. Unionsrechtlich unbedenklich ist dementsprechend die Vorschrift des § 73 Abs. 2 S. 1 WpIG, der die BaFin zu einer solchen Mitteilung verpflichtet. Denn die Mitteilungspflicht ist letztlich eine bloße Ordnungsvorschrift, weshalb auch bei unterbliebener Mitteilung die Gründe des Allgemeininteresses dennoch von den CRR-Kreditinstituten bzw. Wertpapierfirmen zu beachten sind.[26] Zudem gelten die Bedingungen des Allgemeininteresses sowohl für die Errichtung einer Zweigniederlassung als auch für den grenzüberschreitenden Dienstleistungsverkehr, obwohl Art. 39 CRD IV sowie Art. 33 MiFID II eine Mitteilungspflicht für den grenzüberschreitenden Dienstleistungsverkehr nicht vorsehen.[27]

Als Ausnahmen von der Niederlassungsfreiheit und der Dienstleistungsfreiheit sind den zwingenden Gründen des Allgemeininteresses allerdings enge Grenzen gesetzt.[28] Die Zulässigkeit der Einschränkung bestimmt sich dabei nach den allgemeinen Grundsätzen, die iRd

---

[21] Art. 36 Abs. 1 CRD IV. Daneben wird auf die nationalen Bedingungen des Allgemeininteresses in Art. 44, 46 CRD IV und Erwgr. 21 f. CRD IV Bezug genommen.

[22] Vgl. Fischer/Schulte-Mattler/Vahldiek KWG § 53b Rn. 133; Nemeczek, Der Europäische Pass für Bankgeschäfte, 2021, 309.

[23] Lendermann/Nemeczek/Schroeter/Nemeczek/Pitz WpIG § 73 Rn. 20; s. auch Europäische Kommission, Mitteilung der Kommission zu Auslegungsfragen über den freien Dienstleistungsverkehr und das Allgemeininteresse in der Zweiten Bankenrichtlinie (97/C 209/04) (ABl. 1997 C 209/04, 16).

[24] Vgl. EuGH ECLI:EU:C:2011:607 = EuZW 2011, 829 Rn. 36 – Mesopotamia Broadcast und Roj TV; EuGH ECLI:EU:C:2017:815 = NZV 2018, 573 Rn. 47 – I.

[25] EuGH ECLI:EU:C:2019:144 = EuZW 2019, 288 Rn. 49 – Associação Peço a Palavra; EuGH ECLI:EU:C:2018:437 Rn. 31 – GS; EuGH ECLI:EU:C:2017:1009 Rn. 45 – Deister Holding.

[26] Nemeczek, Der Europäische Pass für Bankgeschäfte, 2021, 309; Lendermann/Nemeczek/Schroeter/Nemeczek/Pitz WpIG § 73 Rn. 14.

[27] § 53b Abs. 2a S. 1 KWG, der eine Mitteilungspflicht – anders als § 74 WpIG – dennoch statuiert, steht daher nicht in Einklang mit der CRD IV, auch wenn die Richtlinienwidrigkeit von kaum praktischer Relevanz ist (Nemeczek, Der Europäische Pass für Bankgeschäfte, 2021, 309).

[28] EuGH ECLI:EU:C:2018:194 = NZBau 2018, 478 Rn. 77 – Kommission/Österreich; EuGH ECLI:EU:C:2009:193 = EuZW 2009, 458 Rn. 70 – Kommission/Italien.

primärrechtlich gewährleisteten Grundfreiheiten entwickelt wurden. Neben dem Umstand, dass die Ausnahmen nur für nicht-harmonisierte Bereiche zulässig sind, ist weiterhin erforderlich, dass sie nichtdiskriminierend[29] und verhältnismäßig[30] sind.

III. Regulatorische Fragmentierung

Die Geltung der nationalen Bedingungen des Allgemeininteresses führen zu einer regulatorischen Fragmentierung, die einem ungehinderten Zugang grenzüberschreitend tätiger CRR-Kreditinstitute und Wertpapierfirmen in mitunter erheblicher Weise entgegenstehen. Sie erlauben es den Aufnahmemitgliedstaaten, zusätzliche Aufsichtsanforderungen zu implementieren, die von Mitgliedstaat zu Mitgliedstaat unterschiedlich ausgestaltet.[31] Durch die engen Grenzen, die das Primärrecht den Bedingungen des Allgemeininteresses setzt, wird zwar das praktische Ausmaß dieser Fragmentierung relativiert.[32] Die freie Ausübung der Niederlassungsfreiheit und der Dienstleistungsfreiheit werden allerdings dadurch beschränkt, dass grenzüberschreitend tätige Unternehmen für jeden Mitgliedstaat gesondert überprüfen müssen, welche zusätzlichen Aufsichtsanforderungen zur Anwendung kommen. Es genügt daher nicht, dass diese Unternehmen sich ausschließlich auf die Erfüllung der nach dem Herkunftsmitgliedstaatsrecht anwendbaren Aufsichtsanforderungen beschränken. Erforderlich ist vielmehr die zusätzliche Expertise für das ebenso anwendbare Aufnahmemitgliedstaatsrecht, für die sich das Unternehmen zudem mit der Aufnahmemitgliedstaatsbehörde auseinandersetzen muss. Dies ist auch der Grund dafür, weshalb CRR-Kreditinstitute und Wertpapierfirmen insbes. im B2C-Verkehr nur bestimmte Märkte für ihre grenzüberschreitenden Tätigkeiten auswählen, allen voran die – neben Deutschland – anderen größeren Märkte, etwa in Frankreich, Italien oder Spanien. Kleinere Märkte, wie etwa in Bulgarien, Rumänien oder Slowenien, bleiben demgegenüber außen vor.

Als besonders problematisch erweist sich die Anwendung der Kriterien, die für die Zulässigkeit nationaler Bedingungen des Allgemeininteresses gelten. Aufgrund ihrer Konturenlosigkeit können einzelne Mitgliedstaaten dazu neigen, tendenziell zu viele zusätzliche nationale Bedingungen zu statuieren, die zum einen im Einzelfall gegen höherrangiges Unionsrecht verstoßen und zum anderen auch Schwierigkeiten in der praktischen Rechtsanwendung bereiten. Dies zeigt sich insbes. auch an einzelnen in § 53b Abs. 3 S. 1 KWG und § 73 Abs. 5 WpIG vorgesehenen nationalen Bedingungen des Allgemeininteresses, die für in Deutschland errichtete Zweigniederlassung ausländischer CRR-Kreditinstitute und Wertpapierfirmen gelten.[33] Jedoch neigen auch andere Mitgliedstaaten dazu, die Geltung

---

[29] Zur Niederlassungsfreiheit: EuGH ECLI:EU:C:2020:370 = IStR 2020, 545 Rn. 30 – B; EuGH ECLI:EU:C:2018:437 = DStR 2018, 1479 Rn. 69 – GS; zur Dienstleistungsfreiheit: EuGH ECLI:EU:C:2018:130 = BeckRS 2018, 1963 Rn. 35 ff. – Sporting Odds; EuGH ECLI:EU: C:2017:698 = BeckRS 2017, 125245 Rn. 78 – Kommission/Irland; s. auch Europäische Kommission, Mitteilung der Kommission zu Auslegungsfragen über den freien Dienstleistungsverkehr und das Allgemeininteresse in der Zweiten Bankenrichtlinie (97/C 209/04) (ABl. 1997 C 209/04, 16).

[30] Zur Niederlassungsfreiheit zuletzt: EuGH ECLI:EU:C:2022:792 = NZG 2023, 35 Rn. 35 – Finanzamt Bremen; EuGH ECLI:EU:C:2020:806 = DStRE 2020, 1345 Rn. 28 – Impresa Pizzarotti; zur Dienstleistungsfreiheit: EuGH ECLI:EU:C:2021:368 = EuZW 2021, 714 Rn. 48 – Analisi G. Caracciolo; EuGH ECLI:EU:C:2017:196 = NJW 2017, 1455 Rn. 53 – Piringer; Europäische Kommission, Mitteilung der Kommission zu Auslegungsfragen über den freien Dienstleistungsverkehr und das Allgemeininteresse in der Zweiten Bankenrichtlinie (97/C 209/04) (ABl. 1997 C 209/04, 18).

[31] Vgl. Nemeczek, Der Europäische Pass für Bankgeschäfte, 2021, 332.

[32] Nemeczek, Der Europäische Pass für Bankgeschäfte, 2021, 332 f.

[33] S. dazu Nemeczek, Der Europäische Pass für Bankgeschäfte, 2021, 315 ff.; Lendermann/Nemeczek/Schroeter/Nemeczek/Pitz WpIG § 73 Rn. 23 ff.

zusätzlicher nationaler Bedingungen unter dem Deckmantel des Allgemeininteresses anzuordnen. Dies geht teilweise sogar so weit, dass sie selbst im Anwendungsbereich harmonisierter Aufsichtsanforderungen vorgesehen werden, was offensichtlich nicht im Einklang mit dem Prinzip der gegenseitigen Anerkennung steht. So können ausländische Wertpapierfirmen, die Wertpapierkredite nach Anh. I Abschn. B Nr. 2 MiFID II gegenüber Verbrauchern anbieten möchten, dies nach Auffassung der niederländischen AFM nicht auf Grundlage des Europäischen Passes tun, sondern benötigen dazu einer zusätzlichen Erlaubnis nach Section 2:60 Wet op het financieel toezicht (Wft). Warum niederländische Verbraucher insoweit eines zusätzlichen Schutzes bedürfen, der nicht bereits ausreichend durch die anwendbaren Aufsichtsanforderungen der MiFID II gewährleistet wird, erschließt sich nicht und ist mit den Grundsatz der gegenseitigen Anerkennung nicht zu rechtfertigen, da ausländische Wertpapierfirmen, die über eine entsprechende Zulassung verfügen, gem. Art. 34 Abs. 1 UAbs. 1 S. 2 bzw. Art. 35 Abs. 1 UAbs. 1 S. 2 iVm Anh. I Abschn. B Nr. 2 MiFID II dazu berechtigt sind, Wertpapierkredite auch gegenüber Verbrauchern anzubieten.

Die mit der gegenseitigen Anerkennung bewirkten Vorteile werden deshalb durch die Geltung der Bedingungen des Allgemeininteresses relativiert.[34] Die regulatorische Fragmentierung wird zudem dadurch verschärft, dass die jeweilige Aufnahmemitgliedstaatsbehörde grundsätzlich die Erfüllung der nationalen Bedingungen des Allgemeininteresses überwacht.[35] Abweichend vom Grundsatz der Aufsichtskonzentration müssen sich CRR-Kreditinstitute und Wertpapierfirmen dadurch auch mit der Aufnahmemitgliedstaatsbehörde auseinandersetzen.[36] Das birgt das institutionelle Risiko, dass die Aufnahmemitgliedstaatsbehörden eigene Vorstellungen bei der Ausübung des aufsichtlichen Ermessens aufdrängen, obwohl dieses primär von der Herkunftsmitgliedstaatsbehörde beaufsichtigt wird und insoweit ggf. abweichende Aufsichtspraktiken gewohnt ist.[37]

Die Fragmentierung ist der Verwirklichung des Binnenmarktes für Finanzdienstleistungen nicht zuträglich, sondern auch vermeidbar. Denn die gesonderte Regelung nationaler Bedingungen des Allgemeininteresses impliziert, dass Kunden eines Aufnahmemitgliedstaats eines besonderen Schutzes oder die jeweiligen Aufnahmemitgliedstaatsbehörden zusätzlicher Befugnisse bedürfen, was die Geltung zusätzlicher nationaler Regelungen erfordert. Das erscheint jedoch insoweit fraglich, als Kunden und Aufsichtsbehörden der übrigen Mitgliedstaaten scheinbar ohne die Geltung solcher Regelungen auskommen können. Aus diesem Grund muss die Geltung nationaler Bedingungen des Allgemeininteresses für die Zwecke der Verwirklichung eines einheitlichen Binnenmarktes und der Schaffung eines effektiven Single Rulebook beschränkt werden.

IV. Beseitigung der regulatorischen Fragmentierung

Die vornehmste Maßnahme zur Beseitigung der regulatorischen Fragmentierung besteht darin, dass der europäische Gesetzgeber die Aufsichtsanforderungen weiter harmonisiert. Dazu müsste die Europäische Kommission mit entsprechenden Vorarbeiten durch die EBA und ESMA einen Bericht über die Geltung der nationalen Bedingungen des Allgemeininteresses in den verschiedenen Mitgliedstaaten erstellen, um dann zu bewerten, wo ggf. nationale Bedingungen zu harmonisierten Aufsichtsanforderungen zusammengeführt werden können. Zudem muss bewertet werden, ob einzelne nationale Bedingungen des Allgemeininteresses im Einklang mit den primärrechtlichen Anforderungen an die Beschränkung der Dienstleistungs- und Niederlassungsfreiheit stehen, was verschiedentlich nicht der

---

[34] Nemeczek, Der Europäische Pass für Bankgeschäfte, 2021, 333.
[35] Nemeczek, Der Europäische Pass für Bankgeschäfte, 2021, 333.
[36] Zur Aufsichtskonzentration Nemeczek, Der Europäische Pass für Bankgeschäfte, 2021, 251 ff.
[37] Vgl. Nemeczek, Der Europäische Pass für Bankgeschäfte, 2021, 333.

Fall ist.[38] In einem nächsten Schritt müsste die Europäische Kommission dann Vertragsverletzungsverfahren nach Art. 258 AEUV gegen die entsprechenden Mitgliedstaaten initiieren, um die Verstöße zu ahnden. Schließlich müsste selbst dann, wenn einzelne nationale Bedingungen im Einklang mit den primärrechtlichen Anforderungen stehen, eruiert werden, inwieweit diese für das höherrangige Ziel der Verwirklichung einer Kapitalmarktunion gleichwohl eingeschränkt werden können.

Selbst wenn künftig Raum für nationale Bedingungen des Allgemeininteresses wäre, sollte der europäische Gesetzgeber festlegen, nach welchen Maßstäben eine entsprechende Regelung zulässig wäre. Die Mitgliedstaaten sollte zunächst verpflichtet werden, die nationalen Bedingungen des Allgemeininteresses abschließend in einer Vorschrift zusammenzufassen, wie zB in § 53b Abs. 3 KWG und §§ 73 Abs. 5, 74 Abs. 2 WpIG. Vorschriften, deren entsprechende Anwendung dort nicht angeordnet wird, dürfen nicht im Zusammenhang mit der Ausübung des Europäischen Passes im Hoheitsgebiet des Aufnahmemitgliedstaats zur Anwendung kommen. In Deutschland würde dies die Rechtsunsicherheit darüber beseitigen, welche Vorschriften, die nicht in § 53b Abs. 3 KWG oder §§ 73 Abs. 5, 74 Abs. 2 WpIG genannt sind, gleichwohl analog zur Anwendung kommen können.[39] Sie würde auch die – praktisch umständliche – Regelungstechnik obsolet machen, wonach Zweigniederlassungen von bestimmten Aufsichtsanforderungen, wie zB nach § 1 Abs. 1 S. 2 InstitutsVergV, ausgenommen werden.[40] Sowohl für die beteiligten Aufsichtsbehörden als auch die Unternehmen hätte dies den Vorteil, dass der Gesetzgeber abschließend festlegt, welche nationalen Bedingungen des Allgemeininteresses zur Anwendung kommen. Zugleich würde dies unnötige Rechtserfüllungskosten reduzieren oder beseitigen, die daraus resultieren können, dass Unklarheiten über den Umfang der anwendbaren nationalen Bedingungen des Allgemeininteresses bestehen.

Der europäische Gesetzgeber sollte darüber hinaus bestimmen, welche Arten von Aufsichtsanforderungen aus Gründen des Allgemeininteresses als entsprechend anwendbar angeordnet werden können. Neben den Berichtspflichten nach Art. 40 CRD IV könnten dies Verhaltenspflichten sowie Eingriffsbefugnisse der Aufnahmemitgliedstaatsbehörde sein. Für diese Regelungsbereiche verwirklicht sich der aufsichtsrelevante Tatbestand im Hoheitsgebiet des Aufnahmemitgliedstaats. Verhaltenspflichten, wie zB die nach § 18a KWG erforderliche Kreditwürdigkeitsprüfung, sind unmittelbar gegenüber den Kunden im Hoheitsgebiet des Aufnahmemitgliedstaats vorzunehmen, weshalb es gerechtfertigt erscheint – solange die Verhaltenspflichten nicht harmonisiert sind – insoweit auf das Recht des Aufnahmemitgliedstaats abzustellen.[41]

Organisatorische Anforderungen müssten demgegenüber ausschließlich in die Kompetenz des Herkunftsmitgliedstaats fallen, selbst wenn die betreffenden Regelungsbereiche noch nicht abschließend harmonisiert werden.[42] Der Grund besteht darin, dass Zweigniederlassungen als unselbständige Unternehmensteile in die organisatorischen Strukturen der Hauptverwaltung einbezogen werden und bereits nach Maßgabe des Herkunftsmitgliedstaatsrechts reguliert werden.[43] Es besteht insoweit kein Bedürfnis, darüber hinaus gehende Aufsichtsanforderungen des Herkunftsmitgliedstaats zuzulassen, die im Ergebnis auf eine Doppelaufsicht hinausliefen. Dies entspricht auch der in § 90 Abs. 1 WpHG bzw. Art. 35 Abs. 8 MiFID II angelegten Regulierungslogik, wonach die Wohlverhaltensregeln des Auf-

---

[38] Dazu → III.

[39] S. zu § 53b Abs. 2 KWG: Fischer/Schulte-Mattler/Vahldiek KWG § 53b Rn. 172 ff.; Nemeczek, Der Europäische Pass für Bankgeschäfte, 2021, 319 f.; zu § 73 Abs. 5 WpIG: Lendermann/Nemeczek/Schroeter/Nemeczek/Pitz WpIG § 73 Rn. 39 ff.

[40] Nemeczek, Der Europäische Pass für Bankgeschäfte, 2021, 335.

[41] Nemeczek, Der Europäische Pass für Bankgeschäfte, 2021, 335.

[42] Nemeczek, Der Europäische Pass für Bankgeschäfte, 2021, 335.

[43] Nemeczek, Der Europäische Pass für Bankgeschäfte, 2021, 335.

nahmemitgliedstaats nur insoweit auf eine Zweigniederlassung Anwendung finden sollen, sofern sie Verhaltenspflichten betreffen, während sich die organisatorischen Anforderungen – mit Ausnahme der Aufzeichnungspflicht gem. § 83 WpHG bzw. Art. 16 Abs. 6 und 7 MiFID II – nach dem Recht des Herkunftsmitgliedstaats beurteilen.[44]

Solange eine abschließende Harmonisierung nicht besteht, wovon noch einige Zeit auszugehen ist, sollte die Einhaltung der anwendbaren nationalen Bedingungen des Aufnahmemitgliedstaats – trotz der Vorteile, die aus der Aufsichtskonzentration resultieren – gleichwohl stets von der Aufnahmemitgliedstaatsbehörde beaufsichtigt werden.[45] Dies stünde nicht nur im Einklang mit den allgemeinen Prinzipien des öffentlichen Kollisionsrechts, sondern würde auch gewährleisten, dass die Aufsicht von der sachnäheren Behörde ausgeübt wird.[46] Die Aufnahmemitgliedstaatsbehörde weiß – anders als die Herkunftsmitgliedstaatsbehörde – überhaupt von der Existenz der Regelung (sowie nachfolgenden gesetzgeberischen Reformen) und ist häufig besser dazu in der Lage, den Inhalt und die Rechtsfolgen, zB durch Rückgriff auf gesetzgeberische Materialien sowie aufgrund der laufenden Anwendung der Regelung, zu bestimmen.[47] Die Aufsicht über die nationalen Bedingungen des Allgemeininteresses muss jedoch stets in enger Zusammenarbeit mit der Herkunftsmitgliedstaatsbehörde erfolgen. Aufsichtsmaßnahmen dürften insbes. nicht ohne vorherige Konsultation der Herkunftsmitgliedstaatsbehörde erfolgen, um eine abgestimmte effektive Aufsicht zu gewährleisten. Die Aufsicht durch die Aufnahmemitgliedstaatsbehörde sollte gleichwohl die Ausnahme bleiben und nur dann zugelassen werden, wenn nationale Bedingungen des Allgemeininteresses überhaupt noch zulässig bleiben.

V. Zusammenfassung

Der Europäische Pass ist ein wesentliches Regulierungsinstrument zur Förderung grenzüberschreitender Aktivitäten im europäischen Binnenmarkt und damit auch zur Vollendung der Kapitalmarktunion. Aufgrund der den Aufnahmemitgliedstaaten eingeräumten Residualbefugnissen werden die mit dem Passregime einhergehenden Vorteile allerdings mitunter erheblich relativiert, da die betroffenen CRR-Kreditinstitute und Wertpapierfirmen einem fragmentierten Regulierungsregime ausgesetzt sind. Dies ist insbes. darauf zurückzuführen, dass die Aufnahmemitgliedstaaten nationale Bedingungen des Allgemeininteresses statuieren können, die die in ihrem Hoheitsgebiet tätigen ausländischen Unternehmen zusätzlich zu den Aufsichtsanforderungen ihres Herkunftsmitgliedstaates erfüllen müssen. Die Geltung nationaler Bedingungen des Allgemeininteresses muss allerdings zur Verwirklichung eines einheitlichen Binnenmarktes und der Schaffung eines effektiven Single Rulebook beschränkt werden. Dazu müsste der europäische Gesetzgeber die Aufsichtsanforderungen weiter harmonisieren. Zudem müsste er analysieren, ob und inwieweit einzelne Mitgliedstaaten nationale Bedingungen des Allgemeininteresses im Zusammenhang mit der grenzüberschreitenden Tätigkeit von CRR-Kreditinstituten und Wertpapierfirmen statuiert haben, um dann zu bewerten, ob diese zu harmonisierten Aufsichtsanforderungen zusammengeführt werden können oder ob bei einem Verstoß gegen primärrechtliche Anforderungen Vertragsverletzungsverfahren eingeleitet werden müssen.

Selbst wenn künftig zumindest vorübergehend noch Raum für nationale Bedingungen des Allgemeininteresses bestünde, sollte der europäische Gesetzgeber festlegen, nach welchen Maßstäben eine entsprechende Regelung noch zulässig wäre. Die Mitgliedstaaten sollten zudem verpflichtet werden, die nationalen Bedingungen des Allgemeininteresses abschlie-

---

[44] Vgl. Schwark/Zimmer/Fett WpHG § 90 Rn. 8; Heidel/Schäfer WpHG § 90 Rn. 3.
[45] Nemeczek, Der Europäische Pass für Bankgeschäfte, 2021, 336.
[46] Nemeczek, Der Europäische Pass für Bankgeschäfte, 2021, 336.
[47] Nemeczek, Der Europäische Pass für Bankgeschäfte, 2021, 336.

ßend in einer Vorschrift zusammenzufassen, um Rechtsklarheit zu schaffen und die Rechtserfüllungskosten zu reduzieren. Außerdem sollte der europäische Gesetzgeber bestimmen, welche Arten von Aufsichtsanforderungen überhaupt aus Gründen des Allgemeininteresses als anwendbar angeordnet werden können. Die Möglichkeit zur Regelung nationaler Bedingungen des Allgemeininteresses sollte jedoch die Ausnahme bleiben und die Tendenz zu ihrer Beseitigung sollte Priorität haben.

MICHAEL NIETSCH*

Schadensersatzhaftung für unterlassene Kapitalmarktinformationen

– *aktuelle Entwicklungen im deutsch-amerikanischen Rechtsvergleich* –

I. Hintergrund und Anlass der Fragestellung

Der US Supreme Court hat in einer wegweisenden Entscheidung unlängst über die Frage der Haftung für unterlassene Kapitalmarktinformationen im Rahmen periodischer Berichtspflichten entschieden.[1] Der zugrunde liegende Sachverhalt ist paradigmatisch und – in Zeiten von ESG – geradezu zukunftsweisend zugleich:

Eine wesentlich zum Konzerngewinn der Emittentin *(Macquarie Infrastructure Corporation)* beitragende Tochtergesellschaft betrieb Hafenanlagen mit Ölspeichertanks, in denen hauptsächlich „Öl Nr. 6" gelagert wurde. Dieses enthält einen mit 3% hohen Schwefelanteil. Die dafür vorgesehenen Tanks ließen sich nicht anderweitig verwenden. Wegen der mit dem Schwefelanteil verbundenen Umweltbelastung war der Gebrauch des Typs Nr. 6 in der Schifffahrt bereits seit 2012 rückläufig. Als die Internationale Seeschifffahrtsorganisation (International Maritime Organisation, IMO) sodann eine Verordnung erließ, durch die der maximale Schwefelanteil vom Jahr 2020 an auf 0,5% begrenzt wurde (sog. „IMO 2020"), verschlechterte sich die Auslastung der Tanks weiter. Die Emittentin äußerte sich weder in ihrer periodischen Berichterstattung noch im Rahmen einer zwischenzeitlichen Platzierung zu diesen Vorgängen. Im Februar 2018 teilte sie mit, dass es zu einem erheblichen Rückgang des Lagergeschäfts der Tochter gekommen sei, der „zum Teil" auf den Gebrauch des „Öls Nr. 6" im Schiffsverkehr zurückzuführen sei. Der Aktienkurs fiel daraufhin um 41%. Spätestens ab 2020 stand zudem fest, dass eine weitere Verwendung der vorhandenen Lagerinfrastruktur durch Reinigung und Umbau der Tanks nicht durchführbar war.

Die Klägerin, *Moab Partners, L.P.,* nahm die Emittentin und einige ihrer Vorstandsmitglieder wegen Verstoß gegen Sec. 10(b) Securities and Exchange Act 1934 (SEA) und die auf deren Grundlage ergangene SEC Rule 10b-5(b), also im Wesentlichen wegen Irreführung von Marktteilnehmern, auf Schadensersatz in Anspruch.[2] Im Mittelpunkt stand dabei die Frage, ob die bloße Unterlassung von Marktinformationen – hier im Zeitraum 2016 bis 2018 – eine Haftung nach SEC Rule 10b-5(b) auszulösen vermag. Eine Offenlegungspflicht ergab sich im Fall mutmaßlich aus Item 303 der SEC Regulation S-K.[3] Der ua für den Staat New York zuständige Second Circuit Court of Appeals hatte dem Klageantrag als Berufungsgericht entgegen der Eingangsinstanz[4] stattgegeben.[5] Dadurch war eine Divergenz

---

* Inhaber des Lehrstuhls für Bürgerliches Recht, Unternehmensrecht und Kapitalmarktrecht und Direktor des Center for Corporate Compliance an der EBS Law School in Wiesbaden.

[1] *Macquarie Infrastructure Corporation v. Moab Partners, L.P.,* 601 U.S. (2024).

[2] Eingehend zur Haftung wegen fehlerhafter Kapitalmarktinformation Nietsch FS Ebke, 2022, 733 (737 f.).

[3] Vollständig 17 CFR § 229.303.

[4] *City of Riviera Beach Gen. Employees Retirement System v. Macquarie Infrastructure Corp.,* 18-cv-3608, 2021 WL 4084572, 6 (SDNY, Sept. 7, 2021).

[5] *Moab Partners, L.P. v. Macquarie Infrastructure Corp.,* No. 21-2524, 2022 WL 17815767 (2d Cir. Dec. 20, 2022).

zur Rechtsprechung des 3rd und des 9th Circuit Court of Appeals[6] entstanden, die zur Annahme der Sache durch den US Supreme Court führte. Dieser kommt zum Ergebnis, dass eine Schadensersatzhaftung für reine Unterlassungen („pure omissions“) nach SEC Rule 10b-5(b) ausscheidet.

Die genannte Entwicklung verlangt aus mehreren Gründen der näheren Betrachtung: *Paradigmatisch* ist sie, weil es sich in dem zugrunde liegenden Fall um einen gestreckten Sachverhalt handelt, der in dieser Form wegen des maßgeblichen Offenlegungszeitpunkts auch hierzulande Schwierigkeiten bereitet hätte. Seinen Beginn fand das Geschehen mit dem sich sukzessive verschlechternden Lagergeschäft der Tochtergesellschaft der Beklagten ab 2012. Eine wichtige Etappe bildete die Einführung des IMO 2020 im Jahr 2016, weil ab diesem Zeitpunkt klar war, dass das „Öl Nr. 6“ (und damit das Lagergeschäft) alsbald der Vergangenheit angehören würde. Endpunkt der Entwicklung war die Erkenntnis, dass die Lagerinfrastruktur sich nicht anderweitig verwenden und der Verlust des Geschäfts mit dem Öl dieses Typs sich nicht kompensieren lassen würde.

Zugleich *zukunftsweisend* ist der Sachverhalt, weil es im Kern um die Verwirklichung eines sog. „Transitionsrisikos“ ging, also einer spezifischen Risikoursache, die in Zeiten von ESG maßgeblich an Bedeutung gewinnt.[7] Aus Sicht des US-Kapitalmarktrechts wird durch „Macquarie“ die allg. Anti Fraud-Provision der SEC Rule 10b-5(b) als Haftungsgrundlage deutlicher konturiert. Das ist nicht nur für amerikanische, sondern auch für Auslandsemittenten mit Bezug zum US-Kapitalmarkt von Bedeutung.[8] Reizvoll ist die Betrachtung der Materie schon deshalb, weil zumindest auf den ersten Blick ein recht auffälliger Unterschied zur an Art. 17 MAR angelehnten Haftung nach § 97 WpHG zu bestehen scheint, verhält es sich hier doch so, dass die Unterlassung der Veröffentlichung von kursrelevanten Informationen gerade den Hauptanwendungsfall darstellt. All das gibt Anlass zu der Frage, ob die „Macquarie“-Entscheidung sich als ein „Gamechanger“ und Fall transatlantischer Divergenzen erweist. Um beidem nachzugehen, werden im Nachfolgenden zunächst die periodischen und ad hoc geltenden Offenlegungspflichten des US-Kapitalmarkt(bundes)rechts[9] und die sich an eine Verletzung bislang anschließende private Schadensersatzhaftung auf Grundlage der SEC Rule 10b-5(b) skizziert (II. 1.–4.). Daran schließen sich die Begründung der Rechtsposition des US Supreme Courts in „Macquarie“ und eine erste Folgenabschätzung an (III. 1.–3.). Die Gegenüberstellung zum EU-Recht eröffnet einen Rechtsvergleich (IV. 1.–3.), dem ein abrundendes Fazit (V.) zur Seite zu stellen ist.

---

[6] *Stratte-McClure v. Morgan Stanley,* 776 F. 3d 94, 101 (2d Cir. 2015), with *In re Nvidia,* 768 F. 3d 1046, 1056 (9th Cir. 2014), and *Oran v. Stafford,* 226 F. 3d 275, 288 (3d Cir. 2000); zur Skepsis des 3rd bze. 9th Cir. bzgl. einer möglichen Haftung wegen Verletzung von Item 303 bereits *Oran v. Stafford,* 22 F.3d (3rd Cir. 2000) bzw. *In re Verifone Securities Litigation,* 11 F.3d 865 (9th Cir. 1993).

[7] Als Transitionsrisiken werden Risiken bezeichnet, die aus der Verwirklichung umfassend angelegter Nachhaltigkeitsanliegen, zB der Umstellung auf eine emissionsarme Wirtschaft, resultieren. Ausgelöst werden können diese durch unterschiedliche Faktoren. Dazu gehören neben veränderten Konsumgewohnheiten insbesondere regulatorische Maßnahmen wie Einführung oder Erhöhung der CO_2-Besteuerung. Ebenso gehören hierzu technologische Entwicklungen wie der Ausbau von Elektromobilität, die neben operationellen Risiken die Gefahr der Entwertung bereits bestehender Technologien in sich tragen (vgl. etwa Network for Greening the Financial System, A Call for Action: Climate Change as a Source of Financial Risk – First Comprenhensive Report, 2019; Deutsche Bundesbank, Impact of climate related risks on financial stability, Financial Stability Review 2019, 107 ff.; Dombret/Kenadjian Green Banking and Green Central Banking/Weidmann, 2022, 160 ff.).

[8] Exemplarisch zu nennen sind zwei Klagen, eine gegen die Fluggesellschaft *Ryanair* wegen fehlender Offenlegung von Auseinandersetzungen mit Gewerkschaften und die andere gegen den Flugzeughersteller *Airbus* mit dem Vorwurf, Korruptionsermittlungen gegen das Unternehmen nicht rechtzeitig bekannt gegeben zu haben (Nietsch FS Ebke, 2022, 733 (dort Fn. 6 u. 7)).

[9] Regelungen einzelner US-Bundesstaaten bleiben nachfolgend außer Betracht.

Gewidmet sind diese Überlegungen Thomas Emde, einem Jubilar, der den Verfasser schon als Doktorand während des an der Johannes Gutenberg-Universität zu Mainz abgehaltenen Seminars des Instituts für deutsches und internationales Kreditwesen durch erfahrungsgesättigte Beiträge beeindruckte und dem er sich über eine langjährige freundschaftliche Zusammenarbeit im Rahmen diverser Publikationen eng verbunden fühlt.

II. Sekundärmarktbezogene Offenlegungspflichten und Haftung im US-Kapitalmarktrecht im Überblick

Nach Sec. 13(a) Securities and Exchange Act (SEA) unterliegen gelistete Emittenten iSd Sec. 12 SEA den gesetzlichen und von der SEC erlassenen Offenlegungsvorschriften.[10] Die rund 23 Seiten umfassende Vorschrift enthält neben der dahingehenden Einräumung der Regelungsbefugnis bei typischen Offenlegungsgegenständen teilweise spezifisch-themenbezogene Gegenstände, so zB in Sec. 13(p) zum Bezug von Konfliktmineralien aus der Demokratischen Republik Kongo. Zentrale von der SEC erlassene Rechtsakte sind die Regulation S-K zu sachlichen Berichtsanforderungen und die auf Finanzkennzahlen bezogene Regulation S-X.[11] Die insoweit als integrierte Berichterstattung geschaffenen Pflichten werden im Wesentlichen durch drei von der Behörde festgelegte Berichtsformate konkretisiert. Bei diesen als „Forms" bezeichneten Verlautbarungen der SEC handelt es sich in der Sache um Anweisungen, die auf die Anforderungen der Regulation S-K und S-X (bzw. Sec. 13a SEA) Bezug nehmen und ergänzende Vorgaben enthalten, wie diese in der Berichtspraxis umzusetzen sind. Die Pflicht zur Erstellung von (hier nicht weiter zu verfolgenden) Jahresberichten ist Gegenstand des sog. „Form 10-K". Zweite Säule des allg. Transparenzregimes sind die Quartalsberichte nach „Form 10-Q" und die anlassbezogene, deswegen der Ad hoc-Pflicht nahekommende Pflicht zur Meldung von Vorkommnissen in bestimmten Bereichen (sog. „Special Reports" oder „Timely Disclosure") nach Form 8-K.

1. Periodische Berichtspflichten

Berichtsgegenstände der Quartalsberichterstattung nach Form 10-Q sind neben den Finanzkennziffern dort enumerativ genannte Berichtsthemen. Es handelt sich um lageberichtsähnliche Ergänzungen, die ein zutreffendes Verständnis der Gesamtsituation des Emittenten erlauben sollen. Insoweit dienen sie insbesondere der spiegelbildlichen Vermeidung einer Irreführung aufgrund isolierter Betrachtung der Finanzkennzahlen. Beispielhaft zu nennen sind Angaben zu Risikofaktoren, etwa zu Rechtsstreitigkeiten (Item 103), Zahlungsstockung bei Zins- und Dividendenzahlungen, Minensicherheit sowie sämtlichen Berichtspunkten des Form 8-K. Im vorliegend zu behandelnden Fall ging es insbesondere um die Analyse und Bewertung der Berichtsdaten durch den Vorstand (Managment's Discussion and Analyses (MD&A)), wie sie durch Item 303 der Rule S-K verlangt werden.[12] Der Vermeidung von Irreführung dient ergänzend auch Rule 12b–20[13], die in nicht gegenstandsspezifischer Form Ergänzungen verlangt, die zum Verständnis der Pflichtinformationen

[10] Umgesetzt bzw. ergänzt wird Sec. 13(a) durch 15 U.S.C. §§ 78m(a), 78l(b)(1) (1988).

[11] Daneben bestehen hier nicht weiter zu verfolgende allg. Offenlegungsanforderungen nach dem Trust Indenture Act (1939), Investment Company Act (1940), dem Investment Advisors Act (1940), sowie den aufgrund des Sarbanes-Oxley-Act (2002) und dem Dodd-Frank-Act (2011) ergangenen Bestimmungen; hinzu treten die Offenlegungspflichten nach den Listing Rules der Börsen, insbes. von NYSE und NASDAQ und spezifische Offenlegungspflichten, etwa für Stimmrechtsvertretung und Übernahmen (Rules 14a-3 ff. u. 14d-2 ff.).

[12] Dazu sogleich unter 3.

[13] 17 CFR Part 240.12b-20.

erforderlich sind.[14] Erweitert werden die festgelegten Berichtsthemen zudem durch die Regulation Fair Disclosure (FD),[15] die allerdings von vornherein keine privaten Schadensersatzansprüche erzeugt.[16]

2. *Kontinuierliche Berichtspflichten*

Ähnlich wie bei der Ad hoc-Publizität europäischen Zuschnitts bestehen im US-Recht neben den periodischen fortlaufende, dh anlassbezogene, Offenlegungspflichten. Anders als Art. 17 MAR knüpft das US-Recht die Pflicht zur Meldung in Form von sog. „Special Reports" (nach § 78m(l) bzw. Form 8-K) nicht in potenziell offener Form allein an die Kursrelevanz (Materiality), sondern bedient sich als mögliche Berichtsgegenstände einer prinzipiell abschließenden Liste bestimmter Chancen- bzw. Risikofaktoren. Exemplarisch zu nennen sind für die Ertragslage wesentliche Vertragsschlüsse oder -beendigungen, Change of Control, Wechsel der Abschlussprüfer, Rücktritt von Board Mitgliedern, Delisting, signifikante Veränderungen der Ertragsprognosen oder drohende Insolvenz. Aus Sicht operativer Risiken verdienen Rechtsverstöße, die Gefährdung von Datensicherheit (Cyber Incidents) oder etwa Zwischenfälle in Minen als obligatorische Berichtsthemen Beachtung. Infolge des Enron-Skandals sind zudem Veränderungen des Ethik-Kodex unverzüglich zu melden. Gleiches gilt für nicht dem ordentlichen Geschäftsgang entsprechende Gehaltszahlungen an Organmitglieder. Ist damit der Kreis der außer der Reihe zu berichtenden Themen im Vergleich zu Art. 17 MAR begrenzt, so ist zu beachten, dass nicht erfasste Gegenstände nach den Börsenzulassungsregeln offenzulegen sein können. Denn diese sind prinzipiell offen gestaltet, dh sie stellen wie die MAR allein auf die Kurswesentlichkeit ab.[17]

Ein weiterer Unterschied der regulatorischen US-Timely Disclosure zu Art. 17 MAR liegt darin, dass die diesbezüglichen Meldungen nicht unverzüglich, sondern im Regelfall innerhalb von 4 Tagen nach ihrem Eintritt zu machen sind (wobei bei Ereignissen an Wochenenden und Feiertagen die Frist erst mit dem nächsten Arbeitstag beginnt). Schließlich können unterbliebene Angaben iRd Quartalsberichterstattung nach Form 10-Q nachgeholt werden. Eine Erweiterung der Berichtsthemen bzw. die Vorverlegung der Veröffentlichung ist nicht ausgeschlossen, kommt nach bisherigem Verständnis aber nur dann in Betracht, wenn sich deren Vorenthaltung als Täuschung und damit Verstoß gegen die Anti Fraud-Provision der SEC Rule 10b-5 darstellt.[18]

3. *Berichtspunkt Management Discussion and Analysis (MD&A)*

Die im „Macquarie"-Fall im Mittelpunkt stehende Regelung des Item 303[19] verlangt eine Veröffentlichung der Bewertung der vorgelegten Finanzkennzahlen durch den Verwaltungsrat des Emittenten. Deren Ziel besteht darin, Anlegern eine klarere Einschätzung der Finanzverfassung, insbesondere zu Höhe und Ursprung des Cashflows zu vermitteln. Das schließt alle wesentlichen, dem Management bekannten Ereignisse oder Unsicherheitsfak-

---

[14] "In addition to the information expressly required to be included in a statement or report, there shall be added such further material information, if any, as may be necessary to make the required statements, in the light of the circumstances under which they are made not misleading."

[15] 17 CFR Part 243.

[16] "No failure to make a public disclosure required solely by (Rule 100 Regulation FD) shall be deemed to be a violation of (Rule 10b-5) under the Securities and Exchange Act" (Rule 102 FD)."

[17] Vgl. etwa Sec. 202.05 NYSE Listed Company Manual: "A listed company is expected to release quickly to the public any news or information which might reasonably be expected to materially affect the market for its securities"; ebenso Rule 5250(b)(1) Nasdaq Manual.

[18] Cox/Hillmann/Langevoort, Securities Regulation, 6. Aufl. 2009, 549.

[19] 17 CFR § 229.303(a) (2022).

toren ein, die dazu führen können, dass sich aus den vorgelegten Finanzkennziffern hervorgehende Indikatoren mit einer gewissen Wahrscheinlichkeit nicht als (allein) maßgeblich erweisen. Anzusprechen sind in der Sache damit vor allem gegenwärtige oder zukünftige Risikofaktoren mit erheblichen Auswirkungen auf die Geschäftstätigkeit ("describe any known trends or uncertainties that have had or that are reasonably likely to have a material favorable or unfavorable impact on net sales or revenues or income from continuing operations").[20] Der SEC schwebt in diesem Zusammenhang auch die Erläuterung der Faktoren vor, die zu den Erträgen einer (umsatzstarken) Auslandstochtergesellschaft geführt haben.[21] Legt der Emittent für die Bilanzierung getroffene Annahmen zugrunde, mit denen ein weiter Beurteilungs- und Prognosespielraum in Anspruch genommen wird („Critical accounting estimates"), so sind auch die Gründe hierfür zu erläutern.[22]

4. *Sanktionierung und Haftung nach Sec. 10(b) SEA und SEC Rule 10b-5(b)*

Die Folgen mangelnder Kapitalmarktkommunikation, sei es bei den oben skizzierten Offenlegungspflichten oder bei freiwilligen Äußerungen, ergeben sich hauptsächlich aus Sec. 10(b) SEA und der darauf basierenden SEC Rule 10b-5. Beide verbieten in generalklauselartiger Form den Einsatz manipulativer oder täuschender Mittel im Zusammenhang mit börsennotierten oder nicht börsennotierten Finanzinstrumenten[23] und erlauben sowohl hoheitliche Sanktionen durch die SEC wie private Schadensersatzklagen von Anlegern.[24] Tatbestandlich relevant sind bei den im Mittelpunkt stehenden Fehlinformationen neben direkter Irreführung vor allem Halbwahrheiten (sog. *Half-Truth Doctrine*).[25] Die unterlassene Vornahme von Korrekturen bzw. Aktualisierungen[26] sowie schlichte Unterlassungen von vorneherein erweisen sich als Täuschung iSd Vorschriften dagegen von jeher als zweifelhaft.[27] Das wurde in der Rechtsprechung der Appellationsgerichte schon bislang, insbesondere für Vorhersagen zugrunde liegender Daten, angenommen.[28]

---

[20] Dagegen sind kurssteigernde Informationen, wie zB zu Unternehmenszusammenschlüssen und strategische Initiativen, welche die Wettbewerbsfähigkeit erhöhen aus Gründen des Vertrauensschutzes weitgehend aus dem Erwartungshorizont der SEC ausgeschlossen (vgl. Cox/Hillmann/Langevoort, Securities Regulation, 6. Aufl. 2009, 576).

[21] Vgl. *In Re Caterpillar, Inc.*, Exchange Act Rel. No. 30532 (Mar. 31st, 1992), wo aufgrund einer Veränderung der politischen Situation eine deutliche Verschlechterung drohte; bei „Macquarie" darf unterstellt werden, dass spätestens ab Einführung des IMO 2020, also im Jahr 2016, eine Äußerung zu den daraus entstehenden Risiken fällig war.

[22] 17 CFR § 229.303(b)(3) (2022).

[23] SEC Rule 10b-5: „It shall be unlawful for any person, directly or indirectly, by the use of any means or instrumentality of interstate commerce, or of the mails or of any facility of any national securities exchange,

(a) To employ any device, scheme, or artifice to defraud,

(b) To make any untrue statement of a material fact or to omit to state a material fact necessary in order to make the statements made, in the light of the circumstances under which they were made, not misleading, or.

(c) To engage in any act, practice, or course of business which operates or would operate as a fraud or deceit upon any person, in connection with the purchase or sale of any security."

[24] Vgl. aus der stRspr *Stoneridge Investment Partners, LLC v. Scientific-Atlanta, Inc.*, 552 U.S. 148, 157 (2008); ursprünglich schon *Kardon v. National Gypsum Co.*, 73 F.Supp. 798 (E.D. Pa 1947); *J.I. Case Co. v. Borak*, 377 U.S. 426, 84 S.Ct. 1555, 12 L.Ed.2d 423 (1964); *Superintendent v. Bankes Life & Casualty Co.*, 404 U.S. 6 (1971); *Herman & MacLean v. Huddleston*, 459 U.S. 375 (1983).

[25] *SEC v. Texas Gulf Sulphur Co.*, 401 F.2d 22, 26 f (2nd Cir. 1968); s. auch Rule 12b-20.

[26] Dazu etwa *Stransky v. Cummins Engine Co.*, 51 F.3d 1329 (7th Cir. 1995); *In Re Time Warner Inc. Securities Litigation*, 9 F.3d 259 (2nd Cri. 1993); *Lorenzo v. Securities Exchange Commission*, 139 S. Ct. 1094 (2019); *Malouf v. SEC*, No. 16-9546, 2019 WL3788225 (10th Cir. Aug. 13, 2019).

[27] Hopt/Voigt Prospekt- u. Kapitalmarktinformationshaftung/Kulms (2005), 1140.

[28] *In Re Verifone Securities Litigation*, 11 F.3d 865 (9th Cir. 1993).

Unabhängig davon werden private Schadensersatzklagen von Aktionären durch verschiedene Faktoren begünstigt. Das betrifft insbesondere Beweiserleichterungen beim Kausalverlauf, wo der Kläger nicht die Ursächlichkeit der Fehlinformation für den Geschäftsabschluss nachzuweisen braucht, wenn ein vernünftiger Anleger *(Reasonable Investor)* die fragliche Tatsache als bedeutsam für seine Kaufentscheidung angesehen hätte.[29] Der Gesetzgeber hat versucht, der Ausartung von Privatklagen, durch den Private Securities Litigation Reform Act (1995) Einhalt zu gebieten, allerdings ist die Situation für Emittenten nach wie vor bis zu einem gewissen Grade unberechenbar.

III. Die „Macquarie"-Rechtsprechung des US Supreme Courts

1. Grundsatz: Keine Schadensersatzhaftung für Täuschung durch reines Unterlassen

Die in „Macquarie" vom US Supreme Court eingeschlagene Richtung beseitigt eine mehr als drei Jahrzehnte bestehende Streitfrage. Zugleich ebnet sie einer Verengung, zumindest der zivilrechtlichen Folgen unterlassener Kapitalmarktinformation, den Weg.[30]

In seiner Begründung unterscheidet das Gericht zunächst zwischen der Täuschung durch aktives Tun[31] und dem Unterlassen iSd 2. Alt. von SEC Rule 10b-5(b). Ein zentrales Argument für die Unbeachtlichkeit reiner Unterlassungen ergibt sich dabei aus seiner Sicht aus dem Wortlaut. Danach sind Unterlassungen nur tatbestandsmäßig, wenn sie im Zusammenhang mit (positiv) gemachten Äußerungen stehen und diese dadurch irreführend werden („make the statements made, in the light of the circumstances under which they were made, not misleading").[32] Verbindet sich mit dem Vorenthalten von Informationen indessen keine spezifische Aussage, fehlt es nach Ansicht des US Supreme Court an einer Grundlage für eine Irreführung von Investoren iRd Vorschrift. Tatbestandlich sind mit anderen Worten also nur glatte Lügen und Halbwahrheiten in Form unvollständiger Aussagen. Bestätigt sieht er sich methodisch weiter durch den Umkehrschluss aus Sec. 11(a) Securities Act, der sowohl fehlerhafte Aussagen als auch das (reine) Unterlassen von erforderlichen Angaben als taugliche Formen der Täuschung nennt.[33] Ein entsprechendes Gegenstück hierzu findet sich in SEC Rule 10b-5(b) nicht.[34] Wie in anderen Zusammenhängen wird dabei „beredtes Schweigen des Gesetzgebers" unterstellt („When Congress wished to provide a remedy (...) it had little trouble in doing so expressly").

Erscheint dies weitgehend schlüssig, liegt die eigentliche Begrenzung der Haftung darin, dass dies auch dann angenommen wird, wenn es eine *gesetzliche Offenlegungspflicht* gibt. Die „Macquarie"-Entscheidung löst sich in diesem Punkt von der in der berühmten „Basic v. Levinson"-Rechtsprechung des US Supreme Court angelegten Linie.[35] In der Folge vermag eine Verletzung von Item 303 durch Vorenthalten von Informationen keine Verletzung von SEC Rule 10b-5(b) zu begründen, und zwar unabhängig davon, dass unter dem Berichts-

[29] *Affiliate Ute Citizens v. United States,* 406 U.S. 128 (1972); Hopt/Voigt Prospekt- u. Kapitalmarktinformationshaftung/Kulms (2005), 1142.

[30] Zu den möglichen Auswirkungen auf hoheitliche Sanktionen noch sogleich unter 2.

[31] In den Worten von SEC Rule 10b-5(b) Alt. 1 „To make any untrue statement of a material fact".

[32] Ibid at 4 seq.; schon *Matrixx Initiatives, Inc. v. Siracusano,* 563 U.S. 27, 44 (2011).

[33] Vgl. "contains an untrue statement of a material fact or omits to state a material fact required to be stated therein not misleading" (15 U.S.C. § 77k(a)).

[34] Ibid at. 6; so schon *Ernst & Ernst v. Hochfelder,* 425 U.S. 185, 208 (1976); *Blue Chip Stamps v. Manor Drug Stores,* 421 U.S. 723, 734 (1975).

[35] 485 U.S. 224, 239, n. 17 (1988): "Silence, *absent a duty to disclose,* is not misleading under Rule 10b-5".

gegenstand MD&A *alle* bekannten Trends und Ungewissheiten zu nennen sind. Augenscheinlich fürchtet der US Supreme Court sonst eine Verschiebung des Schwerpunkts der Vorwerfbarkeit von der durch SEC Rule 10b-5 verlangten Täuschung zur Verletzung anderweitiger Offenlegungspflichten bzw. einen Automatismus, wonach deren Verletzung automatisch eine Irreführung begründet.[36]

2. *Auswirkungen auf hoheitliche Sanktionen?*

Nimmt man die Argumentation des US Supreme Court beim Wort, scheidet mit dem Gesagten zugleich eine hoheitliche Sanktionierung wegen Verletzung von SEC Rule 10b-5 aus. Übrig bleibt allein eine Ahndung der Verletzung von Item 303 der Regulation S-K, worauf er ausdrücklich verweist. Bedenkt man sodann die zentrale Stellung, die SEC Rule 10b-5 für andere kapitalmarktrechtliche Regelungen – etwa als dogmatische Säule des Insiderrechts – hat, wird man aus „Macquarie" vermutlich keine über das Transparenzverhalten des Emittenten hinausgehenden Schlüsse ziehen dürfen. Außerhalb dessen geht es allerdings weniger um private Schadensersatzklagen.

3. *Bewertung und Folgenabschätzung für das US-Recht*

a) Primat richterlicher Selbstbeschränkung und hoheitlicher Sanktionierung

Die Entscheidungsbegründung entspricht mit dem Abstellen auf den Gesetzeswortlaut einem typischen Muster des US Supreme Court in seiner gegenwärtigen Zusammensetzung. Prägendes Merkmal ist hier wie in anderen Fällen eine ausgeprägte richterliche Zurückhaltung iRd Rechtsfortbildung („Judicial Self Restraint"). Sie beruht auf der Vermutung, dass der Gesetzgeber alles, was er gewollt habe, im Normtext zum Ausdruck gebracht hat. Dem Gesetz wird damit wenig Gelegenheit gegeben, klüger zu werden als seine Väter. Am ehesten verständlich wird die Entscheidung im Lichte der seit nahezu zwei Jahrzehnten vergeblich gebliebenen Bestrebungen zur Begrenzung von Kapitalmarktinformationshaftungsklagen. Dabei mag von Bedeutung sein, dass es über das an sich dazu geeignete Kriterium der *Materiality,* also der Kursrelevanz der unterlassenen Angabe, nicht gelungen ist, diese nennenswert zurückzudrängen.[37]

b) Verlagerung des Kriegsschauplatzes auf Halbwahrheiten

Eine vermeintliche Konsequenz der „Macquarie"-Rechtsprechung wird in der sich anschließenden US-Diskussion in der Verlagerung des Vorwurfs unterlassener Kapitalmarktinformationen auf den der Halbwahrheiten gesehen. Das gilt jedenfalls außerhalb der Registrierungsunterlagen. Die für diese maßgebliche Sec. 11(a) Securities Act verlangt anders als SEC Rule 10b-5, wie bereits erwähnt, zum Vorwurf der Irreführung keine „Statements made". Dass es sich bei der Abgrenzung von Unterlassungen und Halbwahrheiten nicht um eine triviale Angelegenheit handelt, lässt sich schon dem illustrierend gemeinten, aber letztlich unverständlichen Beispiel der für die Entscheidung bezeichnenden Berichterstatterin *Sotomayor* iRd Begründung von „Macquarie" entnehmen. So spricht diese davon, es mache einen Unterschied, ob das Kind den Eltern nicht erzählt, dass es „den ganzen Kuchen aufgegessen habe" (wohl gemeint als reine Unterlassung), sondern, dass es „Nachtisch gehabt habe"[38] (ohne zu erwähnen, dass dies der ganze Kuchen gewesen sei – wohl gemeint als Halbwahrheit).

---

[36] Ibid at 7 unter Bezug auf *Chiarella v. United States,* 445 U.S. 222, 234–235 (1980) „Section 10 (b) is aptly described as a catchall provision, but what it catches must be fraud").

[37] Zur Berechtigung dieses Anliegens noch abschließend unter → IV. 2. a).

[38] "In other words, the difference between a pure omission and a half-truth is the difference between a child not telling his parents he ate a whole cake and telling them he had dessert" (Ibid at 5).

Zielführender als der vermutlich nicht ohne gewisse Beliebigkeit endende Versuch, den Schwerpunkt auf dem einen oder anderen zu verorten, dürfte die Frage sein, was im Lichte der „Macquarie"-Rechtsprechung als „Statements made" und somit als Anker für den Unterlassungsvorwurf der weiteren zum Verständnis notwendigen Informationen iSd SEC Rule 10b-5(b) nun in Betracht kommt. Genauer: Handelt es sich dabei nur um Äußerungen, die im Rahmen von rechtlichen Offenlegungspflichten getätigt wurden (also zB der MD&A nach Item 303) oder auch um solche in anderem Zusammenhang? Die Bedeutung der Frage zeigt sich unter anderem daran, dass der Rückgang der Inanspruchnahme der Lagerkapazitäten für das zunehmend aus der Nutzung verbannte „Öl Nr. 6" von der Emittentin bei anderen Formen der Investorenkommunikation durchaus erwähnt, aber heruntergespielt worden war, um Zeit für eine anderweitige Verwendung der Tanks zu gewinnen. Noch deutlicher wird die Problematik, wenn man bedenkt, dass es sich dabei vermutlich um einen häufigeren Fall handelt als Situationen, in denen Äußerungen des Emittenten insgesamt unterbleiben (selten allein schon deswegen, weil potenziell relevante Entwicklungen Investoren meistens nicht gänzlich entgehen und über kurz oder lang zum Gegenstand von aktiven Nachfragen gemacht werden). Gerade hier besteht eine interessante Parallele zur jüngeren Entwicklung der Kapitalmarktinformationshaftung deutscher Prägung, auf die zurückzukommen sein wird.[39]

IV. Rechtsvergleich zum EU- bzw. deutschen Recht

Vergleichsgegenstände sollen nachfolgend die haftungsrechtlichen Folgen von Fehlinformationen in Form von Unterlassungen außerhalb der Jahresrechnungslegung sein. Wie der Fall *Wirecard* zeigt, sind Letztere keineswegs bedeutungslos, stellen aber eher die Ausnahme dar und sind vor allem ein Problem der Haftung des Abschlussprüfers. Außen vor bleibt vorliegend wegen ihrer zahlreichen Besonderheiten auch die zunehmend an Bedeutung gewinnende Nachhaltigkeitsberichtspflicht (§§ 289b, 315b ff. HGB).[40] Da es vorwiegend um das situativ bedingte Kommunikationsverhalten des Emittenten geht, konzentriert sich die Betrachtung auf Haftungsrisiken im Bereich der Marktmanipulation und einer Verletzung der Ad hoc-Publizitätspflichten.

1. Haftung bei Marktmanipulation durch Unterlassen

Werden Investoren kurserhebliche Informationen entgegen gesetzlicher Offenlegungspflichten vorenthalten und dadurch ein künstliches Kursniveau begünstigt, kommt nach teilweiser Auffassung eine informationsgestützte Marktmanipulation in Betracht (Art. 12 Abs. 1 Buchst. c MAR).[41] Zu eigen gemacht haben sich diesen Standpunkt in der Vergangenheit verschiedene Staatsanwaltschaften, und zwar vor allem im Zusammenhang mit (gänzlich) unterlassenen Ad hoc-Mitteilungen. Der dahingehend iRd Dieselgate-Skandals bei Volkswagen gegen den ehemaligen Finanzvorstand Pötsch erhobene Anklagevorwurf des § 119 Abs. 1 Nr. 1 WpHG wurde immerhin nur gegen Zahlung einer Auflage in Höhe von 5 Mio. EUR durch Einstellung nach § 153a StPO fallen gelassen.

Die Annahme, eine Verletzung gesetzlicher Offenlegungsanforderungen könne zugleich eine informationsgestützte Marktmanipulation sein, erstaunt. Ein genauerer Blick ergibt

---

[39] Dazu sogleich unter → IV. 2.

[40] Erweitert durch die RL (EU) 2022/2464 (Corporate Sustainability Reporting Directive, CSRD); das deutsche Umsetzungsgesetz befindet sich derzeit noch in der Entwurfsfassung, vgl. Bundesregierung, Entwurf eines Gesetzes zur Umsetzung der Richtlinie (EU) 2022/2464, 24.7.2024.

[41] Renz/Leibold CCZ 2016, 157 (166); Richter WM 2017, 1636 (1638); differenzierend nach Tatbestandsalternativen BeckOK WpHR/Maume MAR Art. 15 Rn. 30 ff.

ohne weiteres, dass die reine Unterlassung von Kapitalmarktinformationen (unabhängig vom Vorliegen dahingehender gesetzlicher Offenlegungspflichten) nicht als tatbestandsmäßig angesehen werden kann.[42] Die Gründe dafür lassen sich in knappster Form dahingehend zusammenfassen,[43] dass schon der Wortlaut von Art. 12 Abs. 1 Buchst. c MAR nur ein aktives Tun iSe aktiven Täuschungshandlung erfasst („Verbreitung"). Zudem können reine Auslassungen dem strafrechtlich nicht gleichgestellt werden (wie es nach der Entsprechensklausel des § 13 Abs. 1 StGB verlangt wird). Kapitalmarkttheoretische Erwägungen bezüglich eines angemessenen Informationsniveaus runden diese Aussage in teleologischer Hinsicht ab. In der Konsequenz entspricht die Rechtslage damit auf der Tatbestandsseite dem, was der US Supreme Court auch der SEC Rule 10b-5(b) entnehmen will – von einer Täuschungshandlung iSd Marktmanipulationsvorwurfs lässt sich allenfalls bei Auslassungen in Zusammenhang mit positiven Aussagen sprechen, bei denen es sich typischerweise um Halbwahrheiten handeln wird.[44]

In Ermangelung der Tatbestandsmäßigkeit bloßer Unterlassungen kann die Frage der zivilrechtlichen Rechtsfolgen zwar dahinstehen. Interessant ist aber immerhin, dass das deutsche Recht nach str., aber herrschender Ansicht sogar bei aktiver Täuschung keine Schadensersatzansprüche kennt. So hatte der BGH in der „IKB"-Entscheidung[45] der Vorgängernorm von Art. 12, 15 MAR (§ 20a WpHG) die Schutzgesetzeigenschaft iSd § 823 Abs. 2 BGB unter Hinweis auf den damit bezweckten reinen Institutionsschutz ausdrücklich abgesprochen.[46] Die noch übrig bleibende Haftung aus § 826 BGB hat eher theoretische Natur[47] und vermag die insoweit bestehende Divergenz zum US-Recht nicht zu schließen.

2. *Ad hoc-Publizität*

a) Vergleichsbetrachtung zur Relevanz reiner Unterlassungen im Ausgangspunkt

Das reine Unterlassen der Veröffentlichung von kurserheblichen Informationen iSd Art. 17 Abs. 1 MAR reicht nach deutschem Recht und dem der meisten EU-Staaten ohne weiteres als haftungsbegründende Pflichtverletzung und Grundlage für private Schadensersatzklagen (§ 97 Abs. 1 WpHG) aus.[48] Vordergründig besteht damit die bereits angedeutete deutliche Diskrepanz zum US-Recht. Denn obwohl sich der US Supreme Court in „Macquarie" nicht zu der mit der Ad hoc-Publizitätspflicht vergleichbaren Offenlegungspflicht nach Form 8-K geäußert hat (sondern nur zu Form 10-K), bleibt als Haftungsnorm für beide im Wesentlichen nur die SEC Rule 10b-5. Das zur Meldung nach Item 303 vom US Supreme Court Gesagte dürfte hier ohne weiteres entsprechend gelten.

Bei genauerer Betrachtung liegen die Dinge deutlich näher beieinander. Im Ausgangspunkt besteht zunächst eine weitgehende Überschneidung zwischen dem, was nach US-Recht als „material" und dem EU-Recht als kursrelevant anzusehen ist (Insiderinformation). Deren Offenlegung wird neuerdings durch die mit dem EU-Listing Act erfolgte Herausnahme der sog. „gestreckten Sachverhalte" allerdings deutlich relativiert.[49] Vermutlich ist

---

[42] Assmann/Schneider/Mülbert/Mülbert MAR Art. 12 Rn. 62 mwN.

[43] Nietsch WM 2020, 717 (722); Sajnovits/Wagner WM 2017, 1189 (1192); Saliger WM 2017, 2329 (2331); ferner BeckOK WpHR/Maume MAR Art. 15 Rn. 34.

[44] Sinngemäß wohl BaFin, Emittentenleitfaden 2020, Modul C, S. 81; BeckOK WpHR/Maume MAR Art. 12 Rn. 71.

[45] IKB steht für die IKB Deutsche Industriebank AG.

[46] BGHZ 192, 20 Rn. 21 ff.; krit. dazu vor allem Hellgardt AG 2012, 154; ferner Poelzig ZGR 2015, 801 (808 ff.).

[47] Zutreffend BeckOK WpHR/Maume MAR Art. 15 Rn. 58.

[48] BeckOK WpHR/Buck-Heeb WpHG § 97 Rn. 38 ff.

[49] Dazu etwa Nietsch Aktuelle Fragen der Finanzmarkt-Compliance/Hellgardt, 2024, 77 ff.; Wedemann ZIP 2024, 2373 ff.

damit die für die Ad hoc-Pflicht problematischste Informationskategorie praktisch entfallen. In der Folge sind über längere Zeiträume entstehende Sachverhalte und ihre Veränderungen im Grundsatz nicht mehr nach Art. 17 MAR zu melden, so dass auch die daran geknüpfte Haftung aus § 97 Abs. 1 WpHG ausscheidet. Übertragen auf den Fall lässt sich damit zB ausschließen, dass bis zum IMO 2020 eine ad hoc-pflichtige Insiderinformation gegeben war. Je nachdem, wie man die Situation bewertet, lag danach aber immer noch eine offene Situation vor, solange nicht klar war, dass die Tanks anderweitig genutzt werden konnten.

Der zweite Grund, weswegen die augenscheinliche Diskrepanz zum US-Recht auch schon vor der einschneidenden Begrenzung der Offenlegungspflichten durch den EU-Listing Act zumindest deutlich geringer war, als es prima facie den Anschein hat, liegt in der Selbstbefreiungsmöglichkeit des Emittenten nach Art. 17 Abs. 4 MAR. Das US-Recht verfügt über keine vergleichbare Regelung. Es erkennt in ständiger Rechtsprechung bei Prüfung des Vorliegens der Kurserheblichkeit (also bei der „Materiality") zwar der Offenlegung entgegenstehende Interessen des Emittenten an,[50] dies aber nur in sehr eingeschränkter Form. In der EU, wo die Anforderungen an den Aufschub der Ad hoc-Meldung durch die ESMA-Leitlinien vergleichsweise großzügig konkretisiert wurden[51] und deren Zulässigkeit hauptsächlich nur von der formalen Voraussetzung eines dahingehenden Beschlusses auf Seiten des Emittenten abhängt,[52] geht man allerdings deutlich über die jenseits des Atlantiks anerkannten Befreiungstatbestände hinaus.

Insgesamt kann damit festgestellt werden, dass bei formaler Betrachtung der Offenlegungsanforderungen hervortretende Unterschiede im Ergebnis weniger deutlich ins Gewicht fallen. In der Folge sind – unbesehen der Haftung für reines Unterlassen nach § 97 WpHG – auch in Hinblick auf das Private Enforcement mehr Übereinstimmungen als Gegensätze festzustellen. Übertragen auf den „Macquarie"-Fall hätten für den Emittenten damit vielfältige Möglichkeiten bestanden, jedenfalls bis zur endgültigen Einsicht in die fehlende anderweitige Verwendbarkeit der Öltanks, von einer Offenlegung abzusehen.

b) Situation bei unzureichenden Sachverhaltsdarstellungen außerhalb der Ad hoc-Meldung nach Art. 17 MAR

Die Betrachtung kann sich allerdings nicht auf die Frage des reinen Unterlassens der Offenlegung unter Schweigen im Übrigen beschränken. Vielmehr muss auch das sonstige Kommunikationsverhalten des Emittenten berücksichtigt werden. Vollständige Einsilbigkeit kommt zwar durchaus vor (wie etwa im Diesel Gate-Fall, wo über die Ermittlungen der US-Umweltbehörde zuvor kaum berichtet worden und von Seiten VW keinerlei Mitteilungen erfolgt waren). Gerade bei länger anhaltenden Ereignissen ist es – wie bereits oben angedeutet – nahezu unvermeidbar, dass der Emittent in Form von Pressemitteilungen, Newslettern, Tweets oder Analystenkonferenzen Stellungnahmen abgibt bzw. auf Fragen von Investoren und Pressevertretern antwortet. So verhielt es sich auch im „Macquarie"-Fall, wo das Management bei zahlreichen Gelegenheiten hinsichtlich der Sorgen der Investoren zu den Auswirkungen der fehlenden Verwendung des „Öl Nr. 6" auf die Ertragslage erfolgreich beschwichtigt hatte.

Anlass zur Auseinandersetzung mit der vorgenannten Frage aus Sicht des europäischen Kapitalmarktrechts gab unlängst vor allem das Kommunikationsverhalten der von den Subprime Loans betroffenen Banken im Vorfeld der Weltfinanzkrise von 2008/2009. Hierzulande hatten insbesondere die „IKB" und „HRE"[53] den Eindruck vermittelt, es handele

[50] Nietsch FS Ebke, 2022, 733 (736 f.) mwN.

[51] Klöhn/Klöhn MAR Art. 17 Rn. 198 ff.; Hopt HGB/Kumpan, 44. Aufl. 2025, MAR Art. 17 Rn. 15 ff.

[52] BeckOK WpHR/Buck-Heeb MAR Art. 17 Rn. 317 ff.; Hopt HGB/Kumpan, 44. Aufl. 2025, MAR Art. 17 Rn. 15.

[53] HRE steht für Hypo Real Estate.

sich um ein rein amerikanisches Problem, von dem man nicht nur wenig betroffen sein, sondern das auch dem zu erwartenden Gewinnwachstum nicht entgegenstehen würde. Die wahre Sachlage und ihre Folgen sind bekannt. Trotzdem hat der BGH der Einbeziehung der Investorenkommunikation außerhalb der Ad hoc-Mitteilung in das Haftungsrecht in seiner „IKB"-Rechtsprechung[54] zunächst ausdrücklich widersprochen. Bis heute wenig gewürdigt, hat er diese strikte Grenzziehung durch die zeitlich erst nahezu ein Jahrzehnt später nachfolgende „HRE"-Entscheidung indessen deutlich gelockert.

c) Einbeziehung der „HRE"-Rechtsprechung des BGH

Wie bei „IKB" hatte der BGH in der „HRE"-Entscheidung über beschwichtigende Pressemitteilungen und Aussagen in Investorenkonferenzen zur Subprime Exposure der Bank zu entscheiden. In seiner Bewertung lässt er die Ausgangsposition in „IKB" zwar unverändert – eine Haftung für Fehlinformationen unter direkter Anwendung von § 97 WpHG scheidet außerhalb der Verlautbarungen nach Art. 17 MAR also weiterhin aus. Das kapitalmarktrechtliche Haftungskonzept wird aber in der Weise erweitert, dass der Emittent mit solchen Äußerungen eine neue Insiderinformation schaffen kann, die dann ihrerseits die Ad hoc-Publizitätspflicht auslöst. Unterlässt er die damit in der Sache angesprochene Richtigstellung seiner zuvor gemachten Aussagen, kommt die Haftung aus § 97 WpHG nach allgemeinen Regeln zur Anwendung. Anders gewendet, erzeugt die vorherige Falschinformation eine Korrekturpflicht am Kapitalmarkt, für deren Unterlassung prinzipiell gehaftet wird. Das Konzept ist weithin klärungsbedürftig: Nicht ganz zu beantworten ist zB die Frage, wann durch fehlerhafte Angaben eine „neue" (oder besser: eigenständige) Insiderinformation entsteht, die in den Anwendungsbereich des Art. 17 MAR fällt. Denn dies hängt unter anderem davon ab, wie der Markt auf die Falschdarstellung durch den Emittenten reagiert, oder mit anderen Worten: dieser Glauben schenkt oder nicht.[55] Herausfordernd ist auch, wann vor diesem Hintergrund eine „neue" Information entsteht. Ablesen können wird man beides vor allem am Kursverlauf vor und nach der Korrektur, der allerdings auch ambivalent sein, dh namentlich auf unterschiedlichen Ursachen beruhen kann. In der Sache ist das Konzept allerdings schon deshalb berechtigt, weil eine Einbettung der Problematik in §§ 97, 98 WpHG gegenüber einer Lösung über § 826 BGB vorzugswürdig erscheint.

Ob es aufgrund dieser Rechtsprechungslinie zu Divergenzen zum US-Recht kommt, bleibt abzuwarten. Zwar gibt es dort genauso wenig eine allgemeine (Ad hoc-)Korrekturpflicht, wie im deutschen Recht. Immerhin deckt der Wortlaut von SEC Rule 10b-5 eine mögliche Täuschungshandlung aber in der Weise ab, dass sich die Auslassung an zuvor gemachte Falschaussagen knüpfen lässt (vgl. erneut: „To omit to state a material fact necessary in order to make the statements made, in the light of the circumstances under which they were made, not misleading"). Entscheidend dürfte für die Weiterentwicklung sein, welchen räumlich-zeitlichen Zusammenhang die US-Judikatur an beides stellt. Denkbar ist zum einen, dass Halbwahrheiten nur im unmittelbaren Kontext des Verschweigens gewichtiger Gesichtspunkte iRd Erfüllung von Meldepflichten entstehen können. In gleicher Weise lässt sich zum anderen – in der Argumentationslinie der „HRE"-Rechtsprechung des BGH – argumentieren, dass eine bedeutende Falschaussage potenziell beliebig lange im Raum stehen mag und solange durch Ergänzungen/Korrekturen beseitigt werden muss, wie das der Fall ist.

---

[54] BGHZ 192, 20.
[55] Dazu Nietsch ZBB 2022, 229 (236); Klöhn/Klöhn MAR Art. 7 Rn. 179 ff.

3. *Zusammenfassend vergleichende Feststellungen*

Zusammenfassend lassen sich entgegen dem ersten Eindruck damit mehr Übereinstimmungen als Unterschiede zwischen dem europäischen bzw. deutschen Kapitalinformationshaftungsrecht und dem US-Recht nach der „Macquarie"-Rechtsprechung feststellen: Bei gestreckten Sachverhalten kommt in der EU neuerdings wegen der Einschränkungen durch den Listing Act schon tatbestandsmäßig nahezu keine Unterlassungspflichtverletzung (mehr) in Betracht. Selbst wo auf Vorstandsebene – vergleichbar der MD&A iSv Item 303 – über eine Insiderinformation gesprochen wird, dürfte der Vorstand bei funktionierender Ad hoc-Compliance zum Mittel der Selbstbefreiung greifen und das Sanktions- bzw. Haftungsrisiko auf diese Weise aus der Welt schaffen. Am ehesten relevant wird eine Unterlassungshaftung deshalb in Situationen vorheriger bzw. außerhalb der Pflichtmitteilung stattfindender Irreführung. Ob BGH und US Supreme Court hier konform gehen oder tatbestandliche Halbwahrheiten von letzterem nur dann in Betracht gezogen werden, wenn die Unterlassung in engem zeitlichen und sachlichen Zusammenhang mit einer getätigten Fehlinformation steht, wird sich zeigen. Dass sich das US-Recht dem verschließen wird, erscheint dabei unwahrscheinlich, weil das Geschehen vom Wortlaut der SEC Rule 10b-5 gedeckt ist und eine dadurch ausgelöste Täuschung mit dem Telos der Norm in einleuchtender Weise übereinstimmt.

V. Fazit

Beeinflusst wird die Antwort auf die vorstehend als offen zu betrachtende Frage trotz der schmalspurigen Methodik des US Supreme Courts in „Macquarie" durch grundsätzliche Erwägungen der Kapitalmarkttransparenz und der Kapitalmarktinformationshaftung. Zum einen spricht gegen eine weite tatbestandliche und haftungsrechtliche Relevanz von Unterlassungen, dass sich der Emittent naheliegenderweise zu einem mehr an Informationen genötigt sehen wird als aufgrund des Materiality-Prinzips gerechtfertigt und sinnvoll wäre. Folge davon kann unter anderem ein nicht wünschenswerter Information Overload am Markt sein, wobei als weiteres Problem noch eine Abnahme der Datenqualität zu befürchten ist (dem Umstand geschuldet, dass zur Haftungsvermeidung Informationen in einem frühen Stadium und deswegen möglicherweise nicht hinreichend verifizierbar veröffentlicht werden). Selbst wenn man den Reigen der Veröffentlichungspflichten weiter spannen möchte – was insbesondere die Nachhaltigkeitsberichterstattung betrifft – folgt daraus im Fall von Fehlinformationen kein haftungsrechtlicher Automatismus. Wegen der Besonderheit des Anspruchs, namentlich seiner Erfüllung aus dem Gesellschaftsvermögen und damit wirtschaftlich durch die Altaktionäre unter Gefährdung von Gläubigerinteressen, erscheint ein generell behutsamer Umgang bei einer möglichen Erweiterung des Kapitalmarktinformationshaftungsrechts geboten, wie er auch jetzt schon in §§ 97, 98 WpHG angelegt ist.[56]

[56] So insbesondere in Form des Handlungserfordernisses (in Anlehnung an *Birnbaum v. Newport Stell Corp.,* 193 F.2d 461, 463 (2nd Cir. 1952) Birnbaum-Rule genannt (dazu Assmann/Schneider/Mülbert/Hellgardt §§ 97, 98 Rn. 12); aA und für eine deutliche Ausweitung de lege ferenda (freilich ohne Berücksichtigung der HRE-Rechtsprechung) Fuchs/Zimmermann/Fuchs WpHG Vor §§ 97, 98 Rn. 79 f.

THORSTEN PÖTZSCH[1]

Greenwashing und Finanzmarktaufsicht[2]

I. *Einleitung*

Das Thema Nachhaltigkeit, konkreter: Sustainable Finance[3], ist relativ neu und stellt die Akteure auf dem Finanzmarkt vor zahlreiche Herausforderungen. Unter dem Begriff ESG – Umwelt (Environment), Soziales (Social), gute Unternehmensführung (Governance) – werden die Themen Klimawandel und Umwelt, soziale Fragen und gute Unternehmensführung erfasst. Die Regulierung und Standardsetzung hierzu hat in kürzester Zeit ungeahnte Ausmaße angenommen und (über-)fordert Anleger wie Unternehmen zuweilen gleichermaßen.

Das zum Nachhaltigkeitsuniversum gehörende Phänomen Greenwashing – kurz: Schönfärberei in Bezug auf Nachhaltigkeitsaspekte bei Geldanlagen und Finanzprodukten – findet besondere Aufmerksamkeit.[4] Anleger berücksichtigen ESG-Kriterien zunehmend in ihren Investitionsentscheidungen oder wollen eine gewisse Nachhaltigkeitswirkung erzielen. Jüngere Schlagzeilen in den Medien titeln in diesem Zusammenhang äußerst kritisch: „Grüner Wildwuchs bei nachhaltigen Fonds“[5]; „ESG-Anlagen: Intransparenz und Renditezweifel bremsen Nachfrage“[6] oder: „Hauptsache, es sieht grün aus“[7]. Die Finanzmarktaufsicht – auf europäischer[8] und nationaler[9] Ebene –

---

[1] Der Autor ist Exekutivdirektor des Geschäftsbereichs Wertpapieraufsicht/Asset Management bei der Bundesanstalt für Finanzdienstleistungsaufsicht (BaFin).

[2] Der Beitrag basiert in weiten Teilen auf einer Rede, die der Autor im Rahmen der BVI-Nachhaltigkeitskonferenz 2024 am 11.6.2024 in Frankfurt am Main gehalten hat.

[3] Die Literatur zu Nachhaltigkeit im Finanzwesen/Sustainable Finance ist inzwischen unüberschaubar. Instruktive Zugänge zum Thema mit Bezügen zum Finanzmarktaufsichtsrecht bieten zB Kumpan ZHR 187 (2023), 278; Kumpan/Misterek ZBB 2023, 1; instruktiver Einstieg auch bei Moloney, EU Securities and Financial Markets Regulation, 4. Aufl. 2023, 58 ff.

[4] Der Bereich Greenwashing wird ebenfalls in zahlreichen Beiträgen und aus verschiedenen rechtlichen Perspektiven beleuchtet. Allgemein hierzu Möllers ZHR 2021, 881; ESG und Compliance bei Andressen/Mai/Mitsel-Bukowski/Rostalski/Renz ZCG 2023, 110 und Erling/Gehring/Schorn/Uschkereit KlimaRZ 2024, 86; Rechtsrisiken für Unternehmen beleuchtend Ruttloff/Bingel/Bühler BB 2023, 1155; Ruttloff/Wehlau/Wagner/Skoupil/Rothenburg BB 2023, 1283; Ruttloff/Kappler/Schuler BB 2023, 1219; Strafbarkeitsrisiken thematisierend Kasiske WM 2023, 53.

[5] Börsen Zeitung v. 13.5.2024, abrufbar unter: https://www.boersen-zeitung.de/esg-pro/gruener-wildwuchs-bei-nachhaltigen-fonds.

[6] Fonds Professionell Online v. 13.5.2024, abrufbar unter: https://www.fondsprofessionell.de/news/vertrieb/headline/esg-anlagen-intransparenz-und-renditezweifel-bremsen-nachfrage-232672/.

[7] Zeit Online v. 13.2.2024, abrufbar unter: https://www.zeit.de/2024/07/nachhaltige-fonds-erdoel-erdgas-klimaschutz-aktien.

[8] Auf europäischer Ebene beschäftigen sich mit Sustainable Finance und Greenwashing alle drei europäischen Finanzmarktaufsichtsbehörden, die EBA, die EIOPA und die ESMA. Bei der ESMA wurde zu diesem Zweck das Sustainability Standing Committee eingerichtet, in dem alle EU-Mitgliedstaaten vertreten sind und dem der Autor zum Zeitpunkt der Erstellung dieses Festschriftbeitrags als Vorsitzender vorsteht.

[9] Auf nationaler Ebene ist in Deutschland ist maßgeblich die BaFin bei den Themen Sustainable Finance und Greenwashing involviert. Daneben beschäftigen sich mit diesen Themen vor allem

steht gerade hier im Fokus: sie soll derartige Praktiken unterbinden bzw. effektiv verfolgen.[10]

Dies verdeutlicht: Bei nachhaltigen Anlagen gibt es noch viele Unklarheiten und Unsicherheiten – auf Seiten der Anleger, aber auch auf Seiten der Unternehmen.[11]

Thomas Emde nimmt sich solch komplexen Gemengelagen stets mit Begeisterung an und identifiziert und analysiert die relevanten Themen treffsicher. Er hat – wie die Vielfalt der Themen dieser Festschrift zeigt – zahlreiche praxisrelevante Beiträge verfasst und ua im Finanzmarktrecht wesentliche Impulse gesetzt.[12] Der Autor hofft daher, mit diesem Festschriftbeitrag ebenfalls das Interesse des Jubilars zu treffen.

II. Bedarf an nachhaltigen Finanzprodukten und aktuelle Marktlage

Der Bedarf an nachhaltigen Geldanlagen und Finanzprodukten ist trotz der eingangs rekapitulierten kritischen Stimmen groß.[13] Die Transformation zu einer klimaneutraleren und insgesamt nachhaltigeren Wirtschaft erfordert zielgerichtete Investitionen in ungekanntem Ausmaß.[14] Nach Angaben der Europäischen Kommission werden in Europa pro Jahr zusätzliche Investitionen von 620 Mrd. EUR benötigt.[15]

---

aus Verbraucherschutzperspektive ua auch die Verbraucherzentralen (s. nur Verbraucherzentrale Bundesverband, abrufbar unter: https://www.vzbv.de/greenwashing) oder die Deutsche Umwelthilfe e.V., abrufbar unter: https://www.duh.de/themen/verbraucher/verbrauchertaeu schung/greenwashing/.

[10] Zum Thema Sustainable Finance und insbes. Greenwashing auf europäischer Ebene: ESMA30-379-1051, insbes. S. 11 ff.; ESMA Strategy 2023–2028, September 2022, insbes. S. 27 ff.; Europäische Kommission, Strategy for financing the transition to a sustainable economy, 6.7.2021, abrufbar unter: https://finance.ec.europa.eu/publications/strategy-financing-transition-sustainable-economy_en; auf nationaler Ebene widmet sich die BaFin mit Priorität dem Thema Sustainable Finance (https://www.bafin.de/DE/Aufsicht/SF/SF_node.html) und Greenwashing (https://www.bafin.de/DE/Aufsicht/SF/Greenwashing/Greenwashing_node.html).

[11] Dies zeigen auch Umfragen: bspw. Süddeutsche Zeitung v. 8.10.2023, abrufbar unter: https://www.sueddeutsche.de/wirtschaft/banken-nachhaltigkeit-investieren-1.6278717; Forum Nachhaltige Finanzen (FNG), Marktbericht 2023, abrufbar unter: https://fng-marktbericht.or g/fng-marktbericht-2023/trends-und-perspektiven-in-deutschland-und-oesterreich.

[12] Thomas Emde ist bspw. Mitherausgeber eines Standardkommentars zum KAGB, Emde/Dornseifer/Dreibus, KAGB, 3. Aufl. 2023, und Verfasser zahlreicher Aufsätze in juristischen Fachzeitschriften, jüngst bspw. Emde/Nemeczek/Pitz WM 2023, 1005 und WM 2023, 1053. Zudem ist Thomas Emde Autor im von Nietsch herausgegebenen Handbuch Corporate Social Responsibility, 2021, § 20 Nachhaltigkeit in Bezug auf Finanzanlagen.

[13] Die Wichtigkeit des Themas Nachhaltigkeit betont auch der Bericht des ehemaligen italienischen Ministerpräsidenten Enrico Letta – der sog. Letta Report – v. 18.4.2024, abrufbar unter: https://www.consilium.europa.eu/media/ny3j24sm/much-more-than-a-market-repor t-by-enrico-letta.pdf an zahlreichen Stellen, ua S. 43: „[...] we need to embed circular economy principles within the Single Market. This involves not just acknowledging but actively incorporating sustainable practices and innovations into our economic framework. A Circular Single Market is needed, as it will support environmental sustainability while simultaneously driving economic growth by fostering innovative business models and consumer behaviours."

[14] Kumpan ZHR 187 (2023), 278 verweist auf das Intergovernmental Panel on Climate Change (IPCC) der Vereinten Nationen, das im Jahr 2018 im Bericht Global Warming of 1,5 den Bedarf weltweiter Investitionen von im Durchschnitt 3,5 Billionen USD geschätzt hat.

[15] Europäische Kommission, Ein nachhaltiges Finanzwesen – Ziele und Überblick, 13.6.2023, abrufbar unter: https://ec.europa.eu/commission/presscorner/detail/de/qanda_23_3194.

Allerdings spiegelt sich dieser enorme Bedarf – jedenfalls im Ergebnis – nicht in der aktuellen Marktlage.[16] Nach einem hierzulande dynamischen Wachstum in den letzten Jahren[17] entwickelt sich die Nachfrage nach ESG-Investments inzwischen bestenfalls verhalten.[18] Das zeigen bspw. BVI-Daten zum ersten Quartal 2024.[19] Danach lässt sich zwar ein leichtes Plus im Neugeschäft mit ESG-Spezialfonds feststellen; aus Publikumsfonds mit Nachhaltigkeitsmerkmalen haben Anleger per Saldo aber 3,3 Mrd. EUR abgezogen.[20] Bemerkenswert dabei ist, dass das Neugeschäft mit diesen Produkten schon seit Anfang 2023 hinter dem Geschäft mit nicht nachhaltigen Fonds zurückbleibt.

III. Greenwashing-Berichte der europäischen Aufsichtsbehörden

Im Sinne einer kurzen Bestandsaufnahme wird nachfolgend auf die Greenwashing-Berichte der drei europäischen Aufsichtsbehörden Bezug genommen, die einen instruktiven Abriss bieten, welche Herausforderungen das Thema Sustainable Finance, insbes. Greenwashing, an die Marktakteure und Finanzmarktaufsichtsbehörden stellt. Aufgrund der gesteigerten Bedeutung des Greenwashing-Phänomens hatte die Europäische Kommission im Jahr 2022 ein Konsultationsersuchen an die drei europäischen Finanzmarktaufsichtsbehörden, EBA, EIOPA und ESMA, gerichtet.[21]

Mit den im Mai 2023 veröffentlichten Zwischenberichten der drei ESAs wurde zum Begriff des Greenwashings erstmals ein einheitliches Verständnis hergestellt und eine Kategorisierung von Greenwashing-Fallgruppen vorgenommen.[22] Am 4.6.2024 haben die drei ESAs ihren Abschlussbericht zum Greenwashing vorgelegt.[23]

Von Greenwashing spricht man in der Regel, wenn Finanzprodukte oder Unternehmen als nachhaltiger dargestellt werden, als dies den tatsächlichen Umständen entspricht. Greenwashing kann im gesamten ESG-Spektrum (Environmental, Social, Governance) vorkommen, betrifft also Umwelt- und soziale Aspekte und die Unternehmensführung.[24]

---

[16] Die Marktlage, also die Nachfragesituation im Hinblick auf nachhaltige Finanzprodukte, spiegelt den Stand Juli 2024 wider.

[17] Kumpan ZHR 187 (2023), 278 verweist – bezogen auf die Entwicklung in Deutschland in den letzten Jahren bis einschließlich 2022 – unter Bezugnahme auf Forum Nachhaltige Finanzen (FNG), Marktbericht 2022, noch auf ein sehr dynamisches Wachstum in Deutschland.

[18] Nach Angaben der ESMA war der europäische Markt für ESG-Investments in der zweiten Jahreshälfte 2023 verhalten (ESMA Trends, Risks and Vulnerabilities Report No. 1 2024, 30). Die Börsen-Zeitung v. 18.7.2024 titelt gar: „Assetmanager legen kaum noch Nachhaltigkeitsfonds auf", abrufbar unter: https://www.boersen-zeitung.de/banken-finanzen/starker-rueckgang-bei-neuen-esg-fonds.

[19] BVI, Der Nachhaltige Fondsmarkt im ersten Quartal 2024, abrufbar unter: https://www.bvi.de/fileadmin/user_upload/Statistik/Research/Fokus_Nachhaltigkeit__Q1_2024_.pdf.

[20] BVI, Der Nachhaltige Fondsmarkt im ersten Quartal 2024.

[21] Europäische Kommission, Request for input to the European Banking Authority (EBA), the European Insurance and Occupational Pensions Authority (EIOPA) and the European Securities and Markets Authority (ESMA) related to greenwashing risks and supervision of sustainable finance policies, Mai 2022, abrufbar unter: https://www.esma.europa.eu/sites/default/files/library/request_to_esas_on_greenwashing_monitoring_and_supervision.pdf.

[22] ESMA30 1668416927-2498; eine Zusammenfassung und Erläuterung zum Zwischenbericht enthält der Beitrag von Reich AG 2023, R260-R261.

[23] ESMA36-287652198-2699. Begleitend hierzu wurde von den drei ESAs eine Joint Opinion on the assessment of the Sustainable Finance Disclosure Regulation. (SFDR) (JC 2024 06) sowie von der ESMA eine Opinion on the Sustainable Finance Regulatory Framework, setting out possible long-term improvements (ESMA36-1079078717-2587) veröffentlicht.

[24] BaFin, Meldung zum Progress Report der ESAs, 1.6.2023, abrufbar unter: https://www.bafin.de/SharedDocs/Veroeffentlichungen/DE/Meldung/2023/meldung_2023_06_01_Greenwashing.html.

Ein besonderes Greenwashing-Potential hat das Thema Transition.[25] Denn gerade Berichte oder Behauptungen zur künftigen ESG performance, besonders net-zero oder transition claim, sind schwer zu substantiieren.[26] Daher kommen auch die Greenwashing-Berichte der drei ESAs zu dem Ergebnis, dass der Transition besondere Bedeutung in der Aufsicht beigemessen werden sollte.[27]

Im Hinblick auf die fulminante Regulierungslandschaft wird im Abschlussbericht zwar festgestellt, dass eine vollständige Überarbeitung des ESG-Regelwerks nicht erforderlich ist und die existierenden aufsichtsrechtlichen Vorgaben ausreichen, um Greenwashing effektiv zu verfolgen. Der europäische Gesetzgeber wird allerdings aufgerufen, Unklarheiten in zentralen Rechtstexten der Nachhaltigkeitsregulierung zu beseitigen und einen einheitlichen Rahmen für ESG-Faktoren zu schaffen. Die nationalen Aufsichtsbehörden benötigen zur Bekämpfung von Greenwashing eine hohe Expertise, die richtigen IT-Tools (inklusive Supervisory Technology (SupTech)-Instrumente[28]) und Zugang zu hochwertigen und verlässlichen Daten und Informationen. Um ein level playing field zu gewährleisten, ist zudem Konvergenz im Aufsichtshandeln erforderlich. Marktakteure müssen in allen EU-Mitgliedstaaten den gleichen Regelungen unterworfen sein, dh die Aufsichtsbehörden die Nachhaltigkeitsvorgaben effektiv und effizient durchsetzen, um eine Aufsichtsarbitrage zu verhindern.[29] Hier sind wiederum maßgeblich die drei ESAs gefragt; sie schlagen in diesem Zusammenhang vor, sektorspezifische Leitlinien und praktische Hilfestellungen zu entwickeln, um ein gemeinsames Vorgehen zu erleichtern.[30]

Die Greenwashing-Berichte der drei ESAs adressieren sowohl die Aufsichtsbehörden als auch die Unternehmen und zeigen Unzulänglichkeiten im bestehenden Sustainable Finance-System auf. Im Folgenden soll auf der Basis dieser Bestandsaufnahme auf die Problemstellungen im Markt für nachhaltige Finanzprodukte aus Aufsichtsperspektive eingegangen werden.

---

[25] Eine offizielle Legaldefinition des Begriffs Transition existiert zum Zeitpunkt der Erstellung des Festschriftbeitrags nicht; die Europäische Kommission schlägt in ihrer Empfehlung zur Vereinfachung für die Umstellung auf eine nachhaltige Wirtschaft v. 27.6.2023 (Empfehlung (EU) 2023/1425) folgendes Begriffsverständnis vor: Transition bedeute die „Umstellung gegenwärtiger Klima- und Umweltleistungen auf eine klimaneutrale, klimaresistente und ökologisch nachhaltige Wirtschaft in einem dort näher bestimmten Zeitrahmen". In der Empfehlung finden sich auch Definitionsvorschläge für die Begriffe Transition Finance („Umstellungsfinanzierung") und Transitionsplan („Umstellungsplan").

[26] Der Letta-Report, 117 verweist im Hinblick auf „Green Claims" im Allgemeinen (ohne spezifischen Bezug zu Finanzanlageprodukte) auf eine Studie der Europäischen Kommission von 2020, die 230 Sustainability labels und 100 Green energy labels in der EU untersuchte und zu folgendem Ergebnis kam: „[…] 53% of green claims give vague, misleading or unfounded information; 40% have no supporting evidence; and half of all green labels offer weak or nonexistent verification". Dies führte am 22.3.2023 zum Vorschlag der Europäischen Kommission einer Richtlinie über Nachweisbarkeit und Kommunikation umweltbezogener Produktangaben („Green Claims Directive").

[27] ESMA36-287652198-2699 S. 25, 30 f. (bzgl. Issuers), S. 39 (bzgl. Investment Management), S. 52 f. (bzgl. Benchmark Administrators) – jeweils auch mit Bezugnahmen auf den ESMA-Zwischenbericht.

[28] ESMA36-287652198-2699 S. 20 ff.; Regulatory und Supervisory Technology wird oftmals gemeinsam verwendet. Im ESMA Trends Risks and Vulnerabilities Report No. 1 2019, 42 werden beide Instrumente wie folgt definiert: „RegTech describes technology, particularly information technology, used in the context of regulatory compliance, including tasks such as risk management. SupTech is technology used by supervisory authorities."; abrufbar unter: https://www.esma.europa.eu/sites/default/files/trv_2019_1-regtech_and_suptech_change_for_markets_and_authorities.pdf.

[29] Veil Regulating EU Capital Markets Union I/Tauntopoulos, 2024, 83 f.

[30] BaFin, Meldung zum Abschlussbericht der ESAs, 5.6.2024, abrufbar unter: https://www.bafin.de/SharedDocs/Veroeffentlichungen/DE/Meldung/2024/meldung_2024_06_05_Greenwashing.html.

IV. Problemstellungen im Markt für nachhaltige Finanzprodukte

Für die Zwecke dieses Beitrags wird verkürzt auf zwei – aus Sicht der Finanzmarktaufsicht – zentrale Problemstellungen beim Thema Sustainable Finance und Greenwashing Bezug genommen, die einander bedingen: Zum einen eine überbordende und sehr komplexe Regulierung, die zum anderen wiederum negative Auswirkungen auf das Verhalten bzw. die Compliance der Finanzmarktakteure hat. Anleger können unter diesen Umständen nicht darauf vertrauen, dass die Unternehmen – Emittenten und Intermediäre –, denen sie ihr Geld für eine nachhaltige Geldanlage anvertrauen, auch redlich bzw. in Übereinstimmung mit den regulatorischen Vorgaben handeln. Diese ungute Mischung – komplexe und unüberschaubare Regeln und erhebliche Problemstellungen bei der Rechtsanwendung und -durchsetzung – birgt das Risiko von Vertrauens- und Reputationsverlust, Marktverwerfungen und am Ende – überspitzt gesagt – eines Scheiterns des jungen Marktes für nachhaltige Finanzprodukte.[31]

1. Regulierung: überbordende und komplexe Regelwerke

Der europäische Gesetzgeber war in den vergangenen Jahren sehr aktiv. Er hat viele Regelwerke verabschiedet, die – im Einklang mit dem Pariser Klimaschutzabkommen und der UN-Agenda 2030 für nachhaltige Entwicklung – dem Ziel dienen sollen, mehr Geld in nachhaltige Investitionen zu lenken, um so Klimaneutralität zu erreichen. So hat die EU 2018 einen Aktionsplan zur Finanzierung nachhaltigen Wachstums veröffentlicht, in dem sich ua die Strategie für ein nachhaltiges Finanzwesen findet.[32]

Dass ein Regulierungsbedarf zur Nachhaltigkeit von Finanzprodukten besteht, erscheint unbestritten. Denn eine ausreichende Nachhaltigkeitsregulierung der Realwirtschaft fehlt und direkte umweltpolitische Eingriffe sind unbeliebt. Zudem sind Nachhaltigkeitsrisiken bei Finanzprodukten nicht angemessen eingepreist und es fehlt an einem einheitlichen Nachhaltigkeitsverständnis. All das führt zu prohibitiven Kosten für Anleger, die nachhaltige Finanzprodukte erwerben möchten.[33]

---

[31] In Anlehnung an die Akerlof'sche Market for Lemons-Theorie, vgl. Akerlof Quarterly Journal of Economics 1970, 488–500: Informationsasymmetrien zwischen Anbietern und Nachfragern von (nachhaltigen) Finanzprodukten können zu einem Marktversagen führen, da sich perspektivisch falsche, nicht marktgerechte Preise durch Fehlallokationen herausbilden. Denn bei Fehlen wesentlicher, anlageentscheidender Informationen sind Anleger allenfalls bereit, einen durchschnittlichen Preis für Finanzprodukte zu zahlen, da sie die Qualität der Produkte nicht beurteilen können. Dann lohnt es sich für Unternehmen – Emittenten und Intermediäre – wiederum nicht, qualitativ hochwertige Finanzprodukte anzubieten, im vorliegenden Fall nachhaltige Geldanlageprodukte. Diese Produkte scheiden daher nach und nach aus dem Markt aus (adverse selection). Zusammenfassende Darstellung auch bei Poelzig, Kapitamarktrecht, 3. Aufl. 2023, 20.

[32] Im Rahmen dieses Festschriftbeitrags werden spezifische Kritikpunkte der aktuellen Regulierungslage aufgegriffen und punktuelle Lösungsansätze bzw. alternative Regulierungsansätze aufgezeigt. Auf eine gesamthafte und weitergehende Darstellung der Regulierungsentwicklung und des aktuellen Regulierungsstands zu nachhaltigen Finanzprodukten in der EU wird verzichtet; dies ist hier weder möglich noch sinnvoll, zumal sich die Nachhaltigkeitsregulierung in einem sehr dynamischen Umfeld befindet. Veil Regulating EU Capital Markets Union I/Spießhofer, 2024, 195 ff.; Kumpan ZHR 187 (2023), 278 (285); Wandt/Lüders VersR 2023, 809 (811) bieten hierzu einen instruktiven Überblick. Einen Überblick über die Regelungen betreffend die Aufsicht über Greenwashing enthält der ESMA Report on Greenwashing (ESMA36-287652198-2699 S. 65 ff. (Annex 2)).

[33] Zusammenfassung der Darstellung der Kriterien eines Regulierungserfordernisses bei nachhaltigen Finanzprodukten von Kumpan ZHR 187 (2023), 278 (281 ff.).

Nachfolgend sollen nur zwei Meilensteine der Nachhaltigkeitsregulierung auf EU-Ebene[34] kritisch in Bezug genommen werden und deren Problempunkte aufgezeigt werden: Die EU hat mit der VO (EU) 2020/852 (EU-Taxonomie-VO)) ein Klassifizierungssystem für nachhaltige Tätigkeiten geschaffen, wobei insbes. ökologisch nachhaltige Investitionen gemeint sind. Anleger sollen ihr Kapital entsprechend nachhaltig investieren, wozu mit der VO (EU) 2019/2088 (EU-Offenlegungs-VO) entsprechende Transparenz- und Offenlegungsvorgaben verabschiedet wurden.[35] Die Wirkung auf die Nachfrage der Kapitalgeber war bisher indes begrenzt. Ein Ansatzpunkt zur Reduzierung der Komplexität und Förderung der Verständlichkeit könnte hier die Einführung von Produktkategorien sein.

a) *Problempunkte bei der EU-Taxonomie-VO*

Die EU-Taxonomie-VO bestimmt sechs Umweltziele, die für die Klassifizierung von Wirtschaftstätigkeiten maßgeblich sind. Dies sind: Klimaschutz, Anpassung an den Klimawandel, nachhaltige Nutzung und Schutz von Wasser- und Meeresressourcen, Übergang zur Kreislaufwirtschaft, Vermeidung und Verminderung der Umweltverschmutzung und Schutz sowie Wiederherstellung der Biodiversität und der Ökosysteme. Diese Wirtschaftstätigkeiten sind nur dann ökologisch-nachhaltig, wenn vier Bedingungen erfüllt sind: es wird ein wesentlicher Beitrag zur Verwirklichung eines oder mehrerer der Umweltziele der VO geleistet, sie führen nicht zu einer erheblichen Beeinträchtigung eines oder mehrerer Umweltziele, der festgelegte soziale Mindestschutz wird eingehalten und die – sich aus Delegierten Verordnungen[36] (Level 2)[37] ergebenden – technischen Bewertungskriterien werden erfüllt.[38]

Allein diese Vorgaben der EU-Taxonomie-VO verdeutlichen die Komplexität, mit denen die Unternehmen umzugehen haben.[39] Außer Acht gelassen werden an dieser Stelle bewusst die zahlreichen Q&As zur EU-Taxonomie-VO und die Delegierten Verordnungen.[40] Dabei wird auch nur ein Teil von Sektoren abgedeckt; die Transitions-Finanzierung von heute noch nicht „grünen" Aktivitäten fehlt weitgehend. Am Ende müssen die Transformationsprojekte für die Geldgeber attraktiv sein und gute Aussichten auf Erfolg haben. Es wird keine Taxonomie helfen, ein Transformationsprojekt rentabler oder finanzierungsfähiger zu

---

[34] Die EU-Taxonomie-VO und die EU-Offenlegungs-VO im Hinblick auf eine Definition „Sustainability" in Bezug nehmend Veil Regulating EU Capital Markets Union I/Spießhofer, 2024, 201 f.; Wandt/Lüders VersR 2023, 809 (814) ordnet die EU-Taxonomie-VO, EU-Offenlegungs-VO und die EU-Referenzwerte-VO systematisch als Lamfalussy-Ebene 1/sektorübergreifende spezifische Nachhaltigkeitsregulierung ein; in Bezug genommen werden dort außerdem die nachgelagerten Lamfalussy-Ebene 2-Delegierten Rechtsakte.

[35] Zusammenfassende Darstellung zur Taxonomie-VO und zur Offenlegungs-VO und weiterer Sustainable Finance-Regulierungen abrufbar auf der BaFin-Internetseite unter: https://www.bafin.de/DE/Aufsicht/SF/SF_node.html.

[36] Die Delegierte Verordnung zur EU-Taxonomie-VO, die DelVO (EU) 2021/2139, enthält technische Bewertungskriterien für die ersten beiden der insgesamt sechs Umweltziele „Klimaschutz" und „Anpassung an den Klimawandel".

[37] Zur Systematik der EU-Gesetzgebungshierarchie anhand der verschiedenen Lamfalussy-Ebenen (Level 1–3) s. ua Veil, Europäisches und deutsches Kapitalmarktrecht, 3. Aufl. 2022, 59 ff.; Moloney, EU Securities and Financial Markets Regulation, 4. Aufl. 2023, 20 ff.

[38] Vgl. Darstellung zur EU-Taxonomie-VO auf der BaFin-Internetseite, abrufbar unter: https://www.bafin.de/ref/19692320.

[39] Die Überforderung der Rechtsunterworfenen konstatierend ua auch Wandt/Lüders VersR 2023, 809 (827).

[40] S. bspw. Europäische Kommission, Questions and Answers on the EU Taxonomy Complementary Climate Delegated Act covering certain nuclear and gas activities, 2.2.2022, abrufbar unter: https://ec.europa.eu/commission/presscorner/detail/en/qanda_22_712.

machen. Auch eine – zusätzliche – Transitions-Taxonomie würde nicht dabei helfen, Kapital in die Transformation umzuleiten.[41]

Die Lösung liegt augenscheinlich in Transparenz und Aufklärung, dh Anleger müssen wissen, worin sie ihr Geld nachhaltig anlegen, und das auch verständlich erklärt bekommen. Daher ist zum Beispiel die Pflicht, die Nachhaltigkeitspräferenzen der Anleger abzufragen und zB iRd Anlageberatung zu berücksichtigen[42], wichtig und richtig. Denn nur eine Aussage zur Taxonomiekonformität kann Anleger nicht vollständig in die Lage versetzen, informierte Entscheidungen zu fällen. Dennoch bestehen auch hier Probleme für die Berater, die notwendigen Informationen effektiv beim Anleger zu platzieren, die sich kurzerhand mit dem Phänomen „information overload"[43] beschreiben lassen, dh die Anleger sind von der Flut und Komplexität der offenzulegenden Nachhaltigkeitsinformationen überfordert[44]. Denn um die konkreten Nachhaltigkeitspräferenzen der Anleger im Beratungsgespräch zu identifizieren, sollen diese wiederum anhand der Beschreibung der Berater festlegen, ob das Finanzprodukt einen Mindestanteil an ökologisch-nachhaltigen Investitionen nach der EU-Taxonomie-VO, einen Mindestanteil an nachhaltigen Investitionen nach der EU-Offenlegungs-VO und/oder die wichtigsten nachteiligen Auswirkungen auf Nachhaltigkeitsfaktoren (Principal Adverse Impact „PAI") berücksichtigen soll. Durch die notwendige Verknüpfung der Pflichtabfragen im Beratungsgespräch mit den komplexen regulatorischen Vorgaben, dürfte es – überspitzt gesagt – wohl auch dem geschicktesten Berater schwerfallen, einen nachhaltigkeitsgeneigten Anleger nicht mit mehr Fragen als Antworten zurückzulassen.[45] Dies ist ein weiterer Grund dafür, die Regulierung deutlich zu entschlacken und vor allem zu vereinfachen, worauf nachfolgend weiter eingegangen wird.

b) Problempunkte bei der EU-Offenlegungs-VO

Die Verknüpfung zur Transparenz und Anlegeraufklärung wurde bereits hergestellt. Die EU-Offenlegungs-VO formuliert derartige Transparenzanforderungen an die Unternehmen und Intermediäre, wie Berater, auf dem Finanzmarkt. Sie enthält unternehmens- und produktbezogene Offenlegungspflichten.[46] Wiederum sind konkrete Vorgaben zu den Pflichten

---

[41] So der BaFin-Präsident Mark Branson in einem Interview im Tagesspiegel v. 1.2.2024.

[42] Bspw. sind Wertpapierdienstleistungsunternehmen ua bei der Anlageberatung verpflichtet, seit dem 2.8.2022 Nachhaltigkeitspräferenzen bei den Kunden abzufragen und bei ihrer Beratung berücksichtigen. Rechtsgrundlage hierfür ist Art. 54 Abs. 2 und Abs. 5 DelVO (EU) 2017/565 idF der Änderung durch die DelVO (EU) 2021/1253, auf die § 64 Abs. 3 WpHG im Zusammenhang mit der Beurteilung der Geeignetheit verweist; s. hierzu ua Hanke ZIP 2022, 62 (66). Ferner besteht im Rahmen des Produktfreigabeverfahrens (Product Governance) nach § 80 Abs. 9 WpHG die Pflicht des Herstellers eines Finanzinstruments, einen Zielmarkt auch anhand von nachhaltigkeitsbezogenen Zielen der Endkunden zu definieren; s. hierzu auch BT 5.2.1 MaComp.

[43] Möllers ZHR 185 (2021), 881 (895) mwN.

[44] Für produktbezogene Offenlegungspflichten im Versicherungsbereich Wandt/Lüders VersR 2023, 809 (826).

[45] Die BaFin hat im Juli 2024 einen Beitrag zum Thema „Nachhaltige Geldanlage: Pflichtabfrage im Beratungsgespräch" veröffentlicht (abrufbar unter: https://www.bafin.de/SharedDocs/Veroeffentlichungen/DE/Meldung/2024/meldung_2024_07_01_Nachhaltige_Geldanlage.html;jsessionid=BF4CF86526A23207D966A76B63C8F8C8.internet991) und die notwendigen Fragen an die Anleger zusammengestellt. Zuvor hatte die BaFin eine Verbrauchererhebung durchgeführt und festgestellt, dass zwar 65% der Befragten angaben, dass sie Finanzprodukte kennen, die als nachhaltig oder grün gekennzeichnet sind oder ESG-Kriterien aufweisen; damit einher geht allerdings nicht auch der Nachweis, dass ebenso viele Anleger, die in nachhaltige Finanzprodukte investieren wollen, anhand der aktuellen Regulierungsvorgaben auch effektiv über – für sie passende oder von Ihnen präferierte – Produkte informiert werden können.

[46] Zur Abgrenzung zwischen unternehmens- und produktbezogenen Offenlegungspflichten s. auch Wandt/Lüders VersR 2023, 809 (810) mwN.

aus der EU-Offenlegungs-VO in technischen Regulierungsstandards enthalten.[47] Seit dem 1.1.2022 sind produktbezogene Offenlegungspflichten mit der EU-Taxonomie-VO verknüpft, dh Finanzprodukte, die mit ökologischen Merkmalen beworben werden bzw. mit denen ein Beitrag zur Erreichung eines der in Art. 2 Nr. 17 EU-Offenlegungs-VO genannten Umweltziels angestrebt wird, haben eine Taxonomie-Quote im Sinne des relativen Anteils der ökologisch nachhaltigen Investition im Verhältnis zu den Gesamtinvestitionen des Finanzprodukts auszuweisen.[48]

Die EU-Offenlegungs-VO ist ein weiteres Beispiel dafür, dass die Regulierung im Bereich Sustainable Finance enorm aufwändig ist, denn sie enthält komplizierte und umfassende Berichtspflichten.[49] Begriffe sind zudem nicht konkret genug gefasst und es bestehen Inkonsistenzen mit Offenlegungsanforderungen anderer Regularien. Auch hier gibt es inzwischen zahlreiche – sich in kurzen Zeitabständen ändernde – begleitende Q&As, die die Anwendung der EU-Offenlegungs-VO und ihrer technischen Regulierungsstandards „erleichtern" sollen.[50] Der Review der EU-Offenlegungs-VO[51] bietet daher eine gute Gelegenheit, sie einfacher und wirksamer zu gestalten.

In der EU-Offenlegungs-VO bedarf es einer deutlich präziseren Definition, was ein nachhaltiges Investment ist.[52] Bei einem breit gefassten Begriff geht die Vergleichbarkeit von Investments verloren, das schafft rechtliche Unsicherheit. Außerdem steigt das Risiko von Greenwashing. Dabei ist es insbes. wichtig, die Definition sinnvoll mit anderen Regelwerken zu verknüpfen.[53] Dies gilt bspw. für die Beiträge von Investmentprodukten zu Umweltzielen oder sozialen Zielen. In der EU-Offenlegungs-VO sollte diesbezüglich ein Verweis auf die EU-Taxonomie-VO und auf die Ziele nachhaltiger Entwicklung der Vereinten Nationen enthalten sein. Das würde bedeuten, dass sich Marktteilnehmer an den klar definierten Zielen in diesen Regelwerken orientieren müssen. Das würde für mehr Klarheit und Konsistenz sorgen.

Klare, stringente Regelwerke bedeutet auch, dass sich Regeln und Anforderungen auf das Wesentliche beschränken, wenn es zum Beispiel um die Angaben zu den nachteiligen Auswirkungen geht, die Finanzmarktteilnehmer unternehmensbezogen offenlegen müssen. Die Erklärung zu den wichtigsten nachteiligen Auswirkungen von Investitionsentscheidungen auf Nachhaltigkeitsfaktoren (Principle Adverse Impact (PAI)-Statement) ist richtig. Denn das PAI-Statement verpflichtet die relevanten Finanzmarktteilnehmer, nachteilige Auswir-

---

[47] Die DelVO (EU) 2022/1288 enthält technische Regulierungsstandards zur Festlegung der Einzelheiten des Inhalts und der Darstellung von Informationen in Zusammenhang mit dem Grundsatz der Vermeidung erheblicher Beeinträchtigungen, des Inhalts, der Methoden und der Darstellung von Informationen in Zusammenhang mit Nachhaltigkeitsindikatoren und nachteiligen Nachhaltigkeitsauswirkungen sowie des Inhalts und der Darstellung von Informationen in Zusammenhang mit der Bewerbung ökologischer oder sozialer Merkmale und nachhaltiger Investitionsziele in vorvertraglichen Dokumenten, auf Internetseiten und in regelmäßigen Berichten.

[48] Vgl. Darstellung zur EU-Offenlegungs-VO auf der BaFin-Internetseite, abrufbar unter: https://www.bafin.de/ref/19692320.

[49] Wandt/Lüders VersR 2023, 809 (816) weisen zurecht darauf hin, dass die Gesamtheit der EU-Regelungen schwer zu erfassen ist, da sich die Vorgaben aus diversen Rechtsquellen auf verschiedenen Regelungsebenen ergeben.

[50] S. bspw. JC 2023 18.

[51] Europäische Kommission, Targeted consultation to seek feedback on the Sustainable Finance Disclosure Regulation (SFDR), 14.9.2023, abrufbar unter: https://finance.ec.europa.eu/regulation-and-supervision/consultations/finance-2023-sfdr-implementation_en.

[52] Einen Vergleich zwischen den Nachhaltigkeitsbegriffen der EU-Taxonomie-VO und der EU-Offenlegungs-VO bietet Kumpan ZHR 187 (2023), 278 (295 f.).

[53] Die methodischen Herausforderungen bei der Nachhaltigkeitsregulierung nehmen auch Wandt/Lüders VersR 2023, 809 (826) in Bezug.

kungen, zB ihren CO2-Fußabdruck, offenzulegen.[54] Allerdings erscheinen 18 plus zwei freiwillige PAIs, davon allein sechs Angaben zu Treibhausgasemissionen[55], als unangemessen. Dies ist zum einen nicht zielführend, zum anderen überfordert diese Informationsfülle die Anleger. Ein Alternativvorschlag hierzu mit deutlich weniger PAIs wäre bspw.: sechs PAIs, die dafür aber gesetzlich verpflichtend ausgestaltet sind. Diese sechs PAIs sollten die wichtigsten ESG-Dimensionen adressieren: bspw. Treibhausgasemissionen, Biodiversität, aber auch die Achtung der Menschenrechte oder die Bekämpfung von Korruption und Bestechung. Und auch diese verpflichtenden PAIs sollten sich an den Vorgaben der EU-Taxonomie-VO, der EU-Corporate Sustainability Reporting-RL[56] und an den UN-Nachhaltigkeitszielen orientieren.

c) Einführung von Kategorien nachhaltiger Finanzprodukte

Weniger, aber aussagekräftigere Informationen sind wichtig, damit Anleger verstehen können, welches Ziel die Anlagen verfolgen, in die sie investieren. Denn gerade bei nachhaltigen Anlagen gibt es unterschiedliche Ansätze und Strategien. Anleger missverstehen Art. 8 oder Art. 9 EU-Offenlegungs-VO[57] oftmals als Kategorien von Finanzprodukten, was aber unzutreffend ist, da diese Vorgaben lediglich Offenlegungspflichten definieren, keine Produktmerkmale.[58]

Deshalb wäre es sinnvoll, neue, leicht verständliche Kategorien mit festen quantifizierbaren Schwellenwerten einzuführen. Diese geben Orientierung, wenn es um die Bezeichnung und die Vermarktung eines Produkts geht. In Betracht kommen bspw. die nachfolgenden drei Kategorien.[59]

(1) Erstens ein nachhaltiges Produkt, das zu mindestens 75% in ökonomische Aktivitäten investiert, die ein Umweltziel oder ein soziales Ziel oder beides verfolgen.

(2) Zweitens ein Transitions-Produkt, also ein Produkt, das in solche Aktivitäten investiert, die unsere Wirtschaft in Richtung Nachhaltigkeit voranbringen. Dieses Feld ist besonders anfällig für Greenwashing. Deshalb dürften Investitionen hier nur in solche Unternehmen oder Aktivitäten erfolgen, für die es klare Transitions-Ziele gibt. Und Prozesse, um die Zielerreichung zu kontrollieren. Nachhaltigkeit fördern muss insbes. auch bedeuten, Unter-

---

[54] Berücksichtigen Finanzmarktakteure diese Auswirkungen nicht, müssen sie dies begründen (Comply or explain).

[55] DelVO (EU) 2022/1288, Anh. 1, Tabellen 1–3.

[56] RL (EU) 2022/2464 (CSRD): Die RL zur unternehmerischen Nachhaltigkeitsberichterstattung soll Transparenz über die nachhaltigkeitsbezogenen Risiken und Chancen für die Geschäftstätigkeit der Unternehmen, aber auch über die Auswirkungen eines Unternehmens auf Mensch und Umwelt herstellen. Die CSRD ist ein weiterer Regulierungsbaustein mit dem Ziel der Schaffung einer angemessenen Informationsgrundlage, so dass Anleger die Nachhaltigkeit ihrer Portfolien messen bzw. entsprechende Anlageentscheidungen treffen können.

[57] Nach Art. 8 EU-Offenlegungs-VO bestehen besondere Offenlegungspflichten, wenn mit einem Finanzprodukt ua ökologische oder soziale Merkmale oder eine Kombination hieraus beworben wird (sog. „hellgrüne Produkte“). Nach Art. 9 EU-Offenlegungs-VO (sog. „dunkelgrüne Produkte“) gelten vorvertragliche Offenlegungspflichten bei einem Finanzprodukt, mit dem eine nachhaltige Investition iSd Art. 2 Nr. 17 EU-Offenlegungs-VO angestrebt wird. Zur Abgrenzung zwischen den einzelnen Regelungen der EU-Offenlegung-VO s. Wandt/Lüders VersR 2023, 809 (819 ff.).

[58] Auf dieses Missverständnis verweist auch BaFin-Exekutivdirektor für Strategie, Policy und Steuerung Rupert Schäfer in einem Beitrag v. 17.7.2024, abrufbar unter: https://www.bafin.de/SharedDocs/Veroeffentlichungen/DE/Fachartikel/2024/fa_bj_0717_SFDR_Review_ED_SPS.html.

[59] So auch BaFin-Präsident Mark Branson in seiner Rede auf dem Bundesbank-Symposium am 6.7.2023, abrufbar unter: https://www.bafin.de/SharedDocs/Veroeffentlichungen/DE/Reden Interviews/re_230705_Bundesbanksymposium_klimaneutrale_Wirtschaft_p.html.

nehmen den Weg von Braun nach Grün durch Investitionen zu erleichtern. Bisher werden ESG-Investments überwiegend statisch betrachtet. Das Anlageziel muss schon dunkelgrün oder sozial nachhaltig sein. Mit einem Transitions-Produkt ließe sich eine dynamische Perspektive ergänzen.

(3) Als dritte Kategorie kommt ein Exklusionsprodukt in Betracht. Ein solches Produkt würde Investitionen in bestimmte Aktivitäten ausschließen, wie bspw. klimaschädliche Aktivitäten.

2. *Förderung des Verantwortungsbewusstseins der Marktakteure durch Stärkung der Aufsichtskonvergenz*

Marktakteure – allen voran Emittenten und Intermediäre – müssen sich der Gefahr von Greenwashing bewusst sein.[60] Damit sich ESG-Anlagen dauerhaft etablieren können, braucht es das Vertrauen der Anleger. Auch Vertrauen darin, dass die Produktanbieter ihre Versprechen in Sachen Nachhaltigkeit einhalten. Unternehmen sind dafür verantwortlich, dass ihre Nachhaltigkeitsversprechen mit Substanz hinterlegt sind. Und dass sie darüber fair, klar und vor allem nicht irreführend kommunizieren. Der Finanzmarktaufsicht kommt iRd Überwachung des Markts nachhaltiger Finanzprodukte eine zentrale Stellung zu.

Nachfolgend wird die Rolle der BaFin als nationale Finanzmarktaufsichtsbehörde bei der Bekämpfung von Greenwashing in Bezug genommen. Im Anschluss werden einige der jüngeren – europäischen und nationalen – Meilensteine bei der Stärkung der Aufsichtskonvergenz vorgestellt.

a) *Rolle der BaFin als nationale Finanzmarktaufsichtsbehörde*

Das Thema Greenwashing ist, wie bereits ausgeführt, besonders relevant für die – europäischen[61] und nationalen – Finanzmarktaufsichtsbehörden, von denen erwartet wird, dass derartig unlauteres Geschäftsgebaren der Finanzmarktakteure effektiv verfolgt und bestenfalls verhindert wird.[62] Einige der Initiativen und Maßnahmen der ESMA und BaFin wurden hier bereits in Bezug genommen.

So ist auf nationaler Ebene die Prävention und Bekämpfung von Greenwashing insbes. durch verlässliche Informationen für Anleger ein wesentlicher Teil der Sustainable Finance-Strategie der BaFin.[63] Im Rahmen ihres Mittelfristziels „Nachhaltigkeit" bekämpft die BaFin zum Schutz von Verbrauchern Greenwashing, also irreführende Vermarktung von Finanzprodukten.[64] Nachhaltigkeit und Greenwashing sind zum wiederholte Mal auch wesentlicher Bestandteil der jährlich aktualisierten Risiken im Fokus der Aufsichtsbehörde.[65]

---

[60] Auf eine gesonderte Darstellung der Rechtsfolgen von Pflichtverstößen wird iRd Festschriftbeitrags verzichtet; s. hierzu ua Wandt/Lüders VersR 2023, 809 (824).

[61] S. oben die Ausführungen zu den Greenwashing-Berichten der drei ESAs.

[62] S. zB Handelsblatt v. 5.7.2023: „Der Chef der Finanzaufsicht BaFin, Mark Branson, macht im Kampf gegen Etikettenschwindel bei „grünen" Anlageprodukten Tempo.", abrufbar unter: https://www.handelsblatt.com/finanzen/banken-versicherungen/banken/finanzaufsicht-bafin-chef-will-verstaerkt-gegen-greenwashing-vorgehen/29238528.html.

[63] BaFin Sustainable Finance-Strategie, abrufbar unter: https://www.bafin.de/DE/DieBaFin/Sustainable_Finance_Strategie/SF_Strategie_node.html;jsessionid=1D2FD6A6AE69F6660E67D6B999F50630.internet011#doc19641124bodyText6.

[64] BaFin-Mittelfristziele, November 2021, Ziel Nr. 7 Nachhaltigkeit, abrufbar unter: https://www.bafin.de/DE/DieBaFin/ZieleStrategie/zielestrategie_node.html.

[65] Risiken im Fokus der BaFin 2024, 23.1.2024, Nachhaltigkeit, 40 ff., abrufbar unter: https://www.bafin.de/SharedDocs/Downloads/DE/RIF/Risiken_im_Fokus_2024.html?nn=19702640.

Die BaFin betrachtet alle drei Aspekte des Nachhaltigkeitsuniversums, also Environmental, Social und Governance. Der Schwerpunkt liegt – entlang der europäischen Regulierungslinie – derzeit auf dem Aspekt Umwelt, insbes. Klimawandel. Dabei behandelt die BaFin ESG-Risiken als Teil ihrer regulären Aufsicht über Unternehmen der Finanzbranche.[66] Sie hebt dabei zurecht hervor, dass sie keine Umweltbehörde ist, sondern das Mandat der Finanzaufsicht innehat. Die BaFin verfolgt daher keine eigenen umwelt-, sozial- oder wirtschaftspolitischen Ziele oder lenkt Finanzflüsse; dies ist Aufgabe der Politik. Außerdem legt die BaFin nicht selbst Bewertungskriterien für die ESG-Wirksamkeit von Anlagestrategien oder Finanzprodukten fest, was wiederum dem Gesetzgeber zufällt. Im Rahmen ihres Mandates beaufsichtigt sie die Umsetzung der ESG-Transparenzpflichten durch Unternehmen und bei Finanzprodukten.[67]

Um Greenwashing aufsichtlich effektiv zu adressieren, überwacht die BaFin bspw., ob beaufsichtigte Institute ihre Offenlegungspflichten gem. der EU-Offenlegungs-VO erfüllen und ob ihre Marketingmitteilungen den offengelegten Informationen widersprechen. Die BaFin prüft außerdem, wie die Unternehmen die Vertriebsvorgaben zur Abfrage von Nachhaltigkeitspräferenzen umsetzen.[68]

b) Datenqualität bei ESG-Ratings

Wie auch in den Greenwashing-Berichten der ESAs hervorgehoben, ist die Qualität von ESG-Informationen und -Daten für eine informierte Anlegerentscheidung essentiell. Unternehmen – Emittenten und Intermediäre – müssen sich darauf verlassen können, dass die ESG-Daten von Drittanbietern, wie Ratingagenturen, qualitativ hochwertig und aussagekräftig sind, denn sie tragen die Verantwortung bei der Nutzung dieser Daten.[69]

Die BaFin hat das Thema der ESG-Datenqualität aufgegriffen und in einer Marktstudie vom 14.2.2024 festgestellt, dass das verfügbare Angebot an ESG-Daten und -Ratings qualitativ nicht ausreichend ist. Mitunter ist es lückenhaft, schwer nachvollziehbar und außerdem zu teuer. Viele Unternehmen sehen das auch so, wie die Studie gezeigt hat.[70]

---

[66] Die BaFin überwacht ua Banken und Versicherungsunternehmen. Im Hinblick auf Nachhaltigkeitsrisiken bei Banken hat sie ihre Erwartungshaltung in der 7. Novelle der MaRisk v. 29.6.2023 verbindlich gemacht; dies ist Grundlage dafür, dass die BaFin Nachhaltigkeitsaspekte künftig im aufsichtlichen Überprüfungs- und Bewertungsprozess (SREP) berücksichtigen kann. Die BaFin veröffentlicht ihre Erwartungen zum Umgang der Versicherer mit Nachhaltigkeitsrisiken; geplant sind eine Novelle der MaGo für Solvency II-Unternehmen sowie die Veröffentlichung eines Rundschreibens zum Grundsatz der unternehmerischen Vorsicht, das explizit auch das Thema Nachhaltigkeit adressiert.

[67] Interview mit BaFin-Exekutivdirektor für Strategie, Policy und Steuerung Rupert Schäfer v. 5.7.2023, abrufbar unter: https://www.bafin.de/SharedDocs/Veroeffentlichungen/DE/Fachartikel/2023/fa_bj_2307_Greenwashing_EDSPS.html.

[68] BaFin-Artikel zu Greenwashing, abrufbar unter: https://www.bafin.de/DE/Aufsicht/SF/Greenwashing/Greenwashing_node.html#:~:text=Die%20BaFin%20geht%20auf%20vielf%C3%A4ltige,Marketingmitteilungen%20den%20offengelegten%20Informationen%20widersprechen.

[69] Buck-Heeb WM 2023, 1625 (1626) verweist auf den Einsatz künstlicher Intelligenz (KI) durch Banken bei der Überwachung der Einhaltung regulatorischer Vorgaben, bspw. aus der EU-Taxonomie-VO. KI hat das Potential, Unternehmen sinnvoll zu unterstützen, da die Technologie in der Lage ist, große Datenmengen in kurzer Zeit zu analysieren. Auch hierbei tragen die Unternehmen aber die Verantwortung dafür, dass die von der KI produzierten Aussagen tatsächlich korrekt sind bzw. die Ergebnisse den gesetzlichen Vorgaben entsprechen (s. hierzu Buck-Heeb WM 2023, 1625 (1629)).

[70] BaFin, Marktstudie zur Erhebung von und Umgang mit ESG-Daten und ESG-Rating-verfahren durch Kapitalverwaltungsgesellschaften, 14.2.2024, abrufbar unter: https://www.bafin.de/SharedDocs/Downloads/DE/dl_ESG-Studie_PDF_20240214.html;jsessionid=2790B0B247105ECD3110F76C79C0FE1E.internet952?nn=19659504.

Aber auch ein suboptimales Angebot an Daten und Ratings entlässt Unternehmen nicht aus ihrer Verantwortung. Vielmehr sind Unternehmen gehalten, ESG-Daten und -Ratings nicht unreflektiert zu übernehmen, sondern zu prüfen, was die Daten eines externen Anbieters abbilden und was nicht, und ob diese Daten für die eigenen Zwecke passen. Die BaFin-Studie hat auch gezeigt, dass im Investmentfonds-Bereich die meisten Kapitalverwaltungsgesellschaften (KVGen) entsprechend verantwortlich mit den Daten umgehen und diese kritisch für die eigenen Zwecke prüfen. Aber die Art und Weise und der Umfang solcher Prüfungen unterscheiden sich sehr. Daher wird auf europäischer Ebene geprüft werden müssen, ob es für die Erhebung und den Umgang mit ESG-Daten und -Ratings durch KVGen eines Mindeststandards bedarf.[71]

c) Vorgaben bei den Produktbezeichnungen

Eine besonders wichtige Rolle spielt der Name eines Produkts. Denn wo Nachhaltigkeit draufsteht, muss sich ein Anleger auch darauf verlassen können, dass Nachhaltigkeit drin ist.[72] Bspw. vermittelt der Name eines Fonds einen ersten Eindruck von der Anlagestrategie und den Anlagezielen des Produkts und beeinflusst die Entscheidungen der Anleger. So war es auch für den EU-Gesetzgeber bei der Änderung der Richtlinie über die Verwalter alternativer Investmentfonds und der Richtlinie zu Organismen für gemeinsame Anlagen in Wertpapieren[73] wichtig, die Bedeutung des Namens hervorzuheben und die KVGen auf ihre Verpflichtung diesbezüglich hinzuweisen. Sie müssen sicherstellen, dass die Informationen bezüglich ihrer Produkte korrekt, redlich und klar sind und keine irreführende oder verwirrende Botschaft vermitteln, die die Anleger fälschlicherweise anziehen würde. Diese Änderungsrichtlinie beinhaltet das Mandat für die ESMA, Leitlinien zu Fondsnamen zu entwickeln[74], was in ihren Aufgabenbereich zur Stärkung der Aufsichtskonvergenz fällt.

Die ESMA hat am 14.5.2024 ihre finalen Leitlinien für Fondsnamen veröffentlicht.[75] Die Leitlinien setzen sich mit der Frage auseinander, unter welchen Bedingungen ein Fonds im Namen Wörter wie Umwelt/Environment, Soziales/Social, gute Unternehmensführung/Governance oder andere nachhaltigkeitsbezogene Begriffe verwenden kann.[76] Auf die Leitlinien haben sich alle EU-Mitgliedstaaten verständigt. Damit existiert auf Level 3[77] eine

---

[71] Der europäische Gesetzgeber hat zudem vor Kurzem eine VO zu ESG-Ratings (COM/2023/314 final) veröffentlicht, mit der solche Referenzen vergleichbarer gemacht werden sollen. Außerdem soll sichergestellt werden, dass Ratingagenturen einschlägige ESG-Risiken bei ihren Bonitätsbeurteilungen von Unternehmen oder Finanzinstrumenten berücksichtigen.

[72] So bereits der Titel eines Beitrags im BaFin-Journal zur BaFin-Konferenz „Sustainable Finance" am 13.9.2022, abrufbar unter: https://www.bafin.de/SharedDocs/Veroeffentlichungen/DE/Fachartikel/2022/Beitraege_Sustainable_Finance_2022/fa_bj_2209_Statements_EDs.html.

[73] RL (EU) 2024/927.

[74] Art. 23 Abs. 7 RL 2011/61/EU (AIFMD).

[75] ESMA34-472-440. Eine Zusammenfassung und Erläuterung zu den ESMA-Leitlinien enthält der Beitrag von Reich AG 2024, R172-R173; Kropf/Lühmann AG 2024, 775.

[76] S. zu den ESMA-Leitlinien auch die aufsichtliche Erwartungshaltung in der BaFin-Aufsichtsmitteilung (abrufbar unter: https://www.bafin.de/SharedDocs/Veroeffentlichungen/DE/Aufsichtsmitteilung/2024/aufsichtsmitteilung_24072024_ESMA_Leitlinien_Fondsnamen.html) und das begleitende Interview des Autors dieses Festschriftbeitrags (abrufbar unter: https://www.bafin.de/SharedDocs/Veroeffentlichungen/DE/Fachartikel/2024/BaFin-ESMA-Leitlinien-Fondsnamen-Poetzsch.html) v. 25.7.2024.

[77] Leitlinien der drei europäischen Aufsichtsbehörden sind nach Art. 16 der Gründungsverordnungen der ESAs Instrumente der Aufsichtskonvergenz auf Level 3, also keine Rechtsakte der Union iSv Art. 288 AEUV (Level 1 und Level 2). Sie zielen – ebenso wie Q&As der ESAs nach Art. 29 ESA-VO – auf eine Harmonisierung der Aufsicht in der EU ab, namentlich auf eine ein-

europaweite Regelung, wann Fondsnamen mit Begriffen wie Nachhaltigkeit oder ESG versehen werden können.

Die ESMA-Leitlinien unterscheiden drei Begriffsgruppen: Transition-, sozial- oder Governance-verwandte Begriffe; Umwelt- oder Impact-verwandte Begriffe und Nachhaltigkeit-verwandte Begriffe. Dazu müssen die KVGen entsprechende Bedingungen erfüllen, je nachdem welchen Begriff sie im Fondsnamen verwenden. Wichtig ist, dass die ESMA-Leitlinien auch konkrete Regeln für Transitions-Produkte enthalten: Transitions-Fonds investieren das Geld der Anleger bspw. in Unternehmen und Industriezweige um mit den eingesetzten Geldern einen Wandel zu erreichen, zB den Ausstieg aus dem Abbau von Stein- und Braunkohle zu beschleunigen. Um Begriffe wie „Transition" oder verwandte, themenbezogene Wörter, wie „Fortschritt" oder „Entwicklung" im Namen zu nutzen, müssen die Fonds ua einen Transitions-Pfad darlegen. Dieser muss hinreichend klar sowie messbar und zB durch Science-Based-Targets (SBT) auch nachprüfbar sein.

Im Hinblick auf den Kritikpunkt komplexer Regelungen ist zuzugeben, dass auch in den ESMA-Leitlinien zu Fondsnamen zahlreiche detaillierte oder aber auslegungsbedürftige Vorgaben enthalten sind, insbes. im Hinblick auf die unter bestimmten Voraussetzungen zu beachtenden Mindestausschlüsse und Transitions-Pfade. Allerdings haben die KVGen hierdurch konkrete Kriterien, anhand derer sie rechtssicher eine passende Fondsbezeichnung wählen können, ohne dabei in eine „Transitions-Schablone" gepresst zu werden, sondern sie können vielmehr individuelle Ziele festlegen.[78]

Die ESMA empfiehlt, die Einhaltung der Kriterien für Fondsnamen über die gesamte Laufzeit eines Fonds zu beurteilen und nicht nur zum Zeitpunkt seiner initialen Genehmigung.[79] Die BaFin hat bereits angekündigt, die ESMA-Leitlinien zu übernehmen und damit ihre bestehende Verwaltungspraxis[80] bei der Genehmigung von Anlagebedingungen von Investmentvermögen zu ersetzen, sobald die ESMA-Leitlinien in Kraft getreten sind.[81] Ihr fällt – im Zusammenspiel mit den anderen EU-Aufsichtsbehörden unter der Ägide der ESMA – die Aufgabe zu, die bestehenden Lücken zu schließen und so für eine bestmögliche Anwendbarkeit der Leitlinien zu sorgen.

heitliche Anwendung des Unionsrechts, eine gemeinsame Aufsichtskultur und kohärente Aufsichtspraktiken. Die Leitlinien sind zunächst rechtlich unverbindlich. Erst wenn die BaFin die Maßnahme in ihre Verwaltungspraxis übernimmt, entfalten die Leitlinien eine Wirkung für die Anwendung des Aufsichtsrechts im Aufsichtsbereich der BaFin. Die nationalen Aufsichtsbehörden müssen gegenüber den ESAs erklären, ob sie die Leitlinien übernehmen oder warum sie dies nicht tun (comply or explain). Zu den Handlungsformen der ESAs s. auch Veil, Europäisches und deutsches Kapitalmarktrecht, 3. Aufl. 2022, 64 f.; Veil ZBB 2018, 151 (153).

[78] Die notwendige Flexibilität bei Transitions-Produkten wurde auch oben beim Vorschlag zur Einführung von Kategorien nachhaltiger Finanzprodukte betont.

[79] Reich AG 2024, R172-R173.

[80] In Deutschland hatte die BaFin schon seit längerem eine etablierte Verwaltungspraxis mit Kriterien, unter welchen Voraussetzungen sich ein inländischer Publikumsfonds als nachhaltig bezeichnen und als solcher beworben werden durfte. Fonds, die einen Nachhaltigkeitsbezug im Namen haben oder die als explizit nachhaltig vertrieben werden, wurden danach nur dann genehmigt, wenn der Fonds mindestens zu 75% nachhaltige Vermögensgegenstände enthielt oder zu mindestens 75% eine nachhaltige Anlagestrategie verfolgte. Zur BaFin-Verwaltungspraxis vor der Übernahme der ESMA-Leitlinien s. auch Kumpan ZHR 187 (2023), 278 (304); Kropf/Lühmann WM 2024, 775 (782).

[81] So ua der Autor des Festschriftbeitrags im Rahmen der BVI-Nachhaltigkeitskonferenz 2024 am 11.6.2024.

V. Zusammenfassung in Thesen/Ergebnis

1. Komplexe und unüberschaubare Regulierung und erhebliche Problemstellungen bei der Rechtsanwendung und -durchsetzung sind eine ungute Mischung – diese birgt das Risiko von Vertrauens- und Reputationsverlust, Marktverwerfungen und am Ende die Gefahr für ein Scheitern des jungen Marktes für nachhaltige Finanzprodukte.
2. Nachhaltigkeit/Sustainable Finance ist geprägt von einer komplexen und nahezu unüberschaubaren Regellandschaft mit Regulierung, Standards, aufsichtlichen Erwartungen und Selbstverpflichtungen. Dabei ist das Ende der Fahnenstange noch lange nicht erreicht, wenn man sich vor Augen führt, dass von den mit Nachhaltigkeit synonym gesetzten ESG-Merkmalen (Environmental, Social und Governance) gerade mal das „E" (Umweltaspekte) relativ ausdifferenziert besetzt ist.
   Es bedarf daher einer Konsolidierung der Regulierungslandschaft – beginnend auf der europäischen Ebene. Die bestehenden Vorgaben sollten vereinfacht und zu einem einheitlichen sowie konsistenten ESG-Regelwerk verzahnt werden. Nachhaltigkeitsvorgaben müssen an den richtigen Stellen streng sein, aber für alle Beteiligten auch handhabbar bleiben. Von einer besseren Nachhaltigkeitsregulierung profitieren würde auch das für den Anleger letztlich so wichtige Beratungsgespräch im Hinblick auf die effektive Bestimmung seiner Nachhaltigkeitspräferenzen.
3. Die Politik und auch Aufsichtsbehörden können die Rahmenbedingungen für nachhaltige Anlagen weiter verbessern. Aber auch die effizientesten und besten Regelwerke können nicht dafür sorgen, dass mehr Gelder in nachhaltige Anlagen fließen, wenn Finanzmarktakteure mit ihrem Verhalten Vertrauen untergraben. Auch die Unternehmen tragen Verantwortung. Finanzmarktakteure dürfen bspw. nicht lediglich ESG-Daten unreflektiert übernehmen, sondern müssen prüfen, ob die von externen Anbietern bereitgestellten Daten für sie und ihre Kunden passen.
4. Ein Unterthema sticht hierbei hervor und birgt besondere Brisanz in der Praxis – für Unternehmen, wie für (Finanzmarkt-)Aufsichtsbehörden: Greenwashing. Denn damit verbunden sind Risiken für Unternehmen (Strafbarkeit und Haftung) ebenso wie für Aufsichtsbehörden (Aufsichtslücken) – beide haben das Risiko eines erheblichen Reputationsverlustes; den Schaden haben die Anleger/Investoren/Verbraucher, die auf der Suche nach nachhaltigen Anlagemöglichkeiten sind, aber enttäuscht werden. Besonderes Greenwashing-Potential birgt das Thema Transition, also bspw. Berichte und Behauptungen von Unternehmen zur künftigen ESG performance, die schwer zu substantiieren und für Anleger kaum nachvollziehbar sind; hier bedarf es – trotz der notwendigen Flexibilität – noch klarerer Vorgaben bei der Berichterstattung und den Instrumenten zur Messbarkeit.
5. Finanzmarktaufsichtsbehörden müssen die ihnen zur Verfügung stehenden Instrumente im Rahmen der Überwachung von Transparenz- und Offenlegungspflichten, Wohlverhaltenspflichten und in der Solvenzaufsicht ausschöpfen, um insbes. Greenwashing bestmöglich zu verhindern. Sie müssen dabei die zur Verfügung stehenden ESG-Daten und Informationen effektiv und effizient nutzen, bspw. auch unter Einsatz von SupTech-Instrumenten.
6. Abzuwarten bleibt, ob nach der Europawahl im Juni 2024 das Thema Sustainable Finance auf europäischer Ebene weiterhin so hohe Priorität genießt. Festhalten lässt sich aber, dass Nachhaltigkeit ein Thema von Dauer ist, was bereits die Bedarfe an nachhaltigen Geldanlagen und Finanzprodukten zur grünen Transformation zeigen. Kurzum, das Aufgabenprogramm für die Gesetzgeber und Aufsichtsbehörden auf europäischer und nationaler Ebene ist mit den oben genannten Punkten klar umrissen. Wissenschaft und Praxis tragen außerdem zur Weiterentwicklung bei. Der Jubilar Thomas Emde ist herzlich eingeladen, sich (weiterhin) meinungsstark einzubringen.

KONRAD SCHOTT

Close-out Netting von Finanzleistungen

Einige offene Fragen und der Versuch einer Antwort

I. Einleitung

Zwischen Finanzinstituten untereinander sowie zwischen Finanzinstituten und deren Kunden werden weltweit in Volumina von mehreren Billionen USD Derivate abgeschlossen, gehalten und abgewickelt.[1] Derivate dienen völlig unterschiedlichen Zwecken, zB der Absicherung von Währungs- und Zinsrisiken, der Absicherung von Edelmetall- und Rohstoffpreisen, der Absicherung gegen Wetterrisiken und Naturkatastrophen oder der Beschaffung von Wertpapieren auf Termin. Hinzu kommen die Märkte für das Verleihen von Wertpapieren sowie die Liquiditätsbeschaffung durch Verkauf und Rückkauf von Wertpapieren (Wertpapierpensionsgeschäfte oder Repos). Produktvielfalt und die Anwendungsmöglichkeiten erscheinen annähernd unbegrenzt.

Der Abschluss und das Halten solcher Geschäfte geht naturgemäß mit einem Markt- und einem Kontrahentenrisiko einher, die ein Vertragspartner auf sein Gegenüber (Counterparty) eingeht. Fällt ein Vertragspartner aus (Defaulting Party), so hält die andere Seite (Non-Defaulting Party) eine in der Insolvenz voraussichtlich wertlose Forderung gegen die Defaulting Party und muss ihrerseits die Pflicht zur weiteren Erfüllung der eigenen Pflichten aus dem konkreten Geschäft fürchten.

Bestehen zwischen Defaulting Party und Non-Defaulting Party eine Vielzahl von Derivate-Geschäften oder Wertpapierdarlehens- oder Repogeschäften, so erscheint es deshalb bei Ausfall einer Partei nur sinnvoll und angemessen, die unerfüllten Positionen der beiden Seiten aus allen Geschäften gegeneinander verrechnen zu können. Nur so lässt sich das theoretische Maximalrisiko bei Einzelbetrachtung der Geschäfte auf das Netto-Risiko reduzieren, das die wirtschaftliche Realität zwischen den Parteien abbildet. Der Beendigungs- und Verrechnungsprozess, der die Bildung dieser Netto-Risiko-Position erlaubt, wird als Close-out Netting oder auch kurz „Netting" bezeichnet.

Die wirtschaftliche Bedeutung des Close-out Netting, die rechtspolitische Diskussion um Derivate und Wertpapiergeschäfte und das juristische Nischendasein der Thematik bieten hinreichend Stoff für eine beträchtliche Anzahl offener Fragen. Von diesen greift dieser Beitrag ohne Anspruch auf Vollständigkeit oder Auswahl nach Bedeutung einige auf.

Der Jubilar hat über die Jahrzehnte seiner Arbeit nicht nur die aufsichtsrechtlichen Rahmenbedingungen der Finanzinstitute und Versicherungen beraten, sondern sich auch mit den detaillierten Anforderungen des Close-out Netting und verwandten Rechtsfragen beschäftigt.

[1] S. https://www.bis.org/publ/otc_hy2405.htm, dort Graph 1 B auf S. 2, wonach der Brutto-Marktwert für OTC-Derivate zum Stand Ende 2023 ca. 18 Billionen USD betrug.

II. Historische Entwicklung und Diskussion

1. Ausgangspunkt

Vom Jahr 1898 bis zum 31.8.1994 regelte § 18 KO das Schicksal von Warentermingeschäften im Konkurs: War für die Lieferung von Waren, die einen Markt- oder Börsenpreis haben, ein genauer Zeitpunkt oder eine bestimmte Frist vereinbart, die erst nach Eröffnung des Verfahrens eintritt bzw. ausläuft, so kann nicht Erfüllung verlangt werden, sondern nur eine Forderung wegen Nichterfüllung geltend gemacht werden. Wertpapiere sah die vorherrschende Meinung als vom Warenbegriff erfasst an.[2]

Im Kern hat sich an dieser Regelung bis heute nichts geändert. Getragen ist sie von der Überlegung, dass in bestimmten Fällen nicht nur Preis und Menge der zu liefernden Waren für den Wert eines Geschäfts entscheidend sind, sondern auch der Lieferzeitpunkt ein das Geschäft maßgeblich prägender wertbildender Faktor ist. Mit Eröffnung des Konkursverfahrens musste Klarheit entstehen. Würden die Parteien abwarten müssen, wie sich im Konkursverfahren der Verwalter entscheidet (§ 17 KO), wäre der Faktor Zeit ausgeblendet.[3] Ist bspw. die Lieferung von Erdgas zu einem bestimmten Preis zum 15.12. vereinbart, so macht die Lieferung derselben Menge an Erdgas zum selben Preis, aber erst im Mai des Folgejahrs voraussichtlich keinen Sinn. Der Konkursverwalter sollte in diesen Fällen die Erfüllung nicht (schon gar nicht verzögert) geltend machen können.[4]

Leider hat nicht nur die historische Weisheit dieser Regelung ihren Weg in die Gegenwart gefunden, sondern in vielen Punkten auch der den damaligen wirtschaftlichen Realitäten geschuldete enge Blick auf Warentermingeschäfte. Dies wird nachfolgend zu zeigen sein.

Da die Regelung aus dem Ende des 19. Jahrhunderts nicht geeignet war, modernere Finanzmarktgeschäfte, wie Zinsabsicherungsgeschäfte (Zins-Swaps) im Konkurs hinreichend zu schützen, ergriff die Praxis Maßnahmen, um sich aus den engen Regeln des Konkursrechts zu befreien. So sah man sich dem Risiko ausgesetzt, dass bestimmte, im Wirtschaftsleben erforderliche Geschäftstypen nicht unter den Schutz des § 18 KO fallen würden. Für diese hätte der Konkursverwalter aus einem Portfolio gegenseitiger Transaktionen die für ihn günstigen Geschäfte aufleben lassen und die nachteiligen als einfache Konkursforderungen abwickeln können (sog. Cherry-Picking).[5] Dem versuchte die Praxis zu begegnen. Zur Vereinheitlichung der vertraglichen Grundlagen entstanden produktspezifische, brancheneinheitliche Rahmenverträge. Unter diese ließen sich Geschäfte unabhängig davon zusammenfassen, ob sie unter den Begriff des Warentermingeschäftes fielen oder nicht. Der Rahmenvertrag konnte sodann nur einheitlich zusammen mit allen einzelnen Transaktionen beendet werden. Zum anderen legte man vertraglich die automatische Beendigung auf den Konkursfall fest bzw. auf den Eintritt eines konkursnahen Ereignisses (Antrag, Eröffnung des vorläufigen Verfahrens).

2. Die moderne gesetzliche Verankerung des Close-out Netting und Weiterentwicklung

Noch vor dem Inkrafttreten der InsO zum 1.1.1999[6] trat die Regelung des § 104 InsO in Form des Art. 105 EGInsO bereits zum 1.9.1994 in Kraft.

---

[2] MüKoInsO/Fried InsO § 104 Rn. 14, 15.

[3] BeckOK InsO/Berberich § 104 Rn. 3.

[4] S. auch KPB/von Wilmowsky InsO § 104 Rn. 172 f.

[5] Zerey Finanzderivate/Behrends, 5. Aufl. 2023, § 9 Rn. 3.

[6] Die InsO löste in den alten Bundesländern die KO v. 10.2.1877 (RGBl. 1877, Nr. 10, 351) und die Vergleichsordnung v. 26.2.1935 (RGBl. 1935 I 321, ber. 356) ab und in den neuen Bundesländern die Gesamtvollstreckungsordnung v. 6.6.1990 (GBl. Deutsche Demokratische Repu-

Mit § 104 Abs. 2 InsO wurde der Begriff der Finanzleistung eingeführt, der den Kreis der netting-fähigen Geschäfte über den alten Warenbegriff hinaus erweiterte und „insbesondere" die Lieferung von Edelmetallen, Wertpapieren, Fremdwährungen, von Währungskursen oder Zinssätzen oder dem Preis von Gütern abhängige Geldleistungen und Optionen auf die genannten Basiswerte schützte. Beibehalten wurde das Erfordernis des Vorliegens eines Termingeschäfts. In der Insolvenz konnte – wie bisher bei den Warentermingeschäften – nur Schadensersatz wegen Nichterfüllung verlangt werden. Die Vereinbarungen über die Erbringung von Finanzleistungen enden also automatisch mit Insolvenzeröffnung. Werden Finanzleistungen in einem Rahmenvertrag zusammengefasst, der bei Vertragsverletzungen (so § 104 InsO aF) nur einheitlich beendet werden kann, so fingierte § 104 Abs. 2 S. 3 InsO aF, dass der Rahmenvertag und alle Geschäfte über Finanzleistungen einen einheitlichen Vertrag bilden, der entsprechend einheitlich beendet wird und aus dem der Marktwert aller Einzelpositionen ermittelt und verrechnet wird. Die Forderung wegen Nichterfüllung war nach § 104 Abs. 3 InsO aF aus der Differenz zwischen vereinbartem Preis und dem Markt- oder Börsenpreis eines Vertrags mit gleicher Fälligkeit am zweiten Werktag nach Insolvenzeröffnung zu ermitteln.

In der Folge erfuhr § 104 InsO kleinere Anpassungen und dient zugleich der Umsetzung der FinanzsicherheitenRL (Richtlinie 2002/47/EG, zuletzt geändert durch VO (EU) 2021/23) als auch der RL 2001/24/EG über die Sanierung und Liquidation von Kreditinstituten, die beide den Schutz des Close-out Netting fordern.[7] Dennoch blieb die gesetzliche Regelung einige Antworten auf die aus der Praxis der Finanzgeschäfte entstehenden Fragen schuldig: Was sollte für Geschäfte gelten, die von einer der beiden Seiten bereits vollständig erfüllt sind – so zB bei vorausbezahlten Optionsgeschäften? § 104 Abs. 2 aF InsO griff nämlich nach vorherrschender Meinung nur sicher ein, wenn es sich um ein ansonsten von § 103 Abs. 1 InsO erfasstes, also von keiner Seite vollständig erfülltes Geschäft handelte. Wie sollte die Praxis mit der Festlegung auf die Wertbestimmung am zweiten Werktag nach Insolvenzeröffnung umgehen, wenn die Wertermittlung genau zu diesem Zeitpunkt nicht marktkonform und nicht wertschonend sein würde? Warum bedurfte es weiterhin für die Annahme einer netting-fähigen Finanzleistung des Fixgeschäfts-Charakters? Auch damals gab es schon Geschäfte, die nach internationalen Usancen auf Abruf einer Seite jederzeit fällig gestellt werden konnten, aber kein festes Enddatum hatten (sog. „on-demand"-Geschäfte).

Vor diese und weitere Fragen gestellt, hielt die Praxis an der vertraglichen Gestaltung fest, die über den Weg des Rahmenvertrags und einer einheitlichen Beendigung vor Insolvenzeröffnung die Hoffnung verband, dass im Fall der vorinsolvenzlichen Beendigung die vertraglichen Regelungen zur Beendigung (Termination), zur Wertberechnung (Close-out) und zur Verrechnung (Netting) greifen würden und zwar unbeeinträchtigt von den engeren insolvenzrechtlichen Regelungen. Eine Erwartung, die sich nicht erfüllen sollte.[8]

Zunächst aber sah es danach aus, als sei mit der (über die Jahre in wichtigen Punkten angepassten) Regelung des § 104 InsO und der vertraglichen Praxis eine stabile Rechtslage geschaffen worden. So soll bspw. in der Insolvenz des deutschen Bankhauses der Lehman-Gruppe im Jahr 2008 das Konzept des Close-out Netting auf Basis einer vertraglich geregel-

---

blik 1990 I Nr. 32, 285), die nach dem Einigungsvertrag im Beitrittsgebiet als Bundesgesetz fortgalt.

[7] → III. 5 und → III. 7.

[8] Der BGH setzte bereits mit seiner Entscheidung v. 15.11.20212 (BGH NJW 2013, 1159 ff.) das deutliche Signal, dass insolvenzabhängige Lösungsklauseln nicht generell, sondern nur unter bestimmten Umständen wirksam sein würden. Die Rechte des Insolvenzverwalters sollen nach Auffassung des BGH über § 119 InsO so geschützt werden, dass auch vorinsolvenzliche, aber insolvenzbezogene Vertragsauflösungen die Rechte des Verwalters nicht unterlaufen. Diese Position hat der BGH mit der Entscheidung v. 27.10.2022 (IX ZR 213/21, BGH NJW 2023, 603) weiter konkretisiert.

ten Beendigung – und zwar gerade der vertraglichen Regelungen der verschiedenen Rahmenverträge – im Wesentlichen vom Insolvenzverwalter respektiert worden sein.

Dann fand ein Fall seinen Weg zu den Gerichten, der das etablierte Vorgehen zum Close-out Netting noch einmal grds.in Frage stellen sollte:

Ua eine deutsche gemeinnützige GmbH und die britische Lehman Brothers International (Europe) („LBIE“) hatten unter dem deutschen Rahmenvertrag für Finanztermingeschäfte („DRV“)[9] Optionsgeschäfte auf SAP-Aktien abgeschlossen.

In Folge der Insolvenz der LBIE stritten der britische Insolvenzverwalter (Administrator) und die deutsche Gegenseite über die Abwicklung der Geschäfte. Nach den Vorinstanzen in Frankfurt am Main gelangte der Prozess zum BGH.[10]

3. *Die Entscheidung des IX. Senats des BGH vom 9. 6. 2016*

Am Vormittag des 9.6.2016 versammelten sich zur Verkündung der Entscheidung des IX. Zivilsenats des BGH Vertreter der Bankenverbände, Vertreter des Bundesfinanzministeriums und des Bundesjustizministeriums und Anwälte im Gerichtssaal in Karlsruhe. Das Urteil des IX. Senats erwies sich für die Bankenwelt als juristisches Beben, auch wenn es von der großen Öffentlichkeit nicht wahrgenommen wurde. Der BGH entschied:

„Treffen Parteien von Aktienoptionsgeschäften, die dem deutschen Recht unterliegen, für den Fall der Insolvenz einer Partei eine Abrechnungsvereinbarung, die § 104 InsO widerspricht, ist diese insoweit unwirksam und die Regelung des § 104 InsO unmittelbar anwendbar.“[11]

Der BGH entzog damit dem weit verbreiteten DRV die insolvenzrechtliche Anerkennung. Diese aber ist Voraussetzung für die den Vertrag verwendenden Kreditinstitute nach den Regelungen des europäischen Bankaufsichtsrecht gem. Art. 295 ff. CRR, um die verschiedenen gegenseitigen Derivate-Positionen mit ihrem jeweiligen Marktwert bei der täglichen Risikoermittlung auf der Netto-Basis ansetzen zu können. Eine Berücksichtigung auf Brutto-Basis hätte – gerüchteweise – kurzfristig die ein oder andere Bank in Deutschland in Bedrängnis bringen können.

Noch am Vormittag desselben Tages kündigte die BaFin an, gegensteuernde Regelungen erlassen zu wollen, und Bundesfinanz- und Bundesjustizministerium stellten in einer Pressemitteilung eine Gesetzesänderung in Aussicht.

Am Nachmittag des 9.6.2016 ergriff sodann die BaFin eine beispiellose Maßnahme: Unter Berufung auf § 4a WpHG aF,[12] einer Eingriffsnorm für Anordnungen, die *„geeignet und erforderlich sind, Missstände, die Nachteile für die Stabilität der Finanzmärkte bewirken oder das Vertrauen in die Funktionsfähigkeit der Finanzmärkte erschüttern können, zu beseitigen oder zu verhindern“*, erließ die BaFin eine Allgemeinverfügung.[13] Danach wurden alle Vertragspartner (einschließlich etwaige Insolvenzverwalter) angewiesen, Netting-Vereinbarungen „vereinbarungsgemäß“ abzuwickeln. Es sollte also nicht auf Grundlage der Entscheidung des BGH die Wirksamkeit der vertraglichen Close-out Netting Regeln in Frage gestellt und als in der vereinbarten Form unwirksam betrachtet werden. Vielmehr erklärte die BaFin im Wege der Allgemeinverfügung – ungeachtet der Rechtslage, wie sie sich bei Übertragung der neuen Entscheidung auch auf die

---

[9] Bundesverband deutscher Banken e. V., Deutscher Rahmenvertrag für Finanztermingeschäfte (1993/2001) und Deutscher Rahmenvertrag für Finanztermingeschäfte (2018), jeweils abrufbar unter https://bankenverband.de/deutscher-rahmenvertrag-fuer-finanztermingeschaefte.

[10] BGH NJW 2016, 2328 ff.

[11] BGH NJW 2016, 2328.

[12] Jetzt § 14 WpHG.

[13] BaFin, Allgemeinverfügung zu Nettingvereinbarungen im Anwendungsbereich des deutschen Insolvenzrechts v. 9.6.2016, ED WA-Wp 1000–2016/0001, abrufbar unter https://www.bafin.de/SharedDocs/Veroeffentlichungen/DE/Aufsichtsrecht/Verfuegung/vf_160609_allgvfg_nettingvereinbarungen.html.

anderen (noch nicht notleidenden) Verträge ergeben hätte – die vertragliche Regelung als allein maßgeblich für das Verhältnis der Parteien im Abwicklungsfall. Die präzise Begründung der BaFin wies auf die Gefahren für die Finanzmärkte hin, würde dem Urteil generelle Bedeutung zugemessen, und auf die daraus erwachsende Notwendigkeit, bis zu einer gesetzlichen Neuregelung der Entscheidung keine weitergehende Wirkung einzuräumen.

Das Vorgehen der BaFin, so erstaunlich und zugleich entschieden es auch war, unterlief allerdings nicht die verfassungsmäßige Gewaltenteilung zwischen Judikative und Exekutive.[14] Anders als Entscheidungen des BVerfG kommt den Entscheidungen der obersten Bundesgerichte keine Gesetzeskraft zu. So ist es im Steuerrecht lange etabliert, dass Entscheidungen des BFH vom Bundesfinanzministerium für die Finanzverwaltung über sog. Nichtanwendungserlasse als nur auf den Einzelfall anwendbar, nicht aber auf andere (selbst ähnlich gelagerte) Konstellationen übertragbar erklärt werden.[15]

Mit der Entscheidung des BGH vom 9.6.2016 spitzte sich die Diskussion um das Close-out Netting also erneut zu.[16] Der Gesetzgeber war gefordert, angesichts der Entscheidung – wo erforderlich – Klarheit zu schaffen. Die Finanzindustrie musste ihre bestehenden Vertragswerke auf Kongruenz mit der Entscheidung aus Karlsruhe und der neuen gesetzlichen Regelung überprüfen und anpassen. Es ergab sich eine Chance für einen von den historischen Quellen losgelösten und die europarechtlichen Vorgaben vorrangig umsetzenden Neustart. Eine Chance, die leider in weiten Teilen ungenutzt blieb.

In der Politik regte sich Widerstand gegen eine Neuregelung, die – in Verkennung der wirtschaftlichen Notwendigkeit von Derivatetransaktionen – als bankenfreundlich und als Teil des *„moral hazard"* betrachtet wurde.[17] Gleichzeitig bestand Handlungsdruck, da die Gültigkeit der Allgemeinverfügung der BaFin auf das Jahresende befristet war. So kam es zu einer Neuregelung des § 104 InsO, die – begrenzt auf das politisch Durchsetzbare – dank des kompetenten und engagierten Einsatzes der Verantwortlichen im Bundesjustizministerium immerhin übliche und weit verbreitete Marktregelungen und -usancen aufzunehmen vermochte.[18] Dennoch änderte dies nichts daran, dass die Neuregelung in der hergebrachten Systematik der Konkursordnung für Warentermingeschäfte aus dem vorletzten Jahrhundert verhaftet blieb.

III. Ausgewählte Aspekte des Close-out Netting

1. Der Begriff der Finanzleistung in § 104 InsO

Die Finanzleistung des § 104 Abs. 1 S. 2 und 3 InsO ist der Ansatzpunkt der Privilegierung von Close-out und Netting in der Insolvenz: Finanzleistungen sind dem Wahlrecht des Insolvenzverwalters entzogen und können unter den Voraussetzungen des § 104 Abs. 2–4 InsO beendet, abgerechnet und verrechnet werden. Die ab dem 9.12.2016 geltende Fassung des § 104 InsO erweiterte den Begriff der Finanzleistung erfreulicherweise klarstellend um Derivate nach den europarechtlichen Definitionen und brachte damit Klarheit für eine Reihe von praxisrelevanten Instrumenten, wie Derivate auf Wetterereignisse.[19]

Unerwähnt aber blieben zB Wertpapierpensionsgeschäfte, selbst wenn die Gesetzesbegründung der Bundesregierung diese ausdrücklich nennt.[20]

---

[14] Primozic/Schaaf WM 2016, 2110 (2115); kritisch: Schäfer BKR 2016, 321.

[15] Koenig/Koenig AO § 4 Rn. 64 ff.

[16] Zur Kritik und Bewertung: Graf-Schlicker/Bornemann InsO § 104 Rn. 11.

[17] KPB/von Wilmowsky § 104 Rn. 240, der die Abschaffung des § 104 InsO fordert; Johnson BUILJ Vol. 33 (2015), 395 (410).

[18] Graf-Schlicker/Bornemann InsO § 104 Rn. 1 ff.

[19] Im Einzelnen: MüKoInsO/Fried § 104 Rn. 126 ff.

[20] BT-Drs. 18/9983, 18.

Nicht Eingang in den Gesetzestext gefunden hat die Auffassung der Bundesregierung, der neue § 104 InsO setze nicht voraus, dass es sich bei der Finanzleistung um ein von beiden Seiten nicht vollständig erfülltes Geschäft iSd § 103 Abs. 1 InsO handeln würde.[21] Eine Position, die heute ganz hM ist.[22] Wichtig kann dies zB für einseitig vorausbezahlte Optionsgeschäfte sowie für Wertpapierdarlehen sein, bei denen jedenfalls die Gewährung des Darlehens mit Lieferung der Wertpapiere durch den Darlehensgeber and den Darlehensnehmer vollständig erbracht ist.

Nun mag man sich häufig in der Auslegung von Gesetzen mit der aus den Materialien ersichtlichen Erklärungen und Motiven des Gesetzgebers behelfen. Für den Rechtsanwender muss dies jedoch unbefriedigend bleiben, wenn er die Existenz seines Unternehmens darauf stützen muss. Dies gilt umso mehr, als der BGH im Insolvenzrecht zB schon zur Zulässigkeit von Lösungsklauseln in der Insolvenz deutlich gemacht hat, dass die in den Gesetzesmaterialen niedergelegte Motivation des Gesetzgebers für die Auslegung durch den BGH nicht entscheidend ist.[23]

Festgehalten hat § 104 Abs. 1 S. 2 InsO auch an der alten Vorstellung, dass es nur Termingeschäfte zu regeln gilt, nämlich Geschäfte, „für die eine bestimmte Zeit oder eine bestimmte Frist vereinbart war, die nach der Eröffnung des Verfahrens eintritt oder abläuft". Nun werden auf den internationalen Märkten tagtäglich große Volumina an Wertpapiergeschäften getätigt, die nicht ausdrücklich auf Termin abgeschlossen werden, sondern der einen Seite ein jederzeitiges Recht zum Abruf geben („on demand"). In den Rahmenverträgen der deutschen Kreditwirtschaft ist mit Blick auf diese Problematik als Notbehelf ein letztes Leistungsdatum nach Ablauf von einem Jahr als Auffanglösung aufgenommen worden. Von den internationalen Kapitalmärkten kann man schwerlich erwarten, hausgemachte Sonderfragen des deutschen Rechts vorsorglich in global verwendete Vertragswerke aufzunehmen. Wirtschaftlich haben die Geschäfte *„on demand"* eine gleiche Bedeutung wie Termingeschäfte im engeren Sinn, und es lassen sich gute Gründe finden, warum auch diese Geschäfte unter die Termingeschäfte fallen. So werden *„on demand"* vereinbarte Geschäfte von vielen Marktteilnehmern wie täglich zu erfüllende, revolvierende Geschäfte behandelt und verbucht, kann doch wenigstens eine der beiden Parteien täglich Erfüllung einfordern. Das einseitige Recht zur Einforderung der Leistung bestimmt zudem den Leistungszeitpunkt auf Termin, sobald es ausgeübt ist. Und schließlich lässt sich nicht erkennen, dass der europäische Gesetzgeber bei der Definition von Derivaten von der zwingenden typologisierenden Vereinbarung eines Termingeschäfts ausgeht. Danach sprechen überzeugende Argumente für die Einbeziehung von nicht mit einem fixen oder spätesten Leistungszeitpunkt versehene Geschäfte zu den Finanzleistungen zu zählen. Dem Gesetzestext kann man dies nur mit Mühe abringen.[24] Eine Restunsicherheit zu Lasten des deutschen Marktes bleibt.

2. *Leistungszeitpunkt vor Insolvenzeröffnung*

Der gesetzliche Schutz des Close-out Netting fokussiert sich mit der Definition der Finanzleistung auf Geschäfte deren Leistungsdatum oder -frist nach der Eröffnung des Insolvenzverfahrens ausläuft. Dies klingt nachvollziehbar und steht in der Tradition der Konkursordnung. In der Praxis aber kann Folgendes passieren: Aus einem Portfolio zahlreicher

---

[21] BT-Drs. 18/9983, 18 f.

[22] FK-InsO/Bornemann § 104 Rn. 35, 39; Uhlenbruck/Knof InsO § 104 Rn. 17; MüKoInsO/Fried § 104 Rn. 47 ff.; Zerey Finanzderivate/Fried, 5. Aufl. 2023, § 33 Rn. 2; Ebenroth/Boujong/Joost/Strohn/Ruschkowski HGB Bank- und Börsenrecht G. Rn. 86; anders noch in Bork/Hölzle InsR-HdB/Höfner/v. Buchwaldt, 2. Aufl. 2019, Kap. 8 Rn. 49; Andres/Leithaus/Andres § 104 Rn. 4 (mit einem Hinweis auf § 104 Abs. 4 als mögliche Ausnahme); Beck/Depré/Ampferl Insolvenz/Metoja § 21 (§§ 103–107 InsO) Rn. 65.

[23] BGH NJW 2013, 1159 Rn. 13 ff.

[24] FK-InsO/Bornemann § 104 Rn. 118.

Finanzleistungen wird ein Geschäft fällig. Die Gegenseite leistet nicht, es tritt Insolvenz ein, der Rahmenvertrag mit allen Einzelabschlüssen wird beendet. IRd Abwicklung des Insolvenzverfahrens soll nach der gesetzlichen Regelung gerade die Forderung der *Non-Defaulting Party* in das Close-out Netting nicht mit aufgenommen werden, die nur wenige Stunden oder Augenblicke vor Insolvenzeröffnung fällig geworden ist.[25] Dies widerspricht ganz ersichtlich dem Sinn der Betrachtung aller Positionen unter einem Rahmenvertrag: Die *Non-Defaulting Party* soll sich im Fall der Insolvenz der Gegenseite gerade auf die einheitliche, durch vollständige Verrechnung der Positionen entstehende, Netto-Position einrichten können. Hier scheint die gesetzliche Regelung ihrem eigenen Regelungsziel im Wege zu stehen.

Gegen dieses Ergebnis lässt sich einwenden, das Abstellen auf den Leistungszeitpunkt nach Insolvenzeröffnung solle die unter demselben Rahmenvertrag zusammengefassten Geschäfte nicht auseinander dividieren in solche, die vor oder nach Eröffnung des Insolvenzverfahrens fällig würden. Um dem Problem in der Praxis zu begegnen, wird zT auf die Aufrechnung abgestellt,[26] oder die (zufällig) vor Insolvenzeröffnung fällig werdenden Geschäfte werden mit den Positionen aus dem Close-out Netting der anderen Geschäfte unter dem Rahmenvertrag besichert.[27] Belastbar im Sinne einer verlässlichen Rechtsposition sind diese Ansätze jedoch nicht.

3. Rahmenvertrag und automatische Beendigung vor oder bei Insolvenzeröffnung

§ 104 Abs. 3 S. 1 InsO bestimmt für das einheitliche Close-Out Netting:

„Werden [Finanzleistungen] durch einen Rahmenvertrag [...] zu einem einheitlichen Vertrag zusammengefasst, der vorsieht, dass die einbezogenen Geschäfte bei Vorliegen bestimmter Gründe nur einheitlich beendet werden können, gilt die Gesamtheit der einbezogenen Geschäfte als ein Geschäft iSd Absatzes 1."

Die Zusammenfassung unter einem Rahmenvertrag und dessen Beendigung einheitlich mit allen darunterfallenden Finanzleistungen stellen den Kern des Close-out Netting dar. Lägen zahlreiche Einzelgeschäfte vor, die in der Insolvenz ein individuelles Schicksal erleiden können und damit zu einer Vielzahl eigenständiger Forderungen und Verbindlichkeiten führen könnten, so wäre die Verrechnung, genauer die Aufrechnung der Positionen gegeneinander, zweifelhaft (vgl. § 95 Abs. 1 S. 2 InsO). Mit der gesetzlichen Fiktion des einheitlichen Vertrags übernimmt der Gesetzgeber die von der Praxis entwickelte Figur und bildet damit eine Untergruppe von Forderungen und Verbindlichkeiten, die der Abwicklung nach den allgemeinen Regeln der Insolvenzordnung insoweit entzogen sind.

Die Übernahme dieses Gedankens kann jedoch dazu verleiten, die separate Behandlung der unter dem Rahmenvertrag zusammengefassten Geschäfte als Grundlage weitergehender Gestaltungen (miss-)zu verstehen.

Wie erwähnt diente die Zusammenfassung unterschiedlicher Geschäfte unter einem Rahmenvertrag historisch auch dazu, nicht von der Konkursordnung oder der Insolvenzordnung privilegierte Geschäfte dennoch in den Genuss des Close-out Netting kommen zu lassen.[28] Dem hat der Gesetzgeber mit der Regelung im § 104 Abs. 3 S. 2 InsO eine Absage erteilt. Geschäfte, die nicht als Finanzleistungen qualifizieren, fallen aus dem Close-out Netting heraus und unterliegen den allgemeinen insolvenzrechtlichen Bestimmungen.

---

[25] MüKoInsO/Fried § 104 Rn. 216.

[26] MüKoInsO/Fried § 104 Rn. 218 – mit dem zutreffenden Hinweis auf die engen Voraussetzungen für die Aufrechnung in der Insolvenz, die sich nicht sicher herstellen lassen.

[27] Dazu unter → III. 3.

[28] → II. 1 und → II. 2.

Was aber, wenn der Rahmenvertrag nicht mit Insolvenzeröffnung, sondern vorgelagert bei einem insolvenznahen Ereignis automatisch endet? So werden materielle Insolvenz, Insolvenzantrag, Moratorium oder die Einleitung eines vorläufigen Insolvenzverfahrens häufig als Kündigungsgründe oder Fälle der automatischen Beendigung in übliche Rahmenverträge aufgenommen. Hier ergeben sich zwei Fragen: Kann die insolvenznahe Beendigung überhaupt vereinbart werden? Und, folgt die Abwicklung bei vorinsolvenzlicher Beendigung dem vertraglichen Regelungswerk ungeachtet der gesetzlichen Folgen in der Insolvenz?

Die Vorstellung, dass sich die *Non-Defaulting Party* der Folgen der Insolvenzeröffnung durch rechtzeitige Beendigung des Vertrages entziehen kann, erscheint aus Sicht des Gläubigers verlockend – nicht nur im Bereich der Finanzgeschäfte. Warum sollte der Bauunternehmer von der Entscheidung des Insolvenzverwalters des Auftraggebers (vgl. § 103 Abs. 1 InsO) abhängig sein, ob er noch weitere Leistungen erbringen soll? Warum sollte eine ausgewogene, für beide Seiten gleichermaßen anwendbare Regelung zur vertraglichen Abwicklung an den Maßstäben des § 104 InsO gemessen werden, anstatt dem Vertrag durch rechtzeitige Kündigung Geltung zu verschaffen?

Der BGH hat dazu in zwei Entscheidungen in der Tendenz klare, wenn auch im weiteren Detail uneindeutige, Vorgaben erteilt:

Eine insolvenzabhängige Lösungsklausel ist dann nicht wirksam, wenn sie das Wahlrecht des Insolvenzverwalters (§ 103 InsO) ausschließen würde oder anderweitig gegen die Reche des Verwalters verstößt (vgl. § 119 InsO). Dies gilt ua nicht, wenn die Vereinbarung einer gesetzlich vorgesehenen Lösungsmöglichkeit entspricht.[29] Im Kern lässt sich dem nur beipflichten, wenn man die Wertungen der Insolvenzordnung wie des BGH versteht.

Die Auflösung des Vertrags in der Insolvenz entspricht bei Finanzleistungen gerade dem Willen des Gesetzgebers: *„so kann nicht Erfüllung verlangt, sondern nur eine Forderung wegen Nichterfüllung geltend gemacht werden"* (§ 104 Abs. 1 S. 2 aE). Damit ist auch der Möglichkeit einer insolvenznahen oder insolvenzbezogenen Beendigung eines Rahmenvertrages mitsamt aller darunter zusammengefasster Finanzleistungen grds. nichts entgegenzusetzen. Dies bedeutet aber nicht, dass mit der vorgezogenen Beendigung die für die Insolvenz vorgegebenen Rechtsfolgen ausgehebelt werden könnten (*arg. ex* §§ 119, 130 ff. InsO). Anders ausgedrückt: Die vertraglich vereinbarte insolvenznahe Beendigung vor oder zur Insolvenzeröffnung ist im Fall von Finanzleistungen und Rahmenverträgen über Finanzleistungen wirksam, erlaubt aber nicht die Erzielung von Vorteilen der *Non-Defaulting Party* zu Lasten der Insolvenzmasse, die im Fall der Beendigung bei Insolvenzeröffnung nach der gesetzlichen Regelung nicht gegeben wären.[30]

In der Praxis bleibt es selbst für Rahmenverträge, unter denen ausschließlich Finanzleistungen iSd § 104 Abs. 1 S. 3 InsO abgeschlossen werden, empfehlenswert, eine automatische Beendigung spätestens zum Zeitpunkt der Verfahrenseröffnung vorzusehen. Damit sollten sich zB Diskussionen vermeiden lassen, ob im Fall der nach Gesetz bei Eröffnung eintretenden Beendigung die vom gesetzlichen Standardfall für die Wertermittlung abweichenden vertraglichen Regelungen zur Anwendung kommen.

4. *Der Close-out Netting-Betrag in der Insolvenz*

Unterschiedliche Geschäftsarten (zB Swaps, Wertpapierpensionsgeschäfte (Repos), Wertpapierdarlehen (Securities Lending)) folgen unterschiedlichen Marktgepflogenheiten und erfordern auf den jeweiligen Geschäftstyp angepasste vertragliche (Rahmen-)Bedingungen. Entsprechend haben sich im deutschen Markt mit den Rahmenverträgen für Finanztermin-

[29] BGH NJW 2013, 1159; später hat der BGH diese Rechtsprechung „konkretisiert": BGH NJW 2023, 603.

[30] BGH NJW 2016, 2328 Rn. 56.

geschäfte, für Wertpapierdarlehen oder auch für Wertpapierpensionsgeschäfte und im internationalen Geschäft mit ISDA Master Agreement, GMRA, GMSLA, MRA, MSLA[31] und vielen weiteren Rahmenverträgen je nach Geschäftstyp unterschiedliche Rahmenverträge etabliert. Zwischen zwei Geschäftspartnern, die in unterschiedlichen Geschäftstypen kontrahieren, werden deshalb regelmäßig nicht nur ein einziger Rahmenvertrag, sondern mehrere unterschiedliche Rahmenverträge abgeschlossen.[32]

Man sollte meinen, dass die unterschiedlichen wechselseitigen Finanzleistungen zwischen den beiden Vertragspartnern in der Insolvenz einem einheitlichen Abwicklungsregime folgen, was offensichtlich im Sinne sowohl der gesetzlichen Regelung des § 104 InsO läge wie auch iSd europarechtlichen Vorgaben:[33] Fällt einer der beiden Vertragspartner in die Insolvenz, so werden alle Rahmenverträge zusammen mit den darunter abgeschlossenen beendet, der Marktwert ermittelt und die Positionen allesamt verrechnet.

Dieser folgerichtig erscheinenden Erwartung können jedoch Vertragsstruktur und die Gesetzeslage im Wege stehen. Die jeweiligen Rahmenverträge und der Gesetzestext des § 104 Abs. 3 InsO stellen auf den Rahmenvertrag als singuläre vertragliche Grundlage ab. Bei insolvenzbedingter Beendigung werden die Geschäfte unter dem Rahmenvertrag im Wege des Close-out Netting abgewickelt und verrechnet. Parallel dazu zwischen denselben Vertragspartnern abgeschlossene Rahmenverträge über Finanzleistungen kommen bei diesem Ansatz nicht vor.

Die Folgen können für den Nicht-Insider überraschender nicht sein: Unter den gesondert in das Close-out Netting gehenden Rahmenverträgen werden eigenständige Ergebnisse des Close-out Netting ermittelt. Diese stellen – abhängig von den jeweiligen Marktwerten – Forderungen der *Non-Defaulting Party* gegen *die Defaulting Party* und umgekehrt da. Entstehen auf diese Art gegenläufige Forderungen, so läge es nahe, diese ebenfalls zu verrechnen. Schon im Jahr 2009 allerdings befand der BGH, dass im Fall der insolvenzbedingten Beendigung des kaufmännischen Kontokorrents die durch Saldierung geschaffene und damit neue Forderung des insolventen Vertragspartners gegen die nicht-insolvente Partei in das Vermögen der Insolvenzmasse falle. Der durch Saldierung im Wege der Novation geschaffene neue Anspruch entstehe mit Insolvenzeröffnung und damit innerhalb der Insolvenz. Die ursprüngliche, im normalen Geschäftsgang weit vor der Insolvenz von den Parteien vereinbarte Bestellung einer Sicherheit an dieser zukünftigen Forderung sei nicht möglich (§ 91 Abs. 1 InsO).[34] Sieht man in Folge dieser Entscheidung eine Forderung der Defaulting Party aus dem Close-out Netting als nach Insolvenzeröffnung entstanden an, kann in diesen Konstellationen auch eine Aufrechnung der durch Close-out Netting entstandenen gegenläufigen Close-out-Beträge ausscheiden (vgl. §§ 94 ff. InsO).

In der Praxis versucht man, diesem Phänomen entgegenzusteuern: Ansetzen lässt sich mit einer vorgezogenen automatischen Beendigung in der Erwartung, die dann vorinsolvenzlich fällig werdenden gegenläufigen Positionen noch verrechnen zu können. Ein Ansatz, der mit Blick auf die Anfechtungsregeln und den Grundsatz, dass die (zulässige) insolvenzbezogene Beendigung keine die Insolvenzmasse benachteiligenden weiteren Folgen haben soll,[35] nicht ohne Zweifel bleibt. Ein anderer Ansatz ist die Zusammenführung der einzelnen (prospektiven) Close-out-Beträge in einem Super-Netting Agreement (auch als Master Netting

---

[31] ISDA: International Swaps and Derivatives Association; GMRA: Global Master Repurchase Agreement; GMSLA: Global Master Stock Lending Agreement; MRA: Master Repurchase Agreement; MSLA: Master Stock Lending Agreement.

[32] Eine Ausnahme stellt das EMA (European Master Agreement) der European Banking Federation dar, unter dem unterschiedliche Geschäftstypen getätigt werden können und das ein einheitliches Close-out Netting vorsieht, was sich aber in der Praxis hat wenig durchsetzen können, s. Zerey Finanzderivate/Behrends, 5. Aufl. 2023, § 9 Rn. 108.

[33] → II.2.

[34] BGHZ 181, 362 = NJW 2009, 2677.

[35] Vgl. BGH NJW 2023, 603 Rn. 51.

Agreement oder Master Master Agreement bezeichnet) das die unterschiedlichen Close-out-Beträge erfasst und sodann einer eigenen Verrechnung durch Netting zuführt. Dieses Super-Netting kann jedoch unter dem Regime des § 104 InsO nur gelingen, wenn man die Close-out-Beträge aus den verschiedenen insolvenzbedingt beendeten Rahmenverträgen ihrerseits als Finanzleistungen versteht, eine Voraussetzung, die sich nur mit hohem argumentativem Aufwand und Rückgriff auf die europarechtlichen Zielsetzungen, aber nicht zufriedenstellend verlässlich darstellen lässt. Mitunter sieht man auch Gestaltungen, die das Netting unter den einzelnen Rahmenverträgen aussetzen und stattdessen eine Verrechnung aller durch das Close-out der Finanzleistungen entstandenen Positionen anordnen. Dann jedoch stellt sich die Frage, ob es bei einer solchen Gestaltung noch um einen Rahmenvertrag iSd § 104 Abs. 3 InsO handelt und ob außerhalb des Anwendungsbereichs der EUInsVO noch ein Rahmenvertrag besteht, der den vom BGH formulierten Anforderungen genügt.[36]

Es zeigt sich einmal mehr, dass eine gesetzliche Klarstellung hilfreich wäre und zur Erreichung von Verlässlichkeit notwendig ist.

5. Finanzleistungen zwischen Gesellschafter und Gesellschaft

§ 104 InsO trifft eine Sonderregelung zum Schutz beider Vertragspartner gegenläufiger Finanzleistungen unter einem Rahmenvertrag. Mit dieser Sonderstellung verdrängt § 104 InsO innerhalb seiner – wie angesprochen – durchaus engen Grenzen zB das Wahlrecht des Insolvenzverwalters aus § 103 Abs. 1 InsO oder das Aufrechnungsverbot aus §§ 95, 96 InsO.

Betrachtet man die Situation, wenn die Vertragspartner Teil einer Unternehmensgruppe sind oder der eine an dem anderen eine Beteiligung von mehr als 10% hält, stellt sich eine Frage, auf die bisher eine klare Antwort aussteht. § 39 Abs. 1 Nr. 5 InsO ordnet nach einhelliger Ansicht an, dass Forderungen eines mit mehr als 10% am insolventen Unternehmen Beteiligten (oder diesem Gesellschafter nahestehenden oder auf seine Rechnung agierenden Dritten) aus Finanzierungen (oder Geschäften mit Finanzierungseffekt) in der Insolvenz nachrangig sind.[37] Nun gibt es durchaus gruppeninterne Geschäfte mit Finanzderivaten auf der Grundlage von marktüblichen Rahmenverträgen. Eine Anwendung der Anordnung des Nachrangs durch § 39 Abs. 1 Nr. 5 InsO und der Folgeregelung zur erweiterten Anfechtbarkeit bei Gesellschafterfinanzierungen in § 135 InsO auf Finanzleistungen unter Rahmenverträgen zwischen nahestehenden Unternehmen kann die Einheitlichkeit und Verlässlichkeit des von § 104 InsO geschützten Close-out Netting zunichtemachen: Können etwaig nachrangige Forderungen aus einzelnen Finanzleistungen des Gesellschafters gegen die insolvente Tochtergesellschaft von etwaig gegenläufigen Forderungen der insolventen Gesellschaft gegen den Gesellschafter separiert werden? Sollen die marktüblichen Sicherheiten, die die Tochtergesellschaft unter dem Rahmenvertrag gestellt hat, nach § 135 InsO anfechtbar und dem Close-out Netting entzogen sein? Soll die Erfüllung vorinsolvenzlich vollständig abgewickelter Finanzleistungen, die die Wirkung einer Gesellschafterfinanzierung hatten, bis zu einem Jahr (und mit Blick auf die Gewährung von Sicherheiten bis zu 10 Jahre) anfechtbar bleiben (vgl. § 135 Abs. 1 InsO)?

Für einen Vorrang des § 104 InsO vor der Anordnung des Nachrangs durch §§ 39 Abs. 1 Nr. 5 und 135 InsO spricht die europarechtliche Grundlage der §§ 104 und 340 InsO. Dabei bleibt allerdings ungeklärt, ob die hierfür erforderliche Zuständigkeit der EU auch dann eingreifen würde, wenn man die Anordnung des Nachrangs von Gesellschafterfinanzierungen eher dem Gesellschaftsrecht und nicht dem Insolvenzrecht zuordnen würde. Gegen einen generellen Vorrang des § 104 InsO scheint die Vehemenz zu sprechen, mit der Gesellschafterfinanzierungen in der insolvenzrechtlichen Rechtsprechung[38] und Lite-

---

[36] → III. 7.

[37] S. nur BeckOK InsO/Prosteder/Dachner § 39 Rn. 39 ff.

[38] BGH NJW NJW 2019, 2923 Rn. 24 ff.

ratur[39] verurteilt werden, da Gesellschafterfinanzierung die Gläubiger über den wahren wirtschaftlichen Zustand des Unternehmens täuschen können sollen.[40] So wird dem Gesellschafter als Darlehensgeber der sichere Hafen des „Bargeschäfts" nach § 142 InsO als Schutz vor Anfechtung verwehrt.[41] Jedenfalls im Bereich der beaufsichtigten Institute und Versicherungsunternehmen ist dieser Generalverdacht überholt: Der relevante Markt wird nicht überrascht, wenn im Finanz- und Versicherungssektor gruppenintern Derivate-Geschäfte oder Repos eingesetzt werden. Die Aufsichtsbehörde sorgt ihrerseits für Schutz und Transparenz in Institutsgruppen und Finanzholding-Gruppen (vgl. §§ 10 ff. KWG). Deshalb ist jedenfalls im Bereich der Banken und Versicherungen auch im Fall von Finanzleistungen mit einem Finanzierungscharakter dem Close-out Netting Vorrang einzuräumen und der FinanzsicherheitenRL und der RL 2001/24/EG Geltung zu verschaffen.

Im Bereich der nicht beaufsichtigten Unternehmen sprechen der von § 104 InsO verfolgte Schutz vor spekulativem Verhalten[42] und die Einheitlichkeit der durch Rahmenvertrag zusammengefassten Transaktionen für den Vorrang des Close-out Netting nach § 104 InsO. Der Einwand, damit ließen sich klassische Gesellschafterfinanzierung durch Wahl des geeigneten Finanzinstruments dem Nachrang nach § 135 InsO entziehen, muss nicht ungehört bleiben. Finanzleistungen, die greifbar keinem anderen Zweck dienen, als die Anordnung des Nachrangs einer Gesellschafterfinanzierung in der Insolvenz zu umgehen, bleiben nachvollziehbarerweise der Anfechtung nach §§ 129 ff. InsO und dem Risiko der Unwirksamkeit nach § 119 InsO ausgesetzt.

Mit einer aktuellen Vorlage beim EuGH zielt der BGH ua auf die Klärung, inwieweit der Anfechtungsschutz des Art. 18 EUInsVO (Art. 13 EUInsVO aF), im Fall der Vereinbarung des Rechts eines anderen Mitgliedsstaates für die gewährte Gesellschafterfinanzierung, der Anfechtung im deutschen Insolvenzverfahren aufgrund § 135 InsO entgegenlaufen kann.[43] Aus einer Entscheidung des EuGH werden sich vielleicht Rückschlüsse auf die hier aufgeworfenen Fragen zum Nachrang gem. § 39 Abs. 1 Nr. 5 InsO ziehen lassen. Allerdings unterliegen die marktgängigen internationalen Rahmenverträge häufig englischem oder New Yorker Recht, so dass die Berufung auf das Recht eines Mitgliedsstaats als *lex causa* iSd Art. 18 EUInsVO nicht eingreift. Außerhalb des Anwendungsbereichs der EUInsVO, also insbesondere bei Banken und Versicherern (s. Art. 1 Abs. 2 EUInsVO), gilt es weiterhin das Konkurrenzverhältnis zwischen EU-Recht zum Close-out Netting und deutschem Insolvenzrecht zu klären. Denn ob die deutsche Rechtsprechung dem § 339 InsO (der der entsprechenden Regelung in der EUInsVO nachgebildet ist) eine vergleichbare, die Anordnung des Nachrangs von Gesellschafterdarlehen in der Insolvenz verdrängende, Wirkung zusprechen wird, darf bezweifelt werden, selbst wenn der EuGH die gegenüber dem deutschen Recht höherrangige EUInsVO für deren Anwendungsbereich entsprechend auslegen sollte.

6. *Agency und Multiparty-Netting*

Institutionelle Anleger, wie Lebensversicherer und Pensionskassen, lassen ihre Wertpapierbestände über spezialisierte Depotbanken verwalten. Um – auch im Interesse der Versicherten – den Ertrag aus den Papieren zu optimieren, bietet es sich an, Teile des Wertpapierbestands in den Kapitalmarkt gegen eine Gebühr zu entleihen. Die Depotbank übernimmt diese Ausleihung als Beauftragte (Agent) für die Anleger. Wie sind nun Wert-

[39] Zur Diskussion: BeckOK InsO/Prosteder/Dachner § 39 Rn. 39 ff.; MüKoInsO/Gehrlein § 135 Rn. 7, jeweils mwN.

[40] MüKoInsO/Gehrlein § 135 Rn. 10.

[41] BGH NJW 2019, 1289; OLG Düsseldorf BeckRS 2019, 30186; Uhlenbruck/Borries/Hirte InsO § 142 Rn. 9.

[42] BT-Drs. 18/9983, 12.

[43] BGH ZRI 2025, 121.

papierleihen zu bewerten, wenn der Agent ein Wertpapierpaket an einen Entleiher verleiht, die Wertpapiere aber nicht von einem Kunden des Agent, sondern aus den Depots mehrerer Kunden stammen?

Angenommen der Entleiher wird insolvent, kann das Close-out Netting über das Gesamtpaket erfolgen? Können die vom Entleiher gestellten Sicherheiten unter den Kunden des Agenten frei aufgeteilt werden? Das Insolvenzrecht bleibt hier eine angemessene Antwort schuldig. Ohne eine klare Aufteilung des Geschäfts in einzelne, bilaterale Transaktionen zwischen Entleiher und Kunden des Agenten ist die Möglichkeit des Close-out Netting fraglich. Und die Zuordnung von Sicherheiten nach Vermögensverfall des Entleihers kann an den Verfügungsbeschränkungen des § 91 Abs. 1 InsO und den Regeln zur Insolvenzanfechtung nach §§ 129 ff. InO scheitern.

Versucht wird, dieses Ergebnis zu mildern, indem zB Ansprüche des (später insolventen) Entleihers gegen den einzelnen Verleiher als Sicherheit für die offenen Forderungen der anderen Verleiher dienen sollen. Dieser ua Überlegungen stehen aber mit Blick auf §§ 81 Abs. 1, 91 Abs. 1 InsO Zweifel über die Insolvenzfestigkeit der vorinsolvenzlichen Verfügung über den Close-out Netting Betrag im Weg.[44]

Ein möglicher Ansatz wäre es, ähnlich wie im Depotrecht in anderem Zusammenhang, das Handeln des Agenten als Geschäft für den, den es angeht, anzusehen.[45] Allerdings müsste diese Fiktion so weit gehen, dass die Aufteilung des Gesamtgeschäfts unter den Kunden des Agenten als irrelevant angesehen würde und dies auch für die Zuordnung von Close-out Netting-Ergebnis und Sicherheiten gelten müsste. Als hinreichend verlässlich erscheint diese Überlegung nicht, um in der Praxis im Vertrauen darauf das Risiko einer abweichenden Behandlung in der Insolvenz des Entleihers einzugehen.

Man kann dies als systemimmanent hinnehmen. Aber ein Standortnachteil verbleibt.

7. *§ 340 Abs. 2 InsO*

Mit der RL 2001/24/EG wurde der Gedanke einer einheitlichen, nach der Rechtsordnung des Herkunftmitgliedstaats verlaufenden Sanierung und Abwicklung von Kreditinstituten implementiert (vgl. Art. 3 Abs. 1 RL 2001/24/EG). Für die Behandlung von Saldierungsvereinbarungen (im Englischen „netting agreements") sieht Art. 25 RL 2001/24/EG vor, dass für diese in der Abwicklung des Kreditinstituts „ausschließlich das Recht gilt, das für den Vertrag über derartige Vereinbarungen maßgeblich ist".

In Deutschland ist die Umsetzung über § 340 Abs. 2 InsO vorgenommen worden. Das internationale Insolvenzrecht der §§ 335 ff. InsO greift dann ein, wenn nicht vorrangig die EUInsVO Anwendung findet. Diese wiederum gilt ua nicht für Kreditinstitute, Wertpapierfirmen, Versicherungen und Kapitalverwaltungsgesellschaften.[46]

Die Anordnung des § 340 Abs. 2 InsO: *„Die Wirkungen des Insolvenzverfahrens auf [...] Aufrechnungsvereinbarungen [...] dem Recht des Staats, das für diese Verträge maßgebend ist"*, bildete über viele Jahre den Gegenstand einer intensiven Diskussion über die Reichweite und genaue Bedeutung dieses Verweises. Erst mit der oben bereits erwähnten Entscheidung des BGH vom 9.6.2016 kam insoweit Klarheit, als der BGH im Fall der Auseinandersetzung einer insolventen britischen Bank und einer deutschen Gesellschaft über die insolvenzbedingte Abwicklung von Derivate-Geschäften, die auf Grundlage des deutsch-rechtlichen Deutschen Rahmenvertrag für Finanztermingeschäfte abgeschlossen worden waren, entschied:

„Die zulässige Wahl deutschen Rechts als das auf den Rahmenvertrag anzuwendende Recht führt dazu, dass in Abweichung von der in § 335 InsO angeordneten lex fori concursus (hier: dem englischen

---

[44] → III. 4.

[45] MüKoHGB/Einsele Depotgeschäft Rn. 109.

[46] Art. 1 Abs. 2 VO (EU) 2015/848.

Recht) gem. § 340 Abs. 2 InsO deutsches Recht auch hinsichtlich der Wirkungen des Insolvenzverfahrens auf rahmenvertragliche Aufrechnungsvereinbarung im Sinne finanzmarktspezifischer Verrechnungsformen, die so genannten Netting-Vereinbarungen, Anwendung findet.“[47]

Art. 25 RL 2001/24/EG (umgesetzt in § 340 Abs. 2 InsO) kommt damit im Kapitalmarkt besondere Bedeutung zu: In der Insolvenz eines Kreditinstituts sollen die für die Abwicklung der Netting-Vereinbarungen geltenden Regeln unabhängig vom *lex fori concursus* einheitlich gelten: Schließen ein deutsches und ein belgisches Kreditinstitut einen ISDA Master-Vertrag nach englischem Recht ab, so greifen dieselben englischen insolvenzrechtlichen Regelungen zur Abwicklung des Vertrags gleichermaßen für beide Seiten, unabhängig davon, welcher Vertragspartner ausfällt und welcher als Non-Defaulting Party überdauert.

Der BGH hat mit der Entscheidung vom 9.6.2016 die früheren Diskussionen weitgehend beendet. Es wird trotzdem nicht überraschen, wenn die dünne Regelung im Gesetz und die Formulierung des BGH Raum für weitere Fragen lassen.

Die RL 2001/24/EG und die InsO sprechen von „Aufrechnungsvereinbarungen“ und „Saldierungsvereinbarungen“, ohne diesen Begriff genauer zu definieren. Vielleicht hatte der Gesetzgeber jeweils ein eigenes Bild von marktüblichen Rahmenvereinbarungen wie ISDA Master Agreement oder DRV vor Augen, die im Kern Beendigung (Termination) und Close-out Netting regeln, die aber bei genauerem Hinsehen eine Vielzahl weiterer Regelungen umfassen.

Interessant ist zB die Frage, ob der Verweis auf die *lex contractus* auch so weit geht, dass etwaige dem Close-out Netting entgegenstehende Regelungen allein nach den vertraglichen und insolvenzrechtlichen Maßstäben der gewählten Rechtsordnung zu beurteilen sind. So wurde in der Aufarbeitung der Folgen der Finanzkrise diskutiert, ob Sec. 2(a)(iii) des ISDA Master Agreement (Versionen 1992 und 2002) der Non-Defaulting Party das Recht gibt, den Vertrag nicht zu beenden und das Close-out Netting zu verhindern. Sinnvoll könnte dies für die Non-Defaulting Party sein, wenn das zu erwartende Ergebnis eine Netto-Zahlpflicht der Non-Defaulting Party mit sich brächte (sog. Walk-Away Right).[48] Ferner sehen Netting-Rahmenverträge neben den Bestimmungen zum Close-out Netting weitergehende Kostentragungspflichten der *Defaulting Party* vor und erlauben eine umfassende Aufrechnung aller Forderungen auch außerhalb der zu verrechnenden Transaktionen über Derivate und sonstige Finanzleistungen. Schließlich werden andere Rechtsordnungen, die nach dem Verweis des § 340 Abs. 2 InsO maßgeblich sein können, nicht die engen Kriterien für die im deutschen Close-out Netting allein zugelassenen Finanzleistungen nach § 104 Abs. 2 InsO ansetzen, sondern umfassender Transaktionen zum Netting zulassen.

Aus deutscher Perspektive gilt es hier, vorrangig der RL 2001/24/EG Rechnung zu tragen. In den europäischen Materialien und Regelungen finden sich deutliche Hinweise, dass der europäische Gesetzgeber mit „Netting Agreements“ die Vorstellung der Verrechnung von positiven und negativen Positionen verbindet.[49] Noch klarer heißt es dann in Art. 2 Abs. 1 Buchst. n FinanzsicherheitenRL (Richtlinie 2002/47/EG, zuletzt geändert durch VO (EU) 2021/23), dass Close-out Netting aus der Fälligstellung oder Beendigung von Ver-

[47] BGH NJW 2016, 2328 Rn. 52.

[48] Gerichte in Common Law-Jurisdiktionen (das ISDA Master Agreement wird überwiegend unter englischem oder New Yorker Recht abgeschlossen) entschieden die Frage durchaus unterschiedlich vgl. English High Court in Peregrine Fixed Income Ltd. v. Robinson Department Store Public Company Limited [2000] EWHC Commercial 99 (18th May, 2000); Australien: Enron Australia Finance Pty Ltd. (in liq) v. TXU Electricity Ltd. [2003] NSWSC 1169 (Enron v. TXU); ähnlich in England: Court of Appeal decision in Lomas v. Firth Dixson [2012] EWCA Civ 419 (Lomas); und gegen einen Suspensiveffekt: US Bankruptcy Court for the Southern District of New York: (In re Lehman Brothers Holdings, Inc., Case No. 08-13555 et seq. (Metavante Corporation and Lehman Brothers Special Financing, Inc.) (Metavante)).

[49] Gemeinsamer Standpunkt (EG) Nr. 43/2000 v. 17.7.2000, III. E.

pflichtungen und der Verrechnung der an die Stelle der Verpflichtungen tretenden Marktwerte besteht.

Damit ist nach hier vertretender Auffassung zumindest klar, dass der Verweis des § 340 Abs. 2 InsO nur das Close-out Netting erfasst, nicht aber die Möglichkeit der Non-Defaulting Party, das Close-out Netting durch Untätigkeit (Walk-Away Right) zu verhindern. Auch wird § 340 Abs. 2 InsO keine weitergehende Aufrechnung sonstiger Positionen oder über das eigentliche Close-out Netting hinaus entstehende Ansprüche der Parteien schützen und anerkennen.

Andererseits ist – auch weil das europäische Recht den engeren deutschen Ansatz nicht verlangt – das Close-out Netting von Transaktionen anzuerkennen, die nicht unter den engen Begriff der Finanzleistung fallen (zB Transaktionen on-demand[50]), solange ihnen im Einklang mit europäischen Regelungen und der Vertragsjurisdiktion die Netting-Fähigkeit zukommt.

Lässt ein ausländischem Recht unterliegendes Master Agreement anstelle der sofortigen Beendigung im Insolvenzfall die Beendigung durch Kündigung der Non-Defaulting Party nach Insolvenzeröffnung zu, so ist dies nach hier vertretender Auffassung anzuerkennen. Es muss aber eine Beendigung erfolgen – ein Walk-Away Right darf es nicht geben. In der Rechtsberatung empfiehlt es sich dennoch, iSd Rechtssicherheit auf eine vertragliche Regelung zur automatischen Beendigung hinzuwirken.

Offen ist ferner, wie weit der Kreis der von § 340 Abs. 2 InsO geschützten, vom BGH als „rahmenvertragliche Aufrechnungsvereinbarung im Sinne finanzmarktspezifischer Verrechnungsformen, die so genannten Netting-Vereinbarungen," bezeichneten Close-out Netting Vereinbarungen zu ziehen ist. Die etablierten standardisierten Vertragswerke wie ISDA Master Agreement, GMSLA, GMRA, MRA, DRV gehören sicherlich dazu.[51] Aber wie verhält es sich mit den von Kreditinstituten entwickelten Close-out Netting Verträgen im Bereich des Prime-Broker Geschäfts[52] oder im Zusammenhang mit Wertpapierdienstleistungen? Die Gründe, warum Close-out Netting geschützt werden soll, greifen auch in diesen Konstellationen. Man findet in diesen Verträgen die Zusammenfassung verschiedener Transaktionen (Finanzleistungen und damit verbundene Geschäfte) unter einer Rahmenvereinbarung, die nur einheitlich im Insolvenzfall beendet werden kann. Diese Beobachtung kann nicht verdrängen, dass solche Vertragswerke von Kreditinstituten zur Verwendung ggü. ihren Kunden primär mit Blick auf den Kunden, seine Pflichten ggü. dem Institut und seinen (insolvenzbedingten) Ausfall entwickelt werden. Anders als bei den vorgenannten Standardverträgen hängen die Rechte und Pflichten im Beendigungsfall nicht allein von der zufälligen Verteilung der Rollen der Defaulting und der Non-Defaulting Party ab. Aber diese Beobachtung sollte die Anwendbarkeit des § 340 Abs. 2 InsO nicht ausschließen. Die RL 2001/24/EG und die FinanzsicherheitenRL verfolgen kein übergeordnetes Ziel vertraglicher Ausgewogenheit, sondern schützen Close-out Netting als Instrument der Reduzierung eines Risikos auf die Netto-Position. Dabei werden weder Standardisierung noch Angemessenheit der Regelungen iSd AGB-Rechts verlangt. Die Formulierung des BGH sollte in diesem Zusammenhang als deskriptiv und nicht als Einengung auf etablierte Standardverträge verstanden werden.

Der deutsche Gesetzgeber scheint die Bedeutung des § 340 Abs. 2 InsO bisweilen aus dem Auge zu verlieren: So nimmt § 93 Abs. 5 SAG Verbindlichkeiten aus Finanzleistungen iSd § 104 Abs. 1 InsO unter einem Rahmenvertrag nach § 104 Abs. 3 InsO ausdrücklich von bestimmten Rechtsfolgen aus – § 340 Abs. 2 InsO wird nicht erwähnt. Ebenso nimmt § 56 Abs. 2 StaRUG Geschäfte von Stabilisierungsanordnungen aus, die Gegenstand einer Vereinbarung über das Liquidationsnetting iSd § 104 Abs. 3 und 4 InsO sein

[50] → III.1.
[51] MüKoInsO/Fried § 340 Rn. 6.
[52] Emde/Dornseifer/Dreibus/Verfürth/Emde KAGB § 1 Rn. 356.

können.[53] Auch hier wird § 340 Abs. 2 InsO wird mit keinem Wort erwähnt und das, obwohl für die den Finanzplatz Deutschland eine umfassende Anerkennung der Close-Out Netting Vereinbarungen im Bereich der Finanzleistungen nach § 340 Abs. 2 InsO von besonderer Bedeutung ist.

IV. Fazit

Das deutsche Recht des Close-out Netting von Finanzleistungen hat sich in den letzten Jahrzehnten ständig weiterentwickelt. Die gesetzlichen Grundlagen bleiben jedoch hinter der Rechtspraxis zurück. Weitere Konkretisierungen und die Aufgabe unnötig einengend wirkender historischer Konzepte durch den Gesetzgeber sind wünschenswert – ebenso wie eine verständige Behandlung in konkreten Fällen durch die entscheidenden Gerichte.

[53] Flöther/Schönfelder StaRUG § 56 Rn. 9, mit dem Hinweis, dass der aus dem Close-out Netting entstehende Betrag sehr wohl der suspendierenden Wirkung einer Stabilisierungsanordnung unterfällt, was die unter → III. 4. aufgezeigte Problematik im Umgang mit dem Close-Out Netting Amount noch einmal verdeutlicht.

GUNNAR SCHUSTER

Grenzüberschreitende Bankdienstleistungen von Drittstaatenunternehmen nach der CRD VI

I. Vorbemerkung

Als Schüler von Ernst-Wolfgang Böckenförde, einem der großen deutschen Verfassungsrechtler der Nachkriegszeit, hat Thomas Emde zeit seines Berufslebens ein besonderes Gespür für das Spannungsverhältnis zwischen staatlichem Ordnungsanspruch und individuellen Freiheitsrechten bewiesen. Dazu bot unter anderem das Bankaufsichtsrecht ein reiches Betätigungsfeld, gilt es hier doch immer wieder, die Grenze zwischen legislativer und exekutiver Regulierung und der grundrechtlich verbürgten Gewerbefreiheit auszuloten. In stets respektvoller, aber mit Brillanz, Standfestigkeit und Augenmaß geführter Auseinandersetzung mit den Aufsichtsbehörden und Gerichten hat Thomas Emde die Freiheitsrechte seiner Mandanten vertreten, ihnen aber auch mit klugem Rat die Grenzen des Erlaubten aufgezeigt.

Die grenzüberschreitende Betätigung von Banken mit Sitz außerhalb der Europäischen Union, sog. Drittstaatenbanken, auf dem Markt und gegenüber Kunden in Deutschland ist eine Konstante in der Beratungspraxis von Thomas Emde gewesen und ein Beispiel dafür, wie Regelungsinteressen des Staates, in dem diese Betätigung entfaltet werden soll, die Interessen der Drittstaatenbanken und die Interessen der Kunden in einen sachgerechten Ausgleich gebracht werden müssen. Bis vor Kurzem war dieses Feld in der Europäischen Union praktisch alleine dem nationalen Gesetzgeber überlassen.[1] Mit der Richtlinie, deren Umsetzung durch die Mitgliedstaaten bis zum 10.1.2026 und deren Anwendung in diesem Punkt im Wesentlichen ab dem 11.1.2027 ansteht,[2] wird dieses Feld nach zahlreichen missglückten Versuchen nunmehr europarechtlich harmonisiert. Dies war auch dringend nötig, da ein gemeinsamer europäischer Binnenmarkt für Bankgeschäfte mit gleichen Regeln für alle Marktteilnehmer nur möglich ist, wenn die Marktzugangsbedingungen für alle gleich sind.

II. Niederlassungspflicht für Drittstaatenbanken

1. Grundsatz und Anwendungsbereich

Nach Art. 21c Abs. 1 CRD IV schreiben die Mitgliedstaaten den in Art. 47 CRD IV genannten, in einem Drittland niedergelassenen Unternehmen vor, in ihrem Hoheitsgebiet eine Zweigstelle zu errichten und gem. Titel VI der CRD IV die Zulassung für die Auf-

---

[1] Vgl. Hildner/Struckmann ZBB 2024, 123 (124 f.), (128); A&O Shearman, CRD VI cross-border rules take shape, 26.1.2024, abrufbar unter: http://www.aoshearman.com/en/insights/crd-vi-cross-border-rules-take-shape; Clifford Chance, CRD6: New EU rules for non-EU entities conducting cross-border banking business in the EU, June 2024, 4, abrufbar unter: https://www.cliffordchance.com/briefings/2024/06/crd6–new-eu-rules-for-non-eu-entities-conducting-cross-border-b.html.

[2] Art. 2 Abs. 1 UAbs. 1 und UAbs. 3 CRD VI.

nahme oder Fortführung der in Art. 47 Abs. 1 genannten Tätigkeiten in dem betreffenden Mitgliedstaat zu beantragen.

Damit statuiert Art. 21c Abs. 1 CRD IV ein grundsätzliches Niederlassungserfordernis für die in Art. 47 CRD IV genannten Drittstaatenunternehmen, und zwar in dem Mitgliedstaat, in dem die in Art. 47 CRD IV genannten Tätigkeiten ausgeübt werden sollen. Der Verweis auf Art. 47 CRD IV umfasst auch die in Art. 47 Abs. 2 CRD IV statuierte Ausnahme. Solchermaßen errichtete Niederlassungen können keinen europäischen Pass beanspruchen.[3] Vielmehr muss grundsätzlich in jedem Mitgliedstaat, in dem die einschlägigen Bankgeschäfte aktiv angeboten werden, eine eigene Niederlassung errichtet werden. Unternehmen mit vielen Kunden in mehreren Mitgliedstaaten werden eher eine Tochtergesellschaft in einem Mitgliedstaat gründen, die sich auf den europäischen Pass berufen kann, anstatt zahlreiche Niederlassungen zu errichten. Kleinere Anbieter werden diesen Aufwand scheuen. Daher wird das neue Regime zu einer teilweisen Verdrängung von Bankdienstleistungen aus Drittstaaten führen. Das mag politisch so gewollt sein, schränkt aber die Handlungsoptionen für Unionsbürger ein.

a) Niederlassungspflichtige Bankgeschäfte

Die Bestimmung der grundsätzlich niederlassungspflichtigen Bankgeschäfte in Art. 47 Abs. 1 CRD IV ist nicht auf den ersten Blick verständlich. Sie unterfallen in zwei Kategorien:

Grundsätzlich niederlassungspflichtig sind zunächst die in Anh. I Nr. 2 und 6[4] CRD IV genannten Tätigkeiten (Kreditgeschäft und Garantiegeschäft) eines in einem Drittland niedergelassenen Unternehmens, das als Kreditinstitut gilt oder die Kriterien nach Art. 4 Abs. 1 Nr. 1 Buchst. b CRR erfüllen würde, wenn es in der Union niedergelassen wäre.[5] Dies erfasst also Unternehmen, die Darlehensgeschäfte, insbesondere Konsumentenkredite, Kreditverträge im Zusammenhang mit Immobilien, Factoring mit und ohne Rückgriff, Handelsfinanzierungen (einschließlich Forfaitierung) oder Bürgschaften und Kreditzusagen anbieten. Damit sind nicht nur Kreditgeschäfte, sondern auch Kreditsubstitute wie Factoring, Handelsfinanzierungen, wie bspw. das Akkreditivgeschäft und möglicherweise auch das Wechseldiskontgeschäft sowie das Factoring und das Bürgschafts- und Garantiegeschäft dem Niederlassungserfordernis unterworfen.

Die leicht zu übersehende aber wichtige Einschränkung liegt in der Formulierung, dass es sich bei dem Anbieter von Kredit- oder Garantiegeschäften um ein Unternehmen handeln muss, das in der Europäischen Union als Kreditinstitut iSd Art. 4 Abs. 1 Nr. 1 Buchst. a CRR oder als sog. große Wertpapierfirma nach Art. 4 Abs. 1 Nr. 1 Buchst. b CRR anzusehen wäre, falls es in der Union niedergelassen wäre. Daher wären bspw. Kredit- oder Garantiegeschäfte, die eine in einem Drittstaat zugelassene mittelgroße Wertpapierfirma, eine Spezialfinanzierungs- oder eine Bürgschaftsbank, die keine Erlaubnis für das Einlagen- oder, im Falle einer Bürgschaftsbank, für das Kreditgeschäft besitzt und auch keine solchen Geschäfte tätigt, nicht niederlassungspflichtig. Dies eröffnet für Bankkonzerne aus Drittstaaten Hintertüren für den Marktzugang für das Kredit- und Garantiegeschäft, indem sie nämlich in einem Drittstaat ein Spezialfinanzierungsinstitut gründen, das, hätte es seinen Sitz in der Europäischen Union, europarechtlich nicht als Kreditinstitut qualifizieren würde.[6] Glei-

---

[3] Hildner/Struckmann ZBB 2024, 123, 125 (128).

[4] Die deutsche Fassung des Art. 47 Abs. 1 CRD IV spricht von „2 bis 6". Angesichts des auch aus den anderen Sprachfassungen der CRD klar ersichtlichen Willens des europäischen Gesetzgebers, hier nur die Kernbankdienstleistungen des Einlagen-, Kredit- und Garantiegeschäfts in Bezug zu nehmen, muss an dieser Stelle von einem Übersetzungsfehler ausgegangen werden.

[5] Art. 47 Abs. 1 Buchst. a CRD IV.

[6] So etwa A&O Shearman, CRD VI cross-border rules take shape, 26.1.2024, abrufbar unter: https://www.aoshearman.com/en/insights/crd-vi-cross-border-rules-take-shape. Dies setzt aller-

ches gilt für Kreditfonds, die die Voraussetzungen des § 2 Abs. 1 Nr. 3c und 3d KWG nicht erfüllen und die sich nicht durch die Entgegennahme von Einlagen refinanzieren.[7] Das Ergebnis überrascht.[8] Denn wenn gleiche Wettbewerbsbedingungen auf dem europäischen Binnenmarkt erreicht werden sollen, dann müssten eigentlich alle Anbieter vergleichbarer Bankdienstleistungen gleich behandelt werden. Davon wurde aber wohl aus Proportionalitätserwägungen abgesehen. Es bleibt abzuwarten, ob die Mitgliedstaaten diese Lücke durch eine überschießende Umsetzung schließen. Außerdem ist es nicht ausgeschlossen, dass einzelne Mitgliedstaaten die insoweit als Mindestharmonisierungsrichtlinie ausgestaltete CRD VI strenger umsetzen und auch schon das isolierte Kredit- oder Garantiegeschäft für die Begründung einer Niederlassungspflicht ausreichen lassen.

Die Entgegennahme von Einlagen und sonstiger rückzahlbarer Gelder des Publikums unterliegt auch dann grundsätzlich der Niederlassungspflicht,[9] wenn das Unternehmen, wäre es in der Europäischen Union niedergelassen, kein Kreditinstitut und keine große Wertpapierfirma wäre. Dies dürfte der besonderen Schutzbedürftigkeit der Einleger geschuldet sein. Allerdings regelt die Richtlinie nicht im Einzelnen, wie das Einlagengeschäft zu definieren ist und somit auch nicht die problematischen Abgrenzungsfälle zwischen erlaubnispflichtigem Einlagengeschäft und sonstigen Geldaufnahmen. Theoretisch könnte daher auch ein Unternehmen der Realwirtschaft mit Sitz in einem Drittstaat in der Europäischen Union niederlassungspflichtig werden, wenn seine Schuldverschreibungen Investoren in einem Mitgliedstaat zur Zeichnung angeboten werden.[10] In Deutschland sind solche Fälle wegen der Ausnahme von dem Einlagenbegriff für durch Inhaber- oder Orderschuldverschreibungen verbriefte Gelder des Publikums[11] nicht erfasst. Daran wird sich erst einmal auch nichts ändern, da die CRD VI nicht den Einlagenbegriff harmonisiert.[12]

Erfasst werden zudem nur „in einem Mitgliedstaat ausgeübte Tätigkeiten". Wann aber Tätigkeiten in einem Mitgliedstaat als ausgeübt gelten, wird nicht definiert.[13] So bleibt unklar, ob die für das Bankgeschäft charakteristischen Tätigkeiten in dem Mitgliedstaat selbst ausgeführt werden müssen oder ob jede Art der grenzüberschreitenden Anbahnung, Dienstleistungserbringung und Pflege der Kundenbeziehung ausreicht, auch wenn die charakteristische Bankdienstleistung im Ausland erbracht wird. Dies sei an einem einfachen Beispiel verdeutlicht:

Die in New York ansässige Universalbank A bemüht sich um den in Deutschland ansässigen Unternehmenskunden B, dem sie einen Betriebsmittelkredit anbieten möchte. B ist interessiert und möchte den Kredit für die Finanzierung seiner Niederlassung in Florida in Anspruch nehmen. Der Kreditvertrag wird im Wege der Fernkommunikation verhandelt und unterzeichnet und die Kreditsumme auf ein für die Niederlassung neu errichtetes Konto bei A in New York ausgezahlt.

Hier liegen alle oder jedenfalls alle wesentlichen Elemente der charakteristischen Leistung der kreditgebenden Bank in den USA. Allerdings wurde der Kredit von A gegenüber B

---

dings voraus, dass sich das Drittstaatenunternehmen nicht durch Einlagen oder sonstige rückzahlbare Gelder des Publikums refinanziert.

[7] Bei Kreditfonds, die die Voraussetzungen des § 2 Abs. 1 Nr. 3c und 3d erfüllen, geht die investmentrechtliche Regelung vor.

[8] Ebenso Hildner/Struckmann ZBB 2024, 123 (130).

[9] Art. 47 Abs. 1 Buchst. b CRD IV.

[10] Dieses Risiko sieht auch Clifford Chance, CRD6: New EU rules for non-EU entities conducting cross-border banking business in the EU, June 2024, 6, abrufbar unter: https://www.cliffordchance.com/briefings/2024/06/crd6–new-eu-rules-for-non-eu-entities-conducting-cross-border-b.html.

[11] § 1 Abs. 1 S. 2 Nr. 1 KWG.

[12] Vgl. zu diesem Manko EBA/OP/2020/15.

[13] Vgl. A&O Shearman, CRD VI cross-border rules take shape, 26.1.2024, abrufbar unter: http://www.aoshearman.com/en/insights/crd-vi-cross-border-rules-take-shape.

grenzüberschreitend nach Deutschland hin beworben und ist A ein deutsches Unternehmen. Ein einheitliches Verständnis dessen, was als „in einem Mitgliedstaat ausgeübte Tätigkeit“ gilt, hat sich für Bankgeschäfte bislang nicht herausgebildet. Während die deutsche Verwaltungspraxis einen vertriebsbezogenen Ansatz für die Erlaubnispflicht verfolgt,[14] nehmen andere Mitgliedstaaten, wie bspw. Irland und Luxemburg,[15] bislang ihren Regelungsanspruch zurück und verlangen für die Erlaubnispflicht, dass die charakteristischen Leistungen der erlaubnispflichtigen Tätigkeit auf ihrem Staatsgebiet stattfinden. Es hat allerdings den Anschein, als habe sich der Richtliniengeber für den vertriebsbezogenen Ansatz entschieden. Dass Art. 21c Abs. 2 Buchst. a CRD IV eine Ausnahme von der Niederlassungspflicht für den Fall statuiert, dass der Kunde aus dem Mitgliedstaat das Drittstaatenunternehmen von sich aus anspricht, bedeutet wohl im Gegenschluss, dass bereits die werbende Ansprache von potentiellen Kunden durch ein Drittstaatenunternehmen als Tätigkeit „in einem Mitgliedstaat“ gilt.[16] Dies dürfte Mitgliedstaaten wie Irland und Luxemburg dazu bewegen, ihren auf die Erbringung der charakteristischen Leistungen abgestellten Anknüpfungspunkt für grenzüberschreitende Dienstleistungen zugunsten eines Vertriebsansatzes aufzugeben.

b) *Ausnahme von der Niederlassungspflicht für mit Wertpapierdienstleistungen verbundene Bankgeschäfte*

Etwas umständlich nimmt Art. 47 Abs. 2 CRD IV Drittstaatenunternehmen von der Niederlassungspflicht aus, die „Tätigkeiten aus[üben] und [...] Dienstleistungen [erbringen], die in Anh. I Abschn. A MiFID II aufgeführt sind bzw. [...] Nebendienstleistungen wie die damit verbundene Entgegennahme von Einlagen oder die Gewährung von Krediten oder Darlehen für die Erbringung von Dienstleistungen im Rahmen der genannten Richtlinie [erbringen]“. Eine fast wortgleiche, unnötige Doppelung dieser Regelung enthält Art. 21c Abs. 4 CRD IV.

Der erste Halbsatz dieser sog. „MiFID II-Ausnahme“ ist an sich eine Selbstverständlichkeit, da sich der Marktzugang für Wertpapierdienstleistungen, so wie in Anh. I Abschn. A MiFID II aufgeführt, nach Art. 39 ff. MiFID II und Art. 46 ff. und 54 Abs. 1 MiFIR richtet und nicht nach der CRD IV. Unverständlich und vermutlich einem Übersetzungsfehler geschuldet ist das Wort „bzw.“, das in der englischen Fassung mit „and“ und in der französischen Fassung mit „ainsi que“ lautet. Diese Sprachfassungen machen deutlich, dass die beiden Halbsätze des Art. 47 Abs. 2 CRD IV miteinander verknüpft gelesen werden müssen, also Unternehmen von dem Niederlassungserfordernis ausnehmen wollen, die Wertpapierdienstleistungen und damit verbundene und der Erbringung von Dienstleistungen iRd MiFID II dienende Bankdienstleistungen wie die Entgegennahme von Einlagen oder die Gewährung von Krediten anbieten.

Auch diese Lesart lässt jedoch manche Fragen offen. Zunächst ist zu klären, ob die Bezugnahme des Art. 47 Abs. 2 CRD IV auf „Nebendienstleistungen“ nur Bankgeschäfte privilegiert, die zugleich Wertpapiernebendienstleistungen iSd Anh. I Abschn. B MiFID II sind, was nur auf die in Anh. I Abschn. B Ziff. 2 erwähnten Kreditgeschäfte zuträfe, also die Kreditgewährung zum Erwerb und zum Halten von Finanzinstrumenten. Dagegen spricht schon, dass Art. 47 Abs. 2 CRD IV auch Einlagen erwähnt, Einlagengeschäfte aber keine Wertpapiernebendienstleistungen iSd MiFID II sind. Außerdem wäre dann die Ausnahme

---

[14] BaFin, Merkblatt zur Erlaubnispflicht von grenzüberschreitend betriebenen Geschäften v. 1.4.2005, zuletzt geändert am 11.3.2019.

[15] Hierzu Elvinger Hoss, CRD6 – Restricted access to EU financial markets for third-country firms, 27.3.2024, abrufbar unter: https://elvingerhoss.lu/insights/publications/crd6-restricted-access-eu-financial-markets-third-country-firms.

[16] Ebenso Ashurst, Q&A on the third-country branch introduced by CRD VI, 7.2.2024, abrufbar unter: https://www.ashurst.com/en/insights/qa-on-the-third-country-branch-introduced-by-crd-vi/.

des Art. 47 Abs. 2 CRD IV überflüssig, da der Marktzugang für Wertpapiernebendienstleistungen den Regeln der MiFID II und der MiFIR folgt. Eine so enge Auslegung wäre daher verfehlt.

Unklar ist weiterhin, ob – wie der Wortlaut auf den ersten Blick suggeriert – nur Einlagen-, Kredit- oder Garantiegeschäfte ausgenommen sind, die Wertpapierdienstleistungen iSd Anh. I Abschn. A MiFID II unterstützen. Denn der zweite Halbsatz bezieht sich auf „Dienstleistungen im Rahmen der genannten Richtlinie" und könnte daher auch die Wertpapiernebendienstleistungen in Anh. I Abschn. B MiFID II einbeziehen. Da für komplementäre Bankdienstleistungen zu Wertpapiernebendienstleistungen, wie bspw. das Depotgeschäft oder für Devisengeschäfte, keine strengeren Anforderungen gelten sollten als für Bankdienstleistungen, die Wertpapierdienstleistungen unterstützen, und da manche der Wertpapiernebendienstleistungen ihrerseits einen Bezug zu Wertpapierdienstleistungen voraussetzen, spricht vieles für eine großzügige Interpretation dieser Bestimmung. Daher sollte bspw. ein Drittstaatenunternehmen, das Depotbankdienstleistungen anbietet, für den Kunden auch Geldkonten führen können, die zur Abwicklung von Kauf- oder Verkaufsgeschäften über Depotwerte oder zur Entgegennahme von Ausschüttungen von Zinsen und Dividenden auf Depotwerte dienen.[17] Damit wäre auch den Depotkunden am besten gedient.

Für die Reichweite der MiFID II-Ausnahme entscheidend ist indes die Frage, wie eng die Bankgeschäfte mit den Wertpapierdienstleistungen oder Wertpapiernebendienstleistungen „verbunden" sein müssen und wie sehr ihr Zweck auf die Erbringung dieser Dienstleistungen gerichtet sein muss („für die Erbringung"). Auch hier ist ein Blick auf die anderen Sprachfassungen des Art. 47 Abs. 2 CRD IV nützlich. Die englische Fassung spricht von „accomodating ancillary services … the purpose of which is to provide services under that Directive" (dh der MiFID II); in der französischen Fassung ist von „services auxiliaires, … ayant pour objet de fournir des services au titre de ladite directive" die Rede, in der spanischen Fassung von „cualquier servicio complementario de apoyo, … cuya finalidad sea prestar servicios en virtud de dicha Directiva". Damit sind jedenfalls Bankdienstleistungen erfasst, die für die Durchführung der Wertpapierdienstleistung unverzichtbar sind, aber auch solche, die diese objektiv unterstützen und subjektiv auch unterstützen sollen.[18]

Beispiele hierfür sind das Geld-/Einlagenkonto, das neben dem Wertpapierdepot iRd privaten Vermögensverwaltung (Finanzportfolioverwaltung oder Anlageberatung) geführt wird, um den in Sicht- oder Termineinlagen vorzuhaltenden Anteil des verwalteten Vermögens aufzunehmen, als Abwicklungskonto für den Erwerb oder die Veräußerung von Finanzinstrumenten iRd Vermögensverwaltung zu dienen oder als Konto für die Verbuchung von Erträgen oder zur Abbuchung von Kosten und Gebühren. Gleiches gilt bei der bloßen Ausführung von Aufträgen zum Erwerb oder zur Veräußerung von Finanzinstrumenten ohne Vermögensverwaltungsauftrag; auch hier können neben den Depotkonten auch der Abwicklung oder der Stellung von Barsicherheiten (Margin) dienende Geldkonten geführt werden. Bei großzügiger Interpretation wäre auch die Nutzung eines solchen Kontos als Zahlungskonto denkbar, da Abwicklungskonten für Wertpapiergeschäfte häufig, wenngleich nicht immer, auch als Zahlungskonten ausgestaltet sind, etwa um die Stellung von Barsicherheiten für Dritte zu bedienen.[19] Ebenfalls privilegiert ist die Gewährung von Krediten für den Erwerb oder das Halten von Finanzinstrumenten. Das folgt schon aus Anh. I Abschn. B Ziff. 2 MiFID II, demzufolge die Gewährung von Darlehen zur Durchführung von Geschäften in Finanzinstrumenten als Wertpapiernebendienstleistung gilt, die unter dem MiFID II-Drittstaatenregime erbracht werden kann, wenn das kreditgewährende

[17] Offen lassend Clifford Chance, CRD6: New EU rules for non-EU entities conducting cross-border banking business in the EU, June 2024, 7, abrufbar unter: https://www.cliffordchance.com/briefings/2024/06/crd6–new-eu-rules-for-non-eu-entities-conducting-cross-border-b.html.

[18] Zur Zweckbindung auch Hildner/Struckmann ZBB 2024, 123 (132).

[19] Enger Hildner/Struckmann ZBB 2024, 123 (133).

Unternehmen an diesen Geschäften beteiligt ist. Wenn das Drittstaatenunternehmen für den Kunden Derivategeschäfte abwickelt, sind auch von der Bank gestellte Garantien für das Clearing der Kundentransaktion privilegiert. IRd Vermittlung von Wertpapierleihegeschäften (Anlagevermittlung) kann die Ausfallgarantie des Wertpapierdienstleisters, der sog. Agency Lending-Dienstleistungen erbringt, niederlassungsfrei gestellt werden. Erbringt das Drittstaatenunternehmen Underwriting- oder Platzierungsdienstleistungen, kann es zur Überbrückung des Zeitraums bis zum Verkauf der Wertpapiere dem Veräußerer der Wertpapiere auch eine Zwischenfinanzierung gewähren, denn solche Brückenfinanzierungen werden für die Erteilung des Underwriting-Mandats häufig zur Bedingung gemacht.

Allerdings steht die MiFID II-Ausnahme nur dann zur Verfügung, wenn die Bankdienstleistungen von demselben Unternehmen erbracht werden wie die Wertpapierdienstleistungen oder -nebendienstleistungen, die durch die Bankgeschäfte unterstützt werden.

2. *Ausnahmen von dem Niederlassungserfordernis*

Art. 21c CRD IV enthält verschiedene sachliche und personale Ausnahmen von dem Niederlassungserfordernis, deren Reichweite sich nicht auf den ersten Blick erschließen.

a) Passive Dienstleistungsfreiheit

Das Niederlassungserfordernis gilt nicht, wenn sich „der Kunde oder die Gegenpartei auf ausschließlich eigene Veranlassung an ein in einem Drittland niedergelassenes Unternehmen wendet, um die Erbringung einer in Art. 47 Abs. 1 CRD IV genannten Dienstleistung oder Tätigkeit zu erwirken“.[20] Dazu wird klargestellt, dass dann, wenn „ein Drittlandsunternehmen“ sich „aktiv um einen Kunden oder eine Gegenpartei oder einen potenziellen Kunden oder eine potenzielle Gegenpartei [...] über ein Unternehmen, das in seinem eigenen Namen handelt oder enge Verbindungen zu diesem Drittlandsunternehmen hat, oder über eine andere Person, die im Namen dieses Unternehmens handelt, bemüht, [...] dies nicht als Dienstleistung [gilt], die auf ausschließlich eigene Veranlassung des Kunden oder der Gegenpartei oder des potenziellen Kunden oder der potenziellen Gegenpartei erbracht wird“.[21] Außerdem wird präzisiert, dass die „Veranlassung eines Kunden oder einer Gegenpartei [...] das Drittlandsunternehmen nicht dazu [berechtigt], andere Kategorien von Produkten, Tätigkeiten oder Dienstleistungen als die, die der Kunde oder die Gegenpartei angefragt hat, auf andere Weise als über eine in einem Mitgliedstaat niedergelassene Zweigstelle aus einem Drittland zu vertreiben“, wobei die Errichtung einer Zweigstelle aus einem Drittland jedoch „nicht erforderlich [ist] für Dienstleistungen, Tätigkeiten oder Produkte, die für die Erbringung der ursprünglich vom Kunden oder der Gegenpartei angefragten Dienstleistungen, Tätigkeiten oder Produkte notwendig oder eng damit verbunden sind, auch dann, wenn diese eng verbundenen Dienstleistungen, Tätigkeiten oder Produkte im Anschluss an die ursprünglich angefragten erbracht werden“.[22] Eine derartig wortreich sich selbst interpretierende Richtlinienbestimmung ist kein legislatorisches Glanzstück. Sie zeigt allerdings, dass es dem europäischen Gesetzgeber darum ging, einen Gleichlauf mit der MiFID II[23] sicherzustellen und nationale Umsetzungsspielräume zu begrenzen. Daher ist bis auf weiteres zu erwarten, dass sich die Auslegung dieser Bestimmungen an den diesbezüglichen Auslegungshinweisen der ESMA[24] orientiert.[25]

---

[20] Art. 21c Abs. 2 UAbs. 1 Buchst. a CRD IV.
[21] Art. 21c Abs. 2 UAbs. 2 CRD IV.
[22] Art. 21c Abs. 3 CRD IV.
[23] Art. 42 Abs. 1 MiFID II.
[24] ESMA35-43-349, 117 ff.
[25] Ebenso Hildner/Struckmann ZBB 2024, 123 (133).

Ob eine Dienstleistung „auf ausschließlich eigene Veranlassung" des Kunden erbracht wird, hängt von den Umständen des Einzelfalls ab und kann hier nicht in allen denkbaren Facetten erörtert werden. Klar dürften aber bestimmte Eckpunkte sein: Geht der Kundenanfrage lediglich eine allgemeine Imagewerbung oder eine im Ausland platzierte, nicht an das inländische Publikum gerichtete Werbung oder Webseite des Drittstaatenunternehmens für bestimmte Produkte oder Dienstleistungen voraus, die der interessierte Kunde gleichwohl wahrnimmt, dann kann die Kundenanfrage als selbst veranlasst betrachtet werden. Das gilt auch für im Ausland geschaltete Werbung, die der Kunde auf einer Auslandsreise zur Kenntnis nimmt, solange sie nicht speziell auf EU-Kunden abzielt. Vom Kunden veranlasste Dienstleistungen sind grundsätzlich auch solche, die in Reaktion auf eine Ausschreibung des Kunden an mehrere Banken oder auf eine öffentliche Ausschreibung hin angeboten werden. Vom Kunden selbst veranlasst sind zudem Dienstleistungen, die das Drittstaatenunternehmen gegenüber mit dem deutschen Kunden verbundenen Unternehmen im Ausland angeboten hat, und zwar auch dann, wenn die deutsche Zentrale davon Kenntnis erhält und daraufhin entsprechende Dienstleistungen auch für die Zentrale kontrahiert. Anders wäre dies möglicherweise zu beurteilen, wenn das Angebot an das ausländische, verbundene Unternehmen oder eine ausländische Niederlassung des deutschen Kunden gerade dazu diente, die Zentrale für solche Dienstleistungen zu interessieren und im Ausland offensichtlich dafür kein Bedarf bestand. Nicht vom Kunden veranlasst sind dementsprechend alle Dienstleistungen, für die das Drittstaatenunternehmen speziell gegenüber dem inländischen Kunden oder in für das Inland bestimmte Medien geworben hat.

Offen ist, ob der Kunde sich an die Hauptverwaltung des Drittstaatenunternehmen gewandt haben muss („an ein in einem Drittland niedergelassenes Unternehmen") oder auch eine Anfrage bei einer europäischen Tochtergesellschaft oder Niederlassung des Drittstaatenunternehmens ausreicht. Entscheidend sollte sein, für welchen Rechtsträger die Anfrage des Kunden bestimmt ist, nicht, an welchen Teil des Konzerns sich der Kunde wendet.

Ob die solchermaßen angebahnte passive Dienstleistung auch von einer Niederlassung des Drittstaatenunternehmens in einem Mitgliedstaat erbracht werden kann, ist ebenfalls noch nicht geklärt. Zwar können sich solche Niederlassungen nicht auf einen europäischen Pass berufen. Doch sollte es grundsätzlich möglich sein, iRd passiven Dienstleistungsfreiheit auch Bankdienstleistungen von einer europäischen Niederlassung aus zu erbringen.[26] Die Grenze dürfte allerdings dort erreicht sein, wo die Niederlassung ganz oder überwiegend Kunden in anderen Mitgliedstaaten bedient und nicht Kunden in dem Niederlassungsstaat. Es ist aber auch denkbar, dass Mitgliedstaaten die Geschäftstätigkeit von auf ihrem Staatsgebiet errichteten Niederlassungen streng auf Kunden in dem betreffenden Mitgliedstaat reduzieren.

Wann eine dem Kunden ohne seine eigene Veranlassung angebotene zusätzliche Dienstleistung oder Tätigkeit „eng" mit den bereits erbrachten Dienstleistungen „verbunden" ist, ist durch Auslegung zu ermitteln. Klar ist, dass nicht nur für die Durchführung der vom Kunden nachgefragten Dienstleistung notwendige ergänzende Dienstleistungen, also bspw. das Konto für die Hereinnahme von Termineinlagen, angeboten werden dürfen, sondern auch Dienstleistungen derselben Art und andere, mit der vom Kunden nachgefragten Dienstleistung „eng verbundene" Dienstleistungen. Wie eng die Artgleichheit zu fassen ist, wird sich voraussichtlich anhand von EBA-Leitlinien herausstellen. Bis auf weiteres kann hierzu sinngemäß die Auslegungspraxis der ESMA herangezogen werden. Mit den „eng verbundenen Dienstleistungen" ist nicht eine zeitlich enge Verbindung gemeint, sondern eine inhaltliche. Zweckmäßig ist es, sich hierzu an dem Nutzen für den Kunden zu orientieren und sich zu fragen, ob das Angebot dem mutmaßlichen Kundeninteresse, wie es sich aus seiner ursprünglichen Anfrage bzw. der bestehenden Geschäftsbeziehung ergibt, dient. Denkbar ist etwa, darunter das Angebot zu fassen, ein Sparkonto um die Funktionen eines laufen-

---

[26] Hildner/Struckmann ZBB 2024, 123 (125).

den Kontos mit Überziehungsmöglichkeit und Zahlungsverkehrsfunktion zu erweitern, sofern der betreffende Mitgliedstaat für die grenzüberschreitende Erbringung von Zahlungsdiensten, die nicht der CRD VI unterliegen, kein schärferes Aufsichtsregime etabliert hat. Bei einer bestehenden Betriebsmittelfinanzierung für einen Firmenkunden kann bei vermutetem Bedarf auch eine Avalkreditlinie, ein Akkreditiv oder eine Forfaitierung angeboten werden. Anstelle eines von einem Verbraucher nachgefragten Überziehungskredits kann auch ein separat dokumentiertes Verbraucherdarlehen oder ein Leasingprodukt angeboten werden. Vor Fälligkeit eines Kredits kann auch eine Anschlussfinanzierung oder eine Umschuldung angeboten werden.

b) Geschäfte mit Kreditinstituten

Niederlassungs- und damit erlaubnisfrei dürfen künftig Einlagen-, Kredit- und Garantiegeschäfte von Drittstaatenunternehmen mit Kreditinstituten in der Europäischen Union betrieben werden.[27] Dazu gehören auch Zentralbanken, selbst wenn sie von der Erlaubnispflicht freigestellt sind. Diese sog. Interbanken-Ausnahme stellt zweckmäßigerweise weite Teile des Interbankengeschäfts von der Erlaubnispflicht frei. Die Verwaltungspraxis der BaFin hatte dies für das Einlagengeschäft schon lange so vertreten: Die Entgegennahme von Einlagen von Banken gilt danach nicht als Entgegennahme von rückzahlbaren Geldern des Publikums.[28] Genauso wenig gilt die Gewährung von Einlagen an Banken, wie bei kurzfristigen, unbesicherten Liquiditätshilfen üblich, als Kreditgeschäft.[29] Außerdem geht im Interbankengeschäft die Anlage von Geldern bei Korrespondenzbanken in Drittstaaten oder die Gewährung kurzfristiger Liquidität regelmäßig von dem anlegenden bzw. dem die Liquidität nachfragenden Kreditinstitut aus, so dass viele dieser Geschäftsvorfälle zwanglos unter die passive Dienstleistungsfreiheit zu subsummieren sind. Die passive Dienstleistungsfreiheit kann im professionellen Geldhandel im Verhältnis zwischen Banken und Nichtbanken auch dann zum Tragen kommen, wenn sich zwei Teilnehmer regelmäßig gegenseitig Zinssätze für die Hereinnahme und die Bereitstellung von kurzfristigen Geldern quotieren.

Mit „Kreditinstituten" sind ausweislich der Definition in Art. 4 Abs. 1 Nr. 1b) CRR auch große Wertpapierfirmen erfasst. Sinnvoll wäre es gewesen, diese Ausnahme auch auf kleine und mittlere Wertpapierfirmen zu erstrecken, die zumeist ebenso professionell bei ihrer Finanzierung auftreten und qua Aufsicht über ihr Liquiditätsmanagement keines Schutzes durch Erlaubnis- und Niederlassungserfordernisse von Drittstaatenunternehmen bedürfen.[30] Allerdings werden sich die Drittstaatenunternehmen auch in diesem Fall häufig auf die passive Dienstleistungsfreiheit berufen können. Es wäre trotzdem wünschenswert, wenn diese Ausnahme iRd Überprüfung des Niederlassungserfordernisses durch die EBA nach Art. 21c Abs. 6 CRD IV entsprechend erweitert würde.

c) Geschäfte mit Konzernunternehmen

Wenn der Kunde oder Kontrahent in der Europäischen Union demselben Konzern angehört wie das die Bankdienstleistung erbringende Drittstaatenunternehmen, muss Letzteres hierfür ebenfalls keine Niederlassung in dem betreffenden Mitgliedsstaat errichten.[31]

---

[27] Art. 21c Abs. 2 UAbs. 1 Buchst. b CRD IV.

[28] BaFin, Hinweise zum Tatbestand des Einlagengeschäfts nach § 1 Abs. 1 S. 2 Nr. 1 KWG, 11.3.2014, geändert am 20.8.2021, I.3.

[29] BaFin, Merkblatt Kreditgeschäft, 8.1.2009, geändert am 21.4.2023, I.1.a)bb).

[30] Dafür spricht auch der Erwgr. 6 S. 5 der CRD VI, demzufolge „[d]ie Anforderung, eine Zweigstelle in der Union zu errichten, […] nicht für Interbanken- und Interdealer-Geschäfte gelten [sollte]." Allerdings steht dem der klare Wortlaut des Art. 21c Abs. 2 UAbs. 1 Buchst. b CRD IV entgegen. Dazu auch Hildner/Struckmann ZBB 2024, 123 (134).

[31] Art. 21c Abs. 2 UAbs. 1 Buchst. c CRD IV.

Auf den ersten Blick erscheint diese Ausnahme überflüssig, da die Dienstleistung schon aufgrund des Konzernprivilegs nach § 2 Abs. 1 Nr. 7 KWG erlaubnisfrei erbracht werden kann. Allerdings hatte das deutsche Konzernprivileg für Bankgeschäfte iSd CRD IV auf europarechtlicher Ebene, anders als bei den Wertpapierdienstleistungen, bislang keine Entsprechung, weshalb diese Regelung zweckmäßig ist. Sie geht auch weiter als das deutsche Konzernprivileg, da sie nicht voraussetzt, dass das Drittstaatenunternehmen Bankgeschäfte „ausschließlich" mit Unternehmen desselben Konzerns tätigt. Das kann insbesondere in solchen Fällen hilfreich sein, in denen das Drittstaatenunternehmen selbst eine Bank ist, die Geschäfte mit konzernfremden Kunden macht.

Der Begriff der „Gruppe" folgt der Definition in Art. 3 Abs. 1 Nr. 63 CRD IV iVm Art. 4 Abs. 1 Nr. 138 CRR, erfasst also sowohl „Drittlandsgruppen" iSd Art. 3 Abs. 1 Nr. 64 CRD IV als auch Gruppen, deren Mutterunternehmen ihren Sitz in der Europäischen Union haben, bei denen aber ein Tochterunternehmen in einem Drittstaat Bankdienstleistungen an gruppenangehörige Unternehmen in der Europäischen Union erbringt.

3. Umgang mit bestehenden Verträgen

Art. 21c Abs. 1 CRD IV stellt den Grundsatz auf, dass das Niederlassungserfordernis nicht nur für nach Ablauf der Umsetzungsfrist neu abgeschlossene Geschäfte gilt, sondern auch für die Fortführung bestehender Geschäfte. Daher scheint das europarechtliche Gebot ein Stück weit schärfer zu sein als die einschlägigen Erlaubnisnormen des KWG. Ihnen zufolge ist bspw. nur die *Gewährung* von Gelddarlehen oder die *Übernahme* von Bürgschaften erlaubnispflichtig, nicht aber das Stehenlassen der bereits gewährten Kreditsumme bzw. die Erfüllung der mit einer herausgelegten Bürgschaft verbundenen Zahlungspflicht.[32] Auf diese feinsinnige Unterscheidung scheint sich der europäische Gesetzgeber aber nicht einlassen zu wollen, auch wenn es mangels europäischer Harmonisierung der Begriffe des Kredit- und des Garantiegeschäfts bislang auf die nationale Umsetzung und Verwaltungspraxis ankommt.

Allerdings gilt die Verpflichtung, Bankdienstleistungen über eine Niederlassung in dem betreffenden Mitgliedstaat zu erbringen, nur „unbeschadet bestehender Verträge, die vor dem 11.7.2026 geschlossen wurden," womit „die erworbenen Rechte von Kunden aus bestehenden Verträgen gewahrt werden"[33] sollen. Was damit genau gemeint ist, bleibt unklar. Denkbar ist es, hierin einen generellen Bestandsschutz für bis zum 11.7.2026 geschlossene und zum 11.1.2027 noch bestehende Verträge und deren Fortführung („grandfathering") zu sehen.[34] Denkbar ist aber auch eine andere Sicht, auf die die ErwG zur CRD VI hinweisen. Darin heißt es unter anderem: „Bei der Umsetzung dieser Richtlinie sollten die Mitgliedstaaten Maßnahmen ergreifen können, um erworbene Rechte von Kunden im Rahmen bestehender Verträge zu wahren. Solche Maßnahmen sollten ausschließlich dazu dienen, den Übergang zur Durchführung dieser Richtlinie zu erleichtern, und sollten eng gefasst sein, um Umgehungsfälle zu vermeiden."[35]

---

[32] Die Einzelheiten sind – wie immer – komplizierter. Ist das Darlehen revolvierend gewährt, liegt doch weiterhin ein erlaubnispflichtiges Kreditgeschäft vor. Hinsichtlich der Gewährung von Bürgschaften und Garantien hat die BaFin in Einzelfällen auch die noch zu erfüllende Bürgschaft als weiterhin erlaubnispflichtiges Geschäft betrachtet.

[33] Art. 21c Abs. 5 CRD IV.

[34] So etwa, allerdings mit Zweifeln, A&O Shearman, CRD VI cross-border rules take shape, 26.1.2024, abrufbar unter: https://www.aoshearman.com/en/insights/crd-vi-cross-border-rules-take-shape; Ashurst, Q&A on the third-country branch introduced by CRD VI, 7.2.2024, abrufbar unter: https://www.ashurst.com/en/insights/qa-on-the-third-country-branch-introduced-by-crd-vi/; PWC, CRD VI – Restriction of cross-border banking services from third countries, 25.6.2024, abrufbar unter: https://blogs.pwc.de/en/regulatory/article/243937/crd-vi-restriction-of-cross-border-banking-services-from-third-countries/.

[35] Erwgr. 6 S. 3 und 4 CRD VI.

Daraus folgt zunächst, dass die Mitgliedstaaten bei der Umsetzung der Richtlinie zumindest dafür sorgen müssen, dass der bloße Umstand, dass ein Drittstaatenunternehmen nach dem 10.1.2027 noch einen laufenden Vertrag über ein Bankgeschäft mit einem Kunden in der Europäischen Union hat, bspw. einen Kreditvertrag oder eine Avalkreditlinie, diesen Vertrag nicht nichtig, außerordentlich kündbar oder anfechtbar macht. Dies entspricht grundsätzlich der Rechtslage nach deutschem Zivilrecht, der zufolge allein ein Verstoß einer der Vertragsparteien gegen ein gesetzliches Verbot nicht zur Nichtigkeit des Vertrages nach § 134 BGB führt,[36] es sei denn, der Zweck des gesetzlichen Verbots kann anders nicht erreicht werden.[37] Das europarechtliche Gebot, Vertragskontinuität zu gewährleisten, kann aber im Einzelfall weiter gehen als die Rechtsprechung des BGH zu § 134 BGB, da Vertragskontinuität grundsätzlich auch dann sicherzustellen ist, wenn der Gesetzeszweck eigentlich die Unterbindung solcher Geschäfte beabsichtigt. Das ist ein interessanter und selektiver Eingriff in das Zivilrecht der Mitgliedstaaten.

Damit ist aber noch nicht gesagt, wie die Situation aufsichtsrechtlich zu beurteilen ist und wie die Mitgliedstaaten den „Übergang zur Durchführung dieser Richtlinie [...] erleichtern" sollen. Vieles spricht dafür, dass die Fortführung und Erfüllung des Vertrages zunächst einmal auch aufsichtsrechtlich zulässig bleibt, denn andernfalls sähe sich das Drittstaatenunternehmen widersprüchlichen, vertraglichen und aufsichtsrechtlichen Pflichten ausgesetzt. Denkbar wäre es allerdings, dass die Mitgliedstaaten von dem Drittstaatenunternehmen hinsichtlich der am 11.1.2027 noch laufenden Bankgeschäfte verlangen, auf seine Kunden zuzugehen und um Zustimmung zur Übertragung der Geschäftsbeziehung binnen angemessener Frist auf eine zugelassene Niederlassung dieses Unternehmens in dem betreffenden Mitgliedstaat, ein entsprechend lizensiertes Tochterunternehmen in der Europäischen Union oder eine in dem Mitgliedstaat tätige Drittbank zu ersuchen und die Geschäftsbeziehung, wenn möglich, ordentlich zu kündigen, falls diese Zustimmung nicht erteilt wird. Gegebenenfalls kämen auch grenzüberschreitende Umwandlungsvorgänge mit partieller Universalsukzession in Betracht, die ein Vorgehen ohne Zustimmung des Kunden ermöglichen, falls deren Rechtswirkungen in dem betreffenden Mitgliedstaat und nach dem auf den Vertrag anwendbaren Recht anerkannt werden. In den meisten Fällen wird eine partielle Universalsukzession aus einem Nicht-EU-Staat in einen Mitgliedstaat der Europäischen Union jedoch nicht umsetzbar sein, da hierfür die RL (EU) 2017/1132 idF RL (EU) 2019/2021 nicht gilt. Da es nicht vom nationalen Recht abhängen kann, welche Transaktionsstrukturen mit partieller Universalsukzession möglich sind, um Geschäftsbeziehungen ohne Zustimmung der Kunden zu übertragen, und alle Drittstaatenunternehmen im Grundsatz gleich behandelt werden müssen, können derartige Kunstgriffe auch nicht verlangt werden.

Daher können bis auf weiteres Bankgeschäfte mit Endfälligkeiten, wie bspw. Kredite, bis zur Endfälligkeit fortgeführt werden, solange gesetzlich nichts anderes geregelt wird. Bei Bankgeschäften ohne Endfälligkeit, wie bspw. bei einem Einlagenkonto, ist es auch nicht geboten, dass Drittstaatenunternehmen die Geschäftsbeziehung mit ihren Kunden ordentlich kündigen. Dies liefe dem durch Art. 21c Abs. 5 CRD IV bezweckten Kundenschutz diametral entgegen.

Sollten Mitgliedstaaten doch ein verbindliches Enddatum für die Fortführung bestehender Verträge setzen, müssten Kunden, die dann noch bankgeschäftliche Beziehungen zu Drittstaatenunternehmen unterhalten, die Möglichkeit haben, diese Geschäftsbeziehung auf eigene Veranlassung hin fortzusetzen. Alles andere wäre ein übermäßiger Eingriff in indivi-

[36] Zu einem ohne Erlaubnis abgeschlossenen Darlehensvertrag vgl. BGHZ 76, 119 (126 f.): BGH WM 1978, 1268 (1269); so auch OLG Hamburg BeckRS 2020, 4957 Rn. 3; LG Kiel BeckRS 2020, 26954 Rn. 37. Vgl. auch BGH NJW 2005, 1784 (1785); OLG Hamm VersR 2010, 609 (610) betreffend Darlehen an Versicherungsvertreter; ebenso Canaris, Bankvertragsrecht, 3. Aufl. 1988, Rn. 1286.

[37] Zum Ganzen: MüKoBGB/Armbrüster § 134 Rn. 96 mwN.

duelle Freiheitsrechte und eine nicht zu rechtfertigende Benachteiligung der Bestandskunden. Da die Bestandskunden von der Notwendigkeit, von diesem Recht Gebrauch zu machen, in der Regel nichts wissen, muss es den Drittstaatenunternehmen möglich sein, ihre Kunden anzusprechen und sie zu informieren, dass sie grundsätzlich gehalten sind, ihre Geschäftsbeziehung zu beenden oder auf ein entsprechend lizensiertes Tochterunternehmen oder eine Drittbank zu übertragen, wenn sie – wie vermutlich in den meisten Fällen – nicht beabsichtigen, diese Geschäftsbeziehung auf eine neu gegründete Niederlassung in dem betreffenden Mitgliedstaat zu übertragen. Im Rahmen dieser Information sollte es möglich sein, die Kunden darauf hinzuweisen, dass sie die Geschäftsbeziehung mit dem Drittstaatenunternehmen fortsetzen können, wenn sie dies wünschen, ggf. unter Hinweis darauf, dass sie dann nicht den Schutz europäischer Aufsichtsstandards genießen. Wenn ein solcher Hinweis rein objektiv gefasst und nicht mit werblichen Aussagen oder Anreizen verbunden wird, sollte er in dieser Konstellation auch die Anforderungen der passiven Dienstleistungsfreiheit erfüllen,[38] falls sich der Kunde für die Fortsetzung der Geschäftsbeziehung entscheidet.

Die Bestandsschutzregelung gilt allerdings nur für Verträge, die vor dem 11.7.2026, also spätestens sechs Monate vor dem 11.1.2027, abgeschlossen wurden. Dies unterstellt stillschweigend, dass Drittstaatenunternehmen ab dem 11.7.2026 neue Geschäftsbeziehungen mit Kunden in Mitgliedstaaten über eine in dem betreffenden Mitgliedstaat errichtete Niederlassung eingehen können. Das setzt wiederum voraus, dass Drittstaatenunternehmen, die eine solche Niederlassung errichten wollen, in dem betreffenden Mitgliedstaat auch rechtzeitig eine Bankerlaubnis entsprechend den Anforderungen des durch die CRD VI neu gefassten Titels VI der CRD IV erwirken können. Die Umsetzungsfrist für diese Vorschriften der CRD VI endet am 10.1.2026. Wenn Mitgliedstaaten die Umsetzung der CRD VI in nationales Recht also bis zum Ende der Umsetzungsfrist hinausschieben und ihre Behörden entsprechende Erlaubnisanträge erst nach der Neufassung der Erlaubnisvorschriften bearbeiten, könnte es mit einer rechtzeitigen Erlaubnisgewährung bis zum 10.7.2026 knapp werden. Ansonsten muss das Drittstaatenunternehmen das aktive Bemühen um neue Kunden in den betreffenden Mitgliedstaaten vorübergehend einstellen und kann Neukunden nur noch iRd passiven Dienstleistungsfreiheit oder anderer Ausnahmen von Art. 21c CRD IV aufnehmen.

---

[38] Vgl. dazu unter → II.2.a).

ANDREAS STECK

Die zwölf silbernen Regeln des Bankgeschäfts – Teil 2 – Eine ungefragte Ergänzung zu Martin Peltzer ZfgK 1992, 272 ff.

I. Einleitung

Nichts bewegt den Bankaufsichtsrechtler mehr als die Frage, wie Bankenkrisen verhindert werden können. Es ist dem Rechtsgebiet, das primär der Gefahrenabwehr dient, insofern wesensimmanent. Kurzum; es geht darum zu verhindern, dass Banken in die Krise geraten und ggf. hierdurch einen Flächenbrand auslösen, der nur noch schwer in den Griff zu bekommen ist.[1] Das Aufsichtsrecht hat ein umfangreiches Instrumentarium entwickelt, um dieser Mammutaufgabe gerecht zu werden. Hierzu zählt zunächst einmal überhaupt die Tatsache, dass das Betreiben von Bankgeschäften einer Erlaubnis[2] bedarf. IRd Erlaubnisverfahrens muss ua nachgewiesen werden[3], dass die organisatorischen Strukturen den Anforderungen des Geschäftes und den speziellen aufsichtsrechtlichen Anforderungen entsprechen, dass die Geschäftsleiter, also die Mitglieder des Geschäftsführungsorgans, für ihre konkreten Aufgaben geeignet sind[4] und dass die Kapitalausstattung ausreichend ist. Hierbei handelt es sich nur um einen Auszug der unterschiedlichen Felder, die im Rahmen eine Erlaubnisverfahrens abgeprüft werden, welches nicht selten (einschließlich der Vorbereitung auf Seiten des Antragstellers), mehr als ein Jahr in Anspruch nimmt. Auch die Gesellschafter von Banken müssen bestimmte Anforderungen erfüllen, wenn sie eine bedeutende Beteiligung an einer Bank erwerben wollen.[5] Daneben gibt es mannigfaltige aufsichtsrechtliche Regelungen, die im Geschäftsbetrieb einzuhalten sind und deren Einhaltung von den Aufsichtsbehörden überwacht wird und regelmäßig von den Abschlussprüfern bestätigt werden muss.

---

[1] Insbes. durch einen sog. Bank Run (Bankansturm). Ein Bank Run tritt auf, wenn eine große Anzahl von Kontoinhabern gleichzeitig ihre Einlagen abzieht, weil sie Misstrauen in die Solvenz der Bank entwickelt haben. Die Situation ist schwer zu kontrollieren, da die plötzlichen und massenhaften Abflüsse die Liquiditätsreserven der Bank schnell erschöpfen können und bei Bekanntwerden größerer Abflüsse eine sich selbst verstärkende Abwärtsspirale entsteht, welche die Bedenken der Einleger zu einer selbsterfüllenden Prophezeiung werden lässt. Ein Beispiel aus jüngerer Zeit ist der Fall der Credit Suisse (näher dazu unten Gesetz 12).

[2] § 32 KWG iVm § 1 Abs. 1 KWG.

[3] S. dazu EZB, Guide to assessments of license applications, Januar 2019; Deutsche Bundesbank, Merkblatt über die Erteilung einer Erlaubnis zum Erbringen von Finanzdienstleistungen gem. § 32 Abs. 1 KWG, 25.6.2020.

[4] BaFin, Merkblatt zu den Geschäftsleitern gem. KWG, ZAG und KAGB, 29.12.2020; EZB, Guide to fit and proper assessments, Dezember 2021; ESMA/EBA, Guidelines on the assessment of the suitability of members of the management body and key function holders, 2.7.2021.

[5] Sie müssen gem. § 2c KWG ihre Zuverlässigkeit und finanzielle Solidität unter Beweis stellen und zur Überzeugung von BaFin und EZB darlegen, dass von ihnen kein negativer Einfluss auf die Geschäftsführung der Bank und auf den Zugriff der Aufsicht ausgehen wird. Zudem muss die Identität der für die Gesellschafter auftretenden Personen und die der wirtschaftlichen Eigentümer offengelegt werden.

Über die letzten 25 Jahre hat sich der Bereich Risikomanagement als das Kerngebiet der aufsichtsrechtlichen Überwachung herauskristallisiert. Der Gesetzgeber hat die Anforderungen zunächst iRd 6. KWG-Novelle[6] in § 25a Abs. 1 KWG normiert, dessen unscheinbare Hausnummer der Bedeutung dieser Regelung kaum gerecht wird. Hierauf basierend haben das BaKred und im Nachgang die BaFin die MaRisk verfasst[7], die diese Anforderungen weiter spezifizieren. Historisch gesehen wechselte die Stoßrichtung der nachfolgenden MaRisk-Novellen immer mal wieder von einem „rules based" zu einem „principles based" approach.[8] Mit Errichtung der EBA[9] und des SSM[10] wurden die Anforderungen an den Geschäftsbetrieb der Banken weiter detailliert. Aber keiner der Ansätze konnte verhindern, dass es nicht immer wieder zu Bankenschieflagen kommt, die sich, wie in der Finanzkrise gezeigt, zu einem Flächenbrand entwickeln können.[11]

Insofern liegt es nahe, bei dieser Gelegenheit ein bisschen Abstand von der Detailregulierung zu nehmen und zu schauen, was die Fehler sind, die wie ein Muster immer wiederkehren und die es zu vermeiden gilt. Am Ende sind viele Krisensituationen bei Banken daraus entstanden, dass die Grundzüge der Sorgfalt eines ordentlichen Kaufmanns[12] nicht

---

[6] BGBl. 1997 I 2518. Die Neuerungen sind überwiegend am 1.1.1998 in Kraft getreten und dienten im Wesentlichen der Umsetzung der Kapitaladäquanzrichtlinie sowie der Wertpapierdienstleistungsrichtlinie.

[7] Die MaRisk wurden erstmals als Rundschreiben 18/2005 am 20.12.2005 veröffentlicht und zuletzt am 29.5.2024 durch das Rundschreiben 06/2024 (BA) überarbeitet.

[8] Bei den mehrfachen Überarbeitungen der MaRisk hat die Aufsicht aber stets versucht darauf zu achten, den grds. prinzipienorientierten Aufbau trotz der immer konkreter werdenden internationalen Regelungsvorgaben soweit wie möglich zu erhalten – s. dazu BaFin, Die Erfolgsgeschichte der MaRisk, 15.8.2012, abrufbar unter https://www.bafin.de/ref/19617754.

[9] Die EBA wurde 2011 im Nachgang der Finanzkrise als unabhängige EU-Behörde gegründet. Ihr übergeordnetes Ziel ist es, zur Finanzstabilität innerhalb der EU beizutragen. Dazu legt sie einheitliche Regeln für Banken fest, um eine angemessene europäische Aufsicht und Regulierung sicherzustellen.

[10] Der Einheitliche Aufsichtsmechanismus (SSM) nahm am 4.11.2014 seine Arbeit auf. Er stellt ungefähr 120 als bedeutend eingestufte Banken unter die direkte Aufsicht der EZB. Auf diese Institute entfallen fast 82% der Bankaktiva in den teilnehmenden Mitgliedstaaten. Die Laufende Aufsicht wird von sog. Joint Supervisory Teams (JSTs) aus Mitarbeitern der EZB und den nationalen Aufsichtsbehörden ausgeübt. Weniger bedeutende Institute werden weiterhin von den nationalen Behörden in enger Zusammenarbeit mit der EZB beaufsichtigt, die aber die direkte Aufsicht übernehmen kann, um die Anwendung einheitlich hoher Aufsichtsstandards zu gewährleisten. Die Vergemeinschaftung der Bankenaufsicht folgte damit den in einem hohen Maße integrierten und verflochtenen europäischen Finanzmärkten. Der SSM vermindert insbes. die Gefahr einer von nationalen Interessen geprägten Aufsicht mit sog. „home bias". Er soll auch die enge Verknüpfung zwischen Banken und Staatshaushalt reduzieren, die in der Finanz- und Eurokrise eine große Rolle spielte.

[11] Die Finanzkrise von 2007–2008 wurde durch den Zusammenbruch des US-Immobilienmarktes und die Verbreitung von strukturierten Finanzprodukten ausgelöst, die mit US-Hypotheken besichert waren. Sie führte weltweit zu weitreichenden Bankenkrisen. Prominente Fälle waren in den USA Lehman Brothers, die im September 2008 Insolvenz anmeldete, und Bear Stearns, die im März 2008 von JPMorgan Chase übernommen wurden. Merrill Lynch entging der Insolvenz durch eine Übernahme durch die Bank of America im September 2008. In Großbritannien musste Northern Rock im Februar 2008 verstaatlicht werden. In Deutschland gerieten die Hypo Real Estate und die IKB Deutsche Industriebank in massive finanzielle Schwierigkeiten und mussten staatlich gestützt werden, ebenso wie mehrere Landesbanken, darunter die Sachsen LB, die WestLB und die BayernLB.

[12] Mit der Figur des „ordentlichen Kaufmanns" ergänzt § 347 HGB die im Verkehr erforderliche Sorgfalt (§ 276 Abs. 2 BGB) um einen nicht näher beschriebenen Idealtypus, der zu einer Verschärfung des Sorgfaltsmaßstabes für das jeweilige Handelsgewerbe führt.

eingehalten wurden. Es geht weniger um hochkomplexe Regelungsmaterie (außer, dass man dort, wo es hochkomplex wird, natürlich besonders aufpassen muss). Vielmehr scheint es, dass man einen klaren Kopf und vor allen Dingen eine klare Linie behalten muss, um das eigene Institut nicht in Gefahr zu bringen. Common Sense steht im Vordergrund.

Keiner hat dies bislang so schön und amüsant zum Ausdruck gebracht wie Martin Peltzer[13], der seine Erfahrungen zunächst als Banker, dann als Unternehmer und Kunde und schließlich über viele Jahre erfolgreich als Anwaltskollege gesammelt hat. In seinen „Die sechs silbernen Regeln des Bankgeschäftes"[14] stellt Peltzer kurz und knapp einige Thesen auf, die als gute Prophylaxe überzeugen.[15]

Was liegt näher als an dieses Werk Peltzers mit den folgenden Ausführungen anzuknüpfen, genießt unser Jubilar doch ebenfalls hohes Ansehen nicht nur bei Kollegen und wandelte auch er zwischen den Welten der Anwalterei und dem Bankwesen, in dem er sich in mehreren Kontrollorganen verdingte.[16] Im Folgenden soll deshalb der Versuch unternommen werden, die Thesen Peltzers an den Erfahrungen der letzten 32 Jahren zu messen, zu kommentieren und diese entsprechend anzupassen bzw. weitere Regelvorschläge zu machen, soweit dies Sinn ergibt:

II. Die Peltzerschen Gesetze

1. Die Gesetze 1–4: Kreditnehmerqualität und Kreditnehmertransparenz

Abgesehen davon, dass die pointierte Darstellung manch heutigen Antidiskriminierungsvorstellungen zuwiderlaufen könnte und allein deswegen ein Schmunzeln verursacht, zeichnen sich die ersten vier Regeln Peltzers durch einen Blick auf die Risiken des Einzelengagements aus. Hierbei wird differenziert:

Die Gesetze 1 und 2[17] befassen sich mit der Qualität des Kreditnehmers und behandeln insbes. die Risiken des klassischen Personalkredits.[18] Die Formel lautet: „je aufwändiger

---

[13] Geb. am 28.2.1931 in Krefeld; gestorben am 21.11.2019 in Frankfurt.

[14] Peltzer ZfgK 1992, 272 ff.

[15] Die sechs silbernen Regeln des Bankgeschäfts von Martin Peltzer umfassen die Vermeidung von Krediten an Personen mit auffälligen Merkmalen, Spielern und übermäßig rhetorischen Personen sowie die Bedeutung komplexer Unternehmensstrukturen, strenge Kreditlimits und die Vermeidung von Interessenkonflikten.

[16] So etwa als Aufsichtsratsvorsitzender bei der MainFirst Bank, inzwischen Stifel Europe Bank, der Bremer Kreditbank und der Oldenburgischen Landesbank sowie als Aufsichtsratsmitglied der Société Générale Securities Services GmbH.

[17] „1. Gesetz: (vulgo) ‚Leih keinem falschen Fuffziger etwas'. Kredite, die Personen männlichen Geschlechts eigeräumt werden, die (i) ein Toupé tragen, (ii) sich ihre Haare färben, vor allem wenn diese schlecht gefärbt sind, (iii) (gilt nicht, wenn dies durch eine Verletzung o. ä. indiziert ist) ihr Gesicht durch kosmetische Operationen straffen lassen, (iv) (gilt nicht für Personen in England, Schottland oder Wales) einen Rolls Royce oder einen Bentley fahren, (v) durch Heirat, Adoption oder auf sonstige Weise (außer durch Geburt) einen Adelstitel erworben haben und diesen führen, sind sofort mit 50 Prozent wertzuberichtigen. Wenn der geneigte Leser die großen Hasardeure, Bankrottiers und Konkursanten der letzten hundert Jahre vor seinem geistigen Auge vorbeiziehen läßt, wird er einige entdecken, die unter dieses Gesetz fallen. Wir alle werden im Alter nicht schöner und wohlgestalter; wir sollten aber das Alter akzeptieren und ihm nicht zu entkommen versuchen. Dorian Gray ist eine interessante, aber auch höchst unglückliche Figur der Weltliteratur, und wir haben eben in Wirklichkeit kein Bild, das an unserer Statt altert. Falsche Zähne sind akzeptiert, schon deswegen, weil man im Alter ja nicht nur Griesbrei essen kann. Die übrigen Versuche, die ewige Jugend an unsere Seite zu zwingen, korrelieren aber häufig mit den typischen Eigenschaften des Bankrottiers: Tagträumerei und Realitätsferne. Was nützt das straffe

der Lebensstil, je mehr Glamour, desto mehr muss man hinschauen". Peltzers Ausführungen erscheinen auch heute noch überzeugend, auch wenn sie sich schwer in Scoring-Systeme überführen lassen dürften. Eine Vielzahl der großen Insolvenzfälle der 90er Jahre, wie zB Schneider[19] oder FlowTex[20], alle nach Entstehen seiner Abhandlung, hätten alleine anhand dieser Merkmale früh aufgegriffen werden können. Zweifelsohne handelt es sich hierbei lediglich um eine Indikation, eine vollständige Korrelation zur mangelnden finanziellen Solidität ist nicht festzustellen. Das zeigt sich ua daran, dass selbst spätere deutsche Bundeskanzler einzelne Merkmale der Gesetze 1 und 2 erfüllt haben[21], ohne dass ihre finanzielle Solidität je bezweifelt hätte werden dürfen. Für das klassische Verbraucherkreditgeschäft, wie es bereits damals von einer KKB AG[22] oder Norisbank GmbH[23] betrieben wurde, helfen und halfen die Parameter nur wenig. Hier sind klassische stochastische Methoden, wie sie in Scoring Verfahren angewendet werden, weiterhin erfolgversprechender.

Gesicht, das dunkelbraune Haar (gelegentlich wie mit billiger Schuhwichse gefärbt, bei dem man die weißen Haarwurzeln sieht), wenn der nächste Blick auf die runzeligen, mit Alterspigmenten übersäten Hände fällt (ein – wie Schönheitschirurgen übereinstimmend sagen – unlösbares Problem). Wie soll derjenige, der sich als ‚Müller' nicht angesehen genug fühlt und dem als Unterscheidungsmerkmal von seinen Namensvettern ‚Müller, Reit-im-Winkel' nicht ausreicht und der glaubt, nur als Maharadscha von Eschnapur (Konsul Weyer ist sicherlich gerne behilflich) womöglich mit Rolls Royce die nötige (Be-)Achtung seiner Mitmenschen zu finden, in der Lage sein, irgendetwas Vernünftiges zustande zu bringen (zB seine Schulden zurückzuzahlen)? Im übrigen: Beim zu ostentativen Führen des Konsul-Titels gilt Peltzers 1. Gesetz – letzter Spiegelstrich (v) – analog.

2. Gesetz: (vulgo) ‚Pump keinem Zocker nichts'. Kredite, die Personen eingeräumt werden, die (i) spielen (vor allem Backgammon), (ii) mehr als drei Vollblüter ihr eigen nennen, sind sofort zu 100 Prozent wertzuberichtigen. Die Populärform des 2. Gesetzes genügt wissenschaftlichem Anspruch nicht. In der krausen Grammatik (doppelte Verneinung) drückt sie das Gegenteil des Gemeinten aus, nämlich eigentlich, daß man jedem Spieler ein wenig Kredit einräumen sollte, was immerhin noch besser ist, als jedem (oder auch nur einigen Spielern) viel Geld zu leihen. Warum man dem Spieler kein Geld leihen darf? Der Spieler und der (kreditwürdige) Cut-your-losses-Kreditnehmer stehen jeweils am entgegengesetzten Rand des Spektrums. Die typische Schicksalskurve (Glückssträhne, oder genauer: Unglückssträhne) des Spielers erhebt sich nur kurz über die Abszisse (die kurze Gewinnphase) und stürzt dann ins Bodenlose, wobei der Verlauf steiler und steiler wird, da der Spieler; um das Glück zu wenden, seine Einsätze vervielfacht (was der Cut-your-losses-Mann nie machen würde). Natürlich braucht der Vollblutzüchter und Rennstallbesitzer kein Spieler zu sein (der Autor – selbst Pferdeliebhaber – war insoweit sehr zögerlich). Nur manchmal ist er es eben, so daß Vorsicht die Aufnahme ins 2. Gesetz gebot. Oft genug ist er auch der Games man, der in keinem Fall unter das 2. Gesetz fällt. Der Games man ist der sportliche Geschicklichkeits- (nicht Glücks-)Spieler, der den Ausgang des Spiels beeinflussen kann."

[18] Zu den besonderen Risiken bei Besicherungen s. Gesetz 7.

[19] Der Bauunternehmer Jürgen Schneider wertete seine Immobilienprojekte künstlich auf, indem er Mieteinnahmen erfand und die Immobilien so über ihrem Wert belieh. Dieses Konstrukt funktionierte nur, solange dauerhaft frische Liquidität sichergestellt war. Anfang 1994 erfuhr die Deutsche Bank von den insgesamt 6,7 Mrd. DM Schulden Schneiders, von denen alleine 1,2 Mrd. DM bei der Deutschen Bank lagen.

[20] Die von Manfred Schmider geleitete FlowTex Technologie GmbH & Co. KG ging in den 1990er Jahren insolvent, nachdem ein massiver Betrugsskandal aufgedeckt wurde. Schmider und FlowTex täuschten Banken und Investoren, indem sie fingierte Bohrmaschinen an Leasinggesellschaften und Banken verkauften und die Maschinen wieder zurück leasten. Der entstandene Schaden führte zu erheblichen Abschreibungen iHv 3,3 Mrd. EUR bei den finanzierenden Banken. In der Folge implementierten diese strengere interne Kontrollmechanismen, um zukünftigen Betrugsfällen vorzubeugen.

[21] Im Übrigen auch des Gesetzes 3, s. unten.

[22] Heute Targobank AG.

[23] Heute Tochtergesellschaft der Deutsche Bank AG.

Die Gesetze 3 und 4[24] behandeln eher die Frage der Kreditnehmertransparenz. Kurz gesagt, das Engagement muss leicht erklärbar sein. Dreisatz schlägt komplizierte Bewertungsmodelle. Was nicht leicht erklärbar ist, muss erklärbar gemacht werden, ansonsten muss es seine Schwächen haben. Das gilt nicht nur für die Erläuterung des Kredit- oder allgemein des Unternehmenszwecks. Es gilt auch für die Organisation des Kreditnehmers, die möglichst schlank und einfach sein sollte. Nur Nicht-Juristen werden darüber überrascht sein, zu hören, dass das Herz eines Juristen aufgeht, wenn er Peltzers Satz liest: „Die Kompliziertheit der Struktur eines Unternehmens ist proportional zur Zahl der Leichen, die der Erwerber nach dem Erwerb im Keller findet [...]“. Nur am Rande sei hier erwähnt, dass die Juristenzunft es über die letzten Jahrzehnte leider nie geschafft hat zu vermitteln, dass Detailverliebtheit wenn überhaupt nur Mittel zum Zweck, aber in keinem Fall Zielbild eines guten juristischen Ergebnisses ist. Der gute Schriftsatz ist klar, leicht verständlich und nicht verschwurbelt, ebenso der juristische Rat oder das Urteil eines Richters.

Während sich Peltzer bei seiner Regeldefinition primär auf die gesellschaftsrechtliche Organisation des Kreditnehmers bezieht, so zeigte spätestens die Finanzkrise kaum zwanzig Jahre später, dass sein Petitum einen erheblich größeren Anwendungsbereich hatte, als er wohl vermutete. Während der Begriff des „Kreditersatzgeschäftes“ eher konservatives Bank-

---

[24] „3. Gesetz: (vulgo) ‚Trau keiner Silberzunge‘. Kredite, die Personen eingeräumt werden, die ihr zu finanzierendes Geschäft, ihre Pläne und Absichten in solch silberzüngig eleganter Beredsamkeit dazustellen wissen, daß der kreditgebende Banker den Kredit nicht zuletzt deswegen gibt, weil er nicht zugeben will, nicht alles verstanden zu haben, sind sofort mit 40 Prozent wertzuberichtigen. An Beredsamkeit stellt er jeden McKinsey-Mann in den Schatten. Sein Auftreten ist makellos, sein Anzug (nicht maßgeschneidert) von einem teuren italienischen Hersteller. Häufig war er auf einer Business School. Er weiß alles. Zweifel kennt er nicht. Schriftliche Ausarbeitungen (wenn es sie denn gibt) sind formal makellos, die Cash-flow-Projektionen auf Jahre hinaus pfenniggenau. Wie eindrucksvoll hebt er sich vor jenem Familienunternehmer ab, der dialektsprechend und mit nicht ganz einwandfreier Grammatik eine Investitionsrechnung auf der Rückseite eines gebrauchten Briefkuverts erläutert (daß letzterer sein Leben lang Geld verdient hat, soll freilich nicht verschwiegen werden). Nun sind die drei ersten Gesetze nicht als (absolute) Verbote zu verstehen. Eine Bank in glänzender Ertragslage, die alle Latein-Amerika und ehemaligen Ostblockstaaten-Kredite schon voll wertberichtigt hat, mag geradezu nach Kreditnehmern mit Merkmalen wie oben beschrieben Ausschau halten, um die drückende Steuerlast zu vermindern. Ob die Wertberichtigungen anerkannt werden? Aber selbstverständlich: In der nächsten Außenprüfung werden die Prüfer nicht einmal eine Augenbraue hochziehen, wenn der Steuerpflichtige auf die drei ersten silbernen Regeln des Bankgeschäftes hinweist. Im übrigen sind die drei Regeln jeweils wie folgt zu ergänzen: ‚Ist der Kreditnehmer (wie meist) eine Gesellschaft, gelten die obigen Regeln für geschäftsführende Gesellschafter und (bei Kapitalgesellschaften) für die Mitglieder des Vertretungsorgans.‘

4. Gesetz: über die Kompliziertheit von Unternehmensstrukturen und ihre Auswirkungen auf die Rückzahlung von Krediten und auf die Überraschungen eines eventuellen Unternehmenskäufers: ‚Die Kompliziertheit der Struktur eines Unternehmens ist proportional zur Zahl der Leichen, die der Erwerber nach dem Erwerb im Keller findet und umgekehrt proportional zur Chance des Kreditgebers, sein Geld zurückzubekommen.‘ Doppelstöckige KGs, Besitz- und Betriebsgesellschaften, Holdings mit Ketten von untereinander aufgehängten Tochter-, Enkel- und Urenkelgesellschaften, Organschaften von der Mutter zur Enkelin, Konzernschaubilder von mittleren Unternehmen, die wie komplizierte Atommodelle aussehen! Es ist immer das Gleiche. Mag es auch historisch gewachsen sein, es hätte längst radikal vereinfacht werden sollen. Komplizierte Strukturen bedeuten regelmäßig höhere Kosten (zB weil alle Gesellschaften eigene Buchhaltungen haben, die geprüft werden), schlechte Übersicht und erschwerte Durchgriffsmöglichkeit für die Konzernleitung (zB weil Tochtergesellschaften von Rechts wegen – wie bei einer Aktiengesellschaft – oder praktisch größere Freiräume haben als Betriebsabteilungen). Nichts gegen vernünftig strukturierte Konzerne, bei denen Haftungsabschottung und unterschiedliche Zielsetzungen es durchaus rechtfertigen mögen, unterschiedliche Aktivitäten in getrennten rechtlichen Strukturen zu verfolgen. Aber ein Familienunternehmen, das so kompliziert ist wie General Electric? Einfachheit ist ein Wert an sich.“

geschäft vermuten ließ, so verbarg sich hinter diesem Begriff vermeintlich hoch rentables Geschäft vieler Geschäfts-, insbes. aber Landesbanken, die aufgrund des Wegfalls der Gewährträgerhaftung[25] und einem niedrigeren Zinsniveau als aus den 90ern gewohnt, nach einem neuen Geschäftsmodell[26] suchten. Eine Beteiligung am US-Immobilienmarkt, der boomte und hohe Renditen versprach, war für viele Institute die entsprechende Antwort. Nur wenige verstanden jedoch den eigentlichen Risikogehalt von Verbriefungsstrukturen, insbes. wenn es sich um kaskadierte Investmentstrukturen handelte.[27] Häufig waren noch nicht einmal die verbrieften Vermögensgegenstände im Detail bekannt, deren wirtschaftliches Risiko man erwarb. Noch heute sind Vertreter manches Instituts darauf stolz, dass sie nur deshalb nicht von der „subprime"-Welle erwischt wurden, weil sie die Engagements einfach nicht verstanden – und zumindest die richtigen Konsequenzen daraus gezogen haben.

Diese Erkenntnis betraf im Übrigen nicht nur Direktinvestments. Bereits 2008 musste die IKB schmerzlich erfahren, dass auch sog. Liquiditätslinien, wen wundert es, das volle Kreditrisiko bergen – nämlich just in dem Fall, in dem die Refinanzierungsfähigkeit des Begünstigten der Liquiditätslinie aufgrund des Wertverfalls der von ihm gehaltenen Vermögensgegenstände nicht mehr gegeben ist.[28]

2. *Die Gesetze 5 und 6: Risikomanagementanforderungen und das Vermeiden von Interessenkonflikten*[29]

Die Peltzerschen Gesetze 5 und 6 stehen grds. in keinem inneren Zusammenhang, haben aber gleichwohl heute erhebliche Bedeutung. Gesetz 5 steht für den konsequenten Aufbau eines funktionierenden Risikomanagements, dass sich eben nicht nur an dem orientiert, was

---

[25] Entscheidung der Europäischen Kommission v. 27.3.2002, C (2002) 1286, Staatliche Beihilfe Nr. E 10/2000 – Deutschland; Pressemitteilung ip/02/343 v. 28.2.2002/1.3.2002.

[26] Zur Notwendigkeit eines von den Märkten akzeptierten Geschäftsmodells s. unter Gesetz 12.

[27] Sog. CDO squared, bei denen gestapelt einzelne Tranchen in weitere Verbriefungstranchen investierten, so dass die eigentliche Risikokonzentration nicht mehr wirklich erkennbar war.

[28] Im Falle der IKB handelte es sich um eine Liquiditätsgarantie an die Zweckgesellschaft Rhineland Funding iHv 8,1 Mrd. EUR (Blattmann, Arbeitspapier Abteilung Wirtschaft FH Hannover 04-2011, 3).

[29] „5. Gesetz über Peltzers Syndrom (Siamesische Zwillinge-Syndrom), seine Früherkennung und Heilungschancen im Frühstadium: ‚Nutze niemals die gesetzlich zulässigen Großkreditgrenzen aus. Setze dir ein eigenes Höchstkreditlimit, das signifikant unter der Hälfte der gesetzlichen Höchstgrenze liegt. Stelle jeden Kredit sofort fällig, der dieses private Limit überschreitet, egal aus welchem Grund. Laß es niemals dazu kommen, daß der Ausfall eines einzigen Kreditnehmers mehr bedeutet als ein leicht verhageltes Jahresergebnis. Cut your losses!' Merke: Peltzers Syndrom, benannt nach dem Wissenschaftler, der es zuerst beschrieben hat (Journal of Medical Science, Utopia, Juli 1973, 1077 und Dezember 1983, S. 2083) ist eine Krankheit ausschließlich des Kreditgebers. Sie geht regelmäßig einher mit schwerer Multi-Morbidität des größten Kreditnehmers. Die Krankheit trat zB im Sommer 1973 und im Spätherbst 1983 sehr heftig auf, so daß Wissenschaftler eine gewisse Zyklizität annehmen mit der Folge, daß 1993 mit einem erneuten Aufflackern gerechnet werden muß. Die ersten Symptome bestehen darin, daß ein Großkreditnehmer seine Linien überzieht. Eine vorübergehende Verlegenheit. Zahlungsstockung bei einem Hauptkunden. Gewiß doch. In diesem Stadium ist die Krankheit noch heilbar. Ein eisenhartes Nein, es gibt noch andere Banken; und wenn die auch Nein sagen, ist das eigene Nein doppelt gerechtfertigt. Wenn die Kundenbeziehung darunter leidet, tant pis. Ein Zeichen dafür, daß der Kreditgeber die Spielregeln nicht zeitig und nicht klar genug definiert hat. Ist erst das private (niedrigere) und dann das amtliche Limit überschritten (halten wir uns nicht damit auf, wie Großkreditmeldungen getürkt werden können), sinken die Heilungschancen. Ist der Zustand erreicht, bei dem der Untergang des Kunden den Untergang der kreditgebenden Bank bedeutet (daher vulgo: Siamesisches Zwillinge-Syndrom), ist jede Rettung ausgeschlossen. Die Krankheit verläuft dann stets – und rasch – tödlich. Besonders gefährdet sind die Personen, die sich einen eigenen Fehler nicht eingestehen können, die Spieler (‚es muß doch wieder einmal Rouge kommen'), und Personen,

erlaubt ist, sondern was der eigenen Risikostrategie des Instituts entspricht. Und diese muss darauf ausgerichtet sein, überproportionale, schon gar existenzgefährdende Verluste zu verhindern.[30] Insbes. Regelungen, die staatliche Kreditnehmer bei der Eigenmittelunterlegung und iRd Anrechnung des Großkreditregimes begünstigen, mögen einen weiten Spielraum geben. Der eigentlich „gesunde" Risikoappetit wird allerdings durch die konkrete Risikostrategie zu Recht weiter eingeschränkt.

Gesetz 6 schließlich ermahnt zurecht, Interessenkonflikte zu vermeiden und Peltzer hat bereits damals die Weitsicht zu erkennen, dass das Vermeiden von Interessenkonflikten und das Einführen von Transparenzgeboten eines des Hauptthemen der Wertpapieraufsicht der kommenden Jahrzehnte sein wird.[31]

Interessanterweise lässt sich mit den Erfahrungen aus dem Zusammenbruch des Neuen Marktes im Jahr 2000 dennoch ein gemeinsamer Nenner zwischen den Regeln 5 und 6 erkennen. Denn hier zeigte sich, dass dort, wo unterschiedliche Produktkategorien zu einer einheitlichen Wertschöpfungskette zusammengeführt wurden, des Öfteren Interessenkonflikte sowie gleichzeitig nicht mehr beherrschbare Klumpenrisiken entstanden. Wer einen Börsengang für die Gründer eines „Garagen Start-ups" organisiert, diese mit hohen Summen vorfinanziert, wobei die Engagements ihrerseits mit Aktien des Börsendebütanten besichert sind, um im Nachgang die gezeichneten Aktien in die Depots der Vermögensverwaltungskunden zu legen, muss auf die erfolgreiche Platzierung des Börsengangs hoffen. Denn andernfalls ergibt sich der Dominoeffekt, dass das Übernahmerisiko bzgl. der zu plat-

---

denen nie ernsthaft etwas mißlungen ist (eine auch in anderen Lebensbereichen besonders gefährdete Personengruppe).

6. Gesetz: ‚Vermeide Interessenkonflikte'. Interessenkonflikte werden ein großes Thema der neunziger Jahre werden. Die Vermeidung ist für das Ansehen und die Konzernhygiene ebenso wichtig wie die Nichtausnutzung von Insider-Kenntnissen. Die Sauberkeit des Kapitalmarktes und das Vertrauen der Anleger in die Integrität der Kapitalmarkt-Teilnehmer stehen auf dem Spiel. Um so erstaunlicher ist es, wie unsensibel viele große Banken auf diesem Gebiet sind. Hart im Maul wie Schulpferde! Einem großen deutschen Unternehmen droht die Übernahme durch eine ausländische Gesellschaft. Eine große Bank stellt den Aufsichtsratvorsitzenden, dieser spricht freundlich mit dem Raider, eine 100prozentige Tochtergesellschaft der Bank berät das gefährdete Unternehmen gegen die Übernahme, die Bank hält 5 Prozent des Kapitals des gefährdeten Unternehmens im Eigenbesitz und (geschätzt) an die 25 Prozent des Kapitals im Depot für ihre Kunden. Schreit jemand ‚Feurio'? Schreitet der Gesetzgeber ein? (Natürlich nicht; er ist ja viel zu sehr damit beschäftigt, Eltern zu verbieten, ihren Kindern gelegentlich eine Ohrfeige zu verpassen). Bei einer Aktienemission geht es um die Festsetzung des Emissionskurses. Die Konsortialführerin hätte nur und ausschließlich die Interessen des Emittenten zu vertreten. Kann sie das, wo sie doch auch ihrer Depot-Kundschaft die Emission verkaufen will? Offenbart sie eigentlich ihrer Depot-Kundschaft in ausreichendem Maß, daß sie ausschließlich die Interessen der Emittentin vertritt (vertreten sollte)? Ist das Hemd näher als der Rock oder umgekehrt? Das Universal-Bankensystem hat viele Stärken und viele Schwächen. In der historischen Perspektive des Jahres 1992 ist der Glass-Steagall Act mit Fragezeichen zu versehen. Der systemimmanente Interessenkonflikt ist aber eine entscheidende Schwachstelle, vielleicht die Achillesferse des Universal-Bankensystems, insbes. bei den großen Banken. Wahrscheinlich haben einige Privatbanken und kleinere Institute noch gar nicht erkannt, welche Wettbewerbschance sich ihnen hier auftut."

[30] AT 4.2 Tz. 2 MaRisk; Fischer/Schulte-Mattler/Braun KWG § 25a Rn. 168.

[31] Das WpHG wurde im Jahr nach Peltzers Beitrag am 26.7.1994 eingeführt (BGBl. I 1749). In dessen Ursprungsfassung fanden sich zwar noch keine Regelungen zu Interessenskonflikten. Diese wurden aber erstmals in der Fassung mit Gültigkeit vom 1.1.1995 in § 31 WpHG aF aufgenommen. 2002 wurden sodann im Wege des Vierten Finanzmarktförderungsgesetz mit § 15a WpHG aF erstmals Mitteilungs- und Offenlegungspflichten für sog. Directors' Dealings begründet. § 15b WpHG aF verpflichtete alle Emittenten zur Führung eines Insiderverzeichnisses. 2007 führte das Transparenzrichtlinie-Umsetzungsgesetz zu erheblichen Modifikationen der Publizitätsvorschriften. Zur Steigerung der Effizienz der Wertpapiermärkte sollte das Anlegervertrauen durch erhöhte Transparenz gestärkt und die Kosten der Kapitalaufnahme gesenkt werden.

zierenden Aktien ebenso schlagend wird wie gleichzeitig das nun nicht mehr ausreichend besicherte Kreditrisiko[32] und schließlich das potentielle Schadensersatzrisiko ggü. den Anlegern. Gleichzeitig stellten sich Anleger und Kreditnehmer die berechtigte Frage, ob hier eigentlich jeweils in ihrem eigenen Interesse gehandelt wurde, oder ob es nicht vielmehr ausschließlich darum ging, das wirtschaftliche Ergebnis des Instituts zu steigern.

III. Erweiterung der Peltzerschen Gesetze um die Gesetze Nr. 7–12

Die vorgenannten Gesetze stellen bereits ein sehr gutes Fundament dessen dar, was man als Banker berücksichtigen sollte, um sein Institut nicht größeren Risiken auszusetzen. In den letzten 30 Jahren konnte man allerdings auch weitergehende Stereotypen erkennen, die zu Schieflagen von Banken geführt haben oder zumindest zu, wie Peltzer es ausdrückt, verhagelten Jahresergebnissen.

1. Gesetz 7 „Stimmt der Multiplikand?“

Nicht selten konnte man in der Vergangenheit Situationen antreffen, bei denen Sicherheiten völlig überbewertet, bzw. teilweise gar nicht existent waren. Flowtex[33] zB finanzierte Erdbohrer, die zum Großteil gar nicht existierten, Balsam[34] suggerierte Aufträge und daraus resultierende Forderungen, die es überhaupt nicht gab. Am Ende entstand jeweils ein Schneeballsystem, bei dem es nur eine Frage der Zeit war, wann es auffällt, dass hier mit Luftnummern gehandelt wurde. Hätte man nicht einmal versuchen können, alle Bohrer nebeneinanderzustellen, also das zu machen, was man gemeinhin als Inventur bezeichnet? Hätte sich dies nicht insbes. angeboten, wenn der Firmengründer schon bei Anwendung der Gesetze 1 und 2 hätte auffallen müssen? Auch 25 Jahre später stellte man sich bei Wirecard[35] die Frage, weshalb eigentlich nicht früher erkannt wurde, dass bestimmte Umsätze offensichtlich Scheinumsätze waren, wenngleich es hier wohl weniger um Sicherheiten im engeren Sinne ging, sondern eher um die Validierung des Geschäftsmodells als Ganzes. Im Ergebnis ist es dasselbe.

Eine Unterart des Gesetzes 7 ist der vorhandene, aber selbst kreierte Umsatz, der insbes. im Zusammenhang mit Immobilientransaktionen auffällt. Dass Planumsätze auf qm-Zahlen beruhen, die gar nicht existent sind,[36] ist hierbei die bäuerliche Variante. Etwas intelligenter ist die „rechte Tasche, linke Tasche“ Version, bei der der Eigentümer der finanzierten und

---

[32] Mitte der 90er Jahre wurde Gold-Zack zu einem Beratungshaus für Börsengänge sowie Großaktionärin der Gontard & MetallBank. Das Institut brachte vornehmlich von Gold-Zack entdeckten junge Unternehmen an die Börse. Zudem vergab die Bank großzügige Kredite an die betreuten Nemax-Firmen und akzeptierte deren Aktien als Sicherheiten. Die in Folge des Platzens der Dotcom-Blase anhaltenden Kursrückgänge erforderten immer weitere Wertberichtigungen, die zu einer stetigen Absenkung des Grundkapitals der Gontard & MetallBank führten, bis es 2002 dann zur Insolvenz kam. Als größte Anteilseignerin wurde auch Gold-Zack davon schwer getroffen.

[33] S. Fn. 20.

[34] In den 1980er Jahren führten die Manager des Unternehmens ein betrügerisches System ein, indem sie Aufträge fälschten, um zusätzliches Kapital zu beschaffen, was 1994 zur Aufdeckung und anschließenden Verurteilung der Verantwortlichen führte.

[35] Der Wirecard-Skandal offenbarte systematische Bilanzfälschungen und betrügerische Praktiken des Zahlungsdienstleisters Wirecard AG, die in der Insolvenz des Unternehmens gipfelten. Im Zuge der Ermittlungen stellte sich heraus, dass ca. 1,9 Mrd. EUR an vermeintlichen Bankguthaben nicht existierten.

[36] Dies war etwa bei dem Bauunternehmer Jürgen Schneider zu beobachten. Schneider täuschte bei Projekten wie dem „MyZeil“-Einkaufszentrum in Frankfurt a. M. über die tatsächlich vorhandenen Mietflächen und damit den potenziellen Ertrag der Gebäude. Durch die Angabe

zur Besicherung gegebenen Immobilie gleichzeitig direkt oder indirekt Mieter ist. Solange es sie noch geben wird, sind Warenhäuser hier regelmäßig im Zentrum der Struktur. Und so manches innerstädtisch gelegene ehrwürdige Karstadt oder Horten Gebäude ist über die letzten zwanzig Jahre schon mehrfach Gegenstand dieses Spiels geworden. Die Idee ist ganz einfach: Die vereinbarte Miete liegt deutlich über dem Markt. Der Banker, der Gesetz 7 nicht beachtet, multipliziert die zu erwartenden Mieteinnahmen mit einem branchenüblichen Vervielfältiger und schon ist die Immobilie doppelt so viel wert, wie die derzeitigen Marktpreise es eigentlich nur zulassen dürften. Und das Ergebnis ist immer ähnlich: Der Mieter wird über die Zeit von seinen Mieten erdrosselt, zahlt seine Mieten nicht mehr bzw. geht im Zweifel in die Insolvenz und der wahre Wert der Immobilie wird offenkundig – mit dem Ergebnis, dass Finanzierungen von österreichischen Projektentwicklern ebenso ausfallen[37], wie Anteile an rheinischen Immobilienfonds wertlos werden[38].

Systematisch müsste Gesetz 7 eigentlich direkt auf Gesetz 4 folgen. Denn die Gesetze 5 und 6 enthalten demgegenüber bereits allgemeinere Ausführungen zur Risikosteuerung einer Bank. Sie entfernen sich daher von den Risiken des Einzelengagements und haben allgemeineren Charakter. Der Verfasser sieht jedoch hiervon ab, allein, um das Ursprungswerk nicht zu verfälschen.

Im Folgenden sollen aber dennoch fünf weitere Gesetze etabliert werden, die sich mehr auf die Gesamtrisikosteuerung und Gesamtbanksteuerung, denn auf Einzelengagements beziehen.

2. Gesetz 8: Die Louis van Gaal-Regel oder „Die Verteidigung beginnt im Angriff“

Aufgrund der aufsichtsrechtlichen Vorgaben[39] wird die Aufbau- und Ablauforganisation in Banken streng zwischen den Bereichen Markt und Marktfolge getrennt. Während der Marktbereich primär für den Vertrieb zuständig ist, haben die Marktfolgebereiche die Aufgabe, die Geschäftsaktivitäten zu kontrollieren. Dies wird durch das sog. Vieraugenprinzip sichergestellt, was im Kreditgeschäft zB die Folge hat, dass grds. keine Kreditentscheidung gegen das Votum der Marktfolgebereiche getroffen werden kann.[40] Es lässt sich allerdings in

---

überhöhter Quadratmeterzahlen konnten Schneiders Unternehmen Kredite im Milliardenbereich aufnehmen, die später nicht bedient wurden (s. auch Fn. 19).

[37] So jüngst geschehen im Falle von René Benko und seiner Signa-Gruppe. Diese vervielfachte ihr Immobilienvermögen innerhalb weniger Jahre durch ein aggressives Geschäftsmodell in Form eines Kreislaufs aus dem Erwerb von Immobilien und anschließenden Mieterhöhungen, die in den Büchern zu Wertsteigerungen führen. Denn die so aufgewerteten Immobilien konnten bei Banken als Sicherheit für neue Kredite hinterlegt werden, was in Zeiten niedriger Zinsen und steigender Immobilienpreise eine ständige Fortsetzung der Spirale ermöglichte. Bei den Mietern handelte es sich oft um die eigene Handelssparte, zu der auch die erworbene Kaufhauskette Galeria Kaufhof gehört. Corona und die anschließende Inflation erschwerten die Erwirtschaftung der hohen Mieten. Letztlich konnte Signa die durch die starke Leitzinserhöhung gestiegenen Finanzierungskosten nicht mehr stemmen und aufgrund des schwierigeren Finanzierungsumfelds auch kein neues Kapital mehr akquirieren. Dadurch kam es zum größten Insolvenzfall Österreichs.

[38] So bei den Oppenheim-Esch-Fonds. Dies waren Immobilienfonds, die von der Privatbank Sal. Oppenheim und dem Immobilienentwickler Josef Esch initiiert wurden. Ein Teil dieser Fonds investierte in Karstadt Kaufhäuser des angeschlagenen Arcandor Konzerns, mit dem deutlich überhöhte Mieten vereinbart wurden. So betrug die Miete des Münchener Objektes nach Recherchen des Spiegel, 25/2009, 23,2% des Warenhausumsatzes und in Leipzig 19,6%, wobei Mieten, die 10% des Umsatzes übersteigen bereits als existenzgefährdend angesehen würden. Besondere Brisanz erhielt der Fall dadurch, dass der damalige Vorstandsvorsitzende der Arcandor AG Thomas Middelhoff gleichzeitig Großinvestor in die entsprechenden Oppenheim Esch Fonds war.

[39] Vgl. AT 4.4.1, BTO 1.1, BTO 3.1 MaRisk.

[40] Vgl. BTO 1.1 MaRisk. Nach Tz. 2 erfordert eine Kreditentscheidung abhängig von Art, Umfang, Komplexität und Risikogehalt des Kreditengagements zwei zustimmende Voten der

der Praxis häufiger beobachten, dass die starke Fokussierung auf die vorgenannte Aufgabentrennung zu einer silohaften Verantwortungswahrnehmung führt. Die Kontrollaufgabenzuweisung an die Marktfolge und ggf. an Gremien wie zB Risikoausschüsse wird teilweise dergestalt missverstanden, dass der Marktbereich keinerlei Aufgabe habe, den Risikogehalt bestimmter Transaktionen zu hinterfragen (oder zumindest nur um die Grundlage für positive Voten des Marktfolgebereiches vorzubereiten). Oft wird dies durch Incentivierungssysteme unterstützt, die sich – natürlich iRd Grenzen der InstitutsVergV[41] – primär an Vertriebserfolgen bemessen. Hierbei wird allerdings verkannt, dass es ungeachtet der vorgenannten Aufgabenzuweisungen an Markt und Marktfolge die Gesamtaufgabe der Geschäftsleitung ist, eine mit der Geschäftsstrategie und den daraus resultierenden Risiken konsistente Risikostrategie zu entwickeln und diese umzusetzen.[42] Das schließt denknotwendig auch den Marktbereich ein. Im aufsichtsrechtlichen Risikomanagement spricht man in diesem Zusammenhang von der ersten Verteidigungslinie *(first line of defense)*. Dies gilt umso mehr, als die dort vorhandene Kundennähe Zugang zu risikorelevanten Informationen ermöglicht[43], die für nicht im Kundenkontakt stehende Mitarbeiter nur schwer oder wenn überhaupt dann nur über öffentlich zugängliche Quellen zu erlangen sind. Die sich hieraus ergebende Kultur kann zumindest dazu führen, dass die Vertriebsbereiche nicht nur das Eingehen von Risiken nicht verhindern, obschon sie es könnten. Im schlimmsten Fall befeuert eine entsprechende Kultur aber das Eingehen von Risiken, insbes. dann, wenn zwischen Markt und Marktfolge eine Ausstattungsdiskrepanz in qualitativer und quantitativer Hinsicht besteht.

3. Gesetz 9 „Klare Arbeitsanweisungen und -kontrollen"

Gesetz 8 leitet direkt zu Gesetz 9 über, welches sich mit persönlichem Fehlverhalten befasst. Eine Vielzahl an existenzgefährdenden Verlusten in der Kreditwirtschaft wurde durch individuelles Fehlverhalten verschuldet und ist hausgemacht. Skandale wie BCCI[44], Drexel Burnham Lambert[45], oder SocGen[46] haben eines gemeinsam: Einzelne Mitarbeiter gehen nicht zu vertretende Risiken ein, wobei teilweise sogar kriminell[47] gehandelt wird. Hier findet man regelmäßig zwei Versäumnisse gleichzeitig vor. Die Mitarbeitereignung

---

Bereiche Markt und Marktfolge. Soweit die Entscheidungen von einem Ausschuss getroffen werden, müssen die Mehrheitsverhältnisse so festgelegt werden, dass der Bereich Marktfolge nicht überstimmt werden kann.

[41] Die im Dezember 2013 in Kraft getretene und zuletzt im Februar 2023 aufgrund der CRD V geänderte InstitutsVergV konkretisiert die Vorgaben aus § 25a Abs. 1 S. 3 Nr. 6 KWG, der angemessene, transparente und nachhaltige Vergütungssysteme fordert. Die gegenteilige Ausrichtung auf kurzfristige Parameter und die einseitige Belohnung von Erfolg – ohne ausreichende Sanktionierung von Misserfolg – läuft einem angemessenen Risikomanagement zuwider. Die Finanzkrise hat gezeigt, dass eine fehlgeleitete Vergütungspolitik nicht nur das betroffene Unternehmen, sondern auch die allgemeine Finanzstabilität gefährden kann.

[42] AT 4.2 Tz. 2 MaRisk.

[43] Wie zB die in Gesetz 1 und 2 erwähnten persönlichen Merkmale.

[44] Anfang der 1990er Jahre wurde die BCCI aufgrund von weit verbreiteten Betrugspraktiken, Geldwäsche und anderen finanziellen Straftaten von den Aufsichtsbehörden geschlossen. Der Skandal führte zu einem finanziellen Verlust von über 10 Mrd. US-Dollar und hatte erhebliche Auswirkungen auf die internationale Regulierung des Bankensektors.

[45] Ende der 1980er Jahre wurde publik, dass die Bank aufgrund von Insiderhandel und der Manipulation von Hochzinsanleihen in finanzielle Schwierigkeiten geriet. Sie musste schließlich 1990 Insolvenz anmelden.

[46] Im Januar 2008 gab die Société Générale bekannt, dass der Händler Jérôme Kerviel durch nicht genehmigte Börsengeschäfte einen Verlust von fast 5 Mrd. EUR verursacht hatte.

[47] So haben Mitarbeiter der Deutschen Bank als Zwischenhändler 2009–2010 einen illegalen Ringhandel mit CO2-Emissionszertifikaten und den damit verbundenen Steuerbetrug iHv

spielt bei der Auswahl eine nur untergeordnete Rolle und die Kontrollmechanismen sind unzureichend. Gegen Betrug ist man selten gewappnet, aber es ist schwer nachvollziehbar, wie es sein kann, dass Handelspositionen in Milliardenhöhe von einzelnen Händlern weit über den zugestandenen Limits gehalten werden, ohne dass dies je auffällt. Die Regeln der Aufsicht sind klar: entsprechende Prozesse, angefangen von desk top descriptions und Kontroll- und Eskalationsmechanismen sind vorzuhalten.[48] Allein mit der Umsetzung hapert es. Und so stellt Gesetz 8 das bankinterne Gegenstück zu Gesetz 3 dar. Die Organisationsstruktur muss klar und für jeden leicht verständlich sein.[49] Das Niederlegen der einzelnen einzuhaltenden Normen in tausend unterschiedlichen policies, deren Zusammenspiel keiner in der Bank erklären kann, in jedem Fall nicht der Anwender, hilft nicht. Es hilft nicht bei Nachfragen der Aufsichtsbehörden und noch viel schlimmer: Es hilft nicht, Exzesse und Fehlverhalten rechtzeitig zu erkennen und zu unterbinden.

4. Gesetz 10: „Der Heimatmarkt als Länderrisiko und Länderrisiken in Zeiten geopolitischer Veränderung“

Schon seit jeher ist die Beurteilung von Länderrisiken Teil von Kreditentscheidungsprozessen. Hierunter versteht man grds. alle länderbezogenen Kredit-, aber auch Marktpreisrisiken. Kreditausfälle, sei es von staatlichen Institutionen oder aber von Kreditnehmern im entsprechenden Wirtschafts- und/oder Währungsraum, sind ebenso umfasst wie Marktpreisrisiken aufgrund länderspezifischer Besonderheiten. Das umfasst auch Transferrisiken, wie zB das Risiko einer Devisenverkehrsbeschränkung, die es ggf. verhindert, eine Rückzahlung aus dem Währungsraum vorzunehmen.[50] Zu Peltzers Zeiten spielten Länderrisiken für heimische Banken insbes. in der Exportfinanzierung eine Rolle. Als relevant erkannte Risiken wurden regelmäßig durch Exportversicherungen zB des Bundes[51] abgesichert. Aber auch in Handelsbereichen konnten Länderrisiken schlagend werden. Exemplarisch sei hier nur die Argentinienkrise zu Ende des letzten und Beginn dieses Jahr-

145 Mio. EUR ermöglicht. Dies hatte acht Anklagen zu Folge, die zu Bewährungsstrafen sowie einer Verurteilung zu dreieinhalb Jahren Gefängnis führten.

48 BTO 2.2.1 Tz. 9 MaRisk: „Organisatorisch dem Handelsbereich zugeordnete Mitarbeiter dürfen nur gemeinsam mit Mitarbeitern eines handelsunabhängigen Bereichs über Zeichnungsberechtigungen für Zahlungsverkehrskonten verfügen“; Tz. 10: „Das Institut hat durch geeignete Maßnahmen sicherzustellen, dass die Positionsverantwortung von Händlern jährlich für einen ununterbrochenen Zeitraum von mindestens 10 Handelstagen an einen anderen Mitarbeiter übertragen wird. In diesem Zeitraum hat das Institut dafür Sorge zu tragen, dass kein Zugriff eines abwesenden Händlers auf die von ihm verantworteten Positionen erfolgt“.

49 Vgl. AT 5 Tz. 1 MaRisk: „Das Institut hat sicherzustellen, dass die Geschäftsaktivitäten auf der Grundlage von Organisationsrichtlinien betrieben werden (z. B. Handbücher, Arbeitsanweisungen oder Arbeitsablaufbeschreibungen). Der Detaillierungsgrad der Organisationsrichtlinien hängt von Art, Umfang, Komplexität und Risikogehalt der Geschäftsaktivitäten ab“.

50 „Auf einzelne Länder bezogenes, durch Krisensituationen hervorgerufenes Kredit- und Marktrisiko, das in der Gefahr des teilweisen oder vollständigen Ausfalls vertraglich vereinbarter Zins- und Tilgungszahlungen von Marktleistungsnehmern des Landes und des Wertverfalls von Wertpapieren oder Derivaten, die von Marktparametern des Landes abhängen, besteht. V.a. ist hierbei das Risiko einer staatlichen Reglementierung des grenzüberschreitenden Zahlungs- und Kreditrisikos einbezogen (Transferrisiko).“, Gabler Wirtschaftslexikon, Stichwort: Länderrisiko, abrufbar unter https://wirtschaftslexikon.gabler.de/definition/laenderrisiko-37895/version-261324.

51 Sog. Hermesdeckung, die als staatliche Exportkreditgarantie deutsche Unternehmen vor Zahlungsausfällen beim Export in Länder mit erhöhten Risiken schützt, für die die private Versicherungswirtschaft keine ausreichende Absicherung anbietet. So fördert der Staat die einheimische Exportwirtschaft und gewährleistet gleichzeitig die Chancengleichheit im internationalen Wettbewerb.

hunderts erwähnt.[52] Länderrisiken, auch wenn sie sich in Teilen materialisierten, führten aber aufgrund des begrenzten Exposures regelmäßig zu keiner Existenzgefährdung heimischer Banken.[53]

Dies änderte sich innerhalb der Finanzkrise ab 2008 in gravierendem Umfang. Denn neben der eigentlich durch das Zerplatzen der US-Immobilienblase verursachten Finanzkrise entwickelte sich in Europa zusätzlich ab 2009 eine Eurokrise[54], innerhalb derer insbes. Staatsfinanzierer wie die HRE oder Dexia in existenzielle Nöte gerieten und gerettet werden mussten.[55] Anders als bislang realisierten sich hier zum ersten Mal „heimische" Länderrisiken aus dem gleichen Währungsraum und diese waren bei den entsprechenden Staats- und Kommunalfinanzierern geschäftsmodellbedingt in erheblichem Volumen in den Bilanzen vorhanden. Entsprechende Spill-over-Effekte gab es außerhalb Westeuropas bereits zuvor. Neben der bereits genannten Argentinienkrise auch iRd Asienkrise 1997[56] und der

[52] Die starke Rezession 1998/99 und der Zusammenbruch des argentinischen Finanzsystems 2001/02 markierten die beiden Höhepunkte der Wirtschaftskrise. Ende 2001 erklärte Argentinien seine Zahlungsunfähigkeit in Bezug auf private Auslandsschulden. Dies betraf Anleihen im Wert von umgerechnet 82 Mrd. Euro. Im Gegensatz zu den multilateralen Schulden wurden die Auslandsanleihen über drei Jahre nicht bedient. Danach bot Argentinien einen Umtausch in neue Anleihen mit einem Kapitalschnitt von ca. 75% an. Die bis dahin angefallenen Zinsen iHv 20 Mrd. EUR wurden ignoriert. Erst 2016 konnte eine Einigung mit den letzten Gläubigern erzielt werden, die im Ergebnis ebenfalls auf einen Großteil ihrer Forderungen verzichteten.

[53] Hiervon ist der Fall der Herstatt-Bank zu unterscheiden, deren Insolvenz weniger durch klassische Länderrisiken denn durch unlimitierte Devisenspekulationen verursacht wurde.

[54] Die Schuldenkrise der Eurozone ab 2009 war gekennzeichnet durch erhebliche Refinanzierungsprobleme, insbes. in den sog. „PIIGS"-Staaten: Portugal, Irland, Italien, Griechenland und Spanien. Jeder dieser Staaten hatte Schwierigkeiten, sich am Kapitalmarkt zu finanzieren, was umfassende Rettungsaktionen und Sparprogramme erforderte, um die Stabilität der Eurozone zu wahren. Griechenland war besonders schwer betroffen, da seine hohe Staatsverschuldung und falsche Haushaltsstatistiken zu einem Vertrauensverlust führten. Das Land musste mehrfach von EU und IWF unterstützt werden, um Zahlungsausfälle zu vermeiden. Die irische Regierung rettete die einheimischen Banken, die sich zuvor am Immobilienmarkt verspekuliert hatten, trotz sinkender Steuereinnahmen – verursacht durch die zwischenzeitliche Rezession – mit Milliardenhilfen vor dem Zusammenbruch. Dies führte zu einem Rettungspaket von EU und IWF. Auch Spanien war von erheblichen Verwerfungen auf dem Häusermarkt betroffen. Portugal hatte mit hoher Staatsverschuldung und niedriger Wettbewerbsfähigkeit zu kämpfen, sodass es ebenfalls finanziell unterstützt werden musste. Obwohl Italien nicht Teil eines Rettungspakets war, führten hohen Staatsschulden und langsames Wirtschaftswachstum zu hohen Zinsen auf Staatsanleihen, die wiederum die Refinanzierungskosten erhöhten.

[55] Die HRE war einer der größten Emittenten von Pfandbriefen. Noch im Sommer 2007 kaufte die HRE die Depfa-Bank, die als Staatsfinanzierer Kredite langfristig vergab und diese mit billigem kurzfristigem Geld über den Interbankenmarkt refinanzierte. Ab Herbst 2008 gelang dies aufgrund der Finanzkrise nicht mehr. Zur Stabilisierung der Banklandschaft wurde die HRE mit 9,8 Mrd. EUR direkt gestützt, zudem übernahm der Bund Bürgschaften iHv 124 Mrd. Euro. Ein Jahr später kam es zur vollständigen Zwangsverstaatlichung. Für das Jahr 2011 musste der Bund hauptsächlich wegen mit der Abschreibung von griechischen Staatsanleihen verbundenen Verlusten der FMS Wertmanagement (Bad Bank der HRE) fast 10 Mrd. EUR bereitstellen. Der Bankkonzern Dexia geriet im Zuge der Finanzkrise aus ähnlichen Gründen in Schieflage. Das Geschäftsmodell von Dexia beruhte auf der Finanzierung öffentlicher Kreditgeber. Da sich innerhalb der EU auf eine Beteiligung des Privatsektors am Schuldenschnitt für Griechenland geeinigt wurde, musste Dexia Anfang 2011 einen 21%igen Wertabschlag iHv 377 Mio. EUR auf gehaltene Griechenlandanleihen vornehmen. Die Bank wurde schließlich mit Staatsgarantien von Belgien, Frankreich und Luxemburg gerettet.

[56] Die zu einem scharfen Konjunktureinbruch führende Währungs-, Finanz- und Wirtschaftskrise Ost-/Südostasiens begann im März 1997 in Thailand. Daneben waren Indonesien und Südkorea die am stärksten betroffenen Länder. Ursächlich für die Krise war ua ein schwach entwickelter Finanzsektor, exzessive Kreditaufnahmen (insbes. in Fremdwährung) sowie starke Han-

Russlandkrise 1998[57]. Die neue Erkenntnis war, dass auch die Länderrisiken des eigenen Heimatmarktes eine Rolle spielen. Konsequenterweise werden Banken zurecht hinsichtlich ihrer Solidität mittlerweile auch danach beurteilt, inwieweit sie Vermögensgegenstände (heimat-)staatlicher Emittenten halten und ob hier entsprechende Risikokorrelationen zu berücksichtigen sind, ob also hierdurch im Falle einer weiteren Staatenkrise Dominoeffekte entstehen können.

Länderrisiken haben aber heute auch aus anderen Gründen eine ungleich größere Bedeutung als früher. Geopolitische Veränderungen werden mittlerweile als einer der Haupttreiber für eine potentielle Verwundbarkeit des Finanzsektors gesehen.[58] Während dereinst gerade deutsche Banken durchaus einträgliches Geschäft mit Russland durchgeführt haben, führen der russische Angriffskrieg gegen die Ukraine und hierdurch bedingte Sanktionen und Gegensanktionen dazu, dass westliche Banken in Russland liegendes Vermögen, seien es Tochtergesellschaften, deren Vermögensgegenstände oder sonstige Vermögensgegenstände, praktisch kaum repatriieren können. Zudem bestehen entsprechende Enteignungs- und Konfiszierungsrisiken.[59] In einer Welt, die auch ansonsten in abnehmendem Masse westlichen wirtschaftlichen, demokratischen und kulturellen Leitbildern folgt, ist nicht mehr verlässlich davon auszugehen, dass sich Staaten an die bisherigen westlich geprägten Spielregeln halten.

Ebenso führt die vielerorts propagierte Re-Nationalisierung und Deglobalisierung[60] zu realwirtschaftlichen Risiken für Kreditnehmer, die eine besondere Ausrichtung auf bestimmte Länder haben.[61] Diese sog. indirekten Länderrisiken werden in Zukunft voraussichtlich erheblich an Bedeutung gewinnen. Dies gilt umso mehr als die Abhängigkeit heimischer Industrien zunehmend von Zulieferern oder Abnehmern in anderen Staaten

---

delsbilanzdefizite. Der Zusammenbruch des Bankensektors konnte verhindert werden, wobei im Zuge von Strukturreformen Verschuldungs-, Effizienz- und Führungsprobleme angegangen wurden. Dennoch mussten zahlreiche Banken geschlossen, fusioniert oder verstaatlicht werden (vgl. Gabler Wirtschaftslexikon, Stichwort: Asienkrise, abrufbar unter https://wirtschaftslexikon.gabler.de/definition/asienkrise-52004/version-275155).

[57] Russland erlebte in Folge der Asienkrise und dem damit einhergehenden Rückgang des Ölpreises 1998 eine schwere Finanzkrise. Es kam zu einer Kapitalflucht von Anlegern und Investoren hin zu als besonders sicher geltenden Ländern, wodurch der Rubel weiter unter Druck geriet. Zudem wurden kurzfristige Kredite zur Finanzierung von Haushaltsdefiziten benötigt. Durch die Freigabe des Wechselkurses wurde der Rubel stark abgewertet (60% Wertverlust). Dies verteuerte den Schuldendienst in Fremdwährung auch für die Geschäftsbanken erheblich, sodass es in der Folge zu einem Bank Run durch Privateinleger kam. Ein Großteil der einheimischen Geschäftsbanken musste daher Insolvenz anmelden (s. zum Ganzen Wikipedia, Stichwort Russlandkrise, abrufbar unter https://de.wikipedia.org/wiki/Russlandkrise).

[58] EZB, Turbulent times: geopolitical risk and its impact on euro area financial stability, Financial Stability Review Mai 2024, 92. Die EZB warnt vor steigenden Risiken geopolitischer Unsicherheit und äußert Sorgen darüber, dass Handelskonflikte die ohnehin schwächelnde Konjunktur zusätzlich unter Druck setzen könnten (Handelsblatt/dpa, EZB: Wachstumsschwäche und Handelskonflikte erhöhen Risiko, 20.11.2024, abrufbar unter https://www.handelsblatt.com/dpa/finanzstabilitaet-ezb-wachstumsschwaeche-und-handelskonflikte-erhoehen-risiko/30095960.html). Auch die Bundesbank spricht von einem solchen Bündel an Risiken für Banken (Finanzen.net/dpa, Bundesbank sieht Bündel an Risiken für Banken, 21.11.2024, abrufbar unter https://www.finanzen.net/nachricht/aktien/herausforderungen-bundesbank-sieht-buendel-an-risiken-fuer-banken-14038974).

[59] Tagesschau: Russland beschlagnahmt Vermögen deutscher Großbanken, 18.5.2024, abrufbar unter https://www.tagesschau.de/wirtschaft/russland-beschlagnahmung-banken-vermoegen-100.html; Zwischen Hammer und Amboss, 21.5.2024, abrufbar unter https://www.tagesschau.de/wirtschaft/unternehmen/deutsche-banken-russland-beschlagnahme-100.html.

[60] In den USA zB bestätigt durch die Wiederwahl von Donald Trump am 5.11.2024.

[61] ZB das Risiko von Handelsbeschränkungen in die USA für Nicht-US Hersteller – Donald Trump hat (Einfuhr-)Zölle jüngst als sein Lieblingswort bezeichnet.

abhängt, sei es durch die Lieferung von bezahlbarer Energie, von für die Produktion notwendigen Rohstoffen oder die Bedienung von ausländischen Absatzmärkten.

All diese geopolitischen Risiken haben heute eine ungleich größere Bedeutung als dies noch vor einigen Jahren der Fall war und sie wollen mit Weitsicht „gemanaged“ werden.

5. *Gesetz 11: „Täglich fälliges Geld kann morgen weg sein“*

Man darf das Kind nicht mit dem Bade ausschütten. Fristentransformation ist Teil des ordentlichen Bankgeschäftes und insofern grds. nicht zu beanstanden, ja es ist sogar eine ureigene Aufgabe des Bankensystems, langfristige Finanzierungen durch kurzfristige Mittelaufnahme zur Verfügung zu stellen.[62] Allerdings kommt es auf das Ausmaß an und die aus der Fristentransformation resultierenden Liquiditäts- und Zinsänderungsrisiken sind ausreichend zu berücksichtigen.[63] Ein vollständiges Aushebeln der goldenen Finanzierungsregel, dass kurzfristiges Umlaufvermögen mit kurzfristigen Verbindlichkeiten refinanziert werden soll, während langfristiges Anlagevermögen mit langfristigen Finanzierungen finanziert werden kann, ist auch bei Banken nicht möglich. Vor diesem Hintergrund mutet es erstaunlich an, dass auch im 21. Jahrhundert noch ein Kreditinstitut wie die in den USA beheimatete Silicon Valley Bank in offensichtlich so hohem Umfang langlaufende US-Staatsanleihen gehalten hat, dass sie plötzlich aufkommenden Auszahlungsbegehren nicht mehr gerecht werden konnte, ohne durch den Verkauf der Staatsanleihen zinsinduziert erhebliche Verluste zu verursachen. Hier kamen zwei Probleme zusammen: Zum einen eine höchst umtriebige Einlegerschar, ua Start-up-Unternehmer, die ihr Geld bei dem Institut anlegten, aber jederzeit in der Lage und willens waren, ihre Einlagen abzuziehen. Und genau dies taten sie Anfang März 2023. Und parallel eine Bank, die zur Auszahlung dieser Einleger ihre langlaufenden Staatsanleihen verkaufen musste, die sie bislang im Anlagebuch hielt[64] und somit keiner aktuellen Marktpreisbewertung unterwarf. Das wäre noch nicht so schlimm gewesen, wenn man nicht wegen der zwischenzeitlich gestiegenen Zinsen die Anleihen nur mit hohen Buchwertverlusten verkaufen konnte, was erhebliche Kapitallücken bei der Silicon Valley Bank aufriss, so dass diese am 10. März 2023 von den US-amerikanischen Aufsichtsbehörden zur Abwicklung übernommen werden musste.

Mangelhaftes Aktiv-Passivmanagement war historisch schon häufiger ein Auslöser von Bankenpleiten. Die Schieflage der AHBR im Jahr 2002[65] wurde nur mit einer Milliarden-

---

[62] „Eine Funktion von Finanzintermediären bzw. des Bankensystems insgesamt ist die Transformation bzw. Umwandlung von Passiva bestimmter Laufzeiten in Aktiva mit anderen (idR längeren) Laufzeiten und Zinsbindungsfristen. Sind in der Bankbilanz (wie dies regelmäßig der Fall ist) Fristeninkongruenzen vorhanden, so kann die Bank iRd Treasury neben den Konditionsbeiträgen aus dem Aktiv- und Passivgeschäft eine weitere eigenständige Erfolgskomponente durch gezielte Ausnutzung laufzeit-/zinsbindungsspezifischer Zinsdifferenzen erwirtschaften: den Fristentransformationsbeitrag.“ (Gabler Wirtschaftslexikon, Stichwort: Fristentransformation, abrufbar unter https://wirtschaftslexikon.gabler.de/definition/fristentransformation-58105/version-374152).

[63] BTR 3.1 (Liquiditätsrisiken – Allgemeine Anforderungen) Tz. 1 MaRisk: „Das Institut hat sicherzustellen, dass es seine Zahlungsverpflichtungen jederzeit erfüllen kann. Das Institut hat dabei, soweit erforderlich, auch Maßnahmen zur Steuerung des untertägigen Liquiditätsrisikos zu ergreifen. Es ist eine ausreichende Diversifikation der Refinanzierungsquellen und der Liquiditätspuffer zu gewährleisten, wobei auch die Auswirkungen von ESG-Risiken angemessen zu berücksichtigen sind. Konzentrationen sind wirksam zu überwachen und zu begrenzen“; BTR 2.3 (Marktpreisrisiken des Anlagebuches (einschließlich Zinsänderungsrisiken)) Tz. 3 MaRisk: „Durch geeignete Maßnahmen ist sicherzustellen, dass Limitüberschreitungen aufgrund zwischenzeitlicher Veränderungen der Risikopositionen vermieden werden können“.

[64] Sog. „hold to maturity“.

[65] AHBR geriet 2005 in eine finanzielle Schieflage, weil riskante Immobilienfinanzierungen und fehlerhafte Bilanzierungspraktiken zu hohen Verlusten führten. Laut der Erklärung des AHBR-Vorstands vom 27.4.2006 wurden die erheblichen Verluste der Bank, die aus rechtswidri-

spritze der damaligen Eigentümer und einem nachlaufenden Verkauf an einen Private Equity Fonds gelöst. Während es bei der AHBR als Hypothekenbank allerdings primär um Verluste aus der Veränderung der Zinskurve ging und im ersten Schritt nicht um unerwartete Liquiditätsabflüsse, so ist bei dem vorliegend beschriebenen Fall der Silicon Valley Bank insbes. eines ersichtlich: In Zeiten digitaler Kommunikation und der jederzeitigen Verfügbarkeit von Informationen bzw. der Möglichkeit, jederzeit innerhalb von Sekunden Einlagen zu transferieren ist die Berechtigung der Bodensatztheorie[66] in gewisser Form in Frage zu stellen. In jedem Fall ist zu erkennen, dass erhebliche Liquiditätsabflüsse heutzutage wesentlich schneller ausgelöst werden können, als dies noch vor wenigen Jahren der Fall war. Die Bankenregulierung hat mit ihren Anpassungen der Liquiditätsregeln, zB zur LCR oder NSFR[67], hierauf reagiert. Dennoch ist ganz allgemein nach vorne blickend anzuerkennen, dass die Trägheit von täglich fälligen Refinanzierungsmitteln erheblich abgenommen hat.

6. Gesetz 12 „Sorge Dich um ein überzeugendes Geschäftsmodell"

Gesetz 12 steht in direktem Zusammenhang mit Gesetz 11 und dürfte wohl die bedeutendste Erkenntnis der jüngeren Vergangenheit, insbes. im Zusammenhang mit dem Niedergang der Credit Suisse sein. Liquiditätsabflüsse der Vergangenheit wurden häufig dadurch ausgelöst, dass das Vertrauen in die eigentliche Substanz des Instituts, also die Bilanz, geschwunden ist. So hatten Marktteilnehmer im Jahr 2008 Zweifel dran, dass die von der HRE oder deren Tochter Depfa gewährten Immobilienkredite und Staatsfinanzierungen[68] wirklich das wert waren, mit dem sie in den Bilanzen aktiviert waren. Das von der IKB errichtete Refinanzierungsvehikel Rhineland konnte sich nicht mehr refinanzieren, weil iRd aufkommenden Sub-prime-Krise Zweifel an der Qualität und dem Wert der von diesem Vehikel erworbenen Vermögensgegenstände aufkamen.[69]

Die Krise der Credit Suisse zeigt hingegen eine neue Qualität. Wohl kaum ein Marktteilnehmer ist davon ausgegangen, dass die Credit Suisse im Risiko steht, in näherer Zeit überschuldet zu sein. Das Institut hatte in der Tat in 2022 einen immensen Jahresfehlbetrag iHv mehr als 7 Mrd. CHF ausgewiesen. Dem stand aber immer noch Eigenkapital von 45 Mrd. CHF und eine deutlich reduzierte Bilanzsumme entgegen. Allein die Tatsache, dass es sich um das zweite Verlustjahr in Folge handelte, dass die Bank in der öffentlichen Wahrnehmung keine nachvollziehbare Strategie entwickelte, dass das Risikomanagement der Bank offen-

---

gen Zinsderivatgeschäften resultierten, durch die Inanspruchnahme von Genussrechtskapital iHv 359,8 Mio. EUR abgedeckt. Dies zwang die Eigentümer, die Bank an den Finanzinvestor Lone Star zu verkaufen, was einschneidende Restrukturierungen und den Abbau zahlreicher Arbeitsplätze zur Folge hatte.

[66] Die Bodensatztheorie besagt, dass die täglich fälligen Sichteinlagen einer Bank nicht vollständig abgezogen werden, sondern ein „Bodensatz" dauerhaft liegen bleibt. Dieser stabil verbleibende Teil der Einlagen kann von der Bank genutzt werden, um langfristige Kredite zu vergeben, ohne die Liquidität zu gefährden.

[67] Die Net Stable Funding Ratio (NSFR) verpflichtet Banken, eine stabile Finanzierungsbasis zu gewährleisten, indem das verfügbare stabile Finanzierungskapital (ASF) mindestens 100% des erforderlichen stabilen Finanzierungskapitals (RSF) beträgt. Banken sollen so über einen Zeitraum von einem Jahr widerstandsfähig ggü. Liquiditätsschocks bleiben, da ihre langfristigen Vermögenswerte adäquat finanziert sind. Die Liquidity Coverage Ratio (LCR) definiert den Mindestbestand an hochliquiden Aktiva, den Kreditinstitute als Liquiditätsreserve vorhalten müssen, um im Falle eines schweren Stressszenarios den über einen Zeitraum von 30 Tagen auftretenden Nettozahlungsverpflichtungen nachkommen zu können.

[68] Die europäische Finanzkrise war insofern nicht nur durch das Zerplatzen der Immobilienblase in den USA, sondern auch in erheblichem Umfang durch die sinkende Kreditwürdigkeit der europäischen Staaten induziert.

[69] Mit dem Ergebnis, dass – wie oben ausgeführt – die IKB im Rahmen einer von ihr gewährten Liquiditätslinie in vollem Umfang in Anspruch genommen wurde.

sichtlich nicht funktionierte und insofern die Hauptverlusttreiber Greensill[70] und Archegos[71] überhaupt erst entstehen konnten, und dass die Bank aufgrund von Nachfragen US-amerikanischer Aufsichtsbehörden ihren Jahresabschluss verschieben musste, führte zu einem derart erheblichen Vertrauensverlust, dass innerhalb kürzester Zeit tägliche Liquiditätsabflüsse von 10 Mrd. CHF zu beobachten waren. Letztere waren noch nicht einmal durch staatliche Liquiditätslinien aufzuhalten, so dass die Bank schließlich durch die UBS übernommen werden musste.

Was lernt man daraus: ein nachvollziehbares, profitables Geschäftsmodell ist gerade in Zeiten großer Markttransparenz und dem Vorhandensein der technischen Möglichkeiten, Liquidität jederzeit abzuziehen, wichtiger denn je. Ein funktionierendes Risikomanagement ist hierbei von existentieller Wichtigkeit. Skandale kosten nicht nur Geld, sie können Anlegerverhalten innerhalb kürzester Zeit beeinflussen und erhebliche Liquiditätsrisiken verursachen. All das ist nicht neu, die Vehemenz und Geschwindigkeit, mit der entsprechende Krisen entstehen, hat aber neue Dimensionen erreicht.

IV. Schlusswort

Die oben dargestellten Regeln sind nicht abschließend und eine sich immer weiterentwickelnde Welt wird neue Sachverhalte produzieren, die einer gesonderten Behandlung bedürfen. Ihnen allen ist aber gemeinsam, dass sie Selbstverständlichkeiten beschreiben, die zuweilen in einer im Detail hochregulierten Bankenwelt verloren gehen. Insofern sollen die Ausführungen in nicht allzu ernster Form dazu anregen, bei aller Komplexität das vermeintlich Offensichtliche nicht außer Acht zu lassen.

---

[70] Im Jahr 2017 initiierte die Credit Suisse mit dem britisch-australischen Lieferketten-Finanzierer Greensill Capital vier Investmentfonds, die in Greensill-Anleihen investierten. Besichert waren diese Investments mit Forderungen aus der Lieferkettenfinanzierung. Im Laufe der Zeit veränderte sich der Risikocharakter der Fonds jedoch deutlich, da auch in zukünftige Forderungen und fragwürdiger Kredite investiert wurde. Trotz interner Warnungen und externer Kritik gewährte die Credit Suisse Greensill schließlich einen Überbrückungskredit für einen geplanten Börsengang, zudem es aufgrund der Insolvenz von Greensill jedoch nie kam. Letztlich stellte die FINMA schwere Verletzungen des Schweizer Aufsichtsrechts durch die Credit Suisse-Gruppe fest.

[71] Das Family Office Archegos Capital Management tätigte mit der als Prime Broker agierenden Credit Suisse synthetische Aktiengeschäfte über Total Return Swaps, bei denen es sich verpflichtete, Verluste auszugleichen oder Sicherheiten zu leisten, während die Credit Suisse entsprechende reale Aktienkäufe zur Absicherung vornahm. Als Archegos aufgrund von Kursverlusten ausgelöste Nachschusspflichten nicht mehr erfüllen konnte, musste die Credit Suisse ihre zur Absicherung erworbenen Aktien mit erheblichen Verlusten verkaufen.

C. INVESTMENT- UND INVESTMENTSTEUERRECHT

JAN BRINKMANN

Die Investmentfondsbesteuerung im Lichte des Unionsrechts

Wie geht es nach den BFH-Urteilen v. 13.3.2024 (I R 1/20, I R 2/20) weiter?

I. Einleitung

Einen Schwerpunkt der anwaltlichen Tätigkeit des Jubilars bildet die Beratung zum Investmentrecht. Von Beginn seiner anwaltlichen Tätigkeit an hat er sich mit den aufsichtsrechtlichen Rahmenbedingungen der Auflegung und Verwaltung von Investmentfonds und verwandten Rechtsfragen beschäftigt. Dabei hat er sehr früh die Bedeutung der europarechtlichen Regelungen insbesondere der UC/TDS für die anwaltliche Praxis erkannt.[1] Hier ergaben sich zwangsläufig auch immer wieder Berührungspunkte mit dem Steuerrecht.

Seitdem die Besteuerung von Investmentfonds in Deutschland spezialgesetzlich geregelt wurde, sehen sich die Regelungen europarechtlicher Kritik ausgesetzt. Zunächst stand die Pauschalbesteuerung für Anleger, die Anteile an sog. intransparenten oder schwarzen Fonds hielten, im Mittelpunkt der Diskussion.[2] Der Fokus hat sich mit der Investmentsteuerreform 2018 und der Abschaffung des (eingeschränkten) Transparenzprinzips mittlerweile auf die Besteuerung ausländischer Fonds selbst verlagert, insbesondere bei Bezug von inländischen Dividenden- und Immobilienerträgen.

Nach dem InvStG 2004 waren nur gebietsansässige Investmentfonds von der Körperschaftsteuer befreit und wurden dementsprechend auch von deutscher Kapitalertragsteuer auf inländische Dividenden entlastet, nicht aber ausländische Fonds. Zu der Rechtsfrage, ob diese Ungleichbehandlung von inländischen und ausländischen Fonds europarechtlich zulässig ist, hat nun der BFH eine grundlegende Entscheidung getroffen. In zwei Musterverfahren[3] entschied der BFH, dass ausländischen Investmentfonds – in den Streitfällen eine luxemburgische SICAV und ein französischer FCP – ein aus der Kapitalverkehrsfreiheit (Art. 63 AEUV, früher Art. 56 EGV) abgeleiteter Anspruch auf Erstattung zu ihren Lasten einbehaltener deutscher Kapitalertragsteuer zusteht.

Dabei stehen die Urteile des BFH in einer Reihe von EuGH-Entscheidungen[4] und Urteilen von Steuergerichten anderer Mitgliedstaaten zur Europarechtskonformität nationaler Besteuerungsregeln bei Investmentfonds.[5] Der BFH hat nun erstmals zu den deutschen

---

[1] Aus der europäischen Perspektive markiert die Verabschiedung der UCITSD eine Zeitenwende des Investmentrechts und zugleich einen Meilenstein bei der Verwirklichung eines europäischen Markts für Finanzdienstleistungen (Emde/Dornseifer/Dreibus/Emde KAGB Einl. Rn. 31).

[2] Nach der Rechtsprechung des BFH verstößt die pauschale Besteuerung von Erträgen aus im Inland nicht registrierten ausländischen Investmentfonds (sog. „schwarze" Fonds) gem. § 18 Abs. 3 AuslInvestmG gegen unmittelbar geltendes Europarecht (BFH BStBl. II 2009, 518 und BFH/NV 2009, 731). Zu der Nachfolgeregelung des § 6 InvStG 2004 hat der EuGH im Urteil v. 9.10.2014 entschieden, dass die pauschale (Straf-)Besteuerung gegen die Kapitalverkehrsfreiheit (Art. 56 EGV, jetzt Art. 63 AEUV) verstößt (EuGH ECLI:EU:C:2014:2269 DStRE 2014, 1318 – van Caster).

[3] BFH DStRE 2024, 1182 und BFH/NV 2024, 1170.

[4] Zuletzt EuGH ECLI:EU:C:2023:339 = DStR 2023, 1002 – L Fund.

[5] Der Österreichische Verwaltungsgerichtshof hat mit Urteil v. 13.1.2021 (ECLI:AT:VWGH:2021:RO2018130011.J009) zu einem irischen Exchange Traded Fund in der Rechts-

Regelungen bei von nicht-gebietsansässigen Fonds bezogenen inländischen Dividenden Stellung genommen. Die Entscheidung bestätigt und festigt die Grundfreiheitenjudikatur im Bereich der Besteuerung von EU-Ausländern. Da der räumliche Schutzbereich der Kapitalverkehrsfreiheit nicht auf die Union begrenzt ist, betreffen diese Entscheidungen aber nicht nur Fonds aus EU-Mitgliedstaaten, sondern auch aus Drittstaaten.

Die Bedeutung der Urteile ist insbesondere für den Fiskus erheblich. Ausweislich eines Berichts des Bundesrechnungshofs wird mit Steuerrückforderungen in Milliardenhöhe gerechnet. In dem Bericht an den Finanzausschuss des Bundestages hatte der Bundesrechnungshof bereits im Jahr 2016 vor fiskalischen Risiken durch eine verzögerte Anpassung des Investmentsteuergesetzes an die Vorgaben der EuGH-Rechtsprechung gewarnt.[6] Vor dem Hintergrund der mit jedem Jahr wachsenden fiskalischen Risiken empfahl der Bundesrechnungshof, die bereits geplante Anpassung der Besteuerung ausländischer Investmentfonds an die europarechtlichen Vorgaben vorzuziehen. Erst mit der Investmentsteuerreform 2018 wurde das deutsche Investmentsteuerrecht dann grundlegend geändert und zumindest aus Sicht des Gesetzgebers „europafest“[7] gemacht. Die wesentliche Änderung in diesem Zusammenhang war die Gleichstellung in- und ausländischer Fonds, dadurch dass die allgemeine Steuerbefreiung inländischer Fonds abgeschafft wurde und in- und ausländische Fonds nunmehr gleichermaßen mit einer einheitlichen Vorbelastung der Einkünfte aus bestimmten inländischen Quellen belegt werden.

Vor dem Hintergrund der Diskussion zur Europarechtswidrigkeit der deutschen Regelungen haben zahlreiche ausländische Fonds jedoch Erstattungsanträge für die in der Zeit zwischen 2004 und 2017 erlittenen Kapitalertragsteuern bei den lokalen Finanzbehörden sowie dem Bundeszentralamt für Steuern gestellt.[8] Diese Anträge wurden mit der – je nach Zeitpunkt der Antragstellung – aktuellen Rechtsprechung des EuGH zur Europarechtswidrigkeit des Kapitalertragssteuerabzugs bei Kapitalgesellschaften (Rs. „Denkavit“[9]) bzw. bei Investmentfonds (Rs. „Santander“[10] und Rs. „Emerging Markets“[11]) begründet. Die ersten

form einer Public Limited Company die österreichischen Regelungen als nicht mit der Kapitalverkehrsfreiheit vereinbar eingestuft. Demgegenüber haben Gerichte in den Niederlanden (Hoge Raad ECLI:NL:HR:2024:1112 – Köln Aktienfonds Deka) und Dänemark aus eher formalen Gründen bzw. mangels Vergleichbarkeit mit inländischen Fonds eine Kapitalertragssteuererstattung zugunsten der nicht-gebietsansässigen Fonds abgelehnt (Dänischer Oberster Gerichtshof 24.6.2021 – Sag 59/2019, URL: https://www.dk/medien/sOvdwjzq/hjr-dom.919.pdf [Stand: 11.6.2025] – Fidelity Funds).

[6] Bundesrechnungshof, Bericht an den Finanzausschuss des Bundestages, 24.2.2016, VIII 1 – 2014 – 1080, S. 21, abrufbar unter: https://www.bundesrechnungshof.de/SharedDocs/Downloads/DE/Berichte/2024/investmentsteuerrecht-volltext.pdf?__blob=publicationFile&v=2. Danach bestünde das Risiko von jährlichen Steuermindereinnahmen von 2,1 Mrd. EUR (S. 15).

[7] Vgl. BT-Drs. 119/16, 51. Nach dem Zwischenbericht zur Evaluation des Investmentsteuerrechts des BMF vom April 2023 sind die wesentlichen Regelungen des neuen Rechts mit dem EU-Recht vereinbar, abrufbar auf der Internetseite des Bundesfinanzministeriums, S. 24 ff. Zuletzt wurden insbesondere im Hinblick auf die Teilfreistellung der Einkünfte inländischer Investoren jedoch auch Zweifel an der Europarechtskonformität des aktuellen Investmentsteuergesetzes geäußert, vgl. Herr/Stiefel IStR 2019, 929 (930 ff.); Patzner/Nagler IStR 2024, 734 (740) sowie Kleinert FR 2024, 951.

[8] Vor der Änderung des § 5 Abs. 1 Nr. 2 FVG durch das Abzugssteuerentlastungsmodernisierungsgesetzes war unklar, welche Finanzbehörde für den Erstattungsantrag zuständig ist. Nunmehr ist die Zuständigkeit (rückwirkend) dem Bundeszentralamt für Steuern zugewiesen.

[9] EuGH ECLI:EU:C:2006:783 = DStRE 2007, 289 – Denkavit Internationaal und Denkavit France.

[10] EuGH ECLI:EU:C:2012:286 = IStR 2012, 432 – Santander Asset Management SGIIC.

[11] EuGH ECLI:EU:C:2014:249 = IStR 2014, 334 – Emerging Markets Series of DFA Investment Trust Company.

Anträge wurden bereits im Jahr der Denkavit-Entscheidung, dh im Jahr 2006, gestellt und werden seit dem auch als „Denkavit-Anträge" bezeichnet.[12] Wegen der höchstrichterlich noch nicht abschließend geklärten Rechtslage blieben diese Anträge jahrelang weitgehend unbearbeitet.[13] Da der Erstattungsanspruch grundsätzlich mit 6% p. a. zu verzinsen ist, dürfte der potentielle Schaden für den Fiskus nun immens sein.[14]

II. Das Urteil des EuGH zu Spezialimmobilienfonds („L Fund")

Dass die Warnungen des Bundesrechnungshofs nicht unbegründet waren, zeichnete sich insbesondere nach der bereits im Jahr 2023 ergangenen EuGH-Entscheidung zu nicht-gebietsansässigen Spezialimmobilienfonds ab.[15] Der EuGH entschied im ersten Urteil zur deutschen Fondsbesteuerung, dass die steuerliche Ungleichbehandlung von in- und ausländischen Fonds sowohl dazu geeignet ist, gebietsfremde Publikumsfonds von Investitionen in deutsche Kapitalgesellschaften abzuhalten, als auch in Deutschland ansässige Anleger davon abzuhalten, für solche Investitionen gebietsfremde Publikumsfonds in Anspruch zu nehmen.

An dieser Schlussfolgerung ändere sich auch nichts durch die Besteuerung der Ausschüttungen auf der Ebene der Anleger. Denn die deutschen Rechtsvorschriften machten die Befreiung der inländischen Fonds nicht von der Voraussetzung abhängig, dass sämtliche Einkünfte auf der Ebene ihrer Anleger besteuert werden.[16]

Der EuGH führt darüber hinaus aus, dass auch gebietsansässige Anleger von gebietsfremden Fonds im Vergleich zu gebietsansässigen Anlegern von gebietsansässigen Fonds je nach ihrer steuerlichen Situation benachteiligt werden könnten.[17] Damit liegt nach Auffassung des EuGH eine grundsätzlich verbotene Beschränkung des freien Kapitalverkehrs vor.

Grundsätzlich käme zwar eine Rechtfertigung unter dem Gesichtspunkt der Kohärenz der nationalen Steuervorschriften in Betracht. Dies setze allerdings einen unmittelbaren Zusammenhang zwischen der steuerlichen Belastung und dessen Ausgleich durch einen bestimmten steuerlichen Vorteil voraus. Die Feststellung obliegt insoweit dem nationalen Gericht. Im Entscheidungsfall konnte der EuGH diese Frage sogar offenlassen, da er die nationale Regelung jedenfalls als unverhältnismäßig ansah. Als mildere, gleich effektive Maßnahme zur Sicherung des Steueranspruchs hätte der ausländische Spezialimmobilienfonds von der Steuer befreit werden können, wenn zugleich sichergestellt wäre, dass die Anleger eine Steuer entrichteten, die derjenigen entspricht, der die Anleger eines gebietsansässigen Fonds unterliegen.[18]

In der Nachfolgeentscheidung verzichtet der BFH auf die Feststellung des direkten Zusammenhangs zwischen Steuerbefreiung auf Fondsebene und Besteuerung auf Anlegerebene und beschränkt sich auf einen Verweis auf die vom EuGH selbst durchgeführte Verhältnismäßigkeitsprüfung.[19] Der BFH setzt die Entscheidung des EuGH eins zu eins um

---

[12] Damit werden eine ganze Reihe von Erstattungssachverhalten zusammengefasst, bei denen sich die unionsrechtswidrige Beschränkung der Kapitalverkehrsfreiheit nach Art. 63 AEUV aus unterschiedlichen Gründen ergibt. Betroffen sind neben ausländischen Kapitalgesellschaften auch Investmentfonds, Pensionsfonds, Pensionskassen, Lebens- und Krankenversicherungsunternehmen.

[13] Bundesrechnungshof, Bericht an den Finanzausschuss des Bundestages, 24.2.2016, VIII 1 – 2014 – 1080, S. 17.

[14] Krit. zu der durch Untätigkeit der Verwaltung bzw. des Gesetzgebers ausgelösten Zinsbelastung Kleinert FR 2024, 951.

[15] EuGH EU:C:2023:339 = DStR 2023, 1002 – L Fund.

[16] EuGH EU:C:2023:339 = DStR 2023, 1002 Rn. 50 – L Fund.

[17] EuGH EU:C:2023:339 = DStR 2023, 1002 Rn. 52 – L Fund.

[18] EuGH EU:C:2023:339 = DStR 2023, 1002 Rn. 74 – L Fund.

[19] BFH DStR 2024, 226 Rn. 37.

und führt aus, dass die Steuerbefreiung des § 11 Abs. 1 S. 2 InvStG 2004 unabhängig von „einer mit inländischen Strukturen vergleichbaren Anlegerbesteuerung" auch für gebietsfremde Spezialimmobilienfonds greifen muss. Rechtstechnisch folge dies im Wege der sog. geltungserhaltende Reduktion, indem die in Satz 2 der Vorschrift enthaltene Tatbestandsvoraussetzung „inländisch" nicht beachtet wird. Die Befreiung von der Körperschaft- und Gewerbesteuer erstrecke sich damit über den Gesetzeswortlaut hinaus auch auf gebietsfremde Spezialimmobilienfonds.

Die vom BMF geforderte geltungserhaltende Reduktion dahingehend, dass aber dann auch die Regelungen des § 15 Abs. 2 S. 2 und 4 InvStG 2004 im Hinblick auf die Besteuerung der Anleger zur Anwendung kommen müssen, lehnt der BFH als Verstoß gegen den Grundsatz der Gesetzmäßigkeit der Besteuerung (§ 85 AO) zu Recht ab.[20]

Nach alledem kommt der BFH zu dem Schluss, dass der Ausschluss des luxemburgischen Spezialimmobilienfonds von der persönlichen Steuerbefreiung des § 11 Abs. 1 S. 2 InvStG 2004 gegen die Kapitalverkehrsfreiheit verstößt und dem klagende Fonds die Steuerbefreiung im Wege der geltungserhaltenden Reduktion des nationalen Rechts zu gewähren ist.

III. Die Entscheidung des BFH zu ausländischen Publikumsfonds mit inländischen Dividendenerträgen

Im Anschluss an die EuGH-Entscheidung in der Rs. „L Fund" war mit Spannung erwartet worden, wie der BFH in den anhängigen Musterverfahren zur Besteuerung nichtgebietsansässiger Publikumsfonds mit inländischen Dividendenerträgen entscheiden würde. Nach den eindeutigen Aussagen des EuGH in der Rs. „L Fund" hielt der BFH eine weitere Vorlage an den EuGH nicht für erforderlich und entschied die Sache selbst.

In dem der BFH-Entscheidung (I R 1/20) zu Grunde liegenden Fall hatte ein französischer FCP[21] Dividenden von deutschen Kapitalgesellschaften bezogen. Auf diese Dividenden war jeweils Kapitalertragsteuer einbehalten worden. Aufgrund des deutsch-französischen Doppelbesteuerungsabkommens wurde die Kapitalertragsteuer (einschließlich Solidaritätszuschlag) von 26,375% um 11,375% Punkte auf 15% ermäßigt.[22] Der Fonds beantragte die Erstattung der verbleibenden Kapitalertragsteuer in Höhe von 15%, die von der Finanzverwaltung abgelehnt wurde. Beim Finanzgericht konnte der Fonds mit seiner Berufung auf die Europarechtswidrigkeit der Steuererhebung nicht durchdringen.[23]

Der BFH kommt in seiner Entscheidung v. 13.3.2024 nun – wenig überraschend – zu dem Ergebnis, dass der Ausschluss ausländischer Fonds von den für inländische Fonds geltenden Regelungen des § 11 Abs. 1 und 2 InvStG 2004 gegen die Kapitalverkehrsfreiheit verstößt. Deshalb habe ein ausländischer Investmentfonds, der unter der Geltung des InvStG 2004, also in der Zeit von 2004 bis 2017, mit Kapitalertragsteuer belastete Dividenden inländischer Aktiengesellschaften bezogen hat, einen Anspruch auf Erstattung der unionsrechtswidrig erhobenen Kapitalertragsteuer. Der Entscheidung ist uneingeschränkt zuzustimmen. Im Einzelnen:

[20] BFH DStR 2024, 226 Rn. 41.

[21] Der französische FCP entspricht einem deutschen Sondervermögen in der Vertragsform (vgl. § 1 Abs. 10 KAGB). In dem weitgehend inhaltsgleichen Urteil im Parallelverfahren I R 2/20 (BeckRS 2024, 21161) handelte es sich bei der Klägerin um eine luxemburgische SICAV, die einer Investmentaktiengesellschaft mit veränderlichem Kapital entspricht (vgl. § 1 Abs. 11 KAGB).

[22] Art. 9 Abs. 2 iVm Art. 25b Abs. 4 DBA-Frankreich v. 21.7.1959 (BGBl. 1961 II 398, BStBl. I 1961, 343) idF des Zusatzabkommens v. 20.12.2001 (BGBl. 2002 II 2372, BStBl. I 2002, 892).

[23] FG Hessen IStR 2020, 143.

1. *Beschränkung der Kapitalverkehrsfreiheit*

Die Kapitalverkehrsfreiheit nach Art. 63 AEUV verbietet grundsätzlich alle Beschränkungen des Kapitalverkehrs zwischen den Mitgliedstaaten sowie zwischen den Mitgliedstaaten und Drittländern. Nach der Rechtsprechung des EuGH wird die Kapitalverkehrsfreiheit durch nationale Maßnahmen beschränkt, die geeignet sind, Gebietsfremde von Investitionen in einem Mitgliedstaat oder die dort Ansässigen von Investitionen in anderen Staaten abzuhalten.[24]

§ 11 Abs. 1 S. 2 und 3 und Abs. 2 S. 1 InvStG 2004 befreit nur inländische, nicht aber ausländische Publikumsfonds von der Körperschaftsteuer und entlastet dementsprechend auch nur inländische Fonds von deutscher Kapitalertragsteuer. Dass in dieser Ungleichbehandlung eine Beschränkung des Kapitalverkehrs liegt, ist evident. So hat der EuGH bereits mehrfach entschieden, dass eine Regelung, die gebietsansässige Investmentfonds von der Quellensteuer auf inländische Dividenden befreit, während bei im Ausland ansässigen Investmentfonds auf solche Dividenden eine Quellensteuer einbehalten wird, die Kapitalverkehrsfreiheit zu Lasten der ausländischen Investmentfonds einschränkt.[25] Die unterschiedliche Besteuerung ist damit auf der Tatbestandsebene geeignet, einen ausländischen Investmentfonds von Investitionen in deutsche Kapitalgesellschaften und zum anderen in Deutschland ansässige Kapitalanleger vom Erwerb von Anteilen an ausländischen Investmentfonds abzuhalten. Darin liegt eine grundsätzlich unzulässige Beschränkung der Kapitalverkehrsfreiheit.

2. *Vergleichbarkeit*

Nach der Rechtsprechung des EuGH kann eine Beschränkung der Kapitalverkehrsfreiheit gerechtfertigt sein, wenn die Ungleichbehandlung Situationen betrifft, die objektiv nicht miteinander vergleichbar sind.[26] An dieser Stelle wurde von der Finanzverwaltung in der Vergangenheit geltend gemacht, dass eine Vergleichbarkeit in- und ausländischer Fonds nicht ohne Weiteres gegeben sei. Eine Vergleichbarkeit könne vielmehr nur unter Berücksichtigung der Anlegerebene geprüft werden. Vereinzelt hat die Finanzverwaltung eine Vergleichbarkeit auch im Hinblick auf die konkrete Rechtsform oder den aufsichtsrechtlichen Status eines nicht gebietsansässigen Fonds in Zweifel gezogen. Zu letzterer Frage trifft der BFH im Besprechungsfall keine Aussage. Im Hinblick auf den streitgegenständlichen FCP hatte der BFH allerdings auch schon in der Nachfolgeentscheidung in Sachen „L Fund" festgehalten, dass ein FCP von seinem Typus her einem inländischen Investmentfonds entspricht.[27]

Im Hinblick auf die Berücksichtigung bzw. Nicht-Berücksichtigung der Anlegerebene führt das Gericht unter Verweis auf die EuGH-Rechtsprechung aus, dass die Vergleichbarkeit eines grenzüberschreitenden Sachverhalts mit einem innerstaatlichen Sachverhalt anhand des mit den fraglichen nationalen Bestimmungen verfolgten Ziels sowie ihres Zwecks und ihres Inhalts zu prüfen ist. Für die Frage, ob die unterschiedliche Behandlung durch objektive Unterschiede der zu Grunde liegenden Sachverhalte gerechtfertigt ist, sind nur die von der betreffenden Regelung aufgestellten Unterscheidungskriterien zu berück-

---

[24] EuGH ECLI:EU:C:2012:286 = IStR 2012, 432 Rn. 15 – Santander Asset Management SGIIC; EuGH ECLI:EU:C:2018:480 = EuZW 2018, 608 – Fidelity Funds.

[25] EuGH ECLI:EU:C:2012:286 = IStR 2012, 432 Rn. 16 f. – Santander Asset Management SGIIC; EuGH ECLI:EU:C:2014:249 = IStR 2014, 334 Rn. 38 ff. – Emerging Markets Series of DFA Investment Trust Company; EuGH ECLI:EU:C:2018:480 = EuZW 2018, 608 Rn. 40 ff. – Fidelity Funds.

[26] EuGH ECLI:EU:C:2019:960 = IStR 2019, 933 Rn. 64 – College Pension Plan of British Columbia.

[27] BFH DStR 2024, 226 Rn. 17 ff.

sichtigen. Die Befreiung von der Steuerpflicht gem. § 11 Abs. 1 S. 2 InvStG 2004 knüpft allein an die Ansässigkeit von Investmentfonds im Inland an. Insbesondere die steuerliche Situation der Anleger der Investmentfonds spielt für die Steuerpflicht bzw. für die Befreiung von der Steuerpflicht der Investmentfonds keine Rolle. Aus diesem Grund ist – entsprechend der EuGH-Rechtsprechung zu ähnlich gelagerten Fällen in anderen Mitgliedstaaten[28] – für die Vergleichbarkeitsprüfung allein auf die Investmentfonds abzustellen. Die Anleger der Investmentfonds sind nicht in die Vergleichbarkeitsprüfung einzubeziehen.

Der BFH knüpft im Übrigen auch an die Entscheidung des EuGH in Sachen „L Fund" an. Hier stellte der EuGH fest, dass § 11 Abs. 1 S. 2 InvStG 2004 als einziges Unterscheidungskriterium auf den Ort des Sitzes der Fonds abstellt. Der EuGH führte in diesem Zusammenhang aus, dass erstens ein gebietsfremder Spezialimmobilienfonds auch inländische Anleger haben könne und er sich deswegen in einer Situation befinde, die mit der eines gebietsansässigen Spezialimmobilienfonds objektiv vergleichbar sei. Zweitens befänden sich gebietsansässige und gebietsfremde Fonds im Hinblick auf das vom sog. eingeschränkten Transparenzprinzip verfolgte Ziel, eine Gleichbehandlung zwischen Direktinvestition und einer über einen Fonds getätigten Investition sicherzustellen, in einer vergleichbaren Situation. Drittens könne das Ziel, die Besteuerung vom Fonds auf den Anleger zu verlagern, auch bei gebietsfremden Fonds erreicht werden, indem die in § 11 Abs. 1 S. 2 InvStG 2004 vorgesehene Befreiung von der Besteuerung der Anleger dieser Fonds abhängig gemacht werde.[29]

Nach der Auffassung des BFH sind die vorstehenden Ausführungen zu einem Spezialimmobilienfonds uneingeschränkt auf einen gebietsfremden Publikumsfonds übertragbar. Dies ist wenig überraschend. Denn der BFH hatte bereits in seinem Vorlagebeschluss in Sachen „L Fund"[30] Zweifel an der Vergleichbarkeit nur im Hinblick auf das von § 15 Abs. 2 S. 2 InvStG 2004 verwirklichte sog. Prinzip der Volltransparenz geäußert. Dieses Prinzip kommt bei einem ausländischen Publikumsfonds allerdings nicht zur Anwendung. Vor diesem Hintergrund ist eine Vergleichbarkeit von ausländischen mit inländischen Publikumsfonds erst recht gegeben.

3. *Keine Rechtfertigung wegen Kohärenz des Steuerrechts*

Den von der Rechtsprechung grundsätzlich anerkannten und noch von der Vorinstanz bejahten Rechtfertigungsgrund der „Kohärenz des Steuerrechts", der auch eine Berücksichtigung der Besteuerung auf Anlegerebene erfordert, hat der BFH in Übereinstimmung mit der EuGH-Rechtsprechung abgelehnt.

a) Kein unmittelbarer Zusammenhang zwischen Steuerbefreiung und Anlegerbesteuerung

Schon in der Rs. „Santander Asset Management" hatte der EuGH entschieden, dass die Beschränkung der Kapitalverkehrsfreiheit durch die französische Regelung nicht durch die Wahrung der Kohärenz des französischen Steuersystems gerechtfertigt ist. Die Steuerbefreiung der Dividenden sei nämlich nicht davon abhängig, dass die in Frankreich ansässigen Investmentfonds die bezogenen Dividenden ausschütteten und durch deren Besteuerung auf Anlegerebene ein Ausgleich für die Steuerbefreiung herbeigeführt werde. Infolgedessen bestand nach Ansicht des EuGH kein unmittelbarer Zusammenhang zwischen der Steuer-

---

[28] EuGH ECLI:EU:C:2012:286 = IStR 2012, 432 Rn. 28 ff. – Santander Asset Management SGIIC; EuGH ECLI:EU:C:2014:249 = IStR 2014, 334 Rn. 61 – Emerging Markets Series of DFA Investment Trust Company; EuGH ECLI:EU:C:2018:480 = EuZW 2018, 608 Rn. 40 ff. – Fidelity Funds; so auch das FG Hessen IStR 2020, 143 Rn. 38 f.

[29] EuGH EU:C:2023:339 = DStR 2023, 1002 Rn. 528-60 – L Fund.

[30] BFHE 269, 255 = IStR 2020, 889.

befreiung von in Frankreich ansässigen Investmentfonds bezogenen französischen Dividenden einerseits und deren Besteuerung auf Ebene der Anleger andererseits.[31] An dieser Rechtsprechungslinie hielt der EuGH auch in den Entscheidungen „Emerging Markets“ und „Fidelity Funds“ fest.[32]

Im Hinblick auf die vorstehende EuGH-Rechtsprechung wurde von Vertretern der deutschen Finanzverwaltung in der Vergangenheit die Auffassung vertreten, dass die Befreiung von der Kapitalertragsteuer auf der Fondseingangsseite – anders als in den bisher vom EuGH entschiedenen Fällen – mit der Kapitalertragssteuerabzugsverpflichtung inländischer Investmentfonds für inländische Dividendenbestandteile korrespondiere.[33] Im Ergebnis komme es daher sowohl bei gebietsansässigen als auch bei gebietsfremden Fonds immer nur zu einer einmaligen Belastung mit deutscher Kapitalertragsteuer. Dieser Auffassung folgte auch das FG Hessen in der Vorentscheidung zum Besprechungsurteil.[34] Unter Berufung auf die Entscheidung des EuGH in Sachen „L Fund“ hat der BFH das Argument der Finanzverwaltung nun mit überzeugender Begründung zurückgewiesen.

Dabei zieht der BFH aus dem EuGH-Urteil in Sachen „L Fund“ wiederum einen Erst-Recht-Schluss: Im EuGH-Fall handelte es sich um einen Spezialimmobilienfonds, der wegen des für solche Fonds grundsätzlich geltenden Volltransparenzprinzips nur eingeschränkt mit einem Publikumsfonds vergleichbar ist. Wie ausgeführt stellt sich bei einem Spezialfonds eher die Frage, ob die Steuerbefreiung eines inländischen Fonds durch die direkte Zurechnung der Immobilieneinkünfte an die gebietsfremden Anleger und die Besteuerung der gebietsansässigen Anleger gerechtfertigt sein könnte. Bei einem Publikumsfonds vermag diese Überlegung schon mangels Anwendbarkeit des Volltransparenzregimes (erst recht) einen Eingriff in die Kapitalverkehrsfreiheit nicht zu rechtfertigen. Die Steuerbefreiung des Fonds steht nämlich nicht in einem unmittelbaren Zusammenhang mit der Anlegerbesteuerung. Eine systematische Besteuerung der inländischen Anleger des Inlandsfonds ohne Befreiungsmöglichkeit – wie sie der EuGH als Grundlage für eine Rechtfertigung durch Kohärenz fordert – war in den Streitjahren nicht gegeben. Denn auch auf der Anlegerebene kommt es, worauf der BFH zu Recht hinweist, in nicht wenigen Fallkonstellationen zur Nichtbesteuerung.[35] Das Gericht führt in diesem Zusammenhang aus, dass auch inländische Anleger eines inländischen Fonds in vielen Fällen (zB Fondsanleger mit Verlustvorträgen, Fondsanleger mit Nichtveranlagungs Bescheinigungen oder mit Kapitaleinkünften unterhalb des Sparer-Pauschbetrages, steuerbefreite institutionelle Fondsanleger) keine Steuer zu tragen haben (fehlende Steuerbelastung sowohl auf Fonds- als auch auf Anlegerebene; „Keinmal-Belastung“), während bei einer Anlage in einen ausländischen Fonds stets eine Steuerbelastung auf Fondsebene eintrete („Einmal-Belastung“). Folgerichtig kommt der BFH daher zu dem Ergebnis, dass die Versagung der Steuerbefreiung für nicht gebietsansässige Publikumsfonds nicht durch die Notwendigkeit, die Kohärenz des Steuersystems herzustellen, gerechtfertigt werden kann.

b) Versagung der Steuerbefreiung jedenfalls nicht verhältnismäßig

Darüber hinaus würde selbst ein unmittelbarer Zusammenhang zwischen Steuerbefreiung auf Fondsebene und Besteuerung auf Anlegerebene eine Ungleichbehandlung zwischen gebietsansässigen und nicht gebietsansässigen Fonds nicht ohne Weiteres rechtfertigen. Denn auch bei Vorliegen eines solchen direkten Zusammenhangs ist noch zu prüfen, ob die

---

[31] EuGH ECLI:EU:C:2012:286 = IStR 2012, 432 Rn. 52 – Santander Asset Management SGIIC.

[32] EuGH ECLI:EU:C:2014:249 = IStR 2014, 334 Rn. 61 – Emerging Markets Series of DFA Investment Trust Company; EuGH ECLI:EU:C:2018:480 = EuZW 2018, 608 Rn. 40 ff. – Fidelity Funds.

[33] Brandis/Heuermann/Mann InvStG 2004 § 11 Rn. 18.

[34] FG Hessen IStR 2020.

[35] BFH DStRE 2024, 1182 Rn. 11 und 18.

Beschränkung der Steuerbefreiung auf gebietsansässige Spezialimmobilienfonds, verhältnismäßig ist, dh insbesondere nicht über das hinausgeht, was erforderlich ist, um die Kohärenz dieses Steuersystems zu gewährleisten.[36]

Im Rahmen dieser Verhältnismäßigkeitsprüfung wendet der BFH ebenfalls die vom EuGH in Sachen „L Fund" für Spezialfonds herausgearbeiteten Grundsätze an. Nach dem EuGH hätte der ausländische Spezialimmobilienfonds als mildere, gleich effektive Maßnahme zur Sicherung des Steueranspruchs von der Steuer befreit werden können, wenn zugleich sichergestellt wäre, dass die Anleger eine Steuer entrichteten, die derjenigen entspricht, der die Anleger eines gebietsansässigen Fonds unterliegen. Laut BFH kann im Fall eines Publikumsfonds im Ergebnis nichts anderes gelten: „Denn auch bei Publikumsfonds könnte die interne Kohärenz des deutschen Fondsbesteuerungssystems aufrechterhalten werden, wenn die gebietsfremden Publikumsfonds von der Körperschaftsteuer befreit werden könnten, sofern sich die deutschen Steuerbehörden unter voller Zusammenarbeit dieser Fonds vergewissern, dass die Anleger dieser Fonds eine Steuer entrichten, die derjenigen entspricht, der die Anleger eines gebietsansässigen Publikumsfonds unterliegen. Solchen gebietsfremden Publikumsfonds zu erlauben, diese Befreiung unter diesen Bedingungen in Anspruch zu nehmen, wäre eine weniger einschränkende Maßnahme."

Im Ergebnis lehnt der BFH damit eine Rechtfertigung des Eingriffs in die Kapitalverkehrsfreiheit unter dem Gesichtspunkt der Kohärenz des Steuersystems der Investmentfondsbesteuerung auch für ausländische Publikumsfonds ab.

4. Keine Rechtfertigung wegen Notwendigkeit einer ausgewogenen Aufteilung der Steuerhoheit

Dem von Seiten der Verwaltung bemühten Argument der Notwendigkeit einer ausgewogenen Aufteilung der Steuerhoheit tritt der BFH ebenfalls entgegen. Auch insoweit kann er sich auf die EuGH-Rechtsprechung berufen. Bereits in der Entscheidung „L Fund" hat der EuGH ausgeführt, dass sich ein Mitgliedstaat, wenn er sich dafür entscheidet, die inländischen Einkünfte gebietsansässiger Fonds nicht zu besteuern, nicht auf die Notwendigkeit einer ausgewogenen Aufteilung der Steuerhoheit zwischen den Mitgliedstaaten berufen kann, um die Besteuerung gebietsfremder Fonds, die inländische Einkünfte haben, zu rechtfertigen[37]. Der BFH bestätigt nun, dass dies gleichermaßen im Fall eines ausländischen Publikumsfonds, der inländische Dividenden bezieht, gilt.

5. Sicherstellung des Anwendungsvorrangs des Primärrechts im Weg der geltungserhaltenden Reduktion

Um den Anwendungsvorrang des Primärrechts der Union sicherzustellen, lässt der BFH das Tatbestandsmerkmal „inländisch" in § 11 Abs. 1 S. 1 InvStG 2004, auf das S. 2 der Regelung unmittelbar Bezug nimmt, zugunsten des ausländischen Fonds unbeachtet. Die dagegen vom BMF erhobenen Einwände, weist der BFH zurück. Insbesondere lehnt er die Auffassung des BMF ab, wonach eine unionsrechtlich gebotene Steuerbefreiung des Fonds davon abhängig sein müsse, dass ein anderes Steuersubjekt, nämlich der Anleger, einer steuerlichen Belastung unterworfen wird. Eine solche Belastung des Anlegers könne jedenfalls nicht aus dem Unionsrecht abgeleitet werden.[38] Dem ist uneingeschränkt zuzustimmen. Die Erweiterung eines Steuertatbestandes im Wege der richterlichen Rechtsfortbildung ist schon unter dem Gesichtspunkt der Gewaltenteilung abzulehnen.[39]

---

[36] EuGH EU:C:2023:339 = DStR 2023, 1002 Rn. 75 – L Fund.
[37] EuGH EU:C:2023:339 = DStR 2023, 1002 Rn. 77 – L Fund.
[38] BFH DStRE 2024, 1182 Rn. 35.
[39] Ebenso Jachmann-Michel jurisPR-SteuerR 42/2024 Anm. 1.

Im Übrigen wendet der BFH die Vorschrift des § 11 InvStG uneingeschränkt an.[40] Aus der Steuerbefreiung des Fonds folgert der BFH zu Recht auch einen Anspruch auf Entlastung von inländischer Kapitalertragsteuer. Die unter Verletzung der Kapitalverkehrsfreiheit einbehaltene und abgeführte Kapitalertragsteuer ist dem Fonds daher zu erstatten. Auf der Grundlage einer analogen Anwendung des § 50d Abs. 1 S. 2 EStG ist ein Freistellungsbescheid zu erteilen.

6. *Verjährung*

Für die Verjährung eines Steueranspruchs gelten die allgemeinen Regelungen zur Festsetzungsverjährung. Diese beträgt grundsätzlich vier Jahre (§ 169 Abs. 2 S. 1 Nr. 2 AO). Mangels Steuererklärungspflicht für ausländische Fonds wird der Fristbeginn nicht durch eine Anlaufhemmung (§ 170 Abs. 2 S. 1 Nr. 1 AO) hinausgeschoben. Nach Auffassung des BFH begegnen die national-rechtlichen Verjährungsregeln auch keinen unionsrechtlichen Bedenken. Damit muss der Antrag auf Erlass eines Freistellungsbescheides vor Ablauf von vier Jahren nach dem Ende des Jahres, in dem die Dividende bezogen wurde, gestellt werden. Im Besprechungsfall waren die Erstattungsbeträge für die Jahre bis 2009 bereits verjährt.

Ungeachtet der strengen Verjährungsregeln dürften bei vielen Auslandsfonds jedoch noch erhebliche Steuererstattungen auf nicht verjährte Zeiträume entfallen. Wie bereits ausgeführt, wurden in Folge der EuGH-Entscheidungen in der Rs. „Denkavit" und insbesondere der Rs. „Santander" im Jahr 2012 eine Vielzahl von Erstattungsanträgen bei verschiedenen Finanzbehörden gestellt, so dass damit zu rechnen ist, dass viele Erstattungsansprüche noch nicht verjährt sind.

7. *Verzinsung*

Grundsätzlich steht dem ausländischen Fonds auch ein Anspruch auf Verzinsung des Erstattungsbetrages zu. Dieser Anspruch auf „Vor-Rechtshängigkeits-Zinsen" folgt aus dem Unionsrecht und ist bereits seit 2015 auch vom BFH anerkannt.[41] Angesichts der nach Schätzungen des Bundesrechnungshofs in Milliardenhöhe bestehenden Erstattungsansprüche[42], die in Einzelfällen bis in das Jahr 2004 zurückreichen, kommt dem Thema der Verzinsung eine erhebliche fiskalische Bedeutung zu.

Der Zinssatz bestimmt sich dabei nach nationalem Recht und damit nach § 238 AO und beträgt daher grundsätzlich 6%. Nicht entscheiden musste der BFH die Frage, ob ab dem 1.1.2019 ein niedrigerer Zinssatz von nur 0,15% pro Monat anzusetzen ist[43], da im Besprechungsfall bereits im Jahr 2017 Klage erhoben wurde und daher Prozesszinsen gem. § 236 AO angefallen sind.[44]

Im Hinblick auf den Beginn des Zinslaufs differenziert der BFH: Sofern der Unionsrechtsverstoß auf der Versagung der Erstattung beruht, beginnt der Zinslauf zu dem Zeitpunkt, zu dem der Steuerpflichtige eine Erstattung erwarten kann. Hier geht der BFH entsprechend § 347 Abs. 1 S. 2 AO, § 46 Abs. 1 FGO von einer „Bearbeitungsfrist" von sechs Monaten aus. Für Erstattungsjahre vor 2012 soll der Zinslauf dementsprechend 6 Monate nach dem Tag der Stellung des Erstattungsantrags beim zuständigen Finanzamt

---

[40] BFH DStRE 2024, 1182 Rn. 42.

[41] BFH/NV 2016, 440.

[42] Bundesrechnungshof, Bericht an den Finanzausschuss des Bundestages, 24.2.2016, VIII 1 – 2014 – 1080, S. 18 ff.

[43] Vgl. zur Verfassungsmäßigkeit des Zinssatzes in Fällen des § 233a AO BVerfG DStR 2021, 1934.

[44] Im Einzelnen gibt es noch eine Reihe von ungeklärten Fragen im Zusammenhang mit Zinshöhe, auf die hier nicht im Einzelnen eingegangen werden soll, vgl. dazu Patzner/Nagler IStR 2024, 734 (738).

beginnen.[45] Für Erstattungsjahre ab 2012, in denen inländische Fonds bei sammelverwahrten inländischen Aktien statt einer nachträglichen Erstattung bereits eine Abstandnahme vom Steuerabzug durch die Verwahrstelle erreichen konnten, stellt der BFH demgegenüber auf den Zeitpunkt des unionsrechtswidrigen Einbehalts der Kapitalertragsteuer ab. In diesen Fällen beginnt die Frist daher bereits mit der Zahlung der Dividenden.

8. *Zurückverweisung*

Ungeachtet der unionsrechtlich eindeutigen Rechtslage konnte der BFH die Sache nicht durchentscheiden und hat den Fall an das FG Hessen zurückverwiesen. Da die Finanzbehörden sowie das Finanzgericht den Erstattungsantrag nicht anerkannt hatten, wurden insoweit auch noch keine Feststellungen zu den übrigen Erstattungsvoraussetzungen getroffen.

Dabei dürfte es insbesondere um die Frage gehen, in welcher Höhe Kapitalertragsteuer auf Dividendenerträge des Fonds tatsächlich einbehalten wurde. Hierzu sind Steuerbescheinigungen beizubringen. Im Hinblick auf den Nachweis von Erstattungsvoraussetzungen ist im Übrigen zu beachten, dass auch verfahrensrechtliche Einschränkungen, die nur für nicht-gebietsansässige Fonds gelten, einen Verstoß gegen die Kapitalverkehrsfreiheit darstellen.[46] Weitergehende Nachweisanforderungen als für inländische Fonds dürfen an den ausländischen Fonds daher nicht gestellt werden. Insbesondere darf dem gebietsfremden Steuerpflichtigen auch kein übermäßiger Verwaltungsaufwand auferlegt werden, der es ihm tatsächlich unmöglich machen würde, einen Steuervorteil in Anspruch zu nehmen.[47]

Mit der vorstehenden Rechtsprechung dürfte es allerdings vereinbar sein, dass der ausländische Fonds iRd weiteren Verfahrens Nachweise darüber erbringen muss, dass die Dividendenerträge ihm auch steuerlich zuzurechnen sind. Der Fonds müsste also das wirtschaftliche Eigentum (§ 39 AO) an den zugrundeliegenden Aktien innegehabt haben.

In diesem Zusammenhang ist allerdings zu berücksichtigen, dass ausländische Fonds – von bestimmten Ausnahmefällen abgesehen[48] – vor der Feststellung der Unionsrechtswidrigkeit durch die Rechtsprechung des EuGH bzw. BFH nur eine beschränkte Möglichkeit der Entlastung von Kapitalertragsteuer auf inländische Aktien hatten.[49] Diese Fonds dürften daher keinen Anreiz zum Erwerb von inländischen Aktien vor dem Dividendenstichtag gehabt haben. Es ist daher unwahrscheinlich, dass die nicht-gebietsansässigen Investmentfonds die entsprechenden Aktienpositionen mit dem Ziel der Steueranrechnung erworben haben.[50] Eher ist zu vermuten, dass ausländische Fonds die Bestände an inländischen Aktien grundsätzlich langfristig gehalten und nicht zuletzt auch aufgrund aufsichtsrechtlicher Vorgaben Aktien im Rahmen von Wertpapierleihgeschäften allenfalls verliehen aber nicht entliehen

---

[45] Kritisch dazu Patzner/Nagler IStR 2024, 734 (737) sowie von Hugo ISR 2024, 353 (356).

[46] Vgl. EuGH ECLI:EU:C:2022:469 = IStR 2022, 727 – ACC Silicones. In dieser Entscheidung hat der EuGH festgestellt, dass die Nachweiserfordernisse in § 32 Abs. 5 S. 2 Nr. 5 und S. 5 KStG gegen die Kapitalverkehrsfreiheit verstoßen. Vgl. dazu auch FG Köln IStR 2020, 938 Rn. 76 mit Verweis auf die einschlägige EuGH-Rechtsprechung.

[47] EuGH ECLI:EU:C:2020:51 = IStR 2020, 226 Rn. 62 – Köln-Aktienfonds Deka.

[48] Ausnahmen galten zB für bestimmte Pensionsfonds aus den USA, vgl. Art. 10 Abs. 3 Buchst. b, Art. 29 Abs. 2 DBA-USA 1989/2008, idF der Bekanntmachung v. 4.6.2008 (BGBl. 2008 II 611).

[49] Nach den einschlägigen DBA erfolgte eine Entlastung nur in Höhe von 13,375% (vgl. zB Art. 9 Abs. 2 iVm Art. 25b Abs. 4 DBA-Frankreich v. 21.7.1959 (BGBl. 1961 II 398, BStBl. I 1961, 343) idF des Zusatzabkommens v. 20.12.2001 (BGBl. 2002 II 2372, BStBl. I 2002, 892). Dieser Ermäßigungsanspruch wurde typischerweise von den Depotbanken der ausländischen Fonds gegenüber dem BZSt geltend gemacht.

[50] Ebenso Patzner/Nagler IStR 2024, 734 (739).

haben. In der Literatur ist in diesem Zusammenhang daher schon die Frage aufgeworfen worden, ob in Fällen, in denen dem inländischen Erwerber solcher Aktien die Anrechnung von Kapitalertragsteuer mangels wirtschaftlichen Eigentums oder wegen Missbrauch rechtlicher Gestaltungsmöglichkeiten verweigert wurde[51], dem nicht-gebietsansässigen Fonds korrespondierend ein unionsrechtlicher Erstattungsanspruch zusteht.[52]

IV. Folgen für andere Fallgruppen

Neben europäischen Investmentfonds gibt es auch eine Reihe von anderen Steuerpflichtigen, die geltend machen, unionsrechtswidrig mit Kapitalertragsteuer belastet worden zu sein. Zu nennen sind neben ausländischen Kapitalgesellschaften[53] auch Drittstaatenfonds, Pensionsfonds[54], Pensionskassen, Lebens- und Krankenversicherungsunternehmen[55]. Zum Teil liegen auch für diese Fälle schon Entscheidungen der Finanzgerichte bzw. des EuGH vor.[56] In vielen Fällen erkennt die Finanzverwaltung bzw. der Gesetzgeber den Unionsrechtsverstoß aber erst dann an, wenn die Ungleichbehandlung in einem zu der spezifischen Fallgruppe im jeweiligen Mitgliedstaat ergangenen Urteil festgestellt wurde.[57] Darüber hinaus verlangt die Finanzverwaltung umfangreiche Nachweise, die die praktische Durchsetzung der Erstattungsansprüche erheblich erschweren.[58] Insoweit ist zu hoffen, dass die Entscheidung des BFH im Besprechungsfall zu einer Beschleunigung der Verfahren beiträgt.

Schließlich gibt es auch Fälle, in denen eine für den Steuerpflichtigen scheinbar günstige EuGH-Entscheidung nicht zwingend zu dem gewünschten Erfolg im anschließenden nationalen Verfahren führt. Im Fall „College Pension Plan of British Columbia“[59] stellte der EuGH zwar grundsätzlich eine unionsrechtswidrige Ungleichbehandlung des ausländischen Pensionsfonds fest. Allerdings unter der Voraussetzung, dass der klagende Fonds tatsächlich mit einem deutschen Pensionsfonds vergleichbar war. Diese Frage war vom vorlegenden Finanzgericht auf Grund seiner abweichenden Rechtsauffassung bisher nicht geprüft worden. Im Laufe des weiteren Verfahrens stellte sich dann heraus, dass – anders als zunächst angenommen – die Vergleichbarkeit der Klägerin mit einem inländischen Pensionsfonds mangels Verpflichtung zur Bildung von Rückstellungen für Pensionsleistungsverpflichtungen gar nicht gegeben war. Das FG München wies die Klage daher als unbegründet zurück.[60] Dies bedeutet jedoch nicht, dass entsprechende Klagen anderer ausländischer Pen-

---

[51] Vgl. dazu BMF DStR 2021, 1767.

[52] Vgl. Patzner/Nagler IStR 2024, 734 (739) auch zu den verfahrensrechtlichen Aspekten einer widerstreitenden Steuerfestsetzung (§ 174 Abs. 3 AO).

[53] Hervorzuheben ist die Entscheidung des EuGH in der Rs. „Sofina“ (ECLI:EU:C:2018:943 = DStRE 2019, 760). Hier hat der EuGH zum französischen Recht entschieden, dass eine unionsrechtswidrige Benachteiligung vorliegt, wenn gebietsansässigen Gesellschaften, die sich in einer Verlustsituation befinden, durch Nichtvornahme des Steuerabzugs ein Liquiditätsvorteil gewährt wird, den gebietsfremde Gesellschaften mit Verlusten in ihrem Ansässigkeitsstaat nicht erhalten.

[54] Vgl. EuGH ECLI:EU:C:2024:648 = BeckRS 2024, 18348 – Keva zu einem finnischen Pensionsfonds mit schwedischen Dividendeneinkünften.

[55] FG Köln EFG 2024, 65.

[56] Vgl. EuGH ECLI:EU:C:2022:169 – IStR 2022, 727 – ACC Silicones zu den für ausländische Kapitalgesellschaften geltenden Nachweiserfordernissen in § 32 Abs. 5 S. 2 Nr. 5 und S. 5 KStG.

[57] So für Dividenden aus Streubesitzbeteiligungen EuGH ECLI:EU:C:2011:670 = DStR 2011, 2038 – Kommission/Deutschland.

[58] Krit. hierzu bereits Linn IStR 2010, 275.

[59] EuGH ECLI:EU:C:2019:960 = IStR 2019, 933 – College Pension Plan of British Columbia.

[60] FG München IStR 2022, 174. Die Nichtzulassungsbeschwerde wurde durch den BFH zurückgewiesen (BFH IStR 2023, 177). Krit. dazu Pohl IStR 2023, 179.

sionsfonds nicht Aussicht auf Erfolgt hätten. Dies würde allerdings – mindestens – voraussetzen, dass der Fonds vergleichbar einem deutschen Pensionsfonds ertragswirksam Rückstellungen für Pensionsverpflichtungen gebildet hätte.[61]

V. Exkurs: Europarechtskonformität des aktuellen Investmentsteuerrechts?

Die Entscheidungen des BFH wie des EuGH betreffen nur die Rechtslage bis zum 31.12.2017. Unklar ist, ob auch unter der Geltung des InvStG 2018 eine unionsrechtswidrige Ungleichbehandlung in- und ausländischer Fonds vorliegt.

Eine unionsrechtswidrige Diskriminierung könnte in der Teilfreistellung auf Anlegerebene (§ 20 InvStG) liegen. Im Ergebnis wird durch die Teilfreistellung die Besteuerung der steuerpflichtigen Erträge aus inländischen Quellen beim Fonds jedenfalls teilweise beim Anleger wieder zurückgenommen. Dies wird auch durch die Gesetzesmaterialien zur Reform der Investmentbesteuerung bestätigt, wonach durch die Teilfreistellung auf Anlegerebene die entsprechende Vorbelastung auf Fondsebene (teilweise) kompensiert werden soll.[62] Die Situation wird in der Literatur als mit der deutschen Pkw-Maut vergleichbar angesehen. Letztere sollte zwar grundsätzlich von allen Straßenbenutzern entrichtet werden, aufgrund einer korrespondierenden Steuerentlastung bei der deutschen Kraftfahrzeugsteuer wäre die Maut wirtschaftlich aber nur von Haltern von nicht in Deutschland zugelassenen PKW zu tragen gewesen.[63] Hierin sah der EuGH einen unionsrechtswidrigen Verstoß gegen die Art. 18, 34, 56 und 92 AEUV.[64]

Das Prinzip der allgemeinen Belastung von in- und ausländischen Fonds in Kombination mit einer selektiven Entlastung der inländischen Anleger ist dem Konzept der gescheiterten PKW-Maut nicht unähnlich. Vor diesem Hintergrund verwundert es nicht, dass dem Vernehmen nach bereits erste Verfahren zu der Unionsrechtskonformität des InvStG 2018 beim FG Köln anhängig sind.

VI. Fazit

Die BFH-Entscheidung v. 13.3.2024 festigt die bereits in der bisherigen Judikatur angelegten Tendenzen bei der Beurteilung der Vereinbarkeit nationaler Steuervorschriften mit dem Unionsrecht. Nach dem Urteil zu ausländischen Spezialimmobilienfonds bestätigt der BFH nunmehr, dass auch bei ausländischen Publikumsfonds der Ausschluss von der für inländische Fonds geltenden Steuerbefreiung gegen die Kapitalverkehrsfreiheit verstößt. Ausländische Aktienfonds, die unter der Geltung des InvStG 2004, also in der Zeit von 2004 bis 2017, mit Kapitalertragsteuer belastete Dividenden inländischer Aktiengesellschaften bezogen haben, steht daher ein Anspruch auf Erstattung der unionsrechtswidrig erhobenen Kapitalertragsteuer zu. Dabei gilt die Befreiung unabhängig von der Besteuerung der Anleger. Allerdings profitieren von dieser Rechtsprechung – wie häufig im Steuerrecht – nur diejenigen Fonds, die rechtzeitig Erstattungsanträge bei den zuständigen Finanzbehörden gestellt haben. Die übrigen unionsrechtswidrig mit Kapitalertragsteuer belasteten Auslandsfonds bzw. deren Anleger gehen leer aus. Insoweit hat sich die „Verzögerungstaktik" der Finanzverwaltung, nach der einem Erstattungsantrag immer nur dann entsprochen wird,

---

[61] Forchhammer IStR 2022, 179 (180). Vgl. auch Stöber DB 2024, 2385.

[62] BT-Drs. 119/16, 58 und 102 ff.

[63] Vgl. Herr RdF 2024, 233 (234) unter Bezug auf das Maut-Urteil des EuGH ECLI:EU:C:2019:504 = NJW 2019, 2369 – Österreich/Deutschland. Ebenso Morawitz IStR 2024, 185 (192).

[64] EuGH ECLI:EU:C:2019:504 = NJW 2019, 2369 – Österreich/Deutschland.

wenn für die ganz spezifische Fallgruppe eine letztinstanzliche Gerichtsentscheidung vorliegt, bezahlt gemacht.

Was heißt das nun aber für die nicht kleine Zahl von ausländischen Aktienfonds, die im Vertrauen auf das Unionsrecht, rechtzeitig Erstattungsanträge gestellt haben? Grundsätzlich sollte die mittlerweile beim BZSt konzentrierten Erstattungsverfahren nun zügig abgewickelt werden können. Soweit noch nicht geschehen, dürften in zahlreichen Fällen allerdings noch Nachweise zu den einbehaltenen Kapitalertragsteuern angefordert werden. Die betroffenen ausländischen Fonds und ihre Anleger werden sich also noch ein wenig gedulden müssen. Allerdings wird die „Wartezeit" nun durch die Erstattungszinsen von 6% versüßt. Die Erstattungsbeträge kommen dem Fondsvermögen zu Gute. Das heißt im Ergebnis werden die zum Zeitpunkt der Erstattung beteiligten Fondsanleger begünstigt. Aufgrund der weit in die Vergangenheit zurückreichenden Erstattungsfälle werden die zum Zeitpunkt des Dividendenzuflusses beteiligten Fondsanleger, die unionsrechtswidrig wirtschaftlich benachteiligt wurden, von den Erstattungen nur in den wenigsten Fällen profitieren.

FRANK DORNSEIFER

Der nächste Meilenstein der Fondsregulierung – das EU-Regime für Kreditfonds unter der AIFMD II

I. Einleitung

Am 15.4.2024 ist die RL (EU) 2024/927 vom 13.3.2024 zur Änderung der RL 2011/61/EU und 2009/65/EG im Hinblick auf Übertragungsvereinbarungen, Liquiditätsrisikomanagement, die aufsichtliche Berichterstattung, die Erbringung von Verwahr- und Hinterlegungsdienstleistungen und die Kreditvergabe durch alternative Investmentfonds (AIFMD II) in Kraft getretenen. Mit ihr werden die zwei maßgeblichen europäischen Fondsrichtlinien geändert: also zum einen die UCITSD, die in ihrer Ursprungsfassung[1] bereits im Jahre 1985 in Kraft getreten ist und die den Nukleus der europäischen Fondsregulierung darstellt; zum anderen die im Jahre 2011 in Kraft getretene AIFMD[2], die – komplementär zur UCITSD – die Verwalter von alternativen Investmentfonds (AIFs) einem einheitlichen europäischen Regulierungsrahmen unterstellt und dadurch ebenfalls einen Meilenstein in der europäischen Fondsregulierung darstellt.

Der Verabschiedung der AIFMD II vorausgegangen war die in Art. 69 AIFMD vorgegebene Überprüfung der RL durch die Europäische Kommission. Dieser Review-Prozess bekam von allen Seiten viel Beachtung, auch weil er mit einer umfangreichen, extern vergebenen Evaluierung einherging, bei der natürlich im Vordergrund stand, ob und in welchem Maße sich die auch im Lichte der globalen Finanzmarktkrise entstandene AIFMD in der Praxis bewährt hätte. Im Ergebnis wurde der AIFMD in dem einschlägigen Abschlussbericht ein gutes Zeugnis ausgestellt.[3] Und auch die sich anschließende Stakeholder-Konsultation brachte überwiegend positives Feedback zu Tage,[4] so dass sich auch die Europäische Kommission für eine moderate und punktuelle Überarbeitung entschied. Lediglich in einem Bereich wurde – zumindest auf europäischer Ebene – regulatorisches Neuland betreten, und zwar im Hinblick auf die Erfassung der Vergabe von Krediten durch die Verwalter von AIFs. Und genau mit Blick auf dieses Novum und dem Umstand, dass es zukünftig ein – spätestens ab dem 16.4.2026 anzuwendendes – einheitliches und harmonisiertes Rahmenwerk für Kreditfonds gibt, darf auch diese RL durchaus als weiterer Meilenstein in der europäischen Fondsregulierung bezeichnet werden.

II. Die – regulatorische – Evolution der Kreditfonds

Investmentfonds engagieren sich seit Jahren auf den Kreditmärkten. Sie investierten in öffentliche Schuldtitel, aber auch in unverbriefte Darlehensforderungen. Der nächste logi-

---

[1] RL 85/611/EWG.

[2] RL 2011/61/EU über die Verwalter alternativer Investmentfonds.

[3] Vgl. Report on the Operation of the Alternative Investment Fund Managers Directive (AIFMD), FISMA/2016/105(02)/C, 10.12.2018.

[4] Weiterführend hierzu https://ec.europa.eu/info/law/better-regulation/have-your-say/initiatives/12648-Financial-services-review-of-EU-rules-on-alternative-investment-fund-managers_en.

sche Schritt war also die originäre Vergabe von Krediten durch Fonds. Dies geschah zunächst in größerem Maße in anglo-amerikanischen Jurisdiktionen während und im Nachgang zur weltweiten Finanzkrise, da Bankenfinanzierungen in manchen Bereichen – auch durch geänderte regulatorische Anforderungen – teilweise rückläufig waren; dadurch erhielt die Assetklasse Private Debt einen deutlichen Auftrieb.

In Deutschland war lange Zeit str., ob aus investmentrechtlicher Sicht eine Darlehensvergabe durch ein Investmentvermögen überhaupt zulässig war. Sonstigen Sondervermögen gem. §§ 220 ff. KAGB bspw. war der Erwerb unverbriefter Darlehensforderungen nach § 221 Abs. 1 Nr. 4 KAGB ausdrücklich gestattet. Gleiches galt für offene Spezial-AIF gem. §§ 282 ff. KAGB. In ihrer Verwaltungspraxis tendierte die BaFin aber dazu, die maßgeblichen Begriffe „erwerben" und „investieren" eher restriktiv zu interpretieren und nur einen Sekundärerwerb von Darlehen, die zuvor bspw. von einer sog. Fronting-Bank originiert worden waren, zuzulassen. Eine Ausnahme galt insoweit allenfalls für die Vergabe von Gesellschafterdarlehen an Immobiliengesellschaften.[5]

Grundlage dieser Verwaltungspraxis war der Umstand, dass im deutschen Aufsichtsrecht die gewerbsmäßige Vergabe von Krediten zu den Bankgeschäften zählt, für deren Betreiben es einer schriftlichen Erlaubnis der BaFin nach § 32 Abs. 1 KWG bedarf. Der nachfolgende Erwerb von Forderungen aus bereits ausgereichten Darlehen wurde hingegen grundsätzlich nicht als Kreditgeschäft angesehen und war somit auch für bestimmte Arten von Investmentvermögen zulässig. Allerdings beschränkte sich diese Ausnahme auch exakt darauf und eine zusätzliche Ausreichung weiterer Kreditmittel oder eine Veränderung der Konditionen dieser ausgereichten Darlehen (Prolongation, Restrukturierung/Umschuldung) war nach der Auffassung der BaFin wiederum nicht von dieser Ausnahme erfasst und damit unzulässig, was Investmentfonds immer wieder vor Probleme stellte, eben weil eine aktive vermögensverwaltende Tätigkeit in Bezug auf diese besonderen Assets deutlich limitiert war.

III. Liberalisierung ab 2015 und gesetzliche Folgeänderungen

Insbesondere europäische Entwicklungen veranlassten dann die BaFin im Jahre 2015 ihre bisherige Verwaltungspraxis auf den Prüfstand zu stellen. Nachdem Art. 10 S. 1 Buchst. c VO (EU) 2015/760 (ELTIF-VO) statuierte, dass ein ELTIF an ein qualifiziertes Portfoliounternehmen Kredite vergeben darf, war damit gleichzeitig klargestellt, dass ein AIF gem. AIFMD Kredite vergeben darf, denn bei einem ELTIF handelt es sich gem. Art. 1 Abs. 1 ELTIF-VO um einen AIF.

Dieses Ergebnis kam für viele Marktteilnehmer durchaus überraschend, war die Vergabe von Krediten als zulässige Tätigkeit eines AIFs iRd initialen AIFMD-Gesetzgebungsverfahren nicht explizit diskutiert und geregelt worden, so dass es auch keine einschlägigen Bestimmungen, Durchführungsvorschriften oÄ für diese Aktivität gab. Es folgten einschlägige Konsultationen diverser nationaler Aufsichtsbehörden, zum ob und wie der Einzelheiten der Kreditvergabe durch Investmentfonds. Die BaFin veröffentlichte zunächst entsprechende Vorgaben in ihrem Auslegungsschreiben vom 12.5.2015,[6] mit dem sie nicht nur ihre bisherige Verwaltungspraxis zur Restrukturierung und Prolongation von Darlehen für Rechnung von Investmentvermögen aufgab und diese iRd Vermögensverwaltung für zulässig erklärte. Darüber hinaus gestattete die BaFin unter bestimmten Voraussetzungen sogar ausdrücklich die originäre Vergabe von (Gesellschafter-) Darlehen. Diese war dadurch für solche AIFs zulässig, für die das KAGB keine oder nahezu keine Produktvorgaben vorsah, also allgemeine offene Spezial-AIF, Hedgefonds, offene Spezial-AIF mit festen Anlagebedingungen und geschlossene Spezial-AIF.

---

[5] Vgl. § 240 KAGB.

[6] GZ WA 41-Wp 2100 – 2015/0001.

Die Umsetzung der OGAW V-RL im März 2016 durch das OGAW V-Umsetzungsgesetz[7] nahm dann der deutsche Gesetzgeber zum Anlass, um auch die Änderung der Verwaltungspraxis der BaFin zur Kreditvergabe durch AIF-KVGen in KAGB und KWG zu implementieren. Für OGAW-KVGen war und ist eine Darlehensvergabe aber weiterhin gem. § 20 Abs. 8 KAGB ausdrücklich ausgeschlossen.

Die zentralen Vorschriften für die Kreditvergabe der AIF-KVGen sind seither insbesondere § 20 Abs. 9–10, § 29 Abs. 5a und § 285 Abs. 2 und 3 KAGB. Diese Normen enthalten – über die allgemeinen Anforderungen für AIF-KVGen hinausgehende – spezifische Vorgaben für die Kreditvergabe. Zugelassene KVGen müssen bei der Vergabe von Gelddarlehen für Rechnung der von ihnen verwalteten AIF grundsätzlich die gleichen Organisations- und Verhaltensanforderungen beachten, die auch bei der Verwaltung von AIF mit anderen Anlageschwerpunkten gelten. Dazu gehört bspw. die Verpflichtung, in ausreichender Anzahl personelle Ressourcen vorzuhalten, die über spezifische Fachkenntnisse im Bereich des Kreditgeschäfts verfügen und die an die Beschränkungen der MiFID II hinsichtlich der Entgegennahme von Gebühren, Provisionen und anderen Zuwendungen gebunden sind. Das Risikomanagement der AIF-KVG muss nach § 29 Abs. 5a S. 1 KAGB über eine angemessene Aufbau- und Ablauforganisation verfügen, die insbesondere Prozesse für die Kreditbearbeitung, -kontrolle und für die Behandlung von Problemkrediten, sowie Verfahren zur Früherkennung von Risiken vorsehen.[8] Hierzu gehört auch die strikte Trennung der Bereiche Fondsmanagement und Marktfolge, so dass eine Darlehensentscheidung in einem zweistufigen Prozess stattfindet. Nur die Vergabe von Gesellschafterdarlehen nach § 285 Abs. 3 KAGB sind von diesen Anforderungen ausgenommen. Dies soll den praktischen Bedürfnissen der Private-Equity-Investoren und der Venture-Capital-Geber (Wagnisfremdkapitalgeber) Rechnung tragen.

Der geschlossene Spezial-AIF nach § 285 Abs. 2 KAGB ist nach aktueller Rechtslage[9] der einzige Investmentfonds nach deutschem Recht, dem die direkte Vergabe von Unternehmenskrediten (Direct Lending) erlaubt ist.[10] Zentrale Begriffe sind nach dieser Norm die „Vergabe" und das „Gelddarlehen". Sachdarlehen sind von der Regelung nicht umfasst. Wie vorstehend bereits ausgeführt, meint „Vergabe" keinen Ankauf bestehender Darlehensforderungen (§§ 20 Abs. 9, 285 KAGB), sondern die originäre Gewährung eines Gelddarlehens (loan origination). Auch die Prolongation oder Anpassung von Darlehensbestimmungen sind nach dem ausdrücklichen Willen des Gesetzgebers keine „Vergabe" von Gelddarlehen. Ausweislich der Gesetzesbegründung ist zivilrechtlich zu ermitteln, ob ein Gelddarlehen im Sinne des KAGB vorliegt oder nicht und dies im Einklang mit der BaFin-Aufsichtspraxis im Merkblatt Kreditgeschäft,[11] das ebenfalls grundsätzlich dem Zivilrecht folgt, steht. Gesellschaftsrechtliche Konstruktionen wie stille Beteiligungen oder Genussrechte stellen keine Gelddarlehen dar.

Erlaubt sind also grundsätzlich die direkte Kreditvergabe, Restrukturierung und Prolongation, allerdings nicht an Verbraucher, und es gibt Vorgaben hinsichtlich der Verschuldung (Leverage/Hebelwirkung) und Risikodiversifizierung (Streuung).[12] Kredite dürfen gem.

---

[7] G zur Umsetzung der RL 2014/91/EU des Europäischen Parlaments und des Rates v. 23.7.2014 zur Änderung der RL 2009/65/EG zur Koordinierung der Rechts- und Verwaltungsvorschriften betreffend bestimmte Organismen für gemeinsame Anlagen in Wertpapieren (OGAW) im Hinblick auf die Aufgaben der Verwahrstelle, die Vergutungspolitik und Sanktionen v. 3.3.2016 (BGBl. I 348).

[8] S. weiterführend zB Emde/Dornseifer/Dreibus/Steck/Schmidt/Stockhorst KAGB § 29 Rn. 37 ff.

[9] Also Stand vor FondsmarktstärkungsG.

[10] Für offene Spezial-AIF gem. §§ 282 ff. KAGB hingegen gilt die Einschränkung, dass diese nur Gesellschafterdarlehen vergeben dürfen.

[11] Merkblatt Kreditgeschäft, 8.1.2009, geändert am 21.4.2023.

[12] S. weiterführend zB Emde/Dornseifer/Dreibus/Thomas KAGB § 285 Rn. 5 ff.

§ 285 Abs. 2 KAGB für Rechnung eines geschlossenen Spezial-AIF als Gelddarlehen gewährt werden, wenn

- der Kreditnehmer kein Verbraucher ist,
- der Spezial-AIF selbst maximal zu 30% (durch Kreditaufnahmen) gehebelt ist und
- das einzelne Darlehen an einen einzelnen Kreditnehmer maximal 20% ausmacht (Exposure).

Eine untergesetzliche weitere Konkretisierung der Anforderungen an das Risikomanagement von AIF-KVGen, die für Rechnung eines AIF Gelddarlehen gewähren oder in unverbriefte Darlehensforderungen investieren, enthalten die Mindestanforderungen der BaFin an das Risikomanagement von Kapitalverwaltungsgesellschaften (KAMaRisk) vom 10.1.2017 in Abschn. 5. Diese lehnen sich stark an die Anforderungen an das Risikomanagement für Kreditinstitute (MaRisk) an, obwohl sich die Geschäftsmodelle deutlich unterscheiden und daher eine deutlichere Differenzierung geboten und erforderlich gewesen wäre. In der Praxis haben jedenfalls gerade die teilweise unpassenden und unverhältnismäßigen Anforderungen gem. KAMaRisk dazu geführt, dass sich einschlägige KVGen eher für den Standort Luxemburg entschieden haben.

IV. Private Debt als Anlageklasse

Auch bei institutionellen Investoren erfreut sich die Assetklasse Private Debt seit Jahren steigender Beliebtheit. Damit einher geht das rasante Wachstum der Kreditfonds auch in Europa. Private Debt ist die Bereitstellung von Krediten durch Nicht-Banken, die ohne Einschaltung des Kapitalmarktes vergeben werden. Hierbei ist es zunächst unerheblich, wem der Kredit für welchen Zweck gewährt wird. Werden Unternehmen finanziert, so spricht man von Corporate Private Debt. Diese Form der Kreditbereitstellung, auch Direct Lending genannt, ermöglicht es institutionellen Investoren zB über einen Kreditfonds am Markt für Mittelstandskredite teilzunehmen und eröffnet den Unternehmen gleichzeitig eine alternative Finanzierungsquelle. Unter den Begriff Private Debt fallen – neben den Unternehmensfinanzierungen – zB auch Infrastruktur-, Immobilien-, Flugzeug-, Schiffs- sowie Handelsfinanzierungen. Corporate Private Debt ist seit einigen Jahren auch in Deutschland eine absolut etablierte alternative Anlageklasse und aus den Portfolios institutioneller Investoren nicht mehr wegzudenken.[13]

Laut Datenprovider Preqin beläuft sich das Volumen europäischer Private Debt Fonds mittlerweile auf rund 400 Mrd. USD und das weltweite Volumen sogar auf fast 1.500 Mrd. USD.[14] Die Anzahl Fonds im Markt beziffert Preqin auf 233 in Europa und auf knapp 1.000 weltweit. Auch diese Zahlen spiegeln die enorme Bedeutung von Kreditfonds bzw. dem Anlagesegment Private Debt.

Auch in Deutschland haben sich in den letzten Jahren Banken vermehrt zB aus Leveraged-Buy-out (LBO)-Finanzierungen zurückgezogen und Private-Debt-Fonds übernehmen ihre Rolle. Kreditfonds haben sich nicht nur zu einem entscheidenden Baustein bei Unternehmensübernahmen etabliert, sie eröffnen zudem Unternehmen bei der Finanzierung eine zusätzliche Möglichkeit zu klassischen Bankkrediten. Kleine und mittlere Unter-

---

[13] Weiterführend zur Assetklasse Private Debt vgl. BAI FactSheet Corporate Private Debt, abrufbar unter https://www.bvai.de/fileadmin/Veroeffentlichungen/BAI_Publikationen/BAI_Fact_Sheets/BAI-Factsheet-Corporate-Debt_2023_geschuetzt.pdf sowie BAI Private Debt Studie „Chancen und Herausforderungen von Corporate Private Debt im aktuellen Marktumfeld", abrufbar unter https://www.bvai.de/fileadmin/Veroeffentlichungen/BAI_Publikationen/BAI_Private_Debt_Studie_geschuetzt.pdf.

[14] Preqin Private Debt Global Report 2024 (Hinweis: Die Zahlen beziehen sich auf das Jahr 2022).

nehmen (KMU) spüren zunehmend die restriktivere Kreditvergabe der Banken, die sich durch immer strengere Eigenkapitalanforderungen unter dem Basel-Regelwerk aus Teilbereichen des Kreditgeschäfts zurückziehen. Zudem ist KMUs die Finanzierung über den öffentlichen Markt für Unternehmensanleihen idR nicht oder nur eingeschränkt möglich. Daher wuchs in den letzten Jahren in Deutschland insbesondere die Bedeutung der alternativen Mittelstandsfinanzierung über spezialisierte Kreditfonds, die Kapital bei – vorwiegend institutionellen – Investoren einsammeln und damit Kredite an Unternehmen bereitstellen. Private Debt füllt damit eine Lücke, die von zuvor bestehenden Finanzierungsformen nicht in dieser Weise abgedeckt werden konnte.

Die Kreditvergabe durch Nicht-Banken leistet also nicht nur einen wichtigen zusätzlichen Beitrag zur Finanzierung der Realwirtschaft. Zugleich bildet sie eine sinnvolle Erweiterung der mittelbaren Investitionsmöglichkeiten für professionelle Anlegergruppen, die klassische syndizierte Bankkredite nicht bieten können. Zu diesen professionellen Investoren, die in Private-Debt-Fonds investieren, zählen ua Pensionskassen, Pensionsfonds, Versicherungen, Versorgungswerke, Stiftungen und Family Offices. Ebenso sammeln Dachfondsgesellschaften (Fund of Funds) Kapital von Investoren ein und legen es in unterschiedliche Einzelfonds (Single Funds) an. Im aktuellen BAI Investor Survey 2024 gaben über 70% der deutschen institutionellen Investoren an, in Corporate Private Debt zu investieren, wobei zusätzlich mehr als jeder zweite Investor plant, seine Private-Debt-Allokation sogar weiter zu erhöhen.[15]

Grade im lang andauernden Niedrigzinsumfeld brachten Staatsanleihen und traditionelle Unternehmensanleihen nicht mehr die notwendigen Renditen, mit denen institutionelle Investoren ihren langfristigen Verpflichtungen ausreichend gerecht werden konnten. Im Gegensatz zu klassischen Fixed Income Investments bietet Corporate Private Debt ein attraktives Risiko-Rendite-Verhältnis mit stetigen und stabilen Zinsausschüttungen oberhalb des traditionellen Marktniveaus. Mit Blick auf das Jahr 2023 sind die Zinssätze und Kreditspreads wichtige Faktoren. Die direkte Kreditvergabe durch Nicht-Banken hat den Vorteil, dass sie einen hohen Anteil an variablen Zinssätzen aufweist, was sie im Vergleich zu traditionellen festverzinslichen Wertpapieren im derzeitigen Marktumfeld mit steigenden Zinsen attraktiver macht. Zudem weist Private Debt eine geringe Korrelation mit anderen klassischen Anlageklassen auf und ermöglicht damit eine weitere Diversifikation des Gesamtportfolios institutioneller Investoren. Varianz und Renditepotential können jedoch je nach Substrategie sehr unterschiedlich ausfallen.

V. Der AIFMD-Review

Neben dem o. g. Abschlussbericht zum AIFMD-Review[16] bildete insbesondere die aus dem Jahr 2016 stammende sog. „mapping exercise" der europäischen Wertpapier- und Marktaufsichtsbehörde ESMA zur Kreditvergabe von Fonds die Grundlage für die Ausprägung des europäischen Regulierungsrahmens für diesen Fondstypus bzw. deren Verwalter.[17] Neben einem dezidierten Überblick zu den damaligen nationalen Regelwerken für Kreditfonds beleuchtet dieser Bericht die jeweiligen Erlaubnisverfahren, die verschiedenen Arten von Kreditfonds, Investoren, Organisationsanforderungen und Risikomanagementaspekte insbesondere in Bezug auf den Einsatz von Leverage, Liquiditätsmanagement, Stresstesting,

---

[15] Quelle BAI Investor Survey 2024, abrufbar unter https://www.bvai.de/fileadmin/Veroeffentlichungen/BAI_Publikationen/BAI_Investor_Survey/BAI_Investor_Survey_2024.pdf.

[16] S. Report on the Operation of the Alternative Investment Fund Managers Directive (AIFMD), FISMA/2016/105(02)/C, 10.12.2018.

[17] S. ESMA/2016/596.

systemische Risiken[18] usw. Gerade auch diese Erwägungen und Erkenntnisse flossen dann maßgeblich in die Ausgestaltung der Regelungen zu Kreditfonds in der AIFMD II ein.

Die dynamisch wachsende Bedeutung von Kreditfonds, sowohl was die Nachfrage institutioneller Investoren anbetrifft, aber auch bei der Bereitstellung von Kapital durch diese Fonds an Unternehmen, Infrastrukturprojekte etc, und daraus resultierend der Umstand, dass Kreditfonds verstärkt in den Fokus nationaler, europäischer und internationaler Aufsichtsbehörden und -gremien kamen, führte dann fast zwangsläufig dazu, dass iRd AIFMD-Review eine einheitliche, europaweit harmonisierte Regulierung von Kreditfonds zur Top-Priorität wurde.

Der Ansatz, der dabei verfolgt wurde, basiert auf dem Grundkonzept der Managerregulierung, also des AIFMs; allerdings werden nunmehr durch die AIFMD II auch produktregulierende Elemente eingefügt und der Kreditfonds wird als eigener Fondstypus ausdrücklich anerkannt.

Diesem Ansatz folgend wird in einem ersten Schritt in Art. 4 Abs. 1 Buchst. ar AIFMD neu allgemein definiert, was unter der Kreditvergabe zu verstehen ist, nämlich die Gewährung eines Kredits durch einen AIF, sei es direkt oder indirekt über Dritte. Damit ist gleichzeitig auch klargestellt, dass jedem AIF die Vergabe von Krediten erlaubt ist. Mit der Kreditvergabe durch Fonds sind zukünftig sodann besondere Anforderungen an das Risiko- und Liquiditätsmanagement verbunden. Zum einen statuiert Art. 15 Abs. 3 Buchst. d AIFMD, dass ein AIFM zur Implementierung von effektiven, regelmäßig auf dem neuesten Stand zu haltenden und zu überprüfenden Strategien, Verfahren und Prozesse zur Kreditvergabe verpflichtet ist.

Dem Liquiditätsmanagement widmet die ÄnderungsRL besondere Aufmerksamkeit. AIFM, die offene AIF verwalten, sind insoweit künftig gem. Art. 16 Abs. 2b AIFMD verpflichtet, mindestens zwei Liquiditätsmanagement-Instrumente, wie sie in den Nr. 2–8 des neu eingeführten Anh. V aufgeführt sind, in die Vertragsbedingungen bzw. Satzung aufzunehmen. Die in Anh. V aufgeführten Instrumente – etwa Rücknahmegebühren oder Verwässerungsschutzabgaben – werden durch technische Regulierungsstandards präzisiert, die ESMA zwischenzeitlich als Entwürfe zur Konsultation gestellt hat.[19] Die neuen Regeln gelten unbeschadet der Vorgaben, die die spezialgesetztlichen ELTIF-VO, EuVECA-VO und EuSEF-VO machen. Für kreditvergebende AIF sind wiederum weitergehende Regelungen vorgesehen und diese können grundsätzlich nur als geschlossene Fonds aufgelegt werden; offene Fonds können nur unter Beachtung weiterer Voraussetzungen kreditvergebende AIF sein.

In einem zweiten Schritt wird sodann – als eigener Fondstypus – der sog. kreditvergebende AIF definiert. Art. 4 Abs. 1 Buchst. at AIFMD statuiert, dass dieser hauptsächlich eine kreditvergebende Anlagestrategie verfolgt oder dessen Kredite einen Nominalwert von mindestens 50% seines Nettoinventarwerts ausmachen. Für diese kreditvergebenden AIF enthält die RL sodann diverse weitere Vorgaben:

– Kreditobergrenzen:
  Die an einen einzelnen Kreditnehmer vergebenen Kredite dürfen gem. Art. 15 Abs. 4a AIFMD insgesamt nicht mehr als 20% des Kapitals des AIFs ausmachen, sofern es sich bei dem Kreditnehmer um ein Finanzunternehmen im Sinne der Solvency II-RL, ein AIF oder ein OGAW handelt.

---

[18] Vgl. auf internationaler Ebene zu möglichen systemischen Risiken im Bereich non-bank financial intermediation insbesondere die Arbeiten des FSB, weiterführend hierzu https://www.fsb.org/work-of-the-fsb/financial-innovation-and-structural-change/non-bank-financial-intermediation/.

[19] ESMA, Consultation on liquidity management tools for funds, abrufbar unter https://www.esma.europa.eu/press-news/consultations/consultation-liquidity-management-tools-funds#form.

- Leveragebeschränkung:
  Die Hebelfinanzierung auf AIF-Ebene ist gem. Art. 15 Abs. 4b AIFMD auf 175% für offene AIF bzw. 300% für geschlossene AIF beschränkt, wobei nationale Aufsichtsbehörden weitere Beschränkungen einführen können, sofern dies notwendig erscheint.
- Verbot von Organkrediten:
  Kredite dürfen gem. Art. 15 Abs. 4e AIFMD nicht an Einheiten vergeben, zu denen ein Interessenskonflikt besteht, also den AIFM selbst und seine Mitarbeiter, die Verwahrstelle oder anderen Unternehmen, an welche der AIFM Aufgaben übertragen hat.
- Nationale Sonderregeln für Verbraucherkredite:
  Art. 15 Abs. 4g AIFMD ermöglicht es den Mitgliedstaaten zudem die Kreditvergabe an Verbraucher zu verbieten.
- Risikoselbstbehalt:
  An das Bankaufsichtsrecht angelehnt ist schließlich die Regelung in Art. 15 Abs. 4i AIFMD, dass ein AIF, sofern er einen Kredit an Dritte transferiert, 5% des Nominalwerts bis zur Fälligkeit einbehalten muss, zumindest für acht Jahre (Verbot von sog. Originate-to-Distribute-Strategien). Ausgenommen sind Übertragungen, sofern der Verkauf als erforderliche Maßnahme des Risikomanagements anzusehen ist, oder im Rahmen dessen Auflösung.
- Ausnahmen für Gesellschafterdarlehen:
  Eine Sonderregelung gilt schließlich für Gesellschafterdarlehen gem. Art. 4 Abs. 1 Buchst. as AIFMD, also Kredite, die ein AIF einem Unternehmen gewährt, an dem er direkt oder indirekt mindestens 5% des Kapitals oder der Stimmrechte hält und der nicht unabhängig von den Kapitalinstrumenten, die der AIF an demselben Unternehmen hält, an Dritte verkauft werden darf. Sofern der Nominalwert solcher Kredite insgesamt 150% des Kapitals des AIFs nicht übersteigt, ist der AIFM gem. Art. 15 Abs. 4b letzter UAbs. AIFMD sowohl von den vorgenannten allgemeinen Verpflichtungen für die Kreditvergabe ausgenommen, wie auch von dem Limit für Hebelfinanzierungen.

VI. FondsmarktstärkungsG

Nach Verkündung der AIFMD II im EU-Amtsblatt hatte das BMF den korrespondierenden Entwurf eines Umsetzungsgesetzes veröffentlicht und zur Konsultation gestellt. Der RefE des FondsmarktstärkungsG[20] vom 5.5.2024 enthielt weitreichende Änderungen des KAGB in den von der RL adressierten Bereichen. Der Entwurf wurde allerdings nicht mehr vom Kabinett beschlossen, so dass in der aktuellen Legislaturperiode ein neues Gesetzgebungsverfahren initiiert werden muss. Im Hinblick darauf, dass die wesentlichen Regelungen im Entwurf parteiübergreifend Unterstützung fanden und davon auszugehen ist, dass ein – zumindest in weiten Teilen – nahezu identischer Entwurf durch die nächste Bundesregierung auf den Weg gebracht werden wird, sollen an dieser Stelle die grundlegenden Vorschriften zu Kreditfonds, die im Entwurf enthalten waren, kurz skizziert werden.

Ausgangspunkt für die geänderten Regelungen zu Kreditfonds ist die Neuaufnahme von Definitionen in § 1 (Begriffsbestimmungen) zu Kreditvergabe (Nr. 24b) und zu kreditver-

[20] Entwurf eines G zur Stärkung des deutschen Fondsmarktes und zur Umsetzung der RL (EU) 2024/927 des Europäischen Parlaments und des Rates v. 13.3.2024 zur Änderung der RL 2009/65/EG und 2011/61/EU im Hinblick auf Übertragungsvereinbarungen, Liquiditätsrisikomanagement, die aufsichtliche Berichterstattung, die Erbringung von Verwahr- und Hinterlegungsdienstleistungen und die Kreditvergabe durch alternative Investmentfonds, abrufbar unter https://www.bundesfinanzministerium.de/Content/DE/Gesetzestexte/Gesetze_Gesetzesvorhaben/Abteilungen/Abteilung_VII/20_Legislaturperiode/2024-08-05-Fondsmarktstaerkungsgesetz/0-Gesetz.html.

gebenden AIF (Nr. 24c). Korrespondierend zur Definition in der AIFMD II[21] ist danach die Kreditvergabe die Gewährung eines Kredits

- direkt durch einen AIF als ursprünglicher Kreditgeber oder
- indirekt über einen Dritten oder eine Zweckgesellschaft, der oder die einen Kredit für den AIF oder in seinem Namen oder für eine AIF-Verwaltungsgesellschaft oder in seinem Namen in Bezug auf den AIF vergibt, wenn die AIF-Verwaltungsgesellschaft oder der AIF an der Strukturierung des Kredits oder der Festlegung oder Vorabvereinbarung seiner Merkmale beteiligt ist, bevor der Dritte oder die Zweckgesellschaft ein Kreditrisiko erlangt.

In diesem Zusammenhang ist darauf hinzuweisen, dass insbesondere die Klarstellungen zur indirekten Kreditvergabe sehr wichtig sind, da es hierzu unter dem bisherigen Regime in Deutschland diverse Fragestellungen gab.

Der kreditvergebende AIF wiederum ist ein AIF,

- dessen Anlagestrategie hauptsächlich darin besteht, Kredite zu vergeben oder
- dessen vergebene Kredite einen Nominalwert haben, der mindestens 50% seines Nettoinventarwerts ausmacht.

Die Einzelheiten zur Kreditvergabe werden sodann in § 20 Abs. 9 KAGB neu geregelt. Danach dürfen AIF-Kapitalverwaltungsgesellschaften iRd kollektiven Vermögensverwaltung Kredite vergeben, wenn

- die Kreditvergabe durch einen Spezial-AIF erfolgt,
- die Kreditvergabe nach § 221 Abs. 1 S. 2 und Abs. 5 S. 1, § 222 Abs. 1 S. 5 und Abs. 4, § 240 oder § 261 Abs. 1 Nr. 8 und 10 erfolgt, oder
- die Kreditvergabe auf Grund der VO (EU) Nr. 345/2013, der VO (EU) Nr. 346/2013, der VO (EU) 2015/760 oder des § 3 Abs. 2 iVm mit § 4 Abs. 7 UBGG erlaubt ist.

Diese Neuregelung erweitert nicht nur die bisher zugelassenen AIF-Typen, die Kredite vergeben dürfen, sie hebt zudem die Beschränkungen für offene Spezial-AIF, die bisher nur Gesellschafterdarlehen vergeben durften, auf und erlaubt die Kreditvergabe an Dritte. Bezweckt ist damit ausweislich der Gesetzesbegründung vor allem die Schaffung gleicher Wettbewerbsbedingungen innerhalb der EU.

Die umfangreichen Vorgaben der Art. 15 AIFMD in der aufgrund der AIFMD II geltenden Fassung im Hinblick auf die Details der Kreditvergabe werden im KAGB nunmehr in den neu eingefügten §§ 29a und 29b implementiert. Insbesondere geht es dabei um

- wirksame Strategien, Verfahren und Prozesse für die Bewertung des Kreditrisikos sowie die Verwaltung und Überwachung ihres Kreditportfolios, die AIF-KVGen umzusetzen haben,[22]
- die Ausnahmen für die Vergabe von Gesellschafterdarlehen, wenn der Nominalwert dieser Darlehen insgesamt 150% des Kapitals des AIF nicht übersteigt,[23]
- die Kreditobergrenzen für einzelnen Kreditnehmer in Höhe von insgesamt 20% des Kapitals des AIF, wenn es sich bei dem Kreditnehmer um bestimmte Finanzinstitute handelt,[24]
- die Leverage-Limite in Höhe von 175%, wenn es sich um einen offenen AIF handelt, bzw. 300%, wenn es sich um einen geschlossenen AIF handelt,[25]
- das Organkreditverbot,[26] sowie

[21] Vgl. Art. 4 Abs. 1 Buchst. ar und at AIFMD.
[22] § 29a Abs. 1 KAGB.
[23] § 29a Abs. 2 KAGB.
[24] § 29a Abs. 3 KAGB.
[25] § 29a Abs. 5 KAGB.
[26] § 29a Abs. 7 KAGB.

– den Selbstbehalt in Höhe von 5% des Nominalwerts jedes vom AIF vergebenen und anschließend auf Dritte übertragenen Kredits.[27]

Darüber hinaus gibt es noch diverse redaktionelle Folgeänderungen bspw. in den §§ 282 und 285 KAGB.

Die Konsultation des RefE endete am 19.9.2024. Eine Überführung des Gesetzes mittels Kabinettsbeschlusses in das parlamentarische Verfahren konnte aufgrund des Bruches der Ampelkoalition und dem Ausrufen von Neuwahlen nicht mehr erfolgen. Auch wenn nun abzuwarten bleibt, wann nun ein neues Gesetzgebungsverfahren initiiert wird, so ist doch davon auszugehen, dass die AIFMD II auch von einer neuen Bundesregierung und dem nächsten Parlament fristgerecht in nationales Recht umgesetzt wird.

VII. Fazit

Mit den neuen Regelungen für kreditvergebende AIF hat der europäische Gesetzgeber einen gut austarierten Rahmen für eine immer wichtiger werdende Gruppe von Marktakteuren bereitgestellt, die Unternehmen und Projekte mit Fremdkapital versorgen und dadurch auch eine volkswirtschaftlich überaus wichtige Rolle übernehmen und zudem als Intermediäre für eine Vielzahl von institutionellen Investoren fungieren, die Private Debt als elementare Assetklasse in ihrem Portfolio schätzen. Gerade auch im Hinblick auf die Vollendung bzw. zunächst die Vertiefung der Kapitalmarktunion (nunmehr SIU) ist diese marktbasierte Finanzierung von außerordentlicher Bedeutung und es liegt im Interesse aller Beteiligten, dass sich das Marktsegment Private Debt weiter und erfolgreich entwickelt.

Nachdem sich über Jahre hinweg nationale Aufsichtsregime für Kreditfonds entwickelt und erfolgreich etabliert haben, ist die EU-weite Harmonisierung ein weiterer positiver Impuls für die Branche und bietet viele Chancen für die Fondsindustrie. Bisher haben einzelne Fondsdomizile, allen voran Luxemburg, von dem Erfolgsmodell Kreditfonds und der immensen Nachfrage durch institutionelle Investoren profitiert. Ob die neue EU-Regulierung dazu führt, dass sich Kreditfonds nun vermehrt in anderen Fondsdomizilen ansiedeln, oder ob Luxemburg seine Dominanz weiter ausbaut, bleibt abzuwarten. In Deutschland stellt die Umsetzung der AIFMD II jedenfalls eine zweite Chance dar, dass gerade in Deutschland ansässige Fondsgesellschaften auch hier verstärkt solche Fonds auflegen. Dazu beitragen könnten jedenfalls auch Klarstellungen in (investment-) steuerrechtlicher Hinsicht im Hinblick auf die Kreditvergabe im Zweiten Gesetz zur Finanzierung von zukunftssichernden Investitionen (Zukunftsfinanzierungsgesetz II), welches ebenfalls als RefE vorgelegt wurde, allerdings auch nicht mehr in das parlamentarische Verfahren durch Kabinettsbeschluss überführt werden konnte.[28] Hier enthält Art. 29 und die vorgeschlagene Regelung in § 6 Abs. 5a (neu) InvSG, dass die Vergabe von Gelddarlehen unter bestimmten Voraussetzungen keine – gewerbesteuerpflichtige – aktive unternehmerische Bewirtschaftung darstellt, die Klarstellung zu einer in der Praxis wichtigen Frage. Und schließlich stellt auch die durch die Achte Verordnung zur Änderung von Verordnungen nach dem Versicherungsaufsichtsgesetz vom 6.2.2025 (BGBl. 2025 I Nr. 31) vorgeschlagene Änderung der Anlageverordnung, insbesondere die Erhöhung der Risikokapitalquote[29], aber auch die Einführung einer eigen-

---

[27] § 29b KAGB.

[28] Entwurf eines Zweiten G zur Finanzierung von zukunftssichernden Investitionen (Zweites Zukunftsfinanzierungsgesetz – ZuFinG II), abrufbar unter: https://www.bundesfinanzministerium.de/Content/DE/Gesetzestexte/Gesetze_Gesetzesvorhaben/Abteilungen/Abteilung_VII/20_Legislaturperiode/2024-08-27-ZuFinG-II/2-Referentenentwurf.pdf?__blob=publicationFile&v=3.

[29] Vgl. § 3 Abs. 3 S. 1 AnlV (Art. 4 Nr. 2 Buchst. b 2. BetriebsrentenstärkungsG).

ständigen Infrastrukturquote[30] wichtigen Stellschrauben dar, damit entsprechende Investoren wie Pensionskassen nicht nur verstärkt, sondern auch effizienter im Bereich Private Debt und über Kreditfonds investieren können.

Der Siegeszug der Kreditfonds wird sich also fortsetzen und wird aller Voraussicht nach durch die neue Regulatorik nicht nur flankiert, sondern auf ein soliden und erweitertes Fundament gesetzt. Das Konzept der „enabling regulation" könnte sich hier als ein echtes Erfolgsmodell erweisen, zum Nutzen aller Beteiligten.

[30] Vgl. § 3 Abs. 7 Anl. (Art. 4 Nr. 2 Buchst. c Nr. 2c 2. BetriebsrentenstärkungsG).

DAVID JANSEN

Das investmentrechtliche Sondervermögen in Krise und Insolvenz

I. Einleitung

Das investmentrechtliche Sondervermögen gem. §§ 92 ff. KAGB ist für in Deutschland aufgelegte Fondsstrukturen die vermutlich bedeutendste Organisationsform. Mit der Einführung eines gesetzlichen Rahmenwerks für das Investmentsparen (damals noch beschränkt auf die Anlage in Wertpapieren) mit dem Gesetz über Kapitalanlagegesellschaften von 1957 (KAGG) hatte der Gesetzgeber ausschließlich diese Gestaltungsform für das Investmentsparen vorgegeben.[1] Die wesentlichen Regelungen zum Sondervermögen sind auch unter Geltung des 2003 eingeführten Investmentgesetzes und dem mit der Umsetzung der AIFMD 2013 ins KAGB übertragenen Vorschriften unverändert geblieben.[2] Auch unter Geltung des KAGB ist das Sondervermögen neben der Investment-Aktiengesellschaft die einzig zulässige Rechtsform für inländische offene Publikumsfonds und für offene Immobilienfonds (vgl. § 91 Abs. 1 und 3 KAGB). Dies hat zur Folge, dass das Sondervermögen insbes. im Bereich der OGAW und der Immobilien-Sondervermögen eine herausragende Rolle spielt.

Im Gegensatz zu gesellschaftsrechtlich organisierten Fondsvehikeln wie der Investment-Kommanditgesellschaft oder der Investment-Aktiengesellschaft weist das Konstrukt des nicht-rechtsfähigen Sondervermögens einige Besonderheiten auf, die sich bei der Beurteilung von zivilrechtlichen und zivilprozessualen Fragestellungen erheblich auswirken. Dies zeigt sich insbes. in Konstellationen, in denen die im Sondervermögen ausgeübte wirtschaftliche Betätigung sich in der Krise befindet.

Der folgende Beitrag stellt nach einem kurzen Überblick zu den investmentrechtlichen Grundbegriffen (II.) zunächst die Grundlagen des investmentrechtlichen Sondervermögens dar (III.) und wendet sich dann einer Reihe Fragestellungen zu, die im Zusammenhang mit krisenbehafteten Szenarien an Bedeutung gewinnen (IV.).

II. Investmentrechtliche Grundlagen

Das investmentrechtliche Sondervermögen ist ein inländisches Investmentvermögen in Vertragsform,[3] was in diesem Zusammenhang den Gegenbegriff zu einem Investmentvermögen in Gesellschaftsform bildet. Zum Sondervermögen können Vermögensgegenstände verschiedener Art gehören, die – jedenfalls wirtschaftlich – dem Eigentum der Kapitalanleger zugeordnet sind und mit deren Verwaltung eine Kapitalverwaltungsgesellschaft (KVG) beauftragt ist.

---

[1] Vgl. § 6 Abs. 1 KAGG idF 16.4.1957 (BGBl. I 378).

[2] Zur Gesetzesentstehung Emde/Dornseifer/Dreibus/Hölscher/Nietsch InvG § 30 Rn. 2; Berger/Steck/Lübbehüsen/Schmitz InvG § 30 Rn. 1; Moritz/Klebeck/Jesch/Moroni KAGB § 92 Rn. 6.

[3] Emde/Dornseifer/Dreibus/Nietsch KAGB § 92 Rn. 5; Moritz/Klebeck/Jesch/Moroni KAGB § 92 Rn. 7.

1. Die KVG

Bei KVGen handelt es sich gem. § 17 Abs. 1 S. 1 KAGB um Unternehmen mit satzungsmäßigem Sitz und Hauptverwaltung im Inland, deren Geschäftsbetrieb darauf gerichtet ist, inländische Investmentvermögen, EU-Investmentvermögen oder ausländische AIF zu verwalten. Eine solche Verwaltung eines Investmentvermögens liegt gem. § 17 Abs. 1 S. 2 KAGB vor, wenn mindestens die Portfolioverwaltung oder das Risikomanagement für ein oder mehrere Investmentvermögen erbracht wird.

Ein Investmentvermögen ist gem. § 1 Abs. 1 S. 1 KAGB definiert als jeder Organismus für gemeinsame Anlagen, der von einer Anzahl von Anlegern Kapital einsammelt, um es gem. einer festgelegten Anlagestrategie zum Nutzen dieser Anleger zu investieren und der kein operativ tätiges Unternehmen außerhalb des Finanzsektors ist.

Inländische Investmentvermögen sind gem. § 1 Abs. 7 KAGB Investmentvermögen, die dem inländischen, also deutschem Recht unterliegen.

2. Investmentvermögen und Sondervermögen

a) Sondervermögen als Teil des numerus clausus

Gem. § 91 Abs. 1 KAGB dürfen offene inländische Investmentvermögen nur als Sondervermögen oder Investmentaktiengesellschaft mit veränderlichem Kapital aufgelegt werden. Im Bereich der Spezial-AIF wird dieser Grundsatz gem. § 91 Abs. 2 und 3 KAGB mit bestimmten Ausnahmen versehen. Um die Gestaltungsmöglichkeiten für Fondsverwalter zu erweitern, wurde mit dem Fondsstandortgesetz von 2021 in § 139 S. 2 KAGB die Möglichkeit eingeführt, auch geschlossene Spezial-AIF als Sondervermögen aufzulegen.[4]

Offene Investmentvermögen sind gem. § 1 Abs. 4 KAGB zum einen Organismen für gemeinsame Anlage in Wertpapieren (OGAW) sowie AIF, deren Anteile vor Beginn der Liquidations- oder Auslaufphase auf Ersuchen eines Anteilseigners direkt oder indirekt aus den Vermögenswerten des AIF und nach den Verfahren und mit der Häufigkeit, die in den Vertragsbedingungen oder der Satzung, dem Prospekt oder den Emissionsunterlagen festgelegt sind, zurückgekauft oder zurückgenommen werden.[5] Geschlossene Investmentvermögen sind solche, die die vorstehenden Anforderungen an offene Investmentvermögen nicht erfüllen.

Spezial-AIF sind AIF, deren Anteile auf Grund von in Textform geschlossenen Vereinbarungen mit der Verwaltungsgesellschaft oder auf Grund der konstituierenden Dokumente des AIF nur von professionellen und semiprofessionellen Anlegern erworben werden dürfen. Sie bilden also den Gegenbegriff zu Publikumsinvestmentvermögen, die im Gegensatz dazu auch Privatanlegern offenstehen.

b) Entstehung des Sondervermögens

Das Sondervermögen entsteht nach überwiegender Ansicht im Zeitpunkt des Abschlusses eines Investmentvertrags zwischen der KVG und dem (ersten) Anleger und nicht erst mit der tatsächlichen Vornahme von Kapitalbeiträgen.[6]

---

[4] Emde/Dornseifer/Dreibus/Dornseifer KAGB § 139 Rn. 27 ff.; Dahmen BKR 2021, 473 (474); RegE für das Fondsstandortgesetz, BT-Drs. 19/27631, 94.

[5] Dies ergibt sich aus einem Verweis auf die Art. 1 Abs. 2 DelVO (EU) Nr. 694/2014.

[6] Emde/Dornseifer/Dreibus/Nietsch KAGB § 92 Rn. 5; Weitnauer/Boxberger/Anders/Anders KAGB § 92 Rn. 5; Assmann/Wallach/Zetsche/Zetsche/Nast KAGB § 92 Rn. 6.

III. Das Sondervermögen und seine Funktion als Fondsvehikel

Die wesentliche Quelle für die zivilrechtlichen Grundlagen des investmentrechtlichen Sondervermögens sind die seit seiner Einführung nur geringfügig veränderten gesetzlichen Regelungen, die sich heute in den §§ 92 ff. KAGB finden.

1. Zuordnung des Vermögens

Da das Sondervermögen nicht rechtsfähig ist, bietet das Gesetz zwei Gestaltungsmöglichkeiten für ein entsprechendes Rechtszuordnungssubjekt des Vermögens, die als Treuhand- und Miteigentumslösung bekannt sind.[7] So können die zum Sondervermögen gehörenden Vermögensgegenstände gem. § 92 Abs. 1 S. 1 KAGB nach Maßgabe der Anlagebedingungen im Eigentum der KVG oder im Miteigentum der Anleger stehen. Während die sog. Miteigentumslösung im Bereich der Wertpapierfonds durchaus anzutreffen ist, folgt die Mehrheit der Immobilienfonds dem Treuhandmodell, das dort zumindest für Publikumsinvestmentvermögen auch gem. § 245 KAGB obligatorisch ist.

In jedem Fall hat die KVG dafür Sorge zu tragen, dass das Sondervermögen getrennt vom eigenen Vermögen der KVG (§ 92 Abs. 1 S. 2 KAGB) und von anderen von der KVG verwalteten Sondervermögen (§ 92 Abs. 3 S. 2 KAGB) zu halten ist.

Die Frage, welche Vermögensgegenstände zum Sondervermögen gehören, regelt das Gesetz heute nur noch fragmentarisch, nämlich für die Frage der Surrogation, gem. § 92 Abs. 2 KAGB so, dass zum Sondervermögen auch alles gehöre, was die KVG auf Grund eines zum Sondervermögen gehörenden Rechts oder durch ein Rechtsgeschäft erwirbt, das sich auf das Sondervermögen bezieht, oder was derjenige, dem das Sondervermögen zusteht, als Ersatz für ein zum Sondervermögen gehörendes Recht erwirbt. Der originäre Aufbau des Sondervermögens erfolgt regelmäßig durch die Ausgabe von Anteilen gegen die unmittelbare Leistung des Ausgabepreises in das Sondervermögen.[8]

Eine umstrittene wie praxisrelevante Frage ist, ob die Ansprüche gegen Anleger zur Leistung in das Sondervermögen bereits zum Sondervermögen gehören. Teilweise wird vertreten, dass dieser Anspruch Teil des Sondervermögens sei und das Sondervermögen damit bereits mit dem auf die Einzahlung in das Sondervermögen gerichteten Vertrag entsteht.[9] Dies wird ausdrücklich mit dem Anlegerschutz begründet, weil Gläubiger der KVG auf den Einzahlungsanspruch gegen die Anleger sonst mittels Pfändung Zugriff nehmen könnten.[10] Die ESMA, die sich mit dieser Frage freilich rechtsformunabhängig befasst, hat sich im Zusammenhang mit der Berechnung von Eigenmittelanforderungen für KVGen darauf festgelegt, dass Kapitalzusagen grundsätzlich nicht zu den Vermögensgegenständen eines AIF zählen.[11]

Tatsächlich ist die Nutzung von Kapitalzusagen als Kreditsicherheit – vermutlich inspiriert durch die Praxis in anderen Rechtsordnungen – nicht unüblich. Erfolgt die Sicherungsabtretung oder Verpfändung der Ansprüche auf Leistung in das Sondervermögen unter deutschem Recht, stellt sich indes die Frage des Wertes einer solchen Sicherheit, da der Anleger regelmäßig nur zur Zahlung gegen die Ausgabe neuer Anteile am Sondervermögen ver-

---

[7] Assmann/Wallach/Zetzsche/Zetzsche/Nast KAGB § 92 Rn. 8; Weitnauer/Boxberger/Anders/Anders KAGB § 92 Rn. 6.

[8] Berger/Steck/Lübbehüsen/Schmitz InvG § 30 Rn. 22; Baur/Tappen/Mehrkhah/Behme/Lichtenstein KAGB § 91 Rn. 14.

[9] Emde/Dornseifer/Dreibus/Nietsch KAGB § 92 Rn. 5; so wohl auch Assmann/Wallach/Zetzsche/Zetzsche/Nast KAGB § 92 Rn. 6.

[10] Assmann/Wallach/Zetzsche/Zetzsche/Nast KAGB § 92 Rn. 6.

[11] ESMA34-32-352, Section X: Additional own funds, Question 3.

pflichtet ist und diesen Einwand dem Sicherungsnehmer gem. §§ 404, 320 Abs. 1 S. 1 BGB (nicht selten dauerhaft) entgegenhalten kann.[12]

2. *Zuordnung der Verbindlichkeiten*

Wie der Begriff es schon andeutet, handelt es sich beim Sondervermögen in der Tat lediglich um eine Gesamtheit von Vermögensgegenständen. Aus Gründen des Anlegerschutzes sind die Verbindlichkeiten, die selbstverständlich im Zusammenhang mit der kollektiven Vermögensverwaltung begründet werden, nicht unmittelbar mit dem Sondervermögen verknüpft.[13]

Vielmehr ordnet § 93 Abs. 2 S. 1 KAGB an, dass Sondervermögen nicht für Verbindlichkeiten der KVG haftet; dies gilt auch für Verbindlichkeiten der KVG aus Rechtsgeschäften, die sie für gemeinschaftliche Rechnung der Anleger tätigt. Die KVG ist auch nicht berechtigt, im Namen der Anleger Verbindlichkeiten einzugehen. Eine hiervon abweichende Vereinbarung mit den Anlegern wäre gem. § 93 Abs. 2 S. 3 KAGB unwirksam.

Dem unmittelbaren Zugriff der Gläubiger sind die zum Sondervermögen gehörenden Vermögensgegenstände damit entzogen. Ihnen bleibt damit zunächst allein der Zugriff auf das eigene Vermögen der KVG.[14]

Eine wirtschaftliche Verknüpfung der iRd kollektiven Vermögensverwaltung geschaffenen Verbindlichkeiten und dem Sondervermögen schafft § 93 Abs. 3 KAGB, der anordnet, dass sich die KVG „wegen ihrer Ansprüche auf Vergütung und auf Ersatz von Aufwendungen aus den für gemeinschaftliche Rechnung der Anleger getätigten Geschäften nur aus dem Sondervermögen befriedigen" kann, während die Anleger nicht persönlich haften. Wenn also eine KVG iRd Verwaltung eines Investmentvermögens Verbindlichkeiten eingeht und erfüllt, ist sie berechtigt, sich aus dem Sondervermögen zu befriedigen.[15]

Dabei trägt allerdings die KVG stets das Risiko, dass der Aufwendungserstattungsanspruch auch rechtmäßig besteht. Dies ist insbes. bei den auf §§ 675, 611 bzw. 675, 670 BGB in Verbindung mit den jeweiligen Anlagebedingungen gründenden Aufwendungsersatzansprüchen nur dann der Fall, wenn die KVG die Aufwendung im Einzelfall für erforderlich halten durfte.[16] Aufwendungen aus Geschäften, die gegen das Gesetz oder die Anlagebedingungen verstoßen, scheiden als erforderliche und damit ersatzfähige Aufwendungen aus.[17]

Aus der Regelung in § 93 Abs. 3 KAGB wird teilweise gefolgert, Gläubiger der KVG könnten die Ansprüche der KVG „gegen das Sondervermögen" pfänden,[18] worauf noch zurückzukommen ist.

Für die KVG ergibt sich aus dieser Konstellation ein hohes Risiko: Im Außenverhältnis haftet sie prinzipiell unbeschränkt mit ihrem eigenen Vermögen, während ihr Regress im Innenverhältnis zum einen davon abhängt, dass ihr Anspruch auf Aufwendungsersatz über-

---

[12] Zur Zulässigkeit der Erhebung von Gegenrechten, deren Grundlage zum Zeitpunkt der Abtretung bestand, deren Tatbestand sich aber erst nachträglich verwirklicht: Jauernig/Stürner BGB § 404 Rn. 4 mwN.

[13] Weitnauer/Boxberger/Anders/Anders KAGB § 92 Rn. 12.

[14] Emde/Dornseifer/Dreibus/Nietsch KAGB § 93 Rn. 12; Weitnauer/Boxberger/Anders/Anders KAGB § 93 Rn. 5; Evenkamp/Schoch/Opitz RdF 2024, 180 (185 f.).

[15] Emde/Dornseifer/Dreibus/Nietsch KAGB § 93 Rn. 17.

[16] Ellenberger/Bunte BankR-HdB/Köndgen/Schmies § 93 Rn. 114; Weitnauer/Boxberger/Anders/Anders KAGB § 93 Rn. 9.

[17] Weitnauer/Boxberger/Anders/Anders KAGB § 93 Rn. 9; Deutsches Notarinstitut DNotI-Report 1/2018, 3 (5).

[18] So zuletzt ausdrücklich Evenkamp/Schoch/Opitz RdF 2024, 180 (183) und (186); ebenfalls Deutsches Notarinstitut DNotI-Report 2018, 3 (5); ähnlich Emde/Dornseifer/Dreibus/Nietsch KAGB § 93 Rn. 17; Ellenberger/Bunte BankR-HdB/Köndgen/Schmies § 93 Rn. 114; dazu noch näher → IV. 2. b).

haupt begründet ist und, wenn das der Fall ist, hinreichende Mittel zur Deckung ihrer Verbindlichkeiten im Außenverhältnis vorhanden sind.

Das Risiko lässt sich theoretisch über eine vertragliche Haftungsbeschränkung zugunsten der KVG ausschalten.[19] Allerdings wird das in der Praxis von der jeweiligen Gegenpartei nur in Ausnahmefällen akzeptiert werden, da sowohl das Vorhandensein hinreichender Mittel im Sondervermögen als auch die Voraussetzungen des Aufwendungsersatzanspruchs gegen die Anleger Umstände darstellen, die allein in der Sphäre der KVG zu verorten sind und zu deren Übernahme Gegenparteien regelmäßig nicht bereit sein werden.[20]

3. Insolvenzrechtliche Behandlung des Sondervermögens

a) Keine Insolvenzfähigkeit

Mangels Rechtsfähigkeit sind Sondervermögen auch nicht insolvenzfähig.[21] Da die Verbindlichkeiten, die iRd kollektiven Vermögensverwaltung begründet werden, allein die KVG betreffen, ist es auch die KVG, die gegebenenfalls im Rahmen eines Insolvenzverfahrens abzuwickeln ist.[22]

Das Insolvenzverfahren über eine KVG ist, insbes. was die Insolvenzantragspflicht betrifft, mit einigen Besonderheiten verbunden. So ist die Geschäftsleitung der KVG gem. § 43 Abs. 1 KAGB iVm § 46b Abs. 1 S. 1 KWG verpflichtet, die Zahlungsunfähigkeit oder Überschuldung der KVG unverzüglich unter Beifügung aussagefähiger Unterlagen anzuzeigen. Hingegen kann der Antrag auf Eröffnung des Insolvenzverfahrens gem. § 43 Abs. 1 KAGB iVm § 46b Abs. 1 S. 4 KWG allein von der BaFin gestellt werden.

Mit der Eröffnung des Insolvenzverfahrens bzw. der Abweisung mangels Masse gem. § 26 InsO erlischt das Recht der KVG, die Sondervermögen zu verwalten gem. § 99 Abs. 3 S. 2 KAGB. Dies hat im Fall der Treuhandlösung auch unmittelbare Auswirkungen auf die zivilrechtliche Zuordnung des Sondervermögens, das gem. § 100 Abs. 1 Nr. 1 KAGB von der KVG auf die Verwahrstelle übergeht. Für den Fall der Miteigentumslösung ordnet § 100 Abs. 1 Nr. 2 KAGB an, dass das Verwaltungs- und Verfügungsrecht der KVG auf die Verwahrstelle übergeht und damit nicht auf den für das Vermögen der KVG bestellten Insolvenzverwalter.

Da das Sondervermögen insolvenzfest ausgestaltet ist, steht den Anlegern ein Aussonderungsrecht nach § 47 InsO zu. Das Aussonderungsrecht ist gegenüber dem Insolvenzverwalter geltend zu machen durch die Verwahrstelle oder mit Genehmigung der BaFin durch eine neue KVG.[23] Das Aussonderungsrecht hat vor allem Bedeutung bei Vermögensgegenständen, die nicht verwahrfähig im Sinne von § 72 Abs. 1 Nr. 1 KAGB bzw. § 81 Abs. 1 Nr. 1 KAGB sind und damit nicht schon ohnehin in der tatsächlichen Gewalt der Verwahrstelle liegen. Der Insolvenzverwalter ist auch nicht berechtigt, bei Verfügungen über Vermögensgegenstände des Sondervermögens Anfechtungsrechte auszuüben.[24]

Das Schicksal des Sondervermögens in Folge des Erlöschens des Verwaltungsrechts der KVG regeln § 100 Abs. 2 und 3 KAGB, wonach die Verwahrstelle das Sondervermögen abzuwickeln und an die Anleger zu verteilen hat oder gem. Abs. 3 unter den dort vorgesehenen Bedingungen auf eine andere KVG übertragen kann.

---

[19] Moritz/Klebeck/Jesch/Moroni KAGB § 93 Rn. 10.

[20] Deutsches Notarinstitut DNotI-Report 1/2018, 3 (5).

[21] Berger/Steck/Lübbehüsen/Schmitz InvG § 38 Rn. 17; Assmann/Wallach/Zetsche/Zetsche/Nast KAGB § 99 Rn. 22.

[22] Emde/Dornseifer/Dreibus/Gutsche/Nemeczek KAGB § 99 Rn. 16.

[23] Evenkamp/Schoch/Opitz RdF 2024, 180 (185) mwN; aA Ellenberger/Bunte BankR-HdB/Köndgen/Schmies § 93 Rn. 114.

[24] Emde/Dornseifer/Dreibus/Gutsche/Nemeczek KAGB § 99 Rn. 17.

b) Schicksal der Verbindlichkeiten

Der Umstand, dass das Sondervermögen keine Rechtsfähigkeit aufweist, bedingt, dass die Vorschriften über die Abwicklung des Sondervermögens kein Wort über das Schicksal von Verbindlichkeiten verlieren – es gibt keine Verbindlichkeiten des Sondervermögens. Zwar wird teilweise aus der Vorschrift des § 101 Abs. 1 S. 2 Nr. 1 KAGB gefolgert, dass auch die Verbindlichkeiten aus Kreditaufnahmen, Pensionsgeschäften, Wertpapier-Darlehensgeschäften und die sonstigen Verbindlichkeiten Teil des Sondervermögen seien.[25] Dies verkennt aber die Reichweite der ausdrücklichen Regelungen in § 93 Abs. 2 KAGB und den Umstand, dass Zweck des § 101 KAGB vielmehr die Schaffung einer Abbildung der wirtschaftlichen Verhältnisse des Werts der Fondsanteile ist.[26] Dass in diesem Teil des Jahresberichts also auch antizipierte Belastungen durch die Befriedigung von Aufwendungsersatzansprüchen im Wege des § 93 Abs. 3 KAGB abgebildet werden, sagt nichts über die tatsächliche Haftung für diese Verbindlichkeiten und ihren Übergang im Fall des Verlusts des Verwaltungsrechts aus.

Das Auseinanderfallen von Vermögenswerten und Verbindlichkeiten im Fall des Verlusts des Verwaltungsrechts ist in Anbetracht der unterschiedlichen Fallgestaltungen nicht ideal. Die Ursachen für die Insolvenz einer KVG können, müssen aber nicht in ihrer Verwaltungstätigkeit begründet sein: Die Insolvenz einer KVG kann durch ihre Verwaltungstätigkeit ausgelöst werden, zum Beispiel die Fremdfinanzierung eines gescheiterten Immobilienprojekts oder die Inanspruchnahme aus umweltrechtlichen Vorschriften, die mit den im Sondervermögen befindlichen Immobilien zusammenhängen. Sie kann aber auch gänzlich unabhängig von den wirtschaftlichen Betätigungen der Sondervermögen sein, zum Beispiel bei einem durch Nettomittelabflüsse verursachten Einbruch der damit im Zusammenhang stehenden Verwaltungsvergütungen.

In jedem dieser Fälle erfolgt eine Spaltung der Vermögensseite, die mit dem Sondervermögen in das Eigentum (Treuhandlösung) oder mindestens die Verwaltungsbefugnis (Miteigentumslösung) der Verwahrstelle fällt und der im Zusammenhang mit der Verwaltung des Sondervermögens geschaffenen Verbindlichkeiten, die zunächst bei der KVG verbleiben.[27]

Verwaltet eine KVG nur ein Sondervermögen, kann dies unter Umständen zu sachgerechten Lösungen führen. Hier mag der Grund für die Insolvenz der KVG ohnehin in den nicht mehr hinreichenden Vermögenswerten im Sondervermögen liegen, sodass ein Rückgriff auf das Sondervermögens iRd Insolvenzverfahrens über das Vermögen der KVG wenig sinnvoll erschiene.

Verwaltet eine KVG hingegen eine Vielzahl von Sondervermögen, werden mit der Eröffnung des Insolvenzverfahrens zum Beispiel sämtliche Kreditgeber von unter Umständen – isoliert betrachtet – gut laufenden Immobilienanlagen Insolvenzgläubiger der KVG. Der Insolvenzverwalter kann nun aber nicht mehr – wie zuvor die KVG – über § 93 Abs. 3 KAGB mit Zustimmung der Verwahrstelle in das Sondervermögen greifen, sondern muss seine Aufwendungsersatzansprüche gegen die Anleger, die wiederum auf das Sondervermögen beschränkt sind, bei der Verwahrstelle oder der neu bestellten KVG geltend machen. Werden die Darlehen gekündigt und damit endfällig, werden hiermit ggf. langfristig laufende Immobilienfinanzierungen fällig gestellt und es kommt innerhalb von Sondervermögen, die mitunter für die Insolvenz der KVG nicht ursächlich waren, zu Liquiditätsengpässen und ggf. Sicherheitsverwertungen, was regelmäßig nicht im Sinne der Anleger sein dürfte.

---

[25] Herkströter/Rämer Investment-HdB/Beckmann, 1. EL 2025, KAGB § 100 Rn. 29, anders und wie hier bei Rn. 32.

[26] Emde/Dornseifer/Dreibus/Hornschu/Neuf/Arlt KAGB § 101 Rn. 4.

[27] Herkströter/Rämer Investment-HdB/Beckmann, 1. EL 2025, KAGB § 100 Rn. 30.

IV. Ausgewählte Fragestellungen

Die Anlagetätigkeiten innerhalb eines Sondervermögens sind vor wirtschaftlichen Herausforderungen und eingeschränkter Liquidität nicht gefeit.

Soweit die KVG von der Möglichkeit Gebrauch macht, einzelne Kapitalanlagen in einer Gesellschaft mit Haftungsbeschränkung innerhalb des Sondervermögens zu betreiben, zum Beispiel in einer Immobiliengesellschaft im Sinne von § 235 KAGB, weisen die insolvenzrechtlichen Folgen keine wesentlichen investmentrechtlichen Besonderheiten auf. Vielmehr wird die jeweilige Gesellschaft dann nach dem für sie einschlägigen Insolvenzrecht abgewickelt und die KVG fungiert dabei regelmäßig als Eigenkapitalgeberin, gelegentlich auch als Darlehensgeberin, wobei die jeweiligen Positionen gleichzeitig Vermögensgegenstände der Sondervermögen sind.

Werden die Anlagetätigkeiten unmittelbar, dh ohne Einschaltung von Zwischengesellschaften im Sondervermögen betrieben, können die Ursachen für eine nachteilige Liquiditätsentwicklung des Sondervermögens unterschiedlich sein. Sie können einerseits mit der wirtschaftlichen Performance der jeweiligen Kapitalanlage zusammenhängen, sie können aber auch von den Rückgabeverlangen von Anlegern herrühren. Die Unterscheidung spielt vor allem für die verschiedenen Reaktionsmöglichkeiten der verschiedenen Beteiligten eine Rolle.

1. Aussetzung von Rückgaben bei offenen Sondervermögen

Vor der Einführung des Sondervermögens auch für geschlossene Spezial-AIF war das Sondervermögen als Rechtsform bei offenen Publikumsinvestmentvermögen sowie offenen Spezial-AIF anzutreffen. Daran dürfte sich auch heute, vier Jahre nach dem Inkrafttreten des Fondsstandortgesetzes, nichts geändert haben. Wesensmerkmal des offenen Sondervermögens ist das in § 98 KAGB geregelte Rückgaberecht der Anleger. Für die im Allgemeinen weniger liquiden Immobilien-Sondervermögen werden die allgemeinen Regeln über das Rückgaberecht noch in den §§ 255–259 KAGB modifiziert und ergänzt.[28]

Charakteristisch für das Rückgaberecht des Anlegers ist, dass der Anspruch darauf gerichtet ist, dass die Rücknahme oder der Rückerwerb von Anteilen aus dem Sondervermögen zu bestreiten ist,[29] dh der Rückgabeanspruch kann nicht dadurch befriedigt werden, dass ein Dritter oder die KVG mit ihrem eigenen Vermögen die Anteile erwirbt. Gleichwohl können sich solche Erwerbe liquiditätsschonend auswirken, wenn sie der Ausübung des Rückgaberechts zuvorkommen oder einmal ausgesprochene Rückgabeverlangen nach den Anlagebedingungen des betreffenden Fonds widerruflich sind.

a) Liquiditätsmanagement durch die KVG

IRd Liquiditätsmanagements sind KVGen gem. § 30 Abs. 3 KAGB verpflichtet, die Rücknahmegrundsätze des entsprechenden Fonds zu berücksichtigen.[30] Sollte die vorhandene Liquidität für die Erfüllung der Rückgabeverlangen nicht genügen, darf die Verwaltungsgesellschaft beim Vorliegen von außergewöhnlichen Umständen und, sofern die Anlagebedingungen des entsprechenden Sondervermögens dies vorsehen, die Rücknahme von Anteilen gem. § 98 Abs. 2 S. 1 KAGB vorübergehend aussetzen.

---

[28] Ebenso finden sich in § 227 KAGB Modifikationen für die praktisch weniger relevanten Dach-Hedgefonds.

[29] Emde/Dornseifer/Dreibus/Gutsche/Nemeczek KAGB § 98 Rn. 6; Assmann/Wallach/Zetsche/Zetsche/Nast KAGB § 98 Rn. 8.

[30] Emde/Dornseifer/Dreibus/Steck/Schmidt/Stockhorst KAGB § 30 Rn. 17.

Ob die liquiditätsbeschränkenden Momente im Einzelfall außergewöhnliche Umstände im Sinne von § 98 KAGB sind, hängt vom Einzelfall ab. Dabei ist zu beachten, dass hierunter üblicherweise exogene Ereignisse verstanden werden.[31]

Die Aussetzung von Rücknahmen kann prinzipiell ein effektives Mittel zur Begegnung von Liquiditätsengpässen sein, da hiermit der (zusätzliche) Mittelabfluss durch Rückgabeverlangen durch Anleger vorübergehend gedämpft werden kann. Im Übrigen haftet die KVG gegenüber den Anlegern primär, dh abgesehen von Konstellationen, in denen ein Schadensersatzanspruch besteht, nicht für die Erfüllung von Rückgabeverlangen, sofern die Liquidität des Fonds dies nicht hergibt. Die praktische Erfahrung mit Aussetzungen zeigt jedoch, dass die Aussetzung von Rücknahmen bedeutende Auswirkungen auf die Marktreputation einer KVG hat und die KVG deshalb stets bemüht sein wird, iRd Liquiditätsmanagements eine Situation zu vermeiden, in der sie zur Aussetzung verpflichtet ist.

Mit dem Gesetz zur Einführung von Sondervorschriften für die Sanierung und Abwicklung von zentralen Gegenparteien und zur Anpassung des Wertpapierhandelsgesetzes an die Unterrichtungs- und Nachweispflichten nach den Artikeln 4a und 10 der Verordnung (EU) Nr. 648/2012 (CCP-RR-UG) hat der Gesetzgeber weitere Möglichkeiten geschaffen, um die Liquidität des Sondervermögens zu steuern.

So sieht § 98 Abs. 1a KAGB nun die Möglichkeit vor, in den Anlagebedingungen festzulegen, dass Rückgabeerklärungen der Anleger unwiderruflich und mit einer Frist von bis zu einem Monat (im Fall von Spezial-AIF auch länger) zu erfolgen haben. Dies räumt KVGen eine etwas längere Reaktionszeit ein, um die erforderliche Liquidität im Portfolio durch entsprechende Maßnahmen herzustellen.

Daneben besteht nunmehr auch die Möglichkeit, Aussetzungen für einen begrenzten Zeitraum von nicht mehr als 15 Arbeitstagen umzusetzen, wenn die Rückgabeverlangen der Anleger einen zuvor festgelegten Schwellenwert erreichen (sog. *„Gates"*), ab dem die Rückgabeverlangen aufgrund der Liquiditätssituation der Vermögensgegenstände des Sondervermögens nicht mehr im Interesse der Gesamtheit der Anleger ausgeführt werden können.[32]

Mit den Umsetzungen der geänderten AIFMD wird es spätestens ab April 2026 weitere Liquiditätsmanagementinstrumente (*Liquidity Management Tools,* „LMT") geben, von denen KVGen für offene AIF mindestens zwei implementieren müssen. Zu den Liquiditätsmanagementinstrumenten gehören neben den schon erwähnten Möglichkeiten der Aussetzung, den Rücknahmebeschränkungen und Rückgabefristen, die Einführung von Rückgabegebühren, Swing Pricing, Dual Pricing, die Einführung von sog. Verwässerungsschutzgebühren, die Sachauskehr sowie die Abspaltung illiquider Anlagen (sog. Side Pockets).[33]

b) Folgen für Anleger

Für die Anleger sind die Reaktionsmöglichkeiten beschränkt, wenn die KVG sich entscheidet, die Rückgaben auszusetzen. Neben der Veräußerung ihrer Fondsanteile über den Zweitmarkt bestehen für sie wenig Möglichkeiten, ihre Beteiligung zu liquidieren. Das hiermit verbundene Risiko ist deshalb auch obligatorischer Bestandteil der Risikoaufklärung bei einer Anlage in offene Investmentvermögen.[34]

---

[31] Vgl. allein die Aufzählung von Beispielen bei Emde/Dornseifer/Dreibus/Gutsche/Nemeczek KAGB § 98 Rn. 33.

[32] Zu den vielen damit im Zusammenhang stehenden Fragen vgl. nur Wallach ZBB 2021, 96 (100 f.).

[33] Vgl. § 30a des Entwurfs des KAGB nach dem RegE für das FondsmarktstärkungsG, BT-Drs. 20/13955, 9.

[34] BGH ZIP 2014, 1324 ff.

c) Perspektive von Gläubigern der KVG

Andere Gläubiger der KVG aus Geschäften, die die KVG für Rechnung des Sondervermögens geschlossen hat, sind von der Aussetzung von Rückgaben nicht unmittelbar betroffen. Da die KVG auch weiterhin berechtigt ist, ihre Aufwendungsersatzansprüche über § 93 Abs. 3 KAGB zu befriedigen, bedient sie etwaige Ansprüche im Außenverhältnis auch weiterhin.

Gleichzeitig kann die Aussetzung freilich auch als Warnzeichen für Gläubiger dienen, da die Liquidität mittel- bis langfristig auch die Leistungsfähigkeit der KVG betreffen kann. Kreditverträge knüpfen deshalb mitunter bereits Folgen bis hin zu Kündigungsrechten an die Aussetzung von Anteilsrückgaben.

Für Banken, die Immobilienkredite an Immobilien-Sondervermögen gewährt haben, kann sich dabei auch die Frage stellen, ob eine Risikoposition aus einem Darlehen an eine KVG, die das Darlehen für Rechnung des Sondervermögens aufgenommen hat, bereits als notleidend im Sinne von Art. 47a Abs. 3 CRR einzustufen ist, wenn die KVG die Rückgaben für den entsprechenden Fonds ausgesetzt hat.

Dabei sollten vor allem die Kriterien gem. Art. 47a Abs. 3 Buchst. a und b CRR beachtet werden.

Ein Ausfall im Sinne von Art. 47a Abs. 3 Buchst. a iVm Art. 178 CRR dürfte hier noch nicht gegeben sein. Dabei ist vor allem zu beachten, dass die Aussetzung von Rückgaben eine prinzipiell temporäre Maßnahme ist, die den außenstehenden Fremdkapitalgebern zunächst zugutekommt, da im Sondervermögen generierte Liquidität nicht dem Mittelabfluss durch Anteilsrückgaben zufallen kann.

Ob allerdings die Aussetzung von Rückgaben bereits eine Wertminderung nach dem geltenden Rechnungslegungsrahmen im Sinne von Art. 47a Abs. 3 Buchst. b CRR zeitigt, scheint eine stärker am Einzelfall ausgerichtete Frage zu sein. Insbes. im Rahmen von Ziffer 5.5.9–5.5.11 IFRS 9 ist die Bewertung, ob sich das Ausfallrisiko seit dem erstmaligen Ansatz signifikant erhöht hat, eine Frage, bei der eine Vielzahl von Faktoren eine Rolle spielen können. Die Aussetzung der Rückgaben scheint hier allein nicht zu genügen. Da die aufgenommenen Kredite in der Regeln ein Zins- und Tilgungsprofil aufweisen, dass den prognostizierten Zahlungsflüssen aus der Vermietung der finanzierten Immobilien entspricht, ist die mit der Aussetzung verbundene Beseitigung von potentiellen Rückgaben als zusätzliche Ursache für abfließende Liquidität eine für das Ausfallrisiko zunächst positive Nachricht. Selbst wenn die Liquidität langfristig nicht reichen würde und der Fonds abgewickelt würde, würde die finanzierende Bank vor den Anteilsinhabern des Fonds bedient.

2. *Verbindlichkeiten gegenüber Dritten*

Eine andere Konstellation ergibt sich, wenn die Liquidität wegen der Verbindlichkeiten gegenüber Dritten eingeschränkt ist. Es ist bereits erörtert worden, dass sich die außenstehende Gläubiger stets an die KVG zu halten haben, da ein unmittelbarer Zugriff auf das Sondervermögen ausgeschlossen ist.[35]

a) Perspektive der KVG

Hier hängt also die Frage, ob ein Insolvenzantragsgrund auf Ebene der KVG entstehen kann, unmittelbar von dem Bestehen hinreichender und hinreichend liquider Vermögenswerte im Sondervermögen ab, die es der KVG ermöglichen, ihren Verpflichtungen im Außenverhältnis nachzukommen und diese mit entsprechenden Aufwendungsersatzansprüchen, wegen derer sie sich aus dem Sondervermögen bedienen kann, zu decken.

---

[35] Hierzu bereits → III. 3 b).

Die anderweitige Beschaffung von Liquidität begegnet häufigen Hindernissen, da die Kreditaufnehme nur in engen Grenzen (insbes. in den in §§ 199, 221 Abs. 6 und 254 KAGB geregelten Fällen) zulässig ist.

b) Zugriff auf Vermögenswerte des Fonds

Die Frage nach der Gewährung eines Zugriffs auf die Vermögenswerte des Sondervermögens stellt sich sowohl bei der ursprünglichen Gewährung von Sicherheiten im Zusammenhang mit der Begründung von Verbindlichkeiten beim Handeln für Rechnung des Sondervermögens wie auch im Rahmen von Restrukturierungsbemühungen.

Dabei ist die eingangs schon erwähnte Konstruktion der Verpfändung bzw. Abtretung von Vergütungs- oder Aufwendungsersatzansprüchen der KVG in der Praxis von großer Bedeutung und wird in diesem Zusammenhang nach allgemeiner Meinung als übliche Gestaltung befürwortet.[36]

Ob und inwieweit diese Möglichkeit in der Praxis erprobt wurde, kann der Verfasser nicht beurteilen. Jedenfalls scheint die Verpfändung von Ansprüchen „gegen ein Sondervermögen" bislang nicht Gegenstand von veröffentlichten Gerichtsentscheidungen gewesen zu sein. Prinzipiell stellt sich aber die Frage, wie das im Übrigen ja nicht-rechtsfähige Sondervermögen für die Zwecke der prozessualen Durchsetzung einer Pfändung die Rolle des Drittschuldners bekleiden sollte. Dabei stellte sich bereits bei der Ausgangslage, also insbes. der sich gem. den §§ 398 ff. BGB vollziehenden Sicherungsabtretung oder der Verpfändung gem. §§ 1273 ff. BGB die Frage, ob es sich bei dem in § 93 Abs. 3 KAGB erwähnten Anspruch der KVG überhaupt um einen abtretbaren oder pfändbaren Anspruch handelte.

Nach dem klaren Wortlaut § 93 Abs. 3 KAGB handelt dieser nämlich schon ausweislich seines Wortlauts schon nicht von Ansprüchen „gegen das Sondervermögen". Dort heißt es nämlich genau, dass sich die KVG „wegen ihrer Ansprüche auf Vergütung und auf Ersatz von Aufwendungen aus den für gemeinschaftliche Rechnung der Anleger getätigten Geschäften nur aus dem Sondervermögen befriedigen" darf.

Da dem Sondervermögen unstreitig die Rechtsfähigkeit fehlt, können sich etwaige Ansprüche auf die Verwaltungsvergütung als auch auf den Ersatz von Aufwendungen allein gegen die ebenfalls in der Norm erwähnten Anleger richten. Diese Ansprüche bestehen in der Tat gegenüber jedem Anleger des Investmentvermögens und basieren auf der vertraglichen Abrede, die durch die Anlagebedingungen festgelegt werden.[37] Im Fall von Publikumsfonds handelt es sich also um ein Bündel von gleichförmigen, im Umfang aber unterschiedlich hohen, Ansprüchen gegen eine Vielzahl von Privatanlegern.

Diese Ansprüche werden sich regelmäßig, sofern die Anlagebedingungen dies nicht ausschließen, pfänden und auch abtreten lassen; man wird insbes. eine Abtretung aller künftigen Vergütungsansprüche gegen alle gegenwärtigen und künftigen Anleger noch als dem sachenrechtlichen Bestimmtheitsgebot genügend ansehen können.[38] Bei der Vollstreckung würde es für den Gläubiger der KVG dann aber trotzdem kleinteilig, da er sich mitunter einer großen Anzahl von Anlegern gegenübersähe.

Die viel wichtigere Frage lautet daher, ob diese Abtretung oder Pfändung den allerorten versprochenen Zugriff auf das Sondervermögen gewährt. Hier lohnt die Rückbesinnung auf

---

[36] Emde/Dornseifer/Dreibus/Nietsch KAGB § 93 Rn. 12; Moritz/Klebeck/Jesch/Moroni KAGB § 93 Rn. 8; Baur/Tappen/Mehrkhah/Behme/München KAGB § 93 Rn. 12; Herkströter/Rämer Investment-HdB/Beckmann, 1. EL 2025, KAGB § 93 Rn. 94; Assmann/Wallach/Zetzsche/Zetzsche/Nast KAGB § 93 Rn. 13.

[37] Emde/Dornseifer/Dreibus/Dreibus KAGB § 79 Rn. 3; Herkströter/Rämer Investment-HdB/Beckmann, 1. EL 2025, KAGB § 79 Rn. 2; Moritz/Klebeck/Jesch/Freitag KAGB § 91 Rn. 17; Hoch/Preller BKR 2019, 22 (24).

[38] Vgl. zu den Anforderungen an die Bestimmtheit bei der Abtretung künftiger Forderungen Jauernig/Stürner BGB § 398 Rn. 11.

den Wortlaut des § 93 Abs. 3 KAGB. Dort heißt es, die KVG dürfe sich „nur aus dem Sondervermögen befriedigen“. Dieser kurze Passus offenbart zwei Stoßrichtungen der Regelung. Zum einen soll damit eine Begrenzung der Haftungsmasse für die Vergütungs- und Aufwendungsersatzansprüche geregelt werden.[39] Dass diese aus Anlegerschutzperspektive besonders wichtige Barriere lediglich an dem Wort „nur“ hinge, war offenbar dem Gesetzgeber schon 1957 nicht geheuer, sodass er dem Passus unmittelbar folgend den zweiten Halbsatz „die Anleger haften ihr nicht persönlich“ angefügt hat.[40] Hierzu ist zutreffend angemerkt worden, dass es sich bei der Haftung der Anleger sehr wohl um eine persönliche handele, sie allerdings auf ihren jeweiligen Anteil an dem Sondervermögen beschränkt sei.[41] Das bedeutet zunächst, dass der KVG-Gläubiger, der sich Vergütungs- oder Aufwendungsersatzansprüche verpfänden oder abtreten lässt, jedenfalls nicht gegen die Anleger vorgehen kann, da diese ihre Haftungsbeschränkung auf das Sondervermögen entgegenhalten können.

Die andere Stoßrichtung dieser Regel wird durch das reflexive Verb „sich befriedigen“ deutlich. Es handelt sich hierbei um ein Befriedigungsrecht, das der KVG den zweckgebundenen Zugriff auf das Sondervermögen ermöglicht.[42] Die Auszahlung unterliegt dabei gem. §§ 79 Abs. 1, 89a Abs. 1 KAGB der Kontrolle durch die Verwahrstelle. Danach darf die Verwahrstelle Vergütungen und Aufwendungsersatz nur an die KVG auszahlen.

Die Rechtfertigung des unmittelbaren Befriedigungsrechts ergibt sich aus der besonderen Stellung der KVG, die gem. § 93 Abs. 1 KAGB über das Sondervermögen, auf das ihre Vergütungsansprüche beschränkt sein sollen, die unbeschränkte Verfügungsberechtigung hat.[43] Durch die Abtretung oder Pfändung ihrer Vergütungs- oder Aufwendungsersatzansprüche verschafft die KVG dem Sicherungsnehmer kein vergleichbares Näheverhältnis zum Sondervermögen, sodass dem Zessionar bzw. Pfandgläubiger in der Konsequenz auch kein entsprechendes Befriedigungsrecht aus § 93 Abs. 3 KAGB zusteht. Es würde zudem auch den Pflichtenkreis der Verwahrstelle überspannen und auch den Schutzzweck der Regelung des § 93 Abs. 3 KAGB und den Auszahlungsmechanismus in den §§ 79 Abs. 1 und 89a KAGB konterkarieren, wenn Dritte sich mit entsprechenden Auszahlungsverlangen an die Verwahrstelle des Sondervermögens wendeten. Zwar wären die Anleger als Schuldner über §§ 407, 408 BGB durchaus vor einer Doppelinanspruchnahme geschützt, jedoch würde das Sondervermögen einem zusätzlichen Prozessrisiko ausgesetzt, das nicht im Sinne des doppelten Abschirmungsprinzips des § 93 KAGB zu sein scheint.

Mithin dürfte die von vielen empfohlene Sicherungsabtretung bzw. Pfändung von Vergütungs- oder Aufwendungsersatzansprüchen keinen unmittelbaren Zugriff auf das Sondervermögen gewähren. Im Gegenteil: Solange die Verfügungsbefugnis über das Sondervermögen bei der KVG liegt, müsste der Zugriff auf das Sondervermögen immer noch über die KVG gesucht werden, womit die Vorteile einer entsprechenden Abtretung bzw. Verpfändung obsolet wären.

c) Gewährung von Sachsicherheiten in Bezug auf Vermögensgegenstände des Sondervermögens

Ein weiteres, oft naheliegendes Instrument ist die Gewährung von Sachsicherheiten über die zum Sondervermögen gehörenden Wertpapieren, zum Beispiel um bestehende Kreditgeber von der Ausübung von Kündigungsrechten abzuhalten oder gar neue Kapitalgeber zu gewinnen.

---

[39] Hoch/Preller BKR 2019, 22 (24).

[40] In § 9 Abs. 3 KAGG idF v. 16. 4. 1957 hieß es lediglich „Anteilinhaber“ statt „Anleger“.

[41] Moritz/Klebeck/Jesch/Freitag KAGB § 91 Rn. 17.

[42] Moritz/Klebeck/Jesch/Freitag KAGB § 91 Rn. 17; Hoch/Preller BKR 2019, 22 (24).

[43] Emde/Dornseifer/Dreibus/Nietsch KAGB § 93 Rn. 7 f.; Weitnauer/Boxberger/Anders/Anders KAGB § 93 Rn. 4.

Allerdings sind auch hier die Gestaltungsmöglichkeiten eingeschränkt, da § 93 Abs. 4 KAGB Verpfändungen und sonstige Belastungen der zum Sondervermögen gehörenden Vermögensgegenstände verbietet. Das Verbot gilt nur nicht für die enumerativ aufgeführten Fälle der Darlehensaufnahme nach den §§ 199, 221 Abs. 6, §§ 254, 274, 283 Abs. 1 S. 1 Nr. 1, § 284 Abs. 4 KAGB bzw. im Fall von Wertpapier-Pensionsgeschäften, Finanzterminkontrakten, Swaps oder Swaps oder im Fall von Leerverkäufen und Wertpapier-Darlehen.

Die (Be-)schaffung zusätzlicher Liquidität innerhalb des Fonds ist auf Grundlage dieser eng umgrenzten Fälle nur schwerlich möglich.

IV. Zusammenfassung

1. Die Verwaltung eines Investmentvermögens in Form eines Sondervermögens hat für die verwaltende KVG ein latent existenzbedrohendes Risiko, das sich nur über außergewöhnlich sorgfältige Vertragsgestaltungen ausschließen ließe, was in der Praxis fast unmöglich erscheint.
2. Das Sondervermögen ist in der Insolvenz der KVG geschützt. Allerdings bedingt die rechtliche Segregation von Vermögen, das auf die Verwahrstelle übergeht, und Verbindlichkeiten, die bei der KVG verbleiben, tatsächliche Nachteile, die auch die Fortsetzung der Anlagetätigkeiten von Sondervermögen in Frage stellen, die von einer etwaigen Krise gar nicht betroffen waren.
3. Gläubigern einer KVG ist mit der Sicherungsabtretung oder Verpfändung von Vergütungs- und Aufwendungsersatzansprüchen nicht geholfen. Die Schuldner dieser Ansprüche, nämlich die Anleger, können sich darauf berufen, dass ihre Haftung auf das Sondervermögen beschränkt ist und das Befriedigungsrecht aus § 93 Abs. 3 KAGB kann nicht mitabgetreten werden.
4. Die Aussetzung von Anteilsrückgaben kann ein effizientes Instrument der Liquiditätssteuerung sein und sollte regelmäßig nicht dazu führen, dass Risikopositionen aus Darlehen an die KVG als notleidend einzustufen sind.

THERESA KREFT

Ermessens- und Interpretationsspielräume im Kapitalanlagerecht von Versicherungsunternehmen, Pensionsfonds und Versorgungswerken bei der Anlage in Investmentvermögen

I. Einleitung

Als große Kapitalsammelstellen sind Versicherungsunternehmen, Pensionsfonds und Versorgungswerke die bedeutendste Anlegergruppe in deutschen Investmentvermögen für semiprofessionelle und professionelle Investoren (Spezial-AIF).[1] Ihre Kapitalanlage ist zum Schutz der Ansprüche der Versicherten und Versorgungsberechtigten gesetzlich streng reguliert. Versicherungsunternehmen, die in den Anwendungsbereich der RL 2009/138/EG (Solvency II-RL) fallen und daher nicht als kleine Versicherungsunternehmen qualifizieren, unterliegen insbes. den Vorgaben der §§ 124–131 VAG, die zum Teil auch auf kleine Versicherungsunternehmen und Sterbekassen, Pensionskassen sowie Pensionsfonds Anwendung finden. Die Kapitalanlage von kleinen Versicherungsunternehmen, Sterbekassen und Pensionskassen ist zudem durch die Vorgaben der AnlV reguliert. Für die Kapitalanlage von Pensionsfonds gelten neben den Vorgaben des VAG zudem die sich stark an der AnlV orientierenden Vorschriften der PFAV. Die AnlV ist über statische oder dynamische Verweise in den jeweiligen landesrechtlichen Bestimmungen auch auf zahlreiche Versorgungswerke anwendbar.[2]

Die aufsichtsrechtlichen Vorgaben des VAG, der AnlV und der PFAV finden auf Fondsverwaltungsgesellschaften und von diesen beauftragte Portfoliomanager keine Anwendung. Erwerben Versicherungsunternehmen, Pensionsfonds und Versorgungswerke im Rahmen ihrer Kapitalanlage Anteile an einem Spezial-AIF, müssen sie sicherstellen, dass die auf die Fondsanteile als Kapitalanlage anwendbaren aufsichtsrechtlichen Vorgaben durch den Fonds bzw die Fondsverwaltungsgesellschaft eingehalten werden. Zu diesem Zweck schließen diese Unternehmen entweder besondere Vereinbarungen mit dem Fonds bzw der Fondsverwaltungsgesellschaft (sog. Side Letter) ab, oder sie stellen sicher, dass schon die Fondsdokumentation die besonderen Anforderungen ihrer Anlegergruppe erfüllt. Typischerweise konzipieren Fondssponsoren bestimmte Fondsprodukte von vornherein für die Kapitalanlage von Versicherungsunternehmen, Pensionsfonds und Versorgungswerken und fügen den Anlagebedingungen des betreffenden Produkts besondere, nur auf diese Anlegergruppe anwendbare Vorschriften bei. Angesichts der Relevanz dieser Investorengruppe haben Fondssponsoren ein besonderes Interesse daran, deren Bedürfnissen bei der Gestaltung von Fondsprodukten Rechnung zu tragen.[3]

---

[1] Im August 2024 wurden 24,7% des Fondsvermögens offener Spezialfonds für Versicherungsunternehmen und 35,1% auf Altersvorsorgeeinrichtungen (zB Versorgungswerke, Pensionskassen, Direktzusagen, öffentliche Zusatzversorgungsanstalten) sowie 8,1% des Fondsvermögens geschlossener Spezialfonds für Versicherungsunternehmen und 63,2% für Altersvorsorgeeinrichtungen gehalten. BVI, Absatz und Bestand: Spezialfonds nach Anlegergruppen und Mittelanlage zum Stichtag 31.8.2024, Stand 3.11.2024, abrufbar unter: https://www.bvi.de/extranet/statistik/bvi-statistik-abfragen/spezialfonds-nach-anlegergruppen-und-mittelanlage/.

[2] Bärenz/Steinmüller RdF 2016, 92 (93).

[3] Bärenz/Steinmüller RdF 2016, 92.

Die mit den Fonds bzw. ihren Verwaltungsgesellschaften abgeschlossenen Vereinbarungen verpflichten diese oftmals pauschal dazu, das VAG und ggf. die AnlV oder die PFAV sowie die aufsichtsbehördlichen Konkretisierungen durch die BaFin einzuhalten, ohne den konkreten Umfang dieser Verpflichtung näher zu bestimmen. Handelt es sich bei den Fondsverwaltungsgesellschaften um sogenannte „Service-Kapitalverwaltungsgesellschaften" oder „Master-Kapitalverwaltungsgesellschaften", die die Portfolioverwaltung stets an einen Portfoliomanager auslagern, geben die Fondsverwaltungsgesellschaften diese pauschalen Verpflichtungen typischerweise an die (vielfach im Ausland ansässigen) Portfoliomanager weiter. In der Folge sind Fondsverwaltungsgesellschaften und Portfoliomanager in der Pflicht, aufsichtsrechtliche Vorgaben anzuwenden und auszulegen, deren Regelungsadressat sie nicht sind und in Bezug auf die sie auch nicht in einem Aufsichtsverhältnis mit der Behörde stehen, auf deren Verwaltungspraxis es für die Auslegung der maßgeblichen Vorschriften ankommt. Dies stellt Fondsverwaltungsgesellschaften[4] aus zwei Gründen vor Herausforderungen: einerseits verfügen Solvency II-Unternehmen über einen erheblichen Ermessensspielraum bei der Anwendung der regulatorischen Vorgaben zur Kapitalanlage (dazu sogleich → II.), andererseits bestehen bei der Auslegung bestimmter Vorgaben für Versicherungsunternehmen, Pensionsfonds und Versorgungswerke trotz öffentlicher Verlautbarungen der BaFin erhebliche Interpretationsspielräume (dazu → III.).

Dieser Beitrag analysiert anhand ausgewählter Beispiele derartige Ermessens- und Interpretationsspielräume bei der Anwendung regulatorischer Vorgaben für die Kapitalanlage von Versicherungsunternehmen, Pensionsfonds und Versorgungswerken, auf die die AnlV Anwendung findet, in Spezial-AIFs. An der Schnittstelle von Versicherungsaufsichts- und Investmentrecht nimmt dieser Beitrag zwei Materien in den Blick, mit denen sich der Jubilar in seiner anwaltlichen Praxis ebenso intensiv befasst hat wie in seinem wissenschaftlichen Wirken.

II. Ermessensspielräume für Solvency II-Unternehmen

Im Mittelpunkt des Kapitalanlagerechts von Solvency II-Unternehmen steht der auf Art. 123 Abs. 1 Solvency II-RL basierende, in § 124 Abs. 1 S. 1 VAG normierte und durch die verschiedenen Anlagegrundsätze des § 124 Abs. 1 S. 2 Nr. 1–8 VAG weiter konkretisierte Grundsatz der unternehmerischen Vorsicht („Prudent Person Principle"). Gemäß diesem Grundsatz sollen Solvency II-Unternehmen nur in solche Anlagen investieren, in die ein vorsichtiger Unternehmer nach Abwägung zahlreicher Aspekte ebenfalls investieren würde.[5] Mit Einführung des Grundsatzes der unternehmerischen Vorsicht verabschiedete sich der deutsche Gesetzgeber von einer regelbasierten Regulierung der Kapitalanlage von Solvency II-Unternehmen, wie sie noch der AnlV aF[6] zugrunde lag und weiterhin für der AnlV unterliegende Unternehmen gilt, zugunsten eines durch die Solvency II-RL vorgegebenen prinzipiengeleiteten Regulierungsansatzes.[7]

Wesentlicher Bestandteil des Grundsatzes der unternehmerischen Vorsicht bei der Kapitalanlage von Solvency II-Unternehmen ist der Grundsatz der Eigenverantwortlichkeit. Ausfluss dessen ist zum einen ein Ermessen der Solvency II-Unternehmen, insbes. bei der Fest-

[4] Im Folgenden bezeichnet der Begriff Fondsverwaltungsgesellschaft nicht nur sämtliche in- und ausländische Verwaltungsgesellschaften iSd § 1 Abs. 14 KAGB sondern, sofern relevant, auch die von ihnen beauftragten Portfoliomanager (dh Unternehmen mit einer Erlaubnis für die Finanzportfolioverwaltung, die als Auslagerungsunternehmen die Portfolioverwaltung für einen Investmentfonds übernehmen).

[5] Bürkle Compliance/Heukamp § 8 Rn. 47.

[6] AnlV v. 20.12.2001 (BGBl. I 3913), aufgehoben d. Art. 3 G v. 1.4.2014 BGBl. I 434 (469).

[7] BaFin, Auslegungsentscheidung zum Grundsatz der unternehmerischen Vorsicht (Prudent Person Principle), 1.1.2016, Tz. 7; Brand/Baroch Castellvi/Winter VAG § 124 Rn. 3.

legung ihrer Kapitalanlageleitlinien, dessen Ausübung – vergleichbar der Lehre vom verwaltungsrechtlichen Ermessensspielraum[8] – aufsichtlich nur eingeschränkt überprüfbar ist. Zum anderen folgt daraus, dass die Festlegung dieser Kapitalanlageleitlinien grundsätzlich nicht auf einen Dritten übertragen werden kann.[9] Dem liegt die Vorstellung zugrunde, dass allein die Solvency II-Unternehmen selbst über die erforderlichen Informationen verfügen, um die nur prinzipienhaft ausgeformten gesetzlichen Anforderungen an die Kapitalanlage in einer den spezifischen Verhältnissen des Solvency II-Unternehmens entsprechenden Weise zu konkretisieren. Eine pauschale Übertragung der Verantwortlichkeit für die Einhaltung des Grundsatzes der unternehmerischen Vorsicht auf einen Dritten ist damit nicht vereinbar. Zulässig ist hingegen die Übertragung der Verantwortlichkeit für die Einhaltung ausgewählter, vom Solvency II-Unternehmen selbst festgelegter Vorgaben der Kapitalanlageleitlinien.

Ermessensspielräume bei der Kapitalanlage von Solvency II-Unternehmen ergeben sich auch bei der Anwendung der allgemeinen Anlagegrundsätze der Sicherheit, Qualität, Liquidität und Rentabilität (§ 124 Abs. 1 S. 2 Nr. 2 Hs. 2 VAG) und zwar in doppelter Hinsicht. Zum einen folgen Ermessensspielräume daraus, dass diese allgemeinen Anlagegrundsätze auf das Portfolio als Ganzes bezogen sind.[10] Das bedeutet, dass es Solvency II-Unternehmen freisteht, die Anforderungen der Sicherheit, Qualität, Liquidität und Rentabilität für einzelne Kapitalanlagen nicht zu erfüllen, wenn dies nach dem Grundsatz der unternehmerischen Vorsicht im jeweiligen Einzelfall gerechtfertigt und die Einhaltung der allgemeinen Anlagegrundsätze für das Portfolio als Ganzes gewährleistet ist.[11] Zum anderen haben Solvency II-Unternehmen Ermessensspielräume bei der Festlegung des von ihnen angestrebten Grads an Sicherheit, Qualität, Liquidität und Rentabilität des Portfolios sowie bei der Festlegung der Mittel zur Erreichung dieses Zielbilds.[12] Bei diesen, in Risikomanagementleitlinien zu treffenden Festlegungen sind unter Berücksichtigung des spezifischen Geschäftsmodells und Risikoprofils des Solvency II-Unternehmens unter anderem zulässige Anlageklassen und Grenzwerte für jede der zulässigen Anlageklassen zu bestimmen,[13] außerdem auf die Wechselwirkungen der verschiedenen Anlagegrundsätze und die Portfolioaggregation einzugehen.[14]

Ermessensspielräume ergeben sich auch bei der Anwendung der weiteren Anlagegrundsätze nach § 124 Abs. 1 S. 2 VAG. Sie wurzeln in der Verwendung unbestimmter Rechtsbegriffe, die zwar durch Verlautbarungen der BaFin konkretisiert werden, deren Anwendung im konkreten Einzelfall jedoch Sache der Solvency II-Unternehmen ist. Sie müssen etwa sicherstellen, Vermögenswerte, die zur Bedeckung der versicherungstechnischen Rückstellungen gehalten werden, in einer der Art und Laufzeit der Erstversicherungs- und Rückversicherungsverbindlichkeiten „angemessenen Weise" anzulegen (sog. Aktiv-Passiv-Management, § 124 Abs. 1 S. 2 Nr. 3 VAG). Ferner sind Anlagen, die – wie regelmäßig Spezial-AIF und deren Anlagegegenstände – nicht zum Handel an einem geregelten Finanzmarkt zugelassen oder nicht regelmäßig gehandelt werden, auf einem vorsichtigen Niveau zu hal-

---

8 Bürkle Compliance/Heukamp § 8 Rn. 55.

9 Bürkle Compliance/Heukamp § 8 Rn. 47.

10 Anders noch die allgemeinen Anlagegrundsätze nach § 54 Abs. 1 VAG aF vor Umsetzung der Solvency II-RL, vgl. BT-Drs. 18/2956, 267.

11 EIOPA-BoS-14/253, Tz. 1.62 sowie 1.68; EIOPA, Final Report on Public Consultation No. 14/017 on Guidelines on system of governance, 25.1.2015, EIOPA-BoS-14/253, Tz. 2.148; BaFin, Auslegungsentscheidung zum Grundsatz der unternehmerischen Vorsicht (Prudent Person Principle), 1.1.2016, Tz. 22.

12 EIOPA-BoS-14/253, Tz. 1.62 Buchst. a; BaFin, MaGo Tz. 175; BaFin, Auslegungsentscheidung zum Grundsatz der unternehmerischen Vorsicht (Prudent Person Principle), 1.1.2016, Tz. 36 ff.

13 BaFin, MaGo Tz. 176.

14 BaFin, MaGo Tz. 176.

ten (§ 124 Abs. 1 S. 2 Nr. 6 VAG),[15] wobei das „vorsichtige Niveau“ nach der individuellen Situation und insbes. der Risikotragfähigkeit des Solvency II-Unternehmens zu bestimmen ist.[16] Schließlich haben Solvency II-Unternehmen ihre Anlagen in „angemessener Weise“ so zu mischen und zu streuen, dass eine „übermäßige Abhängigkeit“ von einem bestimmten Vermögenswert oder Emittenten oder einer Unternehmensgruppe oder einem geographischen Raum und eine übermäßige Risikokonzentration im Portfolio als Ganzem vermieden werden (§ 124 Abs. 1 S. 2 Nr. 7 und 8 VAG).

III. Interpretationsspielräume

Während sich Ermessensspielräume bei der Anwendung von Kapitalanlagevorschriften vornehmlich für Solvency II-Unternehmen ergeben, bestehen Interpretationsspielräume sowohl für die Auslegung der Kapitalanlagevorschriften von Solvency II-Unternehmen als auch der Kapitalanlagevorschriften (kleiner) Versicherungsunternehmen, Pensionskassen, Pensionsfonds und Versorgungswerke, auf die die AnlV Anwendung findet. Derartige Interpretationsspielräume sollen in diesem Beitrag anhand von zwei Beispielen illustriert werden: zum einen anhand des Grundsatzes der indirekten Anwendbarkeit bestimmter Vorgaben für die Kapitalanlage (auch ‚Durchschau‘, dazu sogleich → 1.), zum anderen anhand verschiedener Erwerbbarkeitstatbestände von § 2 AnlV (und § 17 PFAV) (dazu → 2.), die für Solvency II-Unternehmen freilich nur dann relevant sind, wenn sie die Anforderungen der AnlV in diesen Anlageklassen weiterhin anwenden.

1. Indirekte Anwendbarkeit bestimmter Vorgaben für die Kapitalanlage

Die Durchschau durch eine oder mehrere Ebenen der Kapitalanlage von Versicherungsunternehmen, Pensionsfonds und Versorgungswerken wird insbes. im Hinblick auf den Grundsatz der Sicherheit (dazu sogleich → a.) und im Hinblick auf die Ausschlusstatbestände des § 2 Abs. 4 AnlV diskutiert (dazu → b.). Interpretationsspielräume können dabei jeweils in zwei Dimensionen entstehen: zum einen im Hinblick auf die horizontale Reichweite der Durchschau, ob sie also für sämtliche oder nur eine Teilmenge der Vermögensgegenstände in einem Portfolio gilt; zum anderen im Hinblick auf ihre vertikale Reichweite auf die erste oder sämtliche Ebenen einer mehrstöckigen Vermögensanlage.

a) Grundsatz der Sicherheit

Nach ständiger Verwaltungspraxis der BaFin ist der Sicherheitsgrundsatz auch auf indirekt, also insbes. in Investmentvermögen gehaltene Vermögenswerte einzuhalten.[17] Sicherheit bedeutet dabei zum einen die Sicherung des Nominalwerts und die Erhaltung der Substanz einer Vermögensanlage, zum anderen die Fungibilität einer Vermögensanlage, also ihre freie Übertragbarkeit.[18] Eine indirekte Anwendung des Anlagegrundsatzes der Sicherheit erfordert im Grundsatz, dass auch jeder einzelne indirekt über ein Investmentvermögen gehaltene Vermögenswert in diesem Sinne als sicher anzusehen ist.[19]

[15] BaFin, Auslegungsentscheidung zum Grundsatz der unternehmerischen Vorsicht (Prudent Person Principle), 1.1.2016, Tz. 53; Kaulbach/Bähr/Pohlmann/Lemmer VAG § 124 Rn. 31.

[16] Kaulbach/Bähr/Pohlmann/Lemmer VAG § 124 Rn. 32.

[17] BaFin, Kapitalanlagerundschreiben, B.3.1.b; BaFin, Auslegungsentscheidung zum Grundsatz der unternehmerischen Vorsicht (Prudent Person Principle), 1.1.2016, Tz. 36.

[18] Bürkle Compliance/Heukamp § 8 Rn. 50, 51; BeckOK VAG/Schnepp § 124 Rn. 29; vgl. BaFin, Rundschreiben 11/2017 (VA) (Kapitalanlagerundschreiben), B.3.1.a.

[19] BaFin, Rundschreiben 11/2017 (VA) (Kapitalanlagerundschreiben), B.3.1.d.

Für die indirekte Anwendung des Sicherheitsgrundsatzes auf die Vermögensanlagen eines Solvency II-Unternehmens bestehen zunächst in horizontaler Hinsicht die bereits in → Abschn. II. dargelegten Ermessensspielräume. Solvency II-Unternehmen haben einerseits die Anlagensicherheit nur auf Portfolioebene aufrechtzuerhalten, sodass nicht die Sicherheit jedes einzelnen Vermögensgegenstands, sondern eine hinreichende Sicherheit des gesamten Portfolios zu gewährleisten ist.[20] Andererseits steht ihnen ein Ermessen bei der der Festlegung des angestrebten Grads der Sicherheit zu. Diese Ermessensspielräume gelten auch für die Frage, ob der Sicherheitsgrundsatz auf einzelne oder sämtliche Vermögensgegenstände indirekt anzuwenden, insbes. die freie Verfügbarkeit auch indirekt gehaltener Vermögensgegenstände zu gewährleisten ist.[21] Ebenso müssen Ermessensspielräume für die vertikale Perspektive bestehen, inwieweit also nur auf der ersten oder auf sämtlichen Beteiligungsebenen, etwa bei Anlagen in Dachfonds oder Fondsplattformen, die Sicherheit der jeweiligen Vermögensanlagen zu gewährleisten ist.

Eine gewisse interpretatorische Unsicherheit ergibt sich allerdings daraus, dass Solvency II-Unternehmen nach Auffassung der BaFin „*grundsätzlich* sicherzustellen [haben], dass gerade auch nicht zum Handel an einem geregelten Markt zugelassene Vermögenswerte transferierbar sind (zB durch eine unbeschränkte Abtretungsmöglichkeit), um so die Interessen der Versicherungsnehmer und Anspruchsberechtigten zu wahren".[22] Dies führt zu der Frage, ob die Nichtanwendung des Fungibilitätsgrundsatzes auf (direkt und indirekt gehaltene) Vermögensgegenstände ein Ausnahmefall bleiben muss, während Einschränkungen anderer Anlagegrundsätze im Einzelfall eher hingenommen werden können.

Ungeachtet des systematischen Bruchs, dass der Katalog der zulässigen Anlagegegenstände des § 2 Abs. 1 AnlV gerade den indirekten Erwerb bestimmter Vermögenswerte gestattet, die für die direkte Anlage unzulässig wären[23], ist für die Vermögensanlage von kleinen Versicherungsunternehmen, Pensionskassen, Pensionsfonds und der AnlV unterliegenden Versorgungswerken im Ausgangspunkt eindeutig, dass der Sicherheitsgrundsatz für sämtliche indirekt, etwa über ein Investmentvermögen gehaltene, Gegenstände des Sicherungsvermögens gilt.[24] Interpretationsspielräume ergeben sich dagegen in der vertikalen Perspektive, da in den aufsichtlichen Verlautbarungen unklar bleibt, ob dieses Prinzip auch auf darunterliegende Ebenen durchgreift, wenn bspw. das von einem regulierten Anleger gehaltene Investmentvermögen seinerseits, sei es vollständig oder teilweise, in einem Investmentvermögen angelegt wird. Es ist auch den noch vom Bundesaufsichtsamt für Versicherungswesen (BAV) entwickelten Grundsätzen zur zulässigen Einschränkung der freien Verfügbarkeit auf einen Kreis zulässiger Erwerber[25] nicht zu entnehmen, ob die Behörde von den Versicherungsunternehmen verlangte, die von ihr vorgegebenen Musterformulierungen auch ggf. auf darunterliegende Ebenen durchzureichen.

---

[20] BeckOK VAG/Schnepp § 124 Rn. 29; aA Bärenz/Steinmüller RdF 2017, 126. Vgl. dazu schon unter → II.

[21] BaFin, Auslegungsentscheidung zum Grundsatz der unternehmerischen Vorsicht (Prudent Person Principle), 1.1.2016, Tz. 62.

[22] BaFin, Auslegungsentscheidung zum Grundsatz der unternehmerischen Vorsicht (Prudent Person Principle), 1.1.2016, Tz. 62. „*Es ist darauf zu achten, dass Einschränkungen in der Verfügbarkeit einzelner Vermögensgegenstände die in Randnummer 22 genannten Ziele auf Portfolioebene* [dh der angestrebte Grad an Sicherheit, Liquidität, Rentabilität und Qualität auf Portfolioebene, Amn. d. Verf.] *nicht beeinträchtigen. Grundsätzlich ist sicherzustellen, dass gerade auch nicht zum Handel an einem geregelten Markt zugelassene Vermögenswerte transferierbar sind (z. B. durch eine unbeschränkte Abtretungsmöglichkeit), um so die Interessen der Versicherungsnehmer und Anspruchsberechtigten zu wahren.*"

[23] So auch Bürkle Compliance/Heukamp § 8 Rn. 61; Brand/Baroch Castellvi/Waldkirch VAG § 215 Rn. 11.

[24] BaFin, Rundschreiben 11/2017 (VA) (Kapitalanlagerundschreiben), B.3.1.d.

[25] Veröffentlichung des Bundesaufsichtsamtes für Versicherungswesen (VerBAV) 2002, 103 (104).

Hinzu kommt, dass die indirekte Anwendung des Sicherheitsgrundsatzes zu systematischen und teleologischen Brüchen führt. Sie steht zum einen im Widerspruch zu der mit der Einführung von Mischungsquoten für Investmentvermögen zum Ausdruck gebrachten gesetzgeberischen Vorstellung, dass für bestimmte Fondstypen die gesamte Fondsbeteiligung auf eine eigene Mischungsquote anzurechnen ist (zB auf die Quote für alternative Investmentvermögen gem. § 2 Abs. 1 Nr. 17 AnlV).[26] Dieser Logik folgend müsste der Sicherheitsgrundsatz nur dann auf in einem Investmentvermögen gehaltene Gegenstände anzuwenden sein, wenn dieses Investmentvermögen auch für die Zwecke der Anrechnung auf die Mischungsquoten transparent ist.[27] Zudem fällt es in teleologischer Hinsicht schwer nachzuvollziehen, warum die Gewährleistung der Fungibilität sämtlicher Vermögensgegenstände auch auf den unteren Ebenen einer mehrstöckigen Vermögensanlage erforderlich ist. Der Aspekt der Fungibilität dient dem Zweck, die Verfügungsmacht des Unternehmens im Hinblick auf die Gegenstände des Sicherungsvermögens zu gewährleisten, damit es dem Sicherungsvermögen einen Anlagegegenstand entnehmen kann, wenn dieser dem Grundsatz der Anlagesicherheit oder anderen Anlagegrundsätzen nicht mehr genügt. Diese Verfügungsmacht wird aber auch dann sichergestellt, wenn das Unternehmen den direkt gehaltenen Anlagegegenstand veräußern kann, mithin kein Zustimmungserfordernis auf der ersten Ebene besteht. Dies lässt sich am Beispiel einer Anlage in einen Dachfonds zeigen: die Fondsverwaltungsgesellschaft kann dem Unternehmen auf der Ebene des von ihr selbst verwalteten Dachfonds die zustimmungsfreie Übertragung der Anteile an diesem Dachfonds gewähren, ohne dass ihr auf Ebene der Zielfonds ebenfalls das Recht zur freien Übertragbarkeit der Zielfondsanteile eingeräumt wird. Auch ein wirtschaftlicher Zusammenhang des Rechts zur freien Übertragbarkeit der Anteile auf Dach- und Zielfondsebene ist nicht ersichtlich, da die Weiterübertragung des Anteils am Dachfonds diesem keine Liquidität entzieht, anders als bei der Rückgabe eines Anteils, die die Fondsverwaltungsgesellschaft je nach Umfang der liquiden Anlagen ggf. nur nach Veräußerung von Vermögensgegenständen durchführen kann.

b) Ausschlusstatbestände des § 2 Abs. 4 AnlV

Auch in Bezug auf den Ausschlusstatbestand des § 2 Abs. 4 AnlV bzw. des § 17 Abs. 4 PFAV, der für die Kapitalanlage von kleinen Versicherungsunternehmen, Sterbekassen, Pensionskassen und Pensionsfonds sowie die AnlV anwendende Versorgungswerke gilt, ist die Reichweite der Durchschau unklar. Im Ausgangspunkt verbietet der Ausschlusstatbestand des § 2 Abs. 4 AnlV bzw. § 17 Abs. 4 PFAV die „direkte *und indirekte* [Anlage] in Konsumentenkrediten, Betriebsmittelkrediten, beweglichen Sachen oder Ansprüchen auf bewegliche Sachen sowie in immateriellen Werten" (Hervorhebung hinzugefügt). Hierzu verlautbart die BaFin nun einerseits im allgemeinen Teil des Kapitalanlagerundschreibens, dass ein indirektes Engagement in diesen Anlagekategorien zulässig ist, wenn der direkte Erwerb des betreffenden Finanzinstruments „explizit erlaubt" ist.[28] Als Beispiel nennt die BaFin Asset Backed Securities, die gemäß Kapitalanlagerundschreiben auf Konsumentenkrediten und Betriebsmittelkrediten basieren können.[29] Andererseits weist die BaFin sowohl im allgemeinen Teil des Kapitalanlagerundschreibens zu Investmentvermögen wie im Abschn. zu Anlagen in alternativen Investmentvermögen darauf hin, dass die generellen Ausschlusstatbestände des § 2 Abs. 4 AnlV zu beachten sind.[30] Unklar bleibt daher etwa, ob die Anlage in Private Equity-Fonds nach § 2 Abs. 1 Nr. 13 Buchst. b AnlV bzw. § 17 Abs. 1 Nr. 13

---

[26] Steinmüller RdF 2017, 122 (126 f.); Steinmüller RdF 2018, 117 (122).

[27] Bekanntmachung der Begründung der VO zur Änderung der AnlV und der PFAV v. 3.3.2015 (BGBl. 2015 I 188), 8.

[28] BaFin, Rundschreiben 11/2017 (VA) (Kapitalanlagerundschreiben), B.5.b.

[29] BaFin, Rundschreiben 11/2017 (VA) (Kapitalanlagerundschreiben), B.4.6.

[30] BaFin, Rundschreiben 11/2017 (VA) (Kapitalanlagerundschreiben), B.2.6.a; B.4.14.

Buchst. b PFAV, für die grundsätzlich keine Durchschau erfolgt, als „explizit erlaubte" Anlage ein indirektes Engagement in Konsumentenkrediten gestattet. Es wird jedenfalls im Bereich der (Dach-)Kreditfonds regelmäßig schwerfallen, rechtssicher auszuschließen, dass insbes. ausländische (Ziel-)Kreditfonds Engagements in Konsumenten- oder Betriebsmittelkrediten eingehen. Die Tatsache, dass die BaFin den Hinweis auf die Geltung der Ausschlusstatbestände im Kapitalanlagerundschreiben nur im Abschn. zur Erwerbbarkeit von alternativen Investmentvermögen gem. § 2 Abs. 1 Nr. 17 AnlV erwähnt, könnte dafür sprechen.

2. *Erwerbbarkeitstatbestände nach der AnlV und der PFAV*

Weitere Beispiele für Interpretationsspielräume in den Kapitalanlagevorschriften (nur) von kleinen Versicherungsunternehmen, Sterbekassen, Pensionskassen, Pensionsfonds und die AnlV anwendenden Versorgungswerken finden sich in den Erwerbbarkeitstatbeständen der AnlV bzw. der PFAV. Die verschiedenen Kategorien erwerbbarer Investmentvermögen nach der AnlV und der PFAV unterliegen unterschiedlichen Anforderungen etwa im Hinblick auf die Ansässigkeit und die Regulierung der Fondsverwaltungsgesellschaft oder die zulässigen Anlagestrategien.

Im Bereich der durch diesen Beitrag in den Blick genommenen Kapitalanlage in Spezial-AIF differenzieren die AnlV und die PFAV zwischen vier Kategorien erwerbbarer Spezial-AIF: offene Spezial-AIF (§ 2 Abs. 1 Nr. 16 AnlV bzw. § 17 Abs. 1 Nr. 16 PFAV), Private-Equity-Fonds (§ 2 Abs. 1 Nr. 13 Buchst. b AnlV bzw. § 17 Abs. 1 Nr. 13 Buchst. b PFAV), Immobilienfonds (§ 2 Abs. 1 Nr. 14 Buchst. c AnlV bzw. § 17 Abs. 1 Nr. 14 Buchst. c PFAV) und sonstige Investmentvermögen (§ 2 Abs. 1 Nr. 17 AnlV bzw. § 17 Abs. 1 Nr. 17 PFAV).[31] Die Zuordnung von Investmentvermögen auf diese Anlagekategorien der AnlV und der PFAV ist einerseits im Hinblick auf ihre Erwerbbarkeit dem Grunde nach erforderlich. Für die AnlV anwendende Anleger geben sie auch die Zurechnung einer für das Sicherungsvermögen erworbenen Beteiligung an einem Investmentvermögen zu den speziellen Mischungsquoten des § 3 AnlV vor. Beteiligungen an Private-Equity-Fonds werden dabei auf die Risikokapitalanlagenquote (maximal 35% des Sicherungsvermögens, vgl. § 3 Abs. 3 S. 1 AnlV) sowie die Beteiligungsquote (maximal 15% des Sicherungsvermögens, vgl. § 3 Abs. 3 S. 3 AnlV) angerechnet.[32] Beteiligungen an Immobilienfonds dürfen zusammen mit anderen Immobilienanlagen maximal 25% des Sicherungsvermögens dieser Unternehmen ausmachen (§ 3 Abs. 5 AnlV). Beteiligungen an Spezial-AIF iSv § 2 Abs. 1 Nr. 16 AnlV sind für Zwecke der Mischungsquoten der AnlV transparent, folglich werden die darin gehaltenen Vermögensgegenstände direkt auf die Mischungsquoten angerechnet. Erfüllt ein Investmentvermögen weder die Anforderungen an einen Private-Equity-Fonds, einen Immobilienfonds oder einen offenen Spezial-AIF, kann es auf die Quote für sonstige alternative Investmentvermögen iHv 7,5% des Sicherungsvermögens allokiert werden, wenn es die Mindestanforderungen dieser Auffangkategorie erfüllt (§ 3 Abs. 2 Nr. 2 AnlV).[33]

Die Anwendung dieser Anforderungen führt regelmäßig zu Auslegungsschwierigkeiten. Exemplarisch herausgegriffen seien hier der Erwerb von Kredit-Dachfonds als Private Equity-Fonds gem. § 2 Abs. 1 Nr. 13 Buchst. b AnlV bzw. § 17 Abs. 1 Nr. 13 Buchst. b PFAV (dazu → a.) sowie (abermals) die Frage der Durchschau bei Investmentfonds, die auf die Quote für sonstige alternative Investmentvermögen gem. § 2 Abs. 1 Nr. 17 AnlV allokiert werden (dazu → b.).

---

[31] Bärenz/Steinmüller RdF 2017, 122 (124).

[32] Bärenz/Steinmüller RdF 2017, 122 (125).

[33] Bekanntmachung der Begründung der VO zur Änderung der AnlV und der PFAV v. 3.3.2015 (BGBl. I 188), 6; Bärenz/Steinmüller RdF 2017, 122 (125).

a) Private-Credit-Dachfonds

Die Beteiligung an einem Investmentvermögen kann unter dem Erwerbbarkeitstatbestand des § 2 Abs. 1 Nr. 13 Buchst. b AnlV bzw. § 17 Abs. 1 Nr. 13 Buchst. b PFAV erworben werden, wenn es (a) als geschlossenes Investmentvermögen qualifiziert, (b) dem Recht eines EWR- oder OECD-Vollmitgliedstaats unterliegt, (c) von einer Gesellschaft mit Sitz in einem EWR- oder OECD-Vollmitgliedstaat verwaltet wird, die einer öffentlichen Aufsicht unterliegt und über eine Erlaubnis nach § 20 Abs. 1 KAGB verfügt oder gem. § 44 KAGB registriert ist, oder eine vergleichbare Erlaubnis oder Registrierung nachweist, sowie (d) direkt oder indirekt in Beteiligungen an Unternehmen, die nicht zum Handel an einer Börse zugelassen oder in einen organisierten Markt einbezogen sind, eigenkapitalähnliche Instrumente sowie andere Instrumente der Unternehmensfinanzierung investiert. Als Instrumente der Unternehmensfinanzierung sind Forderungen aus nachrangigen Verbindlichkeiten anerkannt. Darüber hinaus können auch nicht-nachrangige Fremdkapitaltitel, einschließlich Darlehen, als Instrumente der Unternehmensfinanzierung qualifizieren, sofern das Investmentvermögen bei der Anlage in solchen Fremdkapitaltiteln ein unternehmerisches Risiko eingeht.[34] Das „reine Halten von Darlehen“ durch das Investmentvermögen ist dagegen gemäß Verwaltungspraxis der BaFin unter diesem Erwerbbarkeitstatbestand unzulässig. In der Folge können Kreditfonds dann als Private-Equity-Fonds iSd § 2 Abs. 1 Nr. 13 Buchst. b AnlV bzw. § 17 Abs. 1 Nr. 13 Buchst. b AnlV eingestuft werden, wenn jede Darlehensvergabe individuell im Rahmen einer Due Diligence geprüft und anschließend überwacht wird. Beteiligungen an Private-Equity-Dachfonds und folglich auch an Private-Credit-Dachfonds sind nach Ansicht der BaFin zulässig, wenn dies nicht zu einer Umgehung der gesetzlichen Vorgaben des § 2 Abs. 1 Nr. 13 Buchst. b AnlV bzw. § 17 Abs. 1 Nr. 13 Buchst. b AnlV führt.

Diese aufsichtliche Vorgabe lässt für die Strukturierung von Private-Credit-Dachfonds einen erheblichen Interpretationsspielraum, wenn den Private-Credit-Zielfonds die Anlage – wie im Regelfall – in nicht-nachrangige Darlehensforderungen gestattet ist.[35] Fraglich ist, ob und in welchem Umfang eine Beimischung von nicht-nachrangigen Darlehensforderungen in den Zielfonds zulässig ist, wenn diese Darlehensforderungen lediglich angekauft werden und nicht zuvor durch die Zielfondsverwaltungsgesellschaften nach einer entsprechenden Due Diligence des Darlehensnehmers vergeben wurden. Die wesentliche und einzige Leitplanke, die die BaFin in diesem Zusammenhang aufstellt, ist das Umgehungsverbot.[36] Wann die Beimischung auf dem Sekundärmarkt erworbener, nicht-nachrangiger Darlehensforderungen eine Umgehung der Vorgaben der § 2 Abs. 1 Nr. 13 Buchst. b AnlV bzw. § 17 Abs. 1 Nr. 13 Buchst. b AnlV darstellt, wird aufgrund der Unbestimmtheit des Rechtsbegriffs naturgemäß nicht eindeutig beantwortet werden können.

b) Alternative Investmentvermögen

Die Anlagekategorie des § 2 Abs. 1 Nr. 17 AnlV bzw. § 17 Abs. 1 Nr. 17 AnlV umfasst offene und geschlossene Fonds mit Sitz im EWR, die von einer im EWR beaufsichtigten und nach § 20 Abs. 1 KAGB oder vergleichbar zugelassenen Verwaltungsgesellschaft verwaltet werden. Von registrierten Verwaltungsgesellschaften verwaltete Fonds qualifizieren nicht für die Anlagekategorie des § 2 Abs. 1 Nr. 17 AnlV bzw. § 17 Abs. 1 Nr. 17 AnlV.[37]

Den wesentlichen Streitpunkt über die Auslegung des § 2 Abs. 1 Nr. 17 AnlV bzw. § 17 Abs. 1 Nr. 17 AnlV bildet die Frage, ob die vorgenannten Anforderungen auch indirekt gel-

---

[34] BaFin, Rundschreiben 11/2017 (VA) (Kapitalanlagerundschreiben), B.4.9.b.

[35] Vgl. auch Bärenz/Steinmüller RdF 2017, 122 (124); Pöllath/Rodin/Wewel Private Equity und Venture Capital Fonds/Steinmüller, 2018, § 30 Rn. 10.

[36] Vgl. Dreher/Lipowsky VAG § 215 Rn. 38.

[37] Vgl. auch Bärenz/Steinmüller RdF 2017, 122 (125).

ten, also auf Fondsverwaltungsgesellschaften von Zielfonds durchzuschauen ist. Die Vorgabe der BaFin für Dachfonds lautet in diesem Zusammenhang, dass die Zielfonds ebenfalls für das Sicherungsvermögen qualifizieren müssen. Die BaFin konkretisiert allerdings weiter, dass „bei Anlagen in Dach-Hedgefonds die Zielfonds jedoch auch außerhalb des EWR belegen sein [können]", wobei darauf zu achten sei, dass „sämtliche Zielfonds Hedgefonds sind und Anforderungen unterliegen, die mit § 283 KAGB vergleichbar sind". Da die BaFin offenbar davon ausgeht, dass Dach-Hedgefonds für die Auswahl ihrer Zielfonds keiner Restriktion hinsichtlich der Belegenheit der Zielfonds unterliegen, liegt der Schluss nahe, auch für andere Arten von Zielfonds, die von Dachfonds iSd § 2 Abs. 1 Nr. 17 AnlV bzw. § 17 Abs. 1 Nr. 17 PFAV erworben werden, auf die Belegenheitsanforderung des § 2 Abs. 1 Nr. 17 Buchst. c AnlV bzw. § 17 Abs. 1 Nr. 17 Buchst. c PFAV zu verzichten. Dies entspräche auch der für die Zwecke der Mischungsquoten der AnlV anwendbaren Logik, dass für Fonds, die nach Maßgabe von § 2 Abs. 1 Nr. 17 AnlV bzw. § 17 Abs. 1 Nr. 17 PFAV erworben werden, keine Durchschau erfolgt.[38] Da solche Zielfonds allerdings isoliert betrachtet nicht mehr für das Sicherungsvermögen qualifizieren würden, werden hier auch strengere Positionen vertreten.

IV. Implikationen für die Vertragsgestaltung

Dort, wo die zuvor skizzierten Ermessens- und Interpretationsspielräume bei der Anwendung von Kapitalanlagevorschriften für Versicherungsunternehmen und Altersvorsorgeeinrichtungen bestehen, sind Fondsverwaltungsgesellschaften auf der einen und die Adressaten der Kapitalanlagevorschriften auf der anderen Seite zur Vermeidung von Unklarheiten angehalten, entweder in der Fondsdokumentation oder in Side Lettern zu regeln, wie die Fondsverwaltungsgesellschaft Ermessens- und Interpretationsspielräume auszuüben bzw. aufzulösen hat.

Soweit dies nicht geschieht oder wegen der vielgestaltigen Kapitalanlagerealität auch nicht in einer jeden Einzelfall ex ante sachgerecht erfassenden Weise möglich ist, haben Fondsverwaltungsgesellschaft oder von ihr beauftragte Portfoliomanager auf Basis der im Übrigen zur Verfügung stehenden Dokumentation zunächst den Willen des regulierten Anlegers zu erforschen. Den Ausgangspunkt dieser Übung wird das typischerweise bei Auflage des Spezial-AIF von den Rechtsberatern der Fondsverwaltungsgesellschaft erstellte und vom regulierten Anleger geprüfte Erwerbbarkeitsgutachten bilden. Die darin enthaltene Beschreibung des Fondsprodukts und die gutachterliche Feststellung der Erwerbbarkeit nach Maßgabe des VAG, der AnlV bzw. der PFAV sind jedoch oftmals nicht so konkret, dass sich allein auf Grundlage dieses Gutachtens der Wille des regulierten Anlegers in jedem Einzelfall zweifelsfrei ermitteln ließe.

Gelingt der Fondsverwaltungsgesellschaft die Ermittlung des Willens des regulierten Anlegers auf Grundlage des Erwerbbarkeitsgutachtens nicht, wird sie sich beim regulierten Anleger danach zu erkundigen haben, wie ein Ermessens- oder Interpretationsspielraum im konkreten Einzelfall (und darüber hinaus in vergleichbaren Fällen) ausgeübt werden soll. Das folgt zum einen daraus, dass die Anlage eines regulierten Anlegers den für ihn maßgeblichen aufsichtsrechtlichen Anforderungen genügen muss und dieser für die Einhaltung dieser Anforderungen auch dann letztverantwortlich bleibt, wenn die Kapitalanlage durch die Beteiligung an einem Spezial-AIF einer Fondsverwaltungsgesellschaft übertragen ist. Zum anderen hat die Fondsverwaltungsgesellschaft die Verwaltung fremder Vermögenswerte übernommen und sich damit dem Schutz dieser Vermögenswerte verpflichtet. Eine eigenmächtige Auslegung von Kapitalanlagevorschriften ohne Einbeziehung des regulierten Anlegers als deren Regelungsadressat ist mit dieser Schutzpflicht nicht zu vereinbaren.

---

[38] Steinmüller RdF 2018, 117 (122).

JOCHEN LÜDICKE

Ist ein spezielles Investmentsteuerrecht erforderlich?

Der Jubilar hat sich seit Jahrzehnten mit bank- und bankaufsichtsrechtlichen Fragen befasst. Hierbei hat er seine juristische Herkunft als Mitarbeiter am Freiburger Institut von Prof. Böckenförde und die dort erfolgte verfassungsrechtliche Prägung nie aufgegeben. Ferner liebt er die intellektuelle Herausforderung (auch) mit dem Steuerrecht. Insofern hoffe ich, ihm und den Lesern mit der (provokanten) Frage nach der Erforderlichkeit eines (eigenen) Investmentsteuerrechts einen interessanten Beitrag vorzulegen.

I. *Einführung*

Das Investmentsteuerrecht führt nicht zu einer eigenen Steuer, sondern regelt – abweichend von den allgemeinen Regeln des Einkommen- und Körperschaftsteuerrechts – die Ermittlung von Besteuerungsgrundlagen.

1. *Geschichtliche Anknüpfung*

Der Reichsfinanzhof hatte sich bereits vor 95 Jahren[1] mit einer Investmentstruktur (und Steuerfolgen, die – *sic* – das Vorjahr 1929 betrafen) zu befassen. Eine Investment-Aktiengesellschaft hatte nach englischem und amerikanischem Vorbild zwei Reihen von Anteilsscheinen ausgegeben, die eine Mitberechtigung an Kapital und Ertrag bezeichneter Anlagen verbrieften. Im Sachbericht wird dies als Treuhandverhältnis bezeichnet. Die Anteilsscheininhaber konnten verschiedene Entscheidungen mehrheitlich treffen. Während die Finanzverwaltung der Ansicht war, es sei eine Personengesellschaft (der Anteilsscheininhaber) gebildet worden, die Erwerbszwecke verfolge, meinte das Finanzgericht, dass die gemeinsame Anlage des Vermögens nicht als Erwerbszweck zu verstehen sei.[2] Der RFH stand vor der Frage, ob er dem Finanzamt oder dem Finanzgericht folgen oder beide Ansätze für unzutreffend halten solle. Er hat sich für letzteres entschieden und erkannt, dass eine bloße Miteigentümergemeinschaft nach Bruchteilen vorliege. Jedenfalls für den *„fixed type"*, bei dem die Investitionsgegenstände, die zu Miteigentum erworben werden sollten, feststünden, sei die Nutzung einer Aktionärsstellung in der verwaltenden Treuhandgesellschaft für die Beteiligung nicht erforderlich. Ob dies auch für den *„management type"*[3] gölte, war nicht zu entscheiden. Schon damals erkannte der RFH aber als Recht des Steuerpflichtigen, dass *„der Einzelne [nicht] zur Entfaltung wirtschaftlicher Tätigkeiten gezwungen werden kann, die außerhalb seiner eigenen Absichten liegen, nur weil dieser wirtschaftlichen Tätigkeit einer Rechtsform entsprechen würde, deren Benutzung dem Staate eine höhere Steuer abwerfen würde."*

Im KStG 1934[4] enthielt der zweite Abschn. des zweiten Teils unter der Überschrift „sachliche Befreiungen" neben der in § 9 geregelten Schachtelbefreiung für Dividenden ab einer Beteiligung von 25% in § 10 eine unspezifische Möglichkeit, dass der Reichsfinanzminister

[1] RStBl. 1930, 205 ff.
[2] Insofern fiel, was für das hiesige Thema unbehelflich ist, keine Gesellschaftsteuer an.
[3] Beide englische Begriffe werden schon vom RFH verwendet.
[4] RGBl. 1934 I 1031 = RStBl. 1934, 1287 ff.

Sonderregelungen für Kapitalverwaltungsgesellschaften erlassen durfte. Eine entsprechende Regelung fand sich in § 61 RBewG[5], der ebenfalls als Abs. 2 cinc (wortglcichc) tätigkeitsbezogene Definition einer KVG normierte:

„Kapitalverwaltungsgesellschaften im Sinn des Absatzes 1 sind Kapitalgesellschaften, die ausschließlich den Erwerb, die Verwaltung und die Veräußerung von Aktien, Kuxen, Anteilen oder Genußscheinen anderer Kapitalgesellschaften oder von Schuldverschreibungen zum Gegenstand haben.“

Mithin stellte sich schon vor mehr als 90 Jahren das Problem der „Investmentbesteuerung“ bei Kapitalgesellschaften, nicht hingegen bei (transparenten) Personengesellschaften. Die Belastung des „Anteilsscheininhabers“ bzw. Anlegers mit der vollen Belastung an Körperschaftsteuer[6] und Vermögensteuer[7] zusätzlich zur Einkommensteuer erschien gegenüber einer Direktanlage unvorteilhaft. Auf der anderen Seite wollte der Gesetzgeber die „Tür“ zur Nutzung einer Kapitalgesellschaft nicht verschließen.

2. Regelungen vor dem InvStG

Der Bundesgesetzgeber hatte sich schon früh in den 1950er Jahren mit der Frage einer Investmentbesteuerung befasst.[8] Hierbei war er in 1953 noch von der „Treugutlösung“ ausgegangen, bei der die Anlagegesellschaft das Investmentvermögen nur als Treuhänder für die Anteilsscheininhaber verwalten sollte. Demgemäß wären nach den allgemeinen Regeln zur Treuhand keine Steuerfolgen beim Treuhänder, sondern nur beim Treugeber, dem jeweiligen Anteilsscheininhaber, zu ziehen gewesen. Der Gesetzentwurf wurde nicht angenommen.

a) KAGG 1957

Das Investmentsteuerrecht bis 2003 war teilweise im KAGG und teilweise im AuslInvestmG geregelt. Im KAGG 1957[9] wurden Regelungen für körperschaftlich organisierte gemeinsame Anlagen getroffen. Es konnten im Eigentum der Kapitalanlagegesellschaft stehende Sondervermögen gebildet werden, an denen die Anteilinhaber beteiligt waren oder die Beteiligung der Anteilinhaber erfolgte über die Begründung von Miteigentum (§ 6 KAGG 1957).

Auf Ebene der Kapitalanlagegesellschaft erfolgte eine Befreiung von der Körperschaftsteuer, der Abgabe „Notopfer Berlin“, der Gewerbesteuer und der Vermögensteuer und es bestand ein Anspruch auf Erstattung der Kapitalertragsteuer. Auf Ebene der Anteilinhaber erfolgte die Erfassung als Dividenden oder iRd jeweiligen Einkunftsart, wobei es im Privatvermögen zu einer Freistellung von der Besteuerung kam, soweit die Ausschüttungen aus Wertpapierveräußerungsgewinnen gespeist wurden, § 21 KAGG 1957. Die Besteuerung erfolgte für nicht ansässige Anteilinhaber im Wege des Steuerabzugs mit einer Belastung von 25%. Damit war ein transparentes, weit begünstigendes System vorgesehen, bei dem gedanklich von einem von der Kapitalanlagegesellschaft als Treuhänderin für die Anteilsscheininhaber fremdnützig handelnden Einheit ausgegangen wurde. Es erfolgte eine partielle Befreiung von (damals noch erhobenen) Gesellschaftsteuern, Wertpapiersteuern und Börsenumsatzsteuern. Soweit eine mindestens dreijährige Festschreibung (bzw. Einlage in einem Sperrdepot) erfolgte, erfolgte auf Anlegerebene eine Begünstigung für einen Kapitalansammlungsvertrag. Ziel war eine Sparförderung iVm einer die Inflation besonders gut

[5] RGBl. 1934 I 1035 = RStBl. 1934, 1291 (1301).
[6] Seinerzeit nach § 19 KStG v. 16.10.1934 iHv 20%, RStBl. 1934, 1287 (1290).
[7] Seinerzeit nach § 8 VStG v. 16.10.1034 iHv 0,5%, RStBl. 1934, 1308 (1310).
[8] BT-Drs. I/4199.
[9] Vgl. BT-Drs. II/2973, G. verkündet am 16.4.1957, BGBl. 1957 I 378 = BStBl. I 1957, 224.

überstehenden Investition vornehmlich in Aktien[10], ohne dass – wie bei ebenfalls geförderten Mitarbeiterbeteiligungen – eine Bindung an den konkreten Arbeitgeber bestehen sollte.

b) Reform 1968/1969 – AuslInvestmG

In der Folgezeit zeigte sich, dass die Regelung nicht alle Bedürfnisse abdeckte; Immobilienfonds und ausländische Investmentanteile waren noch nicht erfasst.

Das Argument des Sparerschutzes wurde als vordringlich für die Einbeziehung ausländischer Investmentanteile benannt. Es sollten Wettbewerbsnachteile inländischer Anbieter, die dem Sparerschutz geschuldet waren, dadurch vermieden werden, dass ausländischen Anbietern beim Direktvertrieb Einschränkungen auferlegt werden, Angebote aber auf spezifische Kundennachfrage möglich blieben. Hierdurch entstand ein Schutzkonzept für die, die es haben wollten unter Vermeidung unnötiger Einschränkung für die, die den Schutz für nicht erforderlich erachten.

Aus steuerlicher Sicht sollten ausländische und inländische Fonds (jedenfalls) dann gleichbehandelt werden, wenn ausländische Fonds die steuerlich erforderlichen Angaben erteilen oder dies über Fiskalvertreter ermöglichen. Das Transparenzprinzip für die weißen („gesetzeskonformen") Fonds blieb erhalten.

c) Weitere Entwicklungen

In der Folgezeit wurde die Möglichkeit, nicht ausgeschüttete Erträge steuerfrei thesaurieren zu können, eingeschränkt.[11] Eine Verknüpfung zu einem zugrundeliegenden Prinzip wurde – soweit ersichtlich – nicht näher erwogen. Der „Sparförderungsgedanke" des Jahres 1957, dem es gut entsprochen hätte, thesaurierte Erträge erst bei der Ausschüttung zu besteuern, wurde implizit aufgegeben.

Für ausländische Investmentfonds bestimmten §§ 16–20 AuslInvestmG unterschiedliche Erfassungen iRd Einkünfte aus Kapitalvermögen oder als Betriebseinnahmen, je nach dem, in welcher Form sich der Fonds darstellt (weiße, graue und schwarze Fonds). Im Kern war für weiße (gesetzeskonforme) Fonds vorgesehen, dass die Anleger so besteuert werden sollen, wie dies bei einer Investition in einen gleichartig investierenden deutschen Fonds wäre, also die zuvor bestehenden Steuervorteile bei Thesaurierung und die Steuernachteile bei Vollausschüttung entfallen.[12] Eine in sich schlüssig begründete Gesamtkonzeption, so wie sie ursprünglich durch den Treuhandansatz im KAGG erkennbar war, ergibt sich aus der Begründung zum investmentsteuerlichen Teil des AuslInvestmG nicht.[13]

Wegen der Einbeziehung von Immobilien in das AuslInvestmG erfolgte eine Ergänzung des KAGG für Grundstücks-Sondervermögen in den §§ 23 ff. KAGG. Die Besteuerung folgt – ohne nähere Begründung – nicht mehr vollständig dem Transparenzansatz als Einkünfte aus Vermietung oder Verpachtung bzw. als Betriebseinnahmen, sondern im Privatbereich als Kapitaleinkünfte. In Umsetzung des Transparenzansatzes werden auf Fondsebene

---

[10] Vgl. BT-Protokoll 259. Sitzung, 12591; BT-Drs. II/2973 (neu) stellt als Regelungsziel folgendes dar:

„Wenn das Investmentsparen die erhoffte Verbreitung gewinnt, so werden in zunehmendem Maße weite Bevölkerungskreise an Bestand, Zuwachs und Erträgen des Produktionsvermögens der Wirtschaft beteiligt. Hierdurch wird einerseits die private Eigentumsbildung und damit das Gefühl der Mitbeteiligung und Mitverantwortung am wirtschaftlichen Geschehen gefördert. Zum anderen ist zu erwarten, daß bei einer Ausweitung des Investmentsparens auch neue Kapitalquellen für Investitionen und Rationalisierungsmaßnahmen der Wirtschaft erschlossen werden."

[11] Vgl. BT-Drs. III/1909, 2 f.

[12] Zur Gleichbehandlung BT-Drs. V/3494, 16 f.

[13] Vgl. die nur punktuelle Begründung in BT-Drs. V/3494, 16 f. und 24 ff.

die AfA-Regeln in Bezug auf einen virtuellen Aufwand inkludiert[14] und Veräußerungsgewinne nur erfasst, wenn sie in der seinerzeitigen zweijährigen Spekulationsfrist erzielt wurden[15].

3. *Regelungen im InvStG (2004)*

Das InvStG und seine Notwendigkeit wurden im Wesentlichen wie folgt begründet:

Das KAGG und das AuslInvestmG wurden zum 1.1.2004 in das Investmentgesetz überführt. Dementsprechend sollten auch die steuerrechtlichen Regelungen in einem Gesetz, dem Investmentsteuergesetz, abgebildet werden.[16] Hierbei sollte im Kern das Transparenzsystem beibehalten und die bisherigen Abweichungen ungeachtet der bestehenden „Komplizierungen"[17] fortgeführt werden. Die „Komplizierungen" und die Unmöglichkeit, zu einer allgemeinen Abzugsbesteuerung überzugehen, die als Vereinfachung empfunden wurde, wurde damit begründet, dass die Abzugsbesteuerung nicht allgemein eingeführt werde und dass es international üblich sei, Fonds transparent zu besteuern. Auf Basis dieser Vorgaben müssten verschiedene Unstimmigkeiten in Kauf genommen werden, so der Umstand, dass etwaige Fehler bei der Feststellung von Erträgen nicht personen- und zeitraumbezogen korrigiert werden könnten[18].

II. *Die aktuelle Besteuerung von Investmentfonds (InvStG 2016)*

1. *Gesetzgeberisches Handeln*

Das Investmentsteuergesetz vom 19.7.2016, das generell ab dem 1.1.2018 anwendbar ist, brauchte auf die 2004 noch vermisste allgemeine Einführung einer Abgeltungssteuer nicht zu warten, da diese auch für das EStG als § 32d EStG seit dem 1.1.2009 eingeführt war. Ferner werden seit dem 1.1.2018 Gewinne aus der Veräußerung von Kapitalanlagen generell besteuert. Damit wurde die noch 2004 für erforderlich gehaltene Trennung in laufende Erträge und Veräußerungserlöse auf Fonds- und Anteilseignerebene entbehrlich.

Ferner wollte der Gesetzgeber[19] unionsrechtliche Risiken mit Blick auf die zuvor unterschiedliche Besteuerung von erzielten Dividenden (Erfassung auf Fondsebene bzw. auf Anteilseignerebene) ausräumen, von ihm als Umgehung angesehene Wertpapierleihgeschäfte zur Umgehung einer Dividendenbesteuerung ausschließen und die aus der Anknüpfung an das Prinzip der steuerlichen Transparenz resultierende Verwaltungskomplexität vermindern und die nicht uneingeschränkt mögliche Fehlerkorrektur zur Durchsetzung einer effektiven Veranlagung einführen.[20]

In Umsetzung dieser Überlegung hat sich der Gesetzgeber für Publikumsfonds entschieden, das Transparenzsystem aufzugeben. Fonds in der Rechtsform der Personengesellschaften bleiben hiervon ausgenommen und werden weiter – wie andere Personengesellschaften auch – transparent besteuert. Spezial-Investmentfonds sollen weiter semi-transparent besteuert werden können.

Ausweislich der Gesetzesbegründung war eine Abschaffung des Investmentsteuerrechts nicht im Fokus des Gesetzgebers, so dass eine aktuelle gesetzgeberische Grundentscheidung, mit welchen Überlegungen er ein Investmentsteuerrecht für erforderlich hält und warum die

---

[14] Vgl. BT-Drs. V/3840, 4.
[15] Vgl. § 37 KAGG-E, BT-Drs. V/3840, 4.
[16] Vgl. BT-Drs. 15/1553, 120.
[17] So wörtlich in der Gesetzesbegründung, BT-Drs. 15/1553, 120 zu Art. 2 Allgemeines.
[18] Vgl. Einzelbegründung zu § 13 InvStG, BT-Drs. 15/1553, 122.
[19] Vgl. die allgemeine Begründung, BR-Drs. 119/16, 51 ff.
[20] BT-Drs. 119/16, 52 ff.

angesprochenen Defizite sowohl bei voll transparent besteuerten Investmentfonds in der Rechtsform von Personengesellschaften als auch bei semi-transparent besteuerten Spezial-Investmentfonds hingenommen werden können oder anderweitig ausgeschlossen werden, nicht ersichtlich wird. Dadurch bleibt (leider) auch unklar, warum bei konzerneigenen Investmentvermögen „steuerlich die Anwendung des Investmentsteuergesetzes sachgerecht"[21] sein soll.

2. Wesentliche steuerliche Abweichungen zur „Normalbesteuerung" durch das InvStG

Gäbe es kein InvStG, würden Investmentfonds in der Rechtsform einer Kapital- bzw. einer Personengesellschaft entsprechend ihrer gesellschaftsrechtlichen Gestaltung als (vollständig intransparente) Kapitalgesellschaft oder (teiltransparente) Personenmehrheit und damit Einkünfteerzielungssubjekt behandelt. Während bei Personengesellschaften der gesellschaftsrechtliche Ansatz – jedenfalls im Ausgangspunkt – beibehalten bleibt und lediglich OGAW sowie Altersvorsorgevermögensfonds (§ 53 InvStG) gem. § 1 Abs. 3 Nr. 2 InvStG hiervon ausgenommen werden, wird ein als Personengesellschaft errichteter Investmentfonds, der zur Körperschaftsbesteuerung optiert, nicht als Investmentfonds, sondern als „normale" optierte Personengesellschaft nach § 1a KStG besteuert. Faktisch wird damit das Wahlrecht für als Personengesellschaft errichtete Investmentfonds, effektiv, dh mit Gleichbehandlungswirkung zu Kapitalgesellschaften, zur Körperschaftsbesteuerung zu optieren, eingeschränkt. Begründet wird dies letztlich mit dem Wunsch, Steuergestaltungen zu verhindern und eine Einmalbesteuerung – auch grenzüberschreitend – sicherzustellen. Ein Wahlrecht oder eine Möglichkeit, die Einmalbesteuerung nachzuweisen, um sodann zur Fondsbesteuerung zu gelangen, sieht das Gesetz nicht vor.

a) Die Besteuerung auf Fondsebene

Demgegenüber wird die Besteuerung von Kapitalgesellschaften im Investmentsteuerrecht mehrfach geändert. Die Investmentvermögen werden zunächst nicht als Kapitalgesellschaften, § 1 Abs. 1 Nr. 1 KStG, sondern als Zweckvermögen besteuert. Sodann wird auf Fondsebene eine teilweise Steuerbefreiung, § 6 Abs. 2 S. 1 InvStG, angeordnet, zugleich aber die Anwendung des § 8b KStG ausgeschlossen (§ 6 Abs. 6 InvStG). Hiervon ausgeschlossen sind inländische Beteiligungseinnahmen, § 6 Abs. 3 InvStG, inländische Immobilienerträge, § 6 Abs. 4 InvStG und sonstige inländische Einkünfte, § 6 Abs. 5 InvStG, die auf Fondsebene steuerpflichtig bleiben. Demgegenüber können Zinsen, Veräußerungsgewinne aus Wertpapieren und aus Termingeschäften sowie ausländische Dividenden und Immobilienerträge steuerfrei auf Fondsebene vereinnahmt werden.

Bei Inlandsdividenden ist die Kapitalertragsteuer – analog zur Situation, die viele ausländische Aktionäre vorfinden – auf 15% gedeckelt; der Satz schließt zur Vermeidung einer Benachteiligung inländischer gegenüber ausländischen Fonds den Solidaritätszuschlag ein.[22]

Als Einkommensermittlung wird – abweichend von den §§ 4, 5 EStG – der Vergleich zwischen Einnahmen und Werbungskosten angeordnet, § 6 Abs. 7 S. 1 InvStG. Dies führt gegenüber der Ermittlung nach allgemeinen Regeln ggf. zu geänderten Zeitpunkten der Erfassung von Erträgen und Aufwendungen und ermöglicht, wie sich indirekt aus § 6 Abs. 8 InvStG ergibt, eine Verrechnung von positiven und negativen Einkünften über die Grenzen der Einkunftsarten hinweg. Auf der anderen Seite wird – anders als bei Kapitalgesellschaften – eine Teilausschüttung der Erträge durch die Vorabpauschale, § 18 InvStG, fingiert, die strukturelle Intransparenz der Kapitalgesellschaft mithin partiell durchbrochen.

---

[21] BR-Drs. 119/16, 72 (vorletzter Absatz).
[22] Vgl. BR-Drs. 119/16, 83 zu § 7 Abs. 1 InvStG.

Spezialfonds können nach § 30 InvStG zur Steuertransparenz optieren, wodurch im Kern die vorbezeichneten inländischen Einnahmen aus der Steuerpflicht auf Fondsebene ausgenommen werden und steuerlich auf die Verhältnisse der Anteilseigner bei diesen abgestellt wird. Das nämliche Resultat tritt durch § 8 InvStG in Bezug auf steuerbegünstigte Anleger auch für „normale" Fonds ein, weil die Steuerbegünstigung vom Fonds selbst geltend gemacht werden kann, §§ 8 ff. InvStG; hierbei wird über die Technik des Befreiungsbetrages, § 12 Abs. 1 InvStG abgesichert, dass der Vorteil der niedrigeren Steuerbelastung zu entsprechend höheren Erträgen des steuerbegünstigten Anlegers führt.

Infolge der diversen Sonderregeln könnte die Anwendung der allgemeinen Regeln über Umwandlungen und Einlagen dazu führen, dass stille Reserven unversteuert auf die Fondsebene verschoben werden könnten. Demgemäß ordnet § 5a InvStG an, dass Übertragungen immer zum Teilwert erfolgen. Ferner wurden Sonderregelungen für die Verschmelzung von Investmentfonds (§ 23 InvStG) abweichend vom UmwStG getroffen, so dass sich die Frage nach der Anwendungsmöglichkeit des UmwStG stellt. Die Regelung in § 23 InvStG geht – soweit sie reicht – als lex specialis vor, offen ist hingegen, ob auch darüber hinaus eine Sperrwirkung besteht.[23]

b) *Die Besteuerung der privaten Anleger*

Bei den Fondsanlegern steht nicht das „ob" der Besteuerung im Zweifel, das Gesetz enthält aber eine Reihe von Abweichungen gegenüber den „normalen" Regeln, wie die Einkünfte (auch in zeitlicher Hinsicht) ermittelt werden, so dass sich hier im wesentlichen die Frage stellt, ob diese Regeln als binnenstrukturell erforderlicher Ausgleich gegenüber ggf. (zu) großzügigen Regelungen bei der Fondsbesteuerung selbst ihre Rechtfertigung finden oder der interpersonale Ausgleich seinerseits zum Problem wird. Anders gewendet: Führt der „Doppelfehler" nicht (wie im Tennis) zum Punktverlust, sondern zu einem verfassungsrechtlich gebotenen Ausgleich?

Im Folgenden werde ich zunächst die Besteuerung bei Privatanlegern, weil nur diese 1957 gefördert werden sollten, unter Berücksichtigung der Fondsebene darstellen. Sodann folgt die eigentliche verfassungsrechtliche Verprobung.

Privatanleger können sich in aller Regel nur an „normalen" Investmentfonds beteiligen, nicht aber an Spezialfonds. Ausnahmen gelten bei Zugehörigkeit der Beteiligung zu einem Betriebsvermögen und für Fondsbeteiligungen, die vor dem 9.6.2016[24] erworben wurden (sog. Bestandsschutz). Gölte die Ausnahme für Betriebsvermögen nicht, könnten in der Rechtsform von Personengesellschaften geführte (Familien-)Unternehmen ihre Altersvorsorgeverpflichtungen nicht über Spezial-Investmentfonds absichern.

Anleger können Investmenterträge (§ 16 InvStG) in Form von (Brutto-)Ausschüttungen nach § 2 Abs. 11 InvStG, Vorabpauschalen nach § 18 InvStG oder Gewinnen aus der Veräußerung von Investmentanteilen, § 19 InvStG erzielen. Bestimmte Erträge, die sich wie Eigenkapitalrückzahlungen darstellen, bleiben nach § 17 InvStG bei der Auskehrung an die Anleger steuerfrei. Die entsprechenden Erträge werden über § 20 Abs. 3 EStG als Einkünfte aus Kapitalvermögen erfasst. Es gilt eine weitgehende Einbeziehung in das Kapitalertragsteuersystem, § 43 Abs. 1 Nr. 5 EStG.

c) *Unterschied zur Direktinvestition*

Während im Jahre 1957 die Sparerförderung als Mittel zur Förderung der demokratischen Teilhabe am Wirtschaftsaufschwung kodifiziert werden sollte, ergeben sich für Privatanleger

---

23 Vgl. Kretschmann/Schwenke/Behrens/Hensel/Klein/Hasbach UmwStG § 23 Rn. 14 ff.

24 Am 9.6.2016 erfolgte die 3. Beratung zum Gesetzesvorhaben im dt. Bundestag, abrufbar unter: https://dip.bundestag.de/vorgang/gesetz-zur-reform-der-investmentbesteuerung-investmentsteuerreformgesetz-invstrefg/73042.

heute Vor- und Nachteile aus der Investition über einen als Sondervermögen besteuerten Fonds gegenüber einer Direktanlage und/oder der Nutzung einer Personengesellschaft, ohne dass der „moderne" Gesetzgeber ein konkretes Regelungsziel für die Investmentbesteuerung benennt. Es drängt sich der Eindruck auf, die Investmentbesteuerung sei als Sonderregime so etabliert, dass die Frage nach Funktion, Ziel und Notwendigkeit nicht mehr gestellt wird.

Wo liegen nun wesentliche Besteuerungsunterschiede vor?

aa) Belastungen

(1) Auf Fondsebene. (a) Inländische Beteiligungseinnahmen. Die Investition in inländische Aktien über einen (kapitalistisch strukturierten) Investmentfonds führt gegenüber einem Direkterwerb von inländischen Aktien zunächst zu einer Körperschaftsteuerpflicht der erhaltenen Dividenden, wobei § 8b KStG (wie bei einer Direktinvestition durch den Anleger) nicht anzuwenden ist. Mithin unterliegen die inländischen Dividenden der vollen (zusätzlichen) Belastung mit KSt, während bei ausländischen Aktien keine Besteuerung auf Fondsebene erfolgt. Die Veräußerungsgewinne von Aktien werden auf der Fondsebene nicht erfasst. Gewerbesteuer fällt in der Regel nicht an. Die Besteuerung erfolgt zu einem den Solidaritätszuschlag umfassenden Steuersatz von 15%, § 7 Abs. 1 S. 3 InvStG.

(b) Inländische Immobilienerträge. Inländische Immobilienerträge umfassen sowohl die laufenden Einkünfte aus der Fruchtziehung als auch die Veräußerungseinkünfte, § 6 Abs. 4 InvStG, wobei die für Privatanleger geltende Einschränkung einer Veräußerung nur innerhalb der 10-jährigen Spekulationsfrist, § 23 Abs. 1 Nr. 1 S. 1 EStG nicht zur Anwendung gelangt. Der Sondertarif des § 7 Abs. 1 InvStG findet keine Anwendung, so dass der KSt-Satz zzgl. Solidaritätszuschlag anzuwenden ist.

(c) Sonstige inländische Einkünfte. Durch diese Ergänzung werden im wesentlichen Erträge, die bei ausländischen Direktanlegern iRd beschränkten Steuerpflicht nach § 49 Abs. 1 EStG besteuert werden könnten, auf Fondsebene erfasst, um hier einer Umgehung der beschränkten Steuerpflicht durch Zwischenschaltung eines Investmentfonds vorzubeugen. Über die Regelungen der beschränkten Steuerpflicht hinausgehend sind auch Verkaufserlöse des Investmentfonds in Bezug auf ausländische Kapitalanteile iSd § 17 EStG zu erfassen, wenn die ausländische Gesellschaft zu über 50% in inländisches Grundvermögen investiert ist.

(d) Allgemeines. Zu beachten ist, dass ungeachtet des Vorliegens einer (buchführungspflichtigen) Kapitalgesellschaft die Einkünfteermittlung als Überschuss der Einnahmen über die Werbungskosten erfolgt, § 6 Abs. 7 InvStG. Hierbei dürfen Werbungskosten, die im Zusammenhang mit dem Steuerabzug unterliegenden Einnahmen stehen, nicht angesetzt werden, § 6 Abs. 7 S. 3 InvStG. Insofern erfolgt auf der Stufe des Investmentfonds die Dividendenbesteuerung inländischer Dividenden im Kern so, wie sie bei einer Direktanlage durch den Privatanleger erfolgt wäre.

Anders als bei einer Direktanlage sind die Erträge aus ausländischen Investitionen auf Fondsebene steuerfrei. Damit entfällt auf Fondsebene die Möglichkeit, etwaige ausländische Steuern auf die deutsche Steuer anzurechnen. Da der Gesetzgeber das Transparenzprinzip insofern aufgegeben hat, können auch die inländischen Privatanleger die ausländische Steuervorbelastung nicht im Rahmen ihrer Steuererklärung nutzen.

(2) Auf Anlegerebene. (a) Vorabpauschale. § 18 InvStG normiert, dass der Anleger unabhängig von einer Ausschüttung, dh auch bei thesaurierenden Fonds, einen „fiktiven Zufluss" in Höhe der kapitalmarktabhängigen, jährlich festgelegten Vorabpauschale versteuern muss. Damit soll erreicht werden, dass die Investition über einen Fonds nicht zum beliebig langen „Hinausschieben" steuerlicher Zuflüsse genutzt werden kann. Vielmehr wird ohne Rücksicht auf die konkreten Investments fingiert, dass ein Betrag iHv 70% des Durchschnittsertrags langfristig erzielbarer Renditen öffentlicher Anleihen (§ 18 Abs. 4 InvStG) ausgeschüttet worden wäre. Zur (zumindest teilweisen) Vermeidung einer Übermaßbesteuerung ist in § 18 Abs. 1 S. 3 InvStG normiert, dass die Vorabpauschale den Wertzuwachs im

Fondsanteil während des betreffenden Jahres nicht übersteigen darf. Mangels Ausschüttung führt dies bei thesaurierenden Fonds dazu, dass die depotführende Bank die entsprechenden Anlegerkonten mit dem Steuerabzug auf die Vorabpauschale belastet. Die steuerpflichtige Vorabpauschale ergibt sich sodann aus dem so ermittelten Betrag, gekürzt um etwaige Teilfreistellungen nach § 20 InvStG (s. unten).[25]

(b) Umqualifizierung in Einkünfte aus Kapitalvermögen. Erzielt der Fonds inländische Immobilienerträge, wären bei einer Direktinvestition zB Fahrten zur Besichtigung der Immobilie Werbungskosten bei den künftigen Einnahmen aus Vermietung und Verpachtung. Ebenfalls würden bei (teilweiser) Fremdfinanzierung die Zinsaufwendungen für den Erwerb (ggf. einschl. Disagien etc.) als Werbungskosten geltend gemacht werden können. Da die Einkünfte auf Anlegerebene einheitlich Einkünfte aus Kapitalvermögen sind, ist der Werbungskostenabzug insoweit ausgeschlossen.

bb) Entlastungen

(1) Auf Fondsebene. (a) Inländische Beteiligungseinnahmen. Anders als bei einer Direktanlage sind die auf Fondsebene aufgewendeten Kosten steuerlich nicht „verloren“. Die Bezahlung führt zu einem Abfluss beim Fonds und damit zu einer Minderung des Fondsvermögens, so dass ein Veräußerungserlös entsprechend geringer ausfällt.

(b) Inländische Immobilienerträge. Die laufenden Erträge und die Veräußerungserträge bilden beim Fonds die einheitliche Kategorie der inländischen Immobilienerträge. Dies ermöglicht, dass etwaige Verluste aus einem Bereich mit etwaigen Erträgen aus dem anderen Bereich ohne betragsmäßige Beschränkungen verrechnet werden können; es gilt weder die Beschränkung aus § 23 Abs. 3 S. 7 EStG noch die des § 10d Abs. 2 EStG.

(2) Auf Anlegerebene. Der Gesetzgeber will mit der Teilfreistellung in § 20 InvStG eine pauschalierende Kompensation für die Vorausbelastung mit inländischer Steuer schaffen und die fehlende Anrechnungsmöglichkeit ausländischer Steuern auf Fondsebene ausgleichen.[26] Demgemäß erfolgt nur eine Einteilung in verschiedene Fondskategorien, an die die Freistellungssätze anknüpfen:

(a) Aktienfonds (§ 2 Abs. 6 InvStG, Aktienquote stets > 50%):	30%
(b) Mischfonds (§ 2 Abs. 7 InvStG, Aktienquote stets ≥ 25%):	15%
(c) Immobilienfonds (§ 2 Abs. 9 InvStG, Immobilienquote > 50%):	60%
(d) Auslandsimmobilienfonds (§ 2 Abs. 9 S. 2 InvStG, Immobilienquote > 50%):	80%

Fällt der Fonds in keine der vorbezeichneten Kategorien, erfolgt keine Freistellung, so dass Fonds, die weniger als 25% des Fondsvermögens in Kapitalbeteiligungen anlegen und die relevante Immobilienfondsquote nicht erreichen, ungeachtet etwaiger Vorbelastungen und anrechenbarer ausländischer Steuern von den Teilfreistellungen nicht profitieren. Eine individuelle Berücksichtigungsmöglichkeit solcher Positionen ist nicht, auch nicht auf Antrag, vorgesehen.

d) Zwischenfazit

Betrachtet man die Unterschiede, ergeben sich für verschiedene Gruppen von Anlegern Vor- und für andere Gruppen von Anlegern Nachteile.

Zwar wird die Vorabpauschale bei der Ermittlung von Veräußerungsgewinnen der Fondsbeteiligung nach § 19 Abs. 1 S. 3 InvStG gewinnmindernd berücksichtigt, dies führt bei Anlegern, die die Beteiligung lange halten, gleichwohl zu Liquiditätsbedarf und lässt sich mit einer Sparförderung nur schwerlich vereinbaren. Insbes. bei Fonds, die stark in nicht aus-

[25] Vgl. Kretschmann/Schwenke/Behrens/Hensel/Klein/Hensel/Brielmaier/Faller InvStG § 18 Rn. 6.

[26] Vgl. BT-Drs. 18/8045, 55.

schüttende Wachstumsaktien oder endfällige Anleihen investiert sind, führt dies zu deutlichen Nachteilen gegenüber einer Direktinvestition.

Anleger, die eine inländische als Kapitalgesellschaft organisierte Fondsbeteiligung für Immobilieninvestitionen erwerben, verlieren den Werbungskostenabzug (zB für eine individuelle Fremdfinanzierung). Ferner sind Erträge aus Veräußerungen der Immobilien über die Spekulationsfrist des § 23 EStG hinaus steuerpflichtig.

Ein Abgleich der Besteuerung, die bei Direktinvestitionen oder Investitionen über nichtgewerbliche Personengesellschaften einträte, mit der Besteuerung auf Fonds- und Anteilseignerebene wurde im parlamentarischen Verfahren – soweit ersichtlich – nicht vorgenommen. Der Wegfall des bei Einführung des KAGG geltende Transparenzsystem für Publikumsfonds wurde im Wesentlichen damit begründet, dass dieses System, das bei Personengesellschaften funktioniert, bei Fonds mit ihren großen und sich in der Zusammensetzung verändernden Anteilseignern nicht funktioniere. Soll eine Transparenz erreicht werden, ist ein Investment über einen als Personengesellschaft strukturierten Fonds erforderlich („Investmentclub").

III. Gleichheitsrechtliche Überlegungen

Steuerrecht ist Eingriffsrecht und bedarf daher der verfassungskonformen Ausgestaltung. Bei deren Prüfung gewährt das BVerfG dem Bundesgesetzgeber einen weiten Spielraum bei der Auswahl der Steuertatbestände.[27] Nach Nutzung dieses weiten Ermessensspielraums in Bezug auf das „ob" der Besteuerung und damit für die Auswahl der Steuergegenstände verengt das Gericht das „Spielfeld" und verlangt bei der Umsetzung des Gesetzes die Orientierung an dessen Regelungsziel (Folgerichtigkeitsgebot[28]). Hierbei gehen die vertretenen Meinungen bzgl. des gesetzgeberischen Freiheitsgrades unterschiedlich weit: Einige meinen, es müsse nur das Willkürverbot beachtet werden, auf der anderen Seite des Meinungsspektrums wird die strenge Beachtung des Folgerichtigkeitsgebotes gefordert.[29] Im Bereich des Investmentsteuerrechts ist das „ob" der Besteuerung nur teilweise betroffen, nämlich bei der Frage, ob der Fonds selbst besteuert werden soll oder ob der Fonds (wie noch 1953 angenommen) eigentlich nur Treuhänder für die Anteilseigner sei und die Besteuerung damit nur auf deren Ebene angesiedelt ist.

Im geltenden Recht knüpft der Gesetzgeber zunächst an den (als Kapitalgesellschaft organisierten) Fonds als Steuersubjekt an, nimmt dann aber diverse Abweichungen gegenüber anderen Kapitalgesellschaften vor, die keinem durchgehenden Konzept folgen. So profitiert der Fonds nach § 8 InvStG von der etwaigen Steuerbegünstigung seiner Anleger. Diese Durchbrechung der Intransparenz von Kapitalgesellschaften findet sich nicht außerhalb des Investmentfondsrechts, so dass vermögensverwaltende Körperschaften, an denen nur steuerbefreite Gesellschafter beteiligt sind, sonst „normal" besteuert werden. Warum nun die (zB Vermietungs-)Tätigkeit eines Publikumsfonds gegenüber einer nämlichen Tätigkeit einer anderen Kapitalgesellschaft steuerfrei bleibt, ist zwar iRd Förderung gemeinnütziger Tätigkeiten erfreulich, erschließt sich aber systematisch nicht, gehört doch der Transparenzansatz eigentlich zum Bereich der Spezial-Investmentfonds nach §§ 25 ff. InvStG oder zu transparenten vermögensverwaltenden Personengesellschaften.

Die Fragestellung lautet mithin: Lassen sich die Abweichungen von den allgemeinen Regeln des Körperschaftsteuerrechts bzw. der Gewinnermittlung auf der Fondsebene rechtfertigen?

---

[27] Vgl. in jüngerer Zeit BVerfG NJW 2022, 532 Rn. 51 (ESt-Tarifbeschränkung); NJW 2024, 1171 Rn. 140 Rn. 140 („Schwesterpersonengesellschaften"), jeweils mwN.

[28] Vgl. BVerfG DStR 1991, 971 (974) („Bankenerlass").

[29] Vgl. BeckOK GG/Kube Art. 10 Rn. 8; Dürig/Herzog/Scholz/Seiler, 105. EL 2024, GG Art. 105 Rn. 71 ff.

Für die Antwort kommt es darauf an, ob man von einem strengen Folgerichtigkeitsgebot ausgeht oder nur „Willkürfreiheit", also jeweils einen nachvollziehbaren Grund für die jeweilige Abweichung fordert. Mit dem ersten Ansatz ist das Gesetz nicht vereinbar. Wenn der Gesetzgeber sich für die Versteuerung auf Fondsebene entscheidet, müsste er – folgerichtig – wie bei anderen Kapitalgesellschaften in Kauf nehmen, dass Erträge (auch langfristig) nicht ausgeschüttet werden. Auch eine pauschale Differenzierung zwischen inländischen und ausländischen Erträgen vermag bei diesem Ansatz nicht zu überzeugen, kann Deutschland doch bei inländischen Kapitalgesellschaften Gewinne aus ausländischen Immobilien im Regelfall nur dann nicht besteuern, wenn ein Doppelbesteuerungsabkommen eine Freistellung vorsieht.

Geht man hingegen davon aus, dass die Freiheit des Gesetzgebers auch bei der Umsetzung eines Besteuerungsansatzes weit ist, muss nur die Willkürfreiheit geprüft werden. Diese liegt mE vor. Die Beschränkung der Besteuerung auf Fondsebene bei Beteiligung steuerbefreiter Anleger besteht auch bei transparent besteuerten Spezial-Investmentfonds. Deren Investmentspektrum und die Vorschriften zum Anlegerschutz weichen aber von Publikumsfonds ab. Aus Anlegerschutzsicht sind Organe der steuerbefreiten Organisationen oftmals mit Privatanlegern vergleichbar. Insofern ist eine gesetzgeberische Entscheidung, keine Beschränkung auf Spezial-Investmentfonds anzuordnen, und die dort mögliche Transparenz insoweit dem Publikumsfonds zu gewähren, nachvollziehbar. Auch der Ausschluss von § 8b KStG und § 3 Nr. 40 EStG auf Fondsebene sind verständlich. Der Fonds muss zur Sicherstellung der Besteuerung auf Anlegerebene zügig seine eigene Steuersituation einordnen können, die für den Anlegerschutz wichtige zuverlässige Ermittlung des Rücknahmewertes von Fondsanteilen würde bei einer unsicheren Steuerbelastung nicht gewahrt werden können. Insofern erscheint es begründbar, Fragestellungen, die bei „normalen" Kapitalgesellschaften nach Ablauf eines Steuerjahres noch in steuerlichen Außenprüfungen geklärt werden können, auf Fondsebene möglichst schon im Vorfeld auszuräumen.

Auch die weitgehende Gewerbesteuerbefreiung von Investmentfonds ist bei Anlegung des Maßstabs der Willkürfreiheit mE nicht zu beanstanden. Zwar unterliegen Kapitalgesellschaften grds. vollumfänglich der Gewerbesteuer, sieht man aber die Tätigkeit des Investmentfonds als partiell fremdnützig an, fügt sich die Gewerbesteuerfreiheit in die Regelungen des § 3 Nr. 21 ff. GewStG ein.

Auf Anlegerebene fällt als begründungspflichtige Änderung der allgemeinen Regeln vor allem die Teilfreistellung von Erträgen und die Vorabpauschale auf. Die Teilfreistellung des § 20 InvStG ist zwar nicht so detailliert geregelt, wie die Teilfreistellungen in § 3 Nr. 40 EStG, soll aber letztlich wie § 3 Nr. 40 EStG berücksichtigen, dass vorbelastete Einkünfte vorliegen und dass auch die Anrechnung ausländischer Steuern bei der Investition mittels des Investmentfonds sowohl auf Fonds- als auch auf Anlegerebene ausscheiden. Insofern erscheint bei einer Prüfung auf Willkürfreiheit diese gegeben. Ebenso erscheint es als nachvollziehbar, dass der Gesetzgeber den „Treuhandansatz" nicht mehr weiterverfolgt. Selbst wenn die heutige IT-Infrastruktur den Datentransfer zwischen Fondsgesellschaft und Finanzverwaltung ermöglichen würde, erscheint der Aufwand für eine individuelle Ermittlung der jeweiligen Besteuerungsgrundlagen in keinem vernünftigen Verhältnis zum Steuerertrag zu stehen, so dass die Pauschalierungen insoweit nachvollziehbar erscheinen.

Die Vorabpauschale ist hingegen rein fiskalisch motiviert. Wenn sich der Gesetzgeber zur intransparenten Besteuerung entscheidet, tritt eine Leistungsfähigkeitserhöhung des Anlegers – wie bei jeder anderen Beteiligung an einer Kapitalgesellschaft – erst ein, wenn er Ausschüttungen erhält oder die Fondsanteile verkauft oder zurückgibt. Der etwaige nicht realisierte Wertzuwachs wird bei anderen Beteiligungen steuerlich nicht erfasst; auch eine etwaige Wertminderung bei sinkenden Rücknahmepreisen ist steuerlich irrelevant. Die Durchbrechung dieses Grundsatzes wird zwar für Jahre, in denen der Rücknahmepreis stagniert oder fällt, ausgesetzt, § 18 Abs. 1 S. 3 InvStG, damit ist aber periodenübergreifend nichts gewonnen, weil Steuern auf Vorabpauschalen bei später sinkenden Rücknahmepreisen nicht erstattet werden. Mithin liegt insofern eine Steuerasymmetrie vor, weil der Erfassung von (fiktiven) Erträgen kein Abzug von (fiktivem) Aufwand gegenübersteht.

Dass durch die Anordnung des fiktiven Zuflusses am ersten Werktag des Folgejahres (§ 18 Abs. 3 InvStG) oftmals der Abzug der Kapitalertragsteuer vom Konto des Anlegers (§ 44 Abs. 1 S. 8, 9 EStG) wegen erteilter Freistellungsaufträge nicht bemerkt wird, macht den Systembruch nicht besser; er wird nur weniger oft bemerkt.

Als Begründung bleibt dann nur, dass der nationale Gesetzgeber des Investmentrechts, wenn er vollthesaurierende Investmentfonds nicht möchte, investmentrechtlich kaum wirksam vorgeben kann, dass Investmentfonds alle oder Teile erhaltener Dividenden, Zinsen und Mieterträge ausschütten müssen. Vielmehr würde er nur die in Deutschland aufgelegten (oder ggf. noch in Deutschland angebotene) Investmentfonds derart regulieren können. Damit keine Steuermindererträge auftreten, müsste ein solcher Vorstoß aber international abgestimmt werden, um eine Benachteiligung deutscher (oder ggf. europäischer) Fonds zu vermeiden. Mir scheint eine steuersystematisch falsche Steuernorm aber nicht dadurch gerechtfertigt werden zu können, dass eine aufsichtsrechtliche Vorgabe nicht gleich wirksam wäre.

IV. Fazit

Das Investmentsteuerrecht als „Spezial-Ermittlungsregelung" für einkommen- oder körperschaftsteuerpflichtige Anleger ist Massenfallrecht. Als solches muss es sich für einen automatisierten Gesetzesvollzug eignen. Hierzu ist das schwerfällige Transparenzsystem für (vermögensverwaltende) Personengesellschaften strukturell nicht gut geeignet. Bei Spezial-Investmentfonds (bis zu 100 Anleger) ist dies anders. Publikumsfonds auch in anderen Bereichen haben oftmals mehrere Tausend Anleger, deren Einkünfte im Verfahren der gesonderten und einheitlichen Gewinnfeststellung festgestellt werden. Durch die Anonymität des börslichen Handels ist aber die Feststellung der Anteilseigner nicht so einfach möglich, wie dies bei Personengesellschaften der Fall ist. Selbst im „Treuhandkommanditistenmodell" kennt der Treuhänder für die Gewinnfeststellung seine Treugeber. Dies ist bei Investmentfonds nicht der Fall. Insofern muss das Besteuerungssystem diese Realität beachten.

Gleichwohl erscheint ein eigenes Ermittlungssystem nicht zwingend. Der Gesetzgeber hätte wie (weitgehend) bei der Gewerbesteuer Investmentfonds von der Besteuerung auf Fondsebene freistellen und die Erträge auf Anlegerebene vollständig erfassen können. Hierbei hätten sich Kosten auf Fondsebene ausschüttungsmindernd ausgewirkt, so dass nur der tatsächliche Nettoertrag besteuert worden wäre. Sonderregeln für gemeinnützige Investoren wären nicht notwendig gewesen. Für als Körperschaften organisierte Investoren hätte der Gesetzgeber bei Publikumsfonds erwägen können, ob die Befreiung des § 8b Abs. 2 KStG gewährt werden soll. Da die Dividendenfreistellung an eine Mindestbeteiligungsquote von 10% anknüpft, ist diese regelmäßig nicht zu gewähren. Ebenfalls zu entscheiden ist die Herausnahme von Investmentfonds aus der Hinzurechnungsbesteuerung nach dem AStG, § 13 Abs. 5 AStG, wobei durch die Handelsklausel in § 13 Abs. 1 S. 4 AStG für den Regelfall ohnedies auch ohne § 13 Abs. 5 AStG keine Hinzurechnungsbesteuerung zur Anwendung käme. Sicher wäre eine solche Systemumstellung nicht einfach und die Fiktion eines Verkaufs „an sich selbst" wie bei der Systemumstellung in 2017/2018 (§ 56 Abs. 2 InvStG) bei vielen Fondsanlegern nicht gerne gesehen, der Vorteil einer dann wieder stimmigen und gleichheitsgerechten Besteuerung wiegt aber mE diesen Nachteil auf.

ALEXANDER SCHUHMANN

Die Verwaltung großer Privatvermögen – Ein Überblick unter besonderer Berücksichtigung der „kleinen" Kapitalverwaltungsgesellschaft

I. Einleitung

Dieser soll Beitrag soll einen Überblick bieten über verschiedene investmentrechtliche Gestaltungsvarianten in der privaten Vermögensverwaltung, einschließlich der jeweiligen Beteiligten und wesentlichen An- und Herausforderungen. Besonderes Augenmerk soll dabei geworfen werden auf die sogenannte kleine Kapitalverwaltungsgesellschaft (KVG) nach § 2 Abs. 4 KAGB. Diese Kategorie bietet für private Investoren, die große Vermögen verwaltungs- und steuereffizient verwalten möchten, interessante Erleichterungen und Ausnahmen.

II. Aufsichtsrechtliche Gestaltungsvarianten

IRd privaten Vermögensverwaltung bieten sich zahlreiche unterschiedliche Gestaltungsmöglichkeiten an. Die einfachste Variante ist die direkte Verwaltung des eigenen Vermögens im Rahmen von Direktinvestments. Die Komplexität und zu bedenkenden Implikationen nehmen aber schnell zu, wenn man Dritte, insbes. Familienmitglieder, am Vermögen beteiligen möchte oder eine komplexe Anlagesituation zu verwalten hat. Insbes. der Einsatz von Vermögensverwaltungsgesellschaften und Investmentfonds (aus deutscher Sicht Investmentvermögen iSd § 1 Abs. 1 KAGB) kann attraktive Vorteile bieten, aber auch einen höheren Professionalisierungsgrad der Verwaltung erfordern.

1. Regulierungsfreie Vermögensverwaltung unter der „Pre-existing Group" Ausnahme

Der private Vermögensinhaber kann eine Gestaltung anstreben, die von der Regulierung durch das Investmentrecht freibleibt.

Bei reiner Eigenverwaltung und nur einem „Anleger", zB durch Bündelung des Vermögens in einem SPV mit 100% Beteiligung durch den Vermögensinhaber ist dies bereits der Fall, wenn der Inhaber weiterhin Entscheidungen über die Vermögensverwaltung trifft. Denn ein „Organismus für gemeinsame Anlagen" liegt dann nicht vor, wenn der oder die Beteiligten an diesem Organismus eine operative Entscheidungskompetenz haben.[1] Nach der ESMA steht eine „laufende Ermessens- bzw. Kontrollbefugnis" dem Charakter eines Organismus für gemeinsame Anlagen entgegen.[2] IRd Verwaltung großer Privatvermögen spielt dieses Tatbestandsmerkmal aber jedenfalls dann eine eher untergeordnete Rolle, wenn eine Gruppe, zB die Familie, am Vermögen und den Ergebnissen der Investitionstätigkeit beteiligt werden soll.[3]

---

[1] Emde/Dornseifer/Dreibus/Verfürth/Emde KAGB § 1 Rn. 38.

[2] ESMA/2013/61, II.

[3] Auf die aufsichts- und insbes. steuerrechtlich strittigen Frage, ob und inwiefern Investmentvermögen einen Grundsatz der Fremdverwaltung erfordern, soll hier nicht weiter eingegangen

Hier wird die sog. „Pre-existing Group“[4]-Ausnahme relevant, die am Investmentvermögenstatbestandsmerkmal des „Einsammelns von Kapital“ anknüpft. Ein solches „Einsammeln von Kapital“ soll laut ESMA bei einer pre-existing Group nicht vorliegen.[5] Darunter versteht die ESMA eine Gruppe von Familienmitgliedern, unabhängig von der Art der rechtlichen Struktur, die von ihnen möglicherweise eingerichtet wird, um in einen Organismus zu investieren, sofern die alleinigen Endbegünstigten einer solchen rechtlichen Struktur Familienmitglieder sind und diese Gruppe vor der Gründung des Organismus bereits bestanden hat. Dadurch sollen jedoch Familienmitglieder nicht davon abgehalten werden, sich der Gruppe nach der Gründung des Organismus anzuschließen. Zum Zweck dieser Begriffsbestimmung bezeichnet der Begriff „Familienmitglieder“ den Ehepartner einer Person, die Person, die mit der Person in einer eheähnlichen Gemeinschaft, in einem gemeinsamen Haushalt und auf einer stabilen und dauerhaften Grundlage lebt, die Verwandten in gerader Linie, die Geschwister, Onkel, Tanten, Cousins oder Cousinen der betreffenden Person und die Angehörigen einer Person.[6]

a) Bestehende Gruppe

Das Investmentvermögen muss in eine „bestehende Gruppe“, dh eine bestehende Familienstruktur eingebettet sein. Das Investmentvermögen muss also nach der Familie kommen. IRd Verwaltung von privaten Vermögen stellt dies in der Regel keine größere Herausforderung dar, da typischerweise das über eine oder mehrere Generationen erworbene Vermögen verwaltet werden soll. Zudem erlaubt die ESMA auch den „Beitritt“ weiterer Familienmitglieder zur Gruppe, bspw. ein später geborenes Kind oder Enkelkind.

b) Kapital von Mitgliedern der Gruppe

Das im Investmentvermögen angelegte Vermögen muss von Mitgliedern der bestehenden Gruppe stammen. Das Investmentvermögen soll also rein gruppen- bzw. familienintern bestehen; eine kollektive Kapitalanlage für zufällige externe Anleger, die „Fremdkapital“ beisteuern, ist unzulässig.[7] Den Familienbegriff zieht die ESMA vergleichsweise weit. Bspw. genügt ein stabiles Zusammenleben in häuslicher Gemeinschaft, auch außerhalb der Ehe, und es sind alle Verwandten in gerader Linie eingeschlossen. Auch ist es unerheblich, wie hoch der vom jeweiligen Familienmitglied eingebrachte Anteil ist. Möchte also zB ein Ehepartner nach erfolgreichem IPO das erworbene Vermögen zum eigenen und zum Wohl der Familie verwalten, so unterfiele ein zu diesem Zwecke errichtetes Vehikel der pre-existing group, obwohl von anderen Mitgliedern der Familie keine oder nur geringe Vermögenswerte beigesteuert wurden.

c) Zweck des Vehikels

Das Investmentvehikel muss den Zweck verfolgen, die wirtschaftlichen Interessen der pre-existing group zu fördern. Da Erwirtschaften von Gewinnen für externe Anleger ist unzulässig. Das Vehikel muss sich auf die Verfolgung von Gruppeninteressen konzentrieren.

---

werden. Vgl. zu der Thematik zB Stöber/Kleiner BB 2016, 278 und Helios/Schober BB 2023, 1623 (1627); ebenso Weitnauer/Boxberger/Anders/Volhard/Jang KAGB § 1 Rn. 9.

[4] „Bereits bestehende Gruppe“.

[5] ESMA/2013/61, II.

[6] Zu Abgrenzungsfragen im Detail vgl. Weitnauer/Boxberger/Anders/Volhard/Jang KAGB § 1 Rn. 19 und BaFin, Auslegungsschreiben zum Anwendungsbereich des KAGB und zum Begriff des „Investmentvermögens“, 9.3.2015, I.3.a.

[7] Weitnauer/Boxberger/Anders/Volhard/Jang KAGB § 1 Rn. 18.

d) Vorteile der Ausnahme

Die Anwendung der „pre-existing group" Ausnahme führt dazu, dass ein Investmentvehikel nicht als AIF iSd AIFMD gilt und somit nicht den umfangreichen regulatorischen Anforderungen unterliegt, die für AIF und deren Verwalter gelten. Dies bedeutet konkret, dass der Verwalter des Vehikels keine AIFM-Lizenz benötigt und von den Berichts-, Transparenz- und anderen Anforderungen der AIFMD ausgenommen ist.

Diese Ausnahme ist besonders attraktiv für große Privatvermögen, wie sie bei vermögenden Familienstrukturen vorkommen. Wenn diese Strukturen ausschließlich Kapital von Familienmitgliedern aufnehmen und zur Verwaltung des familiären Vermögens dienen, unterfällt dies der „pre-existing group" Ausnahme. Eine Einschaltung von fremden Dienstleistern untersagt die Ausnahme nicht. Daher sind die auch Single Family Offices, welche die Vermögensverwaltung unter Einsatz von Vermögensverwaltungsspezialisten übernommen haben, regelmäßig keine regulierten Investmentvermögen.[8] Dadurch bleibt die Gruppe von den regulatorischen Anforderungen der AIFMD verschont, was eine flexiblere und kosteneffizientere Verwaltung des Familienvermögens ermöglicht. Ein solcher Ansatz vermeidet die Notwendigkeit einer AIFM-Lizenz und reduziert den administrativen Aufwand erheblich, während die Struktur innerhalb des familiären Rahmens erhalten bleibt.

e) Herausforderungen und Grenzen der „pre-existing group" Ausnahme

Die „pre-existing group" Ausnahme bietet zwar Erleichterungen, bringt aber auch Herausforderungen mit sich. Es bedarf einer effektiven Kontrolle um sicherzustellen, durch Veränderungen in der Gruppenstruktur nicht aus der Ausnahme herauszufallen.

Zum anderen gibt es eine klare Grenze: Sobald Kapital von externen Investoren in das Vehikel fließt oder der primäre Zweck des Vehikels darauf abzielt, externe Anleger zu bedienen, kann die Ausnahme nicht mehr in Anspruch genommen werden. In solchen Fällen würde das Vehikel als AIF eingestuft, was umfangreiche regulatorische Anforderungen nach sich zieht.

Die „pre-existing group" Ausnahme kann eine wesentliche Erleichterung für die Verwaltung bestehender große Familienvermögen sein. Sie ermöglicht es solchen Gruppen, unter bestimmten Bedingungen außerhalb des Anwendungsbereichs der AIFMD zu operieren. Als Ausnahme wird sie – jedenfalls in Deutschland – jedoch streng und eng ausgelegt.[9] Dies erfordert stets eine kritische Auseinandersetzung mit der Ausnahme. Sollte eine Erweiterung der Vermögensverwaltung über die Grenzen der Ausnahme hinaus geplant sein, ist der Schritt in die regulierte Welt des KAGB geboten. Insbes. die Aufsicht durch eine Behörde (die BaFin), entweder bei Erwerb einer Volllizenz oder bei in begrenztem Umfang bei einer Registrierung, kann den Verwaltungsaufwand vergleichsweise deutlich erhöhen und die Inhaber des Privatvermögens abschrecken. Gleichwohl ist die Ausnahme praktisch bedeutsam und kann in vielen Fällen eine ordnungspolitisch nicht gebotene Regulierung privater Vermögen durch das KAGB vermeiden.

2. Vollregulierung

Die „große" Lösung für den Einsatz eines Investmentfonds in der privaten Vermögensverwaltung ist der vollregulierte Fonds bzw. die voll regulierte KVG mit Erlaubnis nach § 20 KAGB. Dies erfordert idR entweder ein Überschreiten der Anlagegrenzen in § 2 Abs. 4 S. 2

[8] So auch Erwgr. 7 AIFMD; vgl. auch Emde/Dornseifer/Dreibus/Verfürth/Emde KAGB § 1 Rn. 41.

[9] Vgl. BaFin Auslegungsschreiben zum Anwendungsbereich des KAGB und zum Begriff des „Investmentvermögens", 9.3.2015, I.3.; krit. Emde/Dornseifer/Dreibus/Verfürth/Emde KAGB § 1 Rn. 41 mwN.

Nr. 1 u. 2 KAGB (dazu sogleich) oder eine freiwillige Anwendung des KAGB in Gänze (§ 2 Abs. 4 S. 2 Nr. 3 KAGB). IRd privaten Vermögensverwaltung ist genau zu überlegen, ob der umfassende Pflichtenkatalog des Aufsichtsrechts und die Beaufsichtigung durch die BaFin einen Mehrwert darstellen, der den Aufwand und die Kosten überschreitet. Eine – vorliegend nicht im Fokus stehende – Überlegung wert sollte, sofern die Größe des Vermögens entsprechende Möglichkeiten eröffnen und eine erste steuerliche Prüfung positiv ausfällt, es sein, ob Fonds und Verwaltung im Ausland stattfinden können. In der EU erfreuen sich insbes. Luxemburg und Irland großer Beliebtheit für die Ansiedlung von Investmentfonds.

3. *„Kleine" KVG als attraktive Mittellösung*

„Kleine" KVGen sind in § 2 Abs. 4 KAGB geregelt und können aufsichtsrechtlich eine attraktive Mittellösung darstellen für einen Ausgleich zwischen dem Wunsch, die Vermögensverwaltung in einem regulatorisch anerkannten Investmentvermögen zu bündeln, und dem Bestreben, den organisatorischen Aufwand so gering wie möglich zu halten. Sind die Voraussetzungen des § 2 Abs. 4 S. 2 KAGB erfüllt, entfallen nach § 2 Abs. 4 S. 1 KAGB die meisten regulatorischen Anforderungen des KAGB. Die Voraussetzungen sind: (1) Nur Spezial-AIF, (2) direkte oder indirekte Verwaltung, (3) Schwellenwerte und (4) keine freiwillige Anwendung des KAGB.

a) Nur Spezial-AIF

Zunächst ist die KVG auf der Verwaltung von Spezial-AIF beschränkt. Es dürfen also ausschließlich AIF verwaltet werden, die nur von semiprofessionellen und professionellen Anlegern erworben werden können (vgl. § 1 Abs. 6 KAGB).[10] Vermögende Anleger haben in der Regel keine Schwierigkeiten, die Wertschwellen zumindest des semi-professionellen Anlegers zu überschreiten, können daher auch in Spezial-AIF investieren. Ebenfalls ausgeschlossen von der Privilegierung des § 2 Abs. 4 KAGB sind damit KVGen, die auch oder ausschließlich OGAW verwalten.

b) Direkte oder indirekte Verwaltung (Umgehungsverbot)

Die Ausnahme des § 2 Abs. 4 KAGB erfasst alle von einer KVG verwalteten Spezial-AIF gesamtheitlich. Da die Kernvoraussetzung der Norm die Einhaltung bestimmter Schwellenwerte ist, gilt dies sowohl für direkt als auch für „indirekt" verwaltete Spezial-AIF, zB in Konzernsachverhalten. Durch diese Gesamtbetrachtung sollen Umgehungskonstruktionen verhindert werden, in denen zB zahlreiche Tochtergesellschaften als „kleine" KVGen ausgestaltet werden, bei denen aber durch ein gemeinsames Kontrollverhältnis letztlich eine einheitliche Steuerung der Anlageverwaltung und des Risikomanagements erfolgt.[11]

c) Schwellenwert

§ 2 Abs. 4 S. 2 Nr. 2 KAGB hält einen zweifach ausgestalteten Schwellenwert vor. Bei der Berechnung des Schwellenwerts stets zu beachten ist dabei die aggregierende Betrachtungsweise aus Sicht der KVG. Entscheidend ist nicht der einzelne Spezial-AIF, sondern die Summe aller direkt oder indirekt (→ II.1.b)) verwalteten Spezial-AIF.

---

[10] Der professionelle Anleger ist europarechtlich determiniert und entspricht dem professionellen Kunden unter MiFID II bzw. dem WpHG, vgl. etwa Weitnauer/Boxberger/Anders/Volhard/Jang KAGB § 1 Rn. 108. Der semi-professionelle Anleger hingegen ist eine Schöpfung des deutschen Gesetzgebers, um zusätzlichen Gruppen von Anlegern Zugang für professionelle Anleger vorgeshene Spezialfonds zu ermöglichen, vgl. hierzu Schubert/Schuhmann BKR 2015, 47.

[11] Vgl. Hierzu Emde/Dornseifer/Dreibus/Verfürth/Emde KAGB § 2 Rn. 41–44.

Setzt wenigstens ein Spezial-AIF Leverage ein, gilt eine Obergrenze von 100 Mio. EUR (§ 2 Abs. 4 S. 2 Nr. 2 Buchst. a KAGB). Gem. § 2 Abs. 4 S. 3 KAGB bemisst sich das Leverage hierbei nach den Art. 2–5 der DelVO (EU) Nr. 231/2013.[12]

Kommt kein Leverage zur Anwendung, gilt hingegen eine Obergrenze von 500 Mio. EUR. Zudem muss der Rücknahmeanspruch des Anlegers in den ersten fünf Jahren ab dem ersten Investment ausgeschlossen sein (§ 2 Abs. 4 S. 2 Nr. 2b) KAGB).

Diese Differenzierung trägt der unterschiedlichen Risikostruktur und Liquidität der Spezial-AIF Rechnung. Die Einhaltung der Schwellenwerte ist dabei nicht statisch zu verstehen. Die KVG muss kontinuierlich prüfen, ob sie die Schwellenwerte überschreitet. Ist dies der Fall, unterliegt sie ab dem Zeitpunkt der Überschreitung den umfassenderen Vorschriften des KAGB, wie sie für „große" Kapitalverwaltungsgesellschaften gelten. Dies kann unter Umständen zu einem erheblichen regulatorischen Mehraufwand führen.

Der Begriff „klein" bezieht sich im Kontext des § 2 Abs. 4 KAGB also nicht auf die Größe der KVG selbst, sondern auf das Volumen des verwalteten Vermögens.

d) Keine freiwillige Anwendung des KAGB

Schließlich kann eine eigentlich nach § 2 Abs. 4 KAGB privilegierte KVG sich freiwillig entscheiden, sich dem KAGB in seiner Gesamtheit zu unterwerfen. Diese auf den ersten Blick überraschend anmutende „Opt-In" Befugnis ermöglicht „kleinen" KVGen, durch die vollständige Anwendung des KAGB den Zugang zum europäischen Vertriebspass zu erhalten.[13] Für Verwalter privater Vermögen weniger relevant, kann diese Regelung für hochspezialisierte KVGen aber im Einzelfall von Interesse sein, um sich den europäischen Markt zu erschließen.[14]

4. Begrenzte Anwendbarkeit des KAGB für „kleine" KVGen

Die Einstufung als „kleine" KVG bringt wesentliche regulatorische Erleichterungen mit sich. Diese Erleichterungen betreffen insbes. die Anforderungen an das Risikomanagement, die Verwahrstelle, die Eigenmittelanforderungen und die Berichtspflichten.[15] Dem stehen aber auch gewisse Einschränkungen gegenüber, insbes. hinsichtlich der Größe, dem zulässigen Anlegerkreis und dem Vertrieb (→ I.1.). Gleichwohl machen diese Erleichterungen die „kleine" KVG für die private Vermögensverwaltung attraktiv.

a) Keine Erlaubnispflicht, lediglich Registrierung

Ein zentraler Vorteil der kleinen KVG ist das Entfallen der Erlaubnispflicht nach § 20 KAGB. Dies beseitigt eine erhebliche Hürde bei der Errichtung einer KVG für Zwecke der privaten Vermögensverwaltung. Die nach § 22 KAGB im Rahmen eines Erlaubnisverfahrens beizubringenden Unterlagen und Nachweise sind umfassend. Die BaFin hat die Möglichkeit, weitere Informationen zu verlangen. Und das Beibringen der geforderten Informationen erfordert oftmals das Mitwirken Dritter. Trotz der in § 22 Abs. 2 KAGB gesetzlich vorgeschriebener Bearbeitungsfristen, welche die BaFin in der Praxis gerne durch ein Verneinen der Vollständigkeit der nach § 22 Abs. 3 KAGB einzureichenden Unterlagen hinauszögert, kann all dies ein Erlaubnisverfahren erheblich in die Länge ziehen.[16] Die Errichtung einer

---

[12] Vgl. Weitnauer/Boxberger/Anders/Boxberger KAGB § 2 Rn. 22a.

[13] Emde/Dornseifer/Dreibus/Verfürth/Emde KAGB § 2 Rn. 58.

[14] Weitnauer/Boxberger/Anders/Boxberger KAGB § 2 Rn. 28.

[15] Vgl. Weitnauer/Boxberger/Anders/Boxberger KAGB § 2 Rn. 27; Emde/Dornseifer/Dreibus/Verfürth/Emde KAGB § 2 Rn. 61.

[16] Krit. hierzu etwa Emde/Dornseifer/Dreibus/Thole KAGB § 22 Rn. 23–25.

„großen" KVG für Zwecke der privaten Vermögensverwaltung erscheint schon dadurch oftmals unverhältnismäßig.

Eine kleine KVG muss sich lediglich bei der BaFin registrieren. Die hierfür geforderten Unterlagen und Informationen ergeben sich aus § 44 Abs. 2 KAGB und sind deutlich geringer als die Unterlagen und Informationen, die im Rahmen eines Erlaubnisantrags beizubringen sind. Zwar kann auch das Registrierungsverfahren eine gewisse Zeit in Anspruch nehmen, insbes. weil die Bearbeitungsfrist nur ab Vollständigkeit der einzureichenden Unterlagen zu laufen beginnt, und die Registrierung zieht gewisse Pflichten und Einschränkungen mit sich (vgl. § 44 Abs. 3 KAGB), insgesamt ist sie aber deutlich schneller und einfacher abzuschließen.[17]

b) *Risikomanagement*

Für kleine KVGen gelten vereinfachte Anforderungen an das Risikomanagement. Während große KVGen detaillierte Risikomanagementsysteme implementieren müssen, die den Anforderungen des § 29 KAGB entsprechen, dürfen kleine KVGen hier mit einem weniger komplexen System arbeiten. Sie müssen jedoch sicherstellen, dass die wesentlichen Risiken, denen die AIFs ausgesetzt sind, identifiziert, bewertet und kontrolliert werden; die BaFin ist regelmäßig über diese Risiken in Kenntnis zu setzen (vgl. § 44 Abs. 1 S. 1 Nr. 4 lit. b KAGB).

c) *Keine Verwahrstelle erforderlich*

Eine zentrale Erleichterung für kleine KVGen besteht darin, in aller Regel auf die Bestellung einer Verwahrstelle verzichten zu können.[18] Diese Ausnahme ist ein bedeutender Vorteil für kleine KVGen, da die Bestellung und Überwachung einer Verwahrstelle mit erheblichen Kosten verbunden sein kann.

Das Entfallen der Verwahrstelle erleichtert aber auch die Einbindung Dritter in die Verwaltung der jeweiligen Spezial-AIF. Einerseits sehen sich externe Portfoliomanager mit weniger Parteien konfrontiert, mit denen sie bei der Verwaltung des Spezial-AIF interagieren müssen, andererseits können die Vermögenswerte des Spezial-AIF, jedenfalls sofern es sich um Finanzinstrumente handelt, bei jeder Bank, die das Depotgeschäft anbietet, verwahrt werden. Im Idealfall können so auf die Portfolioverwaltung vermögender Privatpersonen spezialisierte Dienstleister, zB Privatbanken, aus einer Hand die Portfolioverwaltung, die Verwahrung und die Ausführungen von Aufträgen anbieten.

d) *Reduzierte Berichtspflichten*

Auch bei den Berichtspflichten gibt es Erleichterungen. Es gelten im Wesentlichen die deutlich eingeschränkten Berichts- und Prüfpflichten der §§ 44 ff. KAGB.[19] Berichtspflichten gegenüber der BaFin entfallen nicht vollständig, sie sind jedoch deutlich reduziert. Einer Abschlussprüfung entgehen allerdings auch kleine KVGen nicht.

e) *Reduzierte Organisationsanforderungen*

Die §§ 26 ff. KAGB sehen nicht unerhebliche Organisationsanforderungen an KVGen vor. Diese bedeuten regelmäßig einen erheblichen Personal- und Sachmittelaufwand. Dieser Aufwand ist iRd spezialisierten Verwaltung privater Vermögen in aller Regel unverhältnis-

---

[17] Zum Registrierungsverfahren vgl. Emde/Dornseifer KAGB/Dreibus/Thole, 3. Aufl. 2023, § 22 Rn. 23–25.

[18] Weitnauer/Boxberger/Anders/Boxberger KAGB § 2 Rn. 28.

[19] Emde/Dornseifer/Dreibus/Verfürth/Emde KAGB § 2 Rn. 60.

mäßig, da die KVG nicht in der Lage ist, die zur Finanzierung dieses Aufwands notwendigen Umsätze zu erwirtschaften. Die kleine KVG hingegen kann auf diesen Aufwand vollständig verzichten.[20] Der Personal- und Sachmittelaufwand ist im Wesentlichen auf das gesellschaftsrechtlich Notwendige reduziert. Durch die intelligente Einschaltung Dritter, etwas externer Portfoliomanager, kann die notwendige Expertise für die Verwaltung des im Spezial-AIF gebundenen Vermögens effizient und flexibel hinzugekauft werden.

f) Eigenmittelanforderungen

Die Eigenmittelanforderungen für kleine KVGen sind deutlich niedriger als die für größere Gesellschaften. § 25 Abs. 1 KAGB findet keine Anwendung. Damit sind die Eigenmittelanforderungen für die kleine KVG im Wesentlichen gesellschaftsrechtlich, zB durch das GmbHG, determiniert. Dies erlaubt eine deutlich weniger kapitalintensive Errichtung einer kleinen KVG, was iRd spezialisierten Einsatzes für die Verwaltung eines Privatvermögens wünschenswert und aufgrund des geringen Systemrisikos auch angemessen ist.

5. Praktische Bedeutung der „kleinen KVG" in der privaten Vermögensverwaltung

Zwar müssen KVGen, die von § 2 Abs. 4 KAGB profitieren, darauf achten, die dort genannten Schwellenwerte nicht zu überschreiten. Insbes. beim Wachstum der verwalteten Vermögenswerte oder bei der Einführung neuer Produkte kann dies problematisch sein. Gerade bei kleinen KVGen, die knapp unter den Schwellenwerten liegt oder knapp über den Schwellenwert hinauswächst, kann die BaFin proaktiv einschreiten und weiteres Wachstum bis zum Erlangen der Volllizenz unterbinden.

Kleine KVGen können aber durch ein gezieltes Management ihrer Vermögenswerte und eine sorgfältige Planung ihrer Geschäftsstrategie in einer vorteilhaften Position befinden können, die ihnen eine flexible Marktteilnahme ermöglicht, ohne die hohen Kosten und den Aufwand, die mit der vollen Anwendung des KAGB verbunden sind. Dies stellt einen ausgewogenen Ansatz dar, der sowohl den Anforderungen des Anlegerschutzes als auch den Interessen kleinerer Marktteilnehmer gerecht wird.

Die potentiell erheblichen regulatorischen Belastungen spielen gerade iRd privaten Vermögensverwaltung in der Regel keine Rolle. Das zu verwaltende Vermögen ist in der Regel klar definiert. Die KVG zielt nicht auf ein Wachstum „am Markt" ab, sondern wird für einen bestimmten Kundenkreis etabliert. Gleichwohl kann gezielt ein – beschränkt – reguliertes Investmentvermögen geschaffen werden. Abgesehen von steuerrechtlichen Implikationen kann so ein Vehikel für die Verwaltung von Vermögen für erweiterte Familien-, Freundes- oder Mitunternehmerkreise geschaffen werden. Die leichte Übertragbarkeit, Erweiterbarkeit des Investorenkreises und regulatorisch „sichere" Basis – es muss lediglich ein Schwellenwert überwacht werden – schaffen einen sicheren Ankerplatz für die Verwaltung größerer privater Vermögen. Schließlich vereinfachen sie auch den Investitionsprozess, da Assets gebündelt im Investmentvermögen gehalten werden, welches als zentrale Anlaufstelle fungiert und den Investor selbst von den Mühen des Tagesgeschäfts der Vermögensverwaltung entkoppelt und je nach Ausgestaltung auch ggf. unerwünschter Transparenz abschirmt.

---

[20] Etwas anderes kann gelten, wenn der Spezial-AIF Gelddarlehen vergeben will, was aber für den vorliegenden Beitrag außer Acht bleiben soll. Vgl. hierzu krit. Emde/Dornseifer/Dreibus/Verfürth/Emde KAGB § 2 Rn. 63.

III. Exkurs Steuerrecht

IRd privaten Vermögensverwaltung sind bei der Wahl verschiedener Gestaltungsvarianten stets auch die steuerlichen Implikationen von besonderer Bedeutung. Das direkte Halten von Investments, zB Immobilien oder Unternehmensanteilen, oder das indirekte Halten durch ein Investmentvehikel als Pool der Assets kann zu höchst unterschiedlichen Ergebnissen führen. In der höchsten Stufe sind Investments auch noch grenzüberschreitend strukturiert. Dies kann im Ergebnis mit erheblichen steuerlichen Vorteilen verbunden sein, erhöht aber auch die Komplexität. Angesichts der kaum überschaubaren Zahl an Gestaltungsvarianten soll im Folgenden lediglich ein Überblick über die wesentlichen Verknüpfungen zwischen Steuerrecht und Aufsichtsrecht im Bereich der privaten Vermögensverwaltung aus Sicht des deutschen Rechts gegeben werden.

1. Investmentvermögen im Steuerrecht

Das Investmentsteuergesetz (InvStG) regelt die steuerliche Behandlung von Erträgen aus Investmentvermögen und stellt dabei besondere Anforderungen und Regelungen für verschiedene Arten von Investmentfonds bereit.

a) Begrenztes Präjudiz des Aufsichtsrechts

In der aktuell geltenden Fassung des InvStG gilt der allgemeine Grundsatz, dass ein Investmentvermögen iSd KAGB auch ein Investmentvermögen iSd InvStG ist (§ 1 Abs. 2 S. 1 InvStG). Mit der umfassenden Reform des Investmentsteuerrechts in 2016 wollte der Gesetzgeber das komplexe und zu aus Sicht des Gesetzgebers zu Wertungswidersprüchen führende[21] Steuermodell vereinfachen, insbes. durch eine starke Beschränkung des zuvor geltenden Transparenzprinzips.[22]

Angesichts der zahlreichen Gestaltungsmöglichkeiten bleibt die korrekte steuerliche Einordnung weiterhin komplex.[23] So wird etwa der vermeintlich einfache Grundsatz der Anbindung an das Aufsichtsrecht dadurch aufgeweicht, dass kraft Gesetzes das Aufsichtsrecht keine Bindungswirkung für die steuerrechtliche Betrachtung eines Vehikels entfaltet (§ 1 Abs. 2 S. 2 InvStG). Da gem. § 5 Abs. 3 S. 1 KAGB die BaFin in Zweifelsfällen entscheidet, ob ein Investmentvermögen iSd KAGB vorliegt, sah die Finanzverwaltung eine Bedrohungslage für ihre alleinige Zuständigkeit und Kompetenz in steuerrechtlichen Fragen und ließ den Gesetzgeber „zur Klarstellung" § 1 Abs. 2 S. 2 InvStG einfügen mit dem Ergebnis, dass die Finanzverwaltung zwar aufsichtsrechtliche Verlautbarungen zur Auslegung des Begriffs heranzieht, aber eine eigenständige Entscheidung trifft.[24]

Im Ergebnis führt dies dazu, dass mit der Anerkennung eines Investmentvehikels durch die BaFin, insbes. mit erfolgreicher Registrierung einer „kleinen" KVG, ein wichtiger erster Schritt getan ist. Die Finanzverwaltung wird so, positiv formuliert, in die Lage versetzt, auf einfache Weise das Vorliegen eines steuerlichen Investmentvermögens anzuerkennen. Es bleibt aber ein Restrisiko, die Finanzverwaltung kann stets auch eine abweichende Rechtsauffassung vertreten.

---

[21] Vgl. etwa die Ausführungen in BT-Drs. 18/8045, 50.

[22] Vgl. BT-Drs. 18/8045, 54.

[23] Im Überblick Haase IStR 2019, 616.

[24] Vgl. die erfrischend ehrliche, allen Anschein nach von der Finanzverwaltung inspirierte Begründung in BT-Drs. 19/22850, 104 f.

b) Arten von steuerrechtlichen Investmentfonds

Das Investmentsteuergesetz (InvStG) unterscheidet zwischen verschiedenen Arten von Investmentfonds, die unterschiedlich besteuert werden. Diese Unterscheidung basiert auf der Struktur des Fonds, der Anlegergruppe und der Art der verwalteten Vermögenswerte.

Publikumsfonds sind Investmentfonds, die einer breiten Anlegergruppe zugänglich sind. Sie sind darauf ausgelegt, Kapital von vielen verschiedenen, nicht professionellen Anlegern zu sammeln und zu investieren. Auf Fondsebene besteht zunächst ein von den Anlegern getrenntes Körperschaftsteuersubjekt, welches den Regeln für Körperschaften und dem allgemeinen Körperschaftssteuersatz von 15% unterliegt.[25] Zur Vermeidung von Doppelbesteuerung auf Anlegerebene regelt § 20 InvStG Teilfreistellungen (zB 30% der Erträge bei Aktienfonds bleiben steuerfrei).

Für diesen Beitrag relevanter ist die Besteuerung von Spezial-Investmentfonds und deren Anlegern, da die kleine KVG aufsichtsrechtlich auf die Verwaltung ebendieser beschränkt ist. Allerdings ist zu beachten, dass § 26 InvStG einen eigenständigen Begriff für Spezial-Investmentfonds vorhält, gegen die „in der Anlagepraxis nicht wesentlich" verstoßen werden darf. So muss etwa die Anzahl der Anleger auf maximal 100 begrenzt sein und es sind zahlreiche Anlagegrenzen einzuhalten.

Spezial-Investmentfonds haben im Wesentlichen das Prinzip der steuerlichen Transparenz auch nach 2018 beibehalten, das heißt, die Erträge des Fonds werden auf Ebene der Anleger versteuert.[26] Die Anleger versteuern die Erträge gem. ihrer individuellen steuerlichen Situation, insbes. nach den Regeln für Kapitalerträge iSv § 20 EStG.[27] Zudem gelten je nach Art des Investmentfonds Teilfreistellungen, die sich steuergünstig auswirken können, aber auch eine genaue Einzelfallprüfung erfordern. So wird zB zwischen spezialisierten Mischfonds, Aktienfonds, Private Equity Fonds, Hedgefonds oder Immobilienfonds unterschieden, zudem können unterschiedliche Regelungen für inländische und ausländische Fonds und offene und geschlossene Fonds gelten.

2. Bedeutung in der privaten Vermögensverwaltung

Die steuerliche Behandlung der Erträge Investmentvermögens auf der Ebene der Anleger bleibt komplex. Anleger versteuern die Erträge aus dem Fonds entweder als Kapitalerträge oder als Einkünfte aus Gewerbebetrieb, je nach Art des Anlegers und der gehaltenen Anteile. Für natürliche Personen sind die Erträge idR den Einkünften aus Kapitalvermögen zuzuordnen.[28] Ausschüttungen unterliegen der Kapitalertragsteuer. Nicht ausgeschüttete Erträge, können, je nach Umständen des Einzelfalls, steuerfrei thesauriert werden (vgl. § 36 Abs. 2 InvStG) oder gelten als steuerpflichtige ausschüttungsgleiche Erträge (§ 36 Ab. 1 InvStG).

Aus Sicht der privaten Vermögensverwaltung ergeben sich angesichts der zahlreichen Komplexitäten steuerliche Gestaltungsspielräume, aber auch Herausforderungen. Gegenüber Direktinvestments lassen sich gerade bei zulässiger Thesaurierung von Erträgen durch den entstehenden Zinseszinseffekt beachtliche Vorteile erzielen. Dem steht aber stets die Finanzverwaltung mit dem erklärten Ziel gegenüber, Steuersparmodelle zu verhindern.[29] Ohne kompetente Steuerberatung können sich für den privaten Anleger, der seine Vermögensverwaltung in einem Investmentfonds bündeln möchte, daher schnell unvorhergesehene Fallstricke ergeben.

---

[25] Haase IStR 2019, 616 (618).
[26] Vgl. BT-Drs. 18/8045, 94.
[27] Haase IStR 2019, 616 (624).
[28] Brandis/Heuermann/Einsfelder, 172. EL 2024, InvStG § 34 Rn. 7.
[29] So zB ausdrücklich BT-Drs. 19/22850, 105.

Bei Einsatz einer „kleinen" KVG nach § 2 Abs. 4 KAGB bedeutet dies, dass der Anleger bzw. Verwalter sowohl aus aufsichtsrechtlicher als auch steuerlicher Sicht sicherstellen, dass alle Anforderungen des KAGB und des InvStG erfüllt werden, um den jeweils angestrebten Status als kleine KVG und als steuerlicher (Spezial)- Investmentfonds zu wahren und die entsprechenden regulatorischen und steuerlichen Vorteile zu realisieren.

Die Stellung von Investmentvermögen im Investmentsteuerrecht wird also grds. nicht durch die Größe oder Art der verwaltenden KVG beeinflusst, solange die gesetzlichen Anforderungen des InvStG erfüllt werden. Anleger sollten sich dieser Besonderheiten bewusst sein und sicherstellen, dass ihre Anlage den Status als Investmentvermögen im steuerlichen Sinne behält, um die damit verbundenen steuerlichen Vorteile zu nutzen.

IV. Die Rolle Dritter in der Vermögensverwaltung

1. Verwahrstelle

Die Aufgaben einer Verwahrstelle sind zentral für den Schutz der Anleger von Investmentvermögen. Die Verwahrstelle spielt eine wesentliche Rolle bei der Sicherstellung der ordnungsgemäßen Verwaltung und des Schutzes der Vermögenswerte eines Investmentfonds. Die Verwahrstelle agiert unabhängig von der KVG, und ggf. haftet sie gegenüber den Anlegern für Verluste. Für OGAW-Verwahrstellen und für AIF-Verwahrstellen sieht das KAGB unterschiedliche Regelungen vor (§§ 68 ff. KAGB bzw. §§ 80 ff. KAGB). Im Kern bestehen aber viele Überschneidungen, gerade im Bereich von OGAW und Publikums-AIF.[30] Eine Verwahrstelle bedarf bei OGAW immer (vgl. § 68 Abs. 2 KAGB), bei AIF typischerweise (vgl. § 80 Abs. 2 KAGB) selbst einer Erlaubnis, zB als Kreditinstitut, und unterliegt daher umfassenden regulatorischen Pflichten.

a) Hauptaufgaben

Die Hauptaufgabe der Verwahrstelle besteht in der Verwahrung der Vermögensgegenstände des Investmentvermögens.[31] Dies umfasst sowohl Finanzinstrumente, die in Sammelverwahrung gehalten werden, als auch sonstige Vermögenswerte, die nicht in Verwahrung genommen werden können. Für nicht in Verwahrung zu nehmende Vermögensgegenstände (zB Immobilien) ist die Verwahrstelle für die Prüfung und Dokumentation der Eigentumsverhältnisse verantwortlich.

Neben der Verwahrung übernimmt die Verwahrstelle auch Kontrollfunktionen.[32] Sie überwacht die Einhaltung der gesetzlichen Vorschriften sowie der Anlagebedingungen des Fonds. Dies umfasst ua die Kontrolle der Ausgabe und Rücknahme von Anteilen, die Überwachung der Einhaltung der Anlagerichtlinien und die Prüfung der Bewertung der Vermögensgegenstände. Die Verwahrstelle stellt sicher, dass alle Zahlungen im Zusammenhang mit der Ausgabe von Anteilen ordnungsgemäß abgewickelt werden und dass die Erträge des Fonds korrekt berechnet und verteilt werden.

Ein weiteres zentrales Aufgabengebiet der Verwahrstelle ist die Überwachung der Zahlungsströme des Fonds.[33] Sie prüft und überwacht alle Zahlungen, die auf oder von den Konten des Fonds erfolgen, um sicherzustellen, dass diese den gesetzlichen Anforderungen entsprechen.

---

[30] Emde/Dornseifer/Dreibus/Dreibus KAGB § 80 Rn. 1.
[31] Weitnauer/Boxberger/Anders/Boxberger KAGB § 80 Rn. 1.
[32] Weitnauer/Boxberger/Anders/Boxberger KAGB § 83 Rn. 1.
[33] Emde/Dornseifer/Dreibus/Dreibus KAGB § 83 Rn. 13.

b) Nicht erforderlich bei kleiner KVG

Die Wahrung des Anlegerschutzes ist gerade bei einer großen Anzahl von Anlegern und insbes. bei Publikumsfonds von zentraler Bedeutung. Die kleine KVG hat aufgrund der Beschränkung auf Spezial-AIF und damit auf (semi-)professionelle Anleger und der Begrenzung des verwalteten Vermögens einen deutlich klarer definierten Kreis von Anlegern, die auch weniger schutzbedürftig sind. Richtigerweise sind daher die Verwahrstellenregeln auf kleine KVGen nicht anwendbar.

Aus Sicht der privaten Vermögensverwaltung ist dies eine entscheidende Erleichterung. Der administrative Aufwand wird deutlich reduziert, wenn weniger Drittparteien in die Verwaltung des Vermögens eingebunden werden müssen. Zwar müssen bestimmte Vermögenswerte, insbes. Finanzinstrumente, weiterhin durch einen Dritten, zB ein Kreditinstitut mit Erlaubnis für das Depotgeschäft, verwahrt werden Der Wegfall der inhaltlichen Anforderungen des KAGB erleichtert aber die Durchführung beträchtlich. Jedes entsprechend lizensierte Kreditinstitut, bspw. die bestehende Hausbank, kann die Verwahrung ohne zusätzliche investmentrechtliche Anforderungen übernehmen. Aus Sicht dieser Depotstelle ist der „kleine“ Investmentfonds ein Kunde wie jeder andere.

2. White Label KVG

Eine White Label KVG oder auch Master-KVG ist ein externer Dienstleister, der auf die Errichtung und Administration von Investmentvermögen spezialisiert ist. Fondsinitiatoren, die selbst keine eigene KVG gründen wollen oder können, können so auf eine vollständige rechtliche Infrastruktur zurückgreifen. Dies kann insbes. dann ein interessanter Ansatz sein, wenn ein „großer“, vollregulierter Fonds mit KVG errichtet werden soll. Denn dann fungiert die White Label KVG als regulierte Einheit nach dem KAGB und übernimmt die aufsichtsrechtlichen Pflichten. Die White Label KVG stellt im Wesentlichen die Lizenz und kümmert sich um Backoffice-Aufgaben. Das Spezialwissen für die Verwaltung des Investmentvermögens wird über die Auslagerung der Portfolioverwaltung auf externe Portfoliomanager erbracht. Die Initiatoren können sich so auf die Portfolioverwaltung und die Anlagestrategie konzentrieren, während die White Label KVG alle regulatorischen Aufgaben, wie das Risikomanagement, die Compliance und den Vertrieb, abdeckt.

Zu beachten ist aber, dass die aufsichtsrechtliche Letztverantwortlichkeit bei der KVG verbleibt und eine Auslagerung nur im Rahmen von § 36 KAGB zulässig ist.[34] Dies kann mitunter zu einem Spannungsverhältnis gerade mit externen Portfolioverwaltern führen, da das Know-How und die Letztverantwortung für das Portfoliomanagement nicht gleichlaufend verteilt sind.

IRd Vermögensverwaltung durch eine kleine KVG nach § 2 Abs. 4 KAGB spielen diese Arten von Dienstleistern aber eine eher geringe Rolle. Da keine volle Lizenz erforderlich ist und die meisten aufsichtsrechtlichen Pflichten entfallen, ist der Nutzen eines spezialisierten und regulierten Dienstleisters überschaubar. So kann zB das Family Office (dazu sogleich) die allgemeine Verwaltung des Investmentvehikels übernehmen.

3. Family Office

Ein Family Office kann das selbstverwaltete Investmentvehikel sein, dass von der preexisting group Ausnahme (s. oben) gebraucht macht. Es beschreibt aber oft auch Dienstleister, die sich umfassend der Verwaltung von Vermögen wohlhabender Familien verschrieben hat. Aufsichtsrechtlich nicht determiniert, kann die Rolle eines Family Offices unterschiedlich zu beurteilen sein.

---

[34] Weitnauer/Boxberger/Anders/Winterhalder KAGB § 17 Rn. 59.

Family Offices lassen sich grob in zwei Kategorien unterteilen: Single Family Offices verwalten das Vermögen einer einzelnen Familie, und Multi Family Offices verwalten das Vermögen mehrerer Familien. Letztere können in ihrer Struktur und Funktion wie institutionelle Vermögensverwalter agieren.

Single Family Offices sind typischerweise kleinere, agile und hoch spezialisierte Dienstleister, die vor allem Know-How in Fragen der Vermögensverwaltung und des Steuerrechts vorweisen müssen. Wenn Single Family Offices das Vermögen einer einzelnen Familie verwalten, fällt diese Tätigkeit oftmals nicht in den Anwendungsbereich des KAGB, da mangels Einsammeln von Kapital von Dritten die pre-existing Group Ausnahme (s. oben) greift.[35]

Multi Family Offices demgegenüber verwalten das Vermögen mehrerer Familien. Sie können daher ggf. nicht die pre-existing Group Ausnahme geltend machen, ihre Tätigkeit unterfällt dann dem KAGB. unter das KAGB fallen. Wenn ein Multi Family Office einen oder mehrere Vehikel verwaltet, in die mehrere Familien oder andere externe Investoren Kapital einbringen, könnte dies als Verwaltung eines AIF nach dem KAGB betrachtet werden. Allerdings ist hier eine genaue Einzelfallbetrachtung notwendig. Entscheidend ist, ob das Multi Family Office den Tatbestand des Investmentvermögens selbst verwirklicht oder ein entsprechendes Vehikel verwaltet.[36]

Die Rolle eines Family Offices im Kontext des Aufsichtsrechts hängt also stark von seiner Struktur und seinen Tätigkeiten ab. Während Single Family Offices meist außerhalb des Anwendungsbereichs des KAGB agieren, müssen Multi Family Offices, die kollektive Anlageprodukte anbieten, prüfen, ob sie den regulatorischen Anforderungen des KAGB unterliegen.

Aus Sicht der privaten Vermögensverwaltung stellt sich das Family Office häufig als der erste Schritt zur Professionalisierung der Vermögensverwaltung dar. Das Family Office bündelt häufig entsprechende Expertise, die bei entsprechender Größe des zu verwaltenden Vermögens entscheidende und signifikante Vorteile und administrative Erleichterungen bringen. Auch wenn jedenfalls das Single-Family-Office regelmäßig nicht selbst reguliert ist und auch nicht entsprechend aufgestellt ist, um etwa den Anforderungen des KAGB zu entsprechen, agiert es häufig doch als zusätzlicher Berater für die vermögende Person oder Familie und als Initiator für die Errichtung eines Investmentfonds. Der Schritt zur „kleinen" KVG ist auch für ein Family Office, dass – bewusst oder aus Sachzwängen heraus – sich nicht mehr im Rahmen von Ausnahmen des KAGB bewegen kann oder will, eine zu bewältigende Herausforderung. Er kann daher für das Family Office eine attraktive Möglichkeit bieten, auch bei zunehmender Professionalisierung der Vermögensverwaltung den vermögenden Kunden weiterhin eng zu begleiten und die eigene Daseinsberechtigung aufrechtzuerhalten. Aber auch wenn die große Lösung, also die Errichtung eines vollregulierten Fonds, präferiert sein sollte, kann ein Family Office als Berater weiterhin eine bedeutende Rolle spielen, auch wenn die Einschaltung einer professionellen KVG und eines mit der Verwaltung von Investmentvermögens vertrauten, regulierten Portfoliomanagers zusätzliche Akteure auf den Plan rufen, die durchaus mit dem Family Office in Konkurrenz um die Aufmerksamkeit und das Vertrauen des vermögenden Kunden bzw. der vermögenden Familie treten können.

4. *Externe Portfolioverwalter*

Externe Portfolioverwalter sind iRd kollektiven Vermögensverwaltung ein typischer Dienstleister, um gezieltes Know-How und Spezialwissen zum Nutzen des Investmentvermögens zu nutzen.

---

[35] Emde/Dornseifer/Dreibus/Verfürth/Emde KAGB § 1 Rn. 41.

[36] Zetzsche/Preiner WM 2013, 2101 (2105); Krause/Klebeck BB 2012, 2063 (2068); Emde/Dornseifer/Dreibus/Verfürth/Emde KAGB § 1 Rn. 41.

a) Rolle des externen Portfoliomanagers

Der externe Portfoliomanager übernimmt die operative Verantwortung für die Verwaltung des Portfolios des Investmentfonds. Er trifft Anlageentscheidungen über den Kauf und Verkauf von Vermögenswerten gem. der Anlagestrategie des Fonds. Er überwacht die Performance und die Risiken des Portfolios und passt die Anlageentscheidungen an veränderte Marktbedingungen an. Er berichtet regelmäßig an die KVG über die Entwicklung des Portfolios und stellt sicher, dass die Anlagestrategie sowie die gesetzlichen und vertraglichen Vorgaben eingehalten werden.

IRd privaten Vermögensverwaltung können auch auf die Verwaltung großer Privatvermögen spezialisierte Vermögensverwalter die Rolle des externen Portfoliomanagers übernehmen. Unproblematisch ist dies möglich bei der Verwaltung unregulierter Privatvermögen. Auch kleine KVGen stellen in der Regel kein Problem dar. Große KVGen und vollregulierte Investmentvermögen können aber durchaus Herausforderungen bieten.

b) Regulierung des externen Portfoliomanagers

Erbring der externe Portfoliomanager die Portfolioverwalter gewerbsmäßig, liegt regelmäßig eine regulierte Finanzdienstleistung vor. Der Portfoliomanager benötigt also selbst eine Erlaubnis. Unter dem WpIG ist etwa die Finanzportfolioverwaltung gem. § 2 Abs. 2 S. 1 Nr. 9 WpIG[37] eine nach § 15 WpIG erlaubnispflichtige Wertpapierdienstleistung.[38] Bei Überschreiten der in § 32 Abs. 1 S. 2 KWG genannten Schwellen, was in der Regel eher bei großen Instituten mit einer großen Bandbreite an Bankgeschäften und Finanzdienstleistungen der Fall sein kann, ergibt sich die Erlaubnispflicht hingegen aus § 1 Abs. 1a S. 2 Nr. 3 KWG iVm § 32 Abs. 1 KWG.[39] Denkbar ist auch, dass eine andere KVG das Portfoliomanagement nach § 20 Abs. 2 S. 1 Nr. 1, Abs. 3 S. 1. Nr. 1 KAGB erbringt.

Unabhängig von der Frage, welcher Erlaubnistatbestand einschlägig ist,[40] hat der Portfoliomanager sich nach den Verhaltensregeln des WpHG zu richten, die sowohl für Kredit- und Wertpapierinstitute gilt, da diese idR zugleich Wertpapierdienstleistungsunternehmen iSd § 2 Abs. 10 WpHG sind, wenn sie die Portfolioverwaltung gewerbsmäßig oder in einem Umfang betreiben, der einen in kaufmännischer Weise eingerichteten Geschäftsbetrieb erfordert.[41] Diese Verhaltenspflichten ergeben sich wesentlich aus den europarechtlichen Vorgaben über Märkte für Finanzinstrumente (sog. MiFID II).

Die „MiFID-Verhaltenspflichten" sind zahlreich und komplex und im ständigen Wandel begriffen.[42] So muss der Portfoliomanager im besten Interesse seiner Kunden handeln und sicherstellen, dass die Anlageentscheidungen den Bedürfnissen und dem Risikoprofil der Kunden entsprechen. Vor der Durchführung von Anlageentscheidungen muss der Portfoliomanager prüfen, ob diese für den Kunden geeignet sind. Den Portfoliomanager treffen umfassende Pflichten, den Kunden Informationen über Kosten, Gebühren, potenzielle Interessenkonflikte und die Performance des Kundenportfolios offenzulegen. Der Portfolio-

[37] Vgl. Lendermann/Nemeczek/Schroeter/Reschke WpIG § 2 Rn. 117.

[38] Lendermann/Nemeczek/Schroeter/Steffen WpIG § 15 Rn. 28.

[39] Zur Berechnung der Schwellenwerte nach § 15 WpIG vgl. Lendermann/Nemeczek/Schroeter/Steffen WpIG § 15 Rn. 29; Fischer/Schulte-Mattler/Fischer/Krolop KWG § 32 Rn. 13 mit dem Hinweis, dass ein reines Family Office regelmäßig nicht der Erlaubnispflicht nach dem KWG unterfallen dürfte.

[40] Vgl. hierzu auch Assmann/Schütze/Buck-Heeb KapAnlR-HdB/Schäfer § 21 Rn. 18 ff.

[41] Assmann/Schütze/Buck-Heeb KapAnlR-HdB/Schäfer § 21 Rn. 18d.

[42] Einen guten Überblick über die umfassende Reform (MiFID II) aus 2016 bietet die dreiteilige Serie zur MiFID II von Roth/Blessing CCZ 2016, 258; CCZ 2017, 8 und CCZ 2017, 163; nach zahlreichen Anpassungen im Laufe der Jahre steht mit der „Retail Investment Strategy" der EU in den nächsten Jahren eine weitere große Veränderung an, vgl. hierzu etwa Herring RdF 2023, 164.

manager muss außerdem sicherstellen, dass die Aufträge der Kunden unter Berücksichtigung von Preis, Kosten, Geschwindigkeit und Ausführungswahrscheinlichkeit bestmöglich ausgeführt werden. All diese Regelungskomplexe sind in delegierten Rechtsakten sowie Richtlinien und aufsichtlichen Auslegungshinweisen konkretisiert.

c) *Wechselwirkungen zwischen KAGB und WpHG*

Die Auslagerung der Portfolioverwaltung durch ein vollregulierte KVG an einen externen Portfoliomanager muss den Ansprüchen des § 36 KAGB genügen.[43] Hier kann häufig eine Konfliktlinie zwischen aufsichtsrechtlichen Regimen entstehen. So muss die KVG, bei der die Letztverantwortung für die Portfolioverwaltung verbleibt,[44] sicherstellen, dass die aufsichtsrechtlichen Vorgaben zum Schutz der Anleger, also die Regelungen des KAGB, der weiterführenden delegierten Rechtsakte auf Unionsebene, aber auch aufsichtsbehördliche Erwartungen und Vorgaben, weiterhin Anwendung finden. Die KVG ist daher regelmäßig incentiviert, im Rahmen eines Auslagerungsvertrages den externen Portfoliomanager umfangreich zur Einhaltung investmentrechtlicher Regelungen zu verpflichten.[45] Demgegenüber hat der externe Portfoliomanager, sofern er die WpHG bzw. MiFID-Verhaltenspflichten wahren und umsetzen muss, ein Interesse daran, diese – zum Schutz des Kunden bestehenden – Regelungen anhand des WpHG, der entsprechenden delegierten Rechtsakte und aufsichtsbehördlichen Erwartungen, stets im Einklang mit den eigenen internen Prozessen und Verfahren wahrzunehmen. Der externe Portfoliomanager hat daher kein Interesse, sich umfangreiche zusätzliche investmentrechtliche Pflichten aufzuerlegen. Dies kann Vertragsverhandlungen über einen Auslagerungsvertrag zwischen KVG und externem Portfoliomanager im Einzelfall komplex und langwierig ausfallen lassen.

d) *Vorteil kleine KVG*

Die eben skizzierte Komplexität kann die Übernahme von Portfolioverwaltungsaufgaben iRd Betreuung vermögender Privatkunden und der von diesen aufgesetzten Investmentvermögen zu einer Herausforderung machen. Deutlich einfacher ist da die Übernahme von Portfoliomanagementaufgaben für kleine KVGen. Denn nach § 2 Abs. 4 KAGB gilt § 36 KAGB für diese gerade nicht. Der externe Portfoliomanager muss sich also nicht mit investmentaufsichtsrechtlichen Vorgaben auseinandersetzen, er kann seine Dienstleistungen vielmehr iRd Vorgaben des WpHG erbringen. Ein Aushandeln der Übernahme aufsichtsrechtlicher Pflichten entfällt regelmäßig. Dies ist insbes. auch im Interesse des vermögenden Kunden, der zwar die Besonderheiten und Vorteile einer Vermögensverwaltung im Kleid des Investmentrechts nutzen will, der aber nicht im gleichen Maße schutzbedürftig ist wie die in einen Publikumsfonds investierende Allgemeinheit.

Ein weiterer Vorteil aus Sicht des externen Portfoliomanagers ist der Umstand, dass aus seiner Sicht die kleine KVG bzw. das zu verwaltende Investmentvermögen regelmäßig ein professioneller Kunde iSd § 67 Abs. 2 WpHG ist. Dies bringt iRd Verhaltensregeln nach §§ 64 ff. WpHG zahlreiche Erleichterungen mit sich. Schließlich entfallen etwaige Verbraucherschutzregeln, die ggf. Anwendung fänden, wenn der vermögende Kunde sein Privatvermögen direkt und nicht eingekleidet in ein Investmentvermögen von dem externen Portfoliomanager verwalten ließe.

---

[43] Weitnauer/Boxberger/Anders/Volhard/Jang KAGB § 36 Rn. 20.

[44] Emde/Dornseifer/Dreibus/Döser KAGB § 36 Rn. 89.

[45] Zum Mindestinhalt eines Auslagerungsvertrages vgl. Emde/Dornseifer/Dreibus/Döser KAGB § 36 Rn. 139.

5. Externe Steuerberatung

Abschließend sei darauf hingewiesen, dass zu einer Verwaltung großer Privatvermögen stets auch eine kompetente Steuerberatung erforderlich und geboten ist. Dies kann oftmals das Family Office als Dienstleistung erbringen. In komplexen, ggf. grenzüberschreitenden Sachverhalten ist aber auch regelmäßig das Hinzuziehen von mit lokalen steuerrechtlichen Besonderheiten vertrauten Experten erforderlich. Der externe Portfolioverwalter, auch wenn er idR keine Steuerberatung erbringen will oder darf, verfügt typischerweise ebenfalls über ein grundlegendes Verständnis steuerrechtlicher Zusammenhänge. Dies insbes. dann, wenn er auch außerhalb regulierter Strukturen als Berater und Vermögensverwalter im Bereich der vermögenden Privatkunden tätig ist.

V. Fazit

IRd privaten Vermögensverwaltung bieten sich zahlreiche Gestaltungsmöglichkeiten, die verschiedene Vorteile und Herausforderungen mit sich bringen. Mit einer allzu unbedarften Herangehensweise kann der private Investor Ikarus gleich leicht zu Nahe an die Sonne, respektive die Aufsichtsbehörden, fliegen. Eine wohlüberlegte Strategie kann jedoch die Vermögensverwaltung deutlich erleichtern, neue Opportunitäten erschließen und steuerlich attraktiv erscheinen. Eine kluge Einschaltung Dritter, insbes. externer Vermögensverwalter, kann neue Expertise erschließen und von schnell überhandnehmendem administrativen Aufwand der Vermögensverwaltung, gerade bei einem diversifizierten Portfolio, bewahren. Am Ende wird die Entscheidung des privaten Investors sicherlich auch maßgeblich von steuerlichen Erwägungen getrieben sein, die stets vom individuellen Einzelfall abhängen. Gleichwohl sollte bei einem Blick auf verschiedene Gestaltungsmöglichkeiten stets auch der kleinen KVG besonderes Augenmerk geschenkt werden, bietet sie doch auf der einen Seite die Möglichkeit, die volle Wucht des aufsichtsrechtlichen Pflichtenkatalogs zu vermeiden, aber auf der anderen Seite auch die Chance, die Vorteile der Einkleidung eines privaten Vermögens in Investmentvermögen nutzen zu können.

NORBERT STABENOW

Der Begriff der Portfolioverwaltung als Bestandteil der kollektiven Vermögensverwaltung

I. Einleitung

Seit dem Inkrafttreten des KAGB vor über zehn Jahren wird in § 1 Abs. 19 Nr. 24 KAGB der Tätigkeitsumfang der kollektiven Vermögensverwaltung gesetzlich definiert. Hierzu gehören neben der in diesem Beitrag thematisierten Portfolioverwaltung auch das Risikomanagement, administrative Tätigkeiten, der Vertrieb von eigenen Investmentanteilen sowie bei AIF Tätigkeiten im Zusammenhang mit den Vermögensgegenständen des AIF. Anders als die administrativen Tätigkeiten, die in Anh. II zur UCITSD bzw. Anh. I zur AIFMD eine detaillierte inhaltliche Beschreibung erfahren haben, und das Risikomanagement, dessen Aufgaben in der Regulierung detailliert beschrieben werden, lässt der Gesetzgeber den Begriff der Portfolioverwaltung vergleichsweise unscharf. Dies verwundert, weil sich dieser Begriff – ausgehend von der Definition eines Investmentvermögens in § 1 Abs. 1 KAGB – auf das Investieren des eingesammelten Kapitals gem. einer festgelegten Anlagestrategie bezieht und damit die definierende Tätigkeit der kollektiven Vermögensverwaltung betrifft.

Von der Reichweite des Begriffs der Portfolioverwaltung hängt zunächst die Frage ab, ob eine Tätigkeit zur kollektiven Vermögensverwaltung gehört. Denn ist sie Portfolioverwaltung, ist sie automatisch auch Teil der kollektiven Vermögensverwaltung. Hieran knüpfen verschiedene Gesetze bedeutende Rechtsfolgen. Dazu gehören primär die strafbewehrte Erlaubnispflicht des Betreibens der kollektiven Vermögensverwaltung und verschiedene Anwendungsausschlüsse anderer Aufsichtsregime, die zu einem Vorrang der Spezialregulierung einer Tätigkeit als kollektive Vermögensverwaltung führen mit der Folge, dass die anderen Aufsichtsregime unbeachtet bleiben können, soweit nicht explizite Ausnahmevorschriften oder Verweise etwas anderes regeln.[1] Innerhalb des Aufsichtsregimes über die Verwaltung von Investmentvermögen hängen von der Einordnung einer Tätigkeit als Portfolioverwaltung bspw. die Fragen ab, ob die Tätigkeit zur Pflichtaufgabe einer KVG gehört,[2] inwieweit die betreffende Tätigkeit mit anderen Tätigkeiten kompatibel oder ob eine getrennte Aufgabenwahrnehmung erforderlich ist, ob ggf. besondere Anforderungen an die Ausübung der Tätigkeit gestellt werden, ob die Auslagerung dieser Tätigkeit den erhöhten Anforderungen nach § 36 Abs. 1 S. 1 Nr. 3 KAGB unterliegt oder ob der diese Tätigkeit ausübende Mitarbeiter als Risikoträger gilt und daraus folgenden Vergütungsrestriktionen unterworfen werden muss.

---

[1] Derartige Anwendungsausschlüsse sind für Bankgeschäfte in § 2 Abs. 1 Nr. 3b–3d KWG und Art. 4 Abs. 1 Nr. 1 Buchst. b CRR, für Finanzdienstleistungen in § 2 Abs. 6 Nr. 5a und 5b KWG, für Wertpapierdienstleistungen in § 3 Abs. 1 S. 1 Nr. 7, 8 WpIG und § 3 Abs. 1 S. 1 Nr. 18 WpHG sowie für Kreditdienstleistungen in § 2 Abs. 2 S. 2 Nr. 2 KrZwMG geregelt. Weitere derartige Regeln finden sich bspw. in § 34c Abs. 5 Nr. 1a und § 34f Abs. 3 Nr. 2 GewO. Ebenso ist an die Verwaltung von OGAW und AIF gem. § 4 Nr. 8 Buchst. h UStG die Umsatzsteuerfreiheit einer Leistung und nach § 1 Abs. 2 S. 1 InvStG die besondere steuerliche Behandlung von Investmentfonds und deren Anleger geknüpft.

[2] Hierzu Assmann/Wallach/Zetzsche/Zetzsche KAGB § 1 Rn. 205 ff.

Der Jubilar hat sich – gemeinsam mit Ludger Verfürth – in dem ua von ihm herausgegebenen KAGB-Kommentar iRd Kommentierung zu § 1 Abs. 19 Nr. 24 KAGB Gedanken zum Begriff der Portfolioverwaltung gemacht.[3] Ausgangspunkt ist die Definition eines Investmentvermögens. Als Kern des Portfoliomanagements wird das Investieren des von den Investoren eingesammelten Kapitals gem. der für das jeweilige Investmentvermögen formulierten Anlagestrategie zum gemeinsamen Nutzen der Anleger beschrieben,[4] wozu die Anschaffung und Veräußerung von Vermögensgegenständen sowie die Erzielung hieraus resultierender Erträge für Rechnung des Anlegerkollektivs gehören.[5] Dies sind als Tätigkeiten das fortlaufende bzw. dauerhafte[6] Treffen der Auswahlentscheidung (Erwerb oder Nicht-Erwerb, Halten oder Veräußerung) und bei Erwerb und Veräußerung die Umsetzung dieser Entscheidung, was bei marktgängigen, insbesondere börsengehandelten, Vermögensgegenständen oftmals durch einen dedizierten Trading Desk, der nicht selbst in die Auswahl des Vermögensgegenstandes eingebunden ist, erfolgt. Sicherlich zu eng und nur historisch mit Blick auf OGAWs ist die Ansicht verständlich, dass ein Portfolio „aufgebaut" werden müsse,[7] jedenfalls dann, wenn darunter verstanden wird, dass Vermögensgegenstände erworben werden, die bis auf Weiteres gehalten werden sollen. Anlagestrategien wie Hochfrequenzhandel oder marktplatzübergreifende Arbitrage zeigen, dass ein Vermögensgegenstand bereits mit der Absicht erworben werden kann, ihn sofort wieder zu veräußern, und dass es nicht auf eine Wertsteigerung im Laufe der Zeit, sondern auf die Erzielung eines kurzfristigen Handelsgewinns ankommen und der Fonds dafür mit Geld- und Briefseite gleichzeitig im Markt stehen kann. Auch das Investieren des Anlegerkapitals in finanzielle Differenzgeschäfte im Sinne des Anhangs I Nr. 5 zur AIFM-VO[8] hat mit dem herkömmlichen Verständnis vom Aufbau eines Portfolios kaum noch etwas zu tun. Ebenso ist die Einordnung der verschiedenen Tätigkeiten der mitunter sehr ausdifferenzierten Produktionskette einer professionell aufgestellten KVG innerhalb der Organisationseinheit Fondsmanagement im Sinne der Nr. 4.6 KAMaRisk[9] unter den „Kern" der Portfolioverwaltung nur mit Mühe möglich. Schließlich wird auch die der Umsetzung der Anlagepolitik vorausgehende Festlegung dieser Anlagepolitik als Teil der wichtigsten Aufgabe der Fondsverwaltung betrachtet.[10]

Betrachtet man die branchenüblichen Verträge über die Auslagerung des Portfoliomanagements von einer KVG auf einen externen Manager, so stellt man fest, dass zunächst eine Beschreibung der Tätigkeiten erfolgt, die von der Auslagerung erfasst werden; hierzu gehören das Treffen von Anlageentscheidungen, in der Regel auch die Ausführung dieser Entscheidungen, das Liquiditätsmanagement, die Durchführung von Ex-ante-Anlagegrenzprüfungen, die Portfoliobeobachtung, auch zur Entdeckung und Beseitigung passiver Anlagegrenzverletzungen, und die Berücksichtigung von Corporate Actions bei Anlagegegenständen des verwalteten Portfolios. Umgekehrt schließen diese Verträge auch bestimmte Tätigkeiten durch Negativkataloge explizit von der Aufgabenübertragung aus. Dazu gehören regelmäßig die Ausübung von Stimm- und Gläubigerrechten,[11] der Abschluss von Wert-

---

[3] Emde/Dornseifer/Dreibus/Verfürth/Emde KAGB § 1 Rn. 306 ff.

[4] Emde/Dornseifer/Dreibus/Verfürth/Emde KAGB § 1 Rn. 307.

[5] Emde/Dornseifer/Dreibus/Verfürth/Emde KAGB § 1 Rn. 306.

[6] Zetzsche, Prinzipien der kollektiven Vermögensanlage, 2015, 650.

[7] So Fischer/von Livonius/Weiser/Moroni/Klusak, KAGB § 1 Rn. 112.

[8] Als Investieren kann hierbei die erforderliche Marginzahlung begriffen werden.

[9] BaFin, Rundschreiben 01/2017 (WA) – Mindestanforderungen an das Risikomanagement von Kapitalverwaltungsgesellschaften – „KAMaRisk" in der Fassung vom 10.1.2017.

[10] Schlussanträge der Generalanwältin Kokott vom 8. September 2005, Rechtssache C-169/04 (Abbey National), Rn. 5.

[11] Reiss, Pflichten der Kapitalanlagegesellschaft und der Depotbank gegenüber dem Anleger und die Rechte des Anlegers bei Pflichtverletzungen, 2006, 178 f., ordnet derartige Tätigkeiten der *„Verwaltungspflicht im engeren Sinn"* zu, aber ohne explizit auszuführen, dass sie hiermit speziell Teil des Portfoliomanagements wären. Ebenso indifferent Schäfer, Corporate Governance bei

papierdarlehens- und Wertpapierpensionsgeschäften, die Geltendmachung von Schadensersatzansprüchen, auch im Rahmen von Class Actions, die Anmeldung von Ansprüchen in einem Insolvenzverfahren oder der Abschluss von Clearing- und Rahmenverträgen für den Einsatz von Derivaten. Derartige Kataloge lassen die Fragen aufkommen,

- ob die KVG den Umfang der Tätigkeiten, die zur Portfolioverwaltung eines bestimmten Investmentvermögens gehören, selbst festlegen kann oder
- ob es sich bei den üblichen Auslagerungen auf Portfoliomanager lediglich um Teilauslagerungen einzelner Tätigkeiten aus dem gesamten Aufgabenspektrum der Portfolioverwaltung handelt oder
- ob Negativkataloge – zumindest teilweise – dahingehend nur klarstellenden Charakter haben, dass die darin ausgeführten Tätigkeiten von vornherein keine Tätigkeiten der Portfolioverwaltung darstellen.

Der vorliegende Beitrag versucht daher, über den oben beschriebenen Kern des Begriffs hinaus dessen Randbereiche etwas weiter auszuloten, die – wie man feststellen wird – unscharfe Grenzen sowohl hin zur Administration als auch zum Risikomanagement, erst recht zu den Tätigkeiten im Zusammenhang mit den Vermögensgegenständen eines AIF besitzen. Der Beitrag versteht sich daher nicht als erschöpfende Darstellung des Begriffs der Portfolioverwaltung, sondern vielmehr als Anregung für eine weitere Diskussion zur Einordnung und Abgrenzung der zahlreichen Tätigkeiten einer KVG jenseits des oben beschriebenen Kernbereichs, aber auch als Anregung zu gesetzlichen Klarstellungen.

II. Versuch einer Begriffsbestimmung

Die Annäherung an den Begriff der Portfolioverwaltung soll auf klassische rechtswissenschaftliche Weise erfolgen: nach dem Wortlaut aus Ausgangspunkt der Auslegungsbemühungen, der Entstehungsgeschichte, dem Sinn und Zweck und der Rechtssystematik.[12] Auch der EuGH nutzt diese Auslegungsmethoden,[13] wobei in dessen Rechtsprechung die historische Auslegung kaum Bedeutung erlangt hat, wogegen die Rechtsvergleichung iRd Wortlautauslegung als weitere bedeutende Methode hinzukommt und der Effektivitätsgrundsatz *(effet utile)* die Bedeutung der Auslegungsmethoden zueinander bestimmt, wenn dieser Grundsatz nicht als eigenständige Auslegungsmethode betrachtet wird.[14]

1. Der Wortlaut

Der Begriff der Portfolioverwaltung ist ein Kompositum, das sich begrifflich in zwei Richtungen selbst begrenzt: Das Objekt der Verwaltung ist ein Portfolio, die relevante Tätigkeit ist dessen Verwaltung. Insofern kann man fragen, inwieweit sich aus den einzelnen Wortbestandteilen und aus dem Kompositum selbst eine Inhaltsbestimmung ableiten lässt.

Kapitalanlagegesellschaften – Fund Governance, 2009, 116 ff. Hierbei ist zu bedenken, dass im Zeitpunkt der Verfassung dieser Veröffentlichungen eine Differenzierung und Einordnung der Aufgaben einer KAG in Deutschland im Sinne des heutigen § 1 Abs. 19 Nr. 24 KAGB durch das InvG noch nicht erfolgte.

[12] S. zB BVerfG NJW 2013, 1058 Rn. 66; BGH NVwZ 2019, 1696 Rn. 30; BVerwG NJW 2017, 2635 Rn. 14; BFH DStR 2024, 2108 Rn. 46.

[13] Zur systematischen und zur Wortlaut-Auslegung bspw. EuGH ECLI:EU:C:2012:484 = DStR 2012, 1601 Rn. 44, 49 – Deutsche Bank.

[14] Dazu Mosiek, Effet utile und Rechtsgemeinschaft: zugleich ein Beitrag zur Kompetenzordnung der Europäischen Gemeinschaft, 2003, 7; Seyr, Der effet utile in der Rechtsprechung des Europäischen Gerichtshofs, 2008, 272 ff. Der BGH zieht diesen Grundsatz auch zur Begründung der Außerachtlassung nationalen Verfahrensrechts heran, s. BGH NJW 2025, 371 Rn. 20 aE, was auf eine eigenständige Auslegungsmethode hinweist.

Immerhin geben die verschiedenen Sprachfassungen der AIFMD kaum Anlass zu unterschiedlichen Auslegungen. So spricht bspw. die englische Fassung von „portfolio management", die französische von „gestion du portefeuille" und die italienische von „gestione del portafoglio".

Portfolio als Begriff ist selbst ein Kompositum und bezeichnet zunächst nur eine Auflistung von Gegenständen, ohne dass diese inhaltlich auf ein bestimmtes Thema festgelegt wären. Legt man eine finanz- oder bankwirtschaftliche Auslegung zugrunde,[15] so kann unter diesen Gegenständen zunächst ein Wertpapierbestand verstanden werden.[16] Der Begriff selbst ist hierauf aber nicht beschränkt, sondern kann sich auf verschiedenste Gegenstände erstrecken.[17] Bezieht man den Begriff „Portfolio" nur auf Vermögensgegenstände, so wären Verbindlichkeiten (für Rechnung eines Investmentvermögens) von vornherein nicht vom Wortlaut eines Portfolios erfasst. Der durchaus nicht völlig ungebräuchliche Begriff des Schuldenportfolios[18] zeugt aber davon, dass der Wortlaut die einem Investmentvermögen zuzuordnenden Verbindlichkeiten nicht von vornherein aus dem Begriff des Portfolios ausschließt. Auch werden außerhalb des Bilanz- und Steuerrechts unter dem Begriff des Vermögens mitunter nicht nur Aktiva, sondern auch zugehörige Passiva verstanden.[19] Schließlich ist aus den Begriffen Investment-, Sonder- und Teilgesellschaftsvermögen als die gesetzlich vorgesehenen Begriffe für die rechtsformspezifische Ausgestaltungen des *„Organismus"* in seiner Gänze – nicht nur seiner Aktiva – weder in die eine noch in die andere Richtung etwas abzuleiten. Auch der Begriff des Gesellschaftsvermögens wird im KAGB uneinheitlich verwendet. So ist dieser Begriff bspw. in §§ 110 Abs. 1, 114 KAGB auf die Aktiva bezogen, in §§ 112 Abs. 1 S. 4, 117 Abs. 2 S. 2 KAGB aber nur sinnvoll auch mit Bezug auf die Passiva anwendbar.

Der isolierte Begriff der Verwaltung kann kaum anders als durch den Gegenstand der Verwaltung selbst sinnvoll eingegrenzt werden.[20] Denn er erfasst grundsätzlich jedwedes zweckgerichtete Verhalten mit Bezug auf den Gegenstand der Verwaltung, hier das Portfolio des Investmentvermögens.

An dieser Stelle kann zunächst nur festgehalten werden, dass sich der Wortlaut des Begriffs sprachlich auf ein Portfolio bezieht, das verwaltet wird. Aus diesem Begriff ergibt sich nicht, dass damit nur Entscheidungen bezüglich der Zusammensetzung des Portfolios und die Umsetzung solcher Entscheidungen verbunden wären. Man gelangt vielmehr zu einer sehr weiten Auslegung des Begriffs der Portfolioverwaltung, der alle portfoliobezogenen Tätigkeiten einschließt und lediglich die anlegerbezogenen Tätigkeiten und bei einer intern verwalteten Investmentgesellschaft die gesellschaftsbezogenen Tätigkeiten ausschließt. Bspw. gehören dem Wortlaut nach neben der Investitionstätigkeit im engeren Sinne zB auch das Einziehen von Zins-, Dividenden- und Steuerrückforderungen sowie die Ausübung von Stimmrechten, aber auch das Risikomanagement, die Verwahrung und die Bewertung des Portfolios oder die Fondsbuchhaltung zur Portfolioverwaltung. Ausgeschlossen wären damit bspw. anlegerbezogene Tätigkeiten wie die Prospekterstellung, der Vertrieb oder die Ausgabe und Rücknahme von Anteilen. Dass das Risikomanagement, die Fondsbuchhaltung

---

[15] Zur Zugrundelegung des bankwirtschaftlichen Verständnisses eines Begriffs s. zB BGH NJW-RR 2013, 675 Rn. 20, für den Begriff der Einlage.

[16] Gerke, Börsenlexikon, 2002, *„Portfolio", „Portefeuille"*.

[17] Dies betrifft zunächst Anlagegegenstände, s. zB BGH NJW-RR 2024, 458 Rn. 4: Waldflächen; BGH BeckRS 2021, 47559 Rn. 4: Immobilien. Der Begriff geht aber auch darüber hinaus, s. zB BGH NZKart 2024, 500 Rn. 94: Dienste- und Produktportfolio; BGH NJOZ 2021, 1261 Rn. 18: Marken (die aber grundsätzlich auch als Anlagegegenstände denkbar sind).

[18] S. zB BT-Drs. 20/7369, 2.

[19] S. zB BGH NZG 2025, 115 Rn. 16: „das Gesellschaftsvermögen [...], d. h. die Aktiva und Passiva [...]".

[20] S. zB BGH NJW 2016, 2177 Rn. 26, zur Verwaltung einer Wohnungseigentümergemeinschaft.

und die Verwahrung (verwahrfähiger) Vermögensgegenstände nicht zur Portfolioverwaltung iRd kollektiven Vermögensverwaltung gehören, ergibt sich nicht aus dem Wortlaut des Begriffs, sondern erst aus der gesetzlichen Systematik, die diese Tätigkeiten explizit außerhalb der Portfolioverwaltung verortet, dazu → III.

Das Kompositum Portfolioverwaltung kann möglicherweise wie das Einlagen- oder das früher im KWG noch als solches regulierte Effektengeschäft als bank- bzw. finanzwirtschaftlicher Begriff verstanden werden, bei dessen Auslegung die Verkehrsauffassung zugrunde gelegt werden muss.[21] Für die individuelle (Finanz-)Portfolioverwaltung nehmen BVerwG[22] und BGH[23] mit Bezug auf das Wirtschaftslexikon von Gabler eine bankwirtschaftliche Auslegung dahingehend vor, dass diese Tätigkeit eine auf die laufende Überwachung und Anlage von Vermögensobjekten gerichtete Tätigkeit meint. Diese Auslegung erfasst neben dem oben beschriebenen Kernbereich der Portfolioverwaltung mit dem Begriff der Überwachung eine Tätigkeit, die zumindest teilweise Tätigkeiten der Katalogaufgabe des Risikomanagements darstellen. In der Tat erfasst in der Praxis ein Mandat für eine individuelle Portfolioverwaltung üblicherweise Tätigkeiten, die bei der kollektiven Vermögensverwaltung den Katalogtätigkeiten des Risikomanagements und/oder der Administration zugeordnet werden müssten. Vor diesem Hintergrund steht die individuelle Portfolioverwaltung begriffshierarchisch eher auf der gleichen Ebene wie der Begriff der kollektiven Vermögensverwaltung. So lässt sich auch die vor UCITS III getätigte Äußerung des nationalen Gesetzgeber verstehen, wenn er ausführt: *„Die Verwaltung von Spezialfonds für institutionelle Anleger nach dem KAGG und die Verwaltung individueller Vermögen auf Vollmachtbasis unterscheidet sich praktisch nur dadurch, daß bei einem Spezialfonds das Vermögen des Kunden in der Rechtskonstruktion des Sondervermögens zusammengefaßt wird.“*[24] Für eine Ausleuchtung der hier interessierenden Randbereiche des Begriffs der Portfolioverwaltung iRd kollektiven Vermögensverwaltung hilft die bank- bzw. finanzwirtschaftliche Auslegung daher nicht weiter.

Dem europarechtlich determinierten Begriff der Portfolioverwaltung müsste zudem eine europäische Verkehrsauffassung zugrunde gelegt werden. Der EuGH hält keine einheitliche Definition bereit. So hat er einmal die individuelle Portfolioverwaltung inhaltlich dahingehend bestimmt, *„dass der Portfolioverwalter im Rahmen seiner Verwaltungstätigkeit Aufträge zum Kauf oder Verkauf von Finanzinstrumenten annimmt und übermittelt“.*[25] Im Verhältnis zur Anlagevermittlung ist diese Beschreibung bedenklich, da der Portfolioverwalter selbst (bei der individuellen Portfolioverwaltung in fremdem Namen) derartige Aufträge erteilt bzw. platziert, aber nicht (von anderen) annimmt und übermittelt. Andererseits führt der EuGH aus, dass (individuelle) Portfolioverwaltung zumindest als die in dieser Rechtssache vom EuGH unter dem Aspekt der Umsatzsteuerbefreiung zu beurteilende Leistung *„im Wesentlichen eine Verbindung aus der Leistung der Analyse und Beaufsichtigung des Vermögens des Anlegers zum einen und der Leistung des eigentlichen Kaufs und Verkaufs von Wertpapieren zum anderen darstellt“.*[26] Allerdings hat der EuGH hier nicht den Begriff der Portfolioverwaltung definiert, sondern die von den Parteien des Rechtsstreits als Portfolioverwaltung bezeichneten Leistungen zusammengefasst. Die Zugrundelegung des Begriffsverständnisses der beteiligten Verkehrskreise entspricht im Grunde der bankwirtschaftlichen Auslegung des Begriffs der individuellen Portfolioverwaltung durch das BVerwG und den BGH.

Als finanzwirtschaftlichen Maßstab für die Begriffsbestimmung eine branchenübliche Aufbauorganisation einer KVG heranzuziehen und dem Portfoliomanagement diejenigen

---

[21] S. bspw. BGH NJW 1994, 1801 (1802 f.); NJW-RR 2013, 675 Rn. 20.
[22] BVerwGE 122, 29 (35).
[23] BGH BKR 2011, 65 Rn. 23.
[24] BT-Drs. 13/7143, 31.
[25] EuGH ZIP 2017, 1362 – Khorassani.
[26] EuGH ECLI:EU:C:2012:484 = DStR 2012, 1601 Rn. 23 – Deutsche Bank.

Aufgaben zuzuordnen, die üblicherweise in der Abteilung bzw. dem Bereich Portfoliomanagement angesiedelt sind, ist gerade für die Randbereiche unergiebig, weil genau hier eine europaweit völlig gleichartige Aufgabenansiedelung nicht besteht. Außerdem läge es dann in der Hand der jeweiligen KVG, selbst zu bestimmen, welche Aufgaben aus solchen Randbereichen den besonderen Bestimmungen für die Portfolioverwaltung unterliegen und welche nicht.

2. *Entstehungsgeschichte*

Erstmals findet sich eine gesetzlich geregelte Ausdifferenzierung der Verwaltungstätigkeit einer KVG in RL 2001/107/EG, mit der in die damalige RL 85/611/EWG ein Anh. II eingeführt wurde. Hiernach gehören zu den in die gemeinsame Portfolioverwaltung einbezogen Aufgaben die Anlageverwaltung (Investment Management), bestimmte administrative Tätigkeiten und der Vertrieb. Der Begriff der Anlageverwaltung soll sowohl die Portfolioverwaltung (Portfolio Management) als auch das Risikomanagement (Risk Management) erfassen.[27] Der explizite Begriff „Portfolioverwaltung" wurde aber erst als Teil der Aufgaben der kollektiven Vermögensverwaltung mit Anh. I der AIFMD eingeführt, hierin jedoch nicht definiert.

Der Vorschlag für die RL 2001/107/EG[28] sah als Oberbegriff für die portfoliobezogenen Tätigkeiten die „Anlagetätigkeiten" vor, die sich in Anlageverwaltung und Anlageadministration gliederten, wobei die Anlageverwaltung als die Anlage der beim Publikum aufgebrachten Mittel in Wertpapiere oder anderen Finanztiteln beschrieben wurde. Unter Anlageadministration wurden als Tätigkeiten beispielhaft die Brokerinstruktionen, das Arrangieren der Geschäftsabwicklung und die Weisungserteilung der Verwahrstelle bei der Ausübung der Stimmrechte gefasst.[29] Der Rat hat dann allerdings im weiteren Gesetzgebungsverfahren den Entwurf des Anh. II *„vereinfacht und neu geordnet, da er die Auflistung in dem geänderten Kommissionsvorschlag für zu ausführlich und zu wenig flexibel hielt."*[30] und dabei die Punkte Anlagetätigkeiten und Anlageadministration gestrichen, allerdings den Begriff der Anlageverwaltung auf die Gliederungsebene der bisherigen Anlagetätigkeiten gehoben. Ob auch hierfür die gerade wiedergegebene Beschreibung gelten soll oder ob der Begriff weiter verstanden sein soll, wird aus den Unterlagen nicht klar. Allerdings wurde Anh. I zur AIFMD im Gesetzgebungsverfahren erst vom EU-Parlament eingeführt, wobei hier ebenso wie im Aufgabenkatalog der UCITSD zunächst lediglich die Anlageverwaltung als Oberbegriff erwähnt wurde, ohne zwischen Portfolioverwaltung und Risikomanagement zu differenzieren.[31] Dies legt nahe, dass die später erfolgte Differenzierung des Begriffs der Anlageverwaltung in der finalen Fassung der AIFMD im selben Begriff des Anh. II der UCITSD in gleicher Weise vorhanden ist. Allerdings ist hieraus für eine genauere inhaltliche Bestimmung des Begriffs der Portfolioverwaltung nichts weiter abzuleiten als das weiter unten noch zu behandelnde rechtssystematische Argument, dass das Risikomanagement nicht Teil der Portfolioverwaltung ist.

---

[27] S. ESMA/2016/575-DE Rn. 16.

[28] KOM(1998) 451 endg. 98/0242 (COD).

[29] Die englische Formulierung: *„instructing brokers, arranging settlement, instructing the depositary on the exercise of voting rights"* wurde in der deutschen Fassung teilweise unpassend mit *„Ausbildung von Brokern, Arrangierung der Abrechnung, Hilfestellung für die Verwahrstelle bei der Ausübung der Stimmrechte"* übersetzt.

[30] Gemeinsamer Standpunkt des Rates (EG) Nr. 23/2001 v. 5.6.2001, III.1., ABl. 2001 C 297, 10.

[31] EU-Parlament, Plenar-Sitzungsdokument A7–0171/2010 v. 11.6.2010, 71.

3. Sinn und Zweck

Die Auslegung des Begriffs der Portfolioverwaltung nach Sinn und Zweck – sofern ein einzelner Begriff überhaupt dieser Auslegungsmethode zugänglich ist – scheint ebenso wenig zielführend für die Bestimmung der Randbereiche dieses Begriffs zu sein. Als Teil des Aufgabenkatalogs der Tätigkeiten der kollektiven Vermögensverwaltung (was bereits eine rechtssystematische Einordnung darstellt) dient der Begriff der Beschreibung des Spektrums der Aufgaben der kollektiven Vermögensverwaltung und als Anknüpfungspunkt für die in der Einleitung beschriebenen aufsichtlichen Anforderungen, setzt damit aber ein vorhandenes Begriffsverständnis voraus.

4. Rechtssystematik

Unter verschiedenen Aspekten deutlich ergiebiger ist die systematische Auslegung des Begriffs der Portfolioverwaltung. Erst aus dem gesetzlichen Kontext der speziellen Regulierung bestimmter Tätigkeiten ergibt sich eine einigermaßen fassbare Kontur des dem Wortlaut nach sehr weiten Begriffs der Portfolioverwaltung. Dies soll nachfolgend unter verschiedenen Ansätzen probiert werden.

a) Vergleich mit der individuellen Portfolioverwaltung

Der Begriff der Portfolioverwaltung wurde in der europäischen Regulierung erstmalig in Nr. 11 des Anh. zur Zweiten Bankrechtskoordinierungs-RL (Zweite RL 89/646/EWG) als Tätigkeit, für die die gegenseitige Anerkennung gilt, erwähnt *(„Portofolioverwaltung")* und als Finanz- bzw. Wertpapierdienstleistung in Art. 4 Abs. 1 Nr. 9 RL 2004/39/EG (MiFID I) als die Verwaltung von Portfolios auf Einzelkundenbasis mit einem Ermessensspielraum im Rahmen eines Mandats des Kunden, sofern diese Portfolios ein oder mehrere Finanzinstrumente enthalten, definiert. Auf nationaler Ebene wird diese Tätigkeit in § 2 Abs. 2 Nr. 9 WpIG bzw. § 2 Abs. 8 Nr. 7 WpHG und § 1 Abs. 1a S. 2 Nr. 3 KWG als Finanzportfolioverwaltung bezeichnet. Entfernt man die MiFID-spezifischen Elemente einschließlich des Begriffes des Finanzinstruments, so bleibt mehr oder weniger nur die Verwaltung von Portfolios als Definitionsbestandteil übrig, ohne dass damit etwas für die Bestimmung der Grenzen des Begriffs iRd kollektiven Vermögensverwaltung über dessen Kernbereich hinaus gewonnen wäre.

Mit Blick auf den Regulierungskontext, in dem die individuelle Portfolioverwaltung und die kollektive Vermögensverwaltung jeweils stehen, wird deutlich, dass aus einem Vergleich keine tiefergehenden Erkenntnisse zu erwarten sind. Die individuelle Portfolioverwaltung ist als einzelne Finanz- bzw. Wertpapierdienstleistung eingebettet in eine Reihe weiterer Finanz- bzw. Wertpapierdienst- und -nebendienstleistungen. Sie wird als eine bankentypische Tätigkeit[32] neben anderen reguliert und kann daher – auch in Begrenzung zu den anderen Banktätigkeiten – sehr eng definiert werden. Es besteht für einen Bankkunden die Möglichkeit, verschiedene dieser Dienstleistungen vom selben oder von unterschiedlichen Anbietern miteinander zu kombinieren. Dagegen steht die früher in Deutschland als Investmentgeschäft bezeichnete kollektive Vermögensverwaltung für sich und umfasst – jedenfalls grundsätzlich – das gesamte Bündel der für die ordnungsgemäße Verwaltung eines Investmentvermögens erforderlichen Tätigkeiten. Der Fondsanleger hat nicht die Möglichkeit, verschiedene Komponenten der kollektiven Vermögensverwaltung bei unterschiedlichen Dienstleistern zusammensuchen, sondern beteiligt sich an einem Fonds.[33] Dieses Invest-

[32] Stellungnahme des Wirtschafts- und Sozialausschusses zu dem Vorschlag für eine zweite RL des Rates zur Koordinierung der Rechts- und Verwaltungsvorschriften über die Aufnahme und Ausübung der Tätigkeit der Kreditinstitute und zur Änderung der RL 77/780/EWG, ABl. 1988 C 318, 42, 2.13.2.

[33] Bei Spezialfonds ist dies lediglich auf der faktischen, nicht auf der rechtlichen Ebene anders.

mentgeschäft wurde bei seiner Einführung daher als eine Tätigkeit bezeichnet, die *„nicht den bisher üblichen bankgeschäftlichen Tätigkeiten entspricht“*.[34] Dies gilt nicht nur mit Blick auf die Gesamttätigkeit der kollektiven Vermögensverwaltung, sondern auch mit Blick auf die Portfolioverwaltung als spezielle Aufgabe iRd kollektiven Vermögensverwaltung.

b) Begriff des Portfolios

Aus Erwgr. 5 zur UCITSD kann für den Begriff des Portfolios abgeleitet werden, dass dieser Begriff zumindest die Anlagewerte eines Investmentvermögens umfasst, also die Gesamtheit der vom KAGB als *„Vermögensgegenstände“* eines Investmentvermögens bezeichneten Sachen und Rechte. Korrespondierend dazu spricht § 92 Abs. 1 KAGB von den zum Sondervermögen gehörenden Vermögensgegenständen.[35] Eine derartige (nur) auf Vermögensgegenstände bezogene Begriffsbestimmung schließt jedoch einerseits das (Investment-)Betriebsvermögen einer intern verwalteten Investmentgesellschaft, die nicht als Umbrella-Struktur mit Teilgesellschaftsvermögen errichtet ist, ein, andererseits Verbindlichkeiten, zB aus Derivaten, Leihe- und Pensionsgeschäften, Kapitalzusagen für Zielinvestments oder Kreditaufnahmen für Rechnung des Investmentvermögens aus.

Anders als bei einer externen ein Sondervermögen verwaltenden Kapitalverwaltungsgesellschaft ist das Investmentbetriebsvermögen einer intern verwalteten nicht als Umbrella konstruierten Investmentgesellschaft nicht wie nach § 92 Abs. 1 S. 2 KAGB vom eigenen Vermögen der intern verwalteten Investmentgesellschaft getrennt. Dies ist ein wesentlicher konstruktiver Unterschied zwischen der externen und internen Verwaltung eines Investmentvermögens gem. § 17 Abs. 2 KAGB. Der Anleger einer solchen Investmentgesellschaft ist nach § 21 Abs. 2 S. 2 KARBV iVm § 168 Abs. 1 KAGB auch an der Entwicklung des Investmentbetriebsvermögens beteiligt, die allerdings auf Grund von Abschreibungen gem. § 21 Abs. 2 S. 1 KARBV regelmäßig negativ verlaufen dürfte. Auch wenn § 21 Abs. 4 KARBV eine getrennte Bilanzierung von Investmentbetriebs- und Investmentanlagevermögen vorschreibt und § 112 Abs. 2 S. 2 KAGB bei einer Investmentaktiengesellschaft eine getrennte Finanzierung dieser beiden Vermögensarten suggeriert,[36] gibt es ohne die Bildung von Teilgesellschaftsvermögen keine insolvenzrechtlich getrennten Vermögensmassen.[37] Jedoch kann gerade aus dieser Gegenüberstellung von Investmentanlage- und Investmentbetriebsvermögen abgeleitet werden, dass als Portfolio nur dasjenige Vermögen gilt, das Kapitalanlagezwecken dient, also dasjenige Vermögen, von dessen Erträgen oder Wertzuwächsen der Anleger profitieren soll. Jedenfalls auf der nationalen Ebene scheint der Gesetzgeber dieses Verständnis der Regelung des § 112 Abs. 2 S. 2 KAGB zugrunde zu legen.

---

[34] Siara/Tormann, KAGG 1957, § 2 Anm. I, 25.

[35] Diese Vorschrift war – ungeachtet zwischenzeitlicher redaktioneller Anpassungen – bereits in § 6 Abs. 1 KAGG 1957 als dessen S. 2 enthalten und lautete: *„Das bei der Kapitalanlagegesellschaft gegen Ausgabe von Anteilscheinen eingelegte Geld und die damit angeschafften Wertpapiere und Bezugsrechte* (seit der KAGG-Novelle 1969: *„Vermögensgegenstände“) bilden ein Sondervermögen.*“

[36] Mit der Ausgabe von Unternehmensaktien kann auch Investmentanlagevermögen finanziert werden. Außerdem sagt die Herkunft des Kapitals nichts über die Mittelverwendung aus; es gibt ohne Separierung von Vermögensmassen allenfalls betragsseitige Entsprechungen dahingehend, dass der Umfang des Investmentbetriebsvermögens maximal der Höhe des Unternehmensaktienkapitals entsprechen darf. S. hierzu Assmann/Wallach/Zetzsche/Wallach KAGB § 112 Rn. 45.

[37] Nach Emde/Dornseifer/Dreibus/Dornseifer KAGB § 112 Rn. 30, muss gerade für die insolvenzrechtliche Trennung bei Vorhandensein eines Investmentbetriebsvermögens das Investmentanlagevermögen einem oder mehreren Teilgesellschaftsvermögen zugeordnet werden. Der Gedanke ist sachlich vollkommen gerechtfertigt, ergibt sich aber nicht unbedingt aus dem Wortlaut des Gesetzes, s. Assmann/Wallach/Zetzsche/Wallach KAGB § 117 Rn. 11 ff. Allerdings sieht der Wortlaut des Gesetzes in § 117 Abs. 2 KAGB nur die vermögens- und haftungsrechtliche Trennung der Teilgesellschaftsvermögen untereinander, nicht im Verhältnis zum Investmentbetriebsvermögen vor. Dies sollte de lege ferenda jedoch dringend dahingehend geregelt werden.

An diese Begriffsbestimmung dürfte ebenso § 25 Abs. 1 Nr. 2 KAGB anknüpfen, wenn darin vom *„Wert der verwalteten Investmentvermögen“*[38] als Bemessungsgrundlage für die zusätzlichen Eigenmittel die Rede ist. Diese Unterscheidung legt auch Art. 50 UCITSD als europarechtliche Grundlage für das Investmentbetriebsvermögen bei einem OGAW[39] nahe, worin die in Abs. 1 sowohl für intern als auch für extern verwalteten Investmentvermögen erwerbbaren Vermögensgegenstände *(„investments“)* dem in Abs. 3 das für den Geschäftsbetrieb einer (anders als in § 112 Abs. 2 KAGB auch extern verwalteten[40]) Investmentgesellschaft erforderliche bewegliche und unbewegliche Vermögen *(„movable or immovable property which is essential for the direct pursuit of its business“)* gegenübergestellt werden. Zum Portfolio gehören bei dieser Abgrenzung dann lediglich, wie in § 21 Abs. 1 S. 1 KARBV definiert, das Investmentanlagevermögen als *„die dem Sondervermögen vergleichbaren Vermögensgegenstände“*, wogegen das Investmentbetriebsvermögen nicht zum zu verwaltenden Portfolio gehört. Allerdings ist zu bedenken, dass als Investmentbetriebsvermögen auch unbewegliches Vermögen wie zB ein Bürogebäude erworben werden dürfte, welches – gerade in der Aufbauphase einer Investmentgesellschaft – einen hohen Anteil an der Wertentwicklung einer Investmentgesellschaft haben kann.

Auf der anderen Seite der Bilanz stehen die Schulden. Wie oben erwähnt, schließt der Wortlaut des Portfolio-Begriffs Verbindlichkeiten nicht aus. Abgesehen von der Frage, wie die Verbindlichkeiten eines Sondervermögens zivilrechtlich konstruiert werden,[41] sieht das Gesetz die Möglichkeiten von Verbindlichkeiten bzw. Schulden eines Investmentvermögens vor. Neben den Regelungen zur jährlichen Vermögensaufstellung nach § 101 Abs. 1 S. 3 Nr. 1 S. 1 KAGB und § 9 Abs. 2 S. 1 Gliederungspunkt II. KARBV haben insbesondere auch die Regelungen über die Wirkung der Verschmelzung von Investmentvermögen, insbes. §§ 1 Abs. 19 Nr. 37, 190 Abs. 1 Nr. 1 KAGB, Verbindlichkeiten eines Investmentvermögens zum Gegenstand. Für Investmentgesellschaften nach § 1 Abs. 11 KAGB ergibt sich dies auch aus deren rechtsfähiger Rechtskonstruktion selbst.[42]

Für die hier betrachteten Zwecke lassen sich die Verbindlichkeiten in drei bzw. vier Gruppen einteilen:

1. Verbindlichkeiten aus der und für die Vermögensanlage, die unabhängig von der Regulierung der verwalteten Vermögensmasse als Investmentvermögen entstehen. Hierzu gehören zB Kreditaufnahmen für Leveragezwecke sowie daraus resultierende Zinsverpflichtungen, Zahlungsverbindlichkeiten aus Derivaten und aus dem Erwerb von Vermögensgegenständen sowie Lieferverbindlichkeiten aus Veräußerungen von Anlagegegenständen, aus Leihegeschäften und aus Leerverkäufen;
2. Vergütungs- und Aufwendungsersatzansprüche der KVG und der Verwahrstelle einschließlich solcher Verbindlichkeiten, die aus der der Regulierung der verwalteten Vermögensmasse als Investmentvermögen entstehen;
3. Verbindlichkeiten auf Grund des Ausscheidens des Anlegers aus der Anlegergemeinschaft. Dazu gehören Verbindlichkeiten aus Anteilsumsätzen gem. § 10 Abs. 2 S. 2 KARBV, dh Verbindlichkeiten zur Auszahlung des Rücknahmepreises gem. § 98 Abs. 1 S. 1 bzw. § 116 Abs. 2 KAGB genauso wie solche aus Abfindungsansprüchen bei Ausscheiden eines

---

[38] Der Verfasser ist der Ansicht, dass der Begriff des Investmentvermögens an dieser Stelle nicht an § 1 Abs. 1 KAGB und damit an den Nettoinventarwert nach § 168 Abs. 1 S. 1 KAGB anknüpft, sondern gem. Art. 7 Abs. 1 Buchst. a Ziff. i UCITSD und Art. 9 Abs. 3 AIFMD auf die verwalteten Portfolios bezogen ist. Bei intern verwalteten Investmentgesellschaften ohne separiertes Investmentbetriebsvermögen können sich hieraus Unterschiede ergeben.

[39] BT-Drs. 17/4510, 81.

[40] S. dazu Emde/Dornseifer/Dreibus/Dornseifer KAGB § 112 Rn. 26.

[41] S. hierzu Emde/Dornseifer/Dreibus/Nietsch KAGB § 93 Rn. 13. Die Haftung eines Teilsondervermögens einer Umbrella-Konstruktion für die auf dieses Sondervermögen entfallende Verbindlichkeiten ist in § 96 Abs. 3 S. 4 KAGB explizit vorgesehen.

[42] BGH NJW-RR 2016, 1385 Rn. 31; NZG 2016, 1382 Rn. 29.

Anlegers aus einer Investment-KG. Derartige Verbindlichkeiten entstehen, wenn der Auszahlungsanspruch entstanden, aber noch nicht erfüllt ist. Bei OGAW ist dies wegen der üblichen Delivery-versus-Payment-Abwicklung üblicherweise ein Zeitraum von höchstens zwei Tagen, bei Dach-Hedgefonds kann dieser Zeitraum nach § 227 Abs. 4 KAGB auch 50 Kalendertage betragen.

4. Bei intern verwalteten Investmentgesellschaften Verbindlichkeiten zur Finanzierung von nicht vermögensrechtlich getrenntem Investmentbetriebsvermögen.

Wenn das Investmentbetriebsvermögen einer Investmentgesellschaft nicht zum zu verwaltenden Portfolio gehört, schiene es befremdlich, alle Arten der eben aufgeführten Verbindlichkeiten dem zu verwaltenden Portfolio eines Investmentvermögens zuzuordnen. Der Verfasser erachtet mit der Einteilung der Verbindlichkeiten in die vier oben genannten Gruppen ein Zuordnungskriterium für maßgeblich: die sachliche Nähe zur Verwaltung der Vermögensgegenstände des Investmentvermögens. Hiernach kann die erste Gruppe von Verbindlichkeiten als Verbindlichkeiten aus der und für die Vermögensanlage dem Portfolio zugeordnet werden, die zweite bis vierte Gruppe jedoch nicht. Inwieweit die BaFin sich in der KAMaRisk unter Abschn. 4.6 Tz. 3 zur Kreditaufnahme implizit nur auf die erste Gruppe bezieht, ist allerdings nicht klar.

Dieses Kriterium der sachlichen Nähe ist allerdings unscharf, was sich insbesondere bei Kreditaufnahmen zeigt. Der Zweck einer einzelnen Kreditaufnahme (zB Leverage, Bridge Financing bei die vorhandene Liquidität übersteigenden Anteilsrückgaben, Erwerb von Investmentbetriebsvermögen einer nicht als Umbrella konstruierten Investmentgesellschaft) dürfte zwar im Einzelfall durchaus feststellbar sein. Das Bridge Financing kann aber auch als bewusste Portfoliomanagemententscheidung interpretiert werden, keine Vermögensgegenstände zu veräußern, sondern statt dessen einen Kredit aufzunehmen. Ein solcher Kredit unterscheidet sich durch nichts von einem Kredit zu Leveragezwecken, mit Ausnahme der Motivation für seine Aufnahme. Generell unterscheidet sich die Auswirkung eines für Rechnung eines Investmentvermögens aufgenommenen Kredits auf die Wertentwicklung des Portfolios und den Nettoinventarwert gerade nicht nach dessen Zweck. Dies gilt auch für abgegrenzten Verbindlichkeiten der zweiten Gruppe.

Nicht als geeignetes Kriterium scheint, ob die Verbindlichkeit bewusst eingegangen wird oder zwangsläufig aus der Verwaltung des Investmentvermögens entsteht. Bspw. lassen sich Betriebsmittelkredite für nicht als Umbrella konstruierte Investmentgesellschaften und Sondervergütungen für zB Immobilientransaktionen im Sinne von § 101 Abs. 2 Nr. 1 Hs. 2 KAGB mit diesem Kriterium nicht sachgerecht einordnen.

Verbindlichkeiten, die nicht dem verwalteten Portfolio zugeordnet werden, können iRd Portfoliomanagements dennoch nicht unberücksichtigt bleiben. Dies gilt insbesondere unter zwei Aspekten: zum einen die Höchstgrenzen für zulässige Kreditaufnahmen und zum anderen das Liquiditätsmanagement. Bei der Berechnung der Einhaltung der Höchstgrenzen für Kreditaufnahmen, zB nach § 199 KAGB oder in den Anlagebedingungen festgelegten Grenzen, sind alle Arten von Verbindlichkeiten einzubeziehen, da sie praktisch zu einem Hebel der Vermögensanlage führen. Die BaFin hat sich insofern zutreffend dahingehend geäußert, dass der Kreditbegriff alle Vorgänge umfasst, die wirtschaftlich zu einer Fremdfinanzierung von Anlagen im Sondervermögen führen und es sich nicht um eine Darlehensaufnahme im klassischen Sinne mit einer entsprechenden Vertragsgestaltung handeln muss.[43] Gelegentlich vergessen wird, dass auch noch nicht erfüllte Auszahlungsverbindlichkeiten aus Anteilsrückgaben wirtschaftlich eine Kreditaufnahme in diesem Sinne darstellen. Da sich der Anteilwert für die ausscheidenden Anleger ab dem Rückgabetermin nicht mehr ändert, haben derartige Verbindlichkeiten für die verbleibenden Anleger denselben Leverage-Effekt wie eine Dar-

[43] BaFin, Fragenkatalog zu § 53 Investmentgesetz v. 1.12.2009, GZ: WA 41-Wp 2136–2008/0053, II.1.

lehensaufnahme. Schließlich sind auch iRd Liquiditätsmanagements nach § 30 KAGB iVm Art. 46 ff. AIFM-VO und § 6 KAVerOV alle Verbindlichkeiten unter dem Aspekt eines künftigen Zahlungsmittelabflusses zu berücksichtigen.

c) Begriff der Verwaltung

Die systematische Annäherung an den Begriffsbestandteil Verwaltung soll auf Basis der drei folgenden Grundüberlegungen versucht werden:

1. Die gesetzlichen Aufgaben iRd kollektiven Vermögensverwaltung sind für extern und für intern verwaltete Investmentvermögen gleich.
2. Der Katalog der Aufgaben der kollektiven Vermögensverwaltung ist abschließend.
3. Für ein Sondervermögen kann ausschließlich eine externe KGV die kollektive Vermögensverwaltung erbringen.[44]

Die erste Grundüberlegung ergibt sich schlicht aus der fehlenden Differenzierung der Aufgaben nach interner und externer Verwaltung in Anh. II zur UCITSD bzw. Anh. I zur AIFMD und in § 1 Abs. 19 Nr. 24 KAGB. Dies gilt auch für extern verwaltete Investmentgesellschaften.[45] Hier können nur ausnahmsweise rechtsformspezifische Besonderheiten eine abweichende Handhabung rechtfertigen. ZB ist die Aufgabe der Ausgabe und Rücknahme von Anlageaktien auch einer extern verwalteten Investment-AG nach §§ 115 f. KAGB Aufgabe dieser Gesellschaft, obwohl die Ausgabe und Rücknahme von Anteilen am Investmentvermögen grundsätzlich administrative Aufgaben iRd kollektiven Vermögensverwaltung darstellen.[46] Entsprechendes gilt nach Ansicht der BaFin für die Aufstellung des Jahresabschlusses und Lageberichts.[47] Für die hier interessierende Portfolioverwaltung sind allerdings mit Ausnahme der Stimmrechtsausübung (→ IV.2.) keine derartigen mit der Rechtsfähigkeit des Investmentvermögens begründbaren Ausnahmen vorgesehen.

Die zweite Grundüberlegung ergibt sich aus der Regulierung. § 1 Abs. 19 Nr. 24 KAGB ist vom Wortlaut her zwar nicht eindeutig,[48] soll aber Anh. II der UCITSD umsetzen.[49] Die UCITS III sah den Aufgabenkatalog ursprünglich nicht als abschließend an. Art. 5 Abs. 2 UAbs. 2 der RL 85/611/EWG in der Fassung der RL 2001/107/EG (UCITS III) ordnete noch explizit an, dass die Aufgaben *„in Anhang II in nicht erschöpfender Weise genannt sind"*. In Art. 6 Abs. 2 UAbs. 2 UCITSD wurde aber genau diese Passage gestrichen.[50] Art. 6 Abs. 2, 3 AIFMD regelt für die Verwaltung von AIF den Katalog des Anh. I eindeutig als abschließend. Selbst wenn bei der Verwaltung eines AIF die in Anh. I Nr. 2 zur AIFMD genannten Tätigkeiten keine Pflichtaufgaben einer KVG darstellen,[51] heißt dies nicht umgekehrt, dass

---

[44] Die Wahrnehmung von Aufgaben durch Dritte erfolgt nur im Wege der Auslagerung unter Verantwortung der KVG, § 36 Abs. 4, 5 KAGB. S. ESMA34-32-352 S. 44, Answer 2.

[45] S. hierzu BaFin, Auslegungsentscheidung zu den Tätigkeiten einer Kapitalverwaltungsgesellschaft und der von ihr extern verwalteten AIF-Investmentgesellschaft v. 21. 12. 2017, GZ. WA 41-Wp 2100-2016/0001, II.2.

[46] S. hierzu ausführlich Emde/Dornseifer/Dreibus KAGB/Stabenow, KAGB, 3. Aufl. 2023, § 71 Rn. 6 ff.

[47] BaFin, Auslegungsentscheidung zu den Tätigkeiten einer Kapitalverwaltungsgesellschaft und der von ihr extern verwalteten AIF-Investmentgesellschaft v. 21. 12. 2017, GZ. WA 41-Wp 2100-2016/0001, II.2.; mit Blick auf die Regelung des § 120 Abs. 1 KAGB scheint dies gerechtfertigt.

[48] § 20 Abs. 2, 3, 7 KAGB baut auf diesem nicht eindeutigen Wortlaut lediglich auf.

[49] BT-Drs. 17/12294, 203. Trotz der Aufzählung der *„Tätigkeiten im Zusammenhang mit den Vermögensgegenständen des AIF"* bereits in der Regierungsbegründung ist Anh. I zur AIFMD nicht als Begründung für diese Regelung erwähnt.

[50] Da diese Streichung eindeutig aus dem Richtlinienvorschlag (2008/0153 (COD) v. 16. 7. 2008) hervorgeht, ist nicht von einem redaktionellen Versehen auszugehen.

[51] Hierzu Assmann/Wallach/Zetzsche/Zetzsche KAGB § 1 Rn. 205 ff.

über diesen Katalog hinaus weitere Tätigkeiten von einer KVG iRd kollektiven Vermögensverwaltung erbracht werden können.

Die dritte Grundüberlegung ergibt sich aus der Rechtsform des Investmentvermögens selbst, das als Sondervermögen keine eigene Rechtspersönlichkeit besitzt. Gem. der Definition des § 1 Abs. 10 KAGB kann ein Sondervermögen ausschließlich von einer (externen) Verwaltungsgesellschaft verwaltet werden.[52] Wie zuvor ausgeführt, kann eine Verwaltungsgesellschaft wiederum nach § 1 Abs. 19 Nr. 24 KAGB für ein Sondervermögen nur die Katalogaufgaben der kollektiven Vermögensverwaltung wahrnehmen. Auf Grund dieser wechselbezüglichen Beschränkungen müssen die Katalogaufgaben der kollektiven Vermögensverwaltung lückenlos sämtliche Aufgaben umfassen, die der Umsetzung der Anlagepolitik eines Sondervermögens dienen. Dies gilt auch für einen OGAW, für dessen Verwaltung die nur für AIF existierende Aufgabe der *„Tätigkeiten im Zusammenhang mit den Vermögensgegenständen des AIF"* nicht vorgesehen ist.[53]

Vor diesem Hintergrund hat die Portfolioverwaltung eine besondere systematische Stellung inne. Als einzige portfoliobezogene Tätigkeit im Katalog der Tätigkeiten der kollektiven Vermögensverwaltung ist sie bis auf diesen Portfoliobezug weitgehend konturlos. Dem gegenüber sind die weiteren Katalogtätigkeiten, die einen Portfoliobezug besitzen, entweder aufgrund ihrer Begrifflichkeit (zB die Fondsbuchhaltung oder Bewertung) oder weiterer näherer Bestimmungen (zB das Risikomanagement) für sich genommen inhaltlich greifbar.

Hieraus kann abgeleitet werden, dass für die Lückenlosigkeit der Erfüllung der Aufgaben der kollektiven Vermögensverwaltung zur Portfolioverwaltung alle Tätigkeiten gehören (müssen), die – ausgehend vom Wortlaut – einen Portfoliobezug haben und nicht einer anderen portfoliobezogenen Katalogtätigkeit zugeordnet werden können. Die Portfolioverwaltung wird hiernach inhaltlich gegenüber den sonstigen portfoliobezogenen Katalogaufgaben negativ komplementär als Residualaufgabe bestimmt. Würde man umgekehrt jede Katalogaufgabe inhaltlich positiv bestimmen wollen, bestünde die Gefahr, dass einzelne notwendige Verwaltungstätigkeiten nicht von den Katalogaufgaben erfasst würden und dadurch die Umsetzung der Anlagepolitik beeinträchtigt wird. Die Abkehr vom noch mit UCITS III verfolgten Ansatz des nicht abschließenden Aufgabenkatalogs macht die Auslegung des Portfoliomanagements als Residualaufgabe erforderlich. Eine positive Definition kann somit nur funktional, nicht beschreibend, beschaffen sein, wenn sie lückenlos sein soll. Portfolioverwaltung könnte demnach als sämtliche Tätigkeiten zur Festlegung und zur Umsetzung der Anlagepolitik eines Investmentvermögens, die nicht zu anderen Katalogaufgaben gehören oder der Verwahrstelle zugewiesen sind, beschrieben werden.

III. *Folgebetrachtung*

Als Beispiele für portfoliobezogene Tätigkeiten außerhalb des Kernbereichs der Portfolioverwaltung wurden oben das Einziehen von Zins-, Dividenden- und Steuerrückforderungen, die Ausübung von Stimmrechten, das Risikomanagement, die Verwahrung und die Bewertung des Portfolios sowie die Fondsbuchhaltung aufgeführt. Diese und weitere Tätig-

[52] BGH NJW-RR 2016, 1385 Rn. 31, und gleichlautend BGH NZG 2016, 1382 Rn. 29: *„[...] zwingend von einer Kapitalanlagegesellschaft zu verwalten (vgl. § 2 Abs. 2 InvG) [...]"*.

[53] Es soll hier der interessanten Frage, ob sich hieraus rechtssystematisch ergibt, dass diese letztgenannten Tätigkeiten sich nur auf Vermögensgegenstände erstrecken können, in die ein OGAW nicht investieren darf, nicht weiter nachgegangen werden. Allerdings verweisen die in Anh. I zur AIFMD unter 2. c) näher beschriebenen Tätigkeiten darauf, dass es sich um Tätigkeiten mit Bezug auf Immobilien und nicht börsengelistete Unternehmen handelt, ohne dass der Wortlaut aber eindeutig ist.

keiten sollen nachfolgend vor dem Hintergrund des Portfoliomanagements als Residualaufgabe genauer betrachtet werden.

1. *Forderungseinzug*

Dass das Geltendmachen von zum Investmentvermögen gehörenden Forderungen zum Verwaltungshandeln einer KVG gehört, dürfte unstreitig sein.[54] Obwohl eine Forderung ein Vermögensgegenstand ist und damit unstreitig zum Fondsportfolio gehört, wird die spezielle Zuordnung dieser Tätigkeit zur Portfolioverwaltung kaum explizit vorgenommen.[55] Allerdings ist eine Zuordnung des Forderungseinzugs zu einer anderen Katalogtätigkeit nach dem Wortlaut dieser Tätigkeiten schwer möglich. Auf den ersten Blick denkbar scheint der Forderungseinzug als rechtliche Dienstleistung im Sinne von Anh. I Nr. 2a) i) zur AIFMD denkbar. Der Begriff der rechtlichen Dienstleistung ist jedoch eine fehlerhafte Übersetzung der *„legal ... accounting services"*, die – wie auch die entsprechende Formulierung in Anh. II zur UCITSD seit UCITS III zeigt – die gesetzlich vorgeschriebenen Rechnungslegungsdienstleistungen erfasst. Vor dem Hintergrund, dass jede Sprachfassung einer EU-Vorschrift für sich gültig ist, ist dies allerdings misslich.

Eine sachliche Rechtfertigung erhält die Zuordnung dieser Aufgabe zum Portfoliomanagement insbesondere dann, wenn die Geltendmachung einer Forderung ungewiss ist, aber mit hohen dem Investmentvermögen belastbaren Kosten verbunden ist. Dann stellt sich die Frage der Abwägung, ob die Geltendmachung einer Forderung dem Anlegerinteresse entspricht.[56] Diese Abwägung steht einer Investitionsentscheidung durchaus nahe.

2. *Ausübung von Stimmrechten*

Die Ausübung von Stimmrechten ist ebenfalls Teil des Portfoliomanagements. Dies ergibt sich nicht nur aus dem Charakter der Portfolioverwaltung als Residualaufgabe. Nach Art. 21 RL 2010/43/EU und Art. 37 AIFM-VO hat eine KVG Strategien zur Ausübung von Stimmrechten für die von ihr verwalteten Investmentvermögen zu erstellen. Diese Stimmrechte beziehen sich auf die zum Portfolio gehörenden Vermögensgegenstände eines Investmentvermögens. Die in diesem Rahmen gegebene Diskretion, ob und wie das Stimmrecht und auf diese Weise Einfluss auf das verwaltete Portfolio ausgeübt wird, kann sachlich nur dem Portfoliomanagement zugeordnet werden.

Erwgr. 16 S. 4 der RL 2010/43/EU lässt allerdings bei extern verwalteten OGAW-Investmentgesellschaften explizit zu, *„dass eine Investmentgesellschaft selbst abstimmt oder ihrer Verwaltungsgesellschaft spezielle Anweisungen für die Stimmabgabe erteilt"*. Diese Möglichkeit passt nicht in das Gefüge des lückenlosen Aufgabenkatalogs hinein und kann daher nur als rechtsformspezifische Besonderheit eines extern verwalteten Investmentvermögens mit eigener Rechtspersönlichkeit (→ II. 4. c)) verstanden werden.

---

[54] S. bereits Gläbe, Der Schutz der Zertifikats-Inhaber von Investmentgesellschaften, 1975, 225. S. auch Reiss, Pflichten der Kapitalanlagegesellschaft und der Depotbank gegenüber dem Anleger und die Rechte des Anlegers bei Pflichtverletzungen, 2006, 178; Schäfer, Corporate Governance bei Kapitalanlagegesellschaften – Fund Governance, 2009, 166, Assmann/Wallach/Zetzsche/Zetzsche KAGB § 78 Rn. 12; sowie Beckmann/Scholtz/Vollmer Investment/Beckmann, EL 10/19, KAGB § 26 Rn. 16.

[55] Für die vor UCITS III erschienene Literatur ist dies nachvollziehbar.

[56] Hierzu Assmann/Wallach/Zetzsche/Stabenow KAGB § 26 Rn. 126.

3. *Kreditvergabe*

Systematische Schwierigkeiten bereitet die RL (EU) 2024/927 mit der Änderung des Anh. I zur AIFMD. Während bisher klar war, dass die Kreditvergabe für Rechnung eines Investmentvermögens als Anlageentscheidung *„Teil des Bereichs ‚Fondsmanagement'"*[57] ist und damit sogar zum Kernbereich der Portfolioverwaltung gehört, fügt die genannte RL dem Anh. I zur AIFMD unter 2. (Andere Aufgaben) einen neuen Punkt d) „Vergabe von Krediten im Namen eines AIF" ein.[58] Nach Ansicht des Verfassers ist mit dieser unglücklichen Verortung dieser Tätigkeit keine materielle Änderung gegenüber der bisherigen Situation erfolgt oder vom Richtliniengeber beabsichtigt.

Der Richtliniengeber reagierte mit dieser Ergänzung auf die restriktive Haltung einiger Mitgliedsländer wie auch Deutschland, die Erst-Kreditvergabe zu restriktiv zu handhaben. Erwgr. 5 zur RL (EU) 2024/927 führt dementsprechend aus, dass im Interesse einer größeren Rechtssicherheit lediglich präzisiert werden soll, dass die Verwaltung von AIF auch die Tätigkeiten der Vergabe von Krediten im Namen eines AIF und die Verwaltung von Verbriefungszweckgesellschaften umfassen kann. Im Kommissionsvorschlag zu dieser RL heißt es dazu erläuternd: *„Unterschiedliche nationale Ansätze erschweren die Erbringung von Dienstleistungen in einem anderen Mitgliedstaat und behindern die Entwicklung des Binnenmarktes für AIF… und unterschiedliche nationale Regulierungsstandards für kreditgebende AIF untergraben gleiche Wettbewerbsbedingungen für AIF."*[59]. Wie der deutsche Gesetzgeber inzwischen eingesehen hat, gibt es *„hinsichtlich des Ausfall- und des Liquiditätsrisikos … keinen materiellen Unterschied zwischen der originären Darlehensvergabe und dem Erwerb einer bereits existierenden unverbrieften Darlehensforderung, weshalb eine Erweiterung der Möglichkeiten der Fondsverwalter kein zusätzliches Risiko für das Fondsportfolio bedeutet."*[60]

Eine sinnvolle Abgrenzung zur Portfolioverwaltung könnte vor diesem Hintergrund wohl dahingehend gezogen werden, dass diese neue Katalogaufgabe, die künftig in Art. 4 Abs. 1 Buchst. ar AIFMD (idF der RL (EU) 2024/927) als die (direkte oder indirekte) Gewährung eines Kredits definiert, wird, lediglich die tatsächlichen Prozesse des Erst-Gewährungsakts nach dem Treffen der Kreditvergabeentscheidung als solchem gemeint sind, nicht die grundsätzliche Möglichkeit, iRd Portfolioverwaltung in Kredite zu investieren. Hierzu gehört dann insbesondere die tatsächliche Auszahlung des Kreditbetrages an den Kreditnehmer aus den Fondsmitteln. Eine Klarstellung auf europäischer Ebene wäre jedoch wünschenswert.

4. *Middle-Office-Tätigkeiten*

Unter Middle-Office-Tätigkeiten bei einer KVG werden in der Regel die Nachhandelstätigkeiten wie die Orderkontrolle, Abwicklung von Handelsaufträgen einschließlich der Erteilung von Abwicklungsinstruktionen, das Broker-Matching, die Abwicklungskontrolle, die Klärung von Differenzen sowie weitere damit zusammenhängende Tätigkeiten gezählt. Ein Teil dieser Aufgaben ist von der BaFin im Abschn. 4.7 (Abwicklung und Kontrolle) der KAMaRisk beschrieben, wobei sich dieser Abschn. nicht auf Middle-Office-Tätigkeiten beschränkt. Diese Tätigkeiten sind auch dann, wenn sie keine diskretionären Spielräume beinhalten, nach der hier propagierten Systematik Teil des Portfoliomanagements, wenn sie sich nicht im Einzelfall als administrative Katalogtätigkeit einordnen lassen.

Letzteres wäre bspw. bei der Ex-ante-Anlagegrenzkontrolle dann der Fall, wenn diese dem Middle Office zugordnet wird und als administrative Tätigkeit in Form der Über-

---

[57] BaFin, KAMaRisk, Abschn. 5.1 Tz. 1.

[58] Bis Stand 23.5.2025 ist diese Erweiterung nicht im Entwurf des Fondsmarktstärkungsgesetzes durch entsprechende Erweiterung des § 1 Abs. 19 Nr. 24 KAGB reflektiert.

[59] Europäische Kommission, Richtlinienvorschlag, COM(2021) 721 final 2021/0376 (COD) v. 25.11.2021, 3.

[60] BT-Drs. 20/13955, 79 zu Nr. 65 Buchst. a Doppelbuchst. bb.

wachung der Einhaltung der Rechtsvorschriften verstanden werden kann. Die BaFin ordnet gem. Abschn. 4.6 Tz. 3 KAMaRisk die Ex-Ante-Anlagegrenzprüfung jedoch dem Fondsmanagement zu. Die in Abschn. 4.7 Tz. 4 Buchst. d KAMaRisk genannte Ex-post-Anlagegrenzprüfung kann zumindest teilweise als Gewährleistung der Einhaltung quantitativer Risikolimite im Sinne von Art. 12 Abs. 3 Buchst. b (iVm Erwgr. 26) RL 2010/43/EU bzw. Art. 45 Abs. 3 Buchst. d AIMF-VO und damit als Aufgabe des Risikomanagements verstanden werden.

Umgekehrt verlangt die BaFin nach Abschn. 4.7 Tz. 6 KAMaRisk, dass die Klärung von Unstimmigkeiten, die iRd Abwicklung und Kontrolle festgestellt wurden, unter der Federführung eines vom Fondsmanagement unabhängigen Bereichs erfolgen müssen. Welcher Katalogtätigkeit die BaFin diese Aufgabe dann zuordnet, lässt sie offen. Allerdings definiert die BaFin den Bereich des Fondsmanagements in Abschn. 4.6 Tz. 1 KAMaRisk als *„die Organisationseinheit bzw. die Personen, die Anlageentscheidungen für die Investmentvermögen treffen. Wird dem „Trading Desk" bei der Platzierung von Aufträgen für das Investmentvermögen Entscheidungsspielraum eingeräumt, ist es ebenfalls dem Bereich Fondsmanagement zuzuordnen."* Dies lässt es denkbar erscheinen, dass die in der KAMaRisk aufgeführte Organisationseinheit „Fondsmanagement" nur einen Teilbereich der Katalogaufgabe „Portfoliomanagement" umfasst. Allerdings wäre die KVG dann gehalten, die sonstigen der Katalogaufgabe „Portfoliomanagement" zuzuordnenden Aufgaben, die von anderen Organisationseinheiten wahrgenommen werden, den für das Portfoliomanagement geltenden Regularien zu unterwerfen.

5. *Andere Katalogtätigkeiten*

Die Aufgabenkataloge in Anh. I zur AIFMD und Anh. II zur UCITSD enthalten mit dem Risikomanagement, der Fondsbuchhaltung und der Bewertung weitere Tätigkeiten, die portfoliobezogener Natur sind und nach der oben vorgenommenen Wortlautauslegung zum Portfoliomanagement gehören. Die separate Aufzählung dieser Tätigkeiten explizit neben dem Portfoliomanagement nimmt diese Aufgaben jedoch aus dem Anwendungsbereich der Katalogaufgabe des Portfoliomanagements heraus. Fondsbuchhaltung und Bewertung werden dem Bereich der administrativen Tätigkeiten zugewiesen.

Das Risikomanagement steht zumindest in Anh. I zur AIFMD ausdrücklich als Pflichtaufgabe neben dem Portfoliomanagement. Dennoch ist im Verhältnis zwischen Risikomanagement und Portfoliomanagement die Aufgabenverteilung im Einzelnen mitunter unklar. Während bspw. § 29 Abs. 3 Nr. 3 KAGB die Gewährleistung, dass die Risikoprofile der Investmentvermögen der Größe, der Zusammensetzung sowie den Anlagestrategien und Anlagezielen entsprechen, wie sie in den Anlagebedingungen, dem Verkaufsprospekt und den sonstigen Verkaufsunterlagen des Investmentvermögens festgelegt sind, dem Risikomanagement zuweist, scheint Abschn. 4.6 Tz. 2 KAMaRisk diese Aufgabe dem Fondsmanagement zuzuweisen.

6. *Verwahrung*

Die Verwahrung der verwahrfähigen Vermögensgegenstände eines Investmentvermögens ist nach §§ 72, 81 KAGB eine gesetzliche Aufgabe der Verwahrstelle. Sie gehört daher nicht zur Katalogaufgabe der Portfolioverwaltung. Was auf den ersten Blick so selbstverständlich erscheint, ist jedoch nur Folge dieser speziellen gesetzlichen Anordnung, ergibt sich aber nicht aus der Natur der Sache. Für das KAGG 1957 war ursprünglich lediglich eine getrennte Verwahrung der Vermögensgegenstände in einem gesonderten Depot vorgesehen.[61]

[61] § 2 Abs. 2 KAGG-E, BT-Drs. 1/4199, 1. Das vorgeschriebene gesonderte Depot war nicht etwa als implizite Beauftragung einer Depotbank, sondern vor dem Hintergrund zu sehen, dass sich die Anlagegegenstände eines Sondervermögens damals auf bankdepotverwahrte Vermögensgegenstände beschränkt haben. Der Schwerpunkt diese Anordnung liegt in der Trennung vom

Auf europäischer Ebene wird die Beauftragung einer Depotbank bzw. Verwahrstelle erst durch die UCITSD und AIFMD vorgeschrieben.

Bedeutung hat diese Aufgabenzuweisung insbesondere für die Verwaltung der depotverwahrten Vermögensgegenstände. Der Einzug von Dividenden und Zinsen depotverwahrter Aktien und Renten wird allgemein von der verwahrenden Bank vorgenommen. Dies ist in Deutschland auch historisch dadurch bedingt, dass mit der Verwahrung als Bankgeschäft nach § 1 Abs. 1 S. 2 Nr. 5 KWG auch immer gleichzeitig die Verwaltung der verwahrten Gegenstände reguliert und von den Banken angeboten wird. Aus diesem eher praktischen Grunde wird die Verwaltung der bei der Verwahrstelle depotmäßig verwahrten Vermögensgegenstände als von der Verwahraufgabe miterfasste Tätigkeit betrachtet.[62]

7. *Konsequenzen für Auslagerungssacherhalte*

Eine weite Auslegung des Begriffs der Portfolioverwaltung führt konsequenterweise auch zu einem entsprechend weiten Anwendungsbereich für die speziellen Auslagerungsrestriktionen des § 36 Abs. 1 Nr. 3, 4, Abs. 3, 7 KAGB. Dies scheint jedoch für bloße Randtätigkeiten außerhalb des oben beschriebenen Kernbereichs der Portfolioverwaltung nicht sachgerecht. Nach Sinn und Zweck des § 36 Abs. 1 Nr. 3 KAGB ist daher die weite Auslegung des Begriffs der Portfolioverwaltung für die Auslagerung auf Tätigkeiten zu beschränken, die unter die Lizenzpflicht für die Vermögensverwaltung oder Finanzportfolioverwaltung fallen. Dies beschränkt sich auf Tätigkeiten zur Umsetzung der Anlagepolitik wie zB die diskretionäre Auswahl eines Vermögensgegenstandes für Investitionszwecke und die selbstständige Umsetzung dieser Auswahlentscheidung. Dies würde zu einem Gleichklang mit der Zuordnung von Aufgaben zum Organisationsbereich Fondsmanagement gem. Abschn. 4.6 Tz. 1 KAMaRisk führen.

Unter Betrachtung der Entstehungsgeschichte von UCITS III lassen sich gute Gründe dafür finden, dass nur die Übertragung der Anlageentscheidung als solche den erhöhten Auslagerungsanforderungen unterworfen werden sollte. So hieß es noch im geänderten Richtlinienvorschlag der Kommission in Art. 5g Abs. 1 S. 2: *„Im Falle ihrer Hauptaufgabe – der Anlageverwaltung – kann die Verwaltungsgesellschaft bestimmte Anlageentscheidungen an Intermediäre delegieren, die der Aufsicht unterliegen; ...“*[63] Auch die finale Fassung der RL 2001/107/EG verlangte, dass die Übertragung mit den von der Verwaltungsgesellschaft festgelegten Vorgaben für die Verteilung der Anlagen in Einklang stehen muss. Dies kann sinnvoll nur darauf bezogen werden, dass das Treffen und die Umsetzung von Anlageentscheidungen der eigentliche Regelungsgegenstand der erhöhten Auslagerungsanforderungen darstellen. Diese Formulierung findet sich weiterhin in Art. 13 Abs. 1 Buchst. c Hs. 2 UCITSD. Für die Übertragung des Portfoliomanagements eines AIF ergibt sich entsprechendes aus Art. 75 Buchst. i AIFM-VO, der die Umsetzung der Anlagepolitik zum Gegenstand hat.

Die weisungsfreie Auslagerung von Stimmrechtsausübungen ist ein Grenzfall. Einerseits ergibt sich aus Art. 21 Abs. 2 Buchst. b RL 2010/43/EU und Art. 37 Abs. 2 Buchst. b AIFM-VO, dass die Ausübung von Stimmrechten zur Umsetzung der Anlagepolitik gehört. Andererseits ist für die isolierte Ausübung von Stimmrechten keine Lizenz als Finanzportfolioverwalter erforderlich. Materielle Gründe, die Umsetzung der Anlagepolitik nur in qualifizierte dritte Hände zu geben, sprechen für die Unterwerfung dieser Delegation unter die erhöhten Auslagerungsvoraussetzungen für das Portfoliomanagement. Hier besteht ein vergleichbares Problem mit der Auslagerung der Verwaltung eines Immobilienportfolios ohne

---

sonstigen eigenen depotmäßig verwahrten Vermögen der KAG. Die KAG hätte hiernach die Vermögensgegenstände eines Sondervermögens auch bei verschiedenen Banken im In- und Ausland verwahren können.

[62] Dazu näher Emde/Dornseifer/Dreibus/Dreibus/Stabenow KAGB § 72 Rn. 32.

[63] KOM(2000) 331 endg. – 98/0242(COD), ABl. 2000 C 311 E, 273.

Finanzinstrumente, auf die sich eine Lizenz nicht bezieht, die aber von der BaFin mit Verweis auf den Gesetzeswortlaut dennoch verlangt wird.[64] De lege ferenda wäre ggf. der Nachweis einer besonderen Sachkundeprüfung der richtige Mittelweg.

Eine besondere praktische Bedeutung hat die Verantwortlichkeit für die laufende Portfoliobeobachtung. Eingangs wurde ausgeführt, dass die branchenüblichen Auslagerungsverträge die Portfoliobeobachtung auch zur Entdeckung und Beseitigung passiver Anlagegrenzverletzungen vorsehen. Allerdings ist die Gewährleistung der Einhaltung von Anlagegrenzen als quantitative Risikolimite im Sinne von Art. 12 Abs. 3 Buchst. b (iVm Erwgr. 26) RL 2010/43/EU bzw. Art. 45 Abs. 3 Buchst. d AIMF-VO eine Aufgabe des Risikomanagements. Eine gleichzeitige Auslagerung von Aufgaben des Portfoliomanagements und des Risikomanagements dürfte mit Blick auf § 17 Abs. 1 S. 2 KAGB schwierig sein; es besteht die Gefahr, dass das Auslagerungsunternehmen als KVG betrachtet wird. Es gibt daher gute Gründe dagegen, dass dem externen Portfoliomanager die Verantwortlichkeit für die Entdeckung passiver Anlagegrenzverletzungen übertragen werden kann.

IV. Schlussbemerkung

Die inhaltliche Annäherung an den Begriff der Portfolioverwaltung als Katalogaufgabe für eine Kapitalverwaltungsgesellschaft nach Anh. II zur UCITSD und Anh. I zur AIFMD, insbesondere an seine Randbereiche, erfolgte in diesem Beitrag zunächst anhand des Wortlauts aus sich heraus mit der Konsequenz eines äußerst weiten Begriffsverständnisses. In einer zweiten Stufe wurde dieser Begriff systematisch mit der Begründung eingeengt, dass die weiteren Katalogaufgaben einer aus sich heraus oder dem Gesetz ableitbaren fassbareren bzw. engeren Begriffsbestimmung zugänglich sind, und hieraus ein Vorrang für die Subsumtion unter diese Begriffe abgeleitet. Die Portfolioverwaltung ist danach nur eine funktional zu beschreibende Residualaufgabe. Diese Vorgehensweise wurde mit dem abschließenden Verständnis der Katalogaufgaben begründet, der weitere Tätigkeiten nicht zulässt, aber eine sachgerechte Verwaltung eines Investmentvermögens ermöglichen muss.

Zwingend ist eine solche Herangehensweise sicherlich nicht. Störend ist hieran vor allem, dass die unstreitig zentralen Aufgaben der Portfolioverwaltung, insbesondere die Festlegung und Umsetzung der Anlagepolitik, unterschiedslos neben weniger belangvollen Aufgaben stehen. Besondere Anforderungen an die Portfolioverwaltung sind jedoch für derartige Randbereiche regelmäßig nicht gerechtfertigt.

De lege ferenda bietet sich an, entweder den Begriff der Portfolioverwaltung weiter auszudifferenzieren und die bisher für die Portfolioverwaltung geltenden besonderen Anforderungen nur noch an die tatsächlichen Kernaufgaben zu knüpfen. Oder man kehrt zu UCITS III zurück, als der Aufgabenkatalog für eine Kapitalverwaltungsgesellschaft noch nicht als abschließende Aufgabenbeschreibung verstanden wurde.

---

[64] Dazu Emde/Dornseifer/Dreibus/Döser KAGB § 36 Rn. 104.

LUDGER C. VERFÜRTH

Strukturierung geschlossener Spezial-Investmentkommanditgesellschaften durch registrierte Kapitalverwaltungsgesellschaften nach dem KAGB

I. Einleitung

Thomas Emde hat als entscheidender Lead-Autor und Herausgeber mit dem Großkommentar zum KAGB in der Beck'schen Grauen Reihe Maßstäbe gesetzt. Der erst jüngst in der dritten Auflage erschienene Kommentar zählt bereits jetzt zu den gefragten Ratgebern für Praktiker der Investmentbranche. Ich habe als einer der Co-Autoren dieses Kommentars die Freude, Thomas Emde bei der Maßstabsetzung seit der 1. Auflage (damals noch zum InvG) zu unterstützen. Der vorliegende Beitrag setzt sich vertieft mit einer investmentrechtlichen Thematik auseinander, auf die iRd nächsten Auflage des Kommentars zurückgegriffen werden kann.

Aufgrund des weiten Anwendungsbereichs des KAGB qualifizieren Kapitalaufnahmen durch Kommanditgesellschaften im Real Asset-Bereich nicht selten als geschlossene Investmentvermögen. Diese bedürfen der Verwaltung durch eine Kapitalverwaltungsgesellschaft (KVG), wobei häufig die Verwaltung durch eine nur teilregulierte registrierte KVG genügt. Mit der vom Gesetzgeber im Jahr 2020 geschaffenen Möglichkeit der Strukturierung geschlossener Investmentvermögen durch Einrichtung geschlossener Teilgesellschaftsvermögen bietet sich für registrierte KVG die attraktive Möglichkeit insbes. zur Ausweitung ihrer Services auf die Auflegung effizienter (Multi-Manager-)Investment-Plattformen. Deren Einrichtung erfordert die Verwendung der Rechtsform der geschlossenen Investmentkommanditgesellschaft. Da der Gesetzgeber bei der Schaffung des KAGB die Verwaltung dieser Rechtsform wohl eher durch eine vollregulierte KVG mit Erlaubnis vor Augen gehabt haben dürfte, ergeben sich vor dem Hintergrund des reduzierten Regulierungsregimes der registrierten KVG bisher nicht oder nur wenig beantwortete Fragestellungen bei der Verwaltung der geschlossenen Investmentkommanditgesellschaft durch eine registrierte KVG. Die nachfolgende Analyse soll diese Lücke schließen.

II. Zunehmende Relevanz der Investment-KG für registrierte KVG

1. Eingeschränktes Regulierungsregime

Für AIF-KVG, die die Voraussetzungen des § 2 Abs. 4 S. 2 KAGB erfüllen, gilt das KAGB[1] in nur sehr eingeschränktem Umfang (§ 2 Abs. 4 S. 1 KAGB). Insbes. benötigt die KVG keine Erlaubnis nach § 20 Abs. 1 KAGB, sondern kann sich mit einer Registrierung gem. § 44 KAGB begnügen. An die Registrierung stellt das KAGB erheblich geringere Anforderungen als an die Erlangung einer Erlaubnis. Die registrierte KVG erfreut sich daher großer Beliebtheit. Laut Jahresbericht 2023 der BaFin betrug die Anzahl der registrierten

[1] Einen guten Überblick über die Grundstrukturen des KAGB geben Emde/Dreibus BKR 2013, 89 ff.

KVG insgesamt 540 ggü. 144 KVG mit Erlaubnis (letztgenannte Zahl jedoch ohne Differenzierung zwischen AIF-KVG und reinen OGAW-KVG).[2]

2. *Auflage nur von Spezial-AIF*

a) *Auflage als AG, GmbH, GmbH & Co. KG*

Zu den Registrierungsvoraussetzungen gehört, dass die KVG ausschließlich Spezial-AIF iSd § 1 Abs. 6 S. 1 KAGB verwaltet. Die verwalteten Spezial-AIF dürfen nur die Rechtsform einer juristischen Person oder einer Personenhandelsgesellschaft haben, bei der persönlich haftender Gesellschafter ausschließlich eine Aktiengesellschaft, eine GmbH oder eine KG ist, bei der persönlich haftender Gesellschafter ausschließlich eine GmbH ist (§ 44 Abs. 1 S. 1 Nr. 7 KAGB).

b) *Auflage als Investmentgesellschaft*

Mit dem Finanzmarktanpassungsgesetz vom 15.7.2014[3] wurde die Registrierungsvorschrift des § 44 Abs. 1 KAGB um die Vorgabe ergänzt, dass, wenn der Alternative Investmentfonds (AIF) als offener AIF in der Rechtsform der Investmentaktiengesellschaft mit veränderlichem Kapital oder der offenen Investmentkommanditgesellschaft bzw. als geschlossener AIF in der Rechtsform der Investmentaktiengesellschaft mit fixem Kapital oder als geschlossene Investmentkommanditgesellschaft aufgelegt wird, die diese Rechtsformen regelnden Vorschriften des vierten[4] bzw. fünften[5] Abschn. des Kap. 1 des KAGB gelten.[6]

Nach zutreffender hM handelt es sich bei der Auflage in der Rechtsform der Investmentaktiengesellschaft (Investment-AG) oder der Investmentkommanditgesellschaft (Investment-KG), mithin als Investmentgesellschaft (§ 1 Abs. 11 KAGB), lediglich um eine Option, nicht jedoch um eine zwingend vorgeschrieben Rechtsform.[7] Dies ergibt sich ohne Weiteres daraus, dass nur die für die KVG mit Erlaubnis geltenden Rechtsformvorschriften §§ 91 und 139 KAGB, vorbehaltlich der Auflage als Sondervermögen, zwingend die Verwendung der Rechtsform der Investmentgesellschaft vorgeben *(„dürfen nur als … aufgelegt werden“)*. Im Gegensatz dazu lässt § 44 Abs. 1 S. 2 KAGB es aufgrund seiner Wortwahl offen, ob die registrierte KVG die Rechtsform einer Investmentgesellschaft wählt *(„Wird der AIF als … aufgelegt, …“)*.

§ 2 Abs. 4 S. 1 KAGB, der den Umfang der anwendbaren Vorschriften für KVG, die die Voraussetzungen des § 2 Abs. 4 S. 2 KAGB erfüllen, bestimmt, regelt insofern bewusst nur die Anwendung des § 44, nicht aber der §§ 91 und 139 KAGB. Folgerichtig schreitet die BaFin auch nach Inkrafttreten des Finanzmarktanpassungsgesetzes in ihrer investmentrechtlichen Aufsichtspraxis nicht ein, wenn ihr von registrierten KVG aufgelegte Spezial-AIF mitgeteilt werden, die nicht die Rechtsform einer Investmentgesellschaft, sprich der Investment-AG oder der Investment-KG, sondern zB nur die Rechtsform der Aktiengesellschaft oder GmbH & Co. KG haben.

---

[2] BaFin, Jahresbericht 2023, 9.

[3] G zur Anpassung von Gesetzen auf dem Gebiet des Finanzmarktes v. 15.7.2014, BGBl. I 934.

[4] §§ 108–123 bzw. §§ 124–138 KAGB.

[5] §§ 140–148 bzw. 149–161 KAGB.

[6] Die Möglichkeit der Auflage eines (offenen) Sondervermögens durch eine registrierte KVG wurde dagegen durch das FinanzmarktanpassungsG nicht geschaffen. Hieran hat das in jüngerer Vergangenheit in Kraft getretene FondsstandortG v. 3.6.2021 (BGBl. I 1498), das erstmals die Möglichkeit der Auflegung eines geschlossenen Sondervermögens eingeführt hat, nichts geändert, da der dazu um einen S. 3 ergänzte § 139 KAGB, der auf entsprechend anwendbare Vorschriften über das offene Sondervermögen verweist, für die registrierte KVG nicht anwendbar ist.

[7] Moritz/Klebeck/Jesch/Hartrott KAGB § 44 Rn. 35–38; Emde/Dornseifer/Dreibus/Jansen KAGB § 44 Rn. 17; Weitnauer/Boxberger/Anders/Boxberger KAGB § 44 Rn. 27.

3. Gründe für die Rechtsform der Investmentgesellschaft

Entscheidet sich die registrierte KVG bei der Auflage eines Investmentvermögens für die Rechtsform einer Investmentgesellschaft, hat dies zur Folge, dass zusätzliche aufsichtsrechtliche Vorschriften einzuhalten sind. In der Praxis kommt es daher zur Auflegung einer Investmentgesellschaft durch eine registrierte KVG nur dann, wenn sich für diese dadurch bestimmte Vorteile ergeben.

Als vorteilhaft erweist sich die Auflegung als Investmentgesellschaft zB dann, wenn die registrierte KVG damit den geplanten Übergang in die Verwaltung ihrer Fonds im Status einer KVG mit Erlaubnis erleichtern bzw. vorbereiten will. Anlass hierfür kann sein, dass die registrierte KVG die für den Status als registrierte KVG vorgeschriebenen Schwellenwerte planmäßig überschreiten wird oder dass sie den mit der Erlaubnis verbundenen Vertriebsvorteil des sog. EU-Passes anstrebt oder dass sie die nur mit einer Erlaubnis mögliche Erbringung von bestimmten in § 20 Abs. 3 KAGB geregelten (Neben-)Dienstleistungen beabsichtigt.

4. Insbes. Teilgesellschaftsvermögen

a) Vorteile von Teilgesellschaftsvermögen

Einen weiteren Vorteil bringt die Auflegung in der Rechtsform der Investment-AG oder Investment-KG insbes. aber auch insofern, als die Sondervorschriften für diese Rechtsformen es der registrierten KVG ermöglichen, den AIF als Investmentplattform mit der Einrichtung von Teilgesellschaftsvermögen (TGV) aufzulegen. Der Vorteil dieser Struktur liegt darin, dass der Zeit- und Kostenaufwand zur Errichtung eines AIF nur einmal erbracht werden muss, während auf dieser AIF-Plattform ohne großen Aufwand einzelne TGV eingerichtet werden können, die insolvenz- und haftungsrechtlich voneinander abgeschottet sind. Auf diese Weise ist auch eine registrierte KVG in der Lage, verschiedene (Teil-)Investmentvermögen und damit verschiedene Anlagestrategien unter einer Dachstruktur anzubieten oder als Service-KVG einen Multi-Manager-AIF aufzulegen, bei dem unterschiedliche Vermögensverwalter iRd für sie jeweils eingerichteten TGV ihren jeweiligen Anlagestil umsetzen konnen, ohne selbst einen AIF errichten zu müssen.[8]

b) Möglichkeit geschlossener TGV erst seit 2020

Lange war die Einrichtung von TGV der Rechtsform der offenen Investmentgesellschaften vorbehalten. Hier wird sie aber wenig genutzt, da bereits von der Rechtsform der offenen Investmentgesellschaft nur wenig Gebrauch gemacht wird; vielmehr dominiert bei offenen Investmentvermögen das Sondervermögen.[9] Mit dem G zur Einführung von Sondervorschriften für die Sanierung und Abwicklung von zentralen Gegenparteien und zur Anpassung des WpHG an die Unterrichtungs- und Nachweispflichten nach den Art. 4a und 10 der VO (EU) Nr. 648/2012 vom 19.3.2020 hat der Gesetzgeber jedoch die lange überfällige Möglichkeit geschaffen, auch bei geschlossenen Investmentgesellschaften (geschlossene) Teilgesellschaftsvermögen einrichten zu können.[10] Erklärtes Ziel des deutschen Gesetzgebers war es hierbei, der gewachsenen Nachfrage nach geschlossenen TGV nachzukommen und dzbgl. mit anderen Fondsstandorten in der EU gleichzuziehen.[11]

Insbes. für die Investition in alternative Assets (zB Private Equity, Private Debt) hat sich damit eine attraktive Möglichkeit nicht nur für KVG mit Erlaubnis, sondern auch für regis-

---

[8] Näher dazu Verfürth/Hecht BB 2020, 1927 (1932).

[9] BaFin-Datenbank, abrufbar unter: https://portal.mvp.bafin.de/database/FondsInfo.

[10] BGBl. 2020 I 529; ausf. dazu Verfürth/Hecht BB 2020, 1927 ff.

[11] S. BT-Drs. 19/17139, 47.

trierte KVG eröffnet, ihr Leistungsangebot noch effizienter und attraktiver zu gestalten. Damit hat sich aber auch die Relevanz der im KAGB geregelten Rechtsformen der Investmentgesellschaften für die registrierte KVG deutlich erhöht.

III. Problemstellung

Der Verweis auf die Anwendung der Vorschriften des vierten bzw. fünften Abschn. des Kap. 1 des KAGB zu den einzelnen Investmentgesellschaften auf solche Investmentgesellschaften, die von einer nur registrierten KVG aufgelegt wurden, ist nicht unproblematisch. Grds. gehen die die einzelnen Formen der Investmentgesellschaften regelnden Vorschriften davon aus, dass die Auflegung der Investmentgesellschaft durch eine vollregulierte KVG, dh mit Erlaubnis, erfolgt. In diesem Fall finden die Vorschriften des vierten bzw. fünften Abschn. des Kap. 1 des KAGB uneingeschränkte Anwendung.

Etwas anderes gilt jedoch bei der Auflegung durch eine registrierte KVG. Für diese gilt ein deutlich eingeschränktes KAGB-Regulierungsregime, was in der Praxis in Begrifflichkeiten wie „kleine KVG", „kleiner AIFM", „AIFM-light" oder „Regulierung light" zum Ausdruck kommt. In welchem Umfang die Vorschriften der einzelnen Investmentgesellschaften, insbes. soweit diese Vorschriften Weiterverweisungen auf andere Vorschriften des KAGB enthalten, iRd eingeschränkten Regulierungsregimes für die registrierte KVG Anwendung finden, ist in der Literatur bisher lediglich vereinzelt und nur zu Einzelaspekten adressiert worden.[12] Eine grundlegende Befassung fehlt bisher.

Soweit Anlass für die registrierte KVG, sich bei der Fondsauflage der Rechtsform der Investmentgesellschaft zu bedienen, die geplante Vorbereitung auf die Verwaltung im Status mit Erlaubnis ist, konnte und kann dieses Defizit dahinstehen, da die registrierte KVG dann von sich aus eine Vollanwendung der Vorschriften zur Investmentgesellschaft anstreben wird. Anders sah und sieht dies jedoch aus, wenn die KVG im Registrierungsstatus verbleiben und von den Erleichterungen des eingeschränkten Regulierungsregimes möglichst umfassend Gebrauch machen möchte.

Im Folgenden sollen daher die Vorschriften für die Investmentgesellschaften im Hinblick auf ihre Anwendbarkeit iRd eingeschränkten Regulierungsregimes für registrierte KVG grundlegend untersucht werden. Der Fokus soll hierbei auf den Vorschriften für die geschlossene Investmentkommanditgesellschaft (§§ 149–161 KAGB) liegen, da diese aufgrund der für diese Rechtsform erst jüngst geschaffenen Möglichkeit der Einrichtung von geschlossenen TGV eine besondere Praxisrelevanz erhalten hat.

IV. Analyse der (Nicht-)Anwendbarkeit der Vorschriften zur geschlossenen Investment-KG für registrierte KVG

1. Grundstruktur der die geschlossene Investment-KG regelnden Vorschriften

Die die geschlossene Investment-KG regelnden Vorschriften (§§ 149–161 KAGB) ergänzen bzw. modifizieren in investmentaufsichtsrechtlicher Hinsicht die herkömmlichen Vorschriften für Kommanditgesellschaften, mithin die Vorschriften zur Kommanditgesellschaft, §§ 161 ff. HGB iVm den Vorschriften zur offenen Handelsgesellschaft, §§ 105 ff. HGB, und

[12] Jünemann/Wirtz RdF 2018, 109 (112 f.) bzgl. der Nichtanwendbarkeit der Mindestkapitalanforderungen aus § 25 KAGB auf den kleinen internen Spezial-AIFM und der nicht bestehenden Anforderung der Zuverlässigkeit und fachlichen Eignung bei Geschäftsführern des kleinen externen Spezial-AIFM; ihnen folgend Assmann/Wallach/Zetzsche/Wieland KAGB § 44 Rn. 25b sowie Emde/Dornseifer/Dreibus/Jansen KAGB § 44 Rn. 17.

zur Gesellschaft bürgerlichen Rechts, §§ 705 ff. BGB, die für die Investment-KG gelten, soweit die §§ 149 ff. KAGB nichts anders regeln (§ 149 Abs. 1 S. 2 KAGB).

Diese aufsichtsrechtlich modifizierenden Vorschriften differenzieren zwischen Vorschriften, die für die Spezial-Investment-KG, solchen, die für die Publikums-Investment-KG, und solchen, die für beide Kategorien gelten.

Sodann enthalten die §§ 149–161 KAGB Vorschriften, deren Regelungsgehalt sich aus der Vorschrift selbst ergibt, und solche Vorschriften, deren Regelungsgehalt sich erst oder ausschließlich aufgrund Weiterverweisung auf andere Vorschriften des KAGB ergibt.

2. Nichtanwendbarkeit der auf die Publikums-Investment-KG bezogenen Vorschriften

Aus Sicht der registrierten KVG, die gem. § 2 Abs. 4 S. 2 Nr. 1 KAGB ausschließlich Spezial-AIF verwaltet, finden ohne Weiteres all diejenigen Vorschriften der §§ 149–161 KAGB keine Anwendung, die ausschließlich für die Publikums-Investment-KG gelten. Keine Geltung für die von einer registrierten KVG aufgelegten Spezial-Investment-KG haben daher die folgenden Vorschriften, die sich explizit auf die Publikums-Investment-KG beziehen: §§ 149 Abs. 2 S. 2, 3, 150 Abs. 2 S. 1 Nr. 1, 152 Abs. 1 S. 2–4, Abs. 2 S. 3, Abs. 5, Abs. 7, 153 Abs. 3, 154 Abs. 1 S. 5 Nr. 2 Hs. 2, Abs. 2 S. 1 Nr. 1 vorletzte Alt., Abs. 2 erste Alt. iVm § 100b Abs. 3 S. 2 und Abs. 4, Abs. 2 S. 2 zweit Alt., Abs. 3, 158 S. 2, 159 S. 2, 159a, 160 Abs. 1, Abs. 2, 161 Abs. 3 KAGB).

3. Nichtanwendbarkeit von Vorschriften mit Weiterverweisung

a) Verwahrstelle

Verschiedene Vorschriften zur geschlossenen Investment-KG verweisen auf andere Vorschriften des KAGB, die ihrerseits den Einsatz einer Verwahrstelle vorsehen.

So erklärt § 149 Abs. 2 S. 1 KAGB den für die offene Investment-KG geltenden § 132 Abs. 4 KAGB, der regelt, dass für jedes TGV eine Verwahrstelle zu benennen sei, für entsprechend anwendbar. Ferner verweist § 154 KAGB auf entsprechend anwendbare Vorschriften für Sondervermögen, die ein Kündigungsrecht der Verwahrstelle für den Fall regeln, dass die KVG aufgelöst wird oder ihr ggü. ein allgemeines Verfügungsverbot erlassen wird (§ 154 Abs. 1 S. 5 iVm § 99 Abs. 4 KAGB), die für den Fall des Erlöschens des Verwaltungsrechts der KVG die Abwicklung des Sondervermögens durch die Verwahrstelle regeln (§ 154 Abs. 2 S. 1 iVm § 100 Abs. 1–3 KAGB) und die anstelle der Abwicklung des Sondervermögens durch die Verwahrstelle die Abwicklung durch eine andere KVG ermöglichen (§ 154 Abs. 2 S. 2 iVm § 100b Abs. 1 S. 1 KAGB).

Der Erwähnung der Verwahrstelle in diesen für entsprechend anwendbar erklärten Vorschriften führt nicht dazu, dass die von einer registrierten KVG aufgelegte geschlossene Investment-KG oder ein diesbezügliches TGV eine Verwahrstelle haben muss. Die Auslegung der genannten Weiterverweisungsvorschriften § 132 Abs. 4 sowie § 154 Abs. 1 S. 5 bzw. § 154 Abs. 2 S. 1, S. 2 KAGB ergibt, dass es sich nur um Rechtsgrundverweise handeln kann (nachfolgend unter → aa) und → bb)). Anders als bei der Rechtsfolgenverweisung, bei der die Verweisungs- bzw. Ausgangsnorm den zu prüfenden Tatbestand liefert und die Zielnorm die Rechtsfolge enthält, die an die Erfüllung dieses Tatbestands geknüpft ist, ist bei der Rechtsgrundverweisung der Tatbestand aus der (insofern unvollständigen) Verweisungs- bzw. Ausgangsnorm und der Zielnorm sowie aus der Zielnorm die Rechtsfolge zu entnehmen.[13]

---

[13] Wörlein/Leinhas JA 2006, 22 (23).

aa) § 154 Abs. 1 S. 5, Abs. 2 S. 1, S. 2 KAGB

(1) Wortlaut. Weder die Verweisnormen (§ 154 Abs. 1 S. 5, Abs. 2 S. 1, S. 2 KAGB) noch die darin genannten Zielnormen, insbes. §§ 99 Abs. 4, 100 Abs. 1, Abs. 2, Abs. 3 S. 1 und § 100b Abs. 1 S. 1 KAGB, regeln, dass eine Verwahrstelle zu bestellen ist. Vielmehr unterstellen alle diese Normen, dass eine Verwahrstelle bereits – aufgrund anderer Vorschriften – bestellt worden ist.

(2) Historie. Auch die Gesetzesbegründungen der genannten Vorschriften, die im Wesentlichen nur den Regelungsgehalt der Vorschriften wiedergeben oder auf die Übernahme der Regelung aus der Vorgängernorm des InvG hinweisen,[14] lassen nicht den Schluss zu, dass mit diesen Vorschriften die Verpflichtung zur Bestellung einer Verwahrstelle geschaffen werden sollte.

(3) Systematik. Nach der Gesetzessystematik ergibt sich ebenfalls nicht, dass die Verweisungsnormen § 154 Abs. 1 S. 5, Abs. 2 S. 1, S. 2 KAGB oder deren Zielnormen §§ 99 Abs. 4, 100 Abs. 1, Abs. 2, Abs. 3 S. 1 und § 100b Abs. 1 S. 1 KAGB die Bestellung einer Verwahrstelle regeln. Im Gegenteil.

Die RL 2011/61/EU (AIFMD), deren Vorschriften das KAGB umsetzt, regelt die Verpflichtung zur Bestellung und Einrichtung einer AIF-Verwahrstelle in Art. 21 AIFMD. Die AIFMD (ausgeschrieben: „Richtlinie … über die Verwalter alternativer Investmentfonds …") regelt laut ihren ErwG erklärtermaßen die Anforderungen für die Zulassung von und Aufsicht über AIFM bzw. Alternative Investmentfonds Manager,[15] nicht aber die Anforderungen an die von ihnen verwalteten AIF.[16] Mit der Aufnahme der Verpflichtung zur Bestellung einer Verwahrstelle, deren Aufgabe – vereinfacht gesagt – die Verwahrung der Assets des AIF und eines Aufpassers ggü. dem AIFM ist, zeigt der EU-Gesetzgeber, dass die Verwahrstelle ein wesentliches Element der Regulierung von AIFM ist. Diese Verpflichtung besteht bei der Verwaltung von AIF. Die AIFMD stellt dabei ausdrücklich klar, dass es hierbei ohne Bedeutung ist, welche Rechtsstruktur der AIF hat (Art. 2 Abs. 2 Buchst. c AIFMD).

Der deutsche Gesetzgeber hat die Verpflichtung in Art. 21 AIFMD zur Bestellung einer AIF-Verwahrstelle in § 80 KAGB umgesetzt. Allein aufgrund der Regelung in § 80 KAGB ergibt sich für eine KVG unter dem KAGB die Verpflichtung zur Bestellung einer Verwahrstelle. Zur wiederholenden oder gar modifizierenden konstitutiven Regelung dieser Verpflichtung in einer anderen Norm des KAGB bestand für den Gesetzgeber kein Anlass und hat er daher auch nicht vorgenommen, auch nicht in den Verweisvorschriften § 154 Abs. 1 S. 5, Abs. 2 S. 1 oder deren Zielnormen §§ 99 Abs. 4, 100 Abs. 1, Abs. 2, Abs. 3 S. 1 und § 100b Abs. 1 S. 1 KAGB. Diese Vorschriften unterstellen vielmehr, dass die eine geschlossene Investment-KG verwaltende KVG bereits der Verpflichtung aus § 80 KAGB zur Bestellung einer Verwahrstelle unterliegt und knüpft an die dementsprechend vorausgesetzte Verwahrstelle lediglich an.

(4) Sinn und Zweck. Schließlich zwingt auch die Auslegung nach dem Sinn und Zweck nicht dazu, der registrierten KVG bei der Verwaltung einer geschlossenen Investment-KG aufgrund der Verweisnormen § 154 Abs. 1 S. 5, Abs. 2 S. 1, S. 2 oder deren Zielnormen §§ 99 Abs. 4, 100 Abs. 1, Abs. 2, Abs. 3 S. 1 und § 100b Abs. 1 S. 1 KAGB die Bestellung einer Verwahrstelle aufzuzwingen. Auch hier führt die Auslegung genau zum gegenteiligen Ergebnis.

Anlass der AIFMD war die Erkenntnis des EU-Gesetzgebers, dass die AIFM bzw. Verwalter alternativer Investmentfonds einen erheblichen Teil aller investierten Vermögenswerte verwalten, in beträchtlichem Umfang am Handel auf den Märkten in Finanzinstrumenten

---

[14] BT-Drs. 17/12294, 251 f. zu § 154 KAGB und 236 zu § 99 KAGB, BT-Drs. 18/6744, 56 f. und BT-Drs. 18/7393, 31, 76 zu § 100b KAGB.

[15] Erwgr. 2 S. 2, 14 S. 1 AIFMD.

[16] Erwgr. 10 S. 1 AIFMD.

beteiligt sind und Märkte und Unternehmen, in die sie investieren, erheblich beeinflussen können.[17] Jedoch hat der EU-Gesetzgeber gesehen, dass AIFM nicht gleich AIFM ist. Dem EU-Gesetzgeber ging und geht es um die Erfassung der systemrelevanten AIFM, die einen erheblichen Einfluss auf die Märkte und Unternehmen, in die sie investieren, haben. Nicht systemrelevante, regelmäßig eher kleinere AIFM hatte der EU-Gesetzgeber nicht im Fokus; während der Diskussionen zur AIFMD war sogar daran gedacht worden, diese vollständig aus der Regulierung herauszunehmen. Letztlich hat sich der EU-Gesetzgeber jedoch einerseits gegen einen vollständigen Ausschluss entschieden, da immerhin die Möglichkeit besteht, dass ein Zusammenwirken ihrer Aktivitäten Systemrisiken nach sich ziehen kann;[18] andererseits aber aufgrund der Erkenntnis, dass sich die Tätigkeit solcher eher kleineren AIFM nicht systemrelevant auswirken dürfte, für diese nur ein sehr reduziertes Aufsichtsregime vorgesehen.[19]

Nach Art. 3 Abs. 2 AIFMD unterliegen diesem reduzierten Aufsichtsregime AIFM, bei denen das Vermögen der verwalteten AIF – einschließlich Hebelfinanzierung – zusammengenommen 100 Mio. EUR nicht übersteigt, und AIFM, bei denen das Vermögen der verwalteten AIF zusammengenommen 500 Mio. EUR nicht übersteigt, die nur nicht hebelfinanzierte AIF verwalten und die ihren Anlegern für einen Zeitraum von fünf Jahren keine Rückgaberechte einräumen. Nach Art. 3 Abs. 3 S. 1 AIFMD umfasst das reduzierte Aufsichtsregime, dass sich die kleinen AIFM bei der Verwaltung ihrer AIF – wohlgemerkt ohne Rücksicht auf die Rechtsform des verwalteten AIF – lediglich bei der zuständigen Aufsichtsbehörde ihres Herkunftsmitgliedstaats registrieren lassen, sich und die von ihnen verwalteten AIF dieser ggü. ausweisen, und dieser Informationen bzgl. der Anlagestrategie, der wichtigsten Instrumente, mit denen sie handeln, sowie zu den größten Risiken und Konzentrationen der von ihnen verwalteten AIF liefern. Aufgrund des reduzierten Aufsichtsregimes kommen die kleinen AIFM nicht in den Genuss der vollregulierten AIFM – hierzu gehört insbes. der sog. EU-Passport –, soweit sich der kleine AIFM nicht im Rahmen eines Opt-in-Verfahrens der AIFMD unterwirft (Art. 3 Abs. 4 AIFMD).

Der deutsche Gesetzgeber hat diese EU-Vorgaben in § 2 Abs. 4 KAGB umgesetzt. Nach Art. 3 Abs. 3 S. 2 AIFMD war und ist es den EU-Mitgliedstaaten nicht verboten, für einen kleinen AIFM strengere Regelungen (sog. Goldplating) als die in Art. 3 Abs. 3 S. 1 AIFMD geregelten Mindeststandards zu regeln.

Dies hat der KAGB-Gesetzgeber mit der Umsetzung des Art. 3 Abs. 2–4 AIFMD in § 2 Abs. 4 KAGB nicht getan, namentlich nicht in der Form, dass er dort für den kleinen AIFM bzw. die kleine KVG über die Vorgaben der AIFMD hinaus die Pflicht zur Bestellung einer Verwahrstelle vorsehen würde.

Vielmehr bildet § 2 Abs. 4 KAGB insofern lediglich den von Art. 3 Abs. 2–4 AIFMD gesetzten Rahmen ab. § 2 Abs. 4 S. 1 KAGB benennt explizit die Vorschriften des KAGB, die auf die registrierte KVG Anwendung finden. Ein Verweis auf die Pflicht zur Bestellung einer AIF-Verwahrstelle gem. § 80 KAGB, gleich ob unabhängig von der Rechtsform oder in Bezug auf die Rechtsform des von der registrierten KVG verwalteten AIF, findet sich in § 2 Abs. 4 KAGB nicht, so dass für registrierte KVG nach § 2 Abs. 4 KAGB die Pflicht zur Bestellung einer Verwahrstelle nicht besteht – gleich welche Rechtsform der von der registrierte KVG verwaltete AIF hat.

Dieses Ergebnis wird *argumentum e contrario* durch den mittlerweile durch das G zur weiteren Stärkung des Anlegerschutzes[20] gestrichenen § 2 Abs. 5 KAGB bestätigt. § 2 Abs. 5 KAGB regelte die Anforderungen für solche registrierte KVG, die (auch) Publikums-AIF verwalten durften. Für solche registrierte KVG enthielt § 2 Abs. 5 S. 1 Nr. 5 KAGB die

[17] Erwgr. 1 AIFMD.
[18] Erwgr. 17 AIFMD.
[19] Erwgr. 17 AIFMD.
[20] Art. 2 Nr. 2 Buchst. b G v. 9.7.2021, BGBl. I 2570 (2575).

Regelung, dass die §§ 80–90 KAGB, und damit die darin vorgesehene Pflicht zur Bestellung einer Verwahrstelle, auf die nach § 2 Abs. 5 KAGB registrierte KVG Anwendung findet. Aus Gründen des (Klein-)Anlegerschutzes war dies gerechtfertigt. Diese Anlegerschutzgesichtspunkte gelten für die registrierte KVG nach § 2 Abs. 4 KAGB, die nur Spezial-AIF verwaltet und daher nur (semi-)professionelle Anleger iSd § 1 Abs. 19 Nr. 32 und 33 KAGB, nicht aber Klein- bzw. Privatanleger iSd § 1 Abs. 19 Nr. 31 KAGB hat, nicht. Insofern entspricht die registrierte KVG nach § 2 Abs. 4 KAGB dem kleinen AIFM nach der AIFMD, die in ihren Regelungen davon ausgeht, dass der AIFM nur AIF mit professionellen Anlegern verwaltet bzw. vertreibt (Art. 31 Abs. 6 AIFMD) und daher keine Anlegerschutzgesichtspunkte berücksichtigt.

bb) § 132 Abs. 4 KAGB

(1) Wortlaut. Nach dem Wortlaut des § 132 Abs. 4 KAGB ist für jedes TGV eine Verwahrstelle zu benennen. Das Gesetz spricht hier im Gegensatz zu § 80 Abs. 1 S. 1 KAGB nicht davon, dass eine Verwahrstelle zu *beauftragen* ist, sondern nur, dass eine Verwahrstelle zu *benennen* ist. Bereits der Wortlaut deutet daher darauf hin, dass § 132 Abs. 4 KAGB nicht konstitutiv eine Pflicht zur Bestellung einer Verwahrstelle begründen möchte, wenn diese nicht bereits aufgrund des § 80 Abs. 1 KAGB besteht.

(2) Historie. Die Gesetzesbegründung zu § 132 Abs. 4 KAGB verweist auf die Parallelvorschrift für die Investment-AG mit veränderlichem Kapital in § 117 Abs. 6 KAGB, deren Gesetzesbegründung wiederum auf die aus dem InvG übernommene Vorgängervorschrift § 97 Abs. 4 S. 3 KAGB verweist. Dort ist, ebenso wie in der Nachfolgebestimmung des KAGB, lediglich von der Pflicht zur *Benennung* einer Depotbank die Rede. Bereits hierzu wurde die Auffassung vertreten, dass es sich nur um eine Klarstellung handele,[21] da die eigentliche Pflicht zur *Beauftragung* einer Depotbank aus dem für das Sondervermögen geltenden § 20 Abs. 1 InvG folgte, auf dessen entsprechende Anwendung für die Investment-AG der § 99 Abs. 3 S. 1 InvG verwies, und nicht aus den Benennungsvorschriften für TGV. Die Regelungen des KAGB folgen mithin der Gesetzeslogik des InvG.

Etwas anderes ergibt sich nicht aus der Gesetzesbegründung zur Verweisungsnorm § 149 Abs. 2 KAGB, die lediglich die Motivation für die Einführung dieser Verweisungsnorm (gestiegene Nachfrage in der Praxis nach geschlossenen TGV) erläutert, sich aber – wenig überraschend – nicht dazu äußert, ob mit dem Verweis auf § 132 Abs. 4 KAGB die Pflicht zur Beauftragung einer Verwahrstelle in Bezug auf TGV, die durch eine registrierte KVG nach § 2 Abs. 4 KAGB verwaltet werden, eingeführt werden sollte.

(3) Systematik, Sinn und Zweck. Auch die Gesetzessystematik und der Sinn und Zweck streiten dafür, dass weder durch die Verweisung in § 149 Abs. 2 KAGB noch durch die Zielnorm § 132 Abs. 4 KAGB die Pflicht zur Bestellung einer Verwahrstelle für die registrierte KVG begründet werden sollte.[22] Denn wenn schon für die kleine KVG bei der Verwaltung einer geschlossenen Investment-KG ohne TGV keine Pflicht zur Bestellung einer Verwahrstelle besteht, wie vorstehend nachgewiesen werden konnte, wäre es systematisch verfehlt und würde es wenig Sinn machen, eine solche Pflicht dann zu bejahen, wenn sich die Verwaltung nicht auf die Investment-KG als solche, sondern auf die Verwaltung eines innerhalb der Investment-KG gebildeten TGV bezieht. Das im Hinblick auf die registrierte KVG nach § 2 Abs. 4 KAGB als gering anzusehende (systemische) Finanzmarktrisiko wird durch die in TGV untergliederte Verwaltung einer Investment-KG nicht größer. Der Verweis auf die Benennungspflicht in § 132 Abs. 4 KAGB kann insofern nur als Rechtsgrundverweisung und nicht als Rechtsfolgenverweisung gewertet werden. Nur soweit überhaupt eine Beauf-

---

[21] Emde/Dornseifer/Dreibus/Hölscher/Dornseifer InvG § 97 Rn. 46 Fn. 30.

[22] S. bereits Verfürth/Hecht BB 2020, 1927 (1930); Emde/Dornseifer/Dreibus/Verfürth/Emde KAGB § 2 Rn. 60.

tragungspflicht nach § 80 Abs. 1 KAGB besteht, ist eine Verwahrstelle zu benennen. § 132 Abs. 4 KAGB stellt insofern nur klar,[23] dass eine Verwahrstelle nicht lediglich auf Ebene des AIF, sondern für jedes TGV zu bestellen ist; zugleich ergibt sich aus der Regelung, dass für jedes TGV eine unterschiedliche Verwahrstelle benannt werden kann, was insofern Sinn macht, als jedes TGV für sich materiell als Investmentvermögen anzusehen ist.[24]

b) Anfangskapital, zusätzlich erforderliche Eigenmittel

aa) Wortlaut

Nach dem Wortlaut des § 155 KAGB hat eine intern verwaltete geschlossene Investment-KG der BaFin unverzüglich anzuzeigen, wenn das Gesellschaftsvermögen den Wert des Anfangskapitals oder den Wert der zusätzlich erforderlichen Eigenmittel gem. § 25 KAGB unterschreitet. § 155 KAGB regelt somit nicht selbst, dass die – intern verwaltete – KVG ein bestimmtes Anfangskapital oder bestimmte zusätzlich erforderliche Eigenmittel aufweisen muss. Diese kapitalmäßigen Anforderungen an die KVG ergeben sich vielmehr aus § 25 KAGB. Die Regelung in § 155 KAGB erklärt aber § 25 KAGB nicht für die intern verwaltete geschlossene Investmentkommanditgesellschaft für entsprechend anwendbar. Vielmehr unterstellt der Verweis in § 155 KAGB die Anwendbarkeit des § 25 KAGB. Bereits nach dem Wortlaut des § 155 KAGB ergibt sich daher die Verpflichtung zur Einhaltung der Mindestkapitalanforderungen aus einer anderen Vorschrift, namentlich des § 25 KAGB, und nicht aus § 155 KAGB selbst.

bb) Historie

In der Gesetzesbegründung zu § 155 KAGB heißt es hierzu, dass die intern verwaltete Investment-KG gleichzeitig interne AIF-KVG ist und damit den Vorschriften für KVG, einschließlich der Vorschriften zum Anfangskapital und zu den zusätzlichen Eigenmitteln gem. § 25 KAGB unterliegt. Eine erneute Regelung des Anfangskapitals und der zusätzlichen Eigenmittel für intern verwaltete geschlossene Investment-KG sei daher im Abschn. über die geschlossene Investment-KG nicht erforderlich. Weiter führt die Gesetzesbegründung aus, dass bei der extern verwalteten geschlossenen Investment-KG nicht die Investment-KG, sondern die externe KVG den Vorschriften zum Anfangskapital und den zusätzlichen Eigenmitteln nach § 25 KAGB unterliege.[25] Auch die Gesetzeshistorie zu § 155 KAGB verweist somit hinsichtlich der Verpflichtung zur Einhaltung der Mindestkapitalvorschriften auf § 25 KAGB. Diese Ausführungen sind für die interne KVG mit Erlaubnis ohne Weiteres zutreffend, da auf diese § 25 KAGB Anwendung findet. Für die registrierte KVG nach § 2 Abs. 4 KAGB können diese Überlegungen jedoch nicht gelten, da § 25 KAGB für diese nach der Systematik und dem Sinn und Zweck nicht gilt.

cc) Systematik, Sinn und Zweck

§ 2 Abs. 4 S. 1 KAGB, der Ausgangspunkt für die Frage der auf die registrierte KVG anwendbaren Vorschriften des KAGB ist, enthält keinen Verweis auf § 25 KAGB. Die registrierte KVG, gleich ob als externe oder als interne KVG strukturiert, unterliegt nach der Regelung des § 2 Abs. 4 KAGB nicht den an die KVG gestellten Mindestkapitalanforderungen des § 25 KAGB. Würde die registrierte KVG die geschlossene Investment-KG als externe KVG verwalten, wäre die Verweisungsnorm § 155 KAGB nicht einschlägig. In diesem Fall würde sich die Frage nach der Anwendbarkeit des § 25 KAGB auf die registrierte KVG nicht stellen. Die Frage der Anwendbarkeit stellt sich nur dann, wenn die registrierte KVG als interne KVG die geschlossene Investment-KG verwalten würde. Würde man in

---

[23] So auch Moritz/Klebeck/Jesch/Eichhorn KAGB § 132 Rn. 17.

[24] S. bereits Verfürth/Hecht BB 2020, 1927 (1929).

[25] BT-Drs. 17/12294, 252 zu § 155 KAGB.

diesem Fall in § 155 KAGB eine Rechtsfolgenverweisung auf § 25 KAGB sehen, käme man zu dem wenig sinnvollen Ergebnis, dass die registrierte KVG als interne KVG die Mindestkapitalanforderungen des § 25 KAGB erfüllen müsste, die registrierte KVG als externe KVG bei der Verwaltung einer geschlossenen Investment-KG dagegen nicht. Dies kann nicht richtig sein. Der historische Gesetzgeber geht von der generellen Anwendbarkeit des § 25 KAGB auf die KVG, die eine geschlossene Investment-KG verwaltet, aus, unterschiedslos ob als externe KVG oder als interne KVG. Es kann sich bei § 155 KAGB für die registrierte KVG, wenn sie als interne KVG eine geschlossene Investment-KG verwaltet, daher nur um eine Rechtsgrundverweisung handeln, mit dem Ergebnis, dass die registrierte KVG weder als externe noch als interne KVG die Mindestkapitalanforderungen des § 25 KAGB bei der Verwaltung einer geschlossenen Investment-KG erfüllen muss.[26]

c) Produktvorschriften

aa) Wortlaut

§ 150 Abs. 2 S. 1 Nr. 2 KAGB regelt, dass gesellschaftsvertraglich festgelegter Unternehmensgegenstand der geschlossenen Investment-KG ausschließlich die Anlage und Verwaltung ihrer Mittel nach einer festgelegten Anlagestrategie zur gemeinschaftlichen Kapitalanlage bei geschlossenen Spezial-Investment-KG nach den §§ 273–277 und 285–292c KAGB zum Nutzen der Anleger sein muss. Diese Formulierung könnte so verstanden werden, dass die registrierte KVG bei der Verwaltung einer geschlossene Spezial-Investment-KG die genannten §§ 273–277 und §§ 285–292c KAGB beachten muss.

bb) Historie

Wie die Gesetzesbegründung zu § 150 KAGB zeigt, ging es dem historischen Gesetzgeber mit dem Verweis auf die §§ 273–277 und §§ 285–292c KAGB (bzw. in der Ursprungsfassung bis § 292 KAGB) lediglich darum, klarzustellen, dass es ich bei der geschlossenen Investment-KG um einen Publikums-AIF oder einen Spezial-AIF handelt. Wörtlich heißt es: „Durch den Verweis auf die Produktvorschriften für geschlossene Publikums-AIF oder die Produktvorschriften für geschlossene Spezial-AIF konkretisiert der Unternehmensgegenstand, ob es sich bei der geschlossenen Investmentkommanditgesellschaft um eine geschlossene Publikumsinvestmentkommanditgesellschaft oder eine geschlossene Spezialinvestmentkommanditgesellschaft handelt."[27] Nach der Gesetzesbegründung kann der Verweis daher als bloße Klarstellung hinsichtlich der Abgrenzung Publikums-AIF vs. Spezial-AIF verstanden werden, nicht aber dahingehend, dass in § 150 Abs. 1 S. 1 Nr. 2 KAGB die Anwendung der darin genannten Vorschriften §§ 273–277 und 285–292c KAGB konstitutiv festgelegt wird.

cc) Systematik, Sinn und Zweck

Vor dem Hintergrund der vom historischen Gesetzgeber intendierten Klarstellung im Unternehmensgegenstand, ob es sich bei der verwalteten geschlossenen Investment-KG um eine Publikums-Investment-KG oder eine Spezial-Investment-KG handelt, muss die zusätzlich Nennung der von ihm so bezeichneten Produktvorschriften, im Fall des Spezial-AIF der §§ 273–277 und §§ 285–292c KAGB, als nicht erforderlich angesehen werden, da für die Klarstellung die Benennung im Unternehmensgegenstand als Publikums-Investment-KG oder als Spezial-Investment-KG allein schon genügt.[28] Einer Aufzählung von Vorschriften des KAGB, die grds. im Zusammenhang mit der einen bzw. anderen Gesellschaftsform Anwendung finden, bedarf es dazu nicht. Für die KVG mit Erlaubnis, die eine geschlossene

[26] Im Ergebnis ebenso die oben in Fn. 12 zitierte Literatur.
[27] BT-Drs. 17/12294, 249 zu § 150 KAGB.
[28] Ebenso Weitnauer/Boxberger/Anders/Paul KAGB § 150 Rn. 7.

Investment-KG verwaltet, sei es in Form der geschlossenen Publikums-Investment-KG, sei es in Form der geschlossenen Spezial-Investment-KG, bedarf es der Nennung der Produktvorschriften nicht, da diese originär für die KVG Anwendung finden bzw. von dieser einzuhalten sind. Auf die KVG mit Erlaubnis finden, je nach verwaltetem Investmentvermögen, grds. sämtliche Vorschriften des KAGB Anwendung.

Anders ist dies im Fall der Verwaltung durch eine registrierte KVG, für die der Gesetzgeber die Vorschriften des KAGB gem. § 2 Abs. 4 S. 1 KAGB bewusst in einem deutlich reduzierten Umfang zur Anwendung kommen lassen will. § 2 Abs. 4 S. 1 KAGB verweist hinsichtlich der in § 150 Abs. 2 S. 1 Nr. 2 KAGB genannten Vorschriften lediglich auf die Anwendbarkeit von §§ 285 Abs. 2 und 3, 286 KAGB für den Fall einer Gelddarlehensvergabe für Rechnung des AIF sowie auf die Verwaltung eines – in § 1 Abs. 19 Nr. 10a KAGB definierten – Entwicklungsförderungsfonds gem. Kap. 3 Abschn. 4, sprich gem. §§ 292a–292c KAGB. Lediglich diese Produktvorschriften hat eine registrierte KVG zu beachten; jedoch nicht aufgrund der Nennung in § 150 Abs. 2 S. 1 Nr. 2 KAGB, sondern aufgrund ausdrücklicher Inbezugnahme in § 2 Abs. 4 S. 1 KAGB.

Sowohl für die KVG mit Erlaubnis als auch die registrierte KVG ist damit vom KAGB konstitutiv geregelt, welche der in § 150 Abs. 2 S. 1 Nr. 2 KAGB genannten Produktvorschriften bei der Verwaltung von geschlossenen Investment-KG zu beachten sind. Der Nennung in § 150 Abs. 2 S. 1 Nr. 2 KAGB kommt insofern keine konstitutive Bedeutung zu; es handelt sich insofern nicht um einen Rechtsfolgen-, sondern um einen Rechtsgrundverweis, so dass die darin genannten Produktvorschriften für die verwaltende KVG nur zu beachten sind, wie sie ohnehin bereits für diese Anwendung finden.

Dem steht nicht entgegen, dass die in § 150 Abs. 2 S. 1 Nr. 2 KAGB genannten Vorschriften sowohl vom historischen Gesetzgeber in der Gesetzesbegründung als auch allgemein als Produktvorschriften bezeichnet werden. Es ist zwar richtig, dass die AIFMD nur die Anforderungen an den AIFM regelt und es den Mitgliedstaaten überlässt, die Anforderungen an den AIF zu regeln. So formuliert der Erwgr. 10 der AIFMD: „Diese Richtlinie enthält keine Regelungen für AIF. Die Regelung für AIF und ihre Beaufsichtigung sollten daher weiterhin auf nationaler Ebene erfolgen". § 2 Abs. 4 KAGB kann daher im Kern als Managerregulierungsvorschrift verstanden werden. Dies hat den KAGB-Gesetzgeber jedoch nicht davon abgehalten, für die registrierte KVG in § 2 Abs. 4 S. 1 KAGB gleichwohl auch die Produktvorschriften zu benennen, die er auf diese angewandt wissen will, so dass nicht argumentiert werden kann, § 2 Abs. 4 KAGB beschränke sich auf die Nennung nur der anwendbaren Managerregulierungsvorschriften des KAGB. Noch deutlicher war dies bei der Regelung der registrierungspflichtigen KVG zur Verwaltung von Publikums-AIF (sog. kleiner Publikums-AIFM) in dem mittlerweile aufgehobenen § 2 Abs. 5 KAGB abzulesen. Für diese erklärte § 2 Abs. 5 S. 1 Nr. 6 KAGB die Produktvorschriften für geschlossene Publikums-AIF (§§ 261–270, 271 Abs. 1 und 4, 272 KAGB) für anwendbar.[29] Ebenso enthielt der aufgehobene, den – registrierungspflichtigen – Mini-AIFM regelnde § 2 Abs. 4a S. 1 KAGB einen Verweis auf die für diesen anwendbare Produktvorschrift § 261 Abs. 1 Nr. 8 KAGB.[30] Selbst wenn man jedoch so argumentieren wollte,[31] gilt nichts anderes. Denn wenngleich die in § 150 Abs. 2 S. 1 Nr. 2 KAGB benannten Vorschriften vom historischen Gesetzgeber und allgemein als Produktvorschriften bezeichnet werden, sah der AIFMD-Gesetzgeber in ihrem Regelungsgehalt zum größten Teil Managerregulierungsvorschriften, da er sie in der AIFMD geregelt hat.

Dies betrifft vor allem den in den §§ 287–292 KAGB enthaltenen Regelungsgehalt, mit dem die Art. 26–30 AIFMD umgesetzt werden.[32] Erwgr. 53 AIFMD führt zu diesen Bestimmungen der AIFMD aus, dass AIFM, deren AIF Kontrolle über ein nicht börsen-

[29] Näher dazu Emde/Dornseifer/Dreibus/Verfürth/Emde, 2. Aufl. 2019, KAGB § 2 Rn. 66 ff.
[30] Näher dazu Emde/Dornseifer/Dreibus/Verfürth/Emde, 2. Aufl. 2019, KAGB § 2 Rn. 72 ff.
[31] So wohl Jüneman/Wirtz RdF 2018, 109 (113, 116).
[32] S. die Gesetzesbegründung in BT-Drs. 17/12294, 277 zu §§ 287–292 KAGB.

notiertes Unternehmen ausüben, spezifischen Anforderungen unterliegen sollten. Entsprechend lautet die Überschrift des Kap. V, Abschn. 2 zu Art. 26–30 der AIFMD „Pflichten von AIFM, die AIF verwalten, die die Kontrolle über nicht börsennotierte Unternehmen und Emittenten erlangen". Bei den in den Art. 26–30 AIFMD bzw. entsprechend in den §§ 287–292 KAGB geregelten spezifische Anforderungen an den AIFM bzw. die KVG handelt es sich um Mitteilungspflichten (Art. 27 AIFMD bzw. § 289 KAGB), um Offenlegungspflichten (Art. 28 AIFMD bzw. § 290 KAGB), um die Pflicht, bei Kontrollerlangung über das Zielunternehmen darum zu ersuchen oder sich nach besten Kräften zu bemühen sicherzustellen, dass den Arbeitnehmern bzw. Arbeitnehmern des Zielunternehmens der Jahresbericht zur Verfügung gestellt wird, und um die Pflicht, in den Jahresbericht an die Anleger des AIF bestimmte Informationen aufzunehmen (Art. 29 AIFMD bzw. § 291 KAGB) sowie um die Pflicht zur Beachtung des Verbots der Zerschlagung bzw. Ausschlachtung (asset stripping) in Bezug auf das Zielunternehmen (Art. 30 AIFMD bzw. § 292 KAGB). Ähnliches gilt für den Regelungsgehalt des § 286 KAGB und der darin genannten Zielnormen (Bewertung), der bzw. die im Wesentlichen Art. 19 AIFMD umsetzen und damit die Anforderungen an einen AIFM bzw. eine KVG zur Gewährleistung einer ordnungsgemäßen Bewertung der Vermögensgegenstände eines AIF regeln.[33] Ferner setzen § 273 KAGB die Vorschrift des Art. 7 Abs. 3 Buchst. c AIFMD und § 274 KAGB die Vorschrift des Art. 25 Abs. 3, 4, 8 und 9 AIFMD um.[34]

Die § 275 KAGB (Gebot, Belastungen nur iRd zugelassenen Vorgaben vorzunehmen), § 276 KAGB (Verbot, Leerverkäufe durchzuführen) und § 277 KAGB (Pflicht, sicherzustellen, dass Anteile oder Aktien nur an semi-/professionelle Anleger übertragen werden) beruhen zwar nicht unmittelbar auf der Umsetzung von Bestimmungen der AIFMD, gleichwohl regeln jedoch auch sie wie die vorgenannten umgesetzten Bestimmungen der AIFMD weniger Produktanforderungen als vielmehr Anforderungen an die KVG und dienen daher (zumindest auch) der Managerregulierung.

Insgesamt lässt sich mithin festhalten: Da das reduzierte Regulierungsregime für kleine AIFM in Art. 3 Abs. 2 und 4 AIFMD diese vorgenannten (Produkt- bzw. Manager-)Regelungen der AIFMD nicht für den kleinen AIFM für anwendbar erklärt, belegt die unterbliebene Nennung der entsprechenden Umsetzungsvorschriften des KAGB in § 2 Abs. 4 S. 1 KAGB, dass es auch der deutsche Gesetzgeber – und zwar unabhängig von der Rechtsform – bei dem von der AIFMD vorgegebenen reduzierten Regulierungsregime belassen möchte und diese sog. Produktvorschriften für die registrierte KVG nur, soweit er dies in § 2 Abs. 4 S. 1 KAGB geregelt hat, zur Anwendung kommen lassen will.

4. *Nichtanwendbarkeit von Vorschriften ohne Weiterverweisung*

Zu den nicht anwendbaren Vorschriften der §§ 149 ff. KAGB ohne Weiterverweisung gehört § 153 Abs. 1 und 2 KAGB.

Nach dem Wortlaut des § 153 Abs. 1 S. 1 KAGB muss die von einer externen KVG verwaltete geschlossene Investment-KG eine Mindestzahl von zwei Geschäftsführern aufweisen, die nach dem Wortlaut des § 153 Abs. 2 S. 1 KAGB zuverlässig sein und die erforderliche fachliche Eignung haben müssen. Soweit es sich um eine intern verwaltete geschlossene Investment-KG und damit um eine interne KVG handelt, beziehen sich diese zahlenmäßigen und qualitativen Anforderungen zugleich auf die Geschäftsführer der (internen) KVG. Dass diese Anforderungen für die registrierte KVG nicht gelten können, ergibt sich aus Folgendem:

---

[33] BT-Drs. 17/12294, 277 zu § 286 KAGB.
[34] BT-Drs. 17/12294, 274 zu §§ 273, 274 KAGB.

a) *Zuverlässigkeit und fachliche Eignung der Geschäftsleiter der geschlossenen Investment-KG*

Die Gesetzesbegründung zu § 153 Abs. 2 KAGB verweist hinsichtlich des Erfordernisses der Zuverlässigkeit und der fachlichen Eignung auf die entsprechende Regelung bei den anderen Investmentgesellschaften. Deren Gesetzesbegründungen erläutern, dass sich das Erfordernis der Zuverlässigkeit und der fachlichen Eignung bei der internen KVG bereits aus § 22 KAGB ergebe und die entsprechende Regelung bei der Investmentgesellschaft daher nur klarstellenden Charakter habe[35] § 22 Abs. 1 KAGB regelt für den Erlaubnisantrag einer AIF-KVG, dass dieser Angaben zur Zuverlässigkeit (Nr. 3) und zur fachlichen Eignung (Nr. 4) der KVG-Geschäftsleiter haben muss. Da die interne KVG das Investmentvermögen selbst ist (§ 17 Abs. 2 Nr. 1 KAGB), ist der in der Gesetzesbegründung gezogene Schluss zutreffend. Für die registrierte KVG findet § 22 KAGB jedoch keine Anwendung. Da § 153 Abs. 2 S. 1 KAGB erklärtermaßen nur klarstellenden Charakter hat, die konstitutive Anforderung an die Zuverlässigkeit und fachliche Eignung also allein aus § 22 KAGB folgt, heißt dies für die registrierte interne KVG, dass für deren Geschäftsleiter aus § 153 Abs. 2 S. 1 KAGB kein Erfordernis zur Bestellung ausschließlich zuverlässiger und fachlich geeigneter Geschäftsleiter folgt.[36]

Für die extern verwaltete Investmentgesellschaft erläutert die Gesetzesbegründung, dass die Investmentgesellschaft von der Regelung in § 22 KAGB nicht erfasst wird. Daher komme der Regelung zum Erfordernis einer zuverlässigen und fachliche geeigneten Geschäftsleitung in den Vorschriften zu den Investmentgesellschaften, etwa in § 153 Abs. 2 S. 1 KAGB, für die extern verwaltete Investmentgesellschaft konstitutive Wirkung zu. Für die registrierte KVG würde dies zu dem Widerspruch führen, dass ihre bzw. die Geschäftsleiter der durch sie intern verwalteten geschlossenen Investment-KG keine ausschließlich zuverlässigen und fachlich geeigneten Geschäftsleiter sein müssen, die Geschäftsleiter einer von ihr als registrierte externe KVG verwalteten geschlossenen Investment-KG dagegen schon.

Letzteres Ergebnis stünde im weiteren Widerspruch dazu, dass für die extern verwaltende registrierte KVG nach § 44 Abs. 1 KAGB, der die Registrierungsanforderungen der KVG regelt, kein Erfordernis an die Zuverlässigkeit und fachliche Eignung ihrer Geschäftsleiter besteht. Zwar verweist § 44 Abs. 5 S. 3 KAGB auf die entsprechende Anwendung des § 40 Abs. 2 KAGB. Dieser regelt, dass die BaFin die Organbefugnisse der abberufenen Geschäftsleiter so lange auf einen geeigneten Sonderbeauftragten übertragen kann, bis die KVG über neue Geschäftsleiter verfügt, die den in § 23 Nr. 3 KAGB genannten Anforderungen genügen. § 23 Nr. 3 KAGB wiederum regelt, dass die KVG-Erlaubniserteilung zu versagen ist, wenn Tatsachen vorliegen, aus denen sich ergibt, dass die Geschäftsleiter der KVG nicht zuverlässig sind oder die zur Leitung erforderliche fachliche Eignung iSd § 25c Abs. 1 KWG nicht haben. Bei diesem Verweis auf § 40 Abs. 2 iVm § 23 Nr. 3 KAGB handelt es sich aber offensichtlich um ein redaktionelles Versehen, denn da schon beim Registrierungsantrag kein Erfordernis zuverlässiger und fachlich geeigneter Geschäftsleiter zu erfüllen ist, kann die Finanzaufsicht schlechterdings nach erfolgter Abberufung der Geschäftsleiter von den neuen Geschäftsleitern der registrierten KVG verlangen, dass diese zuverlässig und fachlich geeignet zu sein haben. Der redaktionelle Fehler beruht vermutlich darauf, dass der mittlerweile aufgehobene § 44 Abs. 3 KAGB für den Registrierungsantrag des kleinen Publikums-

---

[35] So die Gesetzesbegründung in BT-Drs. 17/12294, 249 zu § 147 KAGB zur Investment-AG mit fixem Kapital, 243 zu § 128 KAGB zur offenen Investment-KG und 240 zu § 119 KAGB zur Investment-AG mit veränderlichem Kapital.

[36] AA Jünemann/Wirtz RdF 2018, 109 (113), die davon ausgehen, dass die Zuverlässigkeit und fachliche Eignung zum Prüfungsumfang der BaFin gehören, wenn der kleine Spezial-AIFM bei interner Verwaltung die Rechtsform der Investment-KG wählt.

AIFM verlangte, dass dessen Registrierungsantrag Informationen zur Zuverlässigkeit (Nr. 2) und fachlichen Eignung (Nr. 3) seiner Geschäftsleiter enthielt und die BaFin nach der ebenfalls aufgehobenen Regelung in § 44 Abs. 4 S. 4 Nr. 6 KAGB die Registrierung versagen konnte, wenn bei dem kleinen Publikums-AIFM Tatsachen vorliegen, aus denen sich ergibt, dass die Geschäftsleiter des kleinen Publikums-AIFM nicht zuverlässig sind oder die zur Leitung erforderliche fachliche Eignung nicht haben. Auf diese Anforderungen war der Verweis in § 44 Abs. 5 S. 3 KAGB zugeschnitten. Anscheinend hat der Gesetzgeber bei der Aufhebung des § 2 Abs. 5 KAGB und der mit ihm korrelierenden § 44 Abs. 3 und § 44 Abs. 4 S. 4 Nr. 6 KAGB iRd G zur weiteren Stärkung des Anlegerschutzes v. 9.7.2021[37] übersehen, den Verweis in § 44 Abs. 5 S. 3 KAGB mit aufzuheben. In jedem Fall folgt aus diesem Verweis für die registrierte KVG nach § 2 Abs. 4 KAGB nicht das Erfordernis, dass sie ausschließlich zuverlässige und fachlich geeignete Geschäftsleiter bestellen darf.

Wenn aber schon für die externe registrierte KVG dieses Erfordernis hinsichtlich ihrer Geschäftsleiter nicht besteht, kann sich – argumentum a maiore ad minus – dieses Erfordernis schon nicht für die Geschäftsleiter der von ihr extern verwalteten geschlossenen Investment-KG aus § 153 Abs. 2 S. 1 KAGB konstitutiv ergeben, da der Geschäftsleitung der geschlossenen Investment-KG bei Bestellung einer externen KVG nur rudimentäre, gesetzlich nicht entziehbare Aufgaben verbleiben, weil die eigentliche Geschäftsführung der Investment-KG durch die KVG erfolgt.[38] § 153 Abs. 2 S. 1 KAGB kann daher für die durch eine externe registrierte KVG verwaltete geschlossene Investment-KG keine konstitutive Wirkung haben; die Vorschrift findet hier im Wege der teleologischen Reduktion keine Anwendung.

b) Mindestens zwei Geschäftsleiter in der geschlossenen Investmentkommanditgesellschaft

Hinsichtlich des Erfordernisses nach § 153 Abs. 1 S. 1 KAGB, dass die Geschäftsführung der geschlossenen Investment-KG aus mindestens zwei Personen bestehen muss, bietet sich ein ähnliches Bild wie hinsichtlich des Erfordernisses zuverlässiger und fachlich geeigneter Geschäftsführer nach § 153 Abs. 2 S. 1 KAGB.

Entgegen dem Wortlaut findet das zahlenmäßige Erfordernis bei der durch eine registrierte KVG verwalteten geschlossenen Investment-KG keine Anwendung.

Die Gesetzesbegründung zur geschlossenen Investment-KG verweist hinsichtlich dieses zahlenmäßigen Erfordernisses auf die entsprechende Regelung zur Investment-AG mit variablem Kapital, bei der das Erfordernis von zwei Vorständen aus § 106 InvG zur dort geregelten Investment-AG entnommen wurde. Ohne dass die Gesetzesbegründung dies tut, kann auch hier argumentiert werden, dass sich das Erfordernis von mindestens zwei Geschäftsleitern für die interne KVG in Form der geschlossenen Investment-KG konstitutiv bereits aus §§ 22 Abs. 1 Nr. 2, 23 Nr. 2 KAGB ergibt, der dieses Erfordernis für die KVG regelt, so dass § 153 Abs. 2 S. 1 KAGB für die interne KVG deklaratorische Wirkung, für die extern verwaltete geschlossene Investment-KG dagegen konstitutive Wirkung zukommt. Wie beim Erfordernis zuverlässiger und fachlich geeigneter Geschäftsführer ergibt sich aber auch hier für die registrierte KVG der dzbgl. vorstehend aufgezeigte entsprechende Widerspruch, dass die durch die registrierte KVG intern verwaltete geschlossene Investment-KG keine zwei Geschäftsleiter benötigt, die von einer registrierten KVG extern verwaltete geschlossene Investment-KG dagegen zwei Geschäftsleiter aufweisen müsste. Auch hier würde sich der weitere Widerspruch ergeben, dass in diesem Fall an die geschlossene Investment-KG höhere Anforderungen gestellt würden als an die diese extern verwaltende registrierte KVG, da diese nach der Registrierungsvorschrift des § 44 Abs. 1 KAGB keine Mindestzahl von zwei Geschäftsleitern vorweisen muss. Auf die oben geführte Diskussion zu

[37] BGBl. 2021 I 2570.

[38] S. dazu BaFin, Auslegungsentscheidung zu den Tätigkeiten einer KVG und der von ihr extern verwalteten AIF-Investmentgesellschaften, 21.12.2017 Ziff. II. 2.

§ 44 Abs. 5 KAGB kommt es hier nicht an, da dieser explizit nur auf das Erfordernis der Zuverlässigkeit und fachlichen Eignung in § 23 Nr. 3 KAGB, nicht aber das zahlenmäßige Erfordernis in § 23 Nr. 2 KAGB verweist.

Im Ergebnis ist daher auch hier festzuhalten, dass im Wege der teleologischen Reduktion § 153 Abs. 1 S. 1 KAGB bzw. das darin vorgeschriebene Erfordernis von zwei Geschäftsführern für die durch eine registrierte KVG – gleich ob intern oder extern – verwaltete geschlossene Investment-KG keine Anwendung findet.

V. Fazit und Ausblick

Der KAGB-Gesetzgeber hat die einer Registrierung unterliegende KVG bewusst einem deutlich reduzierten Regulierungsregime unterworfen. Sedes materiae der auf die registrierte KVG anwendbaren reduzierten Vorschriften des KAGB ist § 2 Abs. 4 S. 1. Dieser Geringregulierungsansatz gilt auch, wenn die registrierte KVG geschlossene (Spezial-)Investment-KG verwaltet. Infolgedessen muss die registrierte KVG bei der Auflage und Verwaltung geschlossener Investment-KG keine Verwahrstelle benennen, in der Form einer internen KVG keine Mindestkapitalanforderungen erfüllen, und die in § 150 Abs. 2 S. 1 Nr. 2 KAGB genannten Produktvorschriften nur insoweit erfüllen, wie § 2 Abs. 4 S. 1 KAGB auf sie verweist. Schließlich muss weder die registrierte KVG noch die von ihr verwaltete geschlossene Investment-KG, gleich ob bei interner oder externer Verwaltung, eine Mindestzahl von zwei Geschäftsführern aufweisen noch müssen diese Geschäftsführer eine bestimmte Zuverlässigkeit oder fachliche Eignung vorweisen. Dies gilt auch, wenn die registrierte KVG von der im Jahr 2020 geschaffenen Möglichkeit der Auflegung einer geschlossenen Investment-KG mit TGV, etwa zur Auflegung einer Multi-Manager-Investmentplattform, Gebrauch macht. Es spricht einiges dafür, dass die Zahl der von registrierten KVG aufgelegten Investment-KG mit zunehmender Bekanntheit der Möglichkeit und Vorteile der Auflegung geschlossener TGV bei gleichzeitiger Beibehaltung des für die registrierte KVG geltenden deutlich reduzierten Regulierungsregimes steigen wird.

D. STAATS- UND VERWALTUNGSRECHT

HELMUT GOERLICH

Ernst Thomas Emde, die umstrittene demokratische Legitimation der funktionalen Selbstverwaltung und sein akademischer Lehrer – vor allem aber ein wissenschaftssoziologischer Blick zurück

Vor seinem akademischen Abschied aus Freiburg im Breisgau schloss Thomas Emde seine Dissertation dort ab.[1] Das war nicht die einzige Zäsur. Zum Thema zu arbeiten hatte er sich 1979 vorgenommen, erst 1991 erschien das Buch. Als Dissertation eingereicht hatte er sie 1984, danach brachte er sie vor Veröffentlichung als Buch auf den Stand von 1988. Erstgutachter und Doktorvater war Ernst-Wolfgang Böckenförde. Ihm widersprach das Werk auch angesichts dessen rigorosen demokratietheoretischen Konzepts; dh demjenigen von der nach dem Demokratieprinzip erforderlichen ununterbrochenen und exklusiven Legitimationskette aller öffentlichen Gewalt in ihrem Rückbezug auf das „Volk". Dabei gab die Position des Lehrers dann auf, dieses näher zu qualifizieren, etwa als kulturell oder anders homogene, oder vor allem rechtlich verbundene „Bevölkerung".[2]

Das Buch war ein akademischer Erfolg. Es war außerdem Frucht der Assistentenjahre in Freiburg, zum Abschluss auch noch bei Alexander Hollerbach, dem Zweitgutachter. Zugleich war es sicher zudem der Atmosphäre verpflichtet, die damals unter den Mitarbeitern im öffentlichen Recht in Freiburg bestand.

I.

Zitiert wurde die Arbeit elf Jahre nach ihrem Erscheinen in einem Beschluss des Zweiten Senats des BVerfG – aus dem Ernst-Wolfgang Böckenförde inzwischen ausgeschieden war. Der Senat zitierte in seinem Beschluss v. 5.12.2002 eine Dissertation, die eben nicht auf der Linie ihres Doktorvaters lag. Genannt sei folgende Passage im Wortlaut:

„Die funktionale Selbstverwaltung ergänzt und verstärkt insofern das demokratische Prinzip. Sie kann als Ausprägung dieses Prinzips verstanden werden, soweit sie der Verwirklichung des übergeordneten Ziels der freien Selbstbestimmung aller (vgl. BVerfGE 44, 125, 142; Emde, Die demokratische Legitimation der funktionalen Selbstverwaltung, 1991, S. 356f.) dient. Demokratisches Prinzip und Selbstverwaltung stehen unter dem Grundgesetz nicht im Gegensatz zueinander. Sowohl des Demokratieprinzip in seiner traditionellen Ausprägung einer ununterbrochen auf das Volk zurückzuführenden Legitimationskette für alle Amtsträger als auch die funktionale Selbstverwaltung als organisatorische Beteiligung der sachnahen Betroffenen an den sie berührenden Entscheidungen verwirklichen die sie verbindende Idee des sich selbst bestimmenden Menschen in einer freiheitlichen Ordnung (Art. 1 Abs. 1

[1] Emde, Die demokratische Legitimation der funktionalen Selbstverwaltung. Eine verfassungsrechtliche Studie anhand der Kammern, der Sozialversicherungsträger und der Bundesanstalt für Arbeit, 1991.

[2] Intensiv hat sich früher damit auseinandersetzt bis kurz vor seinem Tod Ende 1933 in Madrid H. Heller, vgl. zuletzt Heller, Staatslehre, 1961,158 ff.; Heller, Politische Demokratie u. soziale Homogenität, 1928, 421 ff.; dabei scheint mir Heller mehr und mehr vor allem eine durch Erziehung und Bildung gesicherte kulturelle Homogenität einzufordern.

GG; dazu auch Maihofer, in: Benda/Maihofer/Vogel, Handbuch des Verfassungsrechts der Bundesrepublik Deutschland, 2. Aufl. 1994, S. 490ff.).“[3]

Der Erste Senat desselben Gerichts schrieb in seinem Beschluss vom 13.7.2004 ohne akademische Zitate:

„Die Prinzipien der Selbstverwaltung und der Autonomie wurzeln im demokratischen Prinzip und entsprechen dem freiheitlichen Charakter der Verfassung; sie ermöglichen, in eigener Verantwortung die Ordnung der sie berührenden Angelegenheiten zu gestalten (vgl. BVerfGE 33, 125, 1456f., 159). [...] Die Einrichtung funktionaler Selbstverwaltung als Ausprägung des Demokratieprinzips des Art. 20 Abs. 2 GG mit dem Ziel der Verwirklichung freier Selbstbestimmung (vgl. BVerfGE 107, 59, 92 unter Bezugnahme auf BVerfGE 44, 125, 142) darf nicht dazu führen, dass der Gesetzgeber sich seiner Regelungsverantwortung entäußert.“[4]

Durch Beschluss vom 6.5.2014 hat der Zweite Senat seine Sicht ausdifferenziert und bekräftigt, was hier nur anzudeuten ist:

„Das Demokratieprinzip ist nicht verletzt. [...] Nach dem Demokratieprinzip (Art. 20 Abs. 2 GG) bedarf alles amtliche Handeln mit Entscheidungscharakter, gleich ob unmittelbar aussenwirksam oder nicht, der demokratischen Legitimation. Es muss sich auf den Willen des Volkes – der Gesamtheit der Bürger[5] *– zurückführen lassen und, sofern das Volk nicht selbst entscheidet, ihm gegenüber verantwortet werden [...]. Der notwendige Zurechnungszusammenhang zwischen Volk und staatlicher Herrschaft wird vor allem durch die Wahl des Parlaments, durch die von ihm beschlossenen Gesetze als Maßstab der vollziehenden Gewalt, durch den parlamentarischen Einfluss auf die Politik der Regierung sowie durch die grundsätzliche Weisungsgebundenheit der Verwaltung gegenüber der Regierung hergestellt [...] oder durch einen seinerseits personell legitimierten Amtsträger oder mit dessen Zustimmung erhalten hat. Sachlich-inhaltliche Legitimation wird durch die Bindung an das Gesetz sowie durch Aufsicht und Weisung übergeordneter staatlicher Stellen vermittelt. Entscheidend ist nicht die Form der demokratischen Legitimation staatlichen Handelns, sondern deren Effektivität; notwendig ist ein bestimmtes Legitimationsniveau [...]. Für die Beurteilung, ob ein hinreichendes Niveau an demokratischer Legitimation erreicht wird, haben die verschiedenen Formen der Legitimation nicht je für sich Bedeutung, sondern nur in ihrem Zusammenwirken [...]. Das erforderliche Legitimationsniveau ist abhängig von der Art der zu legitimierenden Entscheidungstätigkeit. Je intensiver die in Betracht kommenden Entscheidungen etwa Grundrechte berühren, desto höher muss das Legitimationsniveau sein [...].*

Außerhalb der unmittelbaren Staatsverwaltung und der in ihrem sachlich-gegenständlichen Aufgabenbereich nicht beschränkten Selbstverwaltung ist das Demokratiegebot offen für Formen der Organisation und Ausübung von Staatsgewalt, die insbesondere vom Erfordernis lückenloser personeller, durch Wahl- und Bestellungsakte vermittelter demokratischer Legitimation aller Entscheidungsbefugten abwei-

---

[3] Vgl. BVerfGE 107, 59 (92) – Lippe-Verbands- und Emscher-Genossenschaftsgesetz; zu dieser Entscheidung hat Emde Stellung genommen und dort zudem das große Verdienst Böckenfördes hervorgehoben, die Organisation der Verwaltung als Emanation des demokratischen Prinzips gesehen zu haben, vgl. ders. in: Enders/Masing (Hg.), Freiheit des Subjekts und Organisation von Herrschaft, Berlin 2006; Beiheft 17 der Zeitschrift „Der Staat“, S. 65 ff., 69 ff.

[4] BVerfGE 111, 191, 215 (216) – Notarkassen.

[5] Der Inhalt dieser Parenthese in BVerfGE 136, 194 (261) scheint bedeutsam, da sich das Gericht hiermit vielleicht von einem übergeordneten, jenseits des Textes des Grundgesetzes entwickelten Volksbegriff zu lösen sucht; es hatte sich von einem solchen Volksbegriff schon in Fragen des Ausländerwahlrechts ferngehalten, indem es insoweit eine Sperrwirkung des Art. 79 Abs. 3 GG verneinte, dazu Art. 116 Abs. 1 GG mit seinem Begriff der „Volkszugehörigkeit“, vgl. BVerfGE 83, 37 (59) und 83, 60 (75) die Bezugnahme auf die eben genannte Entscheidung. Auch erlaubt der Bezug auf das Bürgerrecht die Annahme, dass hier die Zugehörigkeit nicht durch „Gleichartigkeit“ definiert wird, sondern durch klassische rechtliche Kriterien des Staatsangehörigkeitsrechts, das nicht gegen Art. 1 Abs. 1 GG verstößt.

chen (BVerfGE 107, 59, 91; 135, 155, 222f. Rn. 158). Dementsprechend sind für den Bereich der funktionalen Selbstverwaltung von diesem Erfordernis abweichende Formen der Beteiligung von Betroffenen an der Wahrnehmung öffentlicher Aufgaben im Hinblick darauf gebilligt worden, dass die gelockerte Einbindung in den zentralen, auf das Gesamtvolk zurückgehenden Legitimationszusammenhang ausgeglichen wurde durch ein stärkeres Zurgeltungbringen der gleichfalls im Gedanken der Selbstbestimmung und damit im demokratischen Prinzip wurzelnden Grundsätze der Selbstverwaltung und der Autonomie (BVerfG, jew. a. a. O.).“[6]

Vielleicht liegt in dieser Entscheidung unter dem Vorsitzenden Andreas Voßkuhle auch die Weisheit des Kompromisses: Sie bindet die funktionale Selbstverwaltung zurück mittels eines Vorbehalts des Gesetzes, der dem Parlament als demokratischem Repräsentativorgan zusteht und seinerseits Grundrechte und Rechtsstaatlichkeit zu wahren hat. Die Belege zeigen schon: Das Gericht differenziert seine Position mehr und mehr aus, begründet sie so vertieft, hält aber auch an seiner Sicht fest. Ältere Vorstellungen einer quasi ständischen funktionalen „Demo“kratie haben da keinen Platz mehr, sie müssen der egalitären Demokratie des Grundgesetzes weichen. Mithin können quasi-demokratische Befugnisse in der funktionalen Selbstverwaltung eben nur abgeleitete Befugnisse sein, abgeleitet aus einer gesetzlichen Ermächtigung, also keinesfalls originär demokratisch verankert verstanden werden wie dies einem ständisch unterfütterten vorkonstitutionellen Denken und seinem Demokratieverständnis noch möglich war und ist.[7] Es steht auf einem anderen Blatt, ob und inwieweit Elemente funktionaler Selbstverwaltung hier und da im Wege der parlamentarischen Gesetzgebung einzurichten oder im Bestand zu erhalten sind. Zugleich legt das die Frage nach der demokratischen Quelle der legislativen Gewalt nahe, die ja nun nicht eine „Repräsentation organisierter Interessen“ (J.H. Kaiser) sein kann.

II.

Ergänzend ist hier zunächst aber anzuführen, was aus der Schrift von Thomas Emde der Zweite Senat des Gerichts mehr als zehn Jahre nach Erscheinen als Buch in seiner Entscheidungsbegründung vom Dezember 2002 in Bezug genommen hat; wesentlich scheint mir in diesem Text.

„Schwenkt man den Blick von den Gefahren der Partizipation zu ihren Verheißungen, so ist vor allem anderen festzuhalten, dass sie ihren Teil dazu beiträgt, den Menschen davor zu bewahren, zum bloßen Objekt staatlicher Entscheidungen herabzusinken, und damit ein Stück Menschenwürde verwirklicht. Dass damit dem Staat überdies eine zusätzliche Informationsquelle zur Vorbereitung seiner Entscheidungen erschlossen wird, soll nicht unerwähnt bleiben. Neben dieser, auf das Rechtsstaatsprinzip abzielenden Stoßrichtung eignen der Partizipation auch demokratieförderliche Aspekte. Denn die Beteiligung der Betroffenen und Interessierten am Verwaltungsverfahren erhöht die Chance, eine konsensfähige Entscheidung zu finden und zugleich die empirische Legitimation staatlicher Herrschaft zu verstärken.

[…]

---

[6] BVerfGE 136, 194 Rn. 167 ff. – Deutscher Weinfonds, wobei die Belege aus der Rechtsprechung weggelassen wurden; ansonsten enthält die Entscheidung in diesen Passagen keine Zitate; dazu eingehend J. Wieland am Ende dieser Festschrift.

[7] Voßkuhle/Flaig JuS 2024, 617 (620 mit Fn. 50) erwähnen die demokratische Funktion der funktionalen Selbstverwaltung nicht mehr; ersichtlich steht sie gänzlich unter dem parlamentarischen Vorbehalt des Gesetzes, was indes nichts an der Verpflichtung des Parlaments ändert, gravierendere Grundrechtseingriffe – soweit erforderlich – selbst nach Tatbeständen zu umschreiben. Unzureichende Regelungen können zu einem politischen Trauerspiel führen, wie jüngst im Falle der Schließung ärztlicher Notfallpraxen durch die KV Baden-Württemberg.

Dies sowie die ihr inhärente Eigenschaft, die Selbstbestimmung des einzelnen zu fördern, kennzeichnen sie als Element der Demokratie und machen deutlich, dass das Gebot der personellen und materiellen Legitimation der Staatsgewalt lediglich ein verfassungsrechtlicher Mindeststandard ist und der Gesetzgeber gut beraten ist, als flankierende Maßnahme zur Verwirklichung der Demokratie, verstanden als auf dem Prinzip der Selbstbestimmung basierender Herrschaftsordnung das Gewicht der 'Willensbildung von unten' im Entscheidungsprozess der Exekutive zu verstärken. Akzeptiert man dies als Sinn und Nutzen der Partizipation, so erweist sie sich nicht als Durchbrechung, sondern als immanente Fortentwicklung der grundgesetzlichen Verwaltungsordnung."[8]

Deutlich wird schon in dieser Passage der Dissertation, dass sich Thomas Emde eine Herrschaftslegitimation jenseits des Volksbegriffs vorzustellen vermochte. Ganz klar wird dies in seinem Beitrag zum Symposium anlässlich des 75. Geburtstages von Ernst-Wolfgang Böckenförde.[9]

III.

Es ist nun allerdings kaum sinnvoll, die durch Thomas Emdes Dissertation beförderte Kontroverse mit dem Doktorvater hier noch einmal aufzubrühen, etwa an dem nicht unproblematischen Volksbegriff des Demokratieverständnisses einer Seite. Dafür fehlt es hier an Raum, Zeit und Kraft. Es war jedenfalls eine ganz ungewöhnliche Kontroverse. Es ist nicht üblich, sich mit dem eigenen Doktorvater anzulegen. Sie hielt indes an, der Doktorvater antwortete schon 1987 in seinem Beitrag zum vielbändigen Handbuch des Staatsrechts zum Demokratieprinzip.[10] Das erwähnt Thomas Emde im Vorwort des Drucks einer Dissertation 1990.[11] Auch erschien der Beitrag des Doktorvaters, der zunächst aus dem Ms. der Dissertation von 1986 zitiert hatte, wieder, verbessert oder vermehrt, auch in einem Taschenbuch eines keineswegs vor allem juristischen wissenschaftlichen Verlages, der große Verbreitung sicherstellte.[12] Die Kontroverse fand ein gewisses erstes Ende in der Praxis, indem das BVerfG sich auf die Seite des Doktoranden, nicht des nicht lange zurück ausgeschiedenen Kollegen im Richteramt stellte.[13]

Böckenförde hat zwar mit dem Demokratieprinzip auch Freiheit verknüpft, sogar bis hin zur „kollektiv-autonomen" Freiheit. Entscheidend hatte er indes abgestellt auf ein radikales, egalitär ausgerichtetes Demokratieverständnis, in dem die Gleichheit über besagte Freiheit dominiert. Und zur funktionalen Selbstverwaltung führt er aus:

„Für die demokratische Legitimation der funktionalen Selbstverwaltung kommen die in ihr wirksamen autonomen Legitimationsformen nicht in Betracht, auch nicht als sogenannte kompensatorische Legitimation. Diese wird daher allein als sachlich-inhaltliche Legitimation über das staatliche Gesetz und die in ihm enthaltenen steuernden Regelungen sowie die demokratisch-verantwortlich ausgeübte staatliche Aufsicht vermittelt. Damit bleibt ein Defizit an demokratischer Legitimation. Unter dem

---

[8] Emde, (Anm. 1), 356 f.

[9] Vgl. Emde, (Anm. 3), 70.

[10] S. Böckenförde in: HStR I S. 887 ff. 1. Aufl., zentral hier S. 909 ff.; heute krit. zur Fassung der 2. Aufl. dieses Beitrages Dreier/Kuch in: Kahl/Ludwigs (Hg.), HVwR III, S. 95 ff.

[11] Emde, (Anm. 1), VII.

[12] Vgl. Böckenförde, Staat, Verfassung, Demokratie. Studien zur Verfassungstheorie und zum Verfassungsrecht, 1991; es wird hier darauf verzichtet, spätere Fassungen und Auflagen hinzuziehen; zumal die Kontroverse nicht umfassend belegt und in ihrer späteren Entwicklung nachgezeichnet werden soll. Der Beitrag wurde ergänzt durch einen weiteren in der dritten Auflage des Handbuchs, vgl. Böckenförde in: HStR III, 3. Aufl. S. 31 ff.

[13] Vgl. insbes. o. zit. Entscheidungen BVerfGE 107, 59 Rn. 155 ff.; 111, 191 Rn. 150; 136, 194 Rn. 169.

Blickpunkt des demokratischen Prinzips kann die funktionale Selbstverwaltung daher – auch vom Gesetzgeber – nicht beliebig erweitert und ausgestaltet werden. "[14]

Die Entgegensetzung von Freiheit und Gleichheit ließe sich hier knapp unter drei Aspekten beleuchten, nämlich dem historischen aus der Zeit von 1789 und demjenigen der Schule eines Carl Schmitt, der sich Böckenförde zugeordnet hat. Zum historischen Hintergrund der demokratischen Basis der egalitären Demokratie wäre mancherlei anzumerken.

Für 1789 steht indes immer noch durchaus treffend Rivarol als brillanter Autor und gemäßigt royalistischer Kritiker der Revolution, letzteres im Sinne des Ideals der englischen konstitutionellen Monarchie. Seinem Tagebuch ist die unlösbare Verknüpfung von Volkssouveränität und Gleichheit zu entnehmen.[15] Er führt aus, dass sich aus dem Prinzip der Volkssouveränität das Prinzip der absoluten Gleichheit ergebe.[16] Dieses verdrängt jeden mit ihm unvereinbaren Freiheitsanspruch. Das gilt auch für die Bildung von Verbänden, so nicht zuletzt von intermediären Mächten zwischen Volk und Republik, darunter auch für Gewerkschaften.[17]

Und Carl Schmitt hat in seiner Verfassungslehre viel von den Demokratiekonzepten der französischen Revolution rezipiert. Er hat sie mit jener radikalen Tradition der Gleichheit verknüpft, so wie es seiner Zeit in Straßburg entsprach, in die diese Rezeptionen wohl fallen.[18] Er verknüpft Demokratie und substantielle, ja „Gleichartigkeit" zusammen mit einem so geprägten Volksbegriff.[19] Häufig bezieht er sich im Weiteren auf französische Autoren, insbesondere auch auf Rousseau gegen Kelsen.[20] Er behandelt zudem Demokratie und Verwaltung, zum Verhältnis ersterer zur funktionalen Selbstverwaltung nimmt er indes nicht Stellung.[21] Die Wendung zur Gleichartigkeit ermöglicht, eine gesteigerte Identität als Charakteristikum des demokratischen Volkes zu postulieren, die keinen Raum mehr lässt für in sich homogene betroffene (Teil-)Gruppen, eine eigene partielle demokratische Legitimation für ihre Angelegenheiten zu beanspruchen.[22]

Anzumerken ist hier klarstellend dazu heute, dass sich das BVerfG inzwischen mit seiner Entscheidung vom 23.1.2024 zur staatlichen Finanzierung verfassungswidriger Parteien erneut von einem ethnisch orientierten Volksbegriff und einer solchen „Volksgemeinschaft" in großer Deutlichkeit unter Berufung auf die im Grundgesetz garantierte Würde eines

---

[14] Böckenförde, (Anm. 10), 887 (909); es folgt die Beschreibung von Grenzen, etwa aus Anforderungen einer gebotenen Rechtfertigung sowie der Verpflichtung, das demokratische Defizit gering zu halten.

[15] S. Rivarol, Politisches Journal eines Royalisten 5. Mai bis 5. Oktober 1789. Nach der Ausgabe Memoires de Rivarol, ed. Bervile, 1824, hrsg. u. mit einer Einleitung versehen von J. Willms, 1989.

[16] Rivarol (aaO Anm. 15) S. 101; diese Gleichheit soll nach Rivarol auch eine ungleiche Verteilung des Grundbesitzes in Frage stellen, fordert indes nicht Gleichartigkeit, so wie traditionell in Frankreich seither Zugehörigkeit nur durch Gemeinsamkeit der Sprache und einen kulturell angepassten Lebensstil verlangt, nicht aber ethnische Zugehörigkeit.

[17] Vgl. zum Verdikt solcher Mächte bei Rousseau F. Müller, Korporation und Assoziation, 1965, 78 f.; zu Folgen für Gewerkschaften H. P. Bull FS Frotscher, 2007, 129 ff. Anders liegt es vielleicht, wenn gerade die Gewerkschaften das Volk repräsentieren, es sozusagen ihrem Anspruch nach sind.

[18] Vgl. C. Schmitt, Verfassungslehre, 3. Aufl. 1954, 223 ff.; in der Entstehungszeit dieses Werkes war das Potential der sozialen Radikalisierung des Begriffs der Gleichheit durchaus Thema, vgl. etwa G. Leibholz, Die Gleichheit vor dem Gesetz, 2. Aufl. 1929, S. 24 ff.

[19] S. C. Schmitt, Verfassungslehre, 3. Aufl. 1954, S. 234.

[20] Vgl. C. Schmitt, Verfassungslehre, 3. Aufl. 1954, S. 252 ff.

[21] S. C. Schmitt, Verfassungslehre, 3. Aufl. 1954, S. 272 f.

[22] Böckenförde erwähnt in seinem Beitrag auch noch kirchenrechtkliche Aspekte; s. Anm. 10, 887 (928).

jeden Menschen distanziert hat.[23] Diese Abkehr untersteht dem Schutz des Art. 79 Abs. 3 GG unveränderlich, die Distanz entspricht dem.

Will man tiefer in den Hintergrund der Auseinandersetzung um die demokratische Legitimation der funktionalen Selbstverwaltung vordringen, so muss man die Vorgeschichte der berufsständischen Autonomie einbeziehen und im Grundgesetz spiegeln.[24] Dort stößt man auf liberale Grundpositionen, die Freiheit und Gleichheit anders austarieren als ein egalitär ausgerichteter Liberalismus, ohne den problematischen Zusammenhang zu leugnen.[25] Berufsständische Vorstellungen hatten und haben da ihren Platz, unabhängig von den Perversionen der funktionalen Selbstverwaltung im Dritten Reich.[26]

IV.

Die Kontroverse Böckenförde/Emde findet man immer noch in den Kommentaren zum Grundgesetz dokumentiert.[27] Auch scheint sie in Festschriftbeiträgen auf[28] und erfuhr durch weitere Qualifikationsschriften anderer Autoren, teils auch nach den Entscheidungen des BVerfG eine weitere Würdigung.[29] Aber das zeigt vor allem die Leistung des Promovenden Emde, der sich schließlich in der Praxis durchgesetzt hat. Interessanter sind im Rückblick allerdings die oben schon genannten Hintergründe der persönlichen Ausgangspositionen des Meisters und des Schülers. Die Arbeit wurde *summa cum laude* bewertet. Thomas Emde verließ indes die Wissenschaft. Er widmete sich später dem Bank- und Kapitalmarktrecht. Ein Habilitationsangebot erfolgte nicht. Offenbar suchte Emde selbst direkt den Weg in die Wissenschaft nicht mehr. Es kam auch nicht zu einem Gespräch zwischen Lehrer und Schüler zum Verbleib in der Wissenschaft, also etwa zur Frage einer Habilitation. Dies ist der Anschein. Es mag indes ein vertrauliches Gespräch stattgefunden haben, dessen Inhalt der Verschwiegenheit unterliegt. Wie dem auch sei.

V.

Das führt aber in eine wissenschaftssoziologische Beobachtung: Der Weg in die Wissenschaft führte damals über die Habilitation zum Lehrstuhl, auf den man berufen wurde. Dafür gab es informelle Regeln. Man sollte spätestens mit Ende Vierzig berufen sein. Denn die Länder mussten auf die Pensionslast Rücksicht nehmen und taten dies auch. Die Überalterung eines Privatdozenten im Wartestand war ein Alptraum. Wer zu lange an der Dissertation gesessen hatte, galt als Risiko, das im Falle der Habilitationsschrift zu wiederholen, mithin zu überaltern. Ein Ausweichen auf Richterstellen oder ähnliches war angesichts des Ausbaus und der Steigerung der Zahl der juristischen Fakultäten nicht mehr üblich. Es gab

---

[23] BVerfGE 168, 193 Rn. 377 mit Bezug auf BVerfGE 144, 20, 247 Rn. 638 ff.

[24] S. dazu Kleine-Cosack, Berufständische Autonomie und GG, 1986, der diese Autonomie legitimiert, aber keineswegs für verfassungsfest hält.

[25] Vgl. zuletzt etwa Özman, Was ist Liberalismus?, 2023, 43 ff. (80 ff.); krit. auch Selk, Demokratiedämmerung, 2. Aufl. 2024, 218 ff.

[26] Dazu Dreier, Hierarchische Verwaltung und demokratischer Staat, 1991, 231 ff. mit Fn. 75.

[27] Dreier/Dreier, 3. Aufl. 2015, Art. 20 Rn. 128 ff. Eingehend auch Schulze-Fielitz, Staatsrechtslehre als Mikrokosmos, 2. Aufl. 2022,295 ff. (301 f., mit Bezug auf Emde in Fn. 83).

[28] Etwa V. Neumann, Freundesgabe zum 70. Geburtstag von Friedrich Müller, 2008, 155 ff. (insbes. 160 ff.) mit Bezug auf das Erbe Rousseaus bei Böckenförde; vgl. im Übrigen auch Krüper in: Cancik ua (Hg.), Streitsache Staat. Die Vereinigung der Deutschen Staatsrechtslehrer 1922–2022, 2022, 325 (333 ff.); u. Diss. S. Tebbe, Gebundene Kontrolle, 2025, 73 f., 86 f. u. 196 f.

[29] S. Köller, Die funktionale Selbstverwaltung und ihre demokratische Legitimation, 2009, die eine Verfassungsänderung fordert, um die funktionale Selbstverwaltung besser zu legitimieren.

in Freiburg das Beispiel Frank Rottmann, der in Heidelberg zu lange an seiner Dissertation gesessen hatte und nun als Assistent bei Rainer Wahl, dem Schüler Böckenfördes, am Ort tätig war. Er gehörte zum Freundeskreis Emdes, war umfassend gebildet und wanderte in die Rechtsanwaltschaft ab.[30] Mit Emde wurde die Frage der Habilitation jedenfalls nicht besprochen, soweit bekannt. Vielleicht wäre dies ein *nobile officium* des Lehrers gewesen.

Das ist allerdings fraglich, sofern es eine Regel gab, wonach man dem eigenen Lehrer wissenschaftlich nicht entgegentreten sollte. Emde hatte Position gegen das Demokratieverständnis des Lehrers bezogen – und zwar in einer Qualifikationsschrift, nicht abseits an einem entlegenen Ort. Auch betraf die behandelte Frage einen zentralen Punkt des Verfassungsrechts und seines Verständnisses. Sicher ist, dass es kaum vertretbarer Stil wäre, in einem wissenschaftlichen Gutachten gegen bekannte Positionen des eigenen Lehrers anzutreten. Hier wäre der richtige Ausweg, den Dienst zu quittieren, wenn es sich nicht um eine periphere Frage handelte. Anders liegt es indes vielleicht, wenn es nur und allein um die wissenschaftliche Erkenntnis von Wahrheit geht. Dies ist in einer Qualifikationsschrift durchaus der Fall.

Andererseits mag es unterschiedliche Interpretationen zu einer solchen Regel geben, unterschiedlich etwa in verschiedenen Schultraditionen. So war früher aus dem Kirchenrechtlichen Institut in Göttingen, das Rudolf Smend leitete, der „Fall" von Ernst Gottfried Mahrenholz bekannt, der gegen das koordinationsrechtliche Verständnis von Staat und Kirche zueinander sowie auch gegen den Körperschaftsstatus der Kirchen anschrieb. Er sah die Kirchen offenbar als Verbände unter anderen in der pluralistischen Gesellschaft und stellte ihre Privilegien in Frage.[31] Damit bezog er zugleich gegen seinen gegenwärtigten Lehrer Rudolf Smend als Schüler Position. Er wurde nicht habilitiert. Smend schrieb eine vernichtende Rezension der Schrift von Mahrenholz.[32] Ist nun Thomas Emde ein anderer Fall dieser Art, hier in der Tradition des Umkreises von Carl Schmitt? Anders liegt er indes nicht nur deshalb, weil er sich in einer Qualifikationsschrift äußerte. Sondern auch deshalb, weil sein Lehrer an äußerst prominenter Stelle, nämlich im Handbuch des Staatsrechts, zu dem Thema äußerte und gegen den Schüler explizit Stellung bezog. Der Konflikt wurde mithin hervorgehoben bekannt gemacht.

---

[30] Thomas Emde hat in Freiburg auf der Gedächtnisfeier für Frank Rottmann die Abschiedsrede gehalten und ihn eingehend gewürdigt; vgl. auch seinen Nachruf Goerlich SächsVBl. 2019, 96 f.

[31] S. Mahrenholz, Die Kirchen in der Gesellschaft der Bundesrepublik, 2. Aufl. 1972; zum Hintergrund v. Campenhausen/De Wall, Staatskirchenrecht, 4. Aufl. 2006, 368 mwN; vgl. auch Smend, Staatsrechtliche Abhandlungen, 3. Aufl. 1994, 411 ff.; gegen die oben im Text berichtete These spricht allerdings auch, dass G. Leibholz als Doktorvater Mahrenholz' Dissertation nur mit der Note *„cum laude"* bewertet hatte. Auch war er nur ein Jahr im Kirchenrechtlichen Institut beschäftigt, bevor er in andere Funktionen wechselte, auf deren Grundlage er Richter des BVerfG wurde.

[32] Vgl. Smend ZevKR 16 (1971), 241 ff.; auch in: P. Häberle (Hg.), Rez. Verfassungsrechtswissenschaft, 1982, S. 241 ff.; Smends Sprache ist sehr viel aggressiver als diejenige von Böckenförde in seiner sachlichen Auseinandersetzung mit dem Schüler. Allerdings handelte es sich bei der Schrift von Mahrenholz nicht um eine Qualifikationsschrift. Sie entstand aber im Institut. Ein anderer möglicher Kandidat für eine Zurückweisung wegen abweichender Ansichten wäre wohl H. Zwirner gewesen, hätte er seine Habilitationsschrift zu Ende gebracht und vorgelegt; mag sein, er wusste das und hätte vorgesorgt, indem er seine Studie ganz und gar historisch zurückversetzt gefasst hätte; zu ihm etwa Bemerkungen in meiner Rezension in DVBl 2024, 288 f. v. Meier, Die „Jellinek-These" vom religiösen Ursprung der Grundrechte, 2023; zur neuen Sicht konsequent früh Hesse ZevKiR 11 (1964/65), 337 ff.; heute konfrontativ Steinberg, Privilegien und Pfründe, FAZ Nr. 110 v. 13.5.2024, 6.

VI.

Im Klima einer Wissenschaftskultur, die allein der Wahrheit verpflichtet sein sollte, mag dies alles abwegig erscheinen. Schließlich kann sich die Suche nach der Wahrheit nur in einem offenen Prozess vollziehen.[33] Die menschliche Dynamik im Rahmen des zudem sozialen Prozesses der Entstehung eines Lehrer-Schüler-Verhältnisses und seiner Fortführung, auch im wissenschaftlichen Arbeitsprozess, sowie der „Schweinezyklus" des Stellenmarktes sind oft beschrieben worden. Ja man findet sogar sozusagen einen Positivkatalog, was alles zum Entstehen eines solchen Verhältnisses beitragen kann.[34] Daher scheinen sozusagen Schule und Lehre, oder gar Gefolgschaft durchaus sekundäre Kategorien in diesem Prozess. Ob wissenschaftliches Verhalten immer solchen Grundsätzen folgt, oder vielmehr pragmatische Aspekte eine viel größere Rolle spielen als prinzipielle Maximen, das mag dahinstehen. Jedenfalls findet man keinen Negativkatalog, der angeführt wird von in etwa einer Maxime wie: „Wer widerspricht, scheidet aus". Mit der Wahrheitssuche der Wissenschaft hätte dies wenig zu tun.

Hinzu kam damals allerdings gewiss, dass der Ausbau der Rechtsfakultäten einen gewissen Abschluss erreicht hatte. Eine Stellenvermehrung infolge der Wiedervereinigung war im maßgeblichen Zeitpunkt der Bewertung der Kandidaten völlig außer Sichtweite. Hinzu kam auch, dass sich die Frage der Entwicklung von Förderprogrammen für bisher kaum präsente Gruppen stellte. So gab es im öffentlichen Recht kaum Kolleginnen auf Lehrstühlen.[35] Das ließ erwarten, dass überalterte Nachwuchskräfte, die bestimmte Merkmale nicht erfüllten, kaum Aussicht auf Berufung, ja nicht einmal auf Platzierung auf einer der üblichen Dreierlisten haben mochten, die für die Berufung auf die Stellen an die Ministerien gereicht wurden. Auch gab es noch keine Juniorprofessuren, die unter Verzicht auf eine umfassende Habilitationsschrift hätten erlauben können, mit wenigen brillanten Aufsätzen die Hürde der Überalterung beiseite zu schieben und rasch berufen zu werden. Im Gegenteil, bis heute empfiehlt es sich selbst für Juniorprofessoren mit Aussicht auf eine Dauerstellung *(tenure track)* jedenfalls im Fall der juristischen Fakultäten, neben der Stelle andererseits am früheren akademischen Heimatort zu habilitieren, um für weitere Rufe qualifiziert zu erscheinen. Die Reform mündet in diesen Fällen in eine umso fragwürdigere Mehrbelastung, da die Habilitationsschrift erstellt werden muss neben einer gesteigerten Lehrverpflichtung und dem Evaluierungsverfahren an der Fakultät, an der sich die Juniorprofessur, die man innehat, befindet. Die Habilitation feiert mithin Urständ, obwohl sich Recht und Leben sowie in den Hochschulen inzwischen wesentlich verändert haben.

VII.

Solche Erwägungen spielten in der Praxis der Förderung des wissenschaftlichen Nachwuchses eine erhebliche Rolle. Selbst einflussreiche etablierte Kollegen mussten sie anstellen, da damals schon die Selbstverständlichkeit der personalpolitischen Möglichkeiten prominenter Ordinarien auch hinein in Wissenschaftsorganisationen, Verwaltungen oder gar die Justiz eher vorüber war. Dabei hatte die Reputation der Lehrer eine oft auch übersteigerte Rolle gespielt.[36] Im Übrigen hätten die weiteren Veröffentlichungen von Thomas Emde durchaus

---

[33] Vgl. zum Charakter der wissenschaftlichen Arbeit und insbes. ihrer Zielsetzung BVerfGE 35, 79 (112 ff.).

[34] S. Schulze-Fielitz, Staatsrechtslehre als Mikrokosmos, 2. Aufl. 2022, 148 f.

[35] Vgl. Cancik in: Cancik (Anm. 28), 795 ff. sowie Sacksofsky in: Cancik (Anm. 28), 479 (490 ff.) zur Quotendiskussion.

[36] Dazu Goerlich, in: Hilgendorf/Schulze-Fielitz (Hg.), Selbstreflexion der Rechtswissenschaft, 2. Aufl. 2021, 207 ff.

die Voraussetzungen für eine Habilitation erfüllt.[37] Er hat sich regelmäßig qualifiziert geäußert, hatte die Rechtserkenntnis vorangebracht und wurde rezipiert. Auch sein Stil im Umgang und sein Zugang auf anstehende Fragen ließen keinerlei Zweifel zu. Ihn in Freiburg zu treffen, das bedeutete regelmäßig so etwas wie eine Begegnung mit einem anstehenden Wissenschaftler. Dass es nun anders endete, das beseitigt diese Erfahrung keineswegs. Seine Haltung bestand auch den Wechsel in die Praxis der Beratung des Bankgewerbes und einer Großkanzlei. Insofern ist er zudem der Wissenschaft erhalten geblieben und verdient er zweifellos eine wissenschaftlich ausgerichtete Festschrift auch als Wissenschaftler. Ad multos annos.

Und im Übrigen: Der Vergleich beider Fälle ist auch dann von Interesse, wenn keiner der beiden Autoren in jungen Jahren die Absicht hatte, zu habilitieren. Smend musste zu dem, was aus seinem kirchlich finanzierten Institut hervorging, Stellung nehmen. Böckenförde musste das nicht, konnte daher unbefangen antworten. Das nur als ein Gesichtspunkt.

---

[37] Vgl. etwa Emde AöR 106 (1981) 355 ff.

JOHANNES HELLERMANN

Zur Finanzierung staatlicher Wirtschaftsaufsicht durch die Beaufsichtigten – am Beispiel von BaFin und BNetzA

I. Einleitung

Wer – wie Thomas Emde – in seinem anwaltlichen Berufsleben Kreditinstitute, Wertpapierdienstleister und Kapitalmarktunternehmen beraten und begleitet hat, wird sein wichtigstes Gegenüber auf der staatlichen Seite in Gestalt der Bundesanstalt für Finanzdienstleistungsaufsicht (BaFin) gehabt haben. Er war damit für seine Mandanten im Austausch mit einer in verschiedenen Hinsichten besonderen Einrichtung öffentlicher Verwaltung. Ihm aus anwaltlicher Tätigkeit vertraute Besonderheiten in der Aufgabenwahrnehmung durch die BaFin hat Thomas Emde selbst als Kommentator wissenschaftlich reflektiert.[1] Eine weitere Besonderheit ist von speziell verfassungsrechtlichem Interesse. Ihr soll hier – eingedenk der verfassungsrechtswissenschaftlichen Verdienste, die Thomas Emde vor allem im frühen, voranwaltlichen Berufsleben erworben hat, und seines darüber hinaus anhaltenden verfassungsrechtlichen Interesses – nachgegangen werden.

Diese Besonderheit der BaFin liegt darin, dass ihre allgemeine Tätigkeit durch eine von den beaufsichtigten Unternehmen erhobene Umlage finanziert wird. Das hat insbes.[2] auf dem Finanzmarkt Tradition. Schon nach § 51 Abs. 1 KWG aF wurden die Kosten des Bundesaufsichtsamts für das Kreditwesen weitgehend auf die aufsichtsunterworfenen Marktteilnehmer verlagert; Entsprechendes sahen § 101 Abs. 1 VAG aF für die Kosten des Bundesaufsichtsamts für das Versicherungswesen und § 11 WpHG aF für das Bundesaufsichtsamt für den Wertpapierhandel vor. Diesem Vorbild folgt seit der Zusammenlegung dieser Behörden zur BaFin im Jahr 2002 § 16 FinDAG, wonach die nicht durch Gebühren, gesonderte Erstattungen oder sonstige Einnahmen gedeckten Kosten anteilig auf die näher aufgeführten Finanzmarktunternehmen umgelegt werden; §§ 16a–16t FinDAG treffen konkretisierende Detailregelungen. Die lange Zeit unbestritten gebliebene, auch höchstrichterlich nicht beanstandete[3] Zulässigkeit einer solchen Umlagefinanzierung der Tätigkeit staatlicher Aufsichtsinstanzen ist erstmals wohl durch Dirk Ehlers 1990 in Frage gestellt[4] und danach verschiedentlich, vor allem als verfassungswidrige Inanspruchnahme der Unternehmen, kritisiert worden.[5] Das BVerfG hat

[1] Vgl. Emde/Dornseifer/Dreibus/Emde Einl. Rn. 170 f., § 5 Rn. 16, 19, zum intensiven Gebrauch der Instrumente informellen Verwaltungshandelns in Gestalt von Verlautbarungen, Auslegungs- und Orientierungshilfen, Leitfäden, Empfehlungen oder auch Androhungen von Sonderprüfungen und Sanktionen.

[2] Als weitere – frühere – Beispiele solcher Umlagefinanzierung in anderen Rechtsbereichen werden genannt § 75 GüKG aF; § 31d BinSchVerkG aF; § 22 Abs. 2 SigG aF; § 11 EMVG aF; vgl. dazu BVerwGE 112, 194 = NVwZ 2001, 801.

[3] Vgl. Roth MMR 2005, 424 mit dem Hinweis auf BVerfGE 14, 197 = NJW 1962, 1670, wo das KWG aF generell gebilligt, allerdings § 51 Abs. 1 KWG aF nicht speziell erörtert worden ist; BVerwG NVwZ-RR 2007, 192 (195 ff.).

[4] Achterberg/Püttner/Würtenberger BesVerwR/Ehlers Kap. 1/2 Rn. 402, zu § 101 VAG aF.

[5] Vgl. etwa Ehlers/Achelpöhler NVwZ 1993, 1025; Roth MMR 2005, 424; Schmitt/Ruge RdE 2006, 285; Mückl DÖV 2006, 797; Kube JZ 2007, 471; Britz/Hellermann/Hermes EnWG/Hölscher § 92 Rn. 23 ff.; später noch ergänzt in der Folgeauflage Britz/Hellermann/Hermes EnWG 2. Aufl./Hölscher § 92 Rn. 23 ff.

die Verfassungsmäßigkeit der Umlageregelung des § 16 FinDAG jedoch im Jahr 2009 bestätigt.[6]

In einer bemerkenswerten Koinzidenz ist in demselben Jahr 2009 die in § 144 TKG aF vorgesehene Möglichkeit der – um einen auf das Allgemeininteresse entfallenden Kostenanteil geminderten – Umlagefinanzierung der Bundesnetzagentur (BNetzA) für ihre Tätigkeit als Regulierungsbehörde im Bereich der Telekommunikation aufgehoben worden.[7] Dem folgte die Aufhebung von § 92 EnWG aF, der eine entsprechende Möglichkeit der Umlagefinanzierung der BNetzA für die Regulierungstätigkeit im Bereich der leitungsgebundenen Strom- und Gasversorgung vorgesehen hatte, durch die EnWG-Novelle 2011.[8] Der Gesetzgeber hat die Aufhebung dieser beiden Bestimmungen zwar nicht unmittelbar auf – im Vorfeld recht deutlich geäußerte – verfassungsrechtliche Einwände gestützt, doch erscheint naheliegend, dass diese neben den in der Gesetzentwurfsbegründung zur Aufhebung von § 92 EnWG aF ausdrücklich genannten unionsrechtlichen Bedenken zu der gesetzgeberischen Entscheidung beigetragen haben.[9]

Dieser zwiespältige Befund – bundesverfassungsgerichtliche Bestätigung des § 16 FinDAG einerseits, gesetzgeberische Entscheidung zur Aufhebung der § 144 TKG aF, § 92 EnWG aF angesichts dagegen erhobener rechtlicher Bedenken andererseits – gibt den Anstoß zu den nachfolgenden Überlegungen. Ausgehend vom Beispiel dieser beiden Anwendungsfälle gelten sie der Frage, ob bzw. unter welchen Voraussetzungen es vor allem verfassungs-, weiter auch unionsrechtlich zulässig ist, Unternehmen zur Finanzierung der allgemeinen Tätigkeit der für sie zuständigen staatlichen Wirtschaftsaufsichts- oder Regulierungseinrichtungen heranzuziehen.

II. Abgabenart

Der Ausgangspunkt der rechtlichen Beurteilung solcher Regelung der Umlagefinanzierung der Tätigkeit von Wirtschaftsaufsichtsbehörden, ihre Verortung im System der staatlichen Abgaben ist lange Zeit ungewiss gewesen. Der Gesetzgeber selbst, der mal von Gebühren, mal von Beiträgen oder Umlagen oder auch einfach nur von Abgaben gesprochen hat,[10]

---

[6] BVerfGE 124, 235 (242 ff.) = NVwZ 2010, 35.

[7] Eingeführt durch TKG v. 22.6.2004 (BGBl. I 1190), aufgehoben durch G v. 29.7.2009 (BGBl. I 2409).

[8] Eingeführt durch das Zweite G zur Neuregelung des Energiewirtschaftsrechts v. 7.7.2005 (BGBl. 1970 I 3621); aufgehoben durch das G zur Neuregelung energiewirtschaftsrechtlicher Vorschriften v. 26.7.2011 (BGBl. I 1554).

[9] BT-Drs. 16/10731, 1, 9, 12, begründet die Aufhebung von § 144 TKG aF mit dem hohen bürokratischen Aufwand, (wegen der Anrechnung anderweitiger Gebühreneinnahmen zu erwartender) geringer Einnahmen und erheblichen Rechtsunsicherheiten insbes. bei der Verteilung der Abgabenlast. Zur Aufhebung von § 92 EnWG aF vgl. BT-Drs. 17/6072, 93: „§ 92, der regelte, dass die Kosten der Bundesnetzagentur unter anderem durch einen Beitrag der Netzbetreiber zu decken sind, wird gestrichen. Die in den Richtlinien vorgesehene, gestärkte Unabhängigkeit der Regulierungsbehörde von jeglicher Einflussnahme gleichgültig welcher Art stünde im Widerspruch zu einer Teilfinanzierung der Arbeiten der Behörde durch die betroffene regulierte Branche. Darüber hinaus wird durch die Streichung der Gleichklang zum ebenfalls durch die Bundesnetzagentur regulierten Telekommunikationssektor hergestellt, in dem im einschlägigen Telekommunikationsgesetz ebenfalls keine Beitragsregelung enthalten ist.".

[10] Vgl. Ehlers/Achelpöhler NVwZ 1993, 1025 (1026); Mückl DÖV 2006, 797 (799); Eichhorn, Die Finanzierung staatlicher Regulierung durch die Regulierten, 2013, S. 27. § 144 TKG aF, § 92 EnWG aF haben von „Beiträgen" gesprochen, § 16 FinDAG trägt die Überschrift „Umlage".

hat sich unsicher gezeigt, und auch in Rechtsprechung und Literatur haben sich die unterschiedlichsten Bezeichnungen gefunden.[11]

Auch wenn vereinzelt von Sonder- oder Branchensteuern gesprochen worden ist, handelt es sich bei hoheitlichen Abgaben, die der Finanzierung der allgemeinen Tätigkeit von Stellen der Wirtschaftsaufsicht dienen, jedenfalls nicht um Steuern. Das hat das BVerwG bereits zu § 51 Abs. 1 KWG aF angenommen[12] und das BVerfG mit Blick auf § 16 FinDAG bestätigt; begründet hat es dies damit, dass die Abgabe nicht der Deckung eines allgemeinen Finanzbedarfs eines öffentlichen Gemeinwesens diene, sondern einem besonderen Finanzbedarf gewidmet sei und nicht dem allgemeinen Staatshaushalt, sondern der rechtlich verselbständigten Aufsichtsinstanz zufließe.[13]

Den besonderen Rechtfertigungslasten, denen nichtsteuerliche Abgaben nach der gefestigten Rechtsprechung des BVerfG unterliegen, genügen diese Umlagefinanzierungen nicht schon dadurch, dass es sich um Vorzugslasten, also Gebühren oder Beiträge handelt.[14] Bei ihnen folgt die verfassungsrechtlich gebotene Unterscheidung von der Steuer und finanzverfassungsrechtliche Rechtfertigung aus ihrem Gegenleistungsbezug. Gebühren werden dem Gebührenschuldner aus Anlass individuell zurechenbarer Leistungen auferlegt und sind dazu bestimmt, in Anknüpfung an diese Leistung deren Kosten ganz oder teilweise zu decken; Beiträge werden schon für die potentielle Inanspruchnahme einer öffentlichen Einrichtung oder Leistung erhoben und beteiligen die Interessenten an den Kosten einer öffentlichen Einrichtung, von der sie potentiell einen Nutzen haben.[15] Sowohl die BaFin wie auch die BNetzA erheben solche Vorzugslasten in Gestalt von Gebühren aus Anlass bestimmter Amtshandlungen (vgl. § 13 Abs. 1 FinDAG, § 223 TKG, § 91 EnWG). Den Abgaben nach § 16 FinDAG – ebenso wie früher denen nach § 144 TKG, § 92 EnWG aF – jedoch stehen solche individuell zurechenbaren Gegenleistungen nicht gegenüber, denn die Abgabe wird von allen Unternehmen unabhängig von der tatsächlichen oder potentiellen Inanspruchnahme einer staatlichen Einrichtung oder Leistung zur Finanzierung des auf die Gesamtheit der erfassten Unternehmen bezogenen Aufsichtsaufwands erhoben.[16] Wenn man in der allgemeinen Aufsichtstätigkeit einen gesetzlich definierten Vorzug erkennen will, so fehlt es jedenfalls an dem geforderten konkreten Bezug zwischen diesem und den abgabepflichtigen Unternehmen, an deren besonderer, durch Veranlassung oder Begünstigung begründeten Verantwortlichkeit oder Nähebeziehung.[17] Nur am Rande bleibt anzumerken, dass auch eine Rechtfertigung als sog. Verleihungsgebühr, bei der der Unterschied zur Steuer in der Abschöpfung des Vorteils aus der staatlichen Gewährung eines wirtschaftlich nutzbaren Rechts liegt, zu Recht verworfen worden ist.[18]

---

[11] Eichhorn, Die Finanzierung staatlicher Regulierung durch die Regulierten, 2013, 27 Fn. 23 führt etwa die Bezeichnungen als beitragsähnliche Abgaben, Sondersteuern oder Branchensteuern auf.

[12] BVerwG NVwZ-RR 2007, 192 (195) mit der Begründung, die Abgabe werde zweckbezogen zur Finanzierung einer besonderen Aufgabe erhoben; krit. hierzu Kube JZ 2007, 471 (472), mit dem Argument, dies sei auch der Zwecksteuer zu eigen; entscheidend sei, dass die Kostenumlage nicht voraussetzungslos, sondern in Anknüpfung an eine bestimmte staatliche Aufgabenerfüllung, die Aufsichtstätigkeit, erhoben wird.

[13] BVerfGE 124, 235 (243) = NVwZ 2010, 35.

[14] Zur finanzverfassungsrechtlichen Unbedenklichkeit der Gebühren und Beiträge als herkömmliche nicht-steuerliche Abgaben, die durch ihre Ausgleichsfunktion legitimiert sind, vgl. BVerfGE 93, 319 (343 f.) = NVwZ 1996, 469.

[15] Vgl. BVerfGE 137, 1 Rn. 43 = NVwZ 2014, 1448; BVerfGE 149, 222 Rn. 55 = NJW 2018, 3223.

[16] BVerfGE 124, 235 (243) = NVwZ 2010, 35.

[17] Zur zulässigen Reichweite der Inanspruchnahme durch Vorzugslasten vgl. zuletzt BVerfG NJW 2025, 1037 104 Rn. 87 ff.

[18] Ehlers/Achelpöhler NVwZ 1993, 1025 (1027 f.).

In Abgrenzung zu diesen Abgabentypen und auch zu sonstigen Abgaben, die besondere, eine Konkurrenz zur Steuer ausschließende Merkmale aufweisen,[19] erkennt das BVerfG in der Umlage nach § 16 FinDAG zutreffend eine sog. Sonderabgabe mit Finanzierungsfunktion.[20] Für sie ist kennzeichnend, dass sie den Steuern darin ähnelt, dass sie unabhängig von einer individuell zurechenbaren Gegenleistung, in diesem Sinne voraussetzungslos erhoben wird.[21] Für Umlagen, die von Unternehmen zur Finanzierung der allgemeinen Tätigkeit der für sie zuständigen staatlichen Aufsichtsinstanzen erhoben werden, dürfte insoweit mit dem Urteil des BVerfG zu § 16 FinDAG eine in der Sache überzeugende Klärung eingetreten sein.[22]

III. *Zulässigkeit als Sonderabgabe*

Diese Qualifikation als Sonderabgabe mit Finanzierungsfunktion setzt die Umlagefinanzierung staatlicher Wirtschaftsaufsicht unter beträchtlichen Rechtfertigungsdruck. Weil solche Abgaben den Steuern in der Voraussetzungslosigkeit ihrer Erhebung ähneln, geht von ihnen in besonderer Weise die Gefahr einer Umgehung der für Steuern geltenden verfassungsrechtlichen Schranken aus. Das BVerfG hat deshalb strenge, finanzverfassungsrechtlich begründete Zulässigkeitsgrenzen entwickelt, die es in seinem Beschluss zur BaFin – unverändert gültig[23] – so zusammengefasst hat: „Der Gesetzgeber darf sich der Abgabe nur iRd Verfolgung eines Sachzwecks bedienen, der über die bloße Mittelbeschaffung hinausgeht. Mit der Abgabe darf nur eine homogene Gruppe belegt werden, die in einer spezifischen Beziehung (Sachnähe) zu dem mit der Abgabenerhebung verfolgten Zweck steht und der deshalb eine besondere Finanzierungsverantwortung zugerechnet werden kann. Das Abgabenaufkommen muss gruppennützig verwendet werden. Zusätzlich muss der Gesetzgeber im Interesse wirksamer parlamentarisch-demokratischer Legitimation und Kontrolle die erhobenen Sonderabgaben haushaltsrechtlich vollständig dokumentieren [...] und ihre sachliche Rechtfertigung in angemessenen Zeitabständen überprüfen [...]“.[24] Dabei sieht das Gericht eine besonders enge Verbindung zwischen der spezifischen Beziehung oder Sachnähe der Abgabepflichtigen zum Zweck der Abgabenerhebung und einer daraus ableitbaren Finanzierungsverantwortung (sowie der gruppennützigen Verwendung des Abgabenaufkommens, die dann ggf. bei zweckentsprechender Mittelverwendung ohne Weiteres gegeben ist).[25] Für die grundsätzliche Zulässigkeit der Umlagefinanzierung entscheidend wird damit, ob die abgabepflichtigen Unternehmen eine homogene Gruppe bilden, die in einer spezifischen Beziehung zum Sachzweck der Abgabe steht und der deshalb die Finanzierungsverantwortlichkeit auferlegt werden darf.

Das BVerfG hat das für die Umlagefinanzierung der BaFin überzeugend bejaht. Es sieht in den beaufsichtigten Unternehmen eine homogene Gruppe, die durch gemeinsame Gegebenheiten und Interessen verbunden ist, die sie von der Allgemeinheit und anderen Gruppen abgrenzbar machen; den abgabepflichtigen Unternehmen ist gemeinsam, dass sie auf einem speziellen, weitgehend rechtlich regulierten Markt tätig und durch die einschlägigen nationalen und unionsrechtlichen Reglementierungen als Gruppe vorstrukturiert

---

[19] BVerfGE 124, 235 (244) = NVwZ 2010, 35 verwirft mit Recht knapp das Vorliegen einer Ausgleichsabgabe eigener Art oder einer Abgabe mit sonstigen unterscheidungskräftigen besonderen Belastungsgründen, die eine Konkurrenz zur Steuer ausschließen könnten.

[20] BVerfGE 124, 235 (244) = NVwZ 2010, 35.

[21] Vgl. allgemein Tappe/Wernsmann ÖffFinanzR Rn. 305.

[22] Übereinstimmend etwa Mückl DÖV 2006, 797 (800 f.); Kube JZ 2007, 471 (472 ff.); Britz/Hellermann/Hermes/Hölscher, 2. Aufl. 2010, EnWG § 92 Rn. 35 ff.

[23] Vgl. etwa BVerfGE 135, 155 Rn. 121 f. = NVwZ 2014, 646.

[24] BVerfGE 124, 235 (244) = NVwZ 2010, 35.

[25] BVerfGE 124, 235 (244) = NVwZ 2010, 35.

sind.[26] Die spezifische Beziehung zum Sachzweck der Abgabe und die daraus abzuleitende Finanzierungsverantwortlichkeit dieser Gruppe leitet das Gericht daraus ab, dass der Finanzmarkt ein vernetztes Marktsystem wechselseitiger Abhängigkeiten darstellt, das in besonderem Maß vertrauensabhängig und in der Folge vom Vertrauen der Marktteilnehmer in hinreichende vertrauensstabilisierende staatliche Kontrollmechanismen abhängig ist; von der Aufsicht zu verhindernde Fehlentwicklungen betreffen – so das Gericht – nicht nur das einzelne Unternehmen, das unsolide agiert oder in Schwierigkeiten gerät, sondern in besonderem Maße den Markt insgesamt.[27] Ergänzend verweist das Gericht auf die volkswirtschaftlich zentrale Stellung des Finanzmarkts mit Bedeutung auch für andere Wirtschaftszweige.[28]

Der Übertragbarkeit dieser Beurteilung der Eigenart des Finanzmarkts und der darauf gestützten Rechtfertigung der Umlagefinanzierung der Aufsicht namentlich auf den Markt der leitungsgebundenen Energieversorgung – für den Telekommunikationssektor würde Entsprechendes gelten – ist entgegengehalten worden, dass die Betreiber von Gas- und Stromnetzen nicht in gleicher Weise auf das Vertrauen ihrer Kunden in ihre Solidität und Lauterkeit als Rahmenbedingungen ihrer Tätigkeit angewiesen seien.[29] Das ist insofern zutreffend, als auf anderen Märkten wie dem der leitungsgebundenen Energieversorgung es nicht des Vertrauens in Bezug auf finanzielle Transaktionen im Verhältnis zwischen Unternehmen oder zwischen Unternehmen und Kunden bedarf. Der Einwand verkennt jedoch, dass der von der BNetzA überwachte, regulierte Markt der leitungsgebundenen Energieversorgung aus anderem Grund, aber in mindestens gleichem Maße der staatlichen Regulierung bedarf. Der Regulierungs- und darauf bezogene Aufsichtsbedarf folgt hier daraus, dass es sich um eine Netzwirtschaft handelt, in der die Marktteilnehmer auf die Nutzung natürlicher Monopole in Gestalt der Leitungsnetze angewiesen sind; soll hier ein funktionstüchtiger Wettbewerb eröffnet werden, bedarf es der dauerhaften staatlichen Regulierung.[30] Die Regulierungsaufgabe der Gewährung fairen Netzzugangs gilt dabei auch nicht nur einer Sachverantwortung der Netzbetreiber.[31] Als notwendige Voraussetzung für die Eröffnung eines funktionierenden Wettbewerbs in der leitungsgebundenen Energieversorgung wird vielmehr eine Sachverantwortung wahrgenommen, die allen auf diesem Markt tätigen Unternehmen zugeordnet werden kann.[32] Auch hier ist es so, dass die Regulierungstätigkeit Fehlentwicklungen vorzubeugen hat, die den Markt insgesamt und damit alle auf diesem agierenden Unternehmen betreffen.

Der Blick auf den Kapitalmarkt einerseits, den Markt leitungsgebundener Energieversorgung andererseits mit ihren Unterschiedlichkeiten lässt eine verbindende, allgemeinere Begründung für die erforderliche spezifische Beziehung der Unternehmen zum Sachzweck der Abgabe und die darauf gegründete Finanzierungsverantwortlichkeit erkennen. Die von der Abgabepflicht erfassten Unternehmen betätigen sich auf einem Markt, der – aus unterschiedlichen Gründen – durch sog. Marktversagen oder sonstige strukturelle Funktionsschwächen des Marktes[33] gekennzeichnet ist und der deshalb einer – von der einen gegebenen Wettbewerb bloß punktuell, reaktiv begleitenden Kartellaufsicht zu unterscheidenden

[26] BVerfGE 124, 235 (245 f.) = NVwZ 2010, 35.
[27] BVerfGE 124, 235 (246) = NVwZ 2010, 35.
[28] BVerfGE 124, 235 (246 f.) = NVwZ 2010, 35.
[29] Roth MMR 2005, 424 (428); Britz/Hellermann/Hermes EnWG 2. Aufl./Hölscher § 92 Rn. 39.
[30] Vgl. Kersten VVDStRL 69 (2010), 288 (319 Fn. 123 mwN).
[31] Vgl. Britz/Hellermann/Hermes EnWG 2. Aufl./Hölscher § 92 Rn. 37.
[32] Vgl. BVerfGE 136, 194 Rn. 123 = NVwZ 2014, 1306, dazu, dass die Homogenität der abgabebelasteten Gruppe nicht durch Konkurrenz oder sonstige Interessengegensätze zwischen Gruppenangehörigen in Frage gestellt wird, sofern zugleich ein gemeinsames Interesse im Hinblick auf den Abgabenzweck besteht.
[33] Vgl. hierzu Voßkuhle/Eifert/Möllers GVwR I/Eifert § 19 Rn. 17.

und darüber hinausgehenden – dauerhaften staatlichen Regulierung bedarf.[34] Der Staat ist in weitem Umfang verpflichtet, auf so gearteten Märkten um des gemeinwohlgerechten Angebots bestimmter Güter und Leistungen im Wettbewerb willen einen funktionstüchtigen Markt durch staatliche Regulierung sicherzustellen. Unionsrechtliche Verpflichtungen folgen etwa für die Gebiete der Telekommunikation und der leitungsgebundenen Energieversorgung aus einschlägigem Sekundärrecht. Verfassungsrechtlich begründet Art. 87f GG eine solche Verpflichtung für das Postwesen und die Telekommunikation, und auch für die Energieversorgung und den Kapitalmarkt wird – auf freilich weniger sicherer normativer Grundlage – angenommen, dass dem Staat eine Gewährleistungs- bzw. Regulierungspflicht obliege.[35] Wo man eine unions- oder verfassungsrechtliche Verpflichtung nicht annehmen will, bleibt jedenfalls die Berechtigung zur Etablierung eines staatlich regulierten Wettbewerbs auf strukturell unvollkommenen Märkten. So begründetes marktbezogenes Regulierungsrecht gibt es danach ua, aber nicht notwendig nur als Privatisierungsfolgenrecht für ehemals staatlich monopolisierte Wirtschaftssektoren[36] und insbes. für die sog. Netzwirtschaften,[37] aber – wie das Beispiel des organisierten Finanzmarkts belegt[38] – auch für andere Wirtschaftsbereiche. Auf der gemeinsamen Betätigung auf einem solchen staatlich regulierten Wettbewerbsmarkt gründet die geforderte, auf den Abgabenzweck bezogene und nicht erst durch die Abgabenregelung begründete Verbundenheit der Unternehmen,[39] und hieraus rechtfertigt es sich, ihnen die Finanzierungsverantwortlichkeit bezüglich der Regulierung aufzuerlegen.

Der wohl grundlegendste Einwand gegen die hierauf gegründete Belastung mit Abgaben zur Finanzierung der staatlichen Aufsichts- und Regulierungseinrichtungen lautet, die beaufsichtigte wirtschaftliche Betätigung sei Ausdruck grundrechtlich geschützter Freiheit und Freiheitsausübung könne nicht als solche abgabepflichtig gemacht werden.[40] Dem korrespondiert der Sache nach der Einwand, die Aufsicht werde hier nicht leistend, sondern eingreifend tätig,[41] bzw. die Gegenfrage, ob das BVerfG hier der Aufsicht nicht nur grundrechtseingreifenden, sondern den Grundrechtsgebrauch erst ermöglichenden Charakter zuschreibt.[42] Diese Qualifikation der wirtschaftlichen Betätigungsfreiheit als entweder grundrechtsgarantiert oder staatlich gewährt bzw. der Aufsichtstätigkeit als entweder grundrechtseingreifend oder aber leistend, Grundrechtsgebrauch ermöglichend ist in ihrer scharfen Entgegensetzung freilich für Bereiche wirtschaftlicher Betätigung auf diesen staatlicher Regulierung unterworfenen Gebieten nicht treffend. Einerseits ist die fragliche Wirtschaftsbetätigung, ist etwa die Erbringung von Finanzdienst- ebenso wie von Telekommunika-

[34] Vgl. Säcker AöR 130 (2005), 180 (188 f.).

[35] Vgl. etwa zur Energieversorgung Masing Die Verwaltung 36 (2003), 1 (7); Kersten VVDStRL 69 (2010), 288 (320); zum Finanzmarkt Höfling, Finanzmarktregulierung – Welche Regelungen empfehlen sich für den deutschen und europäischen Finanzsektor? Gutachten F zum 68. Deutschen Juristentag I, 2010, 9.

[36] Zum Regulierungsrecht als Privatisierungsfolgenrecht zB Ruffert AöR 124 (1999), 237 (239, 246 ff.); Knauff VerwArch 96 (2007), 382 (383). Krit. zur Verengung hierauf Stober DÖV 2004, 221 (223).

[37] In diesem Sinne Masing, Soll das Recht der Regulierungsverwaltung übergreifend geregelt werden? Gutachten D zum 66. Deutschen Juristentag I, 2006, 10; Kersten VVDStRL 69 (2010), 288 (318).

[38] Zur Regulierungsbedürftigkeit des Kapitalmarkts vgl. BVerfGE 124, 235 (245) = NVwZ 2010, 35; Höfling, Finanzmarktregulierung – Welche Regelungen empfehlen sich für den deutschen und europäischen Finanzsektor? Gutachten F zum 68. Deutschen Juristentag I, 2010, 10 ff.; Bumke Die Verwaltung 41 (2008), 227 (238); Wieland Die Verwaltung 43 (2010), 83 (88).

[39] Vgl. BVerfGE 122, 316 (336) = NVwZ 2009, 641; BVerfGE 135, 155 Rn. 123 = NVwZ 2014, 646; BVerfGE 136, 194 Rn. 121 = NVwZ 2014, 1306.

[40] Achterberg/Püttner/Würtenberger BesVerwR/Ehlers Kap. I/2 Rn. 402 mit Fn. 37a.

[41] Achterberg/Püttner/Würtenberger BesVerwR/Ehlers Kap. I/2 Rn. 402.

[42] So Britz/Hellermann/Hermes EnWG 2. Aufl./Hölscher § 92 Rn. 39.

tions- oder Energieversorgungsleistungen gewiss Grundrechtsausübung und sind Regulierungsmaßnahmen, soweit sie einzelne Marktteilnehmer belasten, staatliche Grundrechtseingriffe. Andererseits aber hat hier die staatliche Regulierung eben nicht nur eingreifenden Charakter, sondern eine ermöglichende Funktion, indem sie überhaupt erst die Randbedingungen für wirtschaftliche Betätigung auf einem funktionierenden Wettbewerbsmarkt absichert; wirtschaftliche Betätigung auf diesen Gebieten ist von vornherein Betätigung auf einem staatlich konstituierten, dauerhaft der staatlichen Absicherung eines funktionierenden, fairen Wettbewerbs bedürftigen Markt. Ohne Regulierung wäre auf einem solchen dem Wettbewerb geöffneten Markt ein freiheitlicher Zustand nicht nur für die Kunden, sondern auch für die konkurrierenden Unternehmen nicht gegeben.[43] Dieser Umstand begründet – auch wenn er den Grundrechtsschutz nicht entfallen lässt – doch einen qualitativen Unterschied zu sonstigen wirtschaftlichen Betätigungen auf Wettbewerbsmärkten, die allenfalls einer punktuell eingreifenden, im Kern gefahrenabwehrenden Wirtschaftsaufsicht oder einer im Einzelfall auftretenden Gefährdungen des freien und fairen Wettbewerbs entgegentretenden Kartellaufsicht unterliegen.

Diese differenzierende Beurteilung findet Unterstützung in der jüngeren Rechtsprechung des BVerfG zu Sonderabgaben, die von Unternehmen zur Finanzierung staatlicher (Absatz-) Fördereinrichtungen erhoben werden. Das Gericht hat solche Sonderabgaben für unzulässig gehalten, soweit es allein um mögliche positive Effekte staatlicher Werbemaßnahmen für einen bestimmten Wirtschaftszweig, sozusagen um nicht mehr als aufgedrängte Unternehmenswerbung geht.[44] Den erforderlichen greifbaren Gruppennutzen hat das Gericht hingegen bejaht, soweit es bei den staatlichen Fördermaßnahmen um das plausibel begründete Erfordernis geht, erheblichen Beeinträchtigungen entgegenzuwirken oder spezielle Nachteile auszugleichen, die die Gruppenangehörigen besonders betreffen und die von diesen selbst voraussichtlich nicht oder jedenfalls nicht mit gleicher Erfolgsaussicht kompensiert werden könnten.[45] Das vom BVerfG hier für zureichend erachtete, verbindende Interesse der zur Abgabe herangezogenen Unternehmen ist ebenfalls von für die jeweilige Branche struktureller Bedeutung, dabei freilich noch weitaus weniger essentiell als im Falle der auf regulierten Märkten tätigen Unternehmen.

Einerseits will danach deren Heranziehung zu Sonderabgaben zur Finanzierung jener Regulierungstätigkeit, die ihren Wettbewerbsmarkt überhaupt erst konstituiert, erst recht gerechtfertigt erscheinen. Andererseits hat das BVerfG, entsprechend differenzierend, zu Recht den in der Literatur erhobenen Einwand zurückgewiesen, die Zulassung der Umlagefinanzierung nach § 16 FinDAG nötige zu der Annahme, eine solche Umlagefinanzierung müsse auch in anderen Bereichen des Wirtschaftsaufsichtsrechts oder noch allgemeiner des Ordnungsrechts zulässig sein.[46] Dieser Einwand verkennt den gerade aufgezeigten qualitativen Unterschied zwischen der staatlichen Regulierung bestimmter Wirtschaftszweige, die im Interesse aller Marktteilnehmer einer dauerhaften staatlichen Absicherung der Randbedingungen eines funktionierenden, fairen Wettbewerbs bedürfen, und der Wirtschaftsaufsicht im herkömmlichen Sinn. In deren Anwendungsbereich wird mit Recht die Abgabenbelastung von Unternehmen beschränkt auf die Fälle, in denen diese eine besondere, durch Veranlassung oder Begünstigung begründete Verantwortlichkeit für eine ihnen individuell zurechenbare staatliche Aktivität tragen und deshalb insbes. zu Verwaltungsgebühren heran-

[43] Vgl. in diesem Sinne zu § 144 TKG aF BT-Drs. 15/2316, 105: „Diese Maßnahmen liegen eindeutig im Interesse der auf dem Markt tätigen Unternehmen, …"; zu § 92 EnWG aF BT-Drs. 15/3917, 72: „Mit der Regulierungstätigkeit nützt die Regulierungsbehörde der Gesamtheit der Marktteilnehmer durch die Förderung des Wettbewerbs, …".

[44] BVerfGE 122, 316 (337) = NVwZ 2009, 641; BVerfGE 123, 132 (144) = NVwZ 2009, 1030.

[45] BVerfGE 122, 316 (338) = NVwZ 2009, 641; BVerfGE 123, 132 (143) = NVwZ 2009, 1030; BVerfGE 136, 194 Rn. 135 = NVwZ 2014, 1306.

[46] BVerfGE 124, 235 (247) = NVwZ 2010, 35.

gezogen werden dürfen. Um es am Beispiel zu verdeutlichen: Ein unzuverlässiger Gastwirt wird zu Recht mit Gebühren belastet, wenn die zuständige Behörde gegen ihn vorgeht; die Gesamtheit der Gastwirte bildet jedoch keine homogene Gruppe, die in einer spezifischen Beziehung zum gefahrenabwehrenden staatlichen Überwachungsapparat steht und der deshalb die Verantwortlichkeit für dessen Finanzierung auferlegt werden dürfte. Das lässt sich auch auf die zulässige Reichweite der Sonderabgabenbelastung von Unternehmen auf regulierten Märkten übertragen, die auf die Finanzierung der Regulierungstätigkeit beschränkt ist. Auch das kann am Beispiel der früheren gesetzlichen Regelungen zur BNetzA anschaulich gemacht werden: § 92 EnWG aF hat die Umlagefinanzierung der Kosten der BNetzA für Maßnahmen zur Sicherung eines chancengleichen und funktionsfähigen Wettbewerbs auf den Märkten für die leitungsgebundene Energieversorgung zugelassen; die Aufsichtsfunktionen außerhalb des Regulierungsbereichs, etwa die Überwachung der Anforderungen an die technische Sicherheit von Energieanlagen (§ 49 EnWG), hat das EnWG hingegen den nach Landesrecht zuständigen Behörden übertragen,[47] die für ihre Amtshandlungen Verwaltungsgebühren nach Maßgabe des jeweiligen Landesrechts erheben können.

IV. Wahrung der Unabhängigkeit der Aufsichtsinstanz

Insbes. der Umlagefinanzierung der Tätigkeit der BNetzA im Bereich der leitungsgebundenen Energieversorgung ist das unionsrechtlich gestützte Bedenken entgegengehalten worden, die Umlagefinanzierung der aufsichtlichen bzw. regulierenden Tätigkeit sei unvereinbar mit der gebotenen Unabhängigkeit in der Aufgabenwahrnehmung der Aufsichtsinstanzen.[48] Dieser Einwand hat maßgeblich zur Aufhebung von § 92 EnWG aF durch den Gesetzgeber beigetragen.[49]

In der Tat ist der Bundesnetzagentur in der Wahrnehmung ihrer Regulierungsaufgaben im Bereich der leitungsgebundenen Energieversorgung Unabhängigkeit garantiert. Schon die zweite Richtliniengeneration zum Energiebinnenmarkt hatte 2003 gefordert, dass die von den Mitgliedstaaten zu schaffenden Regulierungsbehörden von den Interessen der Elektrizitäts- bzw. Erdgaswirtschaft vollkommen unabhängig sein müssten.[50] Seit dem Richtlinienpaket zum Energiebinnenmarkt aus dem Jahr 2009 verlangt das Unionsrecht von den Mitgliedstaaten noch einmal verstärkt, dass sie die Unabhängigkeit der von ihnen bestimmten Regulierungsbehörde gewährleisten.[51] Die BaFin untersteht zwar nach § 2 FinDAG der Rechts- und Fachaufsicht des Bundesministeriums der Finanzen, hat aber immer wieder Unabhängigkeit in ihrer operativen Aufsichtstätigkeit beansprucht;[52] in den zwischen Bundesministerium der Finanzen und BaFin vereinbarten Grundsätzen der Zusammenarbeit[53]

[47] Schneider/Theobald EnergieWirtschaftsR-HdB/Franke, 4. Aufl. 2013, § 19 Rn. 16.

[48] Theobald IR 2004, 50; Kühne/Brodowski NVwZ 205, 849 (850). Vgl. BT-Drs. 17/6072, 93: „§ 92, der regelte, dass die Kosten der Bundesnetzagentur unter anderem durch einen Beitrag der Netzbetreiber zu decken sind, wird gestrichen. Die in den Richtlinien vorgesehene, gestärkte Unabhängigkeit der Regulierungsbehörde von jeglicher Einflussnahme gleichgültig welcher Art stünde im Widerspruch zu einer Teilfinanzierung der Arbeiten der Behörde durch die betroffene regulierte Branche."

[49] Vgl. BT-Drs. 17/6072, 93.

[50] Art. 23 Abs. 1 S. 2 RL 2003/54/EG; Art. 25 Abs. 1 S. 2 RL 2003/55/EG.

[51] Vgl. für den Elektrizitätsbereich zunächst Art. 35 Abs. 4 und 5 RL 2009/72/EG, heute Art. 57 Abs. 4, 5 und 7 RL (EU) 2019/944; für den Gasbereich zunächst Art. 39 Abs. 4 und 5 RL 2009/73/EG, heute Art. 76 Abs. 4–6 RL (EU) 2024/1788.

[52] Vgl. Laars, FinDAG, 6. Aufl. 2024, § 2 Rn. 2.

[53] Grundsätze der Zusammenarbeit zwischen BMF und BaFin, abrufbar unter: https://www.bafin.de/SharedDocs/Downloads/DE/Anlage/dl_bmf_bafin_grundsaetze_zusammenarbeit.pdf (abgerufen am 29.5.2025).

wird der BaFin in der Tat in ihren aufsichtlichen Maßnahmen operative Unabhängigkeit und Eigenverantwortlichkeit und deren Respektierung bei der Ausübung der Rechts- und Fachaufsicht zugesichert. Darüber hinaus schreibt die einen einheitlichen europäischen Bankenaufsichtsmechanismus etablierende EU-VO, die sog. SSM-VO, für die Tätigkeit der zuständigen nationalen Behörden in ihrem Anwendungsbereich ausdrücklich Unabhängigkeit vor (Art. 19 Abs. 1 S. 1 VO (EU) Nr. 1024/2013 (SSM-VO)). Insoweit ist sowohl für die BNetzA wie auch für die BaFin unionsrechtlich – mit Vorrang gegenüber nationalem Recht, auch Verfassungsrecht[54] – Unabhängigkeit in der Aufgabenwahrnehmung vorgegeben.

Die mögliche Gefährdung der Unabhängigkeit von staatlichen Aufsichtsinstanzen in ihren Entscheidungen durch die Infiltration des Interesses der beaufsichtigten Unternehmen ist in der Theorie des sog. Regulatory Capture verwaltungswissenschaftlich erörtert und belegt.[55] Das Problem stellt sich umso dringlicher, wenn es sich – wie in den Fällen der BaFin und der BNetzA – um eine dauerhafte, besonders intensive, auch informal gehandhabte staatliche Regulierung handelt. Die ausschlaggebende Frage ist allerdings, wie berechtigt die Befürchtung ist, gerade mit der Umlagefinanzierung der Regulierungstätigkeit gehe eine Abhängigkeit von den finanzierenden Unternehmen und damit eine unzulässige Möglichkeit der Einflussnahme auf die Regulierungstätigkeit einher. Diese Befürchtung darf gewiss nicht vorschnell verworfen werden, doch will es wenig plausibel erscheinen, dass eine auf hinreichend bestimmten normativen Grundlagen beruhende, rechtlich durchsetzbare Abgabenerhebung bei den Unternehmen diesen erhebliche konkrete Einflussnahme ermöglichte.[56]

Hinzu kommt ein weiterer Umstand, den der Gesetzgeber nicht zutreffend gewürdigt hat, als er § 92 EnWG aF (auch) unter Hinweis auf die „in den Richtlinien vorgesehene, gestärkte Unabhängigkeit der Regulierungsbehörde von jeglicher Einflussnahme“[57] aufhob. Die Stärkung der Unabhängigkeit, die im Vergleich zur zweiten Generation der Energiebinnenmarktrichtlinien aus dem Jahr 2003 in der dritten Richtliniengeneration des Jahres 2009 erfolgt ist, galt nicht so sehr – wie hier unterstellt – dem Verhältnis der Aufsichtsinstanzen zu den beaufsichtigten Unternehmen; die vollkommene Unabhängigkeit von den Interessen der Elektrizitäts- bzw. Erdgaswirtschaft war schon seit 2003 gefordert. Die besondere Stärkung durch die dritte Richtliniengeneration liegt vielmehr darin, dass – wie der EuGH in seinem Urteil zur BNetzA betont hat – nunmehr Unabhängigkeit nicht mehr nur von den Marktinteressen, sondern auch von öffentlichen Einrichtungen und politischen Stellen postuliert wird.[58] Nach den Erwgr. liegt dem die Erfahrung zugrunde, dass die Effektivität der Regulierung vielfach aufgrund mangelnder Unabhängigkeit der Regulierungsbehörden von der Regierung sowie unzureichender Befugnisse und Ermessensfreiheit eingeschränkt gewesen sei.[59] Ähnlich verlangt auch die SSM-VO, begründet mit dem Interesse an einer wirksamen Wahrnehmung der Aufsichtsaufgaben, die vollständige operative Unabhängigkeit, insbes. die Freiheit von ungebührlicher politischer Einflussnahme ebenso wie von Einmischungen der Industrie.[60] Die hier eingeforderte vollständige und allseitige Unabhängigkeit verlangt dann auch Beachtung im Hinblick auf die angemessene Finanzausstattung und Finanzautonomie der Aufsichtseinrichtungen. Dass insoweit auch ein Schutzbedürfnis in

---

[54] Zu dem dadurch begründeten Spannungsverhältnis zum Demokratieprinzip vgl. BVerfGE 151, 202 Rn. 219 ff. = NJW 2019, 3204.

[55] Eichhorn, Die Finanzierung staatlicher Regulierung durch die Regulierten, 2013, 65.

[56] IErg ebenso Staebe DVBl 2004, 853 (861 Fn. 63); Eichhorn, Die Finanzierung staatlicher Regulierung durch die Regulierten, 2013, 66 f.

[57] BT-Drs. 17/6072, 93.

[58] EuGH ECLI:EU:C:2021:662 = EnWZ 2021, 363 Rn. 107 ff. Vgl. auch Bourwieg/Hellermann/Hermes EnWG/Gundel § 54 Rn. 4.

[59] Erwgr. 33 RL 2009/72/EG; Erwgr. 29 RL 2009/73/EG.

[60] Erwgr. 75 SSM-VO, dort mit Blick auf die EZB.

Richtung des Staates besteht und die zureichende staatliche Finanzierung keine Selbstverständlichkeit ist, verdeutlicht ein Seitenblick auf die zugleich mit dem Eisenbahnregulierungsgesetz in Kraft gesetzte Regelung des § 2 Abs. 3 BEGTPG,[61] wonach die Bundesnetzagentur über eine personelle und sachliche Ausstattung verfügen muss, die der Bedeutung des Eisenbahnsektors in Deutschland entspricht. Der Gesetzgeber hat damit dem unionsrechtlich vorgegebenen Erfordernis der Unabhängigkeit[62] Rechnung tragen wollen, dabei aber gesehen, dass die Umsetzung unvollständig bleibt, weil die Vorschrift keine unmittelbaren Auswirkungen auf die für die Einstellung von Personal zur Verfügung stehenden Mittel hat, da diese letztendlich durch den Haushaltsplan und das Haushaltsgesetz bestimmt werden.[63] Auch in den Erwgr. zu den Energiebinnenmarktrichtlinien wird der Aspekt der Abhängigkeit vom Haushaltsgesetzgeber thematisiert; ausgehend von der Annahme der Finanzierung der Regulierungstätigkeit aus dem staatlichen Haushalt wird dort der Schutz der Haushaltsautonomie der Regulierungsbehörden gegenüber den nationalen staatlichen Stellen, namentlich dem Haushaltsgesetzgeber postuliert.[64]

Die SSM-VO weist einen anderen Weg. Ausgehend von der Erwägung, dass die EZB ihre Ressourcen auf eine Weise beschaffen soll, die ihre Unabhängigkeit sowohl von einer ungebührlichen Einflussnahme der nationalen zuständigen Behörden wie auch der Marktteilnehmer sicherstellt,[65] sieht sie für die EZB das angemessene Finanzierungsinstrument in der Erhebung einer sog. Aufsichtsgebühr von den beaufsichtigten Kreditinstituten bzw. Zweigstellen zur Deckung der Ausgaben für die Wahrnehmung der übertragenen Aufgaben (Art. 30 SSM-VO); nach Art. 30 Abs. 5 SSM-VO soll diese Regelung ausdrücklich nicht dem Recht nationaler Aufsichtsbehörden, also auch der BaFin, entgegenstehen, Gebühren für Kosten aufgrund der Zusammenarbeit mit der EZB, ihrer Unterstützung und der Ausführung ihrer Anweisungen zu erheben. Für den Bereich der Aufsicht über Kreditinstitute lässt sich daraus ablesen, dass nach unionsrechtlichem Verständnis die insoweit garantierte Unabhängigkeit eine Umlagefinanzierung der Aufsichtstätigkeit nahelegt, dieser aber jedenfalls nicht entgegensteht. Es ist kein Grund dafür ersichtlich, das für andere Bereiche, in denen Wirtschaftsaufsichts- oder Regulierungsbehörden in ihrer Tätigkeit Unabhängigkeit – unionsrechtlich garantiert oder nicht – genießen, anders zu sehen; das gilt insbes. auch für den Bereich der leitungsgebundenen Energieversorgung.

Es ist richtig, dass die gebotene Unabhängigkeit der Regulierungsinstanzen auch hinsichtlich der Finanzierung sichergestellt sein muss. Das gilt freilich – wie gesehen – in zweierlei Richtung, gegenüber staatlichen Stellen wie gegenüber den Unternehmen. Hiervon ausgehend steht das Unabhängigkeitspostulat der Umlagefinanzierung der Regulierungstätigkeit nicht entgegen. Einerseits erscheint die dadurch begründete Gefahr unzulässiger Einflussnahme der regulierungsunterworfenen, zur Finanzierung herangezogenen Unternehmen gering. Andererseits würde die alternativ zu erwägende Finanzierung der Regulierungstätigkeit aus dem Staatshaushalt die Regulierungsinstanz von den Zuweisungen des staatlichen Haushaltsgesetzgebers abhängig machen und damit dem Staat jedenfalls nicht geringer einzuschätzende Möglichkeiten sachlicher Einflussnahme eröffnen.

---

[61] Art. 4 Nr. 1 G zur Stärkung des Wettbewerbs im Eisenbahnbereich v. 29.8.2016 (BGBl. I 2082).

[62] Art. 55 Abs. 3 UAbs. 1 RL 2012/34/EU.

[63] Vgl. BR-Drs. 22/16, 394.

[64] Erwgr. 34 RL 2009/72/EG: „Außerdem sollte die Zustimmung des nationalen Gesetzgebers zum Haushaltsplan der Regulierungsbehörden die Haushaltsautonomie nicht beeinträchtigen. Die Bestimmungen bezüglich der Autonomie bei der Ausführung des der Regulierungsbehörde zugewiesenen Haushalts sollten gem. dem Rechtsrahmen der einzelstaatlichen Haushaltsvorschriften und -regeln angewandt werden."; vgl. auch Erwgr. 30 RL 2009/73/EG.

[65] Erwgr. 77 SSM-VO.

V. Schluss

Vor dem Hintergrund der auf dem Finanzmarkt bestehenden Umlagefinanzierung der Aufsicht ist früher verschiedentlich davor gewarnt worden, die Regelungen könnten vor allem angesichts staatlicher Finanzknappheit Schule machen.[66] Diese Befürchtung hat sich – die Aufhebung von § 144 TKG aF, § 92 EnWG aF belegt eher das Gegenteil – tatsächlich nicht bewahrheitet, und ihr stehen auch rechtliche Grenzen entgegen. Wirtschaftsaufsicht wird, soweit es um Wirtschaftsaufsicht im Sinne von punktuell kontrollierender und eingreifender, insbes. im klassischen Sinn von gefahrenabwehrender Wirtschaftsüberwachung geht, zu Recht als eine klassische Staatsaufgabe angesehen, die aus Steuermitteln und nicht durch Umlagen bei den Beaufsichtigten zu finanzieren ist. Die Vorhaltung dieses Wirtschaftsüberwachungsapparats ist aus dem Staatshaushalt zu finanzieren; die überwachten Wirtschaftsakteure können zu Abgaben, insbes. zu Gebühren erst dann herangezogen werden, wenn ihnen gegenüber konkrete, individuell zurechenbare Maßnahmen ergehen. Wo jedoch staatliche Aufsichtsinstanzen die Aufgabe, auf unvollkommenen Märkten einen funktionstüchtigen Wettbewerb überhaupt erst zu ermöglichen, und damit eine über solche klassische Wirtschaftsaufsicht hinausgehende Regulierungsaufgabe wahrnehmen, ist die Umlagefinanzierung durch Sonderabgabenerhebung gegenüber den auf solchen regulierten Wettbewerbsmärkten tätigen Unternehmen grundsätzlich gerechtfertigt. Sie wahrt nicht nur – so das Ergebnis der vorstehenden Überlegungen – die ggf. unionsrechtlich verbürgte Unabhängigkeit des Regulierers, sondern steht auch mit verfassungsrechtlichen Anforderungen im Einklang. Das gilt für die Umlagefinanzierung der BaFin gem. § 16 FinDAG, deren Verfassungsmäßigkeit das BVerfG überzeugend bestätigt hat, ebenso wie für die früher in § 144 TKG aF, § 92 EnWG aF vorgesehene Umlagefinanzierung der BNetzA, deren Aufhebung aus Rechtsgründen nicht geboten war.

---

[66] Ehlers/Achelpöhler NVwZ 1993, 1025 (1131); Mückl DÖV 2006, 797 (798).

BERND SCHÜTZE

Die Bildung rechtlicher Regeln im Zusammenwirken von Gesetzgebung, Verwaltung und Rechtsprechung

Die Hilfsmittelversorgung in der gesetzlichen Krankenversicherung als Beispiel

I. Einleitung

Thomas Emde, auf vielen Terrains bewanderter und vielfältigen Fragen nachspürender Freund seit langen Tagen, war immer interessiert an dem Anteil, den richterliches Entscheiden zum Gemeinwohl beitragen kann und tatsächlich beiträgt und wie es eingebunden ist in Interaktionsprozesse mit anderen Institutionen und Akteuren. Anschauliches Material für solches Interagieren in unterschiedlichen Rollen und Verantwortlichkeiten lässt sich finden bei der Ausbildung von Regularien für die Versorgung gesetzlich Krankenversicherter mit Hilfsmitteln, insbes. bei (medizin-)technischen Neuerungen. Anders als deren vergleichsweise geringer Anteil am Gesamtbudget der gesetzlichen Krankenversicherung[1] nahelegen könnte, hat diese Versorgung für Krankenkassen wie für Versicherte eine ausgesprochen hohe Bedeutung. Für die Krankenkassen, weil der Bereich von einer erheblichen Ausgabendynamik gekennzeichnet ist, die sich aus ihrer Sicht nur schwer eingrenzen lässt und er zudem mindestens teilweise hohe administrative Kapazitäten absorbiert. Für Versicherte, weil Hilfsmittel wie etwa – wahllos benannt – Notrufarmbänder bei Sturzgefahr, Lichtsignalanlagen bei Gehörlosigkeit oder Taubheit, GPS-Geräte oder Einkaufshilfen bei erheblicher Sehbeeinträchtigung oder Mobilitätshilfen mit Motorunterstützung bei schwerwiegender Mobilitätsbeeinträchtigung in vielen Fällen Teilhabechancen bei wesentlichen Alltagskontakten oder -verrichtungen eröffnen, die ihnen ansonsten vollständig oder jedenfalls in wesentlicher Hinsicht verschlossen werden wären, zumal in der heutigen Lebenswirklichkeit.

Dies ist indes nicht nur deshalb nicht einfach zu administrieren, weil es sich – für das Sozialrecht typisch – um Vorgänge der Massenverwaltung[2] handelt, die ungeachtet von Wohnsitz und unterschiedlicher Krankenkassenzugehörigkeit nach identischen Regeln und gleichförmigen Ergebnissen vollzogen werden sollen. Hinzu kommt, dass darin vielfach Bewertungen von Nutzenvorteilen eingehen, die mit den im Krankenversicherungsrecht ansonsten vorherrschenden Maßstäben der medizinischen Evidenz kaum oder überhaupt nicht zu erfassen sind – ohne dass sie vollständig entbehrlich sind – und deren Maßstäbe sich im Laufe der Zeit auch verändern können. Inwiefern Gesetzgebung, Verwaltung und Rechtsprechung unter diesen Bedingungen systemadäquate Regularien für die Versorgung mit Hilfsmittel insbes. mit technischen Neuerungen ausbilden können, soll im Folgenden beginnend mit einem Blick auf den Tatbestand (dazu → I.) und die Maßgaben zu dessen Konkretisierung (dazu → II.) anhand aktueller Fragen skizziert werden (dazu → III.).

---

[1] 2023 belief sich der Anteil der Hilfsmittelversorgung mit 11,2 Mrd. EUR auf einen Anteil von 3,9% aller Leistungsausgaben der gesetzlichen Krankenversicherung von 288,6 Mrd. EUR.

[2] Nach Angaben der Krankenkassen handelt es sich jährlich um etwa 30 Mio. Versorgungen.

II. Der Leistungstatbestand

Gemessen an den Anforderungen der Administration eines Massengeschäfts sind die Voraussetzungen für den Anspruch auf Versorgung mit Hilfsmitteln in der gesetzlichen Krankenversicherung von einer Ausnahme abgesehen[3] vergleichsweise einfach gefasst: Hilfsmittel zulasten der gesetzlichen Krankenversicherung können beansprucht werden, soweit sie „im Einzelfall erforderlich sind, um den Erfolg der Krankenbehandlung zu sichern, einer drohenden Behinderung vorzubeugen oder eine Behinderung auszugleichen" und nicht als allgemeine Gebrauchsgegenstände des täglichen Lebens anzusehen oder ausdrücklich ausgeschlossen sind.[4] Anders als die im Sozialrecht ansonsten vorherrschende hoch ausdifferenzierte und kleinteilige Normierung[5] folgt die Steuerung der Hilfsmittelversorgung damit auf der gesetzlichen Ebene wie bei anderen Sach- und Dienstleistungsansprüchen des gesetzlichen Krankenversicherungsrechts dem Regelungstypus der Finalprogrammierung: Ein Hilfsmittel kann beanspruchen, wer es für eines der drei angeführten Versorgungsziele – Sicherung des Erfolgs der Krankenbehandlung, Vorbeugung einer drohenden Behinderung und Ausgleich einer Behinderung – benötigt.

Wie bei der vergleichbaren Grundnorm zur Krankenbehandlung[6] ist die Versorgung auch bei der Hilfsmittelabgabe im Hinblick auf ihre Entwicklungsoffenheit anders als über diesen Typus kaum steuerbar, weil wie dort mit einem Ansatz der abstrakt-generellen Regelung schwerlich strikt typisierend in der notwendigen Aktualität vorgegeben werden könnte, auf welche Bedarfslage genau in welcher Zeit mit welchem Hilfsmittel zu reagieren ist. Dagegen spricht schon die schiere Zahl von bald 40.000 unterschiedlichen Produkten, den die Krankenkassen in ihrem Hilfsmittelkatalog aktuell führen. Und bezogen auf die Aktualität: Wem hätte vor Jahren etwa schon vor Augen stehen können, dass Querschnittsgelähmten mit der technischen Hilfe eines Exoskeletts aufrechtes Stehen und Gehen ermöglicht werden kann, wenn sie die dafür nötigen körperlichen Voraussetzungen erfüllen, und welche Fragen sich dabei für eine etwaige Versorgung zulasten der gesetzlichen Krankenversicherung stellen können?[7] Und wie sollte der Gesetzgeber das jeweils nachhalten und von wem in welcher Form sollte er dabei beraten werden?

Allerdings hat dieser Ansatz in dem auf gleichförmige Administration von Massengeschäften angelegten System der sozialen Sicherung ohnehin ihren Preis und ist er nur so lange relativ unproblematisch, wie sich das Versorgungsziel mit einiger Sicherheit bestimmen lässt. Das trifft schon für die Krankenbehandlung selbst nicht immer zu. Bei den vor allem neuralgischen Fragen des Behinderungsausgleichs gilt das hingegen noch weniger: Ob eine aus den Mitteln der Versichertengemeinschaft aufzubringende Prothese nur die Fortbewegung auf

---

[3] Sehr viel detaillierter sind die Vorgaben zur Abgabe von Sehhilfen, deren Beschaffung von einem kleinen Kreis hoher Sehschwäche abgesehen der Eigenverantwortung der Versicherten zugewiesen ist, vgl. § 33 Abs. 2 und 3 SGB V.

[4] § 33 Abs. 1 S. 1 SGB V.

[5] Vgl. exemplarisch § 150a Abs. 2 S. 2 Nr. 2 SGB XI: „Einen Anspruch auf einen Corona-Pflegebonus haben auch Vollzeitbeschäftigte, die im Bemessungszeitraum mindestens drei Monate in einer zugelassenen oder für eine zugelassene Pflegeeinrichtung tätig waren und [...] 2 am 30. Juni 2022 nur deshalb nicht beschäftigt und tätig sind, weil sie Krankengeld, Krankentagegeld, Verletztengeld, Versorgungskrankengeld, Übergangsgeld, Pflegeunterstützungsgeld oder Mutterschaftsgeld beziehen oder nach den gesetzlichen Vorschriften Erziehungsgeld oder Elterngeld beziehen oder Elternzeit oder eine Freistellung nach § 3 des Pflegezeitgesetzes in Anspruch nehmen oder Wehrdienst oder Zivildienst leisten."

[6] Vgl. § 27 Abs. 1 S. 1 SGB V: „Versicherte haben Anspruch auf Krankenbehandlung, wenn sie notwendig ist, um eine Krankheit zu erkennen, zu heilen, ihre Verschlimmerung zu verhüten oder Krankheitsbeschwerden zu lindern."

[7] Vgl. zu einem solchen Fall LSG Nordrhein-Westfalen BeckRS 2020, 5735; die Revision hiergegen hat die Krankenkasse kurz vor Beginn der mündlichen Verhandlung zurückgenommen.

ebenem Gelände eröffnen oder nach einer Beinamputation wie bisher Wanderungen in der Wandergruppe in unwegsamerem Gelände ermöglichen muss, kann dem Gesetzeswortlaut selbst allein schwerlich entnommen werden.

Weiter kompliziert wird das dadurch, dass die Versorgung mit Hilfsmitteln wegen Krankheit oder Behinderung nicht in die Verantwortung der gesetzlichen Krankenversicherung allein fällt, sondern Aufgabe anderer sozialer Sicherungssysteme auch sein kann und nicht für alle Konstellationen zweifelsfreie gesetzliche Vorrang- und Nachrangregelungen gelten. Vergleichsweise klar ist das nur im Verhältnis zwischen gesetzlicher Unfall- und Krankenversicherung, weil für die Folgen eines Arbeitsunfalls vorrangig die jeweils zuständige Berufsgenossenschaft einzustehen hat. Im Verhältnis zwischen gesetzlicher Krankenversicherung und den Zweigen der Rentenversicherung, Pflegeversicherung und der Sozialhilfe sind vergleichbare Vorrangregelungen indes kaum kodifiziert; im Gegenteil gelten in allen Zweigen im Wesentlichen ähnlich ausgestaltete Tatbestandsvoraussetzungen: In allen Bereichen besteht Anspruch auf Versorgung mit einem Hilfsmittel zulasten des jeweiligen Systems immer dann, wenn es zur Verwirklichung der dort im Einzelfall jeweils verfolgten Teilhabeziele erforderlich ist.

In dieser Lage können schließlich auch dem Benachteiligungsverbot des Art. 3 Abs. 3 S. 2 GG und dem bei der Auslegung des einfachen Rechts angemessen zu berücksichtigenden Recht auf persönliche Mobilität aus Art. 15 UN-Behindertenrechtskonvention[8] keine grundlegend weitergehenden Steuerungswirkungen zugesprochen werden, weil – abgesehen von deren eigener Offenheit – dem jedenfalls nicht entnommen werden kann, in welchem Sicherungssystem unter welchen Voraussetzungen im Weiteren auf einen im Einzelfall geltend gemachten Versorgungsbedarf reagiert werden sollte: Ganz offenbar jedenfalls bei einem Teil der jährlich etwa 30 Mio. Versorgungen (allein) zulasten der gesetzlichen Krankenversicherung kein kleiner Schritt von der abstrakten Grundnorm zur Abgabe des Hilfsmittels.

III. Maßgaben der Konkretisierung

Diese Konkretisierung ist wie in den anderen Leistungsbereichen der gesetzlichen Krankenversicherung geleitet durch eine Vielzahl von Instrumentarien und Maßgaben, die auf verschiedenen Ebenen und unter Einbeziehung unterschiedlicher Akteure die Entscheidung im Einzelfall dirigieren und in ihrem Zusammenspiel dafür Sorge tragen sollen, dass die Hilfsmittelversorgung krankenkassenübergreifend nach einheitlichen Regeln und Maßgaben vollzogen werden kann. Dabei geraten hier für das weitere Verständnis – unter Außerachtlassung der Preisbildungsmechanismen[9] – im Überblick vor allem drei Steuerungsdimensionen in den Blick:

1. Kategorisierung und Qualitätssicherung der Hilfsmittelversorgung

Zunächst sind das die Vorgaben zur Ordnung der Hilfsmittel nach Kategorien und Versorgungzwecken einschließlich der Anforderungen an ihre Beschaffenheit in einem von den Krankenkassen, genauer: deren Spitzenverband auf Bundesebene zu führenden Register, dem rechtlich bindende Wirkungen nicht in jeder Hinsicht zukommen, das aber faktisch

---

[8] Vgl. BVerfG NJW 2020, 1282 Rn. 39 mwN.

[9] Vgl. insbes. § 127 SGB V; dazu letztens BSG MPR 2024, 71; zu weitergehenden Vorschlägen der Krankenkassen vgl. die Stellungnahme des Spitzenverbands der Krankenkassen „Voraussetzungen für eine wirtschaftliche und qualitätsgesicherte Hilfsmittelversorgung – Positionspapier zur Bewertung der Steuerungsinstrumente" v. 14.6.2023, vgl. https://www.gkv-spitzenverband.de/media/dokumente/service_1/publikationen/20230531_Positionspapier_Hilfsmittelversorgung_BF.pdf.

erhebliche Prägekraft entfaltet und um dessen Aufstellung deshalb nicht zu Unrecht auch in Detailfragen erheblich gerungen wird.[10] Danach ist der mit den zentralen Konkretisierungs- und Koordinierungsaufgaben der gesetzlichen Krankenversicherung betraute, als Körperschaft des öffentlichen Rechts errichtete Spitzenverband Bund der Krankenkassen[11] (im Folgenden GKV-Spitzenverband) beauftragt, ein Verzeichnis der von den Krankenkassen abgabefähigen Hilfsmittel zu führen, das im Bundesanzeiger bekannt zu machen ist und in dem als „systematisch strukturiertes Hilfsmittelverzeichnis" von „der Leistungspflicht umfasste Hilfsmittel aufzuführen" und „indikations- oder einsatzbezogen besondere Qualitätsanforderungen" festzulegen sind.[12]

Hierauf gestützt hat der GKV-Spitzenverband im Laufe der Zeit ein hoch ausdifferenziertes Verzeichnis entwickelt, das in nahezu 40 Produktgruppen gegliedert bald 40.000 Produkte auflistet.[13] Normative Bindungswirkungen entfaltet dies schon mangels einer ausreichenden Legitimation des GKV-Spitzenverbands hinsichtlich der Versorgung dem Grunde nach[14] zwar weder für Versicherte noch für Krankenkassen. Beide können einwenden, dass das Fehlen eines entsprechenden Eintrags beziehungsweise die Aufnahme eines Hilfsmittels in das Hilfsmittelverzeichnis sie nicht binde.[15] Jenseits der Geltungswirkung in dieser Hinsicht kommt dem gleichwohl erhebliche Prägekraft zu, die auch intendiert ist, wie die eingehenden Regularien über dessen Aufstellung, Fortschreibung und den Kreis der dabei über ihre Verbände zu beteiligenden Hersteller und Leistungserbringer[16] erweisen.[17] Der Sache nach ist damit ein Verfahren etabliert, das es den Krankenkassen über ihren Spitzenverband erlaubt, im Austausch mit den Verbänden von Leistungserbringern und Herstellern detaillierte Vorgaben zu Indikation[18], Beschaffenheit[19] und Abgabemodalitäten[20] der aus ihrer Sicht vom Versorgungsprogramm der gesetzlichen Krankenversicherung umfassten Hilfsmittel zu entwickeln, die den Abgabeprozess für einen großen Bereich maßgeblich dirigieren (und hinsichtlich besonderer Qualitätsanforderungen auch binden)[21] und deren faktische Steuerungswirkungen auch von der Rechtsprechung insoweit anerkannt sind, als Hersteller um Rechtschutz nachsuchen können, wenn die Aufnahme eines Produkts in das Hilfsmittelverzeichnis aus ihrer Sicht zu Unrecht abgelehnt worden ist.[22]

---

[10] Instruktiv etwa der Streit, ob Drainageprodukte mit Verbrauchszubehör als „Bundle" in das Hilfsmittelverzeichnis der gesetzlichen Krankenversicherung eingetragen werden können, BSG NZS 2024, 708.

[11] Vgl. §§ 217a, 217f SGB V.

[12] § 139 Abs. 1 und Abs. 2 S. 1 SGB V.

[13] Vgl. https://hilfsmittel.gkv-spitzenverband.de/home.

[14] Anders hingegen bei den besonderen Qualitätsanforderungen nach § 139 Abs. 2 S. 1 SGB V, vgl. dazu BSG NZS 2016, 784 Rn. 24.

[15] Vgl. nur BSG NZS 2016, 784 Rn. 11.

[16] Diese im Weiteren auch eingebunden über die Verträge zur Abgabe von Hilfsmitteln, vgl. § 127 SGB V.

[17] Vgl. insbes. die eingehenden Vorgaben in § 139 Abs. 7–11 SGB V.

[18] Vgl. exemplarisch etwa zur Produktart 01.35.01.1 Milchpumpen, elektrisch betrieben: „Indikation – Schädigung des Stillens/der Brustfütterung mütterlicherseits (zB durch Anomalien der Brust/Brustwarzen, Brustwarzenentzündung, vermehrte oder verminderte Muttermilchbildung) und/oder – Schädigung des Saug-/Trinkvorgangs kindlicherseits (zB bei Lippen-Kiefer-Gaumenspalte, Unreife des Kindes, allgemeine muskuläre Schwäche, neurologische Störungen, neuromuskuläre Erkrankungen) zur Sicherstellung der Ernährung des Säuglings mit Muttermilch".

[19] Vgl. wiederum zur Produktart 01.35.01.1: „Die verwendeten Membran – und Kolbenpumpen sind grundsätzlich wartungsfrei. […] Das Sammelgefäß muss so gefertigt sein, dass die Milch im Gefäß verbleibt und nicht in die Pumpe gelangen kann."

[20] „Elektrisch betriebene Milchpumpen sollten vorrangig leihweise zur Verfügung gestellt werden und sind für einen Wiedereinsatz geeignet."

[21] Vgl. BSG NZS 2024, 708 Rn. 11 und Felix KrV 2023, 221 (224).

[22] Vgl. nur BSG NZS 2016, 784 Rn. 28.

2. *Beurteilung von medizinischem Nutzen, Risikofreiheit und Wirtschaftlichkeit*

Können schon in diese Steuerung zur Qualitätssicherung der Produktbeschaffenheit medizinische Wertungen einzubeziehen sein – mit einem Gestaltungsspielraum zu Gunsten des GKV-Spitzenverbands –,[23] so sind sie jedenfalls dann erforderlich, wenn der medizinische Nutzen, die Risikofreiheit oder Wirtschaftlichkeit eines Hilfsmittels in Frage steht. Die Entscheidung hierüber obliegt nach der Grundkonzeption des SGB V dem zentralen Rechtsetzungsgremium der gemeinsamen Selbstverwaltung[24] der gesetzlichen Krankenversicherung, dem „Gemeinsamen Bundesausschuss" nach § 91 SGB V[25] in normativ wirkenden untergesetzlichen Vorgaben nach § 92 Abs. 1 S. 2 Nr. 5 SGB V, sofern das Hilfsmittel als Bestandteil einer Behandlungsmethode eingesetzt werden soll, die nach Maßgabe von § 135 SGB V[26] ohne positive Empfehlung des Gemeinsamen Bundesausschusses in der vertragsärztlichen Versorgung nicht erbracht werden darf.

Das war seit langem anerkannt bei Hilfsmitteln, die im Rahmen von medizinischen Methoden zur Anwendung kommen sollten, die im Sinne dieser Vorschrift als „neue Untersuchungs- und Behandlungsmethoden" anzusehen waren, und die deshalb der Sperrwirkung der Regelung unterlagen, solange sie nicht nach den Kriterien der medizinischen Evidenz freizugeben waren.[27] Das hat das Bundessozialgericht in jüngerer Zeit im Anschluss an vom Gesetzgeber aufgegriffene[28] Entscheidungen aus dem Jahr 2015[29] zur entsprechenden Geltung der Regelung für Hilfsmittel mit neuartigen technischen Ansätzen weiter erstreckt auf solche (Medizin-)Produkte, die ihrer abstrakten Zweckbestimmung nach jedenfalls auch zur Sicherung des Erfolgs der Krankenbehandlung eingesetzt werden können und in medizinischer Hinsicht wesentliche, bisher nicht geprüfte Neuerungen im Vergleich zu in der ambulanten Versorgung etablierten Therapien betreffen.[30] Spricht der Hersteller einem solchen Produkt positive Effekte in Bezug auf einen Heilungsprozess oder die gesundheitlichen Vorbeugung zu, so können Versicherte eine Versorgung mit diesem Produkt zulasten der gesetzlichen Krankenversicherung danach nur beanspruchen, wenn der Gemeinsame Bundesausschuss dessen medizinischen Nutzen, Risikofreiheit und Wirtschaftlichkeit positiv bewertet hat oder zu der Einschätzung gelangt ist, dass es sich bei dem Hilfsmittel nicht um einen untrennbaren Bestandteil einer neuen Methode iSv § 135 Abs. 1 S. 1 SGB V handelt.[31]

---

[23] BSG NZS 2016, 784 Rn. 29.

[24] Spätestens an dieser Stelle muss das Staunen darüber zum Ausdruck kommen, dass sich im weiteren Verlauf Berührungen im gemeinsamen (sic!) Interesse von Jubilar und Verfasser ergeben würden, die in der Zeit der von dem Jubilar im Vorwort zu seiner Dissertation zur demokratischen Legitimation der funktionalen Selbstverwaltung so eindrucksvoll beschriebenen Runden im Freiburger Kollegiengebäude II Anfang der 80'er Jahre niemand in den Blick hätte nehmen können; zu jeder Zeit lesenswert Emde, Die demokratische Legitimation der funktionalen Selbstverwaltung: eine verfassungsrechtliche Studie anhand der Kammern, der Sozialversicherungsträger und der Bundesanstalt für Arbeit, 1991, dort S. VIII.

[25] Immer noch gültig dazu Engelmann NZS 2000, 1 ff. und 76 ff.. Zu Einzelheiten BeckOGK SGB V/Roters § 91.

[26] Dazu nur BeckOGK SGB V/Roters § 135.

[27] Vgl. nur BSG BeckRS 2009, 72614 Rn. 14 ff.

[28] Vgl. § 139 Abs. 3 S. 3–5 SGB V.

[29] Insbes. BSG NZS 2015, 860.

[30] Vgl. zuletzt BSG BeckRS 2024, 15085 Rn. 14 ff.

[31] So zum Zeitpunkt der Revisionsentscheidung bei BSG NZS 2024, 382.

3. Bestimmung von Versorgungszielen beim Behinderungsausgleich

Ist damit dem Grundsatz nach – wenngleich hinsichtlich der Reichweite noch nicht abschließend geklärt –[32] die Feststellung der medizinischen Eignung, der Risikofreiheit und der Wirtschaftlichkeit von in diesem Sinne auf neuen Methoden beruhenden Hilfsmitteln einer zentralen Instanz übertragen und damit der Verwaltungsvollzug im Weiteren insoweit entlastet, so verhält sich das bei der Bestimmung der für den Behinderungsausgleich – dem dritten Versorgungsziel in § 33 Abs. 1 S. 1 SGB V neben der Sicherung des Erfolgs der Krankenbehandlung und der Vorbeugung einer drohenden Behinderung – maßgeblichen Ziele gerade anders. Sie erfordert die Beurteilung von Einzelfällen nach Maßgabe ihrer jeweils konkreten Lebensumstände, die nicht mit medizinischer Evidenz oder Wirtschaftlichkeit zu erfassen sind, sondern Risikozuordnungen verlangen zu der Frage, bei welchen körperlichen, seelischen, geistigen oder neurologisch Funktionsbeeinträchtigungen[33] die Gemeinschaft der gesetzlich Krankenversicherten für einen angemessenen Ausgleich einzustehen hat und bei welchen nicht.

Für diese Risikozuordnung hat die Rechtsprechung in einer langen Entscheidungslinie allgemeine Kriterien herausgebildet, die bei Nachjustierungen im Einzelnen der gesetzlichen Krankenversicherung in dem gegliederten Sicherungs- und Leistungssystem des Sozialgesetzbuchs die Leistungszuständigkeit für diejenigen Hilfsmittel zuweisen, die Auswirkungen einer Behinderung im täglichen (Alltags-)Leben beseitigen oder mindern und damit der Befriedigung der allgemeinen Grundbedürfnisse des täglichen Lebens dienen sollen. Hierzu rechnen seit Geltung der RVO insbes. das Gehen und Stehen, das selbstständige Wohnen sowie das Erschließen eines gewissen körperlichen und geistigen Freiraums.[34] Für die in diesem Zusammenhang besonders neuralgische Versorgung mit Mobilitätshilfen beim Verlust der körperlichen Gehfähigkeit hat die Rechtsprechung das dahin umschrieben, dass die gesetzliche Krankenversicherung für die Hilfsmittel aufzukommen hat, die im Nahbereich der Wohnung ein Aufschließen zu den Möglichkeiten von Menschen ohne Beeinträchtigung des Gehvermögens erlauben. Dem rechnet sie die Wege zu, die räumlich einen engen Bezug zur Wohnung und sachlich zu den Grundbedürfnissen der Gesundheit und der selbständigen Lebensführung haben, weil dort die für die üblichen Alltagsgeschäfte erforderlichen Wege zurückzulegen sind; angefangen von den allgemeinen Versorgungswegen über die gesundheitserhaltenden Wege beim Aufsuchen etwa von Ärzten bis zu den Wegen, die von besonderer Bedeutung für die physische und psychische Gesundheit sind, nämlich zur Aufrechterhaltung der körperlichen Vitalfunktionen, und den Wegen zur Erschließung eines für die seelische Gesundheit elementaren geistigen Freiraums.[35]

Ohne das ins Einzelne auszuformen – und ohne das anhand der ihm vorliegenden Fälle überhaupt zu können – hat das Bundessozialgericht das letzthin unter partieller Korrektur früherer Entscheidungen dahin weiterentwickelt, dass erheblich mobilitätseingeschränkte Versicherte einen Anspruch auf Versorgung mit elektrisch unterstützten Mobilitätshilfen haben können, wenn sie anders nicht mit eigener Körperkraft den näheren Bereich der Wohnung erschließen können und nicht schon mit einem rein elektrisch betriebenen Rollstuhl versorgt sind. Anders als bis dahin zumeist hat es die mit solchen Mobilitätshilfen regelmäßig eröffnete größere Geschwindigkeit und Reichweite – über den Nahbereich hinaus – nicht als schwerer wiegend angesehen als das Interesse der Versicherten, die ihnen verbliebene Restkörperkraft zur Fortbewegung nutzen zu wollen. Als maßgebenden Bezugsraum zur Beurteilung der Reichweite der ihnen verbliebenen Restkörperkraft hat es den räumlichen Bereich angesehen, der – auch wenn er über das hinausreicht, was im Allgemeinen fußläufig erledigt wird – im konkreten Einzelfall für übliche Nahversorgungserledigungen

---

[32] Vgl. BSG NZS 2024, 381 Rn. 19 sowie Felix KrV 2023, 221 (224).
[33] Zu dieser Systematisierung jurisPK-SGB IX/Luthe, 4. Aufl. 2023, § 2 Rn. 79.
[34] In diese Richtung etwa schon BSG NJW 1991, 1565 (1565).
[35] Vgl. zusammenfassend nur BSG BeckRS 2020, 17046 Rn. 27 f.

zurückgelegt wird. Die damit einhergehende Ausweitung hielt der Senat für geboten mit Blick auf die Bewegungsgewohnheiten, wie sie seiner Wahrnehmung nach inzwischen einer weiten Alltagsübung entsprechen und für deren Ermöglichung zu seiner Überzeugung die Versichertengemeinschaft der gesetzlich Krankenversicherten im Verhältnis zu entsprechend mobilitätsbeeinträchtigten Mitgliedern einzustehen hat.[36]

VI. Handlungsoptionen und -aufträge

In der Gesamtsicht dieser notgedrungen kursorischen Betrachtung präsentiert sich damit ein sehr ungleichmäßiges Bild, was die Steuerung der Hilfsmittelversorgung betrifft und in der sich die Kehrseite der zwangsläufig offenen, zielorientierten Regulierung der Hilfsmittelversorgung zeigt, mit Folgen sowohl für Versicherte wie die mit der Hilfsmittelbewilligung professionell Befassten oder diese ehrenamtlich oder familiär Begleitende: Einerseits detaillierte Vorgaben für die Abgabe von Hilfsmitteln insbes. für Zwecke der medizinischen Versorgung und andererseits Unsicherheiten über die Bewilligungsfähigkeit bestimmter Hilfsmittel insbes. zum Behinderungsausgleich, die nicht selten lang andauernde Verfahren nach sich ziehen, einen hohen administrativen Aufwand binden und vermutlich auch manche Unter- oder Überversorgung zur Folge haben. Für die Weiterentwicklung der Regularien im Interesse einer zielgenaueren Versorgung und einer schnelleren Verfahrensabwicklung zeigen sich dabei für Gesetzgebung, Verwaltung und Rechtsprechung unterschiedliche Handlungsoptionen und Verantwortlichkeiten:

1. Gesetzgebung

Zunächst wird bei der Gesetzgebung der geringste Spielraum bestehen, was Konkretisierungen des entwicklungsoffenen Hilfsmitteltatbestands insbes. im Bereich des Behinderungsausgleichs betrifft; dafür wird bei finalprogrammierten Regelungen wie der des § 33 Abs. 1 S. 1 SGB V nicht so viel Raum sein, wie er sonst in dem Hin und Her zwischen der Rechtsprechung insbes. der obersten Bundesgerichte und der Gesetzgebung immer besteht und wie es bei Entscheidungen oberster Bundesgerichte sehr häufig mitbedacht ist mit Blick auf die Möglichkeit des parlamentarischen Gesetzgebers, sie sich entweder zu eigen zu machen oder sie zu korrigieren. Unabhängig davon könnte der Gesetzgeber – und nur er – allerdings im Hinblick auf die angeführte Entscheidung zu elektrisch unterstützten Mobilitätshilfen erwägen, ob Versicherte bei einer dem Fahrradfahren ähnlichen Hilfsmittelversorgung zu einem Eigenbeitrag herangezogen werden sollen, was in der Praxis unter Berufung auf frühere Rechtsprechung des Bundessozialgerichts vielfach geschieht, zur Überzeugung des Senats aber eine ausdrückliche und entsprechend ausgeformte gesetzliche Grundlage voraussetzt;[37] das könnte eine Reaktion darauf sein, dass sich die Modalitäten der Fortbewegung mit solchen Mobilitätshilfen mehr dem Alltagsgebrauch mit elektrisch unterstützten Fahrrädern annähern.

Anders stellt sich der Handlungsraum für die Gesetzgebung dagegen bei einem Konfliktfeld dar, das in den letzten Jahren mit dem zunehmenden medizintechnischen Fortschritt in Streitigkeiten um Hilfsmittelversorgungen zunehmend in den Vordergrund gerückt ist: Hilfsmittel, deren Nutzung neue Fragen in medizinischer Hinsicht aufwerfen; angefangen zunächst mit den Bewegungsschienen zur Gelenkmobilisation zuhause[38] bis zuletzt hin zur Versorgung Querschnittgelähmter mit einem Exoskelett.[39] Immer bewegt sich die Entschei-

---

[36] Vgl. BSG MPR 2024, 248. Krit. dazu Knispel jurisPR-SozR 17/2024 Anm. 2.
[37] Vgl. BSG MPR 2024, 248 Rn. 35.
[38] Vgl. etwa BSG NZS 2015, 860.
[39] Vgl. etwa LSG Nordrhein-Westfalen BeckRS 2020, 5735.

dung über den Einsatz solcher Hilfsmittel zulasten der gesetzlichen Krankenversicherung im Spannungsverhältnis von Medizinprodukterecht einerseits und Krankenversicherungsrecht andererseits. Medizinprodukte sind europarechtlich verkehrsfähig, wenn der beanspruchte Nutzen durch vom Hersteller veranlasste Zertifizierung belegt ist, krankenversicherungsrechtlich ist die Abgabe dagegen begrenzt durch die Vorgaben der §§ 2 und 12 SGB V, nämlich den Nachweis von Nutzen, Wirtschaftlichkeit und Risikofreiheit nach wissenschaftlicher Evidenz. Ob dieser Nachweis bei Hilfsmitteln mit neuartiger medizin-technischer Grundlage der Sperrklausel des § 135 Abs. 1 S. 1 SGB V unterliegt und demzufolge allein der Gemeinsame Bundesausschuss bindend Empfehlungen über deren Einführung in das Leistungsspektrum der gesetzlichen Krankenversicherung abgeben kann oder ob diese Frage und die Voraussetzungen der Leistungsinanspruchnahme in jedem einzelnen Streitfall erneut gutachterlich geklärt werden müssen,[40] ist ungeklärt,[41] einstweilen jedenfalls.

Dieser Zustand ist für Versicherte, Krankenkassen und die Versichertengemeinschaft schwerlich befriedigend. Für betroffene Versicherte, weil sie ihnen möglicherweise zustehende Hilfsmittel gar nicht oder sehr verspätet erhalten. Und für Krankenkassen und Beitragszahler, weil sie unter Umständen für vielleicht nicht oder im konkreten Einzelfall nicht abgabefähige Hilfsmittel aufzukommen haben. Daran ändert auch die europarechtliche Zertifizierung nichts. Mit ihr ist im Kern nur der Beleg geführt, dass das jeweilige Medizinprodukt die Eigenschaften hat, die der Hersteller ihm beimisst. Damit ist aber nicht immer auch entschieden – und kann nach dem Regelungszusammenhang auch nicht entschieden sein – unter welchen Voraussetzungen Versicherten dieses Medizinprodukt zulasten der gesetzlichen Krankenversicherung zur Eigenanwendung überlassen werden kann. Bei Verfahren um die Versorgung mit einem Exoskelett kann sich etwa die Frage stellen, ob seine Benutzung nur in Anwesenheit Dritter anzuraten ist oder nicht, oder welche physiologischen und kognitiven Voraussetzungen gegeben sein müssen, damit eine erfolgversprechende Versorgung möglich ist. Auch ob sonst in medizinischer Hinsicht Abgabevoraussetzungen bestehen, die zu beachten wären, kann zu klären sein. Das sind in medizinischer Hinsicht zu beurteilende Fragen, die nach den Maßgaben des SGB V nach dem Stand der medizinischen Erkenntnis für alle Versicherte einheitlich geklärt und nicht der Beurteilung durch die im Einzelfall beteiligten Ärzte oder Gutachter überlassen werden sollten. Sinnvoll erschiene es deshalb im Interesse des gesamten Systems, einheitliche Maßgaben für die Versorgung zu entwickeln, wie sie auch sonst bei der Einführung neuer Verfahren in das Leistungssystem der gesetzlichen Krankenversicherung üblich sind und dazu ein entsprechendes Verfahren bei dem Gemeinsamen Bundesausschuss zu etablieren.[42]

2. *Verwaltung*

Soweit die weitere Ausgestaltung und Konkretisierung des Anspruchs auf eine zeitgemäße Versorgung mit Mobilitätshilfen in Rede steht, dürfte das hingegen vor allem eine Aufgabe der Verwaltungspraxis sein, mindestens zunächst. Die Entscheidungen des Bundessozialgerichts dazu[43] ziehen zahlreiche weitere Fragen nach sich und mögen in Teilen sehr allgemein gehalten erscheinen. Das liegt indessen zum einen an den Besonderheiten des revisionsgerichtlichen Verfahrens und soll zum anderen Raum lassen für notwendige Entwicklung. Oberste Bundesgerichte dürfen von allgemeinen Tatsachen abgesehen keine Feststellungen treffen und ergänzende Sachverhaltsermittlungen betreiben. Schon um die Entscheidung über den Einzelfall nicht noch weiter zu verzögern, kann es deshalb sinnvoll

---

[40] So lag es bei dem LSG Nordrhein-Westfalen am 27.2.2020 entschiedenen Verfahren zu L 5 KR 675/19 (BeckRS 2020, 5735).

[41] Vgl. BSG NZS 2024, 382 Rn. 19 sowie Felix KrV 2023, 221 (224).

[42] Für eine „grundlegende Überarbeitung des Nutzenbewertungsregimes im SGB V" in der Gesamtbetrachtung auch Felix KrV 2023, 221 (224).

[43] Vgl. insbes. BSG MPR 2024, 248.

erscheinen, von Zurückverweisungen zur weiteren Aufklärung des Sachverhalts abzusehen. Zudem können Zurückverweisungen im Austausch zwischen den Instanzen problematisch sein im Hinblick auf die Fragen, die bei einer Zurückverweisung gestellt werden (müssen). Formuliert man sie, könnte das in der Praxis als Hinweis darauf verstanden werden, dass es aus Sicht des Bundesgerichts gerade darauf ankommt, was einer konkretisierenden Entwicklung indes eher entgegenstehen kann.

Konkretisierende Weiterentwicklung der Maßgaben zur Reichweite des Behinderungsausgleichs wird deshalb nur möglich sein, wenn die Verwaltung auf Krankenkassenseite und insbes. der Medizinische Dienst iRd Begutachtung alle Gesichtspunkte benennt, ermittelt, dokumentiert und zum Gegenstand künftiger Entscheidungen macht, die aus ihrer und seiner Sicht in tatsächlicher Hinsicht bei der Versorgung mit Hilfsmitteln, wie sie hier in Rede stehen, zu berücksichtigen sein sollten. Nur das kann einer konsistenten Rechtsentwicklung die Grundlage geben und am Ende möglicherweise auch den Gesetzgeber in den Stand setzen, bei Bedarf konkretisierende Regelungen zu treffen.

3. Rechtsprechung

Entsprechend gilt dies auch für die Rechtsprechung und insbes. das Verhältnis zwischen den Tatsacheninstanzen und dem Bundessozialgericht. Aus instanzrichterlicher Sicht können Entscheidungen der obersten Bundesgerichte mitunter als zu offen oder zurückhaltend erscheinen, ungenau möglicherweise auch in manchen Punkten. Verwundern mag manches Mal auch der fortwährende Gebrauch früherer Formeln, obgleich die Umstände sich fortentwickelt haben; die Dogmatik zur Hilfsmittelversorgung zu Zwecken des Behinderungsausgleichs könnte dafür Anschauungsmaterial bieten. Indessen ist das eine wie das andere den besonderen Kommunikationsanforderungen im Verhältnis zwischen Revisions- und Tatsacheninstanzen geschuldet. Revisionsgerichtliche Entscheidungen müssen – soll es Rechtsentwicklung geben – Anstöße auch dann und dort geben (können), wo die weitere Entwicklung noch nicht vollständig ausgeformt sein kann. Und sie sollten sich zur Vermeidung von Missverständnissen tradierter Formeln bedienen, solange im Ergebnis nichts anderes zum Ausdruck gebracht werden soll; ansonsten können Irritationen über das Gemeinte entstehen. Deshalb wird es auch auf dem Feld des Behinderungsausgleichs mit Hilfsmitteln der gesetzlichen Krankenversicherung für die weitere Entwicklung notwendig sein, dass in den Tatsacheninstanzen ausgehend von den zuletzt getroffenen Entscheidungen des Bundessozialgerichts zusätzliches Fallmaterial gesammelt wird und auf dessen Basis der Revisionsinstanz gegebenenfalls Gelegenheit zu weiterer Konkretisierung, Anpassung oder Fortentwicklung dieser Entscheidungen gegeben wird.[44]

[44] Woran indes anders als in dem zur Revisionsentscheidung anberaumten Verfahren über die Revision gegen das Urteil des LSG Nordrhein-Westfalen vom 27.2.2020 (BeckRS 2020, 5735) im Interesse der Rechtsprechungsvereinheitlichung auch die beteiligte Krankenkasse selbst dann mitwirken müsste, wenn das Interesse an einer abschließenden Klärung aus ihrer Organisationssicht nicht so groß sein sollte.

RUDOLF STEINBERG

Aspekte des Demokratieprinzips im Grundgesetz

I. *Das Demokratieprinzip und seine Gefährdung*

In seiner Dissertation hat der Jubilar einen wesentlichen Beitrag zum Verständnis des Demokratieprinzips des Grundgesetzes vorgelegt. Damit hat er auch die Rechtsprechung des BVerfG befruchtet. Dieses rechtfertigt die Vereinbarkeit von Einrichtungen der sog. funktionalen Selbstverwaltung mit dem Demokratieprinzip des Grundgesetzes mit einem zentralen Argument aus der Arbeit von Thomas Emde: „Sie kann als Ausprägung dieses Prinzips verstanden werden, als sie der Verwirklichung des übergeordneten Ziels der freien Selbstbestimmung aller dient."[1] Deren Grund wird von Emde als Ausdruck einer anthropologischen Auffassung des Verhältnisses von Mensch – Gemeinschaft verstanden. Der Mensch wird in der Tradition der abendländischen Philosophie stehend „als ein (sich selbst) verantwortliches und zur Selbstbestimmung berufenes Wesen" begriffen.[2] In der Arbeit beeindrucken die Souveränität und Konsequenz, mit der dieses Prinzip gegen ideologische Vorurteile und staatstheoretische sowie staatsrechtliche etatistische Verkürzungen – selbst seines Lehrers Ernst-Wolfgang Böckenförde – durchdekliniert wird. Dieses Menschenbild prägt auch die Persönlichkeit von Thomas Emde und wird auch sichtbar in späteren Arbeiten, die ihn vom Verfassungsrecht weg längst zum öffentlich-rechtlichen Wirtschaftsverwaltungsrecht geführt haben.[3]

Emde geht es in seiner Dissertation in erster Linie um die demokratische Legitimation staatlicher Herrschaft. Deren Substanz stelle deren Bindung „an die generalisierte Zustimmung des Volkes und ihrer Verantwortlichkeit vor diesem, mit einem Wort: die Herleitung der Staatsgewalt aus dem Volkswillen".[4] Dabei versteht er die einzelnen Bausteine des demokratischen Prinzips als fungible Instrumente im Dienst eines übergeordneten Gesamtplans. Entscheidend sei, dass das vorgegebene Legitimationsniveau nicht unterschritten werde. Nachfolgend soll der Frage nachgegangen werden, ob Instrumente direkter Demokratie in der Lage sind, diesem Mangel abzuhelfen, die – so zutreffend Emde – nichts anderes als einen Realitätsmodus des demokratischen Prinzips darstellen.[5]

Das mangelhafte Legitimationsniveau wird jedenfalls immer wieder vor allem mit der Unzulänglichkeit des nach dem Grundgesetz nahezu ausschließlichen Modus der repräsentativen Willensbildung des Volkes behauptet. „Keine Frage – Wir stecken mitten in einer

---

[1] BVerfGE 107, 59 unter Hinweis auf Emde, Die demokratische Legitimation der funktionalen Selbstverwaltung, 1991, 356 f. Vgl. auch etwa 404: „Demokratie als Dienst am Prinzip der Selbstbestimmung".

[2] Emde, Die demokratische Legitimation der funktionalen Selbstverwaltung, 1991, 384.

[3] So Emde/Dornseifer/Dreibus/Emde KAGB Einl. Rn. 177 in seiner Kritik an einer „Perfektionierung des Anlegerschutzes" im KAGB: „Man kann sich des Eindrucks nicht erwehren, dass die Autoren das rechtspolitische Leitbild des mündigen Bürgers jedenfalls dann, wenn der Bürger den Hut des Kapitalanlegers aufsetzt, für verfehlt erachten und an seine Stelle die des entmündigten Bürger setzen wollen."

[4] Emde, Die demokratische Legitimation der funktionalen Selbstverwaltung, 1991, 385.

[5] Emde, Die demokratische Legitimation der funktionalen Selbstverwaltung, 1991, 385 Fn. 57.

Krise. Die Qualität der Demokratie sinkt und demokratische Systeme entwickeln oft antidemokratische Tendenzen."[6]

II. Verwirklichung der Demokratie durch Elemente direkter Demokratie?

Das Thema der Einführung von Elementen direkter Demokratie über die kommunale und Landesebene hinaus, wo sie seit langem zulässig sind, wird seit langem immer wieder in einer kaum übersehbaren Literatur aufgegriffen. Es scheint aber, dass Überlegungen zur stärkeren Beteiligung der Bürger an staatlichen Entscheidungen zunehmend stärker differenziert behandelt werden. Demgegenüber wird seltener pauschal vorgeschlagen, auch auf Bundesebene Volksbegehren und Volksentscheide einzuführen. Deshalb überrascht das flammende Plädoyer von Gertrude Lübbe-Wolff, die alle Bedenken und Einwände rigoros beiseite wischt.[7] Dabei hätte sie der von ihr mit Erstaunen wahrgenommene Rückzug der politischen Parteien von Vorschlägen für Plebiszite vielleicht nachdenklich machen und fragen lassen, warum selbst traditionelle Verfechter der direkten Demokratie wie die Partei von Bündnis 90/Die Grünen heute anderen Sinnes geworden sind.[8] Auch bei den Anhängern der SPD spricht sich nur eine geringe Mehrheit für das repräsentative Prinzip aus.[9] Heute fordern allein noch die AfD und die Partei Die Linke die Einführung von Verfahren direkter Demokratie. Dem entsprechen auch die Präferenzen ihrer Anhänger, die mehrheitlich die direkte Demokratie bevorzugen. Auch bei den neuen populistischen Parteien von Sarah Wagenknecht und Hans Georg Maaßen wird ein „Rückbau des Parteienstaates (... und der) Ausbau der Herrschaft des Volkes, auch durch die Einführung plebiszitärer Elemente wie der Volksabstimmung"- so der Entwurf der Werteunion – gefordert. Ganz ähnlich verbinden rechts- und linkspopulistische Parteien in anderen europäischen Ländern die Kritik an den Eliten, den Intellektuellen, den Medien und dem Parlamentarismus mit Forderungen nach einer direkten Demokratie.[10]

Aus den Ausführungen von Lübbe-Wolff sollen zwei Aspekte herausgegriffen werden, die in ihrer Darstellung nur unzureichend oder gar nicht behandelt werden.

Den ersten Aspekt behandelt sie unter der Überschrift „Direkte Demokratie begünstigt Demagogen."[11] In diesem Kap. „widerlegt" sie die längst überwundene These, der zufolge die direkte Demokratie Hitler zur Macht verholfen habe. Die Möglichkeiten von Volksbegehren und Volksentscheid in der WRV kann Horst Dreier zu Recht als „Randphänomene" abtun.[12]

Das drängende heutige Problem der massiven Veränderung der demokratischen Meinungsbildung durch die neuen Medien, kommt demgegenüber überhaupt nicht in den Blick.

---

[6] So in der Ankündigung eines Vortrags von Geißel, Zur aktuellen Lage der Demokratie in Europa und beyond, Alfried Krupp Wissenschaftskolleg Greifswald, Alumni Fellow Lecture am 9.6.2023. Zahlreiche ähnliche Stimmen ließen sich ebenfalls zitieren.

[7] Vgl. Lübbe-Wolff, Demophobie, 2023.

[8] Vgl. Lübbe-Wolff, Demophobie, 2023, 12 ff.

[9] Vgl. die Ergebnisse einer empirischen Untersuchung von Decker/Best/Fischer/Küppers, Vertrauen in die Demokratie, 2019, 38. Sie berichten jedoch auch, dass die Zustimmung zur direkten Demokratie in den letzten Jahren vor allem bei den jüngeren Bürgern zurückgegangen sei.

[10] Liogier, Ce populisme qui vient, 2013, 28 und passim vor allem zu Frankreich.

[11] Lübbe-Wolff, Demophobie, 2023, 29 ff.

[12] Dreier/Waldhoff Weimars Verfassung/Dreier, 2020, 9 ff., 30; eingehend Gusy, 100 Jahre Weimarer Verfassung, 2018, 138 ff.

III. Wirkungen der Neuen Medien

Die Wirkungen der verbreiteten Hate Speech in den Neuen Medien auch auf den politischen Diskurs beschreibt eindrucksvoll eine Untersuchung, die das „Kompetenznetzwerk" im Auftrag des Bundesfamilienministeriums Anfang 2024 veröffentlichte. Es beobachtet einen „silencing effect", da diejenigen, die von Hass im Netz betroffen werden, sich zurückzögen. Der Diskurs finde ohne diese Stimmen statt, verenge sich und lasse extremen Meinungen mehr Platz. Das führe dann zu dem Eindruck, dass die Meinungen der Hass-Verbreiter in der Mehrheit seien. Insbes. rechtsextreme Nutzer versuchten so, den Diskurs immer weiter nach rechts zu schieben. Meinungsbildungsprozesse auch in den bevorstehenden Landtagswahlen würden so stark beeinträchtigt.[13] Der Angriff auf die Demokratie erfolge nicht mehr schleichend: „Vielmehr muss man von einem offenen und unverhohlenen Versuch sprechen, die Grundwerte und Prinzipien unserer Demokratie durch Hass im Netz systematisch zu untergraben." Dieser Angriff manifestiere sich etwa in der Verbreitung von Desinformation, der Zunahme autoritärer Einstellungen sowie dem Versuch, das öffentliche Vertrauen in Institutionen zu erschüttern.[14]

In der neuen Mitte-Untersuchung 2023 beobachtet Andreas Zick zunehmend eine Mitte der Gesellschaft, „die eine wahrgenommene ungerechtfertigte Einschränkung der Grundrechte, sowie die Entfremdung von der repräsentativen Demokratie, das tiefe Misstrauen in politische Institutionen und die Offenheit für Verschwörungstheorien mit dem Rechtsextremismus verbindet."[15] Verschwörungsgläubige seien selten vom Funktionieren der repräsentativen Demokratie überzeugt und präferierten stattdessen häufiger Volksentscheide.[16] Nur noch ein Drittel der Menschen besäßen eine Präferenz für Entscheidungen der repräsentativen Institutionen, mehr als die Hälfte wünsche sich, dass die Bürger und Bürgerinnen in regelmäßigen Volksabstimmungen über Gesetze abstimmten. Das gelte insbes. für Wähler der AfD.[17] Die sozialen Medien würden jedoch mit Fake News und Verschwörungserzählungen überflutet, zum Teil auch mit völkisch-rassistischen und antisemitischen Tendenzen. Vor allem Jugendliche, die ihre Informationen bevorzugt aus den sozialen Medien bezögen, seien zunehmend und besonders oft mit Falschnachrichten online oder in den sozialen Medien konfrontiert. 75% der 14–24jährigen berichteten davon, mindestens einmal pro Woche Falschnachrichten zu begegnen. 43% seien über das Internet oder Social Media in Berührung mit Verschwörungserzählungen gekommen, und 45% geben an, dort auch Erfahrungen mit extremen politischen Ansichten gemacht zu haben.[18]

Die Wirkungen des sozialen Mediums TikTok, das sich mit über 20 Mio. Nutzern in Deutschland vor allem an junge Menschen, beschreibt eine andere empirische Untersuchung. Für diese Jugendlichen sei TikTok das Medium schlechthin, es werde als Chat-Tool, Suchmaschine, Musikapp und privates Tagebuch genutzt. Knapp ein Fünftel der 14–29jährigen nutzten TikTok täglich, ein Drittel wöchentlich.[19] Auf dieser Plattform sei ein unvorstellbares Ausmaß an antisemitischer Hetze und Desinformation festzustellen.[20] Für diese jungen Leute seien die Creatoren – dh die Personen, die regelmäßig Inhalte auf Tiktok herstellen und ver-

---

[13] Das NETTZ, Gesellschaft für Medienpädagogik und Kommunikationskultur et al., Lauter Hass – leiser Rückzug, 2024, 57.

[14] Das NETTZ, Gesellschaft für Medienpädagogik und Kommunikationskultur et al., Lauter Hass – leiser Rückzug, 2024, 63.

[15] Zick/Küpper/Mokros, Die distanzierte Mitte/Zick, 2023, 56.

[16] Zick/Küpper/Mokros, Die distanzierte Mitte/Küpper/Sandal-Önal/Zick, 2023, 115.

[17] Zick/Küpper/Mokros, Die distanzierte Mitte/Küpper/Sandal-Önal/Zick, 2023, 91 ff., 102 f.

[18] Zick/Küpper/Mokros, Die distanzierte Mitte/Küpper/Sandal-Önal/Zick, 2023, 108 f.

[19] Schnabel/Berendsen, Die TikTok-Intifada – Der 7.10. und die Folgen im Netz, 2024, 10.

[20] Auch Das NETTZ, Gesellschaft für Medienpädagogik und Kommunikationskultur et al., Lauter Hass – leiser Rückzug, 2024, 31 berichten, dass Hass am häufigsten auf X (vormals Twitter) und TikTok wahrgenommen werde.

breiten – viel vertrauenswürdiger als Eltern oder Lehrkräfte. Wenn eine Creatorin, die eigentlich Schminkexpertin sei, nebenbei ihre Sicht des Nahost-Konflikts nach dem 7.10. vermittelt, stelle dies für die Nutzer eine glaubwürdige Quelle dar.[21] Aber nicht nur antisemitische Erzählungen werden verbreitet. Rechtspopulistische und rechtsradikale Gruppierungen nutzten TikTok auch, um pauschal Muslime und Farbige zu denunzieren. Gerade die AfD nutze TikTok als nach wie vor einflussreichste deutsche Partei auf der Plattform mit großer Kenntnis insbes. der Bedürfnisse ihres jugendlichen Zielpublikums. Das Netzwerk von AfD-nahen oder eigenen Creatoren dürfte das derzeit reichweitenstärkste Medienkonglomerat im deutschsprachigen Raum überhaupt sein.[22] Bestehende Kontrollmechanismen wirkten allenfalls post factum durch weitgehend automatisierte Kontrollmechanismen.[23] Doch nicht nur die AfD macht sich den Mechanismus dieser Plattform zunutze. So warnen die Sicherheitsbehörden vor einer „Tiktokisierung des Islamismus." Damit setzten islamistische Influencer maßgeblich Radikalisierungsprozesse in Gang und befeuerten mit dem diesem sozialen Netzwerk eigenen Suchtpotential „die Entfremdung junger Menschen von der Mehrheitsgesellschaft und den Werten des demokratischen Rechtsstaats."[24]

Die Probleme mit den sozialen Medien – X, Telegram, Meta ua – sind in den anderen westlichen Ländern identisch. So fordert der Berichterstatter einer Untersuchungskommission des französischen Senats zum Einfluss von TikTok Claude Malhuret das Verbot von TikTok mit der Begründung: „Ces plateformes sont des armes de destruction massive de la démocratie."[25] Doch so verständlich diese Forderung ist, so würde dies am Problem vorbeiführen. Die digitale Lebensform und ihre Risiken können nicht einfach wieder abgeschafft werden.[26]

Die Untersuchungen von Deborah Schnabel und Eva Berendsen beobachten auch, dass der Algorithmus die jungen Nutzer in eine Art Radikalisierungstunnel bringe: Wenn man nur ein propalästinensisches Video anschaue, würden die Inhalte, die Tiktok seinen Nutzern vorschlage, massiv israelfeindlich.[27] Dies führt dazu, „dass man in kürzester Zeit in eine politisch eindimensionale Blase geraten kann, in der alle Differenzierungen ausgeblendet und kaum alternative Deutungen angeboten werden."[28]

Das liefert eine Erklärung für die intensive Konfrontation der Mediennutzer mit falschen, Hass- und rechtsradikalen Botschaften. So hat sich in den letzten Jahren ein mediales Paralleluniversum rechter und rechtsradikaler Accounts herausgebildet, in dem die Meinung junger Menschen gezielt beeinflusst werden soll.

Die Ökonomen Daron Acemoglu und Simon Johnson beleuchten eingehend die Wirkungen der neuen Medien unter Einschluss von KI: Sie berichten über zahlreiche Fälle von Desinformation und Volksverhetzung im Internet weltweit, nicht zuletzt im US-amerikanischen Wahlkampf 2016. Dabei beobachten sie deren Wirkungen bei Menschen, die an ihre sozialen Netzwerke gefesselt sind und bei denen immerzu Empörung und andere starke Emotionen geweckt werden: Sie „kapseln sich von ihrer Gemeinde und vom demokratischen Diskurs ab, weil im Internet eine getrennte alternative Realität entstanden ist, in der

---

[21] Schnabel/Berendsen, Die TikTok-Intifada – Der 7.10. und die Folgen im Netz, 2024, 28.

[22] Schnabel/Berendsen, Die TikTok-Intifada – Der 7.10. und die Folgen im Netz, 2024, 11, 16.

[23] Schnabel/Berendsen, Die TikTok-Intifada – Der 7.10. und die Folgen im Netz, 2024, 6, 13, 26; zu der Forderung, die Tech-Konzerne in die Pflicht zu nehmen, Schnabel/Berendsen, Die TikTok-Intifada – Der 7.10. und die Folgen im Netz, 2024,, 38. Ob sich durch das neue EU-Gesetz über digitale Dienste wesentliches verändern wird, bleibt abzuwarten.

[24] Vgl. den Bericht in FAZ v. 15.6.2024, 8.

[25] Faut-il interdire TikTok?, Le Point v. 15.2.2024, S. 61. Das Heft steht unter dem Titel: „Les usines à mensonges".

[26] Schnabel/Berendsen, Das TikTok-Universum der (extremen) Rechten, 2024, 57.

[27] Schnabel/Berendsen, Die TikTok-Intifada – Der 7.10. und die Folgen im Netz, 2024, 6.

[28] Schnabel/Berendsen, Das TikTok-Universum der (extremen) Rechten, 2024, 10.

extremistische Stimmen den Ton angeben, künstliche Echokammern entstehen und größer werden, jegliche Information verdächtig oder parteilich ist und die Möglichkeit von Kompromissen nicht mehr gesehen oder sogar abgelehnt wird."[29]

In diesen Echokammer-Umgebungen ist es wenig wahrscheinlich, dass man mit gegensätzlichen Meinungen konfrontiert wird. Die Wirkungen von Echokammern werden durch die Algorithmen der Plattformen verstärkt, da diese mit einer Filterblase einen künstlichen Raum erzeugten, in dem man nur Stimmen hört, die den eigenen politischen Ansichten entsprechen.[30] Um in der Netz-Öffentlichkeit die gewünschte Aufmerksamkeit zu bekommen, muss täglich um Relevanz gekämpft werden. Die Algorithmen sind deshalb so ausgelegt, dass sie durch die Bevorzugung von Hetze und provokanten Desinformation viele Nutzer zur Beteiligung motivieren und so länger auf der Plattform halten. Die Plattformen können mit maßgeschneiderter Werbung gewaltige Einnahmen erzielen. Aber digitale Werbung ist nur gut, wenn die Konsumenten ihr ausreichende Aufmerksamkeit schenken. „Daher bemühen sich die Plattformen, ihre Nutzer dazu zu bewegen, sich mit den Online-Inhalten auseinanderzusetzen. Das konnten sie am besten erreichen, indem sie starke Emotionen wie Wut und Empörung weckten."[31]

Die beschriebenen Strukturen und Wirkweisen der neuen Medien, die durch die Möglichkeiten der KI-erzeugten Deepfakes und vor allem ihre Nutzung von Rechtsradikalen und anderen Extremen mahnen zur großen Zurückhaltung bei dem Einsatz der direkten Demokratie. Die Gefahren einer Verfälschung des demokratischen Diskurses sind überdeutlich. Der Forderung nach „mehr direkter Demokratie", sollte man – so auch Decker et al. – auch wenn sie mehrheitlich befürwortet wird, nicht unkritisch nachgeben.[32]

IV. Ein neuer Strukturwandel der Öffentlichkeit

Die neuen Medien sind zunächst als „fortschreitende(r) Strukturwandel der Öffentlichkeit" positiv bewertet worden, weil sie es dem Einzelnen einfacher machen, sich in politische Debatten einzumischen.[33] Aber bald wurden ihre negativen Auswirkungen für die Meinungs- und Willensbildung der Bürger deutlich. So betont Jürgen Habermas,[34] dass eine rationale Wahlentscheidung des Bürgers davon abhängt, dass die pluralistischen Massenmedien die Aufgabe der Filterung von Informationen wahrnehmen und so mit ihrer aufklärenden Qualität zur Meinungsbildung beitragen. Das Mediensystem nimmt mit ihrem professionellen Personal die Rolle eines Torhüters war, der die Informationen und Interessen von der Gesellschaft in das politische System und umgekehrt vermittelt. Damit brechen die neuen Medien, denen er einen revolutionären Charakter in der menschheitsgeschichtlichen Entwicklung der Medien zuschreibt. Sie, in der Hand weltbeherrschender Digitalkonzerne, liefern nicht mehr qualitativ gefilterte Meinungen, sondern erzeugen durch ihre algorithmische Steuerung in sich selbst kreisende Echoräume. Dadurch „scheint sich bei exklusiven

[29] Acemoglu/Johnson, Macht und Fortschritt, 2023, 399.

[30] Acemoglu/Johnson, Macht und Fortschritt, 2023, 378 f. Vgl. auch Schnabel/Berendsen, Das TikTok-Universum der (extremen) Rechten, 2024, 10.

[31] Acemoglu/Johnson, Macht und Fortschritt, 2023, 382; zu „Maßnahmen zur Neuausrichtung der technologischen Entwicklung" Acemoglu/Johnson, Macht und Fortschritt, 2023, 421 ff. Das „Suchtpotential" der sozialen Medien, das durch die Algorithmen befördert werde, die Menschen gegeneinander aufhetzen, beschreibt auch Müller, Freiheit, Gleichheit, Ungewissheit, 2021, 159 f.

[32] Decker/Best/Fischer/Küppers, Vertrauen in die Demokratie, 2019, 77.

[33] Münker, Emergenz digitaler Öffentlichkeiten, 2009, 53 f., 133. Vgl. auch Steinberg, Die Repräsentation des Volkes, 2013, 296 ff.

[34] Habermas, Ein neuer Strukturwandel der Öffentlichkeit und die deliberative Politik, 2. Aufl. 2022, 38 ff.

Nutzern sozialer Medien eine Weise der halböffentlichen, fragmentierten und in sich kreisenden Kommunikation zu verbreiten, die deren Wahrnehmung von politischer Öffentlichkeit als solcher deformiert."[35] Damit werde – so vermutet er – bei einem wachsenden Teil der Staatsbürger eine wichtige Voraussetzung für den mehr oder weniger deliberativen Modus der Meinungs- und Willensbildung gefährdet.

Die Möglichkeit eines öffentlichen Diskurses wird jedoch noch auf andere Weise durch die sozialen Medien beeinträchtigt. Zu nennen ist der bereits erwähnte „silencing effect", den die verbreiteten Schmäh-, Hetz- und Drohkampagnen in den neuen Medien bewirken. Eine für alle offene demokratische Willensbildung hängt davon ab, dass sich alle an einer offenen Debatte beteiligen können. Aber die Opfer medialer Angriffe im Netz ziehen sich oftmals zurück und schweigen.[36] In einem Beschluss vom 19.5.2020 hat das BVerfG die besondere Schutzbedürftigkeit von Amtsträgern und Politikern betont: „Insbesondere unter den Bedingungen der Verbreitung von Informationen durch ‚soziale Netzwerke' im Internet" [liegt] ein wirksamer Schutz der Persönlichkeitsrechte von Amtsträgern und Politikern über die Bedeutung für die jeweils Betroffenen hinaus auch im öffentlichen Interesse, was das Gewicht dieser Rechte in der Abwägung verstärken kann. Denn eine Bereitschaft zur Mitwirkung in Staat und Gesellschaft kann nur erwartet werden, wenn für diejenigen, die sich engagieren und öffentlich einbringen, ein hinreichender Schutz ihrer Persönlichkeitsrechte gewährleistet ist".[37] Nichts anderes kann für die Mitwirkung aller Bürger gelten.

Die Wirkung der neuen Medien bedroht – so konstatiert auch Heinrich August Winkler – „eine politische Kultur, die wesentlich auf dem freien Austausch von Argumenten beruht."[38] Und wenn er befürchtet: „Je repressiver die politische Ordnung eines Landes ist, desto größer ist auch die Chance des Regimes, die Gesellschaft über das Internet in seinem Sinne zu steuern."[39] Es gilt aber auch das Umgekehrte: Je stärker die Verbreitung des Internets ist, desto eher kann sich ein repressives Regime herausbilden. Eine öffentliche Verhandlung von in den neuen Medien präsentierten Inhalten findet überhaupt nicht – so bei TikTok – oder nur höchst eingeschränkt statt. Für extrem rechte AfD-Politiker und andere Populisten stellt diese Intimisierung des Mediums einen idealen Nährboden dar. Wo rechtsradikale Statements in Zeitungs- oder Fernsehinterviews zu Recht kritisiert und mit sozialen Sanktionen bedacht werden, sind öffentliche Brandmarkungen solcher Inhalte, wenn sie auf den sozialen Medien wie TikTok stattfanden, eine extreme Ausnahme.[40]

V. Vielfalt und Stärke des Repräsentativsystems

Völlig zu vermissen ist bei Lübbe-Wolff ein Verständnis des repräsentativen Systems. Unter repräsentativer Politik versteht sie vor allem die Neigung „zu Wahlgeschenken und zu teurer Klientelbedienung".[41] In ihr manifestierten sich die Präferenzen der „liberal-kosmopolitisch orientierten, globalisierungsaffinen Bevölkerungsteile"[42] gegenüber der „Gesamtheit der Bürger". An deren Interessen sei den Politikern weniger gelegen als daran, „Geschichte zu schreiben" und den „Erwartungen ihrer [ausländischen] Partner" zu entspre-

---

[35] Habermas, Ein neuer Strukturwandel der Öffentlichkeit und die deliberative Politik, 2. Aufl. 2022, 11 f.

[36] Vgl. Fiss, The Irony of Free Speech, 1996, 16 ff.

[37] BVerfG NJW 2020, 2622 Rn. 32. Vgl. bereits BVerfGE 152, 152 Rn. 108.

[38] Winkler, Die Deutschen und die Revolution. Eine Geschichte von 1848 bis 1989, 2023, 143.

[39] Winkler, Die Deutschen und die Revolution. Eine Geschichte von 1848 bis 1989, 2023, 143.

[40] Schnabel/Berendsen, Die TikTok-Intifada – Der 7.10. und die Folgen im Netz, 2024, 16.

[41] Lübbe-Wolff, Demophobie, 2023, 42.

[42] Lübbe-Wolff, Demophobie, 2023, Fn. 173.

chen.[43] Als Beleg für die Schwächen des repräsentativen Systems dient ein Hinweis auf Sarah Wagenknecht![44]

Zwar ist ihr zuzustimmen, wenn sie den kurzen Zeithorizont vieler politischer Entscheidungen beklagt, doch für ihre Behauptung, bei Volksentscheiden würde „das Volk“ eher deren längerfristigen Folgen bedenken, fehlt jeglicher Nachweis. Demgegenüber hat gerade das BVerfG – wesentlicher Teil der Repräsentativverfassung – in zwei Entscheidungen nachdrücklich die Berücksichtigung der langfristigen Folgen von Politik angemahnt. Zu nennen ist vor allem der Klimabeschluss des Ersten Senats vom 24.3.2021. Hier heißt es im Leitsatz 4: „Das Grundgesetz verpflichtet unter bestimmten Voraussetzungen zur Sicherung grundrechtsgeschützter Freiheit über die Zeit und zur verhältnismäßigen Verteilung von Freiheitschancen über die Generationen. Subjektivrechtlich schützen die Grundrechte als intertemporale Freiheitssicherung vor einer einseitigen Verlagerung der durch Art. 20a GG aufgegebenen Treibhausminderungslast in die Zukunft.“ Wenn Art. 20a GG den Staat verpflichte, die natürlichen Lebensgrundlagen auch in Verantwortung für die künftigen Generationen zu schützen, ziele das zunächst darauf, den künftigen Generationen die natürlichen Lebensgrundlagen zu erhalten. Der Schutzauftrag schließe die Notwendigkeit ein, mit den natürlichen Lebensgrundlagen so sorgsam umzugehen und sie der Nachwelt in solchem Zustand zu hinterlassen, dass nachfolgende Generationen diese nicht nur um den Preis radikaler eigener Enthaltsamkeit weiter bewahren könnten. Damit wurde dem Gesetzgeber aufgegeben, die Emissionsmengen von CO_2 bis 2030 zu reduzieren, um die ab 2031 auf die dann Lebenden zukommende Reduktionslast zu erleichtern und die damit verbundene Grundrechtsgefährdung einzudämmen.[45] Ganz ähnlich argumentiert das Urteil des Zweiten Senats zur Schuldenbremse vom 15.11.2023: Mit den Regelungen habe der verfassungsändernde Gesetzgeber klargestellt, „dass eine Selbstbindung der Parlamente und die damit einhergehende fühlbare Beschränkung ihrer haushaltspolitischen Handlungsfähigkeit gerade im Interesse der langfristigen Erhaltung der demokratischen Gestaltungsfähigkeit notwendig sein können. Mag eine derartige Bindung die demokratischen Gestaltungsspielräume in der Gegenwart auch beschränken, so dient sie doch zugleich deren Sicherung für die Zukunft.“[46] Die mit der Inanspruchnahme notlagenbedingter Kreditmittel in Krisenzeiten verbundene Erweiterung der Handlungsspielraums führe durch die anschließende Tilgungsverpflichtung zu einer Verengung in den folgenden Haushaltsjahren.[47]

Das Langfristinteresse der Preisstabilität werden gem. Art. 88 GG durch die Deutsche Bundesbank und die EZB verfolgt. Deren Unabhängigkeit löst sie aus unmittelbarer staatlicher oder supranationaler parlamentarischer Verantwortlichkeit, „um das Währungswesen dem Zugriff von Interessengruppen und der an einer Wiederwahl interessierten politischen Mandatsträger zu entziehen.“[48] Derartigen unabhängige Institutionen kommt – so der französische Politikwissenschaftler Pierre Rosanvallon – deshalb ein repräsentativer Charakter zu, weil sie im Sinne einer Bindung an eine negativ-prozedurale Allgemeinheit in Distanz zu partikulären Vorteilen und parteilichen Vereinnahmungen gleichsam das „dem Volke“ Gemeinsame wie die Verfassung oder die Geldwertstabilität gegen die durch Wahl legitimierten Institutionen verteidigen.[49]

Derart differenzierte Überlegungen zum repräsentativen Regierungssystem sind der ehemaligen Bundesverfassungsrichterin fremd. Bei ihr fügt sich die Entgegensetzung von „das

---

[43] Lübbe-Wolff, Demophobie, 2023, 139.

[44] Lübbe-Wolff, Demophobie, 2023, Fn. 174.

[45] BVerfGE 157, 30 Leitsatz 4, Rn. 193, 195.

[46] BVerfGE 167, 86 Rn. 140 unter Hinweis auf BVerfGE 135, 317 Rn. 169.

[47] BVerfGE 167, 86 Rn. 147.

[48] Vgl. BVerfGE 89, 155 (208). Vgl. insbes. Issing, Unabhängigkeit der Notenbank und Geldwertstabilität, 1993; vgl. auch statt aller Sachs/Tettinger/Siekmann GG, 4. Aufl. 2007, Art. 88 Rn. 12, 29, 36 f., 50 ff.

[49] Rosanvallon, Demokratische Legitimität, 2010, 121 f. und passim.

Volk" und „die sogenannten Eliten"[50] in das Schema populistischer Erklärungen.[51] Populismus erzählt die Geschichte von korrupten Eliten und vom betrogenen Volk, das sich zurückholt, was ihm zusteht. Derartige Populisten sind auch immer Demagogen, während dies umgekehrt nicht gilt.[52] Die populistische Entgegensetzung wird dann auch bei Lübbe-Wolff in Befürwortung direkter Demokratie ohne die vermittelnden Zwischeninstanzen einer repräsentativen Demokratie übersetzt. Natürlich lässt sich über die Vor- und Nachteile direkter Demokratie offen diskutieren. Doch geht es zu weit, deren Kritikern eines Paternalismus zu bezichtigen, hinter dem sich die Verteidigung der eigenen politischen Präferenzen verberge,[53] oder gar zu mutmaßen, bei ihnen seien „ganz überwiegend ... mitgeschleppte ideologische Rückstände einer Demophobie" maßgebend, „die einst von jeder Demokratisierung Unheil erwartete".[54] Damit jedoch verlässt Lübbe-Wolff die sachliche Auseinandersetzung und erklärt die Kritik direktdemokratischer Verfahren als illegitim und unmoralisch.[55]

Lübbe-Wolff hätte sich über die theoretischen und praktischen Probleme des repräsentativen Prinzips verlässlich durch einen Blick in die einschlägigen Arbeiten von Ernst-Wolfgang Böckenförde informieren können, den sie in ihrem Studium in Freiburg kennengelernt hat. Im Anschluss an Hermann Heller hält Böckenförde „leitende und selbsthandelnde, insofern repräsentative Organe" für eine demokratische Herrschaftsorganisation „als unabdingbar notwendig. Sie sind Bedingungen der Möglichkeit einer demokratischen Herrschaftsorganisation."[56] Er widerlegt – wie viele andere auch – den Irrtum, als entscheide in der direkten Demokratie „das Volk". Auch diese Entscheidungsformen stünden in der Hand von Minderheiten: „Der direkt-demokratische Mantel verhüllt die versteckte Repräsentationsstruktur, die sich dabei entfaltet."[57] Er stellt damit mitnichten eine „direkte Selbstbestimmung"[58] dar, genauso wie „das Volk"/die Bürger/die gesamte Bürgerschaft nicht anders als ein Mythos ist,[59] der die unterschiedlichen Interessen und Werte der Bürgerinnen und Bürger verdeckt, die erst vor allem auch durch repräsentative Strukturen zu einer handlungsfähigen Einheit gemacht werden müssen.

Damit werden Verfahren der direkten Demokratie „als balancierendes und korrigierendes Element"[60] nicht generell ausgeschlossen. Vieles hängt von der Ausgestaltung und dem Verfahren ab. Dabei ist Lübbe-Wolff zuzustimmen, dass obligatorische Referenden angesichts geringerer Manipulierbarkeit eher als Volksinitiativen zu empfehlen sind, etwa bei Verfassungsänderungen.[61]

---

[50] ZB Lübbe-Wolff, Demophobie, 2023, 63.

[51] Dazu Müller, Was ist Populismus?, 2016, 26, 42; Decker/Brähler Flucht ins Autoritäre/Decker, 2018, 15 ff., 28 f.

[52] Zu der Unterscheidung – Liogier, Ce populisme qui vient, 2013, 15: Der Demagoge versucht die Leute möglichst zu verführen, ohne anders als der Populist im Namen des Volkes zu sprechen.

[53] Lübbe-Wolff, Demophobie, 2023, 64 und 147.

[54] Lübbe-Wolff, Demophobie, 2023, 147.

[55] Das stellt nach Müller, Was ist Populismus?, 2016, 18 f. den Kern populistischer Aussagen dar.

[56] Böckenförde, Staat, Verfassung und Demokratie, 2. Aufl. 1992, 379 ff., 388.

[57] Böckenförde, Staat, Verfassung und Demokratie, 2. Aufl. 1992, 385.

[58] Lübbe-Wolff, Demophobie, 2023, 133.

[59] Vgl. auch Schneider/Zeh ParlamentsR/Hofmann/Dreier, 1989, § 5 Rn. 16.

[60] Böckenförde, Staat, Verfassung und Demokratie, 2. Aufl. 1992, 389.

[61] Lübbe-Wolff, Demophobie, 2023, 37 f. mit Fn. 90; so wohl auch Böckenförde, Staat, Verfassung und Demokratie, 2. Aufl. 1992, 389 mit Fn. 24 und allgemein auch Steinberg, Die Repräsentation des Volkes, 2013, 235 ff., 259 f.

VI. Ergänzende Partizipation

Doch werden wegen der beschriebenen Probleme die Einführung von Volksentscheiden auf Bundesebene von den demokratischen Parteien nicht einfach abgelehnt. Stattdessen wird eine stärkere Einbeziehung der BürgerInnen in politische Entscheidungen in anderen Verfahren befürwortet. Hier werden zur Vorbereitung und Begleitung von Entscheidungen Bürger und Bürgerinnen in sogenannte Loskammern gelost, die eine hohe Legitimationsrelevanz besitzen. Deren Wirkungen beschreiben Frank Decker et al.: „Sie könnten politische Meinungsbildungsprozesse beeinflussen, indem ihren Empfehlungen von den politischen EntscheiderInnen ein mehr oder weniger hoher Grad an Verbindlichkeit zugebilligt wird, indem sie Medienberichterstattung anreizen und die öffentliche Debatte bereichern, indem sie als Markttest für politische Vorschläge fungieren, zur Legitimation von Politik beitragen und das Gefühl politischer Selbstwirksamkeit der beteiligten BürgerInnen stärken."[62] Auch der Schweizer Politikwissenschaftler Nehad Stojanovic nennt Bürgerräte oder das Wiederentdecken von Losverfahren „die Hauptantwort,... auf die Krise der repräsentativen Demokratie zu reagieren." Die Bürgerräte seien geeignet, breitere Schichten der Bevölkerung besser und anders in das politische Leben zu integrieren, und zwar mit Losverfahren: In diesem „sind wirklich alle gleich, jeder und jede hat die gleiche Chance, ausgelost zu werden. Die Bürgerräte sind nicht einfach wie ein Parlament. Es soll durch Deliberation, durch Diskussion, durch Austausch von Argumenten geschaut werden, wer die besten Argumente hat. Was sich zeigt: Die Mitglieder der Bürgerräte sind tatsächlich bereit, ihre eigenen Positionen zu ändern, wenn sie von besseren Argumenten überzeugt sind."[63] Sie ergänzen die Institutionen der repräsentativen Demokratie, ersetzen diese jedoch nicht. Neben der direkten oder indirekten Einwirkung auf politische Entscheidungen, stellen sie auch ein edukatives Forum für die Teilnehmer dar, in dem politische Kenntnisse und Interessen gestärkt und die Fähigkeit, über andere Auffassungen respektvoll zu diskutieren und Kompromisse einzugehen, erlernt werden kann. Bei den Bürgerräten stehen – anders als bei Wahlen – „Prozesse der Willensbildung im Vordergrund".[64] Auch mit diesem Argument plädiert der Soziologe Steffen Mau nachdrücklich dafür, „über neue Formen der Institutionalisierung und Repräsentation von Interessen und der demokratischen Konsensfindung nachzudenken, die weder dem populistischen Impuls des ‚wahren' Bürgerwillens nachgeben noch sich im Verweis auf die formal gegebenen Mitwirkungsmöglichkeiten erschöpfen."[65] Er betont, dass grundlegende Veränderungen der Gesellschaft – die er vor allem in Ostdeutschland konstatiert – auch zu einer Weiterentwicklung der Demokratie führen müssten. „Um hier klar zu sein: Aus meiner Sicht muss es bei diesen basisdemokratischen Innovationen darum gehen, den Populismus einzudämmen und zu zähmen. Dass dies geling, scheint mir mit Bürgerräten jedenfalls prinzipiell möglich – wenn nicht gar wahrscheinlich."[66]

Keine geringen Anforderungen stellen auch hier die Erfordernisse einer repräsentativen Rekrutierung der Teilnehmer und einer professionellen Organisation und Begleitung des Beratungsprozesses dar.[67] Dieses in Deutschland neue Instrument der Bürgerräte wird jedoch

---

[62] Decker/Best/Fischer/Küppers, Vertrauen in die Demokratie, 2019, 77.

[63] Stojanovic, Wir sollten direkte Demokratie als ein demokratisches Instrument würdigen, Goethe-Universität, UniReport, 9.12.2023, 16.

[64] Mau, Ungleich vereint. Warum der Osten anders bleibt, 2024, 135.

[65] Mau, Ungleich vereint. Warum der Osten anders bleibt, 2024, 145.

[66] Mau, Ungleich vereint. Warum der Osten anders bleibt, 2024, 140. Differenziert würdigt auch Müller, Freiheit, Gleichheit, Ungewissheit, 2021, 112 f., 190 ff. die Ergänzung des Repräsentativsystems durch Verfahren der Lottokratie.

[67] Vgl. Dean/Hoffmann/Geissel/Jung/Wipfler, Citizen Deliberation in Germany, abrufbar unter: https://www.tandfonline.com/doi/full/10.1080/09644008.2022.2088732#abstract. Zu den Vorschlägen von „Loskammern" uÄ vgl. auch Steinberg, Die Repräsentation des Volkes, 2013, 303 ff.

nur dann erfolgreich sein, wenn es von der Politik in welcher Weise auch immer ernst genommen und nicht als Alibiübung der Regierung wahrgenommen wird. Letzteres war etwa der Fall bei den Convention Citoyenne pour le Climat 2019 in Frankreich, deren 600-Seiten starke Empfehlungen Präsident Emmanuel Macron in der Versenkung hat verschwinden lassen. Demgegenüber gelangten Vorschläge eines von Macron eingesetzten Bürgerrats zu einem selbstbestimmten Lebensende zum Teil in ein Gesetz, das die Nationalversammlung im Mai 2025 mit großer Mehrheit beschlossen hat. Der Bundestag hat die im Februar 2024 vorgelegten Empfehlungen des ersten von ihm eingerichteten Bürgerrat zu Ernährungsfragen eingehend beraten. Die vom zuständigen Bundestagsausschuss Anfang 2025 beschlossenen Empfehlungen wurden am 11. Februar 2025 von der Bundestagspräsidentin Bärbel Bas entgegengenommen, konnten aber wegen der Bundestagswahl am 23. Februar 2025 nicht mehr im Plenum behandelt werden. Bei der Gelegenheit gab Bas der Hoffnung Ausdruck, dass es in der kommenden Legislaturperiode weitere Bürgerräte geben werde.

Die Beteiligung der Bürger am politischen Leben sieht das Grundgesetz aber durchaus auch auf andere Weise vor. Es gehört – so betont auch Emde – heute zum Grundkonsens, dass auch die Grundrechte, zumal jene, die die freie Mitwirkung des Bürgers am politischen Leben garantieren, eine demokratische Dimension haben und insofern einen Baustein des demokratischen Prinzips bilden.[68] Hierzu zählen die Mitwirkungs- und Einwirkungsmöglichkeiten durch Vereinigungen und Verbände sowie die politischen Parteien.[69] Die Parteien haben die Aufgabe, kontinuierlich politische Partizipation zu vermitteln, Interessen zu sichten, zu bündeln und zu gewichten, nichtorganisierte und durchsetzungsschwache Interessen wahrzunehmen und politische Programme zu entwickeln und Entscheidungsalternativen zu strukturieren.[70] Sehen sie bestimmte Werte und Interessen nicht hinreichend durch die bestehenden Parteien vertreten, können die Bürger und Bürgerinnen eine neue Partei gründen, ein demokratisches Recht, von dem in der Bundesrepublik gerade in jüngerer Zeit wiederholt Gebrauch gemacht worden ist. Und auch die Verbände und Vereinigungen besitzen eine Artikulation- und Integrationsfunktion, mittels deren Werte und Interessen mit mehr oder minder großer Durchsetzungskraft in den politischen Entscheidungsprozess eingespeist werden können.[71] Als bedeutsames politisches Grundrecht soll abschließend die Versammlungsfreiheit genannt werden. Diese hat das BVerfG hat in seiner Brokdorf-Entscheidung aus dem Jahre 1985 als ein grundlegendes und unentbehrlichen Funktionselements gerade in Demokratien mit parlamentarischem Repräsentationssystem und geringen plebiszitären Mitwirkungsrechten gewürdigt.[72] Der Versammlungsfreiheit wird sogar eine stabilisierende Funktion für das repräsentative System zugeschrieben, da sie Unzufriedenen gestatte, „Unmut und Kritik öffentlich vorzubringen und abzuarbeiten"; sie „fungiere als notwendige Bedingung eines politischen Frühwarnsystems, das Störpotentiale anzeige, Integrationsdefizite sichtbar und damit auch Kurskorrekturen der offiziellen Politik möglich mache."[73] Die Versammlungsfreiheit ergänzt darüber hinaus auch das durch Staatsangehörigkeit konstituierte Prinzip der Repräsentation, da sie im Einklang mit der EMRK (Art. 11) und den Versammlungsgesetzen des Bundes und der Länder – anders als Art. 8 GG – auch Nicht-Staatsangehörigen dieses Recht einräumt. Dieses Freiheitsrecht wird damit vor allem als Instrument von Minderheiten verstanden; doch hat sich Anfang 2024 bei den machtvollen Demonstrationen gegen die

[68] Emde, Die demokratische Legitimation der funktionalen Selbstverwaltung, 1991, 35, 39.
[69] Emde, Die demokratische Legitimation der funktionalen Selbstverwaltung, 1991, 39.
[70] Schneider/Zeh ParlamentsR/Hofmann/Dreier, 1989, § 5 Rn. 20.
[71] Steinberg, Die Interessenverbände in der Verfassungsordnung, politische Vierteljahresschrift 1973, 27 ff.
[72] BVerfGE 69, 315 (347). Vgl. auch BVerfGE 104, 92 (104) – Wackersdorf.
[73] BVerfGE 69, 315 (347). Zu den propalästinensischen Kundgebungen nach dem 7.10. vgl. Steinberg NVwZ 2024, 302 ff.

Gefahren des Rechtsradikalismus auch die „schweigende Mehrheit" dieses Instruments bedient, um ihre Stimme deutlich hör- und sichtbar zu machen. Schließlich kann selbst der zivile Ungehorsam eine integrative Funktion erfüllen und ein Element der Responsivität innerhalb des repräsentativen Systems darstellen, auch wenn hier die Bestimmung der Grenzen nicht leichtfällt.[74]

Neben den materiellen Grundrechten begründet aber auch das formelle Hauptgrundrecht des Art. 19 Abs. 4 GG einen Justizgewährleistungsanspruch, der Einzelnen und Minderheiten den Zugang zu den Gerichten bei Rechtsverletzungen durch die öffentliche Gewalt eröffnet. Er wird ergänzt durch die Anerkennung des Richterlichen Prüfungsrechts durch Art. 100 GG und die Zulassung der Verfassungsbeschwerde in Art. 93 Abs. 1 GG auch gegenüber Gesetzen des Parlaments. Auch diese Verfahren können etwa im Wege der strategischen Prozessführung politisch zur Interessendurchsetzung genutzt werden. Angesichts der Unübersichtlichkeit als Folge der immer undurchsichtigeren Entscheidungsprozesse und der zunehmend komplexer werdenden Regierungsstrukturen tendieren die Bürger bisweilen dazu, von einem Gerichtsverfahren die Resultate zu erwarten, die sie sich von Wahlen vergeblich erhofft hatten.[75] Wählen und Urteilen sind zwei Möglichkeiten, auf die Struktur des gesellschaftlichen Lebens Einfluss zu nehmen.[76] Diese Alternativität spiegelt sich dann auch in dem immer wiederkehrenden Streit um die angemessene Rolle der gerichtlichen Kontrolle im Verhältnis zum Gesetzgeber, aber auch zur Verwaltung wider, die in dem Vorwurf der Politisierung der Judikative mündet.

VII. Schluss

Es gibt nicht den Königsweg der „richtigen Entscheidung", die den angeblichen Willen „des Volkes" zum Ausdruck bringt. „Das Volk" lässt sich zunehmend weniger als homogene Masse denn als Pluralismus von Minderheiten verstehen.[77] Aufgabe des demokratischen Systems ist es hier, die Kommunikation zwischen diesen Minderheiten und ihren Repräsentanten offen zu halten, Volk wird zum Prozess.[78] Das demokratische System wird mit anderen Worten als äußerst anspruchsvolles Unterfangen verstanden, möglichst umfassend die Interessen und Wertvorstellungen aller Bürger und Bürgerinnen unter der Direktive des Gemeinwohls zu einer Einheit zusammenzufügen. Die Herausforderungen hierbei sind in den letzten Jahren durch tiefgreifende soziale Entwicklungen deutlich gewachsen: das gestiegene Ausmaß der Individualisierung als Gegenseite verminderter sozialer Ligaturen etwa in Organisationen, Vereinen oder Kirchen, der Heterogenität der sozialen und ethnischen Herkunft; schließlich den wachsenden Unsicherheiten als Folge von Globalisierung, technologischen Revolutionen, militärischen Auseinandersetzungen sowie Umwelt- und Klimakrisen. Für den Prozess der demokratischen Einheitsbildung gibt es keine einfachen Lösungen, wie es die schlichte Forderung nach Volksentscheiden verspricht. Die demokratische Teilhabe lässt sich – wie dargestellt – nur durch unterschiedliche, sich ergänzende Mechanismen erreichen. Einen solchen hat der Jubilar in seiner grundlegenden Monographie zur funktionalen Selbstverwaltung beschrieben.

Sind menschliche Gesellschaften „wirklich dazu fähig, eine gute politische Ordnung auf der Grundlage vernünftiger Überlegung und freier Entscheidung einzurichten"? Oder „sind sie für immer dazu verurteilt, bei der Festlegung ihrer politischen Verfassung von Zufall und

---

[74] Vgl. dazu eingehend Akbarian, Ziviler Ungehorsam als Verfassungsinterpretation, 2023, 99 ff. Zur integrativen Funktion des Protestes vgl. auch Nassehi, Das große Nein, 2020.

[75] Rosanvallon, Die Gegen-Demokratie, 2017, 207 f.

[76] So Rosanvallon, Die Gegen-Demokratie, 2017, 218.

[77] So Rosanvallon, Demokratische Legitimität, 2017, 11.

[78] Müller, Was ist Populismus?, 2016, 133.

Gewalt abhängig zu sein", von Demagogie und Täuschung? Fragt zu Anfang der Verteidigung der neuen amerikanischen Bundesverfassung in den Federalist Papers Alexander Hamilton.[79] Diese Frage scheint sich heute mit dem Vordringen der neuen Medien verstärkt zu stellen. Für den Mitverfasser der Federalist Papers ist eine Erkenntnis dabei klar: Eine funktionierende Demokratie ist auf zweierlei angewiesen: zum einen auf Repräsentanten, die ihr Amt verantwortungsbewusst wahrnehmen und vor allem auch das notwendige Maß an Führung bei ihrer Aufgabe der Einheitsbildung unter der Direktive des Gemeinwohls an den Tag legen;[80] und zum zweiten auf Demokraten, dh Bürger und Bürgerinnen, die von den Möglichkeiten demokratischer Teilnahme verantwortungsbewusst Gebrauch machen. Ohne beide – verantwortungsbewusste Repräsentanten und verantwortungsbewusste Bürger und Bürgerinnen – kann letztlich kein demokratisches Regierungssystem gelingen.

[79] Hamilton, The Federalist Papers No. 1.

[80] Zum Amtsgedanken s. Hennis FG Smend, 1962, 51 ff. Einen ähnlichen Gedanken verfolgt Richard Bäumlin, Staat, Recht und Geschichte, 1961, 47 mit dem Begriff des „stellvertretenden Dienstes", durch den selbst in der kleinräumigen Demokratie „ständig neu für andere – etwa für die Teilnahmelosen und für interessierte Zuschauer – das geschichtliche Recht verwirklicht werden muß."

JOACHIM WIELAND

Die demokratische Legitimation der funktionalen Selbstverwaltung – revisited

I. Einleitung

Alle Staatsgewalt geht vom Volke aus. Mit diesen kurzen Worten legt das Grundgesetz in Art. 20 Abs. 2 GG die verfassungsrechtliche Grundlage für die demokratische Legitimation der Staatsgewalt. Das Volk legitimiert die Ausübung der unmittelbaren Staatsgewalt durch die Wahl des Parlaments, das auf dieser Legitimationsgrundlage seinerseits die Regierung und die ihr nachgeordneten Behörden legitimiert. Wie aber wird die Ausübung von Staatsgewalt durch nichtkommunale Selbstverwaltungsträger legitimiert? Sie vermögen ihre demokratische Legitimation jedenfalls nicht wie die Ministerialverwaltung von der Regierung und damit mittelbar vom Parlament und vom Volk abzuleiten, weil sie sich selbst verwalten. Das Legitimationsproblem liegt auf der Hand. Obwohl die nichtkommunalen Selbstverwaltungsträger seit jeher einen wichtigen Teil der deutschen öffentlichen Verwaltung bilden, war das Problem nicht einmal in Ansätzen gelöst, als Thomas Emde 1979 die Frage nach der demokratischen Legitimation dieser Verwaltungsträger zum Gegenstand seiner von Ernst-Wolfgang Böckenförde betreuten Dissertation „Die demokratische Legitimation der funktionalen Selbstverwaltung" machte.

Bereits die Formulierung dieses Themas seiner rechtswissenschaftlichen Forschung stellte eine überaus bemerkenswerte wissenschaftliche Leistung dar. Seinerzeit galten nichtkommunale Selbstverwaltungsträger wie Kammern und Sozialversicherungsträger, aber auch die Bundesanstalt für Arbeit allgemein als verfassungsrechtlich nicht zu beanstandende Teile der öffentlichen Verwaltung. Ihr Wirken entsprach einer weit zurückreichenden Verwaltungstradition, deren Spannungsfeld zum verfassungsrechtlichen Demokratieprinzip nie genauer untersucht worden war. Thomas Emde hielt es mit Recht für „ein Thema von praktischer und theoretischer Bedeutung zugleich, dessen wissenschaftliche Durchdringung der Flut juristischer Veröffentlichungen entgangen war."[1] Mit diesen Worten war der Stand der Wissenschaft zu Beginn seiner Promotion zutreffend umschrieben. Umschrieben war damit aber auch eine Aufgabe, deren Schwierigkeit dem Doktoranden erst im Laufe der Zeit vollständig bewusst wurde.

II. Stand der Wissenschaft

1979 war noch nicht einmal der Begriff der funktionalen Selbstverwaltung geklärt. Erste Aufgabe des Doktoranden war deshalb die Begriffsklärung, die ihm überzeugend gelang: Funktionale Selbstverwaltung zeichnet sich begrifflich durch die Rechtsfähigkeit des Verwaltungsträger und die unabhängige, von fachlichen Weisungen freie Entscheidungsbefugnis aus, an deren Ausübung die Betroffenen als Entscheidungsträger mitwirken.[2] Erst dieser von Thomas Emde entwickelte einheitliche Begriff der funktionalen Selbstverwaltung ermög-

---

[1] Emde, Die demokratische Legitimation funktionaler Selbstverwaltung, 1991, VII.

[2] Emde, Die demokratische Legitimation funktionaler Selbstverwaltung, 1991, 6.

lichte die dogmatische und verwaltungswissenschaftliche Durchdringung des Phänomens. Die bis dahin bestehende Begriffsvielfalt (rechtsfähige Verwaltungen, rechtsfähige Verwaltungseinheiten, mittelbare Staatsverwaltung, ministerialfreier Raum, weisungsfreie Behörden) hatte einer dogmatischen Analyse im Wege gestanden. Emdes Untersuchung hat dazu geführt, dass mittlerweile der Begriff der funktionalen Selbstverwaltung in den einschlägigen Veröffentlichungen ganz selbstverständlich verwendet und dem Begriff der kommunalen Selbstverwaltung gegenübergestellt wird.[3] Mit Recht wird in den Nachweisen der Literatur zu dem Thema stets die Dissertation von Thomas Emde an vorderster Stelle genannt. So hat schon seine Eingrenzung des Untersuchungsthemas und die Ausarbeitung des prägnanten Begriffs der funktionalen Selbstverwaltung einen wesentlichen Beitrag zur Entwicklung des öffentlichen Rechts geleistet, der längst allgemein anerkannt ist.

III. Demokratische Legitimation

1. Eigenständige Legitimation der Selbstverwaltungsträger

Mit seiner Begriffsklärung hat Thomas Emde die Grundlage für die Klärung des Problems der demokratischen Legitimation der funktionalen Selbstverwaltung geschaffen. Er unterscheidet auf dieser Grundlage zwischen der Verhaltenssteuerung als dem Kern der demokratischen Legitimation des Handelns der Ministerialverwaltung auf der einen und den davon zu unterscheidenden anderen Formen der Legitimation der funktionalen Selbstverwaltung auf der anderen Seite. Die demokratische Legitimation der Ministerialverwaltung versteht er im klassischen Sinne wie sein Doktorvater Ernst-Wolfgang Böckenförde. Sie ist dann gegeben, wenn das Handeln der Ministerialverwaltung über die parlamentarische Verantwortlichkeit der Regierung auf die Wahl der Volksvertretung zurückgeführt werden kann.[4] Emdes entscheidende These, mit der er sich deutlich von der Auffassung seines Doktorvaters abgrenzt, lautet aber, dass der für die hierarchische Ministerialverwaltung entwickelte Begriff der demokratischen Legitimation für die funktionale Selbstverwaltung nicht passt.[5] In der Selbstverwaltung sind die Betroffenen nach Emdes Auffassung nicht nur Adressaten, sondern auch Autoren der Verhaltensentscheidungen: „Das Staatsvolk räumt das Feld und das Verbandsvolk rückt nach."[6] Die Selbstverwaltungsentscheidungen werden nach diesem Konzept durch die Selbstverwaltungsmitglieder legitimiert.

Emde zeigt daneben aber auch Elemente staatsvermittelter Legitimation von Selbstverwaltungsentscheidungen auf. Dazu gehören Steuerungsinstrumente des Parlaments wie Gesetze und Haushalt sowie Kontrollinstrumente bis hin zu Untersuchungsausschüssen, aber auch Steuerungsinstrumente der Exekutive wie Rechtsverordnungen und Verwaltungsvorschriften sowie Kontrollinstrumente der Ministerialverwaltung, zu der insbesondere die Rechtsaufsicht gehört. Je nach deren Ausgestaltung können die Träger der funktionalen Selbstverwaltung nahezu vollständig für staatliche Zwecke in Dienst genommen werden oder über Gestaltungsbefugnisse verfügen, die dem staatlichen Zugriff weitgehend verschlossen sind. Je stärker der Zugriff der Ministerialverwaltung auf die funktionale Selbstverwaltung ausgestaltet ist, desto stärker ist auch deren staatliche Legitimation. Wo die unmittelbare Staatsverwaltung das Handeln der Träger der funktionalen Selbstverwaltung nicht steuern und kontrollieren kann, kann sie deren Handeln aber auch nicht demokratisch legitimieren. Die Legitimation obliegt dann den Betroffenen und Mitgliedern der Träger der funktionalen Selbstverwaltung.

---

[3] Statt aller Huber/Voßkuhle/Sommermann GG Art. 20 Rn. 174.
[4] So Böckenförde, Verfassungsfragen der Richterwahl, 1974, 71 ff.
[5] Emde, Die demokratische Legitimation funktionaler Selbstverwaltung, 1991, 49.
[6] Emde, Die demokratische Legitimation funktionaler Selbstverwaltung, 1991, 50.

Für Thomas Ende bedeutet Selbstverwaltung, dass Entscheidungen durch deren Adressaten bzw. durch die von diesen gewählte und ihnen verantwortliche Organe getroffen werden. In dem Maße, in dem der staatliche Anteil an der Entscheidungsfindung schwindet, schwindet auch die vom Staatsvolk vermittelte Legitimation. An ihre Stelle tritt die Willensbildung durch die Entscheidungsadressaten. Die Steuerungsbefugnisse der Selbstverwaltungsmitglieder vermitteln die demokratische Legitimation der Entscheidungen der funktionalen Selbstverwaltung. Emde hebt in diesem Zusammenhang entscheidend darauf ab, dass die Willensbildung in der Selbstverwaltung das hinter dem demokratischen Prinzip stehende Postulat der Selbstbestimmung nicht weniger realisiert als die vom Volke durch die Wahl des Parlaments und der Regierung legitimierte Ministerialverwaltung. Soweit das Staatsvolk in der Selbstverwaltung als Legitimationsquelle zurücktritt, legitimiert an seiner Stelle das Verwaltungshandeln gerade jener Teil des Volkes, den das Wirken des Selbstverwaltungsträgers in besonderer Weise betrifft.[7] Entscheidend für die demokratische Legitimation der funktionalen Selbstverwaltung ist nach dem Konzept von Thomas Emde die Selbstbestimmung des von den Selbstverwaltungsentscheidungen betroffenen Teils des Volkes.

2. *Staatliche Legitimation der Selbstverwaltungsträger*

Das von Thomas Emde entwickelte Verständnis der demokratischen Legitimation des Handelns der Träger der funktionalen Selbstverwaltung durch den betroffenen Teil des Volkes steht in klarem Gegensatz zu dem Konzept seines Doktorvaters Ernst-Wolfgang Böckenförde. Böckenförde stellt wie Emde fest, dass die Entscheidungsorgane der Selbstverwaltungsträger aus den von deren Verwaltungsaufgaben Betroffenen rekrutiert werden. Seine zentrale These geht aber dahin, dass die durch die Betroffenen vermittelte Legitimation weder an sich eine demokratische, vom Staatsvolk ausgehende sei noch strukturähnliche Elemente mit dieser aufweise. Vielmehr handele es sich um eine autonome Legitimation durch gesellschaftliche Gruppen, denen der Bezug auf die Allgemeinheit der Bürger fehle und die deshalb auch nicht ein „Teilvolk" im Sinne einer mit dem Staatsvolk strukturverwandten Gesamtheit bildeten. Aus Böckenfördes Sicht kommt folgerichtig eine demokratische Legitimation der funktionalen Selbstverwaltung durch die in ihr wirksamen autonomen Legitimationsformen nicht in Betracht. Ihre demokratische Legitimation wird danach allein als sachlich-inhaltliche Legitimation über das staatliche Gesetz und die in ihm enthaltenen Regelungen sowie über die demokratisch verantwortlich ausgeübte staatliche Aufsicht vermittelt.

Damit bleibt aber nach Böckenfördes Auffassung ein Defizit an demokratischer Legitimation. Deshalb darf die funktionale Selbstverwaltung auch vom Gesetzgeber nicht beliebig erweitert und ausgestaltet werden. Vielmehr müssen die Aufgaben, die Organisationen und die Befugnisse des Trägers der funktionalen Selbstverwaltung in weitem Umfang gesetzlich geregelt sein und sich tendenziell auf die eigenen Angelegenheiten der in solchen Einrichtungen organisatorisch Zusammengefassten beschränken. Die Selbstverwaltungsträger dürfen insbesondere nicht mit Aufgaben betraut werden, die in relevanter Weise die Allgemeinheit betreffen oder von politischer Tragweite sind.[8]

3. *Rezeption der beiden Konzepte*

Nur wenige Dissertationen sind so schnell und so nachhaltig rezipiert worden wie die Untersuchung von Thomas Emde. Als Horst Dreier 1998 seine große Kommentierung des Demokratieprinzips vorlegte, setzte er sich intensiv mit der Kontroverse zwischen Böckenförde und Emde auseinander und konnte dabei schon auf eine ganze Reihe einschlägiger

---

[7] Emde, Die demokratische Legitimation funktionaler Selbstverwaltung, 1991, 387.
[8] HStR I/Böckenförde, 1987, § 22 Rn. 33 f.

Stellungnahmen verweisen.[9] Dreier, der sich in seiner Habilitationsschrift bereits mit ähnlichen Problemen beschäftigt hatte,[10] übernahm den Begriff der funktionalen Selbstverwaltung, den er in ausdrücklicher Anlehnung an Emdes Definition definierte. Er lehnte es zwar ab, die von den Selbstverwaltungsaufgaben Betroffenen als Teilvolk iSv Art. 20 GG zu verstehen, schloss sich aber dem von Emde entwickelten Konzept der autonomen Legitimation an, die historisch und strukturell ebenfalls im Demokratieprinzip wurzele.

Winfried Kluth hat sich 1996 an der Universität Köln mit der Arbeit „Funktionale Selbstverwaltung" habilitiert, die in weiten Teilen an die Untersuchung von Thomas Emde anknüpfen konnte. Das gilt für die Abschnitte zum Begriff der funktionalen Selbstverwaltung und zu ihren Erscheinungsformen nicht anders als für die Ausführungen zur demokratischen Legitimation der funktionalen Selbstverwaltung.[11] Die funktionale Selbstverwaltung und die Probleme ihrer demokratischen Legitimation waren so endlich in den Blickpunkt der wissenschaftlichen Öffentlichkeit geraten. Dafür hat Thomas Emde mit seiner Dissertation den Anstoß gegeben und eine wichtige Grundlage für die sich entwickelnden Diskurse geschaffen. Wesentlich dazu beigetragen hat die wissenschaftlich offen ausgetragene Kontroverse zwischen Ernst-Wolfgang Böckenförde und seinem akademischen Schüler Thomas Emde. Der Richter des BVerfG Böckenförde, der schon damals eine herausragende Stellung als Staatsrechtslehrer innehatte, hat die Herausforderung, die in der von ihm betreuten Dissertation als Gegenposition zu seiner eigenen Auffassung entwickelt worden war, nicht nur angenommen, sondern ihr auch in seinem Beitrag zum Handbuch des Staatsrechts prominenten Raum eingeräumt. Sein Verständnis der Wissenschaftsfreiheit der eigenen Schüler, auch Gegenpositionen zu seiner eigenen Auffassung zu vertreten, war und ist nicht selbstverständlich, entsprach aber einer Grundüberzeugung von Böckenförde.

4. *Rechtsprechung des BVerfG*

Wesentlichen Einfluss auf den Fortgang der Diskussion über die demokratische Legitimation der funktionalen Selbstverwaltung nahm dann der Zweite Senat des BVerfG mit seinem Beschluss vom 5.12.2002. Auf zwei Vorlagebeschlüsse des BVerwG hin musste der Senat darüber entscheiden, ob Vorschriften des LippeverbandsG und des EmschergenossenschaftsG mit dem Demokratieprinzip vereinbar waren, soweit danach bestimmten Verbands- bzw. Genossenschaftsorganen eine ununterbrochene, auf das Volk zurückzuführende organisatorisch-personelle demokratische Legitimation fehlte. In Preußen waren zu Beginn des 20. Jahrhunderts durch Sondergesetze Wasserverbände geschaffen worden. Im rheinisch-westfälischen Industriegebiet war es zuvor als Folge des Bergbaus zu einem Ansteigen des Grundwassers gekommen. Außerdem hatte die rasch voranschreitende Industrialisierung zu einer hohen Konzentration von Schadstoffen in den Flüssen geführt. Zur Bewältigung dieser Probleme wurden Wasserverbände für die Lippe und die Emscher gegründet, die noch heute die wesentlichen wasserwirtschaftlichen Aufgaben für das Einzugsgebiet beider Flüsse wahrnehmen. Mitglieder des Lippeverbands sind neben dem Land Nordrhein-Westfalen die im Verbandsgebiet tätigen Unternehmen der öffentlichen Wasserversorgung und andere Wasserentnehmer sowie Städte, Gemeinden und Kreise im Verbandsgebiet. Hinzu kommen die Eigentümer von im Verbandsgebiet liegenden Bergwerken sowie gewerblicher Unternehmen und schließlich die Eigentümer von Grundstücken, Verkehrsanlagen und sonstigen Anlagen, die Tätigkeiten des Verbands verursachen, erschweren oder Vorteile von ihnen haben. Vergleichbar setzt sich die Mitgliedschaft in der Emschergenossenschaft, einer Körperschaft des öffentlichen Rechts, zusammen.

---

[9] Dreier/Dreier, 1998, Art. 20 (Demokratie) Rn. 86 und 120 ff. mit zahlreichen Nachweisen in Fn. 239 ff. und 313 ff.

[10] Dreier, Hierarchische Verwaltung im demokratischen Staat, 1991, 230 ff.

[11] Vgl. Kluth, Funktionale Selbstverwaltung, 1997, 12 ff., 30 ff. und 342 ff.

Die Mitglieder der Wasserverbände wählen die Mitglieder von deren Organen, in denen auch Arbeitnehmer des Verbands vertreten sind.[12] Nachdem Klagen von Verbandsmitgliedern gegen die Wahl der Arbeitnehmervertreter vor dem Verwaltungsgericht Gelsenkirchen und dem Oberverwaltungsgericht Münster erfolglos geblieben waren, hatten sich die Klägerinnen mit der Revision gegen die Urteile an das BVerwG gewandt. Das BVerwG setzte die Verfahren nach Art. 100 Abs. 1 GG aus. Es legte dem BVerfG die Frage vor, ob die Bestellung der Amtswalter in den Verbandsorganen mit dem Erfordernis ihrer organisatorisch-personellen demokratischen Legitimation vereinbar sei, soweit den Amtswaltern eine unmittelbar auf das Volk zurückzuführende Legitimation fehle.[13] Damit war die zunächst zwischen Böckenförde und Emde und dann auch in der Literatur umstrittene Frage nach den Anforderungen einer demokratischen Legitimation der funktionalen Selbstverwaltung beim höchsten deutschen Gericht angekommen.

Der Zweite Senat des BVerfG konnte an seine gefestigte Rechtsprechung zu den Anforderungen anknüpfen, die Art. 20 Abs. 2 GG an die organisatorische Struktur der vom Volk ausgehenden Staatsgewalt stellt: Die Staatsorgane bedürfen einer Legitimation, die sich auf die Gesamtheit der Bürger als Staatsvolk zurückführen lässt. Volk ist das Bundes- oder Landesstaatsvolk. Die unmittelbare Staatsverwaltung und die kommunale Selbstverwaltung benötigen für ihre demokratische Legitimation eine ununterbrochene Legitimationskette vom Volk zu den mit staatlichen Aufgaben betrauten Organen und Amtswaltern. Die institutionelle, funktionelle, sachlich-inhaltliche und die personelle Legitimation müssen in ihrem Zusammenwirken ein bestimmtes Legitimationsniveau erreichen.[14]

Der Zweite Senat hatte aber bis dahin offengelassen, ob sich im Bereich der funktionalen Selbstverwaltung die Frage der verfassungsrechtlichen Zulässigkeit eines Wahlrechts von nicht zum „Volk“ gehörenden Personen anders stellt. Er verwies nunmehr zunächst auf Böckenförde, der für den Bereich funktionalen Selbstverwaltung Einschränkungen bei der personellen Legitimationskette für möglich gehalten habe und von einer autonomen Legitimation durch gesellschaftliche Gruppen ausgegangen sei, die jedoch kein Teilvolk im Sinne demokratischer Legitimation sein und daher auch keine demokratische Legitimation vermitteln könnten.[15]

Nach dieser symbolischen Verbeugung vor seinem ehemaligen Senatsmitglied Böckenförde wendet sich der Senat dann aber der funktionalen Selbstverwaltung zu und zitiert hier neben anderen mehrfach Emde. Er geht davon aus, dass der Verfassungsgeber die bei Inkrafttreten des GG vorhandenen, historisch gewachsenen Organisationsformen der funktionalen Selbstverwaltung zur Kenntnis genommen und durch Erwähnung in Art. 86, 87 Abs. 2 und 3 sowie Art. 130 Abs. 3 GG ihre grundsätzliche Vereinbarkeit mit der Verfassung anerkannt habe.[16] Zur Unterstützung dieser These zieht der Zweite Senat das Urteil des Ersten Senats des BVerfG vom 25.7.1959 zum Erftverband heran.[17] Damit ist die Grundlage für die entscheidenden Aussagen zur demokratischen Legitimation der funktionalen Selbstverwaltung geschaffen.

Ausgangspunkt für die Argumentation des Zweiten Senats ist die Feststellung, dass Art. 20 Abs. 2 GG ein „entwicklungsoffenes“ Verfassungsprinzip enthalte. Aus dieser Entwicklungsoffenheit wird die neue Grundthese zum Demokratieprinzip abgeleitet: Außerhalb der unmittelbaren Staatsverwaltung und der kommunalen Selbstverwaltung sei das Demokratieprinzip offen für andere, insbesondere vom Erfordernis lückenloser personeller demokratischer Legitimation aller Entscheidungsbefugten abweichende Formen der Organisation und

[12] Näher dazu BVerfGE 107, 59 (60 ff.).
[13] BVerfGE 107, 59 (75 ff.) unter Bezug auf BVerwGE 106, 64.
[14] BVerfGE 107, 59 (86 ff.).
[15] BVerfGE 107, 59 (89) unter Verweis auf HStR I/Böckenförde, 1987, § 22 Rn. 1–34.
[16] BVerfGE 107, 59 (89 f.).
[17] BVerfGE 10, 89.

Ausübung von Staatsgewalt. Wie Thomas Emde betont auch der Zweite Senat, dass diese Interpretation des Art. 20 Abs. 2 GG es ermögliche, „die im demokratischen Prinzip wurzelten Grundsätze der Selbstverwaltung und der Autonomie angemessen zur Geltung zu bringen. IRd repräsentativ verfassten Volksherrschaft erlaubt das GG auch besondere Formen der Beteiligung von Betroffenen bei der Wahrnehmung öffentlicher Aufgaben." Dieses neue Verständnis des Demokratieprinzips rechtfertigt der Senat unter ausdrücklicher Übernahme der These von Thomas Emde, dass die funktionale Selbstverwaltung insofern das demokratische Prinzip ergänzt und verstärkt: „Sie kann als Ausprägung dieses Prinzips verstanden werden, soweit sie der Verwirklichung des übergeordneten Ziels der freien Selbstbestimmung aller (vgl. BVerfGE 44, 125 < 142>; Emde, Die demokratische Legitimation der funktionalen Selbstverwaltung, 1991, S. 356 f.) dient."[18]

Indem sich der Zweite Senat so auf die Seite von Emde und damit im Ergebnis gegen Böckenförde stellt, kann er den von Letzterem behaupteten Gegensatz zwischen demokratischem Prinzip und Selbstverwaltung verneinen. Demokratieprinzip und funktionale Selbstverwaltung dienen danach der sie verbindenden Idee des sich selbst bestimmenden Menschen in einer freiheitlichen Ordnung. Der demokratisch vom Volk legitimierte parlamentarische Gesetzgeber darf nach der Entscheidung für abgegrenzte Bereiche der Erledigung öffentlicher Aufgaben besondere Organisationsformen der Selbstverwaltung schaffen, die ein wirksames Mitspracherecht der Betroffenen erlauben und verwaltungsexternen Sachverstand aktivieren. Aus dem demokratischen Prinzip des Art. 20 Abs. 2 GG ergibt sich nach Auffassung des Senats nicht, welche Aufgaben dem Staat als im engeren Sinne staatlicher Aufgaben vorzubehalten sind. Immerhin äußert er die Erwartung, dass es sich um überschaubare Aufgabenbereiche handelt, bei deren Erledigung sich die Selbstverwaltung traditionell bewährt hat.[19] Der Senat stellt ausdrücklich fest, aus dem Demokratieprinzip folge nicht die Notwendigkeit einer personellen Legitimationskette vom Volk zum einzelnen Entscheidungsbefugten. Er hält es aber mit Gabriele Britz, Horst Dreier und Thomas Emde und für erforderlich, dass das Handeln der Selbstverwaltungsorgane in einem von der Volksvertretung beschlossenen Gesetz ausreichend vorherbestimmt ist und der Aufsicht personell-demokratisch legitimierter Amtswalter unterliegt.[20]

Damit hat der Zweite Senat des BVerfG in drei zentralen Punkten das von Thomas Emde entwickelte Konzept der demokratischen Legitimation der funktionalen Selbstverwaltung übernommen: Er folgt erstens der Bildung des Begriffs der funktionalen Selbstverwaltung, die durchaus heterogene Erscheinungsformen der Verwaltungsorganisation begrifflich bündelt und damit erst ihre dogmatische Durchdringung ermöglicht; er versteht zweitens die Organisationen der funktionalen Selbstverwaltung als Ergänzung und Verstärkung des demokratischen Prinzips, nicht aber als dessen Gegensatz; wie Thomas Emde fordert der Zweite Senat drittens eine ausreichende gesetzliche Grundlage für die funktionale Selbstverwaltung, die der Aufsicht durch demokratisch legitimierte Amtswalter unterliegen muss. Das BVerfG zitiert die Dissertation von Thomas Emde auf den sechs einschlägigen Seiten seiner Entscheidung gleich dreimal. Damit ist die geistige Urheberschaft von Thomas Emde für das Konzept der demokratischen Legitimation der funktionalen Selbstverwaltung höchstrichterlich anerkannt und bestätigt.

---

[18] BVerfGE 107, 59 (91 f.).

[19] BVerfGE 107, 59 (92 f.).

[20] BVerfGE 107, 59 (94) unter Bezug auf Dreier, Hierarchische Verwaltung im demokratischen Staat, 1991, 285 ff.; Emde, Die demokratische Legitimation funktionaler Selbstverwaltung, 1991, 331; Britz VerwArch 91 (2000), 418 (433 ff.).

5. Aktueller Meinungsstand

Heute ist das von Thomas Emde entwickelte Verständnis der demokratischen Legitimation der funktionalen Selbstverwaltung zum rechtswissenschaftlichen Allgemeingut geworden. Die einschlägigen Äußerungen im Schrifttum nehmen Bezug auf die Dissertation von Emde sowie die sie bestätigende Rechtsprechung des Zweiten Senats des BVerfG und folgen ihrer Argumentation. Das gilt zum einen für den Begriff der funktionalen Selbstverwaltung.[21] Das gilt aber auch für den Grundansatz, in Art. 86, 87 Abs. 2 und 3, 130 Abs. 3 GG die verfassungsrechtliche Anerkennung der überkommenen Einrichtungen der funktionalen Selbstverwaltung zu sehen, die eine Abweichung von den allgemeinen verfassungsrechtlichen Grundsätzen demokratischer Legitimation der Verwaltung erlaubt.[22] An die Stelle der demokratischen Legitimation der Amtswalter durch das Parlament tritt die autonome demokratische Legitimation durch die Betroffenen.[23] Die funktionale Selbstverwaltung verstärkt so das demokratische Prinzip.[24]

IV. Ergebnis

Die Dissertation von Thomas Emde hat nicht nur die Diskussion im Schrifttum maßgeblich und wegweisend geprägt. Sie ist auch zur Grundlage einer Grundsatzentscheidung des Zweiten Senats des BVerfG zu den verfassungsrechtlichen Anforderungen an die demokratische Legitimation der funktionalen Selbstverwaltung geworden. Ein solcher wissenschaftlicher Inpact einer rechtswissenschaftlichen Dissertation ist außergewöhnlich. Er zeigt, dass das Thema der Arbeit nicht nur für die theoretische Diskussion von wesentlichem Interesse war und ist, sondern auch die Rechtspraxis immer wieder beschäftigt. Erst die wissenschaftliche Durchdringung der zuvor nur wenig behandelten Problematik durch Thomas Emde hat den Weg für die Lösung des Legitimationsproblems geebnet und dazu geführt, dass die funktionale Selbstverwaltung nunmehr verfassungsrechtlich abgesichert ihre Aufgaben als Teil der deutschen öffentlichen Verwaltung erfüllen kann. Mehr mit der eigenen Arbeit zu erreichen, ist für einen Doktoranden kaum vorstellbar. Die große Mühe, die sich Thomas Emde mit seiner Dissertation gemacht hat, war es mehr als wert.

---

[21] Statt aller Dreier/Dreier, 3. Aufl. 2015, Art. 20 (Demokratie) Rn. 128; Dürig/Herzog/Scholz/Grzeszick, 104. EL 2024, GG Art. 20 Rn. 176.

[22] Dürig/Herzog/Scholz/Grzeszick, 104. EL 2024, GG Art. 20 Rn. 185 ff.

[23] Dreier/Dreier, 3. Aufl. 2015, Art. 20 (Demokratie) Rn. 128 ff.; Dürig/Herzog/Scholz/Grzeszick, 104. EL 2024, GG Art. 20 Rn. 198.

[24] Dreier/Dreier, 3. Aufl. 2015, Art. 20 (Demokratie) Rn. 130.